Le Guide Vert, mode d'emploi

Le Guide Vert, un guide en 3 parties

- **Organiser son voyage :** les informations pratiques pour préparer et profiter de son séjour sur place
- **Comprendre la destination :** les thématiques pour enrichir son voyage
- **Découvrir la destination :** un découpage en **régions**

(voir carte générale dans le 1er rabat de couverture et sommaire p. 1)

En ouverture de chaque **région,** retrouvez un **sommaire** et une **carte** qui indiquent :

- les villes et sites traités dans le chapitre
- les circuits conseillés

Pour chaque chapitre, consultez « **Nos adresses...** » :

- des informations pratiques
- des établissements classés par catégories de prix
- des lieux où boire un verre
- des activités à faire en journée ou en soirée
- un agenda des grands événements de l'année

En fin de guide

- un **index général** des lieux et thèmes traités
- un **index des cartes et plans** du guide
- la **légende des symboles** du guide

Et en complément de notre guide

- Créez votre voyage sur **Voyage.ViaMichelin.fr**

Votre avis nous intéresse

- Rendez-vous sur **votreaviscartesetguides.michelin.fr**

Sommaire

3/ DÉCOUVRIR

1 LE SUD-EST

2 LE SUD-OUEST

3 L'EAST ANGLIA

4 LES MIDLANDS

5 LE NORD

6 PAYS DE GALLES

1/ ORGANISER SON VOYAGE

M. Barraud/Ojo Images/Photononstop

Aller en Angleterre

EN TRAIN

C'est l'un des moyens les plus pratiques pour se rendre de Paris (gare du Nord : 2h15), Lille (1h20) ou Bruxelles (gare du Midi : 1h51) à Londres (gare St Pancras).
Eurostar – ✆ 0 892 35 35 39 (0,34 €/mn) - www.eurostar.com ou www.voyages-sncf.com.

EN BATEAU

Brittany Ferries – ✆ 0 825 828 828 (0,15 €/mn) - www.brittanyferries.com. Parmi les traversées possibles : Roscoff-Plymouth (5h30 à 7h), Cherbourg-Portsmouth (3h à 4h30) et Caen-Portsmouth (2h30 à 7h).
LD Lines – ✆ 0825 304 304 - www.ldlines.com. Le Havre-Portsmouth (3h15 à 8h) ; Dieppe-Newhaven (4h).
P & O Ferries – ✆ 0 825 120 156 - www.poferries.com. Calais-Douvres (1h15).
Seafrance – ✆ 03 21 17 70 26 - www.seafrance.com. Calais-Douvres (1h30). Possibilité de réserver un hébergement.

EN VOITURE

Préparer son itinéraire

Consultez les **cartes Michelin** National nos **721** (France) et **713** (Grande-Bretagne/Irlande), ou l'**atlas Michelin** Grande-Bretagne et Irlande.
Vous pouvez également vous procurer les cartes Regional **502** (Nord et Midlands), **503** (pays de Galles, Midlands, Sud-Ouest) et **504** (Midlands, East-Anglia).
En ligne : www.viamichelin.fr offre une multitude de services et d'informations pratiques (calcul d'itinéraires, cartes du pays, plans de villes...).

Covoiturage

Organisez votre voyage Paris-Londres aller-retour pour une somme modique sur **www.123envoiture.com** ou par téléphone : ✆ 0826 623 123 (0,15 €/mn).

Shuttle

Dans le tunnel sous la Manche, les voitures sont acheminées par navettes ferroviaires de Calais/Coquelles (A 16 - sortie 42) à Folkestone en 35mn.
Les billets peuvent être pris sur place (mais les places aux meilleurs prix se réservent à l'avance). Que vous soyez 2 ou 5 personnes dans une voiture, le tarif est le même. Attention, le Shuttle n'accepte pas de voiture avec un réservoir au GPL.
Eurotunnel – ✆ 0 810 60 03 04 - www.eurotunnel.com - 2 à 4 dép./h. Vous devez vous présenter 30mn à l'avance. En attendant votre départ, vous pouvez faire un tour du côté des magasins *duty free*. Pensez à la pause toilettes avant le voyage, ce service est indisponible pendant la traversée. Et bien sûr, en arrivant, roulez à gauche !
Voir aussi « Voiture » p. 25.

EN AUTOCAR

Plusieurs compagnies d'autocars assurent une liaison régulière – et économique – entre l'Angleterre et la France. La plus importante est :
Eurolines – 55 r. St-Jacques - 75005 Paris - ✆ 0 892 89 90 91 (0,34€/min) - www.eurolines.fr. De Paris, Lyon, Lille, Rouen ; vers Londres, Canterbury, Douvres, Hythe.

ALLER EN ANGLETERRE

EN AVION

Aéroports internationaux – À Londres, Birmingham, Bristol, Cardiff, Exeter, Leeds, Liverpool, Manchester, Newcastle, Norwich, Southampton.

Compagnies régulières

Air France – ✆ 36 54 (0,34 €/mn) - www.airfrance.fr. De Paris vers Southampton, Londres, Bristol, Newcastle, Manchester, Birmingham.

British Airways – ✆ 0 825 825 400 (0,15 €/mn) - www.britishairways.com. De Paris vers Londres, Birmingham, Manchester ; de Chambéry, Bordeaux, Toulouse, Lyon vers Londres.

British Midland – ✆ 0044 (0)1332 64 8181 - www.flybmi.com. Depuis la Belgique et le Canada.

SN Brussels Airlines – ✆ 0902 51 600 (0,75 €/mn) - www.brusselsairlines.com. De Bruxelles vers Londres, Bristol, Manchester, Birmingham, Newcastle, Leeds.

Swiss – ✆ 0 820 04 05 06/848 700 700 (depuis la Suisse) - www.swiss.fr. De Genève vers Londres et Birmingham.

Air Canada – ✆ *1 888 247 22 62 - www.aircanada.ca.* De Montréal vers Londres, Manchester, Leeds.

Compagnies low cost

Les réservations s'effectuent par Internet et vous devrez imprimer votre billet vous-même. Attention, au prix d'appel s'ajouteront les taxes et parfois le coût des bagages en soute. Sachez aussi que les liaisons sont susceptibles de changer en cours d'année : consultez régulièrement les sites des compagnies suivantes :

EasyJet – www.easyjet.com. De Paris vers Bristol, Liverpool, Londres, Newcastle ; de Lyon, Nice, Bordeaux vers Londres, Bristol, Liverpool ; de Marseille, Toulouse vers Londres, Bristol ; Nantes-Londres, etc.

Ryanair – www.ryanair.com. De Bergerac vers Liverpool, Londres, Bristol ; de Biarritz vers Londres, Birmingham ; de Nantes, Limoges, Montpellier vers Leeds ; de Béziers vers Bristol, Londres ; de Carcassonne vers Londres, Liverpool, Leeds, etc.

Flybe – www.flybe.com. De Paris vers Southampton, Exeter, Cardiff, Birmingham, Manchester.

BmiBaby – www.bmibaby.com. De Paris et Lourdes vers East Midlands ; de Bordeaux et Toulouse vers Manchester ; de Nice vers Birmingham et East Midlands.

Cityjet – www.cityjet.com. De Brive, Nantes, Paris, Deauville vers Londres.

Aer Arann – www.aerarann.com. Brest-Cardiff.

Jet 2 – www.jet2.com. Depuis la Suisse et la France : de Paris, La Rochelle, Bergerac, Avignon vers Leeds ; de Toulouse vers Leeds, Newcastle ; de Nice vers Leeds, East-Midlands ; de Chambéry et Genève vers Leeds, East Midlands, Manchester.

Bon à savoir – Le site **www.easyvols.org**, qui regroupe plusieurs comparateurs de prix (compagnies régulières et *low cost*), permet de trouver le tarif le moins cher à la date souhaitée.

Rejoindre le centre de Londres depuis les différents aéroports, voir p. 145.

Avant de partir

Météo

La grisaille semble prévaloir sur l'ensoleillement, mais les changements sont fréquents, et la pluie est le plus souvent accompagnée d'éclaircies. Les périodes de grand froid ou de grande chaleur sont rares.
Les variations régionales et locales sont prononcées. Les montagnes occidentales reçoivent la quantité la plus élevée de précipitations (jusqu'à 5 000 mm). C'est à l'ouest que se font sentir les effets tempérants du Gulf Stream et que peuvent fleurir, à l'abri, des plantes subtropicales. Le climat de l'est et du sud, plus sec et plus ensoleillé, est de nature plus continentale, aux hivers plus froids et aux étés plus chauds.
Juin et **juillet** comptent parmi les mois les plus agréables, car ils enregistrent un ensoleillement maximal et des températures très douces (moyennes de 16° C au nord et de 20° C au sud). Juin est recommandé pour visiter le pays de Galles. Le **printemps** est particulièrement favorable à la visite des côtes ouest et sud du pays, celles-ci étant abritées des vents du nord prédominants. À la **fin de l'été**, les vents soufflent principalement au sud-ouest. C'est la saison la plus propice pour découvrir la côte est.

Adresses utiles

BRITISH TOURIST AUTHORITY (BTA)

Paris – BP 154-08 - 75363 Paris Cedex 08 - www.visitbritain.com. Demande d'informations uniquement par courrier ou sur Internet.
Bruxelles – BTA/Visit Britain - 14 square Vergote - Bruxelles 120 - ✆ 322 732 6777.

SITES INTERNET

Depuis le site **www.visitbritain.fr**, lien vers les sites suivants :
Pays de Galles – www.visitwales.com
Londres : www.visitlondon.com/fr
Angleterre : www.visitengland.fr
Depuis ce site, lien vers les sites régionaux de l'Angleterre :
Centre : www.visittheheart.co.uk *(en anglais)*.
Est : www.visiteastofengland.com *(en anglais)*.
East Midlands : www.discovereastmidlands.fr
Sud-est : www.visitsoutheastengland.com
Sud-ouest : www.visitsouthwest.co.uk *(en anglais)*.
Nord-est : www.visitnortheastengland.com *(en anglais)*.
www.holidaycare.org.uk : information et conseils pour le voyage des personnes handicapées.
Bon à savoir – 95 % des sites, châteaux et musées sont entièrement ou partiellement équipés pour accueillir les touristes handicapés.

AGENCES DE VOYAGES SPÉCIALISÉES

En France
Clio – 27 r. du Hameau - 75015 Paris - ✆ 0826 10 10 82- www.clio.fr. Voyages culturels accompagnés par un conférencier.

Gaeland Ashling – 4 quai des Célestins - 75005 Paris - ✆ 0 825 123 003 - www.gaeland-ashling.com. Autotours et circuits.

Mondes et Merveilles – 7 r. du 29-Juillet - 75001 Paris - ✆ 01 42 60 34 54 - www.european-garden-tour.com. Spécialiste des jardins. Week-ends ou séjours en groupe, accompagnés par un guide.

En Belgique

Jetaircenter Archimède – Rue Archimède 1 - 1000 Bruxelles - ✆ 02 218 12 80 - www.jetair.be. Séjours à Londres.

En Suisse

Falcon Travel AG – Rue Adrien-Lachenal 20 - P.O.Box - 1207 Genève - ✆ 022 787 5767 - www.travelhouse.ch. Tour-opérateur spécialiste de la Grande-Bretagne.

Formalités

DOCUMENTS IMPORTANTS

Papiers d'identité

Une carte d'identité ou un passeport en cours de validité sont exigés pour les ressortissants français. Les ressortissants suisses et canadiens se renseigneront auprès du consulat de Grande-Bretagne de leur pays.

Consulats à Londres, voir p. 17.

Assurances santé

Demandez à votre caisse de Sécurité sociale votre **Carte européenne d'assurance maladie.** Valable un an, elle vous permet de bénéficier d'une prise en charge des médicaments par l'institution d'assurance maladie du lieu de séjour. Les soins ou hospitalisation sont gratuits dans les pavillons d'urgence des hôpitaux publics. Toutefois, nous vous recommandons de souscrire une assurance médicale avant votre départ, soit via votre agence de voyages, soit directement auprès d'une société d'assistance. Certaines cartes bancaires vous affilient d'office : renseignez-vous. Sinon, vous pouvez souscrire auprès des prestataires suivants :

Europ Assistance : www.europ-assistance.fr

Mondial Assistance : www.mondial-assistance.fr

Voir aussi « Santé » p. 22.

Documents pour la voiture

N'oubliez pas votre permis de conduire, les papiers du véhicule et munissez-vous d'une carte d'assurance internationale. À l'arrière de la voiture, la lettre signalant le pays d'origine est obligatoire.

Dans le cadre d'une location, le permis de conduire du pays d'origine est exigé (âge mini. 23 ans).

Animaux domestiques

Chiens et chats sont désormais autorisés à pénétrer au Royaume-Uni sans quarantaine. Certificats de vaccination indispensables. Il est préférable de se renseigner auprès d'un cabinet vétérinaire car certains examens sanguins sont requis.

DOUANES

En règle générale, la législation en vigueur dans l'Union européenne est appliquée sur le territoire du Royaume-Uni, à l'exception de l'île de Man. Le service des douanes britanniques publie une brochure sur les réglementations et la liste complète des quantités autorisées de marchandises hors taxes. On peut se la procurer auprès de : **HM Customs and Excise** – Thomas Paine House - Torrens Street - Angel Square - Londres EC1V 1TA - www.hmrc.gov.uk.

Argent

Bien que membre de l'Union européenne, l'Angleterre ne fait pas partie de la zone euro.

MONNAIE

La **livre sterling** (£) est divisée en 100 pence (p). Il existe des billets de 50 £, 20 £, 10 £ et 5 £. Ces billets ainsi que les pièces de monnaie (2 £, 1 £, 50 p, 20 p, 10 p, 5 p, 2 p et 1 p) portent sur une face l'effigie d'un souverain. Au revers des pièces de 1 £ figure la marque du lieu de frappe d'origine. En l'occurrence, les trois lions rampants symbolisent l'Angleterre et le plumet du prince de Galles fait référence au pays de Galles.

Bon à savoir – L'île de Man a des billets et des pièces différentes en dépit d'un système monétaire commun.

CHANGE

Vous pourrez obtenir des livres sterling en échange de vos devises dans les bureaux de change des aéroports, des banques, des bureaux de poste, des offices de tourisme, des grands hôtels et dans les bureaux de change indépendants. Le taux de change et le montant de la commission varient selon les établissements. Pour connaître le taux de change officiel de la livre sterling, consultez le site **www.oanda.com**.

Voir aussi « Banque » p. 17.

CARTES BANCAIRES

Les cartes bancaires internationales sont couramment acceptées. Vous paierez également une commission de l'ordre de 5 % du montant du retrait. Pensez à relire votre contrat ou à demander à votre banque le nombre de retraits et le montant autorisé auxquels vous pouvez prétendre avec votre carte.

CHÈQUES DE VOYAGE

Les chèques de voyage servent ponctuellement de moyen de paiement ou s'échangent contre de l'argent liquide au comptoir des banques, moyennant une commission fixe (il est préférable de changer beaucoup en une fois). Ils sont remboursables en cas de perte ou de vol. Pour vous les procurer, adressez-vous à votre banque.

Décalage horaire

Le décalage horaire de la Grande-Bretagne est de moins 1h par rapport à la France. Lorsqu'il est midi à Paris, il est 11h à Londres. Le passage à l'heure d'été et à l'heure d'hiver s'effectue aux mêmes dates qu'ailleurs en Europe.

En Grande-Bretagne, l'heure est exprimée **am** *(ante meridiem)* ou *before noon* avant midi, **pm** *(post meridiem)* ou *after noon* après midi. Ainsi, 9am signifie 9h du matin et 9pm, 21h.

NE PAS CONFONDRE

Angleterre : les frontières du pays s'arrêtent au pays de Galles à l'ouest et à l'Écosse au nord.

Grande-Bretagne : Angleterre, Écosse et pays de Galles.

Royaume-Uni de Grande-Bretagne et d'Irlande du Nord : comprend, comme son nom l'indique, la Grande-Bretagne et l'Irlande du Nord.

Commonwealth of Nations : fédération d'États issus de l'ancien Empire britannique.

LE GUIDE VERT
toujours plus de destinations
à travers le monde...
MICHELIN
CORÉE
LE GUIDE VERT
MICHELIN
RAJASTHAN
Delhi et Agra
LE GUIDE VERT
MICHELIN
PÉROU
LE GUIDE VERT
MICHELIN
SYRIE
JORDANIE
LE GUIDE VERT
MICHELIN
ROME
LE GUIDE VERT
MICHELIN
ÎLES GRECQUES
Athènes
LE GUIDE VERT
MICHELIN
Une meilleure façon d'avancer

Téléphoner

De l'étranger vers la Grande-Bretagne : ✆ **00 44** + indicatif de la localité (sans le premier zéro) + numéro du correspondant.

Bon à savoir – Pour pouvoir utiliser votre téléphone mobile sur place, vérifiez auprès de votre opérateur que la fonction « international » est bien active.

Voir aussi « Téléphone » p. 23.

Se loger

Les hôtels, tout comme certains bed & breakfast, sont relativement chers. Privilégiez les étapes aux abords des villes ou dans les villages alentour. Dans le centre des grandes villes, les chaînes hôtelières peuvent s'avérer une solution relativement économique *(voir ci contre « Réservations sur Internet »).*

Bon à savoir – Vous verrez systématiquement une pancarte devant chaque hôtel et bed & breakfast, portant l'inscription **Vacancies** (chambres disponibles) ou **No vacancies** (complet).

Les hôtels et bed & breakfast affichent des chambres **en-suite**, ce qui signifie qu'elles ont leurs propres salle de bains et toilettes. Si cela n'est pas précisé, il faut vous attendre à partager ces **facilities** avec vos voisins de palier.

Bon à savoir – À Londres toute l'année, et sur les côtes en saison, il est indispensable de réserver à l'avance.

Classifications officielles

Les hôtels et gîtes sont classés selon un barème allant de 1 à 5 étoiles. Quant aux chambres d'hôte, elles suivent une classification allant de 1 à 5 losanges. Le nombre d'étoiles et de losanges notent la qualité et les prestations des établissements. Les tarifs sont fixés en conséquence.

LES ADRESSES DU GUIDE

Retrouvez notre sélection d'établissements dans « Nos adresses à… », en fin de description des principaux sites de la partie « Découvrir ». Ils sont listés par **catégories de prix** *(voir le tableau ci-contre).* Sauf mention contraire, les **tarifs** sont indiqués pour une chambre double en haute saison (Pâques-fin octobre, Fête de la reine, Noël).

Pour comprendre les symboles utilisés dans nos adresses, consulter la légende (p. 759).

Si vous n'avez pas trouvé votre bonheur parmi nos adresses, vous pouvez consulter *Le Guide Michelin Great Britain & Ireland* (en anglais).

RÉSERVATION SUR INTERNET

Visit Britain *(voir p. 10)* et de nombreux offices de tourisme proposent un service de réservation.

Sites spécialisés

www.hotels.uk.com : pour une large offre d'hébergements divers (hôtel, *guesthouse*, studio…).

www.bhrc.co.uk : pour un hôtel à Londres. Également sur ce site : visites guidées, billetterie, London Pass…

www.thebedandbreakfastclub.co.uk ou **www.bedbreak.com** : pour un bed & breakfast.

l**www.homelidays.com** : location d'appartements et de villas.

www.nationaltrustcottages.co.uk : location de cottages et de manoirs.

Chaînes hôtelières

Certaines offrent un bon rapport qualité/prix.

Premier Travel Inn – www.premierinn.com

Holiday Inn – www.holidayinn.com

Travelodge – www.travelodge.co.uk

Centrales de réservation

www.booking.com
www.expedia.fr
www.voyages-sncf.com

HÔTELS

La plupart des chambres d'hôtel disposent d'une bouilloire et proposent thé, café et chocolat.

BED AND BREAKFAST

Ce sont des chambres d'hôte gérées par des particuliers. Petit-déjeuner inclus, vous débourserez une somme raisonnable.

Bon à savoir – Pour le novice, le fonctionnement de la douche anglaise est au premier abord mystérieux. Le tout est de repérer une ficelle à l'extérieur de celle-ci, parfois dans la pièce adjacente, qu'il faut tirer pour pouvoir obtenir de l'eau chaude.

CAMPING-CARAVANING

Les campings sont très nombreux en Grande-Bretagne et sont signalés par un panneau marron avec une tente blanche stylisée. Ils sont souvent constitués de mobile homes.

Camping and Caravanning Club of Great Britain and Ireland – 00 44 (0)845 130 7631 - www.campingandcaravanningclub.co.uk.

Caravan Club – 00 44 (0)1342 326 944 - www.caravanclub.co.uk.

National Caravan Council – 00 44 (0)1252 318 251 - www.nationalcaravan.co.uk.

Bon à savoir – Le camping sauvage est soumis à l'autorisation du propriétaire du terrain.

AUBERGES DE JEUNESSE

La **Youth Hostels Association** regroupe de nombreux établissements. Ceux-ci ne sont pas exclusivement réservés aux jeunes : ils accueillent aussi les adultes, les familles et les groupes. La plupart proposent, outre des dortoirs, des chambres individuelles. En haute saison, ils imposent parfois un séjour de plusieurs jours consécutifs. Renseignements et achat de la carte d'adhérent obligatoire (montant variable suivant la tranche d'âge) auprès de la Fédération unie des auberges de jeunesse.

FUAJ – 01 44 89 87 27 - www.fuaj.org.

YHA National Office – 0044 (0)1629 592 700 - www.yha.org.uk.

International Youth Hostel Federation – www.hihostels.com

Se restaurer

L'organisation des repas diffère peu de celle de nombreux autres pays européens, du fait des contraintes professionnelles : aux trois repas par jour s'ajoute parfois en milieu d'après-midi le **tea time** *(voir p. 22)*. Le mythique petit-déjeuner, ou

NOS CATÉGORIES DE PRIX				
	Se loger		Se restaurer	
	En Angleterre	À Londres	En Angleterre	À Londres
Premier prix	jusqu'à 60 £	jusqu'à 90 £	jusqu'à 20 £	jusqu'à 25 £
Budget moyen	de 60 à 95 £	de 90 à 135 £	de 20 à 40 £	de 25 à 45 £
Pour se faire plaisir	de 95 à 150 £	de 135 à 200 £	de 40 à 60 £	de 45 à 75 £
Une folie	plus de 150 £	plus de 200 £	plus de 60 £	plus de 75 £

breakfast, comprend en fait la plupart du temps des toasts, des céréales et une boisson chaude. C'est seulement les jours de congé qu'il devient bien plus copieux.

En semaine, le **lunch**, entre 12h à 13h30, est en général consommé rapidement sur le lieu de travail, au fast-food, au pub ou, au moindre rayon de soleil, dans un parc. En effet, le pique-nique est un sport national ! Chaque mètre carré de verdure est prétexte à un déjeuner sur l'herbe. La nourriture à emporter *(take away food* ou *eat out food)* reste très prisée et les sandwiches, toujours en pain de mie, sont variés : au rôti, au salami, aux œufs, associés à des crudités, etc.

Bon à savoir – Pensez au rayon alimentaire de Marks and Spencer, Tesco et Sainsbury's, où sont vendus de bons sandwiches.

Le dimanche en revanche, le traditionnel **Sunday roast**, composé d'une viande rôtie, de pommes de terre et de légumes, est servi en famille ou au restaurant.

Le repas le plus important de la journée reste donc le **dinner**, pris en famille entre 18h30 et 20h (attention, en dehors des grandes villes, les restaurants ferment donc plus tôt qu'en France). Il comprend habituellement soupe, viande, pommes de terre, légumes et dessert. Parfois, il est remplacé par un copieux repas froid arrosé de thé et appelé *high tea*.

LES ADRESSES DU GUIDE

Retrouvez notre sélection de restaurants dans « Nos adresses à… », en fin de description des principaux sites de la partie « Découvrir ». Comme pour les hébergements, ils sont listés par catégories de prix, sur la base mini/maxi en haute saison *(voir le tableau p. 15)*.

Spécificités

Toutes les cuisines sont largement représentées. Toutefois, en raison de l'importance des communautés asiatiques en Grande-Bretagne, les restaurants indiens et chinois sont très nombreux.

Le **fish and chips** est la formule la plus économique pour se restaurer. Poisson et pommes frites sont servis dans un cornet. Pour manger sur le pouce debout… et un peu gras (le poisson aussi est frit) !

Dans un **wine bar**, autour d'un buffet généreux, vous dégusterez des vins, vendus au verre ou à la bouteille. Mêmes restrictions d'accessibilité pour les mineurs que dans les pubs.

Voir aussi « Pubs » p. 20.

Sur place de A à Z

ACHATS

Heures d'ouverture

Les grands magasins ouvrent leurs portes du lundi au samedi de 9h à 17h30 ou 18h, le dimanche de 10h (ou 11h) à 16h.

Les hypermarchés sont ouverts sans interruption du lundi matin au samedi 22h et de 10h à 16h (ou de 11h à 17h) le dimanche.

Voir aussi « Souvenirs » p. 22.

BANQUE

Heures d'ouverture

En Angleterre et au pays de Galles, les banques sont ouvertes du lundi au vendredi, de 9h à 17h. Certaines sont ouvertes le samedi, voire quelques heures le dimanche.

Distributeurs

Vous pourrez retirer de l'argent à l'aide de votre carte de crédit dans les distributeurs automatiques, disponibles dans tout le pays ; cependant, certains (sur l'autoroute par exemple) n'acceptent pas les cartes étrangères. De nombreuses banques ont un hall accessible 24h/24, pourvu de distributeurs. Les différents logos comme Visa, Mastercard, Eurocard et American Express figurent sur les distributeurs.

Voir aussi « Argent » p. 12.

« BREAKFAST »

Le petit-déjeuner est une institution. On vous demandera si vous souhaitez du thé ou du café (souvent allongé), du pain blanc *(white)* ou complet *(brown)*, si vous préférez vos œufs frits *(fried)*, brouillés *(scrambled)* ou pochés *(boiled)*. Ces derniers sont généralement accompagnés de tomates cuites, de champignons, de haricots blancs à la tomate *(beans)*, de saucisses et de bacon, voire de boudin. Il est d'usage, en attendant l'arrivée de ce festin, de prendre des céréales arrosées de lait froid et accompagnées de jus de fruits. Dans le nord de l'Angleterre, votre assiette salée pourra également être garnie de harengs fumés, voire d'une belle truite.

CONSULATS

France – 21 Cromwell Road - London SW7 2EN - ✆ (020) 7073 1200 - www.consulfrance-londres.org ou www.ambafrance-uk.org.
Belgique – Belgian Embassy - 103 Eaton Square - London SW1 9AB - ✆ (020) 7470 3700 - www.diplobel.org/uk/uk.htm.
Suisse – Swiss Embassy - 16-18 Montague Place - London W1H 2BQ - ✆ (020) 7616 6000 - www.eda.admin.ch/london.
Canada – Canadian High Commission - Canada House - Services consulaires - Trafalgar Square - London SW1Y 5BJ - ✆ (020) 7258 6600 - www.dfait-maeci.gc.ca/london.

CYCLOTOURISME

Le réseau national est constitué d'environ 8 000 km de pistes cyclables, de voies peu fréquentées et de routes secondaires.

Les côtes, les parcs nationaux (en particulier le Peak District, les Yorkshire Dales et Yorshire Moors), la région de Chiltern Hills au sud-est et le site du Mur d'Hadrien au nord, offrent de très belles promenades, avec des niveaux d'endurance différents.

Cyclists' Touring Club – ✆ 0844 736 8450 (0,34 €/min) - www.ctc.org.uk. La fédération publie des brochures détaillées avec cartes et adresses.

Sustrans – ✆ (0845) 113 0065 - www.sustrans.org. Cette association propose des itinéraires dans tout le pays grâce à ses antennes.

ÉLECTRICITÉ

Le voltage en Grande-Bretagne est de 230 V (50 Hz) en courant alternatif. Les prises de courant sont tripolaires. Il est donc nécessaire d'acheter un **adaptateur** à votre arrivée (on en trouve chez Boots, dans les drogueries, sur le ferry ou à l'aéroport). Prenez le modèle « Europe to UK ».

JARDINS

La Grande-Bretagne est le paradis des mains vertes ! N'appelle-t-on pas le Kent « le jardin de l'Angleterre » ? The **National Gardens Scheme** publie *Yellow book*, un guide annuel des jardins privés occasionnellement ouverts au public au bénéfice d'œuvres caritatives. Il est possible de le commander sur son site Internet : **www.ngs.org.uk**.

Bon à savoir – La plupart des sites dotés d'un jardin proposent une entrée à tarif réduit donnant accès aux seuls espaces extérieurs.

JOURS FÉRIÉS

Voici la liste des *bank holidays* :
- Nouvel An (New Year's Day).
- Vendredi saint (Good Friday).
- Lundi de Pâques (Easter Monday).
- 1er lundi de mai (May Day).
- Dernier lundi de mai (Spring Bank Holiday).
- Dernier lundi d'août (Summer Bank Holiday).
- Noël (Christmas Day) et le 26 décembre (Boxing Day).

MÉDIAS

Journaux

The Times, The Financial Times, The Daily Telegraph, Daily Express, The Guardian, The Independent et *The Daily Mail* se partagent au quotidien les étals des kiosques à journaux. La presse à scandale, appelée tabloïds, a la faveur des lecteurs : *The Sun* et *Daily Mirror* ont pour cible de prédilection la famille royale et les people.

Télévision

La télévision anglaise est connue pour l'originalité et la qualité de ses programmes. La chaîne publique emblématique est la BBC. BBC One diffuse des émissions et séries populaires. BBC Two privilégie les divertissements de qualité. BBC Three et Four complètent l'offre. ITV et Channel 4 sont des chaînes privées.

MESURES	
1 ounce	**25 g**
0,04 ounce	1 g
1 yard	**0,92 m**
1,09 yard	1 m
1 pound	**0,45 kg**
2,20 pounds	1 kg
1 mile	**1,61 km**
0,62 miles	1 km
1 pint	**1,9 l**
0,53 pint	1 l

NAVIGATION

Que ce soit en bachot dans les Backs à Cambridge, en yacht de

croisière sur les Broads du Norfolk, sur un chaland le long des canaux et rivières d'Angleterre, en bateau à voile sur un lac ou encore le long du littoral au départ de ports ou de marinas (Brighton, Dartmouth, Plymouth, Torquay, etc.)... vous avez l'embarras du choix.

Environ 3 200 km de ce qui constituait les artères fluviales industrielles du 18e s. sont encore entretenus et gérés par la British Waterways. Aujourd'hui, les voies et canaux sont en majorité destinés au tourisme. Embarquer sur une péniche à Birmingham, Brecon, Devizes ou Skipton peut constituer une délicieuse manière d'arrêter le temps.

British Waterways – ✆ (01923) 201 120 - www.britishwaterways.co.uk.

OFFICES DE TOURISME

Vous trouverez deux appellations pour distinguer les offices de tourisme : les **Visitor Centre** (souvent en dehors des villes) et les **Tourist Information Centre** (TIC), qui sont les équivalents de nos offices de tourisme et fournissent les mêmes services.

Ils sont signalés par lettre « **i** » minuscule. Présents dans toutes les villes touristiques, ils dispensent des informations pratiques et proposent différents services. Ils peuvent notamment s'occuper de vous réserver un hébergement pour le soir même, moyennant une petite commission. En dehors des horaires d'ouverture, ils affichent habituellement une liste des disponibilités. Vous y trouverez souvent une boutique de souvenirs.

PARCS NATIONAUX

Les **parcs nationaux** d'Angleterre et du pays de Galles *(voir p. 109)* couvrent 10 % du territoire. Ils sont équipés de sentiers balisés, d'aires de pique-nique, de centres d'accueil et d'aménagements divers facilitant la pratique d'activités telles que le canotage, la voile, le canoë ou la randonnée à poney.

Council for National Parks – www.cnp.org.uk

Forestry Commission – www.forestry.gov.uk

POSTE

Heures d'ouverture

Les bureaux de poste sont ouverts du lundi au vendredi de 9h à 17h et le samedi de 9h à 12h.

Dans les petits villages, les bureaux de poste ne disposent souvent que d'un simple guichet, installé dans une supérette.

Affranchissement

Les cartes postales et lettres (moins de 20 g) à destination de l'Europe doivent être affranchies avec un timbre « **first class** » (rouge).

PUBS

Les pubs sont en général liés à une brasserie, mais il existe aussi plusieurs brasseurs indépendants qui approvisionnent des établissements indépendants.

Le CAMRA (Campaign for Real Ale – www.camra.org.uk) publie un très bon guide de la bière avec des listes de pubs locaux.

Il existe quelque 70 000 pubs en Angleterre et au pays de Galles. L'ambiance diffère beaucoup de l'un à l'autre, selon la clientèle, mais tous mettent à disposition des jeux (fléchettes, domino ou billard), et la plupart, des alcôves ou des espaces où discuter. Lorsque les pubs possèdent un *Summer garden* ou *Beer garden*, les familles peuvent s'y installer.

Au menu

Dans cette atmosphère conviviale, sont proposés des menus simples ou des plats uniques, accompagnés de salades.

Les « **pies** » (tourtes à la viande), le « **ploughman's** » (cheddar ou stilton avec salade, pickles, pain et beurre), le « **roast** » (rôti de bœuf, poulet ou agneau avec frites, petits pois et sauce *gravy*), le « **shepherd's pie** » (agneau haché avec carottes et purée), les « **jacket potatoes** » (pommes de terre en robe de chambre, servies avec du cheddar fondu, du *cole-slow,* etc.) ou le célèbre « **Lancashire hot-pot** » (viande mitonnée). Des plats internationaux (lasagnes, poulet massala, soupe de légumes) figurent également à la carte. Presque tous servent une restauration légère, même le soir : hamburger maison, sandwich club…

Commande

Souvent, vous devrez commander votre repas et vos boissons au bar en désignant la table que vous avez choisie. Un numéro vous sera remis, à mettre en évidence, pour faciliter le service.

Bon à savoir – La dose standard est la pinte (50 cl), précisez *half pint* si vous voulez un demi.

Horaires

Les pubs sont ouverts tous les jours de 11h (12h30 le dimanche) à 23h (bien que certains aient la possibilité de fermer plus tard), parfois avec une interruption entre 16h et 18h.

Bon à savoir – Les mineurs de moins de 18 ans doivent être accompagnés d'un adulte, et on ne leur servira pas d'alcool.

RANDONNÉES ÉQUESTRES

Les randonnées équestres, organisées le plus souvent en groupe, offrent un moyen privilégié de découvrir la campagne.

La région du sud-est avec les Chiltern Hills et Wendover Woods, les parcs nationaux de New Forest et des Yorkshire Moors sont propices aux balades à cheval.

British Horse Society – ✆ (0518) 398 1034 - www.equestcenter.com.

Countryside Alliance – ✆ (0207) 840 9200 - www.countryside-alliance.org.

RANDONNÉES PÉDESTRES

Le pays est sillonné de sentiers, dont ceux de grande randonnée *(Long Distance Footpaths).*

Le Pennine Way, le South England Trail, le Offa Dyke (le long de la frontière galloise), le South Downs Way, l'île de Wight, les falaises de Douvres et le Parc national du Lake District sont, entre autres, des sites de randonnée enchanteurs.

Ramblers' Association – ✆ (0207) 339 8500 - www.ramblers.org.uk.

British Mountaineering Council 177 – ✆ (0161) 445 6111 - www.thebmc.co.uk.

RÉSERVES NATURELLES

Les réserves naturelles veillent à la protection des sites, de la faune et de la flore (dunes, landes, oiseaux). Elles mettent à la disposition des touristes des sentiers de découverte et des postes d'observation.

Bon à savoir – Le *birdwatching,* activité très prisée des Anglais, permet d'apprécier les richesses ornithologiques d'une région en compagnie d'un guide (et avec une paire de jumelles).

Royal Society for the Protection of Birds – www.rspb.org.uk
Wildfowl and Wetlands Trust – www.wwt.org.uk

SANTÉ

Hôpitaux

Les touristes étrangers peuvent être soignés ou hospitalisés gratuitement dans les pavillons d'urgence des hôpitaux publics *(voir p. 11)*.

Pharmacies

En dehors des pharmacies de quartier, **Boots** et **Superdrug** sont les deux enseignes principales. Elles font office de parapharmacie et de droguerie (Boots vend des médicaments).

Bon à savoir – N'oubliez pas d'emporter vos ordonnances nécessaires au renouvellement de vos prescriptions sur place.

Médecins

Vous pouvez vous présenter directement dans l'un des centres médicaux privés de Londres, appelés **Medicentres**. À l'issue de la consultation, le médecin vous remettra une ordonnance. Pour connaître l'adresse du Medicentre le plus proche : ✆ (0870) 600 0870. Il existe également, à Londres et sur tout le territoire, des **centres « NHS »**, appartenant à la Sécurité sociale britannique.

Les **infirmières** reçoivent sans rendez-vous. Certains soins peuvent s'avérer payants.

Bon à savoir – Les offices de tourisme peuvent vous communiquer une liste des praticiens.

SOUVENIRS

Vous trouverez dans les boutiques du **National Trust** et de l'**English Heritage** *(voir p. 25)* une pléiade d'idées originales de cadeaux, comme des nécessaires à pique-nique, des cartes de vœux ou de l'artisanat local. En bref, du beau livre au service à thé, en passant par la traditionnelle chope, les suggestions ne manquent pas. Vous trouverez également votre bonheur dans les boutiques des musées et des châteaux, ainsi que dans les boutiques de style rustique anglais : objets pour la maison de campagne par exemple.

Artisanat

Deux traditions artisanales perdurent aujourd'hui : la **laine** et la **porcelaine**, incarnées respectivement par les institutions que sont Swaledale Woollens à Muker et la porcelaine de Wedgwood à Barlaston. Jolies boutiques *in situ*.

Quelques spécialités

Au sud : la marmelade d'Oxford.

Au sud-ouest : le cidre Sheppy's de Bradford-on-Tone ; le cidre de la Coronation Tap à Bristol et le cidre doux de Hereford ; les *Sally Luns* (petits gâteaux briochés) de Bath et Bristol.

À l'est : la bière Greene King de Bury-St Edmunds ; la moutarde Coleman's de Norwich.

Dans les East Midlands : le pudding de Bakewell (le meilleur de Grande-Bretagne !) ; la bière Bateman produite à Wainfleet.

Dans les Midlands : le célèbre chocolat Cadbury de Birmingham.

Voir « Achats » p. 17.

TABAC

Le prix du tabac est beaucoup plus élevé en Angleterre qu'en France. Il est interdit de fumer dans les lieux publics (pubs compris).

TEA TIME

Boire un thé l'après-midi est un véritable rituel, qui persiste de nos jours quand on en a le loisir. Il faudra vous rendre dans un grand hôtel ou un salon de thé réputé pour prendre, vers 16 ou 17 h, le *tea time* dans la plus pure tradition. Dans la *cup of tea*, on aura ajouté, avant de verser le thé, un nuage de lait froid ou une cuilleré à café de *clotted cream* (crème épaisse). Parmi les innombrables thés proposés, le thé indien se distingue par un arôme corsé, tandis que le thé de Chine est plus doux et souvent servi avec du citron. La boisson est alors accompagnée d'une savoureuse collation *(low tea)* comprenant des cakes, des pâtisseries, des sandwiches miniatures au concombre, et autres douceurs sucrées ou salées.

TÉLÉPHONE

Appels internationaux

Composez le **00** + indicatif du pays.
France : 33
Belgique : 32
Suisse : 41
+ le numéro sans le zéro initial.

Appels nationaux

Composez l'*area code* précédé du zéro + le numéro du correspondant.

Bon à savoir – Sachez qu'en Grande-Bretagne, pour énoncer un numéro de téléphone, on épelle tous les chiffres du numéro ; en outre le zéro se prononce « o » (comme la lettre).

192 *(gratuit depuis les cabines)* : pour obtenir les renseignements téléphoniques locaux.

155 : pour appeler en **PCV** *(reverse charge call)* depuis le Royaume-Uni. Le service France Direct est disponible au 0800 890 033.

Cartes téléphoniques

Les **cartes prépayées** telles que British Telecom et Mercury, entre autres, permettent d'appeler l'international. Elles sont en vente dans les bureaux de poste, chez les marchands de journaux, ou peuvent être commandées sur le site **www.visitbritainshop.com**.

Bon à savoir – Certaines cabines acceptent les cartes de crédit.

Téléphone portable

Si vous utilisez fréquemment votre mobile, il peut être intéressant d'acheter une **carte Sim** à insérer dans votre appareil, auprès d'un opérateur local (nombreuses boutiques) : Orange, O2, Three ou T-mobile. Vous pourrez recharger votre crédit selon vos besoins.

Voir aussi « Téléphoner » p. 14.

TOILETTES

Les toilettes publiques sont ouvertes de 8h à 18h. Les toilettes automatiques *(superloos)* sont accessibles 24h/24.

Bon à savoir – Tous les sites, châteaux et musées possèdent des toilettes (avec toilettes pour personnes handicapées et pièce de change pour les bébés).

TRAINS À VAPEUR

Des passionnés s'adonnant à leur passe-temps favori ont entrepris d'entretenir et de faire fonctionner des trains à vapeur. Ainsi, chaque région ressuscite son train d'antan, avec une ferveur particulièrement marquée dans les anciennes régions industrielles.
Pour en savoir plus, consultez **www.heritagerailways.com** (site de l'Heritage Railway Association).

Voir le tableau dans le chapitre « En famille » (p. 28).

TRANSPORTS

Se déplacer en Angleterre et au pays de Galles est chose facile. Pour des informations générales sur les transports ou pour planifier vos déplacements, consultez : **www.transportdirect.info** ou **www.traveline.org.uk** (transports publics).

En avion

Si votre temps est compté mais pas votre argent, le transport en avion est la solution idéale ! De nombreuses compagnies aériennes, dont **British Airways**, **British Midland**, **EasyJet** ou **Jet 2** *(voir p. 9)* desservent quotidiennement tous les aéroports de Grande-Bretagne.

En train

Le réseau ferroviaire couvre avantageusement l'ensemble du pays. Pour tout renseignement et réservation **:**

National Rail – ✆ (08457) 484 950 - www.nationalrail.co.uk.

Autres possibilités :

The Train Line – ✆ (08712) 441 545 - www.thetrainline.com.

Virgin Trains – ✆ (08719) 774 222 - www.virgintrains.co.uk.

Si vous prévoyez d'effectuer plusieurs voyages en train, nous vous conseillons, afin de gagner du temps et d'obtenir des tarifs préférentiels, d'acheter l'une des différentes **cartes** proposées par **Britrail**, en 1re ou 2de classe. Valables sur différents périmètres (Sud-Est, Grande-Bretagne, Grande-Bretagne et Irlande…), pour une durée déterminée ou plusieurs jours consécutifs au choix sur une durée déterminée *(flexible pass)*, elles sont en vente sur le site de Britrail : **www.britrail.com**, sur **www.visitbritain.com**, ou dans un bureau de la BTA.

En autocar (coach)

L'autocar est un moyen de transport économique et confortable.
À condition d'avoir du temps, il permet d'improviser son itinéraire à loisir !

La majorité du réseau d'autocars est gérée par deux compagnies :

National Express – ✆ (08717) 818 178 - www.nationalexpress.co.uk.

Greenline Coaches – ✆ (0870) 608 7261 - www.greenline.co.uk.

Avec le **Tourist Trail Pass**, vous pouvez emprunter sans restriction tous les services d'autocars en Angleterre et au pays de Galles, pour une durée allant de 2 à 15 jours consécutifs sur une période donnée. Autrement, les plus de 60 ans voyagent à moitié prix. Pour les 16 à 25 ans, la **16 to 25 Coachcard** donne droit à 30 % de remise, tous trajets confondus. Enfin, si vous vous déplacez avec des enfants, il existe une **Family Coachcard**.

URGENCES

✆ **999** : numéro national (ambulance, pompier, police).
✆ **112** : numéro européen d'appel en cas d'urgence.

VISITES

Entrées

L'accès aux collections permanentes des **grands musées** est **gratuit**. Seules les expositions temporaires peuvent être payantes. Une urne est placée dans l'entrée pour recueillir les dons.

Lorsque l'entrée est gratuite dans les **édifices religieux**, il est d'usage de faire une **offrande** (pour répondre au coût important des restaurations), dont le montant souhaité est parfois affiché.

Presque tous les musées et sites payants à but non lucratif ont un tarif **« avec donation »** *(with donation)* et « sans donation », différents de quelques dizaines de pence. Sachez que le prix annoncé en premier inclut souvent la donation. Enfin, la plupart des musées payants et des attractions proposent un **tarif « famille »**.

Pass

Plusieurs pass facilitent l'accès aux sites, monuments, musées et attractions diverses dans une ville ou une région donnée, pour un prix forfaitaire très intéressant :

Yorkshire Pass, Liverpool 3 Day Mini Break Card, London Sightseeing Pass. Quant au **British Heritage Pass**, il vous ouvre les portes de 600 domaines dans tout le pays. Leur validité va de 1 à 30 jours consécutifs. Vous pouvez les commander sur Internet : **www.visitbritainshop.com** (boutique de l'office de tourisme de Grande-Bretagne).

Par ailleurs, trois organisations dédiées à la conservation du patrimoine naturel et culturel de l'Angleterre et du pays de Galles offrent à leurs membres un accès libre à l'ensemble de leurs sites respectifs. Il peut être très avantageux d'adhérer, selon votre itinéraire et vos centres d'intérêt. Certains sites ou propriétés sont cogérés par l'English Heritage et le National Trust, sans que ce partenariat soit affiché. Aussi, nous vous recommandons de présenter systématiquement votre carte de membre.

English Heritage – ✆ (0870) 333 1181 - www.english-heritage.org.uk. Cette organisation pour la conservation du patrimoine gère 400 lieux et sites de légende.

National Trust – ✆ (0844) 800 1895 - www.nationaltrust.org.uk. En charge de la préservation de 250 000 ha, de 1 000 km de côtes et de 300 parcs et demeures prestigieux.

Cadw (Welsh Historic Monuments) – ✆ (0144) 333 6000 - www.cadw.wales.gov.uk. Propre au pays de Galles, le Cadw (qui signifie « conserver » en gallois). Organisation gouvernementale pour la protection du patrimoine et de l'environnement, administre 130 sites et propriétés d'exception.

Bon à savoir – Dans les conditions de visite des sites décrits dans la partie « Découvrir », les **abréviations** suivantes signalent l'appartenance à l'une des associations :

EH : English Heritage ;
NT : National Trust ;
CADW : Welsh Historic Monuments.

VOITURE

Location

Les loueurs de voitures sont les mêmes qu'en Europe. Les principaux sont Hertz, Europcar, Avis, National. Certains s'associent à des compagnies aériennes pour proposer des tarifs plus attractifs.

Bon à savoir – Avec une voiture anglaise, les réflexes de la conduite à gauche viendront plus rapidement. La seule difficulté est de ne pas confondre le clignotant et les essuie-glaces !

En cas d'accident avec une **voiture de location**, les coordonnées du loueur sont indiquées sur le porte-clés ainsi que sur un médaillon collé sur le pare-brise avant de la voiture. Le loueur vous donnera la marche à suivre en fonction du type d'accident subi par le véhicule. N'hésitez pas à contacter l'office de tourisme local, qui pourra appeler ou vous indiquer le garagiste le plus proche.

Conduire à gauche ?

L'âge minimal requis pour conduire est de 17 ans. La conduite s'effectue à gauche et on double à droite. Il est recommandé de conduire à une allure modérée durant les premiers kilomètres. Réflexes et assurance viendront rapidement dès lors que l'on voudra bien suivre les règles de base, strictement appliquées par le conducteur britannique : calme, politesse (on ne triche pas, on ne klaxonne pas) et respect absolu du piéton (le piéton engagé est prioritaire). Attention aux premiers ronds-points. La circulation se faisant dans le sens des aiguilles d'une montre, la priorité doit être cédée aux voitures déjà engagées venant de la droite. Enfin, les routes de campagne sont souvent étroites et n'ont pas de bas-côtés. Limitez votre vitesse.

Pour l'accès payant au centre-ville de Londres, voir p. 145.

Quelques mots utiles

Clearway : interdiction de stationner.
Keep clear : laisser l'espace libre pour permettre le passage des véhicules.
Cross roads : carrefour.
Dual carriageway : route à chaussées séparées par un terre-plein central.
Entry : entrée.
Exit : sortie.
Forward : tout droit.
Filling station, petrol station : station-service.
Get in lane : se placer dans la bonne file de circulation et s'y tenir…
Give way : céder le passage.
Junction : embranchement (sur les autoroutes, ceux-ci sont repérés par un numéro, très discret).
Left : gauche.
One way : sens unique.
R (Ring Road) : boulevard circulaire périphérique.
Reduce speed now : ralentir.
Right : droite.
Roundabout : rond-point.
Service area : aire de service.
Stop children : stop. Des enfants traversent.
Traffic lights : feux tricolores (avant de passer au vert, les feux rouges repassent à l'orange. Le feu orange maintient le stop).
Zebra crossing : passage piétons signalé aux automobilistes par deux boules orange clignotantes à chaque extrémité du passage. Les piétons sont prioritaires.

Limitation de vitesse

Sauf indication contraire, les limitations de vitesse sont :
- autoroute : 112 km/h (70 mph) ;
- route : 96 km/h (60 mph) ;
- route à quatre voies : 112 km/h (70 mph) ;
- en ville : 50 km/h (30 mph).

Réseau routier

Autoroute – **M** pour Motorway. Signalisation sur fond bleu. Les autoroutes sont gratuites. Traversant parfois des agglomérations, elles peuvent être interrompues par des feux ou des ronds-points. Soyez vigilant.
Route de grande liaison et route principale – Repérées par les lettres **A**. Signalisation sur fond vert.
Route secondaire – Repérées par la lettre **B**. Signalisation sur fond blanc.

Diversion (déviation)

Lorsque vous voyez ce panneau, prenez le temps de vous arrêter et de regarder votre carte routière pour repérer une autre route. En effet, contrairement au continent, il signale seulement le détour qu'il sera nécessaire de faire, mais non pas d'itinéraire bis.

Stationnement

Dans les rues, des **lignes de couleur au sol** indiquent les possibilités ou les restrictions de stationnement :
- **double ligne rouge ou jaune** : interdiction absolue de s'arrêter ;
- **simple ligne jaune** : interdiction de stationner aux heures indiquées sur les panneaux ;
- **ligne jaune pointillée** : autorisation de stationner à certaines heures.

Il est interdit de s'arrêter ou de stationner sur les lignes blanches en zigzag avant et après les passages piétons.
Les parkings **Pay-and-Display** sont indiqués par des panneaux bleus avec la lettre « P ». On distingue deux catégories, les « **short stay** » *(pour 1h et plus, env. 2 £/h)* et les « **long stay** », plus économiques *(à la journée, env. 4 à 5 £)*.
Le paiement s'effectue en général à l'avance à l'horodateur.
En centre-ville, il existe des parkings à étages « **Multi Storey Park** ».
En fonction de votre temps de stationnement, le montant à

CARTES & ATLAS MICHELIN
TROUVEZ BIEN PLUS QUE VOTRE ROUTE
100 ans de cartographie et la route continue

payer sera affiché sur l'écran de la caisse automatique. Pour les villes piétonnières ou exiguës, des **Park-and-Ride** gratuits se trouvent en périphérie. Dans ce cas, des navettes gratuites ou payantes assurent la liaison avec le centre. La plupart des hôtels et des bed & breakfast possèdent un parking. Dans le cas contraire, certains hôtes vous prêteront (ou loueront) un disque de stationnement.

Essence (petrol)

Seuls le gasoil *(diesel, fuel)* et l'essence sans plomb *(unleaded)* sont en vente. Cette dernière est dite **Premium** (indice d'octane 95) ou **Excellium** (indice d'octane 98). Le prix est plus élevé qu'en France, notamment celui du diesel.

Secours routier

Il est assuré par les deux Automobile Clubs de Grande-Bretagne, pour les membres de clubs étrangers affiliés :

Automobile Association – ✆ (0044) 161 333 0004 (rens. depuis l'étranger) - numéro d'urgence : ✆ 0800 88 77 66 ou ✆ (08457) 887766 depuis un mobile - www.theaa.co.uk.

Royal Automobile Club – ✆ (0844) 891 3111 020 (en cas d'accident) - www.rac.co.uk.

En famille

L'Angleterre et le pays de Galles proposent de nombreux lieux et activités à destination des enfants. Dans la partie « Découvrir les sites », vous pourrez facilement les repérer grâce au symbole 👪. Le tableau ci-après reprend les principaux sites et lieux que vous pourrez visiter en famille et des activités de loisir. Il n'est pas exhaustif.

👪 SITES OU ACTIVITÉS À FAIRE EN FAMILLE

	Nature	Musées	Loisirs
BIRMINGHAM	Sea Life Center	Birmingham Museum, Thinktank, Avoncroft Museum of Historic Building (à Bromsgrove)	Cadbury World
BRIGHTON	Sea Life Center		Volks Railway, Bluebell Railway (à Sheffield Park)
BRISTOL	Bristol Zoological Gardens	Explore-at-Bristol	
CAMBRIDGE		Imperial War Museum (à Duxford), Flag Fen Excavation (à Peterborough)	Railworld et Nene Valley Railway (à Peterborough)
CANTERBURY	Howletts Wild Animal Park (à Bekesbourne)	Museum of Canterbury, Canterbury Tales	
CHESTER	Zoo		Dewa Roman Experience
COTSWOLDS	Cotswolds Wildlife Park, Birdland Park and Gardens (à Bourton-on-the-Water)	New Corinium Museum (à Cirencester)	
COVENTRY		Coventry Transport Museum	
Dartmouth	Zoo (près de Paignton)		Dartmouth Steam Railway and River Boat Company
DOUVRES	Port Lympne Wild Animal Park (à Lympne)	Dover Museum	Phare South Forland (à White Cliffs)
GLOUCESTER		National Waterways Museum	
KING'S LYNN			Wells-Walsingham Light Railway

SITES OU ACTIVITÉS À FAIRE EN FAMILLE			
	Nature	**Musées**	**Loisirs**
LANDES DU YORKSHIRE	Sea Life Center (à Scarborough)	Captain Cook Museum (à Marton)	North Yorkshire Moors Railway, Esk Valley Railway, Kinderland
LEEDS	Temple Newsam (près de Whitkirk)	Royal Armouries Museum	Eureka (à Halifax), Keighley and Worth Valley Railway (à Oxenhope)
LEICESTER		National Space Center	
LIVERPOOL	Knowsley Safari Park (à Prescot), Aquarium Blue Planet (à Cheshire Oaks)	Norton Priory Museum (à Runcorn)	
LONDRES	Zoo, aquarium	Transport Museum, Science Museum, Museum of London, Madame Tussaud's, HMS Belfast, London Film Museum, National Maritime Museum et le Peter Harrison Planetarium (à Greenwich)	London Eye
MAN (ÎLE)			Snaefell Mountain Railway (près de Douglas)
MANCHESTER		MOSI	The Lowry, Manchester United Stadium
MUR D'HADRIEN		Roman Army Museum (à Carvoran), Housesteads (près de Henshaw)	
NEWCASTLE-UPON-TYNE		The North of England Open-Air Museum (à Beamish)	Centre for Life
NORTHAMPTON		Canal Museum, Museum and Art Gallery	
NORWICH		Norwich Castle Museum, Sainsbury Centre for Visual Arts	Bure Valley Railway (à Wroxham)
OXFORD		University Museum of Natural History, Museum of History of Science	Roald Dahl's Gallery (à Aylsebury)
RÉGION DES LACS	Lakes Aquarium, South Lakes Wild Animals Park (à Dalton-in-Furness)	Beatrix Potter Museum (à Hill Top)	Ravenglass and Eskdale Railway, parcs d'attractions
PLYMOUTH	Aquarium		South Devon Railway (à Buckfastleigh)
PORTSMOUTH	Blue Reef Aquarium, Wildfowl & Wetlands Centre (à Arundel)	HMS Victory, Explosion, Royal Navy Submarine Museum, Weald and Downland Open Air Museum (à Singleton)	
ROCHESTER		Guildhall Museum, Historic Dockyard (à Chatham)	
RYE			Romney-Hythe-Dymchurch Railway (à New Romney)
ST ALBANS	Whipsnade Wilde Animal Park, Woburn Safari Park	Verulamium Museum	Knebworth House
SHEFFIELD		Magna	
SHREWSBURY		Shrewsbury Museum	Ironbridge Victorian Town
SOUTHAMPTON	Hawk Conservancy Trust	National Motor Museum (à Beaulieu)	Canöe Kayak (à Beaulieu)
STAMFORD	Rutland Water		
WELLS	Wookey Hole, Safari Park (à Longleat)		
WHIGHT (ÎLE)			Dinosaur Farm, Dinosaur Isle, Village Model
WINCHESTER	Marwell Zoological Park (près de Lower Upham)		Mid-Hants Watercress Line (à New Alresford)
WINDSOR			Legoland Windsor
YORK		National Railway Museum, Jorvik Viking Center	
Pays de Galles			
CARDIFF		National Museum of Wales, St-Fagan's National Museum	Techniquest, Pierhead
SWANSEA	National Botanic Garden	National Waterfront Museum	
SNWODONIA			Snowdon Mountain Railway, Ffestiniog & Welsh Highland Railways

Mémo

Agenda

Bon à savoir – Retrouvez tout le programme des manifestations par thèmes (art, sport, festivals...), régions et/ou périodes, sur le site **www.visitbritain.com** (rubrique « Events »).
Pour réserver à l'avance vos billets (spectacles, événements...) : **Keith Prowse** - 20 rue Laffitte - 75009 Paris - ✆ 01 42 81 88 00 - www.keithprowse.com.

MARS

Pays de Galles – *St David (1er mars).* Fête nationale galloise. Les patriotes arborent une jonquille ou un poireau à la boutonnière, deux emblèmes nationaux.

AVRIL

La Tamise – *Oxford-Cambridge Boat Race.* Course annuelle d'aviron (de Putney à Mortlake) opposant les deux universités.

MAI

Helston, Cornouailles – *Flora Day Furry Dance.* Cinq danses processionnelles, celles de 10h et 12h étant les plus spectaculaires.
Londres – *Chelsea Flower Show.* Célèbre exposition florale dans le parc du Royal Hospital.
Brighton – *International Festival.* Le plus grand festival artistique d'Angleterre : musique, danse, théâtre et littérature.
Glyndebourne, East Sussex – *Glyndebourne Festival Opera (mai-août).* Programme prestigieux... et traditionnel pique-nique champêtre en tenue de soirée.

JUIN

Windsor – *Ascot Gold Cup.* Prestigieuse course de chevaux, à environ 6 miles du château.
Londres – *Horse Guards Parade (2e ou 3e sam.).* Grande parade à cheval à l'occasion de l'anniversaire officiel de la reine Élisabeth II.

JUIN-JUILLET

Wimbledon – Le célèbre championnat international de tennis sur gazon.

JUILLET

Hay-on-Wye, pays de Galles – Festival dans la cité du livre : colloques littéraires, drames, concerts.
Llangollen, pays de Galles – *Eisteddfod.* Festival international de musique et de tous les arts gallois traditionnels durant 5 jours.
Cambridge – *Folk Festival.* L'un des plus grands festivals européens de musique acoustique.
Henley, Oxfordshire – *Henley Royal Regatta (1re sem.).* Principales régates d'Angleterre pour amateurs, sur la Tamise.

JUILLET-SEPTEMBRE

Londres – *The Proms.* Au Royal Albert Hall, le plus grand festival de musique classique du pays, avec une centaine de concerts.

AOÛT

Gloucester, Hereford et Worcester – *Three Choirs Festival.* Concerts de chant choral dans chacune des trois villes en alternance.

Bristol – *Harbour Festival.* Spectacles maritimes.
Portsmouth – *International Kite Festival.* Rencontre internationale des amateurs de cerfs-volants.
Liverpool – *Mathew Street Festival.* Festival de rue.
Londres – Carnaval de Notting Hill.

OCTOBRE

Canterbury – *Festival.* Deux semaines d'événements.
Nottingham – *Goose Fair.* La plus grande fête foraine d'Europe.
Toute la Grande-Bretagne – *Halloween (le 31).* Cette fête d'origine celte donne lieu à de nombreuses manifestations.

NOVEMBRE

Londres et **Brighton** – *Veteran Car Run (1er dim.).* Course de vieilles voitures.
Toute la Grande-Bretagne – *Bonfire Night (5 nov.).* Retraite aux flambeaux et feux d'artifice en souvenir de Guy Fawkes et de la Conspiration des poudres.
La City, Londres – *Lord Mayor's Show (2e sam.).* Grand défilé à l'occasion de l'intronisation du nouveau lord-maire.

DÉCEMBRE

Toute la Grande-Bretagne – De nombreux sites, parcs, châteaux et manoirs proposent un programme de visites spéciales.

Bibliographie

HISTOIRE ET BIOGRAPHIES

Histoire de la Grande-Bretagne, R. Marx et Ph. Chassaigne (Perrin).
La Révolution industrielle, 1780-1880, J.-P. Rioux (Seuil).
De l'Empire au Commonwealth, R. Marx (Ophrys).
Guillaume le Conquérant, M. de Boüard (Fayard).
Henri VIII, le pouvoir par la force, B. Cottret (Payot).
Le Royaume au féminin, Élisabeth Ire d'Angleterre, B. Cottret (Fayard).
Cromwell, B. Cottret (Fayard).
Churchill, W. Manchester, 2 tomes (Robert Laffont).
Margaret Thatcher, de l'épicerie à la Chambre des Lords, J.-L. Thiériot (Fallois).
Lady Di, Irène Frain (Assouline).
Mémoires, Tony Blair (Albin Michel).

POUR MIEUX COMPRENDRE LA GRANDE-BRETAGNE

Les Anglais, portrait d'un peuple, J. Paxman (Saint-Simon). Portrait plein d'humour de nos voisins d'outre-Manche, à travers leur histoire, leur attachement à la nature, aux traditions… et bon nombre de stéréotypes.
Les Miscellanées de M. Schott, B. Schott et B. Donné (Allia). La quintessence de l'esprit et de l'humour anglais dans ce recueil aussi pratique que futile.
Sky, my husband !, J.-L. Chiflet et P. Lebrun (Seuil). Recueil d'expressions françaises traduites en anglais, pour une approche humoristique de la langue.
Jardins anglais, collectif (Phaidon). Présentation des principaux jardins du 16e s. à nos jours.

ART

Bon à savoir – Sur place, l'amateur trouvera un grand choix d'ouvrages d'art à prix modérés.
Les Arts décoratifs anglais : histoire et collections inédites, S. Cliff (La Martinière). Panorama illustré de la tradition britannique : mobilier, textiles, verrerie…
Les Préraphaélites, un modernisme à l'anglaise, L. des Cars (Gallimard). Histoire de la confrérie illustrée de reproductions.

Conversation anglaise, le groupe de Bloomsbury, collectif (Gallimard). Réunit essais et reproductions.
E 1, Gilbert et Georges (ENS-LSH). Compositions photographiques sur l'East End londonien, par deux de ses célèbres habitants.

SAVEURS

My Cuisine, T. Deseine (Marabout). Compilation des recettes de la célèbre chef et auteur culinaire.
Aujourd'hui, je cuisine british, Annie Bell (Hachette). Recettes pour le quotidien ou les grandes occasions, par un écrivain gastronomique reconnu en Grande-Bretagne.
Tourtes et Pies, A. Boggiano (Larousse). Par une cuisinière italienne installée à Londres.
Avec un nuage de lait s'il vous plaît, J. Bentham (Minerva). Cinquante recettes sucrées ou salées à déguster à l'heure du thé.
Et aux éditions Marabout, variations autour d'incontournables douceurs : *Cheesecake*, K. Black ; *Crumbles*, C. Le Foll ; *Cupcakes, cookies et macarons*, collectif.

LITTÉRATURE

Voici quelques ouvrages représentatifs des lettres britanniques contemporaines, ou dont l'intrigue se déroule en Grande-Bretagne.
Train de nuit ; L'Information ; London Fields ; La Flèche du temps, Martin Amis (Gallimard). Auteur londonien en vogue, souvent sans pitié pour ses personnages.
Pensées secrètes ; L'Auteur ! L'Auteur ! ; La Chute du British Museum ; La Vie en sourdine, David Lodge (Rivages). Le monde universitaire et littéraire croqué par un auteur à la plume drôlement acerbe.
La Maison du sommeil ; Bienvenue au club ; Le Cercle fermé ; La Pluie, avant qu'elle tombe, Jonathan Coe (Gallimard). Un aller simple pour l'Angleterre, humour compris.
À propos d'un gamin ; Haute Fidélité, Vous descendez ? ; Juliet, Naked, Slam, Nick Hornby (10/18). Une photographie souvent drôle et juste de la vie en Angleterre.
Délire d'amour ; Sur la plage de Chesil ; Samedi, Ian McEwan (Gallimard). Romans insolites, provocateurs, où l'énigme policière n'est jamais loin.
Dans les replis du temps ; À quand les bonnes nouvelles ? Kate Atkinson (LGF). Des histoires multiples, à rebondissement, émaillées de références à la culture britannique.
England, England ; Arthur et George ; Rien à craindre, Julian Barnes (Gallimard). Écrivain prolixe, francophile et plusieurs fois primé.
Armadillo ; Orages ordinaires ; La Vie aux aguets, William Boyd (Seuil). Réflexion non dénuée d'humour sur la « personnalité » anglaise.
Sourires de loup ; De la beauté, Zadie Smith (Gallimard). Jeune écrivaine anglo-jamaïcaine.
Hôtel du lac ; Étrangers, Anita Brookner (Seuil). Des œuvres intimistes, empreintes de nostalgie.
Le Cercle de la croix ; Le Portrait ; La Chute de John Stones, Iain Pears (Pocket). Romans historiques.
Le Pays des eaux ; La Lumière du jour, Graham Swift (Gallimard). Une des figures majeures du roman contemporain.
Empire du soleil ; La Vie et rien d'autre (Denoël) ; *Nouvelles complètes 1956/1962* (Tristram), J.-G. Ballard. Écrivain de science-fiction et d'anticipation sociale.
Voir aussi « Littérature » (p. 93).

LITTÉRATURE JEUNESSE

Les Chroniques de Narnia, C.-S. Lewis (Gallimard). Série de 7 contes fantastiques.
Charlie et la Chocolaterie ; L'Énorme Crocodile ; Le Bon Gros Géant, Roald Dahl (Gallimard). L'écrivain gallois « rêveur » s'adresse autant aux

THE FAMOUS FIVE
Les 21 aventures mettant aux prises ces quatre enfants et leur chien Timothy avec des malfrats ont fait la gloire d'**Enid Blyton** (1897-1968). Plus connus en France sous le nom de **Club des Cinq**, Timothy devenant le fameux Dagobert, les aventures de ce quatuor ont pour cadre Kiorin Cottage, une demeure de Cornouailles transportée en Bretagne pour le public français. Mais Enid Blyton, c'est aussi les séries des *Mystères*, du *Clan des Sept* et, pour les tout-petits, de *Oui-Oui* (*Noddy* en version originale), dont l'adaptation théâtrale remporte un vif succès auprès d'un public sans cesse renouvelé.

petits qu'aux grands. Nombre de ses textes ont été illustrés avec humour par Quentin Blake. Romans à intrigue, dès 9 ans.
Pierre Lapin ; *Le Tailleur de Gloucester* ; *Jérémie Pêche-à-la-ligne* ; *Sophie Canétang*, B. Potter (Gallimard Jeunesse). Des histoires pour les petits, illustrées d'animaux et de paysages aquarellés du Lake District *(voir p. 574)* où vécut l'auteur.
Sur le phénomène Harry Potter, voir p. 97.

Filmographie

1948 – *Hamlet*, de L. Olivier avec L. Olivier et J. Simmons.
Whisky à gogo, d'A. MacKendrick avec B. Radford. Un classique de l'humour anglais.
1949 – *Noblesse oblige*, de R. Hamer avec A. Guinness. La quête, pleine d'humour noir, d'un titre perdu.
1955 – *Tueurs de dames (Lady Killers)*, d'A. MacKendrick avec A. Guinness. Le hold-up du siècle dans un classique de comédie à l'anglaise.
1960 – *Saturday Night and Sunday Morning*, de K. Reisz avec A. Finney. L'histoire d'un ouvrier de Nottingham amateur de plaisirs, tiré d'une nouvelle d'Alan Sillitoe.
1964 – *Quatre Garçons dans le vent*, de R. Lester, sur et avec les Beatles.
Mary Poppins, de R. Stevenson.
1968 – *If*, de L. Anderson avec M. McDowell. Des lycéens en révolte contre le système éducatif.
1971 – *Orange mécanique*, de S. Kubrick avec M. McDowell. Approche visionnaire d'une société livrée à une violence gratuite.
1980 – *Elephant Man* de D. Lynch. Un homme affecté de malformations tente de survivre dans l'Angleterre victorienne.
1981 – *La Maîtresse du lieutenant français*, de K. Reisz avec M. Streep et J. Irons.
1988 – *Un poisson nommé Wanda*, de C. Chrichton avec J. Cleese, K. Kline et J. Lee Curtis. Comédie truculente par les Monthy Python.
1992 – *Retour à Howard's End*, de J. Ivory avec A. Hopkins et E. Thompson. Dans l'Angleterre victorienne, l'histoire de deux sœurs libre-penseuses.
1993 – *Les Vestiges du jour*, de J. Ivory avec A. Hopkins et E. Thompson. Après trente ans de service, un majordome revient sur son choix de vie.
1997 – *The Full Monty (Le Grand Jeu)*, de P. Cattaneo. Dans une ville industrielle touchée sévèrement par le chômage, des hommes tentent le tout pour le tout pour garder la tête haute.
1999 – *Billy Elliot*, de S. Daldry avec J. Bell et G. Lew. La touchante histoire d'un garçon rêvant de devenir danseur.
2003 – *Love Actually*, de R. Curtis avec H. Grant. Une comédie romantique en forme de conte de Noël.

2004 – *Stage Beauty*, de R. Eyre avec B. Crudup et C. Danes. Évolution des mœurs dans le milieu du théâtre londonnien au 17e s.

2005 – *Orgueil & Préjugés*, de J. Wright avec K. Knightley et M. McFadyen. Adaptation du roman de Jane Austen.

Oliver Twist, de R. Polanski avec B. Clark et B. Kingsley.

Match Point de W. Allen avec S. Johansson et J. Rhys-Meyers. Savoureux thriller où rivalisent passion et ascension sociale.

2006 – *Secrets de famille*, de N. Johnson, avec M. Smith et R. Atkinson. L'arrivée cocasse d'une gouvernante dans la famille en déroute d'un pasteur de province.

2007 – *This is England*, de S. Meadows. Dans le nord de l'Angleterre, un garçon désœuvré intègre une bande de skinheads.

It's a free World, de K. Loach, avec K. Wareing, J. Ellis. Une victime du « système » devient un rouage de l'exploitation des travailleurs clandestins en Angleterre.

2008 – *Deux Sœurs pour un roi*, de J. Chadwick, avec S. Johansson et N. Portman. La rivalité de Mary et Anne Boleyn pour gagner la faveur d'Henri VIII.

The Duchess, de S. Dibb, avec K. Knightley, C. Rampling. À la fin du 18e s., la duchesse du Devonshire, trompée et insatisfaite, s'engage dans la vie publique.

Un mariage de rêve, de S. Elliott, avec C. Scott Thomas et C. Firth. Une riche veuve américaine remariée à un jeune aristocrate anglais arrive dans sa belle-famille : le choc des cultures. Inspiré d'un film d'Alfred Hitchcock de 1927.

2009 – *Good Morning England*, de R. Curtis, avec P. Seymour Hoffman. En 1966, l'aventure de Radio Rock, une radio pirate qui émet depuis un bateau en mer du Nord.

2010 – *Robin des Bois*, de R. Scott, avec R. Crowe et C. Blanchett. Une interprétation personnelle du Robin Hood d'avant la légende.

Voir aussi « Cinéma » (p. 102).

2/ COMPRENDRE

Drapeau du Royaume-Uni (Union Jack).
F. Fell/Tips/Photononstop

Vue d'aujourd'hui

Riche et complexe, la société britannique dévoile un peu d'elle-même dans ses institutions, ses traditions monarchiques ou son goût égal pour le sport et les pubs. Mondaine ou populaire, stricte ou tolérante, secrète ou conviviale, elle surprend et séduit. Avec une économie dynamique, dont les activités traditionnelles ont connu de profondes mutations, la Grande-Bretagne offre, entre grandes villes au rythme effréné et paisibles campagnes, le caractère varié de ses régions.

La société

La Grande-Bretagne est composée de l'Angleterre, du pays de Galles et de l'Écosse. Dans le langage courant, toutefois, ce terme est souvent utilisé pour parler du Royaume-Uni, qui inclut aussi l'Irlande du Nord. L'Angleterre accueille la majorité des Britanniques, avec près 50 millions d'habitants. C'est là aussi que se trouvent les trois plus grandes villes du pays : Londres, Birmingham et Manchester. Le pays de Galles, pour sa part, compte moins de 3 millions d'habitants, le tiers d'entre eux habitant dans le Sud.

D'ABORD AFFABLE

Lors d'un premier séjour, vous serez sans doute agréablement surpris par l'aide qui vous sera proposée si vous semblez égaré. Cette prévenance s'étend aux déplacements routiers : les Anglais savent rester patients au volant, même quand le touriste un peu perdu s'engage du mauvais côté du rond-point !

Dans la plupart des lieux publics, vous verrez que vous pouvez engager la conversation facilement. Si la convivialité est d'usage dans les pubs, elle peut également s'exercer simplement dans la rue quelques minutes, lors d'une discussion. L'un des sujets récurrents est la météo, mais si l'échange est plus sérieux, cela ne signifie pas pour autant qu'une grande amitié est en train de naître, ni que votre interlocuteur vous trouve particulièrement sympathique. Ne soyez pas dérouté. Bien sûr, le regard sur l'étranger n'est pas à l'abri des clichés. Mais les préjugés s'exercent aussi entre Gallois et Anglais, et même entre ceux du Nord et du Sud. Les

L'HUMOUR ANGLAIS

Parmi tous les traits de caractère attribués aux Anglais, le sens de l'humour est sans doute l'un des rares qu'ils revendiqueraient haut et fort. Qui ne sait pas rire de lui-même, ni apprécier le côté absurde ou le ridicule d'une situation, risque bien d'être malheureux en société. Quand un Anglais dit d'autrui qu'il n'a pas d'humour, soyez certain qu'il ne s'agit pas d'un compliment ! L'ironie et les mots d'esprit, très appréciés, donnent cette touche pince-sans-rire.

Graffeur à Brighton.
K. Mason / Loop Images/Photononstop

Anglais considèrent par exemple que les Gallois sont bavards, et ces derniers, en retour, trouvent les Anglais plutôt introvertis. Il existe cependant une grande tolérance pour les apparences vestimentaires et capillaires ainsi que pour les comportements excentriques. Un accoutrement qui choquerait en France n'attirera ici que peu de réactions.

« Privacy » et insularité

C'est dans le foyer que s'exprime peut-être au plus haut point l'importance accordée au respect de la vie privée *(privacy)*. Si les lieux publics sont le domaine de la sociabilité, la maison est le territoire d'une intimité jalousement gardée. Les rencontres, même très amicales, ne sont que rarement suivies d'une invitation au domicile. L'architecture, qu'il s'agisse d'une maison en banlieue ou d'un manoir dans la campagne, indique clairement avec ses murs et ses haies ce besoin de discrétion et de tranquillité. Les intérieurs peuvent être particulièrement bien aménagés et cosy, les Britanniques étant souvent de grands bricoleurs. L'ensemble des traits de caractère des Britanniques sont souvent justifiés par l'insularité. Cette particularité géographique permettrait aussi d'expliquer certaines réticences, comme celle émises face à l'Union européenne et la monnaie unique. Mais il est peut-être aussi possible de trouver un complément d'explications dans l'histoire des institutions civiles et religieuses du pays.

LES MINORITÉS

Les personnes issues de minorités ethniques constituent aujourd'hui environ 7 % de la population britannique, la moitié d'entre elles étant nées dans le pays. Leur présence résulte des grandes vagues migratoires des 19e et 20e s. Parmi les premiers à s'installer en Grande-Bretagne, on compte nombre de Russes juifs, parlant yiddish. Puis vinrent, surtout après la Seconde Guerre mondiale, des Jamaïcains et des Antillais, qui représentent, avec les Africains, la plus importante communauté d'origine étrangère. Une décennie plus tard, les Indiens et les Pakistanais prirent le relais. Leur intégration dans la société anglaise s'est souvent bien déroulée, et nombre d'entre eux font aujourd'hui partie de la classe moyenne. Enfin, des Vietnamiens, des habitants de Hong Kong, ainsi que des ressortissants des Balkans et d'Europe de l'Est, ont choisi de vivre sur le sol britannique.

Des villes multiculturelles

Ces immigrants successifs se sont essentiellement installés dans les grandes villes des Midlands ou dans la capitale, où l'on ne compte pas moins de 200 langues. Très peu, pour des raisons économiques, ont choisi les zones rurales. Nombre de ces communautés, même d'installation ancienne, gardent leur religion, leurs traditions, voire la langue de leur pays d'origine. Leurs proches sont en général des personnes venant de la même région du monde, habitant le même quartier, et les mariages mixtes restent assez rares. Cet état de fait est favorisé par la politique anglaise. Les Britanniques, contrairement au système d'intégration à la française, ont une approche multiculturaliste, semblable à celle des États-Unis. La cohabitation des différentes communautés, malgré des tensions, participe de la vitalité de la société.

Les religions

Preuve d'une tolérance certaine, beaucoup de religions coexistent en Grande-Bretagne. La majorité des habitants se réclame du protestantisme, et notamment, pour 45 % d'entre eux, de l'Église anglicane, qui accueille des femmes dans son clergé depuis 1992. Mais il existe aussi des catholiques, des juifs, des musulmans, des bouddhistes, des hindouistes, des sikhs… On compte ainsi dans le pays, outre d'innombrables églises et temples, plus de 1 000 mosquées et quelque 140 temples hindous. Parfaite illustration de l'état d'esprit anglais, l'*assembly* est une brève réflexion morale proposée chaque matin aux écoliers : si Dieu y est parfois évoqué, aucune référence à une religion particulière n'y est jamais faite.

LES INSTITUTIONS POLITIQUES

La Grande-Bretagne est une **monarchie constitutionnelle**, forme de gouvernement selon lequel le roi ou la reine se voit investi du pouvoir suprême. Le souverain est toutefois soumis à la loi, comme n'importe quel citoyen. Dans le système britannique actuel, les pouvoirs de la reine sont minimes, le pays étant de fait dirigé par le Premier ministre et son gouvernement, tandis que le Parlement, et surtout la Chambre des communes, élue au suffrage universel, vote les

LES DRAPEAUX

L'**Union Jack**, le drapeau britannique, tire son nom du *jack-staff*, le mât des navires sur lequel il était hissé. Il regroupe les croix des saints patrons de l'Angleterre, de l'Écosse et de l'Irlande, à savoir, respectivement, saint George, saint André et saint Patrick. Il réunit ainsi les emblèmes des trois pays, unis sous une même couronne en 1800, lors de la naissance du **Royaume-Uni**. Il n'inclut pas les emblèmes du pays de Galles, car celui-ci faisait alors déjà partie de l'Angleterre. C'est à Cardiff que l'on peut voir flotter le **drapeau gallois**, qui date du 15e s. : un beau dragon rouge sur fond blanc et vert.

lois. À la différence de la France, la Grande-Bretagne ne possède pas de Constitution au sens strict. Mais un ensemble de lois ou règles de jurisprudence garantissent les libertés individuelles et limitent le pouvoir des autorités. Pour exemple, depuis le règne de Charles II, l'**Habeas Corpus Act** protège l'individu de toute arrestation arbitraire, en rendant obligatoire la parution de l'accusé devant un tribunal dans un délai déterminé.

Le Parlement

L'institution suprême en Angleterre est le Parlement, composé de la **Chambre des lords** (House of Lords) et de la **Chambre des communes** (House of Commons). La première a surtout un rôle consultatif, et dispose juste d'un droit de veto limité à un an, qui permet de retarder l'application d'une loi (sauf la loi de finances), tandis que la seconde discute, amende et vote les textes législatifs. Seule la Chambre des communes est composée de députés; ceux-ci sont élus tous les quatre ou cinq ans par tout Britannique de 18 ans ou plus, toujours un jeudi, selon la tradition. La Chambre des lords, de son côté, comprend systématiquement les lords spirituels (archevêques et certains évêques) et les lords laïques (membres de l'aristocratie et roturiers élevés au rang de lord pour services rendus à la Couronne). Depuis 2000, le nombre de ses membres a été très restreint, pour des raisons politiques : alors que toute la noblesse britannique héréditaire siégeait auparavant à la chambre, seuls 90 de ses membres, élus par leurs pairs, disposent désormais de ce droit.

Selon une tradition et un esprit bien anglais, la Chambre des lords et celle des communes sont organisées toutes deux suivant une discipline et un protocole très stricts, notamment au niveau du placement, et la politesse est bien sûr de rigueur. Même aux Communes, les applaudissements comme les sifflets sont interdits, et, pour chaque parti, un député nommé *whip* est chargé de veiller à ce que chacun respecte les consignes politiques et soit présent lors des votes importants.

Le gouvernement

À l'issue des élections de la Chambre des communes, le leader du parti majoritaire devient automatiquement **Premier ministre**. Du fait de ce système, il est impossible qu'une cohabitation à la française voie le jour en Angleterre, le chef du gouvernement étant nécessairement le représentant du parti majoritaire à l'Assemblée. Si, pour une quelconque raison, il se trouvait mis en minorité, il serait contraint par la loi de démissionner. Pour gouverner, le Premier ministre est assisté des ministres, dont certains composent le **cabinet**. Toutes les semaines, il a une entrevue privée avec la reine et lui présente les différents dossiers. Le plus souvent, il tient compte de ses avis, en particulier en matière de politique étrangère, mais c'est de fait le gouvernement qui détient le pouvoir exécutif.

L'Assemblée galloise

Depuis 1999, le pays de Galles dispose de sa propre Assemblée, élue au suffrage universel tous les quatre ans. En 2003, celle-ci est devenue le premier parlement du monde à respecter strictement la parité hommes-femmes. L'Assemblée compte 60 députés qui sont notamment chargés de voter le budget : cela permet aux Gallois de définir eux-mêmes les secteurs qu'ils jugent prioritaires. L'Assemblée du pays de Galles est aussi un lieu de débats, à partir duquel peuvent émerger des propositions qui seront examinées au niveau national. La région n'a toutefois pas de pouvoir législatif. Elle reste soumise, comme l'ensemble des Britanniques, aux lois votées par le Parlement de Westminster, tout en ayant la possibilité de les adapter, dans certaines limites, aux spécificités galloises (aspects réglementaires). Les attributions de l'Assemblée du pays de Galles, comme celles du Parlement d'Écosse, pourraient être étendues dans les années à venir.

LA MONARCHIE

La monarchie trouve son origine dans les sept royaumes anglais qui existèrent du 6e au 9e s. : la Northumbrie, l'East Anglia, l'Essex, la Mercie, le Wessex, le Sussex et le Kent. La cérémonie du couronnement, surtout à partir de la conquête normande, conféra au roi consacré une dimension sacerdotale. Ce n'est que progressivement que la monarchie devint héréditaire. À partir du 17e s., les pouvoirs du souverain diminuèrent pour se rapprocher le plus de ce qu'ils sont aujourd'hui, durant le règne de Victoria. Le droit du monarque fut alors défini comme étant « le droit à être consulté, à encourager et à prévenir », bien que Victoria elle-même s'attachât à exercer un contrôle sur l'empire et les affaires étrangères.
De nos jours, la reine jouit en fait de peu de pouvoir, mais elle a en revanche beaucoup de devoirs. Intervenant de façon minime dans les affaires publiques, elle reste la garante d'un certain décorum qui séduit encore nombre de Britanniques. C'est par exemple la reine qui approuve en dernier lieu les lois, mais, depuis le 19e s., aucun souverain n'est jamais allé à l'encontre des décisions du Parlement. Bien que ses avis puissent être pris en compte, elle joue surtout un rôle de représentation, à la fois à l'intérieur et à l'extérieur du pays.

Les prérogatives royales

Héritières de la tradition monarchique, diverses prérogatives restent attachées à Sa Majesté. C'est par exemple la reine, qui, officiellement, déclare la guerre ou la paix, signe les traités ou reconnaît les États ou gouvernements étrangers. Elle dispose aussi d'un droit de grâce, le souverain étant *Fountain of Justice* (fontaine de justice), et peut réduire une condamnation à perpétuité, en accord avec le ministère de l'Intérieur. Enfin, elle garde le pouvoir de décerner de son propre chef quelques-uns des titres honorifiques anglais, comme celui de chevalier de l'ordre du Mérite.
Par ailleurs, la reine demeure le chef du **Commonwealth**. Cette association de pays de langue anglaise, partageant certains idéaux comme la démocratie ou le développement durable, comprend 54 membres, dont d'anciennes colonies britanniques comme l'Inde ou le Pakistan. Cette alliance consiste surtout en des échanges de savoir-faire, mais contribue aussi au rayonnement de l'Angleterre sur la scène internationale.

La noblesse et les titres

Soutien direct de la monarchie, l'aristocratie anglaise compte environ 800 **lords** (nobles de haut rang) : ducs, marquis, comtes, vicomtes et barons. Ce sont les pairs héréditaires du royaume dont la noblesse se transmet de père en fils. Ils se distinguent des quelque 400 pairs à vie, qui, eux, ont été élevés à ce rang pour services rendus, mais dont le titre n'est pas transmissible. Avant tout honorifique, cette distinction leur permet de se faire appeler *sir* (*lady* pour leur épouse), ou *dame*, de siéger à la Chambre des lords et, éventuellement, de voir s'ouvrir certaines portes. Outre ces titres, il existe nombre de distinctions susceptibles d'honorer un citoyen, de la banale British Empire Medal à l'élévation à l'un des ordres de chevaliers, comme le Batchelor. Figurer sur la *Liste des honneurs*, publiée chaque année en juin, est une forme de reconnaissance sociale que bien peu refusent.

Les Anglais et la royauté

Bien que les médias, notamment les tabloïds comme *The Sun*, se montrent parfois irrévérencieux envers la famille royale, il semble qu'une majorité d'Anglais soutienne toujours la Couronne. Cette popularité connaît toutefois des hauts et des bas, les déboires sentimentaux du prince Charles ayant entaché le prestige de la famille. La question des dépenses de la reine est aussi un thème récurrent, beaucoup souhaitant qu'elles soient encore réduites. Pour l'étranger, les relations des Britanniques avec la royauté peuvent sembler ambiguës. Mais il ne faut pas oublier que les Anglais sont assez respectueux de la hiérarchie sociale, que symbolise la monarchie constitutionnelle. Le sentiment d'appartenance à tel ou tel groupe reste très fort, en bas comme en haut de l'échelle, et une personne « bien née » mais peu fortunée bénéficiera souvent de plus de considération qu'un « nouveau riche ».

L'économie

Sixième économie mondiale, le Royaume-Uni se place au 2e rang au sein de l'Union européenne, derrière l'Allemagne. L'Union constitue aujourd'hui le premier client et le premier fournisseur du Royaume-Uni, devant les États-Unis, avec plus de 56 % des échanges commerciaux du pays.

L'AGRICULTURE ET LA PÊCHE

Jusqu'au 18e s., l'**agriculture** a représenté la base économique de la Grande-Bretagne. Aujourd'hui, très mécanisée, elle n'emploie qu'une part infime de la population active (moins de 1,5 %), et contribue pour moins de 1 % au PIB. Cette agriculture intensive, grande consommatrice d'engrais, couvre environ 70 % des besoins alimentaires du pays. D'immenses exploitations pratiquent le plus souvent à la fois l'agriculture, en cultivant notamment de l'orge ou de la betterave à sucre, et l'élevage bovin laitier. Plus marginal, surtout depuis la crise de la vache folle des années 1990, l'élevage bovin destiné à la production de viande est concentré dans le pays de Galles et les Midlands. Comme d'autres pays européens, le monde agricole anglais se trouve toutefois face à de nouvelles évolutions. La réduction de la production laitière, amorcée dès 1984 avec l'instauration de quotas, a déjà amené une baisse de l'élevage intensif dans certaines zones. Aujourd'hui, les orientations de Bruxelles, qui tendent plus que jamais à encourager des pratiques respectueuses de l'environnement, pourraient bien accentuer cette tendance et favoriser notamment de nouvelles formes de cultures.

Naguère omniprésente, la **pêche** a considérablement perdu de son importance, en raison surtout de la modification des limites des eaux territoriales et des droits de pêche afférents. Les quotas autorisés n'ont pu empêcher le déclin des grands ports comme Hull et Grimsby, dont se sont éloignées les conserveries.

LES SOURCES D'ÉNERGIE

La Grande-Bretagne occupe une place à part en Europe par la variété de ses sources d'énergie. Grâce aux gisements de **gaz naturel** situés au large des côtes du Norfolk et du

Lincolnshire, la Grande-Bretagne reste le 6e producteur mondial, bien que sa production ait chuté de 45 % depuis le pic enregistré en 2000. Plus au nord, au large de l'Écosse et des Shetland, les gisements de **pétrole léger** (Ecofisk, Forties, Brent entre autres) participent pour une très forte part au dynamisme du commerce extérieur britannique. Mais la production a également baissé de plus de 40 % depuis le pic atteint en 1999.

Le Royaume-Uni est ainsi redevenu un importateur net d'énergie à partir de 2004 et, selon les prévisions, la production de pétrole et de gaz du pays devrait prendre fin vers 2020-2025, en raison de l'épuisement des gisements. Pour se préparer à ces difficultés, le Royaume-Uni tente de développer les énergies renouvelables… et relance sa filière nucléaire, gelée depuis 1995.

Développée à partir de la mise en marche du réacteur expérimental de Calder Hall en 1956, l'énergie nucléaire est produite par une quinzaine de centrales, presque toutes situées sur les côtes pour en assurer le refroidissement.

Enfin, le **charbon** fournit encore une part de l'énergie britannique, bien que, depuis la Première Guerre mondiale, la production ne cesse de diminuer. En raison de la fermeture des gisements épuisés (bassin du Kent en 1989) et de celle des puits les moins productifs, la production se concentre surtout dans le bassin du Yorkshire et du Nottinghamshire, avec des unités de production très mécanisées.

L'INDUSTRIE

Le secteur industriel assure plus de 23 % du PIB, et emploie environ 18 % de la population active. Mais, depuis plus de vingt ans, le paysage industriel de la Grande-Bretagne s'est radicalement transformé. Alors que les principaux secteurs traditionnels qui avaient fait la prospérité du pays jusqu'aux années 1970 poursuivent leur lent déclin, d'autres productions tirent désormais l'industrie britannique, accompagnant le boom des services. Les anciennes régions industrielles, comme le nord de l'Angleterre, les Midlands ou le sud du pays de Galles ont pâti de cette évolution, tandis que d'autres, et notamment le Sud-Est, connaissent un nouveau dynamisme. Cette situation se reflète dans les chiffres du chômage, plus élevés dans le Nord que dans le Sud.

Les secteurs en pointe

La place prépondérante de l'**industrie chimique** dans le domaine industriel est incontestable : production de soude, colorants, verre et savons, pneumatiques, engrais, céramique, pétrochimie. C'est dans cette branche que se situent les plus grands groupes britanniques, tels Coats Plc, Imperial Chemical Industries ou British Petroleum.

Mais la chimie, c'est aussi la **pharmacie**, qui connaît une très forte croissance, avec notamment GlaxoSmithKline et AstraZeneca, respectivement au 2e et 6e rang mondial.

Les **biotechnologies**, autre secteur de pointe, se concentrent dans l'Est de l'Angleterre : en tête de ce réseau, la seule ville de Cambridge ne compte pas moins de 185 entreprises dans le domaine !

L'**aéronautique** se porte également très bien. Avec 13 % du marché mondial et 3 000 entreprises, le secteur se situe à la 2e place mondiale derrière les États-Unis, avec notamment BAE Systems ou Rolls-Royce, spécialisé dans les moteurs d'avion, civils et militaires.

Enfin, l'industrie « créative » (art, cinéma, mode, design…), en plein développement, ne cesse de progresser depuis les années 1990.

Les anciens bastions

Depuis les restructurations des années 1980, incluant la modernisation de l'outil et de fortes compressions de personnel, la **sidérurgie** parvient à maintenir un bon niveau. La plupart des usines sont aujourd'hui installées sur la côte, notamment dans le sud du pays de Galles, ou dans le Teesside, où Redcar abrite encore le plus important haut-fourneau d'Europe. Le minerai est maintenant importé du Canada ou d'Australie.

Avec la disparition de Rover et le rachat de ses fleurons (les mythiques Rolls-Royce et Bentley passées dans le giron de Volkswagen et de BMW), l'industrie **automobile** est aujourd'hui contrôlée pour plus de la moitié par des firmes étrangères. Mais si les grands constructeurs ont changé de main, le réseau des sous-traitants locaux s'est développé. Leader européen du secteur dans les années 1960, la Grande-Bretagne se situe désormais au 4e rang au sein de l'Union. Les usines sont pour la plupart situées dans les Midlands (Birmingham, Coventry), le Sud-Est (Londres, Oxford, Luton), le Nord-Ouest (Liverpool, Preston) et le pays de Galles (Swansea, Cardiff).

Quant à la production **textile** (laine ou coton), qui fut pour beaucoup dans la prospérité britannique, elle n'est plus que l'ombre d'elle-même, et largement devancée par les fibres synthétiques et cellulosiques issues de l'industrie chimique.

LES SERVICES

Comme dans tous les pays riches, le secteur des services a connu un formidable essor. Il fournit aujourd'hui plus de 76 % du PIB, et occupe 80 % de la population active, que ce ce soit dans les transports, les télécommunications, la finance, la distribution ou le tourisme, le Royaume-Uni étant la 6e destination mondiale.

Le pays se classe ainsi au 2e rang des exportateurs de services après les État-Unis, dans les secteurs de la banque, de l'assurance, de la Bourse, du conseil et de la programmation informatique.

Ces activités sont concentrées dans la région de Londres. Cette part importante des **services financiers** est une des spécificités du pays, et remonte à la fondation au 17e s. de la Lloyd's, la première compagnie mondiale d'assurances contre les risques maritimes.

La **City** de Londres demeure, avec Wall Street et Tokyo, l'une des trois plus importantes places financières mondiales, malgré la crise qui l'a ébranlée à la fin de l'année 2008. L'économie britannique est alors entrée en récession, avec un recul de 5 % du PIB en 2009 : la même année, le commerce extérieur chutait de 22%, tandis que le déficit public se creusait. Le taux de chômage, de 5,4 % en 2007, est passé à 7,6 % et continue d'augmenter, malgré le redémarrage timide de la croissance.

Spécialités

Si la Grande-Bretagne affiche une carte internationale, incluant toutes les variantes des cuisines indiennes et asiatiques, elle possède aussi une riche tradition de plats régionaux qui mettent en valeur son poisson et son gibier. Il serait dommage de repartir sans avoir goûté notamment les incontournables tourtes sucrées ou salées, les terrines, ou quelques-uns des fromages, que l'on consomme lors du repas ou après le dessert avec des crackers et un doigt de porto.

Les plats régionaux

LONDRES ET LE SUD-EST

La **tourte au bœuf et aux rognons** *(steak and kidney pie)* est le plat le plus apprécié de la région. Les marais du Kent produisent un agneau délicat, et toute la côte fournit les soles de Douvres et autres poissons frais. Le Sussex présente une grande variété de **potées** *(hotpot)* et de **tourtes** *(pie)* essentiellement à base de mouton ou d'agneau, et un excellent maquereau fumé. Whitstable, dans le Kent, est célèbre pour ses huîtres. Parmi les plats londoniens, citons l'omelette « Arnold Bennett », au haddock et au fromage, et les **Chelsea buns**, petits pains fourrés de fruits secs, appréciés depuis l'époque georgienne. Les **maids of honour** *(demoiselles d'honneur)* sont de petites pâtes feuilletées aux amandes.

LE SUD-OUEST

La Cornouailles est célèbre pour sa **crème caillée** *(clotted cream)*, servie sur des galettes avec de la confiture de fraises. Cette crème est délicieuse sur les **tourtes aux pommes** *(apple pie)* – pour lesquelles la région est réputée – relevées avec de la cannelle et des clous de girofle. Elle est aussi connue pour le **cornish pasty**, le **muggety pie** (tourte à base de tripes de mouton), le **kiddley broth** (pain trempé dans de l'eau bouillante) et le **stargazy pie** (tourte préparée avec des sardines). Le steak braisé du Dorset, cuit avec de la chair à saucisse et du porto, apprécie l'accompagnement du pain au gingembre de Widecombe, ou du cake au cidre de Taunton. Le maquereau, frais ou en terrine, est une des richesses de la côte, tout comme le pilchard. Le **cheddar** est un fromage qui doit son nom aux grottes où il est affiné.

LA TAMISE ET LES CHILTERNS

La **brown Windsor soup** est un délicieux potage à base de bœuf, de mouton, de carottes nouvelles et d'oignons. Le canard d'Aylesbury aux petits pois, le soufflé au porc du Hertfordshire et le lapin de garenne aux boulettes s'accompagnent volontiers des **Bucks cherry bumpers**, des cerises à l'eau-de-vie en croûte, ou d'une tourte aux pommes de Banbury. Au petit-déjeuner, immanquable toast à la confiture d'oranges avec quartiers entiers *(Oxford marmalade)*.

Scones et cake aux cerises.
Hall / SoFood/Photononstop

COMTÉ DE WARWICK

La vallée d'Evesham est le verger de l'Angleterre, dont les spécialités sont les prunes, les reines-claudes, les pommes et les poires. Le Herefordshire produit un excellent bœuf et un cidre local que l'on retrouve dans la composition de plats locaux, notamment la cassolette de pigeon au cidre et à l'orange. Le Gloucestershire produit des fromages réputés. Le Worcestershire donne, en saison, des asperges incomparables, et la **Worcester sauce**, qui combine anchois, ail, et épices, est appréciée dans le monde entier depuis 1839.

EAST MIDLANDS

Le Lincolnshire produit de belles pommes de terre que l'on retrouve dans de nombreuses préparations, en particulier dans la délicate échine de porc farcie qui se présente en tranches rose, vert et blanc – on l'obtient en farcissant d'herbes vertes un morceau gras d'échine de porc. Le *Melton Mowbray pie*, délicieux maigre de porc en gelée servi en croûte et légèrement relevé aux anchois, rivalise avec les tourtes au chevreuil de Sherwood, que l'on déguste chaudes ou froides avec de la gelée de groseille.

Trois fromages de la région sont appréciés dans tout le pays : le **stilton**, le **red Leicester** et le **cendré de Derby**.

Bon à savoir – Pour les grandes occasions, dans un trou creusé au centre du fromage, on verse chaque jour, durant une semaine, une cuillerée d'alcool. On déguste ensuite… en buvant du porto.

Les *Bakewell tart* sont des pâtes brisées fourrées aux amandes et à la confiture. Ashbourne produit, tout comme Grantham, un pain au gingembre, et les *pikelets*, pâtisserie tenant de la galette et de la crêpe, sont une spécialité régionale.

EAST ANGLIA

Le Norfolk est réputé pour ses **boulettes** *(dumpling)*. On y apprécie aussi les moules au cidre et à la moutarde et, l'été, la salicorne, « l'asperge du pauvre », qui pousse à l'état sauvage dans les pâturages côtiers innondés par la mer et que l'on mange avec du beurre fondu. Le Suffolk propose des tourtes de crevettes, épicées, cuites en croûte avec du vin, du macis et des clous de girofle. Les *black caps* sont de grosses pommes cuites après avoir été vidées, puis fourrées à la cassonade, à l'écorce d'orange et aux raisins. Les crabes de Cromer ont une chair très parfumée, et les huîtres de Colchester sont renommées.

CUMBERLAND, LE NORD-OUEST ET L'ÎLE DE MAN

Les poissons très variés de la mer d'Irlande, les coques, les coquilles Saint-Jacques, les petites *queenies* de l'île de Man, la terrine de crevettes de Morecambe Bay au beurre et les harengs fumés de l'île de Man assurent la gloire culinaire de la région. L'omble, un poisson des lacs profonds de Lake District, se mange fraîchement pêché ou en terrine. Le cake de Goosnargh est un pain local au gingembre. Le **Cheshire** produit deux bons fromages, l'un à pâte claire et l'autre bleu. Le jambon et les tourtes de chevreuil doivent s'accompagner de Cumberland sauce.

YORKSHIRE, HUMBERSIDE ET LE NORD-EST

Le **roast beef and Yorkshire pudding** (rosbif accompagné d'une délicieuse pâte imprégnée du jus de cuisson du rôti), le **jambon d'York** et le **parkin** (gâteau d'avoine noir à la cannelle, au gingembre, à la noix de muscade et à la mélasse) sont les spécialités du Yorkshire. Les fromages de la vallée de Wensley sont fort prisés après une des nombreuses tourtes de gibier, ou une **potted grouse** (terrine de grouse), pour lesquelles la région est réputée. Le Humberside offre de nombreux plats de poisson. Newcastle a pour spécialité la terrine de saumon, et, tout le long de la côte du Northumberland, les harengs cuits au four avec de la menthe, de la sauge et du poivre sont un mets délicat dégusté chaud ou froid.

LE PAYS DE GALLES

En Angleterre, l'agneau se sert traditionnellement avec une sauce à la menthe, et le mouton avec une gelée de groseille. L'agneau au miel du pays de Galles est délicieux, cuit au cidre avec du thym et de l'ail, et enduit de miel. **Caerphilly** produit un fromage léger qui s'émiette. Le poireau, qui est l'emblème national, figure dans de nombreux plats, dont le **cawl cenin**, une délicieuse soupe. La tourte au crabe et aux coques cuite au four est une spécialité de la péninsule de Gower. La truite de mer locale *(sewin)* est fourrée aux herbes avant la cuisson. Les cakes gallois sont de petites galettes aux groseilles cuites sur une plaque ; comme les **crempogs**, des petites crêpes molles, ils sont à déguster chauds avec du beurre. Le **Bara brith** est un pain riche, à la pâte humide, garni de raisins, de raisins secs, de groseilles et d'écorces d'orange.

Les boissons

LES BIÈRES

La bière à la pression traditionnelle est à base d'orge malté et de houblon, plante qui lui confère son arôme et son amertume. En Grande-Bretagne, on distingue deux sortes de bières : les **lagers** (fermentation basse) et les **ales** (fermentation haute). Il existe plusieurs types de bières *ale* : la *pale ale*, la *brown ale* et la *old ale*. Les brasseries britanniques ont coutume d'appeler leur *ale* la plus forte « vin d'orge » *(barley wine)*. Mais la distinction entre les différentes bières peut se faire aussi selon leur mode de conditionnement. La **keg** est filtrée, pasteurisée et refroidie, puis conservée dans des tonnelets en bois ou en métal de moins de 45 l *(keg)*. La **cask**, dite aussi *real ale*, n'est ni filtrée, ni pasteurisée, ni refroidie. Elle est tirée du fût avec des pompes manuelles.

La **bitter** est la bière traditionnelle la plus populaire en Angleterre et au pays de Galles. Il n'en existe pas de définition précise, mais elle est habituellement plus pâle et plus sèche que la *mild*, et amère car bien houblonnée. La **mild** est surtout répandue au pays de Galles, dans les West Midlands et au nord-ouest de l'Angleterre. C'est une *ale* légèrement houblonnée, pas très forte mais parfumée, et parfois très foncée à cause du malt torréfié.

Les meilleures **stouts** brutes sont brassées en Irlande. On les reconnaît à leur couleur presque noire et à leur col moussu. Elles ont un arôme de caramel ou de chocolat, auquel s'ajoute l'amertume du houblonnage. La *sweet stout* contient un sucre lacté.

LES CIDRES

La fabrication et la consommation de « vin de pomme » (ou pommade) remonterait aux Celtes. Pour fabriquer le véritable cidre de la West Country, seules les pommes amères sont utilisées : ce cidre est sec de goût, non pétillant et il titre à 5,5 %-5,8 % d'alcool. Il est possible de boire dans les pubs du cidre tiré au tonneau et ayant du corps. Pour obtenir du cidre mousseux, il suffit de mettre le cidre récemment élaboré en bouteilles qui seront stockées à des fins de vieillissement. Est également produite une eau-de-vie de cidre très forte.

L'authentique **perry** (poiré, ou cidre de poire) est fabriqué avec des poires amères.

AUTRES BOISSONS ALCOOLISÉES

Les vins

L'industrie viticole britannique a connu des hauts et des bas, mais il y a de remarquables viticulteurs au sud de la Grande-Bretagne. Les vins blancs mêlent souvent une ou plusieurs variétés de raisins. Ce sont des vins légers, secs et fruités, similaires aux vins blancs allemands. Les vins rouges sont assez légers.

Liqueurs de fruits

Citons le *sloe gin* (cordial obtenu en faisant macérer des prunelles dans le gin), le *ginger whisky* (liqueur de whisky au gingembre), le *whisky mead* (liqueur de whisky à l'hydromel), le *raspberry brandy* (eau-de-vie de framboise).

L'**hydromel,** que l'on buvait en Grande-Bretagne avant l'invasion romaine, provient de la fermentation du miel avec du houblon ou de la levure. On le parfumait parfois avec des épices ou des fleurs sauvages.

LE THÉ

Les Anglais sont parmi les plus grands buveurs de thé au monde, derrière les Irlandais, les Irakiens et les habitants du Qatar. Ils en boivent de toutes les façons, nature, sucré ou non, avec un nuage de lait froid versé préalablement dans le fond de la tasse, ou l'inverse selon les régions, parfois avec un soupçon de cardamome… Ce ne sont pourtant pas les Anglais qui ont introduit le thé en Europe, mais les Hollandais en 1610. Cependant, dès 1750, malgré son coût très élevé à l'époque, les Britanniques de toutes conditions avaient déjà adopté le précieux breuvage.

Tea time, voir p. 22.

Rencontres

Si nombre de coutumes ont disparu avec les mutations du monde rural, certaines fêtes et traditions populaires demeurent aujourd'hui très vivaces, animant les régions anglaises et le pays de Galles à la belle saison. L'importance et l'atmosphère fébrile des rencontres sportives rappellent quant à elles que c'est au Royaume-Uni qu'ont été inventés ou codifiés certains des sports les plus pratiqués de nos jours.

Fêtes traditionnelles

Les régions à l'identité marquée revendiquent fièrement leurs traditions, qui bénéficient d'un nouveau succès et attirent de nombreux participants.

MORRIS DANCING

Les origines de cette **danse anglaise** sont assez obscures. Certains estiment que le mot dériverait de *Moorish* (Maure). Particulièrement dynamique et épuisante, elle est pratiquée en général par les hommes, vêtus de blanc et portant sous les genoux des grelots, destinés autrefois à éloigner le mal. Certains tiennent deux mouchoirs, d'autres un gros bâton qu'ils entrechoquent avec celui de leur vis-à-vis. Accordéon, violon ou bien cornemuse et tambour accompagnent ces fêtes villageoises qui se déroulent en été.

PANCAKE DAY

Le **Mardi gras**, qui précède le début du carême, est l'occasion de manger les délicieuses crêpes, arrosées de sucre et de jus de citron. On en profite pour organiser des courses au cours desquelles les concurrents doivent parcourir une certaine distance en faisant sauter une crêpe sur une crêpière. L'une des plus célèbres est celle d'Olney (Buckinghamshire).

CHEESE ROLLING

Cette fête se déroule au printemps à **Brockworth** (Gloucestershire). Pour fêter le lundi de Pentecôte et Spring Bank Holiday (dernier lundi de mai), on fait dévaler une pente raide à une meule de fromage que les jeunes poursuivent après avoir compté jusqu'à 3. Le premier lundi de mai, à **Randwick**, dans le Gloucestershire, le fromage est porté en procession autour de l'église.

FURRY DANCE

La seule danse fêtant l'arrivée du printemps qui nous soit parvenue se déroule depuis des siècles à **Helston** (Cornouailles), le 8 mai, jour de la fête du saint patron de la paroisse, saint Michel Archange. La jeunesse danse durant la matinée, mais la danse principale de la journée commence à midi en compagnie du maire, qui porte les attributs de sa fonction. La chanson qui est reprise indique clairement l'origine de cette manifestation : « Car l'été arrive, car l'hiver s'en va. » Les danseurs vont et viennent dans toutes les

Le Westminster Morris Dancers.
Q. Bargate / Loop Images/Photononstop

maisons, boutiques et jardins, entrant par une porte et sortant par une autre, pour apporter la chance et l'été. Malgré les milliers de touristes qui viennent y assister, la danse a conservé intact son caractère *(voir p. 394)*.

FOLKLORE GALLOIS

Le pays de Galles est célèbre pour ses festivals internationaux (Eisteddfodau) associant chant, musique et danse (Builth Wells, Llangollen). De nombreux participants portent alors le costume national, qui s'inspire de l'habit paysan des 18e et 19e s. Au-dessus d'un jupon, en général pourpre, les femmes portent une longue robe souvent ornée d'un tablier multicolore. Quant aux hommes, ils se distinguent surtout par leur grand chapeau noir aux larges bords.

ANNIVERSAIRE DE LA REINE

Bien que la reine soit née en avril, l'anniversaire du souverain est toujours fêté officiellement en juin, depuis 1805. L'événement marquant de la journée est une grande parade militaire, **Trooping the Colour**, lors de laquelle on peut voir la souveraine, escortée par la cavalerie de la maison royale, passer en revue les 500 gardes à pied. En temps normal, il est possible d'admirer la cavalerie royale lors de la relève de la garde, à la caserne des Horse Guards *(voir p. 127)*.

Événements sportifs

Patrie du fair-play et du hooliganisme, le Royaume-Uni est une nation passionnément sportive, comme en témoignent la diversité et la fréquence des manifestations.

BALLONS ROND ET OVALE

Les premières règles du **football** furent écrites à la prestigieuse université de Cambridge au 19e s. De nos jours, la renommée internationale de la première division anglaise n'est plus à faire. Des clubs comme Manchester United, Liverpool ou Arsenal

ont des supporters bien au-delà des frontières insulaires. Si vous souhaitez assister à l'un des grands matchs de la saison entre les mois d'août et de mai, il faudra rechercher des billets plusieurs mois à l'avance. Sinon, poussez la porte d'un pub pour suivre la retransmission, l'ambiance y est souvent très chaude…
Quant au **rugby**, il aurait été créé en 1823 dans le Warwickshire. Un étudiant du collège de Rugby, William Web Ellis, durant une partie de football, se saisit du ballon à la main et partit en courant dans le camp adverse. « Sport de voyous pratiqué par des gentlemen », le rugby est très populaire au pays de Galles, où il est surtout joué dans sa version à 15. Chaque année, le Tournoi des six nations voit s'affronter les équipes d'Angleterre, d'Écosse, de France, d'Irlande, d'Italie et du pays de Galles.

CRICKET ET TENNIS

Autre sport populaire, bien qu'il n'ait pas dépassé les frontières du Commonwealth, le **cricket** est pratiqué en Angleterre depuis le 16e s. Ses règles sont parfois obscures pour les néophytes, mais l'ambiance à la fois sérieuse et bon enfant des rencontres vous permettront de passer un bon moment, notamment en été. Une coupe du monde est organisée tous les quatre ans, opposant une dizaine de pays. Et chaque année en septembre, la finale de la **Nat West Trophy**, au Lord's Grounds de Londres, rassemble les deux meilleures équipes britanniques.
Le jeu de paume, inventé sur le continent, traverse la Manche au 16e s., mais il faut attendre 1874 pour voir apparaître officiellement le **tennis**. Le 23 février, le major Walter Colpton Wingfield dépose les premières règles. En 1877, sur un champ loué pour l'occasion, est joué le premier tournoi de **Wimbledon**. Depuis, il se tient chaque année au mois de juin. Le nombre de places étant limité, un tirage au sort est organisé pour les attribuer.

SPORTS NAUTIQUES

L'une des images qui vient à l'esprit est la course à l'**aviron** qui oppose depuis le 19e s. les universités d'Oxford et de Cambridge sur la Tamise. La **Boat Race** a lieu au printemps et est suivie en juillet par la Henley Regatta.
Une nation de navigateurs ne pouvait pas se passer de **régates** de légende. L'**Admiral's Cup**, une course en équipage au large de l'île de Wight, se tient toutes les années impaires. Pour les solitaires, la Transat anglaise relie Plymouth à Boston tous les quatre ans depuis 1960.

SPORTS ÉQUESTRES

Le cheval est depuis longtemps associé au quotidien des Britanniques, notamment à la campagne et lors des cérémonies royales. Les **courses**, qui se déroulent tout au long de l'année (courses sur terrain plat de mars à novembre, courses d'obstacles de mai à septembre), connaissent leur apothéose lors de la Semaine royale d'Ascot. Les compétitions de **saut d'obstacles** ont pour cadre des manèges couverts de Londres, mais les réunions de Badminton et de Hickstead, qui combinent sur trois jours épreuves de dressage, de cross-country et de saut, voient accourir nombre de spectateurs et sont retransmises par la télévision.
Les principales compétitions de **polo**, également très apprécié des Britanniques, ont lieu à Richmond Park (agglomération londonienne), à Ham Common (Windsor), à Cowdray Park (Sussex) et surtout à Ascot Park.

Langues

Langue indo-européenne du groupe germanique, l'anglais s'est construit au fil d'évolutions qui recoupent les diverses invasions et colonisations de la « Bretagne ». Il a progressivement évincé différentes langues celtiques, à l'exception toutefois du gallois, parlé encore couramment par une frange de la population.

L'anglais

LE VIEIL ANGLAIS

À l'origine peuplé de **Celtes**, le territoire fut l'objet de la convoitise des Romains, qui s'implantèrent sur la quasi-totalité de l'île. Ils ont, linguistiquement, laissé trace de leur passage dans la toponymie : ainsi *castra* (le camp) se retrouve-t-il dans le *-chester* de Man*chester*, Win*chester*, etc. ; de même, le village latin, *vicus*, est-il à l'origine du *-wich* que l'on rencontre dans Green*wich* ou autres Wool*wich*…

Dès le 5e s., les pirates germains font leurs premières incursions. Divers noms de lieux en gardent la trace : les Saxons descendus de l'ouest du Danemark ont donné leur nom à certaines régions (Sus*sex*, Wes*sex* ou Es*sex*. L'Angleterre elle-même est la terre des Angles.

L'influence viking

L'arrivée des Vikings, autre peuple de langue germanique, accentue la domination linguistique germaine : ce sont eux qui donnent les désinences en *-by* (village, ferme), en *-beck* (ruisseau), en *-garth* (enclos)… à de nombreuses villes ou villages ; eux, encore, à qui l'on doit cette terminaison en *-son* si répandue dans les patronymes d'outre-Manche ; eux, toujours, qui donnent le nom de leurs dieux aux jours de la semaine : *Wednes*day est consacré à Wotan ou Odin, *Thurs*day à Thor, et *Fri*day à la blonde Freya (pour leur part, les Romains ont laissé leur *Saturni dies* devenir *Satur*day). Enfin, les Vikings imprimèrent aussi leur marque à la grammaire à travers des pronoms personnels *(they, them)*, des adjectifs possessifs *(their)* ou des prépositions *(till, from…)*.

Autre temps, autre conquête : l'anglo-normand a subsisté dans les domaines administratifs *(state, royal, government)*, religieux *(clergy, abbey, sermon, prayer)* et juridiques *(justice, jury, prison)*.

DU STANDARD AU CONTEMPORAIN

Dès la fin du 14e s., l'anglais a reconquis son statut officiel. Une langue dite « standard », d'abord écrite, s'élabore à partir de Londres, ville de pouvoir politique, économique et culturel. Sa diffusion relativement rapide s'explique notamment par la Réforme, qui a rompu avec le latin, les pasteurs s'adressant aux fidèles en anglais.

La langue « standard » venue de la capitale se caractérise par l'emploi systématique de l'auxiliaire *do* et la fusion en un seul son des voyelles longues ou qui se suivent (diphtongaison). À la fin du 16e s., l'anglais « standard » va être l'objet de réformes orthographiques visant à stabiliser la langue écrite. Depuis lors, des modifications phonétiques et des simplifications syntaxiques ont permis à la langue d'évoluer sans véritables à-coups jusqu'à l'anglais contemporain.

DIFFÉRENTS ACCENTS

De nos jours, très peu de Britanniques parlent au quotidien l'anglais à la diction parfaite que l'on peut entendre sur les émissions nationales de la BBC. La grande majorité d'entre eux s'expriment en général avec un accent plus ou moins prononcé, qui varie selon les régions, les villes, voire les classes sociales. À cela peut s'ajouter un parler argotique, comme le **cockney**, qui s'est répandu dans l'East End de Londres au 19e s., et dont quelques termes font désormais partie du langage familier.
Pendant longtemps, dans un souci d'unification et de compréhension, les différents accents furent bannis à la radio ou à la télévision, au profit d'un anglais « standard » qui correspond au parler de Londres et du sud du pays. Aujourd'hui, la situation est beaucoup plus nuancée. Le marché du travail reflète d'ailleurs ce nouvel état d'esprit, l'absence d'accent n'étant plus exigée de manière systématique à certains postes, par exemple au guichet d'une banque.

Le gallois

Même s'il reste bien sûr la langue officielle en Grande-Bretagne, l'anglais n'a pas totalement évincé certains parlers celtiques, comme le gaélique en Écosse ou le gallois au pays de Galles. Les personnes parlant le gallois sont estimées aujourd'hui à environ un cinquième de la population du pays de Galles (contre la moitié au début du 20e s.). La tendance pourrait toutefois s'inverser à la hausse, du fait de mesures incitatives. Le gallois est par exemple traité à égalité avec l'anglais à l'Assemblée du pays de Galles, où les députés peuvent s'exprimer dans la langue de leur choix.
Divers facteurs expliquent le maintien de cette langue jusqu'à nos jours. Il y eut d'abord la décision de l'église galloise de prêcher dans cette langue, au 16e s., et la publication d'une bible galloise par l'évêque Morgan en 1588. Puis, au 18e s., apparurent diverses associations visant à promouvoir la culture locale.
Le **Sunday School Movement**, dont l'activité commença à Bala en 1789, encouragea la lecture du gallois et, en 1893, l'université du pays de Galles fut fondée. Enfin, l'enseignement du gallois en primaire à partir de 1939, puis dans le secondaire depuis 1956, permit de donner des rudiments de la langue aux nouvelles générations. Aujourd'hui, le gallois est aussi en usage sur certaines chaînes télévisées, à la radio, et même dans les milieux officiels.
Bon à savoir – Pour le visiteur, l'**Eistefodd** est un bon moyen de découvrir la culture galloise. Créé après la Seconde Guerre mondiale, ce festival réunit chaque été à Llangollen des danseurs, des chanteurs, mais aussi des poètes qui composent encore en gallois. Au-delà de la diffusion de la langue, ces manifestations témoignent bien de la vitalité culturelle galloise.

Histoire

La Grande-Bretagne est située à la limite occidentale de l'Europe. Des vagues successives de peuples y ont mêlé leur culture, leur langage, leurs croyances et, par-dessus tout, leurs énergies. Cette nation insulaire a exploré toutes les mers du globe, se taillant un empire et commerçant avec de nombreux pays. Berceau de la révolution industrielle, elle est passée du statut de puissance coloniale à celui de partenaire incontournable sur l'échiquier international.

À l'origine

LES PREMIERS COLONS

Il y a 8 000 ans, le retrait des glaciers entraîne l'élévation du niveau des mers et submerge de vase les plaines qui unissaient la Grande-Bretagne au continent européen. À partir de 5000 av. J.-C., des agriculteurs s'installent et donnent au paysage britannique une apparence qu'il gardera jusqu'à nos jours. Peu à peu, les clans installés, munis d'une économie solide, élèvent à leurs dieux de majestueux monuments comme **Stonehenge** *(voir p. 328)* – entre 4000 et 1800 av. J.-C.

Le **Beaker Folk** (civilisation des poteries campaniformes) s'implante en Angleterre vers 2700 av. J-C., amenant dans son sillage les racines indo-européennes de la langue anglaise, ainsi que les techniques du travail du fer.

LES CELTES

À partir de 700 av. J.-C., les colons celtes apportent avec eux leur langue, leurs chariots et un certain amour de la parure, de l'or et des ornements. Dans la bataille, les épées de fer donnent l'ascendant aux Celtes sur les Bretons indigènes, qui sont repoussés vers l'ouest.

Dès 100 av. J.-C., la vie et la tradition celtiques sont déjà bien implantées en Grande-Bretagne. Ces peuples ont peu de choses en commun, si ce n'est leur dialecte, et c'est ce manque de toute idée de nation qui fait de la société celtique une proie facile pour la puissance civilisée de Rome.

LES ROMAINS

L'île de **Britannia** n'a pas d'importance stratégique pour Rome, mais l'attrait de l'or, du grain, du fer, des esclaves et des chiens de chasse justifie l'invasion de l'été 43. Dès 70, la plus grande partie du nord de l'Angleterre et du pays de Galles est assujettie. Cinquante villes ou plus sont reliées entre elles par un réseau de voies. Rome a déjà donné à la Grande-Bretagne une autre facette de sa culture – sa législation – et a généralisé l'usage de la monnaie, introduite par les Celtes. À partir de 313, le christianisme est reconnu comme religion officielle en Grande-Bretagne. La domination romaine s'achève en 411.

43 – Début de la conquête romaine.
61 – Révolte des Icéniens, conduits par la reine Boadicée.
122 – Construction du Mur d'Hadrien.
409 – Rome rappelle ses légions basées en Angleterre.

LES ANGLO-SAXONS

Les mercenaires germains occupent bon nombre des forts du rivage, avant même la retraite finale des troupes de soldats romains. En 597, Augustin, envoyé en mission par le pape Grégoire pour convertir les Britanniques au christianisme, trouve le roi de Kent déjà marié à une princesse chrétienne. Cependant, il faut attendre le **synode de Whitby**, en 664, soixante années après la mort d'Augustin, pour que le rite romain prévale au détriment de l'Église celtique. Le christianisme survit à l'« âge des ténèbres » (le haut Moyen Âge) et avec lui, l'enseignement des moines. Bède le Vénérable achève en 731 son *Histoire ecclésiastique du peuple anglais*, au monastère de Jarrow. Les royaumes anglo-saxons (Saxons, Angles et Jutes) sont constamment engagés dans des luttes pour la suprématie. En raison de leurs échanges commerciaux avec la Russie et Constantinople, les Saxons introduisent encore d'autres influences.
449 – Les premières vagues d'Angles, de Saxons et de Jutes débarquent en Grande-Bretagne.
597 – **Saint Augustin** fonde un monastère bénédictin à Canterbury.
827 - **Egbert**, roi de Wessex, devient « le premier roi de tous les Anglais ».

Les invasions vikings

À partir de 851, les Vikings viennent passer régulièrement l'hiver en Grande-Bretagne et deviennent donc eux-mêmes des colons.
En 911, un de leurs chefs, **Rollon**, fonde sur le continent un royaume qui va jouer un rôle prépondérant dans l'histoire de la Grande-Bretagne, la **Normandie**.
Les Vikings prennent goût au commerce et au troc. La cité de Londres redevient ce qu'elle avait été sous l'autorité romaine, un grand port de commerce. En 955, huit rois vassaux rendent hommage au roi **Edgar**, représentant presque l'île entière, mais tous les rois ne sont pas aussi forts. Pendant le règne désastreux d'**Ethelred II le Malavisé**, les Norvégiens attaquent l'Angleterre. Ethelred s'enfuit en Normandie, laissant son fils Edmond Côte de Fer livrer seul une bataille contre les envahisseurs. À la mort d'Edmond, le **Witenagemot** –

LE ROI ARTHUR

Mythe ou réalité, le seigneur de Camelot aurait mené ses troupes face aux Saxons vers le 6e s. Fils caché d'Uther Pendragon, il revendique le trône en retirant une épée fichée dans un rocher. Puis il réunit par sa bravoure et son charisme de nombreux guerriers pour former l'assemblée des chevaliers de la **Table ronde**. Outre les luttes incessantes pour fédérer le pays, il dirige la recherche du saint Graal, où s'illustrent Gallad, Perceval et Bohor. Blessé mortellement par son fils Mordred, il est transporté jusqu'à l'île d'Avalon où, selon la légende, il attend que le peuple ait à nouveau besoin de lui. Malgré son caractère légendaire, Arthur eut une certaine influence sur l'histoire du pays. Des souverains comme Guillaume Ier ou **Henri II Plantagenêt** se présentèrent comme ses successeurs pour légitimer leur accession au trône. Et durant la Seconde Guerre mondiale, il fut utilisé comme symbole fédérateur.

le Conseil des sages –, préférant la force à la faiblesse, élit comme roi l'envahisseur danois Canut. Sept années après sa mort, les membres du Witenagemot doivent à nouveau choisir un roi ; ils élisent Édouard, fils d'Ethelred II et de sa femme normande, Emma. Plus abbé que roi, il va devenir **Édouard le Confesseur**.

Le nouveau souverain donne terres et honneurs aux Normands qui regardent cet Anglais complaisant avec mépris, mais désigne pour héritier son beau-frère Harold après avoir promis sa succession au **duc de Normandie Guillaume**. Or, celui-ci a fait prêter serment à Harold de l'aider à conquérir le trône anglais à la mort d'Édouard. Le 5 janvier 1066, quelques jours après la consécration de l'abbaye de Westminster, le gentil Confesseur meurt. En confirmant Harold pour roi, le Witenagemot provoque la conquête normande.

871 – **Alfred**, roi de Wessex, contient l'avance danoise en Angleterre.

1017-1042 – Les Danois règnent sur les territoires anglais.

1042 – Règne du roi anglo-saxon **Édouard le Confesseur**.

La période féodale

L'histoire de l'Angleterre commence le 14 octobre 1066 à la bataille de Hastings. Les luttes dynastiques opposent durant des siècles l'île et le continent.

LES NORMANDS

Avec seulement 5 000 chevaliers et partisans, Guillaume conquiert une nation de 1,5 à 2 millions d'hommes considérée comme l'une des plus riches d'Europe occidentale. L'établissement du **Domesday Book** révèle que seule une poignée de noms anglais figure au milieu de la liste des « tenanciers en chef », signe d'un important changement dans la propriété terrienne, et qu'un seul évêque sur seize est anglais. « À grand destructeur, grand bâtisseur. » Dès 1200, pratiquement toutes les cathédrales et abbayes anglo-saxonnes ont été détruites et remplacées par des ouvrages normands. Mais, quarante ans après la conquête, les soldats anglais combattent pour un roi, anglais de naissance, **Henri Ier**, sur ses territoires français.

1066 – À **Hastings**, Harold est vaincu par le duc de Normandie, couronné sous le nom de **Guillaume Ier**.

1086 – Guillaume Ier ordonne le recensement de tous les domaines et de leur contenu, qui va constituer le **Domesday Book**.

1100-1135 – Règne d'**Henri Ier** qui, en épousant Mathilde, petite-fille d'Edmond II, unit les maisons royales normande et saxonne.

LA DYNASTIE DES PLANTAGENÊTS

Henri II, comte d'Anjou, reste étroitement lié à ses domaines français. Sa dispute avec **Thomas Becket**, qu'il a lui-même nommé archevêque de Canterbury, gâche un règne qui mérite pourtant d'être rappelé. Henri II, en effet, restaure l'ordre dans un pays ravagé par les guerres civiles.

Parmi les réformes qu'il apporte dans le domaine juridique figurent l'établissement du système du jury et de la cour d'assises. Il réforme deux fois la monnaie, octroie des chartes à de nombreuses villes et encourage l'expansion de l'élevage du mouton. La laine anglaise étant de grande qualité, de lourdes taxes sont appliquées à son exportation qui devient un des facteurs de la prospérité de l'Angleterre.

À sa mort, son fils **Richard Ier,** dit Cœur de Lion *(voir l'encadré p. 58)*, lui succède. Il est plus connu pour

RICHARD CŒUR DE LION (1157-1199)

Fils d'Henri II et d'Aliénor d'Aquitaine, Richard est élevé sur le continent. Avec ses frères, il s'oppose plusieurs fois à son père. En 1188, allié au roi de France Philippe Auguste, il mène une campagne victorieuse. Couronné roi d'Angleterre en 1189, Richard est plus préoccupé par la gloire et ses possessions continentales que par son pays. Il ne passera que six mois de sa vie sur le sol anglais. En 1191, lors de la troisième croisade, face à Saladin, il acquiert son surnom de Cœur de Lion. Malgré ses victoires, il est obligé de se retirer de Terre sainte sans avoir vu Jérusalem. Philippe Auguste attaque ses possessions normandes. Sur le chemin du retour, il est capturé et livré à l'empereur germanique Henri VI. Libéré contre une forte rançon, il s'emploie à reconquérir les terres prises par le roi de France, mais meurt en 1199 dans le Limousin.

ses faits d'armes que pour sa gestion du pays, dont il laisse le trésor exsangue après les croisades et le paiement de sa rançon. Il est néanmoins l'un des souverains les plus aimés, et à sa mort, le peuple le pleure. Son frère en revanche, **Jean sans Terre** (1167-1216), est peut-être le plus détesté. Les barons, en 1215, le force à signer la **Grande Charte**. Ce document oblige notamment le roi à obtenir l'accord d'un parlement avant de lever des taxes extraordinaires et institue un « droit à l'insurrection ». Il est à la base de la législation anglaise.

L'opposition des barons et les conflits internes marquent le règne inefficace du fils de Jean, **Henri III**. Le fils de ce dernier, **Édouard Ier**, guerroie la plupart du temps contre la France, le pays de Galles et l'Écosse. Il impose à ces deux derniers pays l'administration et la justice anglaises. Au cours de son règne, l'importance constitutionnelle du Parlement s'accroit ; son « Parlement modèle » de 1295 comprend des représentants des comtés, des cités et des municipalités.

Mais son successeur, **Édouard II,** ne s'intéresse guère qu'à ses amants, et son règne voit la perte effective de tout ce que son père a gagné. La victoire de Robert the Bruce à **Bannockburn** (1314) assure l'indépendance de l'Écosse. L'épouse du roi, Isabelle de France, aidée par son amant, Roger Mortimer, dépose Édouard et installe sur le trône son fils, **Édouard III** (1312-1377).

1154 – Le mariage d'Henri II avec **Aliénor d'Aquitaine** ajoute à la Normandie l'Aquitaine.

1215 – La **Magna Carta** (Grande Charte) est ratifiée à Runnymede.

13e s. – Fondation des premières universités anglaises : **Oxford** en 1240 et **Cambridge** en 1275.

1284 – Après la bataille de Builth (1282), le pays de Galles est rattaché à la couronne anglaise.

LA GUERRE DE CENT ANS

Édouard III cherche à se réconcilier avec les barons et poursuit une politique de commerce éclairée. Il réorganise la marine, entraîne l'Angleterre dans la guerre de Cent Ans, en réclamant non seulement l'Aquitaine, mais aussi le trône de France. Il fait reconstruire presque entièrement le château de Windsor, où il crée l'**ordre de la Jarretière** en 1348 *(voir l'encadré p. 157)*. Le **Statut des travailleurs** de 1351, une tentative du gouvernement pour réglementer les salaires, est l'une des causes de la révolte des paysans.

Ensuite le trône passe à **Richard II**, petit-fils d'Édouard III. Très influencé par son oncle, Jean de Gand, duc de Lancastre, qui a été régent, Richard fait preuve d'une grande bravoure personnelle lors de la révolte des paysans. Cependant il n'est pas en mesure de contrôler ses barons, dont le plus turbulent est son propre cousin, Henri de Bolingbroke, fils de Lancastre, qu'il exile. À la mort de Lancastre, Richard tente de s'emparer de ses domaines, aussi **Henri Bolingbroke** revient-il en Angleterre et, avec le soutien du Parlement et des nobles, écarte Richard et devint **Henri IV**. Au cours de son règne, il doit faire face à la rébellion des Gallois et des Percy, comtes de Northumberland.

La guerre de Cent Ans reprend avec **Henri V**. L'Anglais revendique le trône de France et meurt en laissant un fils nouveau-né qui est couronné sous le titre d'**Henri VI**, à l'abbaye de Westminster en 1429 et à Notre-Dame de Paris en 1431. Une nouvelle régence, les fréquents accès de folie de Henri et les revendications opposées des maisons d'York et de Lancastre vont entraîner l'Angleterre dans la guerre des Deux-Roses.

1337-1453 – **Guerre de Cent Ans** contre la France. Victoire anglaise à Crécy (1346) et Azincourt (1415). En 1453, l'Angleterre ne possède plus que Calais sur le continent.

1349-1369 – La Grande Peste tue un tiers de la population britannique.

1381 – La révolte paysanne des Lollards annonce la Réforme.

LES DEUX ROSES

Les Lancastre – **Henri IV**, **Henri V** et **Henri VI** – réclament le trône en tant que descendants directs par les hommes de Jean de Gand, quatrième fils d'Édouard III. Les York – **Édouard IV**, **Édouard V** et **Richard III** –, descendants d'Edmond, cinquième fils d'Édouard III, contestent ces droits sous prétexte qu'ils descendent par les femmes du troisième fils d'Édouard III, Lionel.

La **guerre des Deux-Roses**, trente années de luttes sporadiques et de périodes de paix armée, entre 1455 et 1485, prend fin avec le mariage d'Henri VII (1457-1509) – Lancastre par les femmes et premier roi de la dynastie Tudor – et d'Élisabeth d'York (fille d'Édouard IV).

1455 – Début de la **guerre des Deux-Roses** à St Albans entre les York (rose blanche) et les Lancastre (rose rouge).

1476 – William Caxton crée la première imprimerie anglaise à Wesminster.

1461-1483 – Règne d'**Édouard IV**, duc d'York, après sa victoire de Towton sur les Lancastre.

1483-1485 – Règne de **Richard III**. Cruel et tyrannique, il est vaincu et tué par Henri Tudor à Bosworth.

1485-1509 – Règne d'**Henri VII**. Son mariage avec Élisabeth d'York met fin à la guerre des Deux-Roses.

Monarchie absolue

La Renaissance instaure un nouveau rapport de force entre la royauté et les institutions. Les Tudor au 16e s. et les Stuart au 17e s. incarnent l'ère de l'absolutisme. Cette période est surtout celle de l'opposition, dans toute la société, entre catholiques, protestants et anglicans.

LA DYNASTIE TUDOR

Henri VII gouverne avec perspicacité, contrôle sévèrement les finances et restaure l'ordre après la guerre des Deux-Roses. Il s'efforce de réduire les pouvoirs de la noblesse et crée une cour de justice, la **Star Chamber**, pour juger les nobles coupables de crime contre l'État. C'est un trésor sain qu'il lègue à son fils.

Henri VIII et la Réforme

Henri VIII (1491-1547), prince de la Renaissance, est à la fois musicien accompli, linguiste, érudit et soldat. C'est un monarque autocratique, de tempérament capricieux et de conscience élastique. Il achève l'union avec l'Irlande et le pays de Galles, et renforce largement la marine. La laine, qui a surtout été exportée à l'état brut au siècle précédent, est désormais en majorité transformée en drap.

Roi à l'appétit gargantuesque, il se marie six fois. Le refus par la papauté de son divorce avec Catherine d'Aragon conduit à la rupture avec Rome. Avec la promulgation de l'**Acte de suprématie** (1534), Henri VIII devient le chef de l'Église d'Angleterre. La Dissolution des monastères, qu'il fait appliquer entre 1536 et 1539, va causer la plus grande redistribution de terres en Angleterre depuis la conquête normande. Tous les ordres religieux perdent leurs biens au profit de la Couronne.

Après le court règne d'Édouard VI (1537-1553), **Marie Tudor** (1516-1558), fille de Catherine d'Aragon, succède à son demi-frère. L'insistance de Marie Ire à contracter un mariage avec Philippe II d'Espagne, ainsi que la condamnation à mort sur le bûcher de 300 hommes présumés hérétiques, ternissent sa popularité auprès des Anglais, qui la surnomment « Marie la sanglante » *(Bloody Mary)*. La guerre qu'elle mène contre la France aboutit à la perte de Calais, dernière possession d'Angleterre en France. À sa mort, en 1558, le Parlement, soucieux de rétablir le protestantisme, choisit sa demi-sœur Élisabeth, fille d'Anne Boleyn, pour souveraine.

1513 – Jacques IV d'Écosse est vaincu et tué à Flodden.

1533 – Henri VIII épouse secrètement Anne Boleyn.

1534 – L'**Act of Supremacy** reconnaît Henri VIII pour chef de l'Église d'Angleterre.

1535 – L'Acte d'union rattache le pays de Galles à la couronne anglaise.

1541 – Henri VIII est proclamé **roi d'Irlande** par le Parlement irlandais.

1554 – Marie Tudor épouse Philippe II d'Espagne. Abolition de la Réforme.

L'absolutisme élisabéthain

Élisabeth Ire *(voir l'encadré ci-dessous)* est l'initiatrice d'un développement de la culture nationale et des arts. Par ailleurs, la défaite de l'Armada espagnole

ÉLISABETH Ire (1533-1603)

Fille d'Henri VIII et d'Anne Boleyn, elle accède au trône après les règnes pro-calviniste d'Édouard VI (1547-1553) et pro-catholique de Marie Ire (1553-1558). À la différence de sa fratrie, elle va rassembler le peuple anglais sur la question religieuse. Bien sûr, l'instauration d'un anglicanisme fort va entraîner des troubles, mais Élisabeth Ire et ses conseillers sauront alterner compromis et fermeté. La politique étrangère menée selon les mêmes préceptes ouvre une ère de prospérité pour l'île britannique. L'affrontement avec Philippe II voit l'affaiblissement de l'Espagne catholique et le début de la prédominance de la marine anglaise. Les commerçants, les aventuriers, et même les pirates assurent la prospérité d'un empire en devenir. Le rayonnement de ce règne ne se réduit pas à l'économie, les arts aussi s'épanouissent, avec l'apparition de génies littéraires comme Shakespeare.

L'INVINCIBLE ARMADA

Les relations anglo-espagnoles, plutôt bonnes au début du règne d'**Élisabeth Ire**, se détériorent pour diverses raisons. Parmi elles figurent les raids du pirate **Francis Drake** contre les possessions espagnoles et son anoblissement au retour de l'une de ses expéditions aux Amériques en 1580. Cinq ans plus tard, un nouveau pillage met le feu aux poudres et **Philippe II** décide d'envahir l'Angleterre. Forte de 130 navires et de 19 000 soldats, l'Invincible Armada rallie Calais le 6 août 1586. Une attaque anglaise de nuit éparpille d'abord la flotte avec des brûlots. Le lendemain, les Espagnols ne parviennent pas à reprendre l'avantage face aux vaisseaux légers des Britanniques. C'est la débâcle, seulement la moitié des bateaux espagnols réussissent à rejoindre leur patrie un mois plus tard. Il faudra attendre 1604 pour que la paix soit signée entre les deux pays.

(voir l'encadré ci-dessus) constitue la plus éclatante victoire militaire d'un règne pendant lequel Élisabeth cherche à éviter les dépenses de guerre inutiles, en ayant recours à la diplomatie et à un réseau d'informateurs contrôlé par ses ministres, Cecil et Walsingham.

1559-1560 – Le **second Acte de suprématie** instaure définitivement l'anglicanisme.

1563 – Les 39 articles définissent la doctrine de l'Église anglicane.

1566 – Création du Royal Exchange à Londres.

1587 – Exécution de Mary Stuart, ancienne reine d'Écosse, à Londres.

1588 – La défaite de l'**Invincible Armada** ouvre la période de domination maritime de l'Angleterre.

1592-1616 – Shakespeare produit la plupart de ses plus grandes pièces.

1600 – Création de la Compagnie anglaise des Indes orientales.

LA DYNASTIE STUART

Au 17e s., l'économie repose toujours en majeure partie sur l'agriculture et la laine. En dépit d'une espérance de vie moyenne ne dépassant pas les 35 ans, l'accroissement de la population – passant de 2,5 millions dans les années 1520 à 5 millions vers 1650 – pose des problèmes au niveau du travail et de l'alimentation. Certes l'industrialisation augmente et la production de fer quadruple entre 1550 et 1650. Cependant, les petits artisans fabriquant des tissus en laine de qualité supérieure représentent toujours l'assise principale du commerce du royaume.

Oppositions politiques et religieuses

Élisabeth Ire étant décédée sans enfants, Jacques VI d'Écosse (1566-1625) lui succède sous le nom de **Jacques Ier**. La dynastie des Stuart accède au trône anglais. Le roi semble pencher en faveur des protestants. Aussi, le 5 novembre 1605, bien qu'il ait consenti à élargir les mesures de tolérance, quelques catholiques tentent-ils de l'assassiner lors de la **Conspiration des Poudres** (1605). Convaincu qu'il est roi de droit divin, il entre en conflit avec le Parlement.
Son fils **Charles Ier** (1600-1649) adopte la même attitude. Son mariage avec une catholique, Henriette-Marie de France, est très impopulaire. Charles dissout le Parlement en 1629, après que ce dernier lui a imposé la **Pétition des Droits** (1628), qui rappelle les principes de la Grande Charte. Néanmoins, pour lever une armée et réprimer la révolte en Écosse, il est obligé de le réunir à nouveau en 1640. L'assemblée lui refuse alors les

subsides et vote une loi interdisant la dissolution du Parlement sans l'accord du Parlement. La crise constitutionnelle aboutit à une rupture officielle quand Charles tente d'arrêter 5 députés au début de l'année 1642. La guerre civile éclate au mois d'août.

1603 – Jacques Ier réunit les royaumes d'Angleterre et d'Écosse.

1620 – Les « Pères pèlerins » émigrent à bord du *Mayflower* au Massachusetts.

1640 – Le livre de prières anglicanes *(Prayer Book)* imposé en Écosse entraîne une révolte.

LA GUERRE CIVILE

Charles Ier établit son quartier général à Oxford. Les Écossais prennent le parti des parlementaires et leur permettent de remporter la victoire en 1644 à Marston Moor, où se distingue un propriétaire terrien, **Oliver Cromwell** *(voir l'encadré ci-dessous)*, qui a levé à ses frais un régiment connu sous le nom de Côtes de Fer. À son initiative, le Parlement confie à Fairfax le commandement d'une armée « nouveau modèle », qui remporte la victoire de Naseby en 1645, avant de marcher sur Oxford. Charles s'enfuit, se rend aux Écossais, qui le remettent entre les mains des députés en 1647. Placé sous surveillance à Hampton Court, le roi cherche à préserver ses prérogatives, montant les différentes factions du Parlement les unes contre les autres. Il promet aux Écossais une Angleterre presbytérienne en échange de leur aide, tout en cherchant des fonds et des troupes à l'étranger et en tentant même de traiter avec Cromwell. S'étant enfui de Hampton Court, il finit par être capturé à la suite d'une invasion écossaise cruellement refoulée à Preston, en août 1648. L'armée réclame sa mort. Il est jugé et décapité en janvier 1649.

1642-1649 – Guerre civile opposant Charles Ier au Parlement.

1649 – Procès et exécution de Charles Ier ; abolition de la monarchie et de la Chambre des lords.

LA RÉPUBLIQUE DE CROMWELL

La monarchie et la Chambre des lords sont abolies et remplacées par un Conseil d'État composé de 40 membres. Le Parlement « croupion » ayant tenté de se transformer en organe permanent non élu, Cromwell décide de le dissoudre en 1653. Il constitue le **Protectorat** qui lui permit, en qualité de lord Protecteur, de gouverner par décret. Il est accepté par la majorité de la population, lasse des guerres. La promulgation de l'**Acte de navigation** en 1651, spécifiant que seuls les navires anglais peuvent introduire des produits étrangers en Angleterre, contribue largement au développement du commerce. À sa mort, Cromwell désigne son

OLIVER CROMWELL (1599-1658)

Héritier d'une famille ruinée, il recouvre fortune et rang grâce à son mariage et à des héritages. En 1640, il entre au Parlement et se forme aux arcanes de l'administration locale. Mais c'est lors de la guerre civile que ce puritain fait preuve d'un génie militaire hors du commun. À la tête des armées du Parlement, il défait les royalistes et fait exécuter le roi Charles Ier en 1649. Il soumet ensuite l'Irlande et l'Écosse (1650-1651) avant d'être nommé lord Protecteur du Commonwealth en 1653. La seule république anglaise de l'Histoire ne lui survivra pas.

Tableau simplifié de la succession au trône

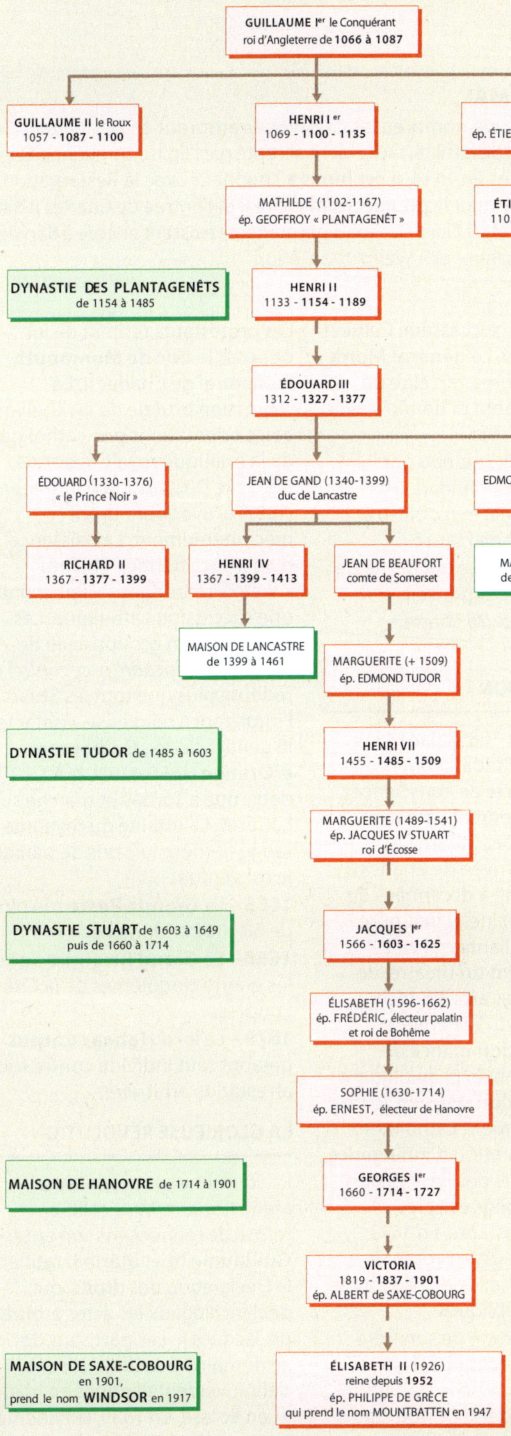

ARBRES DE MAI

Jusqu'au 17e s., de nombreuses communes arborent en permanence ce symbole païen de fertilité, tacitement accepté par l'Église chrétienne. Banni par les puritains en 1644, il est remis à l'honneur avec la Restauration, à la fois pour marquer le premier lundi de mai et l'entrée de Charles II dans Londres *(Oak Apple Day)*. Des mais permanents existent encore à Barwick-in-Elmet (Yorkshire) et à Welford-on-Avon.

fils Richard pour successeur. Celui-ci abdique en 1659. Le **général Monk** marche sur Londres, fait élire un nouveau Parlement et négocie avec Charles II (1630-1685).

1651 – Charles II, soutenu par les Écossais et les Irlandais, est couronné à Scone, mais, battu à Worcester, il fuit en France.

1652-1660 – L'Écosse fait partie de la République de Cromwell.

1656-1659 – Guerre contre l'Espagne.

LA RESTAURATION

Charles II (1630-1685), dans sa déclaration de Breda, promet amnistie et liberté de conscience; le nouveau Parlement vote alors la restauration des Stuart. Le 25 mai 1660, l'arrivée de Charles II à Londres met fin à dix années de restriction puritaine et inaugure une période brillante qui voit l'épanouissement du théâtre, de la peinture et des arts. En 1661, selon les vœux du Parlement, il rétablit la prédominance de l'Église anglicane en promulguant le **code Clarendon**. Mais en 1672, ce roi profondément catholique, suivant la Déclaration d'indulgence, atténue les effets des lois pénales contre les catholiques et les dissidents protestants. En 1673, le Parlement réagit en votant le **Test Act**, qui les excluent de toutes les fonctions publiques.

L'accession au trône de son frère sous le nom de **Jacques II** (1633-1701) remet en cause la stabilité du règne précédent. Le nouveau roi est ouvertement catholique. Les protestants tentent de lui opposer le **duc de Monmouth**, fils naturel de Charles II. La répression brutale de la rébellion et les orientations pro-catholiques de la politique royale avec une nouvelle Déclaration d'indulgence (1687) provoquent un vif mécontentement. La naissance d'un prince héritier – le futur « Vieux Prétendant » – fait craindre une succession catholique. Les Dissidents, un groupuscule de *whigs (voir l'encadré p. ci-contre)* qui redoute plus que tout les Stuart et l'intolérance religieuse, contactent le gendre du roi, **Guillaume d'Orange** (1650-1702), qui débarque à Torbay et marche sur Londres. La totalité du royaume se range derrière lui : pris de panique, le roi s'enfuit.

1665 – La **Grande Peste** tue plus de 68 000 Londoniens.

1666 – Le **Grand Incendie** détruit les quatre cinquièmes de la Cité de Londres.

1679 – La loi d'**Habeas Corpus** garantit tout individu contre toute arrestation arbitraire.

LA GLORIEUSE RÉVOLUTION

La couronne est proposée à Marie II Stuart. Mais celle-ci refuse de régner sans son époux. **Guillaume III** et **Marie II** ratifient la Déclaration des droits, qui déclare illégaux les actes arbitraires de Jacques II. Les partisans de ce dernier, les Jacobites, sont définitivement éliminés en Irlande et en Écosse. En 1689, le Parlement vote le **Bill of Right** qui instaure

la monarchie parlementaire.
Une grande partie du règne de Guillaume, qui constitue la ligue d'Augsbourg avec l'Autriche, les Pays-Bas, l'Espagne et les États germaniques, est consacrée à lutter contre les visées territoriales de Louis XIV en Europe. Mais c'est aussi sous son règne, après le décès du dernier enfant de la princesse héritière Anne, qu'est voté l'**Acte d'établissement** (1701), loi de succession qui accorde la couronne à Sophie, électrice de Hanovre, petite-fille de Jacques Ier, ou à ses héritiers, et en écarte tout prétendant catholique.
1689 – La Grande Alliance réunit l'Angleterre, l'Autriche, les Pays-Bas et les États allemands face à la France.
1690 – Les Jacobites irlandais sont vaincus à la bataille de la Boyne.
1692 – Les Jacobites écossais sont vaincus à la bataille de Glencoe.

Empire britannique

Les batailles entre parlementaires et monarchistes terminées, et sa suprématie maritime établie, la Grande-Bretagne peut édifier son empire colonial.

LA GRANDE-BRETAGNE

Fervente protestante, **Anne** (1665-1714) soutient la Glorieuse Révolution de 1688 qui fait abdiquer son père, Jacques II. Elle poursuit la lutte contre l'hégémonie de la France en Europe, politique qui est couronnée par les victoires de Marlborough à Blenheim et aux Pays-Bas espagnols. En 1707, l'**Acte d'union** consacre la réunion des parlements anglais et écossais et crée le Royaume-Uni de Grande-Bretagne. Le **traité d'Utrecht** (1713) met fin à la guerre de Succession d'Espagne. Louis XIV reconnaît à cette occasion les droits des protestants à la couronne britannique et cède les territoires français du nouveau monde.
Le Canada va devenir à terme l'un des joyaux de l'empire colonial.
1702-1714 – Guerre de Succession d'Espagne.
1707 – Acte d'union avec l'Écosse.

Les Hanovre

Quand **Georges Ier** (1660-1727) accède au trône, la Grande-Bretagne a assis sa puissance en Europe en contribuant largement à l'affaiblissement de l'influence française. Bien qu'il se heurte fréquemment à son père lorsqu'il est prince de Galles, **Georges II** (1683-1760) maintient Walpole qui, s'il ne est pas Premier ministre en titre, en assume les fonctions en réunissant un cabinet qui dirige le pays. Il prend une part active dans la guerre de Succession d'Autriche

WHIGS ET TORIES

Deux partis naissent de la **guerre civile** (1642-1649). Les uns sont partisans du roi ; leurs adversaires les baptisent *tories*, ou brigands irlandais, insinuant par là qu'ils sont papistes. Eux-mêmes désignent du nom de *whigs* les ennemis du roi, en abrégeant le terme *whigamore*, ou paysan puritain de l'ouest de l'Écosse. Les **Whigs**, qui ont invité Guillaume à prendre la couronne, montent de puissantes cabales sous son règne et celui d'Anne. Ils assurent la succession de la lignée de Hanovre. Les **Tories** acceptent la Glorieuse Révolution, mais penchent pour le retour des Stuart, ce qui leur vaut une disgrâce qui ne prendra fin qu'en 1783 avec l'arrivée aux affaires du **Second Pitt**. Les *Tories* formeront le **parti conservateur**, sous la direction de Peel, en 1834, tandis que les *Whigs* constitueront le **parti libéral** dans les années 1860.

et est le dernier monarque à commander personnellement les troupes au combat, à Dettingen, en 1743.

1728 – Les Irlandais catholiques sont privés du droit de vote.

1756 – Début de la guerre de Sept Ans. Le **Premier Pitt** forme son ministère.

1757 – Prise de Calcutta. Par sa victoire à Plassey, Clive assied la suprématie anglaise aux Indes.

LES GUERRES ET L'EMPIRE

Petit-fils et successeur de Georges II, **Georges III** (1738-1820) tente de rétablir le pouvoir personnel du roi, ce qui lui aliène l'opinion. Sa constante préoccupation est de mettre un terme aux guerres pour se consacrer à la politique intérieure. Mais il doit se résigner à reconnaître la réalité de la « politique des partis ». Durant son règne, la Couronne fait face à deux conflits majeurs. La Déclaration d'indépendance, signée le 4 juillet 1776 par les Américains, entraîne les colonies dans une guerre que perd l'Angleterre en 1783 (traité de Versailles). Après quelques affrontements avec la jeune république française, le Royaume-Uni s'allie avec les autres monarchies européennes pour contrer la menace napoléonienne. La victoire de l'amiral Nelson à **Trafalgar**, qui anéantit la flotte française, conduit au blocus continental par l'empire. Mais l'Angleterre peut maintenant compter sur les produits venus de ses colonies canadiennes et indiennes. Si Napoléon Ier domine l'Europe, Londres règne sur le reste du monde. La bataille de **Waterloo** (1815) met fin à l'Empire français, dépecé au traité de Vienne la même année.

1763 – Fin de la guerre de Sept Ans. Le traité de Paris consacre la cession par la France du Canada, des territoires à l'est du Mississippi et des possessions de l'Inde.

1799 – L'impôt sur le revenu est levé pour la première fois, pour financer la guerre.

1800 – Création du **Royaume-Uni**, l'Irlande est rattachée à l'Angleterre et à l'Écosse. L'Union Jack devient le drapeau du pays.

1807 – La traite des esclaves est abolie.

LA RÉVOLUTION INDUSTRIELLE

Après que Georges III ait donné des signes de démence, la régence est confiée à son fils, qui lui succède plus tard sous le nom de **Georges IV** (1762-1830). Ce dandy bigame est vite confronté à une situation intérieure explosive : la révolution industrielle provoque du chômage et engendre la misère, le peuple réclame l'élargissement du suffrage, les catholiques le droit de vote, les commerçants le libre-échange, et les nantis… l'ordre. **Guillaume IV** (1765-1837) est âgé de 65 ans lorsqu'il succède à son frère impopulaire. Le mécontentement est alors tel que les radicaux révolutionnaires manquent se joindre au peuple. Le Premier ministre, lord Grey, ne parvient à imposer la **réforme électorale** (1832), à laquelle les Chambres s'opposent, qu'en amenant le roi à menacer de désigner 50 nouveaux pairs pour faire voter la loi par la Chambre des lords.

La relative stabilité politique qui a suivit la Glorieuse Révolution a encouragé le renforcement d'un solide système bancaire et de crédit. L'empire outre-mer fournit les matières premières et les marchés nécessaires pour la vente des biens manufacturés. D'importants changements sociaux se produisent en raison de l'exode rural vers les villes surpeuplées, créant souvent des tensions entre ouvriers et employeurs. Les

guerres napoléoniennes stimulent l'industrialisation et aggravent ces troubles. Néanmoins, vers le milieu du 19e s., il s'avère évident que la révolution industrielle ne sera pas suivie d'une révolution politique.
1829 – L'Acte d'émancipation reconnaît le droit de vote et l'éligibilité aux catholiques.
1832 – Premier acte de réforme électorale.

L'ÈRE VICTORIENNE

Dernier monarque de la maison de Hanovre, **Victoria** (1819-1901) n'a que 18 ans quand elle succède à son oncle et inaugure le règne le plus long de Grande-Bretagne. Son nom reste associé à une époque illustre. Albert, son mari et plus proche conseiller jusqu'à sa mort prématurée en 1861, la convainc que la Couronne ne doit pas être assimilée à un quelconque parti politique – principe qui a été maintenu. Il est l'instigateur de la **Grande Exposition** (1851), qui se déroule dans Crystal Palace, un gigantesque pavillon de verre conçu par Paxton.
La vitalité économique de l'empire a atteint son apogée. Après avoir assuré sa mainmise sur l'Inde, il s'empare du canal de Suez en 1898, avant d'affronter à partir de l'année suivante les Boers en Afrique du Sud. En 1902, l'Angleterre victorieuse contrôle désormais la route maritime reliant Le Cap au Caire. Mais durant ce 19e s. triomphant va émerger un problème durable pour le pouvoir britannique : la question irlandaise.

La famine en Irlande

En 1846-1847, la famine *(the potato famine)* touche si durement l'île que ses habitants émigrent en masse aux États-Unis. Les petits fermiers s'organisent dans le mouvement **Fenians** et obtiennent en 1881 la protection de leurs droits. À cette époque, des voix s'élèvent aussi pour réclamer l'autonomie, le débat divise le Parlement, mais l'Irlande reste dans le Royaume-Uni.
1846 – **Corn Laws**. Libéralisme économique.
1854 – Guerre de Crimée.
1857-1858 – Révolte indienne.
1876 – Victoria impératrice des Indes. Enseignement primaire obligatoire.
1900 – Le Parti travailliste *(Labour Party)* est formé.

LA BELLE ÉPOQUE

Édouard VII (1841-1910), éloigné des responsabilités de la Couronne jusqu'en 1892, accroit le prestige de la monarchie grâce à son charme personnel et en remettant à l'honneur les cérémonies royales publiques. Lors de son court règne, le pays connaît une période de paix. En 1904, la France et le Royaume-uni, ennemis d'hier, deviennent alliés par la signature de l'**Entente cordiale**. L'arrivée au pouvoir des libéraux en 1906 prélude à une réforme sociale. En 1909 débute une politique instituant entre autres les retraites et l'assurance maladie. En 1911, le gouvernement fait voter le **Parliament Act** ; celui-ci réduit les pouvoirs de la Chambre des lords, qui s'est opposée aux évolutions sociales deux ans auparavant.
1903 – Fondation du mouvement des suffragettes par Mrs Pankhurst.

Vers la modernité

Malgré les épreuves du 20e s., le Royaume-Uni a su garder sa place de grande nation. Au 21e s., il reste l'un des acteurs majeurs de la scène internationale.

L'EUROPE DANS LA TOURMENTE

Georges V (1865-1936) voyage avec la reine dans de nombreux pays de l'empire, visitant l'Inde en 1911. Il

instaure la tradition des vœux de Noël du souverain, communiqués aux peuples du Commonwealth par la radio, mais exerce une influence restreinte sur la politique.
La Première Guerre mondiale marque le début de nombreux changements. Les idées libérales, nées dans les années 1890, entraînent l'apparition de syndicats dans l'industrie et du **mouvement travailliste**. La profonde fierté pour l'empire s'estompe dans les années 1920 pour laisser la place à un sentiment de gêne.
Parallèlement, l'Irlande entre, à partir de 1916, dans une spirale qui conduit à l'indépendance de sa partie sud. Les membres du **Sinn Fein**, après avoir commencé une révolte cette année-là, gagnent les élections de 1918, forment un parlement indépendant à Dublin *(Dàil Eireann)* et établissent la république. Le gouvernement envoie d'anciens militaires, les **Blacks and Tans**, affronter l'armée irlandaise (IRA). En 1921, après deux ans de conflits, le traité anglo-irlandais entérine la création de l'**État libre d'Irlande** qui devient un dominion britannique, mais les 6 comtés du Nord restent dans le Royaume-Uni. C'est le début d'une longue lutte où attentats, répressions et trêves se succèdent. Il faudra attendre le 10 avril 1998 et l'accord du Vendredi saint pour voir le début d'un processus de paix.
1917 – Le roi adopte pour la famille royale le nom de Windsor.
1926 – Grève générale.
1931 – Crise. Chômage massif. Dévaluation de la livre.

« DU SANG ET DES LARMES »

À la mort de Georges V, son fils **Édouard VIII** (1894-1972) lui succède. Cependant, souhaitant épouser une Américaine divorcée, Wallis Simpson, il doit abdiquer en 1936. Son frère cadet prend sa place sous le nom de **Georges VI** (1895-1952).
Lors de la guerre civile espagnole, le gouvernement Baldwin, fidèle à sa ligne de conduite depuis 1935, persiste dans la non-intervention. Cette politique mène aux **Accords de Munich** signés par Chamberlain pour le Royaume-Uni en 1938.
En mai 1940, un gouvernement de coalition nationale rassemble tous les acteurs politiques. **Churchill** *(voir l'encadré ci-dessous)*, est nommé Premier ministre. Après l'évacuation de Dunkerque en 1940 et l'échec des plans d'invasion de Hitler, au cours de la bataille d'Angleterre de juillet à octobre, la Grande-Bretagne se retrouve seule et de nombreuses villes subissent de massifs bombardements aériens –

WINSTON CHURCHILL (1874-1965)

Fils du 7e duc de Marlborough et d'une Américaine, Churchill est élevé dans les principes de la société victorienne. Après une carrière militaire qui le mène dans tout l'Empire britannique, il commence une carrière politique en 1899, devenant successivement député et ministre. Son véritable génie politique et militaire s'exprime lors de la Seconde Guerre mondiale. Nommé Premier ministre en mai 1940, il sait par ses discours et son action fédérer le peuple britannique. Son sens de la formule nous a laissé quelques phrases célèbres comme : « La démocratie est le plus mauvais système de gouvernement – à l'exception de tous les autres qui ont pu être expérimentés dans l'histoire. » En 1953, il reçoit le prix Nobel de littérature pour son œuvre d'historien et de mémorialiste : certains y ont vu une reconnaissance pour son action politique.

le **Blitz**. Activement soutenues par les États-Unis, qui entrent dans le conflit en décembre 1941, les forces britanniques et du Commonwealth se battent sur plusieurs fronts. La Grande-Bretagne devient le tremplin de la reconquête de l'Europe et de la victoire finale.
1938 – Le Holiday with Pay Act instaure les congés payés.
1945 – Conférence de Yalta.

L'État-providence

Au lendemain de la guerre, les élections de 1945 voient l'arrivée des travaillistes au pouvoir. L'État-providence est créé, avec la Sécurité sociale, l'amélioration des pensions et des allocations pour le chômage, ainsi que la nationalisation des industries clés.
En 1947, l'Inde ouvre la voie de l'indépendance aux autres pays du Commonwealth. Le pays est scindé en un État hindouiste, l'Inde, et un État musulman, le Pakistan.
1949 – La république d'Irlande devient indépendante.

DU COMMONWEALTH VERS L'EUROPE

Le retour des conservateurs au pouvoir en 1951 coïncide avec la reprise économique. L'augmentation du pouvoir d'achat des ménages et le plein emploi transforment la Grande-Bretagne en société de consommation. Le nouveau gouvernement poursuit la politique de protection mise en place par les travaillistes et applique une politique économique interventionniste. C'est également à cette période que l'industrie se déplace du nord vers le sud de l'Angleterre.
Du côté de la Couronne, la reine **Élisabeth II**, née en 1926, accède au trône en 1952. Avec son mari, le prince Philippe, duc d'Édimbourg, ils contribuent à renforcer le rôle de la monarchie au sein du royaume et à l'étranger.

La fin de l'empire

À partir de la déclaration de 1949, les États du Commonwealth sont « unis comme membres libres et égaux du Commonwealth, coopérant librement dans la recherche de la paix, de la liberté et du progrès ». La crise internationale déclenchée en 1956 par la nationalisation du canal de Suez par le président égyptien Nasser montre l'affaiblissement progressif de la Grande-Bretagne. Les relations économiques avec les pays du Commonwealth vont progressivement se réduire et le Royaume-Uni va peu à peu renforcer ses échanges commerciaux avec l'Europe. Malgré des premiers contacts dans les années 1960, il faut la fin du veto français pour voir entrer la Grande-Bretagne dans la **Communauté européenne** en 1973.
Durant cette période, travaillistes et conservateurs doivent faire face à la récession et aux successives crises pétrolières et financières. L'augmentation du déficit commercial, du chômage, de la dette de l'État et les grèves (état d'urgence en 1972) accentuent la crise économique britannique. Seule embellie, la découverte de pétrole en mer du Nord et en Écosse permet de compenser les importations.
1956 – Mise en service de la première centrale nucléaire à Calder Hall.
1965 – Abolition de la peine de mort.
1967 – L'homosexualité entre majeurs n'est plus un crime. L'avortement est légalisé.
1973 – La Grande-Bretagne devient membre de la **CEE**.

Le tournant Thatcher

Avec l'arrivée en 1979 de **Margaret Thatcher** au 10 Downing Street, la politique sociale et économique de l'État va radicalement changer. Les objectifs annoncés par le gouvernement sont : la baisse des impôts, la réduction des dépenses publiques liée à la diminution des aides sociales et la privatisation des entreprises publiques. Si l'application de ce programme aggrave dans un premier temps la situation économique et sociale, elle permet à partir de 1982, conjointement à la reprise économique mondiale, de redresser la situation économique du pays. Celle que ses adversaires surnomment la « Dame de fer » renforce son image autoritaire par son inflexibilité face aux syndicats, sa gestion de la **guerre des Malouines** (1982) et ses décisions en matière de politique européenne. Malgré des résultats économiques indéniables, les différences de revenus entre riches et pauvres s'accentuent et la société anglaise est secouée par les crises sociales. La proposition d'un impôt sur les foyers *(poll tax)* entraîne sa démission en 1990. Son successeur, **John Major**, améliore les rapports avec la Communauté européenne, mais la persistance du déficit commercial et la résurgence du chômage entraînent la fin de 18 années de gouvernance conservatrice pour laisser place au New Labour de **Tony Blair** en 1997.

Incarnant selon ses propres mots « une troisième voie » entre les conservateurs et la gauche traditionnelle, il mène à bien les projets d'autonomie pour l'Écosse et le pays de Galles. Tony Blair est réélu deux fois, en 2001 et 2005.

1994 – 6 mai : inauguration du tunnel sous la Manche.

1999 – Création d'un parlement écossais et d'une assemblée nationale galloise approuvée par référendum.

2005 – Attentats terroristes à Londres (52 morts).

2007 – **Gordon Brown** devient Premier ministre.

2008 – Crise boursière et récession.

2010 – **David Cameron** est nommé Premier ministre. Les conservateurs de retour au pouvoir doivent s'appuyer sur une coalition en l'absence de majorité.

LONDRES 2012 : HORIZON JEUX OLYMPIQUES

Les gigantesques travaux lancés en vue des JO s'inscrivent dans le vaste mouvement de réhabilitation de l'Est londonien, démarré il y a plus de vingt ans avec, notamment, le réaménagement des Docklands *(voir p. 134)*. Les Jeux, dont les retombées devraient profiter à l'ensemble de la capitale, offrent l'occasion de transformer durablement une zone historiquement déshéritée. Le principal parc olympique se situe en effet sur la **Lower Lea Valley**, jusque-là occupée par des friches industrielles et des immeubles désaffectés. Outre les équipements sportifs de niveau international (stade de 80 000 places, qui n'en comptera plus que 25 000 après les Jeux grâce à une bande démontable de 20 m, centre aquatique conçu par l'architecte Zaha Hadid, vélodrome…), la sélection de la capitale anglaise a donné le coup d'envoi à la construction de 2 800 nouvelles habitations, à l'aménagement d'espaces paysagers, au développement des infrastructures (ponts, pistes cyclables) et à l'amélioration des transports (rénovation du métro North London Line, extension de la ligne East London et du réseau ferroviaire « Docklands Light Railway »). Après les JO, le site sera transformé en immense parc urbain, regroupant notamment des bureaux, une école et un centre médical.

« London Duck Tour vehicle » (le DUKW fut utilisé lors du débarquement).
E. Nathan / Loop Images/Photononstop

La nation du progrès

C'est en Grande-Bretagne que de grands savants virent le jour, mais ce pays est aussi la patrie de nombreux ingénieurs, dont les inventions accompagnèrent la révolution industrielle, de 1760 à 1850.

L'ÉNERGIE

En 1712, **Thomas Newcomen** conçut la première machine à piston et à vapeur, améliorée ensuite par l'Écossais **James Watt**. De telles machines étaient nécessaires pour pomper l'eau, pour remonter hommes et minerai du fond de la mine. Elles remplacèrent bientôt les roues à eau pour produire l'énergie exigée par les filatures de coton qui se développaient dans le Lancashire. **Richard Trevithick** (1771-1833), un mineur d'étain de Cornouailles, inventa une chaudière à chambre de combustion interne qu'il montra à George Stephenson (1781-1848) et à son fils Robert (1803-1859) : ce fut l'origine des premières locomotives. La fonte nécessaire à ces nouvelles machines fut produite pour la première fois, en 1709, par **Abraham Darby**, maître de forges du Shropshire, à Coalbrookdale, et fut utilisée pour construire les cylindres des premières machines à vapeur, des ponts et des aqueducs. En 1856, **Henry Bessemer** inventa un procédé de pulsion d'air comprimé dans le métal en fusion pour le débarrasser de ses impuretés et produire un acier résistant.

LES TRANSPORTS

Au début du 19e s., on comptait 4 000 miles de canaux, dont le creusement avait été développé par **James Brindley** (1716-1772). **Thomas Telford** (1757-1834) construisit des routes et des ponts qui permirent aux diligences et aux chariots à grandes roues de transporter passagers et marchandises.

En 1825, **George Stephenson** réalisa la ligne Stockton-Darlington, la première voie ferrée au monde à transporter des passagers avec une motrice à vapeur. Le succès de la *rocket* de Stephenson prouva l'efficacité des locomotives. **Isambard Kingdom Brunel** (1806-1859), ingénieur en chef du Great Western Railway, conçut le pont suspendu de Clifton, ainsi que le premier navire à vapeur qui réussit, en 1837, la traversée de l'Atlantique, le *Great Western*. C'est à son père, **sir Marc Isambard Brunel** (1769-1849), que l'on doit le percement du premier tunnel sous la Tamise, entre 1825 et 1843. Le plus influent des constructeurs automobiles anglais, **William Henry Morris** – lord Nuffield – avait commencé par produire des bicyclettes ; sa première voiture sortit en 1913. Plus que son œuvre philanthropique, par le biais de fondations médicales, c'est sa création, en 1959, de la « Mini » qui le rendit célèbre. Plus récemment, **Christopher Cockerell** fit breveter le premier *hovercraft* (véhicule à coussin d'air) en 1955.

LE GÉNIE SCIENTIFIQUE

Les remarquables travaux du philosophe **Francis Bacon** ont conduit à la fondation de la Royal Society (Académie des sciences), qui reçut l'aval de Charles II en 1662 pour « promouvoir les échanges d'idées, en particulier dans les sciences physiques ». **Isaac Newton** *(voir l'encadré ci-contre)* en fut le président de 1701 à 1727. **Michael Faraday** fut nommé assistant de **Humphrey Davy**, l'inventeur de la lampe de sécurité des mineurs, en 1812. Ce sont les travaux de Faraday sur l'électromagnétisme qui permirent la conception de la dynamo et du moteur électrique. À la suite de cette invention, **James Joule** énonça des lois fondamentales de la thermodynamique (effet Joule, 1841). Une première ébauche d'ordinateur, la « machine différentielle », fut inventée par **Charles Babbage** en 1833. Elle est visible aujourd'hui à la bibliothèque du King's College de Cambridge. **Edmond Halley**, un ami de Newton, est surtout connu pour la comète à laquelle il a donné son nom et dont il avait correctement prédit le cycle de soixante-seize ans et sa réapparition en 1758. Installé par Bernard Lovell en 1955, le radiotélescope de Jodrell Bank est toujours l'un des plus grands du monde, et contribue à l'extension de nos connaissances sur l'univers. Enfin, c'est à **Antony Hewish**, un astronome britannique de Cambridge, que l'on doit en 1968 la découverte des pulsars, sources de rayonnements radioastronomiques. Le professeur **Stephen Hawking** *(voir l'encadré ci-contre)* a étudié les trous noirs et écrit un important traité, *Une brève histoire du temps*.

LA MÉDECINE

William Harvey, le médecin de Jacques Ier et de Charles Ier, découvrit la circulation du sang. Plus près de nous, des progrès en médecine dus à des Britanniques ont été le fait du docteur Jacob Bell qui, avec le docteur Simpson d'Édimbourg, introduisit l'anesthésie par chloroforme, officiellement approuvée après que la reine Victoria l'eut expérimentée lors de la naissance du prince Léopold en 1853. La structure « en double hélice » de l'ADN (acide désoxyribonucléique) – le composant essentiel des chromosomes transmettant l'information génétique et contrôlant les caractères héréditaires – fut proposée par **Francis Crick** qui travaillait au Cavendish Laboratory de

TROIS GRANDES TÊTES PENSANTES

Isaac Newton (1643-1727) – Ce savant, en s'appuyant sur les travaux de ses prédécesseurs, transforma radicalement les sciences. La publication en 1687 des *Principes mathématiques de philosophie naturelle* ouvre une nouvelle ère pour la mécanique. Il découvre notamment que la lumière blanche est constituée de plusieurs couleurs et est l'inventeur du premier télescope. Mais il reste surtout connu pour la théorie de la gravitation universelle, née selon la légende de la chute d'une pomme. Il est enterré à l'abbaye de Wesminster à Londres.

Charles Darwin (1809-1882) – Il semblait destiné à attendre paisiblement l'héritage paternel. Mais en 1831, il participe à une campagne de cinq ans à bord du *HMS Beagle* en tant que naturaliste. Lors de cette expédition, il observe des similitudes entre les fossiles et les spécimens vivants, et commence à établir les bases de sa théorie sur l'évolution des espèces. En 1836, suite à la lecture de l'*Essai sur le principe de peuplement* de Thomas Malthus, il développe la théorie de la sélection naturelle. En 1859, il publie *L'Origine des espèces*.

Stephen Hawking – Ce physicien né à Oxford en 1942 est connu pour ses travaux sur la théorie de la relativité et la physique quantique. Une sclérose diagnostiquée à l'âge de 21 ans lui fera perdre peu à peu l'usage de ses membres. La Royal Society lui remet la médaille Hugues en 1976 et ses travaux sur les trous noirs sont récompensés en 1981 par la médaille Franklin. Il occupe depuis 1979 la chaire de mathématique de Cambridge, détenue au 17e s. par Newton. Son premier livre de vulgarisation scientifique, *Une brève histoire du temps* (1988), a été un succès planétaire.

Cambridge, et son collègue américain James Watson, en 1953. Autre découverte plus récente : la cyclosporine, due au docteur **Tony Allison**, de Cambridge, réduit les réactions de rejet d'organes de donneurs.

L'HISTOIRE NATURELLE

Les Tradescant, père et fils, jardiniers de Charles Ier, plantèrent le premier jardin botanique en 1628. Le Chelsea Physic Garden, jardin botanique médicinal fondé en 1673, a un beau palmarès en matière de propagation des plantes : graines de coton des mers du Sud, thé de Chine, quinine et hévéa d'Amérique du Sud. Premier directeur des jardins de Kew, **William Hooker** fut un botaniste distingué.

Joseph Banks (1743-1820), botaniste et explorateur, accompagna James Cook dans son expédition autour du monde (1768-1771) et rassembla des plantes jusqu'alors inconnues. Avec le botaniste Thomas Huxley (1825-1895), il influença les recherches pionnières de **Charles Darwin** *(voir l'encadré ci-dessus)*, qui, après s'être documenté au cours d'un voyage au bout du monde, exposa sa théorie de l'évolution dans *De l'origine des espèces par voie de sélection naturelle,* dont l'impact sur les sciences naturelles fut considérable.

Au 20e s., le zoologue **Desmond Morris** a émis des théories provocatrices sur le comportement humain, fondées sur les études animales. L'ornithologue Peter Scott et les naturalistes Gerald Durrell, David Bellamy et Richard Attenborough ont attiré l'attention du public sur la protection et la conservation de l'environnement naturel.

LES EXPLORATIONS

La découverte de nouveaux mondes fut la conséquence de l'esprit d'entreprise du 16e s. La rivalité entre les nations européennes et les progrès du matériel de navigation favorisèrent les voyages de découverte. En suivant les traces des explorateurs portugais, **Jean Cabot** (vers 1450-vers 1500), un Génois installé à Bristol, découvrit la Nouvelle-Écosse et Terre-Neuve. C'est le Devon qui a fourni le plus gros contingent de marins anglais, dont **John Hawkins** (1532-1595), introducteur du tabac et de la patate douce en Angleterre, et **Francis Drake** (vers 1540-1596), le premier Anglais à faire le tour du monde. **Walter Raleigh** (1552-1618) découvrit la Virginie. Martin Frobisher (1535-1594) explora l'Atlantique Nord à la recherche du passage du nord-ouest et découvrit l'île de Baffin (1574). L'explorateur **Henry Hudson** (vers 1550-1611) donna son nom à la célèbre baie canadienne (1610). Le capitaine **James Cook** (1728-1779) explora le Pacifique, dressa la carte des côtes d'Australie et de Nouvelle-Zélande et fit un relevé de la côte de Terre-Neuve.

DANS LES AIRS

Les noms de **Charles Rolls** et **Henry Royce** resteront toujours associés aux prestigieuses voitures qu'ils ont créées, même si leur contribution à l'aéronautique est, en fait, plus importante encore. C'est un moteur Rolls-Royce qui équipait le Gloster E 28/29 de **Frank Whittle**, le premier avion à réaction, et le Comet de **De Havilland**, le premier avion à réaction de transport de passagers, dont le vol inaugural eut lieu en 1949. Les ingénieurs aéronautiques britanniques ont collaboré avec leurs homologues français à la construction du Concorde.

POLITIQUE ET ÉCONOMIE

Thomas Hobbes (1588-1679) – Ce penseur contemporain de Descartes est le premier théoricien de la philosophie politique. Son œuvre la plus célèbre est le *Léviathan* (1651). Il a réfléchi à l'origine de l'État et de l'obéissance en politique. C'est sous sa plume qu'apparut la fameuse sentence : « L'homme est un loup pour l'homme. »

John Maynard Keynes (1883-1946) – Né dans une famille d'universitaires, John Keynes suit l'enseignement des économistes Marshall et Pigou à Cambridge. À la suite du krach de 1929, il publie l'ouvrage fondateur du keynesianisme, *Théorie générale de l'emploi, de l'intérêt et de la monnaie* (1936). Keynes y défend l'idée que la demande détermine le niveau de la production et, par là même, celui de l'emploi. Il prône un interventionnisme de l'État favorisant le plein emploi. Devenu le premier économiste du pays, il est le conseiller financier de la Couronne. En 1944, Keynes représente le Royaume-Uni aux accords de Bretton Woods et participe à la création du Fonds monétaire international et de la Banque mondiale.

Architecture

Les grandes tendances de l'architecture européenne ont été interprétées de façon originale en Grande-Bretagne. Parmi les singularités anglaises, la passion pour le style gothique donna naissance à des courants tels que le Perpendicular aux 15e et 16e s. ou le Gothic Revival au 19e s. Nombre de grandes villes gardent l'empreinte des styles successifs, conduisant d'une rue à l'autre du Moyen Âge au 21e s.

Les sites mégalithiques

Les œuvres les plus anciennes d'Angleterre, dans le comté de Wiltshire, sont d'impressionnants blocs de pierre disposés en cercle. **Stonehenge** *(voir p. 328)*, édifié de 2900 à 1500 av. J.-C. environ, est le plus célèbre de ces sites, avec ses pierres bleutées provenant de Preseley, au sud-ouest du pays de Galles.
Avebury *(voir p. 321)*, dont les monolithes s'étalent sur 11 ha, est plus ancien et voisine avec l'un des plus beaux tumuli funéraires anglais.

L'art médiéval

Il subsiste peu de vestiges des premiers siècles de la chrétienté avant la conquête normande. All Saints (vers 680) à Brixworth, dans le Northamptonshire, a intégré la brique romaine et son abside est entourée d'une crypte circulaire externe. Près d'Earls Barton, All Saints possède une tour de la fin de l'époque saxonne *(voir p. 509)*. On trouve des cryptes saxonnes à Hexham, Repton et **Ripon** *(voir p. 634)*.

LES PREMIÈRES FORTERESSES

Le château de **Chepstow** *(voir p. 687)* est l'un des plus anciens édifices en pierre de Grande-Bretagne. Comme tous les ouvrages civils construits par les Normands après la conquête, cette forteresse visait à protéger le territoire.
La **Tour blanche**, donjon de la Tour de Londres *(voir p. 133)* et première construction de Guillaume Ier (1080), est particulièrement représentative de cette fonction défensive avec ses murs massifs de plus de 6 m d'épaisseur à la base et ses petites ouvertures bien protégées.
Le château de **Rochester** *(voir p. 188)*, bien qu'en ruine, donne un aperçu du mode de vie de l'époque, avec ses chambres aux murs de 3,5 m d'épaisseur.

LES CHÂTEAUX GALLOIS

Entre 1276 et 1296, Édouard Ier et les seigneurs des Marches construisirent ou remplacèrent les fortifications de 17 châteaux afin de consolider le pouvoir anglais dans le nord du pays de Galles. Ceux de **Conwy** *(voir p. 728)* et **Caernarfon** *(voir p. 713)* comptent parmi les monuments médiévaux les plus remarquables d'Europe. Pour la plupart de ces forteresses,

Édouard fit appel au meilleur architecte militaire de l'époque, le Savoyard **maître Jacques de Saint-Georges**. Ces châteaux furent conçus pour être ravitaillés par mer, les troupes royales ne pouvant traverser en sécurité le massif du Snowdon. Les tours rondes, moins vulnérables, se substituèrent aux tours carrées ; les défenses concentriques, plus hautes vers l'intérieur, firent leur apparition. Ce système permettait de diminuer en nombre les garnisons, constituées de 30 hommes d'armes, d'une petite cavalerie et d'arbalétriers.

LES ÉGLISES ROMANES

Il n'existe nulle part ailleurs en Europe une telle variété d'œuvres romanes. Dans les cathédrales anglaises, les nefs sont généralement beaucoup plus longues que celles du continent, par exemple celles d'**Ely** (13 travées – *voir p. 417*) et de **Norwich** (14 travées – *voir p. 431*), tandis que l'extrémité située à l'est était habituellement plus courte. La cathédrale de **Durham** *(voir p. 615)*, commencée en 1093, constitue un bel exemple de ce style en Grande-Bretagne, bien que seules les parties basses extérieures de la tour, la nef et le chœur illustrent clairement l'art roman. Ses voûtes en pierre, complétées en 1133, ont conservé leur forme d'origine. La façade principale de celle de **Southwell**, élevée vers 1130, fut décorée plus tard de vitraux de style gothique Perpendicular finissant *(voir p. 477)*. L'extrémité est de la cathédrale de **Norwich** présente trois absides. Sa flèche et ses fenêtres hautes datent du gothique tardif, mais le reste est roman. Rochester, Gloucester, Peterborough, Lincoln, Exeter, Hereford, St Albans, et les églises abbatiales de Tewkesbury et Waltham, appartiennent toutes à l'héritage roman en Angleterre. Chaque comté s'enorgueillit de posséder nombre d'églises paroissiales dont un vaisseau, une tour, un portail ou une voûte de chœur sont de style roman. L'église d'**Iffley** (façade principale, vers 1170 – *voir p. 177*), dans le comté d'Oxford, l'église **St Mary and St David** (vers 1140 – *voir p. 530*), à Kilpeck, dans le comté de Hereford, dont les sculptures témoignent d'une influence scandinave…

Les styles gothiques

Les conceptions gothiques permirent d'élargir et de rehausser les églises, les inondant ainsi de lumière. Les lourds piliers furent remplacés par de minces colonnes en faisceau, les tours se firent plus élevées et plus élancées. Quatre phases d'architecture gothique se succédèrent en Angleterre, où le style perdura plus qu'ailleurs en Europe.

TRANSITIONAL

En Angleterre, entre 1145 et jusqu'à l'accession de Richard Ier au pouvoir en 1189, on trouve des constructions de style « de transition » roman-gothique, qui possèdent à la fois des arcs brisés et en plein cintre. La cathédrale de **Ripon** en est un exemple *(voir p. 634)*, mais le modèle le plus remarquable doit être le chœur de la cathédrale de **Canterbury** *(voir p. 191)*.

EARLY ENGLISH

Le style « primitif anglais » s'étend de 1190 à la mort d'Édouard Ier, en 1307. Ses caractéristiques sont les voûtes sur croisées d'ogives, les arcs brisés étroits et les fenêtres lancéolées. La cathédrale de **Salisbury**, construite, à l'exception de sa tour et de sa flèche, entre 1220 et 1258, est la seule cathédrale anglaise à avoir été bâtie d'un seul jet et par conséquent, dans un style unique *(voir p. 325)*. Sont intéressantes également la cathédrale de **Wells** *(voir p. 291)*, les façades de Peterborough et de Ripon, la majeure partie de Lichfield, et les abbayes de **Tintern** *(voir p. 687)* et **Fountains** *(voir p. 635)*, ainsi que le prieuré de Bolton.

DECORATED

Le gothique « orné » apparut vers 1280, bien avant son équivalent flamboyant du continent, et dura environ jusqu'à la mort d'Édouard III, en 1377. La cathédrale d'**Ely** *(voir p. 417)*, avec sa tour-lanterne octogonale, est l'une des premières tentatives de ce style recherchant l'espace et la lumière. Les façades principales d'Exeter et de York sont d'autres exemples.

PERPENDICULAR

La plus longue et la plus originale des phases de l'architecture gothique en Grande-Bretagne connaît son plein essor au moment où le continent voit déjà se développer l'influence des artistes de la Renaissance. Les lignes verticales prédominent, mais les caractéristiques principales sont les lambris ornant tout l'édifice, des surfaces vitrées plus grandes et la multiplication – beaucoup plus tardivement qu'en France – des arcs-boutants. On appréciera les voûtes en éventail, de conception proprement anglaise, dont les meilleurs exemples se trouvent à la chapelle du King's College de **Cambridge** *(voir p. 411)*, à la chapelle du **collège d'Eton** (1441) et à la chapelle St George de **Windsor** *(voir p. 160)*.
Plusieurs cathédrales et de simples églises paroissiales illustrent cette période : la nef de **Canterbury** (commencée en 1378), celle de **Winchester** (1450 – *voir p. 253*), la tour centrale de **Gloucester** *(voir p. 299)*, les voûtes de l'abbaye de **Sherborne** *(voir p. 344)*, la chapelle Henri VII à l'abbaye de **Westminster** *(voir p. 121)* et, bien sûr, l'abbaye de **Bath** *(voir p. 282)*.
Le développement des plafonds en bois est contemporain de la voûte en éventail, et également purement anglais. À la charpente à entraits se substituent des formes plus complexes, telles que les charpentes en forme de carène renversée, dont les plus beaux exemples sont visibles à **Westminster** (Hugh Herland, vers 1395), dans la grande salle de **Hampton Court** *(voir p. 144)*, et au vieux manoir de **Rufford**, dans le Lancashire (1505 – *voir p. 566*).

De la Renaissance au néoclassicisme

Le palais de brique de Hampton Court, bâti sous Henri VIII, marque une transition par son ornementation à l'italienne, plaquée sur une structure encore gothique. C'est en effet à partir des **Tudor** que l'influence de la Renaissance italienne et flamande gagna enfin l'Angleterre.

LES MANOIRS DU 16E S.

Entre 1550 et 1620, une classe moyenne prospère et une aristocratie aisée se firent bâtir des résidences dont il subsiste de nombreux exemples. Les châteaux de **Longleat** *(voir p. 295)*, dans le Wiltshire, de **Montacute** *(voir p. 346)*, dans le Somerset, et le manoir d'**Hardwick** *(voir p. 484)*, dans le Derbyshire, sont les plus remarquables. Le plan médiéval, qui disposait les différents bâtiments autour d'une cour intérieure, est abandonné au profit d'un plan en E ou en H, où un bâtiment central rectangulaire est

doté d'ailes en saillie. La grande **galerie**, utilisée en hiver pour les exercices physiques, devint de règle dans toutes les grandes demeures de l'époque élisabéthaine.
Les maisons à colombage furent érigées dans des régions où la pierre était rare : manoirs de **Little Moreton** *(voir p. 550)*, dans le Cheshire, et de **Speke** *(voir p. 567)*, près de Liverpool.
L'escalier commença à gagner de l'importance dans les plans des demeures élisabéthaines et, à l'époque de Jacques Ier, il devint le noyau autour duquel s'agençait l'intérieur, comme à Hatfield, Knole, Audley End et Ham.

L'APPORT DE JONES

C'est **Inigo Jones** (1573-1652) qui, le premier, appliqua véritablement l'esprit de la Renaissance européenne en Angleterre. Nommé contrôleur général des bâtiments sous le règne de Jacques Ier, il dirigea la construction des principaux édifices publics et posa les bases du métier d'architecte, au sens moderne du terme. Ses deux réalisations les plus admirables sont **Banqueting House** à Londres *(voir p. 127)*, et le **pavillon de la Reine** à **Greenwich** *(voir p. 143)*. Il rebâtit une partie de **Wilton House** *(voir p. 330)*, où la salle du « Double Cube » témoigne de son adhésion aux proportions classiques.

LE CLASSICISME

C'est sous le règne de Charles Ier, à partir de 1625, que le classicisme commença réellement à marquer le patrimoine anglais. Son représentant le plus notable en est **Christopher Wren** (1632-1723). Après le Grand Incendie de Londres, on lui confia la reconstruction de 53 églises et de la nouvelle cathédrale **St-Paul**.
Il conçut aussi l'**École navale de Greenwich** et une nouvelle aile pour le palais de **Hampton Court**, qu'il harmonisa à la brique de la période Tudor. L'**amphithéâtre Sheldon** (1669), à Oxford, et la **bibliothèque du collège de la Trinité**, à Cambridge (1676-1684), sont deux autres de ses plus célèbres constructions.
Soldat et dramaturge, **John Vanbrugh** (1664-1726) se tourna vers l'architecture en 1699. Il fut l'un des chefs de file du **baroque** en Angleterre. Ses œuvres maîtresses, réalisées en collaboration avec **Nicholas Hawksmoor** (1661-1736), sont le château Howard, le palais de Blenheim et Seaton Delaval.
En 1711, Hawksmoor fut chargé de concevoir six églises londoniennes. Ste Mary-Woolnoth, dans la Cité, a été préservée et offre un exemple de son style.

LE PALLADIANISME

L'architecture baroque apporta fantaisie et mouvement à l'ordre classique, mais elle trouva peu d'écho en Angleterre et fut remplacée vers 1720 par le **palladianisme**. Ce style, adopté avec enthousiasme par des architectes tels que **Colen Campbell** (château de Houghton) et **William Kent** (château de Holkham), apportait la symétrie.
On prit soin d'y adjoindre des parcs paysagers – dont un grand nombre furent dessinés par **« Capability » Brown** *(voir p. 521)* – en réaction contre le formalisme des jardins français et italiens de l'époque.
Fils d'un architecte écossais, **Robert Adam** (1728-1792) revint d'un séjour en Italie en ayant intégré les principes de l'architecture antique et assimilé la plupart des théories néoclassiques. En 1758, avec ses frères, il appliqua ses connaissances à Londres, où il construisit des maisons particulières d'un style plus léger, plus décoratif que les monuments palladiens alors en vogue.

Du 19e s. à nos jours

LE TOURNANT DU 19e S.

Le 19e s. fut avant tout une période qui vit les styles se renouveler. Le fer et le verre jouèrent un rôle prépondérant dans la production en série des immeubles, bien que l'artisanat individuel demeurât manifeste dans les moulures, la décoration et le mobilier.
Architecte de nombreuses résidences luxueuses autour de Regent's Park, **John Nash** (1752-1835) dessina également les plans de Regent Street à Londres et du **Pavillon royal** à Brighton *(voir p. 216)*. **John Soane** (1753-1837), probablement le dernier des architectes originaux, est représenté par sa demeure à Lincoln's Inn Fields à Londres, devenu le musée Sir John Soane *(voir p. 130)*.
À partir de 1840 se manifesta une renaissance du gothique, dite **Gothic Revival**. Elle connut son apogée entre 1855 et 1885. **Charles Barry** (1795-1860) reconstruisit le palais de Westminster après l'incendie de 1834. **Alfred Waterhouse** (1830-1905) conçut le musée d'Histoire naturelle et bâtit l'hôtel de ville de Manchester.

LE 20e S.

Les Anglais n'ont guère prêté attention à l'Art nouveau en architecture, même si un intérêt passager s'est fait sentir pour les décorations d'intérieur et les vitraux de ce style. Le béton armé constitue la principale modification architecturale.
Durant l'entre-deux-guerres, l'architecte le plus remarquable fut probablement **Edwin Lutyens** (1869-1944), qui adapta le classicisme aux besoins de l'époque, aussi bien dans les plans pour les collectivités et les maisons particulières que dans les projets d'édifices religieux. Il conçut le Cénotaphe à Whitehall ainsi que la cité-jardin de Hampstead en 1907.
Giles Gilbert Scott (1880-1960), petit-fils de George, architecte du 19e s., édifia la dernière grande cathédrale gothique, la cathédrale anglicane de Liverpool. Il mit aussi au point le modèle des centrales électriques avec ses plans de 1929 pour la centrale de Battersea.

Les villes nouvelles

Welwyn Garden City, près de St Albans, fut en 1920 la première des villes nouvelles, une prolongation de l'idée de la cité-jardin, imaginée par Lutyens. L'aménagement prévu des rues, des impasses et des enclos, aux noms romantiques et bordés de maisons jumelées et individuelles, fut copié dans tout le pays après la guerre de 1939-1945 pour tenter de contrôler le « raz de marée urbain » à Londres, dans le Lancashire, la vallée de la Clyde et le sud du pays de Galles. La loi de 1946 sur les villes nouvelles concernait 28 villes de ce type.
La ville nouvelle de **Harlow** fut édifiée par Gibberd en 1947, et **Milton Keynes**, dans le comté rural de Buckingham, dans les années 1970.
Le village de **Poundbury** à Dorchester (1993-1994), qui met l'accent sur l'importance d'une architecture à échelle humaine et qui est parrainé par le prince de Galles, témoigne de la dernière tendance en matière de planification urbaine.

Réalisations prestigieuses

La cathédrale de **Coventry** *(voir p. 511)* par **Basil Spence** constitue un des exemples hors pair de l'architecture du 20e s. Elle est remarquable tant par son style que par le fait qu'elle se fond harmonieusement dans son environnement. Le plan circulaire de la cathédrale métropolitaine du Christ-Roi à Liverpool *(voir p. 564)* est dû à **Frederic Gibberd**.

Certains ouvrages publics à visée éducative ou culturelle sont également intéressants : la galerie qui abrite la collection Sainsbury (1970) à Norwich *(voir p. 435)* et la Grande Cour du British Museum (2000) à Londres *(voir p. 142)*, dues à **Norman Foster** ; la Tate (1993) à St Ives *(voir p. 384)* par Evans et Shale.

Nombre d'édifices innovent tant au niveau des matériaux que des structures. Parmi les plus réputés : l'immeuble de bureaux de la Lloyd's à Londres (1986) par **Richard Rogers,** la salle d'opéra de Glyndebourne (1994) par **Michael Hopkins**.

DÉJÀ LE 21E S.

Londres marqua le passage au 21e s. avec des constructions d'avant-garde, tel le Millenium Dome, situé sur le méridien de Greenwich et signé **Richard Rogers**. D'autres édifices de conception originale ont suivi. À Manchester, on inaugure en 2002 un monumental bâtiment en aluminium, l'Imperial War Museum, par **Daniel Libeskind**. À Cardiff, deux ans plus tard, c'est le Wales Millenium Centre, par **Percy Thomas**, qui ouvre ses portes, pour le plus grand plaisir des amateurs d'opéras et de ballets. Puis, en 2006, est livré l'édifice destiné à accueillir l'Assemblée du pays de Galles, le *Senedd*, dont les verrières donnent sur la baie de Cardiff. Conçu par Richard Rogers, il se distingue par l'emploi de matériaux locaux comme le bois et l'ardoise et par des installations privilégiant les énergies renouvelables.

Dans la zone des Docklands, en continuel redéploiement depuis les années 1980, le quartier de Canary Warf est dominé par la tour One Canada Square, de l'architecte **Cesar Pelli**, immense obélisque habillé d'acier inoxydable pour renvoyer la lumière *(voir p. 135)*.

D'autres projets sont en cours dans la capitale. L'un des plus ambitieux se situe dans le quartier de Southwark : la London Bridge Tower ou Shard Tower, par **Renzo Piano**, dominera dès 2012 la Tamise avec ses 66 étages de verre abritant bureaux et logements, et deviendra ainsi le plus haut immeuble britannique.

ZAHA HADID

Née en 1950 à Bagdad, diplômée en mathématiques de l'université américaine de Beyrouth, elle se tourne vers l'architecture, qu'elle part étudier à l'Architectural Association de Londres. Elle travaille avec l'architecte néerlandais Rem Koolhaas à l'Office for Metropolitan Architecture, avant d'ouvrir sa propre agence en 1980. Son cabinet de design architectural, basé à Londres, compte aujourd'hui 250 personnes. Les projets de cette figure du **mouvement déconstructiviste** témoignent d'une prédilection pour les entrelacs de lignes tendues et de courbes, les angles aigus et les plans superposés. Au Royaume-Uni, on lui doit notamment le **Cardiff Bay Opera House**, le **J.S. Bach Music Hall** à Manchester, la décoration intérieure du **Millenium Dome** à Londres, et l'**Aquatic Center** de Stratford pour les Jeux Olympiques de 2012.

À savoir – Zaha Hadid fut la première femme à recevoir le Pritzker, prestigieux prix d'architecture, en 2004.

ARCHITECTURE RELIGIEUSE

Tours saxonnes

EARLS BARTON, Northamptonshire – fin du 10e s.

SOMPTING, Sussex – début du 11e s.

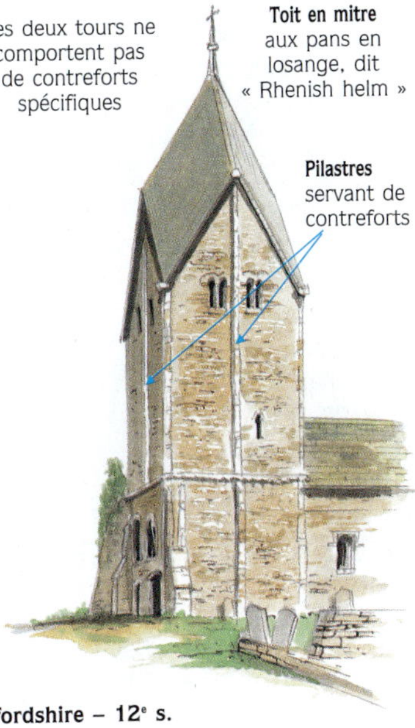

Portail roman

KILPECK, Herefordshire – 12e s.

R. Corbel/MICHELIN

Cathédrale romane

La **cathédrale de Durham** fut en grande partie construite entre 1095 et 1133. Elle est l'exemple même de la noblesse et de la solidité de l'architecture romane. L'arc en plein cintre prédomine, mais les voûtes en berceau brisé préfigurent la structure accomplie du style gothique.

Le style gothique

FENÊTRES

Fenêtre de **style gothique Early English** (vers 1100) à **5 lancettes** simples, hautes, étroites et se terminant en **arc brisé** aigu

L'espace entre les lancettes est égayé par un **quadrilobe** (vers 1270)

Fenêtre de **style gothique Decorated** présentant un **remplage** extrêmement développé (vers 1350)

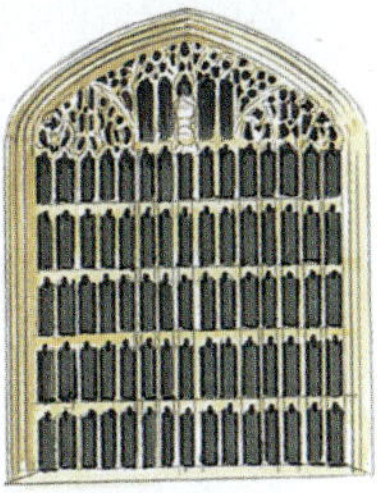

Grande fenêtre de **style gothique Perpendicular** constituée d'un **arc en accolade** et une profusion d'**impostes** horizontales

CATHÉDRALE DE SALISBURY (1220-1258)

Très longue et de plan très compartimenté comme la plupart des cathédrales anglaises, Salisbury fait néanmoins exception par son unité de style, le **gothique Early English**, qu'elle doit à la courte durée de sa construction. La seule modification notable est l'adjonction de la tour et de la flèche (123 m), construites vers 1334.

Enclos : élément caractéristique de nombreuses cathédrales anglaises, cette enceinte comprend des maisons à l'usage du chapitre

Nef

Transept

Flèche et **tour de croisée**

Chœur **Transept**

Sanctuaire

Lady Chapel, ou **chapelle de la Vierge** : chapelle axiale dédiée à la Vierge Marie

Façade principale : dans la conception médiévale des églises, elle constitue le jubé de la nef et présente donc une certaine analogie avec les espaces et la structure intérieurs

Bas-côté

Bâtiments conventuels

Salle capitulaire : salle de réunion pour le chapitre

Sacristie renfermant les ornements et objets liturgiques

R. Corbel/MICHELIN

LA VOÛTE

Voûte de la cathédrale de Canterbury (vers 1390-1405)

Voûte en éventail avec clés pendantes : l'ultime développement de ce type de voûte très ornemental est la chapelle Henri VII de l'abbaye de Westminster (1503-1512)

Le baroque anglais

Façade principale de la CATHÉDRALE ST-PAUL, Londres (1675-1710)

Son auteur, Christopher Wren, associe avec une parfaite maîtrise éléments Renaissance et baroques. Le dôme, inspiré de celui de St-Pierre de Rome, est constitué de trois parties emboîtées. Un premier dôme à tambour, visible de l'extérieur, camoufle un cône de brique portant la lourde lanterne. Celui-ci repose sur un deuxième dôme (intérieur) correspondant à la coupole.

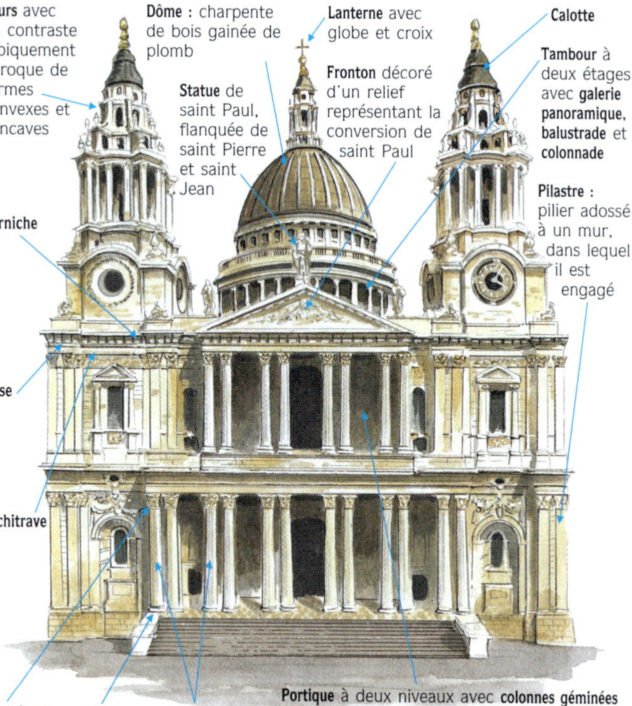

ARCHITECTURE MILITAIRE

Châteaux médiévaux

Motte normande et basse cour

Immédiatement après la conquête, les Normands construisirent des châteaux en bois, utilisant une motte de terre artificielle ou naturelle. Derrière une palissade, la basse cour regroupait les étables, les réserves, etc. À partir de 1150 environ, la pierre se substitua au bois.

Château de CAERPHILLY, Sud du pays de Galles

Château de la fin du 13e s., son plan concentrique servit de modèle aux forteresses qu'Édouard Ier fit construire dans le Nord du pays de Galles

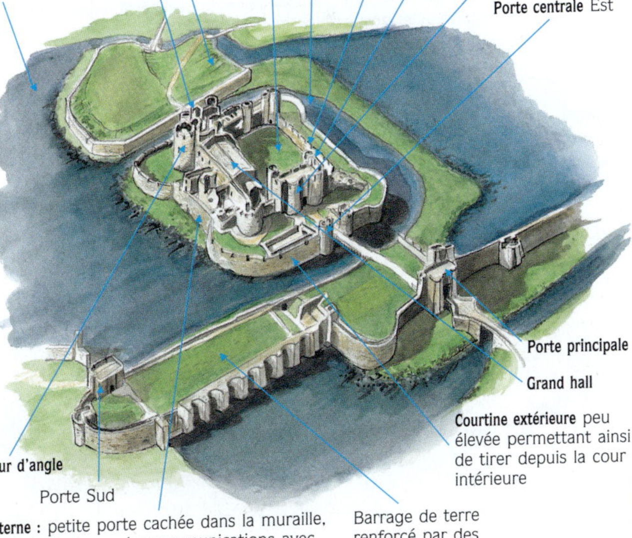

R. Corbel/MICHELIN

CAERNARFON – Bastide et château (fin du 13s.), Nord du pays de Galles

Les rois anglais firent construire plusieurs **bastides** (villes neuves fortifiées), afin d'attirer les colons et de contrôler les territoires, notamment en Gascogne et au pays de Galles. Bien que les maisons des colons anglais aient disparu depuis longtemps, Caernafon a gardé son château, ses murailles et son quadrillage de rues.

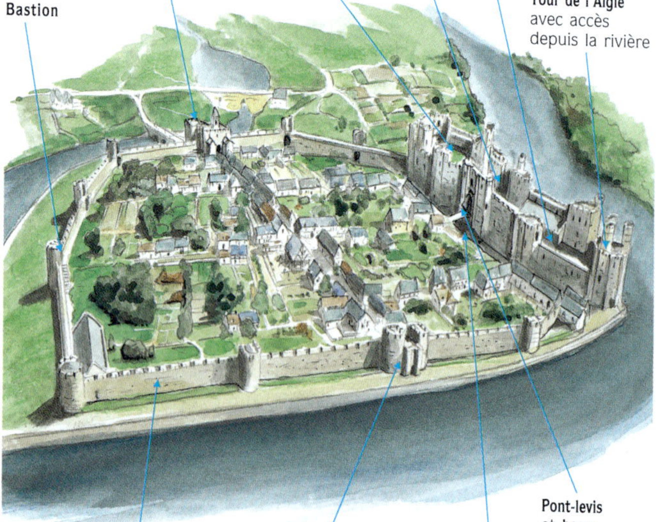

Château de BODIAM, Sussex

Construit sur le modèle des forteresses françaises et d'Italie du Sud du siècle précedent, le château (fin du 14e s.) est une réalisation de plan carré, entourée de douves et pourvue de nombreux éléments défensifs bien préservés.

MAISONS DE CAMPAGNE

LITTLE MORETON Hall, Cheshire

Ce manoir entouré de douves présente un colombage très travaillé et des ornementations sculptées, caractéristiques des Marches galloises, du Cheshire et du Lancashire. Bien que construit entre le milieu du 15e s. et 1580, il garde, comme beaucoup d'autres demeures de ce type, un caractère médiéval.

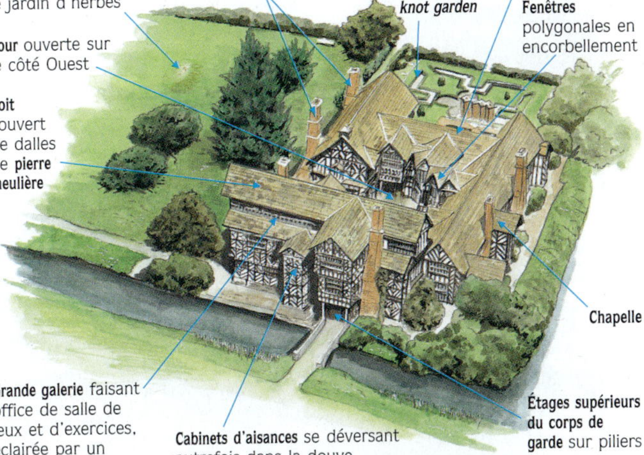

Palais et parc de BLENHEIM, Oxfordshire

Construit de 1705 à 1722 par John Vanbrugh, ce palais, aux proportions démesurées et à la profusion de formes, représente l'apogée du style baroque en Angleterre. Le parc fut transformé entre 1764 et 1774 par Lancelot « Capability » Brown, dont c'est le chef-d'œuvre.

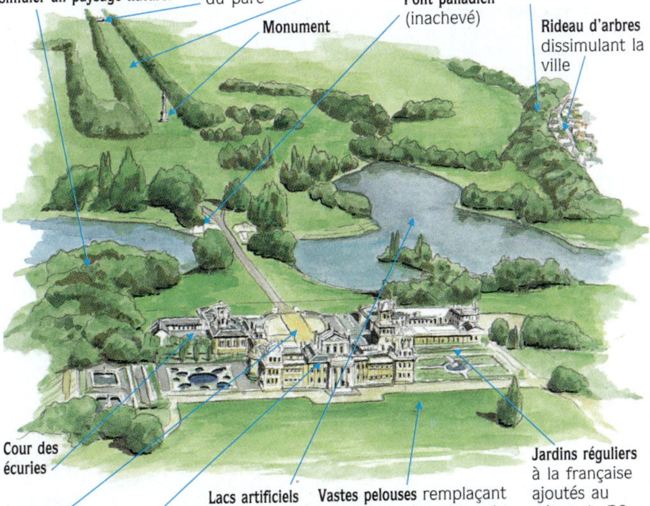

HABITAT ET URBANISME GEORGIENS

Au 18e s. et au début du 19e, l'essor des villes d'eau, puis, plus tard, des stations de bord de mer, vit l'intégration des jardins dans l'aménagement urbain. À Bath, John Wood l'Aîné et John Wood le Jeune érigèrent de splendides ensembles tels que Queen Square (1736), Gay Street (1734-1760), The Circus (1754) et Royal Crescent, élégante succession de maisons accolées identiques *(terrace)* ouvrant sur un parc.

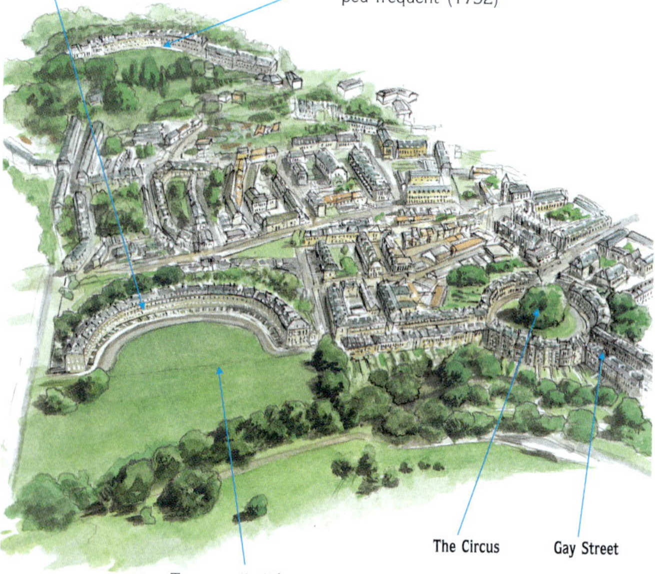

À Londres, il existe un règlement précis concernant l'aspect des maisons attenantes les unes aux autres – **terraced houses** –, classées en quatre catégories selon leur taille et leur valeur.

Les **fenêtres à guillotine** avec de minces croisillons en bois concourent à l'homogénéité des façades. L'aspect classique de l'immeuble est renforcé par la **faible pente des toits** (parfois dissimulés par une balustrade) et la petite taille des cheminées. De **hautes baies** marquent l'importance des **pièces de réception au 1er étage.**

ARCHITECTURE VICTORIENNE

Gare ST PANCRAS, Londres

L'hôtel Midland, de **style néogothique** (Revival), achevé en 1876 par George Gilbert Scott, dissimule la grande halle de verre et de fer qui était à l'époque la plus haute (76 m) au monde. Associant les styles gothiques vénitien, français, flamand et anglais, l'ouvrage de Scott était aussi un chef-d'œuvre de fonctionnalité, rassemblant les multiples activités d'un terminus ferroviaire dans un espace restreint et triangulaire.

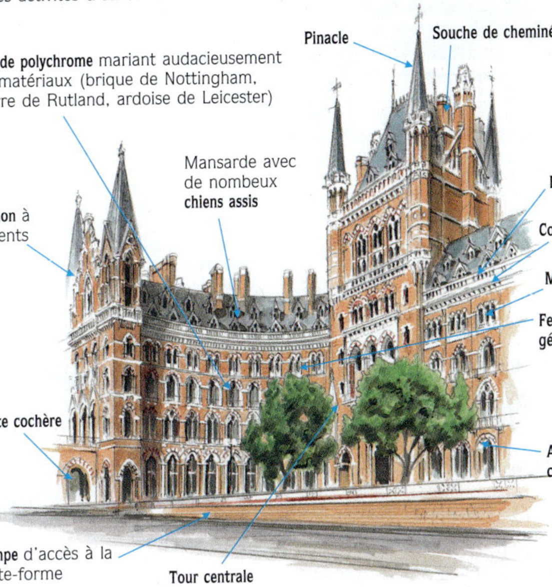

R. Corbel / Michelin

Habitat traditionnel

Les hauteurs se caractérisent par l'implantation de fermes isolées, protégées dans certains cas par un rideau de sycomores. Dans l'ouest, bien arrosé, quelques cottages et fermes sont parfois réunis en petits hameaux aérés. Ailleurs, on trouve de véritables villages, soit villages-rues s'étirant le long d'une route, soit villages agglomérés autour d'une vaste pelouse dite *green* (Long Melford et Dalmeny). Un grand nombre d'entre eux existent depuis plusieurs siècles et sont l'image même de la tranquillité éternelle ; d'autres sont beaucoup plus frustes, tels les villages de pêcheurs exposés aux tempêtes (Craster, Polperro et Crail), ou les villages industriels du 19e s., aux longues rangées de maisons ternes formant trait d'union entre le pub et l'église, à l'ombre d'une mine ou d'une usine (Pontypool et Longton). Toutes les variétés de pierre ont été extraites et modelées, des granits les plus difficiles à travailler de Peterhead et de Cornouailles à la craie du Sud, friable et à peine appropriée. Souvent exploité, le calcaire produit des effets étonnants, entre autres dans les **Cotswolds** et les **Yorkshire Wolds**. Là où la pierre manque, on utilise le bois. Ce matériau sert de structure, comme dans les cottages de Weobley près de Hereford, ou dans les maisons à colombage des Midlands ; il est également utilisé pour les bardeaux goudronnés ou peints de la côte sud-est. Sur les terres argileuses, la plupart des villages possédaient autrefois leur propre briqueterie, fournissant des tuiles caractéristiques et des briques, tandis que les lits de roseaux procuraient le chaume pour recouvrir les habitations.

ARCHITECTURE TRADITIONNELLE

Chaumière à crosse du Herefordshire (fin du Moyen Âge)

La forme la plus simple de construction à **colombage**, utilisant les deux moitiés d'une branche ou d'un tronc d'arbre de grosse taille et incurvé, dites **crosses** (cruck)

Maison à pans de bois du Kent (17ᵉ s.)

Ce type de maison était couvert de matériaux qui, par leur nature et leur disposition, créaient un effet de contraste : **tuiles accrochées** à l'étage, **planches à recouvrement** pour le rez-de-chaussée

Maison des régions boisées du Kent (vers 1500)

Étage en **encorbellement**

Comble en croupe, couvert de chaume à l'origine, de tuiles aujourd'hui

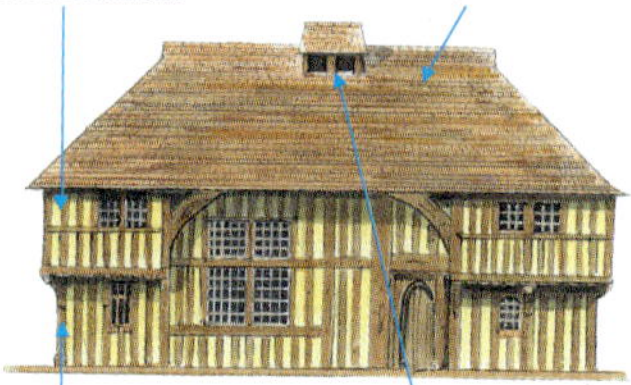

Armature de **pans de bois** très rapprochés

Orifice à fumée, remplacé ensuite par une souche de cheminée

Cottages en pierre du Gloucestershire

Construits en pierre calcaire, ils servirent peut-être de bergeries au 14ᵉ s. avant d'être transformés en petites maisons au 17ᵉ s.

Toits à forte pente couverts d'ardoise

Maisons mitoyennes de banlieues

Dans toutes les proches banlieues de Grande-Bretagne, vers 1930

Formes et détails sont typiques des concepts du mouvement Arts and Crafts. Le traitement des deux maisons est destiné à créer un contraste entre le **badigeon** à gauche et le **placage imitant le colombage** à droite

Art et culture

De la peinture à la sculpture, de Shakespeare aux poètes romantiques, de Purcell aux Beatles, de Chaplin à Hitchcock..., la Grande-Bretagne peut s'enorgueillir d'avoir engendré ou accueilli des artistes de génie qui se sont illustrés dans les domaines les plus divers, léguant au pays un inestimable héritage que l'on peut découvrir à travers ses édifices religieux, dans ses musées ou ses prestigieuses salles de concert.

Peinture

Des premières enluminures, illustrant les livres religieux du Moyen Âge aux portraits de pape hurlant de Francis Bacon, l'histoire de la peinture anglaise invite à un voyage entre convention et révolte.

L'ART PRIMITIF

Les peuples celtiques adoraient le rythme, les entrelacs et les volutes, dont ils ornèrent les bijoux et plus tard les manuscrits. Les Romains introduisirent leurs peintures murales et leurs mosaïques qui inspirèrent par la suite les décors des églises médiévales, celles-ci récupérant ces allégories destinées à impressionner et à instruire. Certaines de ces peintures sont les plus anciennes de Grande-Bretagne. La peinture qui subsiste des périodes saxonne et médiévale est représentée principalement par des œuvres raffinées sur des manuscrits enluminés, tels que les *Évangiles de Lindisfarne*, bien que les dessins de **Matthew Paris** marquent nettement une rupture avec ces travaux stylisés. Le diptyque de **Wilton** (vers 1400), l'une des peintures anglaises les plus anciennes, est exposé à la National Gallery de Londres.

DU 16E AU 18E S.

Les artistes britanniques n'ont jamais bénéficié d'un mécénat comparable à celui qui fut accordé aux artistes européens par les monarques absolus et la papauté. À l'exception de ceux réalisés par **Holbein** pour Henri VIII et sa cour, la plupart des portraits que produisirent alors les peintres britanniques témoignent d'une absence de profondeur, d'une certaine solennité, voire de rigidité. Toutefois, l'art de la miniature qui s'épanouit à la cour d'Élisabeth Ire créa de véritables chefs-d'œuvre qui captaient à la fois la ressemblance et l'esprit des modèles. **Nicholas Hilliard** et **Isaac Oliver** sont sans conteste les deux artistes majeurs de cette période.

Portraits et paysages

L'Anversois **Antoon Van Dyck**, anobli par Charles Ier, bénéficia de sa protection. Il fut le premier à traduire l'atmosphère de la cour des Stuart, avant la guerre civile, dans ses portraits en pied. Canaletto, un Vénitien, jouit de soutiens aristocratiques vers 1740, de même que **Peter Lely** et **Godfrey Kneller**, tous deux d'origine germanique, mais qui vécurent suffisamment longtemps en Angleterre pour être considérés comme les fondateurs de l'école anglaise de l'art du portrait. **William Hogarth**, né et élevé en Angleterre, célèbre pour la forme narrative et satirique qu'il donna à ses portraits de groupe, lança l'idée d'organiser des expositions publiques, idée qui conduisit à la fondation de l'**Académie royale** en 1768, dont **Joshua Reynolds** inaugura la présidence. De concert avec son contemporain **Thomas Gainsborough**, Reynolds donna ses lettres de noblesse à la peinture anglaise, principalement aux portraits, bien qu'ils fussent toujours largement influencés par les modèles hollandais et italiens. Membre fondateur de l'Académie royale, **Richard Wilson** fut grandement inspiré par les maîtres français, Le Lorrain et Nicolas Poussin. Il fut l'instigateur de l'école anglaise de la **peinture de paysages**, une mode qui apparut en Angleterre et s'étendit aux marines et aux représentations de demeures et domaines.

LE MOUVEMENT ROMANTIQUE

William Blake *(voir p. 95)* fut le précurseur du romantisme anglais. Les portraits réalisés par Thomas Lawrence, dont sa série *Congrès de Vienne* à Windsor, et les œuvres de l'Écossais Henry Raeburn ajoutèrent le romantisme aux traditions établies par Reynolds. **John Crome** fonda l'École de Norwich en 1803, un style régional de peinture de paysages qui était spécifiquement anglais. **John Cotman** en reprit le flambeau à sa mort. Au 19e s., **John Constable** et **Joseph Turner** perpétuèrent cette tradition et continuèrent à étudier les effets de lumière changeante. De 1840 à 1850, les **préraphaélites** de Dante Gabriele Rossetti et Edward Burne-Jones reprirent les sujets religieux et moraux des primitifs. Leurs œuvres inspirèrent l'Art nouveau, dont **William Morris** et **Aubrey Beardsley** sont les meilleures illustrations en Angleterre.

LES TENDANCES DU 19E S.

Né à Paris de parents anglais, **Alfred Sisley** fut un artiste impressionniste dont le sens de la couleur et des tons doit beaucoup au fondateur du mouvement, Claude Monet. Le **groupe de Camden Town**, autour de **Walter Sickert**, retourna au réalisme des postimpressionnistes, dont les œuvres furent exposées par Roger Fry en 1911. Les vingt années suivantes virent l'apparition de nombreux « mouvements » libres, sporadiques et éphémères, tels que le **groupe de Bloomsbury**. **Augustus John** choisit un style presque impressionniste pour ses portraits à la mode, tandis que sa sœur, Gwen, adopta les nuances sobres qu'elle avait étudiées chez Whistler, à Paris.

LES 20e ET 21e S.

Dans l'entre-deux-guerres, les noms les plus connus furent ceux de **Paul Nash** (paysages et symbolisme), de **Graham Sutherland** (thèmes religieux) et de **Stanley Spencer** (scènes bibliques replacées dans le cadre quotidien). Vers 1950, **Ben Nicholson** était le principal représentant de l'art abstrait. Les années 1960 virent l'apogée du pop art avec **Peter Blake**, **David Hockney** et Bridget Riley. L'art du portrait manifeste un pessimisme exacerbé avec **Francis Bacon** et **Lucian Freud**.

Gilbert and Georges, Paula Rego, Beryl Cooke, Ken Currie, Adrian Wizniewski, Stephen Conroy, Peter Howson, Lisa Milroy, Richard Wentworth, Julian Opie et Damien Hirst comptent parmi les artistes contemporains en faveur auprès de la critique. Le mouvement **Young British Artists** (ou yBa : Angela Bulloch, Michael Landy,

Gary Hume…) explore de nouveaux modes d'expression. Ses créations ont été exposées à Londres (Saatchi Gallery, Whitechapel Gallery et Tate Gallery), mais aussi dans des musées et des galeries à l'étranger.

Sculpture

Qu'il s'agisse des ornementations sculptées sur les façades des églises, de la statuaire en vogue aux 18e et 19e s. ou des œuvres d'artistes contemporains, la sculpture est un art qui s'expose en Angleterre bien souvent en dehors des musées.

DU RELIGIEUX AU PROFANE

Les influences romaines et les ornementations celtiques furent progressivement intégrées aux œuvres chrétiennes, sur les croix et dans la décoration des églises. Après les sculptures romanes, des vitraux, des nervures et des voûtes resplendirent dans les églises et les cathédrales gothiques. Ces ornementations furent complétées par des miséricordes en bois sculpté, des détails garnissant des stalles, des jubés… L'imposante statuaire, telle que celle de la façade principale de la **cathédrale de Wells** *(voir p. 291)*, a survécu à la Réforme et donne un aperçu du talent d'artisans anonymes.
Plus tard, les monuments commémoratifs, d'abord classiques puis baroques, abondèrent dans les cathédrales et les églises paroissiales. À l'époque victorienne, des statues furent érigées à la mémoire d'industriels et de bienfaiteurs, de notables municipaux et de héros militaires dans chaque ville et à la campagne.

LES ARTISTES MODERNES

Au cours du 20e s., la sculpture britannique a été animée par l'œuvre parfois controversée de **Jacob Epstein** et celle de **Henry Moore** *(voir p. 654)*, dont la technique de « sculpture naturelle » permet au grain et à la forme du matériau de dicter la forme finale de l'œuvre. Au nombre des sculpteurs modernes renommés figurent également **Barbara Hepworth** *(voir p. 385)*, qui s'établit à St Ives en 1943, **Reg Butler** et **Kenneth Armitage**.
De nos jours, la tendance est à la rupture. Les artistes comme **Damien Hirst**, Anish Kapoor, Richard Deacon, Cornelia Parker, Alison Wildong, Stephen Hughes, Tony Cragg, Rachel Whitread, inventent de nouveaux modes d'expression, parfois provocants. Le prix Turner, décerné par la Tate Gallery, est souvent controversé.

Littérature

En matière de littérature, l'Angleterre reste une référence. Ses écrivains s'illustrèrent dans tous les genres et à toutes les époques.

LE MOYEN ÂGE

Si l'on s'accorde à reconnaître en **Geoffrey Chaucer** (vers 1340-1400) le père des lettres anglaises *(Contes de Cantorbéry : voir p. 134)*, il serait injuste d'oublier quelques noms qui, à leur façon, témoignent de la vie intellectuelle qui régnait dans l'Angleterre médiévale.
Dès le milieu du 7e s., le moine **Caedmon** chante en saxon la Création et traduit la Bible. À la même époque, l'anonyme **Beowulf** offre un décalque de saga danoise. Peu après, **Bède le Vénérable** (673-735) compose en latin une *Histoire ecclésiastique de l'Angleterre*. La période anglo-normande voit une production dominée par les chroniques de Geoffroy de Monmouth et le *Roman de Brut* de Wace (écrit en ancien français, tout comme certaines versions de la légende de Tristan). Avec

Wycliff (1320-1384), la Bible est pour la première fois traduite en anglais. C'est également l'époque où **William Langland** (vers 1332-1382), avec son *Pierre le Laboureur*, parcourt en une suite de visions allégoriques toutes les strates de la société de son temps. Au tournant du Moyen Âge, **Thomas More** (vers 1478-1535) donne en latin sa célèbre *Utopia* (1516), ouvrage fondateur qui fut rapidement connu dans toute l'Europe.

DE SHAKESPEARE À JOHN MILTON

Le sonnet fit son apparition au 16e s. et les vers sans rime devinrent la règle des poèmes dramatiques et épiques anglais. Les formes dramatiques ambitieuses développées par l'ardent **Christopher Marlowe** (1564-1594) furent affinées par le génie protéiforme de **William Shakespeare** *(voir l'encadré ci-dessous)*. À la même époque, **Ben Jonson** (1572-1637) créait la comédie satirique *(Volpone)*. Puis le théâtre anglais connut une importante éclipse, du fait de la fermeture des lieux de représentation, décidée sous la pression des puritains. Cette censure dura près de vingt ans.

En vers et en prose

Courtier, soldat et, par la suite, doyen de St Paul, **John Donne** (1572-1631) fut le plus important des « poètes métaphysiques ». Ses « pensées spirituelles » concernaient l'interaction entre l'âme et le corps, la sensualité et l'esprit. **John Milton** (1608-1674), sans doute le plus grand poète d'Angleterre après Shakespeare, fut également un remarquable pamphlétaire voué à la cause puritaine. Il surmonta la cécité et sa déception politique pour écrire, en 1667, son chef-d'œuvre épique, *Le Paradis perdu*.

En prose, la Bible – en particulier la version autorisée de 1611 – exerça un fort ascendant, évident dans l'œuvre de **John Bunyan** (1628-1688), dont *Le Voyage du pèlerin* fut l'ouvrage le plus lu en anglais après le Livre. Extrêmement populaire aussi, mais dans un tout autre registre, *Le Guide du parfait pêcheur* d'**Izaak Walton** (1593-1683), qui ne se contentait pas de donner des conseils sur la pêche, mais offrait de plus une approche personnelle de la nature. Les carnets de **John Evelyn** (1620-1706) et **Samuel Pepys** (1633-1703) évoquent pour leur part les plus infimes détails de la vie quotidienne de l'époque.

LES ROMANCIERS DU 18E S.

L'œuvre de **Daniel Defoe** (1660-1731) illustre probablement le mieux les débuts du roman. Tandis que son *Journal de l'année de la peste* est principalement factuel, *Robinson Crusoé* est une fiction pure. **Samuel Richardson** (1689-1761) innove dans le genre sentimental et moralisateur avec

WILLIAM SHAKESPEARE (1564-1616)

Les sonnets de Shakespeare comptent parmi les plus beaux de la langue anglaise, mais l'homme est surtout considéré comme l'un des plus grands dramaturges de tous les temps. Il composa une quarantaine de pièces dans des genres aussi différents que la tragédie, la comédie et le drame historique. Parmi ses œuvres les plus célèbres figurent *Roméo et Juliette* (1595), *Hamlet* (1602), *Le Songe d'une nuit d'été* (1594), ou encore *Richard III* (1593). Son théâtre, après avoir diverti l'aristocratie anglaise, a été diffusé dans le monde entier et continue d'inspirer les metteurs en scène contemporains *(voir Stratford-upon-Avon, p. 515)*.

des romans épistolaires *(Pamela, Clarissa Harlowe)*, tandis que **Henry Fielding** (1707-1754) fait entrer le burlesque dans ses « poèmes héroï-comiques en prose » *(Joseph Andrews, Tom Jones)*, et que **Laurence Sterne** (1713-1768), dans *Vie et Opinions de Tristram Shandy*, introduit au fil du récit de nombreuses digressions dont Diderot se souviendra.

Alexander Pope (1688-1744), le poète satirique le plus subtil de l'époque, trouva son égal en poésie et en prose en la personne de **Jonathan Swift** (1667-1745), connu pour ses *Voyages de Gulliver*, une incisive satire politique et sociale rédigée sous forme d'un récit d'aventures. Cette période est aussi marquée par l'influence de **Samuel Johnson** (1709-1784), auteur du premier *Dictionnaire d'anglais* (1755).

LE ROMANTISME ET AUTRES COURANTS DU 19E S.

Un grand poète, mystique et visionnaire, anticipa le renouvellement romantique : **William Blake** (1757-1827), également graveur et peintre, qui fut l'auteur d'une œuvre outrepassant sans cesse l'univers de la réalité. L'esprit de rébellion du mouvement pourrait être symbolisé par la vie aventureuse de **lord Byron** (1788-1824) qui mourut en défendant la lutte de la Grèce pour son indépendance, bien que **William Wordsworth** (1770-1850) et **Samuel Coleridge** (1772-1834), auteur des *Ballades lyriques*, soient peut-être de meilleurs représentants de la poésie romantique. Leurs poèmes reflètent la croyance selon laquelle une joie intense émane d'une profonde communion avec la nature.

Percy Bysshe Shelley (1792-1822) s'attacha plus directement à décrire la puissance de la joie en tant qu'influence réformatrice, tandis que les vers intenses et lyriques de **John Keats** (1795-1821) insistaient sur le pouvoir de la beauté.

Bien que le lyrisme, la nature et l'exotisme continuent d'attirer les poètes victoriens tels que **Robert Browning** (1812-1889), la foi dans la joie et les sens s'estompe. Le vers de **lord Alfred Tennyson** (1809-1902) est noble mais sombre.

Des auteurs très populaires

Les comédies minutieusement structurées de **Jane Austen** (1775-1817) sont à la fois amusantes et profondément graves, même si les romans historiques de son contemporain, **Walter Scott** (1771-1832), connurent plus de succès. Certains de leurs successeurs furent très populaires : **William Makepeace Thackeray** (1811-1863), **Anthony Trollope** (1815-1882), et surtout **Charles Dickens** (1812-1870), dont la vision sentimentale mais comique de la vie urbaine pendant la révolution industrielle fit vibrer la corde sensible des lecteurs. Sous le pseudonyme de **George Eliot**, Mary Ann Evans (1819-1880) écrivit des ouvrages réalistes sur les problèmes de la classe moyenne de province. Les sœurs **Brontë** *(voir p. 658)*, **Charlotte** (1816-1855) et **Emily** (1818-1848), puisèrent leur inspiration dans leur enfance dans les marécages sauvages du Yorkshire, pour rédiger leurs chefs-d'œuvre respectifs : *Jane Eyre* (1846) et *Les Hauts de Hurlevent* (1847).

Au tournant du siècle

Thomas Hardy (1840-1928) figure parmi les auteurs majeurs de la fin du siècle. Ses romans expriment un sentiment exacerbé pour l'engagement tragique de l'homme dans la nature et son éloignement par rapport à celle-ci.

Influencé par le nouvel art dramatique en Europe, **George Bernard Shaw** (1856-1950) apporta une certaine gravité dans le théâtre anglais qui, deux siècles durant,

AGATHA CHRISTIE (1891-1976)
Fille d'un Américain et d'une Britannique, Agatha Miller est élevée et instruite par sa mère. Mariée en 1914 au colonel Archibald Christie, elle travaille en tant qu'infirmière jusqu'en 1918 et écrit son premier roman policier. *Le Meurtre de Roger Ackroyd* la mène en 1926 au succès. À raison de un ou deux romans par an, elle publie plus de 80 ouvrages. Son œuvre, traduite dans le monde entier, et ses énigmes élucidées par le détective belge Hercule Poirot ou la charmante et perspicace miss Marple ont passionné des millions de lecteurs. Ses romans les plus connus, comme *Le Crime de l'Orient-Express* (1934), *Mort sur le Nil* (1937) ou *Dix Petits Nègres* (1939), ont fait l'objet d'adaptations cinématographiques.

n'était pas parvenu à trouver une direction significative. Les comédies spirituelles d'**Oscar Wilde** (1854-1900) – par ailleurs auteur d'un grand roman, *Le Portrait de Dorian Gray* – étaient tout autant superficielles que talentueuses. Elles reflétaient les buts fixés par le mouvement décadent, qui insistait sur la beauté amorale avec un esprit de scandale – une réaction sans détour contre la rigidité morale de son époque.
On reconnaît toujours la fibre victorienne dans les écrits des premiers maîtres modernes du roman que sont **Henry James** (1843-1916), **Joseph Conrad** (1857-1924) et **Edward Morgan Forster** (1879-1970). À leur suite, **Somerset Maugham** (1874-1965) et **John Boynton Priestley** (1894-1984) triomphèrent à la fois comme romanciers et dramaturges.

AUDACES DU 20E S.

Le besoin de nouvelles formes d'expression personnelle, capables de cerner une perception grandissante de l'inconscient, engendra l'apparition d'un important mouvement individualiste. Le Dublinois **James Joyce** (1882-1941) utilisa la technique de l'écriture automatique dans l'ouvrage hautement expérimental *Ulysse* (1922) et *La Veillée de Finnegan* (1939). Cette recherche poussée se retrouve aussi dans les romans fort différents les uns des autres de **Virginia Woolf** (1882-1941) et **David Herbert Lawrence** (1885-1930), qui défia les tabous de classes et de la sexualité dans des romans tels que *L'Amant de lady Chatterley*.
Parallèlement au roman littéraire d'avant-garde, un marché florissant de fictions plus légères se développa, avec les romans d'espionnage de **John Le Carré** et **Len Deighton** ou les premiers récits d'anticipation d'**Aldous Huxley**. Dans un tout autre style, **Evelyn Waugh** (1903-1966) et **Graham Greene** (1904-1991) connurent un succès commercial et littéraire considérable.

Le Fantastique

Dans les années 1950, un linguiste, **J. R. R. Tolkien**, publie un ouvrage qui allait créer un nouveau genre de fantastique, appelé *fantasy*. Sa trilogie, *Le Seigneur des anneaux*, devint vite un livre-culte, notamment sur les campus américains, et l'on vit apparaître nombre de récits peuplés de nains, d'elfes et de hobbits s'inspirant de son univers imaginaire. Les Anglais ont aussi joué un rôle non négligeable dans la naissance et l'évolution de la science-fiction. L'un des premiers auteurs du genre fut **H. G. Wells** et sa *Guerre des mondes* (1898), suivi vers 1930 par Olaf Stapledon ou C. S. Lewis. Bien qu'ils ne soient pas des auteurs de science-fiction au sens strict, **Aldous Huxley**, avec *Le Meilleur des mondes* (1932), et **George Orwell**, avec *1984* (1949), anticipent aussi le futur, avec un regard sans concession. Plus récemment, Arthur C. Clarke, **Brian Aldiss** ou **Michael Moorcock** ont redonné un nouveau souffle au genre, précédent l'œuvre singulière de **Robert Holdstock** dans les années 1990.

Le roman contemporain

Avec une grande variété de styles, se distinguent de nombreux écrivains, devenus depuis des « classiques ». Original et souvent provocateur, **Anthony Burgess** (1917-1993) manie le langage avec virtuosité et en multiplie les ressources créatrices (*L'Orange mécanique*, 1962). **Lawrence Durrell** (1912-1990), correspondant de l'écrivain Henri Miller, est l'auteur du *Quatuor d'Alexandrie* (1957-1960), beau roman dont les quatre volets s'emboîtent à la façon d'un puzzle, rompant ainsi avec le traditionnel récit linéaire. **William Golding** (1911-1993), auteur de *Sa Majesté des Mouches* (1954) et *Rites de passage* (1980), étudie le comportement de l'homme hors de son environnement. Écrivain prolifique, **Iris Murdoch** (1919) explore des sujets psychologiques complexes avec *Dans le filet* et *La Mer, la Mer*. Les romans de **John Fowles** (1926), *Le Mage* et *Sarah et le lieutenant français* sont fascinants et inquiétants. **Doris Lessing** (1919 – Nobel de littérature en 2007) avec *Le Carnet d'or*, ou **Muriel Spark** (1918) avec *Le Bel Âge de miss Brodie*, comptent aussi parmi les auteurs de renom.

Dans ce paysage littéraire, les écrivains du Commonwealth et des autres pays anglophones font valoir leurs propres perceptions et constituent une source d'enrichissement de la littérature de langue anglaise : V. S. Naipaul, Caryl Philips (Caraïbes) ; Nadine Gordimer, André Brink, J. M. Coetzee et Ben Okri (Afrique) ; Peter Carey, Thomas Keneally, J. G. Ballard (Australie) ; Keru Hume (Nouvelle-Zélande) ; Salman Rushdie, Vikram Seth, Arundhati Roy (Inde subcontinentale) ; Timothy Mo (Hong Kong) ; Kazuo Ishiguro (Japon).

Voir Bibliographie, p. 31.

Le renouveau de la poésie

Dans le domaine de la **poésie**, des changements fondamentaux sont apparus. La décadence romantique du début du 20e s. fut balayée par les poètes modernes comme **T. S. Eliot** (1888-1965), dont

LA FOLIE HARRY POTTER

Œuvre de la romancière anglaise **J. K. Rowling**, la saga fantastique en 7 tomes de Harry Potter conte les aventures du jeune apprenti sorcier à l'école de Poudlard. Inauguré en 1997 avec *Harry Potter à l'école des sorciers*, salué par la critique, le cycle a rencontré un succès commercial inégalé dans le domaine littéraire. Traduit dans 67 langues, chaque volume a été adapté au cinéma où, là encore, la saga a battu tous les records, détrônant au box-office des séries comme « James Bond » et « Star Wars ». Les sites de tournage sont devenus de véritables lieux de pèlerinage pour ses fans : Lacock Abbey, Gloucester Cathedral *(voir p. 299)*, Christ Church College à Oxford *(voir p. 171)*, Alnwick Castle, le train touristique reliant Pickering à Grosmont dans le North York Moors National Park *(voir p. 623)*… Et voilà Harry Potter dans le rôle de promoteur touristique, comme par magie !

La Terre désolée (1922) représente une méditation sur la situation de l'homme moderne. La poésie un peu plus récente de **Thomas Hardy** et **William Butler Yeats** (1865-1939) frappa, moins par sa modernité peut-être, mais elle fut tout aussi influente. Les poètes de la Première Guerre mondiale, notamment **Wilfred Owen** (1893-1918) et **Siegfried Sassoon** (1886-1967), exprimèrent leur horreur des génocides au travers d'images réalistes et poignantes. **Wystan Hugh Auden** (1907-1973) fut à la tête d'un éminent cercle de poètes intellectuels de gauche dans les années 1920, bien que ce fussent les images exubérantes et la rhétorique lyrique de **Dylan Thomas** (1914-1953) qui captèrent l'imagination du public. **John Betjeman** (1906-1984), avec ses sympathiques panégyriques à l'adresse du monde et du quotidien, est parvenu à la popularité. **Philip Larkin** (1922-1985), figure de proue du groupe *The Movement*, rejette les débordements néoromantiques des années 1940, et utilise un langage simple pour donner une image réelle du monde. La poésie fantasque, tendre et instinctive de **Stevie Smith** (1902-1971) incarne l'esprit du milieu du 20e s. **Ted Hughes** (1930-1998) exprime dans ses poèmes nerveux son admiration pour l'énergie sauvage du monde animal.

Un théâtre novateur

Le **théâtre** de la première moitié du 20e s. fut dominé par des pièces « traditionnelles » bien structurées et les comédies sophistiquées de **Noël Coward** (1899-1973). Cependant, dans les années 1950, de nouvelles voix commencèrent à se faire entendre. Le théâtre de l'absurde, qui percevait l'homme comme une créature sans défense dans un univers dépourvu de sens, fut exploré par l'écrivain irlandais **Samuel Beckett** (1906-1989), et, plus tard au cours de cette même décennie, la désillusion de l'Angleterre contemporaine éclata au travers de la pièce de **John Osborne** (1929-1994), *La Paix du dimanche (Look Back In Anger)*. Les savoureuses « comédies de menace » de **Harold Pinter** (né en 1930), prix Nobel de littérature en 2006, eurent également beaucoup d'impact et conduisirent au développement d'un théâtre contemporain varié et audacieux qui reflétait la fragmentation et les problèmes de la société moderne. Les pièces incisives d'Edward Bond (1934), Peter Shaffer, Alan Ayckbourn (1939), David Hare (1947) et Tom Stoppard (1937) font les succès du théâtre britannique.

Musique

William Byrd, Henry Purcell et Benjamin Britten sont des incontournables de la musique classique outre-Manche. Mais l'Angleterre, c'est aussi la pop !

DE LA POLYPHONIE AUX ŒUVRES INSTRUMENTALES

La **Chapelle royale** (à l'origine une institution et non un édifice) encouragea la musique anglaise dès 1135. **Thomas Tallis** (vers 1505-1585) est considéré comme le précurseur de la riche tradition de **musique sacrée** dont l'Angleterre s'enorgueillit à juste titre. Il composa l'harmonie des répons des plains-chants du service de l'Église anglaise de Merbecke (répons de fête polyphoniques), toujours chantés de nos jours. Il mit aussi en musique des cantiques et composa plusieurs *anthems*, des arrangements pour ensemble vocal en latin, des motets dont le plus célèbre est *Spem in Alium*, et enfin son *Canon*. **William Byrd** (1542 ou 1543-1623) fut aussi un talentueux et prolifique compositeur de musique sacrée. Il partagea la charge d'organiste à la chapelle royale avec Thomas Tallis. Il contribua à susciter dans le pays le goût pour le **madrigal**, forme musicale polyphonique d'origine italienne chantant les joies et les tourments de l'amour. Ce genre connut son âge d'or en Angleterre de la fin du 16e s. aux années 1630 ; les plus grands musiciens de l'époque, comme le luthiste John Dowland (1562-1626), composèrent ces chants profanes. Enfin, William Byrd et **Thomas Morley** (1557-1602), qui composa pour de nombreuses pièces de Shakespeare, introduisirent la musique au théâtre.

Les débuts de l'opéra

John Bull (1562-1628), talentueux exécutant, composa le premier recueil anglais de pièces pour virginal (épinette en honneur à la période élisabéthaine). Il compte parmi les fondateurs du répertoire pour clavier. Il a également participé de loin à la mélodie originale de l'hymne national.
Le poète **Ben Jonson** (1572-1637) et le compositeur **Henry Lawes** 1596-1662) sont associés à la pantomime, dite ici *masque*, l'équivalent du ballet de cour français. Ce genre théâtral populaire aux 17e et 18e s. allie la musique et la danse à un spectacle fastueux agrémenté de machineries.
Orlando Gibbons (1583-1625), organiste à la Chapelle royale, fut l'un des meilleurs interprètes de cette époque au clavier. Il composa de nombreuses pièces de musique sacrée, des madrigaux, des pièces pour viole et pour virginal.
Henry Purcell (1659-1695), considéré comme le plus grand compositeur anglais de sa génération, a laissé une œuvre abondante tant religieuse que profane (contribution musicale à l'opéra *Dido et Æneas*, 1689) ou de circonstance (musique du couronnement de Guillaume III et de Marie II). Son inspiration mélodique, originale et expressive, fait de lui un précurseur.

DU DRAME LYRIQUE À LA COMÉDIE MUSICALE

La **musique de chambre** (destinée à être exécutée chez un particulier) n'apparut qu'au 18e s., qui vit aussi se développer l'**opéra** anglais et émerger un genre nouveau, l'**oratorio**, sous l'impulsion d'un compositeur d'origine allemande, **Georg Friedrich Haendel** (1685-1759). Son œuvre comprend plus de 40 opéras, environ 20 oratorios, des cantates, de la musique sacrée et de nombreuses pièces pour orchestre, chœur et instruments.
À la fin du 18e s. et au début du 19e s., le romantisme déferla sur l'Europe et les arts, mais en Grande-Bretagne, il s'exprima surtout en littérature. Au 19e s., les cycles de mélodies romantiques furent à la mode parmi le public anglais.

Sur une note plus légère

En 1875, la rencontre de **William Gilbert** (1836-1911) et d'**Arthur Sullivan** (1842-1900) donna naissance à une tradition musicale appréciée des Britanniques : les opéras « Gilbert et Sullivan », mis en scène par Richard D'Oyly Carte.
La **comédie musicale**, tendance anglaise dérivée de l'opérette européenne, naquit vers 1890 au Gaiety Theatre de Londres avec des spectacles tels que *The Gaiety Girl*.
Une autre tradition typiquement britannique, le **music-hall**, devint également populaire. Les noms d'**Ivor Novello** (1893-1951) et de **Noël Coward** demeureront à jamais associés à la comédie musicale de l'entre-deux-guerres, aujourd'hui poursuivie par **Andrew Lloyd-Weber**.

LA RENAISSANCE DE LA MUSIQUE ANGLAISE

Éminent compositeur, **Edward Elgar** (1857-1934) fut le premier depuis près de deux siècles à connaître une renommée internationale. Toute son œuvre musicale est imprégnée de son amour pour la campagne anglaise et de la fierté d'appartenir à une nation dont l'hégémonie était alors incontestable. Ses *Enigma* et *Le Songe de Gerontius* le rendirent célèbre et ses nombreuses compositions orchestrales révèlent son sens de l'orchestration et son originalité *(Symphonie n° 1 en la bémol*, 1908 ; *Symphonie n° 2 en mi bémol*, 1911 ; *Concerto pour violoncelle*, 1919).

Sous la houlette du chef d'orchestre Thomas Beecham, **Frederick Delius** (1862-1934) composa des variations orchestrales, des rhapsodies, des concertos et de nombreuses pièces orchestrales et chorales marquées par son approche très personnelle et chromatique de l'harmonie.

Ralph Vaughan Williams (1872-1958) puisa son inspiration dans le folklore anglais et dans la musique sacrée de l'époque Tudor. Durant toute sa vie, il s'intéressa aux courants musicaux populaires.

Gustav Holst (1874-1934), ardent socialiste, influencé par sa passion pour Grieg et Wagner et par un certain mysticisme, composa en 1914-1916 son œuvre la plus célèbre, une suite symphonique en sept mouvements, *The Planets*.

Les grands noms du 20e s.

Les compositeurs anglais du 20e s. ont souvent trouvé une source d'inspiration dans la folk-music.

William Walton (1902-1983) acquit la célébrité grâce à son arrangement instrumental de poèmes d'Edith Sitwell *(Façade*, 1923). Il composa des symphonies, des concertos, des opéras, l'oratorio *Belshazzar's Feast* (1930-1931) et plusieurs musiques de film *(Henri V*, 1943-1944 ; *Hamlet*, 1947 ; *Richard III*, 1955, de Laurence Olivier).

Michael Tippett (1905-1998), dans son oratorio *A Child of Our Time* (1939-1941), rend l'atmosphère de ces années troublées. Ses productions sont variées : opéras *(The Midsummer Marriage*, 1946-1952 ; *King Priam*, 1958-1961), symphonies et autres œuvres orchestrales, s'inspirant autant de la musique anglaise d'un Purcell que du blues et du jazz.

Benjamin Britten (1913-1976) étudia avec John Ireland (1879-1962) au Collège royal de musique. Après deux ans aux États-Unis, il revint en Angleterre où il composa des opéras (*Peter Grimes*, *Billy Budd* et *Le Songe d'une nuit d'été*), des œuvres conjuguant polyphonie et construction orchestrale

UNE VOIX ANGLAISE

Née dans le Lancashire en 1912, la contralto **Kathleen Ferrier** est entrée depuis sa mort, en 1953, dans le cercle restreint des cantatrices de légende. Par sa voix au timbre profond, sa grande sensibilité et sa sobriété, elle rendait à la musique toute sa pureté. Son interprétation la plus renommée est sans doute celle des *Kindertotenlieder* de Gustav Mahler, sous la direction de Bruno Walter. Exerçant son talent surtout dans le domaine des oratorios et des lieds, la cantatrice chanta peu d'opéras, à l'exception du *Viol de Lucrèce*, composé à son intention par Benjamin Britten. Certains mélomanes rapprochent sa brève carrière de celle de la Française Maria Felicia Malibran, cantatrice hors normes des débuts du 19e s.

Nombreux concerts à l'affiche à Londres.
R. Herrett/Loop Images/Photononstop

(A Ceremony of Carols) ou son très émouvant *War Requiem*. Sa dernière œuvre majeure fut *Third String Quartet*, composée en 1975.
Parmi les compositeurs de la génération suivante, **John Tavener** (1944-), dont l'obsédant *Song for Athene* conclut les funérailles de la princesse de Galles à l'abbaye de Westminster en septembre 1997, puise son inspiration dans sa foi orthodoxe. Dans le dernier quart du 20e s., Brian Ferneyhough, **Nigel Osborne** ou Harrison Birthwhistle, très cosmopolites et s'inspirant de diverses sources, ont aussi acquis une notoriété certaine.

DE LA POP À LA TECHNO

Le rock-and-roll, né dans les années 1950 aux États-Unis, atteint son apogée avec Elvis Presley dans les années 1960 et s'impose à l'Europe. En Angleterre, il se transforme pour devenir la « pop music », qui s'inspire des traditions musicales anglaises. Après **Cliff Richard and the Shadow**, deux groupes suscitent un engouement extraordinaire : les **Rolling Stones** à Londres et les **Beatles** à Liverpool *(voir p. 563)*. Les premiers, menés par le chanteur **Mike Jagger** (1943-), se veulent rebelles, accentuant les aspects violents du rock. Les Beatles, considérés comme plus sages, sont composés de **John Lennon** (1940-1980), guitare et chant, **Paul McCartney** (1942-) à la basse, **George Harrison** (1943-2001), guitare solo, et Richard Starkey (1940-), dit **Ringo Star**, à la batterie. Entre 1960 et 1970, ils signent douze albums. Couverts d'honneurs par le gouvernement britannique lui-même, ils deviendront le plus célèbre des groupes anglais.
Par ailleurs, la carrière des **Who**, figure de proue du mouvement **mods**, culmine en 1969 avec la création de leur opéra rock, *Tommy*.

Le temps des stars

Deux nouveaux courant s'imposent au début des années 1970. Les **Pink Floyd** lancent une musique « symphonique » s'inspirant de l'Inde ou de l'Orient, avec beaucoup de bruitages et de sons « liquides » (*The Wall*, 1979).

Led Zeppelin, considéré avec **Deep Purple** comme l'un des pères du hard rock, se tourne à l'inverse vers des sons très électriques, presque métalliques.
C'est également le début d'une pop grand spectacle avec des groupes comme **Queen**, **Genesis**, et des interprètes tels **Elton John** ou **David Bowie**, dont la longue carrière traversera nombre de genres musicaux.

Le punk et ses enfants

En 1976, alors que la pop règne sur le monde musical, la scène londonienne est secouée au cri de : « *No future !* ». Les **Sex Pistols** incarnent le chaos. Les punks choquent, mais sont adorés par la jeunesse. Johnny Rotten hurle *Anarchy in the UK* face à un public qui se déchaîne.
Le ton dans le début des années 1980 est moins agressif. La **new-wave** rassemble des styles aussi différents que **The Cure**, **Police** ou le groupe **Depeche Mode**. Un autre courant marque alors la musique britannique : le **heavy metal** d'**Iron Maiden**, qui renouvelle le hard rock anglais.

L'explosion électronique

La **techno** apparaît dans les clubs. Issue de la musique électro des années 1980 et se nourrissant des différents courants de l'histoire du rock, elle a pour laboratoire, en Angleterre L'Hacienda à Manchester. Mais c'est dans les lieux abandonnés (campagne, usines désaffectées…) qu'apparaît la manifestation la plus visible de ce mouvement, les raves et les *free party*, dont le fer de lance est **Spiral Tribe**.
Les années 1990 voient une renaissance de la musique **dub** venue de Jamaïque, inspirant des groupes comme **Massive Attack**, et l'émergence du mouvement **britpop**, avec des groupes influencés par la tradition rock anglaise des années 1960, 1970 et 1980, comme **Blur** et leurs éternels « rivaux » **Oasis**, figurant parmi ses pionniers, ou encore **Radiohead**.

Cinéma

Depuis les années 1990, le cinéma britannique enchaîne les récompenses. Mais le succès n'a pas toujours été au rendez-vous.

LES DÉBUTS

La période du muet a pour plus grande star un Anglais, **Charles Chaplin**, dit Charlot *(voir l'encadré ci-dessous)*, mais c'est à Hollywood que celui-ci tourne ses films, tout comme son compatriote **Stan Laurel** (1890-1965). Après la Première Guerre mondiale, le pays est submergé comme le reste de l'Europe par les productions américaines. Le gouvernement réagit en 1927 en promulguant le **Cinematograph Films Act**. Cette loi oblige les exploitants de salles à projeter un minimum de films britanniques. Les quotas sont

CHARLES CHAPLIN (1889-1977)

Né dans une famille de comédiens, il commence très tôt une carrière dans le music-hall. En 1914, il crée le personnage de Charlot, un vagabond gentleman, et commence à réaliser ses propres films muets : *Le Kid* (1921), *Les Lumières de la ville* (1931) ou encore *Les Temps modernes* (1936), dernier film muet de l'histoire du cinéma. En 1940, avec *Le Dictateur*, il dénonce la guerre et passe au cinéma parlant. Parmi ses derniers films, il réalisera le caustique *Monsieur Verdoux* (1947) et l'émouvant *Les Feux de la rampe* (1952), tourné à Londres.

respectés mais la faible qualité des œuvres donne une mauvaise réputation à l'industrie du film. Si un mouvement de documentaristes politiquement engagés se forme autour de **John Grieson** dans les années 1930, le cinéma reste tourné vers les comédies et les films policiers. C'est dans ce dernier genre qu'**Alfred Hitchcock** (1899-1980) se fait connaître avec *Les 39 Marches* (1935) et *Une femme disparaît* (1938). Ce succès l'emmène outre-Atlantique, où il réalise la seconde partie de son œuvre…

DÉTENTE ET CONTESTATION

Durant la Seconde Guerre mondiale, le cinéma est utilisé pour soutenir le moral de la population. Même les adaptations littéraires sont l'occasion d'exacerber le sentiment national face aux épreuves, comme dans *Henri V* (1944) de **Laurence Olivier** (1907-1989). Ce cinéma de propagande permit toutefois à la jeune génération de faire ses armes. Certains réaliseront par la suite des chefs-d'œuvre, tels **Carol Reed** (1906-1976), l'auteur du *Troisième Homme* en 1949, ou **David Lean** (1908-1991), qui atteindra une renommée internationale avec *Le Pont de la rivière Kwaï* en 1957, avant de signer *Lawrence d'Arabie* (1962) et *Le Docteur Jivago* (1965). En parallèle, le cinéma de genre acquiert ses lettres de noblesse avec les studios de la Hammer. À partir de 1956, **Terence Fisher** (1904-1980) tourne des films d'horreur, et Dracula, Frankenstein ou le fantôme de l'Opéra retrouvent ainsi les faveurs du public. Quant à **Blake Edwards**, il réalise en 1963 *La Panthère rose*, entamant ainsi le début d'une série de films avec **Peter Sellers** dans le rôle de l'inspecteur Clouseau. Un an avant, le film d'espionnage voyait Sean Connery prononcer pour la première fois « *My name is Bond, James Bond* » dans *Docteur No*. À côté de ce cinéma divertissant, le **Free Cinema**, un mouvement qui renoue avec le réalisme social, révèle des auteurs qui parlent de drames personnels : **Tony Richardson** (1928-1991) avec *La Solitude du coureur de fond* (1962), Lindsay Anderson (1923-1994) dans *Le Prix d'un homme* (1963), et Karel Reisz (1926-) dans *Morgan* (1965). Après le succès des **Monty Python** (*Sacré Graal*, 1974 ; *La Vie de Brian*, 1979), il faudra attendre le début des années 1980 pour voir émerger de nouveaux talents.

RÉCOMPENSES ET RENOUVEAU

En 1982, *Les Chariots de feu* de **Hugh Hudson** reçoit 4 oscars à Hollywood, dont celui du meilleur film. C'est le début d'une série de récompenses qui marquent la renaissance du cinéma anglais : *Gandhi* (1983) de sir Richard Attenborough, *Chambre avec vue* (1986) de James Ivory, ou *Mission* (1986) de Roland Joffe. Le cinéma social n'a pas perdu de sa vigueur. **Stephen Frears** avec *My Beautiful Laundrette* (1985) ou **Mike Leigh** avec *High Hopes* (1988) parlent de la difficulté de vivre sa différence dans l'Angleterre contemporaine. Plus intéressé par la forme, **Peter Greenaway** réalise en 1982 le très esthétique *Meurtre dans un jardin anglais* ; suivront *Le Ventre de l'architecte* en 1987 et *The Pillow Book* en 1996. Quant à **Terry Gillian,** il entraîne le spectateur dans des univers oniriques et effrayants avec *Brazil* en 1985 et *L'Armée des 12 singes* en 1995.

LA « NOUVELLE VAGUE »

Au début des années 1990, le cinéma britannique s'impose sur la scène internationale. La comédie anglaise renoue avec le succès dans *Quatre Mariages*

RICHARD BURTON (1925-1984)
Né dans une famille nombreuse de mineurs gallois, Richard Jenkins put continuer ses études en étant adopté par l'un de ses professeurs, Philip Burton. Encouragé par ce dernier, il prend son nom et interprète le répertoire shakespearien et les pièces de Christopher Fry, avant d'être découvert par Hollywood. Là commence une carrière qui lui vaudra sept nominations aux Oscars mais aucune statuette. Partageant sa carrière entre le théâtre et le cinéma, il laisse une filmographie impressionnante, dont *La Nuit de l'iguane* (John Huston, 1963), *Qui a peur de Virginia Woolf ?* (Mike Nichols, 1966), ou *L'Escalier* (Stanley Donen, 1969). C'est lors du tournage de *Cléopatre* en 1964 qu'il rencontrera Liz Taylor, avec qui il vivra une relation qui passionnera le grand public.

et un enterrement (1994) de Mike Newel, révélant **Hugh Grant**. Les films suivants rassembleront sur le même principe acteurs anglais et américains (*Coup de foudre à Notting Hill*, 1999 ; *Le Journal de Bridget Jones*, 2001). Mais c'est surtout une nouvelle vague qui submerge les écrans. **Danny Boyle** présente *Petits Meurtres entre amis* (1994) et *Transpotting* (1996) qui révèle **Ewan McGregor**.

Du côté d'un cinéma plus engagé, **Ken Loach** devient un réalisateur de référence, recevant la Palme d'or à Cannes pour *Le Vent se lève* en 2006, comme, 10 ans plus tôt, **Mike Leigh** pour *Secrets et mensonges* (ce réalisateur obtiendra aussi un Lion d'or à la Mostra de Venise en 2005 avec *Véra Drake*). **Michael Winterbottom**, depuis *Go Now* en 1996, multiplie les films entre adaptation, documentaire et fictions (*Tournage dans un jardin anglais*, 2004). **Paul Greengrass** a été révélé en portant à l'écran les événements tragiques du 30 janvier 1972 en Irlande du Nord, dans *Bloody Sunday* (2002). **Stephen Frears** a consacré une trilogie à la vie en Grande-Bretagne : *Dirty Pretty Things* (2002), sur les travailleurs clandestins à Londres, *Madame Henderson présente* (2005) et *The Queen* (2006), autour de la mort de lady Diana.

CINÉASTES D'ADOPTION OU DE PASSAGE

De nombreux réalisateurs ont travaillé en Angleterre. **Joseph Losey** (1909-1984) est chassé des États-Unis en 1951 par le maccarthysme. Sa carrière londonienne le mènera à la Palme d'or en 1971 avec *Le Messager*. **Stanley Kubrick** (1928-1999) tourne à Londres *Lolita* en 1962 et décide de s'y installer. Il y réalisera ses plus grands films (*2001, L'Odyssée de l'espace,* 1968). C'est à Londres aussi que la carrière de **Roman Polanski** (1933-) prend une dimension internationale. Il y imagine *Le Bal des vampires* en 1967, avant de traverser l'Atlantique. Un an plus tôt, **Michelangelo Antonioni** y signait son chef-d'œuvre, *Blow-Up*. Plus récemment, **Woody Allen** est venu tourner sa trilogie anglaise : *Match Point* (2005), *Scoop (2006)*, *Le Rêve de Cassandre* (2007).

Nature et paysages

En Angleterre et au pays de Galles, la présence humaine n'a pas eu pour effet de remodeler la nature, mais semble au contraire s'être adaptée à un environnement perçu comme prioritaire, jusqu'à aboutir au paysage actuel, composé de champs et de landes, de bois et de parcs, de villages et de fermes. Célébré par l'art et la littérature, ce paysage, domestiqué dans l'ensemble mais parfois encore sauvage, est devenu une sorte d'emblème national.

Physionomie

RELIEF

Pour simplifier à l'extrême, on peut opposer une Grande-Bretagne des massifs et des plateaux, dite **Upland Britain**, à une Grande-Bretagne des plaines et basses terres, dite **Lowland Britain**. La première zone, souvent composée de matériaux plus anciens et plus durs, comprend la majeure partie du nord et du sud-ouest de l'Angleterre et pratiquement l'ensemble du pays de Galles et de l'Écosse. En sus de la lande sauvage et onduleuse, où à perte de vue s'étalent de vastes étendues d'herbe folle, de fougère et de bruyère, on y découvre des chaînes montagneuses, de faible altitude.
Au sud et à l'est, le relief plus doux des plaines britanniques est surtout composé de matériaux plus récents et moins résistants. C'est, essentiellement, le bassin sédimentaire de Londres. La campagne y est élégamment formée de collines ondoyantes, calcaires, qui s'achèvent en escarpements abrupts entaillés par de vastes vallées argileuses.
Presque toute l'histoire de la Terre peut être retracée à partir de ces paysages. Au précambrien, il y a plus de 600 millions d'années, se formèrent les plateaux compacts et isolés de Charnwood Forest dans le Leicestershire et de Malvern Hills à côté de Worcester. L'activité volcanique de l'ordovicien déposa le schiste argileux et les ardoises du **massif du Snowdon** *(voir p. 718)* et de la **région des Lacs** *(voir p. 574)*.
L'extrême pression du Sud-Est, à la période calédonienne, donna naissance aux chaînes et vallées, orientées nord-est/sud-ouest, si particulières à la majeure partie du pays de Galles. La plupart des abondantes réserves de charbon du pays proviennent de la luxuriante végétation tropicale qui couvrait les terres anglaises lors du carbonifère.
Hormis l'extrême Sud, l'ensemble du pays fut affecté par l'action des couches de glace des époques glaciaires. Les formes sculptées, caractéristiques des hautes montagnes, témoignent de la

grande puissance des glaciers, qui avancèrent et reculèrent, érodant et transportant quantité de matériaux, répandus pour la plupart dans les plaines par les vigoureux ancêtres des rivières actuelles. La fonte des glaciers provoquant l'élévation du niveau de la mer, les terres qui unissaient la Grande-Bretagne au continent européen furent inondées, et la Tamise, jusque-là affluent du Rhin, disposa de sa propre embouchure sur la mer.

RIVIÈRES ET CÔTES

La configuration irrégulière du pays, combinée à une géologie complexe, contribue à former un littoral long et diversifié. Les montagnes rejoignent par endroits la mer, créant ainsi d'exceptionnels paysages côtiers. D'impressionnantes falaises de craie, notamment au sud, d'un blanc éclatant, constituent le symbole même de l'insularité anglaise. Les stations balnéaires animées se sont approprié certaines des plus belles étendues de sable et de galets, mais il existe encore des plages tranquilles, des marais isolés et des dunes de sable désertes. Le pays est bien arrosé, les pluies abondantes, emportées le long des collines par une multitude de cours d'eau, nourrissant les rivières qui, bien que courtes, s'achèvent souvent en de splendides estuaires introduisant à l'intérieur des terres l'eau salée et le souvenir de la mer.

RÉGIONS D'ANGLETERRE

Le Sud-Est

La « campagne londonienne » est fortement urbanisée, mais son relief varié et l'abondante verdure en font pour la population locale, aisée dans l'ensemble, un lieu d'habitation agréable. Le bassin de Londres est ourlé de collines calcaires aux formes gracieuses : au nord-ouest, les **Chiltern Hills**, célèbres pour leurs hêtraies, et au sud, les **North Downs**, qui se déploient selon un arc immense. Entre celles-ci et les **South Downs** se révèlent les profondes chênaies du **Weald**, ponctuées de collines sableuses et de vallées argileuses. Vers l'est, flanqué de jardins maraîchers, de vergers et de plusieurs petites criques ou anses, s'étale le grand estuaire de la **Tamise**. Ici, le littoral est tourné vers le continent européen. Sa configuration a été autrefois grandement modifiée, les pertes sur la mer ayant été compensées par le gain de riches pâturages, tel le marais de Romney.

Le Sud

Les terrains crayeux, hauts et aérés, centrés sur la **plaine**

Combe Martin, dans le Devon.
C. Joiner / Loop Images/Photononstop

de Salisbury, furent au cœur de l'Angleterre préhistorique. D'innombrables terrassements et d'autres traces d'habitations de moindre importance forment le cadre de monuments grandioses tels que **Stonehenge**. Plus tard, des populations se sont installées dans les vallées fluviales au doux relief, ainsi que près des ports et du littoral, au large duquel se trouve la belle **île de Wight**. Vers l'ouest, au-delà des bois et des landes de la **New Forest**, s'étale la côte du **Dorset**, à la géologie complexe et aux paysages fascinants.

Le Sud-Ouest

Le **Devon** et la **Cornouailles** sont unis par une arête de granit aux hautes landes rocailleuses surmontées de pics rocheux battus par les vents. Au nord, le **Parc national de l'Exmoor** est formé de grès rouge, qui, dans les plaines du Devon, produit de riches sols agricoles. La configuration typiquement anglaise de champs en « patchwork », particulièrement luxuriants dans le Devon, cède le pas, dans l'environnement plus rude de la Cornouailles, à de petits champs, souvent d'origine ancienne, limités par des levées de terre ou des murs de pierre.

Le long littoral de la péninsule est magnifique : d'impressionnants bastions rocheux assaillis par les lames atlantiques s'opposent aux baies abritées et aux bras de mer superbement boisés pénétrant les terres sur des kilomètres.

East Anglia

La plus vaste étendue de terres basses d'Angleterre est une région très particulière. Elle fut fortement peuplée à l'époque médiévale et vieux villages et petites villes y abondent. Son climat sec et ses sols en général fertiles expliquent que la plupart des terres arables, légèrement ondulées, soient cultivées ; les champs sont vastes et un grand nombre d'arbres et de haies ont été arrachés. À l'est de la capitale régionale, Norwich, se situent les **Norfolk Broads**, composées de vastes mais peu profondes étendues d'eau accumulée dans les cuvettes laissées par l'exploitation de la tourbe. Le style des habitations révèle les liens passés avec les Pays-Bas. Ce furent des ingénieurs hollandais qui entreprirent la majeure partie des travaux pour transformer les marais et marécages situés autour du **golfe du Wash** en sols arables.

Les Midlands

Le centre de l'Angleterre est clairement limité au nord par la **chaîne Pennine** et à l'ouest par les **monts Cambriens**. Au sud et à l'est, la frontière, moins marquée, est formée d'une succession de larges vallons arrosés par de calmes rivières que dominent des hauteurs. Parmi celles-ci, la plus importante est la ceinture de calcaire oolithique qui s'étend du Dorset à la Humber; sa partie la plus large est constituée par les **Cotswolds**, d'où l'on extrait cette belle pierre qui donne au paysage urbain son caractère particulier. Ailleurs, le paysage se compose de façon moins cohérente de campagnes vallonnées où la polyculture est de règle, à l'exception de la lande et de secteurs boisés, tels le Cannock Chase et les forêts de Charnwood et de Dean.

Le dessin régulier des anciens chefs-lieux de comté (Gloucester, Northampton et Lincoln) établis au centre de leur *shire* fut masqué par celui, plus tardif, de la révolution industrielle. Fondée sur l'exploitation des diverses ressources minières de la région, la révolution industrielle, apparue à Ironbridge, fit de Birmingham une métropole et donna naissance aux tentaculaires banlieues du « pays noir » (Black Country) et des Potteries (région de Stoke-on-Trent), où les récentes friches industrielles sont maintenant en passe d'être transformées en parcs.

Le nord de l'Angleterre

À partir d'une certaine latitude, le caractère du paysage anglais change de manière décisive. Un climat moins doux, de hautes landes et des montagnes rocailleuses dont la présence domine également les plaines, des pierres de construction utilisées de manière plus audacieuse que raffinée, ainsi que de nombreuses industries contribuent à donner au « Nord » une identité distincte.

La longue **chaîne Pennine** marque le centre de la région, en dépit des vastes plaines qui la bordent; à l'ouest s'étendent les plaines du **Cheshire** et du **Lancashire**, celle-là aussi luxuriante et coquette que n'importe quel comté du Sud, celle-ci beaucoup plus urbanisée. À l'est, au-delà du bassin houiller très peuplé du **Yorkshire**, s'étend une région également fertile, prolongée au nord par la **plaine d'York** et limitée vers la mer par des plateaux de craie qu'échancre le grand estuaire de la **Humber**.

Riche de trois parcs nationaux, la **chaîne Pennine** est loin de présenter une nature homogène. Tout à fait au nord, dans le parc national du Northumberland, les monts **Cheviot**, sauvages et isolés, sont les restes élégants d'anciens volcans. Les **vallons du Yorkshire** sont caractéristiques des régions calcaires avec leurs amples plateaux s'élevant vers des sommets aplatis comme le **Pen-y-Ghent** (693 m), leurs gorges, leurs falaises, leurs grottes et leurs rivières souterraines. Là et dans la **région du Peak**, véritable aire de jeux pour le Lancashire industriel, la roche a permis l'apparition d'un harmonieux paysage urbain. Entre les deux s'étale sur des kilomètres un paysage d'altitude encore plus sévère. Les pluies abondantes alimentent des cours d'eau torrentueux, fournissant ainsi de l'énergie aux moulins et usines implantés dans les vallées très urbanisées. À l'est de la chaîne, un parc national occupe le large plateau couvert de bruyère des **North York Moors**, dont la frange maritime inexploitée est d'une grande beauté. À l'ouest, la **région des Lacs**, où se dressent les pics les plus élevés d'Angleterre (Scafell Pike, 978 m), présente une fantastique variété de paysages de montagne, allant des escarpements rocheux battus par les tempêtes aux délicieux paysages de parc que reflète le lac Windermere.

La **Northumbrie**, région la plus septentrionale d'Angleterre, offre un contraste encore plus frappant entre la campagne venteuse, les profondes vallées boisées et les conurbations groupées aux estuaires de la Tyne et de la Tees.

PAYS DE GALLES

C'est par les **Marchlands** d'Angleterre que l'on aborde ce pays. Ils forment une région agricole charmante, dotée de nombreuses chaînes de collines annonçant les montagnes situées au-delà. Au sud, à proximité de Chepstow, le défilé de la **Wye**, abondamment boisé, matérialise la frontière. La capitale, Cardiff, s'élève plus à l'ouest parmi les anciens ports minéraliers de la côte. Ceux-ci voyaient transiter le charbon jadis extrait de l'important gisement houiller enfoui sous le haut plateau du sud du pays de Galles, dont les profondes vallées étaient truffées de cités minières.

Au nord du gisement, les escarpements de grès rouge des **Brecon Beacons** constituent un imposant bastion, dominant un paysage à nouveau rural qui ondoie et s'achève sur les falaises et rochers du Parc national de la **côte du comté de Pembroke**.

Les paysages verdoyants du centre du pays de Galles contrastent avec le caractère spectaculaire du **massif du Snowdon**, région qui lance vers l'ouest la péninsule de Lleyn. L'étroite plaine côtière du nord du pays de Galles abonde en stations balnéaires. Au-delà du détroit de Menai se détache l'île d'Anglesey.

Nature préservée

La concentration urbaine à l'écart des landes et des prairies a assuré le maintien de zones naturelles intactes, que l'État britannique, soutenu dans son action par une opinion spontanément favorable à la préservation de ces zones, a entrepris de sauvegarder.

LES PARCS NATIONAUX

Sous cette appellation sont rassemblés les plus beaux paysages de plateaux que recèle le Royaume-Uni, la majeure partie étant cultivée et privée, mais contrôlée et gérée par les autorités des parcs nationaux afin que la beauté du paysage soit préservée et que l'accès en soit rendu public. Ils furent institués en 1951.

Northumberland
La majeure partie du parc englobe les landes des Cheviot, où paissent les moutons *(voir p. 592)*. Une section du Mur d'Hadrien en longe la limite méridionale.

Lake District (Parc national de la région des Lacs)
Le plus grand des parcs nationaux associe relief et eau, forêt et cultures *(voir p. 574)*. Les glaciers y ont laissé leurs traces, façonnant montagnes et vallées, ponctuées de charmants villages.

Yorkshire Dales
(Vallons du Yorkshire)
Ce parc est pour moitié constitué de terres cultivées *(voir p. 628)*. Durant quatre siècles, les troupeaux y ont tracé à travers les collines des chemins qu'empruntent aujourd'hui les sentiers de randonnée. La nature des sols a permis le développement d'une végétation aimant le calcaire et l'ombre. Les prairies sont parsemées d'adorables villages.

Yorkshire Moors
(Landes du Yorkshire)
Si ce parc paisible protège la lande qui s'étend de la Tees au nord jusqu'à Pickering et la plaine de York au sud, il préserve aussi des sites géologiques tels que le gisement d'ambre de Whitby ou des sites historiques comme les abbayes de Rievaulx *(voir p. 622)* et de Rosedale *(voir p. 623)*.

Peak District
(Parc national de la région des Peak)
Les vallons encaissés et les murets ceignant la campagne du White Peak sont assiégés par la lande et les tourbières du Dark Peak *(voir p. 479)*.

Snowdonia
Le massif du Snowdon, au cœur du parc, et le Cadair Idris sont ses pôles d'attraction *(voir p. 718)*. Les monts d'Aran et le Rhynogydd sont nettement moins courus !

Pembrokeshire Coast
(Côte du Pembrokeshire)
Par sa surface, c'est l'un des parcs les plus petits : sa largeur est souvent inférieure à 6 km *(voir p. 700)*. Il est remarquable pour ses falaises élevées, ses formations rocheuses et ses baies échancrées. Les petites îles au large sont le paradis des oiseaux de mer.

Brecon Beacons
Ses escarpements de grès rouge marquent la limite entre la montagne du centre du pays de Galles et les régions minières et industrielles du Sud *(voir p. 691)*. Sa ceinture méridionale de falaises calcaires, criblée d'avens et de grottes, est spectaculaire.

Exmoor
Repaire venteux du faucon, haché de vallées profondes où bouillonnent des chutes, c'est un site privilégié pour les oiseaux de mer *(voir p. 399)*. Avec les Quantocks, c'est le dernier refuge d'Angleterre méridionale pour le cerf. Un petit troupeau de poneys d'Exmoor y a été établi pour enrayer le déclin de l'espèce.

Dartmoor
Deux plateaux s'élevant à plus de 600 m, séparés par la Dart, assurent la préservation d'une tourbière climatique *(blanket bog)* et d'une brande *(voir p. 366)*. Ici des poneys gambadent dans la bruyère et les sites mégalithiques foisonnent.

Norfolk and Suffolk Broads
Après que l'on ait exploité la tourbe à partir du 9e s. s'est formé un ensemble de lacs et de marécages *(broads)* drainés et canalisés au 14e s. Devant la dégradation du milieu naturel, le parc fut institué en 1989 *(voir p. 436)*.

Les réserves naturelles
D'autres parties du territoire tant sur le littoral que dans les campagnes sont protégées sous une diversité d'appellations : sites d'intérêt scientifique *(Sites of Special Scientific Interest)*, zones environnementales sensibles *(Environmentally Sensitive Areas)*, réserves naturelles *(National Nature Reserves)* ou régions naturelles de grande beauté *(Area of Outstanding Natural Beauty)*, telles les Cotswolds et les Chiltern Hills, des sections de littoral à préserver *(Heritage Coast)*, et la ceinture verte *(Green Belt)* de Londres.
Les nombreuses réserves naturelles ou ornithologiques (appelées aussi *sanctuary*) ont pour mission de protéger l'habitat d'espèces rares ou en voie de disparition, qu'elles soient indigènes ou migratrices. La Société de protection des oiseaux *(Royal Society for the Protection of Birds)* administre plusieurs réserves. Le Syndicat pour la protection du gibier d'eau et des terrains humides *(Wildfowl and Wetlands Trust)* a entrepris de mieux informer le public en multipliant les contacts avec la nature.
Dans les parcs zoologiques, l'accent est également mis sur les risques encourus par certaines espèces en voie de disparition. Vous pourrez ainsi découvrir une faune qu'il est parfois difficile de surprendre dans son milieu naturel. De nombreux lieux touristiques sont aujourd'hui la propriété du **National Trust** qui, avec succès, allie préservation et accès public.

Parcs et jardins

Déjà au Moyen Âge, les plaisirs de la nature étaient vivement appréciés. Les forêts royales couvraient la majeure partie de l'espace et toute personne d'importance se devait de posséder son parc à cerfs.

LA MAIN DE L'HOMME

C'est au 18e s. que l'aspect des plaines anglaises fut transformé par le **mouvement paysager anglais**, en réponse à la recherche d'un idéal esthétique permettant à la campagne d'apporter la « plus grande contribution originale aux arts ». Après s'être impitoyablement débarrassées des avenues grandioses, des parterres et des arbres savamment taillés, héritages des précédents paysagistes, la grande et la petite noblesse de l'époque georgienne, aidées de professionnels comme **Lancelot « Capability » Brown** (1716-1783) et **Humphrey Repton** (1752-1818), éliminèrent les « frontières » séparant maisons, jardins et campagnes, afin de créer d'ambitieuses compositions mariant bâtiments et statuaire, pelouse et bois, lacs et rivières, dans la vision d'une nature idéalisée. Peu de régions de Grande-Bretagne ont échappé à ce programme d'embellissement du paysage. Plusieurs de ces créations sont de nos jours mondialement connues comme **Blenheim** *(voir p. 176)* et **Stourhead** *(voir p. 296)*.

L'ART DES JARDINS

Cette passion entretenue pour les aménagements paysagers et l'horticulture a laissé en héritage un ensemble de jardins souvent ouverts à la visite.

Les caprices du climat et l'influence du Gulf Stream ont permis l'acclimatation des espèces végétales en provenance de toutes les parties du monde. C'est aux 18e et 19e s. que prédomina le goût pour les collections de plantes. Le grand nom de la conception paysagère à la fin du 19e s. et au début du 20e s. fut celui de **Gertrude Jekyll** (Hestercombe Gardens, *voir p. 275*), qui travailla souvent en collaboration avec l'architecte **Edwin Lutyens**. Une action sélective et des études sur les plantes furent menées à **Kew Gardens** *(voir p. 144)*. Quelques jardins expérimentaux demeurent, tels le jardin botanique d'Oxford (1621) et le jardin médicinal de Chelsea à Londres (1673). Un musée consacré à l'histoire des jardins occupe aujourd'hui l'ancienne église paroissiale et le cimetière de Lambeth (Londres), où est enterré **John Tradescant**, jardinier de Charles Ier. C'est là que fut créé, ainsi qu'à **Hampton Court** *(voir p. 144)*, l'un des premiers jardins d'agrément. Il subsiste des jardins à la française à Hampton Court et **Longleat** *(voir p. 295)*. La mode des folies (ruines artificielles) a donné des réalisations comme **Studley Royal** *(voir p. 637)*, qui atteint le summum du concept. Moins artificiels, certains jardins tirent parti de la nature du terrain qu'ils occupent; c'est le cas pour **Glendurgan** *(voir p. 381)*, blotti dans une combe de la côte de Cornouailles. D'autres profitent d'un microclimat qui met les plantes hors d'atteinte du gel, comme les jardins de l'**abbaye de Tresco** *(voir p. 389)*, aux îles Scilly. Enfin, les jardins de **Sissinghurst** *(voir p. 212)* sont représentatifs des jardins à thèmes.

3/ DÉCOUVRIR

Swaledale (Vallons du Yorkshire).
J. Woodworth/Loop Images/Photononstop

www.doverport.co.uk
Port of Dover
Ferry Terminal

Le Sud-Est 1

Carte Michelin National 713 JM15-17

Falaises blanches de Douvres.

Eurasia Press/Photononstop

BIRMINGHAM
A
BIRMINGHAM
B
GLOUCESTER
BRISTOL
EXETER
1
2
3
Mary Arden's House
Stratford-upon-Avon
Anne Hathaway's Cottage
Northampton
Sulgrave Manor
Canal Museum
Great Ouse
Bedford
Stowe Gardens
Woburn Abbey
Woburn Safari Park
Claydon House
Waddesdon Manor
Whipsnade Wild Animal Park
BLENHEIM PALACE
OXFORD
Aylesbury
Buckinghamshire County Museum
St Albans
Iffley
Chiltern Hills
Thames
Abingdon
Dorchester
High Wicombe
Cookham
Henley-on-Thames
Swindon
Thames Valley
Streatley
Goring
Basildon Park
Pangbourne
Reading
Mapledurham
Eton College
KEW GARDENS
Legoland Windsor
WINDSOR
Windsor Great Park
HAMPTON COURT
Avon
Basingstoke
Hatchlands Park
Painshill
Clandon Park
Polesden Lacey
Guildford
Hawk Conservancy Trust
Andover
Birdworld
Jane Austen House
Gilbert White House
Winchester
Gardens of Sir Harold Hillier
Mid-Hants Watercress Line
Petworth House
Romsey Abbey
Marwell Zoological Park
Broadlands
Weal and Downland Open Air Museum
Southampton
New
Forest
Bolderwood Ornemental Drive
Beaulieu
Portchester Castle
Fishbourne Palace
Goodwood House
Arundel
Buckler's Hard
Chichester
Rhienefield Ornemental Drive
Cowes
Portsmouth
Osborne House
Qarr Abbey
Bournemouth
Yarmouth
Arreton
Brading
Alum Bay
Dinosaur Isle
Carisbrooke
Godshill
Dinosaur Farm Museum
Shorwell
Isle of Wight
ENGLISH
A 435
A 46
M 40
M 1
A 45
A 6
A 1
A 43
A 421
A 422
A 429
A 44
A 413
M 40
A 34
A 40
A 41
A 418
A 4074
A 420
A 419
M 25
M 4
A 4155
A 346
A 338
M 3
A 303
A 3057
A 31
A 3
A 286
A 272
A 32
B 2177
M 27
A 27
A 35
B 3056
A 354
A 3054
A 3055
A
B

LE SUD-EST
0
20 km
0
10 miles
OXFORD
★★★ Vaut le voyage
Île de Wight
★★ Mérite un détour
Portsmouth
★ Intéressant
Southampton
À voir
Circuit conseillé avec ville de départ
N
BIRMINGHAM
C
D
1
2
3
Cambridge
Newmarket
Imerial War Museum
Audley End
Knebworth House
Braintree
Chelmsford
Hatfield House
LONDON
GREENWICH
Thames
SOUTHEND-ON-SEA
Sheerness
Isle of Sheppey
Isle of Thanet
Margate
Rochester
Upnor
Historic Dockyard
Whitstable
Herne Bay
Ramsgate
Down House
Knole
Ightham Mote
Howlettes Wild Animal Park
CANTERBURY
Sandwich
Chartwell
Hever
Leeds
Deal
Walmer
Penshurst Place
Royal Tunbridge Wells
Port Lympne Wild Animal Park
Dover
Hartfield
Scotney Castle Garden
Sissinghurst Castle Garden
Folkestone
Hythe
Ashdown Forest Centre
Romney Marsh
Romney-Hythe-Dymchurch Railway
Bodiam Castle
New Romney
Sheffield Park Garden
Rye
Battle
Winchelsea
STRAIT OF DOVER
Lewes
Hastings
Charleston Farmhouse
Brighton
Eastbourne
BEACHY HEAD
CHANNEL
A 14
A 10
A 11
A 428
M 11
A 1
B 1383
A 120
A 131
A 12
M 25
A 130
A 127
A 406
A 13
A 2
A 205
A 23
A 299
M 2
A 253
A 28
A 256
M 20
A 229
B 2068
A 20
A 262
B 2169
A 26
M 23
A 272
A 21
A 259
A 22
A 27

Londres

London

★★★

7 744 942 habitants

NOS ADRESSES PAGE 145

S'INFORMER

London Tourist Board – *www.visitlondon.com (en français)*. Ce site fournit des renseignements pratiques ; des informations sur l'actualité culturelle ; un listing des musées, restaurants, bars ; des plans et des *podcasts* à télécharger, et la possibilité de réserver des billets d'avion, de train, de bus ou des hôtels en ligne.

Tourist Information Centres, à l'aéroport d'Heathrow (terminaux 1, 2 et 3), dans plusieurs stations de métro et dans les principales gares (Liverpool Street, Victoria et Waterloo).

Britain and London Visitor Centre – *1 Regent Street - Picadilly Circus, London SW1 4XT - ✆ 08701 566 366 - lun. 9h30-18h30 (oct.-mars 18h), mar.-vend. 9h-18h30 (oct.-mars 18h), w.-end et j. fériés 10h-16h, fermé 1er janv., 25-26 déc.* Le personnel parle français.

City of London Information Centre – *St Paul's Churchyard - London EC4N 8BX - lun.-sam. 9h30-17h30, dim. 10h-16h.*

SE REPÉRER

Carte de région BC2 (p. 116-117) – *Carte Michelin 504 T29.* La capitale anglaise est située au sud-est du pays, en bordure du plus grand fleuve d'Angleterre, la Tamise, dont l'estuaire débouche dans la mer du Nord à 53 km/35 miles à l'est.

À NE PAS MANQUER

Suivant l'ordre d'apparition des quartiers : l'abbaye de Westminster et la Tate Britain ; le palais de Buckingham ; la National Gallery ; l'Institut Courtauld et l'ambiance de Covent Garden ; St Paul's Cathedral ; la Tour de Londres et une flânerie dans St Katharine's Dock ; la Tate Modern, le Globe Theatre et la cathédrale de Southwark ; le Victoria et Albert Museum et l'ambiance de Chelsea ; le palais de Kensington ; Burlington Arcade à Mayfair et Piccadilly Circus ; le British Museum.

ORGANISER SON TEMPS

Ce survol des curiosités essentielles est destiné à des visiteurs découvrant Londres et ne lui consacrant qu'un temps limité. Pour une visite approfondie de la capitale anglaise, comptez un minimum d'une semaine et munissez-vous du *Guide Vert Londres*.

Si vous ne disposez que de **deux jours**, consacrez le premier à une balade de Westminster à Tower Bridge par St James's Park et Buckingham, Trafalgar Square, la City et St Paul's Cathedral, et la Tour de Londres. Le lendemain, faites un peu de shopping autour d'Oxford Street, et visitez au moins deux des grands musées : la Tate Britain, le British Museum, la Tate Modern ou la National Gallery. Terminez par un moment de détente dans Hyde Park. **Trois jours** : ajoutez une excursion en bateau sur la Tamise jusqu'à Greenwich. **Quatre jours** : explorez la Southbank et Southwark,

Bloomsbury, ou Notting Hill. En **cinq jours**, vous avez le temps de vous rendre à Hampton Court, de vous balader dans Chelsea et de visiter le Victoria & Albert Museum à South Kensington.

AVEC LES ENFANTS

Le London Transport Museum ; le Museum of London ; le *HMS Belfast* ; l'aquarium de County Hall et le London Film Museum ; un tour à bord du London Eye (grande roue) ; le Science Museum ; le zoo et Madame Tussaud's Waxwork ; à Greenwich, le National Maritime Museum et le Peter Harrison Planetarium.

Capitale de la finance pour les uns, du shopping pour ceux, nombreux, qui profitent des facilités de l'Eurostar pour venir courir les soldes, réputée pour ses théâtres et sa vie culturelle, Londres est une cité qui bouge. À côté des deux ensembles traditionnels que sont la City of London, plaque tournante des affaires, et la cité royale de Westminster, centre du monde politique, mais aussi du commerce et des loisirs, des quartiers réhabilités, où entrepôts et usines rénovés côtoient d'audacieuses réalisations architecturales, deviennent les nouveaux pôles d'attraction d'une ville qui n'en finit pas de séduire, et où l'attachement réel aux traditions n'est pas incompatible avec la modernité la plus débridée.

Les quartiers du centre

Se reporter au plan p. 122-125.

★★★ WESTMINSTER

Westminster, Pimlico.
À l'ouest de la Tamise, l'abbaye royale et le palais de Westminster marquent l'entrée dans la cité royale.

★★★ Palace of Wesminster D3

0844 847 1672 - www.parliament.uk - visite guidée (1h15) août. : lun., mar., vend., sam. 9h15-16h30, merc., jeu. 13h15-16h30 ; sept. : se renseigner ; reste de l'année : sam. 9h15-16h30 - visites en français : se renseigner - dép. : Cromwell Green Entrance - fermé j. fériés - 14 £ - prévente possible par tél. ou sur www.ticketmaster.co.uk.

Les rois d'Angleterre du Moyen Âge firent agrandir et embellir le palais d'Édouard le Confesseur, mais la plupart des anciens bâtiments, par la suite occupés par le Parlement, furent ravagés par un incendie en 1834. C'est à **Charles Barry** et **Augustus Pugin** que revint le soin de réorganiser le palais, qui prit le nom de **Houses of Parliament**. Ils dotèrent ainsi Londres d'un somptueux palais néogothique, chef-d'œuvre d'architecture victorienne, terminé en 1860. Le bâtiment compte plus de 1 000 pièces, 100 escaliers et 3 km de couloirs, le tout représentant une superficie totale de 3 ha.

★ **Big Ben** – L'emblématique tour de l'Horloge fut achevée en 1859. Le nom désignait à l'origine l'énorme cloche (pesant 13,5 t) sise dans la tour haute de 96 m. La lumière qui brille au-dessus de l'horloge reste allumée lors des séances de la Chambre des communes.

★★ **Westminster Hall** – Miraculeusement épargnée par l'incendie de 1834, cette grande salle, que **Guillaume le Roux** ajouta au palais de son père entre 1097 et 1099, est la plus ancienne du palais. Accueillant banquets royaux

Brève histoire de la capitale

Née autour d'un pont de bois bâti par les Romains sur la Tamise, **Londinium** devient le centre d'un réseau de routes et se développe rapidement.

DE WESTMINSTER À LA CITY

En 1060, **Édouard le Confesseur** fait construire un palais royal à Westminster, fondant ainsi une cité rivale. Son successeur, **Guillaume le Conquérant**, s'y installe en 1066 à l'occasion de son couronnement à l'abbaye de Westminster. Ce n'est qu'au milieu du 12e s. que Londres devient capitale officielle de l'Angleterre au détriment de Winchester, jusqu'alors le centre administratif le plus important. Les monarques installés à Westminster, la City et son port dynamique gagnent beaucoup en liberté et en indépendance, même si en échange les marchands doivent financer les campagnes militaires de la Couronne. Petit à petit, marchands et banquiers s'établissent dans le West End, moins peuplé, ou dans des villages comme Islington, Chelsea ou Holborn.
Marqué par des conditions de vie désastreuses affectant la plus grande partie de la population, le 18e s. voit le début d'une urbanisation à grande échelle : de nouveaux quartiers s'élèvent autour des *squares* formés par les grands domaines aristocratiques du nord-ouest (St James's, Bloomsbury, Marylebone, Mayfair…). Avec **Robert Adam** (1728-1792), le *square* est remplacé par une *terrace*. À la fin du 18e s. et au début du 19e s., **John Nash** (1752-1835) s'attache à rénover le West End en dégageant des perspectives dont Londres est jusqu'alors pratiquement dépourvue. L'agglomération continue son intense développement durant toute l'ère victorienne, principalement vers l'ouest. Les terribles destructions causées par les bombardements de la Seconde Guerre mondiale entraîneront autour de 1950 la reconstruction d'une partie de la City et du quartier de Barbican.

AUJOURD'HUI

Cet immense ensemble de 1 579 km^2 où vivent presque 6,7 millions d'habitants est administré directement depuis 1986 par les **boroughs**, qui ont succédé au Conseil du Grand Londres, lui-même successeur en 1965 du comté de Londres créé en 1888. Suite au référendum de 1998, la ville est dotée d'un maire élu, dont les compétences diffèrent de celles du lord-maire de la City.
La ville ne cesse de se métamorphoser : aménagement à l'est de la Cité de l'ancienne zone des docks (Canary Wharf) et nouvelles réalisations (hôtel de ville, London Eye, Millennium Bridge) conçues par de célèbres architectes. Dans leur volonté d'améliorer la qualité de la vie, les autorités ont mis en place une limitation de la circulation automobile et transformé Trafalgar Square en zone piétonne. Il est aujourd'hui possible de longer à pied la Tamise de Wandsworth aux Docklands sur la rive sud. Avec les JO de 2012, Londres repense son infrastructure *(voir p. 70)*.
L'animation diurne de la City, une des principales places financières au monde, tranche avec son calme, la nuit et le week-end. En revanche, le West End est animé en permanence : les magasins y attirent la foule en journée, avant de passer le relais aux salles de spectacle, aux restaurants, aux pubs et aux sacro-saints clubs, tandis que le moindre rayon de soleil attire une foule de citadins sur les pelouses des parcs. Nombre de Londoniens vivent dans les anciens villages aujourd'hui absorbés par la métropole (comme Southwark, Hampstead, Chiswick, Kensington ou Chelsea), et qui conservent une personnalité faisant la fierté de leurs habitants, tandis que l'atmosphère cosmopolite de la capitale se renforce avec une importante immigration en provenance (entre autres) du Commonwealth.

et joutes au Moyen Âge, elle fut transformée entre 1394 et 1399, époque où l'on construisit le **plafond★★★** de bois en carène renversée, conçu par le maître charpentier du roi, Hugh Herland, et orné d'anges volants.

★ **House of Commons** (Chambre des communes) – Détruite par un bombardement en 1941 et reconstituée en 1950, elle comprend à une extrémité le fauteuil couvert d'un dais du président *(speaker)*. Le gouvernement et la majorité prennent place à sa droite, l'opposition et le « cabinet fantôme », à sa gauche. Les bandes rouges qui bordent les deux côtés du tapis vert marquent la limite infranchissable par les députés qui s'adressent à la Chambre, la distance entre chaque bande équivalant à la longueur de deux épées.

★★ **House of Lords** (Chambre des lords) – Le trône occupé par la famille royale le jour de l'ouverture de la session, surmonté d'un large dais de style gothique, occupe tout le fond de la Chambre. Sous un plafond doré et divisé en nervures s'alignent des banquettes de maroquin rouge et l'étrange *woolsack*, siège du Grand Chancelier rappelant les sacs de laine sur lesquels prenaient place jadis les conseillers du roi.

★★★ Westminster Abbey D3

(020) 7222 5152 - www.westminster-abbey.org (en français) - ♿ - abbaye : lun.-vend. 9h30-16h30 (merc. 19h), sam. 9h30-14h30 (juil.-sept. 16h30), dernière entrée 1h av. fermeture - possibilité de visite guidée (1h30, +3 £) avr.-sept. : lun.-vend. 10h, 10h30, 11h, 14h, 14h30, sam. 10h, 10h30, 11h ; oct.-mars : lun.-vend. 10h30, 11h, 14h, 14h30, sam. 10h30, 11h - cloître : 8h-18h - Chapter House, Pyx Chamber et musée de l'Abbaye : lun.-sam. 10h30-16h - College Garden : mar.-jeu. 10h-18h (oct.-mars 16h), St Margaret's church : lun.-vend. 9h30-15h30, sam. 9h30-13h30, dim. 14h-17h - 15 £ avec audioguide en français.

L'**abbaye de Westminster**, où Guillaume le Conquérant fut couronné le jour de Noël 1066, fut édifiée par **Édouard le Confesseur** dans le style roman ; ce n'est qu'après sa reconstruction sous Henri III en 1220 que, sous l'influence des cathédrales d'Amiens et de Reims, elle acquit son apparence gothique. Henri III commença par faire construire la **chapelle de la Vierge** pour y abriter la châsse d'Édouard le Confesseur, canonisé en 1163. Il fallut plus de deux siècles pour achever l'édifice, que compléta en 1503-1519 la chapelle d'Henri VII, chef-d'œuvre du style Perpendicular. Les ajouts ultérieurs, comme les tours occidentales de **Christopher Wren** et **Nicholas Hawksmoor**, élevées en 1722-1745, et rénovées par George Gilbert Scott, ont été réalisés dans le même esprit gothique.

Intérieur – Les voûtes sont splendides, les sculptures et ciselures des clôtures et arches délicates ; les tombes des chapelles Henri-VII et St Edward, ainsi que les chapelles rayonnantes, sont solennelles autant qu'expressives. Les bras du transept et les bas-côtés abondent en monuments sculptés, particulièrement le croisillon droit et son fameux **Poet's Corner★** (coin des poètes). C'est dans le sanctuaire situé au-delà du chœur que se déroule la cérémonie du couronnement. Sur la droite se trouve une tapisserie du 16e s., derrière un grand retable du 15e s. d'une rare beauté. Un peu plus loin, on voit un ancien siège ecclésiastique à baldaquin dont les retombées sont ornées de têtes sculptées (Henri III, Édouard Ier).

DISSOLUTION

Décrétée par **Henri VIII**, la Dissolution des monastères en 1540 entraîna la confiscation des trésors de l'abbaye, la perte de ses terres, la dispersion de la communauté bénédictine vieille de 600 ans...
Mais heureusement, les bâtiments furent épargnés.

CENTRE DE LONDRES
OUEST
Wallace Collection ★★★ Très vivement recommandé
Hyde Park ★★ Recommandé
Big Ben ★ Intéressant
Trocadero À voir
Mur de Londres
Limites de la City
SOHO Quartier
0 1 km
0 1/2 mile
N
St John's Wood
ST JOHN'S WOOD
LORD'S CRICKET GROUND
Circus Rd
Wellington Rd
Prince Albert Rd
St John's Wood Rd
Park Road
Canal
Union
MARYLEBONE
Maida Avenue
Edgware Road
Edgware Road
Road
Harrow
Westbourne Park
Westbourne Park Rd
Royal Oak
Chepstow Rd
Gloucester
Bridge
Bishop's
PADDINGTON
PADDINGTON
Praed St.
Gardens
Crawford St
Bryanston Sq.
George
Rd
Terrace
Craven Rd
Sussex
Portobello Market
Westbourne Grove
BAYSWATER
Queensway
Chepstow Villas
Pembridge Villas
Portobello Rd
Park Rd
Craven Hill
Lancaster Gate
Bayswater Rd
The Ring
Bayswater
Queensway
Bayswater Rd
Notting Hill Gate
Gate
Hyde Park
The Long Water
Notting Hill
Kensington Church St.
Campden Hill Rd
Sheffield Ter.
The Serpentine
The Ring
Kensington Palace
Kensington Gardens
Albert Memorial
The Carriage Road
Kensington
Royal Albert Hall
KNIGHTSBRIDGE
COMMONWEALTH INSTITUTE
St
Gloucester Rd
High Street Kensington
High
Kensington
Earls Court Rd
SOUTH KENSINGTON
Queen's Gate
Science Museum
Victoria and Albert Museum
Harrods
Basil St
Natural History Museum
BROMPTON ORATORY
Pont
Cromwell Road
Gloucester Rd
South Kensington
Pelham St.
EARL'S COURT
Warwick Rd
Road
MICHELIN HOUSE
Sloane Avenue
Earl's Court
EARL'S COURT EXHIBITION BLDG
Old Brompton Rd
Onslow Gdns
CHELSEA
Redcliffe Gardens
Fulham Rd
Old Church St.
Finborough Rd
West Brompton
End Rd
FULHAM
King's Road
Oakley St.
Royal
WEST BROMPTON
Cheyne Walk
Chelsea
BATTERSEA
Albert Bridge
A
B
2
3
4

London Zoo
Regent's Park
QUEEN MARY'S GARDENS
BOATING LAKE
Mornington Cres
Albany Street
Eversholt
Hampstead Rd
Cardington
EUSTON
Euston Sq.
Midland Rd
ST PANCRAS
KING'S CROSS
Pentonville
King's
Euston Road
Gower St.
Gray's
CORAM'S FIELDS
Warren St
Regent's Park
Gt Portland St
Fitzroy Sq.
BLOOMSBURY
Tottenham Court Road
Russell Sq.
Guilford Street
Bedford Pl.
Theobalds
Marylebone Rd
Madame Tussaud's
Marylebone High St
Portland Place
Cleveland St.
Goodge St
British Museum
Bedford Square
New Cavendish St.
ALL SOULS
Newman St.
Gloucester Pl.
Baker St.
Wallace Collection
Mortimer St.
Tottenham Court Rd
New Oxford St
High Holborn
Holborn
Wigmore Street
Portman Sq.
Hamley's
Charing Cross Rd
Neal's Yard
COVENT GARDEN
Sir John Soane's Museum
Seymour St.
Oxford Street
John Lewis
Kingsway
Marble Arch
Selfridges
Bond St
Liberty
Ganton St.
Regent Street
Shaftesbury Av.
Royal Opera House
London Transport Museum
Covent Garden
Courtauld Gallery
Marble Arch
Gerrard Street
SOHO
Central Market
Grosvenor Square
Bond Street
St-Paul
Speakers' Corner
Piccadilly Circus
Trocadero
Nat. Portrait Gallery
Somerset House
Sackville St.
Leicester Sq.
Waterloo Br.
Berkeley Square
Dover St.
Nat. Gallery
Embankment
Park Lane
MAYFAIR
Burlington Arcade
Fortnum & Mason
TRAFALGAR SQ.
CHARING CROSS
Piccadilly
Green Park
ST JAMES'S
Carlton House Terrace
Whitehall
South Bank Centre
The Queen's Walk
Horse Guards
St James's Palace
London Eye
Banqueting House
Road
Downing Street
The Mall
Hyde Park Corner
Constitution Hill
County Hall
London Aquarium
Knightsbridge
Buckingham Palace
St James's Park
Westminster
Big Ben
Birdcage Walk
Harvey Nichols
Wilton Crescent
ST MARGARET
St James's Park
Grosvenor Place
Buckingham Gate
Palace of Westminster
Queen's Gallery
Westminster Abbey
Royal Mews
St.
Victoria
LAMBETH
Street
Road
WESTMINSTER
Horseferry Road
Buckingham Palace
WESTMINSTER CATHEDRAL
Lambeth Bridge
Street
VICTORIA
King's
Victoria Coach Station
Vauxhall
Vincent Square
John Islip St.
Millbank
Belgrave
Bridge
Embankment
Ebury St.
Eccleston Sq.
Tate Britain
Black
Pimlico Rd
Warwick Sq.
Rd
Pimlico
Rd
Albert
Vincent Square
Chelsea Bridge Rd
Hospital Rd
PIMLICO
Rd
Vauxhall Bridge
St George's Square
Kennington
Royal Hospital
Vauxhall
VAUXHALL
Harleyford Rd
Grosvenor
Embankment
Chelsea Bridge
Victoria Railway Br.
Nine Elms Lane
C
D

CENTRE DE LONDRES
EST
British Museum
★★★ Très vivement recommandé
Tate Modern
★★ Recommandé
St Katharine Dock
★ Intéressant
City Hall
À voir
Mur de Londres
Limites de la City
THE CITY
Quartier
0
1 km
0
1/2 mile
N
KING'S CROSS
Pentonville Rd
King's Cross Rd
Gray's Inn Rd
CORAM'S FIELDS
Russell Sq.
Guilford Street
Bedford Pl.
Rosebery
Clerkenwell Rd
Theobald's Rd
Farringdon Rd
Farringdon
Charterhouse St
Barbican
Chiswell St.
Finsbury Sq
Barbican
Museum of London
LIVERPOOL STREET
Moorgate
Old St
Leonard St
WESLEY'S CHAPEL AND HOUSE
City Rd
British Museum
Chancery Lane
ST BARTHOLOMEW THE GREAT
London Wall
THE CITY
Guildhall
Holborn
High Holborn
Oxford St
Sir John Soane's Museum
COVENT GARDEN
Neal's Yard
London Transport Museum
Royal Opera House
Kingsway
ST CLEMENT DANES
Fleet Street
Newgate St.
St Paul's Cathedral
ST MARY-LE-BOW
Poultry
Bank
Leadenhall
Bishopsgate
Ludgate Hill
ST BRIDE
Courtauld Gallery
Temple Church
Central Market
Temple
Queen Victoria St
Cannon St.
Mansion House
CANNON ST
ST MARY AT-HILL
Upper Thames St.
Lower Thames St.
Nat. Portrait Gallery
Somerset House
STRAND
TEMPLE
Millennium Bridge
Shakespeare Globe Centre
Embankment
Waterloo Br.
British Film Institute
The Queen's Walk
THAMES
OXO TOWER
Upper Gd
Southwark Cathedral
London Bridge
Hay's Galleria
National Theatre
Tate Modern
Borough Market
Britain at War Museum
South Bank Centre
Whitehall
SOUTH BANK
Southwark St.
Southwark Bridge Rd
Blackfriars Rd
The Queen's Walk
IMAX
London Eye
Banqueting House
Southwark
SOUTHWARK
LONDON BRIDGE
County Hall
London Aquarium
Borough High St.
Borough
Long Lane
BERMONDSEY
Palace of Westminster
Lambeth North
Westminster Bridge Rd
Waterloo Rd
Borough Rd
Trinity Church Sq.
Merrick Sq.
Great Dover St.
LAMBETH
ST GEORGE'S CATHEDRAL
London Rd
St George's Rd
Lambeth Rd
Tower Bridge Rd
Lambeth Bridge
Millbank
Elephant And Castle
New Kent Rd
Albert Embankment
Black Prince Rd
Lane Rd
Kennington Lane
Kennington Park Rd
Walworth Rd
Kennington
Kennington Rd
Vauxhall
VAUXHALL
Harleyford Rd
Kennington Oval
KENNINGTON
Albany Rd
BURGESS PARK
D
E
F

SE LOGER

- All Seasons Southwark Rose 1
- B&B Belgravia 3
- Citadines 5
- Durrants 7
- Gresham Hotel 9
- Hart House Hotel 11
- Hazlitt's 13
- Knightsbridge Green 15
- St George Hotel 17
- Thanet Hotel 19
- The Academy 21
- The Fielding 23
- The Rockwell 25
- The Rookery 27

SE RESTAURER

- Anchor et Hope 1
- Benihana 3
- Bibendum 5
- Butlers Wharf Shop House 7
- Cantina Vinopolis 9
- Chada Chada 11
- Cinnamon Club 13
- Dehesa 15
- Fung Shing 17
- Il Baretto at Alloro 19
- Le Coq d'Argent 21
- Le Metro 23
- Le Pont de la Tour 25
- L Restaurant & Bar 27
- One-O-One 29
- Oxo Tower 31
- Pig's Ear 33
- Racine 35
- Rules 37
- Shepherd's 39
- The Blueprint Cafe 41
- The Sea Shell restaurant 43
- The White Swan 45
- Villandry 47

La **chapelle Henri-VII★★★**, avec son superbe plafond à voûtes en éventail, est le plus beau des nombreux trésors de l'abbaye *(voir « ABC d'architecture » p. 84)*. Les étendards des chevaliers Grands-Croix de l'ordre du Bain trônent encore au-dessus des stalles, ornées d'inventives miséricordes des 16e-18e s. et des armoiries de leurs anciens occupants avec celles de leurs écuyers.
Dans la **chapelle d'Édouard le Confesseur★★**, la châsse du saint roi est entourée des tombeaux de cinq rois et trois reines. Au centre, adossé à une clôture de pierres sculptées (1441), se trouve le **trône du Couronnement**, sous lequel on place la **pierre de Scone**.
Datant de 1248-1253, la **salle capitulaire★★**, octogonale et d'un diamètre de 18 m, présente des voûtes à liernes et à tiercerons retombant sur un pilier central à huit colonnettes en « marbre » de Purbeck. Ses murs sont en partie recouverts de peintures médiévales.

★★★ Tate Britain D4

✆ (020) 7887 8888 - www.tate.org.uk (en français) - ♿ - 10h-18h (dernière entrée 17h15 pour les expositions) - nocturne jusqu'à 22h le 1er vend. du mois (dernière entrée 20h30 pour les expostions) - fermé 24-26 déc. - gratuit sf expositions (tarifs variables) - restaurant, café.
C'est en 1891 que **Henry Tate**, courtier sur le marché du sucre et collectionneur d'art moderne, offrit sa collection à la nation et 80 000 livres pour la construction d'un bâtiment. L'emplacement de l'ancienne prison de Millbank fut cédé par le gouvernement. La Tate, dont le fonds était constitué, outre la collection du donateur, d'un grand nombre de tableaux acquis par l'État depuis la création de la National Gallery (1824), ouvrit ses portes en 1897 en qualité de musée d'art moderne britannique. Les bâtiments ont été rénovés et une nouvelle politique définie après l'ouverture de la Tate Modern *(voir p. 136)*.
Consacrées à l'**art britannique de 1500 à nos jours**, les collections illustrent de nombreux thèmes : le portrait de cour, la caricature et la satire au 18e s., les relations anglo-italiennes au 18e s., l'histoire de la Grande-Bretagne, Empire et paysage, les artistes britanniques et le Proche-Orient, l'art dans la société victorienne, guerre et mémoire, utopies modernes. Vous y découvrirez les plus grands peintres britanniques, tels que Hogarth, Blake, Constable, les préraphaélites, Bacon, Gilbert et George ou Cornelia Parker. L'aile Clore renferme une exceptionnelle collection d'œuvres de **Turner**.

★★ ST JAMES'S

St James's Park, Green Park.
De Westminster au palais de Buckingham, vous longerez **St James's Park★★**, le plus vieux parc royal de Londres, aménagé lorsque Henri VIII fit construire St James's Palace, en 1532. Le parc fut dessiné au 19e s. par **John Nash**.

★★ Buckingham Palace C3

✆ (020) 7766 7300 - www.royalcollection.org.uk (en français) - ♿ - août-sept. : 9h45-18h (dernière entrée 15h45) - 17 £ (avec audioguide) ; 30,50 £ (billet combiné Queen's Gallery et Royal Mews) - possibilité de prévente en ligne ou par tél. (+1,25 £) ; Exclusive Evening Tour : visite guidée (2h) à certaines dates - 65 £ (prévente uniquement).
Bon à savoir – Lorsque la reine y réside, le pavillon flotte sur les toits.
Le palais royal actuel, célèbre pour la fameuse relève de la garde *(11h30 – août-avr. : un jour sur deux, en fonction de la météo – voir aussi Horse Guards ci-contre)*, qui attire la foule des visiteurs dans l'avant-cour, est l'héritier d'un manoir de brique que le duc de Buckingham s'était fait construire en 1703 sur des terres

que lui avait offertes la reine Anne à la lisière de St James's Park. **Georges III** l'acquit pour son épouse, Charlotte, en 1762. C'est en 1825 que Georges IV fit appel à John Nash, qui habilla les murs de vieilles briques du manoir de pierre de Bath. Lorsque le roi mourut en 1830, Nash n'eut pas l'autorisation d'achever son ouvrage et c'est **Edward Blore** qui le termina en 1837. Dix ans plus tard, les ailes furent reliées à la façade est, fermant ainsi la cour avant avec le fameux balcon qui allait devenir le point de mire des cérémonies publiques. La visite permet de découvrir la salle du trône, la salle à manger, la galerie de peinture, où les portraits royaux voisinent avec les œuvres des grands maîtres (Rembrandt, Vermeer, Rubens, Van Dyck, etc.).

★★ Royal Mews C3

✆ (020) 7766 7302 - www.royalcollection.org.uk - août-sept. : 10h-17h, de fin mars à fin juil. et oct. : tlj sf vend. 11h-16h, nov.-déc. : lun.-vend. 11h-16h, dernière entrée 45mn av. fermeture - 7,75 £ avec audioguide en français - billet combiné Queen's Gallery (sf nov.-déc.) 15 £.

Les bâtiments des écuries royales furent aménagés par **John Nash**. Ils abritent les attelages de la reine. On peut notamment y voir le **carrosse du Couronnement** *(Gold State Coach)* et le carrosse de verre *(Glass Coach)* utilisé pour les mariages princiers, des chevaux de trait dits « gris de Windsor », et des automobiles aux couleurs royales.

Queen's Gallery – *✆ (020) 7766 7301 - www.royalcollection.org.uk - août-sept. : 9h30-17h30, de mi-avr. à juil. et oct. : 10h-17h30, dernière entrée 1h av. fermeture - 8,75 £.* La galerie de la Reine, située à l'emplacement d'une ancienne chapelle privée, présente par roulement portraits, peintures, dessins et meubles de la superbe collection royale.

★★ The Mall CD3

Dans l'axe du palais, cette avenue, l'une des plus belles de Londres, met le cap sur Trafalgar Square, bordée sur la gauche par **Green Park**, trait d'union aéré avec **St James's Palace**, édifié par Henri VIII en 1532. Au-delà, **Carlton House Terrace** a été élevée par John Nash de part et d'autre de la colonne du duc d'York et de Lower Regent Street, conduisant à Piccadilly Circus. Sur la droite, depuis le pont franchissant le lac de St James's Park, le regard est charmé par la **vue** sur le palais de Buckingham à l'ouest et sur Whitehall à l'est.

★★ Whitehall D3

Reliant Trafalgar Square au Parlement, elle est bordée d'édifices officiels.

★ **Horse Guards** – *Relève de la garde à 11h (dim. 10h), inspection 16h.* Avec son corps central surmonté d'une tour horloge et percée de trois arches, la caserne du régiment, édifiée au milieu du 18e s. par **William Kent**, encadre la cour où se déroulent les cérémonies. Les cavaliers de la maison royale, immobiles, montent la garde. L'animation lors de la relève vaut le coup d'œil.

★★ **Banqueting House** – *Juste en face - ✆ (020) 3166 6154/5 - www.hrp.org.uk (en français) - ♿ - lun.-sam. 10h-17h, dernière entrée 16h30 - fermé j. fériés, 24 déc.-1er janv. - 4,80 £ avec audioguide en français.* La seule partie subsistante du palais de Whitehall (habité par les souverains jusqu'en 1689), fut réalisée par **Inigo Jones** pour Jacques Ier en 1619. À l'intérieur, très belle salle avec un délicat balcon doré ; au-dessus, des poutres richement décorées divisent le plafond en compartiments ornés de magnifiques peintures (1634-1635) de Rubens.

À proximité, la fameuse **Downing Street** est bordée de maisons de style georgien, dont le **n° 10**, résidence officielle du Premier ministre depuis sa reconstruction par Robert Walpole en 1732.

★★ TRAFALGAR SQUARE

Charing Cross, Leicester Square.
Cette célèbre place fut conçue en 1820 par **John Nash** sur l'axe tracé entre Bloomsbury et Westminster. Achevée vers 1840, quand **Charles Barry** la nivela et fit construire la terrasse nord de la National Gallery, la place est dominée depuis 1842 par la célèbre **colonne de Nelson**, composée d'un piédestal, d'une colonne cannelée en granit, d'un chapiteau de bronze, ainsi que d'une statue de 4,50 m représentant le grand amiral qui perdit la vie en remportant la bataille de Trafalgar. Désormais piéton et voué à des manifestations culturelles (ou politiques), ce symbole national rassemble toujours la population londonienne lors des grands événements ponctuant la vie de la capitale.
Face à Whitehall, la **statue équestre de Charles Ier** fut exécutée par Le Sueur en 1633. Sur la gauche de la National Gallery, l'édifice classique de **Canada House**, en pierre de Bath, fut érigé entre 1824 et 1827 par Robert Smirke.

★★★ National Gallery D2

(020) 7747 2885 - www.nationalgallery.org.uk (en français) - ♿ - 10h-18h (vend. 21h) - possibilité de visite guidée (1h) : dép. de Sainsbury Wing 11h30 et 14h30 - fermé 1er janv. et 24-26 déc. - audioguide - restaurant, café.
L'embryon de la collection comprenait 38 toiles réunies par le courtier **John Julius Angerstein** (1735-1823) et achetées par le Parlement en 1824. Pour les accueillir, on confia à **William Wilkins** la construction, en surplomb de Trafalgar Square, d'un musée orné d'un portique à colonnes corinthiennes. Achevé en 1838, il se révéla vite trop petit pour accueillir les collections, sans cesse croissantes : transferts et agrandissements se succédèrent jusqu'en 1991 avec la réalisation, par l'architecte américain Robert Venturi, de l'aile Sainsbury prolongeant la bâtiment principal, dotée d'un système d'éclairage et de ventilation adapté aux œuvres anciennes et fragiles.
L'**aile Sainsbury** est consacrée aux œuvres antérieures à 1500 (écoles italienne, flamande et allemande) : Léonard de Vinci *(Vierge à l'Enfant avec sainte Anne et saint Jean-Baptiste)*, Uccello *(Bataille de San Romano)*, Botticelli *(Vénus et Mars)*, Pierro della Francesca *(Baptême du Christ)*, Van Eyck *(Époux Arnolfini)*, Bosch *(Couronnement d'Épines)*, Dürer *(Père du peintre)*.
L'**aile ouest** abrite la peinture de 1500 à 1600 : Michel-Ange, Titien, le Tintoret y côtoient Bruegel l'Ancien *(Adoration des Mages)*, Cranach, Holbein *(Les Ambassadeurs)* et Altdorfer.
L'**aile nord** rassemble l'époque classique : Vermeer *(Dame debout à l'épinette)*, Ruysdael, Rubens, Rembrandt *(Autoportrait âgé)* et Hals pour les Hollandais ; Vélasquez, Zurbarán, Murillo représentent l'Espagne ; le Caravage, le Guerchin et A. Carrache pour les Italiens ; Claude Lorrain, Poussin, Philippe de Champaigne et les frères Le Nain témoignent de l'art français.
L'**aile est** conduit de 1700 à 1900 avec les Anglais (Constable, Gainsborough, Turner, Reynolds), des Italiens (Canaletto, Guardi, Tiepolo) et une très riche collection française des 18e s. (Chardin, Fragonard, Boucher, Greuze, etc.) et 19e s. (David, Ingres, Delacroix, Daumier, Courbet, Corot, les impressionnistes, Van Gogh, Gauguin, le Douanier Rousseau…).

★★ National Portrait Gallery D2

(020) 7306 0055/12 2463 - www.npg.org.uk (en français) - ♿ - 10h-18h (jeu.-vend. 21h), dernière entrée pour les expositions 1h av. fermeture - audioguide - fermé 24-26 déc. - gratuit sf expositions - restaurant, café.

La Tour de Londres et le Gherkin.
T. Bognar / Photononstop

1

Voisine de la National Gallery, elle présente les portraits de tous les Britanniques, hommes ou femmes, ayant compté dans le pays, du Moyen Âge à nos jours, peints, sculptés ou photographiés par les artistes les plus célèbres du moment.

★ SOHO ET MAYFAIR

⊖ *Piccadilly Circus, Oxford Circus, Bond Street.*
Piccadilly Circus sépare le quartier cosmopolite de Soho et l'élégant quartier de Mayfair, bordé à l'ouest par Hyde Park, au nord par la très commerçante Oxford Street et à l'est par Regent Street.

★ Piccadilly Circus D2

Au bas de Regent Street, ce célèbre carrefour, aux panneaux publicitaires lumineux, jadis considéré comme le centre de l'Empire britannique, est dominé par la **statue d'Éros** surmontant la fontaine érigée à la mémoire du philanthrope lord Shaftesbury, en 1892. Le long de **Shaftesbury Avenue**, percée pour assainir une zone de taudis, s'alignent désormais de nombreux **théâtres**.

★ Soho D2

Ce quartier où se regroupaient jadis les immigrés du continent (huguenots, nobles chassés par la Révolution française, socialistes dont Karl Marx, résistants de juin 1940) est aujourd'hui le foyer des divertissements (musique, cinéma, restaurants et théâtres) et de la vie nocturne (clubs et discothèques).

Au-delà de Shaftesbury Avenue, des portiques donnent accès à **Gerrard Street**, centre du quartier chinois de **Chinatown★**, très coloré.

Leicester Square★ est une agréable place piétonne plantée d'arbres où voisinent le **TKTS**, guichet vendant des places de spectacle à demi-tarif *(voir Nos adresses)*, et une statue de **Charlie Chaplin**, né dans le quartier de Lambeth.

Le **Trocadero Complex**, composé du Trocadero original, music-hall du 19e s., et du London Pavilion (1885), théâtre puis cinéma, abrite aujourd'hui magasins et restaurants.

★ Mayfair C2

Il est difficile de croire que l'un des plus élégants quartiers de Londres porte le nom de la foire annuelle du bétail qui avait lieu en mai, et qui était devenue si mal famée qu'elle fut officiellement supprimée en 1706 ! Aujourd'hui, **Burlington Arcade★** avec ses boutiques de luxe à vitrines en forme de bow-windows, **Bond Street★**, célèbre pour ses salles de vente (Sotheby's, Phillips, Agnew's, Colnaghi), ses joailleries (Asprey, Cartier) et ses salons de haute couture (Fenwick, Yves Saint Laurent), et **Regent Street**, avec ses élégants magasins (Austin Reed, Aquascutum, Burberry, Jaeger et Liberty's), sont synonymes de qualité alors qu'**Oxford Street** regroupe les grands magasins populaires (John Lewis, Debenhams, DH Evans, Selfridges et Marks and Spencer).

★★ COVENT GARDEN ET ★ LE STRAND

Charing Cross, Covent Garden, Temple.

★★ Covent Garden D2

Covent Garden Piazza, la première place de Londres, fut dessinée par **Inigo Jones** en 1631 pour le 4e comte de Bedford. Il ne subsiste rien de la double colonnade qui l'entourait, mais l'**église St-Paul★** dresse toujours son élégant portique sur le côté ouest de la place. Les bâtiments de **Central Market**, dessinés en 1832 par Charles Fowler pour abriter le marché aux fruits et légumes, accueillent depuis le transfert de ce dernier boutiques et cafés au cœur d'un quartier où musiciens et bateleurs contribuent à une incessante animation entretenue par les multiples **théâtres**, pubs et restaurants.

Bon à savoir – Dans la zone commerçante de **Seven Dial**, formée par quatre rues en étoile, **Neal's Yard** est une cour aux façades colorées, agréable en été *(au nord-ouest de Central Market).*

★ **London Transport Museum** – *(020) 7379 6344 - www.ltmuseum.co.uk - 10h (vend. 11h)-18h, dernière entrée 17h15 - 8 £ (gratuit -16 ans).* Hébergé dans l'ancien marché aux fleurs, ce musée interactif évoque, à travers une importante collection de véhicules et des animations audiovisuelles, deux siècles de transports dans la métropole, au rythme de sa croissance urbaine, des omnibus à cheval au fameux *tube*, le plus ancien métro du monde, en passant par les autobus rouges à impériale indissociables du paysage londonien.

★ **Royal Opera House** – C'est un des hauts lieux de l'art lyrique international : les plus grands chefs et les plus belles voix s'y produisent chaque saison ; la terrasse offre des **vues panoramiques**.

★★ **Sir John Soane's Museum** – *Holborn - (020) 7405 2107 - www.soane.org - mar.-sam. 10h-17h (1er mar. du mois 10h-17h, 18h-21h), dernière entrée 30 mn av. fermeture - possibilité de visite guidée sam. 11h (5 £) - fermé j. fériés et 24 déc. - il est conseillé d'arriver tôt, en particulier le sam. et le mar. soir.*

Ce musée présente une collection de sculptures classiques, dessins, peintures, maquettes, plans d'architecture, etc., rassemblée par l'architecte **John Soane** (1753-1837) dans sa propre résidence, demeurée en l'état selon ses vœux. La collection de tableaux comprend notamment la série des *Élections* par **Hogarth**, des toiles de **Canaletto**, **Reynolds** et **Turner**.

★ Strand DE-2

Large avenue reliant Trafalgar Square à la City, le Strand suivait jadis la rive de la Tamise, qu'il séparait du quartier de Covent Garden, d'où son nom qui signifie « rivage ». Au temps des Tudors et des Stuarts, les seigneurs de la Cour avaient établi sur cette artère commerçante leurs demeures, dont les jardins descendaient jusqu'au fleuve. À leur place s'élèvent **théâtres** et palaces.

★★ Somerset House DE2

La résidence des reines d'Angleterre au 17e s. a été transformée entre 1776 et 1786 en un majestueux palais en pierre de Portland, conçu par **William Chambers**. Ce carré de bâtiments rangés autour d'une cour, et dont la façade sud repose sur de massives arcades qui jadis bordaient le fleuve, abrite aujourd'hui plusieurs galeries.

★★ **Courtauld Gallery** – *✆ (020) 7872 0220/48 2526 - www.courtauld.ac.uk (en français) - ♿ - 10h-18h (24 déc. 16h), dernière entrée 17h30 - fermé 25-26 déc. - 5 £ (gratuit lun. 10h-14h sf j. fériés) - café.* Connus sous le nom de **Fine Rooms**, ces salons donnant sur le Strand, remarquables par leurs proportions et leurs élégants plafonds de stuc, accueillent des collections léguées à l'université de Londres : la collection d'œuvres **impressionnistes** de Samuel Courtauld comprend des toiles de Manet *(Un bar aux Folies-Bergère)*, Degas, Bonnard, Gauguin, Van Gogh *(Pêchers en fleur, Autoportrait à l'oreille coupée)*, Cézanne *(Le Lac d'Annecy)* et Seurat. La Princes Gate Collection comporte 30 huiles de **Rubens** et 6 dessins de **Michel-Ange**, ainsi que des œuvres de Bruegel, Léonard de Vinci, Tiepolo, Dürer, Rembrandt, Bellini, Tintoret et Kokoschka. Vous verrez aussi des œuvres de primitifs et de peintres italiens de la Renaissance, ainsi que des toiles du **groupe de Bloomsbury**. Le fonds a été enrichi par le prêt à long terme de grandes œuvres des 19e et 20e s. issues de collections privées : peintures (Matisse, Derain, Dufy, Macke, Pechstein, Léger, Delaunay, von Jawlensky, Kandinsky) et sculptures (Degas, Rodin, Laurens, Moore, Hepworth).

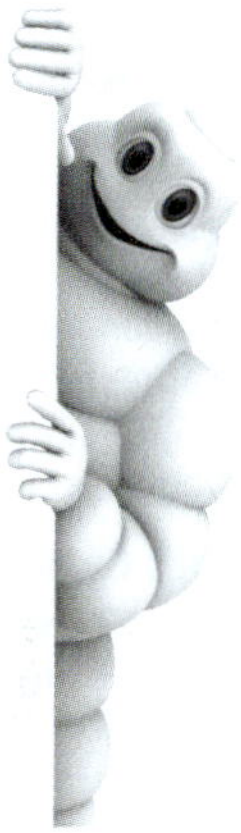

★ Temple E2

À la jonction du Strand et de **Fleet Street**, le Temple est un pittoresque dédale de cours, voûtes, passages et jardinets descendant vers les berges de la Tamise. Ces terrains, qui doivent leur nom aux Templiers établis ici au 12e s. avant de céder la place à l'ordre de Malte, furent occupés après la Dissolution par des écoles et des cabinets d'avocats. Toujours voué aux activités juridiques, c'est un véritable havre de charme et de paix où foisonnent les édifices des 17e et 18e s. **Temple Church★★**, bâtie au 12e s. sur le plan circulaire traditionnel des églises de l'ordre de Malte, présente un porche roman. La rotonde, dans le style de transition roman-gothique, contient quelques gisants de chevaliers (12e-13e s.), tandis que le chœur offre un exemple de style Early English.

★★★ LA CITY

⊖ Temple, Blackfriars, Mansion House, Cannon Street, Monument, Tower Hill.
Au nord de la Tamise, la City occupe un territoire délimité à l'ouest par le Temple, à l'est par la Tour de Londres, et sillonné par une rue principale, Fleet Street, que poursuit Cannon Street.

La City évoque la naissance de Londres. Une charte accordée par **Guillaume le Conquérant** en 1066 et confirmée en 1215 par la **Grande Charte** accordait aux habitants, qui élisent chaque année depuis 1192 leur lord-maire, nombre

LE GRAND INCENDIE
Après la peste de 1665, la Cité fut ravagée par un gigantesque incendie en 1666 : plus des trois quarts des bâtiments furent détruits. Parmi les plans de reconstruction soumis au roi Charles II, c'est celui de **Christopher Wren** (1632-1723) qui fut retenu : il devait faire de Londres un modèle d'urbanisme. L'ambitieux projet ne fut réalisé que partiellement (Queen Street et King Street reliant Southwark au Guidhall), mais l'architecte put mener à son terme la reconstruction de la cathédrale St-Paul et de 51 églises.

de privilèges. Devenue centre du négoce, des finances et des corporations autour du **Guildhall**, la City attirait les écrivains, les artistes, les imprimeurs. C'est alors que survint le **Grand Incendie**. Percée de grandes artères au 19e s., reconstruite après les bombardements de 1941, modernisée, tel le quartier de **Barbican** (1962-1982), la City accueille toujours quotidiennement des millions d'employés pour quelques milliers de résidents…

★★★ St Paul's Cathedral E2

☎ (020) 7246 8357 - www.stpauls.co.uk (en français) - ♿ - lun.-sam. 8h30-16h (dernière entrée) - galeries : lun.-sam. 9h30-16h - possibilité de visite guidée (env. 2h) 10h45, 11h15, 13h30, 14h (+3 £) - 12,5 £ - possibilité de prévente en ligne - audioguide en français (+4 £).

Voir « ABC d'architecture » p. 84. Couronnant la City de sa gigantesque coupole, elle s'élève sur la colline de **Ludgate**. La première pierre de la nouvelle cathédrale conçue par Wren, après le Grand Incendie, fut posée le 21 juin 1675. Trente-trois ans plus tard, l'architecte put voir son fils placer au sommet de la lanterne la dernière pierre de l'édifice.

Extérieur – C'est de l'esplanade située au sud du monument que l'on découvre la perspective la plus spectaculaire sur son élévation. À la différence du dôme de St-Pierre, qui influença Wren, le **dôme** de St-Paul n'a pas vraiment la forme d'un hémisphère. Son tambour est à deux niveaux ; le niveau inférieur est ceint d'une colonnade et coiffé d'une balustrade, tandis que le niveau supérieur, un peu en retrait de la balustrade, forme une galerie panoramique circulaire, la **Stone Gallery**. Au sommet du dôme, la lanterne est dans le sobre style baroque anglais, avec des colonnes sur ses quatre côtés ainsi qu'une petite coupole servant de plinthe à la calotte d'or de 2 m de diamètre. L'**extrémité ouest**, précédée de deux larges volées d'escaliers, présente un portique à deux niveaux et des colonnes corinthiennes et composites sous un fronton décoré, surmonté du portrait de saint Paul. De l'autre côté s'élancent les tours les plus baroques jamais conçues par Wren. Remarquez les riches sculptures extérieures, réalisées en partie par **Grinling Gibbons**.

Intérieur – Riche et imposant, il vaut surtout par l'impressionnante envolée de sa **grande coupole**, aussi large que la nef et ses bas-côtés réunis, et décorée par **James Thornhill** de peintures en grisaille évoquant la vie de saint Paul. Dans la nef, remarquez l'imposant mausolée de Wellington ; en face, dans le transept nord, une peinture de W. Holman Hunt exécutée en 1900, *La Lumière du monde*. De la **galerie des Murmures** située sous la coupole (259 marches), le visiteur sera impressionné par les vues vertigineuses sur le transept et la coupole. Notez l'effet acoustique qui a valu son nom à la galerie. Le **panorama**★★★ que l'on a de la **galerie d'Or**, tout en haut de la coupole (543 marches), permet de découvrir Londres et la Tamise. Les bras du transept ont peu de profondeur, le bras gauche servant de baptistère avec ses fonts baptismaux sculptés en 1727 par **Francis Bird**, le droit abritant la superbe statue de

Nelson par **Flaxman**. Les magnifiques stalles que l'on voit dans le chœur sont l'œuvre de **Gibbons**. Les grilles des bas-côtés du chœur et la grande clôture dorée cernant le sanctuaire ont été réalisées par **Jean Tijou**. La gracieuse sculpture de la Vierge à l'Enfant placée dans le bas-côté nord est de **Henry Moore** (1984). Dans le déambulatoire de droite, observez l'étonnante statue du poète John Donne, doyen de St-Paul entre 1621 et 1631.

★★ Museum of London E2

London Wall à l'orée du quartier de Barbican – ✆ (020) 7001 9844 - www.museumoflondon.org.uk - ♿ - 10h-18h (dernière entrée 17h30) - fermé 24-26 déc.

À la périphérie nord de la City, ce vaste musée d'histoire urbaine présente, de façon ludique et interactive, l'histoire de Londres des origines à nos jours. La section **London before London** s'attache aux premiers habitants et à leur habitat, ainsi qu'au lien vital constitué par la Tamise. Les cinq nouvelles galeries du **Modern London** retracent l'évolution de la ville, du Grand Incendie de 1666 à l'impact des JO de 2012. Les collections, des plus variées (objets archéologiques, arts décoratifs, costumes, peintures, photos, présentations multimédias), comprennent, entre autres, des sculptures du temple romain de Mithra et des croix médiévales de pèlerins, un diorama de la Grande Peste (1665), les portes de la geôle de Newgate, des échoppes et des intérieurs du 19e s., le carrosse du lord-maire, les souvenirs du mouvement des femmes pour l'instauration du suffrage universel…

Annexe du musée dans le quartier des Docklands *(voir p. 134)*.

★★★ TOWER OF LONDON ET ★★ TOWER BRIDGE

Tower Hill.

À l'extrémité est de la City, en bordure du fleuve, cette formidable forteresse est gardée par les célèbres **Yeomen Warders** (surnommés les *Beefeaters* ou « mangeurs de bœufs »), revêtus de leurs costumes Tudor.

★★★ Tower of London F2

Billetterie sur l'esplanade de Tower Hill au débouché de Cannon Street - ✆ 0844 482 7777 - www.hrp.org.uk (en français) - ♿ - mars-oct. : 9h-17h30 (dim. et lun. 10h-17h30) ; nov.-fév. : 9h-16h30 (dim. et lun. 10h-16h30), dernière entrée 30mn av. fermeture - possibilité de visite guidée (1h) incluse dans l'entrée, dép. de Middle Tower, dernier dép. 15h30 (hiver 14h30) - fermé 1er janv. et 24-26 déc. - 17 £ - possibilité de prévente en ligne ou par tél. - audioguide en français (+4 £) - il est conseillé d'arriver tôt pendant l'été.

C'est afin de renforcer les défenses de sa nouvelle capitale que **Guillaume le Conquérant** fit construire ici une première forteresse de bois en 1067, à laquelle succéda onze ans plus tard un bâtiment de pierre. Sa position avantageuse à proximité du fleuve permettait de voir les ennemis traverser la Tamise. Les successeurs du roi normand firent agrandir la forteresse, qui occupa bientôt 7 ha. De 1300 à 1810, la Tour de Londres abrita l'hôtel de la Monnaie, puis servit de prison. De nos jours s'y trouvent les **joyaux de la Couronne★★★**, conservés dans **Jewel House** : vous y verrez la fabuleuse collection royale de bijoux et d'insignes royaux associés au couronnement, pour l'essentiel postérieurs à 1660 (parmi eux le célèbre diamant Koh-I-Noor), la plus grande partie du trésor antérieur ayant été vendue ou fondue par Cromwell.

Dans la **chapelle St-Pierre-ad-Vincula** *(accessible lors des visites guidées)* reposent quelques-uns des suppliciés de la Tour.

La **porte des Traîtres** était l'entrée principale lorsque la Tamise formait l'axe de circulation majeur de Londres. Elle prit ce nom plus tard, lorsque le fleuve ne

DE CÉLÈBRES PENSIONNAIRES

Il ne faisait pas bon être enfermé à la tour, souvent antichambre du billot quand on n'y était pas purement et simplement étranglé dans son cachot. Parmi les pensionnaires célèbres, **Charles d'Orléans** y résida quatorze ans à partir de la bataille d'Azincourt (1415), ce qui lui permit de se consacrer à son œuvre poétique. Il succédait à un autre poète, l'auteur des *Contes de Cantorbéry*, **Geoffrey Chaucer,** qui y vécut de 1386 à 1389. Le célèbre favori d'Elisabeth Ire, **sir Walter Raleigh**, eut en 1603 le loisir d'y méditer longuement sur la vanité des choses de ce monde avant d'être décapité en 1618. Le dernier prisonnier de quelque notoriété fut le nazi **Rudolf Hess**, incarcéré ici en 1941. Mais les pensionnaires les plus populaires sont les six **corbeaux**... grassement entretenus car, selon un dicton, le jour où ils disparaîtront, la Tour s'effondrera !

devint plus qu'un moyen d'accès secret. C'est dans la **Tour sanglante** *(Bloody Tower)* que furent probablement assassinés en 1483 les fils d'Édouard IV.

Le donjon, connu sous le nom de **Tour blanche★★★** *(White Tower)*, constitue la partie la plus caractéristique. C'est l'une des premières forteresses de cette dimension réalisées en Europe occidentale ; elle fut commandée par Guillaume Ier en 1078 et terminée vingt ans plus tard. Les murs de pierre hauts de 31 m forment un quadrilatère irrégulier avec, aux angles, une tour circulaire et trois tours carrées. Ils abritent la **collection royale d'armures**, l'une des plus vastes au monde. Au second étage, la chapelle **St John the Evangelist★★**, en pierre, s'étend sur 17 m de long et 2 niveaux : elle est restée pratiquement inchangée depuis 1080. De robustes colonnes à frustes chapiteaux gravés supportent les arcs en plein cintre qui entourent le chœur et trouvent un écho au second niveau, sous la voûte en berceau.

La **tour Beauchamp★**, construite au 13e s., servit longtemps de prison : remarquez les nombreux graffitis dans la pièce principale.

★★ Tower Bridge F2-3

✆ (020) 7403 3761 - www.towerbridge.org.uk - ♿ - avr.-sept. : 10h-18h30 ; oct.-mars 9h30-18h (1er janv. 12h-18h), dernière entrée 1h av. fermeture - fermé 24-26 déc. - 7 £ - possiblité de prévente en ligne.

Ses spectaculaires tours néogothiques font de ce pont-levis, qui s'ouvre pour permettre le passage des bateaux importants *(dates et horaires en ligne)*, le plus célèbre de la capitale, dont il est devenu l'un des emblèmes. Depuis la passerelle pour piétons de l'étage supérieur *(ascenseur ou 200 marches)*, vous découvrirez une superbe **vue panoramique★★★**. Dans les salles des moteurs, un petit musée retrace l'histoire du pont, construit par John Wolfe-Barry et Horace Jones de 1886 à 1894. Expositions temporaires.

★ St Katharine Dock G2

Au-delà de la Tour.

En 1828, **Thomas Telford** fit construire une série de bassins et d'entrepôts sur le site de l'hôpital Ste-Catherine du 12e s. Ce dock, le plus proche de la City, connut une longue période de prospérité jusqu'aux bombardements de la guerre. Aujourd'hui réhabilité, le lieu abrite un port de plaisance qu'entourent restaurants, pubs et boutiques souvent établis dans d'anciens entrepôts rénovés comme l'**Ivory House**, originellement conçu par Telford.

L'ancienne zone portuaire des **Docklands★** se prolonge vers l'est, notamment dans la boucle de la Tamise face à Greenwich, formant l'**Isle of Dogs★** :

le quartier de **Canary Warf★★** mêle anciens entrepôts et buildings à l'aspect futuriste, dominés par la tour **One Canada Square** de Cesar Pelli. Installé au bord d'un bassin, dans un ancien dépôt de rhum et sucre des Antilles accueillant cafés et restaurants, le **Museum of London Docklands★** retrace de façon très attrayante l'histoire des docks, de l'époque romaine à leur fermeture et leur réhabilitation à partir du début des années 1980, à l'aide de documents, maquettes et reconstitutions *(⊖ West India Quay ou Canary Warf - ✆ (020) 7001 9844 - www.museumoflondon.org.uk - ♿ - 10h-18h, dernière entrée 17h30 - fermé 24-26 déc. - 5 £, gratuit après 16h30).*

★ SOUTHWARK ET SOUTHBANK

⊖ Tower Hill, London Bridge, Southwark, Waterloo.
Aménagée en bordure du fleuve, la promenade que nous proposons ici vous conduira sur la rive sud de la Tamise, depuis Tower Bridge jusqu'au centre culturel de Southbank, face à Westminster.

Butler's Wharf F3

Sur la gauche au débouché de Tower Bridge.
Le quartier situé à l'est de Tower Bridge a bénéficié d'une restructuration complète, à l'initiative de Terence Conran. Il devient peu à peu résidentiel et commercial, avec ses appartements de standing, ses cafés et restaurants posés sur la berge et ses anciens entrepôts de brique réaménagés.

Design Museum – *Shad Thames - ✆ (020) 7940 8790 - www.designmuseum.org - ♿- 10h-17h45 (dernière entrée 17h15), fermé 25-26 déc. - 8,50 £ - café.* Tout sur l'évolution du design contemporain, au travers notamment des objets de la vie quotidienne.

De Tower Bridge à London Bridge F3

City Hall (Hôtel de ville) – La silhouette étincelante de cet édifice aux courbes de verre, en équilibre semble-t-il précaire, a été dessinée par **Norman Foster**. À ses pieds, une « arène » accueille aux beaux jours performances théâtrales et chorégraphiques.

HMS Belfast – *✆ (020) 7940 6300 - www.iwm.org.uk - 10h-18h (nov.-fév. : 17h), dernière entrée 1h av. fermeture - fermé 24-26 déc. - 12,95 £ (gratuit -16 ans) avec audioguide en français - snack.* Ancré en amont de Tower Bridge depuis 1971, ce croiseur de 11 500 t se distingua durant la Seconde Guerre mondiale et en particulier lors du débarquement en 1944.

Hay's Galleria – Orné de sculptures contemporaines, cet ancien entrepôt à la courbure élégante abrite magasins et cafés. L'emprunter permet de déboucher face à la gare de London Bridge.

London Dungeon (Cachot de Londres) – *Sous les arches de London Bridge Station - ✆ (020) 7403 7221 - www.thedungeons.com - ♿ - ouv. tlj sf 25 déc., se renseigner pour les horaires - 23 £, enf. 17 £ - possibilité de billet combiné avec Madame Tussaud's, London Eye, London Aquarium - cafétéria.* Pour les amateurs de sensations fortes, une galerie macabre de tableaux mettant en scène des méthodes de torture et d'exécution, des grandes épidémies, etc. Déconseillé aux jeunes enfants.

Britain at War Museum – *Un peu plus loin sur Tooley Street - ✆ (020) 7403 3171 - www.britainatwar.co.uk - ♿ - 10h-17h (nov.-mars 16h) - fermé 24-26 déc. - 12,95 £.* Reconstitution de la vie quotidienne à Londres pendant le blitz.

Southwark DF2-3

La circonscription de Southwark, connue des Londoniens comme « The Borough », tire son nom de l'ouvrage *(werk)* qui défendait la tête sud du pont de Londres. Au 16e s., elle acquit une renommée sulfureuse en raison de la présence, hors de la juridiction de la City, de théâtres et d'autres lieux de plaisir et de « perdition ».

Quelques pas dans Borough High Street vous permettront de voir le **George Inn** *(voir Nos adresses)*, auberge qui n'a gardé qu'un seul des trois bâtiments à galeries entourant jadis la cour.

★★ **Southwark Cathedral** – *(020) 7367 6700 - www.southwark.anglican.org/cathedral - ♿ - 8h-18h - cafétéria.* Les massifs piliers supportent la tour centrale et le **chœur** de style gothique Early English, aux harmonieuses proportions datant du 13e s., ce qui en fait le plus ancien sanctuaire gothique d'Angleterre. Celui-ci conserve un somptueux retable de 1520. La nef fut reconstruite entre 1890 et 1897 afin de s'harmoniser avec le chœur. Remarquez surtout la **chapelle Harvard** *(bas-côté nord du chœur)*, le **monument funéraire** (1616) d'Alderman Humble et de ses épouses *(nord du retable)*, et les douze **clés de voûte** provenant de la charpente en bois du 15e s. qui s'affaissa en 1830 *(extrémité ouest du bas-côté nord)*. L'histoire des lieux est évoquée dans la salle archéologique du centre d'accueil.

La cathédrale jouxte le marché animé de **Borough Market**, où vous trouverez de quoi vous restaurer *(voir Nos adresses)*.

(020) 7902 1500 - www.shakespeares-globe.org - ♿ - 9h-17h - visite guidée (40 mn) remplacée en été, pdt les représentations de l'apr.-midi, par une visite du site archéologique de Rose Theatre - fermé 24-25 déc. - 10,50 £ - restaurant.

★ Shakespeare Globe Centre F2

Dans ce lieu voué au culte du grand dramaturge national, une réplique du Globe Theatre, détruit en 1644, a été édifiée avec des matériaux et des techniques comparables à celles de l'époque. Site idéal que ce théâtre circulaire, à l'orchestre à ciel ouvert entouré de gradins, pour assister à la représentation d'un des drames de l'homme de **Stratford-upon-Avon** *(voir ce nom)*, d'autant que, par souci d'authenticité, les pièces y sont jouées comme au temps de leur auteur, dans l'après-midi et sans éclairage artificiel.

★★ Tate Modern E2

(020) 7887 8888 - www.tate.org.uk (en français) - ♿ - 10h-18h (vend.-sam. 22h), dernière entrée 45mn av. fermeture - fermé 24-26 déc. - gratuit sf expositions.

L'ancienne « cathédrale de l'âge de l'électricité » qui se dresse depuis 1960 sur les rives du fleuve, coiffée d'une superstructure de verre et dotée de grandes fenêtres en saillie, est devenue aujourd'hui l'un des grands temples mondiaux de l'art contemporain. On ne peut manquer d'être impressionné par l'immense **salle des turbines** (155 m de long sur 35 m de haut), où le pont roulant rappelle le passé industriel du bâtiment, et qui fait office de hall d'accueil.

Les riches collections permanentes sont présentées selon une approche thématique : des œuvres de différentes époques sont mises en perspective, des associations historiques et stylistiques suggérées de façon à interroger les idées reçues sur l'art contemporain. Les plus grands noms de l'art moderne et tous les mouvements importants sont représentés : Picasso, Dalí, Duchamp et ses épigones, Picabia, Ernst, Rothko, Fontana, Twombly, Bacon, Stella, Manzoni, Klimt, Matisse, Cézanne et bien d'autres dialoguent dans cet immense espace. La terrasse offre de superbes **vues panoramiques**★★★ sur St Paul's et la City, dominée par la silhouette fuselée de la tour Swiss, surnommée **« The Gherkin »** *(le Concombre)* et symbolisant l'audace de l'architecture londonienne actuelle.

Face à la Tate, et conduisant tout droit à St Paul's, le **Millennium Bridge**, conçu par **Norman Foster**, est une élégante passerelle suspendue d'acier, ornée de

Millennium Bridge et Tate Modern Art Gallery.
E. Nathan / Loop Images/Photononstop

balustrades recourbées, véritable prouesse d'architecture et de technique qui donne, la nuit, l'impression d'une coulée de lumière enjambant la Tamise. Au-delà, **The Queen's Walk** se poursuit, bordée par l'**Oxo Tower** *(voir Nos adresses)* et ses galeries.

★ South Bank Centre E3

✆ (020) 7960 4200/ 0844 875 0073 - www.southbankcenter.co.uk - ♿.
Symbole de l'architecture brutaliste des années 1970, ce vaste complexe culturel regroupe les salles de concert du **Royal Festival Hall** (musique orchestrale) et du **Queen Elisabeth Hall** and **Purcell Room** (musique de chambre, chœurs, danse, opéra), ainsi que la **Hayward Gallery** *(10h-18h, vend. 22h - prix d'entrée variable selon expositions)* qui accueille des expositions d'art contemporain. À proximité immédiate, le **National Theatre** *(✆ (020) 7452 3400/3000 - www.nationaltheatre.org.uk)* propose, outre les spectacles, des expositions gratuites *(9h30-23h, dim. 12h-18h, j. fériés 16h-23h)* et des visites guidées. Enfin, le **British Film Institute** *(✆ (020) 7928 3535/3232 - www.bfi.org.uk)* abrite la cinémathèque. Bateleurs, musiciens, et un marché aux livres quotidien, contribuent à l'animation des lieux, très fréquentés aux beaux jours par les Londoniens.

★★ London Eye D3

✆ 0870 990 8883 - www.londoneye.com (en français) - ♿ - 10h-21h (mai-juin : vend.-sam. et tlj en août 21h30) - durée 30mn - 17,95 £ (enf. 9,50 £), billets famille en ligne uniquement - possibilité de billet combiné avec London Aquarium, London Dungeon, Madame Tussaud's.
Sur la rive, cette grande roue ménage une **vue★★★** exceptionnelle.

County Hall D3

Voisin du London Eye, cet édifice de 1922 abrite 2 musées.
★ **London Aquarium** – *✆ 0871 663 1678 - www.londonaquarium.co.uk - ♿ - 10h-19h (vend.-sam. et tlj en août jusqu'à 20h), dernière entrée 1h av. fermeture,*

j. fériés et veilles : se renseigner - fermé 25 déc. - 18 £ (enf. 12,5 £) - possibilité de billet combiné avec London Eye, London Dungeon, Madame Tussaud's. L'un des plus grands aquariums d'Europe, où évoluent requins, méduses géantes…

London Film Museum – *(020) 7202 7040 - www.londonfilmmuseum - 10h-18h (jeudi 11h-18h), dernière entrée 17h - fermé 25 déc. - 12 £ (enf. 8 £).* Pour retrouver les personnages et objets-cultes des œuvres du cinéma britannique.

★★ SOUTH KENSINGTON ET CHELSEA

South Kensington, Knigthsbridge.

South Kensington s'étend au sud de Kensington Gardens. C'est plus au sud, en bordure de la Tamise, que se trouve l'ancien village de Chelsea.

★★★ Victoria and Albert Museum B3

Entrée sur Cromwell Road et Exhibition Road - (020) 7942 2000 - www.vam.ac.uk (en français) - - 10h-17h45 (vend. 22h) - possibilité de visite guidée gratuite (1h) : 10h30-15h30 (dép. ttes les h., RV à l'entrée), et 1er vend. du mois 19h - fermé 24-26 déc. - restaurant.

L'immense et fabuleuse collection de ce **musée national des Arts décoratifs** commença avec l'acquisition d'œuvres créées pour l'Exposition universelle de 1851. Elle comprend aujourd'hui, sur six niveaux, la collection nationale de meubles, de sculptures britanniques, de textiles, de céramiques, d'argenterie et d'aquarelles, ainsi que des collections de vêtements, de bijoux, de sculptures de la Renaissance italienne et d'œuvres en provenance de l'Inde et de l'Extrême-Orient. Depuis 2009, le musée abrite la **Gilbert Collection**, étincelante collection d'orfèvrerie, mosaïques italiennes et portraits miniatures, ainsi que la **Theatre and Performance Collection**, galerie interactive consacrée à l'histoire et la pratique des arts du spectacle au Royaume-Uni.

★★★ Science Museum B3

0870 870 48 68 - www.sciencemuseum.org.uk - - 10h-18h (dernière entrée 17h15) - fermé 24-26 déc. - gratuit sf cinéma Imax et certaines expositions - aire de pique-nique, restaurant.

Ce laboratoire-usine des inventions humaines s'étend sur près de 3 ha. Il propose d'innombrables maquettes, des manettes à tirer, des boutons à pousser et des expériences à faire soi-même, une aire de lancement, un module et un cinéma **Imax**. Dans la salle Wellcome, une présentation originale des dernières découvertes dans le domaine de la science, de la médecine et de la technologie distrait les visiteurs tout en stimulant leur imagination.

★★ Natural History Museum B3

(020) 79 42 50 00/11 - www.nhm.ac.uk - - 10h-17h50 (dernière entrée 17h30) - fermé 24-26 déc. - gratuit sf expositions - restaurant, aire de pique-nique.

Le grand palais symétrique d'**Alfred Waterhouse**, inspiré de l'architecture médiévale de Rhénanie, fut ouvert en 1881 pour abriter la collection d'histoire naturelle du British Museum, qui présente aujourd'hui, de façon ludique et didactique, toutes les formes de vie, de la plus petite bactérie à la créature la plus imposante. Fossiles et squelettes de dinosaures font partie des incontournables, comme le **centre Darwin**, consacré à l'évolution.

Knigthsbridge B3
Vous êtes ici dans un temple du commerce londonien : sur Brompton Road, une visite à **Harrods** s'impose *(voir Nos adresses)*, ne serait-ce que pour l'étonnant escalator « égyptien », assez insurpassable dans le domaine du kitsch ! Ceux qui entretiennent leur fleur bleue ne manqueront pas d'aller se recueillir au sous-sol devant l'étrange mémorial à **lady Diana** et Doddi (le fils de la maison).

★★ Chelsea B4
Entre South Kensington et la Tamise, le quartier de Chelsea, jadis réputé pour ses palais, exhale un charme romantique qui n'a jamais cessé d'attirer les artistes : **Turner** s'y retira, les **préraphaélites** y instituèrent leur confrérie, et de nombreux hommes de lettres y vécurent : **Thomas Carlyle**, **Oscar Wilde**, **Henry James, Mark Twain**… Vous prendrez plaisir à flâner dans ses rues dont le calme contraste avec l'animation de la voie principale, **King's Road**, berceau du « swinging London », de la minijupe et du mouvement punk.

★★ **Royal Hospital** – *Près du fleuve par Hospital Road - ✆ (020) 7881 5200 - www.chelsea-pensioners.org.uk - musée : avr.-oct. : 10h-12h, 14h-16h (dim. 14h-16h) ; nov.-mars : tlj sf dim. 10h-12h, 14h-16h - parc : de 10h au coucher du soleil (dim. à partir de 14h) - fermé j. fériés.* Fondé en 1682 par Charles II à l'image de l'hôtel des Invalides à Paris, il fut agrandi par Jacques II, puis par Guillaume et Marie qui confièrent les travaux à **Christopher Wren**. Remarquez l'entrée principale, sous son porche octogonal couronné d'une lanterne. Les vieux soldats en sont toujours les hôtes, de même que le **Chelsea Flower Show**, célèbre exposition florale qui se déroule en mai dans les jardins.

1

★★ KENSINGTON ET HYDE PARK

⊖ Knightsbridge, Hyde Park Corner, Marble Arch, Queensway, Lancaster Gate.
Limités au sud par Kensington Road, au nord par Bayswater Road, Kensington Gardens et Hyde Park, séparés par la Serpentine, constituent un immense espace vert.

★★ Kensington Gardens AB2-3
Les jardins connurent leur plus belle période sous les reines Marie, Anne et Caroline (épouse de Georges II) avec les jardiniers royaux **Henry Wise** et son successeur, en 1728, **Charles Bridgeman**. C'est au 18e s. que fut creusé face aux grands appartements du palais l'étang rond *(Roung Pond)*, d'où des avenues rayonnent en direction de la **Serpentine** et de la Long Water, qui se termine par les jardins italiens aménagés au 19e s., et par la tonnelle *(Alcove)* de la Reine Anne. Autres réalisations de cette période : la grande avenue et l'**orangerie**★ (début 18e s.), dotée d'une superbe pièce centrale de style baroque dessinée par **Hawksmoor** (1705). Au nord-ouest, la fontaine de Diana, princesse de Galles, a été aménagée en 2004.

★ **Albert Memorial** – Dans la partie sud, le mémorial du **prince Albert**, inauguré en 1876, élève, au sommet de quatre larges volées de marches, sa flèche de style néogothique réalisée par **George Gilbert Scott** et décorée de mosaïques, de pinacles et d'une croix. Au centre, entourée de statues allégoriques et d'une frise de 169 effigies portant les noms de poètes, artistes, architectes et compositeurs, trône une statue de bronze doré de 4,25 m de haut représentant l'époux de la reine **Victoria**, promoteur des arts et de l'enseignement jusqu'à sa mort prématurée en 1861.

★ **Royal Albert Hall** – *En face des jardins.* Cet imposant bâtiment circulaire (1867-1871) abrite réunions, conférences et concerts, notamment à la saison estivale les célèbres **Proms**, promenades concerts *(voir Nos adresses)*. Remarquez la frise portant les gracieux symboles des arts et des sciences.

★★ Kensington Palace A3

℘ 0844 482 7777 - www.hrp.org.uk - 10h-18h (nov.-fév. 17h), dernière entrée 1h av. fermeture - fermé 24-26 déc. - 12,50 £.

Depuis son acquisition en 1689 par Guillaume III, cette maison du début du 17ᵉ s. a connu trois périodes : sous la maison d'Orange, c'était la résidence privée du monarque et **Wren** en fut le principal architecte ; sous les premiers Hanovre, elle devint palais royal, dont **Colen Campbell** et **William Kent** furent chargés de la décoration ; depuis 1760, c'est une résidence réservée aux princes de la famille royale.

On accède aux grands appartements par l'**escalier de la Reine**, conçu par Wren. La galerie de la Reine contient des sculptures de Grinling Gibbons et des portraits de Kneller et Lely, le salon de la Reine, une peinture de Kneller représentant le premier jardinier royal, **Henry Wise**. La salle du Conseil privé, l'antichambre, la coupole et les salons, ajoutés pour Georges Iᵉʳ (1718-1720), furent décorés par William Kent (1722-1727). Le **grand escalier**, construit par Wren en 1689, fut transformé en 1696, lorsque Kent recouvrit les murs et le plafond de peintures en trompe-l'œil, simulant une coupole ainsi qu'une galerie peuplée de courtisans. La collection d'habits de cour comprend vêtements et uniformes portés lors des cérémonies officielles de 1750 à nos jours, période qui a vu se succéder 12 souverains.

Bon à savoir – En travaux jusqu'en 2012, seule une partie du palais reste ouverte, accueillant une exposition sur la mode et les arts du spectacle.

★★ Hyde Park BC2-3

Sur la droite de la Serpentine, ce grand parc attire au moindre rayon de soleil les Londoniens, notamment les employés des environs, qui viennent y prendre leur déjeuner au grand air tout en donnant à manger aux canards. L'été, on y écoute des orchestres, canote sur la Serpentine, parcoure Rotten Row à cheval, exerce ses talents au golf, au tennis ou au jeu de boules, ou s'adonne tout simplement aux joies du farniente.

Speakers'Corner – Le « coin des orateurs » est une institution assez récente (1872), témoignant de la traditionnelle liberté d'expression des Britanniques.

DÉPLACEMENT

Conçu par **John Nash** pour servir d'entrée monumentale au palais de Buckingham, et commémorant les batailles de Trafalgar et de Waterloo, l'arc de triomphe en marbre blanc connu sous le nom de **Marble Arch** a été transféré au nord-est de Hyde Park en 1851.

MARYLEBONE ET ★★ REGENT'S PARK

Marble Arch, Bond Street, Baker Street, Regent's Park.

Au nord d'**Oxford Street**, le quartier tranquille de Marylebone est sillonné par **Baker Street**, familière aux lecteurs des aventures de Sherlock Holmes, Marylebone High Street et **Portland Place**, artère aménagée sous la Régence par les frères Adam. Au nord de ce quartier, l'immense Regent's Park.

★★★ Wallace Collection C2

Herthford House, Manchester Square - ℘ (020) 7563 9500 - www.wallacecollection.org - ♿ - 10h-17h - fermé 24-26 déc.

Au cœur de Marylebone, sur une place georgienne, **Hertford House** abrite la superbe collection d'art français réunie par le 4ᵉ **marquis de Hertford**

(1800-1870), qui vécut le plus souvent à Paris, au château de Bagatelle, dans le bois de Boulogne. À la collection familiale de maîtres italiens et de peinture hollandaise du 17e s., il ajouta du mobilier français du 18e s., des porcelaines de Sèvres, ainsi que des toiles de **Watteau**, **Boucher** et **Fragonard**. Son fils naturel, **Richard Wallace** (1818-1890), qui dota Paris des fontaines portant son nom, enrichit encore la collection, qu'il transféra en Angleterre et dont sa veuve fit don à la nation britannique en 1900.

★ Madame Tussaud's C1

Marylebone Road - ✆ 0870 400 3000 - www.madame-tussauds.com (en français) - de mi-juil. à fin août : 9h-20h30 ; reste de l'année : lun.-vend. 9h30-19h, w.-end 9h-19h30 (dernière entrée 1h30 av. fermeture), horaires restreints 24 et 26 déc. - fermé 25 déc. - 28 £ (enf. 24 £) - possibilité de billet combiné avec London Dungeon, London Eye, London Aquarium - possibilité de prévente en ligne.

Le célèbre musée de cire présente, à côté de la famille royale française (Louis XVI et Marie-Antoinette) réalisée par Mme Tussaud elle-même, les effigies de personnages illustres de tous les pays et de toutes les époques, tant hommes d'État que sportifs et artistes ou célèbres meurtriers anglais, mis en scène dans des cadres parfois fort réalistes.

★★ Regent's Park BC1

Au début du 19e s., de vastes terrains attribués par Cromwell à divers exploitants furent rétrocédés à la Couronne, qui prit le parti de les faire aménager. L'époque était alors aux opérations immobilières d'envergure et c'est **Nash** qui élabora le plan du nouveau quartier… qui ne fut réalisé qu'en partie entre 1817 et 1825 : ni les villas ni le panthéon ni son auréole d'immeubles ne virent le jour. La route circulaire intérieure *(Inner Circle)* ceinture un jardin botanique, aujourd'hui transformé en jardin floral, **Queen Mary's Gardens**, qui englobe un théâtre de plein air. Trois des bords externes du parc sont encadrés de splendides demeures constituant des **terraces★★**. Les corps centraux des longs édifices (certains font plus de 300 m) sont ornés de colonnades, tantôt doriques, ioniques ou corinthiennes, avec portiques et frontons. À l'angle sud-est, Nash a dessiné une échancrure, **Park Crescent**, dont la courbe à double colonnade ionique est destinée à ouvrir Portland Place sur Regent's Park.

★★ **London Zoo** – *✆ (020) 7722 3333 - www.londonzoo.co.uk (en français) - ♿ - mi-juillet-août : 10h-18h ; mars.-mi-juil., sept.oct. : 10h-17h30 ; nov.-fév. : 10h-16h (dernière entrée 1h av. fermeture) - fermé 25 déc. - 18 £ (tarifs enf., famille, étudiant, senior) - restaurant, cafétéria.* Le zoo fut ouvert en 1828 par la Société de zoologie de Londres sur un terrain de 2 ha ; étendu progressivement, il en couvre actuellement 14. Huit mille animaux de 900 espèces différentes sont présentés. Si les célèbres éléphants ont déménagé, reptiles, singes, grands fauves comptent toujours parmi les favoris. Demandez un programme des activités quotidiennes : heures des repas des animaux, bains, etc. Aujourd'hui, le zoo est impliqué dans la protection des espèces en danger et favorise leur reproduction : une grande partie des résidents sont nés sur place. Les travaux scientifiques les plus récents sont exposés au **Lifewatch Centre**.

★ BLOOMSBURY

Tottenham Court Road, Euston Square.

Délimité au nord par **Euston Road** et au sud par **New Oxford Street**, ce quartier abrite nombre d'institutions culturelles : parmi elles, l'université de Londres, mais surtout le fameux British Museum. Outre un passage obligé par l'élégante **Bedford Square** (1775), vous flânerez entre cafés, pubs, bouquinistes, boutiques de gravures anciennes qui bordent les paisibles ruelles fréquentées par les artistes et les écrivains depuis la fin du 18e s. : John Constable, Bernard Shaw, James Whistler furent quelques-uns des résidents les plus célèbres d'un quartier qui a donné son nom au **Groupe de Bloomsbury**, réunissant artistes et écrivains autour de **Virginia Woolf** et du critique d'art **Roger Fry** dans la demeure de la romancière, située sur **Fitzroy Square**.

★★★ British Museum D2

✆ (020) 7323 8299/8000 - www.thebritishmuseum.ac.uk (en français) - ♿ - 10h-17h30 (jeu.-vend. 20h30) - possibilité de visite guidée gratuite de certaines salles (40mn) : demandez le programme à l'entrée - fermé 1er janv. et 24-26 déc. - gratuit sf certaines expositions - guide multimédia en français 4,5 £ - restaurant, café.

Lorsqu'en 1753 **sir Hans Sloane** légua à la nation ses collections, venant s'ajouter à l'ancienne bibliothèque de 12 000 volumes réunie par les monarques depuis l'époque Tudor, le Parlement fut pressé de fonder un nouveau musée. Une loterie permit de réunir les fonds pour acheter Montagu House, qui abrita les collections avant la construction du musée actuel. Avec le changement de millénaire, celui-ci a subi d'importantes modifications. La **Great Court** (grande cour carrée), recouverte par l'architecte **Norman Foster** d'une vaste verrière aux armatures d'acier, constitue aujourd'hui le cœur du musée : elle enserre la salle de lecture circulaire de l'ancienne British Library *(Round Reading Room)*, qui a retrouvé sa décoration Regency d'origine. Les sculptures exposées dans les espaces ouverts donnent un avant-goût des richesses du musée.

Parmi les immenses collections, ne manquez pas les antiquités égyptiennes comprenant la fameuse **pierre de Rosette** qui permit à Champollion de déchiffrer les hiéroglyphes. De grandes salles sont réservées aux **sculptures du Parthénon**, rapportées d'Athènes par lord Elgin. Particulièrement riche, la section des **antiquités assyriennes et babyloniennes** présente notamment des reliefs du palais d'Assourbanipal de Ninive. Les antiquités d'Extrême-Orient, la **galerie d'Ethnographie** *(Museum of Mankind)* avec ses statues de l'île de Pâques, les départements consacrés à l'archéologie britannique de la préhistoire (homme de Lindlow) au Moyen Âge (jeu d'échecs de Lewis, 12e s.) en passant par l'époque romaine (vase de Portland) constituent quelques-uns des points forts d'un des plus importants musées du monde.

Grand Londres Carte de région

★★★ GREENWICH C2

Greenwich Tourist Information Centre – *Pepys House - 2 Cutty Sark Gardens - ✆ 0870 608 2000 - www.visitgreenwich.org.uk (en français) - 10h-17h - possibilité de visite guidée (1h30) au dép. de l'office de tourisme 12h15 et 14h15 - 6 £.*

Greenwich est domaine royal depuis le roi Alfred. Henri VIII, né en ces lieux, fit agrandir le château de Bella Court, construit en 1428 par Humphrey, duc de Gloucester, frère de Henri VI, et créa la fameuse armurerie royale. Plus tard, Jacques Ier fit édifier le pavillon de la Reine par **Inigo Jones** (1615). Après la Restauration, Charles II fit abattre les bâtiments Tudor et chargea **John Webb**, un disciple de Jones, de construire le pavillon du Roi. Guillaume et Marie, qui préféraient Hampton Court *(voir p. 144)*, firent construire, sous la direction de **Wren**, un hôtel des Invalides de la Marine dans lequel le pavillon du Roi fut incorporé. En 1873, ces bâtiments furent transformés en école navale. Le pavillon de la Reine, agrandi de deux ailes en 1807, accueillit le musée national de la Marine en 1937.

★★ **Old Royal Naval College** – *University of Greenwich Campus - ✆ (020) 8269 4747 - www.oldroyalnavalcollege.org - 10h-17h (dim. 12h30-17h) - fermé 24-26 déc. - possibilité de visite guidée (1h30, 5 £) - restaurant.* À l'emplacement du palais Tudor, Wren édifia en 1705, symétriquement au pavillon du Roi, trois corps de bâtiment. Le **Painted Hall★** (ancien réfectoire) est surmonté d'une coupole, œuvre de **James Thornhill**; ses exubérantes représentations baroques de Guillaume et Marie, d'Anne, de Georges Ier et ses descendants, furent peintes entre 1708 et 1727. La **chapelle★** édifiée par Wren fut redécorée en 1779 dans le style rococo. Depuis 2010, une exposition permanente, **Discover Greenwich**, retrace l'histoire maritime des lieux.

« CUTTY SARK »

Endommagé par un incendie en 2007, le célèbre clipper, alors en cours de restauration, rouvre ses portes en 2011. Construit en Écosse en 1869, il servit au commerce du thé de Chine, puis au transport de la laine d'Australie.

★★ **National Maritime Museum** – *✆ (020) 8312 6565/6608 - www.nmm.ac.uk (en français) - ♿ - 10h-17h (dernière entrée 30mn av. fermeture), horaires restreints 31 déc. et 1er janv. - fermé 24-26 déc - café.* Le musée arbore une impressionnante verrière à travée unique, située au-dessus de la cour néoclassique. La visite s'articule selon cinq thèmes : « Explorers » débute avec Christophe Colomb et James Cook pour s'achever avec les navigateurs contemporains et l'exploration sous-marine; « Passengers » relate l'histoire des migrations et s'attache également aux paquebots de croisière; « Traders » analyse le développement de l'économie à travers le commerce maritime; « Planet Ocean » s'attache aux modifications de l'environnement, à la biodiversité et au développement durable; « Maritime London » illustre l'influence du port de Londres sur le développement économique de la Grande-Bretagne. Les belles collections d'art du musée sont exposées (par roulement) dans la galerie « Art et Mer ». Pour les enfants, le pont constitue l'attraction vedette reliant la non moins populaire **All Hands Gallery**.

★★ **Queen's House** – *Voir National Maritime Museum.* Première résidence palladienne d'Angleterre, le pavillon se caractérise par sa couleur blanche, son bel escalier en forme de fer à cheval qui descend de la terrasse sur la façade nord et la loggia de sa façade sud, donnant sur le parc.

★ **Old Royal Observatory** – *Voir National Maritime Museum - été : ouvert partiellement jusqu'à 18h45 - audioguide en français 3,50 £.* Le parc s'étend sur 72 ha; la colline, culminant à une hauteur de 47 m au-dessus du niveau du fleuve, est couronnée par le monument du général Wolfe et l'**ancien observatoire royal** construit en 1675 par Wren pour Charles II. Il s'agissait de « déterminer la longitude en mer pour une parfaite navigation et pour les besoins de l'astronomie ». À l'intérieur de Flamsteed House, la salle octogonale au plafond élevé, harmonieusement proportionnée, est équipée de ce que John Evelyn baptisa « l'instrument le plus perfectionné qui soit ». Le bâtiment du Méridien fut ajouté au milieu du 18e s. pour accueillir la **collection de télescopes★★**.

Remarquez le cercle méridien d'Airey *(Transit Circle)*, par lequel passe le méridien, et à l'extérieur, le méridien en cuivre marquant le degré 0, les horloges indiquant l'heure dans différents pays.

Depuis 2007, le **Peter Harrison Planetarium**, logé dans un impressionnant cône de bronze, propose plusieurs projections par jour *(6,50 £, enf. 4,50 £)*.

★★★ HAMPTON COURT B2

℘ 0870 752 7777 - www.hrp.org.uk (en français) - ♿ - 10h-18h (nov.-mars 16h30), dernière entrée 1h av. fermeture - fermé 24-26 déc. - 14 £ avec audioguide en français ; labyrinthe uniquement 3,50 £ ; jardins uniquement 4,60 £ - possibilité de prévente en ligne ou par tél. - café, restaurant.

Ce superbe **palais** fut commencé (1514-1529) par le **cardinal Wolsey**, fils d'un boucher d'Ipswich qui parvint à devenir le personnage le plus puissant du royaume après Henri VIII. La somptuosité de la demeure, comme l'impuissance du cardinal à obtenir du pape le divorce du roi et de Catherine d'Aragon, indisposèrent le souverain qui déposséda le saint homme de ses biens en 1529. Henri VIII entreprit alors d'agrandir le palais ; il construisit des ailes sur l'imposante façade ouest, la **grande salle** avec son magnifique plafond en forme de carène renversée, et transforma luxueusement la **chapelle**. La remarquable **horloge astronomique** dans la cour de l'Horloge (1540) fut transférée au 19e s. de St James's Palace. En 1688, **Guillaume d'Orange** projeta de reconstruire le palais, mais Wren se limita à des transformations. Il rebâtit les façades est et sud, les **grands appartements** et les appartements royaux, de taille plus modeste. Ces salles, décorées de sculptures de **Grinling Gibbons** et de plafonds peints par **Verrio**, renferment une magnifique collection de peintures et un superbe mobilier. L'**orangerie**, conçue par Wren, abrite les *Dessins du triomphe de César* par Mantegna, tandis que les cuisines, les caves à bière du roi et les caves à vin donnent un aperçu de la vie sous les Tudors.

★★★ **Jardins** – Charles II avait fait creuser le canal (1,6 km de longueur), et Guillaume III aménagea le jardin dit de la Grande Fontaine. Le célèbre **labyrinthe** triangulaire fut élaboré en 1690. Plus au nord, au-delà des murs du palais, se trouve le **parc des Buissons** *(Bushy Park)* avec son avenue de marronniers aux couleurs éclatantes en mai. En 1768, **« Capability » Brown** planta la **Grande Vigne★**, dont les raisins sont vendus fin août-début septembre.

★★★ KEW GARDENS B2

℘ (020) 8332 5655 - www.kew.org - ♿ - avr.-août : 9h30-18h30 (w.-end et j. fériés 19h30) ; fév.-mars : 9h30-17h30 ; sept.-janv. : 9h30-16h15 - possibilité de visite guidée : se renseigner - fermé 24-25 déc. - 13,50 £ - restaurant.

Les **jardins botaniques royaux**, les plus beaux du pays, furent aménagés à partir de 1756 par **William Chambers**, qui dessina également les plans de l'**orangerie★**, des trois petits temples classiques et, en 1761, de la **pagode★** de dix étages (50 m). Les jardins s'étendant, de nouveaux bâtiments furent ajoutés, notamment la **serre des palmiers★★** de **Decimus Burton** en 1848. En 1899, Burton acheva le **jardin d'hiver★**, qui abrite des camélias, une forêt tropicale et des dragonniers. En 1987, la princesse Diana inaugura le **conservatoire de la princesse de Galles**, une serre d'acier et de verre en forme de diamant, qui reconstitue dix milieux naturels différents, du marécage de la mangrove au désert de sable. Le pavillon Japanese Minka House du jardin des bambous donne un aperçu de la vie dans la campagne japonaise.

Le **palais de Kew★★**, proche du fleuve, fut construit en 1631 pour un marchand londonien. Le bâtiment de brique rouge sombre, aux pignons lui conférant une allure hollandaise, fut loué par Georges II pour la reine Caroline vers 1730 et acheté par Georges III en 1781. L'intérieur est celui d'une demeure de campagne de l'époque avec, en bas, des pièces lambrissées et, à l'étage, des portraits de famille réalisés notamment par Gainsborough et Zoffany.

NOS ADRESSES À LONDRES

ARRIVER À LONDRES

En avion

Londres est desservie par 5 aéroports :

Heathrow *(www. heathrowairport. com)* est relié au centre-ville par le Paddington Express Rail Link *(www.heathrowexpress. com - 15mn - 18 £ aller)* et la ligne Piccadilly du métro *(www.tfl.gov.uk)*.

Gatwick *(www.gatwickairport. com)* est relié à la gare de Victoria par le Gatwick Express *(www. gatwickexpress.com - 30mn - 15,20 £ aller)*.

London City est desservi par le DLR *(Docklands Light Railway)* et le métro à Tower Gateway ou Bank *(www.londoncityairport.co - 22mn - 4 £)*.

Stansted *(www.stanstedairport. com)* se situe près de Cambridge : liaison avec Liverpool Street Station assurée par le Stansted Express *(www. stanstedexpress.com - 45mn - 19,80 £ aller)*.

Luton Airport *(www.london-luton.com)* est situé à 50 km au nord de Londres : accès par le train, avec le First Capital Connect ou le Midland Mainline. Services fréquents entre Luton Parkway Railway Station *(10mn de l'aéroport en navette)* et St Pancras Railway Station ou King's Cross Railway Station *(35mn)*.

Liaisons aériennes, voir p. 9.

En train

Gare de St Pancras – Terminus de l'**Eurostar** *(voir p. 8)*. De là, services nationaux à travers le Berkshire (Windsor et Eton), le Dorset (Salisbury et Stonehenge), le Surrey et le Sussex (Chichester et la côte sud), le Hampshire (Winchester).

Gare de Victoria – Connections avec le sud-est de l'Angleterre (Brighton).

Gare de Waterloo – Trains vers le sud et le sud-ouest.

Gare de Paddington – Liaisons avec le sud-ouest de l'Angleterre (Bath, Bristol et la Cornouailles).

Gare d'Euston – Trains pour les Midlands (Manchester, Liverpool) et le Nord.

Gare de Kings Cross – Trains vers la côte est, le Yorkshire, Newcastle et l'Écosse.

Gare de Liverpool Street – Service Stansted Express et trains en direction du Suffolk (Ipswich) et du Norfolk (Norwich).

Site du réseau ferré : www. nationalrail.co.uk

En voiture

Péage urbain – Pour entrer dans le centre de Londres, vous devez acquitter un **péage urbain** *(Congestion Charge)*, à l'avance ou le jour même *(lun. au vend. 7h-18h, sf j. fériés et 25 déc.-1er janv. - 8 £)* ; à défaut, vous avez jusqu'à minuit le jour suivant pour payer en ligne *(10 £)*. Cette somme peut être réglée sur Internet, dans certains magasins, stations-service et parkings publics. En cas de non paiement, vous recevrez une amende *(Penalty Charge Notice)* de 100 £. L'entrée dans la **zone** est marquée par un grand **C** blanc inscrit dans un cercle rouge sur la chaussée. Attention : la zone considérée, les horaires et tarifs peuvent être soumis à variations.

Info : www.cclondon.com

Circuler et se garer – Soyez vigilant et observez les panneaux : les places de stationnement peuvent être réservées aux résidents ; les parcmètres et horodateurs fonctionnent ordinairement en semaine de

8h30 à 18h30, le samedi de 8h30 à 13h30. Ne circulez pas dans les couloirs réservés aux bus et taxis. Bref, mieux vaut éviter de vous rendre à Londres avec votre véhicule...

Parkings en périphérie - De nombreuses stations de métro, situées entre les zones 4 et 8 *(voir ci-dessous)*, possèdent un parking *(liste complète sur www.tfl.gov.uk - entre 1 £ et 6 £/j., tarif réduit w.-end et j. fériés)*.

Bon à savoir – À Londres, le **code postal** peut être utile pour situer une adresse. Le centre de la capitale est desservi par deux codes, WC (West Central) et EC (East Central), la périphérie, par une ou des lettres correspondant aux points cardinaux (NW, SW...)

TRANSPORTS PUBLICS

Londres est très bien desservie, que ce soit par le réseau ferré (métro et DLR : *Docklands Light Railway*) ou de surface (autobus, trams, London Overground).

Les **transports** démarrent à 5h30 et se terminent aux alentours de minuit. Certaines lignes d'autobus continuent durant la nuit – voir les « **Nightbus** » aux arrêts de bus.

Site des transports : www.tfl.gov.uk *(en français)*.

Titres de transport

Les trajets simples en métro, DLR, bus et tram peuvent être acquis dans les stations et aux arrêts en surface. La région métropolitaine est divisée en zones qui déterminent le coût du trajet.

Pour un court séjour, vous pouvez opter pour la **travel card** pour les zones où vous prévoyez de circuler *(zones 1-2 : 1 j. 7,20 £ ; 7 j. consécutifs 25,80 £)*.

Une autre solution très pratique est l'**Oyster Card** (carte *Pay-as-you-go* valable dans les métros, bus, trams, DLR, les réseaux London Overground et National Rail à Londres), rechargeable et sans date limite de validité. Vous pouvez la recharger en ligne *(voir ci-dessus)*, dans les points de vente Oyster, les stations du métro et du réseau London Overground, certaines gares, dans les London Travel Information Centers et les guichets automatiques du DLR (rechargement uniquement).

Attention, pour être débitée du montant correct, la carte doit être validée **en début et fin de trajet**.

Avec l'**Oyster Photocard**, les moins de 18 ans paient demi-tarif ; les moins de 16 ans peuvent utiliser bus et trams gratuitement et bénéficier de tarifs réduits sur le reste du réseau.

Les moins de 11 ans accompagnés par un adulte voyagent gratuitement sur l'ensemble du réseau (sans carte).

Bon à savoir – L'Oyster Card est disponible à bord de l'Eurostar (wagon-bar). Vous pouvez aussi la commander en ligne et la recevoir chez vous avant votre départ.

À vélo

London Cycle Hire Scheme - *www.tfl.gov.uk - paiement par carte de crédit - 30 premières minutes gratuites*. Depuis 2010, le

système de vélos en libre-service a débarqué à Londres. Les stations sont situées dans le centre-ville.

VISITES

Bon à savoir – *London Sightseeing pass* est valable pour plus de 55 attractions et sites, et dans les transports publics (métro, bus, tram) si vous choisissez cette option : 1 jour *(40 £, enf. 27 £ ; avec transport 48 £, enf. 29 £)*, 2 jours *(55 £, enf. 41 £ ; 70 £, enf. 45 £)*, 3 jours *(68 £, enf. 46 £ ; 90 £, enf. 52 £)* ou 6 jours *(90 £, enf., 64 £ ; 137 £, enf. 86 £)*. On peut se le procurer auprès du London Tourist Board ou l'acheter en ligne **www.londonpass.com** *(en français)*.
Sachez cependant que plusieurs grands musées sont gratuits.

En autobus

Big Bus Company – *48 Buckingham Palace Road - ✆ (020) 7233 9533 - www.bigbustours.com (en français)*. Propose 2 circuits autour des principales curiosités au départ de Green Park. Billets valables 24 heures *(26 £)*.

The Original Tour – *✆ (020) 8877 1722 - www.theoriginaltour.com (en français)*. Propose 3 circuits en bus à impériale permettant de descendre à volonté *(25 £)*. Principaux départs : Trafalgar Square, Piccadilly Circus, Russel Square, Victoria Station, Marble Arch.

En bateau

River Cruises – *✆ (020) 77 400 400 - www.citycruises.com (en français) - ♿ - croisières de 20mn à 3h*. Services réguliers sur la Tamise au dép. de Westminster Pier et jusqu'à Greenwich.

The London Waterbus Company *(✆ (020) 7482 2660 - www.londonwaterbus.com - hiver : w.-end uniquement - 6,70 £ aller, 19,50 £ avec la visite du London Zoo)* et **Jason's Trip** *(✆ (020) 7286 3428 - www.jasons.co.uk - avr.-oct. - 7,50 £ aller)* proposent des croisières en péniche sur le Grand Union Canal entre Camden Lock et Little Venice *(50mn aller)*.

En cab

Black Taxi Tours – *✆ (020) 7935 9363 - www.blacktaxitours.co.uk*. Pour une visite de 2h des principaux sites, de jour *(100 £ par voiture)* comme de nuit *(110 £)*.

En véhicule amphibie

London Duck Tours Ltd – *✆ (020) 7928 3132 - www.londonducktours.co.uk - 20 £*. Excursions le long du fleuve. Départ Chicheley Street *(derrière le London Eye)* de 10h au coucher du soleil.

À pied

Bon à savoir – Des plans du **Silver Jubilee Walkway**, promenade de 16 km inaugurée lors du 25e anniversaire du règne de la reine, jalonnée de 8 points de vue, sont en vente au London Tourist Board.

London Walks – *✆ (020) 7624 3978/9255 - www.walks.com (en français) - 2h - 8 £*. Promenades commentées *(certaines en français)* dans différents quartiers ou selon des thèmes divers (Harry Potter, Jack l'Éventreur…).

HÉBERGEMENT

Bon à savoir – Se loger à Londres peut revenir très cher. Une solution : la formule **B & B**, adressez-vous au **London Bed and Beakfast Agency Ltd** *(✆ (020) 7586 2768 - www.londonbb.com)*.
Sinon, privilégiez les chaînes hôtelières comme **Travel Inn** *(www.premiertravelinn.com)* et **Travelodge** *(www.travelodge.co.uk)*.

BUDGET MOYEN

Covent Garden

The Fielding – Plan D2 - *4 Broad Court, Bow Street - ⊖ Covent Garden - ✆ (020) 7836 8305 - www.the-fielding-hotel.co.uk - 115 £.* Au cœur de Covent Garden, des chambres petites mais bien équipées. Pas de petit-déjeuner, mais de nombreux cafés alentour.

Marylebone

Hart House Hotel – Plan C2 - *51 Gloucester Place - ⊖ Marble Arch - ✆ (020) 7935 2288 - www.harthouse.co.uk - 15 ch. : 110/150 £.* Maison *terrace* georgienne où les nobles français se réfugièrent pendant la Révolution. Confortable et bien située entre Hyde Park et Regent's.

St George Hotel – Plan C2 - *49 Gloucester Place - ⊖ Marble Arch - ✆ (020) 7486 8586 - www.stgeorge-hotel.net - 19 ch. : 125/150 £ ☕.* Cet hôtel bien situé propose des chambres confortables et réserve un accueil chaleureux.

Bloomsbury

Thanet Hotel – Plan D2 - *8 Bedford Pl. - ⊖ Russell Square - ✆ (020) 7636 2869 - www.thanethotel.co.uk - 16 ch. : 110 £ ☕.* Les sympathiques propriétaires de cet hôtel, dont la belle façade se dresse au centre d'une *terrace* georgienne, ont réussi à créer une atmosphère amicale. De plus, c'est à côté du British Museum !

Belgravia

B&B Belgravia – Plan C3 - *64-66 Ebury Street - ⊖ Victoria - ✆ (020) 7259 8570 - www.bb-belgravia.com - 17 ch. : 135 £ ☕.* Un B&B au style résolument design. Service attentionné. Mention spéciale pour le buffet du petit-déjeuner.

Hyde Park

Gresham Hotel – Plan B2 - *116 Sussex Gardens - ⊖ Paddington - ✆ (020) 7402 2920 - www.the-gresham-london.co.uk - 57 ch. : 95/149 £ ☕.* Baptisé du nom du fondateur du Royal Exchange, le Gresham propose des chambres bien équipées.

POUR SE FAIRE PLAISIR

Bloomsbury

The Academy – Plan D2 - *21 Gower Street - ⊖ Goodge Street - ✆ (020) 7631 4115 - www.theetoncollection.com - fermé 24-26 déc. - 49 ch. : 142/200 £ ☕.* Cinq *townhouses* d'époque géorgienne offrant une ambiance calme et confortable, près du British Museum et du West End.

South Kensington

Citadines – Plan A3 - *35A Gloucester Road - ⊖ Gloucester Road - ✆ 0800 376 3898 ou 0825 333 332 (France) - www.citadines.com - 92 appart. : 160 £ (studio).* Un mode d'hébergement qui peut être économique : studios *(1-2 pers.)* et appartements *(1-4 pers.)* entièrement équipés, refaits à neuf en 2010.

Southwark

All Seasons Southwark Rose – Plan E3 - *43-47 Southwark Bridge Road - ⊖ London Bridge - ✆(020) 7015 1480 - www.all-seasons-hotels.com - 84 ch. 116/256 £ ☕.* Des chambres modernes et standard. Proche du Globe Theatre et de la Tate Modern. Tarifs intéressants en réservant sur Internet.

Chelsea

The Rockwell – Plan A3 - *181-183 Cromwell Road - ⊖ Earl's Court - ✆ (020) 7244 2000 - www.therockwell.com - 40 ch. :*

176 £ - ☕ 12,50 £. Ici, la décoration moderne se mêle à la tradition anglaise. Certaines chambres, les « *Garden rooms* », ont leur propre terrasse. Un restaurant, des pièces pour se relaxer et un jardin à disposition.

Marylebone

Durrants – Plan C2 - *26-32 George Street - ⊖ Bond Street - ✆ (020) 7935 8131 - www.durrantshotel.co.uk - 92 ch. : 175 £ - ☕ 17 £.* Un établissement de tradition puisqu'il date de 1790. Confort *british* et charme d'autrefois.

UNE FOLIE

Soho

Hazlitt's – Plan D2 - *6 Frith Street - ⊖ Tottenham Court Road - ✆ (020) 7434 1771 - www.hazlitts.co.uk - fermé 24-25 déc. - 22 ch. : 220/360 £ ☕ 10,95 £.* Trois demeures du 18ᵉ s. au cœur de Soho forment cet hôtel de charme au décor victorien.

Knightsbridge

Knightsbridge Green – Plan B3 - *1159 Knightsbridge - ⊖ Knightsbridge - ✆ (020) 7584 6274 - www.thekghotel.com - 16 ch. : 101/325 £ - ☕ 14,50 £.* Voisin des magasins parmi les plus réputés de la capitale. De belles chambres et un copieux petit-déjeuner servi en chambre.

La City

The Rookery – Plan E2 - *12 Peter's Lane - Cowcross Street - ⊖ Barbican - ✆ (020) 7336 0931 - www.rookeryhotel.com - 32 ch. : 206/253 £.* Hôtel élégant dans une rangée de maisons du 18ᵉ s. Décor anglais (meubles anciens, cheminée au feu de bois).

RESTAURATION

Bon à savoir – Le caractère cosmopolite de la cité se retrouve dans son offre gastronomique.
Le midi, vous n'aurez aucun mal à trouver un peu partout de quoi vous restaurer sur le pouce mais convenablement installé : les Londoniens ont eux-mêmes l'habitude de déjeuner ainsi (sandwiches frais et bagels, soupes, bars à nouilles…).

PREMIER PRIX

Picadilly

Il Baretto at Alloro – Plan C2 - *19-20 Dover Street - ⊖ Green Park - ✆ (020) 7495 4768 - www.alloro-restaurant.co.uk - fermé soir et dim. - 10/25 £.* Plus discret que son confrère Alloro, Il Baretto affiche une petite carte de pâtes fraîches, soupes et salades garnies, pour une même authenticité italienne.

Soho

Fung Shing – Plan D2 - *15 Lisle Street, Chinatown - ⊖ Leicester Square - ✆ (020) 7437 1539 - www.fungshing.co.uk - fermé 24-26 déc. et j. fériés le midi - 20 £.* Une enseigne connue à la limite de Chinatown. Les amateurs de cuisine chinoise auront le choix entre les plats incontournables et des recettes plus inattendues.

Mayfair

Chada Chada – Plan C2 - *16-17 Picton Pl. - ⊖ Bond Street - ✆ (020) 7935 8212 - www.chadathai.com - fermé dim. et j. fériés - 14/21 £.* Un des meilleurs restaurants thaïlandais de la ville. Plats traditionnels parfumés ou épicés, mais aussi quelques recettes originales. Petites salles rapidement combles.

Knightsbridge

Le Metro – Plan B3 - *28 Basil Street - ⊖ Knightsbridge - ✆ (020) 7589 6286 - www.thelevinhotel.co.uk - fermé dim. soir, 25 déc. et j. fériés - 20/25 £.* Proche de Harrods, ce bistro moderne ouvert toute la journée sert des repas légers ou plus consistants à des prix modérés. Idéal pour recharger ses batteries quand on fait du shopping à Knightsbridge. Formule déjeuner à 15 £.

Regent's Park

The Sea Shell restaurant – Plan C1 - *49-51 Lisson Grove - ⊖ Marylebone - ✆ (020) 7224 9000 - www.seashellrestaurant.co.uk - fermé dim. - 20 £.* Un *fish and chips* qui sert du poisson, mais celui-ci contentera également les amateurs de viande. Vente à emporter.

BUDGET MOYEN

Tower Bridge

The Blueprint Cafe – Plan G3 - *Design Museum - Shad Thames - ⊖ Tower Bridge - ✆ (020) 7378 7031 - www.danddlondon.com - fermé dim. soir et 25 déc. - 23/28 £.* Une bonne adresse dans les entrepôts de Butler's Wharf, avec une vue superbe sur Tower Bridge et un nouveau menu chaque jour.

Le Pont de la Tour – Plan F3 - *Butlers Wharf - ⊖ Tower Bridge - ✆ (020) 7403 8403 - www.lepontdelatour.co.uk - 32/43 £.* Dans la salle élégante, ou en terrasse devant la Tamise, un restaurant de poissons réputé. Atmosphère moins formelle au Bar & Grill.

Butlers Wharf Shop House – Plan F3 - *Butlers Wharf - ⊖ Tower Bridge - ✆ (020) 7403 3403 - www.chophouse.co.uk - fermé dim. soir en hiver et 1er-3 janv. - 26/47 £.* Connu, entre autres, pour son *steak, kidney and oyster pudding*, ce restaurant propose aussi des plats plus simples dans sa partie bar. Terrasse au bord de la Tamise. Il est prudent de réserver.

Covent Garden

Rules – Plan D2 - *35 Maiden Lane - ⊖ Leicester Square - ✆ (020) 7836 5314 - www.rules.co.uk - 30/47 £.* Le plus ancien restaurant de Londres (1798), spécialisé dans le gibier et la cuisine traditionnelle.

Soho

Dehesa – Plan C2 - *25 Ganton Street - ⊖ Oxford Circus - ✆ (020) 7494 4170 - www.dehesa.co.uk - fermé dim. soir et sem. de Noël - 20/30 £.* Ce restaurant aux accents méditerranéens propose des antipasti et des tapas de bonne qualité. L'atmosphère est tranquille et la carte des vins assez impressionnante.

Benihana – Plan C2 - *37 Sackville Street - W1S 3DQ - ⊖ Piccadilly Circus - ✆ (020) 7494 2525 - www.benihana.co.uk - fermé le 25 déc. et le midi dim. et j. fériés - 25/45 £.* On vient pour apprécier la cuisine japonaise le long du comptoir, qui facilite les échanges entre visiteurs. Les menus affichent des prix raisonnables.

Temple

The White Swan – Plan E2 - *108 Fetter Lane - ⊖ Temple - ✆ (020) 7242 9696 - www.thewhiteswanlondon.com - fermé w.-end et 25-26 déc. - 29/36 £.* Une salle de restaurant raffinée au-dessus d'un pub agréable, tout proche de Fleet Street Les menus se renouvellent. Une valeur sûre pour le centre de Londres.

Westminster

Shepherd's – Plan D3 - *Marsham Court - Marsham Street - ⊖ Pimlico - ✆ (020) 7834 9552 -*

www.langansrestaurants.co.uk - fermé w-end et j. fériés - 35 £. Un vrai restaurant anglais, apprécié pour son gibier et ses plats traditionnels. Réservation indispensable.

La City

Le Coq d'Argent – Plan F2 - *1 Poultry - ⊖ Bank - ✆ (020) 7395 5000 - www.coqdargent.co.uk - fermé sam. midi, dim. soir et j. fériés - 29 £.* Au centre de la City, ce vaste restaurant est une adresse de la chaîne de Terence Conran. Cuisine française. Belle vue de la terrasse.

Southwark

Cantina Vinopolis – Plan F2 - *1 Bank End - ⊖ Southwark - ✆ (020) 7940 8333 - www.cantinavinopolis.com - fermé dim. soir et j. fériés - 30 £.* Bon choix de menus dans cette cité du vin, logée dans une belle salle voûtée à deux pas de la cathédrale de Southwark.

Anchor et Hope – Plan E3 - *36 The Cut - ⊖ Southwark - ✆ 7928 9898 - fermé dim. soir et lun. midi - 20-35 £.* Un « gastro-pub » reconnu au décor très simple. La cuisine ne manque pas d'originalité. Il est conseillé d'arriver tôt (pas de réservation).

Chelsea

Pig's Ear – Plan B4 - *35 Old Church Street - ⊖ Sloane Square - ✆ (020) 7352 2908 - www.thepigsear.info - 30 £.* Blotti dans une ruelle entre King's Street et la Tamise, ce « gastropub » aux boiseries claires propose une grande variété de plats de viande ou de poisson.

South Kensington

L Restaurant & Bar – Plan A3 - *2 Abingdon Road - ⊖ Kensington High Street - ✆ (020) 7795 6969 - www.l-restaurant.co.uk - fermé lun. midi et j. fériés - 26/34 £.* Dans une magnifique pièce au toit de verre, une cuisine espagnole authentique et une bonne sélection de vins. Tapas à l'honneur, mais aussi des plats originaux à la carte.

Racine – Plan B3 - *293 Brompton Road - ⊖ South Kensington - ✆ (020) 7584 4477 - www.racine-restaurant.com - fermé 25 déc. - 18/44 £.* Ambiance brasserie. Bonne table de cuisine française fréquentée par les habitants du quartier.

Regent's Park

Villandry – Plan C2 - *170 Great Portland Street - ⊖ Regent's Park - ✆ (020) 7631 3131 - www.villandry.com - fermé dim. soir, 25-26 et 31 déc., 1er janv. - 25/41 £.* Une cuisine *british* aux accents méditerranéens.

POUR SE FAIRE PLAISIR

Westminster

Cinnamon Club – Plan D3 - *The Old Westminster Library - Great Smith Street - ⊖ St James's - ✆ (020) 7222 2555 - www.cinnamonclub.com - fermé dim., 26 déc. et j. fériés - 19/53 £.*

1

Restaurant anglo-indien dans le cadre feutré de l'ancienne bibliothèque de Westminster.

Southwark

Oxo Tower – Plan E2 - *Oxo Tower Wharf, 8e étage - Barge House Street* - ⊖ Southwark - ✆ *(020) 7803 3888 - www.harveynichols.com - fermé 24 déc. soir et 25-26 déc.- 34/53 £.* Superbes vues sur la Tamise et la capitale. Décor minimaliste et cuisine moderne. Au même étage, l'**Oxo Tower Brasserie**, moins guindé que le précédent *(26/45 £)*, est doté d'une terrasse en été. Menu déjeuner à 25 £. **Tamesa@Oxo** *(2e étage - ✆ (020) 7633 0088 - 25 £)* offre aussi une belle vue sur la Tamise.

Chelsea

Bibendum – Plan B3 - *Michelin House - 81 Fulham Road* - ⊖ *South Kensington - ✆ (020) 7581 5817 - www.bibendum.co.uk - 30/60 £.* Au 1er étage de cet immeuble Art nouveau décoré du célèbre « bibendum Michelin », un restaurant de cuisine moderne. Bar à huîtres au rez-de-chaussée.

One-O-One – Plan C3 - *William Street* - ⊖ *Knightsbridge - ✆ (020) 7290 7101 - 19/62 £.* Dans ce restaurant très confortable, le poisson est roi.

PETITE PAUSE

The Cafe in the Crypt – Plan D2 - ⊖ *Trafalgar Square - ✆ (020) 7766 1158 - www2.stmartin-in-the-fields.org - 8/15 £.* Dans la crypte de l'église St Martin-in-the-Fields, un self pour une restauration légère et sans façon. Concerts de jazz le mercredi soir *(accès réservé après 19h).*

Garden Café – Plan C1 - *Queen Mary's Gardens, Inner Circle* - ⊖ *Regent's Park, Baker Street - ✆ (020) 7034 0722 - www.companyofcooks.com - été 10h-21h, hiver 10h-16h - 16 £.* Dans Regent's Park, une cafétéria qui sert des assiettes campagnardes *(ploughmans)* et une cuisine du jardin soignée. Menu souper, après le théâtre en plein air.

Harrods – Plan B3 - *87-135 Brompton Road* - ⊖ *Knightsbridge - www.harrods.com - lun.-sam. 10h-21h, dim. 11h30-18h.* Le plus célèbre des grands magasins de la capitale compte quelque 30 restaurants et cafés pour tous les goûts : bar à sushis, restaurant de produits de la mer ou snacks dans la section alimentaire *Food Hall*… Au 4e étage, le restaurant pour enfants Planet Harrods propose des menus simples en self-service, devant un dessin animé. Pour le traditionnel *afternoon tea*, montez au 2e étage, au Café Harrods.

Harvey Nichols - Fifth Floor Café – Plan C3 - *109-125 Knightsbridge* - ⊖ *Knightsbridge - ✆ (020) 7823 1839 - www.harveynichols.com - lun.-sam. 8h-23h, dim. 11h30-18h.* Les aficionados des magasins de Knightsbridge apprécieront l'atmosphère claire et spacieuse de ce café-bar. L'établissement compte aussi un restaurant chic et un nouveau bar à champagne.

Fortnum and Mason's - Restaurants – Plan C2 - *181 Piccadilly* - ⊖ *Piccadilly Circus - www.fortnumandmason.co.uk.* Fondée en 1707, cette gigantesque épicerie fine de réputation internationale possède plusieurs restaurants. Les plus fréquentés sont le Foutain *(1er niveau - ✆ 0845 602 5694 - fermé dim. soir)*, abordable, et le St James's *(4e niveau - ✆ 0845 602 5694 - lun.-sam. et j. fériés 12h-18h30, dim. 12h-16h30)*, chic et cher, tous deux animés par un pianiste. On vient aussi pour s'adonner à l'*afternoon tea* (dans tous les restaurants).

ACHATS

Faire du lèche-vitrine fait partie du plaisir d'un séjour à Londres, nonobstant les fameux soldes *(de fin déc. à mi-janv.)* qui justifient parfois le voyage à eux seuls ! Dans les grands magasins d'Oxford Street à **Harrods** et **Harvey Nicholls**, vous trouverez votre bonheur.

Bon à savoir – Nombre d'idées de cadeaux également dans les **boutiques des musées** et de certaines églises, comme le British Museum, Southwark Cathedral…

Rues commerçantes

Autour de **Covent Garden** *(www.coventgardenlife.com)* se succèdent boutiques de cadeaux, de mode et parfumeries (dont la célèbre Penhaligon's, au n° 41 Wellington Street). Dans le marché, Peter Rabbit (au n° 42) ravira les plus jeunes.

À **St James's**, les magasins de mode masculine de Jermyn Street feront de vous un vrai gentleman. Les gourmets se rendront au n° 93 chez Paxton & Whitfield pour rapporter stilton ou cheddar.

À **Mayfair**, Burlington Arcade et Old Bond Street concentrent les grands noms de la mode… que vous trouverez aussi le long de Sloane Street dans le quartier de **Knightsbridge**.

À **Chelsea**, King's Road accueille les boutiques les plus originales. Dans la **City**, le Royal Exchange concentre nombre de griffes célèbres.

Marchés

Portobello Road – Plan A2 - *Portobello Road - ⊖ Notting Hill Gate - www.portobelloroad.co.uk (en français) - sam. 8h-17h.* Boutiques spécialisées, brocanteurs et vendeurs de rue proposent une grande variété d'objets.

Borough Market – Plan F3 - *Stoney Street- Borough High Street - ⊖ London Bridge - www.boroughmarket.org.uk - jeu. 11h-17h, vend. 12h-18h, sam. 8h-17h.* Le plus vieux marché alimentaire de Londres ouvre ses portes en fin de semaine pour le plus grand plaisir des papilles fines. Vous trouverez d'excellents vins, des produits bio haut de gamme… et ne résisterez pas à goûter sur place !

Lecture

Waterstone's Booksellers – Plan D2 - *203-206 Piccadilly - ⊖ Piccadilly Circus - ✆ 0843 290 8549 - www.waterstones.com - 9h-22h, dim. 11h30-18h.* Occupant 6 niveaux d'un superbe immeuble des années 1940, Waterstone's est peut-être la plus grande librairie d'Europe. On y trouve un comptoir très bien fourni en presse internationale.

Jouets

Hamley's – Plan C2 - *188-196 Regent Street - ⊖ Oxford Circus - ✆ 0871 704 1977 - www.hamleys.co.uk - lun.-vend. 10h-20h (été 21h), sam. 9h-20h, dim. 12h-18h.* Royaume des jouets, Hamley's s'étend sur 6 niveaux, des ours en peluche aux trains électriques.

Déco

The Conran Shop, Michelin House – Plan B3 - *81 Fulham Road - ⊖ South Kensington - ✆ (020) 7589 7401 - www.conranshop.co.uk - lun.-mar. et vend. 10h-18h, mer.-jeu. 10h-19h, sam. 10h-18h30, dim. 12h-18h.* Des anciens bureaux anglais de Michelin, Terence Conran a préservé les vitraux à l'effigie de Bibendum : la vitrine de son magasin de mobilier, d'accessoires pour le jardin et la maison, est aujourd'hui l'une des plus connues de Londres.

Thé

Twinings & Co – Plan E2 - *216 Strand - ⊖ Temple - ✆ (020) 7353 3511 - www.twinings.co.uk - lun.-vend. 9h-17h, sam. 10h-16h.* Ouverte en 1717, la plus ancienne boutique de la célèbre marque propose plusieurs centaines de thés. Petit musée à l'arrière.

EN SOIRÉE

Pubs

Dickens Inn – Plan G2 - *St Katharine's Dock - ⊖ Tower Hill - ✆ (020) 7488 2208 - www.dickensinn.co.uk - lun.-sam. 11h-23h, dim. 12h-22h30.* En 1976, le petit-fils de Charles Dickens ouvrit un pub dans un ancien entrepôt reconstitué. Aujourd'hui, ses deux niveaux fourmillent de bons vivants. Le restaurant, situé à l'étage, sert des pizzas gigantesques et de copieuses assiettes de pâtes.

The Bunch of Grapes – Plan B3 - *207 Brompton Road - ⊖ Knightsbridge - ✆ (020) 7589 4944 - lun.-sam. 11h-23h, dim. 12h-22h30.* À deux pas de Harrods, un pub à la décoration victorienne parfait pour se relaxer entre deux virées shopping. Sur le bar, la sculpture sur bois représentant la grappe de raisin qui donne son nom à l'établissement.

George Inn – Plan F3 - *77 Borough High Street - ⊖ London Bridge - ✆ (020) 7407 2056 - lun.-sam 11h-23h, dim. 12h-23h.* Poutres et galeries dans cette auberge historique où vous apprécierez la gamme de bières anglaises en songeant à Shakespeare… qui paraît-il fréquentait le lieu.

The Nag's Head – Plan C3 - *53 Kinnerton Street - ⊖ Knightsbridge - ✆ (020) 7235 1135 - lun.-sam. 11h-23h, dim. 12h-22h30.* Ne manquez pas ce pub « comme dans les vieux films » : petites salles chaleureuses, bric-à-brac pittoresque autour du comptoir à l'ancienne. Robuste cuisine de pub, au son d'une musique folk anglo-irlandaise… sans sonneries de portables, qui sont proscrits !

Ye Grapes – Plan C3 - *16 Shepherd Market - ⊖ Green Park, Hyde Park Corner - ✆ (020) 7493 4216 - www.ye-grapes.co.uk - lun.-sam. 11h-23h, dim. 12h-22h30.* Situé dans une ruelle de Shepherd Market, ce pub attire une foule bigarrée. Souvent bondé, il n'est pas rare que l'on se retrouve sur le trottoir sa pinte à la main.

Anglesea Arms – Plan B4 - *15 Selwood Terrace - ⊖ South Kensington - ✆ (020) 8749 1291 - www.anglesa-arms.com - lun.-sam. 11h-23h, dim. 12h-22h30.* Au milieu d'un quartier résidentiel, voilà l'endroit idéal pour prendre un verre en fin de promenade. Une bonne cuisine de pub est servie en salle ou sur la terrasse fleurie qui domine la rue *(17/46 £)*.

Spectacles

Théâtres, cinémas et salles de concert se trouvent près de Leicester Square, Piccadilly et Covent Garden. Vous y verrez de célèbres **comédies musicales** dont certaines tiennent l'affiche depuis plus de vingt ans. Même si vous n'êtes pas anglophone, assistez à un **drame de Shakespeare** au Globe Theatre, dans les conditions de l'époque *(voir p. 136)*. Parmi les grandes **salles de concert**, signalons le Barbican, le Royal Albert Hall et les salles du South Bank Arts Centre.

Bon à savoir – Pour connaître les programmes, consultez les journaux *The London Evening Standard (www.thisislondon.co.uk)* ou *Time Out Magazine*, en vente le mardi *(www.timeout.com/london)*.

Billetteries

Les billets s'achètent directement à la caisse ou en téléphonant au théâtre (paiement par carte de crédit) ou à une agence (certaines majorent le prix de 10 %).

Ticketmaster – *48 Leicester Sq. - 0844 277 4321 ou 0044 161 385 3211 depuis l'étranger - www.ticketmaster.co.uk.*

Half-Price Ticket Booth (Tkts) – Plan D2 - *Leicester Sq. - Leicester Square - 020 7557 6700 - www.officiallondontheatre.co.uk (en français) - lun.-sam. 10h-19h, dim. 10h-16h.* Géré par la Society of London Theatres (SOLT), ce kiosque délivre des **billets à demi-tarif**, valables pour le jour même : premiers arrivés, premiers servis ! Paiement en liquide ou par carte de crédit (avec supplément) ; billets non remboursables vendus au nombre de 4 maximum.

Bon à savoir – Service de réservation de billets sur www.visitlondon.com.

AGENDA

Bon à savoir – Consultez le **London Planner**, mensuel gratuit distribué dans les offices de tourisme et plusieurs endroits de la capitale, ou téléchargeable sur **www.visitlondon.com**.

Carnaval de Notting Hill – Fin août, un carnaval haut en couleur qui attire les foules.

The Proms – *(020) 7589 8212 - www.bbc.co.uk/proms.* De mi-juillet à fin septembre, festival de musique classique.

Windsor

★★

31 954 habitants (Eton compris)

NOS ADRESSES PAGE 165

S'INFORMER
Office de tourisme – *The Old Booking Hall - Royal Windsor Station - ✆ (01753) 743 900 - www.windsor.gov.uk - mai-sept. : lun.-vend. 9h30-17h30, sam. 9h30-17h, dim. 10h-16h ; oct.-mars : 10h-17h, dim. 11h-16h.*

SE REPÉRER
Carte de région B2 (p. 116) – *carte Michelin 504 S29 - Berkshire.* À 36 km/22,5 miles à l'ouest de Londres par les A 4 et M 4.

À NE PAS MANQUER
Le château de Windsor et les jardins Savill au printemps.

ORGANISER SON TEMPS
3h pour visiter le château et 2 jours pour les alentours.

AVEC LES ENFANTS
Legoland Windsor.

Windsor est spontanément associée à son château. La résidence des monarques anglais, depuis plus de neuf siècles, laisse rêveur, tout comme les magnifiques jardins et les belles promenades sur la Tamise. Bref, voilà un lieu idéal pour un séjour romantique !

Découvrir

★★★ WINDSOR CASTLE

✆ (020) 7766 7304 - www.royalresidences.com - ♿ - 9h45-17h15 (16h15 nov.-fév.), dernière entrée 1h15 av. fermeture - possibilité de visite guidée inclue dans l'entrée (30mn), dép. réguliers de l'accès principal - possibilité de visite guidée des cuisines (Great Kitchen) sur réserv. (+4,50 £) - fermé Vend. saint, 17 juin, 25-26 déc. - risque de fermeture imprévue - 16 £ avec audioguide en français (8,50 £ si les State Apartments sont fermés) - possibilité de prévente en ligne ou par tél. - relève de la garde avr.-juil. : lun.-sam. 11h ; reste de l'année : 1 j. sur 2 à 11h en fonction de la météo.

C'est le plus grand château de toute l'Angleterre. Agrandi et rebâti par les souverains successifs, il fut la résidence royale favorite par excellence depuis son origine, vers 1080, lorsque **Guillaume le Conquérant** fit ériger une motte féodale et une cour intérieure sur le site. Vers 1110, elle devint une résidence royale où **Henri Ier** eut sa première cour. Henri II fit construire les premiers bâtiments en pierre entre 1165 et 1179 et créa une rangée d'appartements dans la cour d'honneur et une autre dans la basse-cour. Devant la rébellion de ses fils, il modernisa les défenses et fit ériger les premiers remparts en pierre, qui remplacèrent les murs de terre, et la tour de bois céda la place à une tour en pierre. Durant le règne d'Henri III (1216-1272), ce travail fut pratiquement achevé. Édouard III (1327-1377) reconstruisit les appartements royaux pour son tout nouvel **ordre de la Jarretière**. Sous le règne de Charles II, les appartements d'apparat *(State Apartments)* furent réaménagés dans le cadre d'un ambitieux projet qui comprenait la reconstruction de la salle St-George et de la chapelle. L'architecte Hugh May décora alors les intérieurs et isola les pièces avec des boiseries de chêne décorées de sculptures réalisées par Grinling Gibbons (1648-1721). Toutefois, les principales modifications furent réalisées au début du 19e s. Georges IV chargea alors Jeffrey Wyattville, son architecte, de construire des murs à mâchicoulis et plusieurs tours, dont l'imposante Tour ronde, qui donne au château sa célèbre silhouette. Le monarque fit également remanier les appartements d'apparat, auxquels fut ajoutée la salle Waterloo. Cette partie du château a subi de lourds dommages lors d'un incendie en 1992. Sous le règne de Victoria, une chapelle privée fut érigée en mémoire du prince Albert, qui mourut au château le 14 décembre 1861. C'est le seul remaniement architectural de cette époque. La reine Marie, épouse de Georges V, fit restaurer le château à la fin du 19e s., qui devint ensuite la résidence des princesses Élisabeth et Margaret durant la Seconde Guerre mondiale. Depuis, il est resté la résidence principale de la famille royale, qui s'y installe au mois d'avril et pour la semaine d'Ascot en juin, qui coïncide avec les cérémonies annuelles de l'ordre de la Jarretière.

L'accès au château se fait par la **Henry VIII's Gateway** (1511), qui porte les armes du roi, la rose des Tudors et la grenade de Catherine d'Aragon. L'impressionnant donjon, dit **Round Tower** (Tour ronde – bien qu'elle soit en fait ovale), se dresse à l'emplacement même de la première forteresse de Guillaume Ier. Il accueille les archives royales *(ne se visite pas)*. À gauche, un passage conduit à la **terrasse nord**, réalisée vers 1570. Elle offre une **vue★★** sur le collège d'Eton et sur Londres. Entre le mur extérieur et la butte, **Norman Gateway** (B), avec ses tours jumelées et sa herse toujours en place, fut ouverte par Édouard III en 1359.

1

L'ORDRE DE LA JARRETIÈRE

Cet ordre de chevalerie est le plus élevé de la monarchie anglaise et le plus ancien au monde. Il fut fondé par Édouard III en 1348, pendant la guerre de Cent Ans contre la France, et aurait été inspiré par la légende du roi Arthur (5e s.) et des chevaliers de la Table ronde. L'ordre de la Jarretière récompense les valeureux militaires, mais honore aussi ceux dont les conceptions idéalistes et romantiques se réfèrent à la chevalerie chrétienne. D'après la légende, lors d'un bal commémorant la conquête de Calais en 1347, Joan de Kent, comtesse de Salisbury, aurait perdu une jarretière. Le roi l'aurait ramassée et la lui aurait rendue en disant en français, dont l'usage était alors de mise : « Honni soit qui mal y pense », phrase devenue la devise de l'Ordre. Les chevaliers de l'ordre arborent un ruban bleu, signe d'attachement à des valeurs telles que la loyauté et l'harmonie.

À la création de l'ordre, Édouard III désigna 25 compagnons chevaliers, dont l'héritier du trône, le Prince Noir, constituant ainsi sa propre équipe de tournoi. De nos jours, l'ordre compte toujours 25 chevaliers, dont le prince de Galles, et un représentant de chaque armée. Mais depuis les amendements apportés aux lois par Georges Ier, des chevaliers royaux peuvent être nommés par le souverain, et le rang de « chevalier étranger » peut être conféré à des monarques ou des régents d'autres nations (pas nécessairement chrétiens, puisque ces distinctions ont été accordées à deux sultans turcs, deux shahs d'Iran et quatre empereurs du Japon).

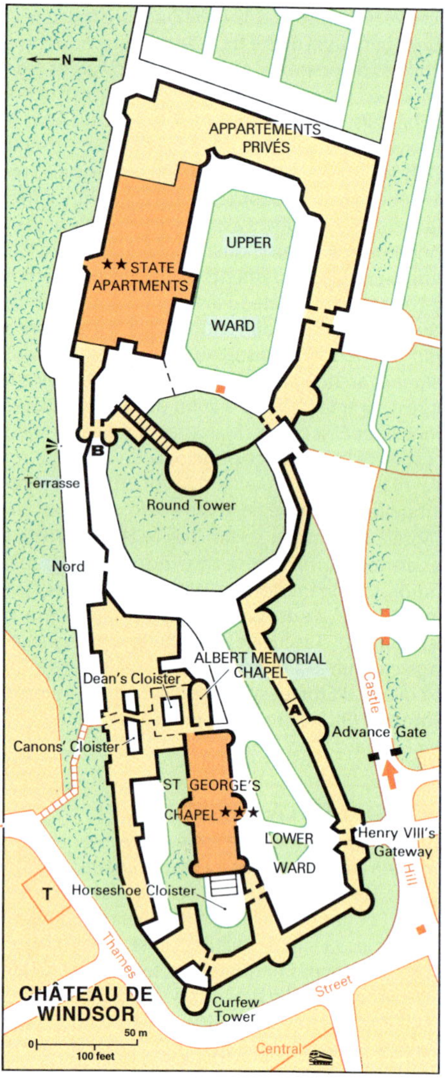

★★ State Apartments

Seule l'aile nord est ouverte au public, les parties est et sud formant les appartements privés de la reine. À partir de la terrasse nord, la visite commence par le **grand escalier**, construit pour la reine Victoria en 1866. Sous la statue grandeur nature de Georges IV, des armes et des armures sont exposées, dont celles d'Henri VIII. Cet escalier conduit au **grand vestibule** (trophées, armes et armures), dont l'harmonieuse voûte et sa lanterne, conçues par James Wyatt, contrastent avec la pesanteur de l'escalier. La statue de marbre de la reine Victoria assise date de 1871.

Public Rooms

Ces salles donnent un exemple du travail effectué pour Georges IV par Wyatville (le neveu de Wyatt) de 1820 à 1830. L'architecte eut recours au style gothique pour la décoration des lieux où se déroulent les cortèges, et à une forme éclectique du style classique pour les principaux salons de réception. La **salle Waterloo** renferme une série de portraits, peints par Thomas Lawrence, représentant des rois et dirigeants politiques ou militaires ayant contribué à la défaite finale de Napoléon. Cette pièce est maintenant utilisée pour le déjeuner annuel donné par la reine pour les chevaliers de l'ordre de la Jarretière, les bals, les réceptions et les concerts. Les panneaux en bois de tilleul, récupérés dans la chapelle du Roi, ont été réalisés par Grinling Gibbons vers 1680. C'est dans la **salle du Trône et de la Jarretière** et l'**antichambre du Trône**, où les chevaliers se réunissent, que la reine investit les nouveaux membres avant l'office annuel à la chapelle St-George. Ces deux pièces possèdent des lambris et des sculptures de Grinling Gibbons. Le **grand salon de réception** (très endommagé par l'incendie de 1992) a été décoré par Wyatville dans le style rococo français le plus exubérant : tapisseries des Gobelins, plâtres dorés, chandeliers énormes et bustes en bronze. C'est au même artiste que l'on doit la longue et sobre **salle St-George** *(restaurée après l'incendie de 1992)*, réalisée à partir de la salle destinée par Édouard III aux chevaliers de l'ordre de la Jarretière et de la chapelle baroque créée par Hugh May pour Charles II. Les 700 armoiries des anciens chevaliers de la Jarretière sont reproduites sur les caissons en plâtre du plafond, imitant le bois.

Le nouveau vestibule, **Lantern Lobby**, de forme octogonale, a été construit après l'incendie à l'emplacement de l'ancienne chapelle privée. L'édifice, dessiné par Giles Downes, comporte une magnifique voûte en étoile de style gothique, entourée d'une galerie. Le **salon pourpre**, la **salle à manger d'apparat** et la **salle à manger octogonale** sont ouverts au public *(oct.-mars)*.

The Queen's Rooms

La **salle des gardes** (19e s.), réorganisée par Georges IV en musée des hauts faits militaires britanniques, renferme les bustes de Winston Churchill et des ducs de Marlborough et de Wellington. Elle ouvre sur la salle d'attente aux murs lambrissés, qui est restée pour l'essentiel comme la **salle d'audience**, en l'état où Charles II l'a connue. Hugh May a décoré ces deux pièces de plafonds peints par Verrio et de superbes sculptures de Gibbons. Les tapisseries des Gobelins ne furent tendues sur les murs qu'à la fin du 18e s. La cheminée de marbre blanc de la salle d'attente, de style Adam, fut apportée du palais de Buckingham par Guillaume IV. Wyatt et son neveu ont choisi ensemble la soie bleue de la **salle de bal de la Reine**. L'aîné réaménagea la salle, tandis que Wyatville conçut les plafonds ainsi que ceux du **cabinet de la Reine**, pièce à dominante rouge qui présente certains des premiers verres à vitre en Angleterre. Huit portraits de Van Dyck ornent la salle de bal, le cabinet possédant, pour sa part, divers tableaux dont certains de Holbein.

The King's Rooms

Autrefois, la reine Victoria donnait des spectacles de théâtre dans le **salon du roi**, qui renferme cinq toiles de Rubens et de ses disciples, un très beau mobilier et de la porcelaine de Chine. La **chambre du Roi** a subi de nombreux remaniements au cours des siècles. Remarquez le magnifique lit à la polonaise, attribué à l'ébéniste français Georges Jacob. Il fut donné à l'occasion de la visite de l'empereur Napoléon III et de sa femme Eugénie, à Windsor en 1855. Leurs initiales sont gravées au pied du lit. De nombreux **chefs-d'œuvre★★**, entre autres de Dürer, Memling, Clouet, Holbein, Rembrandt, Rubens et Van Dyck, ornent les murs tendus de damas rouge du cabinet de toilette du roi. Le **petit cabinet de travail du Roi** renferme également un très beau mobilier, surtout français. Cette pièce se distingue par l'emploi de bois exotiques sertis de panneaux laqués japonais sur piétement en bronze. La salle à manger a conservé le style de l'époque Charles II (1660-1685) : plafond du peintre italien Antonio Verrio, représentant un banquet des dieux, lambris décorés avec des sculptures de Grinling Gibbons et d'Henry Philips.

Queen Mary's Dolls'House

Réalisée par sir Edwin Lutyens, cette fascinante maison de poupée fut présentée à la reine Marie en 1924. Tout y est scrupuleusement reproduit à l'échelle 1/12 : non seulement les meubles, mais aussi les livres imprimés et reliés en cuir de la bibliothèque, les tableaux, le jardin dessiné par Gertrude Jekyll et même les voitures d'époque dans le garage.

★★★ St George's Chapel

Cette chapelle de style Perpendicular fut élevée par Édouard IV pour remplacer la chapelle de Henri III, qui se tenait à l'est et qu'Édouard III avait agrandie et dédiée au très noble ordre de la Jarretière *(voir l'encadré p. 157)*. Il fallut plus d'un demi-siècle pour la construire ; elle ne fut donc achevée qu'après les chapelles royales d'Eton et du King's College de Cambridge. Les « **Nobles Animaux** » *(Royal Beasts)*, reconstitutions modernes qui dominent les arcs-boutants de l'extrémité ouest, symbolisent la descendance d'Édouard III : les Lancastre flanc sud et les York flanc nord. Dix souverains reposent dans la chapelle où, chaque année, lors de la cérémonie de l'ordre de la Jarretière, la reine et les chevaliers de l'ordre défilent, à partir de la cour d'honneur.

Nave (Nef) – La nef surprend par sa largeur, mais l'envolée des piliers aux fines colonnes conduit irrésistiblement le regard à la **voûte de liernes** richement sculptée, presque plate, rehaussée de clés de voûte colorées, qui fut achevée en 1528. La boiserie située entre les grandes arcades et les fenêtres hautes à claire-voie est coiffée d'anges souriants et couronnés. Les bas-côtés sont remarquables par leurs **voûtes en éventail**. L'impressionnante **verrière ouest**, de style Perpendicular, représente 75 personnages ; la plupart des vitraux datent du début du 16e s., les autres du 19e s.

Quire (Chœur) – Au-delà de la croisée et de sa très belle voûte en éventail, le chœur est surmonté de deux **oriels**. Le premier, en pierre, provient de la chapelle d'Édouard IV ; il est accessible par un petit escalier aménagé dans le mur. Le second, en bois et de style Renaissance, est une galerie prévue par Henri VIII pour Catherine d'Aragon ; la **grille en fer forgé** visible en dessous fut réalisée en 1482 par John Tresilian. Les **stalles★★★**, décorées de multiples miséricordes et sculptures, furent exécutées entre 1478 et 1485. Les sièges supérieurs, surmontés d'un dais richement orné, sont réservés aux **chevaliers de l'ordre de la Jarretière**. Les bannières, cimiers, heaumes, lambrequins et épées marquent la place des membres actuels. Les stalles portent des plaques émaillées au nom des chevaliers qui ont appartenu à l'ordre depuis sa fondation en 1348 (plus de 700 plaques). Le niveau médian est destiné aux chevaliers militaires, aux chanoines qui ne sont pas membres du chapitre, et aux choristes. Les sièges du niveau inférieur sont réservés aux enfants de chœur. Le retable fut reconstruit en 1863 en hommage au prince Albert, tout comme l'ancienne **chapelle de la Vierge**, rénovée et décorée avec de somptueux marbres et peintures murales, le tout enluminé d'or. À voir aussi, dans le bas-côté sud du chœur, l'**épée de combat** (2 m de long) qui appartenait à Édouard III. Le magnifique **vitrail du chevet** (9 m de haut sur 8,8 m de large) commémore le prince Albert (les épisodes de sa vie sont représentés sur la partie basse, sous une *Résurrection* et une *Adoration des Mages*).

Albert Memorial Chapel

La chapelle d'origine, embellie par George Gilbert Scott après la mort du prince consort Albert, apparaît comme l'expression la plus parfaite du style Revival avec ses mosaïques vénitiennes, ses panneaux de marbre et sa statuaire. Les restes du prince furent ensuite transférés à **Frogmore** *(voir ci-contre)*.

★ WINDSOR PARK

Le parc fut créé au milieu du 18e s., lorsque le roi Georges II chargea son fils Guillaume, duc de Cumberland, d'aménager la vaste forêt de Windsor : 1 942 ha de sous-bois furent nettoyés. Pour assécher les marais, des ruisseaux furent détournés vers des étangs nouvellement creusés, se déversant finalement

Le château de Windsor.
Alamer/Iconotec/Photononstop

dans les 53 ha du lac artificiel, le **Virginia Water**. De nos jours, le parc est divisé entre le **Home Park**, privé, et le **Great Park** dont la majeure partie est accessible au public *(entrée interdite aux véhicules)*. Un des attraits de ce lieu est la longue allée de 5 km qui conduit, au sud du château, jusqu'à la statue équestre de Georges III, dite **Le Cheval de Cuivre**. Charles II avait fait planter des ormes le long de l'avenue en 1685 mais, victimes d'une maladie, ils furent remplacés en 1945 par des marronniers et des platanes. Deux anciennes résidences royales se nichent dans le parc. **Royal Lodge**, qui fut le lieu de retraite de Georges IV, est actuellement celui de la reine Élisabeth. La reine mère s'y est éteinte le 30 mars 2002, à l'âge de 101 ans. À **Cumberland Lodge** résidait Guillaume, duc de Cumberland, lorsqu'il redessinait le parc. Smith's Lawn est une pelouse réservée aux matchs de polo.

Le **mausolée royal**, Frogmore Garden, fut élevé dans le petit parc en 1862, l'année de la mort du prince Albert, pour que la reine Victoria et le prince y reposent côte à côte. L'extérieur est de style roman, surmonté d'un dôme, tandis que l'intérieur, moins austère, traduit la passion du prince consort pour la Renaissance italienne. **Frogmore House** (1684) est une demeure pourvue d'un mobilier constitué en grande partie de biens accumulés par la reine Marie (meubles en papier mâché noir, fleurs en soie et en cire).

Les **jardins de la Vallée** ont été créés en 1947 sur la rive nord du lac Virginia Water. Ce parc boisé abrite une incomparable collection de rhododendrons, azalées, camélias, magnolias et autres arbustes printaniers. Il renferme également des jonquilles sauvages, un jardin de bruyère et de nombreux arbres, qui se parent en automne et au printemps d'étonnantes couleurs.

The Savill Garden – *℘ (01784) 435 544 - www.theroyallandscape.co.uk - ♿ - 10h-18h (nov.-fév. 16h30) - fermé 25-26 déc. - 8 £ (nov.-fév. : 6 £) - restaurant, aire de pique-nique.* Dans cet espace boisé, des jardins à l'anglaise furent plantés en 1932 et agrémentés d'une jolie serre en 1995. Au printemps, rhododendrons, azalées, camélias et magnolias offrent un spectacle magnifique, et en été, de nombreuses variétés de lys et de roses resplendissent de couleurs.

Se promener

La rue principale de Windsor, **Thames Street**, se poursuit au-delà de la route descendant du château en devenant High Street et Sheet Street. Le réseau de vieilles **rues pavées**, délimité par High Street, Castle Hill, Church Lane, Church Street et Albans Street, recèle plusieurs jolies maisons à colombage des 16e et 18e s. Remarquez dans la petite High Street l'**église** paroissiale St-John, reconstruite en 1822, et le **palais des Corporations**, commencé par Thomas Fitch vers 1637 et achevé par Christopher Wren en 1690. À l'étage, soutenues par des colonnes, des niches abritent les statues de la reine Anne et de son époux, le prince Georges de Danemark.

À proximité Carte de région

★★ Eton College B2

Meilleur accès à pied, 20mn à partir du château : traverser Windsor Bridge, tout droit sur Eton High Street - ✆ (01753) 671 177 - www.etoncollege.com - School Yard, chapelle, cloître, Museum of Eton Life : 25 mars-20 avr. et juil.-août : 10h30-16h30 ; 21 avr.-fin juin et sept.-oct : merc., vend.-dim.13h30-16h30 - chapelle fermée 13h-14h, dim. 12h30-14h - possibilité de visite guidée (1h) 14h et 15h15 - 6,20 £.

Le collège d'Eton fut fondé en 1440 par le jeune Henri VI. Il comprenait alors une église, un hospice pour les pauvres et une communauté de prêtres séculiers dispensant un enseignement gratuit à 70 choristes et boursiers. L'année suivante, Henri VI fonda le collège royal de Cambridge, où les élèves pouvaient poursuivre leurs études. Le système s'inspirait de celui mis en place par Guillaume de Wykeham à Winchester 50 ans auparavant. L'école s'ouvrit ensuite aux élèves non boursiers et devint très populaire parmi la noblesse, qui y envoya ses fils.

La cour de l'école, centre de la vie du collège, est dominée à l'est par la **tour de l'Horloge** (16e s.), en brique rouge. Au nord se trouve l'**école basse**, bâtiment de brique du 15e s. construit à l'initiative d'Henri VI pour accueillir les boursiers. L'**école haute**, sur le côté ouest, fut ajoutée au 17e s. en raison du nombre croissant d'élèves. Au centre de la cour se dresse une statue de bronze de 1719 représentant le fondateur.

La **chapelle du collège★★**, érigée entre 1449 et 1482, est l'un des plus beaux exemples de style Perpendicular en Angleterre, même si la voûte en éventail fut totalement refaite en 1957. Les **fresques★** qui évoquent les miracles de la Vierge (côté nord) et les aventures d'une impératrice mythique (côté sud) furent réalisées entre 1479 et 1488. Révélées en 1923, restaurées de 1961 à 1975, elles sont aujourd'hui considérées comme les plus belles fresques anglaises du 15e s. Les vitraux sont l'œuvre d'Elvie Holme *(baie est)* et John Piper. On peut aussi apprécier le retable et sa prédelle, ouvrage de tapisserie réalisé par William Morris d'après des cartons de Burne-Jones.

Le **cloître** de brique date principalement de l'époque d'Henri VI. Son deuxième étage des côtés nord et est, ainsi que la bibliothèque du collège, au sud, sont du 18e s. Au-dessous de la bibliothèque se trouve le réfectoire (15e s.). La crypte abrite un musée, le **Museum of Eton Life**.

★ Legoland Windsor B2

À 3 km/2 miles au sud-ouest de Windsor par les M 4 et B 3022 ; navette au départ de Windsor (Legoland Shuttle – Parish Church - billets en vente à l'office

de tourisme) - ✆ (01753) 626 182 - www.legoland.co.uk - ♿ - tlj de fin mars à fin oct. sf certains mar. et merc. en avr., mai, sept. et oct. - se rens. pour les horaires - 38 £ (enf. 28 £).
Des millions de briques de Lego ont été employées pour réaliser les imposants modèles réduits disséminés dans ce parc de 60 ha dominant le château de Windsor. Maquettes en mouvement et villes européennes en miniature illustrent l'habileté des constructeurs professionnels de Lego. Les enfants visiteront le Centre de l'imagination, où de multiples attractions sont prévues pour petits et grands.

Circuit conseillé Carte de région

★★ THAMES VALLEY (Vallée de la Tamise) AB2

Circuit de 114 km/70,5 miles au départ de Windsor tracé en vert sur la carte p. 116 – Compter une journée.
« Douce Tamise, coule doucement jusqu'à ce que mon chant se termine » *(« Sweet Thames ! run softly, till I end my song »)* – ce refrain tiré du *Prothalame* (*Prothalamion*, 1596) d'**Edmund Spenser**, maintes fois cité, reflète toujours la nature paisible du fleuve le plus célèbre d'Angleterre, qui serpente lentement entre les Cotswolds *(voir p. 310)*, où il prend sa source, et Kew. Il traverse les paysages typiques de la campagne anglaise et offre des spectacles variés : douces collines, régions boisées, prairies, manoirs, petites villes et villages coquets. **Reading** est le seul centre industriel de la région. 1
Bon à savoir – Sur de longs tronçons, bien qu'il y ait souvent un chemin de halage, aucune route ne longe le fleuve : la marche à pied ou l'emploi d'une embarcation sont alors les seuls moyens d'apprécier la beauté du cours d'eau. L'été, nombre de villes et villages riverains proposent des promenades sur l'eau ou des locations de bateaux.
Quitter Windsor par la A 308 vers le nord-ouest direction Maidenhead, puis Bad Godesberg Way (A 4) et tourner à gauche sur la A 4094.

Cookham B2

Ce charmant village a été immortalisé par Stanley Spencer (1891-1959). Cookham figure dans nombre de ses tableaux, et notamment dans *Le Christ prêchant à la régate de Cookham* et *La Trahison*. L'ancienne église, qu'il fréquentait enfant, est devenue un musée : la **Galerie Stanley Spencer**. *King's Hall, High Street - ✆ (020) 7596 6457 - www.stanleyspencer.org - du Vend. saint à fin oct. : 9h-17h ; reste de l'année : mar.-sam. 10h-17h, dim. 13h-17h - 9 £.*
Prendre la A 4094 en direction de Wooburn, puis la A 4155 via Marlow.

Henley-on-Thames B2

King's Arms Barn - King Road - ✆ (01491) 578 034 - www.visitsouthoxfordshire.co.uk.
La première semaine de juillet, des rameurs venus du monde entier affluent vers cette charmante ville pour participer aux **régates**, les plus importantes d'Angleterre qui soient réservées aux amateurs.
L'élégant **pont** à cinq arches, dessiné en 1786, est orné de sculptures représentant la tête du Père Tamise (Father Thames) et celle de la déesse Isis. Il est dominé par la tour (1550) de l'**église St Mary**, construite au 13e s. et agrandie vers 1400. Remarquez, à l'intérieur de l'église, le monument funéraire de lady Periam (début du 17e s.) et, à l'extérieur, l'hospice et la maison des chantres *(✆ (01491) 577 340 - ♿ - lun.-sam. 9h-17h).*

La ville possède nombre d'auberges à colombage et de maisons georgiennes ou d'époque plus ancienne.

River and Rowing Museum – *Mill Meadows - ✆ (01491) 415 600 - www.rrm.co.uk - ♿ - mai-août : 10h30-17h30 ; sept.-avr. : 10h30-17h - fermé 1er janv., 24-25 et 31 déc. - 7,50 £ - café.* Ce musée occupe un très joli bâtiment en partie revêtu de bardeaux. Trois thèmes y sont présentés : l'évolution du canotage, des trirèmes grecques jusqu'aux embarcations de compétition les plus récentes ; la faune et la flore de la Tamise, elle-même voie de communication et source de loisirs ; et enfin, l'histoire de Henley-on-Thames et les régates royales de Henley, célèbres dans le monde entier. Des présentations audiovisuelles et interactives agrémentent la visite. Les objets découverts au cours de fouilles archéologiques sont également exposés : pirogue, yole de la Tamise (1909) et chaloupe à vapeur (1876) utilisée par les arbitres des régates.

★ Mapledurham B2

À 9 km/5,5 miles de Mapledurham - ✆ (0118) 972 3350 - www.mapledurham.co.uk - ♿ - de Pâques à fin sept. : w.-end et j. fériés 14h-17h30 - maison 4,50 £ ; moulin 3,50 £ ; billet combiné 7 £ - salon de thé.

Un **manoir élisabéthain** jouxtant une église du 14e s. et un moulin à eau datant du 15e s., en parfait état de marche, donnent une image presque idyllique des bords de l'eau. Une passe à saumons a été aménagée dans le barrage en 1991. Le manoir fut achevé vers 1612 par sir Richard Blount. Malgré de multiples modifications au cours des siècles, ce bâtiment reste particulièrement intéressant pour son grand escalier de chêne, ses belles moulures Jacques Ier, ses nombreux portraits et sa chapelle, œuvre audacieuse de style néogothique (fin du 18e s.).

Retourner jusqu'à l'embranchement, tourner à gauche sur la B 4526, prendre la B 471 jusqu'à Whitchurch et traverser le fleuve par un pont à péage.

Pangbourne B2

Le village, où **Kenneth Grahame** vécut de 1922 à 1932 et écrivit son conte pour enfants *Le Vent dans les saules,* se trouve au confluent de la Pang et de la Tamise.

À 4 km/2,5 miles au nord, emprunter la A 329.

★ Basildon Park AB2

NT - ✆ (0118) 984 3040 - www.nationaltrust.org.uk/basildonpark - ♿ - villa : de déb. mars à fin oct. : merc.-dim. et j. fériés 12h-17h (parc et jardins 11h-17h) - 8,80 £ (parc et jardins seulement 5 £) - restaurant.

La splendide **villa palladienne** en pierre tendre de Bath, dominant une zone particulièrement verdoyante de la vallée de la Tamise, fut bâtie par John Carr en 1776. Elle échappa de justesse à la démolition en 1952 grâce à lord et lady Iliffe, qui la restaurèrent et en firent don en 1978 au National Trust.

La façade occidentale est dominée par un immense portique soutenu par quatre colonnes ioniques. Cette demeure, magnifiquement restaurée, regorge de ravissantes moulures sur les murs et les plafonds,

notamment dans la salle à manger bleu et or, le salon vert et le hall décoré dans des tons de rose, lilas, vert et gris. La salle octogonale, qui donne sur la Tamise, fut décorée vers 1840. Outre la belle collection de peintures du 18e s., remarquez le portrait de lord Iliffe par Graham Sutherland, dans la bibliothèque.
À 4 km/2,5 miles au nord, continuer sur la A 329.

Streatley A2 et Goring B2

Ces villages, ainsi que le barrage et l'écluse de Goring, sont situés dans la section réputée la plus belle de la Tamise et peuvent être le point de départ de très agréables promenades au bord de l'eau.
Pour la partie de la vallée située au nord de Goring, voir Oxford.

NOS ADRESSES À WINDSOR

VISITES

À pied – *(01628) 828 279 - www.rendezvousguides.co.uk - 11h30 au dép. de Royal Station (office de tourisme) - 3/6 £.* Des guides Blue Badge proposent une visite guidée de la ville (1h15).
En autobus – City Sightseeing's - *dép. devant l'entrée du château - (01753) 294 466 - www.city-sightseeing.com - de mi-mars à déb. nov. : ttes les 20mn ; de mi-nov. à fin déc. et de déb. janv. à déb. mars : w.-end seulement, ttes les 30 à 60mn - 8 £.* Visite de la ville (45mn) en autobus à plate-forme. Billets en vente à la Royal Station.
En calèche – Orchard Poyle Carriage Rides - *dép. face à la statue de la reine Victoria - 07836 766 027 - www.orchardpoyle.co.uk - à partir de 12h - 30mn : 20 £ ; 1h : 40 £.* Promenade en calèche autour de Windsor.
En bateau – French Brothers - *Barry Avenue (non loin de Windsor et Eton Bridge) - (01753) 851 900 - www.boat-trips.co.uk - de mi-fév. à fin oct. : 10h-17h ; nov. : w.-end 10h-16h - 40mn - 5,20 £.* Remontée de la Tamise depuis Windsor Bridge jusqu'à Boveney Lock et Weir. Départs également de Maidenhead *(Ray Mead Road, A 4094)* et de Runnymede *(Windsor Road, A 308)*. Un bateau-bus permet aussi de se rendre au champ de courses durant les réunions et les manifestations.

HÉBERGEMENT

Bon à savoir – En dehors de High Street, vous pourrez dénicher des hôtels plus modestes et moins chers.

BUDGET MOYEN

Clarence Hôtel – *9 Clarence Road - (01753) 864 436 - www.clarence-hotel.co.uk - fermé 24-28 déc. - P - 20 ch. : 60/84 £.* Dans un quartier résidentiel, à 10mn à pied du centre, ce charmant hôtel offre un excellent rapport qualité/prix.

POUR SE FAIRE PLAISIR

Royal Adélaïde Hôtel – *46 Kings Road - (01753) 863 916 - www.theroyaladelaide.com - P - 42 ch. : 89/199 £.* À 15mn du château, cet hôtel a de ravissantes chambres décorées dans un style contemporain. Accueil chaleureux.

RESTAURATION

Bon à savoir – Vous aurez l'embarras du choix à la Victorian Royal Station, sur Peascod Street et sur High Street.

1

PREMIER PRIX

The Crooked House of Windsor – *51 High Street - ✆ (01753) 857 534 - www.crooked-house.com - 9h30-17h30 - 15 £.* La « maison tordue » possédait un passage secret vers le château que Charles II et sa maîtresse Nell Gwynne utilisaient pour leurs rencontres. L'intérieur ressemble à une maison de poupée. Large choix de sandwichs, salades, et quelques plats.

BUDGET MOYEN

Brown's – *The Promenade, Barry Avenue - ✆ (01753) 831 976 - www.browns-restaurants.co.uk - 25 £.* Ce bar-restaurant satisfera votre appétit avec ses spécialités de poissons. À déguster quand le soleil brille sur une terrasse donnant sur la Tamise.

ACHATS

Bon à savoir – Sur **Lower Peascod Street** et **St Leonard's Road**, vous trouverez des épiceries fines et des boutiques de produits artisanaux. Sur **High Street** et **Thames Street**, ce sont les bijoutiers et les magasins de souvenirs qui priment. Pour les antiquités, faites un tour sur **Eton High Street**.

EN SOIRÉE

Theatre Royal – *✆ (01753) 853 888 - www.theatreroyalwindsor.co.uk.* Cette salle présente des pièces de théâtre et des opéras.

ACTIVITÉS

Randonnée – *Rens. à l'office de tourisme.* Le sentier de grande randonnée **Thames Path** (288 km) suit la Tamise depuis sa source dans le Gloucestershire jusqu'à Thames Barrier à Woodwich.

AGENDA

Royal Windsor Racecourse – *✆ (01753) 498 400 - www.windsor-racecourse.co.uk.* De mars à octobre : courses et manifestations.

Henley Royal Regatta – *✆ (01491) 572 153 - www.hrr.co.uk.* Régate début juillet à Henley-on-Thames.

Oxford

★★★

146 692 habitants

NOS ADRESSES PAGE 180

S'INFORMER

Office de tourisme – *15-16 Broad Street - ✆ (01865) 252 200 - www.visitoxford.org - lun.-sam. 9h30-17h (août : 9h-18h) ; dim. et j. fériés : 10h-16h.* Plusieurs visites thématiques de la ville sont organisées *(disponibles en français - 7/11 £)*. Vous trouverez aussi ici l'**Oxford Visitor Card** *(4 £)*, offrant des réductions dans certains musées, restaurants et cafés.

Visites audioguidées – Trois visites historiques audio peuvent être téléchargées sur Internet *(www.visitbritain.com - téléchargement : 6 £)*. MP3 en location à l'office de tourisme *(6 £)*.

SE REPÉRER

Carte de région A1 (p. 116) – *carte Michelin 504 Q28 - Oxfordshire.* Au confluent de la Tamise et de la Cherwell, la ville se situe à 95 km/59 miles au nord-est de Londres par la M 40.

À NE PAS MANQUER

Bodleian Library et les collèges.

ORGANISER SON TEMPS

Restez au moins 2 jours : la ville invite à de longues flâneries. Les collèges sont pour la plupart ouverts uniquement l'après-midi et certains sont fermés au mois de juin durant la période des examens.

AVEC LES ENFANTS

Museum of the History of Science ; University Museum of Natural History ; Roald Dahl's Gallery à Aylesbury.

Au bord de la Tamise, Oxford est l'une des cités du savoir les plus connues dans le monde. Elle symbolise avec sa rivale de toujours, Cambridge, l'excellence de l'éducation anglaise. Arpenter les rues, les cours et les jardins de la ville mène le promeneur dans des lieux peuplés la majeure partie de l'année par des élèves en toge noire. Au-delà de cette icône, anachronique, la ville et ses alentours offrent un cadre idyllique pour passer quelques jours.

Se promener

LES COLLÈGES DU CENTRE-VILLE Plan de ville

Circuit tracé en vert sur le plan p. 168 – Compter une journée.

All Souls College A2

Entrée sur High Street - ✆ (01865) 279 379 - www.all-souls.ox.ac.uk - lun.-vend. 14h-16h - fermé j. fériés et vac. scol.

1

Il fut fondé en 1438 en mémoire des morts de la guerre de Cent Ans. La cour d'entrée date du milieu du 15e s. ; plus vaste, la cour nord, avec ses tours jumelles, réalisée par Nicholas Hawksmoor, est du 18e s. Entre les deux se dresse la **chapelle★** (1442) de style Perpendicular, où l'on peut admirer de magnifiques retables médiévaux et des vitraux du 15e s.

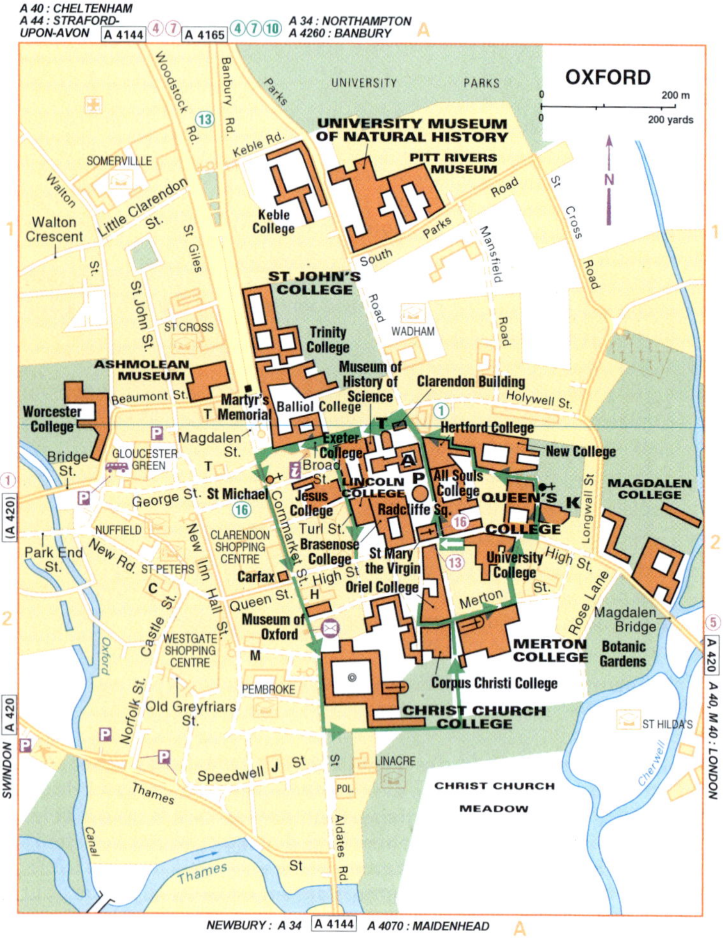

SE LOGER

- Bath Place Hotel ..... (1)
- Burlington House ..... (4)
- Cotswold House ..... (7)
- Cotswold Lodge ..... (10)
- Old Parsonage ..... (13)
- St. Michael's Guest House ..... (16)

SE RESTAURER

- Bangkok House ..... (1)
- Cherwell Boathouse ..... (4)
- Fishers ..... (5)
- Gees ..... (7)
- Quod ..... (13)
- Vaults & Garden ..... (16)

- **Bodleian Library ..... A**
- **Radcliffe Camera ..... P**
- **Sheldonian Theatre ..... T**
- **St Edmund Hall ..... K**

St Mary the Virgin A2

Entrée sur High Street - ✆ (01865) 279 111 - www.university-church.ox.ac.uk - 9h-17h (juil.-août : 18h) - tour : mêmes horaires sf dim. 11h45-17h (dernière entrée 30mn av. fermeture) - fermé 25-26 déc.- tour : 3 £.

De style gothique Perpendicular (fin du 15e s.), l'église de la Vierge-Marie est dotée d'une tour de style gothique Decorated du 13e s. (offrant une vue sur les dômes de la ville, les flèches, les cours quadrangulaires et les collines avoisinantes), et d'un insolite et charmant porche baroque de Nicholas Stone (1637). Église de l'université, St Mary est contiguë aux premières salles utilisées par l'université *(Congregation House)*, du début du 14e s., où se réunissait le corps administratif, et à la première bibliothèque, située juste au-dessus.

Prendre Catte Street.

Square Radcliffe A2

C'est le cœur de l'université, au centre duquel se dresse la rotonde baroque conçue par James Gibbs, **Radcliffe Camera★**. Cette place est entourée au sud par l'église St Mary, à l'ouest par Brasenose College, à l'est par All Souls College, et au nord par les bâtiments « fédéraux » situés autour de la bibliothèque Bodléienne et de l'amphithéâtre Sheldon.

Brasenose College A2

Radcliff Square - ✆ (01865) 277 830 - www.bnc.ox.ac.uk - 14h-16h30 - fermé 25-26 déc. - 1,50 £.

Dans ce lieu fondé en 1509, la porte d'entrée et le hall sont d'époque, mais la bibliothèque et la chapelle datent du milieu du 17e s. ; quant à la vieille cuisine, c'est une relique du 14e s. provenant de Brasenose Hall (le nom fait allusion au heurtoir de la porte en forme de museau).

★★ Bodleian Library A2 A

✆ (01865) 277 224 - www.bodley.ox.ac.uk - lun.-vend. 9h-17h, sam. 9h-16h30, dim. 11h-17h - possibilité de visite guidée 30 mn (4,50 £) ou 1h (6,50 £), dép. réguliers - Divinity School : 1 £ - audioguides en français : 2,50 £.

Cette bibliothèque, fondée au 14e s. et reconstruite au 17e s., est l'une des mieux dotées du monde. Elle contient près de 5 millions de livres, manuscrits et cartes. L'entrée conduit à **Old Schools Quadrangle**, cour bâtie en 1439 dans le style Jacques Ier, typique d'Oxford. À droite se dresse la **tour des Cinq Ordres**, richement décorée par les cinq ordres architecturaux classiques. En face se trouve l'école de théologie, **Divinity School**, célèbre pour les clés de sa **voûte à liernes★**. Au-dessus, la bibliothèque du Duc Humphrey (construite en 1610-1612) possède un **plafond★★** finement décoré.

Tourner à gauche sur Broad Street.

★ Sheldonian Theatre A1-2 T

✆ (01865) 277 299 - www.sheldon.ox.ac.uk - ♿ - tlj sf dim. 10h-12h30, 14h-16h30 (nov.-fév. : 15h30) - fermé Pâques et 25 déc. - 2,50 £.

Premier bâtiment classique construit à Oxford (1664-1669) et première réalisation architecturale de **Wren**, l'**amphithéâtre Sheldon** était le cadre des cérémonies officielles de l'université. La charpente du toit est un véritable chef-d'œuvre, même si le reste du bâtiment témoigne d'une certaine maladresse architecturale.

À proximité, **Clarendon Building**, de style palladien, fut bâti par Hawksmoor en 1713 pour accueillir la presse universitaire. Cet édifice fait aujourd'hui partie de la bibliothèque Bodléienne.

Tourner à droite sur Turl Street.

L'UNIVERSITÉ

La ville s'est développée à l'époque saxonne (8e s.) autour du couvent St-Frideswide, devenu depuis la cathédrale Christ Church. La première université fut édifiée vers 1200. Durant les siècles suivants, de riches évêques créèrent les premiers collèges. Les principales matières enseignées étaient la théologie, le droit, la philosophie et la rhétorique. À l'époque médiévale, certains cursus pouvaient durer jusqu'à seize ans. Une tension entre « les gens de la ville » et les étudiants (dite *Town and gown*) se fit peu à peu sentir. Elle devint particulièrement forte pendant la guerre civile. Charles Ier transforma Oxford en bastion et se réfugia à Christ Church, Henriette-Marie, à Merton College. Les citadins soutenaient pour leur part les parlementaires.

Indira Gandhi, Margaret Thatcher ou Benazir Buttho furent formées à Oxford. Mais les femmes eurent accès à l'université tardivement.

1878 : création du tout premier collège féminin, appelé Lady Margaret Hall. Il est présidé alors par Elizabeth Wordsworth, grand-nièce du poète, et reçoit neuf élèves dans une maison privée.

1920 : les femmes obtiennent le droit d'acquérir des mentions.

1974 : Jesus College est le premier collège d'hommes à admettre les femmes.

Exeter College A2

✆ (01865) 279 600 - www.exeter.ox.ac.uk - ♿ - 14h-17h (susceptible de modifications) - fermé 1er janv., Pâques et 25-26 déc.

Fondé en 1314, ce collège associe la richesse du style Jacques Ier et la sobriété du style victorien. La partie la plus ancienne est la **tour de Palmer** (1432). La chapelle de Gilbert Scott (1857), bâtie sur le modèle de la Sainte-Chapelle de Paris, possède une tapisserie de Morris et Burne-Jones, qui furent tous deux étudiants de cette institution.

Jesus College A2

Turl Street - ✆ (01865) 279 700 - www.jesus.ox.ac.uk - 14h-16h30 - fermé 1 sem. à Pâques et 25 déc.

La façade de ce bâtiment fondé en 1571 est de style Perpendicular très tardif. La cour d'entrée, le hall, la chapelle et la cour intérieure sont pour leur part de style classique (17e-18e s.).

★ Lincoln College A2

Turl Street - ✆ (01865) 279 800 - www.linc.ox.ac.uk - 14h-17h, dim. 11h-17h - fermé 1er janv. et 25-26 déc.

Il fut fondé en 1427, date à laquelle une charte lui fut accordée. La chapelle , datant de 1610-1631, se situe dans la cour arrière et est ornée de vitraux flamands du 17e s. Entre les deux cours se trouvent les deux pièces lambrissées de chêne de **John Wesley**, fondateur du méthodisme, qui enseigna ici pendant vingt-cinq ans. Le réfectoire a conservé sa charpente de bois du 15e s.

Revenir sur Broad Street et traverser.

Trinity College A1

✆ (01865) 279 900 - www.trinity.ox.ac.uk - 10h-12h, 14h-16h (sam. 12h-16h) - fermé 25 déc. - 1,50 £.

Fondé en 1555, Trinity College succéda à Durham College, qui disparut lors de la Dissolution. Située en retrait de Broad Street, derrière des jardins, la

chapelle★ est ornée de l'« adorable chérubin » et des sculptures sur bois de Grinling Gibbons. Dans la cour de Durham, on peut voir la bibliothèque (17ᵉ s.), et dans la cour du Jardin, face aux **jardins de Trinity★**, une rangée de bâtiments construits par Wren.

Balliol College A1

(01865) 277 777 - www.balliol.ox.ac.uk - 14h-17h - fermé 1er janv., Pâques (env. 10 j), 2 dernières sem. d'août, 1er w.-end de sept., 25 déc. - 1,50 £.

Fondé en 1282, ce bâtiment est entièrement de style victorien, à l'exception du pourtour de la cour d'entrée, qui date du 15ᵉ s.

Remonter Broad Street, tourner à gauche sur Cornmarket Street.

St Michael at the Northgate A2

Ce bâtiment, le plus ancien d'Oxford, est doté d'une tour saxonne et d'un intérieur du 13ᵉ s. Les vitraux les plus anciens d'Oxford (vers 1290) sont ceux de la fenêtre est. Ils représentent saint Nicolas, saint Edmond d'Abingdon, saint Michel, ainsi que la Vierge et l'Enfant.

Descendre Cornmarket Street, à l'angle de Queen Street.

Carfax A2

(01865) 792 653 - avr.-sept. : 10h-17h30 ; oct. : 10h-16h30 ; reste de l'année : se rens. - fermé 1er janv. et 25-26 déc.- 2,20 £.

La tour du 14ᵉ s. est tout ce qui reste de l'église St-Martin, centre de la ville saxonne et médiévale. Du haut de la tour, on bénéficie d'une vue exceptionnelle sur High Street.

Continuer au sud vers St Aldate's.

★★ Christ Church A2

(01865) 276 150 - www.chch.ox.ac.uk - hall et cathédrale : lun.-sam. 9h-17h, dim. 14h-17h - fermé 25 déc. - 6 £ ; galeries de peintures : mai-sept. : lun.-sam. 10h30-17h, dim. 14h-17h, oct.-avr. : lun.-sam. 10h30-13h, 14h-16h30, dim. 14h-16h30 - 3 £.

Sa fondation en 1525 par le cardinal **Wolsey** fut renouvelée en 1532 par Henri VIII. « The House » est le collège Renaissance le plus grand et le plus prestigieux d'Oxford.

La chapelle, à l'origine St-Frideswide, fut reconstruite à l'époque romane. Au 16ᵉ s., elle fut consacrée **cathédrale**, la plus petite du pays, tout en restant la chapelle du collège. La **voûte du chœur★** à étoiles (15ᵉ s.) est de toute beauté. Remarquez dans la chapelle Lucy le vitrail datant d'environ 1330 et représentant le martyre de Becket, ainsi que la **salle capitulaire** de style gothique Early English et le cloître de style gothique tardif.

La cour la plus spacieuse d'Oxford est la **Tom Quad★**. Les rangées de bâtiments au sud sont l'œuvre de Wolsey, celles au nord du docteur Samuel Fell (fin 17ᵉ s.). La statue de la fontaine, au centre, est une copie du *Mercure* de Jean Bologne.

Surmontée d'un très beau dôme, la **Tom Tower★**, principale porte d'accès au collège, fut érigée par Wren, qui associa ici baroque et gothique.

Au sud, le **hall★★**, de style Tudor, est doté d'un magnifique escalier orné d'une voûte en éventail de **James Wyatt**, d'une charpente à

À SAVOIR

Tous les soirs à 21h05 (à cause des 5mn de décalage avec le méridien de Greenwich), la cloche de 7 t, Great Tom, sonne 101 coups, car il y avait à l'origine 101 étudiants.

diaphragme richement décorée, et aux murs de portraits de Kneller, Romney, Gainsborough, Lawrence et Millais.
Au nord-est se trouvent la cour Peckwater et la **galerie de peintures**, qui abrite des œuvres des grands maîtres de la Renaissance italienne. Au sud du collège, le jardin, Christ Church Meadow, s'étend de St-Aldate à la Tamise.
Sortir par Peckwater Quad et se diriger vers Oriel Square.

Oriel College A2

✆ (01865) 276 555 - www.oriel.ox.ac.uk - ♿ - visite sur demande à l'office de tourisme.
Fondé en 1326, il fut entièrement reconstruit entre 1642 et 1649 dans le style Jacques Ier. Une seconde cour quadrangulaire fut ajoutée au 18e s. On doit la bibliothèque à James Wyatt.

Corpus Christi College A2

✆ (01865) 276 700 - www.ccc.ox.ac.uk - 13h30-16h30 - fermé à Pâques et 25 déc.
Il fut fondé en 1517, et sa porte (remarquez le plafond et la voûte en éventail) ainsi que sa cour d'entrée sont du début de l'époque Tudor. Le **cadran solaire** au centre de la cour fut conçu en 1581. Le **réfectoire** (16e s.) présente un beau plafond en carène renversée. Dans la chapelle (16e s.), vous pourrez contempler un retable *(L'Adoration des bergers)* attribué à l'atelier de Rubens.
Remonter Merton Street.

Merton College A2

Merton Street - ✆ (01885) 276 310 - www.merton.ox.ac.uk - lun.-vend. 14h-17h, w.-end. 10h-17h - fermé Pâques et 25 déc. - 2 £.
Les bâtiments de ce collège fondé en 1264 sont les plus anciens et les plus étonnants d'Oxford. La cour la plus ancienne, **Mob Quad**, est un carré parfait du 14e s. sur lequel ouvre la première **bibliothèque** du royaume (1371-1378) à avoir présenté les ouvrages sur des étagères. La **chapelle** contiguë de style Decorated (1294-1297) est en fait constituée du seul chœur précédé d'un transept du 14e s. Ses vitraux d'origine sont d'une beauté éclatante quand le soleil vient les embraser.
Dans Merton Street, prendre la petite impasse Logic Lane jusqu'à High Street.

University College A2

High Street - ✆ (01865) 276 602 - www.univ.ox.ac.uk - sur RV.
Fondé en 1249, ce collège a conservé une façade incurvée, de style Jacques Ier. L'entrée voûtée située à l'ouest, richement décorée, conduit à une vaste cour du milieu du 17e s. où se trouvent le réfectoire et la chapelle (notez les vitraux de la même période peints par Van Linge). L'entrée située à l'est conduit à une cour plus petite du début du 18e s. Sous une pièce à coupole, à l'angle nord-est de la cour principale, se dresse une statue érigée par Onslow Ford dans un style néoclassique, représentant nu le poète Shelley, mort noyé.
Traverser High Street.

★ The Queen's College A2

✆ (01865) 279 120 - www.queens.ox.ac.uk - visite sur demande à l'office de tourisme.
Érigé en 1340 en l'honneur de la reine Philippa, ce collège fut reconstruit entre 1671 et 1760. C'est le seul collège d'Oxford dont on a uniformisé les styles architecturaux. L'entrée, couronnée d'une coupole, permet d'accéder à la **Front Quadrangle**, cour encadrée sur trois côtés par un cloître et sur le

OÙ DORMIR ?

Avant l'apparition des universités d'Oxford et de Cambridge, l'enseignement était confiné aux écoles religieuses. Les étudiants logeaient généralement chez l'habitant ou vivaient dans des foyers communément appelés **halls**. Vers le début du 15e s., tous les étudiants devaient appartenir à un *hall*. Comme cela se pratiquait dans d'autres corporations médiévales, les membres des collèges vivaient séparés, mais partageaient chapelle et réfectoire. Le premier collège à offrir un logement à tous ses étudiants fut **New College**, à Oxford, fondé en 1379 par Guillaume de Wykeham.

quatrième par un bâtiment abritant le réfectoire et la chapelle. Le **hall**, orné d'une voûte en berceau haute de 18 m, révèle l'influence de Wren ; la **chapelle**, classique, s'élevant sur 30 m, possède une peinture de plafond due à James Thornhill, qui décora aussi la coupole de la cathédrale St-Paul à Londres. On peut également y admirer des vitraux de Van Linge datant de 1635, une tribune d'orgue joliment sculptée et un aigle en cuivre de 1662. Derrière la **cour nord** se trouve la prestigieuse bibliothèque de Hawksmoor, dont le fronton sculpté représente la Sagesse couronnée par un aigle.

Remonter Queen's Lane, à gauche de The Queen's College.

St Edmund Hall A2 K

Queen's Lane - ✆ (01865) 279 000 - www.seh.ox.ac.uk - ♿ - 9h-18h (selon disponibilité) - fermé 25 déc. et j. fériés.

Fondé vers 1220, c'est le dernier hall médiéval de l'époque. Bien que les parties les plus anciennes ne datent que de la moitié du 17e s., St Edmund a conservé ses petites dimensions, ainsi qu'un charme très anglais. L'église St Peter, à l'est, est aujourd'hui la bibliothèque du collège. La crypte, datant d'environ 1150, est néanmoins ouverte au public.

Continuer sur New College Lane.

New College A2

✆ (01865) 279 555 - www.new.ox.ac.uk - de Pâques à déb. oct. : 11h-17h ; reste de l'année : 14h-16h - 2 £ (gratuit en hiver).

Fondé par William de Wykeham en 1379, trois ans avant celui de Winchester *(voir ce nom)*, le collège a conservé quelques-uns de ses bâtiments d'origine. La Grande Cour est l'essence même du style Perpendicular anglais. Le hall est le plus ancien d'Oxford. La **chapelle★** (15e s.) est spacieuse et, comme celle de Merton, ne possède pas de nef. Les vitraux des croisillons sont du 14e s. Le « **Lazare** » d'Epstein se dresse sous la fenêtre de la façade conçue par Reynolds en 1777. Le cloître est un lieu calme, d'où l'on peut admirer le clocher (1400). Dans les jardins s'élève la plus belle partie des remparts d'Oxford.

Tourner à gauche sur Catte Street.

Hertford College A2

✆ (01865) 279 400 - www.hertford.ox.ac.uk - ♿ - se renseigner.

Baptisé Hart Hall à sa construction en 1282, il devient le Hertford College au 19e s.

À voir aussi Plan de ville

★★ Ashmolean Museum A1

Beaumont Street - ✆ (01865) 278 002 - www.ashmolean.org - ♿ - mar.-dim. et lun. fériés 10h-18h - Western Art Print Room : mar.-sam. 10h-17h - fermé 24-26 déc.- café - restaurant.

Construit par C. R. Cockerell dans un style néogrec très libre (1845), l'Ashmolean s'est développé à partir des collections rassemblées par John Tradescant, jardinier à Hatfield House *(voir p. 184)*, et son fils. Musée de l'université, il abrite des collections riches et variées qui embrassent les cultures du monde sur une période allant de l'Antiquité à nos jours. Vous y découvrirez des vestiges de la sépulture de Taharqa, des momies et des sarcophages d'Égypte, des textiles des périodes romaine et byzantine, des céramiques islamiques, une impressionnante collection de tableaux…

Un nouveau bâtiment, dessiné par l'architecte Rick Matter et ouvert en 2009, a permis de doubler la surface d'exposition. Expositions temporaires.

★ University Museum of Natural History A1

Parks Road - ✆ (01865) 272 950 - www.oum.ox.ac.uk - ♿ - 10h-17h - fermé 25 déc.

« Le bâtiment lui-même deviendra vite insignifiant à côté de ce qu'il contient et des esprits qu'il va former », affirmait avec enthousiasme son fondateur, sir Henry Acland, en 1860. L'édifice est une cathédrale néogothique en fonte conçue comme une gare de chemin de fer, rehaussée de délicates sculptures en pierre du 19e s. Elle renferme des collections entomologique, géologique et zoologique (dont un dodo, rare exemplaire de cet oiseau qui vivait jadis à l'île Maurice, et de remarquables squelettes de dinosaures). À l'extrémité, une porte conduit au **Pitt Rivers Museum★**, collection anthropologique composée de masques, d'instruments de musique, de bijoux, de crânes, de totems et d'armures. Les objets sont exposés selon leur catégorie et non leurs origines géographiques afin de montrer les traditions communes à des cultures si différentes.

Keble College A1

Parks Road - ✆ (01865) 272 727 - www.keble.ox.ac.uk - ♿ - fermé j. fériés et 23 déc.- 2 janv. - se renseigner.

Fondé en 1870 sous la direction de William Butterfield dans la plus pure tradition du style néogothique victorien, Keble est un monument de brique dédié

L'ESSOR INDUSTRIEL

William Morris, devenu ensuite lord Nuffield, fut l'un des responsables de l'expansion industrielle de la ville. Passionné par les deux-roues, il ouvrit un magasin de cycles au 48 High Street avant d'emménager en 1902 au 100 Holywell Street, où il fabriqua des motocyclettes. En 1911-1912, les vieilles écuries furent transformées en garage. Là, sa première voiture vit le jour, la « Bullnose ». Le succès fut immédiat et on construisit une usine à Cowley, à l'est de la ville. En 1925, Morris Garage produisait 41 % de la production nationale. Attirées par son succès, d'autres industries s'installèrent. En 1936, la ville était l'une des plus prospères du pays.

au mouvement d'Oxford et au renouveau gothique. Sa plus haute expression réside dans l'agencement de la **chapelle**, où le tableau *La Lumière du monde* d'Holman Hunt est accroché dans la Liddon Memorial Chapel.

★ St John's College A1

St Gile's - ✆ (01865) 277 300 - www.sjc.ox.ac.uk - ♿ - 13h-17h (hiver 16h) - fermé 25-26 déc.

Fondé en 1555, le collège St-John s'étend derrière une façade datant du 16e s. Ses jardins furent dessinés par **« Capability » Brown**. Devant, la cour abrite les vestiges du collège médiéval St-Bernard (1437), tandis que les colonnades de la cour de Canterbury (1631-1636) apportent une touche de classicisme italien au style Jacques Ier, qui prédomine à Oxford.

Museum of the History of Science A2

Broad Street - ✆ (01865) 277 280 - www.mhs.ox.ac.uk - audioguide - mar.-vend. 12h-17h, sam. 10h-17h, dim. 14h-17h.

Cet étonnant musée propose un voyage dans l'histoire des sciences grâce à la présentation d'une multitude d'instruments conçus entre le Moyen Âge et le 19e s. Le caractère multiculturel de son fonds permet d'admirer les plus grandes collections d'astrolabes et de cadrans solaires du monde.

1

★★ Magdalen College A2

Magdalen Bridge - ✆ (01865) 276 000 - www.magd.ox.ac.uk - fin juin-fin sept. : 12h-19h ; reste de l'année : 13h-18h - fermé 23 déc.-déb. janv. - 4,50 £.

Fondé en 1456, Magdalen College *(prononcer « maudlin »)* était, à l'origine, l'hôpital St-Jean-Baptiste. Le mur bordant High Street date du 13e s. La chapelle, le clocher et le cloître sont de style Perpendicular tardif. La chapelle, dépourvue de nef et aménagée dans un style victorien, est ornée de magnifiques gargouilles et contreforts à pinacle. Le **clocher**, haut de 46 m, est encore, comme l'affirmait Jacques Ier en son temps, « l'édifice le plus parfait d'Oxford ».

Les inoubliables gargouilles situées sur les contreforts du cloître sont un élément caractéristique de la Grande Cour. Derrière le cloître, sur la prairie, se dresse New Building (1733), entre le parc à cerfs de Magdalen et la Cherwell.

Botanic Gardens A2

Rose Lane (impasse de High Street) - ✆ (01865) 286 690 - www.botanic-garden.ox.ac.uk - ♿ - mai-août : 9h-18h ; mars-avr. et sept.-oct. : 9h-17h ; nov.-fév. : 9h-16h30 (dernière entrée 45mn av. fermeture) - 3,50 £.

Créés en 1621, ces jardins botaniques sont les plus anciens d'Angleterre. Ils offrent une jolie vue sur les tours et les flèches des collèges, ainsi que sur la Cherwell, où glissent les barques à fond plat durant les mois d'été. Les portes, datant d'environ 1630, furent dessinées par Nicholas Stone, qui s'inspira de l'art italien.

Worcester College A1-2

Worcester Street - ✆ (01865) 278 300 - www.worc.ox.ac.uk - ♿ - 14h-17h.

Il fut fondé en 1714 sur les fondations médiévales de Gloucester College. Celles-ci sont encore présentes sous les cinq maisons monastiques situées au sud de la cour principale. Les autres bâtiments datent du 18e s., à l'exception de la chapelle, dont l'intérieur, aménagé au 19e s. par William Burges, a des allures romantiques. Le lac et la tranquillité qui y règne font le charme de ses **jardins.**

À proximité Carte de région

★★★ Blenheim Palace A1

À 8 km/5 miles au nord par la A 44 - ☏ 0800 849 6500 - www.blenheimpalace.com (en français) - ♿ - de mi-fév. à fin oct. : 10h30-17h30 (dernière entrée 45mn av. fermeture) ; de déb. nov. à mi-déc. : merc.-dim. 10h30-17h30 - possibilité de visite guidée en français (se renseigner) - 18 £ ; 10,30 £ parc et jardin seuls - restaurant, cafétéria.

Le palais de Blenheim *(voir « ABC d'architecture » p. 87)* constitue la plus belle représentation du baroque anglais et exprime toute la créativité et le sens du spectacle de **sir John Vanbrugh**, l'un des architectes les plus originaux d'Angleterre. La beauté de cette résidence des ducs de Marlborough rivalise avec le spectacle de l'immense parc, chef-d'œuvre de Lancelot **« Capability » Brown**, le plus grand paysagiste du royaume.

Le manoir royal de Woodstock, autrefois terrain de chasse des rois saxons, fut offert par la reine Anne Stuart à **John Churchill**, duc de Marlborough (1650-1722), afin de le récompenser de sa victoire en 1704 sur les troupes de Louis XIV à Höchstädt, en Bavière (bataille connue des Anglais sous le nom de Blenheim). Des fonds apparemment sans limites furent octroyés pour l'édification d'un « monument royal et national ». Les critiques qui s'élevèrent à la cour provoquèrent la disgrâce de Marlborough, la suppression des crédits et l'arrêt des travaux. Ceux-ci reprirent aux frais du seul duc. Sa femme, Sarah, s'insurgea contre ce qu'elle considérait comme un gaspillage et provoqua la démission de sir John Vanbrugh. Le gigantesque monument ne fut achevé qu'après la mort du duc, en 1722. Un siècle et demi plus tard, le 30 novembre 1874, naquit dans cette demeure son descendant direct, **Winston Churchill**. Il repose auprès d'autres membres de sa famille dans le cimetière de **Bladon** *(5 km/3 miles au sud-ouest de Woodstock).*

Palais – Mélange d'inspirations palladiennes et du château de Versailles – les ailes et la cour d'honneur –, l'ensemble surprend par sa démesure. L'élévation accuse une lourdeur baroque avec ses colonnes d'ordre colossal, ses moulures, ses ouvertures coincées entre d'épais pilastres, jusqu'aux souches de cheminée dissimulées par leur décor. En outre, les symboles représentant les prouesses militaires et le patriotisme abondent – que dire du coq français malmené, au sommet du porche de la cour, par le lion anglais ? Bien qu'influencé par Wren, Vanbrugh ne pouvait que choquer les adeptes du rationalisme en concevant ce palais spectaculaire long de 137 m.

L'imposante entrée conduit au **salon** principal, situé au centre d'une enfilade de pièces, les portes étant, à l'instar de Versailles, disposées selon un axe unique. Ce salon possède une haute colonnade peinte qui semble toucher le ciel, ornée de personnages évoquant les différents continents. Sur le plafond de la **grande salle**, haute de 20 m, est peinte une allégorie de Marlborough victorieux. La vie de Winston Churchill est célébrée dans des suites, en particulier dans la chambre où il est né. Les appartements officiels sont meublés de pièces d'origine, souvent de grande valeur. Les murs sont décorés de portraits de Reynolds, Romney, Van Dyck et Sargent. La **bibliothèque**, dotée d'un magnifique plafond de stuc, s'étend sur toute la longueur de la façade ouest (55 m).

★★★ **Parc** – Cet ancien parc de chasse, peuplé d'arbres vénérables, comprend une enceinte de 15 km destinée à confiner les cerfs. Originellement conçus au début du 18e s. par les jardiniers royaux, les allées tracées au cordeau et les parterres géométriques furent pour la plupart supprimés par **« Capability »**

Le Blenheim Palace.
Eurasia Press/Photononstop

Brown. L'esprit d'origine demeure cependant dans le **jardin italien** et dans le **jardin aquatique**. Des trophées, canons et trompettes sont disposés à l'intérieur de l'enceinte.

Le paysage à partir du portail de Woodstock a été décrit comme « la plus jolie vue d'Angleterre ». De majestueuses pentes herbeuses, de nobles bosquets d'arbres disséminés çà et là, un lac aux contours harmonieux enjambé par le **grand pont** de Vanbrugh, la **grande cascade** : tout a été fait pour embellir la nature et donner au palais de Blenheim un parc digne de lui. Une immense **colonne dorique** de 41 m supporte une statue du premier duc de Marlborough, tenant la victoire dans sa main ; elle constitue le point de convergence de l'axe replanté qui part du palais vers Ditchley Gate *(3 km/2 miles au nord)*.

★ Iffley Church A1

À 1,6 km/1 mile au sud-est par la A 4074 - www.iffley.co.uk - 8h-18h.

Iffley possède une des **églises★** villageoises romanes les mieux préservées d'Angleterre. Sa tour centrale et la profusion de moulures en zigzag, surtout à l'extrémité ouest, sont caractéristiques de la fin du 12e s.

★ Abingdon A2

À 8 km/5 miles au sud-ouest par la A 34.

La ville s'est développée autour d'une abbaye fondée au 7e s., dont les seuls vestiges sont le **Chequer** du 13e s., avec son immense cheminée de pierre, la grande galerie (vers 1500), pourvue d'une charpente à poutres de chêne, et le portail du 15e s., du côté de l'église médiévale St-Nicholas. Sur la place du marché, remarquez le **County Hall★** (hôtel du Comté), du 17e s., conçu par Christopher Kempster, assistant de Wren lors de l'édification du dôme de la cathédrale St-Paul. Un charmant petit **musée** occupe son premier étage. *(01235) 525 339 - 9h-17h - visite des toits (été) 2 £.*

Notez la flèche du 15e s. de l'**église St Helen**, qui domine la ville. Ce large édifice comporte cinq bas-côtés, presque entièrement reconstruits au 15e s. Les peintures du 14e s. qui ornent le plafond dans le bas-côté nord sont dignes d'intérêt, tout comme le ravissant **hospice★** du 15e s., visible à la limite de l'enceinte. *✆ (01235) 520 144 - de Pâques à déb. sept. : 11h-15h30 ; reste de l'année : sur RV.*

★ Dorchester A2

À 16 km/10 miles au sud-est par la A 4074 ou par Abingdon : prendre les A 34 et A 415.

Ce village historique arrosé par le Thame, affluent de la Tamise, remonte à l'âge du bronze. Les Romains établirent sur ce site la ville de Dorocina. En 635, saint Birinus baptisa le roi Cynegils de Wessex dans la rivière, et une église saxonne fut érigée à l'emplacement de l'actuelle **église abbatiale** de style roman *(www.dorchester-abbey.org.uk - 8h-18h)*. La majeure partie de l'église est en fait gothique Decorated, et son joyau est sans conteste l'immense fenêtre est à six baies qui date de 1340. Dans le mur nord, un vitrail représente un **arbre de Jessé**, tout aussi spectaculaire, qui retrace, dans son lacis, la généalogie du Christ. En face se trouvent la piscine et les sièges ecclésiastiques *(sedilia)*, dotés de pinacles très ouvragés.

Dans le village, on peut encore voir plusieurs relais de poste, et un grand nombre de belles maisons et de chaumières.

Circuit conseillé Carte de région

AU CŒUR DU BUCKINGHAMSHIRE B1

Circuit de 125 km/78 miles tracé en vert sur la carte p. 116 – compter une journée. Prendre la A 40, puis la A 418 pour rejoindre Aylesbury à 35 km/22 miles au nord-est d'Oxford.

Buckinghamshire County Museum

À Aylesbury - ✆ (01296) 331 441 - www.buckscc.gov.uk - ♿ - 10h-17h, dim. 14h-17h - Roald Dahl's Children Gallery : se renseigner ; 6 £, enf. 4 £ - cafétéria.

La **Dahl Gallery**, consacrée à l'écrivain **Roald Dahl** (1916-1990), est un régal pour petits et grands : les enfants raffolent de ses histoires inventives et pleines de verve. Le musée retrace l'histoire de la ville.

8 km/5 miles au nord-ouest d'Aylesbury par la A 41.

★★ Waddesdon Manor

✆ (01296) 653 226 - www.waddesdon.org.uk (en français) - maison : avr.-oct. : merc.-dim., lun. et mar. fériés 12h-16h, w.-end 11h-16h (Bachelor's wing fermée le w.-end), dernière entrée 15h15 ; reste de l'année : se renseigner - jardins : avr.-oct. : merc.-dim., lun. et mar. fériés 10h-17h - 15 £ (13,20 £ en semaine), Bachelor's Wing 3,30 £, jardins seuls 7 £ - audioguide 2 £ - restaurant.

Construit entre 1874 et 1889 pour le baron Ferdinand de Rothschild dans le style Renaissance française, ce manoir contient la superbe collection Rothschild composée de toiles hollandaises, flamandes, françaises et anglaises, de mobilier, de porcelaines de Sèvres, de tapis français du 18e s. provenant de la Savonnerie et de nombreuses autres œuvres d'art. Sur les murs sont exposés des portraits de Gainsborough, Reynolds et Romney, des tableaux de Rubens, Cuyp, Van der Heyden, Ter Borch et d'autres maîtres hollandais ou flamands. Au premier étage, les salles accueillent des collections de boutons, de dentelle, d'éventails, ainsi que des objets, des jeux ou des souvenirs ayant appartenu à la famille Rothschild. Dans la salle Bleu de Sèvres, on peut admirer

un service à dessert de Sèvres de plus de cent pièces. La maison est située dans un parc de 60 ha, conçu par **Élie Lainé**, jardinier paysagiste français.
Après Waddesdon, emprunter une route secondaire vers le village de Quainton (au nord) et suivre le symbole touristique.

★ Claydon House

NT - ✆ (01296) 730 349 - www.nationaltrust.org.uk - de fin mars à fin oct. : merc.-dim. 13h-17h (dernière entrée 30mn av. fermeture), jardins 12h-17h - 7 £ - restaurant.
C'est un édifice rococo extravagant conçu par **Hugh Lightfoot** (« une œuvre telle que le monde n'en vit jamais »). Les plus belles excentricités sont l'escalier (fin placage d'ébène, d'ivoire, de buis et d'acajou) et les « chinoiseries gothiques » en bois de la chambre chinoise. Plus conventionnelles, mais tout aussi belles, sont les huiles de Mytens et, surtout, de Van Dyck.
Se diriger vers les villages de Steeple Claydon et Padbury. Prendre la A 413 direction Buckhingham, la A 422 direction Brackley, puis suivre le symbole touristique.

★★ Stowe Gardens

À Stowe School - NT - ✆ (01280) 822 850 - www.nationaltrust.org.uk - ♿ - mars-oct. : merc.-dim. 10h30-17h30, reste de l'année : w.-end 10h30-16h (dernière entrée 1h30 av. fermeture) - fermé fin déc.-déb. janv. - possibilité de visite guidée - maison 7,50 £ - salon de thé.
Ce magnifique jardin paysager est l'un des plus beaux d'Europe. Réalisé pour la famille Temple, propriétaire de Stowe, il fut élaboré en deux siècles à partir de 1700. Conçu d'abord comme un jardin à la française, il comprend un saut-de-loup (fossé qui défendait à l'origine l'entrée d'une place forte, creusé ici pour limiter la propriété). En 1733, **William Kent** (1685-1748) redessina le jardin et adopta un plan général fondé sur des lignes plus sinueuses (jardin anglais). Les extensions à l'est de la maison sont l'œuvre de Lancelot **« Capability » Brown**, alors jardinier en chef à Stowe (1741). En remontant la Grande Avenue *(2,5 km/1,5 miles)* en ligne droite, les feuillages des arbres laissent entrevoir des temples, des colonnes et des arches néogothiques, ainsi que la façade nord de la maison *(propriété de l'école de Stowe)*. La **Vallée grecque**, non loin de l'entrée, est flanquée du temple de la Concorde et de la Victoire et du temple de la Reine. Les **Elysians Fields** (Champs-Élysées) longent la rivière Alder, renommée rivière Styx. Divers monuments typiques de l'art paysager du 18e s. se dressent sur chaque rive : le temple des Notables de Grande-Bretagne, le temple de la Vertu antique et l'arche dorique. Du pont de la Coquille, on aperçoit le temple gothique *(à l'est)*. À l'ouest, une cascade relie le **lac des Trois-Hectares** au **lac de l'Octogone**, ce dernier étant enjambé par le pont palladien *(à l'est)*. Un terrain de golf entoure la **rotonde**, qui faisait autrefois partie du jardin à la française. L'**ancienne ménagerie** *(coin sud-ouest)*, qui abrite maintenant une boutique, se trouve à côté de la maison, ainsi que l'**église paroissiale**, unique vestige du village médiéval de Stowe.
Retour à Oxford à partir de Buckingham par les A 421, A 43, M 40, puis A 34.

Randonnées

★ Chiltern Hills B1-2

Chilterns Conservation Board - Station Road - Oxon - ✆ (01844) 355 500 - www.chilternsaonb.org.
Les Chiltern Hills sont des collines crayeuses qui s'étendent sur 96 km du sud-est au nord-est entre Londres et Oxford. Coombe Hill (260 m) en est le point

1

culminant. Dans les années 1960, la Chiltern Society fut créée pour préserver la beauté de ce site naturel couvrant 1 683 km². Deux anciennes routes britanniques, **Icknield Way** et **Ridgeway**, suivent le relief des collines. À l'âge du fer, les forêts furent éclaircies et les moutons vinrent paître sur ces monts herbus. Les hêtraies, qui autrefois ravitaillaient les ébénistes de **High Wicombe** en bois, sont moins abondantes aujourd'hui. Néanmoins, le spectacle des feuillages de la forêt de **Burnham Beeches** (18 ha) est toujours aussi beau en automne et au printemps.

NOS ADRESSES À OXFORD

TRANSPORTS

Parking – *www.parkandride.net/oxford.* Cinq Park-and-Ride sont situés autour du centre d'Oxford. Le plus proche est celui de Seacourt, sur la B 4044 direction Eynsham.

Bus – Oxford Bus Company - *☏ (01865) 785 400 - www.oxfordbus.co.uk.* Cette compagnie dessert les aéroports, les localités voisines d'Oxford, la ville et les Park-and-Ride.

Location de vélos – Summertown Cycles - *202 Banbury Road - ☏ (01865) 316 885 - 9h-17h30, dim. 10h30-16h.*

VISITES

Sur terre

À pied – Oxford Walking Tours - *☏ (01865) 252 200 - www.visitoxford.org - University and City Tours (2h) : dép. de l'office de tourisme 11h, 13h et 14h - 7 £ (en français selon disponibilté : 7,50 £).* Également plusieurs visites thématiques.

En bus – City Sightseeing Oxford - *Railway Station, Park End Street - ☏ (01865) 790 522 - www.city-sightseeing.com - avr.-sept. : 9h30-18h, dép. ttes les 10mn ; reste de l'année : 9h30-17h, dép. ttes les 20 à 30mn - fermé 1er janv. et 25-26 déc. - tour (1h) - billet 24h : 12,50 £ ; 48h : 14,50 £.* Visite commentée de la ville en autobus à plate-forme.

Sur l'eau

Promenades sur le Cherwell ou sur la Tamise : des *punts* avec ou sans pilote sont mis à disposition. Possibilité d'excursions plus longues sur des bateaux électriques. Quais d'amarrage et stations :

Cherwell Boathouse – *Bardwell Road - ☏ (01865) 515 978 - www.cherwellboathouse.co.uk - de mi-mars à mi-oct. : de 10h à la tombée de la nuit - punts 15 £/h (13 £ en semaine), 70 £ la journée (65 £ en semaine) - dépôt de garantie 70/65 £.*

Salter's Steamer – *Folly Bridge - ☏ (01865) 243 421 - www.saltersteamers.co.uk - punt 20 £/h, 60 £/4h - bateau électrique 30 £/h, 105 £/4h - pilote 60 £/h (sur réserv.) - dépôt de garantie.*

HÉBERGEMENT

PREMIER PRIX

À Oxford

Bon à savoir – Les B & B sont majoritairement situés sur Banbury Road, Iffley Road et Abingdon Road.

St Michael's Guest House – A2 - *26 St Michael's Street - ☏ (01865) 242 101 - ⊭ - 6 ch. : 58 £ ☕.* Ce B & B très prisé, en plein centre-ville, propose des chambres confortables. Lave-linge à disposition. Réservez à l'avance.

BUDGET MOYEN

À proximité d'Oxford

Gables – *6 Cumnor Hill - North Hinksey (3,5 miles vers le sud-ouest par la A 420) - ✆ (01865) 862 153 - www.gables-guesthouse.co.uk - fermé 22-31 déc. - 5 ch. : 75/90 £* ☕. *Guesthouse* accueillante aux chambres modernes et impeccablement tenues. Une véranda donne sur le jardin.

À Chiltern Hills

Acorn Lodge – *79 Marlow Bottom Road - Marlow (34 miles au sud-est par la M 40 et B 482) - ✆ (01628) 472 197 - www.acornlodgemarlow.co.uk - 2 ch. : 59/79 £* ☕. Cette maison accueillante et confortable offre en plus une piscine au cœur des Chiltern Hills.

POUR SE FAIRE PLAISIR

À Oxford

Cotswold House – A1 - *363 Banbury Road - ✆ (01865) 310 558 - www.cotswoldhouse.co.uk* - 🅿 - *8 ch. : 90/120 £* ☕. Dans un quartier résidentiel, à 10mn du centre-ville, ce B & B vous réserve un accueil chaleureux. Les chambres sont très confortables.

Burlington House – A1 - *374 Banbury Road - ✆ (01865) 513 513 - www.burlington-house.co.uk - 12 ch. : 89/110 £* ☕. À 10mn du centre-ville en bus, cette demeure victorienne de 1889 conjugue qualité de services et élégance. Le petit-déjeuner comprend de bonnes omelettes et du pain fait maison. Accès Internet.

Bath Place Hotel – A1 - *4-5 Bath Place - ✆ (01865) 791 812 - www.bathplace.co.uk* - 🅿 - *14 ch. : 110 £* ☕. Cette bâtisse au riche passé historique se niche au cœur des collèges. Chambres douillettes et élégantes. Si vous avez le sommeil léger, demandez une chambre côté opposé à la Turf Tavern. Bon rapport qualité/prix.

Cotswold Lodge – A1 - *66a Banbury Road - ✆ (01865) 512 121 - www.cotswoldlodgehotel.co.uk* - 🅿 - *49 ch. : 100/140 £* ☕. Cet hôtel de style victorien à l'ambiance feutrée offre des chambres spacieuses décorées avec un mobilier d'époque. Certaines ont une vue sur un charmant jardin intérieur.

Old Parsonage – A1 - *1st Banbury Road - ✆ (01865) 310 210 - www.oldparsonage-hotel.co.uk - 30 ch. : 125/210 £ -* ☕ *14 £*. Cette magnifique demeure du 17e s., située à 5mn à pied du centre-ville, baigne dans une atmosphère champêtre avec son superbe jardin et sa façade tapissée de lierre. Les chambres sont luxueuses. L'été, des concerts de jazz/barbecues sont organisés.

RESTAURATION

PREMIER PRIX

À Oxford

Vaults & Garden – A2 - *Radcliff Square - ✆ (01865) 279 112 - www.vaultsandgarden.com - 12 £*. Sous des voûtes à l'arrière de l'église St Mary, ce lieu fait l'unanimité des habitants d'Oxford. On se régale de quiches, soupes, salades et gâteaux, préparés avec des produits frais locaux. Un très bon rapport qualité/prix.

Bangkok House – A2 - *42a Hythe Bridge Street - ✆ (01865) 200 705 - www.bangkokhouse.co.uk - fermé dim. - menu 16,50 £*. Dans un cadre agréable, goûtez à une authentique cuisine thaïlandaise.

BUDGET MOYEN

À Oxford

Quod – A2 - *92-94 High Street - ✆ (01865) 202 505 - www.quod.co.uk - 30 £ (menu déj. 11/15 £)*. Très populaire et convivial, cet établissement propose une gamme de plats italiens : des pizzas aux pâtes en passant par des grillades et des poissons.

Cherwell Boathouse – A1 - *Bardwell Road - ✆ (01865) 552 746 - www.cherwellboathouse.co.uk - 25,50 £ (menu déj. 23,50 £).* Ce charmant restaurant est situé au bord de la rivière Cherwell. Vous pouvez y regarder passer les *punts* en dégustant les traditionnels plats anglais.

Gees – A1 - *61 Banbury Road - ✆ (01865) 553 540 - www.gees-restaurant.co.uk - 26,50 £ (menu déj. 19 £).* Installé sous une véranda de style victorien, vous serez enchanté par le charme des lieux et le fumet des plats élaborés par un grand chef. Cuisine anglaise délicate, réputée pour ses hamburgers autant que pour ses poissons. Réservation conseillée en soirée. Dimanche soir, concert de jazz.

Fishers – A2 - *36-37 St Clemens Street - ✆ (01865) 243 003 - www.fishers-restaurant.com - 25 £.* Comme son nom l'indique, un restaurant de poisson bien établi à Oxford. Atmosphère vivante et informelle.

À Chiltern Hills

Fusions Restaurant – *145 West Wycombe Road - High Wycombe, Bucks (34 miles au sud-est sur la A 40) - ✆ (01494) 430 378 - fermé dim. - 30 £.* Ce restaurant offre l'occasion de découvrir la cuisine moderne anglaise et son éclectisme.

Eat-Thai – *14-15 Easton Street - High Wycombe, Bucks (34 miles au sud-est situé sur la A 40) - ✆ (01494) 532 889 - www.eat-thai.co.uk - 25 £.* Dans un décor moderne, une cuisine pleine de saveurs, utilisant des produits régulièrement envoyés de Thaïlande.

ACHATS

Queen Street, **Magdalen Street** et **Cornmarket Street** sont les principales avenues commerçantes d'Oxford. Librairies, magasins de souvenirs, de cadeaux et d'antiquités se trouvent sur **Broad Street**, **High Street** et **Turl Street**.

Alice's Shop – *83 St Aldate's Road - ✆ (01865) 723 793 - www.sheepshop.com - 10h30-17h (été 9h30-18h) - fermé 25-26 déc.* Ce magasin propose des objets inspirés d'*Alice au pays des merveilles*.

Marchés

Un marché en plein air se tient le mercredi sur **Gloucester Green** et, au même endroit, un marché d'antiquités le jeudi. Le **Victorian Covered Market**, ouvert du lundi au samedi, mérite aussi le détour.

EN SOIRÉE

Pubs

Turf Tavern – *7 Bath Place off Holywell - ✆ (01865) 243 235 - www.theturftavern.co.uk - 10h-1h.* Excellente ambiance dans ce pub réputé qui organise des concerts régulièrement.

Théâtre

Playhouse – *Beaumont Street - ✆ (01865) 305 305 - www.oxfordplayhouse.com.* Pièces de théâtre, spectacles de danse et concerts.

New Theatre (Apollo) – *George Street - ✆ (01865) 320 760 - www.newtheatreoxford.org.uk.* Opéras, ballets, concerts de musique classique ou plus moderne.

St Albans

★

80 664 habitants

NOS ADRESSES PAGE 187

S'INFORMER
Office de tourisme – *The Town Hall - Market Place - ✆ (01727) 864 511 - www.stalbans.gov.uk - lun.-sam. 10h-16h30.* Il propose plusieurs visites thématiques de la ville (La guerre des Deux-Roses, Pubs et églises, etc.) ; certaines incluent la visite du parc de Verulamium.

SE REPÉRER
Carte de région B1 (p. 116) – *carte Michelin 504 T28 - Hertfordshire.* À 40 km/ 25 miles au nord de Londres par la M1.

À NE PAS MANQUER
La cathédrale, l'abbaye de Woburn et Hatfield House.

ORGANISER SON TEMPS
2h pour visiter la cathédrale et 3h pour la ville romaine de Verulamium.

AVEC LES ENFANTS
Verulamium Museum ; Woburn Safari Park, Whipsnade Wild Animal Park et le parc de Knebworth House, à proximité.

Bordée par une rivière, la ville de St Albans semble venir du fond des âges. Des fouilles entreprises dans les années 1930 et 1950 ont permis de redécouvrir la troisième cité la plus importante de la Grande-Bretagne romaine : Verulamium. Ses impressionnants vestiges font la fierté d'une ville connue aussi pour sa cathédrale, qui s'élève sur la rive opposée.

Découvrir

★ VERULAMIUM

Verulamium fut fondée en 49 apr. J.-C. et reconstruite au moins deux fois par la suite : une première après avoir été mise à sac par Boadicée en 61, une autre après un incendie en 155. Le déclin de Rome entraîna la déchéance de Verulamium. Vers 940, ses ruines n'étaient plus qu'un « refuge pour voleurs, détrousseurs de cadavres et femmes de mauvaise vie ». En 1591, Edward Spencer écrivait : « Il ne reste à Verulamium ni souvenir ni même le moindre petit monument. » Le site est maintenant un parc public, Verulamium Park.

★ Verulamium Museum

St Michael's Street - ✆ (01727) 751 810 - www.stalbansmuseums.org.uk - ♿ - 10h-17h30, dim. 14h-17h30 - 3,50 £ (enf. 2 £).

Ce musée, implanté sur le site de l'ancienne cité, expose quelques-unes des plus impressionnantes œuvres romaines découvertes en Grande-Bretagne. Il offre aussi un aperçu saisissant de la vie à cette époque : ferronnerie, joaillerie, monnaies, verreries, poteries et d'exceptionnelles mosaïques.

Roman Theatre

Au nord-ouest du musée, sur l'autre versant de Bluehouse Hill - ✆ (01727) 835 035 - www.romantheatre.co.uk - 10h-17h (nov.-mars 16h) - fermé 25-26 déc. - 2,50 £.
Presque aussi circulaire qu'un théâtre moderne, ce lieu servait à l'origine de cadre pour la célébration d'événements civils ou religieux. La scène fut élargie et on éleva derrière elle une rangée de colonnes pour imiter le théâtre romain conventionnel. Elle fut agrandie une nouvelle fois aux alentours de 300. Watling Street passe juste devant le théâtre qui faisait face au temple, et c'est à l'emplacement du cimetière St-Michael voisin que se trouvaient la basilique et le forum.

Hypocauste

Verulamium Park, au sud-ouest du musée.
Les bains d'une grande maison conservés *in situ* permettent de découvrir le système de chauffage central.

Town Walls

Verulamium Park.
Les murs de silex et de brique, épais de près de 2 m, atteignaient plus de 5 m de hauteur. Deux des bastions qui les renforçaient sont encore visibles ainsi que les fondations de la London Gate.

À voir aussi

★ Cathedral

✆ (01727) 860 780 - www.stalbanscathedral.org.uk - ♿ - 8h30-17h45 - café.
L'abbaye, d'origine saxonne, avait été élevée à la mémoire de saint Alban, premier martyr chrétien d'Angleterre. La cathédrale, surmontée de sa tour centrale romane, fut érigée à partir de 1077 par le Normand Paul de Caen. Lanfranc, archevêque de Canterbury, construisit une abbaye à cinq absides, Paul en éleva une à sept absides. Cent ans plus tard, l'imposante nef romane fut prolongée dans le style gothique primitif anglais. Quand cinq piliers s'écroulèrent du côté sud, on les remplaça par des piliers de style Decorated. On dota la cathédrale d'une nouvelle façade principale très victorienne en 1879, et d'une salle capitulaire postmoderne en 1982.
Intérieur – La beauté ne réside pas dans la structure d'ensemble, mais dans les petits détails comme le jubé de 1350, le retable de 1484, la chapelle de la Vierge de 1320, le **tombeau de saint Alban**, la pièce d'eau d'où l'on surveillait les pèlerins, les remarquables peintures murales médiévales et les boiseries du plafond.

À proximité Carte de région

★★ Hatfield House C1

▶ À Hatfield, 10 km/6 miles à l'est par la A 414 ou la A 1057 - ✆ (01707) 287 010 - www.hatfield-house.co.uk - ♿ - de Pâques à fin sept. : merc.-dim., lun. et mar. fériés 12h-17h, dernière entrée 16h (parc et jardins 11h-17h30) - 11,50 £ avec audioguide (parc et jardins seuls 6,50 £ ; parc seul 3 £) - restaurant.
Le domaine devint la résidence de la famille Cecil après qu'Henri VIII en eut imposé l'échange contre celui de Theobalds. Le château, l'un des plus beaux et des plus grands de style Jacques Ier, fut édifié par Robert Cecil, qui confia

ÉLISABETH Ire

C'est sous un chêne, à Hatfield, qu'Élisabeth Ire apprit qu'elle allait régner. Il ne reste qu'une salle de la demeure où elle passa son enfance, un palais construit par le cardinal Morton, « l'un des plus grands monuments au briquetage médiéval du pays », selon Pevsner.

les travaux à **Robert Lyminge**, l'architecte de Blickling Hall *(voir p. 435)*. Celui-ci réutilisa les briques du château antérieur pour bâtir, selon le traditionnel plan en E, un palais qu'il agrémenta de détails décoratifs en utilisant des pierres pour les chaînages d'angle et en installant des balustrades ajourées. La façade sud, en pierre de Caen, est particulièrement surprenante.

L'**intérieur** présente de nombreuses caractéristiques de son temps. Dans la **salle de marbre** (clôture magnifiquement sculptée, galerie de ménestrels et lambris sont de style Jacques Ier), remarquez une immense tapisserie (17e s.) provenant de Bruxelles, ainsi qu'un plafond de Taldini. Le *Portrait à l'hermine* d'Élisabeth Ire est attribué à Nicholas Hilliard, tandis que celui de sa cousine Marie Stuart, reine d'Écosse, serait de Rowland Lockey. Le **grand escalier de chêne** est sculpté dans le plus pur style Jacques Ier. Notez, sur l'un des pilastres au sommet de l'escalier, le relief représentant John Tradescant, jardinier de Charles Ier, et le *Portrait à l'arc-en-ciel* d'Élisabeth Ire.

La **grande galerie**, étendue au 19e s. sur toute la longueur de l'étage, présente à une extrémité le service à thé en cristal (tenu pour être un cadeau de fiançailles destiné à la reine Marie et au roi Philippe II d'Espagne) dû à Cellini, et à l'extrémité opposée, un chapeau, des gants et des bas de soie de la reine Élisabeth Ire. La bibliothèque, riche de 10 000 volumes, contient une mosaïque représentant le bâtisseur, Robert Cecil. On peut y voir aussi une lettre de Marie Stuart, ainsi que l'ordre de son exécution, signé par lord Burghley, père de Robert Cecil. Le vitrail à motifs bibliques de la **chapelle**, œuvre flamande, est merveilleusement lumineux.

Le **verger** élisabéthain et le traditionnel **jardin de plantes aromatiques** ont été réalisés ultérieurement.

★ Knebworth House C1

À Old Knebworth, 20 km/12,5 miles au nord-est par la A 414, puis la A 1 : sortir à l'échangeur 7 (Stevenage sud) et suivre le symbole - (01438) 812 661 - www.knebworthhouse.com - visite guidée (1h) juil.-août : 12h-17h (parc et jardins 11h-17h) sf 1 sem. fin juil.-déb. août (festival Sonisphere), dernière entrée 16h45 ; avr.-juin et sept. : se renseigner - 10,50 £ (enf. 10 £) ; parc et jardins seuls 8 £.

Le bâtiment date de la fin du 15e s. Le grand hall, avec sa clôture richement sculptée, a considérablement changé depuis sa construction. C'est **Bulwer-Lytton**, auteur d'histoires fantastiques, qui l'a transformé en fantaisie gothique à coupole ; ce style se manifeste particulièrement dans la cheminée à tourelles, les panneaux peints et les vitraux du grand salon d'apparat. Sa pièce préférée était le bureau. Edward Fitzgerald se souvient d'avoir rendu visite à Lytton en compagnie de Charles Dickens : « Nous vîmes un potentat oriental aux yeux songeurs, aux manières reposantes, assis sur de luxueux coussins, en train de fumer le chibouk. »

Les jardins et le parc incluent un labyrinthe végétal, un « sentier des dinosaures » *(Dinosaur Trail)*, un chemin de fer miniature et des installations ludiques *(Adventure Playground)*.

★★ Woburn Abbey B1

À Woburn, 35 km/21 miles au nord. Prendre la M 10, puis la M 1 direction Milton Keynes, sortir à la jonction 12, puis prendre une route secondaire vers l'ouest en suivant le symbole - ☏ (01525) 290 333 - www.discoverwoburn.co.uk - ♿ - abbaye : fin mars-déb. oct. : 11h-17h30, oct. : w.-end 11h-17h30, dernière entrée 1h30 av. fermeture ; parc et jardins : 11h-18h (oct.-déb. mars 16h), dernière entrée 1h av. fermeture - 12,50 £, parc et jardins 4 £ - café.

Abbaye cistercienne durant quatre cents ans, l'abbaye de Woburn devint ensuite une résidence privée. L'aile nord fut rénovée en 1630, mais l'édifice atteignit toute sa splendeur avec la réfection de l'aile ouest en 1747 par **Henry Flitcroft** (1697-1769) et la reconstruction des ailes sud et est par **Henry Holland** en 1787 (l'aile est a été abattue en 1950).

Les **appartements** sont pour la plupart luxueusement meublés. La chambre du 4e duc contient la **tapisserie de Mortlake** (des années 1660), inspirée des *Actes des apôtres* de Raphaël. Le plafond clair, datant du milieu du 18e s., représente les quatre saisons. La sculpture d'Hermaphrodite et Salmacis (18e s.) est de Delvaux.

Les **salles d'apparat** occupent l'aile de Flitcroft. Dans la chambre à coucher de la reine Victoria sont exposées des eaux-fortes de Victoria et Albert. Le **cabinet de toilette de la reine Victoria** est décoré de superbes toiles hollandaises et flamandes du 17e s., parmi lesquelles *Nijmegen on the Vaal* et *Fishermen on Ice* d'Albert Cuyp, et un portrait de *Jan Snellinck* par Van Dyck. Le **cabinet bleu** comprend un plafond de 1756 et une cheminée conçue par Duval et Rysbrack. Le **salon d'apparat** a un plafond décoré et une cheminée de Rysbrack. Quant à la grande salle à manger, elle contient un très beau service en porcelaine de Meissen et s'orne d'un portrait de Van Dyck. À l'extrémité de l'aile, la **salle Reynolds** abrite dix des portraits du peintre, et la **salle Canaletto**, vingt et une de ses vues de Venise. Dans l'aile rénovée par Holland, la **bibliothèque** est divisée en trois parties par des colonnes cannelées de style corinthien. Au mur sont exposés un *Autoportrait* et le *Vieux Rabbin* de Rembrandt. Divisée aussi par des colonnes dues à Flitcroft, la **grande galerie** abonde en toiles du 16e s., dont le portrait d'Élisabeth Ire, dit « à l'Armada ».

Dans le **parc**, Flitcroft fit édifier deux écuries et Holland, la ravissante laiterie de style chinois. Les 1 200 ha du parc furent dessinés par Humphry Repton. Un millier de cerfs se répartissent en neuf espèces, dont celle des Milu, autrefois le troupeau de l'empereur de Chine, et maintenant préservée à Woburn.

Woburn Safari Park B1

Entrée distincte à 1,5 km - ☏ (01525) 290 407 - www.discoverwoburn.co.uk - ♿ - mars-oct. : 10h-17h (dernière entrée) ; reste de l'année : w.-end et vac. scol. 11h-15h (dernière entrée) - fermé w.-end de Noël - 18,50 £ (enf. 13,50 £) - restaurant.

Rien de neuf chez les éléphants, tigres, lions, zèbres, bisons, rhinocéros et gnous que l'on peut voir dans le parc depuis 1894. On disait à l'époque de cette **réserve d'animaux sauvages** qu'il n'existait pas de plus belle réunion d'animaux, excepté au zoo de Londres.

★ Whipsnade Wild Animal Park B1

Près de Dunstable à 30 km/18 miles au nord-ouest. Prendre la A 414 pour rejoindre la M 1 en direction de Luton. Sortir à la jonction 9 (A 5), récupérer la B 4540 en direction de Whipsnade, puis suivre le symbole - ☏ (01582) 872 171 - www.zsl.org - de fin mars à fin sept. : 10h-18h (dim. et j. fériés 19h), dernière entrée 1h av. fermeture ; oct.-mars : horaires de fermeture variables - fermé 25 déc. - 17,70 £, hiver 16,70 £ (enf. 13,20 £, hiver 12,70 £).

Ce parc de plus de 240 ha, situé sur les hauteurs de la vallée de la Dunstable, tient depuis 1931 un rôle majeur dans la protection animale. Les grandes espèces (éléphants, rhinocéros, lions et girafes) s'ébattent dans de vastes enclos. Les plus petites (wallabies, cervidés, paons, muntjacs, oiseaux exotiques, marmottes, tamarins et ouistitis) vivent en semi-liberté. D'immenses volières abritent des aras et des hiboux. Les hippopotames, les otaries et les pingouins déambulent dans leur environnement aquatique. Le parc se visite en bus-safari, par le petit train ou en voiture. Les enfants peuvent aussi approcher les pensionnaires apprivoisés de la ferme ou explorer le terrain de jeux.

NOS ADRESSES À ST ALBANS

RESTAURATION

PREMIER PRIX

Ye Olde Fighting Cocks – *16 Abbey Mill Lane - ✆ (01727) 869 152 - 15 £.* Le plus vieux pub de la ville se trouve sur le chemin de Verulamium. Sa cuisine traditionnelle à base de produits frais est servie en hiver devant un bon feu et en été en terrasse.

The Peahen – *14 London Road - ✆ (01727) 853 669 - 20 £.* Confortablement installé dans un fauteuil en cuir rouge, ou accoudé au bar, vous pourrez découvrir ici un menu éclectique et une carte des vins avec un bon choix de cépages étrangers.

Crêpes – *15 Holywell Hill - ✆ (01727) 846 424 - fermé lun. - 20 £.* Cette crêperie propose des galettes garnies de mets venus du monde entier : Inde, Grande-Bretagne, France, etc.

Bellaccino's – *17 French Row - ✆ (01727) 868 681 - 10 £.* Un café idéalement situé pour déguster une boisson chaude et un en-cas.

Rochester

30 962 habitants

S'INFORMER

Office de tourisme – *95 High Street - ✆ (01634) 338 141 - www.medway.gov.uk - 10h-17h, dim. 10h30-17h.*

SE REPÉRER

Carte de région C2 (p. 117) – *carte Michelin 504 V29 - Kent.* Située sur la côte est à 53 km/35 miles de Londres et au nord-ouest de Douvres par la A 2.

À NE PAS MANQUER

La cathédrale et le château de Leeds.

ORGANISER SON TEMPS

Comptez une demi-journée pour visiter la ville.

AVEC LES ENFANTS

Guildhall Museum ; Historic Dockyard à Chatham.

Cette charmante ville s'ouvre sur l'estuaire de la Medway. Derrière la rue principale, le face-à-face entre le château surplombant le fleuve et la belle cathédrale avec son porche de pierres dentelées domine le paysage urbain. Le voyageur flânant dans la ville retrouvera les demeures et les ruelles qui inspirèrent de nombreuses pages à Charles Dickens.

Découvrir

★ Castle

EH - ✆ (01634) 335 882 - www.english-heritage.org.uk - 10h-18h (oct.-mars 16h) - audioguide - fermé 1er janv. et 24-26 déc. - 5 £.

Les premières **courtines** furent construites par Gundulf, évêque de Rochester et bâtisseur de la cathédrale (ainsi que de la Tour de Londres). Le **donjon** actuel, édifié en 1127 par Guillaume de Corbeil, archevêque de Canterbury, constitue, par ses vestiges, un exemple hors pair de l'architecture militaire romane. Remarquez la décoration des arcs, ainsi que la grande salle et les bastions du 13e s.

★ Cathedral

✆ (01634) 843 366 - www.rochestercathedral.org - ♿ - 7h30-18h (sam. 17h) - possibilité de visite guidée sur RV 4 £ - cafétéria.

L'évêque Gundulf (1024-1108) suivit Lanfranc en Angleterre et occupa le deuxième siège épiscopal d'Angleterre, de 1077 jusqu'à sa mort en 1108. La cathédrale fut considérablement agrandie à deux reprises, aussi date-t-elle en majeure partie des 12e et 13e s. La façade principale, de style roman, est particulièrement intéressante. Elle est riche en arcatures aveugles et les exubérantes sculptures du **porche central** (1160) dénotent une forte influence française. Après les six premières **baies romanes de la nef**, la cathédrale est essentiellement de style gothique Early English. La fresque du chœur évoque la roue de la Fortune et remonte au 13e s., époque où l'ensemble des murs de la cathédrale était peint. Remarquez les sculptures sur le porche de

la salle capitulaire (vers 1350) et l'extrémité ouest de la crypte, qui fait partie de l'œuvre originale de Gundulf.
Au nord, entre les deux transepts, se dresse la **tour de Gundulf** (vers 1100) et au sud subsistent les ruines du cloître du 12e s.

Guildhall Museum

℘ (01634) 848 717 - www.medway.gov.uk - ♿ - mar.-dim. et certains lun. fériés 10h-16h30 (dernière entrée 30mn av. fermeture) - fermé 25 déc.

Ce très beau bâtiment de la Renaissance, surmonté d'une girouette de cuivre reproduisant un navire de ligne (18e s.), évoque un pan de l'histoire de Rochester en illustrant les bagnes flottants de la Medway ou les bateaux-prisons.

Restoration House

Crow Lane - ℘ (01634) 848 520 - www.restorationhouse.co.uk - juin-sept. : jeu. et vend. 10h-17h - 5,50 £ (jardin seul 3 £).

Ce manoir est le seul de la ville. L'origine de son nom est liée à Charles II, venu y séjourner à l'aube de la Restauration. L'intérieur est remarquablement décoré par un mobilier d'époque et une série de portraits anglais.

À proximité Carte de région

Upnor Castle C2

À Upnor, 3 km/2 miles au nord. Prendre la A 228 direction Grain, puis la A 289 vers Gillingham avant de suivre une route secondaire en direction d'Upnor - EH - ℘ (01634) 402 276 - www.english-heritage.org.uk - avr.-oct. : 10h-18h (dernière entrée 17h30) - 5 £.

Cette forteresse de style Tudor a été construite en 1559 sur l'ordre d'Élisabeth Ire pour protéger le chantier royal de Chatham et la flotte du Medway. Dans l'une des salles, une maquette reconstitue la célèbre attaque des Danois de 1667, un commentaire sonore (en français) racontant son déroulement. On jouit d'une belle vue de la rivière sur la place des Canons.

★★ Historic Dockyard C2

À Chatham, 3 km/2 miles au sud-est, prendre High Street, se diriger vers Dock Road - ℘ (01634) 823 800 - www.thedockyard.co.uk - ♿ - de mi-fév. à fin oct. : 10h-18h ; de nov. à mi-déc. : 10h-16h (dernière entrée 2h av. fermeture) - 15 £ (enf. 10,50 £) - aire de pique-nique, restaurant.

Créé sous le règne d'Henri VIII, ce berceau de la puissance maritime britannique vit la construction de près de 500 navires, dont le *Victory* de Nelson *(voir p. 229)*. La Royal Navy ne quitta définitivement les lieux qu'en 1984. Aujourd'hui, la superbe installation de bassins et de chantiers navals reçoit le public et procède à des démonstrations.

Observez la fabrication des drapeaux et des voiles dans l'**atelier des voiles et des pavillons** *(Sail and Colour Loft)*, et visitez la corderie (347 m de long). Le chantier naval du 18e s. ressuscite aux **Wooden Walls**, où l'on peut assister à la construction du *Valiant*, tandis que **Lifeboat!** présente l'histoire de la marine à travers la collection de bateaux de sauvetage. On pourra monter à bord d'un navire de guerre historique ou d'un sous-marin en construction à l'arsenal, puis observer la restauration du *HMS Gannet*. Objets anciens, maquettes et tableaux retracent l'histoire de Chatham. Parmi les nombreux édifices, remarquez l'imposante porte principale, ornée des armes de Georges III, le pavillon du Préfet *(Commissioner's House)* et l'église.

LA CONQUÊTE ROMAINE

La région de la **Medway** regorge de sites préhistoriques et romains. Lorsque l'empereur Claude envahit la Grande-Bretagne, les légions romaines atteignirent les environs de Richborough dans le Kent et avancèrent vers l'ouest. Une pierre non taillée (de 5 m de haut), érigée en 1998 près d'un gué sur la Medway à Snodland, au sud de Rochester, constitue un mémorial tardif en honneur de la victoire décisive que les Romains remportèrent sur l'armée du roi celte Cunobelinus (le Cymbeline de Shakespeare) en 43 apr. J.-C. Cet événement décida du sort de la Grande-Bretagne, qui fut intégrée à l'Empire romain. Selon les historiens modernes, la bataille, décrite par l'historien grec Dio Cassius, eut probablement lieu près de la Medway, à un endroit où l'on pouvait passer à gué, non loin de Snodland.

★★ Leeds Castle C2

À 18 km/11,25 miles au sud-est. Prendre les A 229 et M 20, sortir à la jonction 8 et suivre le symbole touristique - (01622) 765 400 - www.leeds-castle.co.uk - ♿ - avr.-sept. : 10h-18h ; oct.-mars : 10h30-17h (dernière entrée 1h av. fermeture) - fermé 25 déc. et dates ponctuelles - audioguide 3 £ - 17,50 £.

Ce bâtiment de style roman, édifié sur deux îles au milieu d'un lac, fut dépeint par lord Conway comme « le plus joli château du monde ». Un **pont de pierre** roman relie le donjon, qui se dresse fièrement au bord du lac, au bâtiment principal flanqué de ses tours. L'intérieur est entièrement décoré **d'objets d'art** du 14e au 19e s. Le château est toujours utilisé à l'occasion de réunions importantes : ses fortifications protégèrent les négociateurs égyptiens et israéliens durant les négociations sur la paix au Moyen-Orient en 1977.

Dans le **parc** et les **jardins**, vous verrez un élevage de canards, une volière, une grotte secrète et un labyrinthe.

Canterbury

★★★

41 784 habitants

NOS ADRESSES PAGE 199

S'INFORMER
Office de tourisme – *The Buttermarket, 12-13 Sun Street - ☏ (01227) 378 100 - www.canterbury.co.uk - 9h30-17h, dim. : 16h30.*

SE REPÉRER
Carte de région D2 (p. 117) – *carte Michelin 504 X30 - Kent.* Idéalement situé au centre de la pointe est de l'Angleterre à proximité des côtes nord et sud. À 45mn de Douvres (25 km/16 miles au sud par la A 2) et de Folkestone (27 km/17 miles au sud par les A 2 et A 260).

À NE PAS MANQUER
La cathédrale.

ORGANISER SON TEMPS
Comptez une journée pour sillonner, sans se presser, les villes de la pointe de Thanet. Pour la promenade, 2 à 3h suffisent : tout dépend du temps passé à découvrir les musées.

AVEC LES ENFANTS
Museum of Canterbury; Howletts Wild Animal Park; Canterbury Tales.

Capitale ecclésiastique de l'Angleterre, Canterbury est dominée par une magnifique cathédrale, qui marque le point final du Pilgrim's Way. Férus d'histoire, d'art, ou flâneurs avides de surprises et de beauté, chacun trouvera ici une raison de prolonger son séjour. Canterbury associe harmonieusement atmosphère médiévale et pointe de modernité dans un cadre modelé par la rivière Stour.

Découvrir

★★★ Cathedral

☏ (01227) 762 862 - www.canterbury-cathedral.org - ♿ - 9h-17h (hiver 16h), dim. 12h30-14h30 - possibilité de visite guidée : se renseigner - audioguide 3 £ - 8 £.
L'incendie de la cathédrale en 1067 est suivi la même année par la construction d'un nouveau bâtiment commandé par l'archevêque Lanfranc. Les travaux durent sept ans. Un archevêque non moins entreprenant, **Anselme**, remplaça le chœur existant par un nouveau chœur, largement plus ambitieux, plus long que la nef. Consacré en 1130, l'édifice est de nouveau anéanti par le feu en 1174, quatre ans après le meurtre de Becket (*voir l'encadré p. 197*) : seules la crypte et la nef sont épargnées. La cathédrale, devenue le centre du plus important pèlerinage d'Europe du Nord, est rebâtie en hommage au martyr. Les travaux sont entrepris par **Guillaume de Sens**, architecte français. Celui-ci construit dans le style gothique Early English, particulièrement visible dans le chœur et dans son extension vers l'est (la chapelle de la Trinité et la Couronne). Devenu infirme à la suite d'une chute d'un échafaudage, il est remplacé par

un autre Guillaume, « l'Anglais », qui achève le chœur et dessine les plans de la crypte est et de la chapelle de la Trinité. La nef et le cloître furent reconstruits au 14e s., tandis que le 15e s. voit l'achèvement des croisillons et la réfection des tours. La tour centrale, ou **tour de la cloche Harry** (hauteur : 76 m), couronnant l'ensemble du bâtiment, est terminée à la fin du 15e s. En dehors des saccages des vitraux, des sculptures et du mobilier par les puritains, le grand édifice a subi peu de changements notables. La tour nord-ouest fut démolie en 1832 et remplacée par une copie de la tour sud-ouest.

Bon à savoir – **Mercery Lane★**, petite rue animée ayant conservé son charme médiéval, offre une impressionnante vue sur les tours ouest de la cathédrale et sur **Christ Church Gate★**, porte monumentale réalisée entre 1517 et 1521, qui constitue l'accès principal à la cathédrale.

Entrer par le porche sud-ouest.

Construite entre 1391 et 1404, la **nef** est l'œuvre de l'architecte **Henry Yevele**. Les colonnettes s'élançant jusqu'à la haute voûte *(voir « ABC d'architecture p. 84)*, les superbes bas-côtés et l'abondante lumière créent une impression de calme majestueux. La grande fenêtre ouest (1) est ornée de vitraux du 12e s., incluant notamment une belle représentation d'Adam en train de bêcher. Vers la porte nord se trouvent les **fonts baptismaux** en marbre, de style classique datant du 17e s. (2). Le couvercle est décoré de sculptures représentant les quatre évangélistes et les douze apôtres.

Quitter le bâtiment principal pour visiter le grand cloître.

Les galeries du **grand cloître** furent reconstruites en style Perpendicular vers 1400. Plus de 800 armoiries décorent les voûtes. La galerie est donne accès à la **salle du chapitre**, coiffée d'une voûte en chêne d'Irlande sur croisée d'ogives, et dotée de fenêtres de style Perpendicular. Leurs vitraux représentent des personnages liés à l'histoire de la cathédrale.

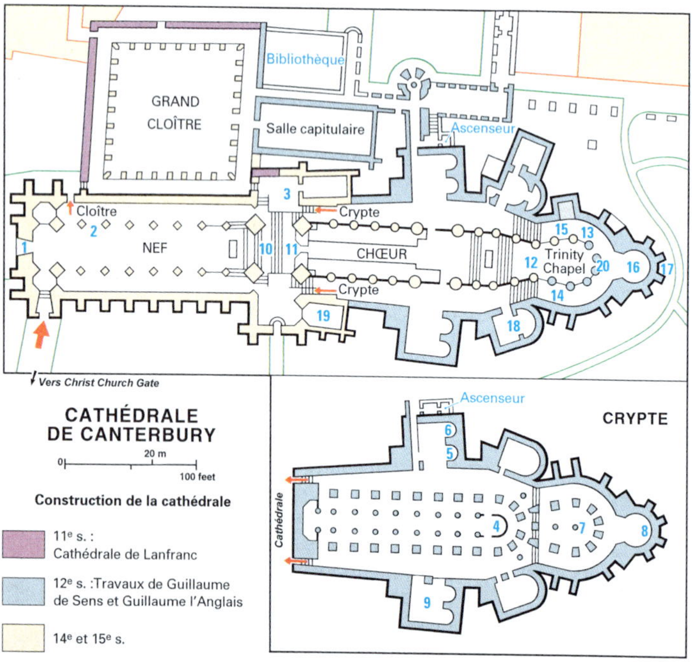

De retour à l'édifice principal, remonter à gauche le bas-côté jusqu'au croisillon.
C'est à cet endroit que se déroula le **martyre de Becket** (3), commémoré par l'« **Autel de la pointe de l'épée** » *(Altar of the Sword's Point)*. Une sculpture moderne cruciforme remplace l'ancien autel médiéval.
Descendre quelques marches pour accéder à la crypte.
La **crypte** du 12e s. renferme de riches pièces du trésor de la cathédrale : les jubés magnifiquement ouvragés de la chapelle **Notre-Dame-de-la-Crypte** (*Chapel of Our Lady Undercroft* – 4) ainsi qu'une collection de chapiteaux ouvragés, superbes exemples de l'imagination et du talent du sculpteur roman qui les exécuta. Le croisillon gauche abrite les autels de saint Nicolas (5) et de sainte Marie-Madeleine (6), tandis que le chœur, avec ses colonnes massives et ses voûtes pointues annonçant le nouveau style gothique, correspond à l'agrandissement réalisé après 1174. Le corps de **saint Thomas Becket** (7) était entre les colonnes de marbre de Purbeck jusqu'en 1220. Derrière se trouve la ravissante chapelle de Jésus (8). Le croisillon droit abrite la **chapelle funéraire du Prince Noir** (9), devenue par la suite l'église des huguenots. Elle est toujours utilisée pour les offices célébrés en français.
Quitter la crypte par l'escalier gauche. Aller vers la croisée du transept, à droite.
Admirez la tour centrale, **Bell Harry Tower**, dont la voûte en éventail est semblable à de la dentelle (10).
Entrer dans le chœur en franchissant les grilles.
Le chœur contient un **jubé** (11) du milieu du 15e s., orné des statues de six rois, le maître-autel et le **trône** (12) en marbre de **saint Augustin** (13e s.), utilisé pour introniser l'archevêque, primat d'Angleterre. À partir du lutrin en cuivre de 1663, on peut observer les murs extérieurs de style roman et les arches du chœur de style gothique. Remarquez les merveilleux **vitraux médiévaux**. Celui de la chapelle de la Trinité (13) relate les miracles de saint Thomas. Le pavement de cette chapelle est constitué d'un dallage en mosaïque de l'époque romaine. Le tombeau de Becket (20), déplacé ici en 1220, fut détruit par Henri VIII. Une bougie marque aujourd'hui son emplacement exact. Parmi les tombes les plus remarquables, on trouve celle du **Prince Noir** (14). Au-dessus de la célèbre effigie, on peut admirer des répliques de son heaume, de son cimier, de ses gantelets et de son épée. Au nord se trouve la somptueuse **tombe d'Henri IV** en albâtre (15). Seul roi anglais à être enterré dans la cathédrale, il y fut inhumé en 1413 avec la reine Jeanne de Navarre. Derrière la chapelle de la Trinité, l'édifice se termine par la **Couronne** (*Corona* – 16), une chapelle circulaire où le crâne de saint Thomas aurait été déposé. Les **vitraux de la Rédemption** (17) datent du début du 13e s.
À l'angle sud-ouest de la chapelle de la Trinité se trouve la **chapelle St-Anselme** (18), bâtie dans un style typiquement roman. En haut de l'abside subsiste une belle peinture murale du 12e s.
Retourner vers le bras droit du transept, là où se situe la sortie principale.
Latéralement au croisillon s'élève la **chapelle St-Michel** (19), agrémentée d'une multitude de monuments commémoratifs baroques et Renaissance.

★ King's School

✆ (01227) 595 501 - www.kings-school.co.uk - 7h-21h - possibilité de visite guidée (en français) : se renseigner - gratuit sf enceintes de la cathédrale.
Vieil institut dont les plans furent dressés par Henri VIII en 1541, l'école occupe les bâtiments de l'ancien monastère de la cathédrale, pour la plupart regroupés autour de l'agréable espace vert de Green Court. On prend conscience de l'incroyable longueur de la cathédrale en se plaçant à cet endroit. À l'angle nord-ouest, ne manquez pas la porte et le splendide **escalier** romans (12e s.).

Se promener

DANS LE CENTRE-VILLE Plan de ville

Circuit tracé en vert sur le plan ci-contre. Partir de Christ Church Gate, passer devant le monument aux morts et emprunter Burgate. Tourner à gauche sur Butchery Lane.

Roman Museum

(01227) 785 575 - www.canterbury-museums.co.uk - ♿ - juin-sept. : 10h-17h, dim. 13h30-16h ; reste de l'année : lun.-sam. 10h-17h (dernière entrée 1h av. fermeture) - fermé 1er janv., Vend. saint et 25 déc. - 3,10 £ ; 6,40 £ billet combiné avec West Gate Towers et Museum of Canterbury.

Les vestiges romains de la ville sont présentés dans ce musée. L'exposition, favorisant l'interactivité, redonne vie à la cité de Dunovernum Cantiacorum tout en familiarisant le visiteur avec les aspects les plus passionnants de l'archéologie.

Prendre St George's Street, direction « City Walls Walk ».

City Walls

Un chemin de ronde couronne le haut des **remparts médiévaux**, solidement érigés sur des fondations romaines. De là, on aperçoit **Dane John Mound**, un site funéraire de l'âge de la pierre, modelé en forme de motte par Alderman Simons. Un monument en hommage à **Christopher Marlowe**, célèbre dramaturge de la ville, le surplombe.

Descendre la rampe sur la droite, traverser Castle Row, prendre l'allée proche de Don Jon House pour arriver à Castle Street.

Norman Castle

De ce château roman du 11e s. ne subsiste qu'un donjon massif.

S'engager à droite du château dans Gas Street, tourner à droite sur Church Lane, continuer tout droit sur Stour Street.

★ Museum of Canterbury

(01227) 475 202 - www.canterbury-museums.co.uk - mai-sept. : 11h-17h, dim. 13h30-17h ; reste de l'année : lun.-sam. 11h-17h (dernière entrée 1h av. fermeture) - fermé 1er janv., Vend. saint et 25 déc. - 3,60 £ (enf. 2,30 £) ; 6,40 £ (enf. 3,80 £) billet combiné avec West Gate Towers et Roman Museum.

Cet ancien **hospice** fut fondé au 13e s. pour servir d'asile aux pauvres. Aujourd'hui, il accueille une présentation de l'histoire de Canterbury et de ses alentours. Au rez-de-chaussée sont exposés les vestiges romains, anglo-saxons et vikings. Le premier étage est consacré à la période romane avec une remarquable maquette expliquant la reconstruction du chœur de la cathédrale après l'incendie de 1174.

En sortant, se rendre jusqu'au no 6 Stour Street, prendre la petite allée juste à côté, tourner à gauche avant de traverser le pont.

Greyfriars Chapel

(01227) 471 688 - www.eastbridgehospital.org.uk - de Pâques à fin sept. : tlj sf dim. 14h-16h.

Charmante demeure du 13e s. bâtie sur la rivière Stour, elle abritait à l'origine les franciscains. La chapelle à l'étage supérieur est ouverte au public.

Revenir sur Stour Street, prendre Hawks Lane, puis St Margaret Street à droite.

The Canterbury Tales

✆ (01227) 479 227 - www.canterburytales.org.uk - ♿ - juil.-août. : 9h30-17h ; mars-juin et sept.-oct. : 10h-17h ; nov.-fév. : 10h-16h30 - commentaires en français (45mn) - fermé 1er janv. et 25-26 déc. - 7,75 £ (enf. 5,75 £).

L'église St Margaret a été spécialement réaménagée pour accueillir une ingénieuse présentation multimédia des personnages hauts en couleur imaginés par **Geoffrey Chaucer** (v. 1340-1400) dans les *Contes de Cantorbéry*.

Prendre à gauche sur Margaret Street, puis encore à gauche sur High Street.

Royal Museum and Art Gallery

✆ (01227) 452 747 - www.canterbury-artgallery.co.uk - fermé pour travaux jusqu'en 2012.

La collection d'art décoratif et de peinture comprend une galerie dédiée au peintre animalier victorien Thomas Sydney Cooper (1803-1902). Le **Buffs Museum** rend hommage au Royal East Kent Regiment. Ses soldats étaient surnommés les Buffs *(chamois)* à cause de la couleur du revers de leur tunique.

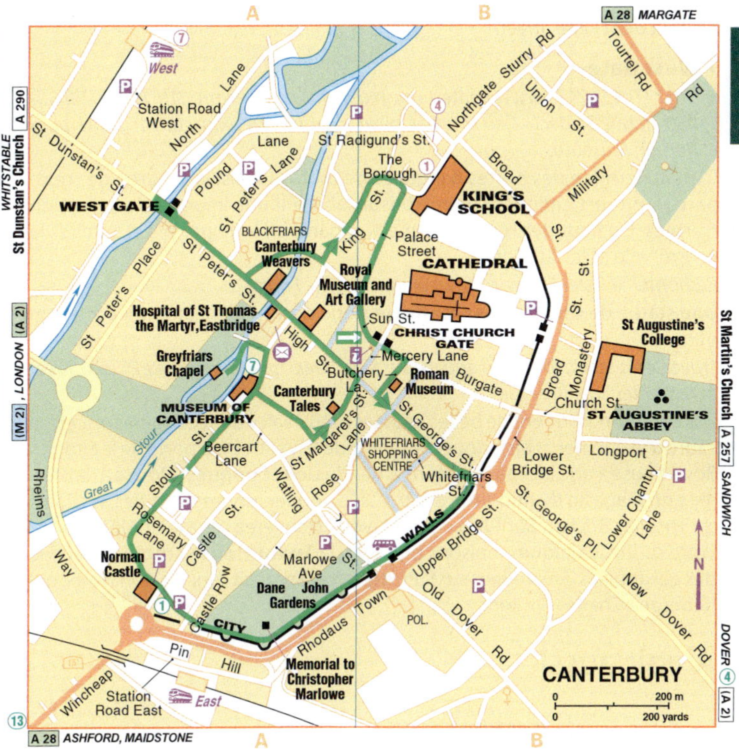

SE LOGER		SE RESTAURER	
Castle House	1	Posillipo	1
Ebury Hotel	4	Pub Simple Simon's	4
Greyfriars House	7	The Goods Sheds	7
Thaninghton	13		

1

En face du musée, la **maison** des hôtes de la reine Élisabeth est dotée d'une très belle structure à colombage.
Continuer sur High Street tout droit jusqu'au début de Peter Street.
Sur la droite, subsiste un ensemble de demeures de l'époque Tudor, tournées vers la rivière Stour. Il s'agit des **Canterbury Weavers**, nom qui provient des tisserands huguenots français qui s'établirent dans ce quartier.
À l'opposé.

Hospital of Eastbridge

✆ (01227) 471 688 - www.eastbridgehospital.org.uk - lun.-sam. 10h-17h - fermé Vend. saint et 25 déc.
Fondés en 1180 par un riche citoyen de Canterbury, les bâtiments accueillaient les pèlerins venus se recueillir sur la tombe de saint Thomas. Aujourd'hui, ils ont été transformés en logements pour personnes âgées. À gauche de l'entrée, une petite chapelle du 14e s. est toujours utilisée pour le culte. À l'étage supérieur, vous pourrez découvrir le **réfectoire** du 12e s. Le mur nord est décoré d'une fresque représentant le Christ et les quatre évangélistes. La **chapelle** date du 12e s., son toit et sa charpente en bois sont remarquables.
Au bout de St Peter Street.

★ West Gate

✆ (01227) 452 747 - www.canterbury-museums.co.uk - sam. 11h-12h30, 13h30-15h30 - fermé 25 déc. - 1,30 £ ; 6,40 £ billet combiné avec Museum of Canterbury et Roman Museum.
C'est la dernière des portes flanquées de tours qui faisaient partie des remparts. Les tours, utilisées comme prison, abritent une importante collection d'armes. Du haut des remparts, une vue panoramique permet d'admirer le centre-ville et la cathédrale.
Remonter St Peter Street, tourner à gauche (The Friars).
Une statue de **Christopher Marlowe** siège devant le théâtre qui porte son nom.
Traverser la Stour, tourner à gauche sur King Street, prendre à droite Palace Street et remonter Sun Street.
Ces ruelles regroupent de belles bâtisses médiévales dont certaines ont été le cadre d'événements historiques. À l'angle de King Street, la porte de la Sir John Boy's house a une inclinaison étonnante. Plus loin, **Conquest House**, transformée en magasin d'antiquités, aurait été le dernier rendez-vous des assassins de Thomas Becket. Sur Palace Street, vous trouverez l'église St Alphege sur votre droite. Quelques maisons plus loin, la **Tudor House** arbore en façade des gargouilles. En arrivant sur Sun Street, on aperçoit l'ancien Sun Hotel, qui hébergea Charles Dickens.

À voir aussi

★★ St Augustine's Abbey

EH - ✆ (01227) 767 345 - www.english-heritage.org.uk - ♿ - juil.-août : 10h-18h ; avr.-juin : merc.-dim. et j. fériés 10h-17h ; sept.-mars : w.-end et j. fériés 10h-16h (17h sept.-oct.), dernière entrée 30mn av. fermeture - fermé 1er janv. et 24-26 déc. - 4,50 £ avec audioguide.
L'abbaye fut fondée en 597 par saint Augustin. Il reste d'importantes ruines de la grande église abbatiale de la période romane qui remplaça les bâtiments saxons. On découvre également les vestiges de tombes saxonnes et,

TOUT UN SYMBOLE

L'histoire de Canterbury commence lors des conquêtes de l'empereur Claude, en 43 apr. J.-C., avec la fondation de la ville fortifiée de Durovernum, le « fort entouré d'aulnes ». Au début du 6e s., la ville, envahie par les Saxons, est rebaptisée Cantwarabyrig, « forteresse des hommes du Kent ». En 597, **saint Augustin** est envoyé par Rome pour convertir la population païenne au christianisme. Le roi Ethelbert, l'un des premiers convertis, fait don de terres au saint homme pour construire une cathédrale et une abbaye. La ville devient dès lors le centre de l'Église d'Angleterre, et Augustin est consacré premier archevêque. En 1170, le meurtre de l'archevêque **Thomas Becket**, par quatre chevaliers d'**Henri II Plantagenêt**, est le point culminant de la lutte politique qui opposait l'Église et l'État. Deux ans plus tard, Thomas est canonisé, sa tombe attire immédiatement une foule de pèlerins. Nombre d'histoires de ces voyageurs sont relatées dans les *Contes de Cantorbéry* par Chaucer. Au 13e s., les franciscains et les dominicains s'installent au monastère de la cathédrale. Mais cette vie monastique intense et la prospérité de Canterbury s'achèvent subitement en 1538, quand le roi Henri VIII décide de fermer tous les monastères et abbayes. Il s'empare des trésors de la cathédrale, dont la châsse de Becket, incrustée d'or et de pierres précieuses. Les pèlerinages cessent après cet épisode. Au début du 17e s., la période de la Contre-Réforme salue l'arrivée des huguenots français, venus se réfugier sur l'invitation d'Élisabeth Ire, qui restaure la foi protestante. En dépit des destructions des puritains durant la guerre civile, en 1642, la ville poursuit son essor. Au 18e s., Canterbury se transforme : les rues sont élargies et les portes de la ville démontées. En 1942, les bombardements allemands détruisent près d'un quart de la cité médiévale, mais la cathédrale est épargnée. En 1962, la construction d'une université donne un nouvel élan à une cité vieille de 2 000 ans.

1

à l'est, l'**église St Pancras**, ancien temple païen transformé par les chrétiens. L'abbaye fut dissoute en 1538 et l'église démolie. Les restes de l'abbaye sont occupés par le collège St-Augustin. Des objets découverts sur le site sont exposés dans un petit musée. La grande porte du début du 14e s. est particulièrement intéressante.

★ St Martin's Church

(01227) 768 072 - mar., jeu. et sam. 11h-16h ; oct.-mars : mar., jeu. et sam. 11h-15h, dim. 10h-10h30 - possibilité de visite guidée sur demande.

Construite sur la colline St-Martin, elle possède une imposante tour de style Perpendicular. La brique de ses murs est d'origine romaine, tout comme le sont les fonts baptismaux et la « fenêtre pour lépreux » située à 60 cm du sol, à l'arrière de la nef.

St Dunstan's Church

(01227) 463 654 - lun., merc. 8h-16h ; mar., jeu.-sam. 9h-16h ; dim. 8h-19h30.

Fondée vers la fin du 11e s. par Lanfranc, archevêque de Canterbury, l'église accueillit Henri II en 1174 quand il fit pénitence pour avoir été à l'origine du meurtre de saint Thomas Becket. Lorsque **Thomas More**, lord-chancelier d'Angleterre, fut décapité en 1535, sa fille Marguerite, épouse de Guillaume Roper, récupéra la tête de son père, qui repose désormais dans le caveau familial des Roper à l'intérieur de l'église.

À proximité Carte de région

★ **Sandwich** D2

21 km/13 miles à l'est par la A 257.

C'est l'un des « **Cinque Ports** » *(voir p. 203)* les plus originaux. Ce fascinant bourg médiéval est toujours entouré en grande partie par ses remparts de terre. Il semble avoir peu changé depuis le mouvement de retrait de la Stour amorcé au 15e s. Ses jolies maisons de toutes les époques se resserrent autour de ses trois églises : St-Clément, et sa robuste tour romane à arcades, St-Pierre, couronnée par un dôme bulbeux reflétant une influence flamande, et Ste-Marie. Du côté du quai, une barbacane surveille la traversée du fleuve et la porte du Pêcheur, d'origine médiévale.

Richborough Roman Fort – *À 5 km/3 miles au nord de Sandwich par une route secondaire - EH - (01304) 612 013 - www.english-heritage.org.uk - - avr.-sept. : 10h-18h - audioguide - 4,50 £.* C'est probablement en ces lieux que l'armée d'invasion de l'empereur Claude arriva en 43 de notre ère. Ce site retrace l'histoire de ce fort, dont il ne reste que des ruines.

Howletts Wild Animal Park D2

À Bekesbourne, 3 km/2 miles au nord par la A 2 - (01227) 721 286 - www.howletts.net - - 10h-18h (hiver 17h), dernière entrée 1h30 av. fermeture - fermé 25 déc. - 16,95 £ (enf. 12,95 £) - restaurant.

Situé dans un îlot de verdure luxuriante, le parc de Howletts a pour objectif de préserver les espèces animales rares ou en voie de disparition. Venez observer de près tigres, léopards tachetés, tapirs, bisons d'Europe et un vaste troupeau d'éléphants d'Afrique ainsi que la plus grande famille au monde de gorilles vivant en captivité.

Circuit conseillé Carte de région

ISLE OF THANET D2

Circuit de 48 km/30 miles au départ de Canterbury tracé en vert sur la carte de région p. 117. Quitter Canterbury par la A 290 au nord.

Cette agréable excursion le long des côtes du Kent vous emmènera d'abord à **Whitstable**, célèbre pour ses huîtres.

En poursuivant vers l'est sur la B 2205, vous traverserez la station balnéaire de **Herne Bay** avec son long front de mer.

Continuer sur la A 299 et la A 28.

Au-delà du fort romain en ruine de **Reculver** *(réserve naturelle)*, surveillant la plage, se trouvent plusieurs stations balnéaires réputées. La première, **Margate,** est considérée comme la capitale de l'île avec ses plages de sable, ses théâtres et ses parcs d'attractions.

Emprunter ensuite la B 2051 puis la B 2052.

On longe le littoral jusqu'à la falaise de Kingsgate. Reprendre la route côtière en direction de **Broadstairs** et de sa jolie baie, où Charles Dickens séjourna à maintes reprises entre 1837 et 1851.

Enfin, au sud à 3 km, **Ramsgate** présente de belles falaises de craie, et une architecture Regency.

Rentrer par l'A 253, puis l'A 28.

NOS ADRESSES À CANTERBURY

TRANSPORTS

Park-and-Ride – Il est préférable de vous garer dans l'un des 3 parkings : New Dover Road, au sud sur la A 2 ; Wincheap Road, jonction de la A 28 et de la A 2 ; Sturry Road, à l'est sur la A 28, puis prendre la navette *(2,50 £)*.

VISITES

Sur terre

Canterbury Tourist Guides – *(01227) 459 779 - www.canterbury-walks.co.uk - dép. à l'office de tourisme - juin-sept. : 11h et 14h - 6 £.* Les guides vous emmènent à la découverte de la ville et de son patrimoine.

Ghostly Tour of Old Canterbury – *(0845) 519 0267 - www.canterburyghosttour.com - vend.-sam. 20h - 9 £.* Au départ du pub Alberry's Wine Bar sur St Margaret's Street, ce parcours (75mn) mêle histoire locale et contes surnaturels.

Sur l'eau

Excursions en bateau – *Historic River Tours - Weavers Garden - St Peter's Street - (07790) 534 744 - www.canterburyrivertours.co.uk - mars-oct. : 10h-17h (dép. ttes les 15-20mn) - 7,50 £.* Balade historique de 40mn sur la Stour.

Promenade en « punt » – *Canterbury River Navigation Company - Westgate Gardens - (07816) 760 869 - www.crnc.co.uk - de Pâques à oct. : à partir de 10h - de 8 £ (35mn) à 14 £ (65mn).* Agréables promenades en barque à fond plat au fil de la Stour.

HÉBERGEMENT

BUDGET MOYEN

Greyfriars House – A - *6 Stour Street - (01227) 456 255 - www.greyfriars-house.co.uk - - P - 10 ch. : 65/75 £.* En plein cœur de la ville, cet hôtel est l'ancienne loge du monastère des franciscains. Chambres agréables et propres.

Castle House – A - *28 Castle Street - (01227) 761 897 - www.castlehousehotel.co.uk - - P - 7 ch. : 80/97 £.* Construite en 1730, cette demeure fait face aux ruines du château. Certaines de ses chambres spacieuses offrent une vue sur la cathédrale.

Thanington – A - *140 Wincheap - (01227) 453 227 - www.thanington-hotel.co.uk - P - 15 ch. : 80/90 £.* Charmant B & B situé à 10mn à pied du centre-ville. Les jours ensoleillés, dégustez un copieux petit-déjeuner dans le jardin fleuri. La piscine, abritée sous une grande verrière, permet de se délasser en toute tranquillité. Très bon rapport qualité/prix.

POUR SE FAIRE PLAISIR

Ebury Hotel – B - *65/67 New Dover Road - (01227) 768 443 - www.ebury-hotel.co.uk - P - 15 ch. : 75/130 £.* Sur une très belle allée à 15mn à pied du centre, cet hôtel de l'époque victorienne orné d'un grand jardin est un havre de paix. Chambres spacieuses, service impeccable. Piscine et sauna. Un restaurant sert des mets franco-anglais raffinés *(fermé dim. - menu 21/25 £)*.

RESTAURATION

Bon à savoir – De nombreux restaurants servent des spécialités marocaines, portugaises, vietnamiennes ou mexicaines dans le quartier nord-est de la ville (Peter Street, The Borough, Palace Street) et sur Dunstan Street.

1

PREMIER PRIX

Pub Simple Simon's – B - *3-9 Church Lane - ✆ (01227) 762 355 - 15 £.* C'est l'occasion de manger dans l'un des plus vieux pubs de Canterbury. Cuisine traditionnelle et grand choix de bières. Certains soirs, le dîner devient musical au son du jazz, du folk ou du blues.

BUDGET MOYEN

The Goods Sheds – A - *Station Road West - ✆ (01227) 459 153 - www.thegoodsshed.net - fermé dim. soir et lun. - 29/34 £.* Une bâtisse regorgeant de fruits et légumes, et de produits artisanaux : la carte du restaurant change chaque jour selon les arrivages de produits de la ferme.

Posillipo – B - *15/17 The Borough - ✆ (01227) 761 471 - www.posillipo.co.uk - 20/25 £.* Ambiance et cuisine italiennes pour les pâtes et les pizzas, mais aussi pour les plats de poissons tout aussi succulents.

PETITE PAUSE

Café St Pierre – *40 St Peter's Street - ✆ (01227) 456 791 - 10 £.* Cette pâtisserie française comblera les palais les plus gourmands. La terrasse, le jardin et la salle offrent une halte pour tous les goûts.

Sun Hotel and Tea Room – *7/8 Sun Street - ✆ (01227) 769 700 - www.sunhotel-canterbury.co.uk - 10 £.* Un endroit agréable pour une petite pause en terrasse ou dans de confortables fauteuils en cuir. Bon choix de sandwiches, boissons chaudes et gâteaux.

Fudge Kitchen – *16 Sun Street - ✆ (01227) 479 399 - www.fudgekitchen.co.uk.* Ne partez pas sans avoir goûté au *fudge*. Cette spécialité britannique est une sucrerie préparée sous vos yeux, à base de sucre, de crème et de caramel, aromatisée au chocolat, à la vanille, à la fraise…

ACHATS

Bon à savoir – Les boutiques sont concentrées sur **Palace Street**, **Northgate** et **Castle Street**, et les grands magasins sur **Marlowe Arcade**.

Marché

Le marché en plein air se tient le mercredi et le vendredi sur **High Street**.

EN SOIRÉE

Théâtre

Marlowe Theatre – *The Friars - ✆ (01227) 787 787 - www.marlowetheatre.com.* Programme varié avec de la comédie, des pièces de théâtre, de la danse, des concerts, dans le plus grand théâtre du Kent (1 000 places).

Gulbenkian Theatre – *University of Kent - ✆ (01227) 769 075 - www.kent.ac.uk/gulbenkian - 11h-17h.* Lieu culturel, cinématographique et théâtral. Pour une petite soif ou un creux, rendez-vous au bar.

ACTIVITÉS

Cyclotourisme – Des chemins balisés et des pistes cyclables sillonnent Canterbury et ses alentours. Brochure à retirer à l'office de tourisme ou à **Downland Cycles** *(Canterbury West Railway - ✆ (01227) 479 643 - www.downlandcycles.co.uk - lun.-sam. : 9h30-17h30 - loc. vélo à partir de 15 £/j).*

AGENDA

Festival de Canterbury – *www.canterburyfestival.co.uk.* 2e quinzaine d'octobre : musiciens, artistes peintres et comédiens investissent les rues et lieux de spectacles.

Douvres

Dover

35 338 habitants

NOS ADRESSES PAGE 204

S'INFORMER

Office de tourisme – *Douvres – Old Town Gaol - Biggin Street - ✆ (01307) 205 108 - juin-août : 9h-17h30 ; avr.-mai et sept. : 9h-17h30, w.-end 10h-16h ; oct.-mars : tlj sf dim. 9h-17h30, sam. 10h-16h.* Vous y trouverez le programme des promenades organisées au printemps et en été.

Sites Internet – *www.whitecliffscountry.org.uk ; www.kenttourism.co.uk*

SE REPÉRER

Carte de région D2 (p. 117) – *carte Michelin 504 X-Y30 - Kent.* Sur la pointe est de l'Angleterre, à 34 km/21,2 miles de Calais par le Shuttle, et 123 km/77 miles de Londres par la A 2.

À NE PAS MANQUER

Les tunnels secrets des falaises, l'excursion en bateau et la promenade de White Cliffs.

ORGANISER SON TEMPS

Pour la visite du château, comptez 3h.

AVEC LES ENFANTS

Dover Museum ; Port Lympne Wild Animal Park, à Lympne et le phare South Forland à White Cliffs.

« Il est une falaise, dont le front haut et courbe regarde avec effroi dans l'abîme qu'elle enserre. » (« Le Roi Lear », Shakespeare). Porte de l'Angleterre, Douvres et ses célèbres falaises blanches inspirèrent poètes et dramaturges. Faisant face au continent, elle ne vous laissera pas indifférent, surtout si vous l'abordez par la mer alors qu'elle luit des premiers feux du matin. Elle semble ainsi encore remplir son rôle de protectrice de l'Angleterre avant de vous offrir ses trésors.

Se promener

DU BORD DE MER VERS LA VILLE

L'agréable promenade **Waterloo Crescent** de Philippe Hardwick, de style fin Regency, confère à Douvres une touche d'élégance.

Se diriger vers le centre-ville en passant sous un escalier, prendre King Street et continuer vers Market Square.

Dover Museum

✆ (01304) 201 666 - www.dovermuseum.co.uk - ♿ - avr.-déb. sept. : 10h-17h30, dim. 12h-17h ; reste de l'année lun.-sam. 10h-17h30 - fermé 1er janv. et 25-26 déc. - 3 £ (enf. 2 £) - restaurant.

Ce musée expose des vestiges provenant de toutes les périodes qui ont marqué la ville. À voir : les restes d'un **bateau de l'âge du bronze★**, vieux de 3 000 ans, découvert en 1992 à proximité de la ville.

Prendre Cannon Street.

St Mary the Virgin a été épargnée par les bombardements allemands. Ce monument religieux élevé au 12e-13e s. fut reconstruit au 19e s. ; sa tour clocher est de style roman.

Continuer sur Cannon Street, puis à gauche sur New Street.

Roman Painted House

(01304) 203 279 - www.theromanpaintedhouse.co.uk - 3 premières semaines d'avr. et juin-sept. : mar.-sam. 10h-16h30, dim. 13h-16h30 (dernière entrée) ; fin avr. et mai : mar. et sam. 10h-16h30 - 3 £.

Les peintures murales de cette maison construite vers 200 apr. J.-C. donnent un aperçu de la vie à cette époque.

Revenir sur Cannon Street, remonter à gauche vers Biggin Street.

La **Maison-Dieu House** (17e s.), actuelle bibliothèque, avec ses frontons triangulaires, est de style classique.

Western Heights

Accès par York Street, North and South Military Road.

On trouve ici 5 km² de fortifications, dont la **redoute** de 1808 et l'escalier du grand puits.

★★★ White Cliffs

À 1,5 km au nord-est de Douvres, suivre les panneaux marron à partir du rond-point au croisement de la A 2 et de la A 258.

NT - (01304) 202 756 - www.nationaltrust.org.uk - ♿ - mars-oct. : 10h-17h ; nov.-fév. : 11h-16h - fermé 24-26 déc. - cafétéria.

Une promenade *(4 km)* longeant le sommet de la falaise mène au **phare South Forland**, où se dévoilent d'extraordinaires **vues★★★** des falaises, du port de Douvres, de la Manche et, par temps clair, de la France.

À voir aussi

★★ Castle

Castle Hill Road - EH - (01304) 211 067 - www.english-heritage.org.uk - ♿ - avr.-juil. et sept. : 10h-18h ; août : 9h30-18h ; oct. : 10h-17h ; fév.-mars : 10h-16h ; nov.-janv. : jeu-lun. 10h-16h - visite guidée des Secret Wartime Tunnels (dernière visite 1h av. fermeture) - fermé 1er janv. et 24-26 déc. - 13,90 £.

Sur ce site, les Romains érigèrent un phare (Pharos), puis les Saxons, une église (St Mary de Castro). Les fortifications furent renforcées par Guillaume le Conquérant. Henri II ajouta vers 1180 le magnifique donjon, entouré d'un mur d'enceinte. La spectaculaire **Constable's Tower** (tour du Gouverneur) date du début du 13e s. Un labyrinthe de tunnels et des chambres secrètes *(Undergrounds Works)* furent aménagés sous le château et largement étendus à l'époque napoléonienne et pendant la Seconde Guerre mondiale. Ces galeries servirent de quartier général pendant l'opération Dynamo : évacuation des troupes britanniques depuis Dunkerque en 1940. Une visite guidée des **Secret Wartime Tunnels** entraîne les visiteurs dans les chambres, les passages de l'hôpital souterrain et le *Hellfire Corner*, le centre de communications des alliés. Effets sonores et autres accessoires parfois macabres créent une atmosphère digne de George Orwell.

VILLE PORTUAIRE CONVOITÉE

Romains, Saxons, puis Normands ont occupé Douvres, qui s'est fortifiée au cours de l'histoire. Sous l'époque normande, elle est élevée au 1er rang des cinq ports, avec Hythe, Sandwich, New Romney et Hastings, qui contrôlent l'accès à la Grande-Bretagne. La **charte des « Cinque Ports »** (prononcer « sink ») fut officialisée en 1278 à Douvres sous le règne d'Édouard Ier. Henri VIII révoqua cette charte en 1685 quand il mit en place la flotte. Particulièrement touchée par les bombardements allemands lors de la Seconde Guerre mondiale, Douvres fut le haut lieu d'opérations de sauvetage telle l'évacuation par l'amiral Ramsey de 350 000 soldats alliés pris dans la cuvette de Dunkerque, ou de décisions stratégiques comme l'organisation du débarquement de 1940 par Winston Churchill.

À proximité Carte de région

Deal D2

À 14 km/8,7 miles au nord-est par la A 258.

Une jetée moderne avance vers l'est, de la plage de galets de Deal en direction des célèbres **Goodwin Sands**, où gisent des épaves de navires. Un parcours historique met l'accent sur les curiosités de cette petite ville. Sur le bord de mer, on admirera une longue rangée de demeures, principalement georgiennes, derrière lesquelles on aperçoit des ruelles bordées de maisons de marins.

Pour rappeler par son plan de masse la rose des Tudors, l'imposant **château**, édifié sous le règne d'Henri VIII, fut ourlé de « pétales », des bastions concentriques d'où les armes lourdes pouvaient riposter en cas d'agression par la mer. *EH - ✆ (01304) 372 762 - www.english-heritage.org.uk - avr.-sept. : 10h-18h - audioguide - 4,50 £.*

Walmer Castle – *À 3 km/2 miles au sud de Deal - EH - ✆ (01304) 369 576 - www.english-heritage.org.uk - ♿ - avr.-sept. : 10h-18h ; oct. et mars : merc.-dim. 10h-16h - audioguide - 7 £.* Ce château, transformé au 18e s en une élégante demeure dotée de beaux **jardins**, servit de résidence officielle aux **lords Warden of the Cinque Ports** (gouverneur des Cinq Ports – *voir l'encadré ci-dessus*). Il réunit de nombreux souvenirs liés aux successifs gouverneurs, comme les bottes du duc de Wellington (1769-1852) ou le fauteuil dans lequel il mourut.

Folkestone D3

À 13 km/8 miles au sud-ouest par la A 20.

Harbour Street - ✆ (01303) 258 594 - www.discoverfolkestone.co.uk.

Folkestone a longtemps été le second port après Douvres pour le trafic transmanche. Le sommet de la falaise vers l'ouest accueille une jolie promenade dans la verdure, The Leasa (les grasses pâtures). Ce sentier a été aménagé au milieu du 19e s., quand la ville était un lieu de villégiature. Par temps clair, le superbe **panorama★** sur la mer permet d'apercevoir les côtes françaises. Les **églises St Mary** et **St Eanswyth** furent construites au 12e s.

À la sortie nord de la ville, au pied des North Downs, se trouvent l'accès au tunnel sous la Manche et le complexe du terminal d'Eurotunnel.

Hythe D3

À 23 km/14,3 miles au sud-ouest par les A 20 et A 259.

High Street, la grande rue de ce « Cinque Port », est maintenant à environ 1 km du front de mer, le port de Hythe s'étant envasé depuis des siècles.

De pittoresques ruelles conduisent à l'**église St Leonard**, perchée à mi-chemin sur le flanc de l'ancienne falaise. Le magnifique chœur du 13e s., étonnamment ambitieux pour une église paroissiale, est le reflet de la prospérité que connut la ville jadis. *(01303) 262 370 - www.stleonardschurch.com - église et crypte : mai-sept. : 10h30-12h, 14h30-16h - fermé dim. mat.*

À la fin du 18e s., la menace d'une invasion par les troupes de Napoléon Ier avait été prise très au sérieux. En conséquence, 73 solides **tours Martello**, fortins circulaires en briques, furent bâties entre Folkestone et Eastbourne ; une voie d'eau, le canal militaire royal, fut creusée entre Hythe et Rye. *Rowing boat hire - location de barques - près du pont de Stade Street - (07718) 761 236 - mai-sept. 10h-18h - 10 £/h + dépôt de garantie.*

Hythe est également le terminus du célèbre **chemin de fer miniature** (24 km) reliant Romney, Hythe et Dymchurch *(voir p. 207)*.

Port Lympne Wild Animal Park D3

À Lympne, 26 km/16,2 miles au sud-ouest par les A 20 direction Folkestone, A 259 direction Hythe, B 2067 puis une route secondaire - (01303) 264 647 - www.howletts.com - - 10h-18h (hiver 17h), dernière entrée 1h30 av. fermeture - fermé 25 déc. - 16,95 £ (enf. 12,95 £) - restaurant.

Conçus pour sir Philippe Sassoon en 1912, la demeure en brique rouge et ses jardins traditionnels offrent des vues sur le marais de Romney et la mer. On peut voir à l'intérieur du bâtiment une étonnante pièce, la **Tent Room**, peinte en trompe l'œil par Rex Whistler, ainsi qu'une **fresque** de Spencer Roberts représentant des animaux asiatiques. À l'extérieur, dans les enclos et plus bas, en liberté sur les coteaux, vivent des rhinocéros, des tigres, des lions, des éléphants et les autres animaux du parc zoologique.

NOS ADRESSES À DOUVRES

VISITES

En bateau – *Dép. de la marina de Douvres - (01303) 271 388 - www.doverwhitecliftours.com - juin-août : tlj ; avr.-mai : w.-end - 8 £.* Tour commenté de 40mn.

HÉBERGEMENT

BUDGET MOYEN

Castle House – *10 Castle Hill Road - (01304) 201 656 - www.castle-guesthouse.co.uk - 60/68 £* . Ce gîte est idéalement situé près du centre-ville, du port et du château. Les chambres sont confortables et l'accueil très agréable. Bon rapport qualité/prix.

ACHATS

Bon à savoir – Vous trouverez une ribambelle de magasins sur **Cambridge Road**.

ACTIVITÉS

Randonnée pédestre – *Rens. à l'office de tourisme.* Une section du sentier **North Down Way** longe la côte entre Folkestone et Douvres.

Rye

★★

4 393 habitants

NOS ADRESSES PAGE 209

S'INFORMER

Office de tourisme – *4/5 Lion Street - (01797) 229 049 - www.visitrye.co.uk - lun.-sam. 10h-17h (nov.-mars 16h).* Il renseigne sur les visites audio-guidées et le circuit Romney Marsh Heritage Trail.

SE REPÉRER

Carte de région D3 (p. 117) – *carte Michelin 504 W31 - East Sussex.* Sur la côte sud-est, 63 km/39 miles à l'ouest de Douvres.

À NE PAS MANQUER

Le château de Bodiam et l'abbaye de Battle aux alentours.

ORGANISER SON TEMPS

Rye invite à la flânerie quand le soleil brille, comptez une journée de balade. Pour voir le marché de la ville, venez un jeudi et pour celui des fermiers, le mercredi matin.

AVEC LES ENFANTS

Le chemin de fer Romney-Hythe-Dymchurch.

Avec sa multitude de maisons aux toits rouges montant jusqu'à l'église, cette exquise petite ville à flanc de colline est visible de loin, par-delà les vastes étendues de terre. Sa structure médiévale revêt souvent une apparence georgienne. Attirés par son caractère ancien, ses paysages solitaires et l'étrange lumière de sa lande environnante, des artistes et des écrivains, notamment Henry James, sont venus y habiter.

Se promener

★★★ DANS LA VIEILLE VILLE

Avec ses petites rues pentues et tortueuses, le vieux quartier surprend, offrant des ouvertures inattendues sur la campagne.

Départ de Rye Heritage Center - Strand Quay.

The Story of Rye

(01797) 226 696 - www.ryeheritage.co.uk - ♿ - mars-oct. : 10h-17h ; nov.-fév. : 10h-16h - spectacle ttes les 20mn (durée 20mn, en français) - 3,50 £.

Son et lumière accompagnent la présentation d'une **maquette** de Rye. Un commentaire raconte les principaux événements historiques qui ont marqué la ville.

Prendre Mermaid Street.

Mermaid Street★ est une jolie ruelle aux pavés ronds. Vous pouvez y admirer une auberge typique, **Mermaid Inn** (l'Auberge de la Sirène, du 11e s., reconstruite au 15e s.), réputée pour avoir été le repaire de brigands.

Au bout de Mermaid Street.

Lamb House

NT - ✆ (01580) 762 334 - www.nationaltrust.org.uk - fin mars-fin oct. : jeu., sam. 14h-18h - 4 £.

Cette jolie maison qu'habita **Henry James** à partir de 1897, et qui accueillit plus tard le satiriste E.F. Benson, présente à la rue une belle façade georgienne.

Tourner à droite.

St Mary's Church

✆ (01797) 224 935 - www.rye-tourism.co.uk/pages/parish.asp - ♿ - 9h-17h (hiver 16h) - gratuit sf tour (tarif non précisé).

Commencée au 12e s., cette impressionnante construction comporte une célèbre horloge du 16e s., dont le pendule, qui mesure 5,5 m, se balance à l'intérieur du bâtiment. Son cadran très travaillé, situé à l'extérieur du croisillon gauche, est entouré de figurines peintes de couleurs gaies qui sonnent les quarts d'heure, non les heures. Du haut du bâtiment, on profite d'une **vue★** incomparable sur les toits de tuile rouge et la campagne environnante.

Prendre Church Square à gauche.

Ypres Tower

✆ (01797) 226 728 - www.ryemuseum.co.uk - 10h30-17h - 3 £ - 5 £ billet combiné Rye Castle Museum.

Cette petite citadelle robuste construite en 1249 est perchée en haut d'une falaise. Une exposition relate l'histoire de ses différentes fonctions : tour de défense du château, maison, cour de justice puis prison. Le haut de la tour offre une belle vue sur la campagne de Romney Marsh.

Continuer sur Church Square, puis tourner dans East Street.

Rye Castle Museum

✆ (01797) 226 728 - www.ryemuseum.co.uk - w.-end et j. fériés 10h30-17h - 2,50 £ - 5 £ billet combiné Ypres Tower.

C'est le second site du musée local. L'histoire de la ville est à l'honneur au travers de plusieurs galeries.

Continuer sur East Street, puis tourner dans High Street.

High Street

Cette longue rue sinueuse offre de nombreuses merveilles à voir comme l'**ancien lycée** de 1636, en brique, avec son pignon à frontons. Les tours rondes de la Landgate marquent l'endroit où un isthme reliait autrefois l'île et son port au continent.

À proximité Carte de région

Romney Marsh D3

À l'est par les A 270 et A 259, ou par la B 2075 et des routes secondaires.

Les landes de Walland, Denge et Romney s'étendent à l'infini. Cette région, autrefois isolée, gagna petit à petit sur la mer au cours d'une période de mille ans, offrant ainsi de riches pâturages à ses célèbres moutons.

Des randonnées sont organisées par le **Romney Marsh Countryside Project** (*✆ (01797) 367 934 - www.rmcp.co.uk*). Il est aussi possible de partir seul à la découverte de cette campagne grâce aux chemins balisés et aux cartes que l'on peut se procurer à l'office de tourisme de Rye.

UNE HISTOIRE MOUVEMENTÉE

Le début de l'histoire de la ville fut marqué par des combats sur et avec la mer. En 1191, Rye fut associée aux **Cinque Ports** *(p. 203)*, la ligue maritime du Kent et du Sussex établie par Édouard le Confesseur afin de fournir navires et hommes pour la défense du royaume. À plusieurs reprises, Rye fut mise à sac par les Français. Elle connut de nombreuses tempêtes qui, par leur violence, firent dévier le cours de la rivière Rother au 13e s., et détruisirent bien des bâtiments siècle après siècle. Rye est maintenant un petit port, que le retrait de la mer a relégué à 3 km à l'intérieur des terres.

Romney-Hythe-Dymchurch Railway D3

Stations à New Romney (19 km/17,5 miles à l'est par la A 259), Dungeness (à 28 km/17,5 miles par la A 259, puis la B 2075 jusqu'à Lydd, sortir de la ville en empruntant Dungeness Road) et Hythe (34 km/21 miles à l'est par la A 259) - (01797) 362 353 - www.rhdr.org.uk - de Pâques à fin sept. : tlj ; fév.-mars et oct. : w.-end - 9 à 14 £ AR selon trajet (enf. moitié prix) - aire de jeux.

Ce chemin de fer miniature relie entre elles les petites stations balnéaires de la côte est. À l'intérieur des terres, de minuscules villages se cachent dans un labyrinthe de sentiers et de cours d'eau.

Au pied de l'ancienne falaise, entre Rye et Hythe, coule le **Royal Military Canal**, creusé pour faciliter le transport des troupes et des munitions lourdes entre les tours Martello et les batteries côtières.

★★ Bodiam Castle C3

À 21 km/13 miles. Prendre la direction du nord-ouest par la A 268 ; au bout de 18 km/11 miles, tourner à gauche à Sandhurst, puis prendre les routes secondaires jusqu'à Bodiam - NT - (01580) 830 196 - www.nationaltrust.org.uk - ♿ - de mi-fév. à fin oct. : 10h30-17h ; de janv. à mi-fév. : w.-end 11h-16h ; de nov. à fin déc. : merc.-dim. 11h-16h (dernière entrée 30mn av. fermeture) - 6,40 £ - salon de thé.

Dans un joli cadre, au creux de petites collines et dominant la rivière Rother, c'est l'archétype du château médiéval entouré de douves qui vous attend. Il fut construit de 1385 à 1388 pour empêcher les Français, en quête de pillages, de remonter la rivière (navigable à cette époque) et de progresser à l'intérieur des terres. De cette période, il a conservé son grand corps de garde, sa massive muraille et de hautes (18 m) tours d'angle très massives. L'importance stratégique de ce site est confirmée par la présence d'un ouvrage militaire défensif de brique et béton datant de la Seconde Guerre mondiale (cet ouvrage est appelé *pillbox*, car sa forme évoque les boîtes aux lettres rondes munies d'une fente).

★ Winchelsea D3

À 4 km/2,5 miles par la A 259 vers l'ouest.

Implanté à la fin du 12e s. par Édouard Ier sur un promontoire de grès pour remplacer son homonyme qui, à 5 km, avait été ravagé par une tempête, Winchelsea ne put jamais assumer son rôle de port pour le commerce du vin de Bordeaux. La cité ayant été attaquée par les Français à plusieurs reprises et abandonnée par la mer qui s'était retirée, une partie de son plan en échiquier demeura inachevée.

Il reste encore trois portes d'accès, la Pipewell Gate, la New Gate, perdue dans la campagne, au sud, et la **Strand Gate**, solitaire et désolée, qui scrute la mer du haut de sa falaise. Certaines des habitations des 18e et 19e s. situées dans les paisibles rues bordées d'herbe ont conservé des caves médiévales voûtées, souvenir du commerce du vin. Tout ce qui reste de la grande église de la ville, **St Thomas**, est un chœur impressionnant et des chapelles qui contiennent de beaux **gisants★** du 14e s.

★ Hastings C3

À 19 km/12 miles au sud-ouest par la A 259.

Priory Meadow - Queens Square - ✆ (01424) 451 111 - www.visit1066country.com - lun.-vend. 8h30-18h15, sam. 9h-17h, dim. 10h30-16h.

Hastings faisait partie des « **Cinque Ports** » *(voir p. 203)* pendant les 12e et 13e s. Riche de son passé historique, cette ville est également attrayante pour ses rues commerçantes, son port de pêche, sa promenade le long de la plage et ses magnifiques vues du haut des falaises qui l'entourent.

West Hill Cliff Railway – *Georges Street - ✆ (01424) 451 111 - avr.-sept. : 10h-17h30 ; oct.-fév. : se renseigner - 2,20 £.* Ce funiculaire de l'époque victorienne permet d'atteindre le château.

Castle – *✆ (01424) 444 412 - avr.-oct. : 10h-17h ; de mi fév. à fin mars : w.-end 10h-16h - 4,25 £.* Les ruines du premier château anglais de Guillaume le Conquérant, dont la structure était à l'origine en bois, se dressent tout en haut de la vieille ville. L'histoire du château et de la bataille d'Hastings (1066), à l'issue de laquelle Guillaume se fit sacrer roi à Westminster, sont relatées dans une présentation audiovisuelle : *The 1066 Story.*

★ Battle C3

À 23 km/14,5 miles à l'ouest de Rye par la B 2089, puis la A 21 direction Hastings, avant de suivre le panneau. À 9 km/5,5 miles au nord d'Hastings par la B 2159 et la A 2100.

C'est en haut de la colline de Battle que les Normands remportèrent la célèbre **bataille d'Hastings**, le 14 octobre 1066, sur l'armée anglaise du roi Harold. On peut y voir les ruines de l'abbaye commémorative construite par Guillaume le Conquérant. Le petit village situé au pied de la colline fut bâti pour desservir l'abbaye et baptisé Battle en l'honneur de l'événement.

★ **Abbey** – *EH - ✆ (01424) 773 792 - www.english-heritage.org.uk - ♿ - 10h-18h (oct.-mars 16h) - audioguide - fermé 24-26 déc. - 7 £ - parking payant.* L'imposante mais gracieuse masse du corps de garde du 14e s., richement orné et crénelé, domine les modestes bâtiments de la place du marché. La plus grande partie de la vaste abbaye bénédictine fut détruite lors de la Dissolution, mais on peut encore en discerner les contours. Le grand autel de l'église abbatiale, érigé sur les instructions de Guillaume le Conquérant à l'endroit même où tomba le roi Harold, est identifié par une plaque. En descendant la colline abrupte, on peut admirer les impressionnantes ruines du **dortoir** des moines, son haut pignon et ses trois rangées de fenêtres lancéolées béantes, donnant sur le champ de bataille. La partie la mieux préservée est l'aile ouest du cloître, qui abrite aujourd'hui une école privée.

★ **Battlefield** – *Un sentier comprenant des panneaux explicatifs permet de suivre le déroulement de l'engagement. Mêmes conditions de visites que pour l'abbaye.* Depuis la **promenade** sur la terrasse, on jouit d'une large vue du vaste site sur lequel fut livrée la plus décisive des batailles du pays. C'est sur cette corniche que Harold déploya son armée, épuisée par une longue marche forcée depuis la ville d'York. De l'autre côté de cette vallée marécageuse étaient postés les adversaires normands ainsi que leurs alliés français et bretons, fraîchement débarqués du port tout proche de Hastings. La bataille, violente et sanglante, dura toute une journée.

NOS ADRESSES À RYE

HÉBERGEMENT

BUDGET MOYEN

The Rise – *82 Udimore Road - ✆ (01797) 222 285 - www.therise-rye.co.uk - P - 3 ch. : 90 £* ☕. Cette grande demeure paisible, à 10mn à pied du centre-ville, propose des chambres spacieuses avec une jolie vue sur le paysage.

POUR SE FAIRE PLAISIR

Windmill Guest-House – *Mill Lane, Off Ferry Road - ✆ (01797) 240 027 - www.ryewindmill.co.uk - P - 3 ch. : 70/135 £* ☕. Proche du centre-ville, ce B & B réserve une expérience : dormir dans un ancien moulin à vent. Le décor des chambres est simple, mais tout est conçu pour le confort des hôtes.

Mermaid Inn – *Mermaid Street - ✆ (01797) 223 065 - www.mermaidinn.com - P - ch. : 102/128 £* ☕. Cet ancien repaire de contrebandiers a gardé une atmosphère médiévale avec ses poutres apparentes et un mobilier d'époque. Certaines chambres sont dotées de lits à baldaquin. Le restaurant sert la cuisine franco-anglaise d'un grand chef *(menu 25/34 £)*.

RESTAURATION

BUDGET MOYEN

White's – *44 George Street - ✆ (01424) 719 846 - www.whitesbar.co.uk - 30 £*. Ce restaurant vous accueille dans une ambiance conviviale. Plateaux de fruits de mer et moules-frites contenteront les plus difficiles et les plus affamés.

PETITE PAUSE

Fletchers House Tea Room – *2 Lion Street - ✆ (01797) 222 227 - www.fletchershouse.co.uk - fermé mar.* Ancienne demeure du célèbre auteur John Fletcher, ce salon de thé est entièrement décoré à l'ancienne. Selon l'heure, sandwichs, gâteaux ou plats traditionnels.

Cranberries – *105 A High Street - ✆ (01797) 224 800*. Ici, les murs sont ornés de fleurs peintes et les coussins verts confèrent une ambiance champêtre. Et c'est tout naturellement que l'on accompagnera les gâteaux d'un jus de fruits frais. Produits locaux (confitures, miel, etc.) en vente.

ACHATS

Les ruelles du centre-ville regorgent de boutiques diverses, dont de produits locaux. Vous dénicherez d'autres trouvailles à **Rye Auction Galleries** *(Rock Channel)*, **The Strand** ou **Cinque Ports Pottery** *(Conduit Hill)*.

AGENDA

Festival médiéval – Fin juillet, l'histoire est à l'honneur. Le programme enchantera petits et grands avec des reconstitutions de batailles, des ménestrels, des mimes et autres animations.

Festival de la ville – 1re quinzaine de septembre. C'est l'occasion de déambuler dans les rues au son de la musique, en profitant des différentes performances artistiques.

Royal Tunbridge Wells

59 371 habitants

S'INFORMER

Office de tourisme – *The Old Fish Market - The Pantiles - ✆ (01892) 515 675 - www.visittunbridgewells.com - de Pâques à fin sept. : 9h30-17h, dim. 10h-15h ; reste de l'année : lun.-sam. 9h30-17h - fermé 1er janv. et 25-26 déc.*

SE REPÉRER

Carte de région C2 (p. 117) – *carte Michelin 504 U30 - Kent.* À mi-chemin entre Londres (63 km/39 miles) et la côte sud (Rye).

À NE PAS MANQUER

Knole et Ightham Mote.

ORGANISER SON TEMPS

Réservez une journée pour effectuer un des circuits, sans oublier le pique-nique à la belle saison.

AVEC LES ENFANTS

Ashdown Forest Centre.

Gracieuse alliance de styles georgien et victorien au milieu de parcs ouvrant sur de belles perspectives et un vaste terrain communal à demi sauvage : ainsi se présente Royal Tunbridge Wells. Cette ville fut le lieu de vacances préféré de la reine Victoria. Ses alentours enchanteurs et ses douces collines sont une invitation à la halte et au repos pour tous les voyageurs.

Se promener

La ville doit sa prospérité à la découverte accidentelle de ses sources minérales en 1606 par lord North. Cette bourgade devint un endroit très à la mode et les constructions se multiplièrent. Après la naissance de son fils Charles II, la reine Henriette-Marie passa six semaines dans un lieu pour le moins surprenant, une tente ! La reine Anne fit poser un pavement de céramique et donna son nom aux « **Pantiles** ».

★ The Pantiles

Les arcades de ses maisons constituent une promenade pittoresque. Le **pavillon des Bains** (1804) possède une source d'eau ferrugineuse. La **Bourse des céréales** (1802), qui fut jadis un théâtre, est précédée de colonnes doriques et surmontée de Cérès, déesse de la Moisson, sur son toit ; elle accueille une intéressante présentation de la vie à l'époque georgienne : *A Day at the Wells*. La **galerie de musique** est un vestige de l'élégance d'antan de la ville. Le **pavillon de l'Union** (1969, par Michel Levell), à l'une des extrémités des Pantiles, est un modèle de réussite du mariage entre le classique et le moderne. L'**église du roi Charles-le-Martyr**, à l'autre extrémité, est une leçon de modestie et de capacité

d'adaptation. Construite en 1678, elle vit son plan transformé en carré en 1696, l'intérieur remodelé, et Henri Doogood, le plâtrier de Wren, y aménagea un plafond.

★ Calverley Park

Il ne s'agit pas vraiment d'un parc, mais plutôt d'une nouvelle ville de style néoclassique bâtie par Decimus Burton. Inspirée par Bath, elle est homogène mais pas uniforme, exubérante par sa taille mais sobre par son style. Pour profiter d'une belle vue, prenez place à Calverley Park Crescent.

Circuits conseillés Carte de région

AU NORD C2

Circuit de 44 km/27,5 miles au départ de Royal Tunbridge Wells tracé en vert sur la carte p. 117. Quitter Royal Tunbridge Wells par la A 26, prendre à gauche la A 21, puis la A 225 vers Sevenoaks et suivre le symbole.

★★ Knole

À Sevenoaks, 18 km/11 miles - NT - ✆ (01732) 462 100 - www.nationaltrust.org.uk/knole - ♿ - maison : de fin mars à fin oct. : merc.-dim., Vend. saint et j. fériés 12h-16h (dernière entrée 30mn av. fermeture) - jardin : avr.-sept. : mar. 11h-16h - 10,50 £ (jardin seul 5 £) - salon de thé.

Commencée en 1456 par Thomas Bourchier, archevêque de Canterbury, cette grande demeure entourée d'un vaste parc devint ensuite la propriété de la famille Sackville. Cette dernière l'agrandit vers 1603 et Vita Sackville-West y passa son enfance. Du fait des 7 cours (les jours de la semaine), des 52 escaliers (semaines de l'année) et des 365 pièces (jours de l'année), la dame comparait cette demeure à un « village médiéval ». Horace Walpole, qui portait un regard différent, évoquait sa « magnifique et modeste simplicité ».

La **grande salle**, la pièce la plus impressionnante, est dotée d'une somptueuse clôture de style Jacques Ier. Le **grand escalier** en grisaille est décoré d'un nu grandeur nature de la superbe Gianetta Baccelli, maîtresse des lieux dans tous les sens du terme. Le **cabinet de toilette à paillettes** présente le deuxième plus ancien clavecin fabriqué en Angleterre (1622). La galerie Reynolds abrite les œuvres du peintre. La **salle de bal** est caractérisée par sa cheminée de style Jacques Ier, lambrissée et ornée de frises. Quant à la **galerie des dessins**, elle doit son cachet aux copies faites par Mytens des dessins du Nouveau Testament de Raphaël. L'unique fausse note de la demeure est la **salle du Roi**, remplie de grisailles, de plumes d'autruche, de coûteuses broderies et de décorations en argent – « la seule pièce de mauvais goût de la maison » (Vita Sackville-West).

Se diriger vers le nord en passant par le centre-ville de Sevenoaks, prendre la A 25 en direction de Maidstone. À Ightham, prendre la A 227 à droite en direction de Royal Tunbridge Wells et suivre le symbole (12 km/7,5 miles).

★★ Ightham Mote

À Ivy Hatch - NT - ✆ (01732) 810 378 - www.nationaltrust.org.uk - ♿ - de mi-mars à fin oct. : jeu.-lun. : 11h-17h ; de nov. à mi-déc. : jeu.-dim. 11h-15h (dernière entrée 30mn av. fermeture) - 11 £ - restaurant.

Édifice de pierre et de bois, Ightham (prononcer « aiteum »), construit en 1330, est le manoir à douves le plus parfait qui subsiste encore en Angleterre. Son emplacement assez retiré a dû favoriser sa préservation. Le châtelet crénelé mène dans la cour intérieure, où règnent calme et sérénité.

La **grande salle** fut construite vers 1330 : elle comporte de belles fenêtres de style gothique Perpendicular (vers 1480) dont les vitraux comptent cinq blasons. Remarquez également un plafond à trois arches, l'une en bois et les deux autres en pierre, supportées par des corbeaux sculptés de motifs fantasques. La **frise** sculptée au-dessus de la cheminée et les **lambris** furent conçus par Norman Shaw vers 1870. Dans la cage d'escalier, une tête de Sarrasin et les armoiries de la famille Selby sont sculptées sur le noyau de l'escalier Jacques Ier. On visite ensuite le corridor des serviteurs, la conciergerie, la crypte (la dernière modification du bâtiment du 14e s.). À l'étage, la salle de l'oriel, l'ancienne chapelle et une suite de chambres à coucher. Au-delà du couloir de la chapelle, on parvient à la **nouvelle chapelle**, qui, d'un point de vue historique, est la pièce la plus intéressante de la maison avec la grande salle. Elle comporte une magnifique **voûte en berceau** (1470-1480, restaurée en 1890-1891, puis en 1997), et des boiseries peintes du début du 16e s., décorées avec les attributs des souverains (grenade de la maison d'Aragon, roses des York, des Lancastre et des Tudors). Le salon avec son papier mural chinois peint à la main (18e s. et restauré depuis), la chambre de la tour et les salles de billard (insolite collection d'égouttoirs) sont aussi ouverts au public.

Poursuivre sur la A 227 vers le sud, puis la A 226 à partir de Tonbridge pour revenir à Royal Tunbridge Wells (14 km/9 miles).

À L'EST C2-3

Circuit de 48 km/30 miles tracé en vert sur la carte p. 117. Quitter Royal Tunbridge Wells en empruntant la A 267 vers le sud, puis prendre la B 2169 en direction de Lamberhurst et suivre les panneaux.

Scotney Castle Garden C3

À Lamberhurst, 12 km/7,5 miles - NT - ☎ (01892) 893 868 - www.nationaltrust.org.uk/scotneycastle - ♿ - jardins : de fin fév. à fin oct. : merc.-vend. 11h-17h30, w.-end 10h-17h30 - château : de mi-mars à fin oct. : merc.-dim. 11h-17h (dernière entrée 1h av. fermeture) - 10 £.

À partir d'un bastion, près de la demeure victorienne en pierre, le regard est inévitablement attiré par une scène enchanteresse comprenant les flancs abrupts de la vallée, les vestiges, cernés par les douves du château de Roger Ashburnham (14e s.) et la demeure du 17e s. construite à l'intérieur, les arbres luxuriants et les arbustes. L'ensemble fut conçu au début du 19e s. par Edouard Hussey pour former le plus pittoresque des paysages aménagés.

Prendre la B 2162 vers le nord, puis à droite la A 262 vers l'est (5 km/3 miles).

À **Goudhurst,** la jolie rue du village monte en pente raide jusqu'à l'église paroissiale, bâtie au sommet de la colline. Tout autour, on voit les vergers et les houblonnières du « jardin d'Angleterre ».

Poursuivre par la A 262 en direction de Sissinghurst (8 km/5 miles).

★ Sissinghurst Castle Garden C2

NT - ☎ (01580) 710 700 - www.nationaltrust.org.uk - ♿ - de mi-mars à fin oct. : vend.-mar. 11h-18h - 10,50 £ - restaurant.

En 1930, **Vita Sackville-West** et son mari, Harold Nicholson, découvrirent une magnifique demeure de la période Tudor. La tour devint bureau de l'écrivain (remarquez la presse de Hogarth, qui imprima la première édition du livre *The Waste Land*, de T. S. Eliot) et le jardin devint leur monument. « Il allie le classicisme le plus rigide dans le dessin à l'originalité la plus débordante dans le choix des plantes. » Les extrémités des allées axiales et leurs jardins ouverts

(chacun d'une couleur différente) sont agrémentés d'arches et de statues *(accès limité en nombre).*
Rentrer à Royal Tunbridge Wells par les A 262 et A 21 (23 km/14 miles).

AU NORD-OUEST C2

À 37 km/23 miles de Royal Tunbridge Wells à Westerham tracé en vert sur la carte p. 117. Partir par la A 26, puis prendre à droite la B 2176.

Penshurst Place

À 12 km/8 miles - à Penshurst - (01892) 870 307 - www.penshurstplace.com - - avr.-oct. : jardins 10h30-18h, maison 12h-16h - mars : jardins w.-end 10h30-18h, maison w.-end 12h-16h - 9,50 £ - cafétéria.
Cette maison du poète élisabéthain **Philip Sidney** (1554-1586) fut bâtie dans un charmant village de l'époque néo-Tudor regroupé autour de l'église St John the Baptist (13e s.), qui comprend maintenant sa chapelle Sidney. Le manoir d'origine (1346), en grès fruste, fut agrandi d'ailes dans les styles Jacques Ier et néogothique du début de l'époque Tudor. Dans le hall, le toit en châtaignier est soutenu par des sculptures figurant des paysans grandeur nature, tandis que les salons d'apparat sont garnis d'un mobilier rococo et palladien, dû notamment à Guillaume Kent. Le ravissant **Toy Museum**, aménagé dans les bâtiments extérieurs, rassemble des poupées du 19e s., des chevaux à bascule et des marionnettes.
Poursuivre vers le nord par la B 2176 pour rejoindre la B 2027 en direction d'Edenbrigde, puis tourner à gauche sur une route secondaire vers Chiddingstone (4 km/2,5 miles).

Chiddingstone

Bâti autour de l'église St Mary, composé de maisons à colombage et à pignon, aux toits de tuile et aux murs enduits de crépi, ce village associe avec un rare bonheur le gothique du 14e s. et le style Jacques Ier.
Chiddingstone Castle – *(01892) 870 347 - www.chiddingstonecastle.org.uk - - de Pâques à fin sept. : dim.-merc. 11h-17h (dernière entrée 16h15) - 7 £.*
Il fut reconstruit vers 1805 par William Atkinson, l'architecte du palais de Scone. Les œuvres présentées ici furent réunies par Denys Eyre Bower, peut-être l'excentrique Anglais le plus remarquable depuis Guillaume Beckford. Contrairement à Beckford, il n'était pas millionnaire, mais un employé de banque doué d'un goût extraordinaire. La collection comprend un portrait de nu représentant Nell Gwyn par Lely, une miniature de Charles II par Samuel Cooper, des armoiries et des sabres japonais, une belle collection de laques du Japon, ainsi que des souvenirs des Stuarts.
Revenir sur la B 2027 et suivre les panneaux en direction de Hever Castle (4 km/2,5 miles).

★ Hever Castle

(01732) 865 224 - www.hevercastle.co.uk - - avr.-oct. : 12h-18h (jardins 10h30-18h) ; mars : merc.-dim. 12h-17h (jardins 10h30-17h) ; nov.-déc. : merc.-dim. 11h-16h (jardins 10h30-16h), dernière entrée 1h av. fermeture - fermé 25-26 déc. - audioguide 2,75 £ - 13 £, jardin seul 10,50 £ - restaurant.
Ce manoir, protégé par ses douves, son pont-levis et la herse de son corps de garde rectangulaire et massif, se cache dans un site idyllique. Associé à l'union romantique puis tragique d'**Anne Boleyn** et du roi Henri VIII, il fut acquis en 1903 par le milliardaire américain William Waldorf Astor, qui restaura la demeure et le parc.

Le décor des **salles** entourant la cour privée est plus luxueux qu'à l'époque des Boleyn. La majeure partie des **boiseries** recréent le travail des artisans de l'époque Renaissance. Des portraits d'Anne et d'Henri VIII (par Holbein) sont exposés. Le livre d'heures que la jeune reine portait sur elle le jour de son exécution, le 19 mai 1536, est exposé dans sa petite chambre. La galerie, longue de 30 m, abrite des tableaux relatant la vie et l'époque d'Anne Boleyn.

Dans la composition de ses **jardins**, Astor a aimé marier les styles des différentes périodes. Le résultat donne une juxtaposition de divers paysages, dont le plus typique comprend un lac artificiel de 15 ha, auquel on accède par une loggia raffinée et un jardin italien, le cadre parfait pour son importante collection de **statues** et de **sculptures antiques** provenant d'Italie. On y trouve également un labyrinthe formé de buissons taillés, ainsi qu'une allée Anne-Boleyn sillonnant un beau parc boisé.

Revenir à la B 2027, que l'on prend à gauche, puis rejoindre la B 2026, en direction de Westerham (13 km/8 miles).

Chartwell

Mapleton Road - NT - ☎ (01732) 868 381 - www.nationaltrust.org.uk - ♿ - juil.-août et j. fériés : tlj sf lun. 11h-17h ; de fin mars à fin juin et sept.-oct. : merc.-dim. 11h-17h (dernière entrée 45mn av. fermeture) - 11,80 £, studio seul 5,90 £ - restaurant.

Résidence de **sir Winston Churchill** (1874-1965), cette demeure restaurée de l'époque Tudor est garnie de ses œuvres, dont nombre de peintures. Elle reflète la quiétude dans laquelle vivait ce grand homme d'État. Les murs du jardin furent en partie bâtis par Churchill lui-même et une splendide vue au sud, vers la campagne vallonnée, s'offre au regard.

Westerham

Cette ancienne ville de marché, coquette, située au sommet d'une colline, vit naître le général Wolfe, conquérant de la Nouvelle-France en 1759. Sa résidence, **Quebec House**, possède d'intéressants documents et la statue de son célèbre propriétaire est exposée sur la pelouse, à proximité d'une représentation de Churchill assis. *Quebec Square - NT - ☎ (01732) 868 381 - www.nationaltrust.org.uk - de mi-mars à fin oct. : merc.-dim. et j. fériés 13h-17h (dernière entrée 30mn av. fermeture) - 4,70 £.*

Prendre la A 233, puis suivre la signalisation (7 km/4,3 miles).

★ Down House

EH - ☎ (04689) 859 119 - www.english-heritage.org.uk - ♿ - juil.-août : 11h-17h ; reste de l'année : merc.-dim. et j. fériés : 11h-17h (nov.-mars 16h) - 9,30 £ - café.

Cette demeure georgienne, au milieu d'un parc de 7 ha, fut habitée par le naturaliste **Charles Darwin** (1809-1882) et sa famille de 1842 à la mort du scientifique. Après son tour du monde, qui dura cinq années, puis un séjour d'une durée identique à Londres, Darwin choisit cette retraite rurale pour y rédiger son œuvre majeure, *De l'origine des espèces*. Sa présence, tant sur le plan scientifique que familial, imprima sa marque à la demeure.

Le rez-de-chaussée est resté pratiquement inchangé depuis l'époque où Darwin y vécut. Une grande partie du mobilier est d'origine ; on trouve aussi quantité de livres, carnets et autres objets personnels lui ayant appartenu. Son **cabinet de travail**, où il semble pouvoir revenir d'un instant à l'autre, est particulièrement intéressant. Au premier étage, une exposition est consacré à son voyage d'exploration à bord du *HMS Beagle* (1831-1836) et présente quelques-unes des pièces de sa vaste collection d'histoire naturelle, avant de détailler l'immense controverse déclenchée par sa théorie de l'évolution.

LE WEALD C2-3

Cette région de collines et de vallées, abondamment boisée, s'étend sur environ 160 km entre les escarpements abrupts des North et South Downs. La forêt de jadis, plus étendue qu'aujourd'hui et faiblement peuplée, constituait une réserve en bois apparemment inépuisable. Elle fut utilisée pour la construction de navires et la production de charbon de bois associée à l'exploitation du minerai de fer. L'industrie locale du fer connut son apogée aux 16e et 17e s. De multiples étangs qui, autrefois, fournissaient les nombreuses forges en énergie hydraulique, en sont le témoignage le plus évident. Ces *hammer ponds* ont servi à A. A. Milne pour illustrer *Winnie-the-Pooh (Winnie l'Ourson)*. Quelques témoins de leur production sont rassemblés dans la maison d'Anne de Clèves à Lewes *(voir p. 220)*.

La proximité de Londres, alliée au paisible paysage boisé du Weald, a longtemps incité les gens à venir résider dans cette région, aussi bien les banlieusards de notre époque que les grands propriétaires terriens d'antan. Toute une série de matériaux – pierres, bois, brique et tuiles – a servi à bâtir certaines des demeures champêtres les plus romantiques et les plus charmantes, de même que le hameau plus modeste, le village et le cottage isolé du petit propriétaire.

Quitter Royal Tunbridge Wells par la A 264 vers l'ouest, puis tourner à gauche sur une route secondaire (7 km/4,3 miles).

Les villages de **Groombridge** et **Hartfield** possèdent tous deux de jolies demeures aux toits de tuile, cernés de bardeaux.

À 3 km/2 miles après Hartfield, tourner à gauche en suivant les panneaux indiquant « Wych Cross ».

Ashdown Forest Centre

(01342) 823 583 - www.ashdownforest.org - ♿ - avr.-sept. : lun.-vend. 11h-17h, w.-end et j. fériés 14h-17h ; oct.-mars : w.-end et j. fériés 11h-16h - fermé 25-26 déc.

Juste avant Wych Cross, trois granges reconstruites et couvertes de chaume abritent le centre de la forêt, où est expliquée l'histoire naturelle de la région. Le cœur du Weald, situé sur un vaste plateau sablonneux, est formé par les forêts de bruyère, de pins et de bouleaux. Les parkings et les aires de pique-nique sont autant d'invitations pour le visiteur à apprécier les jolies vues et à découvrir la campagne à pied.

Brighton

★★

127 035 habitants

NOS ADRESSES PAGE 223

NOS ADRESSES PAGE 223

S'INFORMER

Office de tourisme – *Royal Pavilion Shop - 5 Pavilion Buildings - 0300 300 0088 (tarif local depuis un poste fixe, surtaxé depuis un mobile) - www.visitbrighton.com - 9h30-17h15.*

Visites audioguidées – Trois visites historiques audios peuvent être téléchargées sur Internet *(www.tourist-tracks.com - téléchargement 5 £)*. MP3 en location à l'office de tourisme avec un dépôt de garantie.

SE REPÉRER

Carte de région C3 (p. 117) – *carte Michelin 504 T31 - East Sussex*. À 87 km/54 miles au sud de Londres par la A 23 et à 14,5 km/9 miles de Newhaven. Des ferries relient régulièrement Newhaven et Dieppe en 4h.

À NE PAS MANQUER

Le Pavillon royal, une promenade sur le front de mer et dans les quartiers de Lanes et North Laine.

ORGANISER SON TEMPS

Comptez une journée.

AVEC LES ENFANTS

Le Sea life Center ; Volks Railway ; Bluebell Railway à Sheffield Park et Fort Fun Leisure Park *(voir Nos adresses)*.

C'est à Brighton que la mode des bains de mer commença à la fin du 18e s. Surtout connue comme la cité balnéaire anglaise par excellence, elle a aussi d'autres attraits. Les demeures de style georgien, victorien et Regency rivalisent d'élégance. Les ruelles tortueuses de son quartier de pêcheurs contrastent avec les larges espaces verts et les allées généreusement fleuries. Quant au joyau de la ville, le Pavillon royal, il est stupéfiant avec son architecture de style « gothique indien ».

Découvrir

★★★ Royal Pavilion

0300 290 900 - www.royalpavilion.org.uk - avr.-sept. : 9h30-17h45 ; oct.-mars : 10h-17h15 (dernière entrée 45mn av. fermeture) - fermé 24-26 déc. - 9 £, audioguide inclus.

Cet incroyable édifice à l'orientale, tout de stuc et de pierre, reflète l'éclatante personnalité de Georges, prince de Galles (1762-1811), futur Régent (1811-1820) puis roi sous le nom de **Georges IV**. En 1785, il épouse clandestinement la jeune et séduisante roturière catholique Mme Fitzherbert. Tous deux s'installent dans la modeste ferme de Brighton House, louée par le prince depuis 1783. L'architecte Henry Holland transforme en 1787 le bâtiment en

Le Palace Pier.
B. Merle / Photononstop

une villa de style classique, qui prend le nom de « Pavillon marin ». En 1815, la dernière métamorphose de la demeure est confiée à l'architecte John Nash et à des décorateurs. La villa devient un somptueux pavillon royal dont l'accès est assuré par deux portes de facture exotique. Sa silhouette extraordinaire, toute de dômes bulbeux, de pinacles, de tourelles et de flèches, est une libre interprétation de l'architecture indienne, style qui prit le nom de « gothique indien ». Une exposition dans la galerie « Nord-Ouest » permet de comprendre les différentes méthodes utilisées pour la transformation du bâtiment ainsi que le travail effectué par les restaurateurs.

Toutes les pièces sont décorées et meublées avec une prédominance du style chinois. Le **salon de musique** est éclairé par des becs de gaz en forme de lotus, où serpents et dragons peints se lovent entre les écailles dorées d'un vaste dôme. L'aspect spectaculaire de la **salle des banquets** est rehaussé par un lustre en cristal de 9 m de haut surmonté par un gigantesque dragon ailé en argent se détachant sur un fond en trompe l'œil composé de feuilles de plantain géantes. L'accès aux **appartements royaux** s'effectue par un escalier dont la rampe en fer forgé imite astucieusement le bambou.

Les **jardins** reproduisent fidèlement ceux de l'époque Régence. Les anciennes écuries, bâtiments massifs de style pseudo-oriental situés au nord-ouest du parc, abritent maintenant la bibliothèque municipale, le musée et la salle de concerts du Dôme.

Se promener

★★ LE FRONT DE MER

Les demeures de **Brunswick Square** rassemblent un prestigieux ensemble architectural (1825-1827) caractérisé par ses stucs, ses bow-windows, ses détails classiques et son élégante ornementation de fer forgé ouvragé.

Le plus ancien de ces bâtiments, **Royal Crescent** (1798-1807), est coiffé par des ardoises noires disposées de façon géométrique. Au bout de Marine Parade, en direction de Brighton Marina, se dresse le bel ensemble architectural de **Lewes Crescent/Sussex Square**, construit à partir de 1823 par **Thomas Reid Kemp**. Le Grand Hôtel et l'hôtel Métropole représentent particulièrement bien l'architecture victorienne avec sa riche ornementation.

Traverser King's Road pour rejoindre la promenade.

Construite sur de massives voûtes de brique, la promenade est bordée de rampes et d'escaliers qui conduisent au niveau de la mer. Une profusion de détails futiles, splendides motifs de fer forgé, délicieux petits kiosques et abris, donne un air de vacances qui se prolonge sur la mer avec le **West Pier** (1866) et le **Palace Pier** (1899), appelé aussi Brighton Pier, surprenant royaume du divertissement et de la consommation.

De Brighton Pier, traverser Madeira Drive.

Sea Life Center

Marine Parade - ✆ (01273) 604 234 - www.sealifeeurope.com - ♿ - 10h-17h30 (dernière entrée 16h, 17h le w.-end) - repas des animaux : mar., jeu., sam. (se renseigner à l'entrée sur les horaires) - fermé 25 déc. - 15,50 £ (enf. 10,50 £).

Cet aquarium en voûte de l'époque victorienne était le plus grand du monde lors de son inauguration en 1872. Ici, les mystères de la vie aquatique sont dévoilés pour les visiteurs. Les poissons de toutes les mers et rivières du globe vous attendent. Ne manquez pas le repos des raies, le « Royaume de l'hippocampe » et rendez une petite visite aux tortues du lagon. Quant aux requins, pastenagues et anguilles de roche, vous les verrez filer au-dessus de vos têtes dans un impressionnant tunnel transparent.

Rejoindre Brighton Marina en longeant Madeira Drive ou en empruntant la Volks Railway située au début de Madeira Drive, en face du Sea Life Center.

Volks Railway

✆ (01273) 297 718 - www.volkselectricrailway.co.uk - lun.-vend. : 10h15-17h (mar. et vend. 11h15), w.-end 10h15-18h - dép. ttes les 15mn - 2,80 £ AR (enf. 1,40 £).

C'est l'une des premières lignes de chemin de fer électriques (1883) qui mène vers l'est à une marina, installée au pied de la falaise.

Marina

Cet impressionnant village de voiliers comprenant de nombreux restaurants peut se prévaloir, avec ses 2 000 mouillages, d'être l'un des plus grands ports de plaisance d'Europe. Du brise-lames, un très beau point de vue permet d'admirer la côte.

LE CENTRE-VILLE

★ The Lanes

Ce véritable labyrinthe de ruelles très animées de la vieille ville est bordé d'innombrables boutiques et magasins d'antiquités. Le cœur de ce quartier est **Brighton Square**.

Sortir du quartier en empruntant East Street et se diriger vers le Pavillon royal.

Museum and Art Gallery

Près du Pavillon royal - ✆ (01273) 290 900 - ♿ - mar.-sam. et lun. fériés 10h-17h - fermé 1er janv., 24-27 déc.

En plus d'une passionnante collection consacrée à l'histoire locale, on peut admirer des tableaux flamands et anglais, de la porcelaine, de la poterie,

UNE CURE DE JOUVENCE

Le docteur **Richard Russell**, originaire de Lewes, défend dans un traité en 1750 les qualités curatives de l'eau de mer. Convaincu par cette théorie, le prince de Galles se rend à Brighton en 1783. Il soutient l'ouverture du premier établissement de bains. Les séjours du prince et cette nouvelle activité thérapeutique transforment Brighton en lieu de rendez-vous de la haute société londonienne. Les aristocrates construisent de magnifiques demeures et le prince, devenu le roi George IV, commande la construction du Pavillon royal, qui deviendra le symbole de la ville. En 1840, l'inauguration d'une voie de chemin de fer reliant Londres à Brighton ouvre à toutes les classes sociales la cité balnéaire et ses bains. Véritable « Londres-sur-Mer », Brighton reçoit son statut de cité en 2000.

ainsi qu'une **galerie★** consacrée à l'ethnographie et à la mode de la fin du 19e au début 20e s.

Les anciennes écuries du Pavillon royal abritent aussi une très belle exposition d'**art décoratif★** du 20e s., de l'Art nouveau au design scandinave de l'après-guerre.

Emprunter Church Street à gauche en sortant du musée, tourner à droite sur Regent Street. Continuer tout droit.

1

★ The North Laines

Véritable marché aux puces, ce quartier est un concentré de boutiques en tout genre. Les vitrines de certains magasins sont de vraies œuvres d'art. Passants et échoppes donnent à ces rues une douce et joyeuse atmosphère bohème.

Après avoir sillonné les rues de North Laines, tourner à droite sur Trafalgar Street (au nord du quartier). Tourner à gauche à York Place pour rejoindre London Road. Tourner à gauche sur Ann Street.

★ St Bartholomew's

☎ (01273) 620 491 - tlj sf dim. 10h-13h, 14h-16h30.

Cette église (1872-1874) est l'un des édifices religieux les plus remarquables de Brighton. Les 14 stations du Chemin de croix sculptées dans la pierre et le bois de Bruges ornent magnifiquement les bas-côtés de la nef. Des chefs-d'œuvre de l'Arts and Crafts, mouvement décoratif du 19e s., contrastent avec la simplicité des murs de brique à motifs. Prenez le temps de regarder le sanctuaire, l'autel de la Vierge, le maître-autel et les gigantesques chandeliers.

AU-DELÀ DU CENTRE

Preston Manor

▶ À 3 km/2 miles au nord de Brighton par la A 23 - ☎ 0300 290 900 - avr.-sept. : visite guidée (45mn) mar.-sam. 10h15-16h15, dim. 14h15-16h15, dép. ttes les h - 5 £.

Cette magnifique demeure fut habitée au 19e s. par la riche famille Stanford, qui tirait sa fortune des vastes terres qu'elle possédait au nord de Brighton. Dans une vingtaine de pièces réparties sur 4 étages, meubles et décorations évoquent l'atmosphère de la grande époque édouardienne.

Booth Museum of Natural History

▶ À 2 km/1,5 mile au nord-ouest de Brighton par Dyke Road - ☎ 0300 290 900 - ♿ - tlj sf jeu. 10h-17h (dim. 14h-17h) - fermé 1er janv., 24-27 et 31 déc.

Cette institution fut fondée en 1874 par Edward Thomas Booth, afin d'exposer ses **dioramas** présentant des oiseaux empaillés dans des décors imitant leur environnement naturel. Ses collections, riches de 621 000 spécimens zoologiques, géologiques et botaniques, en font le 2e plus grand musée d'histoire naturelle du pays. La section géologique explique la formation de la roche de Brighton : une craie du crétacé qui constitue le sous-sol des South Downs.

À proximité Carte de région

★ Lewes C3

À 13 km/8 miles de Brighton par la A 270.

187 High Street - (01273) 483 448 - Pâques-sept. : lun.-vend. 9h-17h, sam. 9h30-17h30, dim. 10h-14h ; reste de l'année lun.-vend. 9h-17h, sam. 10h-14h.

L'« éperon » sur lequel est construite la longue rue principale, High Street, bascule brutalement dans la gorge creusée par la rivière Ouse à travers les collines environnantes. L'emplacement stratégique du site fut si apprécié par Guillaume de Varenne qu'il y construisit son château et fit établir avec son épouse un grand prieuré, dont il ne subsiste que des ruines. En 1264, la rébellion de Simon de Montfort contre Henri III aboutit à la défaite des forces royales lors de la **bataille de Lewes** sur le mont Harry.

Lewes Castle and Museum – *(01273) 486 290 - mar.-sam. 10h-17h30, dim., lun. (sf janv.) et j. fériés 11h-17h30 (dernière entrée 30mn av. fermeture) - 6 £ ; 8,80 £ billet combiné avec Anne of Cleves House.* On accède aux ruines du château par Barbican House, jolie maison à colombage du 16e s. dotée d'une façade de la fin de l'époque georgienne. Elle contient une intéressante exposition sur l'archéologie dans le Sussex et le **Lewes Living History Room**, qui raconte l'histoire de la ville au travers d'un montage audiovisuel et d'une maquette détaillée. Une superbe **barbacane** du 14e s., construite en silex, veille sur l'enceinte du château où, curieusement, on trouve deux monticules. Le **donjon** est perché sur l'un d'entre eux, bien au-dessus du niveau des toits. L'une des tours permet d'apprécier de jolies **vues★** sur la ville, les gracieuses collines de craie environnantes et la rivière Ouse.

High Street★ est bordée de bâtiments aux façades construites en matériaux traditionnels : silex (église St Michael's), pierre, brique, bois, stuc, tuile, et la spécialité locale, les « carreaux mathématiques ». **Keere Street★**, située au bout à gauche de High Street, plonge en pente raide jusqu'à un quartier de la vieille ville fortifiée et vers **Southover Grange**, bâtiment construit avec les pierres du prieuré clunisien St Pancras, édifié au 11e s. *(meilleur aperçu*

FESTIVAL DE GLYNDEBOURNE

À l'est, derrière le massif crayeux de Caburn qui domine Lewes, se trouve la célèbre résidence de campagne de Glyndebourne. Le Festival de Glyndebourne a lieu tous les ans de mai à début août depuis 1934 à l'initiative de John Christie (mort en 1962) et de son épouse, la soprano Audrey Mildmay. Initialement consacré aux œuvres de Mozart, le festival, au fil des ans, a étendu son répertoire de Monteverdi à Stravinski. Outre ses qualités musicales, le festival offre le charme incomparable de son environnement et plus particulièrement de son gazon qui, à l'entracte, accueille les spectateurs, en tenue de soirée, pour le traditionnel pique-nique.

www.glyndebourne.com

de Mountfield Road). Les cercueils ouvragés des fondateurs, Guillaume de Varenne et sa femme, sont conservés dans l'église St John the Baptist, dans Southover High Street.

Plus loin, on trouvera la maison à colombage d'Anne de Clèves, réaménagée en **musée de l'histoire locale**. Une galerie particulièrement intéressante est consacrée à l'industrie du fer, autrefois florissante dans les épaisses forêts de chênes du Sussex. *✆ (01273) 474 610 - mars-oct. : mar.-jeu. 10h-17h, dim., lun. et j. fériés 11h-17h (dernière entrée 30mn av. fermeture) - fermé 24-26 déc. - 4,20 £ ; 8,80 £ billet combiné avec Lewes Castle.*

★ Sheffield Park Garden C3

À 28 km/17 miles, prendre l'A 270 jusqu'à Lewes, puis la A 275 direction East Grinstead - NT - ✆ (01825) 790 231 - www.nationaltrust.org.uk/sheffieldpark - ♿ - de mi-fév. à fin oct. : 10h30-17h30 ; nov.-déc. : 10h30-16h ; de janv. à mi-fév. : w.-end 10h30-16h (dernière entrée 1h av. fermeture) - 8,20 £ (automne 10,70 £) - possibilité de billet combiné avec le Bluebell Railway.

Ce grand parc paysager des 18e et 19e s., avec ses **quatre lacs** communiquant par des cascades, fut enrichi au début du 20e s. par des milliers d'arbres et d'arbustes du monde entier. Il présente un choix de végétaux exceptionnel, et les plantations au bord de l'eau sont du plus bel effet. Les formes variées des conifères rivalisent de beauté. La succession de buissons, d'azalées et de rhododendrons est resplendissante au printemps, et la gamme de couleurs apportée par l'automne est simplement magnifique.

Bluebell Railway – *À Sheffield Park - ✆ (01825) 728 00 - www.bluebell-railway.co.uk - à partir de 11h, 3 à 7 dép./j. - 12,50 £.* Des **trains à vapeur** circulent sur les 5 km séparant Sheffield Park d'Horsted Keynes. Cet ancien réseau est le premier d'Angleterre à avoir été entièrement conservé. Des petites gares bien entretenues, au personnel en uniforme, en passant par les wagons et les locomotives rayonnant de leur splendeur d'antan, tout évoque l'atmosphère des voyages ferroviaires du 19e s.

Charleston Farmhouse C3

À 15 km/9 miles au sud-est par la A 27 - ✆ (01323) 811 265 - www.charleston.org.uk - ♿ - avr.-oct. : visite guidée merc.-sam. 13h-17h (dernière entrée), juil.-août 12h-17h (visites spéciales « Bloomsbury Decoration Tour » le vend. sf juil.-août), visite libre dim. et lun. fériés 13h-16h30 (dernière entrée) - 9 £, 10 £ le vend. sf juil.-août, jardin seul 3,50 £ - salon de thé.

En 1916, trois membres du célèbre **Bloomsbury Group**, Clive Bell, critique d'art, son épouse, Vanessa (sœur de Virginia Woolf), et Duncan Grant, tous deux peintres postimpressionnistes, se retirèrent dans cette ferme traditionnelle du Sussex jusqu'à la mort de Duncan Grant en 1978. La maison et le jardin illustrent par de nombreux éléments leurs recherches esthétiques et picturales (tissus, céramiques, peintures murales, mobilier et cheminées). Les tableaux des deux peintres ainsi que ceux de leurs amis, comme Derain, Roger Fry ou Walter Sickert, ornent les murs de la demeure.

★★★ Beachy Head C3

À 15 km/9 miles au sud par la A 259, puis route secondaire (signalé).

C'est par une belle journée ensoleillée que vous profiterez au mieux de l'extraordinaire vision des vagues s'écrasant sur le phare qui, du haut des falaises (150 m), semble soudain miniaturisé. À l'ouest de ce joli point de vue, la côte forme un vaste plateau se terminant en promontoires calcaires plus petits mais néanmoins spectaculaires : il s'agit des **Seven Sisters**, accessibles uniquement à pied.

SOUTHS DOWNS WAY

South Downs Way (SDW) est l'unique piste cavalière de longue distance (160 km) qui existe en Grande-Bretagne. Cette piste part d'**Eastbourne** pour arriver à Winchester et traverse les sites naturels des Sussex Downs et d'East Hampshire. Sur toute sa longueur, la piste affiche le symbole des sentiers nationaux sous la forme d'un gland accompagné de la légende « South Downs Way », fiché sur des poteaux en forme de doigt pointé, ou sur des poteaux indicateurs.

Beachy Head Countryside Centre – *(01323) 737 273 - 10h-16h (hiver : w.-end 10h-15h30).* Ici sont retracées l'histoire et l'écologie du cap et des Downs.

Eastbourne C3

À 23 km/14,5 miles de Brigthon par la A 259.

Cornfield Road - (01323) 411 400 - www.visiteastbourne.com - fermé dim.

Abritée par les South Downs, Eastbourne jouit d'un climat exceptionnellement ensoleillé. À partir des années 1850, la mise en valeur de ses immenses domaines a transformé ce petit village agricole sans prétention en une ravissante station de bord de mer. Modèle de l'urbanisme victorien, Eastbourne est également une excellente base pour découvrir la région alentour.

★ **Front de mer** – La longue promenade est ourlée de pelouses bien entretenues et de massifs fleuris. Le commerce n'a pas sa place dans ce cadre idéal pour les traditionnels plaisirs du bord de mer. La **jetée** (1870) et le remarquable kiosque à musique de 1935, s'intégrant parfaitement à la promenade, vous plongent dans une ambiance de vacances. La partie centrale est délimitée par des murs de défense de l'époque napoléonienne ; à l'est, la grande **redoute** abrite les musées du Royal Sussex Regiment et des Queen's Royal Irish Hussars ; à l'ouest, la **tour Wish**, une des 73 tours Martello *(voir p. 204)* qui protégèrent la côte du Kent et du Sussex de l'invasion française, se dresse sur un promontoire d'où l'on jouit d'une jolie vue.

Derrière, King Edward's Parade conduit au sommet de la falaise, au pied des Downs, point de départ de nombreuses balades. La promenade s'achève aux jardins avec un très beau panorama de la baie jusqu'à Hastings.

Heritage Centre – *Carlisle Road, près du front de mer et du Congress Theatre - (01323) 721 825 - de Pâques déb. oct. : 14h-17h - présentation audiovisuelle (20mn) - 2,50 £.* Dans une curieuse petite tour, une exposition explique le développement de la ville depuis 1800. Non loin de là se trouvent le complexe de loisirs limitrophe du parc du Devonshire, le théâtre victorien du même nom, le célèbre jardin d'hiver et le palais moderne des Congrès.

NOS ADRESSES À BRIGHTON

TRANSPORTS

Trains – Liaisons quotidiennes (1h de trajet) entre Londres et la gare de Brighton sur Queens Road, à 5mn du centre-ville.
www.nationalrail.co.uk
Autocars – Londres-Brighton (2h de trajet) avec la compagnie National Express.
www.nationalexpress.com
Se garer – Un **Park-and-Ride** se trouve au nord sur la A 23, près de Withdean Stadium.
Pour stationner dans le centre-ville et dans certains quartiers, achetez des coupons appelés **vouchers** dans les petits commerces ou les garages. Ils permettent de stationner plus longtemps pour moins cher. Certains hôtels les vendent.
Transports Publics – Brighton & Hove - *16 Old Steine - (01273) 886 200 - www.buses.co.uk. - ticket Citysaver valable 24h - 3,60 £.* Service de bus « Metro » : demandez la carte des différentes lignes à l'office de tourisme.

VISITES

À Brighton

À pied – *www.brightonwalks.com - rens. à l'office de tourisme.* Tout au long de l'année, des visites thématiques sont proposées.
En autobus – Citysightseeing - *(01273) 886 200 - www.city-sightseeing.com - de mai à mi-sept. : dép. ttes les 30mn - billet valable 24h à acheter au dép. de Grand Junction Road ou à l'office de tourisme - 8 £.* Tour commenté de la ville de 50mn.
En bateau – Roos Boat Trips - *Pontoon 5 - Brighton Marina - (07958) 246 414 - www.watertours.co.uk - avr.-oct. - 7,50 £.* Promenade en mer de 45mn.

À Eastbourne

En autobus – Citysightseeing - *(0871) 666 000 - www.city-sightseeing.com - avr.-oct. : dép. ttes les 30 à 60mn - billet valable 24h à acheter auprès du conducteur ou au dép. d'Eastbourne Pier - 5 £ (enf. 3 £).* Ce tour de 30mn vous emmène jusqu'à Beachy Head.
En petit train – *(08456) 002 299 - avr.-oct. - tickets à acheter auprès du conducteur 5,50 £ (enf. 3 £).* Le **Dotto Train** parcourt le front de mer. Vous le trouverez facilement le long de la promenade.
En bateau – Allchorn Pleasure Boats – *(01323) 410 606 - www.allchornpleasureboats.co.uk - mai-oct. : 10h30-15h30 (dép. ttes les h) - 9 £ (enf. 5,50 £).* Cette croisière commentée de 45mn vous emmène à la découverte de la baie d'Eastbourne.
Harbour Boat Trip – *Sovereign Harbour - (01323) 472 009 - www.auroramarine.co.uk - mars-oct. : 10h45-18h30 - 3,50 £ (enf. 2,75 £).* Tour commenté (30mn) de la marina.

HÉBERGEMENT

PREMIER PRIX

À Brighton

Bon à savoir – Les hôtels et bed & breakfast se concentrent dans les rues perpendiculaires à la Marine Parade.

Esteban Hotel – *35 Upper Rock Gardens - ✆ (01273) 681 161 - 12 ch. : 55 £* ☕. À quelques minutes du centre-ville, lits à baldaquin et qualité de l'accueil font le charme de cet hôtel.

À Eastbourne

Bon à savoir – Grand Parade, Marine Parade et Royal Parade comptent nombre d'hôtels et de *guesthouses*.

Ebor Lodge Hotel – *71 Royal Parade - ✆ (01323) 640 792 - www.eborlodge.co.uk - 6 ch. : 56/70 £* ☕. Traversez la rue et vous êtes à la plage. Accueil chaleureux, chambres confortables : bon rapport qualité/prix.

BUDGET MOYEN

À Eastbourne

Albert et Victoria – *19 St Aubyns Road - ✆ (01323) 730 948 - www.albertandvictoria.com - 4 ch. : 70/80 £* ☕. Vous rêvez de dormir dans un lit à baldaquin avec une magnifique vue sur la mer ? Votre rêve peut devenir réalité dans cette élégante demeure victorienne. Réserver à l'avance.

Sea Beach House Hotel – *39/40 Marine Parade - www.seabeachhouse.co.uk - ✆ (01323) 410 458 - - ch. : 64/74 £* ☕. Cet hôtel confortable est répertorié dans la liste des maisons historiques. Les propriétaires sont une mine d'informations sur les attractions touristiques de la ville.

POUR SE FAIRE PLAISIR

À Brighton

Nineteen – *19 Broad Street - ✆ (01273) 675 529 - www.hotelnineteen.co.uk - 8 ch. : 85/125 £* ☕. Cet hôtel de prestige à la décoration soignée et chic propose des chambres agréables.

Paskins – *18/19 Charlotte Street - ✆ (01273) 601 203 - www.paskins.co.uk - P - 19 ch. : 90/130 £* ☕. Chaque chambre est décorée selon un thème : Art déco, style victorien, Audrey Hepburn, etc. Le petit-déjeuner, très copieux, comprend des produits bio et du poisson.

Amherst – *2 Lower Rock Gardens - ✆ (01273) 670 131 - www.amhersthotel.co.uk - 10 ch. : 120/195 £* ☕. Ce charmant hôtel réserve un accueil chaleureux à 5mn de la plage. Les chambres sont décorées dans un style sobre.

New Steine Hotel – *12A New Steine - ✆ (01273) 681 546 - www.newsteinehotel.com - 10 ch. : 100/130 £* ☕. Cet établissement de standing, à deux pas de la mer, propose des chambres à la décoration moderne. Restaurant (cuisine française) au sous-sol.

RESTAURATION

PREMIER PRIX

À Brighton

Bon à savoir – Le samedi matin en été, les restaurants du quartier de North Laine sortent tables et chaises le long des rues. Le centre-ville ou encore North Laine, le front de mer, la marina ou les Lanes comptent les meilleurs restaurants et pubs de Brighton.

Bill's – *100 North Road - ✆ (01273) 692 894 - www.billsproducestore.co.uk - 15/20 £*. De grandes tables au cœur d'un marché de primeurs : ce restaurant mise sur la fraîcheur de ses produits. Chaque plat se prépare sous vos yeux. Un incontournable, pour un petit-déjeuner ou une spécialité du jour.

À Eastbourne

Bon à savoir – Un large choix de restaurants anglais, européens et orientaux ainsi que les incontournables *fish and chips* sont regroupés sur Terminus Road. Les autres établissements sont sur le front de mer et Sovereign Harbour.

Brewers Fayre – *Beachy Head - ✆ (01323) 728 060 - 15 £.* Ce pub, isolé sur les hauteurs de Beachy Head, jouit en terrasse d'une vue très agréable. Au menu : grillades, *jacket potatoes*, etc.

BUDGET MOYEN

À Brighton

The Gingerman – *21A Norfolk Square - ✆ (01273) 326 688 - www.gingermanrestaurants.com - 18/32 £ - fermé lun.* Petit établissement moderne à proximité de l'embarcadère, cuisine de style méditerranéen. Réservation indispensable.

Terre à Terre – *71 East Street - ✆ (01273) 729 051 - www.terreaterre.co.uk - fermé lun. sf fériés - 25/30 £ (menu 15 £).* Ce restaurant coloré multiplie les plats végétariens savoureux d'une grande originalité et d'un très bon rapport qualité/prix. Des produits artisanaux sont également proposés à la vente.

Sevendials – *1-3 Buckingham Place - ✆ (01273) 885 555 - www.sevendialsrestaurant.co.uk - fermé dim. soir - 22 £/30 £ (menu déj. 14 £).* Dans le cadre d'une ancienne banque, on déguste une cuisine moderne savamment épicée. Il est possible de réserver la chambre forte pour une soirée privée.

English's of Brighton – *29-30-31 East Street - ✆ (01273) 327 980 - www.englishs.co.uk - 30 £.* Des plateaux de fruits de mer, des poissons marinés, grillés, et autres spécialités de poissons sont servis dans une atmosphère années 1930.

À Eastbourne

Belgian Cafe – *c/o Burlington Hotel - 11-23 Grand Parade - ✆ (01323) 729 967 - 20 £.* Si l'envie de moules-frites vous prend, ce restaurant saura répondre à vos attentes. Pour les bières, vous n'aurez que l'embarras du choix, avec 80 variétés à la carte.

ACHATS

À Brighton

Le quartier bohème de **North Laine** rassemble les boutiques les plus excentriques de Brighton. Les enseignes prestigieuses bordent North Street, East Street, Churchill Square et Western Road. Les **Lanes** déroulent leurs élégantes boutiques de vêtements, de bijoux et d'antiquités. Quant à la **marina** de Brighton, elle abrite des magasins d'usine et accueille des foires d'artisanat et d'alimentation, ainsi que des marchés fermiers et français.

À Eastbourne

La **zone piétonne** autour de Terminus Road, Meads Village (The Labyrinth), Langney Road, Cavendish Place, Little Chelsea (South Street, Grove Road) et dans Sovereign Harbour regorge de boutiques en tout genre. Les amateurs d'antiquités trouveront leur bonheur à **Cornfield Antiques Market**.

EN SOIRÉE

À Brighton

La vie nocturne de Brighton est animée tout au long de l'année. Les magazines *What's on, Insight, Source* and *This is Brighton* vous informent sur tous les événements. Disponibles à l'office de tourisme.

Brighton Dome – *29 New Road - ✆ (01273) 709 709 - www.brightondome.org.* Les trois salles, le Pavillon Theatre, le Dome et le Corn Exchange proposent des pièces de théâtre, des ballets, des concerts et des thés dansants.

Komedia – *Gardner Street, North Laine - ✆ 0845 293 8480 - www.komedia.co.uk*. Ce lieu accueille des spectacles de café-théâtre, des comédies et des concerts.

À Eastbourne

Les salles du Congress Theatre, du Winter Garden Devonshire Park Theatre *(intersection entre Carlisle Road et Compton Street)* et du Royal Hippodrome *(Seaside Road)* offrent une gamme complète de spectacles *(www.eastbournetheatres.co.uk)*.

Concerts au Bandstand *(✆ (01323) 410 611 - www.eastbournebandstand.co.uk)* et au Pavillon l'été *(Royal Parade - ✆ (01323) 415 519)*.

ACTIVITÉS

À Brighton

Bon à savoir – Attractions et fêtes foraines se trouvent sur l'embarcadère de Brighton.

Watersports – *185 Kings Road Arches - ✆ (01273) 323 160 - www.thebrightonwatersports.co.uk*. Ce centre nautique propose canoë-kayak, ski nautique et parapente en mer.

À Eastbourne

Bon à savoir – Les amateurs de bicyclette, karting indoor, équitation, bowling, golf… pourront ici assouvir leur passion.

Randonnée et marche – The South Downs Way et de nombreuses promenades guidées ou non sont accessibles au départ du Beachy Head Countryside Centre *(voir p. 222)*.

Spray Water Sports – *Royal Parade - ✆ (01323) 417 023 - Pâques-déc. : lun.-sam. ; reste de l'année : lun.-vend.* Ce centre nautique propose du kayak, de la planche à voile et du voilier.

Fort Fun Leisure Park – *Royal Parade – ✆ (01323) 642 833 - www.fortfun.co.uk - fév.-oct. : vac. scol., w.-end et j. fériés*. Ce parc rassemble des manèges et un minigolf. Pique-niques autorisés.

AGENDA

À Brighton

Bon à savoir – La marina de Brighton accueille des manifestations et régates diverses (Dragon Boat Racing, Bike Rides, Live Music, Boats Shows).

Festival de Brighton – *✆ (01273) 709 709 - www.brighton-festival.org*. Durant trois semaines en mai, c'est le plus grand festival artistique d'Angleterre, dédié à toutes les formes d'expression (cinéma, musique, etc.).

À Eastbourne

Festival victorien – Fin septembre-début octobre, cet événement célèbre le passé victorien d'Eastbourne. Musique et attractions animent la ville.

Festival de la bière – Mi-octobre au Winter Garden. Musique, jeux et un florilège de bières du monde entier sont au rendez-vous.

Portsmouth

★

203 646 habitants

NOS ADRESSES PAGE 236

S'INFORMER

Office de tourisme – *Clarence Esplanade, Southsea et The Hard, Historic Dockyard - ✆ (02392) 826 722 - www.visitportsmouth.co.uk - mars-oct. 9h30-17h15 (fin juil.-déb. sept. 17h45); reste de l'année : merc., vend-dim. 9h30-16h30.* Il organise des visites gratuites de la ville.

Visites audioguidées – *Rens. et location à l'office de tourisme.* Un audioguide vous conte l'histoire du vieux Portsmouth avec notamment la mutinerie du *Bounty* ou Nelson et son dernier duel.

SE REPÉRER

Carte de région B3 (p. 116) – *carte Michelin 504 Q31 - Hampshire.* Au centre de la côte sud, à 156 km/97,5 miles de Londres, Portsmouth est desservie par des ferries en provenance de Caen, Le Havre, St-Malo et Cherbourg.

À NE PAS MANQUER

Historic Dockyard et Spinnaker Tower par temps clair.

ORGANISER SON TEMPS

Comptez 2 à 3 jours pour visiter la ville et ses alentours. Ajoutez une journée si vous voulez faire une escale à l'île de Wight.

AVEC LES ENFANTS

HMS Victory; Explosion!; Blue Reef Aquarium; Royal Navy Submarine Museum; Weald and Downland Open Air Museum; Wildfowl & Wetlands Centre *(voir Nos adresses).*

Portsmouth est la première destination balnéaire de Grande-Bretagne. Cette ville possède dans son port bien des trésors. Ce sont huit siècles d'histoires passionnantes qui attendent le voyageur sur les remparts et sur les eaux, où dorment de magnifiques vaisseaux du 19e s. Mais la modernité n'est pas pour autant bannie de la cité. La tour Spinnaker, avec son architecture digne du 21e s., domine une ville où fourmillent les attractions, les musées, les restaurants et les bars.

Se promener

La première base navale de Grande-Bretagne se situe sur l'île de **Portsea**, entre deux ports protégés par des anses quasi fermées, Portsmouth et Langstone. La base navale se développa au début du 15e s., et le premier bassin de radoub au monde y fut construit en 1495. Portsmouth devint, dès la fin du 17e s., le plus important port de guerre du pays. Au 18e s., lorsque la menace française se précisa, les fortifications furent renforcées. Après les bombardements intensifs de la Seconde Guerre mondiale, la ville fut reconstruite. Elle rassemble maintenant l'ensemble de l'île de Portsea et l'intérieur des terres, entre Portchester et Farlington.

Charles Dickens' Birthplace Museum
A 27: CHICHESTER M 27, A27: SOUTHAMPTON A 3 LONDON
A 2030, A288
A 2030 A 27, M 27
Royal Marines Museum
A 288 A 2030
GOSPORT Explosion
Royal Navy Submarine Museum
ISLE OF WIGHT
HISTORIC DOCKYARD
THE MARY ROSE
HMS VICTORY
NATIONAL MUSEUM OF THE ROYAL NAVY
Action Stations
Main Rd
MARY ROSE MUSEUM
HMS Warrior 1860
Harbour
GUNWHARF QUAYS SHOPPING CENTRE
Spinnaker Tower
MARINA
City Quay
THE POINT
OUTER CAMBER
White Hart Rd
Broad St.
Round Tower
Square Tower
OLD PORTSMOUTH
High Street
ST THOMAS' CATHEDRAL
Royal Garrison Church
Lombard St.
Warblington St.
LANDPORT GATE
Gunwharf
Queen Street
The Hard
PORTSEA
Ordnance Row
St George's Square
Park Rd.
St George's Rd.
Burnaby Rd.
St Michael's Road
Cambridge Rd.
Museum Rd.
City Museum and Records Office
Pembroke Rd.
KING'S BASTION
HOVERPORT
Pier Rd.
Duisburg Way
Clarence Esplanade
SOUTHSEA
Marketway
Alfred Rd
Anglesea Rd.
ST. JOHN.R.C. CATHEDRAL
VICTORIA PARK
Stanhope Rd
Charlotte St.
CASCADE CENTRE
Commercial Rd.
Arundel St.
Town
Rose
Lane
Alec
POL
Winston Churchill
Middle St.
Hampshire Terrace
St Paul's Rd.
King's St.
Landport Terrace
Norfolk St.
King's Rd.
Elm Grove
King's Terrace
Bellevue Terrace
Southsea Terrace
Castle Rd.
SOUTHSEA
Kent Rd.
Western Par.
Osborne Rd.
Palmerston Rd.
Clarence Parade
Serpentine Rd.
COMMON
Avenue de Caen
Blue Reef Aquarium
D-Day Musem
SOUTHSEA CASTLE
PORTSMOUTH AND SOUTHSEA
300 m
300 yards
N
SE LOGER
Albatros 1
The Florence House 4
The Fortitude Cottage 7
The Retreat 10
Waverley Park Lodge 13
SE RESTAURER
Brasserie Blanc 4
Lemon Sole 1

HISTORIC DOCKYARD Plan de ville

Promenade tracé en vert sur le plan ci-contre.
(02392) 839 766 - www.historicdockyard.co.uk - avr.-oct. : 10h-18h (reste de l'année 17h30), dernière entrée 1h30 av. fermeture - fermé 24-26 déc. - possibilité de visite guidée (45mn) : 2,50 £ - 19,50 £ (enf. 14 £) le billet donnant accès au HMS Warrior, National Museum of the Royal Navy, Action Stations, HMS Victory, The Mary Rose - restaurant.

Action Stations A1

(02392) 893 338 - www.actionstations.org - 10h-17h30 (hiver 17h) - tarifs : voir Historic Dockyard.
Sur le thème de la marine moderne, des expositions interactives permettent aux visiteurs de prendre les commandes d'un navire de guerre, de tester leurs aptitudes sur des simulateurs d'armement, de piloter un hélicoptère *Merlin* ou de se mesurer à des Royal Marines. Un film aborde les difficultés de la vie en haute mer et les conflits dans lesquels la marine britannique a été engagée.

★★ **National Museum of the Royal Navy** A1

Southsea - (02392) 819 385 - www.royalmarinesmuseum.co.uk - ♿ - 10h-17h - fermé 24-26 déc. - 5,85 £.
Le musée de la Marine royale se trouve à proximité du *HMS Victory* et du *Mary Rose*, au cœur du port de guerre historique. Il retrace toute l'épopée de la marine britannique. Depuis ses fenêtres, on aperçoit les bâtiments de la Royal Navy qui, aujourd'hui encore, ont vocation à défendre les côtes de Grande-Bretagne. Ses galeries présentent de très nombreux objets ayant appartenu aux hommes qui servirent leurs pays sur les mers. Elles couvrent une période de mille ans d'histoire, en temps de guerre comme en temps de paix. Une passionnante série d'expositions modernes redonne vie aux souvenirs de ces marins du passé. À voir, dans la galerie Victory, un tableau panoramique de W. L. Wyllie et une maquette évoquant la bataille de Trafalgar.

★★★ **« HMS Victory »** A1

(0239) 2839 766 - www.hms-victory.com - possibilité de visite guidée (45mn) selon disponibilité - horaires et tarifs : voir Historic Dockyard.
Le 21 octobre 1805, au large du cap Trafalgar en Espagne, le splendide trois-mâts de l'**amiral Horatio Nelson** mena les Anglais à la victoire contre une flotte composée de bâtiments français et espagnols. L'amiral y perdit la vie. Vers 1920, le *Victory* fut mis en cale sèche après cent cinquante années de bons et loyaux services. Il est depuis le siège du haut commandement de la Royal Navy avec, à son bord, du personnel actif de la marine et des fusiliers marins. Des travaux de rénovation sont en cours, visant à lui rendre la forme et l'aspect qu'il avait à l'époque de la bataille de Trafalgar.

★★ **« The Mary Rose »** A1

(02392) 750 521 - www.maryrose.org - horaires et tarifs : voir Historic Dockyard - coque en travaux jusqu'en 2012 (musée ouvert).
Le 19 juillet 1545, le quatre-mâts *The Mary Rose* (construit en 1509), bâtiment du vice-amiral de la flotte anglaise, gîta et sombra alors qu'il s'apprêtait à riposter à une attaque française. Henri VIII et son armée, qui se trouvaient à Southsea Common, entendirent les cris des hommes qui se noyaient. On retrouva l'épave, vers 1960, conservée par la vase du Solent. La coque fut remontée à la surface en 1982. Aujourd'hui, elle constitue un témoignage

exceptionnel de l'époque des Tudors, magnifiquement conservée après quatre cent trente-sept années au fond de l'eau. Une **exposition**, à l'appui des nombreux objets retrouvés à bord – trésors et objets personnels de l'équipage – donne un bon aperçu de la vie à bord d'un bateau au temps des Tudors. Une présentation audiovisuelle décrit la spectaculaire opération de renflouage.

Revenir sur Main Road jusqu'au croisement avec Queen Street, puis prendre à droite vers le HMS Warrior.

« HMS Warrior » 1860 A1

✆ (02392) 778 600 - www.hmswarrior.org - avr.-oct. : 10h-17h, nov.-mars : 10h-16h30 - audioguide en français 1 £ - tarifs : voir Historic Dockyard.

Ce cuirassé noir, aux lignes pures, fit naguère la fierté de la marine de la reine Victoria. Premier cuirassé de Grande-Bretagne, il fut armé vers 1860 et, après cent ans de service dans le cadre de missions diverses, il a été superbement restauré. Le *HMS Warrior* est à présent un musée vivant où chaque facette de la vie dans la marine victorienne est très précisément restituée.

Reprendre vers le sud et dépasser le port en passant par Gunwharf Quays, en direction de la marina.

★ Spinnaker Tower A1

À Gunwharf Quays - ✆ (02392) 857 520 - www.spinnakertower.co.uk - ♿ (réserver) - 10h-18h (août : dim.-jeu. 19h) - fermé 25 déc. - audioguide 3 £ - 7,25 £.

Cette tour vous élève à 170 m au-dessus du port de Portsmouth. Il s'agit de l'unique gratte-ciel ouvert au public. Il offre par temps clair une vue splendide sur l'île de Wight.

Continuer vers la marina par la Millenium Promenade, qui longe les quais.

★ LE VIEUX PORTSMOUTH Plan de ville

Harbour Ramparts A2

Les 3 km de la Millenium Promenade longent les remparts du front de mer (compter 1h30). La route à suivre est indiquée par un pictogramme ; elle vous mène à travers plusieurs sites historiques comprenant des panneaux explicatifs.

La vieille ville, qui se développa autour de Camber, au sud du chantier de construction navale, était autrefois entièrement entourée de remparts. Aujourd'hui, seuls subsistent ceux qui se trouvent côté port, permettant une agréable promenade avec vue sur Gosport et Spithead. À l'extrémité de Broad Street, le cap offre une bonne **vue panoramique★★** du trafic portuaire. La **Round Tower** (Tour ronde) construite sur l'ordre d'Henri V, fut transformée sous le règne d'Henri VIII, puis, à nouveau, au 19e s. La **Square Tower** (Tour carrée), construite en 1494 et maintes fois modifiée, contient un buste doré de Charles Ier dû à Le Sueur.

Il est possible ici de continuer vers le sud en suivant le bord de mer jusqu'à Southsea (voir plus loin). Pour poursuivre la visite du Vieux Portsmouth, quitter Millenium Promenade à la Tour carrée et emprunter High Street à gauche. Avant de pénétrer dans la ville, prendre immédiatement à droite sur Penny Street.

Royal Garrison Church A2

L'église de la Garnison royale était la chapelle d'un hôpital fondé vers 1212 et démoli en 1827. L'église fut bombardée en 1941, seul le superbe chœur de style gothique Early English doté de bossages feuillus et de chapiteaux a conservé son toit.

Revenir sur vos pas et tourner à droite sur High Street.

★ St Thomas Cathedral A2

High Street - Old Portsmouth - ✆ (02392) 823 300 - www.portsmouthcathedral.org.uk - 10h-17h (sf sam. et dim. matin) - possibilité de visite guidée sur RV.
Construite vers 1180, elle fut à l'origine une chapelle dédiée à **Thomas Becket**, martyrisé en 1170. Seuls le chœur et le transept de style gothique Early English survécurent à la guerre civile. Vers 1690, la nef et la tour furent reconstruites et le **dôme** de bois, de forme octogonale – point de repère pour les bateaux – fut ajouté en 1703. Dans le bas-côté sud du chœur, on trouve le monument funéraire du fameux duc de Buckingham, assassiné au n° 11 de High Street en 1628. Promue au rang de cathédrale en 1927, l'église fut agrandie en 1938-1939.
Continuer sur High Street, prendre Museum Road à droite.

City Museum and Records Office B1

✆ (02392) 827 261 - www.portsmouthcitymuseums.co.uk (en français) - ♿ - 10h-17h30 (oct.-mars 17h), dernière entrée 30mn av. fermeture - fermé 24-26 déc.
Les collections du musée portent sur l'histoire et l'art local du 17e au 20e s.
Rebrousser chemin et revenir vers Millenium Promenade en prenant à gauche Grand Parade. Suivre ensuite les remparts jusqu'au château de Southsea.

Southsea B2

Accès en voiture depuis le centre par Duisburgh Way, qui devient Clarence Parade, puis à droite prendre l'avenue de Caen.
La langue de terre située au sud de l'île de Portsea n'était qu'un marécage en friche. Au 19e s., la banlieue riche de Portsmouth et la station balnéaire commencèrent à s'étendre et le terrain communal devint une aire de loisirs.
★ **Castle** – *✆ (02392) 827 261 - www.southseacastle.co.uk (en français) - ♿ - avr.-sept. : 10h-17h30 (dernière entrée 30mn av. fermeture) - 3,50 £.* À l'extrémité sud de l'île se trouve le château construit par Henri VIII en 1544-1545. Il fait partie intégrante de l'ensemble des forteresses défendant les ports le long des côtes méridionale et orientale. Le donjon central, entouré de douves à sec, est toutefois essentiellement Tudor. À l'intérieur, une exposition retrace l'expansion des fortifications de Portsmouth, le règne d'Henri VIII et la guerre civile.
D-Day museum – *Esplanade Clarence - ✆ (02392) 827 261 - www.ddaymuseum.co.uk (en français) - ♿ - 10h-17h30 (nov.-mars 17h) - film (14mn), audioguide (30mn) - fermé 24-26 déc. - 6 £ - cafétéria.* À proximité du château, ce musée illustre les principaux épisodes de la Seconde Guerre mondiale. La pièce maîtresse en est la tapisserie *Overlord Embroidery*, dont les 34 panneaux racontent le déroulement du débarquement.
Blue Reef Aquarium – *Esplanade Clarence - ✆ (02392) 875 222 - www.bluereefaquarium.co.uk - 10h-17h (nov.-fév. 16h) - fermé 25 déc. - 9,20 £ (enf. 7,20 £).* Voici l'occasion de faire un véritable safari sous-marin. Grenouilles extraordinaires, raies, poissons multicolores de la barrière de corail, hippocampes et autres habitants des fonds marins se cachent ou vous regardent de leur aquarium. Ne manquez pas les loutres, confortablement installées au bord d'une rivière, et le tunnel de verre qui vous emmène au cœur d'un aquarium.

À voir aussi

Charles Dickens Birthplace B1 en direction

Old Commercial Road - City Centre - ✆ (02392) 827 261 - www.charlesdickensbirthplace.co.uk - avr.-sept. : 10h-17h30 (dernière entrée 30mn av. fermeture) ; reste de l'année : ouverture occasionnelle - 3,50 £.

1

Charles Dickens naquit en 1812 dans cette petite maison et y passa son enfance. La demeure a été restaurée et meublée dans le style de l'époque. Une petite exposition présente notamment le sofa de velours vert sur lequel Dickens mourut à Gads Hill (Kent), le 9 juin 1870.

★ Royal Marines Museum B2 en direction

À Eastney, sortir par Clarence Parade (A 288) - Southsea - ✆ (02392) 819 385 - www.royalmarinesmuseum.co.uk - ♿ - 10h-17h - fermé 24-26 déc. - 6,95 £.

Dans l'ancien mess des officiers, une présentation originale rend compte de la création, de l'histoire et de la mission actuelle du corps des fusiliers marins. Lors de sa fondation, par Charles II, il était constitué de soldats servant à bord de navires. Il acquit sa notoriété à la prise et à la défense de Gibraltar en 1704. Un film présente les actions menées par les fusiliers lors des batailles du Jutland (1916) et de Zeebrugge (1918), pendant la Seconde Guerre mondiale, en Irlande du Nord et aux Malouines (1982).

Au premier étage se trouve une collection de médailles, uniformes, portraits et pièces d'argenterie, et une exposition sur les fanfares de fusiliers marins.

Royal Navy Submarine Museum A1 en direction

À Gosport, Haslar Jetty Road. Accès par bateau-bus (voir Nos adresses, « Transports »), ou à pied en empruntant Millennium Promenade - ✆ (02392) 510 354 - www.rnsubmus.co.uk - 10h-17h30 (nov.-mars 16h30) - possibilité de visite guidée (dernière visite 1h av. fermeture) - fermé 1er janv. et 24-26 déc. - 10 £ (enf. 7 £).

Palpitante présentation de l'histoire des sous-marins et de leur rôle en temps de paix ou de guerre, de la vie à bord et des actions héroïques menées lors des conflits. Parmi les temps forts de la visite figurent une visite guidée du *HMS Alliance*, les torpilles, le missile *Polaris*, le sous-marin de sauvetage *LR3*, le projet de protection *Holland I*, ainsi que des animations (périscopes, cloche et équipement de plongée).

Explosion ! A1 en direction

À Gosport, Priddy's Hard. Accès par bateau-bus (voir Nos adresses, « Transports »)), puis suivre Millenium Promenade (20mn), navette gratuite - ✆ (02392) 505 600 - www.explosion.org.uk - avr.-oct. : 10h-17h ; reste de l'année : w.-end 10h-16h (dernière entrée 1h av. fermeture) - fermé 24-26 déc. - 10 £ (enf. 5 £)- café.

Au 18e s., la poudrière de l'arsenal fut aménagée à Priddy's Hard. L'équipement, déchargé dans la pente, était stocké dans une splendide chambre forte baptisée « Grand Magazine », conçue pour protéger les explosifs et supporter les explosions. L'extraordinaire histoire de la force de feu navale est passée en revue au cours d'une présentation audiovisuelle, de témoignages et d'expositions (mines, torpilles et missiles modernes tels que l'Exocet).

À proximité Carte de région

★ Portchester Castle B3

À 8 km/5 miles au nord par la M 275, puis la A 27 direction Paulsgrove - EH - ✆ (02392) 378 291 - www.english-heritage.org.uk - ♿ - 10h-18h (oct.-mars 16h) - fermé 1er janv. et 24-26 déc. - 4,50 £.

À l'extrémité nord de l'anse de Portsmouth se trouve un château presque entièrement cerné par la mer. La première phase de sa construction fut entreprise à la fin du 3e s., à l'époque où les Romains érigèrent des murs de défense de 3 m d'épaisseur et de 6 m de hauteur, délimitant une surface de 3,5 ha.

Le fort a été utilisé par les Saxons aux 5e et 6e s., avant de devenir un château médiéval, au début du 12e s., sous le règne d'Henri Ier. On construisit alors un mur d'enceinte intérieur, entouré de douves, et un **donjon** massif et austère. À la fin du 14e s., Richard II fit bâtir un palais, aujourd'hui en ruine, dans la cour intérieure. En 1133, Henri Ier fonda un prieuré augustin à l'intérieur des murs et, bien que le prieuré fût déplacé à Southwick vingt ans plus tard, l'église St Mary subsista. De style roman, avec une belle façade principale et un portail aux riches voussures, elle recèle des fonts baptismaux du 12e s.

Royal Armouries Fort Nelson B3

Au Fort Nelson, Portsdown Hill, 14 km/9 miles au nord-ouest par la A 27 direction Portchester, suivre le symbole - ✆ (01329) 233 734 - www.royalarmouries.org - avr.-oct. : 10h-17h (merc. 11h-17h) ; nov.-mars : 10h30-16h (merc. 11h30-16h), dernière entrée 1h av. fermeture - audioguide - fermé 24-26 déc. - cafétéria.

Ce fort victorien superbement restauré faisait partie d'une chaîne de forts construits sur les ordres de lord Palmerston (1784-1865) pour défendre Portsmouth contre les invasions françaises. Les forts, bâtis dos à la mer pour prévenir toute attaque venant des terres, furent vite appelés « les folies de Palmerston ». Les **vues** des remparts sont très belles. Les casernes ont été reconstituées, et le musée présente une impressionnante collection de pièces d'artillerie comprenant des canons ornementés en bronze d'époque médiévale et originaires d'Inde, de Chine et de Turquie, ainsi que trois des « super-canons » confisqués par les douanes britanniques en 1990, alors qu'ils étaient sur le point d'être exportés illégalement en Irak, « maquillés » en pipelines.

1

★ Fishbourne Roman Palace B3

À 28 km/17,5 miles à l'est par la A 27, prendre la A 259 et suivre le symbole touristique - ✆ (01243) 789 829 - www.fishbourneromanpalace.com - ♿ - mars-oct. : 10h-17h ; fév. et nov. à mi-déc. : 10h-16h ; mi-déc. à fin janv. : w.-end 10h-16h - fermé 25-26 déc. - 7,60 £ - cafétéria.

Ce palais romain, construit vers 75 apr. J.-C, est l'un des plus somptueux mis au jour en Angleterre. Des pavements de **mosaïques★** ont été superposés afin de modifier les dessins au gré de la mode romaine jusqu'au 3e s., époque de la destruction du bâtiment par un incendie. Découverte en 1960 par un ouvrier qui participait aux travaux de pose d'un oléoduc, l'aile nord donne une idée du luxe dans lequel vivait l'élite romaine.

★★ Chichester B3

À 26 km/16 miles à l'est de Portsmouth par la A 27, 2 km/1,2 mile à l'est de Fishbourne par la A 259.

29a South Street - ✆ (01243) 775 888 - www.visitchichester.org - lun. 10h15-17h15, mar.-sam. 9h15-17h15 (avr.-sept. dim. 10h30-15h).

Au pied des South Downs et proche de la mer, Chichester, dominée par la flèche de sa cathédrale, représente un des paysages anglais les plus typiques. Ses rues nord, sud, est et ouest partant de la **croix de marché** (1501) respectent le plan tracé par les Romains. La ville prospère au 18e s. et les bâtiments se multiplient, d'où l'harmonie du style georgien dans la ville. On en apprécie davantage la beauté depuis les **Pallants**. En 1962, les architectes De Powell et Moya érigent le **Chichester Festival Theatre**, de forme hexagonale.

★★ **Chichester Cathedral** – *✆ (01243) 782 595 - www.chichestercathedral.org.uk - ♿ - 7h15-19h (nov.-mars 18h) - possibilité de visite guidée (45mn) à 11h15 et 14h30 - restaurant.* Commencée en 1091, achevée en 1184, elle comprend une nef romane, des porches, un arrière-chœur et des fenêtres hautes de style gothique Early English ; la tour, les chapelles latérales et la chapelle de la Vierge sont de style gothique Decorated. Enfin, le cloître, le clocher et la splendide flèche (reconstruite en 1861) sont de style gothique Perpendicular. L'intérieur est caractérisé par le style et l'esprit romans, bien que chaque mouvement architectural du Moyen Âge ait laissé sa trace. En dépit de l'austérité de son architecture romane, la **nef** (que l'on apprécie mieux en regardant vers l'ouest) semble petite, presque intime. Le magnifique **jubé** est en gothique Perpendicular. Quelques fragments de peintures du 16e s. sont restés sur les murs du transept nord. Dans le croisillon gauche, remarquez la tombe du compositeur Gustave Holst (1874-1934) et, à l'est de celle-ci, des vitraux réalisés par le peintre Marc Chagall (1887-1985). La grande richesse de la cathédrale réside dans ses **bas-reliefs**★★ de pierre du 12e s., dans le chœur du collatéral sud. Ils illustrent des scènes de la résurrection de Lazare et figurent parmi les exemples les plus raffinés de la sculpture romane en Angleterre.

★ **Pallant House Gallery** – *9 North Pallant - ✆ (01243) 774 557 - www.pallant.org.uk - mar.-sam. 10h-17h (jeu. 20h) ; dim. et j. fériés 12h30-17h - 7,50 £.*
Construites en 1712 pour le marchand de vins Henry Peckham, les salles de cette demeure (de style reine Anne), meublées avec goût, accueillent la collection de porcelaines de Bow. Sont également exposées ici les collections de Walter Hussey, Charles Kealey et Colin St John Wilson. Vous pourrez notamment admirer les œuvres de Henry Moore, Graham Sutherland, John Piper, Paul Nash, Rembrandt et Dürer.

Goodwood House B3

À 34 km/21 miles à l'est de Portsmouth par la A 27 jusqu'à Chichester, puis la A 285 et suivre le symbole ; à 8 km/5 miles au nord de Chichester par la A 285, puis suivre le symbole - ✆ (01243) 755 000 - www.goodwood.co.uk (en français) - visite guidée (45mn) août : dim.-jeu. 13h-17h ; de fin mars à juil. et sept.-déb. oct. : dim.-lun. 13h-17h (dernière entrée 1h av. fermeture) - 9 £ - salon de thé.

George Lennox, duc de Richmond, fils illégitime de Charles II, habita ce manoir à l'origine de style Jacques Ier avant d'être agrandi au 18e s. Les élégants intérieurs de style Regency sont rehaussés par le mobilier français, des tapisseries (salle des tapisseries) et des porcelaines. La **salle à manger égyptienne**, avec ses fastueuses plaques de *scagliola* jaune (imitation de marbre en stuc coloré recouvrant des consoles, des tables ou des dessertes), a été restaurée dans sa splendeur passée.

La beauté du parc est rehaussée par des sculptures contemporaines.

★★ Weald and Downland Open Air Museum B3

À Singleton, 40 km/25 miles au nord-est de Portsmouth par la A 27, puis prendre la A 286 et suivre le symbole touristique ; à 10 km/6 miles au nord de Chichester par la A 286 - ✆ (01243) 811 348 - www.wealddown.co.uk - ♿ - avr.-oct. : 10h30-18h ; reste de l'année : 10h30-16h (janv.-fév. : merc. et w.-end), dernière entrée 1h av. fermeture - 9 £ (enf. 4,80 £) - cafétéria.

Plus de 40 bâtiments traditionnels ont été reconstitués dans le magnifique parc de ce musée de plein air, ouvert en 1967 dans le but de sauvegarder les constructions rurales du sud-est de l'Angleterre. On peut y voir une chaumière, un magasin, une ferme médiévale, des halles de la période des Tudors, un moulin à eau en état de fonctionnement, un octroi et une école. Innovateur, E. Cullinan a conçu Downland Gridshell, un bâtiment exceptionnel en bois ondulé.

Bignor Roman Villa B3

À 47 km/29 miles au nord-est de Portsmouth et 21 km/13 miles au nord-est de Chichester par les A 27 et A 29, suivre le symbole - ✆ (01798) 869 259 - www.bignorromanvilla.co.uk - ♿ - mars-oct. : 10h-17h (juin-août 18h) - 5,50 £.

Plus modeste que Fishbourne, la **villa romaine** tient plus de la demeure patricienne que du palais. Elle possède néanmoins des **mosaïques★** exceptionnellement belles, notamment la mosaïque de Ganymède dans la piscine, une tête de Vénus et un Hiver froidement austère dans l'aile nord, une tête de Méduse dans la partie réservée aux bains.

★★ Petworth House B3

À Petworth, 53 km/33 miles au nord-est de Portsmouth ; à 22 km/14 miles au nord-est de Chichester par les A 27 et A 285 - NT - ✆ (01798) 342 207 - www.nationaltrust.org.uk - ♿ - manoir : de mi-mars à déb. nov. : sam.-merc. 11h-17h - jardins : mars-oct. : sam.-merc. 11h-18h (1re quinz. de mars 10h30-15h30) ; de nov. à mi-déc. 10h30-15h30 - 10,90 £ - jardin seul 4,20 £ - restaurant.

Cette magnifique demeure du 17e s. est en Angleterre l'édifice qui, par son style, ressemble le plus à un château Louis XIV. La sobre façade ouest se marie parfaitement avec les jardins de **« Capability » Brown** et la vue des collines des South Downs.

Les salles renferment d'exquises sculptures réalisées par **Grinling Gibbons** et **John Selden**, des statues antiques et une importante collection de peintures, parmi lesquelles les tableaux d'un hôte régulier de la demeure, Turner. L'élément le plus spectaculaire est le **grand escalier**, dont les murs et le plafond ont été peints par Laguerre. La **salle Turner** abrite la plus grande collection d'œuvres de Turner après celle de la Tate Gallery à Londres. La salle de marbre présente des œuvres Reynolds, la salle à manger des Van Dyck et la salle de beauté des Kneller. *Les Enfants de Charles Ier* par Lely se trouvent dans le salon de chêne, *L'Adoration des Mages* de Bosch est exposée dans la salle à manger et les sculptures de Grinling Gibbons ornent la **salle sculptée**. Près de la chapelle, on aperçoit un escalier en spirale ainsi qu'une fenêtre à meneaux provenant d'un édifice plus ancien datant probablement des 14e-15e s.

★★ Arundel Castle B3

À 46 km/28 miles à l'est de Portsmouth ; à 18 km/11 miles à l'est de Chichester par la A 27 - ✆ (01903) 882 173 - www.arundelcastle.org - ♿ - avr.-oct. : mar.-dim., lun. fériés et lun. d'août 12h-17h (parc et chapelle 10h-17h), dernière entrée 16h - 16 £ - parc et chapelle seuls 7,50 £ - restaurant.

C'est la résidence des ducs de Norfolk, principale famille catholique d'Angleterre. Le corps de garde et le donjon d'origine, de style roman, ont survécu à sept cent cinquante ans d'assauts et de sièges, ce qui n'est pas le cas des bâtiments en contrebas, en grande partie reconstruits par le 15e duc entre 1875 et 1900. Le donjon en pierre de taille domine la cathédrale conçue par Joseph Hansom (dessinateur du fiacre Hansom).

Les intérieurs victoriens les plus raffinés sont la **chapelle** et la **salle des barons** (tableaux par Mytens, Kneller, Van Loo et Van Dyck). Le salon comprend des portraits de Mytens, Van Dyck, Gainsborough et Reynolds. La **bibliothèque** (construite vers 1800), de style néogothique, abrite une icône en argent de Fabergé et un portrait de Richard III.

Fitzalan Chapel – À la limite du parc du château et constituant la partie est de l'église paroissiale, la chapelle Fitzalan, chapelle privée de style Decorated, rassemble les tombeaux et les monuments funéraires de la famille Howard. À l'origine, l'église et la chapelle formaient un tout. L'église est devenue protestante, mais les Howard étant entrés en possession de la partie est, la chapelle est demeurée catholique. C'est ainsi que les deux confessions célèbrent leur culte sous le même toit.

1

NOS ADRESSES À PORTSMOUTH

TRANSPORTS

Brittany Ferries – *Voir p. 8.*
Waterbus – *☎ (01983) 564 602 - avr.-oct. : dép. ttes les h de 10h15 (premier dép. de Gunwharf Quays) à 17h (dernier dép. de Royal Naval Submarine Museum) ; nov. et mars : w.-end ; déc.-fév. : sam. (horaires : se renseigner) - 5 £ (enf. 3 £).* Il relie Gunwharf Quays, Portsmouth Historic Dockyard, Explosion ! et Royal Naval Submarine Museum. Également des croisières.

VISITES

À Portsmouth

En autobus – Local Haunts Bus - *☎ (0800) 389 6897 - www.localhaunts.com - avr.-sept. : merc., jeu., dim. 14h - achat des billets au dép. ou à bord : 8,50 £ (enf. 4,50 £).* Tour de la ville (1h30) au départ de la station de bus The Hard Interchange.
En bateau – Blue Boat Trip - *Clarence Esplanade, près du terminal aéroglisseur - ☎ (02392) 822 584 - blueboattrips.co.uk - de Pâques à sept., en fonction de la météo.* Visite commentée du port.

À Chichester

En bateau – Chichester Harbour Water Tours - *12 The Parade - ☎ (01243) 670 504 - www.chichesterharbourwatertours.co.uk - 7,50 £ (enf. 3,50 £).*

HÉBERGEMENT

BUDGET MOYEN

À Portsmouth

Albatros – B2 - *51 Waverley Road - ☎ (02392) 828 325 - www.albatrossguesthouse.co.uk - 🚭 - 7 ch. : 60/70 £ ☕.* Ici, chaque chambre a un nom de bateau, dont une nommée la *Cabine.*
Waverley Park Lodge – B2 - *99 Waverley Road - ☎ (02392) 730 402 - www.waverleyparklodge.com - 🚭 - 12 ch. : 60/70 £ ☕.* Dans cet hôtel proche du bord de mer, les chambres sont simples mais douillettes. Un bon rapport qualité/prix.

À Chichester

Cherry End – *City Center - ☎ (01243) 531 397 - www.cherryend.2ya.com - 🚭 - 2 ch. : 70/80 £ ☕.* Non loin du centre-ville, cette maison d'allure édouardienne propose deux jolies chambres agréables décorées dans des tons blanc et bleu.

POUR SE FAIRE PLAISIR

À Portsmouth

The Fortitude Cottage – A1 - *51 Broad Street - ☎ (02392) 823 748 - www.fortitudecottage.co.uk - 6 ch. : 85/115 £ ☕.* En plein cœur du vieux Portsmouth, non loin de la marina Camber, ce B & B offre un bon rapport qualité/prix.
The Florence House – B2 - *2 Malvern Road - ☎ (02392) 751 666 - www.florencehousehotel.co.uk - 7 ch. : 90/120 £ ☕.* Ce lieu baigne dans une atmosphère romantique. Les chambres

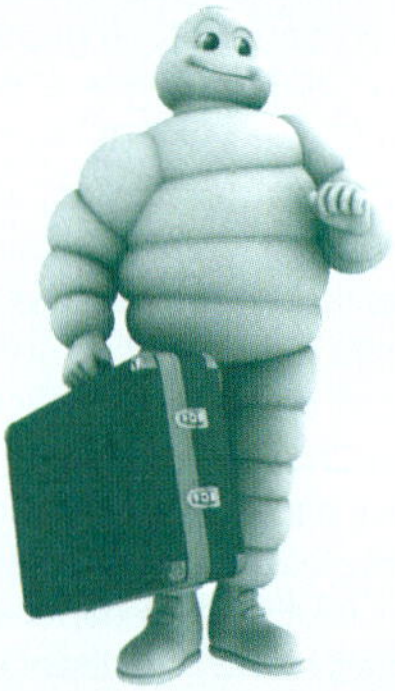

allient les styles victorien et contemporain. Les propriétaires sont aux petits soins avec leurs hôtes.

The Retreat – B2 - *35 Grove Road South - Southsea - ✆ (02392) 353 701 - www.theretreatguesthouse.co.uk - 4 ch. : 105 £.* Dans un quartier résidentiel, cette vaste maison victorienne classée offre des chambres spacieuses avec salle de bains moderne.

RESTAURATION

BUDGET MOYEN

À Portsmouth

Bon à savoir – Gunwharf Quay et Port Solent regorgent de cafés et de restaurants.

Lemon Sole – AB2 - *123 High Street - ✆ (02392) 811 303 - www.lemonsole.co.uk - 20/30 £.* Les casseroles de cuivre retentissent en cuisine ! Le chef est sûrement en train de vous mijoter des plats de poissons succulents. Large choix de vins.

Brasserie Blanc – A1 - *1 Gunwharf Quay - ✆ (02392) 891 320 - www.brasserieblanc.com - 25 £ (menu 15/18 £).* Cette brasserie animée sert, comme son nom l'indique, des classiques de la cuisine française pleins de saveur. Grande terrasse. Bon rapport qualité-prix.

À Chichester

Trents Wine Bar – *50 South Street - ✆ (01243) 773 714 - www.trentschichester.co.uk - 25 £.* Ce bar-restaurant de style contemporain propose des grillades et des salades.

ACHATS

Bon à savoir – Pour vos emplettes à Portsmouth, vous avez le choix entre le front de mer à **Gunwharf Quay** *(www.gunwharf-quays.com)*, Commercial Road et Cascades à Port Solent.

Marché

Le **marché des agriculteurs** se tient une fois par mois à Southsea *(dates à l'office de tourisme)*.

ACTIVITÉS

À Portsmouth

Wightlink – *✆ 0871 376 1000 - www.wightlink.co.uk.* Toute l'année, excursion d'une journée sur l'île de Wight : car-ferry ou catamaran.

À Chichester

Wildfowl & Wetlands Centre – *Mill Road - Arundel (à 18 km/11 miles à l'est de Chichester par la A 27) - ✆ (01903) 883 355 - www.wwt.org.uk.* Promenades et observation de la faune ornithologique à Arundel. Safaris lacustres le week-end et pendant les vacances scolaires.

AGENDA

Portsmouth International Kite Festival – *✆ (01206) 271 489 - www.kitesociety.org.uk.* Fin août, des centaines de cerfs-volants de toute taille et de toute forme envahissent le ciel de la ville.

Île de Wight

★★

142 718 habitants

NOS ADRESSES PAGE 242

S'INFORMER
Offices de tourisme – *(01983) 813 818 - www.islandbreaks.co.uk - se renseigner pour les horaires - Cowes : Fountain Quay ; Newport : The Guildhall - High Street ; Ryde : 81-83 Union Street ; Sandown : 8 High Street ; Shanklin : 67 High Street ; Yarmouth : The Quay.*

SE REPÉRER
Carte de région AB3 (p. 116) – *carte Michelin 504 P-Q/31-32.* Île de 380 km², située à 8 km/5 miles de Portsmouth, 45mn en ferry *(voir Nos adresses).*

À NE PAS MANQUER
Osbourne House et Alum Bay.

ORGANISER SON TEMPS
Un après-midi est nécessaire pour visiter les curiosités « à ne pas manquer ». Pour un tour de l'île en flânant, comptez 2 jours.

AVEC LES ENFANTS
Dinosaur Farm Museum ; Dinosaur Isle et Village Model.

L'île de Wight devint une destination de villégiature quand la reine Victoria choisit d'y installer sa résidence de campagne, Osborne House. La douceur du climat, l'ensoleillement et la variété des paysages font le succès de cette île. On trouve sur la côte est d'élégantes stations balnéaires, telles que Sandown et Shanklin. La partie occidentale se compose d'un moutonnement de collines calcaires qui s'étendent de la falaise de Culver jusqu'aux Needles. À Cowes, principal centre de voile d'Angleterre, se déroulent de célèbres régates.

Circuit conseillé Carte de région

TOUR DE L'ÎLE A3

Ciruit tracé en vert sur la carte p. 116. Près de Cowes, sur la A 3021, suivre le symbole touristique.

★★ Osborne House

EH - (01983) 200 022 - www.english-heritage.org.uk - ♿ (rez-de-chaussée et parc uniquement) - avr.-oct. : 10h-17h (oct. 16h) ; nov.-mars : merc.-dim. 10h-16h (déc. : uniquement visites guidées sur réserv.) - fermé 24-26 déc. - 10,90 £ - restaurant.

Idéalement située, dans un panorama qui rappelait Naples au prince Albert, cette immense villa à l'italienne est bordée par un campanile haut de six étages et agrémentée de jardins en terrasses (achevés en 1851). Elle fut créée par Thomas Cubitt en collaboration avec le prince. La reine Victoria décrivait Osborne comme « un endroit intime, calme et retiré ». C'était sa résidence favorite : elle y passait les vacances familiales avec ses enfants, petits-enfants et arrière-petits-enfants. Après la mort du prince Albert en 1861, Victoria passa une grande partie de ses quarante années de veuvage ici, où elle mourut en 1901. À sa demande, la maison est restée telle qu'elle était à la mort du prince Albert. Celle-ci illustre à merveille la vie de la famille royale, des salles d'apparat richement meublées au **salon de la Reine**, à l'atmosphère plus intime, où la reine Victoria et son mari travaillaient côte à côte sur des bureaux jumeaux. Des photographies de famille et un arbre généalogique révèlent le nombre important de descendants du couple royal. Beaucoup de ces enfants ont animé de leurs jeux la nursery royale, située juste au-dessus des appartements de Victoria et d'Albert. Après la mort du prince, la seule modification architecturale notable fut l'adjonction de l'**aile Durbar★★**, construite en 1890. Sa pièce principale, insolite, conçue par Bhai Ram Singh et John Lockwood Kipling, père de l'écrivain Rudyard Kipling, célèbre Victoria, impératrice des Indes.

Une promenade en calèche à travers les **jardins** permet aux visiteurs de découvrir le **chalet suisse**, importé du pays éponyme et érigé en 1853. Là, les enfants royaux apprenaient la cuisine. Les collections d'histoire naturelle sont présentées dans un **chalet-musée**, situé près du **fort miniature** ; elles voisinent avec la cabine de bains de la reine et une ravissante collection de brouettes miniatures, chacune aux initiales de son royal propriétaire.

Reprendre la A 3021, puis la A 3054 direction Newport (6 km/4 miles).

1

★★ Carisbrooke Castle

EH - ✆ (01983) 523 112 - www.carisbrookecastlemuseum.org.uk ♿ - 10h-17h (oct.-mars 16h) - fermé 1er janv. et 24-26 déc. - 6,70 £ - cafétéria (uniquement en été).

En 1100, Richard de Redvers édifia, sur l'emplacement d'une forteresse romaine, un donjon et des remparts. Dès lors, Carisbrooke fut le siège de cette famille jusqu'à la mort de l'ambitieuse comtesse Isabella, en 1293. Édouard Ier acheta alors le château et y installa les gouverneurs de la Couronne. Le château résista à une attaque française au 14e s. et fut de nouveau fortifié pour parer à une éventuelle invasion espagnole à la fin du 16e s. La princesse Béatrice, fille de la reine Victoria, fut le dernier gouverneur à y résider ; elle y mourut en 1944.

Vous franchissez d'abord le **portail** d'époque élisabéthaine (1598), puis traversez un pont pour parvenir à l'imposant **corps de garde** (14e s.) doté de deux tours semi-circulaires identiques. Les courtines d'époque normande entourent la motte féodale, le donjon (**vue★** magnifique sur les environs), la chapelle consacrée à saint Nicolas (reconstruite en 1904), ainsi qu'une série d'appartements privés. La **grande salle** (12e s.) accueille un musée consacré à l'histoire de l'île. Une exposition interactive sur la vie au château est présentée dans l'Old Coach House.

Vous pourrez aussi voir la chambre d'où le roi Charles Ier, emprisonné au château (1647-1648) avant son procès à Londres, tenta de s'échapper. Le **jeu de boules** fut aménagé pour son bon plaisir et l'on prétend qu'il se promenait chaque jour autour des remparts. Le Donkey Centre héberge les fameux ânes de Carisbrooke qui, dans la **maison du puits**, font régulièrement des démonstrations du « manège » (1587) permettant de puiser l'eau à 49 m de profondeur.

Reprendre la A 3054 et se diriger vers l'ouest (14 km/8,5 miles).

Yarmouth Castle

EH - ✆ (01983) 760 678 - ♿ - www.english-heritage.org.uk - avr.-sept. : dim.-jeu. 11h-16h (dernière entrée 30mn av. fermeture) - 3,60 £.

Ce bastion, situé à l'embouchure de la rivière Yar, protège la partie ouest de l'île. Achevé en 1547, il fait partie intégrante des défenses côtières érigées par Henri VIII. Sa forme carrée dotée de pointes représente l'un des derniers modèles de l'ingénierie militaire. À l'étage, une exposition présente la vie du port au début du 20e s., ainsi que les différents styles architecturaux des châteaux anglais depuis l'époque romane.

Prendre la A 3054, puis la B 3322 et suivre le symbole touristique (6 km/5 miles).

Alum Bay

Cette baie, la plus occidentale de l'île, présente des falaises de grès colorées de plus de vingt nuances minérales. Une promenade en bateau jusqu'aux **Needles**, à une trentaine de mètres au large, offre par un après-midi ensoleillé une belle vue sur ces aiguilles aux teintes vives, mises en valeur par les falaises de craie environnantes.

Revenir sur la A 3054, se diriger vers Freswater Bay, suivre la B 3399, puis prendre la route secondaire en direction de Brighstone (18 km/11 miles).

Shorwell

L'élément remarquable de ce paisible village au pied des collines est l'**église St Peter**. Elle a été construite en style Perpendicular, à l'exception du portail sud (début du 13e s.) et de la chapelle (fin du 12e s.) située immédiatement au nord et abritant les tombeaux de famille des Leigh de Northcourt. Au-dessus de l'entrée, une vaste **peinture murale★** (vers 1440) représente saint Christophe. À l'intérieur, on peut voir une bible de Cranmer (1541), un couvercle de bénitier de l'époque Jacques Ier, la chaire dotée d'un sablier et un panneau peint de l'école hollandaise.

Retourner sur la A 3055 direction Chale et suivre le symbole touristique (5 km/3 miles).

Dinosaur Farm Museum

Military Road - ✆ (01983) 740 844 - www.dinosaurfarm.co.uk - juil.-août. : 10h-17h (dernière entrée 16h30) ; avr.-juin. et sept.-oct. : se renseigner - 3 £ (enf. 2,50 £) ; participation à la recherche de fossiles sur réserv. 4 £ (enf. 3 £).

Plusieurs importantes découvertes concernant les dinosaures ont été faites sur l'île de Wight, dont le carnivore **Neovenator**, proche parent de l'allosaure du continent américain (qui était voici 115 millions d'années bien plus près de l'Angleterre). Les éboulements des falaises ont révélé des squelettes fossilisés d'espèces inconnues. Vous verrez ici le squelette de brachiosaure le plus complet d'Europe, découvert en 1992.

Continuer sur la A 3055 (pour profiter de la vue côtière) jusqu'à Shanklin, puis prendre la A 3020 (30 km/18,5 miles).

★ Godshill

Ce village très visité est dominé par son **église** (14e-15e s.) dédiée à tous les saints et célèbre pour sa **fresque de la Croix de lys** (milieu du 15e s.), montrant le Christ crucifié sur un lys à trois branches *(bras droit du transept)*.

Village Model – *✆ (01983) 840 270 - www.modelvillagegodshill.co.uk - avr.-oct. : 10h-17h (fin juil.-août 18h) ; mars et nov. : 10h-15h30 - 3,50 £ (enf. 2,50 £).* Cette attraction regroupe divers sites miniaturisés tels que Godshill High Street, les chemins de fer de l'île et la cité de Shanklin.

Continuer sur la A 3020 direction Newport, puis la A 3056 vers Sandown (6 km/3,5 miles).

Arreton

L'**église St George** est en partie de style roman et Early English.

Freshwater Bay.
AGE/Photononstop

1

Poursuivre sur la A 3056 direction Shanklin/Sandown (8 m/5 miles).

Dinosaur Isle (Culver Parade)

À Sandown - ✆ (01983) 404 344 - www.dinosaurisle.com (en français) - avr.-sept. 10h-18h ; oct. 10h-17h ; nov.-mars : 10h-16h - fermé 1er janv. et 25-26 déc. - 5 £ (enf. 3,25 £).

Vous serez nez-à-nez avec les dinosaures rugissants de **Dinosaur Isle** et découvrirez la faune et la flore préhistoriques. Le squelette de brachiosaure fait la fierté de ce musée, qui présente également des empreintes de dinosaures et d'immenses ammonites retrouvées dans Lower Greensand, non loin de Whale Chine.

Prendre la A 3055 direction Ryde (3 km/2 miles).

★ Brading

★ Roman Villa – *✆ (01983) 406 223 - www.bradingromanvilla.org.uk - ♿ - 9h30-17h (dernière entrée 1h av. fermeture) - 6,50 £ - café, aire de pique-nique.* Au sud-ouest du village, les vestiges de cette villa construite au 3e s. permettent d'admirer des mosaïques du 4e s. représentant des figures de la mythologie.

Construite vers 1200, l'**église St Mary★** est surmontée à l'ouest d'un clocher de la fin du 13e s. Dans la chapelle Oglander se trouvent d'impressionnants tombeaux de cette famille, notamment celui du mémorialiste sir William Oglander, dont le gisant adopte la tenue des preux.

Reprendre la A 3055 vers Ryde, puis la A 3054 et suivre le symbole touristique.

Quarr Abbey

À 11 km/6,5 miles de Brading - ✆ (01983) 882 420 - www.quarrabbey.co.uk - salon de thé.

En 1907, les moines bénédictins de Solesmes (Sarthe) achetèrent le manoir victorien de Quarr. Un membre de leur communauté, dom Paul Bellot, diplômé de l'École des beaux-arts de Paris, dessina les plans de l'abbatiale, qui fut construite en 1911-1912. Ce chef-d'œuvre de construction en brique est le bâtiment moderne le plus impressionnant de l'île. À l'extrémité est de l'**abbatiale** s'élève une robuste tour carrée et la haute tour sud cylindrique jaillit d'un énorme mur. On pénètre dans l'église, à l'extrémité ouest, par une immense arche de brique surmontée d'un gable pointu. La nef, courte et basse, dépourvue de transept, ouvre sur un grand chœur élevé. Un flot de lumière jaune s'y déverse, tombant des grandes fenêtres à travers les superbes arcades internes de la tour est.

Revenir à Cowes par la A 3054, puis la A 3021.

NOS ADRESSES SUR L'ÎLE DE WIGHT

TRANSPORTS

S'y rendre

Hovertravel – *Portsmouth, Southsea et Ryde, Quay Road - ✆ (01983) 811 000 - www.hovertravel.co.uk - 17 £ AR (13,50 £ pour un AR dans la même journée).* Desserte par aéroglisseur entre Southsea et Ryde.

Red Funnel – *Southampton et East Cowes - ✆ 0844 844 9988 - www.redfunnel.co.uk* - Jet rapide et ferry.

Wightlink – *✆ 0871 376 1000 - www.wightlink.co.uk.* Trajet en ferry : Portsmouth-Fishbourne et Lymington-Yarmouth. Trajet en catamaran Portsmouth-Ryde.

Sur place

Stationnement – Pour gagner du temps et de l'argent, acheter auprès des offices de tourisme des tickets de parking pour 2 à 14 jours.

Transports publics – *✆ (01983) 827000 - www.islandbuses.info.* Ticket forfaitaire pour 1 à 28 jours, en vente dans les agences de voyage ou dans les autobus.

Train – *✆ 0845 6000 650 - www.island-line.com.* La compagnie ferroviaire **Island Line** dessert la ligne entre Ryde Pier et Shanklin via Ryde Espalanade, Brading, Sandown et Lake.

Isle of Wight Steam Railway – *Trains à vapeur - ✆ (01983) 882 204 - www.iwsteamrailway.co.uk - 9,50 £ le ticket valable 1 j).* La compagnie assure la correspondance avec les trains Island Line à la gare de Smallbrook.

VISITES

En bateau – *Rens. dans les offices de tourisme.* Excursions au départ d'Alum Bay, Cowes, Ryde et Yarmouth en saison.

En bus – Southern Vectis Open Top Bus Tours - *✆ (01983) 827 000 - www.islandbuses.info - 10 £ le circuit.* La compagnie propose 3 circuits (1h) : le Needles Tour *(dép. de Yarmouth Bus Station),* le Sandown Bay Tour *(entre Sandown et Shanklin)* et le Downs Tour *(dép. de Ryde Bus Station).*

Visite guidée à pied de Newport – *Ticket à l'office de tourisme - réserver à l'avance.* Une promenade sur le thème des fantômes et de l'effroi est organisée dans les ruelles sombres de Newport (1h30).

HÉBERGEMENT

Bon à savoir – Chaque ville compte plusieurs hôtels et B & B, qui se trouvent pour la plupart sur la rue principale *(High Street)* et le long de la plage *(la promenade).*

BUDGET MOYEN

Kasbah – *76 Union Street - Ryde - ✆ (01983) 810 088 - www.kas-bah.co.uk - 9 ch. : 65/85 £* ☕. L'ambiance de cet hôtel, situé à 10mn à pied du port, est comme son nom l'indique très orientale.

Les chambres, soigneusement décorées, sont un havre de paix. Vous pouvez y déguster des tapas et des spécialités marocaines. Excellent rapport qualité/prix.
The Lawns Hotel – *72 Broadway - Sandown - ✆ (01983) 402 549 - www.lawnshotelisleofwight.co.uk - P - 15 ch. : 90 £ ☕.* Construite en 1865, cette demeure est située dans un agréable quartier de la ville, non loin de la gare et de la plage. Les propriétaires vous accueillent chaleureusement. Chambres confortables et bien équipées.
Grange Bank House – *Grange Road - Shanklin - ✆ (01983) 862 337 - www.grangebank.co.uk - fermé déc. et janv. - 9 ch. : 58/70 £.* Cette vaste maison victorienne près de Hight Street propose des chambres simples, confortables et impeccablement tenues dans une atmosphère familiale. Bon rapport qualité/prix.

RESTAURATION

BUDGET MOYEN

Liberty's – *12 Union Street - Ryde - ✆ (01983) 811 007 - www.libertyscafebar.co.uk - 25 £.* Mélange d'Art nouveau et de style contemporain, ce restaurant joue la carte de l'élégance. Un savant mélange de sucré et salé agrémente les plats.
Sian-Elins – *Quay Street - Yarmouth - ✆ (01983) 760 054 - 25 £.* Qu'elles sont bonnes les moules-frites ! En terrasse, avec vue panoramique sur la mer.

PETITE PAUSE

Willow Tree Tea Garden – *High Street - Godshill - ✆ (01983) 840 633.* Ici, la gourmandise est de mise avec un vaste choix de gâteaux faits maison.
The Bat's Wing – *Church Hollow High Street - Godshill - ✆ (01983) 840 634 - mars-nov.* Ce salon de thé à l'ancienne se niche dans une chaumière en bas de l'église.

ACHATS

Producteur de lavande

Isle of Wight Lavender Farm – *Staplehurst Grange - Newport - ✆ (01983) 825 272 (lun.-sam. : 10h-17h (dim. 16h) - fermé merc., oct.-mars).* Ici, vous trouverez des produits artisanaux : cosmétiques et huile à base de lavande.

ACTIVITÉS

Bon à savoir – Un **réseau de sentiers** (105 km) fait le tour de l'île et offre des vues spectaculaires sur les collines, les falaises et la mer. Les offices de tourisme vendent des cartes et mettent à disposition une liste de magasins qui louent des vélos.
Wight Waters – *Dunroamin Beach Lake - à mi-chemin entre Shanklin et Sandown - ✆ (01983) 404 987 - www.wightwaters.com.* Surf, canoë, *bodyboard*, kayak et catamaran.

Southampton

236 895 habitants

NOS ADRESSES PAGE 251

S'INFORMER

Office de tourisme – *9 Civic Centre Road - ✆ (02380) 833 333 - www.visit-southampton.co.uk - 9h30-17h, dim. et j. fériés 10h-15h30 - fermé 1er janv. et 25-26 déc.* Il propose plusieurs guides de promenades *(20 à 50 c.)*, également téléchargeables sur Internet.

SE REPÉRER

Carte de région A3 (p. 116) – *carte Michelin 504 P31 - Hampshire.* À 132 km/82,5 miles au sud-ouest de Londres.

À NE PAS MANQUER

New Forest, les jardins et l'arboretum de sir Harold Hillier.

ORGANISER SON TEMPS

La ville se visite en un après-midi, mais restez 3 jours pour profiter des alentours.

AVEC LES ENFANTS

Hawk Conservancy Trust dans la vallée de la Test ; National Motor Museum à Beaulieu ; New Forest Water Park et Canöe Kayak près de Beaulieu *(voir Nos adresses)*.

De beaux voiliers flottent dans une marina en pleine expansion, un peu plus loin, place aux cargos et aux magnifiques paquebots « Queen Mary » et « Queen Elizabeth », qui viennent le temps d'une escale faire la fierté du port. Dans la ville historique, passé et modernité se côtoient sans se mélanger : les avenues croisent les ruelles médiévales, les immeubles modernes regardent les plus anciens.

Se promener

DANS LA VIEILLE VILLE Plan II

Circuit tracé en vert sur le plan ci-contre – Compter environ 1h. Départ de Bargate. Des panneaux intitulés « Walk the Southampton Walls » vous guideront.

L'impressionnante porte nord, **Bargate★**, construite aux alentours de 1180, fut renforcée par de grandes tours vers 1285. L'imposante façade nord a été ajoutée au 15e s.

Prendre Bargate Street, puis Castle Way.

Érigée vers 1300, **Arundel Tower**, tour haute de 15 m, offre une belle vue sur la ville.

Le mur d'enceinte ouest appartenant aux anciennes fortifications surplombe de façon spectaculaire **Western Esplanade**, qui longeait jadis la baie de Southampton. Remarquez aussi **Catchcold Tower**, tour qui fut conçue pour transporter les armes ou canons. Sur un côté du mur, de larges pierres blanches contrastant avec de petites pierres grises signalent le rajout de la tour dans le mur au 15e s.

Prendre Western Esplanade. Emprunter à gauche Blue Anchor Lane.
Vous voici devant les vestiges de **Norman House**, exemple typique de la demeure d'un marchand du 12e s. Celle-ci fut annexée à l'enceinte de la ville au 14e s. À l'extrémité de Blue Anchor Lane, se trouve la grande **Tudor House★** maison du début du 16e s., dont le jardin d'agrément et d'herbes aromatiques ainsi qu'un labyrinthe ont été entièrement recréés.
Revenir sur Western Esplanade et tourner à gauche.
Juste après **West Gate** (14e s.) et **Merchant's Hall** (hôtel des Marchands), on peut voir le **Mayflower Memorial**, érigé en 1913 en souvenir du voyage des « Pères pèlerins » en 1620.
Continuer après le mémorial sur Town Quay.

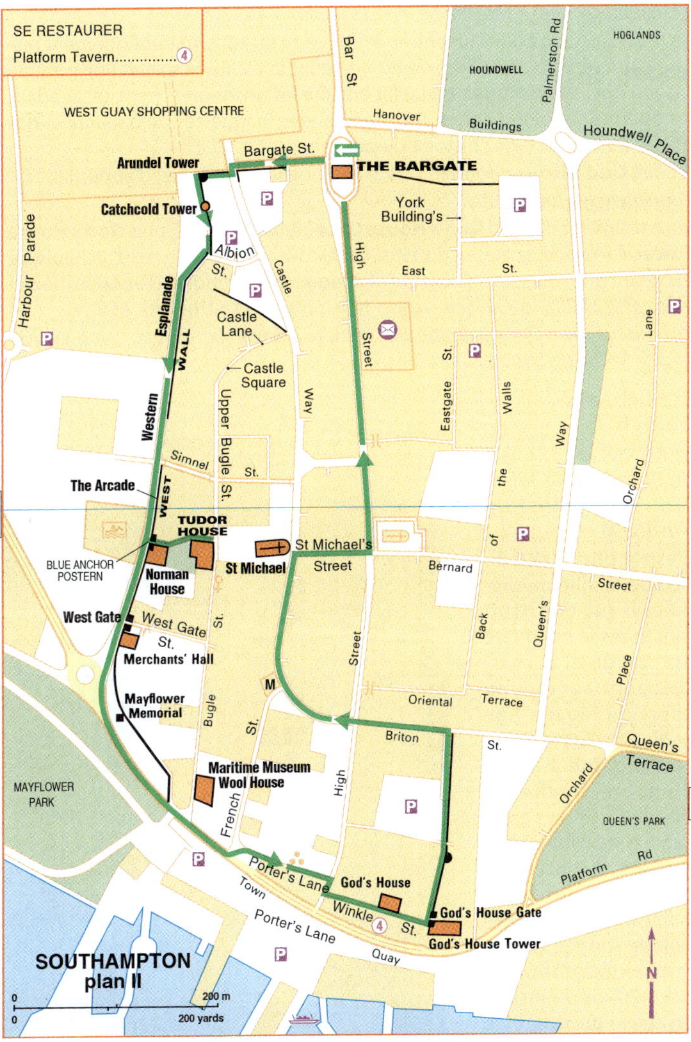

UNE COLONIE ROMAINE

Southampton fut d'abord une colonie côtière romaine, baptisée Clausentum et installée sur la rive est de l'Itchen. Dès le 8e s., le port saxon de **Hamwic** desservait la ville royale de Winchester. Depuis, il n'a cessé de croître pour devenir de nos jours l'un des principaux ports de conteneurs de Grande-Bretagne. Après avoir été sévèrement endommagé par les bombardements de la Seconde Guerre mondiale, Southampton est devenue une ville moderne puisant ses ressources dans une université dynamique et une industrie rajeunie.

Maritime Museum (Musée de la Marine)
☏ (02380) 223 941 - 10h-18h (w.-end 11h-18h) - 2,50 £.
Ce musée est logé dans un entrepôt en pierre du 14e s. magnifiquement restauré, qui servit au stockage de la laine dont le commerce était florissant au Moyen Âge. **Wool House** accueillit ensuite les prisonniers français pendant les guerres napoléoniennes. À l'intérieur, des maquettes de bateaux et des objets témoignent de l'histoire du port.
À côté, **God's House**, fondée vers 1185, servait d'hospice et d'auberge.
Poursuivre sur Town Quay.
Vous trouverez d'abord **God's House Gate** (début du 14e s.), puis **God's House Tower**, construite au début du 15e s,. Cette tour abrite un musée d'archéologie exposant une collection d'objets de l'époque préhistorique à l'époque médiévale. *☏ (02380) 915 732 - jeu.-vend. : 10h-16h, w.-end. : 11h-18h - 2,50 £.*
Revenir sur Town Quay à droite, puis prendre à droite High Street. Remonter jusqu'à St Michael's Square.

St Michael's Church
☏ (02380) 330 851 - ♿ - de Pâques à fin sept. : lun.-sam. 11h-13h, 14h-16h30.
C'est le plus vieil édifice de la ville médiévale. Il fut construit peu après la conquête normande et successivement agrandi au cours du Moyen Âge et du 19e s. Cette église se distingue par son élégante **flèche** de pierre du 18e s., s'élançant d'une **tour** trapue du 11e s. À l'intérieur, remarquez les fonts baptismaux en marbre noir de Tournai, datant approximativement de 1170, deux lutrins en cuivre du 15e s. et le tombeau (1567) de sir

Richard Lyster, l'un des anciens résidents de la maison Tudor, située dans Blue Anchor Lane.

À voir aussi

★ City Art Gallery Plan I

Civic Centre - Commercial Road - ✆ (02380) 832 277 - ♿ - lun. 10h-18h, w.-end 11h-18h - possibilité de visite guidée (se renseigner) - cafétéria.

Le musée d'Art possède une collection qui couvre six siècles de culture européenne entre la Renaissance italienne et l'impressionnisme français. La collection anglaise du 20e s. présente des œuvres de Spencer, Sutherland et Lowry.

Circuits conseillés Carte de région

TEST VALLEY (vallée de la Test) A2-3

Circuit d'environ 120 km/75 miles tracé en vert sur la carte p. 116.

La Test coule d'un flot rapide dans une vallée fertile dont les prairies, souvent inondées, sont parsemées d'actives villes commerçantes et de pittoresques villages composés de chaumières et de maisons de brique patinée (les Tytherleys, Broughton, les Wallops, les Clatfords, Wherwell et Chilbolton).

Quitter Southampton au nord-ouest par la A 3057.

★ Broadlands A3

✆ (01794) 505 010 - www.broadlands.net - fermé pour travaux jusqu'en 2012.

En 1736, le premier vicomte Palmerston fit l'acquisition de ce petit **manoir Tudor** et entreprit de le transformer. Son fils, le 2e vicomte Palmerston, demanda à **« Capability » Brown** de poursuivre les travaux et fit reconstruire le bâtiment dans le style néoclassique de Palladio. Un portique à quatre colonnes, surmonté d'un fronton, vint ajouter de la noblesse à la façade ouest, qui donne sur la rivière Test. Le gendre de Brown, **Henry Holland**, créa par la suite la façade est, où se trouvent l'entrée principale et l'élégante salle à manger, qui contient trois magnifiques tableaux de Van Dyck. La **salle Wedgwood**, ornée de frises et de moulures blanches sur fond bleu, renferme une belle collection de pièces de Wedgwood du 18e s. et quatre portraits de Peter Lely représentant des dames de la cour de Charles II. Remarquez aussi les ravissantes moulures de plâtre blanc et or de la **salle de réception** et les médaillons peints au plafond du salon. À la mort du Premier ministre lord Palmerston, en 1865, le manoir revint à lord Mount Temple, dont la fille Edwina épousa lord Mountbatten (1900-1979) et hérita de la propriété en 1938. L'occupant actuel, qui n'est autre que leur petit-fils, lord Romsey, propose une exposition et une présentation audiovisuelle consacrées à lord Mountbatten.

À 2 km/1,5 miles au nord-est de Broadlands par la A 3090.

★ Romsey Abbey A3

✆ (01794) 513 125 - www.romseyabbey.org.uk - 8h30-17h30.

La ville de Romsey grandit autour d'un couvent fondé en 907 par Édouard l'Ancien, fils d'Alfred le Grand, et en majeure partie reconstruit de 1120 à 1230 environ. Lors de la Dissolution, le couvent ferma ses portes, les bâtiments furent détruits, mais la chapelle de l'abbaye fut conservée en tant qu'église

paroissiale. La pureté et la simplicité de **l'intérieur★★★** en font un magnifique exemple de l'architecture romane tardive. Notez tout particulièrement l'élévation du bas-côté sud du chœur. Au même endroit, la chapelle est possède un crucifix saxon datant de 1100 environ, représentant le Christ crucifié, encadré de deux anges, de la Vierge et de saint Jean. Une croix du 11e s., elle aussi de facture saxonne, se trouve à l'extérieur, sur le flanc sud, près du portail de l'Abbesse, aux magnifiques ornements.
Continuer sur la A 3090 jusqu'à Ampfield et suivre la signalisation.

★★ Gardens of Sir Harold Hillier A3

✆ (01794) 368 787 - www.hilliergardens.org.uk - ♿ - été : 10h-18h (juin-août : jeu. 20h) ; hiver : 10h-17h, dernière entrée 1h av. fermeture - 8,25 £.
Conçu en 1953 par le botaniste sir Harold Hillier, ce domaine paysager, en plein cœur de la campagne du Hampshire, regroupe 42 000 plantes du monde entier et comporte un magnifique jardin d'hiver.
Revenir à Romsey et prendre la A 3057 direction Stockbrigde. Tourner à gauche sur la B 3084.

Mottisfont Abbey A3

NT - ✆ (01794) 340 757 - www.nationaltrust.org.uk - ♿ - mars-oct. : 11-17h (2e et 3e semaines de juin 20h), fermé le vend. en mars, fin avr.-mai et de fin juin à fin sept. (dernière entrée 30mn av. fermeture) - 8,50 £ - cafétéria.
Cette charmante demeure, ancien prieuré augustinien du 12e s., possède un salon de réception décoré par Rex Whistler ainsi qu'une collection de peintures des 19e et 20e s. Dans le jardin coule une source (ou *font*) à laquelle la maison doit son nom.
Le **jardin clos** est renommé pour sa collection de roses anciennes.
Prendre la A 3057 direction Andover via King's Somborne et Stockbridge.

Andover A2

S'y trouvent une ravissante rue principale et un musée.
Museum of the Iron Age – *✆ 0845 603 5635 - www.hants.gov.uk/museum/andover - mar.-sam. : 10h-17h (dernière entrée 30mn av. fermeture) - café.* Ce musée présente des découvertes archéologiques et des scènes reconstituées qui font revivre le mode de vie des Celtes à l'époque de l'âge du fer.
Se diriger vers l'ouest d'Andover par la A 303.

Hawk Conservancy Trust A2

À Sarson Lane - Weyhill - ✆ (01264) 773 850 - www.hawk-conservancy.org - ♿ - 10h-17h30 (nov.-janv. 16h30), dernière entrée 1h av. fermeture - fermé 25-26 déc. - démonstration de vol : 11h45, 14h et 15h30 - 11,50 £ (enf. 7,50 £) - café, aire de pique-nique.
Un face-à-face avec de majestueux oiseaux de proie peuplant de vastes enclos en forêt. Il est possible d'assister à des démonstrations de vol et d'apprendre à tenir un oiseau.

★★ NEW FOREST A3

Circuit d'environ 70 km/43 miles tracé en vert sur la carte p. 116.
Après avoir rasé 36 paroisses, Guillaume le Conquérant fit planter, à proximité du château de Winchester, une forêt royale consacrée à la chasse. Les braconniers, ou quiconque nuisait aux cerfs ou aux arbres qui la peuplaient, se voyaient infliger de lourdes peines. La Couronne céda la juridiction de la forêt au Service des eaux et forêts en 1924. Des chevaux, des ânes, des cerfs,

du bétail et même des porcs se promènent encore en liberté dans les 373 km^2 de bois, landes et marécages préservés. Attention, les animaux s'aventurent assez fréquemment jusqu'à la route. Les automobilistes devront donc se montrer particulièrement prudents et conduire très lentement.
Sortir de Southampton à l'ouest par la A 35.

Lyndhurst

C'est dans cette ville coquette et très animée, pôle de New Forest, que siégeaient les gardes forestiers de Sa Majesté, dans la **maison de la Reine** (17e s.). La fière église victorienne de brique rouge attire l'attention en raison de ses baies, dessinées par Burne-Jones, et de sa fresque de 1864, due à lord Leighton.
New Forest Museum – *(02380) 283 444 - www.newforestmuseum.org.uk - 10h-17h (dernière entrée 16h) - fermé 31 janv., 1er fév. et 24-26 déc. - 3 £.* Il constitue une excellente introduction à la région.
Suivre la B 3056 au sud-est.

★★ Beaulieu

Situé à la source de la rivière Beaulieu, ce petit village est célèbre pour son musée national de l'Automobile, qui expose une collection de véhicules à moteur très complète. Le musée a été construit sur les terres du monastère cistercien fondé par le roi Jean en 1204. L'**abbaye** et **Palace House** sont regroupés sur le même site.
★★ **National Motor Museum** – *(01590) 612 345 - www.beaulieu.co.uk - ♿ - 10h-18h (oct.-mai 17h), dernière entrée 30mn av. fermeture - fermé 25 déc. - 17 £ (enf. 8,75 £) billet combiné avec Beaulieu Abbey et Palace House and Gardens - cafétéria.* Le musée national de l'Automobile réunit plus de 250 véhicules, illustrant l'histoire des véhicules à moteur de 1895 à nos jours. La salle nommée **Classic Car Hall of Fame** rend hommage aux grands pionniers de l'automobile ; ses murs extérieurs sont décorés de répliques des panneaux en carreaux de faïence qui ornaient l'ancien siège de Michelin à Londres, sur Fulham Road.
Parmi les voitures fabriquées avant 1919, admirez la splendide Silver Ghost (40-50 CV), qui valut à Rolls-Royce le titre de « meilleure voiture du monde ». La section **Courses et Records** mérite le détour pour sa Bluebird 1961, au volant de laquelle **Donald Campbell** atteignit 649 km/h en 1964. La section après 1945 est consacrée aux réalisations de l'industrie automobile moderne. La **salle des Véhicules utilitaires** présente une large gamme de camions de livraison et un autobus londonien de 1950. La **galerie de la Motocyclette** retrace, avec 80 machines, l'histoire de la moto. Au rez-de-chaussée, la salle intitulée **« Wheels »** propose une promenade à travers cent ans d'automobile.
Beaulieu Abbey – *Voir National Motor Museum pour les conditions de visite.* Après la dispersion des ordres religieux ordonnée par Henri VIII, l'abbaye tomba en ruine et ses pierres furent réemployées pour la construction de fortifications côtières. Il ne reste que les fondations de ce qui fut jadis la plus grande abbaye cistercienne d'Angleterre. Le cloître a partiellement survécu, notamment l'aile où résidaient les frères convers, qui abrite aujourd'hui une exposition sur la vie monastique. Quant au réfectoire du 13e s., il a été transformé en église paroissiale.
Palace House – *Voir National Motor Museum pour les conditions de visite.* La résidence du premier lord Montagu présente un curieux mélange d'architecture monastique médiévale, de confort victorien et de reliques de la famille.
Continuer sur 3 km/2 miles au sud-est de Beaulieu, suivre le symbole touristique.

1

★ Buckler's Hard

Ce charmant hameau se compose d'une seule rue, très large et bordée de cottages du 18e s., qui descend vers la rivière Beaulieu. Vers 1740, le village devint un centre de construction navale pour la Royal Dockyard de Portsmouth. Il périclita lorsque le fer remplaça le bois dans la construction navale. Au 20e s., Buckler's Hard attira de nombreux plaisanciers, notamment **Francis Chichester** (1901-1972), dont le tour du monde en solitaire commença et s'acheva dans ce petit port.

★ **Maritime Museum** – *✆ (01590) 616 203 - www.bucklershard.co.uk - juil.-août : 10h-17h30 ; mars-juin et sept.-oct. : 10h-17h ; nov.-fév. : 10h-16h30 (dernière entrée 30mn av. fermeture) - fermé 25 déc. - 5,95 £ - cafétéria, aire de pique-nique.* Ce musée de la Marine évoque de nombreux aspects de la vie et du travail à Buckler's Hard au 18e s. Les intérieurs de deux maisons et d'une auberge, meublées comme elles devaient l'être dans les années 1790, y sont reconstitués. Des **promenades en bateau** sont proposées *(durée 30mn - dép. de l'embarcadère - 4 £).*

Revenir à Beaulieu pour rejoindre ensuite la B 3055 à l'ouest.

Brockenhurst

Cette petite ville animée est située au cœur de la New Forest. Son gué, situé dans la rue principale, est un bon point de départ pour explorer la forêt.

Quitter le village par Brookley Road et tourner à droite sur Rhinefield Road.

★★ Rhinefield Ornamental Drive

C'est une majestueuse allée bordée d'arbres plantés en 1859. Ils constituent aujourd'hui la plus belle collection britannique de conifères adultes. Quelques-uns des sapins Douglas et des séquoias culminent à près de 50 m.

Continuer tout droit, puis traverser la A 35.

★★ Bolderwood Ornamental Drive

Cette belle allée, créée au 19e s., compte aujourd'hui un grand nombre de magnifiques arbres adultes, notamment des chênes et des hêtres. À l'entrée de l'allée, des **sentiers** permettent aux visiteurs d'observer depuis des plates-formes quelques cerfs dans des enclos. Un peu plus loin, certains des chênes et des hêtres sont au moins tricentenaires. À l'extrémité de l'allée, juste avant d'arriver sur la A 35, on trouve le vénérable **chêne de Knightwood** *(Knightwood Oak)*, âgé, dit-on, de plus de 375 ans.

À partir de Bolderwood Ornemental Drive, prendre la route secondaire direction Lyndhurst, puis la A 337 direction Cadnam et suivre le symbole touristique.

Minstead

Situé au sud de la A 31, ce joli village, resté en grande partie intact, possède une église de brique rouge, **All Saints Church** (13e s.), remarquable pour ses galeries superposées, sa chaire à trois niveaux du 17e s. et ses deux bancs seigneuriaux.

Furzey Gardens – *✆ (02380) 812 464 - www.furzey-gardens.org - ♿ - jardins : de 10h au coucher du soleil - galerie : mars-oct. : 10h-17h - fermé 25-26 déc. - 7 £ (galerie gratuite).* Dans ces jardins à l'anglaise, une chaumière du 16e s. témoigne du mode de vie des paysans de la New Forest il y a 400 ans.

NOS ADRESSES À SOUTHAMPTON

TRANSPORTS

Bateau – Hythe Ferry - *840 722 - www.hytheferry.co.uk - dép. ttes les 30mn.* Trajet entre Hythe (New Forest) et Southampton.

Transports publics – Le **City Loop** est une ligne de bus gratuite ; plan à l'office de tourisme.

Les bus de **Blue Star** (*(01983) 827 005 - www.bluestarbus.co.uk)* proposent des tickets illimités valables 1 jour sur tout ou partie du réseau *(3 à 7 £).*

Location de vélos – Forest Leisure Cycling - *Burley - (01425) 403 584 - www.forestleisurecycling.co.uk - 9h-17h30 - 14 £/j.*

VISITES

À Southampton

À pied – *Rens. à l'office de tourisme.* L'association des guides de Southampton *(www.stga.org.uk)* propose une visite gratuite de la vieille ville (1h30).

En bateau – Blue Funnel Cruise – *Ocean Village - (02380) 223 278 - www.bluefunnel.co.uk - ♿.* Propose plusieurs croisières dans les environs du port.

Dans New Forest

En autobus – Citysightseeing – *(02380) 618 233 - www.thenewforesttour.info - de mi-juin à mi-sept. - 9 £ (enf. 4,50 £).* Visite des principaux sites de la New Forest.

HÉBERGEMENT

Bon à savoir – À Southampton, The Polygon et Landguard Road sont les rues des B & B. Il en existe pour tous les budgets.

POUR SE FAIRE PLAISIR

Dans New Forest

Bramble Hill Hotel – *Bramshaw near Lyndhurst - (02380) 813 165 - www.bramblehill.co.uk - P - 8 ch. : 90/150 £ (petit-déj. en sus).* Dans un paysage campagnard, cet ancien domaine de chasse séduit par son ambiance et le confort de ses chambres. Le dîner, composé de plats traditionnels *(20 £)*, est cuisiné avec des produits des fermes alentour.

UNE FOLIE

Dans New Forest

The Montagu Arms Hotel – *Beaulieu - (01590) 612 324 - www.montaguarmshotel.co.uk - P - 23 ch. : 180 £ ☕.* Cette demeure, au cœur de Beaulieu, est parfaite pour une retraite au calme. Accès gratuit au club SenSpa (jacuzzi, sauna, piscine) à Brockenhurst.

RESTAURATION

Bon à savoir – À Southampton, les restaurants se suivent mais ne se ressemblent pas sur High Street et Oxford Street.

PREMIER PRIX

Platform Tavern – Plan II 3 -*Town Quay - (02380) 337 232 - www.platformtavern.com - 15 £.* Le propriétaire a décoré la salle avec des souvenirs du monde entier. Les spécialités du jour sont tout aussi internationales (thaïes, espagnoles, etc.). Le dimanche, le *Soul roast* propose un brunch dans une ambiance musicale.

BUDGET MOYEN

Joe Daflo's – Plan I - *61 Commercial Road - (02380) 231 101 - www.joedaflos.co.uk - 25 £.* Cette église aménagée en restaurant est un lieu étonnant. Les menus sont variés : du chili con carne maison au saumon grillé en passant par les sandwiches.

ACHATS

Bon à savoir – **New Forest** regorge de produits du terroir : vin (Brockenhurst), *fudge* (Burley), cidre et bière (Ringwood).

ACTIVITÉS

Sur terre

New Forest possède de nombreux sentiers balisés pour des randonnées à pied ou à vélo. Des cartes sont disponibles à l'office de tourisme.

À cheval – Burley-Villa - *New Milton - ✆ (01425) 610 278 - www.burleyvilla.co.uk.* Ce centre propose une randonnée de 2h à travers la forêt.

Sur l'eau

New Forest Water Park – *Ringwood Road (A 338) - Fordingbridge - ✆ (01425) 656 868 - www.newforestwaterpark.co.uk - fermé nov.-Pâques.* Ici, tous les désirs de sports nautiques sont comblés.

Canöe Kayak – Liquid Logistics - *Baileys Hard - Beaulieu - ✆ (01590) 612 377 - www.liquidlogistics.co.uk.* Voici l'occasion pour petits et grands de découvrir la rivière Beaulieu en canoë-kayak.

Winchester

★★

44 144 habitants

NOS ADRESSES PAGE 258

S'INFORMER
Office de tourisme – *Guildhall - High Street - ✆ (01962) 840 500 - www.visitwinchester.co.uk - mai-sept. : 10h-17h, dim. et j. fériés 11h-16h ; oct.-avr. : lun.-sam. 10h-17h.* Il vous renseignera sur les visites guidées proposées.

SE REPÉRER
Carte de région A3 (p. 116) – *carte Michelin 504 PQ30 - Hampshire.* À 20 km/12,5 miles au nord de Southampton par la M 3 et 109 km/68 miles au sud-est de Londres par les M 25 et M 3. Vous trouverez des parkings à Chesil Street, Worthy Lane, Tower Street, et un service de Park-and-Ride à la sortie 10 de la M 3.

À NE PAS MANQUER
La cathédrale et le collège.

ORGANISER SON TEMPS
Comptez une journée pour visiter la ville, mais pour profiter des paysages alentours, restez deux journées.

AVEC LES ENFANTS
Mid-Hants Watercress Line et Marwell Zoological Park.

1

Encerclée de prairies et de collines, à la lisière des South Downs, Winchester est une ancienne capitale royale. Cette jolie ville a su garder tout son caractère et abrite encore nombre d'édifices construits au Moyen Âge, dont les plus célèbres sont la cathédrale et l'hôpital St-Cross. Une fois la visite achevée, il est plaisant de flâner le long de la rivière et des sentiers jusqu'aux collines Ste-Catherine ou St-Gilles.

Découvrir

★★★ Cathedral

✆ (01962) 857 200 - www.winchester-cathedral.org.uk - ♿ - 9h-17h, dim. 12h30-15h - visite guidée (1h) lun.-sam. 10h-15h, dép. ttes les h - tour : visite guidée (1h30) juin-août : lun., merc., vend. 14h15, sam. 11h30, 14h15 ; sept.-mai : merc. 14h15, sam. 11h30, 14h15 - 6 £ - crypte : visite guidée (20mn) lun.-sam. 10h30, 12h30 et 14h30 - réserv. conseillée - audioguide 3 £ - 6 £ (9 £ avec la visite de la tour).

La cathédrale, entourée de pelouses, se trouve à l'emplacement de l'ancienne cathédrale saxonne du 7e s., dont les fondations furent découvertes vers 1960. L'un des premiers évêques de Winchester, **saint Swithun**, fut inhumé dans le flanc ouest de l'édifice saxon en 862. Le jour où sa tombe fut transférée dans la nouvelle église, en 1093, bien qu'il eût expressément formulé le vœu d'être enterré à l'extérieur, des pluies torrentielles survinrent. Depuis, la légende raconte que s'il pleut le jour de la St-Swithun (15 juillet), il pleuvra quarante jours d'affilée.

William Walkelyn, nommé évêque par Guillaume Ier, entreprit la construction de la nouvelle cathédrale en 1079. En 1202, l'aile est était achevée. Au début du 14e s., le chœur roman fut remodelé dans le style Perpendicular. Quant à la reconstruction de la nef et de la façade principale, elles eurent lieu de 1346 à 1404. Après de nouvelles modifications de la nef, de la chapelle de la Vierge et du chœur, de 1486 à 1528, la cathédrale gothique la plus longue d'Europe (169 m) prit sa forme définitive.

« DA VINCI CODE »

Certaines scènes du film controversé *Da Vinci Code* ont été tournées à la **cathédrale de Winchester.** Le chapitre prit la décision d'autoriser le tournage après que l'abbaye de Westminster à Londres eut refusé une demande analogue.

Lorsque, en 1652, le Parlement ordonna la destruction de la cathédrale (mise à sac pendant la guerre civile), seule une pétition des habitants de Winchester permit d'éviter la disparition de l'édifice. Au début du 20e s., le flanc est, bâti sur un sol meuble et prenant appui sur un soubassement en bois de hêtre du 13e s., commença à s'affaisser, entraînant l'apparition de fissures dans les murs et l'effondrement du toit. La cathédrale fut sauvée par William Walker, qui travailla seul, de 1906 à 1912, à remplacer par du ciment le bois pourri.

Extérieur – Construit en grande partie en pierre de l'île de Wight, l'extérieur de la cathédrale, avec sa tour trapue de style roman, est remarquable.

Intérieur – La **nef**, constituée de douze travées, est le trait le plus marquant de la cathédrale. Du temps de l'évêque **William de Wykeham** (1324-1404), les piliers romans furent renforcés pour soutenir de gracieux arcs de style Perpendicular, surmontés d'un triforium éclairé par de hautes baies à claire-voie, qui s'élèvent jusqu'à la **voûte à liernes en pierre** aux nombreuses clés de voûte. Dans le bas-côté sud, l'oratoire de l'évêque Edington (mort en 1366) contraste, par sa simplicité, avec celui de William de Wykeham.

Les magnifiques **fonts baptismaux** *(bas-côté nord)* du 12e s. sont en marbre noir de Tournai. À proximité se trouvent la tombe de la romancière **Jane Austen** (1775-1817), toute simple, sans aucune mention de ses succès littéraires, ainsi qu'une verrière 1900, dédiée à sa mémoire.

La **baie de la façade principale** (sublime lorsqu'elle capte les rayons du soleil l'après-midi) est composée de vitraux jadis brisés par les soldats de Cromwell. Les fragments qui furent sauvés ont été replacés en forme de mosaïque après 1660. Dans le **transept**, les arcades formées par les arcs en plein cintre et surmontées par des tribunes aux arcs doublés, elles-mêmes situées sous les arcs irréguliers des fenêtres hautes, forment l'unique partie originale remontant à l'église romane. De très belles fresques du 13e s. se trouvent dans la **chapelle du Saint-Sépulcre** *(bras gauche du transept)*.

Dans le **chœur**, les **stalles** à baldaquin datent de 1308 et comportent une remarquable série de miséricordes, ornées de plus de 500 visages souriants. En 1100, l'enterrement du « cœur impie » du roi Guillaume II le Roux provoqua une vive controverse. Au-dessus du maître-autel se trouve le **retable de pierre** du début du 16e s., orné de trois rangs de statues (restaurées au 19e s.) représentant le Christ crucifié, les saints, les rois anglais, les évêques de Winchester, etc.

La **voûte** de bois, de style Tudor primitif, porte d'extraordinaires clés de voûte. L'arrière-chœur du début du 13e s., qui a remplacé l'abside romane, est un chef-d'œuvre d'architecture du gothique Early English. Les chapelles et les oratoires sont consacrés aux évêques de Winchester des 15e et 16e s. La chapelle de la Vierge, également du début du 13e s., fut agrandie sous le règne d'Henri VII par l'adjonction d'immenses baies à sept jours, de boiseries Tudor et de **fresques** représentant les miracles de la Vierge. La **bible de Winchester**, magnifiquement enluminée par les moines du prieuré au 12e s., constitue le joyau d'une riche collection de livres et de manuscrits se trouvant dans la bibliothèque *(accès par le bras droit du transept)*.

Enclos de la cathédrale – Parmi les quelques bâtiments monastiques, au sud de la cathédrale, se distingue l'ancienne résidence du prieur : le doyenné, doté d'un porche à trois voûtes et d'un hall du 15e s.

Juste à côté de l'imposante porte St Swithun, on trouve **Cheyney Court**, avec son colombage du 15e s., et les écuries du début du 16e s., également à colombage, qui font aujourd'hui partie de Pilgrim's School.

Se promener

High Street

À l'extrémité est *(The Broadway)* trône une statue de bronze, érigée en l'honneur d'Alfred le Grand en 1901. Parmi les bâtiments qui bordent cette rue piétonne, on peut mentionner le **Guildhall**, ancien palais des Corporations, qui fut édifié en 1713. C'est aujourd'hui une banque en face de laquelle se trouve **God Begot House★**, maison à colombage datant de 1558. Remarquez aussi **Butter Cross** (15e s.), pierre sculptée, autour de laquelle se tenaient les marchés.

Remonter High Street, passer Westgate.

★ Castle Great Hall

✆ (01962) 876 476 - www.hants.gov.uk/greathall - ♿ - 10h-17h - fermé 25-26 déc.

La **grande salle** est le seul vestige du château, construit au temps des Normands et délaissé sur l'ordre du Parlement pendant la guerre civile. Immense (34 x 17 x 17 m), réalisée en 1222-1236, c'est un splendide exemple de salle médiévale, avec sa charpente en bois soutenue par des colonnes de marbre de Purbeck. La **Table ronde** (5 m de diamètre) en chêne, mentionnée dans les archives du 14e s., est exposée du côté du mur occidental. Elle est décorée de peintures représentant, au centre, la rose des Tudors et, tout autour, le roi Arthur et la liste de ses chevaliers.

Une imposante statue de bronze de la reine Victoria, œuvre de sir Alfred Gilbert, a été offerte au comté de Hampshire en 1887 pour marquer le jubilé de la souveraine.

À l'arrière de la grande salle s'ouvre le **jardin de la reine Aliénor**, charmant parc médiéval. D'anciens baraquements, Peninsula Barracks, qui se dressent sur le site de l'ancien château, ont été aménagés pour accueillir 5 musées. Ceux-ci évoquent des siècles de tradition militaire et rendent hommage aux régiments des Hussards du roi, des Gurkhas, des Royal Green Jackets, de l'infanterie légère et du Royal Hampshire.

Descendre High Street, tourner à droite sur St Thomas Street, tourner à gauche sur St Swithun Street, passer The Kingsgate, puis prendre à droite College Street.

★ College

✆ (01962) 621 209 - www.winchestercollege.org - ♿ - visite guidée lun., merc., vend. et sam. 10h45, 12h, 14h15 et 15h30, mar. et jeu. 10h45 et 12h, dim. 14h15 et 15h30 - fermé 1er janv., 25 déc. et certains sam. (se renseigner) - 4 £.

Le collège universitaire fut fondé en 1382 par l'évêque William de Wykeham pour recevoir 70 élèves sans ressources, 16 choristes et 10 « roturiers » (ils sont aujourd'hui 500) issus de familles aisées, avant qu'ils n'entrent à New College, à Oxford, lui-même fondé par Wykeham en 1379. De nos jours encore, ces élèves sont connus sous le nom de « Wykehamistes ».

On entre dans l'école par la porte dite extérieure (14e s.) donnant sur College Street. Par la porte médiane, on arrive sur Chamber Court, centre de la vie de l'école, encadré par les bâtiments originaux construits par Wykeham à la fin du 14e s. Le **réfectoire**, au premier étage de l'aile sud, possède de beaux lambris de bois où sont exposés des portraits d'anciens élèves, ainsi que celui du fondateur datant du 16e s. La **chapelle** avec sa haute tour à pinacles du 15e s. fut largement restaurée au 19e s., mais elle a conservé sa **voûte en bois** médiévale – l'une des premières tentatives de construction de voûte en éventail en Angleterre – et ses **stalles** d'origine (14e s.) dotées de belles miséricordes. Au centre du cloître Wykeham (14e s.) se dresse l'**oratoire de Fromond**, construit au début du 15e s., exemple unique en Angleterre de chapelle édifiée à ce type d'emplacement. L'**école** en pierre et brique rouge *(à l'ouest du cloître)* fut construite entre 1683 et 1687 pour faire face à l'afflux de « roturiers ». Le **cloître de la Guerre**, simple et paisible, dessiné par Herbert Baker et construit en 1924, est dédié à la mémoire des « Wykehamistes » disparus au cours des deux guerres mondiales.

Prendre College Street à droite, se diriger vers College Walk, puis suivre les panneaux de St Cross. Très belle promenade de 2 km.

★★ St Cross Hospital

☏ (01962) 851 375 - www.stcross.f2s.com - ♿ - avr.-oct. : 9h30-17h, dim. 13h-17h ; nov.-mars : lun.-sam. 10h30-15h30 - visite guidée (1h) sur demande - fermé Vend. saint et 25 déc. - 3,50 £ - cafétéria (avr.-oct.).

La plus vieille fondation charitable d'Angleterre fut créée par l'évêque Henri de Blois en 1136. La **chapelle** en forme de croix latine, construite entre 1160

UN PEU D'HISTOIRE

Cette ancienne ville épiscopale fut la capitale du **Wessex** et de l'Angleterre du début du 9e s. jusque vers 1166. La région fut très tôt habitée (présence d'un fort de l'âge du fer sur St Catherine's Hill), mais il faut attendre l'invasion romaine en 43 apr. J.-C. pour que la ville, baptisée **Venta Belgarum**, soit véritablement fondée. Après le départ des Romains, elle connut une période de déclin, jusqu'à ce que le roi saxon Cenwall de Wessex y construisît une église (648) et y créât un évêché en 662. À partir de 878, **Alfred le Grand** consolida les défenses du Wessex contre les attaques danoises en édifiant une série de places fortes, dont Winchester fut la plus grande.

Au temps de la conquête normande, la ville était déjà si importante que **Guillaume Ier**, qui fut couronné à Londres, le fut aussi à Winchester. Il fit construire un château dans l'angle sud-ouest des murs de la ville et y établit une nouvelle cathédrale en 1070. À partir du 12e s., Winchester perdit la faveur des monarques qui installèrent leur résidence à Londres. Pendant la guerre civile, le château normand fut en grande partie détruit, la cathédrale endommagée et la ville pillée par les troupes du Parlement. Winchester se rétablit après la Restauration et, en 1682, Charles II demanda à Wren de dresser les plans d'un grand palais, dont la construction ne fut jamais achevée en raison de la mort du monarque en 1685.

environ et la fin du 13e s., est un bel exemple d'architecture de transition du roman au gothique. Remarquez les arcs et la voûte du chœur, qui regorgent de motifs en zigzags sculptés dans la pierre. Dans la **chapelle de la Vierge**, on trouve un triptyque flamand de 1530 environ. La **salle des Frères** *(Brethren's Hall)* possède une tribune des musiciens et un impressionnant plafond de bois de la fin du 15e s. Une rangée de **cottages** à deux étages du 15e s. borde le côté ouest de l'enclos.

À proximité Carte de région

Mid-Hants Watercress Line A3

À New Alresford, 13 km/7 miles au nord-est de Winchester par les A 31 et B 3046 - (01962) 733 810 - www.watercressline.co.uk - ♿ - horaires : se renseigner - 12 £ - cafétéria.

Ce sont les lits de cresson *(watercress)*, que l'on peut toujours apercevoir autour de cette charmante petite ville georgienne, qui ont donné leur nom aux puissantes locomotives à vapeur effectuant un parcours de 16 km par-delà les « Alpes », gravissant des pentes abruptes, jusqu'au bourg d'Alton.

Maison de Jane Austen B2

À Chawton, 29 km/18 miles au nord-est de Winchester par la A 31 en direction d'Alton et la B 3006 - (01420) 832 62 - www.jane-austens-house-museum.org.uk - ♿ - juin-août : 10h-17h ; mars-mai et sept.-déc. : 10h30-16h30 ; janv.-fév. : w.-end 10h30-16h30 - fermé 25-26 déc. - 7 £ - salon de thé.

Pendant huit ans, Jane partagea la paisible maison de brique rouge avec sa mère et sa sœur Cassandra. Elle vécut là ses années les plus créatrices. La petite table sur laquelle elle écrivit et corrigea ses romans se trouve dans le salon-salle à manger, où une porte grinçante permettait de préserver son intimité en l'avertissant d'une visite. Des premières éditions sont présentées avec des lettres, des portraits de famille et des travaux d'aiguille.

Maison de Gilbert White B3

À Selbourne, 36 km/22 miles au nord-est de Winchester par les A 31 et B 3006. À partir de la maison de Jane Austen, 7 km/3 miles, à l'est par la B 3006 - (01420) 511 275 - www.gilbertwhiteshouse.org.uk - ♿ - avr.-sept. : mar.-dim., lun. fériés et lun. de juin à août 10h30-17h30 ; janv.-mars : mar.-dim. 11h-16h - fermé 25-31 déc. - 7,50 £ - salon de thé.

Le révérend Gilbert White (1720-1793) fut un célèbre naturaliste. Toute sa vie, il vécut dans sa propriété, The Wakes, dont le long jardin descend jusqu'au pied de Selbourne Hill. C'est dans cette maison qu'il fit ses observations écologiques, publiées plus tard sous le titre *L'Histoire naturelle de Selborne*. La demeure renferme le manuscrit original qui est écrit sous la forme d'une succession de lettres à deux amis. Il abrite également le **musée Oates**, consacré au capitaine Lawrence Oates, membre de l'expédition écossaise au pôle Sud.

Marwell Zoological Park A3

Près de Lower Upham, 10 km/6 miles. Au sud-ouest, prendre la B 3335 (St Cross Road). À Twyford, continuer sur la B 3354. Puis à Colden Common, prendre la B 2177 et suivre le symbole touristique - (01962) 777 407 - www.marwell.org.uk - ♿ - fin juil.-déb. sept. et certains w.-end d'avril à juin : 10h-18h ; avr.- fin juil., sept.-oct. et vac. scol. fév. : 10h-17h ; reste de l'année : 10h-16h (dernière entrée 1h30 av. fermeture) - fermé 25-26 déc. - 13 à 18 £ selon période (enf. 10 à 14 £).

Le parc du 16e s. du manoir de Marwell renferme de nombreuses espèces de mammifères et d'oiseaux (grands fauves, primates, girafes et rhinocéros). L'accent est mis sur la protection des espèces menacées. Les espaces consacrés aux manchots et aux lémuriens sont parmi les plus intéressants.

NOS ADRESSES À WINCHESTER

HÉBERGEMENT

BUDGET MOYEN

Dolphin House – *3 Compton Road - (01962) 853 284 - www.dolphinhousestudios.co.uk - fermé 1er janv. et 25 déc. - P - 2 ch. : 80 £*. Dans un quartier résidentiel à quelques minutes à pied du centre-ville. Chaque chambre, accessible par le jardin, est équipée d'un canapé, d'un bureau, d'un accès Wi-Fi. Une cuisine est à votre disposition. Bon rapport qualité/prix.

RJ & VJ Weller – *63 Upper Brook Street - (01962) 620 367 - fermé 25 déc. - 2 ch. : 70 £*. Accueil chaleureux dans ce B & B blotti au cœur de la ville entre des maisons victoriennes. Les deux chambres sont dotées de lits séparés ; la salle de bains se partage. Le matin, un copieux petit-déjeuner vous attend.

UNE FOLIE

Hotel du Vin – *Southgate Street - (01962) 841 414 - www.hotelduvin.com - fermé 25 déc. - 24 ch. : 140/225 £*. Ce bâtiment georgien est d'une très grande beauté. Les chambres au décor élégant sont très bien équipées : DVD, CD, TV satellite, etc.

RESTAURATION

PREMIER PRIX

Ask – *God Begot House - 101 High Street - (01962) 849 464 - www.askrestaurants.com - 15/20 £*. Cette maison à colombage du 16e s. a été reconvertie en restaurant. Le menu propose un éventail de pâtes fraîches.

Café Monde – *22 The Square - (01962) 877 177 - 8h-20h - 15/20 £*. Dans une jolie rue, ce restaurant aux tons pastel propose de bons paninis et salades. Parfait aussi pour un brunch.

ACHATS

Le **marché** des produits du terroir de Hampshire se tient le dernier dimanche de chaque mois.

ACTIVITÉS

Balades – De nombreux sentiers permettent de faire d'agréables randonnées à pied ou à bicyclette. Se renseigner à l'office de tourisme, qui loue aussi des vélos.

AGENDA

Hat Fair – Fin juin-début juillet. Fête internationale de théâtre de rue.

Guildford

68 601 habitants

NOS ADRESSES PAGE 262

S'INFORMER

Office de tourisme – *14 Tunsgate - ✆ 444 333 - www.visitguildford.com - mai-sept. : 9h-17h30, dim. 10h-16h30 ; reste de l'année : tlj sf dim. 9h30-17h.*

SE REPÉRER

Carte de région B2 (p. 116) – *carte Michelin 504 s30 - Surrey.* À une jonction de la A 3 entre Londres (64 km/40 miles au nord-ouest) et Portsmouth (71 km/44,3 miles au sud-ouest), dans le comté du Surrey.

À NE PAS MANQUER

Une promenade sur la Wey, Clandon Park et Painshill.

ORGANISER SON TEMPS

Comptez une journée pour visiter les demeures ou les jardins des alentours. N'oubliez pas d'apporter votre pique-nique si vous souhaitez profiter pleinement des lieux.

AVEC LES ENFANTS

Birdworld aux alentours de Guildford ; les attractions de Thorpe Park et World of Adventures *(voir Nos adresses).*

1

À la croisée des routes commerciales entre la crête crayeuse des Downs du Nord et la brèche creusée par la rivière Wey, Guildford s'est développée grâce au commerce et à l'industrie de la laine. Étape incontournable entre Portsmouth et Londres, cette ville s'offre aux voyageurs qui prennent le temps d'arpenter les pavés ronds de ses rues et d'admirer ses habitations ancestrales.

Découvrir

LE CENTRE-VILLE

High Street

The Guildhall – *Guildford Museum - ✆ (01483) 444 750 - www.guildford.gov.uk - visite guidée mar. et jeu. 14h et 15h.* La ville est dominée par l'hôtel de ville et ses horloges en saillie finement ciselées.

Guildford House – *✆ (01483) 444 751 - www.guildfordhouse.co.uk - mar.-sam. 10h-16h45 - salon de thé.* Non loin de l'hôtel de ville, cet élégant hôtel particulier de la fin du 17e s. regroupe la collection Borough et des expositions temporaires.

Abbot's Hospital – *✆ (01483) 455 591 - www.abbotshospital.org - visite guidée sur demande lun.-sam.* C'est un bâtiment de style Tudor érigé en 1619 par l'archevêque Abbot. Le hall de cet hospice, toujours en activité, est décoré de meubles du 17e s. Dans la chapelle, une série de vitraux racontent l'histoire de Jacob.

Castle

(01483) 444 750 (Guildford Museum) - www.guildford.gov.uk - ♿ - avr.-sept. : 10h-17h, mars : w.-end 11h-17h ; oct. : w.-end 11h-16h (dernière entrée 30mn av. fermeture) - 2,60 £.

Des imposants murs en grès du donjon construit au 12e s. sont les seuls vestiges du château royal du Surrey. Son histoire est relatée au 1er étage de la tour. À l'extérieur, les parterres des jardins donnent pour chaque saison un ton et une couleur.

Guildford Museum

Castle Arch - (01483) 444 750 - www.guildforfmuseum.co.uk - tlj sf dim. 11h-17h - fermé Vend. saint, 25 déc., 1er janv.

Le musée retrace l'histoire de la ville et de ses habitants : Romains, Saxons, moines, Victoriens ou le célèbre écrivain Lewis Caroll. Parmi les objets exposés, prenez le temps de contempler les monnaies saxonnes, les bijoux du 17e s. et les travaux d'aiguille de l'époque victorienne.

Cathedral

(01483) 547 860 - www.guildford-cathedral.org - ♿ - lun.-vend. 8h30-17h30, sam. 9h30-17h, dim. 12h-18h30 - possibilité de visite guidée sur RV 9h30-17h (hiver 16h) 3 £ - cafétéria.

Conçue par Edward Maufe et construite entre 1936 et 1961, la cathédrale, juchée sur Stag Hill (ou colline du Cerf), surplombe la ville. Un cerf en bronze, dans la croisée, signale à la fois le centre de la cathédrale et le sommet de Stag Hill. Les fonts baptismaux sont décorés de colombes en vol (baptistère) et de portes de bronze faisant face aux vitraux aux motifs d'anges (narthex). De nuit, vous pourrez voir la cathédrale éclairer la ville tel un phare.

À proximité Carte de région

Wisley Garden B2

À 13 km/8,1 miles au nord-est, prendre la A 320, puis la A 3 direction Londres et suivre le symbole touristique - 0845 260 9000 - www.rhs.org.uk - ♿ - mars-oct. : lun.-vend. 10h-18h, w.-end et j. fériés : 9h-18h ; nov.-fév. : lun.-vend. 10h-16h30, w.-end et j. fériés 9h-16h30 (dernière entrée 1h av. fermeture) - fermé 25 déc. - audioguide - 7,50 £.

Véritable paradis floral où rhododendrons, azalées, fleurs orientales et bien d'autres espèces végétales émerveillent le regard du promeneur. Vous découvrirez ces beautés de la nature en parcourant les jardins thématiques : pinède, jardin alpin, rocaille, jardins miniatures. Pour de simples questions ou un conseil botanique, n'hésitez pas à consulter les jardiniers du parc, qui vous répondront très volontiers.

★★ Painshill B2

À Cobham : 16 km/10 miles au nord-est à partir de Guildford, prendre la A 320 pour rejoindre la A 3 direction Londres ; à partir de Wisley, 6 km/4 miles, prendre Wisley Lane, puis la A 3 direction Londres et suivre le symbole touristique - (01932) 868 113 - www.painshill.co.uk - ♿ - mars-oct. : 10h30-18h (dernière entrée 1h30 av. fermeture) ; nov.-fév. : 10h30-16h (dernière entrée 1h av. fermeture) - fermé 25-26 déc. - 6,60 £ - aire de pique-nique, salon de thé.

Deux promenades balisées et des petits sentiers vous permettent de flâner dans l'un des plus beaux jardins paysagers du 18e s. Créé par le peintre, botaniste et architecte Charles Hamilton au retour de son tour d'Europe, le parc comprend de splendides parterres, agencés autour d'un lac. Des « folies » romantiques parsèment ces tableaux naturels. Vous pourrez notamment découvrir les ruines d'une abbaye, une tour et un temple gothique (du haut de la tour, vous apercevrez le château de Windsor), une grotte de cristal, ou un hermitage récemment restauré.

★★ Clandon Park B2

À 5 km/3,1 miles à l'est par la A 246 direction Leatherhead, suivre le symbole touristique - NT - ✆ (01483) 222 482 - www.nationaltrust.org.uk - de mi-mars à fin oct. : mar.-jeu., dim., Vend. saint, Pâques et lun. fériés 11h-17h - 8,60 £ ; 12 £ billet combiné avec Hatchlands Park - restaurant.

Ce manoir d'origine élisabéthaine fut reconstruit au 18e s. dans le style palladien de la fin du 17e s. Abandonné à la suite d'une querelle familiale par les Onslow au 19e s., le domaine fut racheté par la comtesse d'Iveagh puis donné au National Trust.

Le monumental **hall de marbre★★★** aux cheminées, manteaux et moulures ouvragés, est un chef-d'œuvre. Des portraits de famille ornent les pièces à la décoration raffinée : salle Palladio, salon vert, bar, chambre d'apparat et salle à manger. Cet écrin somptueux est rehaussé par la collection Gubbay de mobilier, dentelles, miroirs et porcelaines du 18e s.

Dans les jardins ornés de parterres à la mode hollandaise, vous pourrez admirer une maison maorie et peut-être découvrir la grotte cachée.

1

★ Hatchlands Park B2

Près de East Clandon, 7 km/4,5 miles à l'est de Guildford par la A 246, direction Leatherhead ; 2 km/1,2 mile à partir de Clandon Park, prendre The Street (A 247) en direction d'Epsom Road (A 246), sur Epsom Road, prendre la direction d'East Clandon - NT - ✆ (01483) 222 482 - www.nationaltrust.org.uk - ♿ - avr.-oct. : mar.-jeu., dim., j. fériés et vend. en août 14h-17h30 - parc : avr.-oct. 11h-18h - 7 £ (jardin seul 4 £) ; 12 £ billet combiné avec Clandon Park - aire de pique-nique, restaurant.

Cette demeure a été construite pour l'amiral Boscawen en 1758. La décoration intérieure (salon de réception, salon, bibliothèque et grand hall à escalier) porte la marque de Robert Adam. Il y a aussi une petite touche française avec la fresque en arabesque de la salle à manger, directement inspirée d'un modèle français de la fin du 18e s. Mobilier, peintures et sculptures créent une élégante atmosphère Régence. La somptueuse **collection Cobbe★★** d'instruments anciens à clavier tient la place d'honneur dans le salon de musique. Le parc paysager dessiné par H. Repton est parsemé d'allées et de sentiers forestiers ; le petit jardin à la française est l'œuvre de Gertrude Jekyll.

★ Polesden Lacey B2

20 km/12,5 miles à l'est de Guildford par la A 246 direction Leatherhead, puis suivre le symbole ; 11 km/6,8 miles à partir d'Hatchlands Park, prendre la A 246 direction Leatherhead, puis suivre le symbole - NT - ✆ (01372) 452 048 - www.nationaltrust.org.uk - maison : mars-oct. : merc.-dim. et lun. fériés 11h-17h - jardins : 10h-17h (de déb. nov. à mi-fév. 16h) - 3 £ (jardins seuls 6 £) - salon de thé.

Édifiée au Moyen Âge, cette élégante maison de campagne a préservé son style Régence du 19e s. Parmi ses nombreux propriétaires figurent le célèbre dramaturge du 19e s. Richard Brimsley Sheridan et Mrs Greville, dame de la haute société du début du 20e s. Sa splendide collection de meubles, peintures et porcelaines est répartie çà et là dans la demeure. Une promenade à travers l'immense domaine attenant fera apprécier les jardins à la française, les bosquets et les North Downs. Pour la petite anecdote, le futur roi Georges VI et la reine Élisabeth ont passé une partie de leur lune de miel en 1923 dans ce charmant cadre.

Birdworld B2

À 20 km/12,5 miles au sud-ouest de Guildford par la A 31, direction Farnham, puis par la A 325 direction Peterfields. Le site se trouve à 6 km/3,7 miles au sud de Farnham - ✆ 01420 22838 - www.birdworld.co.uk - ♿ - de fin mars à fin oct. : 10h-18h ; nov. et fév.-mars : 10h-16h30 (dernière entrée 1h av. fermeture) - 13,95 £ (enf. 11,95 £).

Les oiseaux sont les seigneurs de ces jardins paysagers comprenant la plus grande volière de Grande-Bretagne. On peut également contempler les crocodiles, découvrir des invertébrés, des poissons, ainsi que les animaux de la ferme de Jenny Wren. Plusieurs événements comme le repas des pingouins ou le spectacle des oiseaux de proie ponctuent chaque journée. Renseignez-vous à l'accueil pour connaître les horaires et ne pas manquer ces spectacles.

NOS ADRESSES À GUILDFORD

TRANSPORTS

Transports publics – Trajets illimités avec la navette gratuite Guildford Shuttle *(tlj sf dim.)*.

Voiture – Trois parkings gratuits *(Park-and-Ride)* sont situés à la limite de la ville. Pour les horaires d'ouverture, se renseigner à l'office de tourisme.

VISITES

Sur terre

Visite guidée – *✆ (01483) 444 333 - www.visitguildford.com - mai-sept. : dép. de Tunsgate Arch et High Street dim. et merc. 14h30, lun. 11h et jeu. 19h (sf en sept.).* Cette agréable promenade historique (1h15 à 1h30) inclut, certains jours, une visite de la chapelle de l'Abbot's Hospital et de la cave médiévale de High Street.

Visite hantée – *✆ (01483) 506 232 - www.ghosttourofguildford.co.uk - mars-oct. : vend. 20h - 5 £.* Cette promenade crépusculaire vous plonge en 20 sites au cœur de nombreux mystères de la ville. Durant 1h45, frissons et sursauts garantis !

Sur l'eau

Boat House – *Millbrook - ✆ (01483) 504 494 - www.guildfordboats.co.uk - avr.-sept. (se renseigner pour les j. et les horaires) - 5/7 £ selon la durée (enf. 2,50/3,50 £).* Ces croisières sur la rivière longent les paysages pittoresques de la Wey.

HÉBERGEMENT

BUDGET MOYEN

Abeille House – *119 Stoke Road - ✆ (01483) 532 200 - P - 4 ch. : 65/80 £.* À 10mn à pied du centre-ville et de la gare, cette charmante *guesthouse* propose des chambres au style édouardien ou victorien.

RESTAURATION

Bon à savoir – Pour les spécialités étrangères (françaises, italiennes et asiatiques), dirigez vos pas vers le quartier de Tunsgate Square.

PREMIER PRIX

Three Pigeons – *169 High Street - ✆ (01483) 574 310 - 11h-23h - 15 £.* Ce bâtiment du 17ᵉ s. est aujourd'hui un pub à l'atmosphère très cosy. Le traditionnel *fish and chips* côtoie d'excellentes grillades.

BUDGET MOYEN

The Boatman – *Millbrook - ✆ (01483) 568 024 - P - 20 £.* Ce restaurant offre une belle vue sur la rivière. Le menu est varié, des *burgers* au risotto aux champignons.

EN SOIRÉE

Yvonne Arnaud Theatre – *Millbrook - ✆ (01483) 440 000 - www.yvonne-arnaud.co.uk.* Pièces de théâtre, concerts, ballets et comédies musicales composent le programme de cette salle.

ACTIVITÉS

Parcs d'attractions

Thorpe Park – *Chertsey - ✆ (0870) 444 4466 - www.thorpepark.com - mars-oct. - 38 £ (enf. 24 £) - 23 £ (enf. 19,50 £) sur Internet - restaurant.* Ce parc aquatique regroupe un ensemble de manèges à sensations fortes. Des attractions plus calmes et une ferme pour les plus jeunes.

World of Adventures – *Chessington - ✆ (0871) 663 4477 - www.chessington.com - 27 km au nord-est par la A 3 dir. Londres, puis la A 243 - se renseigner pour les horaires - 36 £ (enf. 27 £) - 26 £ (enf. 19 £).* Ce parc à thème réjouira petits et grands, sans oublier les amateurs de frissons.

Le Sud-Ouest 2

Carte Michelin National 713 EJ15-18

Cercle de pierres sur le site Avebury.

Eurasia Press/Photononstop

A
B
ABERYSTWYTH
LE SUD-OUEST
0 20 km
0 10 miles
N
1
2
3
WALES
Fishguard
Haverfordwest
Carmarthen
Pembroke
Caldey Island
Carmarthen Bay
Pembrokeshire Coast
SWANSEA
Teifi
E. Cleddau
Loughor
A 487
A 482
A 484
A 478
A 40
A 483
A 48
A 477
M 4
BRISTOL CHANNEL
Lundy Island
Ilfracombe
Lynmouth
Exmoor
487
Mortehoe
Braunton
Barnstaple
Arlington Court
Barnstaple Bay
Clovelly
A 39
A 361
Morwenstow
A 386
Taw
A 377
Bude
Tamar
Poundstock
Okehampton
Drogo
Boscastle
A 30
Tintagel
Lydford
Dartmoor National Park
A 395
Brent Tor
330
DARTMOOR NATIONAL PARK
Two Bridges
Trevose Head
Padstow
Bedruthan Steps
CORNWALL
Buckland Abbey
Dartington
Newquay
Trerice
Eden Project
Heligan
A 38
Plymouth
Totnes
St Agnes-Beacon
192
TREWITHEN
St Germans
Saltram House
Hell's Mouth
Fowey
Polperro
A 379
St Ives
Mevagissey
Whitsand Bay
Trelissick
Veryan
St Just
Penwith
A 394
Gweek
St-Just-in-Roseland
St-Mawes
Penzance
Falmouth
Glendurgan
ÎLES SCILLY
LAND'S END
Mullion Cove
Coverack
ENGLISH
Kynance Cove
Lizard Peninsula

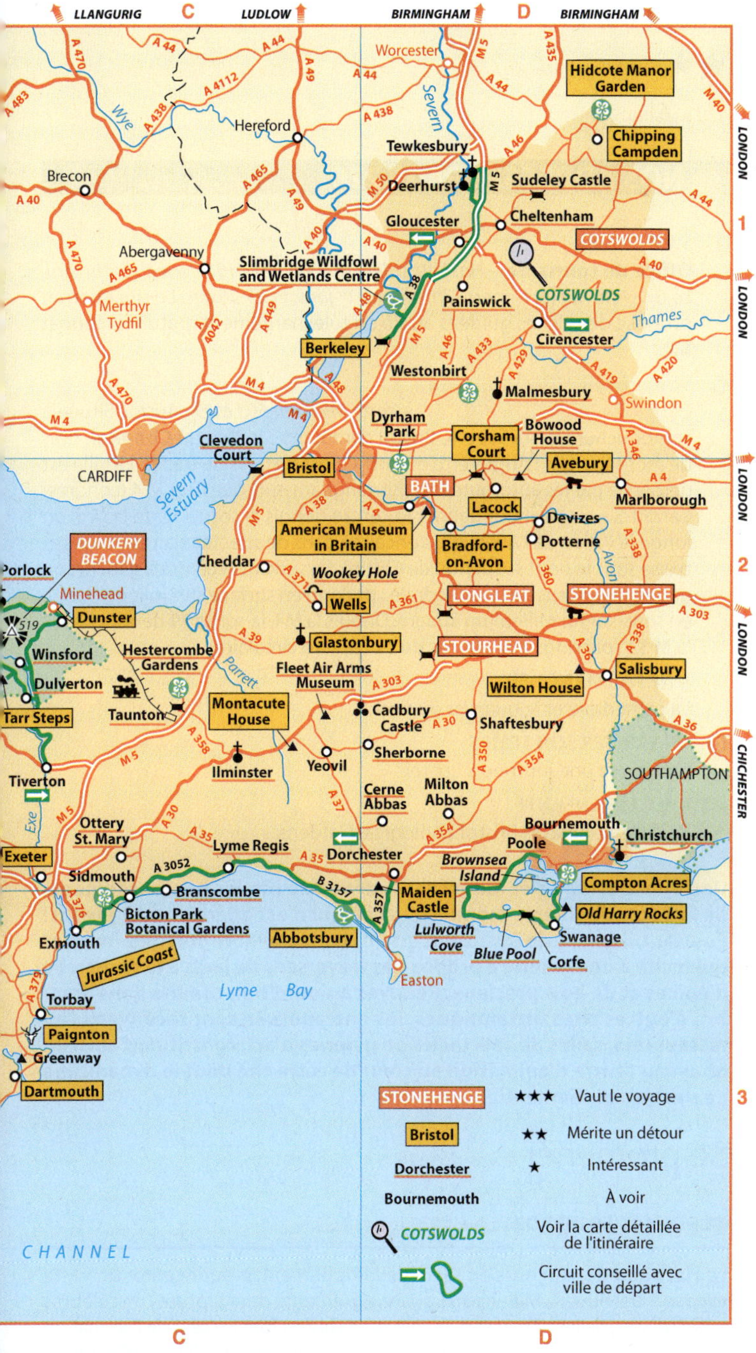
LLANGURIG
C
LUDLOW
BIRMINGHAM
D
BIRMINGHAM
LONDON
LONDON
LONDON
LONDON
CHICHESTER
1
2
3
Worcester
Hereford
Brecon
Abergavenny
Merthyr Tydfil
Tewkesbury
Deerhurst
Gloucester
Cheltenham
Sudeley Castle
Hidcote Manor Garden
Chipping Campden
COTSWOLDS
COTSWOLDS
Slimbridge Wildfowl and Wetlands Centre
Painswick
Cirencester
Thames
Berkeley
Westonbirt
Malmesbury
Swindon
Dyrham Park
Corsham Court
Bowood House
Avebury
Marlborough
Clevedon Court
Bristol
CARDIFF
Severn Estuary
BATH
Lacock
Devizes
Potterne
American Museum in Britain
Bradford-on-Avon
DUNKERY BEACON
Porlock
Minehead
Dunster
Cheddar
Wookey Hole
Wells
LONGLEAT
STONEHENGE
Glastonbury
STOURHEAD
Salisbury
Wilton House
Winsford
Hestercombe Gardens
Dulverton
Taunton
Tarr Steps
Fleet Air Arms Museum
Montacute House
Cadbury Castle
Shaftesbury
Tiverton
Ilminster
Yeovil
Sherborne
SOUTHAMPTON
Cerne Abbas
Milton Abbas
Ottery St. Mary
Exeter
Lyme Regis
Dorchester
Bournemouth
Christchurch
Poole
Brownsea Island
Compton Acres
Sidmouth
Branscombe
Maiden Castle
Old Harry Rocks
Bicton Park Botanical Gardens
Exmouth
Abbotsbury
Lulworth Cove
Swanage
Blue Pool
Corfe
Jurassic Coast
Easton
Lyme Bay
Torbay
Paignton
Greenway
Dartmouth
CHANNEL
Severn
Wye
Parrett
Avon
Exe
519
A 470
A 483
A 44
A 4112
A 438
A 49
A 465
A 40
M 50
M 5
A 46
A 435
M 40
A 48
A 38
A 4042
A 449
M 4
A 433
A 429
A 419
A 420
A 346
A 4
A 338
A 360
A 371
A 361
A 303
A 36
A 39
A 358
A 30
A 350
A 354
A 37
A 35
A 3052
B 3157
A 357
A 376
A 379
STONEHENGE ★★★ Vaut le voyage
Bristol ★★ Mérite un détour
Dorchester ★ Intéressant
Bournemouth À voir
COTSWOLDS Voir la carte détaillée de l'itinéraire
Circuit conseillé avec ville de départ
C
D

Bristol

★★

420 556 habitants

NOS ADRESSES PAGE 276

S'INFORMER

Office de tourisme – *Harbourside - ✆ 0333 321 0101 - www.visitbristol.co.uk - 10h-18h (oct.-mars 17h) - fermé 1er janv. et 25-26 déc.* Le site Internet propose des visites guidées audio en téléchargement gratuit au format MP3.

SE REPÉRER

Carte de région CD1-2 (p. 267) – *carte Michelin 503 M29 - Bristol.* Située à l'embouchure de la Severn, Bristol commande le **Bristol Channel**, bras de mer séparant l'Angleterre du Sud-Ouest du pays de Galles. La ville est desservie par les autoroute M 5 (Birmingham-sud-ouest) et M 4 (Londres-Cardiff-Swansea). Pour gagner le centre depuis la sortie 18 de la M 5, on longe la vallée de l'Avon, qui s'encaisse dans de spectaculaires gorges et passe sous le pont suspendu de Clifton. En suivant le centre à gauche, on gagne les abords de la cathédrale : parking en surface sur College Street, en sous-sol sur Millenium Square. Depuis la M4, la sortie 19 débouche sur la M 32 : parkings aux abords du boulevard circulaire.

À NE PAS MANQUER

La cathédrale et le quartier du port.

ORGANISER SON TEMPS

Consacrez une journée à Bristol.

AVEC LES ENFANTS

Explore-at-Bristol ; Bristol Zoological Gardens.

Une ville portuaire et industrielle, dévastée par les bombardements de la Seconde Guerre mondiale : voilà qui n'est guère encourageant ! Pourtant, il émane de Bristol un certain charme, avec ce port omniprésent qui incite à une rêverie à propos des traversées de jadis à la recherche d'épices et de bois précieux. Rénovés aujourd'hui, comme dans nombre d'autres cités britanniques, les entrepôts se sont reconvertis en restaurants, salles de spectacles ou galeries d'art, constituant ainsi un nouveau centre d'animation au cœur de cette cité dont le dynamisme ne s'est jamais démenti.

Se promener Plans de ville

★ LE QUARTIER DU PORT plan I AB1, plan II C3

Le **Harbouside**, toujours en plein développement, a pour centre un vaste espace à ciel ouvert, Millenium Square, agrémenté de sculptures de célèbres autochtones, de jets d'eau et d'illuminations qui en font le cœur de l'animation diurne comme nocturne de la cité. Cafés, restaurants et salle IMAX côtoient

Bateaux dans le port de Bristol.
T. Bognar / Photononstop

boutiques et bureaux dans des bâtiments modernes et parfois audacieux comme **Canons House** (1989-1990 par Arup Associates of London pour la Lloyds Bank), qui présente une intéressante alliance de façades convexes et concaves, ou des édifices anciens comme les entrepôts de Bordeaux Quay et Old Leadworks.

2

★ At-Bristol Plan II C3

(0145) 345 1235 - www.at-bristol.org.uk (en français) - lun.-vend. 10h-17h, w.-end, j. fériés et vac. scol. 10h-18h (dernière entrée 1h30 av. fermeture) - fermé 24-26 déc. - 11,90 £ (enf. 7,70 £).

Explore-at-Bristol est un centre interactif installé dans un ancien hangar ferroviaire. Il a pour vocation de promouvoir la recherche et l'enseignement de la science par maquettes interactives et écrans tactiles. L'exposition aborde l'être humain ainsi que ses sens, les phénomènes naturels, la construction et les communications. On y compose de la musique et on consulte l'opinion publique grâce aux 0 et 1 du système binaire ; on peut aussi participer à une partie de volley-ball virtuelle ou jouer au morpion en 3D.

Wildwalk-at-Bristol occupe un bâtiment circulaire en brique rouge jouxtant une serre de forme arrondie. Consacré à la préservation du monde naturel, il abrite une forêt humide tropicale dans laquelle on peut se promener. On y observe des images mobiles en trois dimensions, des oiseaux et des papillons en liberté, et l'on peut y voir des films ou participer à des ateliers.

Peros Bridge Plan II C3

Cette passerelle dessinée en 1999 par Ellis O'Connell, enjambe **St Augustine's Reach,** dernier tronçon de la Frome, affluent de l'Avon, dont le cours en amont est souterrain depuis 1937. Sur les quais du bassin, les anciens entrepôts sont aujourd'hui investis par des cafés et des restaurants.

Prendre sur la droite après la passerelle et, après l'ancien entrepôt des thés Bush (vers 1830), devenu le centre d'art Arnolfini, consacré aux arts visuels et scéniques contemporains, traverser Swing Bridge et prendre à droite.

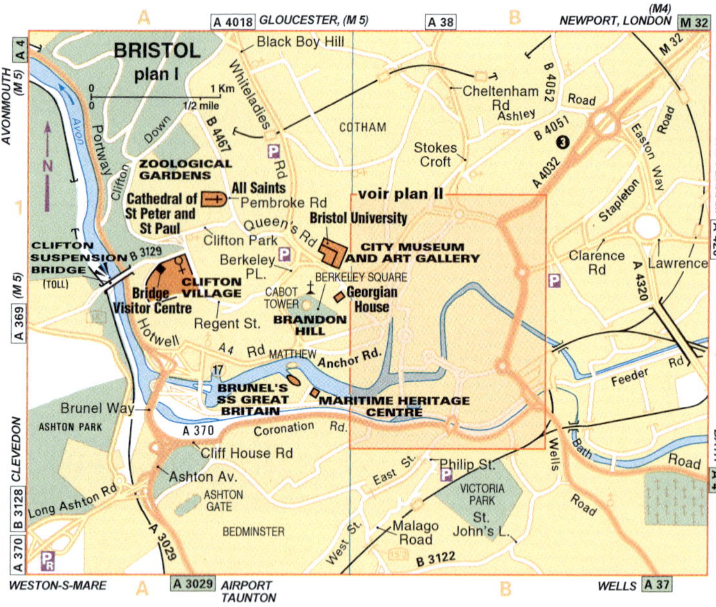

Spike Island Plan II C3

Cette île étroite et allongée est délimitée par le port et l'Avon.

★★ **Bristol Industrial Museum** – *fermé pour travaux, doit rouvrir sous le nom de Museum of Bristol et retracera l'histoire de la ville et son rayonnement dans le monde*. Ce musée occupe un entrepôt datant de 1950, sur le quai du port.

★ **Brunel's SS Great Britain** – plan I A1 - *✆ (0117) 926 0680 - www.ssgreatbritain.org - ♿ - 10h-17h30 (nov.-mars 16h30) - audioguide en français inclus - fermé 24-25 déc. - 11,95 £ (enf. 5,95 £) - cafétéria*. Lancé en 1843, le *SS Great Britain* (98 m de long sur 16 m de large), qui fut le premier bateau métallique à hélice à effectuer la traversée de l'Atlantique, est exposé sur sa cale sèche d'origine. Le musée décrit les innovations apportées par **Brunel**, ainsi que la saga de ce grand navire et l'histoire de la construction navale à Bristol depuis le 18e s. Il présente aussi des collections de maquettes et de plans de vaisseaux qui illustrent la transition de la voile au diesel en passant par la vapeur, ainsi que du bois à l'acier en passant par le fer forgé pendant la période d'activité du chantier naval, de 1773 à 1976.

Revenir à Swing Bridge et prendre à droite en face de Perros Bridge la petite Farr's Lane.

> **UN VISIONNAIRE**
> **Isambard Kingdom Brunel** (1806-1859), concepteur du pont suspendu Clifton et du bateau à vapeur *SS Great Britain*, fut également l'architecte du Great Western Railway, réseau ferré qui se caractérisait par un large écartement des rails (1841). Son terminus se trouve à Bristol, à Temple Meads Station Building.

LA VIEILLE VILLE Plan II C2-3

Occupant une presqu'île rectangulaire formée par St Augustine's Reach et le port de Bristol, elle s'articule autour d'une vaste place carrée, **Queen Square**, entourée de quelques nobles demeures et présidée depuis 1736 par la statue équestre du roi Guillaume III.

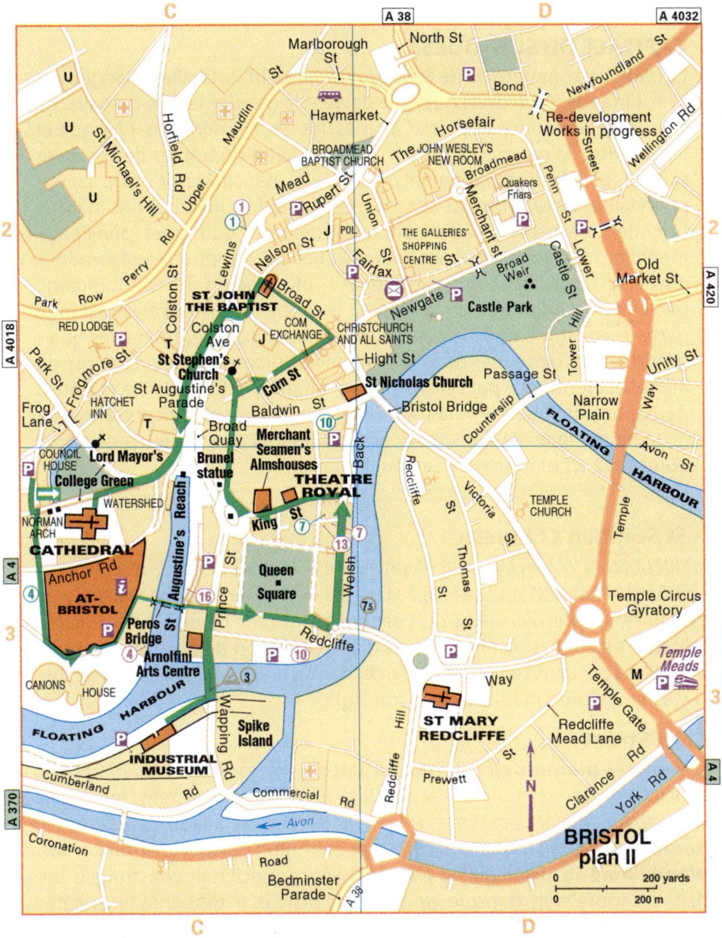

SE LOGER

- Hotel du Vin ... 1
- Ibis ... 4
- Mercure Brigstow Bristol ... 10
- Premier Travel Inn ... 7

SE RESTAURER

- Bistro ... 1
- Bordeaux Quay ... 4
- Loch Fyne ... 7
- Riverstation ... 10
- The Llandoger Trow ... 13
- The Quayside ... 16

Traverser à nouveau le port et prendre à droite Welsh Back.

King Street C3

Cette rue est bordée, du côté du port, de pubs du 17e s. et d'entrepôts des 18e et 19e s. Vous y verrez aussi le **Theatre Royal★★**, inauguré en 1766, ce qui en fait la plus ancienne salle de spectacle encore utilisée dans le pays. Plus loin, les **Merchant Seamen's Almshouses★** (Hospices des marins), construits en 1544 et agrandis en 1696, sont ornés de blasons colorés sur le mur extérieur.
Remonter par Prince Street (statue de Brunel sur votre gauche) et prendre à droite Baldwin Street, puis monter à gauche vers Corn Street, puis encore à gauche dans cette rue.

CAPITALE DU SUD-OUEST

La tradition commerciale de Bristol remonte au 10e s., la ville échange alors avec l'Irlande. Au Moyen Âge, elle devient la deuxième ville du pays. Au 17e s., elle commerce avec les Canaries, les deux Amériques, l'Afrique et les Antilles. Sa prospérité ne fait que s'accroître durant les deux siècles suivants avec le développement de nouvelles industries : fer, laiton, cuivre, porcelaine, verre, chocolat et tabac. Ces périodes brillantes ont marqué l'architecture locale avec des bâtiments romans et gothiques (principalement Perpendicular) – qui ont heureusement réchappé aux restaurations du 19e s. –, mais aussi de style Jacques Ier et palladien. Très endommagé par les bombardements en 1940-1942, le centre de Bristol a été en grande partie reconstruit après la guerre, tandis que plus récemment, les quais sont devenus des zones de loisirs animées. Aujourd'hui, la prospérité de Bristol est renforcée par l'électronique, tandis que Rolls-Royce et British Aerospace maintiennent la tradition en ingénierie. La décentralisation de la haute finance et des services d'assurances de Londres procure de nombreux emplois dans le secteur financier.

★ St Stephen's Church C2

✆ (0117) 927 7977 - www.saint-stephens.com - lun.-vend. 10h-14h - cafétéria.

La tour de l'église (15e s.) s'élève à 40 m par étapes successives marquées par des baies à arcs en accolade, puis par une balustrade ajourée à deux niveaux reliant les tourelles d'angle, ornées d'une profusion de pinacles. L'intérieur abrite les souvenirs des anciens marchands de la ville, des portes en fer forgé (17e s.) et un lutrin médiéval avec son aigle.

Corn Street C2

Les quatre **plaques circulaires en laiton** sur lesquelles les marchands concluaient leurs transactions et payaient au comptant attestent l'importance de cette rue pour le commerce de la ville. Derrière, vous verrez la gigantesque **Bourse aux grains**, bâtiment à pilastres et fronton qui fut construit par **John Wood l'Aîné** au milieu du 18e s. À gauche du Council Hall, construit au 19e s. dans un sobre style dorique, on trouve la riche et exubérante façade de la Lloyd's Bank (1854-1858). À voir aussi, la Coffee House construite au 18e s.

Au bout de Corn Street, prendre à gauche Broad Street.

★ St John the Baptist's Church C2

✆ (020) 7213 0660 (Churches Conservation Trust) - www.visitchurches.org.uk - jeu. 10h-13h.

Cette église du 14e s. comporte une tour à créneaux, et sa flèche s'élance au-dessus d'un triple arc, l'une des six portes médiévales de la ville. Elle renferme plusieurs objets en bois du 17e s. (lutrin, table de communion, sablier) et une plaque funéraire en laiton d'époque plus ancienne dans le chœur.

Par Quay Street et Colston Avenue, vous accédez à St Augustine's Parade, place centrale manquant singulièrement de charme. Prendre sur la gauche Park Street.

★ Lord Mayor's Chapel C2

✆ (0117) 929 4350 - merc.-sam. 10h-12h, 13h-16h - offrande.

La chapelle St-Marc faisait au Moyen Âge partie d'un hôpital. À droite de l'étroite nef nord-sud, une impressionnante chapelle de style Perpendicular renferme des tombeaux du 15e au 17e s. Remarquez le vitrail du 16e s., les blasons des maires, le porte-épée doré (1702) et les belles grilles en fer forgé.

Redescendre Park Street jusqu'à College Green.

★ Cathedral C3

✆ (0117) 926 4879 - www.bristol-cathedral.co.uk - 8h-17h30 - visite guidée certains sam. à 11h30 et/ou 13h30 - offrande.
Elle est de style gothique Perpendicular (14e-15e s.). Les fenêtres élancées, flanquées d'arcs-boutants coiffés de fleurons, sont surmontées d'un mur crénelé portant des pinacles, de même que la belle tour de la croisée du transept. La nef et les tours jumelées sont des ajouts datant de 1868-1888. Il s'agissait d'une abbaye d'augustins âgée de 400 ans lorsque Henri VIII la supprima en 1539 ; trois ans plus tard, elle fut consacrée en tant que cathédrale.
À l'intérieur, une clôture de pierre, très fine, ferme le chœur sans toutefois briser la perspective, car elle est percée de 5 larges ouvertures. Les stalles surmontées d'un dais présentent de belles miséricordes du 15e s. Les hautes voûtes sont tout à fait originales et uniques dans l'histoire des cathédrales anglaises, un exploit des bâtisseurs du 14e s. L'**ancienne chapelle de la Vierge** (bras gauche du transept) date de 1210-1220. Sa voûte (1270) est remarquable de sobriété, ses chapiteaux reposant sur de minces colonnes de Purbeck et ses figurines sculptées représentent saint Michel et le dragon, un renard, une oie, un lézard et des singes. La **chapelle de la Vierge** (1298-1330) se distingue par sa profusion d'enluminures et de couleurs. Notez les beaux vitraux du 14e s. illustrant le martyre de saint Edmond. Dans le bras droit du transept, *Les Supplices de l'enfer* est une extraordinaire sculpture saxonne. La **salle capitulaire**, remarquable bâtiment de style roman tardif aux élégantes décorations géométriques, et son vestibule furent construits en 1150-1170. Les murs déclinent des entrelacs et les croisées d'ogives d'audacieux zigzags.

À L'ÉCART DU CENTRE

Redcliffe plan II D3

Ce quartier, séparé de la vieille ville par un des bras du port, peut être gagné par Bristol Bridge au bout de Baldwin Street ou par Redcliffe Way au sud-est de Queen Square.
★★ **St Mary Redcliffe** – *✆ (0117) 929 1487 - www.stmaryredcliffe.co.uk - 9h-17h, dim. 8h-19h30 - café.* « L'église paroissiale la plus honnête, la plus jolie et la plus célèbre d'Angleterre », si l'on en croit la reine Élisabeth Ire, fut construite en pierre claire de Dundry. Son architecture est une véritable encyclopédie du gothique anglais, évoluant du style Early English (12e-13e s.) au Decorated, puis au Perpendicular (14e s.). La **flèche** (1872) s'élève à 90 m au-dessus de la ville. Des pinacles ajourés ornent la façade principale, celles du transept, les porches et les angles de la tour. Des arcs-boutants fleuronnés séparent les grandes fenêtres lancéolées de la nef et du chœur et soutiennent les fenêtres à claire-voie insérées après que la flèche originale se fut effondrée en 1446. Le **porche nord** (1290), hexagonal, est de style Decorated : c'est l'antichambre de la châsse de la Vierge Marie, conservée dans la partie interne d'un porche plus modeste de style Early English (1185). À l'intérieur, les gracieux piliers de la nef supportent des **voûtes d'ogives** dont chacune des quelque 1 200 intersections de nervures est masquée par un motif différent. Vous verrez dans cette église une statue de bois (fin du 16e s.) de la reine Élisabeth Ire et l'armure de l'amiral William Penn, dans la chapelle St-Jean-Baptiste, des fonts baptismaux octogonaux médiévaux dans le bas-côté droit ou encore le gisant de William Canynges, bienfaiteur de Bristol, dans le bras droit du transept.

Brandon Hill plan I A1

Accès depuis la cathédrale par Park Street.

★★ **Georgian House** – *Great George Street, sur la gauche de Park Street - ✆ (0117) 921 1362 - www.bristol-city.gov.uk/museums - fin avr.- oct. : merc.-dim. et mar. en août 10h30-16h.* Elle fut construite en 1790 pour John Pinney, marchand et planteur de canne à sucre, par l'architecte William Paty, qui conçut un édifice en pierre de Bath typique de la fin du 18e s., une porte à fronton et une décoration intérieure puisant son inspiration chez Robert Adam. Le mobilier de la maison compte un bureau-bibliothèque (18e s.), un pupitre en acajou et une horloge de parquet (v. 1740). La plupart des meubles de la salle à manger bleu clair sont aussi en bois d'acajou. On peut admirer les candélabres dorés à plusieurs branches portés par un guéridon dans le salon du premier étage. Un imposant bureau-bibliothèque de style Sheraton (vers 1800) et le cabinet des collections se trouvent dans la bibliothèque aux murs d'un beau vert. Parmi les pièces de service du sous-sol, vous verrez un garde-manger, une cuisine bien équipée, une blanchisserie, la pièce du gardien et un bassin d'eau froide dans lequel Pinney se baignait tous les jours.

★ **City Museum and Art Gallery** – *Queens Road au bout de Park Street, à côté de l'Université - ✆ (0117) 922 3571 - www.bristol.gov.uk - ♿ - 10h30-17h (été : merc. 20h) - fermé 25-26 déc. - cafétéria.* Les collections riches et variées de ce musée attirent amateurs et spécialistes : verrerie, poterie, argenterie de l'Antiquité, d'Extrême-Orient et de la région de Bristol, archéologie et géologie locales, peintures (école italienne, école française du 19e s., école écossaise des 19e et 20e s.), une sélection de bijoux fantaisie (legs Hull-Grandy), antiquités assyriennes et égyptiennes, modèles réduits de locomotives et histoire maritime.

★★ Clifton plan I A1

L'élégante banlieue de Clifton s'est développée sur les hauteurs dominant la gorge de l'Avon au début des années 1790, alors que des faillites en série mettaient un terme à une grande vague de constructions. Aux environs de 1810, le mouvement reprit et on adopta un style grec plus affirmé. C'est alors que naquirent de ravissants *crescents*, de petites places et des *terraces* généreusement parsemées de verdure. Dans le quartier de **Clifton Village★**, composé de rues aussi charmantes que le Mall, Caledonia Place, Princess Victoria Street et Royal York Crescent, on peut visiter **All Saints Church**, construite en 1868 par G. E. Street, avec des vitraux de John Piper.

★★ **Clifton Suspension Bridge** – Ce pont suspendu long de 214 m, conçu par Brunel, est sans doute le plus beau des premiers ponts suspendus en Angleterre. Son concepteur n'eut pas le bonheur de voir son œuvre achevée : il mourut cinq ans trop tôt, en 1859. Le **Bridge Visitor Centre** retrace, à travers photographies et cartes postales d'époque, l'aventure de la construction du pont. *Sion Place - ✆ (0117) 974 4664 - www.clifton-suspension-bridge.org.uk - 10h-17h - visite guidée de Pâques à fin oct. : w.-end 15h - fermé 25 déc.*

Tout près, en haut de la tour de l'Observatoire (1729), une *camera obscura* du 18e s. projette la vue panoramique que l'on découvre à des miles à la ronde.

★ **St Peter and St Paul's Cathedral** – *✆ (0117) 973 8411 - www.cliftoncathedral.org.uk - 7h-20h.* Consacrée en 1973, cette cathédrale catholique est un impressionnant édifice hexagonal de béton blanc, de granit rose, de fibre de verre noire, de plomb et de verre. Fenêtres et chemin de croix remarquables.

★★ **Bristol Zoological Gardens** – *✆ (0117) 974 7399 - www.bristolzoo.org.uk - ♿ - 9h-17h30 (hiver 17h), dernière entrée 1h av. fermeture - fermé 25 déc. - 13 £ (enf. 8 £).* Ce célèbre zoo (ouvert en 1836) présente de nombreuses espèces animales, du gorille dans son environnement reconstitué aux insectes. Leur habitat a été conçu par des architectes designers (maison des reptiles et des grands singes en particulier).

À proximité Carte de région

★ Clevedon Court C2

Près de Clevedon sur les rives du Bristol Channel : 16 km/10 miles à l'ouest par la A 370, puis la B 3128 et la route de Portishead - NT - ✆ (01275) 872 257 - www.nationaltrust.org.uk - avr.-sept. : merc., jeu., dim. et lun. fériés 14h-17h - 6,50 £.

Cet agréable bâtiment du début du 14e s., bien conservé, prit l'apparence que nous lui voyons aujourd'hui vers 1570. Son ameublement n'est pas représentatif d'une époque particulière : celui de la chambre d'apparat (14e s.), par exemple, est le reflet des goûts successifs de dix générations de la même famille. Dans la **salle de Justice**, on peut admirer une exposition de verre de Nailsea, production locale entre 1788 et 1873.

★ Taunton C2

À 45 km/28 miles au sud-ouest de Bristol par la A 38.

Paul Street - ✆ (01823) 336 344 - tlj sf dim. 9h30-17h.

Taunton est un centre agricole situé à la limite orientale de la belle **Taunton Deane**, région de la pomme à cidre. Arrosée par la Tone, la vallée est bordée par les landes et les collines caractéristiques du comté, les Quantocks au nord-est, les Brendons au nord-ouest et les Blackdowns au sud.

En arrivant dans la ville, suivre la direction du centre, puis obliquer à gauche vers le parking Pay-and-Display du château.

★ **Castle and Museum of Somerset** – *✆ (01823) 362 840 (Museums Service) - fermé pour travaux - réouverture prévue en 2011.* Élevé au cours des 11e et 12e s., l'édifice est connu pour avoir été la propriété des évêques de Winchester. Durant la guerre civile, Taunton et son château eurent à subir trois sièges. Une partie abrite le Museum of Sommerset.

Passer sous l'arche du Castle Hotel pour accéder au centre-ville.

Hormis une belle maison à pans de bois (1578) abritant un café, la riante petite cité de brique n'a guère à offrir au visiteur que ses centres commerciaux dissimulés entre High Street, piétonne, Fore Street et Paul Street, où se trouve l'office de tourisme.

★ **St Mary Magdalene** – *Church Street - lun.-vend. 8h30-15h15, sam. 9h-16h.* Comme beaucoup d'églises du Somerset, ce bel édifice médiéval est flanqué d'une tour élancée en pierre rouge et fauve de Ham Hill. Les bossages et les anges du plafond s'inscrivent dans la tradition artisanale de la région.

★ **St James'** – L'église des 14e et 15e s. (à l'exception de l'arcade nord et des bas-côtés) comporte une tour (37 m) en grès rouge des Quantock et des décorations en pierre de Ham.

Sommerset Cricket Museum – *✆ (01823) 275 893 - www.somersetcricketmuseum.co.uk - avr.-oct. : mar.-vend. 10h30-16h - tarif non communiqué.* Installé au bord de la Tone, dans Priory Barn, sur le terrain de cricket local, il évoque les grands moments de l'histoire de l'équipe représentant le comté dans ce sport qui reste passablement mystérieux aux Continentaux.

★ Hestercombe Gardens C2

À Cheddon Fitzpaine - 8 km/5 miles au nord de Taunton par la A 3259 et des routes secondaires - ✆ (01823) 413 923 - www.hestercombe.com - ♿ - 10h-18h (dernière entrée 17h) - 8,90 £.

2

Hestercombe illustre trois styles importants de la conception des jardins anglais. Les **jardins paysagers** (14 ha) du 18e s. furent créés dans l'étroite vallée de Hestercombe entre 1750 et 1786. Le lac en forme de poire est alimenté en eau à partir d'un ruisseau naturel, dont le cours franchit la cascade de l'Étang du Buis ou est dévié pour dévaler la Grande Cascade. La physionomie de la vallée qui, des forêts aux pâtures, offre de nombreux contrastes, est agrémentée par une succession de bâtiments (l'Alcôve gothique, la Charmille du temple, la Maison de la sorcière et le Mausolée) destinés à donner l'impression que l'on a pénétré dans un tableau. On rejoint la partie au sud de la maison par la Porte chinoise *(côté est)* ou en descendant l'escalier Daisy Steps *(côté ouest)*, tous deux dessinés par **sir Edwin Lutyens** ; on y trouve la terrasse victorienne (1873-1878), encadrée par les **jardins à la française** (1904-1906) conçus par Edwin Lutyens et **Gertrude Jekyll**. C'est la découverte de plans originaux de Gertrude Jekyll dans le tiroir d'un abri de jardin qui déclencha le projet de restauration du parc après de longues années d'abandon ; un second jeu de plans détenus par l'université de Berkeley, en Californie, permit de lancer le programme.

★ Ilminster C2

À 16 km/10 miles au sud-est de Taunton.

Quand Guillaume le Conquérant fit établir le cadastre, ce bourg en pierre de Ham, qui prospéra grâce au commerce de la laine aux 15e et 16e s., possédait déjà une **cathédrale★★** (Minster). L'élément marquant de St Mary est la **tour de croisée** (27 m), construite sur le modèle de celle de Wells avec une profusion de gargouilles et de pinacles, et sa tourelle d'escalier est pourvue d'un escalier à vis. On adjoignit des collatéraux au 16e s. à l'édifice (15e s.), de style gothique Perpendicular. Remarquez les voûtes en éventail insérées dans la croisée, ainsi que la chapelle Wadham *(bras gauche du transept)* construite en 1452 pour recevoir les tombeaux de Sir William Wadham et de Nicholas Wadham, fondateur du collège Wadham à Oxford.

NOS ADRESSES À BRISTOL

TRANSPORTS

Aéroport international – Route de Taunton (A 38), à 11 miles de la ville. Navettes pour le centre.

Liaisons aériennes, voir p. 9.

VISITES

Sur terre

À pied – Walk Bristol - *0753 105 6592 - www.walkbristol.co.uk - sam. 10h, 13h et 16h, dim. 11h et 15h - dép. de Center Promenade, sous la statue de Neptune - 5 £.* Visites guidées du centre.

Guides Bleus - *(0117) 968 4638 - avr.-sept. : sam. 11h - dép. Anchor Square - 3,50 £.* Ils organisent des visites de 2h.

En autobus – City Sightseeing - *0333 321 0101 - www.citysightseeingbristol.co.uk - mars-oct. - dép. de Broad Quay - 5 £.* Tour (45mn) en autobus à plate-forme.

Sur l'eau

Bon à savoir – De nombreuses promenades sont proposées ; les bateaux sont à quai côté sud du port.

Bristol Ferry Boat Company – *0117 927 3416 - www.bristolferry.com - Stations : Prince Street Bridge, SS Great Britain Wharf et Baltic Wharf.* Vous pouvez effectuer un tour du port à bord des ferries bleu et jaune, qui fonctionnent comme des navettes mais proposent aussi des excursions.

HÉBERGEMENT

BUDGET MOYEN

Premier Travel Inn – Plan II C3 - *King Street - ✆ 0871 527 8158 - www.premiertravelinn.co.uk - 60 ch. : 75 £.* Un hôtel de cette chaîne bien connue et qui a investi un ancien entrepôt près de Welsh Back.

Ibis – Plan II C3 - *Explore Lane, Harbourside (rue conduisant à Millenium Square) - ✆ (0117) 989 7200 - www. ibishotel.com - 182 ch. : 77,85 £* ☕. On ne présente plus ! L'hôtel a ouvert en juin 2006 dans ce quartier en plein développement. Tarifs intéressants sur Internet.

POUR SE FAIRE PLAISIR

Mercure Brigstow Bristol – Plan II C2 - *5-7 Welsh Back - ✆ (0117) 929 1030 - 115 ch. : 136/159 £ - ☕ 13,95 £.* Hôtel au cadre contemporain situé sur les berges du fleuve. Vue sur les barges, bonne situation centrale.

Hotel du Vin – Plan II C2 - *The Sugar House, Narrow Lewins Mead - ✆ (0117) 925 5577 - 40 ch. : 89/200 £* ☕. Raffinerie de sucre du 19e s. convertie en hôtel moderne décoré sur le thème du vin.

RESTAURATION

Bon à savoir – On trouve de charmants établissements autour du port et dans le quartier de Clifton.

BUDGET MOYEN

Riverstation – Plan II C3 - *The Grove, au bout de Welsh Back, au-delà du pont Redcliffe - ✆ (0117) 914 4434 - www.riverstation.co.uk - fermé dim. soir - 30 £ (menu déj. 15 £).* Cet ancien bureau de police des quais offre un cadre moderne et une terrasse sur l'Avon. Cuisine contemporaine de bon rapport qualité/prix.

The Llandoger Trow – Plan II C3 - *King Street - ✆ 0870 990 6424.* Superbe pub, bar à vin et restaurant du 17e s., qui aurait été fréquenté jadis par Daniel Defoe.

The Quayside – Plan II C3 - *Prince Street - ✆ (0117) 923 0333 - 30 £.* Face à Perros Bridge, un restaurant moderne avec véranda donnant sur St Augustine's Reach. Cuisine anglaise, italienne et spécialités de la mer. Belle carte de vins.

Loch Fyne – Plan II C3 - *King Street - ✆ (0117) 930 7160 - www.lochfyne.com - 30 £.* Bar et grill à poissons et fruits de mer. Décor paquebot (boiseries claires, mobilier blanc). Très couru.

Bistro – Plan II C2 - *Dans l'Hotel du Vin (voir plus haut) - ✆ (0117) 925 5577 - 30 £.* Aménagé dans un moulin à sucre du 18e s., c'est l'incarnation même du bistrot français au décor inspiré par le vin. Réservation indispensable.

Bordeaux Quay – Plan II C3 *First Floor, V Shed - Canons Way - ✆ (0117) 943 1200 - www.bordeaux-quay.co.uk - fermé lun. et dim. en août - menu 28 £.* Au bord de l'eau, ce vaste lieu accueille sous le même toit une épicerie fine, une boulangerie, une brasserie à l'atmosphère informelle *(15 £)*, et à l'étage un bar à vin et un restaurant élégant avec vue sur le port, utilisant tous des produits bio et éthiques.

POUR SE FAIRE PLAISIR

À Taunton

Castle Hotel – *Castle Green - ✆ (01823) 272 671 - www.the-castle-hotel.com - 40 £.* Cuisine raffinée et parfois originale, servie dans la superbe salle de cet hôtel aux murs recouvertes de lierre.

ACHATS

Bon à savoir – Le quartier de West End *(The Mail)* est l'endroit idéal pour acheter vêtements, livres et cadeaux. **Christmas Steps** est bordée de charmantes boutiques. **Clifton Village** est spécialisé dans la mode, l'art et les antiquités. Les magasins d'antiquités de Bristol sont réputés.

EN SOIRÉE

Bon à savoir – L'office de tourisme publie un guide des événements, des festivals et des concerts.

Spectacles

Bristol Hippodrome – *St Augustine's Parade - ✆ (0870) 607 7500 - www.bristol-hippodrome.co.uk*. Opéra, ballet, comédie musicale, théâtre.

Colston Hall – *✆ (0117) 922 3686 - www.colstonhall.org*. Concerts et pièces de théâtre.

Bristol Old Vic – *King Street - ✆ (0117) 987 7877 - www.bristololdvic.org.uk*. Lieu de production d'une compagnie de théâtre locale.

Watershed Media Centre – *Canon's Road - ✆ (0117) 927 5100 - www.watershed.co.uk*. Théâtre, concerts et cinéma.

St George's Bristol – *Great George Street, Off Park Street - ✆ (0845) 402 4001 - www.stgeorgesbristol.co.uk*. Ancienne église dont la crypte accueille une programmation éclectique de concerts. Galerie d'art, Harry's Bar *(repas servis avant les concerts)*, cave à vins.

AGENDA

Bristol Harbour Festival – *✆ (0117) 922 3287 - www.bristol-city.gov.uk*. Fin juillet, spectacles maritimes.

Bristol Balloon Fiesta – *www.bristolfiesta.co.uk*. En août, pour voir 150 montgolfières s'envoler dans le ciel de Bristol.

Bath

★★★

80 488 habitants

NOS ADRESSES PAGE 288

S'INFORMER
Office de tourisme – *Abbey Chambers, Abbey Church - ✆ 0906 711 2000 (50 p/mn) - www.visitbath.co.uk - 9h30-18h (oct.-mai 17h), dim. 10h-16h.* Visite audio « Sur les pas de Jane Austen » en téléchargement gratuit au format MP3 sur le site Internet.

SE REPÉRER
Carte de région D2 (p. 267) – *carte Michelin 503 M29 - Bath and Northeast Somerset.* À 12 km/7,5 miles seulement au sud-est de Bristol par la route A 4, Bath n'est située qu'à quelques encablures au sud de l'autoroute M 4, qui relie le grand port de l'ouest à Londres. En arrivant dans la ville, contournez le centre de façon à traverser l'Avon : vous trouverez un parking bien commode à côté du terrain de cricket, sur North Parade Road.

À NE PAS MANQUER
Les Bains romains, l'abbaye et la ville georgienne.

ORGANISER SON TEMPS
Consacrez au moins une journée entière à la découverte de la ville.

AVEC LES ENFANTS
Les Bains romains.

C'est au 18e s. que Bath est devenue une station thermale à la mode où l'on se rendait autant pour se soigner que pour goûter aux plaisirs de la vie mondaine ! Aujourd'hui, on vient dans ce qui est peut-être la plus belle ville d'Angleterre, non pour y faire une cure, mais pour y retrouver l'atmosphère de cette époque-là, admirer les élégantes demeures, construites avec la pierre locale couleur de miel et qui s'étagent sur les sept collines dominant l'Avon, ou bien encore pour mettre ses pas dans ceux de Jane Austen et de quelques-unes de ses héroïnes…

Se promener

LE CENTRE-VILLE Plan de ville

Circuit tracé en vert sur le plan p. 282.
North Parade Road conduit au centre-ville en franchissant l'Avon par un pont d'où vous découvrirez une vue étonnante sur le pont de **Pulteney Bridge**★ conçu en 1769-1774 par **Robert Adam**. Une fois franchie la rivière, sur la droite en contrebas, les **Parade Gardens**, avec leur kiosque à musique où, aux beaux jours, se produisent des orphéons, et les chaises longues posées sur une pelouse impeccable témoignent du raffinement purement anglais des lieux. Devant vous et à votre gauche, bel alignement de nobles bâtiments souvent convertis en hôtels.

2

Un peu d'histoire

AQUÆ SULIS

Lorsque les Romains arrivent en Angleterre, Bath est déjà connue pour ses sources chaudes, uniques dans le pays, jaillissant à 46,5° C à un débit de 1 1136 500 l d'eau chaque jour. Les nouveaux maîtres font d'**Aquæ Sulis** la première « station thermale » d'Angleterre : ils y construisent des thermes, un temple et sans doute un gymnase ou un théâtre. Après leur départ, les Saxons s'emparent du lieu (6e s.) et y fondent une ville à l'intérieur du rempart romain, ainsi qu'une abbaye, près du temple, dans laquelle **Edgar le Pacifique,** premier roi de toute l'Angleterre, est couronné pour la deuxième fois en 973.

LÉGENDE DE BLADUD

En 500 av. J.-C., le prince Bladud, qui gardait un troupeau de porcs après avoir été contaminé par la lèpre, s'aperçut que ses pensionnaires, après s'être roulés dans la boue, guérissaient de la maladie de peau qui les affligeait. Pourquoi pas moi ? se demanda-t-il. Plongeant aussitôt dans la boue, il en émergea guéri. Il put donc revenir à la Cour, être couronné et engendra un célèbre rejeton, le futur roi **Lear**, avant de s'installer sur les lieux de sa guérison.

NAISSANCE D'UNE STATION

Les barons normands ruinent tant et si bien la ville que **John de Villula**, originaire de Tours, évêque du Somerset et physicien, l'achète pour la somme dérisoire de 500 livres. Celui-ci fonde un vaste prieuré bénédictin, construit un palais, une maison d'hôte, de nouveaux bains, une école et encourage le traitement des malades. Son abbaye n'est jamais terminée, mais Bath devient alors une ville prospère grâce au négoce de la laine. Lors de la Dissolution, les moines vendent certaines parties de l'abbaye. Il faut qu'en 1574, la reine Élisabeth Ire lance une souscription afin de restaurer l'édifice et l'hôpital St John et ainsi transformer une « ville sans saveur... en une ville toute de douceur ». En 1668, cependant, **Samuel Pepys** émet des doutes sur l'hygiène des thermes... ce qui n'empêche pas des foules entières d'imiter la royauté en venant y prendre les eaux. Au début du 18e s., Bath est une station thermale à la mode, mais ennuyeuse à mourir... jusqu'à ce que **Richard Nash** (1764-1761) prenne en main les destinées de la station en qualité de « maître de cérémonies ».

LE PROMOTEUR ET LES ARCHITECTES

Sous la tutelle de Nash, Bath devient la ville la plus en vogue du pays. Reste à lui donner sa personnalité : ce sera le fait d'un certain **Ralph Allen** (1694-1764) qui s'y est installé en 1710, et a fait fortune en mettant sur pied un service postal très efficace. Il investit alors dans des carrières à Claverton et Combe Down où l'on extrait une belle pierre de couleur miel (connue aujourd'hui sous le nom de pierre de Bath) et envisage de construire une ville nouvelle. L'affaire est confiée à deux architectes, **John Wood l'Aîné** (1700-1754), obscur bâtisseur installé à Bath depuis 1728, et son fils **John Wood le Jeune** (1728-1781). S'inspirant du passé romain de la ville, ils construisent en bons disciples d'Andrea Palladio la cité néoclassique que nous admirons aujourd'hui, et à qui son unité et son harmonie valent d'avoir été inscrite sur la liste du patrimoine mondial de l'Unesco *(voir « ABC d'architecture » p. 88)*.

Suivre devant vous York Street jusqu'à la place.

★ Roman Baths B2

✆ (01225) 477 785 - www.romanbaths.co.uk - ♿ - juil.-août : 9h-21h ; mars-juin et sept.-oct. : 9h-17h ; nov.-fév. : 9h30-16h30 (dernière sortie 1h apr. fermeture) - audioguide en français - fermé 25-26 déc. - 11,50 £ (juil.-août 12,25 £), enf. 7,50 £ ; 15 £ billet combiné avec le musée du Costume (enf. 9 £) - cafétéria.

Voici un nouvel exemple du génie particulier avec lequel les Anglais savent rendre attrayante pour les enfants (et les plus grands) une visite qui, ailleurs, pourrait se révéler rébarbative… Dans ce lieu, enchâssé dans un noble bâtiment victorien, vous découvrirez les **thermes romains**, mais aussi un véritable musée consacré à Aquæ Sulis et présentant la cité romaine, à l'aide d'objets archéologiques découverts sur place ou d'écrans reconstituant en trois dimensions les lieux tels qu'ils se présentaient dans l'Antiquité.

Le Grand Bain, un bassin d'eau chaude aujourd'hui à ciel ouvert et entouré d'une galerie à colonnade victorienne ornée d'effigies d'empereurs romains, et deux autres bains moins chauds, constituaient le complexe thermal à l'époque romaine. Par la suite, un *frigidarium*, surplombant la source sacrée, fut construit à l'ouest, ainsi que deux salles plus chaudes (le *tepidarium* et le *caldarium*). Ultérieurement, on aménagea des thermes à l'extrémité est et le *frigidarium* fut transformé en un bassin circulaire d'eau froide. Après que les Romains eurent abandonné l'endroit, les canalisations non entretenues s'engorgèrent et le site fut envahi par la boue. Plus tard, les Normands construisirent le bain royal autour du réservoir que les Romains avaient bordé avec du plomb. C'est en 1727 que des ouvriers creusant un égout le long de Stall Street mirent au jour la tête en bronze doré de **Minerve**. Dès lors, des fouilles archéologiques furent entreprises et permirent de découvrir le temple, le complexe thermal et de nombreux objets (fronton du temple avec tête de Gorgonne, mosaïques, etc.)

★ Pump Room B2

✆ (01225) 444 477 - www.romanbaths.co.uk - ♿ - 9h30-17h - fermé 25-26 déc.

Le pavillon actuel, construit en 1789-1799, est présidé par la **statue de Richard Nash**. Sa décoration intérieure est élégante avec des pilastres ornementaux à chapiteaux dorés, un plafond à caissons, des fauteuils Chippendale, une horloge comtoise de Thomas Tompion et un lustre de verre. La baie arrondie surplombant King's Bath abrite la source. Le lieu accueille un restaurant *(voir Nos adresses)*.

Abbey Curchyard, place bordée de colonnades, ouvre sur Stall Street.

LE ROI DE BATH

Né à Swansea, **Richard Nash** est plus connu à Londres pour ses tenues extravagantes (qui lui valent son surnom de « The Beau »), ses succès féminins et son amour du jeu que pour ses talents d'avocat. Lorsqu'il arrive à Bath, il entreprend de transformer la vie sociale de la calme petite station thermale en devenant maître des cérémonies : il conçoit un programme visant à occuper les curistes toute la journée, fait illuminer la cité, devient l'arbitre des élégances, interdit le port du sabre dans les rues, inaugure le premier Pump Room, où l'on prend les eaux entre gens du monde… et prélève sa dîme sur bon nombre d'activités. Aussi, Bath et Nash se mettent à prospérer de concert…

2

★ **Bath Abbey** B2

(01225) 303 310 - www.bathabbey.org - avr.-oct. 9h-18h, dim. 13h-14h30, 16h30-17h30 ; nov.-mars : 9h-16h30, dim. 13h-14h30, 16h30-17h30 - visite guidée des tours : avr.-oct. 10h-16h (juin-août 17h), dép. ttes les h. ; janv.-mars et nov. : 11h, 12h et 14h (5 £) - musée lun.-sam. 10h-17h.

L'édification de cette abbaye de style Perpendicular tardif fut entreprise en 1499 sur les vestiges d'une église fondée au début du règne du roi Offa (757-796). L'abbaye, de style Perpendicular tardif très pur, s'élève à partir des piliers de l'église romane. Après la Dissolution de 1539, l'édifice, encore inachevé, se dégrada, mais il fut restauré à la fin du 16e s. puis remanié en 1864-1876 par George Gilbert Scott. À l'extérieur, cinq vitraux lancéolés sont encadrés par les arcs-boutants, des pinacles ciselés et un garde-fou ajouré et crénelé. La **façade principale** arbore une fenêtre de style Perpendicular, une porte du 17e s. et, sculptées dans la pierre, de grandes échelles que des

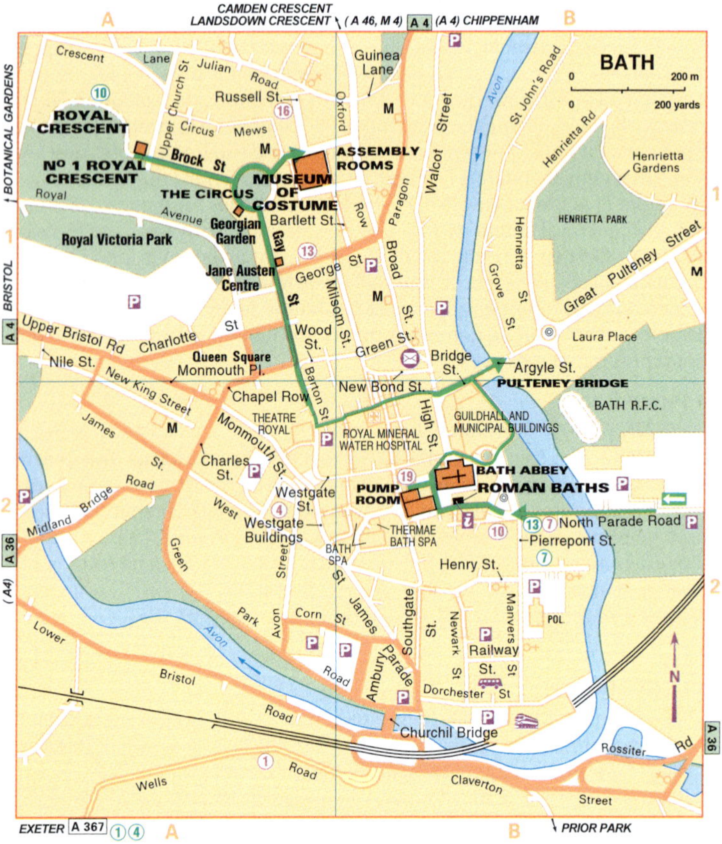

SE LOGER	The Parade Park.......(13)	One Fish Two Fish.......(7)
Dorian House.......(1)		Sally Lunn's.......(10)
Lavender House.......(4)	SE RESTAURER	The Hole in the Wall.......(13)
Pratt's.......(7)	Bath Priory.......(1)	The Olive Tree.......(16)
Royal Crescent Hotel.......(10)	Moody Goose.......(4)	The Pump Room.......(19)

anges descendent et remontent. À l'intérieur, la nef, le chœur et les étroits croisillons s'élèvent vers la **voûte à nervures en éventail**, œuvre de Robert et William Vertue (également auteurs de la voûte de la chapelle Henri-VII de l'abbaye de Westminster).

Revenir vers la rivière et la longer jusqu'à Argyle Street.

★ Pulteney Bridge B1-2

Ce pont du 18e s. dû à Robert Adam est bordé de part et d'autre de petites boutiques et de pavillons à dômes.

Revenir par Bridge Street, Upper Borough Walls et prendre à droite Barton Street.

Après avoir franchi Queen Square, première création urbanistique de Wood l'Aîné, prenez dans le prolongement **Gay Street**, qu'ouvrirent les deux Wood entre 1734 et 1760.

Jane Austen Centre A1

Au n° 40 - ✆ (01225) 443 000 - www.janeausten.co.uk (en français) - mi-mars à déb. nov. 9h45-17h30 (juil.-août : jeu.-sam. 19h) ; reste de l'année 11h-16h30, sam. 9h45-17h30 - fermé 1er janv. et 24-26 déc. - 6,95 £.

Il abrite une exposition consacrée à la vie et à l'œuvre de l'écrivain *(voir l'encadré ci-dessous)*, et une évocation de la cité à l'époque georgienne (dessins, tableaux, costumes de films et montage audiovisuel).

Continuer à monter dans Gay Street.

★★★ The Circus A1

Cette place circulaire, bordée de maisons identiques et à laquelle on accède par trois rues équidistantes, est l'un des tout premiers projets de Wood l'Aîné, mais ne fut aménagée qu'en 1754. Les demeures aux façades mordorées sont ornées de colonnes jumelées. Leurs trois étages se terminent par une frise et une balustrade couronnée de glands. Sur la gauche, Brock Street a été aménagée par John Wood le Jeune en 1767.

★★★ Royal Crescent A1

Cette place incurvée en demi-ellipse est devenue l'emblème de Bath. Il s'agit d'une *terrace* de 30 maisons aux façades monumentales, rythmées par 114 colonnes ioniques géantes s'élevant du premier étage à la balustrade. Ce chef-d'œuvre de John Wood le Jeune, aménagé entre 1767 et 1774, s'ouvre largement sur le vaste Victoria Park.

★★ N° 1 Royal Crescent – *✆ (01225) 428 126 - www.bath-preservation-trust.org.uk - mi-fév. à mi-déc. : mar.-sam. et lun. fériés 10h30-17h (nov.-déc. 16h) - 6 £.*
Cette maison, œuvre de John Wood le Jeune (1767), abrite un musée consacré

JANE AUSTEN

Fille de pasteur, Jane Austen (1775-1817) se lance très jeune dans l'écriture. À l'âge de 25 ans, elle a terminé ses trois romans majeurs, *Raison et Sentiments*, *Orgueil et Préjugés* et *Northanger Abbey*. En 1800, la famille Austen s'installe à Bath, où le père meurt, circonstance qui la prive de dot et donc de mariage. Jane commence à être publiée à partir de 1809 et ses romans rencontrent le succès. La romancière quitte Bath cette même année et, si la station est le cadre de certains de ses romans, ce sont surtout les lettres qu'elle écrit à sa sœur Cassandra qui en donnent l'image la plus vivante, si bien que le nom de Jane Austen reste lié à celui d'une ville… qu'elle détestait !

à la Bath georgienne : mobilier Chippendale, Sheraton et Hepplewhite, porcelaine et verrerie du 18e s.
Revenir au Circus et prendre en face Bennett Street.

★ Assembly Rooms A1

Conditions de visite : voir ci-dessous Museum of Costume.
Ces élégantes salles furent construites en 1769-1771 pour les réunions du soir, où l'on s'assemblait pour danser, jouer aux cartes, boire le thé et bavarder. La longue salle de bal vert-bleu, aussi haute que large, est décorée de colonnes géminées supportant un profond entablement et un élégant plafond en stuc, auquel sont suspendus cinq magnifiques lustres de cristal. L'**Octogone** devait servir de petite salle de jeux. Le **salon de thé** est luxueusement aménagé et sa partie ouest est ornée d'une splendide clôture à deux étages de colonnes.

★★★ Museum of Costume A1

✆ (01225) 477 173 - www.museumofcostume.co.uk (en français) - ♿ - 10h-18h (nov.-fév. 17h), dernière entrée 1h av. fermeture - audioguide en français - 7 £ billet combiné avec Assembly Rooms, 13 £ billet combiné avec Assembly Rooms et Roman Baths.
Logé dans l'édifice des Assembly Rooms, ce musée permet d'admirer une gamme très riche de styles, de tissus et de motifs utilisés dans toutes sortes de vêtements ou d'accessoires, de l'époque des Stuart à nos jours. Remarquez tout particulièrement la tenue la plus ancienne du musée, une robe en lamé argent (vers 1660), et la superbe collection de gants.

À proximité Carte de région

★★ American Museum in Britain D2

À Claverton, 3 km/2 miles à l'est par la A 36 - ✆ (01225) 460 503 - www.americanmuseum.org - ♿ - de mi-mars à fin oct. et de fin nov. à mi-déc. : mar.-sam, lun. fériés et lun. en août 12h-17h (nov.-déc. 16h30), dernière entrée 1h av. fermeture - 8 £.
Une gentilhommière néoclassique, Claverton Manor, abrite ce musée retraçant deux siècles de modes de vie et de styles américains. Le vaste domaine comporte aussi, entre autres, un jardin tropical et un arboretum.

★★ Bradford-on-Avon D2

À 13 km/8 miles par la A 4, puis par la A 363.
50 St Margaret Street - ✆ (01225) 865 797 - www.bradfordonavon.co.uk - avr.-sept. : 10h-17h, dim. 10h-16h ; oct.-mars : 10h-16h, dim. 11h-15h - fermé 25-26 déc.
Les demeures qui s'échelonnent à flanc de colline, dominant l'Avon, donnent tout son charme à la ville. Les maisons les plus importantes, en pierre locale, de couleur jaune crémeux, reflètent l'aisance des drapiers des 17e et 18e s., époque où la ville était un centre textile prospère. Le **pont★** à neuf arches, construit en 1610 et flanqué d'une petite guérite carrée à dôme surmonté d'une girouette, est le meilleur point de départ pour la promenade.
★★ Saxon Church of St Laurence – *✆ (01225) 865 797 - ♿ - 10h-19h (hiver 16h).* Son style laisse à penser qu'il pourrait s'agir du sanctuaire que, selon William de Malmesbury, saint Aldhelm construisit à cet endroit aux 7e-8e s. Le bâtiment servit successivement d'école, de maison et d'ossuaire avant d'être redécouvert en 1856. Minuscule, haut et étroit, aux toits pentus et aux

Les thermes romains de Bath.
Mauritius/Photononstop

arcatures aveugles, il fut probablement érigé d'un seul trait. Des fenêtres furent ajoutées à l'extrémité ouest à la fin du 19e s.

Tithe Barn (Grange dîmière) – *EH - ✆ (01345) 090 899 - www.english-heritage.org.uk - ♿ - 10h30-16h - fermé 25 déc.* Cette vaste grange du début du 14e s. se distingue par ses portes ornées de gables et par une charpente de construction admirable.

2

★ Dyrham Park D2

À 15 km/9 miles au nord sur la A 46 - NT - ✆ (01179) 372 501 - www.nationaltrust.org.uk - ♿ - maison : de mi-mars à fin oct. : vend.-mar. et lun. fériés 11h-17h (dernière entrée 16h) ; parc : 11h-17h30 - 11 £ (2,80 £ parc seul) - salon de thé.

La demeure de la fin du 17e s. fut construite pour William Blathwayt (1649-1717), ministre de Guillaume III. Son premier architecte fit de la maison Tudor qui se trouvait là un grand manoir au corps principal de pierre locale. En 1700 commença la seconde phase de construction, avec pour architecte « l'ingénieux M. Talman ». La façade est (40 m de long) se compose de deux étages et d'un attique surmonté de la même balustrade que la façade ouest, et est égayée par quelques décorations de style baroque. La maison contient du mobilier et des objets d'art des 17e et 18e s., provenant surtout d'Angleterre et des Pays-Bas. Le jardin et le parc furent conçus par Talman et George London, puis redessinés, par la suite, par Humphry Repton (1752-1818).

★★ Lacock D2

À 30 km/19 miles à l'est par la A 4, puis la A 363 à droite.

Ce charmant et paisible village de pierre et de brique a toujours fait l'objet de la sollicitude d'autorités diverses : les chanoines augustins occupant l'abbaye, puis les Talbot, et aujourd'hui le National Trust. Extrêmement pittoresque, il comporte quatre rues disposées autour d'une place et a servi de décor à plusieurs films comme *Orgueil et Préjugés* et *Moll Flanders*.

High Street★, large rue conduisant à l'abbaye, est bordée de boutiques et de maisons de style, de taille et de conception des plus variés (certaines datent des 14ᵉ et 16ᵉ s.). De vieilles demeures et des auberges s'égrènent le long de **West Street** et **East Street** (George Inn ou « The Inn », de 1361, est la plus vieille auberge du village). Dans **Church Street** (parallèle à High Street), vous pourrez voir Cruck House (14ᵉ s.) ainsi que Sign of the Angel Inn (15ᵉ s.). Sur la droite, Church Street conduit à la vieille Market Place.

★ **St Cyriac's Church** – *(01249) 730 272 - www.lacock.2day.ws - 10h-17h.* Cette église de style Perpendicular fut construite durant la période de prospérité de Lacock (14ᵉ-17ᵉ s.), alors que la ville était animée par une industrie textile florissante. Ses caractéristiques les plus remarquables sont son vaste porche à pinacles et son vieux clocher, le remplage de style Perpendicular de la baie gauche du collatéral gauche, les fenêtres à meneaux du cottage (début du 17ᵉ s.) édifié sur le côté sud, les voûtes du 15ᵉ s., à liernes, et un tombeau du 16ᵉ s. dans la chapelle Talbot, dite aussi chapelle Notre-Dame.

★ **Fox Talbot Museum of Photography** – *NT - (01249) 730 459 - www.nationaltrust.org.uk - de mi-fév. à fin oct. 11h-17h30 ; reste de l'année : w-end 11h-16h - fermé fin déc. - 11 £ billet combiné avec Lacock Abbey (8 £ avec le cloître seul).* Ce musée occupe une grange du 16ᵉ s. à la porte de l'abbaye. Il est consacré aux réalisations de William Henry Fox Talbot (1800-1877), pionnier de la photographie *(rez-de-chaussée)*, et à des travaux de photographes contemporains *(étage)*.

★ **Lacock Abbey** – *NT - (01249) 730 459 - www.nationaltrust.org.uk - ♿ - de mi-fév. à fin oct. : 11h-17h ; reste de l'année : w.-end 11h-16h (dernière entrée 30mn av. fermeture) - mar. et hiver : accès limité au cloître - fermé Vend. saint et fin déc. - 11 £ billet combiné avec Fox Talbot Museum (8 £ avec le cloître seul).* À l'est du village, cette abbaye a été fondée au 13ᵉ s. **William Sharington**, un ancêtre de la famille **Talbot**, l'acheta à la Dissolution et la transforma en une demeure majestueuse. Les cloîtres, la sacristie et la salle capitulaire existent toujours. Les générations successives des Talbot y apportèrent la touche conforme au goût du moment. Ainsi, en 1753, inspiré par le style néogothique, John Ivory Talbot fit reconstruire la grande salle. En 1827-1830, William Henry Fox Talbot fit ajouter trois oriels sur la façade sud (celui du centre fut en 1835 le sujet de sa première photographie réussie) et fit planter le parc d'arbres exotiques.

Dans la **tour Sharington**, on peut admirer une très belle table en pierre de style Continental (vers 1550), puis, dans la galerie sud, les tirages du premier négatif sur papier du fameux oriel (l'original se trouve maintenant au Science Museum de Londres), de beaux meubles (début des 18ᵉ et 19ᵉ s.), de nombreux portraits (dont un tableau de Van Dyck représentant les enfants de Charles Iᵉʳ), des tapisseries d'Aubusson et de Wilton.

TOUCHE À TOUT

Pionnier de la photographie, inventeur du calotype, procédé permettant d'obtenir plusieurs tirages à partir d'un seul négatif, **William Henry Fox Talbot** fut également un éminent botaniste, mathématicien et astronome, égyptologue, représentant de la ville de Chippenham au Parlement et membre associé de l'Académie royale.

★★ Corsham Court D2

8 km au nord de Lacock. (01249) 712 214 - www.corsham-court.co.uk - du 20 mars à fin sept. : mar.-jeu., w.-end et j. fériés 14h-17h30 ; oct.-nov. et de janv.

au 19 mars : w.-end 14h-16h30 - possibilité de visite guidée à certaines dates 2 £ (se renseigner) - 7 £ ; jardins seuls 2,50 £.

Construit en 1582, ce manoir élisabéthain fut acheté par Paul Methuen au milieu du 18e s. Il fut agrandi et modifié à plusieurs reprises (par des architectes comme « Capability » Brown vers 1760, John Nash en 1800 et Thomas Bellamy entre 1845 et 1849) pour pouvoir abriter la considérable collection Methuen, composée de peintures (Italiens des 16e et 17e s., Flamands du 17e s.), de statues, de bronzes et de mobilier. La superbe collection présentée dans la **galerie de peinture** comprend des œuvres du Caravage, de Guido Reni, du Tintoret, de Véronèse, de Rubens et de Van Dyck, et une splendide cheminée de marbre blanc. Le **cabinet** renferme l'*Annonciation* de Filippo Lippi (1463), des dessertes Chippendale et des trumeaux dus aux frères Adam, tandis que la plus belle pièce du **salon octogonal**, conçu par Nash, est le *Cupidon endormi* de Michel-Ange (1496). Remarquez aussi les admirables portraits de famille par Reynolds dans la salle à manger, ainsi que le magnifique mobilier de la chambre d'apparat et du salon de musique.

★ Malmesbury D1

À 20 km au nord de Lacock.

Town Hall, Market Lane - (01666) 823 748 - www.malmesbury.gov.uk - lun.-jeu. 9h-16h45, vend. 9h-16h15, sam. et j. fériés 10h-16h (sf fin sept. à Pâques).

Au cœur de cette ville marchande – centre de tissage prospère jusqu'au 18e s. –, sur la place du Marché, se dresse l'une des plus belles **croix de Marché★★** d'Angleterre. Réalisée en 1490, haute de 12 m, elle dresse dans une orgie d'arcs-boutants, de pinacles, de créneaux et d'arcs, une flèche couronnant un clocheton et une croix.

★**Malmesbury Abbey** – *- (01666) 826 666 - www.malmesburyabbey.com - 10h-17h (16h de nov. à Pâques).* Fondée au 7e s., elle est associée à de célèbres personnages, parmi lesquels saint Aldhelm (639-709), l'un de ses premiers abbés, le grand historien **William de Malmesbury** (1095-1143), qui en fut le bibliothécaire, ou le philosophe **Thomas Hobbes** (1588-1679), auteur du *Léviathan*, qui y fit plusieurs séjours.

Commencée à la fin du 12e s., l'église actuelle s'étendait au 14e s. sur 98 m. En 1479, la flèche et la tour de la croisée du transept furent abattues par une tempête, détruisant dans leur chute la croisée elle-même et l'extrémité du croisillon est. Un siècle plus tard, la tour ouest s'effondrait à son tour, emportant trois des baies de la nef, dont six subsistent actuellement. Au moment de la Dissolution, l'abbaye fut vendue à un tailleur local qui fit don en 1341 des vestiges aux habitants du village : ils en firent leur église paroissiale. Le joyau de l'abbaye est le **porche sud**, exemple remarquable de sculpture et de décoration romanes, motifs géométriques et personnages bibliques (mutilés), dans un style qui n'est pas sans rappeler celui des églises du sud-ouest de la France (Moissac, Souillac). Sur le tympan, on peut admirer un Christ en gloire ; au-dessus, des apôtres surmontés d'un ange.

À l'intérieur, les piliers romans sont ornés de chapiteaux à festons sous des arcs brisés, et le **triforium** est formé de baies en plein cintre à décorations en zigzag. Du côté sud, remarquez la galerie de guet, d'où l'abbé pouvait suivre le service qui se déroulait derrière le jubé. Une clôture médiévale en pierre, à l'extrémité du collatéral sud, signale la chapelle de saint Aldhelm, qui fut enterré dans une abbaye antérieure, détruite par le feu en 1050.

NOS ADRESSES À BATH

TRANSPORTS

Se garer

Les sens interdits rendent hasardeuse la circulation en ville. Il existe 3 **Park-and-Ride** en périphérie : au nord, sur Lansdown Road ; à l'ouest, sur Newbridge Road (A 4) ; au sud, sur la route de Wells (A 367, Old Down). Des navettes relient le centre entre 6h15 et 20h30.

VISITES

À pied

Promenades guidées – Mayor of Bath Honorary Guides - *(01225) 477 411 - visitbath.co.uk - durée 2h – dép. devant l'entrée de la Pump Room : dim.-vend. 10h30 et 14h (et 19h les mar. et vend. de mai à sept), sam. 10h30.* Des visites thématiques sont également proposées : Ghost Walks of Bath, Bizarre Bath, etc. *(rens. à l'office de tourisme).*

Jane Austen Walking Tour – *(01225) 443 000 - www.janeausten.co.uk - durée 1h30 - dép. d'Abbey Churchyard : w-end et j. fériés sf Noël 11h (et vend., sam. 16h en juil.-août) - 6 £.*

En bus

Bath Sightseeing Tour – *(01225) 330 444 - www.bathbuscompany.com - dép. réguliers de North Parade sf 1er janv. et 25-26 déc. - durée 45mn - 11,50 £ (enf. : 6 £) - billets valables 24h.*

En bateau

Promenades sur l'**Avon** au départ de la rive gauche, près de Pulteney Bridge.

HÉBERGEMENT

Bon à savoir – Les hôtels à Bath sont généralement assez chers. Une alternative consiste à se loger dans un des nombreux B & B des alentours immédiats.

BUDGET MOYEN

The Parade Park – B2 - *8-10 North Parade - (01225) 463 384 - www.paradepark.co.uk - 35 ch. 69/120 £.* Dans une grande demeure édifiée par John Wood, en plein centre, un des rares hôtels relativement bon marché de la ville.

POUR SE FAIRE PLAISIR

Dorian House – A2 - *1 Upper Oldfield Park sur la route de Wells - (01225) 426 336 - 11 ch. : 110/165 £.* Demeure victorienne au mobilier d'époque. Décor charmant et lits à baldaquin.

Pratt's – B2 - *South Parade (accès par Pierrepont Street) - (01225) 460 441 - www.prattshotel.co.uk - 46 ch. : 90/135 £.* Agréable hôtel sur une place tranquille en retrait de North Parade.

Lavender House – A2 - *17 Blooming Park - (01225) 314 500 - www.lavenderhouse-bath.com - 5 ch. : 90/120 £.* Dans cette maison édouardienne rénovée, les chambres mêlent ancien et moderne. Petit-déjeuner servi dans une atmosphère familiale.

UNE FOLIE

Royal Crescent Hotel – A1 - *16 Royal Crescent - (01225) 823 333 - 35 ch. 460/545 £.* Maison de ville du 18e s. dans une rue élégante. Hôtel de luxe aux chambres de style, qui propose un centre de loisirs et bénéficie d'un service impeccable. Très bon restaurant.

RESTAURATION

PREMIER PRIX

Sally Lunn's – B2 - *4 North Parade Passage - (01225) 461 634 -*

www.sallylunns.co.uk - réserv. pour le dîner - 20 £ (menu déj. 11/17 £). Établi dans un édifice bâti en 1482 sur les fondations d'une maison romaine (ce qui en fait un des rares exemples de la Bath prégeorgienne). Dans les salles exiguës, le menu historique perpétue la *trencher tradition*, les plats étant servis dans un pain faisant autrefois office d'assiette.

BUDGET MOYEN

One Fish, Two Fish – B2 - *10 North Parade (en contrebas des marches) - ☏ (01225) 330 236 - fermé dim. et lun.* Spécialités de poissons (turbot, bar et arrivage du jour).

The Olive Tree – A1 - *Russel Street - ☏ (01225) 447 928 - 35 £ (menu déj. 18 £) - fermé lun. midi.* Dans une atmosphère contemporaine, cuisine moderne et déjeuner à bon rapport qualité/prix.

The Hole in the Wall – A1 - *16 George Street - ☏ (01225) 425 242 - 25/30 £ (menu déj. 14 £).* Un emplacement en sous-sol insolite et plein de charme. Cuisine traditionnelle, carte variée, atmosphère détendue. Bon rapport qualité/prix.

The Pump Room – B2 - *☏ (01225) 444 477 - www.romanbaths.co.uk - déj. 25 £ et afternoon tea.* Le noble Pavillon de la Source abrite un restaurant où, dans une belle salle à colonnades, vous pourrez déjeuner ou prendre, l'après-midi, un thé agrémenté de pâtisseries.

POUR SE FAIRE PLAISIR

Moody Goose – A2 - *7A Kingsmead Square - ☏ (01761) 416 784 - www.moodygoose.co.uk - 42 £ (menu déj. 22,50/28,50 £).* Cuisine moderne et cadre contemporain dans une salle en sous-sol.

UNE FOLIE

Bath Priory – A2 - *Weston Road sur la droite de la route de Wells - ☏ (01225) 448 267 - menu 32/70 £.* Installé dans une demeure georgienne au cœur d'un jardin proche du centre, cet hôtel possède un restaurant réputé.

ACHATS

Bon à savoir – Stall Street, Union Street et Misom Street constituent l'axe du quartier commerçant de Bath. Outre la boutique du **National Trust** *(à côté de l'office de tourisme)*, pensez également aux *gift shops* de la **Pump Room** et de l'**Abbaye** (CD de musique sacrée).

Gourmandises

Fudge Kitchen – *Abbey Churchyard - ☏ (01225) 462 277 - www.fudgekitchen.co.uk.* Tout sur le caramel : démonstration, dégustation et vente.

ACTIVITÉS

Thermae Bath Spa – *Hot Bath Street - ☏ 0844 888 0844 - www.thermaebathspa.com - 9h-22h (dernière entrée 1h30 av. fermeture) - réserv. pour le spa et les traitements.* Ce centre de remise en forme propose toute l'année ses bassins d'eau thermale (piscine découverte, bains à remous, saunas, bains de vapeur) et un éventail complet de soins.

AGENDA

Festival international de musique – 15 jours en mai-juin.

Festival international de guitare – 15 jours en juillet-août.

Festival Jane Austen – *www.bathfestivals.org.uk.* Une semaine à la mi-septembre.

Wells

★★

11 148 habitants

NOS ADRESSES PAGE 297

S'INFORMER

Office de tourisme – *The Town Hall - Market Place - (01749) 672 552 - www.wells.gov.uk - avr.-oct. : 10h-17h (dim. et j. fériés 16h) - nov.-mars : lun.-sam. 11h-16h.*

SE REPÉRER

Carte de région C2 (p. 267) – *carte Michelin 503 M30 - Somerset.* Wells est située au sud de Bristol, à laquelle la relie la A 37 (jusqu'à Shepton Market), puis la A 371. À l'arrivée, parking en bordure de la A 39, d'où l'on gagne Priest Row après avoir traversé Chamberlain Street.

À NE PAS MANQUER

La cathédrale ; l'abbaye de Glastonbury, Longleat et Stourhead à proximité.

ORGANISER SON TEMPS

Une journée.

AVEC LES ENFANTS

Wookey Hole ; le Safari Park de Longleat.

Cette petite cité, posée au pied des Mendip, est un lieu où il fait bon vivre. C'est aussi une ville chargée d'histoire qui, de son prospère passé lainier, a conservé nombre de demeures anciennes. Mais elle a surtout le privilège d'abriter une superbe cathédrale, l'une des plus belles du pays. Quelques raisons de plus de choisir Wells comme base d'exploration : la proche abbaye de Glastonbury, certes ruinée, mais aussi prestigieuse en son temps que celle de Westminster. Enfin, sachez que le fameux cheddar est originaire d'un village tout proche…

Se promener

Depuis le parking, suivez les panneaux indiquant la cathédrale. Longeant Priest Row, sur la gauche, remarquez le curieux alignement d'**almshouses** (hospices) d'époque victorienne, chacune précédée de son petit jardin.

★ St Cuthbert

(01749) 676 906 - www.stcuthbertswells.co.uk - 9h-16h.

Cette magnifique église de style gothique Perpendicular s'élève à l'autre extrémité de la ville sur la droite de Priest Row dans son *churchyard* ombragé. L'élégante **tour** (37 m) comporte des rangées de contreforts élancés encadrant les grandes ouvertures du clocher. À l'intérieur, admirez le superbe **plafond** polychrome à caissons du 16e s., caractéristique du Somerset. Remarquez également la belle **chaire** (1636) en bois sculpté et, dans la chapelle Notre-Dame (bras droit du transept), le retable de Jessé, commandé en 1470.

Priest Row conduit à High Street, que l'on prend sur la gauche.

Market Place

Tout aussi animée que la rue principale de la ville, cette place est bordée d'un bel ensemble de maisons médiévales. Sur la gauche de la boutique du National Trust, **Penniless Porch** (la « porte sans le sou », ainsi baptisée en souvenir des mendiants qui y faisaient l'aumône) ouvre depuis le 15e s. sur l'enclos de la cathédrale ; à droite de la place, **Bishop's Eye** permet d'y accéder par le palais épiscopal. Un troisième accès, **Brown's Gate**, se trouvait jadis dans Saler Street (le lieu est aujourd'hui occupé par un hôtel).

UNE FILLE EN OR

Un curieux monument attire l'attention des visiteurs sur **Market Place** : il matérialise le bond de 6,76 m réalisé à Tokyo en 1964 par la belle **Mary Rand** (née en 1940), qui fut la première Britannique à obtenir une médaille d'or aux Jeux olympiques.

★★★ Cathedral

✆ (01749) 674 483 - www.wellscathedral.org.uk - 7h-19h (oct.-mars 18h) - offrande suggérée 5,50 £.

Comme nombre de cathédrales anglaises, celle de Wells se dresse à l'écart de la ville, à l'intérieur d'un vaste enclos. La haute façade de cet immense édifice, construit entre 1175 et 1508 dans le style Early English, attire le regard sitôt franchi le porche d'accès.

Extérieur – Malgré les dégâts causés par les intempéries et, surtout, par les puritains, la **façade principale** est l'un des plus riches déploiements de sculptures du 13e s. en Angleterre. Avec ses statues autrefois peintes et dorées, elle devait ressembler à un magnifique manuscrit enluminé. Aujourd'hui, le coucher de soleil la pare d'or, et, la nuit, la lumière des projecteurs lui donne un ton ambré. Deux fois plus large que haute, cette façade s'étend sur presque 46 m, d'une tour à l'autre, si bien que l'on a pu la qualifier de façade-écran. Les deux tours prolongent les lignes des baies couronnées de gâbles de la façade. Remarquez les sveltes pinacles qui coiffent les contreforts, ainsi que les hautes lancettes jumelées, venant rompre la rigueur de l'élévation. Les trois cents statues, véritable livre de pierre (scènes bibliques, évêques et rois, anges) culminent dans le gâble central avec une frise représentant les apôtres, surmontés par le Christ (sculpté par David Wynne lors des travaux de restauration du 20e s.) entouré de six chérubins ailés.

Intérieur – *Accès par une galerie du cloître, à droite de la façade.* En entrant dans la **nef**, l'œil est immédiatement attiré par l'arc en ciseau, entretoise d'allure étonnamment moderne construite entre 1338 et 1348, en même temps que les arcs similaires placés des deux côtés de la croisée, lorsque les fondations de la tour menacèrent de s'affaisser. La nef fut achevée en 1239. Notez les chapiteaux, la chaire de pierre (vers 1547) à l'extrémité est de la nef, ainsi que la chantrerie Sugar, dotée d'une voûte en éventail, de sculptures d'anges sur la frise et d'une porte à arc à accolade. La voûte et les fûts des colonnes présentent de subtiles variations d'aspect selon les endroits. Dans le **chœur**, vous verrez un superbe vitrail médiéval.

Dans le **croisillon droit**, les chapiteaux et culs-de-lampe représentent des têtes d'hommes ou des anges, des masques d'animaux cachés parmi des feuilles et des scènes de la vie quotidienne. Les fonts baptismaux circulaires sont l'unique vestige d'une cathédrale antérieure.

Dans l'**arrière-chœur**, une véritable forêt de nervures jaillit des colonnes pour supporter une voûte à tiercerons. Observez les miséricordes médiévales où l'on peut distinguer un homme affrontant un dragon ou Alexandre le Grand emmené au ciel par deux griffons. La chapelle de la Vierge forme un octogone irrégulier dont le centre est une très belle clé de voûte peinte qui constitue le sommet d'une voûte d'étoiles. Le vitrail (vers 1315) présente des figures très originales.

Dans le bras gauche du transept, un **jaquemart** est animé par deux chevaliers médiévaux sonnant les quarts d'heure avec leurs lances.

Chapter House (Salle capitulaire) – Un large escalier posé vers 1290 conduit à cette superbe construction octogonale, achevée en 1306. Du pilier central formé de colonnes engagées rayonnent 32 nervures rejoignant élégamment celles qui jaillissent de chaque angle de l'octogone.

Quitter la cathédrale du côté gauche.

Longé ici par Cathedral Green que prolonge St Andrew Street, l'enclos *(precinct)* est bordé de bâtiments intéressants.

Wells and Mendip Museum

✆ (01749) 673 477 - www.wellsmuseum.org.uk - ♿ - avr.-nov. : 11h-17h (dim. 16h) ; reste de l'année : 11h-16h - fermé 24-25 déc. - 3 £.

Hébergé dans le **Chancellor's House** (palais du Chancelier), il retrace l'histoire économique de Wells et de sa région, de l'âge du fer au 19e s.

Vicar's Close

Chain Gate (1459) permet d'accéder à cette rue (137 m) bordée de cottages identiques construits vers 1348, précédés de jardinets et surmontés de hautes cheminées ajoutées un siècle plus tard. C'est ici que logeaient jadis les membres du chœur de la cathédrale, qui ont cédé la place à des étudiants, ce qui en fait la plus ancienne rue médiévale encore habitée d'Europe.

★ Bishop's Palace

De l'autre côté de la cathédrale - ✆ (01749) 988 111 - www.bishopspalacewells.co.uk - ♿ - 10h30-18h (nov. à mi-fév. 16h30), dernière entrée 1h av. fermeture - fermé certains sam. - 5,50 £ - cafétéria.

Le palais épiscopal solidement fortifié et ceint de douves fut bâti il y a 700 ans. À l'intérieur se trouvent des jardins, un terrain de croquet, un restaurant ainsi que les sources auxquelles la ville doit son nom (« well » signifie source et désigne plutôt de nos jours un puits). Environ 15 millions de litres d'eau ruissellent chaque jour, ce qui équivaut à 180 l/s. On aperçoit également les ruines de l'ancienne salle de réception. En outre, on jouit d'une **vue★★** superbe sur le chevet de la cathédrale.

Par **Bishop's Eye** (l'Œil de l'Évêque !), retrouvez Market Place, d'où vous pourrez prolonger votre flânerie en prenant à droite Sadler Street, séparée de l'enclos par une rangée de maisons anciennes, et qui ramène à Chamberlain Street.

À proximité Carte de région

★ Wookey Hole C2

▶ À 3 km/2 miles au nord-ouest de Wells par une route secondaire - ✆ (01749) 672 243 - www.wookey.co.uk - ♿ - visite guidée : mars-oct. 10h-17h (dernier dép.) ; nov.-fév. 10h-16h - fermé 25-26 déc. - 16 £ (enf. 11 £) - aire de pique-nique, restaurant.

Les **grottes** *(caves)*, creusées dans une falaise haute de 61 m d'où la rivière Axe jaillit en torrent, sont composées de six salles que l'Axe traverse en cascades

retentissantes, formant de profonds bassins bleu-vert. Stalactites, stalagmites, mares translucides les décorent. Si rien ne prouve que les salles aient été habitées à l'âge de la pierre, il est certain qu'elles le furent à l'âge du fer, puis plus tard par des populations anglo-romaines et celtiques.
À la fin de la visite, histoire et légendes se marient dans la **Witch's Magic Cavern** (Caverne magique de la sorcière).
Vous pourrez également voir une **papeterie★**, industrie traditionnelle des lieux puisqu'elle est attestée dès 1600.

Cheddar C2

À 14 km/8,5 miles au nord-ouest de Wells par la A 371.
Connu pour le fromage auquel il a donné son nom, ce village sans grand caractère doit son attrait touristique aux gorges qui s'ouvrent à son extrémité, le long de la route B 3371 *(signalisation et parkings).*
★★ **Cheddar Gorge** – *(01934) 742 343 - www.cheddarcaves.co.uk - juil.-août et vac. scol. printemps 10h-17h30; reste de l'année 10h30-17h (dernière entrée 30mn av. fermeture) - tour en bus à plate-forme (inclus) : tlj de Pâques à fin sept., w.-end de mi-fév. à Pâques et en oct. (sf en cas de pluie) - fermé 24-25 déc. - sentier de 3 miles/4,8 km (1h30) - billet combiné gorges et grottes de Cheddar 17 £.* Les gorges serpentent sur 3 km avec une pente de 16 % depuis le haut des Mendips. Les falaises de calcaire sont austères et grises là où les murs fissurés et les pinacles s'élèvent verticalement à 107-122 m. À proximité du pied de la gorge, un escalier haut de 274 marches (bancs de repos), l'échelle de Jacob, conduit à une **vue panoramique★** sur les Mendips, Somerset Levels et les Quantocks.
★★ **Cheddar Caves** – *Conditions de visite : voir Cheddar Gorge - Gough's caves : audioguide en français inclus - cafétéria.* Les grottes, situées au début des gorges, à la sortie du village sur la droite, furent découvertes en 1837 (Cox's Cave) et 1890 (Gough's Cave). Une série de chambres suit le cours de ruisseaux souterrains traversant le calcaire poreux. Les couleurs des stalagmites et stalactites, des chutes pétrifiées, des rideaux de dentelle et des colonnes varient selon les minéraux qui composent le calcaire : rouge rouille (fer), vert (manganèse) et gris (plomb). Dans le **Museum of Prehistory**, des armes, des ustensiles en silex, os et bois de cerf, fer et bronze, de la poterie et le crâne de l'homme de Cheddar indiquent que ces cavernes furent habitées à plusieurs reprises du paléolithique à l'âge du fer (20000 à 500 av. J.-C.) et sous les Romains.

★★ Glastonbury C2

À 8,8 km/5,5 miles au sud-ouest de Wells par la B 3139. Suivre « Abbey » et laisser la voiture au parking central, d'où High Street conduit à Market Place.
The Tribunal - 9 High Street - (01458) 832 954 - www.glastonbury.co.uk.

UN FROMAGE LÉGENDAIRE

La naissance du **West Country cheese**, le plus connu des fromages anglais, serait due à une tempête qui obligea des moines se rendant en pèlerinage à Glastonbury à s'abriter dans les grottes de Cheddar. Lorsque le soleil réapparut, ils s'aperçurent que le lait qu'ils transportaient s'était transformé en un délicieux fromage. La vérité est plus prosaïque : ce sont des moines irlandais qui découvrirent le moyen d'utiliser le surplus de lait de brebis, dont la région abondait du fait de l'élevage intensif dû au commerce de la laine.

La petite ville qui s'est développée autour de l'abbaye, en ruine depuis des lustres mais autrefois réputée, est devenue un important centre spirituel, volontiers adepte d'un mode de vie alternatif et de philosophies plus ou moins exotiques où le soufisme, le bouddhisme et les cultes druidiques voisinent allégrement…

La ville – L'une des deux rues principales, **Magdalene Street**, est bordée de jolies maisons des 17e-19e s.; l'autre, **High Street**, est dominée par le George and Pilgrims Hotel (hôtellerie du 15e s.) et le **tribunal abbatial** (14e s.), qui dépendaient autrefois de l'abbaye. Le tribunal abrite l'office de tourisme et un musée : **Glastonbury Lake Village Museum** rassemble des objets recueillis au cours de fouilles effectuées sur le site d'une cité lacustre de l'âge du fer, au nord-ouest de la ville. *EH - ✆ (01458) 832 954 - www.glastonburytic.co.uk - avr.-sept. : 10h-17h (vend.-sam. 17h30) ; oct.-mars : 10h-16h (vend.-sam. 16h30), fermé dim. - 2,50 £.*

La tour de l'**église St John the Baptist★★** (15e s.), haute de 41 m, est l'une des plus belles du Somerset avec sa couronne de pinacles ajourés (la chapelle St Katherine, à l'intérieur, est un vestige de l'édifice du 12e s.).

★★ **Abbey** – *✆ (01458) 832 267 - www.glastonburyabbey.com - ♿ - juin-août : 9h-18h ; avr.-mai et sept. : 9h30-18h ; mars : 9h30-17h30 ; oct. : 9h30-17h ; nov. 9h30-16h30 ; déc.-janv. 10h-16h30 ; fév. : 10h-17h (dernière entrée 30mn av. fermeture) - fermé 25 déc. - 5,50 £.* La véritable histoire de l'abbaye est d'autant plus difficile à connaître que la pseudo-découverte en 1191 par les moines du lieu des sépultures du roi **Arthur** et de la reine **Guenièvre**, si elle contribua à y attirer les foules, imprégna l'abbaye de toutes sortes de légendes où se mêlaient les chevaliers de la Table ronde, la quête du Graal et l'épée Excalibur… Plus sérieux, William de Malmesbury (1120) affirme qu'en 688, Ine, roi des Saxons de l'Ouest, après avoir chassé les Celtes du Somerset, fit ajouter une église à celle qui existait déjà. Plus tard, bien que **Dunstan**, abbé de 943 à 959, ait fait reconstruire l'abbaye, l'abbé nommé après la conquête normande jugea l'église trop modeste et entreprit à son tour d'en faire élever une autre. Après que le feu eut totalement détruit les bâtiments en 1184, on releva d'abord la chapelle de la Vierge. Les travaux furent achevés en deux ans, puis prolongés au cours des deux siècles suivants. L'abbaye disposait de droits seigneuriaux et de vastes domaines lorsqu'elle fut victime de la Dissolution de 1539.

Après un passage dans le **Visitor's Centre** qui vous livre des explications sur l'histoire de l'abbaye, sa vie quotidienne et les nombreuses légendes qui entourent le lieu, vous accédez aux ruines de l'abbaye disséminées sur de vastes pelouses, ombragées d'arbres majestueux. La **chapelle Notre-Dame**, en pierre de Doulting, possède une tourelle d'angle, des murs très ornés et d'admirables portes, celle au nord étant enrichie de représentations sculptées de l'Annonciation, des Rois mages et d'Hérode. À l'est des impressionnantes colonnes gothiques du transept subsistent les murs du chœur et, derrière, l'ancienne chapelle d'Edgar, mausolée des rois saxons. Le **bâtiment des cuisines★** (14e s.) est le seul demeuré intact. L'édifice carré soutient un toit à huit pans surmonté de deux tours octogonales superposées, permettant l'évacuation de la fumée.

Au nord de l'abbaye, l'aubépine de Glastonbury continue de fleurir.

★ **Somerset Rural Life Museum** – *Bere Lane sur la route A 361 (en direction de Frome) - ✆ (01458) 831 197 - www.somerset.gov.uk/museums - ♿ - mar.-sam. et lun. fériés 10h-17h - fermé Vend. saint - cafétéria (été uniquement).* Ce musée illustre la vie quotidienne d'une ferme du Somerset au 19e s. : la pièce maîtresse en est sans conteste la grange du 14e s. provenant de l'abbaye, avec sa très belle maçonnerie et son toit splendide.

★ **Glastonbury Tor** – *Sur la A 361.* D'une hauteur de 159 m, cette butte sert de repère à des kilomètres à la ronde. La tour qui se trouve au sommet est l'unique vestige de l'église St Michael du 14e s. La **vue★★★** découvre les Quantocks, le canal de Bristol et les Mendips.

★★★ Longleat D2

À 32 km/19,8 miles à l'est de Wells par les A 371 et A 361 jusqu'à Fromme et la A 362 vers le sud-est. Le domaine fourmille d'attractions (une douzaine), ttes payantes. Un pass donne accès à l'ensemble (24 £, enf. : 17 £). Rens. (01985) 844 400 - www.longleat.co.uk - ♿ - domaine ouvert tlj de fin mars à fin oct. et pendant les vac. scol. de fév., le w.-end en mars - maison : 10h-17h30 (fin juil.-déb. sept. 18h30), dernière entrée 30mn av. fermeture - possibilité de visite guidée à 9h30, 11h, 12h, 13h et 14h selon période et disponibilité (se renseigner) 12 £ ; Safari Park : 10h-17h (fin juil.-déb. sept. 18h), dernière entrée 1h av. fermeture - jardins et demeure : 12 £, Safari Park : 12 £ (enf. : 8 £).

Longleat est encore la propriété des descendants de **sir John Thynne**, qui en acheva la construction en 1580 sur le site d'un prieuré augustinien acheté à Henri VIII en 1541. Chacun des représentants de la lignée éprouva pour un style ou un autre une prédilection qui transparaît dans la décoration intérieure. Au 19e s., à son retour d'un voyage à Venise, Florence et Rome, le 4e marquis ordonna que plusieurs pièces de la façade est soient redécorées dans le style italien. Le 6e marquis fut le premier à organiser des attractions pour les visiteurs en y acclimatant des lions. Le propriétaire actuel, 7e marquis de Bath, est connu pour ses excentricités.

DANS LE PARC

Des **promenades en bateau** (15mn) permettent aux visiteurs de faire le tour de Gorilla Island et d'apercevoir les hippopotames et les otaries qui y vivent. Un **chemin de fer** à voie étroite circule à travers bois et au bord du lac. On peut également profiter d'une **aire de jeux** de 1 ha.

Cette magnifique résidence du 16e s. bâtie en pierre dorée, à la façade rythmée par trois étages de fenêtres, est surmontée d'une balustrade extrêmement décorative et de souches de cheminée ornementées. L'harmonieux « nouveau style élisabéthain » de **Robert Smythson** est une synthèse des styles Perpendicular et début Renaissance italien avec le goût français illustré par les châteaux de la Loire et la sobriété géométrique flamande. La demeure est entourée d'un très beau parc, au bord d'un lac, tracé par **« Capability » Brown** de 1757 à 1762. Le jardin floral à la française, une serre à papillons et le plus grand labyrinthe du monde (2,5 km d'allées, plantées en 1975), sont plus récents.

Demeure – *90mn.* Au rez-de-chaussée, la **grande salle** (fin du 16e s.), avec son plafond en carène renversée, est décorée aux armes du maître des lieux (remarquez les armoiries arborant la sauterelle d'or de Gresham) et renferme une magnifique cheminée à étançons. La pièce précédant la bibliothèque, œuvre de John Dibblee Crace, possède du mobilier italien, des portes à encadrement de marbre, des panneaux de porte incrustés de bois de noyer de même que ceux du plafond. La **bibliothèque rouge** comporte des plafonds lambrissés en trompe l'œil qui rappellent ceux des palais romains et vénitiens de la Renaissance italienne, alors que le plafond à caissons dorés de la **salle à manger inférieure** a été réalisé sur le modèle de celui du palais des Doges de Venise (notez les deux fauteuils indiens en bois d'ébène des années 1670-1680 et les chaises de salle à manger Guillaume IV en bois de hêtre). Les murs de la **salle du petit-déjeuner** sont tendus de damas jaune et ornés des portraits de famille veillant sur les fauteuils Chippendale et les tables de jeu laquées. Six fenêtres dans les passages le long de la façade postérieure de la maison sont décorées de vitraux (16e et 17e s.) et les murs sont ornés d'œuvres contemporaines.

À l'étage, la **salle à manger d'apparat** tendue de cuir de Cordoue renferme une table en porcelaine de Meissen (vers 1760), et la **grande galerie** (27 m) du 17e s., une imposante cheminée en marbre due à Crace (copiée sur une cheminée du palais des Doges). Le **salon d'apparat** renferme des peintures (surtout italiennes) et du mobilier français du 18e s. Les **appartements** présentent une collection de vêtements et des cabinets de porcelaine européenne et anglaise. Le plafond de la bibliothèque St-Marc (Venise) a préludé la conception de celui du salon d'apparat : le Titien et Véronèse ont inspiré Caldera pour les représentations des caissons. Les **chambres royales** comprennent un élégant cabinet de toilette habillé de papiers chinois peints à la main et un salon de musique au plafond doré conçu par Crace. La **chambre du prince de Galles** tire son nom du portrait au-dessus de la cheminée. En redescendant les escaliers, on traverse les cuisines victoriennes pour visiter les **dépendances** : elles comprennent un abattoir (maquette de la maison), une écurie (collection éclectique) avec sa sellerie et sa forge, et un second espace d'exposition consacré à Henry Frederick Thynne, 6e marquis de Bath (portrait par **Graham Sutherland**).

Safari Park – *40mn ; du parking, suivre la route s'éloignant de la demeure ; ne pas ouvrir les vitres de la voiture.* On visite le zoo au volant de sa voiture. Le parc est surtout célèbre pour ses lions, mais il renferme aussi des wallabies, girafes, zèbres, lamas, dromadaires, chameaux, rhinocéros blancs, daims, singes rhésus (qui grimpent parfois sur la voiture), des éléphants d'Asie, des loups gris du Canada et différentes races de tigres.

★★★ Stourhead D2

40 km/24,5 miles à l'est de Wells par les A 371, A 361 et B 3092 sud - NT - (01747) 841 152 - www.nationaltrust.org.uk/stourhead - maison et King Alfred's Tower : de mi-mars à fin oct. : vend.-mar. 11h-17h (dernière entrée 30mn av. fermeture) - jardin : 9h-18h (ou coucher du soleil) - fermé 25 déc. - maison et jardin 12,80 £, maison ou jardin 7,70 £, King Alfred's Tower 2,80 £ - restaurant.

Le jardin de Stourhead est la parfaite illustration de cet art anglais qui consiste à aménager le paysage. On le doit au banquier **Henry Hoare II** (1705-1785), qui s'inspira des paysages que lui avaient fait découvrir ses voyages, mais également des tableaux de Claude Lorrain et de Nicolas Poussin, dans lesquels la nature est représentée sous des ombres lumineuses et l'attention attirée par des statues ou des édifices classiques.

Jardin – Il fut entrepris par la création du **grand lac triangulaire**. Puis vinrent les plantations d'arbres à feuillage caduc et de conifères, « disposés en masses imposantes comme les ombres d'un tableau ». En collaboration avec son architecte **Henry Flitcroft**, Hoare commença la construction des « folies » : le temple de Flore (1744-1746) et la grotte, le cottage gothique, le Panthéon (1753-1754), le temple d'Apollon dressé parmi les arbres, et le pont palladien *(au-delà du lac)*. En 1765, Hoare acquit la croix de Bristol de 1373, ce qui lui permit de créer un paysage totalement anglais, composé du lac, du pont gazonné et de la croix, avec en arrière-plan l'église et le village de Stourhead.

Les plantations, aujourd'hui florissantes, ont été augmentées de nombreuses espèces exotiques par les successeurs de Hoare. À l'extrémité du « grand parcours », vous pouvez apercevoir la **tour d'Alfred** (1765-1772), étroite folie triangulaire de brique rouge au sommet de laquelle *(206 marches)* un balcon offre une très belle **vue** sur les environs. Probablement érigée pour commémorer l'accession au trône de Georges III et la paix avec la France (1762), elle se tiendrait à l'endroit où **Alfred le Grand**, roi de Wessex, aurait brandi sa bannière lors des invasions danoises.

Demeure – La partie centrale a été conçue en 1721 par l'architecte **Colen Campbell**, pionnier du style palladien anglais pour le père de Henry Hoare II. Les pavillons latéraux renfermant la galerie de peinture et la bibliothèque furent ajoutés ultérieurement par l'héritier de Henry. Les biens de la demeure furent presque tous vendus en 1883. En 1902, un incendie détruisit les intérieurs du 18e s. Néanmoins, la plus grande partie des salles d'apparat du rez-de-chaussée fut sauvée des flammes. Le hall a une forme cubique parfaite et renferme des portraits de la famille Hoare. La **bibliothèque**, surmontée par une voûte en berceau, est considérée comme un exemple particulièrement raffiné du style Regency. Elle recèle de superbes pièces de mobilier **Chippendale**, une eau-forte de **Canaletto** et des dessins au lavis représentant Venise. On peut admirer d'autres trésors artistiques dans l'aile ouest (mobilier) et dans la **galerie de peintures** : des paysages du Lorrain et de Poussin, qui ont inspiré Henry Hoare pour le dessin du jardin.

NOS ADRESSES À WELLS

HÉBERGEMENT

BUDGET MOYEN

The Crown – *Market Place - ✆ (01749) 673 457 - www.crownatwells.co.uk - 15 ch. : 90 £* ☕. L'ancien Royal Oak s'enorgueillit d'avoir accueilli en 1685 un célèbre Quaker, **William Penn**, qui allait donner son nom à l'État de Pennsylvanie et aurait même prêché depuis la fenêtre de sa chambre. Dans cette maison à colombage du 15e s. chargée d'histoire, vous pouvez demander une chambre avec lit à baldaquin.

The White Hart Hotel (The Ancient Gate House) – *Sadler Street - ✆ (01749) 672 029 - www.ancientgatehouse.co.uk - 15 ch. : 91/99 £* ☕. L'ancienne Brown's Gate donnant sur l'enclos accueille ce petit hôtel sympathique, dont la taverne (italienne) ouvre sur la fabuleuse façade de la cathédrale (terrasse aux beaux jours).

POUR SE FAIRE PLAISIR

The Swan Hotel – *Sadler Street - ✆ (01749) 836 300 - www.swanhotelwells.co.uk - 50 ch. : 114/170 £* ☕. Cet ancien relais de poste est doté d'un jardin clos sur lequel donnent une partie des chambres d'un confort irréprochable. On peut y déjeuner aux beaux jours.

À Glastonbury

Bon à savoir – Faute d'hôtels, vous trouverez quelques B & B dans la ville et ses alentours immédiats. Liste à l'office de tourisme. À l'attention des carnivores : nombre d'entre eux sont gérés par des végétariens !

RESTAURATION

PREMIER PRIX

The City Arms – *High Street - ✆ (01749) 673 916 - www.thecityarmsatwells.com - 18 £.* Cette belle demeure à pans de bois et aux ailes enserrant un jardin fleuri fut jadis la prison de la ville. Reconvertie en restaurant, qui s'est fait une spécialité du bœuf d'Aberdeen, elle ne néglige pas pour autant les végétariens.

2

BUDGET MOYEN

À Wells

Bekynton Brasserie & Gallery – *Market Place - ✆ (01749) 675 993 - tlj à partir de 10h, dîner jeu.-sam.* Le mariage d'une galerie d'art et d'artisanat avec la restauration. Menu bistro et snacks.

Anton's Bistro – *Market Place, au pied de The Crown - ✆ (01749) 673 457.* Les dessins d'un botaniste de Wells décorent les murs du restaurant auquel ce dernier a donné son nom. Menu « routier » (en français dans le texte !) à midi, carte le soir, pour une cuisine anglaise parfois mâtinée d'apports continentaux.

À Cheddar

Bon à savoir – Nombreux restaurants de toutes catégories et en tout genre à la sortie du village sur la route des gorges.

À Glastonbury

Bon à savoir – Quelques possibilités de restauration sur High Street à proximité de l'abbaye.

PETITE PAUSE

Bon à savoir – Il existe des possibilités de se restaurer légèrement dans le cloître de la cathédrale de **Wells**, dans l'abbaye de **Glastonbury** et sur le domaine de **Longleat**.

ACHATS

Bon à savoir – Toutes les enseignes communes aux villes britanniques se trouvent à Wells le long de **High Street**.

Souvenirs

À Wells

Boutique du National Trust – *Market Place.* Cadeaux de toutes sortes, dont ces nécessaires à pique-nique permettant de déguster le vin dans un verre à pied comme il se doit…

Produits de bouche

À Wells

The House at Fuge Corner - *Au coin de High Street et de Market Place - ✆ (01749) 672 102.* Vous pourrez vous procurer dans cette pâtisserie-confiserie toutes sortes de chocolats et de bonbons.

Fromage de Cheddar – Les amateurs se rendront à la **Fine Cheese Co** à **Wells** *(29-31 Walcot Street - ✆ (01225) 448 748)*, chez les détaillants de **Cheddar** ou à la laiterie **Chewton Dairy** *(à Chewton Mendip, 13 km/8 miles à l'est de Cheddar).*

AGENDA

Glastonbury Festival – Point culminant de la saison estivale, ce célèbre festival de rock né en 1970 se tient en plein air, en juin.

Pèlerinages – Des milliers de pèlerins affluent l'été à Glastonbury. Ils partent de St John the Baptist pour se rendre à l'abbaye. De nombreux autres petits pèlerinages ont lieu tout au long de l'année.

Gloucester et Cheltenham

★

127 630 hab. (Gloucester) - 104 968 hab. (Cheltenham)

NOS ADRESSES PAGE 307

S'INFORMER

Offices de tourisme – **Gloucester** – *28 Southgate Street - ✆ (01452) 396 572 - www.visitgloucester.info - lun. : 10h-17h, mar.-sam. 9h30-17h, dim. en juil.-août 11h-15h.*

Cheltenham – *77 Promenade - ✆ (01242) 522 878 - www.visitcheltenham.com - lun.-mar. et jeu.-sam. 9h30-17h15, merc. 10h-17h15, lun. fériés 9h30-13h30 - fermé 1er janv. et 25-26 déc.* Une visite audio de la ville est disponible sur le site Internet en téléchargement gratuit au format MP3.

SE REPÉRER

Carte de région D1 (p. 267) – *carte Michelin 503 N28 - Gloucestershire.* Distantes de 7 km/4,5 miles, Cheltenham et Gloucester sont situées à proximité de l'embouchure de la Severn, au nord-est de Bristol.

À NE PAS MANQUER

La cathédrale de Gloucester.

ORGANISER SON TEMPS

Une demi-journée pour chacune des deux villes.

AVEC LES ENFANTS

Le National Waterways Museum à Gloucester.

Situées à deux pas l'une de l'autre, sur la rive gauche de la Severn, voici deux villes jumelles et que, pourtant, tout oppose : d'un côté, Gloucester, héritière d'une cité romaine, s'enorgueillit de son immense cathédrale, mais poursuit une longue tradition industrielle dont témoigne le port fluvial réhabilité. Par contraste, Cheltenham Spa, avec ses nobles demeures de style Regency enchâssées dans la verdure de ses parcs, s'est vouée aux loisirs depuis sa création, lorsque les vertus médicinales de ses eaux y attirèrent les curistes.

Se promener

★ GLOUCESTER

P *En arrivant à Gloucester par la M 5, prendre la sortie 11 puis la route de l'aéroport, suivre la direction du centre et tourner à gauche dans Priory Road, immédiatement après la voie de chemin de fer. Vous trouverez un parking Pay-and-Display sur votre droite. De là, un passage étroit tracé dans la verdure de St Lucy's Garden mène à l'enclos de la cathédrale.*

★★ Gloucester Cathedral

✆ (01452) 528 095 - www.gloucestercathedral.org.uk - ♿ - 7h30-18h (dim. 11h45-14h45) - possibilité de visite guidée avr.-oct. : lun.-sam. 10h30-16h, dim. 12h-14h30,

DE GLEVUM À GLOUCESTER

Au point de passage le plus bas du cours de la Severn, la place romaine de Colonia Nerviana Glevensis, fondée sous le règne de Nerva en 97, surveillait l'approche du pays de Galles. Les quatre portes de la ville médiévale, dont les axes rectilignes (dénommés North, South, West et Eastgate) se rejoignent au lieu dit « The Cross », rappellent ce que fut le plan du fort romain. Centre administratif, commercial et industriel actif, Gloucester a fait beaucoup d'efforts pour devenir une cité moderne. Malgré tout, certains lieux conservent l'empreinte d'un passé si joliment décrit par **Beatrix Potter** dans *Le Tailleur de Gloucester.*

reste de l'année sur demande préalable - visite guidée des tours (avr.-oct. : se renseigner pour les horaires) 3 £ - offrande suggérée 5 £ - café.

L'édifice actuel est en grande partie le résultat des aménagements entrepris au 14e s. par l'abbé bénédictin Serlo, et par ses successeurs qui adoptèrent très vite le style Perpendicular, décorèrent transept et chœur grâce aux dons royaux ou à ceux des pèlerins qu'attirait en ces lieux le tombeau d'**Édouard II**, assassiné en 1327 au château de Berkeley. L'édifice fut agrandi au 15e s. quand la chapelle de la Vierge fut ajoutée.

Dans la **nef**, les énormes colonnes romanes, rougies à la base par l'incendie de 1122, donnent une impression de force colossale. Plus à l'est, c'est l'élégance Perpendicular qui l'emporte : celle de la **voûte du chœur**, haute de 28 m, ou celle de l'étonnante **verrière** est, la plus grande fenêtre ornée de vitraux médiévaux, commémorant la bataille de Crécy, ou encore celle de la **chapelle de la Vierge**, merveilleusement lumineuse, datant d'environ 1500. L'effigie d'Édouard II, au nord du chœur, est protégée par un dais de pierre du 14e s. d'une grande finesse.

Dans le **grand cloître**, la voûte en éventail du 14e s., la première de ce type, est d'une exceptionnelle richesse décorative, alors que le lavatorium évoque les rigueurs de la vie monastique. C'est de la **salle capitulaire** attenante que **Guillaume le Conquérant** aurait ordonné la réalisation du grand cadastre d'Angleterre *(Domesday Survey).*

La **tour**, haute de 69 m, date du milieu du 15e s. Couronnée d'un parapet et de pinacles, elle se dresse avec grâce au-dessus de **College Green**, composé essentiellement de maisons du 18e s. ayant remplacé les anciens bâtiments monastiques. La **porte Ste-Marie** est un beau vestige médiéval.

Quitter l'enclos par College Street qui conduit sur Westgate Street, que l'on prend sur la gauche.

Via Sacra

Cet itinéraire piétonnier balisé épouse plus ou moins le tracé des remparts romains enserrant la ville ancienne. Au-delà de Westgate Street, il emprunte Berkeley Street, puis longe les vestiges du monastères dominicain des **Blackfriars**, puis **St Mary De Crypt Church**, en partie normande, et les ruines du **Greyfriars**, monastère franciscain, avant de ramener à la cathédrale par College Court.

Balade au cœur de la vieille ville

Héritiers des rues romaines, les deux axes perpendiculaires (North puis Southgate Street et West puis Eastgate Street), piétons, se croisent au centre de la vieille ville, au point appelé **The Cross** et marqué par la tour Saint-Michel, vestige d'une église disparue. Vous verrez quelques demeures remarquables, comme l'ancien **logis de l'évêque Hooper★**, datant de la fin du Moyen Âge. Il abrite aujourd'hui le **Gloucester Folk Museum**, musée des Traditions populaires. *Westgate Street - ✆ (10452) 396 868 - mar.-sam. 10h -17h - fermé 1er janv., Vend. saint, 25-26 déc.*

Dans Southgate, la statue de l'empereur Nerva, élevée en 1997 par Anthony Stone, précède une belle maison à pans de bois de 1560 où vécut **Robert Raikes**, pionnier à la fin du 18e s. du mouvement des « Écoles du dimanche ».

★ Historic Docks

Accès par Southgate Street, puis à droite Commercial Road.

Les quinze entrepôts de brique de ce port fluvial du 19e s., en cours de réhabilitation, promettent de faire de ce lieu désaffecté un nouveau centre de la ville, aussi animé que branché. Restaurants, appartements et galeries commerciales investissent aujourd'hui les abords des bassins.

★★ National Waterways Museum

Llanthony Warehouse, Gloucester Docks - ✆ (01452) 318 200 - www.nwm.org.uk - ♿ - 11h-16h (juil.-août 10h30-17h) ; croisières de Pâques à fin oct., location de bateaux tte l'année - fermé 25 déc. - musée 4,25 £ (enf. 3,25 £) - café.

Utilisant toutes les ressources contemporaines (vidéo, écrans interactifs, etc.), ce passionnant musée fait revivre la vie des mariniers sous tous ses aspects, de la description de l'exceptionnel réseau de canaux dont la Grande-Bretagne s'est dotée à la fin du 18e s. aux différents types d'embarcation, de la vie quotidienne à bord des péniches à la flore et la faune rencontrées sur les rives. Le présent n'est pas oublié avec la reconversion touristique des canaux. La promenade s'achève par la visite d'anciens bâtiments amarrés au quai et, pourquoi pas, par une balade sur les canaux voisins.

2

★ CHELTENHAM

P *Sur North Place (à proximité des routes d'Evesham, de Tewkesbury et de Gloucester), North Place propose deux parkings Pay-and-Display, l'un de courte durée, l'autre de longue durée. Prendre North Street et traverser High Street pour gagner* **The Promenade**.

★ Centre-ville

De l'époque où Cheltenham n'était pas encore une ville d'eaux subsistent l'église St Mary *(sur votre droite par High Street)* ainsi que le tracé de cette rue piétonne et commerçante.

Cheltenham Art Gallery and Museum – *Clarence Street, depuis l'église St Mary par Church Street et à droite – ✆ (01242) 273 431 - www.cheltenhamartgallery.org.uk -*

CHELTENHAM, UNE VILLE NÉE DES EAUX

Les bienfaits des eaux de cette élégante station thermale anglaise furent découverts au début du 18e s., mais c'est seulement à l'époque Regency, un siècle plus tard, que Cheltenham devint une station très à la mode. Elle reste fière de son architecture classique, de ses places et de ses maisons en *terraces*, de ses *crescents*, bâtis parmi les jardins. Cette ville, qui entretient une vie culturelle d'une grande richesse, est une bonne base de départ pour explorer les paysages des vallées de la **Severn** *(voir p. 304)* et de la **Wye** *(voir p. 531)*, et bien sûr des **Cotswolds** *(voir p. 310)*, dont les escarpements se dressent juste à la sortie de la ville.

MONTPELLIER SUR SEVERN

Le quartier Regency de Cheltenham est baptisé Montpellier Area : Street, Garden, Walk, Crescent... tout y honore la cité languedocienne. Il semble que cette dénomination date de 1809 lorsque le promoteur **Henry Thomson** décida de lancer la station. Mais pourquoi Montpellier ? Selon une tradition locale, en hommage aux soldats anglais alors prisonniers des armées napoléoniennes et internés dans cette ville. Rien n'est cependant venu confirmer cette hypothèse, et le mystère demeure entier. Quoi qu'il en soit, il semble que pour les Anglais de l'époque, la ville de Montpellier était liée aux thermes ou aux bains de mer, car nombre de cités ont créé des quartiers honorant le chef-lieu de l'Hérault, comme Brighton ou Bristol, d'autres comme Torquay se vantant d'être « la Montpellier anglaise »...

♿ *- 10h-17h (nov.-mars 16h), 1er jeu. du mois 11h-17h, 3e jeu. du mois 10h-20h - fermé j. fériés, Pâques et Noël - café.* Parmi les toiles, porcelaines, poteries et autres nombreux objets caractéristiques de la région, une belle collection d'**arts décoratifs** illustre l'importance des Cotswolds dans le mouvement Arts and Crafts.

Redescendre Clarence Street pour gagner la Promenade.

De la Promenade à Montpellier – Très ombragée, aménagée comme un mail méridional, la **Promenade** est bordée de grands magasins et, sur votre droite, par une imposante rangée de bâtiments datant de 1823, abritant aujourd'hui les bureaux municipaux. Au-delà, la Promenade s'élargit et monte doucement vers la majestueuse façade en stuc du **Queen's Hotel**, bâti en 1838. Sur la gauche, les **jardins impériaux** offrent l'été un spectacle floral multicolore devant la façade majestueuse du **Town Hall** (hôtel de ville) ; de l'autre côté, derrière une double allée d'arbres, vous admirerez quelques-unes des **maisons Regency** les plus raffinées de la ville, souvent pourvues de ravissants balcons en ferronnerie typiques de la ville.

Sur **Montpellier Walk**, dans le prolongement, des **cariatides** moulées en 1843 par un sculpteur londonien qui s'inspira librement des sculptures de l'Érechthéion d'Athènes, séparent les façades des boutiques construites au milieu du 19e s. La rue s'achève sur la colonnade et le dôme de la source thermale, **Montpellier Spa** (devenue la banque Lloyd's).

Regagner High Street après une agréable flânerie et prendre devant vous, presque en face de la Promenade, Pittville Street.

Pittville

Ce quartier élégant doit son nom à son promoteur, **Joseph Pitt** (1759-1842), richissime homme d'affaires local qui en finança la construction. Composé de rangées de maisons et de villas classiques, il a pour centre le romantique **Pittville Park**, dont les grands arbres et les vastes pelouses entourent un lac pittoresque. C'est dans le parc que se dresse l'ancien établissement thermal, **Pittville Pump Room**, aujourd'hui utilisé comme salle de concert.

En revenant vers le centre, au 4 Clarence Road, la maison de style Regency où naquit le compositeur **Gustav Holst** (1874-1934), auteur des *Planètes*, est aujourd'hui un musée qui lui est consacré. *✆ (01242) 524 846 - www.holstmuseum.org.uk - de déb. fév. à mi-déc. : mar.-sam. 10h-16h - possibilité de visite guidée sur RV (5,50 £) - 4,50 £.*

À proximité Carte de région

Crickley Hill Country Park D1

À 9 km/5 miles à l'est de Gloucester par la A 417 (direction Cirencester), puis bifurquer à gauche au rond-point au sommet de la colline. Suivre ensuite les indications.
Visitor Centre – *(01452) 863 170 - - avr.-sept. : 13h-16h30 (sam. 17h), dim. 10h30-17h - informations disponibles sur les 6 sentiers du parc (30mn à 1h) - aire de pique-nique.*
Du haut de ce spectaculaire promontoire des Cotswolds, peuplé dès la période néolithique, puis à l'âge du fer, **vue★** splendide sur la vallée de la Severn, la forêt de Dean et au loin sur les montagnes noires du pays de Galles.

★ Painswick D1

À 9 km/5 miles au sud de Gloucester par la B 4072.
Explorez les ruelles de ce village d'altitude, construit en pierre dorée des Cotswolds, avant de visiter le cimetière paroissial comportant des pierres tombales baroques richement travaillées, ainsi que 99 ifs taillés.
Painswick Rococo Garden – *(01452) 813 204 - www.rococogarden.co.uk - 10 janv.-31 oct. : 11h-17h - 6 £ - cafétéria.* Painswick House fut bâtie vers 1735 par Charles Hyett qui, asthmatique, fuyait ici le *smog* de Gloucester, mais mourut avant de la voir achevée. C'est son fils qui créa les jardins, laissés ensuite à l'abandon avant d'être restaurés par un descendant à partir de 1988. Ils comprennent notamment un vaste potager et un labyrinthe.

Winchcombe D1

À 11 km/7 miles de Cheltenham, en direction de Broadway par la B 4632.
La route franchit Cleeve Hill, l'un des sommets les plus élevés des **Cotswolds**, puis descend vers Winchcombe, ville saxonne jadis importante. C'est dans la longue et sinueuse High Street que se dresse la belle **église St-Peter**, de style gothique Perpendicular, dont l'extérieur est orné de sculptures grotesques. *(01242) 602 067 - www.winchcombeparish.org.uk - - 8h30-17h.*
★ **Sudeley Castle** – *À la sortie sud-est - (01242) 602 308 - www.sudeleycastle.co.uk - avr.-oct. : 10h30-17h - 7,20 £.* Le château se situe au sein des escarpements spectaculaires des Cotswolds. Autrefois forteresse médiévale, puis demeure de **Catherine Parr** (1512-1548), le château fut assiégé et détruit lors de la guerre civile. Au 19e s., la résidence fut en partie restaurée. L'intérieur

LA SIXIÈME FUT LA BONNE

Après dix-huit ans de mariage avec **Catherine d'Aragon,** veuve de son frère aîné, le prince Arthur, **Henri VIII** décide de la répudier : de l'opposition de Rome à laquelle il passe outre va naître l'église anglicane. Lassé d'**Ann Boleyn**, qu'il avait épousée en 1533, il l'envoie à l'échafaud en 1536 et la remplace par **Jane Seymour**, morte en couches l'année suivante après lui avoir donné l'héritier mâle tant attendu. Il épouse ensuite en 1540, pour des raisons politiques, la princesse **Anne de Clèves,** mariage qui, dit-on, ne fut jamais consommé, et la répudie pour s'unir à **Catherine Howard**. Taxée d'infidélité, celle-ci est vite exécutée (1542), et remplacée par **Catherine Parr**. Cette dernière, qui avait déjà porté en terre deux maris, ne fit pas mentir le dicton et, en 1547, devint pour peu de temps veuve du roi qui apparaît aujourd'hui comme le fondateur de la nation anglaise moderne.

2

recèle des **peintures★** de Constable, Turner, Van Dyck et Rubens, ainsi que la tapisserie de Sheldon de la fin du 16e s. Expositions temporaires, historiques et artistiques, et concerts animent les lieux. À l'extérieur se dressent, dans un paysage victorien nostalgique (jardin à la française, parc), la charmante église St Mary, où fut inhumée Catherine Parr, les ruines romantiques de la grange dîmière et la salle de réception. Le jardin de la Reine est agrémenté d'une célèbre double haie d'ifs.

★ Westonbirt Arboretum D1

À 27 km/17 miles au sud par la A 46 jusqu'à Dunkirk, puis la A 433 - ✆ (01666) 880 220 - www.westonbirtarboretum.com - ♿ - été : 9h-20h, hiver : 10h-coucher du soleil - 6/8 £ selon saison- café.

Les premiers arbres de l'arboretum furent plantés en 1829 par Robert Halford. Depuis, la vaste collection de plantes s'est développée et comprend maintenant environ 14 000 arbres et arbrisseaux provenant des quatre coins du monde. Avant tout Centre d'étude des eaux et forêts *(Forestry Commission)*, l'arboretum accueille néanmoins les visiteurs dans un centre d'information moderne, ainsi qu'au long de plusieurs kilomètres de sentiers balisés parmi les arbres, dont certains sont, en Grande-Bretagne, les plus grands de leur espèce. Les nombreuses variétés d'érables garantissent un extraordinaire spectacle automnal.

Circuit conseillé Carte de région

SEVERN VALLEY (vallée de la Severn) D1

Circuit de Tewkesbury à Berkeley tracé en vert sur la carte p. 267. Prendre à Cheltenham l'autoroute M 5 en direction du nord et la quitter à la sortie 9.

★ Tewkesbury

100 Church Street - ✆ (01684) 855 040.

Traverser la ville jusqu'à Church Street, puis gagner le parking de l'abbaye sur Gander Lane (sur la droite), à proximité du terrain de cricket.

Cette petite ville, fondée à l'époque saxonne, est dominée par la présence imposante de la grande église abbatiale romane dont la tour est visible, dans ce plat pays, à des kilomètres à la ronde, entre les Malverns et les collines des Cotswolds. Contournée par la voie ferrée et cernée de terres inondables aux environs du confluent de la Severn et de l'Avon, Tewkesbury ne se développa guère au 19e s., aussi son caractère historique est-il resté presque intact, comme en attestent les belles maisons à pans de bois, nombreuses à subsister dans Barton Street comme dans Church Street, et que séparent des *courts*, passages conduisant sur les rives de l'Avon.

En 1471, la ville fut le théâtre de massacres sanglants, pendant et après la **bataille de Tewkesbury** qui marqua la défaite décisive de la cause des Lancastre dans la guerre des Deux-Roses.

★★ **Tewkesbury abbey** – *✆ (01684) 850 959 - www.tewkesburyabbey.org.uk - ♿ - 8h30-17h30 (merc. et vend. 7h30-17h30), dim. 7h30-18h - possibilité de visite guidée Pâques-oct. : lun.-sam sur RV (4 £) - offrande - salon de thé.* L'église allie à une élégante sobriété architecturale une grande richesse de détails, témoignant de l'opulence de l'abbaye bénédictine de jadis. C'est parce que nombre de nobles bienfaiteurs sont enterrés en ces lieux que l'église reçut l'appellation d'« abbaye de Westminster des barons féodaux ». Lors de la Dissolution, elle échappa à la démolition grâce aux citadins, qui l'achetèrent.

La grosse **tour** du 12e s., à l'aspect massif allégé par les motifs raffinés des niveaux supérieurs, est la partie la plus impressionnante. La complexité du chevet, due notamment à ses chapelles rayonnantes, contraste avec l'allure grandiose de la **façade principale**, avec ses arcs de décharge de 20 m.

Les huit travées de la **nef★★** romane, aux massives colonnes cylindriques, constituent l'un des plus beaux spectacles que nous offre l'architecture religieuse anglaise. La superbe voûte du 14e s. remplace le toit de bois de jadis. Les monuments funéraires sont rassemblés autour du chœur. Hugh et Elizabeth Despenser, qui contribuèrent à la reconstruction du chœur, reposent solennellement côte à côte sous un baldaquin en pierre délicatement sculptée (exemple précoce de voûte en éventail). L'extraordinaire orant d'**Edward Despenser** orne le plafond de son oratoire, tandis que la tombe (apocryphe) du dernier abbé, John Wakeman (mort en 1549), est surmontée d'un cadavre décharné grouillant de vermine. Dans le chœur, les vitraux du 14e s. représentent des notables de la région ainsi que des scènes bibliques. La **voûte★** est une complexe combinaison de nervures et de motifs sculptés. Un cercle de soleils, emblème des York, lui fut adjoint afin de célébrer la victoire de 1471.

Deux **bâtiments monastiques** ont résisté à l'usure du temps : la maison abbatiale et, juste à l'extérieur de l'enceinte, le beau corps de garde.

Quitter Tewkesbury par la A 38 et prendre à droite une route secondaire.

Deerhurst

Ce village possède deux importants **monuments anglo-saxons**. Les parties les plus anciennes de l'**église St Mary★**, jadis église d'un monastère prospère, pourraient remonter au 8e s. Bien sûr, elle a été à maintes reprises reconstruite et agrandie, mais elle est restée profondément saxonne. Les murs de facture grossière conservent par endroits un appareil en épi ; une étonnante fenêtre se terminant en triangle est ouverte sur la haute nef. Parmi les sculptures se trouvent une Vierge à l'Enfant, des têtes d'animaux ainsi que, dans la partie supérieure et à l'extérieur, un ange. Les splendides fonts baptismaux sont également saxons. *✆ (01684) 292 562 - ♿ - 8h-20h (hiver 17h).*

Édifiée sur un tertre bas, émergeant au milieu du lit de la Severn qui coule à proximité, la **chapelle d'Odda** fut consacrée par le comte Odda en 1056. Contiguë à la ferme dont elle abrita autrefois la cuisine, la chapelle ne fut « redécouverte » qu'au 19e s. Elle est constituée d'une nef et d'un chœur, tous deux d'une émouvante simplicité. *EH - www.english-heritage.org.uk - 10h-18h (oct.-mars 16h) - fermé 1er janv., 25-26 déc.*

Après avoir emprunté à nouveau, vers le sud, l'autoroute M 5 pour traverser sans encombre l'agglomération de Cheltenham et Gloucester, reprendre la route A 38 à la sortie 13.

★ Slimbridge Wildfowl and Wetlands Centre

Prendre une route à droite à Slimbridge – ✆ (01453) 891 900 - www.wwt.org.uk - 9h30-17h30 (nov.-mars 17h), dernière entrée 1h av. fermeture - canoë safari : Pâques-sept. 11h-16h - 9,75 £.

Situé le long des vastes marécages de la Severn – rivière affectée par les marées –, ce sanctuaire d'oiseaux aquatiques, dont la création complète (1946), œuvre de **sir Peter Scott**, nécessita quarante années, a acquis une renommée internationale grâce aux travaux de recherche et de protection de l'environnement qui y sont menés. La réserve, l'une des neuf zones marécageuses du Royaume-Uni sous tutelle du Wildfowl and Wetlands Trust, abrite la plus grande population au monde de canards, oies et cygnes exotiques, rares et en voie d'extinction. Grâce à des cachettes et des observatoires, les observateurs

LE MASCARET DE LA SEVERN
L'estuaire de la Severn connaît à chaque marée un phénomène de mascaret. Imperceptible la plupart du temps, il se manifeste au moment des équinoxes par un flot rugissant haut de 2 m. Le meilleur endroit pour l'observer se trouve à proximité du village de **Minsterworth** *(5 km/3 miles à l'ouest de Gloucester par les A 40 et 48).*

d'oiseaux, amateurs comme professionnels, peuvent contempler la faune et profiter du spectacle, en hiver, de l'arrivée de milliers de migrateurs. Une observation plus précise de la vie des marécages est possible, entre autres, grâce à l'étang *(Pond Zone)*. Le visiteur pourra, du sommet de **Sloane Tower** *(ascenseur)*, admirer la Severn.
Reprendre la A 38 vers le sud en direction de Newport, puis à droite une route secondaire signalisée.

★★ Berkeley Castle

✆ (01453) 810 332 - www.berkeley-castle.com - juil.-août et vac. scol. de Pâques et d'oct. : dim.-jeu. 11h-17h30 ; avr.-mai et sept.-oct. : jeu. et dim. 11h-17h30 (dernière entrée 30mn av. fermeture) - château, jardins et maison des Papillons 7,50 £ (jardins seuls 4 £) - cafétéria.
Point de commandement de la plaine étroite séparant les **Cotswolds** de la Severn, cette forteresse médiévale appartient depuis le 12e s. à la **famille Berkeley**, dont certains membres s'illustrèrent en Amérique : c'est le cas de William, qui fut le premier gouverneur de Virginie (1641-1677), et surtout de George, évêque et métaphysicien qui légua à sa mort en 1753 une partie de sa bibliothèque à l'université de Yale, puis à l'université de Californie qui porte aujourd'hui son nom. La cour intérieure est dominée par l'imposant **donjon** (1153) où apparaît encore la brèche que provoqua un canon de Cromwell lors du siège de 1645. Du portail d'entrée, on aperçoit les prairies qui pouvaient être inondées afin de renforcer la sécurité du château.
À l'**intérieur**, un dédale de couloirs et d'escaliers tortueux, de caves voûtées, de vieilles cuisines et de profonds cachots rappellent au visiteur qu'il se trouve dans une forteresse. Plusieurs siècles furent nécessaires pour concilier confort et sécurité. À travers une grille placée dans la galerie du Roi, on peut apercevoir la pièce dans laquelle **Édouard II** détrôné fut maintenu prisonnier, puis assassiné en 1327, épisode familier aux lecteurs des *Rois maudits*. D'autres salles, richement meublées, abritent des souvenirs ayant appartenu à la famille Berkeley. Deux pièces sont particulièrement intéressantes : la **grande salle**, pourvue d'une belle charpente et d'une clôture décorée par estampage, et le **petit salon**, qui fut jadis une chapelle. Son plafond comporte des inscriptions extraites de la Bible traduite en français du 14e s.

NOS ADRESSES

TRANSPORTS

Train

Si vous souhaitez vous épargner la recherche d'un parking, vous pouvez laisser la voiture dans l'une des deux villes et vous rendre en train de Cheltenham à Gloucester (et inversement). La gare de Gloucester est située sur Bruton Way, accessible depuis le centre par Eastgate Street, puis Clarence Street à gauche. Cheltenham Spa se trouve sur Gloucester Road, au bout de Lansdown Road. Plusieurs trains par heure, 10mn de trajet.

VISITES

Sur terre

À pied – *☎ (01452) 396 572 - www.gloucestercivictrust.org.uk*. Visites de la vieille ville de **Gloucester** *(dép. St Micheals Tower - avr.-sept. : lun.-sam. 11h30 - 3 £)* et des **docks historiques** *(dép. Waterways Museum - avr.-sept. : w.-end, j. fériés et merc. en juil.-août 14h30 - durée 1h - 3,42 £)*.

Sur l'eau

Croisières sur la Severn à Gloucester – The Waterways Trust - *Llanthony Warehouse - ☎ (01452) 318 220 - www.thewaterwaystrust.org - avr.-oct. : dép. tlj à bord du Queen Boadicea II*. Balade de 45mn sur les canaux. Excursions diverses selon le calendrier (Tewkesbury avec visite de l'abbaye, par exemple) et sorties thématiques (croisières déjeuner ou thé, jazz ou disco…).

Balades sur l'Avon à Tewkesbury – Telstar Cruisers Ltd - *Riverside Walk - ☎ (01684) 294 088*. Croisières et location de bateau à la journée ou la demi-journée.

HÉBERGEMENT

BUDGET MOYEN

À Cheltenham

Premier Travel Inn Cheltenham Central – *374 Gloucester Road, sur la gauche après la gare - ☎ 0871 527 8224 - www.premiertravelinn.com - 42 ch. : 60 £ - ☕ 6 £ (à commander à l'arrivée et à prendre au Seven Fridays voisin)*. Sans surprise mais bien commode et à un quart d'heure à pied de Montpellier Area.

À Tewkesbury

Jessop House – *65 Church Street - ☎ (01684) 292 017 - www.jessophousehotel.com - 8 ch. : 79/89 £ ☕*. Face à l'entrée de l'abbaye, un sympathique petit hôtel au chambres spacieuses aménagées avec goût. Accueil chaleureux.

UNE FOLIE

À Gloucester

Mercure Queen's Hotel – *The Promenade, face à Imperial Park - ☎ (01242) 514 754 - 79 ch. : 174/208 £ ☕*. Fermant la Promenade du côté de Montpellier Area, cet hôtel raffiné occupe une noble demeure blanche aux colonnades néoclassiques.

RESTAURATION

Bon à savoir – À Cheltenham, nombreux petits restaurants exotiques ou non sur The Strand *(dans le prolongement de High Street)*, du bar à tapas à la pizzeria, sans oublier les hindous et autres népalais, ni le pub irlandais.

Pour jouer la carte locale, **The Swan** *(37 High Street - ☎ (01242) 584929 - www.swancheltenham.co.uk)* et **The Strand** *(40 High Street - ☎ (01242) 511 848)* se font face.

2

BUDGET MOYEN

À Gloucester

Ye Olde Restaurant & Fish Shop – *Hare Lane, derrière l'enclos de la cathédrale - ✆ (01452) 522 502.* Restaurant de poissons (et poissonnerie) réputé, installé dans une belle maison à pans de bois.

Café René – *31 Southgate Street - ✆ (01452) 309 340 - www.caferene.co.uk - 20/25 £.* Plats du jour servis dans une ambiance sympathique et, pour les romantiques, dîner aux chandelles. Le lieu s'enorgueillit de ses desserts, parmi lesquels un excellent soufflé glacé aux amandes et à la pêche blanche.

Foster's on the Docks – *Kimberley Warehouse, West Quay - ✆ (01452) 300 990 - 20 £.* Brasserie et bar à vin installés dans un entrepôt rénové des docks historiques. La terrasse donne sur le bassin. Cuisine inspirée par les saveurs épicées des Caraïbes.

Brasserie Blanc – *The Promenade, sur la gauche du Queen's Hotel - ✆ (01242) 266 800 - www.brasserieblanc.com - 30/35 £.* Comme son nom l'indique (c'est en fait celui de son propriétaire), cette brasserie joue la carte française (mais pas seulement), et sa crème brûlée attire le tout Cheltenham.

À Tewkesbury

The Rendez-Vous – *78 Church Street - ✆ (01684) 290 357 - fermé dim. - 28 £.* Doté d'un jardin accessible aux beaux jours, cet élégant restaurant propose une cuisine volontiers inventive. Belle carte de vins (au verre et à la bouteille).

À Winchcombe

White Hart Inn – *High Street - ✆ (01242) 602 359 - www.wineandsausage.com - 20/30 £ (menu déj. 15 £).* Un pub de village, installé dans une maison à pans de bois… où vous aurez la surprise de découvrir des spécialités scandinaves.

POUR SE FAIRE PLAISIR

À Cheltenham

Lumière – *Clarence Parade, parallèle à The Promenade, accessible par Crescent Terrace - ✆ (01242) 222 200 - fermé mar. midi, dim., lun., 2 semaines en janv. et 2 semaines en sept. - menu 21/39 £ .* Atmosphère raffinée dans ce restaurant très central dont la cuisine se teinte volontiers de touches exotiques.

PETITE PAUSE

À Gloucester

Comfy Pew – *9 College Street - ✆ (01452) 524296 - www.thecomfypew.co.uk.* Pour un snack ou une salade, à deux pas de l'enclos de la cathédrale.

À Cheltenham

Montpellier Wine Bar – *Montpellier Street - ✆ (01242) 527 774 - www.montpellierwinebar.com.* En journée (brunch) ou en soirée (un des hauts lieux de la vie nocturne de la station).

À Tewkesbury

The Abbey Refectory – *Dans une salle annexe de l'abbaye à côté de la boutique - ✆ (01684) 273 736.* Restauration légère, pâtisseries et snacks, proposés par des associations.

My Great Grand Father – *84-85 Church Street - ✆ (01684) 292 687 - fermé lun. et mar.* Salades, snacks, sandwichs dans une pièce toute de guingois aux belles poutres apparentes.

ACHATS

Bon à savoir – À **Gloucester**, nombreux commerces autour de The Cross. Centres commerciaux comme The Mall sur Eastgate ainsi que dans les docks historiques *(Merchants Quay Shopping Centre)*. À **Cheltenham**, tous commerces le long de High Street et des rues adjacentes *(The Regent Arcade)*. Haut de gamme sur The Promenade et Montpellier Street.

AGENDA

À Gloucester

Three Choirs Festival – *✆ (01452) 529 819 - www.3choirs.org.* Tous les trois ans depuis le 18e s., début août, en alternance avec Worcester et Hereford.

International Rythm & Blues Festival – *✆ (01452) 207 020 - www.gloucesterblues.co.uk.* 1re semaine d'août. Il réunit les meilleurs bluesmen américains sur les rives de la Severn.

À Cheltenham

Music Festival – *Town Hall - ✆ (0844) 576 2210 - www.cheltenhamtownhall.org.uk.* 1re quinzaine de juillet. Des concerts sont en outre régulièrement donnés au Town Hall ou à Pittville Pump Room *(juin-sept.)*, et dans les parcs le dimanche après-midi en été.

Summer Ballroom Dancing Festival – Début août. Danses du monde entier. Les visiteurs sont invités à se joindre aux professionnels… la manifestation se poursuivant toute l'année avec des soirées consacrées au tango, au disco, des thés dansants… et des Tartan Tea Parties pour les amateurs de danses écossaises.

Courses hippiques – L'hippodrome de Cheltenham est situé à la sortie nord de la ville, sur la droite de la route A 43 en direction d'Evesham. Des courses très importantes se déroulent en octobre-novembre (steeple-chase et haies), dont la prestigieuse **Cheltenham Gold Cup**.

À Tewkesbury

Festival annuel de musique chorale – *✆ (01684) 850 959 - www.tewkesburyabbey.org.uk.* 1re semaine d'août, dans l'abbaye.

Les Cotswolds

★★★

NOS ADRESSES PAGE 317

S'INFORMER

Internet – *www.cotswolds.*

Offices de tourisme – *Voir les indiqués sous les principales villes.*

SE REPÉRER

Carte de région D1 (p. 267) – *carte Michelin 503 O27-28 - Gloucester, Hereford et Worcester.* Au nord-est de Cheltenham, qui se targue d'en être la capitale, s'étend la région des Cotswolds, sillonnée de routes étroites serpentant parmi les vallons, entre le Gloucestershire et l'Oxfordshire, de la Severn à la Tamise.

À NE PAS MANQUER

Les villages de Bibury, Burford, Burton-on-the-Water et Broadway; les églises de Cirencester et de Fairford.

ORGANISER SON TEMPS

Prenez votre temps et consacrez 2 jours à votre balade.

AVEC LES ENFANTS

Le parc animalier des Cotswolds; New Corinium Museum; Birdland Park and Gardens.

S'élevant doucement de la haute vallée de la Tamise au sud-est vers les bords escarpés dominant celle de la Severn, les Cotswolds offrent au visiteur l'essence de l'Angleterre rurale. Aux plateaux ouverts aux vents, abrités par endroits par de majestueuses barrières de hêtres, succèdent de profondes vallées parsemées de charmants villages et de minuscules villes dont le charme tient à l'unité des demeures construites avec la pierre locale.

Circuit conseillé Carte de région

DE CIRENCESTER À CHIPPING CAMPDEN D1

Circuit de 64 km/40 miles tracé en vert sur la carte p. 314 – Compter une journée.

Commençant au centre des Cotswolds, le circuit conduit vers le nord, à travers de petites villes et des villages parmi les plus charmants de la région, pour aboutir à une vue spectaculaire de l'escarpement au-dessus de Broadway.

★ Cirencester

The Corn Hall - Market Place - (01285) 654 180.

Courte durée (3h maxi) « Forum » en suivant la direction du centre.

La « capitale des Cotswolds », qui est encore la ville de marché de cette région prospère, fut d'abord une forteresse, Corinium, fondée au début de la conquête romaine au carrefour de trois routes principales : Ermine Street, Akeman Street et Fosse Way. Elle devint dès le 2e s. une cité fortifiée dont la

LA PIERRE DES COTSWOLDS

Ce calcaire oolithique (c'est-à-dire constitué de minuscules concrétions sphériques autour d'un noyau qui peut être un grain de sable), de couleur argent, crème ou or vif, donne son charme aux demeures de la région, que recouvre traditionnellement un toit de chaume, mais aussi aux murets clôturant les champs : tout cela concourt à l'harmonie entre l'œuvre humaine et le paysage et donc au charme de la région.

surface égalait presque celle de Londres, au cœur d'un luxuriant paysage en partie constitué de grands domaines. La confusion et les ravages que connut le haut Moyen Âge firent place à une longue période d'opulence grâce au commerce de la laine.

Depuis le parking, gagner la place du marché, en forme d'amande.

★ **Church of St John the Baptist** – *✆ (01285) 654 552 - 10h-16h - possibilité de visite guidée (1h) sur RV (3 £) - offrande.* Témoignant de la prospérité de la cité, cet édifice représentatif des « églises de la laine » des Cotswolds est d'un grand intérêt. La haute tour, datant de 1400-1420, soutenue par de solides arcs-boutants, est visible à des kilomètres à la ronde. Le singulier **porche** à trois niveaux donnant sur la place du marché a jadis servi d'hôtel de ville.

La nef est exceptionnellement haute et spacieuse. Sur les piliers, très élevés, remarquez les anges arborant les armoiries des pieux citadins auxquels on doit la reconstruction de 1516-1530. L'église recèle de nombreux détails pleins d'intérêt : une curieuse chaire d'avant la Réforme, une coupe dorée faite pour Anne Boleyn *(Boleyn Cup)*, les plaques mortuaires en cuivre rassemblées dans la chapelle de la Sainte-Trinité. Dans la chapelle Notre-Dame, notez les gisants de Humfry Bridges (mort en 1598), de sa femme et de leurs nombreux enfants, dont l'attitude pieuse contraste avec l'air insouciant de sir Thomas Master (mort en 1680).

Contourner l'église du côté du chevet et suivre Black Jack Street, puis Park Street.

★ **New Corinium Museum** – *Park Street – ✆ (01285) 655 611 - ♿ - 10h-17h (dim. 14h-17h) - fermé 1er janv. et 24-26 déc. - 4,50 £ - café.* Ce musée moderne installé dans une grande demeure de pierre de 1738 retrace l'histoire des Cotswolds depuis la fondation de **Corinium**, la seconde cité romaine (en importance) d'Angleterre, jusqu'à la Guerre civile, en passant par l'époque saxonne, le tout à l'aide des produits des fouilles réalisées dans la région, notamment une étonnante série de **dallages en mosaïque**★. Les enfants sont comme toujours choyés et peuvent même se déguiser en légionnaires romains…

Vieille ville – Constituée d'un lacis de ruelles, elle est cernée par la verdure de deux grands domaines : l'**abbaye**, totalement détruite lors de la Dissolution, avec ses jardins qui s'étendent jusqu'à la jolie Churn, et le **Cirencester Park**, un imposant jardin à la française dont la large allée,

2

Broad Avenue, s'allonge sur près de 8 km à travers la campagne. Une haute muraille que dépasse le sommet d'une haie d'ifs la sépare de la ville.
Quitter Cirencester en suivant la direction Burford par la A 429, puis la B 4425.

Barnsley
C'est déjà l'enchantement avec ce village aux maisons de pierre précédées de murets abritant des jardins particulièrement fleuris.

★ Bibury
L'accueillante rivière Coln (réputée pour ses truites), ses ponts en pierre, les chaumières de tisserands et les pignons de Bibury sur un fond boisé font des lieux le « plus beau village d'Angleterre », selon le maître britannique des arts décoratifs **William Morris** (1834-1896).
Continuer en direction de Burford, puis à 6,5 km/4 miles, avant l'entrée d'Aldsworth, tourner à droite.
Après avoir traversé l'agréable village de **Coln St Aldwyns**, vous prendrez à gauche au carrefour *(en direction de Lechlade).*

Fairford
L'**église Notre-Dame★** a été harmonieusement rebâtie à la fin du 15e s. À l'intérieur, les clôtures, stalles et miséricordes du chœur sont d'une qualité exceptionnelle. La pièce maîtresse de l'église reste cependant sa merveilleuse série de **vitraux★★** (vers 1500), qui retracent l'histoire biblique, depuis Adam et Ève jusqu'au Jugement dernier.
Prendre la A 417 jusqu'à Lechlade, où l'on tourne sur la A 361 (direction Burford).

Cotswolds Wildlife Park
Sur la gauche de la A 361 (accès signalisé dans un bois) - ✆ (01993) 823 006 - www.cotswoldwildlifepark.co.uk - ♿ - mars-sept. : 10h-18h ; reste de l'année : 10h-17h (dernière entrée 1h30 av. fermeture) - fermé 25 déc. - 11,50 £ (enf. 8 £) - restaurant.
Le cadre paisible du parc (49 ha) et des jardins de ce château accueille un large éventail d'animaux sauvages : rhinocéros, zèbres et autruches protégés par de discrets fossés, tigres et léopards dans des enclos plantés d'herbe, singes et loutres dans l'ancien jardin clos, plantes et oiseaux tropicaux dans le pavillon tropical ; on y trouve également des vivariums réservés aux serpents et aux insectes, un aquarium ainsi qu'une ferme, une aire de jeux, des boutiques de souvenirs et un petit train permettant de découvrir le lieu. Dans les jardins, possibilité de pique-niquer sur les pelouses ombragées.
Poursuivre vers le nord par la A 361.

Burford
The Brewery - Sheep Street - ✆ (01993) 823 558.
Au bout de Church Street, sur la droite de High Street.

UN BARBIER PROLIFIQUE
Edmund Harman était un personnage singulier : de 1533 à 1547, il fut le barbier du roi Henri VIII. De par sa profession, il faisait partie de l'équipe médicale qui soignait le vieux roi, et c'est à ce titre qu'il est représenté sur un tableau d'Holbein. C'est parce qu'il commerçait avec le Brésil que sa tombe est décorée de la première représentation d'Amérindiens en Angleterre. Enfin, Harman occupait ses loisirs en assurant sa descendance : il eut 16 enfants, dont 9 garçons, tous figurant au pied de sa tombe !

Arlington Row à Bibury.
R. Taylor / Sime/Photononstop

Autrefois centre du commerce de la laine et importante étape pour diligences, Burford déclina à partir de 1812, lorsqu'une route à péage (aujourd'hui la A 40) la contourna. Ses demeures en calcaire local et son charme intemporel en font aujourd'hui un lieu très fréquenté par les touristes, anglais ou non.

2

La petite cité s'allonge de part et d'autre de High Street, qui la traverse en descendant jusqu'à la rivière **Windrush**. Nombre des demeures sont occupées par des boutiques d'artisanat, de souvenirs ou des auberges. À mi-chemin environ, le **Tolsey**, ancien tribunal reconverti en petit musée local, date du 16e s. Légèrement en retrait de la rue, l'**église St John the Baptist★** dresse avec grâce sa haute flèche au-dessus des prairies inondables ; roman à l'origine, cet édifice est composé d'une grande variété d'éléments de diverses périodes. Le porche à pinacles à trois niveaux (15e s.) est remarquable. À l'intérieur, ne manquez pas le **mémorial d'Edmund Harman** (mort en 1569), décoré d'Indiens et d'enfants à genoux *(voir l'encadré)*.

Prendre la A 40 en direction de Cheltenham.

Northleach

Derrière la place du marché, **St Peter and St Paul** est un bel exemple d'« église de la laine ». Le majestueux porche sud à deux étages est orné de sculptures médiévales. À l'intérieur, une remarquable collection de **bronzes★** ayant appartenu à des marchands de laine rappelle la prospérité d'antan.

À la sortie de Northleach, une petite route signalisée sur la gauche (et extrêmement étroite) conduit à travers un paysage vallonné et riant, peuplé de nombreux moutons, jusqu'à la colline boisée où se dissimule la villa romaine de Chedworth.

Chedworth Roman Villa – *Yanworth, près de Cheltenham - NT - ☎ (01242) 890 256 - www.nationaltrust.org.uk - ♿ - avr.-oct. : 10h-17h ; 2e quinz. de mars et 1re quinz. de nov. : 10h-16h - audioguide 1,50 £ - 7 £ - travaux en cours : se renseigner.* Découverte en 1864, cette grande villa romaine fut sans doute habitée entre le 2e et le début du 5e s. Les fouilles des bâtiments encadrant une pelouse ont permis de mettre au jour de belles mosaïques (à décor géométrique

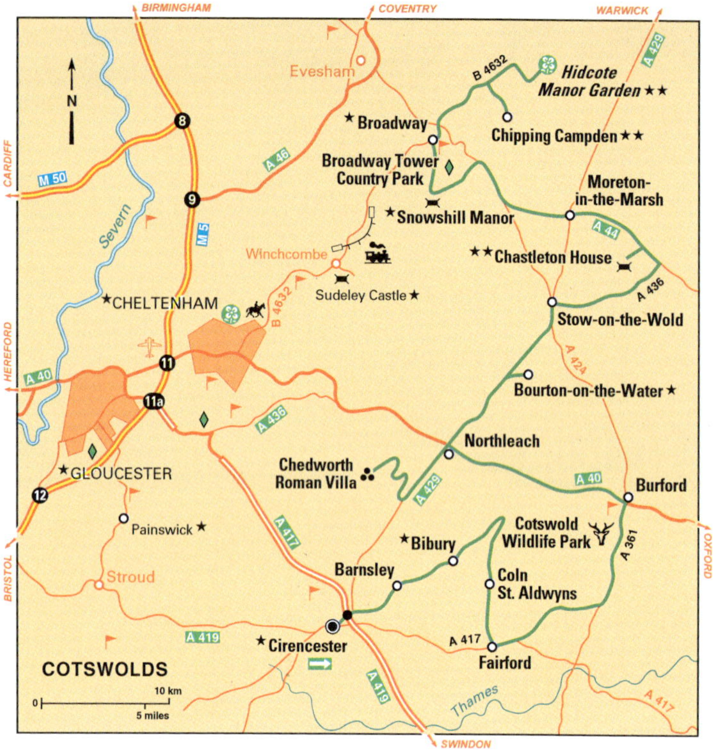

et animalier) dans la salle à manger et les thermes. Dans la salle de séjour, remarquez les petits piliers de brique qui soutenaient le plancher et entre lesquels circulait de l'air chaud, forme antique de chauffage central. Ouvert en 1865, le petit musée victorien qui complète ce site agreste est en cours de redéploiement.

Gagner la A 429 et prendre à gauche la direction de Stow.

★ Bourton-on-the-Water

Victoria Street - ✆ (01451) 820 211 - www.bourtoninfo.com.

Sur la droite de la A 429.

Bourton doit son charme incomparable aux eaux claires de la **Windrush**, peuplées de canards et entourées de pelouses fleuries, qui coulent le long de la rue principale, sous d'élégants ponts de pierre.

Cotswold Motoring and Toy Museum – *The Old Mill - ✆ (01451) 821255 - www.cotswold-motor-museum.co.uk - de mi-fév. à mi-déc. : 10h-18h - 4,10 £ (enf. 2,70 £).* Collection de véhicules anciens et modèles en miniature.

Poursuivre sur la A 429.

Birdland Park and Gardens – *Rissington Road - ✆ (01451) 820 480 - avr.-oct. : 10h-18h ; nov.-mars : 10h-16h - 6,50 £ (enf. 4,25 £).* Dans un cadre boisé traversé par la rivière, une grande variété de volatiles et des pingouins irrésistibles.

Possibilité de faire un crochet par une route secondaire à l'ouest de la A 429, pour rejoindre Stow-on-the-Wold. Les villages de **Lower** et **Upper Slaughter** bénéficient tous deux d'un site pittoresque au bord de la rivière Eye.

Stow-on-the-Wold

Hollis house - The Square - (01451) 831 082.

Le village le plus haut perché du Gloucestershire s'est probablement développé à partir d'un poste de guet sur une voie romaine, pour devenir un important marché lainier des Cotswolds. Les touristes y font souvent une étape pour chiner dans les boutiques d'antiquités et admirer la place du marché (14e s.) ou la *Crucifixion* de Gaspard de Crayer (1610) dans l'église.

Prendre la A 436, puis à gauche après Oddington, la A 44 jusqu'à Chastletown.

★★ Chastleton House

NT - (01608) 674 981 - www.nationaltrust.org.uk - de fin mars à fin sept. : merc.-sam. 13h-17h ; oct. : 13h-16h (dernière entrée 1h av. fermeture) - 8,65 £.

Dissimulé au creux d'un lacis de ruelles, ce manoir typique de l'époque Jacques Ier a été construit au début du 17e s. par un riche marchand de laine. Depuis, l'édifice a subi d'importantes transformations. La **façade** en pierre grise et dorée des Cotswolds est dotée de pignons symétriques et flanquée de deux tours massives abritant les escaliers. À l'intérieur, les lambris, les plafonds et le mobilier d'époque représentent admirablement l'architecture et la décoration de cette période. La **grande salle**, la **grande chambre**, richement décorée, et la **grande galerie** voûtée occupant toute la longueur de l'étage évoquent l'atmosphère de la vie familiale au 17e s. Derrière l'une des chambres, vous verrez une pièce secrète où le propriétaire des lieux se serait caché pour échapper aux troupes de Cromwell, après la bataille de Worcester (1651). Les écuries (17e s.) se dressent d'un côté de l'avant-cour, et la modeste **église St Mary** s'élève de l'autre côté. Un petit **jardin à la française** (vers 1700), une rareté, s'étend sur le côté est de la maison.

Poursuivre sur la A 44.

La route traverse **Moreton-in-the-Marsh**, petite ville pleine de dignité où la Fosse Way s'élargit pour former la rue principale.

Après 10 km/6,2 miles, tourner à gauche dans la B 4081 vers Snowhill.

★ Snowshill Manor

NT - (01386) 852 410 - www.nationaltrust.org.uk - - de mi-mars à fin oct. : merc.-dim. et lun. fériés 12h-17h (jardin 11h-17h30) - 9 £ (jardin seul 4,90 £) - restaurant.

Abrité par un escarpement, l'édifice est représentatif des manoirs des Cotswolds du début du 16e s. On y découvre un éventail inimaginable d'objets collectionnés par l'excentrique **Charles Wade** *(voir l'encadré ci-dessous)*, qui aménagea également le charmant **jardin en terrasses★**.

Revenir vers le nord-est par la B 4081 et prendre une route secondaire à gauche.

CHARLES WADE

Lorsque ce gentleman (1883-1956) acheta en 1919 **Snowshill**, il venait de passer une partie de la guerre dans un ballon captif à observer les lignes ennemies. Le manoir était alors une ruine peuplée, dit-on, de fantômes. Charles Wade, architecte et amateur d'antiquités, s'attacha à le rebâtir et à l'emplir d'objets chinés çà et là. Cet amateur de jouets qui confessait n'avoir jamais grandi reçut en ces lieux les écrivains Graham Greene, Virginia Woolf et J. B. Priestley, mais (et on le comprend un peu !) n'habita jamais le manoir proprement dit, préférant s'installer dans un cottage tout proche…

LA LAINE DES COTSWOLDS

Région fort prisée depuis la préhistoire (comme l'attestent les tombeaux du néolithique et les tumulus ronds de l'âge de bronze juchés sur les collines de l'ouest de la région), notamment par les Romains, les Cotswolds doivent leur prospérité au Moyen Âge à la laine des innombrables moutons qui paissent sur les vertes pâtures des vallons. Ce commerce à l'échelle européenne donne alors naissance à une classe de marchands prospères ; ces derniers construisent les « églises de la laine », rivalisant d'opulence, avec la pierre locale. Bien loin des mines de charbon et des grandes villes, la région a échappé aux effets de l'industrialisation et préservé son mode de vie rural, ce qui en fait aujourd'hui un lieu idyllique.

Broadway Tower Country Park

✆ (01386) 852 390 - ♿ - 10h30-17h (horaires variables) - 4,50 £ - restaurant.

La tour de Broadway, extravagant monument crénelé de 1800, se dresse à l'un des points les plus élevés (312 m) de la région des Cotswolds. Le large **panorama★★★** vers l'ouest est l'un des plus beaux d'Angleterre. Le regard vagabonde sur le fertile vallon d'Evesham, la ligne dentelée des collines de Malvern et, par temps clair, jusqu'aux lointains points de repère qui marquent la frontière avec le pays de Galles : la forêt de Dean et les Black Mountains au sud-ouest, Clee Hill et le Wrekin au nord-ouest.

Poursuivre jusqu'à la A 44, que l'on prend à gauche.

★ Broadway

Situé au carrefour de deux grands axes, ce « village-vitrine » propose à ses nombreux visiteurs une multitude de magasins d'antiquités et d'artisanat, de cafés et de restaurants, d'hôtels et d'auberges. La longue « route large » *(broad way)*, en partie plantée d'arbres, monte en pente douce de la place du village à l'ouest jusqu'au pied de l'escarpement. Elle est bordée d'édifices en pierre tendre, comme le majestueux hôtel **Lygon Arms** et de superbes cottages à toit de chaume.

Par la B 4632 vers le nord, puis la B 4035, gagner Chipping Campden.

★★ Chipping Campden

High Street, rue longue et courbe, bordée de bâtiments de tous âges construits dans le calcaire le plus tendre, fait de Chipping Campden, dont l'aspect est typique des Cotswolds, la ville la plus raffinée de la région. Prospère depuis la grande époque du commerce lainier, la ville attira, au début du 20e s., des artistes et artisans talentueux auxquels on doit, en partie, son parfait état de conservation. Parmi les maisons de **High Street**, plusieurs sont très cossues ; malgré tout, plus que la beauté particulière de chacune, c'est l'harmonie de l'ensemble qui impressionne. Au cœur de la ville se trouve le **marché couvert** (1627). Plus au nord, la **maison de William Grevel**, « la fleur des marchands de laine anglais », se distingue par sa fenêtre en saillie à deux niveaux (on pourra voir dans l'église la belle plaque funéraire de cuivre signalant sa sépulture). Dans Church Street se dressent les hospices *(almshouses)*, édifiés en 1617 par un aristocrate local, sir Baptist Hicks. Presque entièrement rénovée au 15e s. dans le style Perpendicular, **St James**, l'une des « églises de la laine » les plus nobles des Cotswolds, donne une impression d'unité et de quiétude. *✆ (01386) 841 927 - mars-oct. : 10h-17h, dim. 14h-18h ; nov.-mars : 11h-15h, dim. 14h-16h (déc.-janv. 15h) - offrande.*

Reprendre la B 4035 vers le nord, puis une route secondaire vers Mickleton.

★★ Hidcote Manor Garden

À Mickleton - NT - ✆ (01386) 438 333 - www.nationaltrust.org.uk - ♿ - juil.-août : 10h-18h ; de mi-mars à fin juin et sept.-oct. : sam.-merc. 10h-18h (oct. 17h) ; de nov. à mi-déc. w.-end 12h-16h ; de fin fév. à mi-mars : w.-end 11h-16h (dernière entrée 1h av. fermeture) - 9,50 £ - restaurant, salon de thé.

Lorsqu'il dessina ce jardin anglais, l'un des plus beaux du 20e s., l'horticulteur **Lawrence Johnstone** créa pour orner ce petit espace de 4 ha une multitude d'effets enchanteurs. Les calmes étendues gazonnées, les longues perspectives sur les allées ou sur la campagne avoisinante contrastent avec les zones luxuriantes au désordre savamment étudié. Un labyrinthe de « salles de jardin » enserre un arrangement complexe d'herbes aromatiques, une composition de plantes toutes blanches et un étang mystérieux… Des haies d'ifs, de hêtres et de houx taillées harmonisent l'ensemble.

NOS ADRESSES DANS LES COTSWOLDS

HÉBERGEMENT

Bon à savoir – Cheltenham tout comme **Gloucester** *(voir ces noms)* peuvent constituer d'excellentes bases de départ pour explorer les Cotswolds.

PREMIER PRIX

À Burford

The Priory – *35 High Street - ✆ (01993) 823 249 - www.prioryrestaurantburford.co.uk. 5 ch. : 49,50/65 £.* Ce restaurant sacrifiant à la tradition du « menu du dimanche » (avec rôtis de rigueur) propose également quelques chambres simples.

POUR SE FAIRE PLAISIR

À Bourton-on-the-Water

The Old Manse Hotel – *Victoria Street - ✆ (01451) 820 082 - www.oldmansehotel.com - 110 £.* Sur les bords de la rivière, un ancien presbytère baptiste de 1748, idéal pour un séjour de charme dans la « Venise des Cotswolds ». Tarifs intéressant sur le site Internet.

À Cirencester

Fleece Hotel – *Market Place - ✆ (01285) 658 507 - www.fleecehotel.co.uk - 28 ch. : 120 £.* Cette belle demeure à pans de bois au centre de la petite cité poursuit une tradition tricentenaire. Tarifs intéressants en réservant sur Internet.

UNE FOLIE

À Burford

Lamb Inn – *Sheep Street - ✆ (01993) 823 155 - 15 ch. : 150/195 £* ☕. Adorable auberge du 14e s. Mobilier ancien, cheminées à bois, salle de bar rustique.

The Burford House – *99 High Street - ✆ (01993) 823 151 - www.burfordhouse.co.uk - 8 ch. : 185 £* ☕. Les chambres de ce bel hôtel, aux décors personnalisés et toutes dotées de sympathiques nounours, sont meublées de lits à baldaquin, dont l'un arbore des colonnes torses du plus bel effet.

À Bibury

Swan – *Juste après le pont - ✆ (01285) 740 695 - 18 ch. : 155/210 £* ☕. Superbe auberge en pierre locale, dotée d'un non moins beau jardin, dans un des plus beaux villages anglais : une petite folie que vous ne regretterez pas !

2

À Bourton-on-the-Water

The Dial House – *The Chestnuts, High Street* - ✆ *(01451) 822 244 - 13 ch. 180/220 £* ☕. Demeure campagnarde de 1698 construite dans la pierre des Cotswolds, au fond d'un agréable jardin. Décor cossu et, pour les amateurs, produits Penhaligon dans les chambres.

À Coln St Aldwyns

New Inn at Coln – ✆ *(01285) 750 651 - www.new-inn.co.uk - 14 ch. 150/210 £* ☕. Relais de poste du 16e s. installé dans un village aussi paisible que charmant. Son restaurant, **The Courtyard Bar,** propose un excellent choix de classiques de pub.

RESTAURATION

PREMIER PRIX

À Bourton-on-the-Water

The Kingsbridge Inn – *Riverside* - ✆ *(01451) 824119 - www.kingsbridgepub.co.uk - 17 £.* Établissement traditionnel doté d'un *beer garden* et d'une terrasse fleurie en bordure de la Windrush. Après vous être installé à une table et avoir relevé son numéro (sur une plaque de cuivre), commandez et payez au bar.

BUDGET MOYEN

À Barnsley

Village Pub – ✆ *(01285) 740 421 - www.thevillagepub.co.uk - 25 £.* Très fréquenté, ce pub accueillant du 17e s. propose une cuisine moderne de bon rapport qualité/prix, et quelques chambres *(90/160 £).*

À Broadway

Barn Owl Bar – *Dans le Dormy House Hotel, Willersey Hill* - ✆ *(01386) 852 711 - 25/30 £.* Moins formel que le restaurant de l'hôtel, ce bar, installé sous une superbe charpente à poutres apparentes, propose une carte à prix raisonnables.

Goblets – *High Street* - ✆ *(01386) 854 418 - menu 25/38 £.* La brasserie du **Lyggon Arms** propose des salades et des menus du marché agréablement composés. Réservez.

À Bourton-on-the-Water

Rose Tree – *Riverside* - ✆ *(01451) 820 635.* Des *pies* au poisson, les classiques steaks *kidney pie* et des champignons Strogonov constituent les spécialités de ce lieu, qui propose également des plats du jour à partir de 18h. Restauration légère à midi.

À Stow-on-the-Wold

Eagle & Child – *Digbeth Street, Park Street* - ✆ *(01451) 830 670 - www.theroyalisthotel.com - 25 £.* Dans un ancien hospice, le pub de l'**hôtel Royalist** *(12 ch. 85/170 £)* se targue d'être la plus ancienne auberge d'Angleterre. Si la partie pub suit fidèlement la tradition, le restaurant cherche plus d'originalité avec une carte contemporaine mâtinée d'une touche française.

À Chipping Camden

Eight Bells Inn – *Church Street* - ✆ *(01386) 840 371 - 22/32 £.* Auberge du 14e s. avec bar plein de caractère, salle à manger et petite terrasse. Poutres apparentes, cheminées à bois, passage secret (bien utile lors de la Guerre civile) et cuisine anglaise de campagne.

PETITE PAUSE

À Cirencester

Jack's – *Musée de Corinium, Park Street.* Restauration légère et *afternoon tea.*

À Broadway

Tisanes Tea Rooms – *21 The Green* - *(01386) 853 296*. Agréable salon de thé proposant en outre une restauration légère à midi.

ACHATS

Bon à savoir – Pour les achats courants, vous trouverez un petit centre commercial à **Cirencester**.

À Burford

Hamilton's – *94 High Street* - *01993 824 344* - *www.hamiltons-chocolates.co.uk*. Pour les gourmands, vaste choix de bonbons délicieusement acidulés.

Country House Gifts – *High Street* - *(01993) 823172*. Souvenirs et objets de décoration d'intérieur typiquement *british*…

Cotswold Woollen Weavers – *À 1 km de la A 361 entre Burford et Lechlade* - *(01367) 860 491*. Boutique-atelier, installée dans une grange du 18e s., et spécialisée dans les lainages.

À Northleach

The Doll's House – *Face au musée de la Musique* - *(01451) 860 431* - *jeu.-sam. 10h-17h, certains dim. 11h-17h*. Autrefois établi à Covent Garden (Londres), c'est le grand spécialiste de la maison de poupée…

À Chedworth

Boutique du **National Trust** dans le bâtiment d'accueil de la Villa romaine.

AGENDA

Festival de Cirencester – Musique classique le dernier week-end de juillet.

Devizes

15 272 habitants

NOS ADRESSES PAGE 324

S'INFORMER
Office de tourisme – *31 Cromwell House - Market Place - ☎ (01380) 734 669 - www.devizes.org.uk - lun.-sam. 9h30-17h (hiver 16h30) - fermé 1er janv. et 25-26 déc.*

SE REPÉRER
Carte de région D2 (p. 267) – *carte Michelin 503 O29 - Wiltshire.* Devizes et le site d'Avebury sont situés à quelques miles au sud de l'autoroute M 4 Bristol-Londres, à hauteur de Swindon.

À NE PAS MANQUER
Les mégalithes d'Avebury.

ORGANISER SON TEMPS
Une demi-journée.

AVEC LES ENFANTS
Une balade en péniche sur le Kennet & Avon Canal.

C'est dans une région vallonnée, sillonnée par un sentier immémorial et un canal témoin de la révolution industrielle, aujourd'hui dévolu aux promeneurs, que se dresse un des sites mégalithiques les plus importants du pays, Avebury. Non loin, de petites villes enrichies par le commerce de la laine, comme Devizes, présentent de beaux ensembles architecturaux, tandis que sur les pentes des collines veillent les fameux Chevaux blancs tracés à la craie, selon une coutume empruntée aux plus anciens habitants des lieux.

Se promener

Cet ancien village blotti autour d'un château féodal normand s'est transformé en un prospère marché lainier et s'est doté au 18e s. d'un harmonieux ensemble d'hôtels particuliers. Le canal Kennet et Avon, à l'origine principal moyen de transport des produits locaux (le *droguet*, un drap de laine mince, et le tabac, cultivé dans la région), s'est aujourd'hui reconverti dans les activités touristiques.

DANS LE CENTRE-VILLE

Se garer au parking du centre sur The Brittox. À partir de là, High Street conduit sur la place du Marché.

★ Market Place

L'**ancien hôtel de ville**, bel édifice en pierre de 1750, fait office de marché couvert ; sa façade à colonnes ioniques est surmontée d'un fronton portant une horloge et des *putti*. L'élégant **hôtel de ville** georgien de 1808 présente un rez-de-chaussée aux fenêtres cintrées, embelli, au-dessus de la façade convexe, de colonnes ioniques. **St John's Alley** est soulignée d'un rang serré de maisons élisabéthaines à colombage et encorbellements. D'anciens relais de poste du 18e s. subsistent : le **Black Swan** et le **Bear Hotel**. Le fils du propriétaire de ce dernier, **Thomas Lawrence** (1769-1830), après avoir été l'élève de sir Joshua Reynolds, lui succéda comme portraitiste officiel du roi. Remarquez également **Parnella House**, construite vers 1740 par un médecin qui en décora la façade avec une statue d'Esculape.

★★ St John's

Cette imposante église romane est coiffée par une **tour de croisée** massive et oblongue. L'extrémité est, à l'intérieur, est décorée d'arcs entrecroisés, articulés par des moulures à chevrons en zigzag qui contrastent avec des écoinçons en écaille. Les chapelles latérales sont séparées du sanctuaire par des jubés de pierre et coiffées de plafonds à caissons reposant sur des corbeaux sculptés.

★ Wiltshire Heritage Museum

41 Long Street - ✆ (01380) 727 369 - www.wiltshireheritage.org.uk - ♿ - lun.-sam. 10h-17h, dim. 12h-16h - 4,50 £, gratuit dim.

Outre des sections de géologie et d'histoire naturelle ainsi qu'une galerie d'art, il abrite un **département d'archéologie** où sont exposées des maquettes de Stonehenge et d'Avebury, ainsi que des objets découverts sur ces sites.

Gagner le canal (signalisation depuis la place du Marché, et parking longue durée).

Kennet and Avon Canal Museum

The Wharf - ✆ (01380) 721 279 - 10h-16h - tarif non communiqué.

Un ancien entrepôt à grains (1810) abrite ce centre, qui évoque la construction (1794-1810) par **John Rennie** de ce canal à grand gabarit (péniches de 4,20 m de large) reliant Bristol et Bath à Nexbury et Reading sur 92 km. Le charbon constituait l'essentiel du fret, mais l'apparition en 1841 du Great Western Railway fit péricliter le trafic et entraîna l'abandon du canal. Depuis 1990, la voie navigable rénovée a retrouvé une nouvelle vocation touristique, grâce aux plaisanciers et aux randonneurs qui empruntent le chemin de halage.

2

À proximité Carte de région

★★ LE SITE D'AVEBURY D2

▶ *À 11 km/6,8 miles au nord-est de Devizes par la A 361 (direction Swindon). Grand parking payant.*

Moins connus du grand public que Stonehenge, le site et les alentours immédiats d'Avebury sont pourtant riches en monuments et ouvrages préhistoriques, le plus ancien datant de 3700-3500 av. J.-C. environ, ce qui lui vaut

DE LA MARMELADE À L'ARCHÉOLOGIE

Rien ne semblait destiner **Alexander Keiller** (1889-1955), héritier des marmelades Keiller de Dundee, qui exportaient leur précieux produit dans tout l'empire, à devenir archéologue. Après avoir créé une usine fabriquant des copies de Rolls-Royce, il s'intéressa à l'archéologie à la fin de la Grande Guerre en réalisant un relevé aérien des sites du sud de l'Angleterre. C'est en 1924 qu'il entama à ses frais à Avebury des fouilles et des travaux de restauration, auxquels il allait consacrer le reste de sa vie.

d'être classé sur la liste du patrimoine mondial de l'Unesco. Le site d'Avebury est d'autant plus étonnant que le village actuel, charmant avec ses vieilles demeures, son église et son manoir, se trouve au centre du cercle de pierres en grès mamelonné.

St James

L'église du village présente une intéressante combinaison des styles anglo-saxon, roman et Perpendicular, sans oublier des ajouts du 19e s.

★ Les mégalithes

Du fait de la taille du site (11,5 ha) et de la présence du village, il est impossible d'en avoir une vue d'ensemble depuis les talus de terre doublés d'un fossé intérieur qui l'entourent. Les talus, interrompus en quatre endroits diamétralement opposés pour donner accès au centre, encerclent un anneau d'une centaine de monolithes (taillés dans les collines de Marlborough) et deux cercles intérieurs. Du passage, une avenue jalonnée de paires de pierres (une bonne partie a disparu, réemployée à la construction du village), symboles mâles (pierres trapues) ou femelles (pierres élancées), menait à un site funéraire appelé le Sanctuaire.

Barn Gallery and Alexander Keiller Museum – *High Street - EH - ✆ (01672) 539 250 - www.english-heritage.org.uk - ♿ - avr.-oct. : 10h-18h ; reste de l'année : 10h-16h30 - fermé 1er janv. et 24-25 déc. - 4,40 £ - parking payant.* Il apporte un complément d'information précieux sur Avebury et les sites voisins.

Sites voisins

Silbury Hill★ *(3 km/2 miles au sud)* est un remblai artificiel de calcaire, dont la signification demeure mystérieuse. Le **West Kennet Long Barrow★** *(5 km au sud)*, plus beau tumulus funéraire d'Angleterre (104 m x 23 m), fut édifié de 3500 à 3000 av. J.-C. L'entrée est située à l'est, entre deux blocs de grès géants. Le couloir, les deux chambres latérales et la chambre du fond sont couverts par des dalles horizontales soutenues par des blocs de grès verticaux et des murs de pierre sèche. Environ 50 squelettes datant du début du néolithique y ont été découverts.

AUTRES CURIOSITÉS

Potterne D2

À 3 km/1,8 miles au sud de Devizes par la A 360 (direction Salisbury).

La fierté de ce village est une maison à colombage du 15e s., **Porch House★★**. Bien qu'elle ait été transformée par la suite, l'**église St Mary** illustre bien le style Early English.

★ Bowood House D2

À 16 km/10 miles de Devizes par la A 342 vers Chippenham, puis la A 4 en direction de Caine - ✆ (01249) 812 102 - www.bowood-house.co.uk - ♿ - avr.-oct. : 11h-17h30 (jardins 18h), dernière entrée 1h av. fermeture - 8,60 £.

Ce domaine fut vendu encore inachevé en 1754 au père du **marquis de Lansdowne** qui, en 1784, négocia la paix avec les États-Unis à l'issue de la guerre d'Indépendance. Le parc, dessiné en 1762-1768 par **« Capability » Brown**, comprend un lac, un espace boisé, et des spécimens d'arbres tels qu'un cèdre du Liban (qui fait aujourd'hui 43 m de haut). En 1955, la « grande maison » fut démolie, l'Orangerie et ses pavillons devenant à la fois résidence et galerie de sculptures. Outre les arbres magnifiques, le domaine est doté d'une cascade, d'un temple dorique du 18e s., d'une grotte, de terrasses à l'italienne et d'un jardin boisé (resplendissant de jacinthes des bois, de rhododendrons et d'azalées en mai et juin). L'accès à la demeure se fait par l'Orangerie, réalisée en style classique par **Robert Adam** en 1769. Depuis les fenêtres du fond de la bibliothèque, dessinée par C.R. Cockerell, on bénéficie d'une belle **vue★** sur le parc. La galerie de sculptures de l'Orangerie expose peintures, statues et tapisseries de la collection Lansdowne.

★ Marlborough D2

À 22 km/13,5 miles au nord-est de Devizes par Avebury (A 361), puis par la A 43 vers Newbury.

Ce bourg, établi sur la rivière Kennet, connu pour son marché à bestiaux et autrefois important relais de poste sur la route de Londres à Bath, est le siège d'une célèbre école fondée en 1843 : elle accueillait alors 200 élèves, tous des garçons, contre 900 des deux sexes aujourd'hui. **High Street**, qui traverse la ville du Green au Marlborough College, est bordée de jolies maisons, toutes différentes, parmi lesquelles deux **relais de poste** du 17e s. (Castle and Ball, Sun Inn). L'**église St Mary**, à l'extrémité est de la localité, fut incendiée au cours du Commonwealth et reconstruite selon les principes du puritanisme le plus austère. À l'autre bout, l'**église St Peter and St Paul** (aujourd'hui un centre d'art et d'artisanat), d'origine romane, fut reconstruite au 15e s. et presque entièrement restaurée au milieu du 19e s.

★★ Savernake Forest – *À 3 km au sud-est de Marlborough par la A 346 et la A 4.* Après avoir résonné des chasses royales, cette forêt a vu ses 1 616 ha replantés par **« Capability » Brown**. Aujourd'hui, chênes, frênes, mélèzes, hêtres surtout, forment une forêt magnifique de 1 619 ha, coupée par la **grande avenue★★★** (4,8 km). C'est un endroit agréable à explorer à pied ou à bicyclette.

★★ Malborough Downs – Composant un demi-cercle au nord de la ville, ces collines peuplées d'innombrables moutons sont traversées par le **Ridgeway Path**. Ce sentier, jadis utilisé par les peuples nomades du paléolithique et du mésolithique qui suivaient la crête calcaire de préférence aux pentes basses recouvertes de broussailles, a été réaménagé et balisé (de glands) en 1973 par la Countryside Commission, et relie sur près de 140 km Overton Hill (près de Avebury) à Ivinghoe Beacon, non loin de Tring (Hertfordshire).

Chevaux blancs du Wiltshire

Autour de Marlborough, il n'est question que de ces « **White Horses** » qui font l'orgueil des habitants de la région. Reprenant une tradition très ancienne, sans doute liée à des rites de fertilité (comme à Cerne Abbas), il s'agit de silhouettes de chevaux tracées à la craie sur des pentes bien vertes ou taillées au flanc des falaises calcaires. Les plus proches de Malborough sont les suivants :

Cheval blanc de Marlborough – *Sur la A 4, juste à l'ouest de Marlborough College.* Ce petit cheval de 19 m sur 14 fut conçu et gravé en 1804 par les écoliers de la ville.

Cheval d'Hackpen – *À 10 km/6,2 miles au nord-ouest de Marlborough, par la A 4361 d'Avebury à Swindon (signalisation).* Il aurait été gravé lors du couronnement de la reine Victoria (1838). Ses dimensions (27 m sur 27) donnent à penser que l'on a voulu racheter le défaut de pente en jouant sur la perspective.

Chevaux blancs de la vallée de Pewsey – *À 12 km/7,5 miles au sud de Marlborough sur la A 345.* Juste après Pewsey, ce cheval (20 m sur 14) foule le flanc de la colline. Il fut gravé à la place d'un précédent en 1937 pour célébrer le couronnement de Georges VI. Peu après **Upavon** *(par la A 342 vers Devizes)*, le **cheval d'Alton Barnes** (49 m sur 51), tourné vers la plaine de Pewsey, fut gravé en 1812.

Cheval de Cherhill – *À 15 km/9,5 miles à l'ouest de Marlborough, sur la A 4 vers Chippenham.* Datant de 1780, il mesure 40 m sur 37.
Cheval de Broad Town – *B 4041 entre Broad Hinton et Wootton Bassett.* Il aurait été taillé par un fermier en 1864, ce qui expliquerait son aspect plus réaliste.
Cheval blanc d'Uffington – *À 33 km/20,5 miles au nord-est de Marlborough, sur White Horse Hill. Visible de la B 4507, à l'est de Swindon.* Datant du début de notre ère, c'est l'une des plus anciennes figures de craie d'Angleterre. Il fait 111 m de long et, avec celui d'Osmington (près de Weymouth), c'est le seul cheval tourné vers la droite.
Cheval blanc de Westbury – *À 45 km/28 miles au sud-ouest de Marlborough. On le voit de la B 3098 entre Edington et Westbury.* C'est le plus ancien cheval blanc du Wiltshire. Taillé en 1778, il mesure 51 m sur 50.

NOS ADRESSES À DEVIZES

RESTAURATION

BUDGET MOYEN

À Rowde

The George & Dragon – *À 3 km/2 miles à l'est de Devizes, sur la route de Chippenham (A 342)- High Street - Réserv. recommandée : ✆ (01380) 723 053 - www.thegeorgeanddragonrowde.co.uk - 25/38 £ (menu déj. 18 £).* Un pub d'atmosphère à deux pas du canal Kennet & Avon. Plats du jour de roborative cuisine anglaise et spécialités de poissons.

À Avebury

Bon à savoir – Le village dispose de plusieurs auberges. Pour une restauration légère à deux pas des mégalithes, le **Circle Restaurant** est installé sur le site.

ACHATS

Bon à savoir – Boutique du **National Trust** à Avebury (près des musées).

ACTIVITÉS

Marcher et pédaler

Kennet and Avon Canal Trust – *Canal Centre - Couch Lane - ✆ (01380) 721 279 - www.katrust.org.* Carte de la piste cyclable du chemin de halage.
Pour parcourir en partie ou en totalité le **Ridegway Path**, utilisez les cartes de randonnée au 1/500 000 de l'Ordnance Survey (nos 173, 174, 175 et 165).

Naviguer

Le **Kennet & Avon Canal** serpente à travers la vallée de l'Avon, la plaine de Pewsey et le Berkshire.
Kenavon Venture – *✆ 0800 028 3707 - www.katrust.org - au dép. de Devizes (près du musée) - de Pâques à oct. : merc., w.-end et j. fériés 14h30.* Cette compagnie propose des croisières de 2h.

Salisbury

★★

42 940 habitants

NOS ADRESSES PAGE 331

S'INFORMER

Office de tourisme – *Fish Row - ✆ (01722) 334 956 - www.visitsalisbury.com - juin-sept. : 9h30-18h (merc. 10h-18h), dim. 10h-16h ; oct.-mai : tlj sf dim. 9h30-17h (merc. 10h-17h).*

SE REPÉRER

Carte de région D2 (p. 267) – *carte Michelin 503 O30 - Wiltshire.* En arrivant par la A 36 (Wilton Road), prenez à droite une des rues passant sous la voie ferrée ; celle-ci franchie, tournez à gauche et allez tout droit. Au-delà de la gare, vous arrivez sur Crane Street, où un parking discret vous attend, à deux pas de la cathédrale ! Sinon, depuis l'immense Central Car Park, vous pourrez gagner le centre en suivant les berges de la rivière.

À NE PAS MANQUER

La cathédrale et le site de Stonehenge.

ORGANISER SON TEMPS

Consacrez une bonne journée à Salisbury et Stonehenge.

Si vous ne deviez visiter que deux monuments en Angleterre, ce seraient la cathédrale de Salisbury, la plus harmonieuse du pays, et l'énigmatique cercle de mégalithes de Stonehenge… Prenez le temps de flâner dans les ruelles de la cité médiévale posée en bordure de l'Avon et qui a su préserver son charme de petite ville, tout comme sa voisine Shaftesbury, autrefois siège d'une des plus grandes abbayes du pays. Et profitez-en pour admirer sur les routes étroites cette campagne anglaise verdoyante et vallonnée, ses sous-bois illuminés aux beaux jours de bosquets de rhododendrons et ses villages de cottages aux jardinets fleuris.

Se promener

Hight Street *(sur votre droite en arrivant de Crane Street)*, bordée de vieilles demeures et par le Matron's College (1682), aboutit à une porte appelée **North Gate** ou **High Street Gate**, décorée d'une statue d'Édouard VII. Au-delà, dans son immense enclos, la cathédrale se dresse en majesté.

★★★ Salisbury Cathedral

✆ (01722) 555 120 - www.salisburycathedral.org.uk - ♿ - 7h15-18h15 ; Chapter House : avr.-oct. : 9h30-17h30, dim. 12h45-17h30 ; nov.-mars : 10h-16h30, dim. 12h45-16h30 - possibilité de visite guidée de la tour (2h, interdit aux enf. de -1,20m et -5 ans) : avr.-sept. : 11h15, 14h15, 14h45 (sf avr.), 15h15, dim. 14h, 16h ; mars et oct. : lun.-sam. 11h15 et 14h15 ; nov. et janv. : lun.-sam. 14h15 (8,50 £).

La cathédrale de Salisbury *(voir « ABC d'architecture » p. 83)* est remarquable, non seulement pour son architecture, caractéristique du gothique Early English dont elle est l'expression la plus aboutie, mais aussi parce qu'elle est la seule cathédrale anglaise à présenter une telle unité de style. Le maître d'œuvre fut surtout **Elias de Derham**. La construction suivit deux phases : la fondation en pierre (consécration de l'église) et l'achèvement du jubé ouest (1220-1258 et 1265) ; l'élévation de la tour et la construction de la flèche (1334-1380). La pierre à chaux gris argenté de Chilmark *(19 km à l'ouest)* et le « marbre » de Purbeck furent utilisés pour son édification.

FIL À PLOMB

En 1668, **Christopher Wren** déploya son fil à plomb du haut de la flèche alors qu'il inspectait la cathédrale : une plaque de cuivre dans la croisée signale le point de chute à 75,5 cm du centre vers le sud-ouest.

Extérieur – La **façade principale** présente des portails à gâbles, des rangs de niches abritant des statues, des baies à lancettes, des tours d'angle couronnées de pinacles et de flèches. La pièce maîtresse est sans conteste la **flèche** principale s'élevant au-dessus de la plus haute tour : haute de 123 m (la plus haute d'Angleterre), et bien que plus tardive, elle est en parfaite harmonie avec l'ensemble architectural.

Intérieur – Le premier transept (ouest) illustre la beauté et la pureté du style gothique Early English de la cathédrale. La **nef** (70 m) est immense, divisée en 13 travées avec une élévation à 25 mètres. Les piliers d'arcades de la nef, en pierre de Purbeck lisse, sont couronnés par des chapiteaux ouvragés. Les arcades gothiques sont surmontées par des rangées de fûts engagés qui s'élèvent jusqu'aux quatre-feuilles (pierre grise brute). Au-delà, un faisceau de colonnettes noires s'élance jusqu'aux triples baies en lancette de la claire-voie. Les dalles funéraires romanes de l'**évêque Roger** (mort en 1139) et de l'**évêque Joscelin** (mort en 1184), la châsse de **saint Osmond** (mort en 1099) et **Guillaume Longuespée** en cotte de mailles (mort en 1226), demi-frère du roi Jean et mari d'Ela, fondatrice de l'abbaye de Lacock, se trouvent entre les piliers d'arcades de la nef, du côté droit. À l'origine, les énormes piles de la **croisée**, en marbre noir, étaient destinées à soutenir la tour basse, mais depuis le 14e s., elles doivent supporter les 6 500 t supplémentaires de la tour centrale et de la flèche. Pour éviter un effondrement et étayer les piles de la croisée, on érigea deux imposants arcs à tirant à travers les bras du premier transept (15e s.), ainsi qu'une voûte de style gothique Decorated au-dessus de la croisée. En dépit du renforcement des contreforts internes et externes, on peut remarquer une légère inclinaison des piles de la croisée.

La plus vieille **horloge** en état de marche en Angleterre (vers 1386) et restaurée en 1931 *(les parties rénovées sont peintes en vert)* se trouve dans le bas-côté droit. Le parement d'autel et les draperies dans la chapelle de l'Union-des-Mères *(bras droit du premier transept)* ont été réalisés avec des étoffes utilisées lors du couronnement de la reine Élisabeth, en 1953. Dans la **chapelle de la Trinité**, la verrière bleue dédiée aux *Prisoners of Conscience* (1980) a été réalisée par le célèbre maître verrier français **Gabriel Loire**. On peut aussi y admirer des fûts en « marbre » de Purbeck s'élevant vers la voûte. La **visite des toits** *(120 marches)* permet de monter au triforium et à la tour en passant par l'horloge et le clocher, jusque vers la galerie extérieure, à la base de la flèche, ou vers les gouttières.

Cloister and Chapter House – La construction en style gothique Decorated de la salle capitulaire et des cloîtres débuta dès 1263. La voûte d'arêtes de la salle capitulaire octogonale (18 mètres de largeur) repose sur une colonne centrale, entourée par huit fûts cannelés en marbre de Purbeck surmontés de chapiteaux à rinceaux. L'ensemble s'élance pour former un réseau de nervures sur la voûte décorée avant de reposer sur un élégant faisceau de minces colonnes encadrant huit grandes fenêtres. Une frise représentant des scènes de l'Ancien Testament (restaurée au 19ᵉ s.) décore les nombreux écoinçons situés entre les niches, de chaque côté des sièges des chanoines. L'exposition à l'étage principal présente l'une des quatre copies originales de la **Grande Charte** du roi Jean.

★ Close

Les portes d'accès à l'enclos sont habituellement fermées entre 23h30 et 7h.

L'enclos, spacieux et adouci par les vieilles pierres et les briques ocre brun des maisons des 16ᵉ et 18ᵉ s. qui l'entourent, fut, dans les années 1330, entouré de murs qui devaient le protéger des « citoyens tumultueux ». On utilisa pour l'édification des murs les pierres de la cathédrale et du château abandonnés d'Old Sarum. Dans l'angle nord-ouest se trouve une deuxième enceinte, appelée **l'enceinte des Choristes**.

St Ann's and Bishop Gates – Les portes du mur est sont contiguës à la maison de Malmesbury et à l'ancien palais épiscopal, édifice isolé construit vers 1220, actuellement l'école de la cathédrale.

Harnham Gate – Cette lointaine porte dite aussi porte sud conduit au collège De-Vaux et à l'hôpital St-Nicholas, tous deux fermés.

★ **Salisbury and South Wiltshire Museum** – *✆ (01722) 332 151 - www.salisburymuseum.org.uk - ♿ - lun.-sam. et j. fériés 10h-17h (et juil.-août : dim. 12h-17h) - fermé 24-27 déc. - 6 £.* **King's House**, maison médiévale de silex et de brique, baptisée ainsi en raison des séjours qu'y fit Jacques Iᵉʳ, renferme une collection d'objets trouvés à Stonehenge, une maquette et des reliques d'Old Sarum, ainsi qu'une section de porcelaines et de poteries.

★ **Military Museum** – *✆ (01722) 419419 - www.thewardrobe.org.uk - mars-sept. : 10h-17h ; oct. : lun.-sam. 10h-17h ; nov. et fév. : mar.-sam. 10h-17h - 3,50 £.* Consacré au régiment du Royal Gloucestershire, Berkshire et Wiltshire, ce musée se trouve dans l'ancienne garde-robe, l'un des plus anciens édifices de l'enclos (1254) : celui-ci faisait en effet office de salle d'archives et de

D'OLD SARUM À SALISBURY

La vieille ville, **Old Sarum★**, place forte de 11 ha située à 3 km au nord de la ville actuelle, avait été restructurée par les Romains et les Saxons avant de devenir un point stratégique normand, où furent successivement construites deux cathédrales. De 1078 à 1099, **saint Osmond** fut évêque de la première, qui fut détruite par la foudre, puis reconstruite et agrandie par l'**évêque Roger**. Ce dernier transforma le château en palais épiscopal. Lorsque l'évêque Roger perdit le pouvoir en 1139, l'événement marqua le début d'une longue dispute entre le clergé et les hommes du roi à propos du contrôle du château-palais. Au début du 13ᵉ s., l'insuffisance de l'approvisionnement en eau, conjuguée au fait qu'une place forte n'était plus nécessaire, incita les citoyens et le clergé d'Old Sarum à bâtir leur troisième cathédrale sur les rives de l'Avon. La nouvelle ville de Salisbury naquit en même temps que la nouvelle cathédrale. Une charte lui fut octroyée en 1227 et la ville fut contrôlée par les évêques jusqu'en 1611. Quant aux édifices du sommet de la colline, ils tombèrent en ruine : aujourd'hui seuls subsistent les décombres du château et les fondations de la cathédrale. De cette colline, la vue sur la plaine de Salisbury et New Sarum (Salisbury) est superbe.

garde-robe de l'évêque, et fut modifié au 15e s., puis converti en résidence. Le régiment fut formé par la réunion du régiment du Royal Berkshire et de celui du Royal Wiltshire. Les hauts faits du régiment y sont relatés, illustrés par des collections d'uniformes, d'armes, des dépêches militaires, des plans, des médailles et des tabatières.

★ **Mompesson House** – *NT - ✆ (01722) 335 659 - www.nationaltrust.org.uk - ♿ - de mi-mars à fin oct. : sam.-merc. 11h-17h (dernière entrée 30mn av. fermeture) - 5,50 £ - salon de thé.* Un beau portail en fer forgé du 18e s. et la porte d'entrée, au-dessus de laquelle se trouvent les armoiries en pierre sculptée de Charles Mompesson (qui construisit la maison en 1701), conduisent à un intérieur superbement meublé, paré de plâtres baroques. L'escalier de chêne, installé au fond de la salle vers 1740, est la caractéristique architecturale majeure. Remarquez également la collection de **verres anglais** datant de 1700 ; 370 modèles différents de verres sont exposés dans les vitrines d'époque de la salle à manger et du petit salon.

La ville médiévale

Entre **New Street** et **Market Square** s'étend tout un réseau de rues médiévales, en partie piétonnes et bordées de maisons à pignon et à colombage datant de la période comprise entre les 14e et 17e s. Le nom des ruelles rappelle les commerces qui autrefois y prospéraient : la rue des Poissons *(Fish Row)*, la rue des Bouchers *(Butcher Row)* ou la rue de l'Argent *(Silver Street)*. Au centre, sur une petite place, se trouve la Poultry Cross, croix hexagonale du 15e s.

★ **Sarum St Thomas Church** – *À l'extrémité nord-est de High Street.* Cette église de style gothique Perpendicular, datant de 1220, est pourvue d'une tour basse carrée de 1390. À l'intérieur, un Jugement dernier (vers 1475 – le plus grand d'Angleterre), placé au-dessus de l'arc du chœur, représente le Christ en majesté et la nouvelle Jérusalem (peut-être Salisbury au 15e s.). La **chapelle de la Vierge**, ornée de très petites fresques du 15e s., possède de splendides grilles en fer forgé et de fines sculptures sur bois, datant de 1725. Admirez le toit (1470), dont les poutres sont ornées d'anges musiciens.

À proximité Carte de région

★★★ LE SITE DE STONEHENGE D2

À 15 km / 9,5 miles au nord par l'A360 - EH - ✆ (01722) 343 830 - www.english-heritage.org.uk - ♿ - juin-août : 9h-19h ; de mi-mars à mai et de sept. à mi-oct. :

Le site de Stonehenge.
L. Da Ros / Sime/Photononstop

9h30-18h ; de mi-oct. à fin déc. et de janv. à mi-mars : 9h30-16h (dernière entrée 1h30 av. fermeture) - fermé 24-25 déc. - 6,90 £ audioguide inclus.
Classé par l'Unesco sur la liste du patrimoine mondial, ce lieu, qui depuis des siècles exalte d'autant plus l'imagination de ses visiteurs que sa signification reste énigmatique, est incontestablement le site préhistorique le plus célèbre de toute la Grande-Bretagne. Bien qu'un grand nombre de pierres se soient effondrées ou aient disparu, on peut encore voir, au solstice d'été, du centre du cercle, le soleil se lever au-dessus de la **Heel Stone** (pierre du Talon) placée à l'entrée. De cette situation de l'axe principal du site, on a pu imaginer que celui-ci était un observatoire astronomique ou un sanctuaire voué au culte du Soleil, ou encore une combinaison des deux, lieu cérémonial où étaient célébrés les changements de saisons. Ce qui est certain, c'est que le lieu ne fut pas « édifié par les druides », prêtres des peuples celtiques qui arrivèrent en Grande-Bretagne en 250 av. J.-C., longtemps après qu'eut été achevée la dernière phase de construction.

2

L'époque – Lorsque la construction débuta vers 2950 av. J.-C. selon la datation au carbone 14, la région était habitée par des chasseurs nomades et par des fermiers sédentaires qui avaient traversé la Manche et la mer du Nord en bateaux de peau. Vers 2000 av. J.-C., le peuple Beaker atteignit le Wessex par les pistes des hauts plateaux de craie et devint une communauté de 12 000 à 15 000 individus, gouvernée par les maîtres du bétail de la plaine de Salisbury, qui contrôlaient également l'industrie du métal. Les prêtres devinrent influents et purent, aux moments forts de l'édification de Stonehenge, obliger la population à fournir 600 hommes pour monter un bloc de grès de la vallée de Pewsey et 200 pour l'ériger sur le site.
La construction – Trois phases de construction se sont succédé au long d'un millénaire et demi. Lors de la **première phase**, vers 2950-2900 av. J.-C., un fossé est creusé, bordé vers l'intérieur d'un remblai composé de fragments de craie et haut de 2 m. Une zone circulaire de 91 m de diamètre est ainsi définie par ce fossé doublé d'un cercle de 56 trous, appelés Aubrey Holes, du nom de l'archéologue **John Aubrey** (1626-1697), pionnier de la recherche archéologique sur le site. Au nord-est, le remblai et le fossé s'interrompent afin de former une entrée, signalée de l'intérieur par deux pierres verticales et de l'extérieur par la **Heel Stone** *(près de la route)*. À l'intérieur de la zone circulaire, quatre blocs de grès, **Station Sarsens**, marquent les quatre points cardinaux.
Pendant la **seconde phase**, vers 2100 av. J.-C., un double cercle composé de **pierres bleues** non taillées est érigé au centre ; ces pierres, pesant chacune 4 t, proviennent des collines de **Presely**, au sud-ouest du pays de Galles *(voir*

« Côte du Pembrokeshire » *p. 700)*, à 386 km de là, d'où elles sont acheminées essentiellement par voie d'eau, avant d'être disposées le long de la large avenue reliant les berges de l'Avon à l'entrée du site.

La **troisième phase**, vers 2000 av. J.-C., voit la transformation de la structure. Les cercles de pierres bleues sont remplacés par un cercle de hauts **trilithons**, menhirs fuselés à l'une des extrémités et façonnés en tenon de manière à être assemblés aux linteaux incurvés pourvus de mortaises. Reliés les uns aux autres, les linteaux étaient positionnés sur les pierres au moyen de plates-formes de rondins surélevées progressivement.

À l'intérieur du cercle, cinq trilithons géants, distincts, sont disposés de façon à décrire un **fer à cheval** ; l'ouverture est orientée face à la pierre du Talon. L'entrée est marquée de nouvelles pierres verticales. Aujourd'hui, seule demeure la **Slaughter Stone** (pierre du Massacre), qui s'est malheureusement effondrée. Vers la fin de cette **dernière phase**, autour de 1500 av. J.-C., les pierres bleues taillées sont réintroduites et placées selon leur formation actuelle, en fer à cheval, à l'intérieur du précédent composé par les blocs de grès.

SUR L'ÉCHELLE DU TEMPS

La Grande Pyramide d'Égypte fut édifiée vers 2500 av. J.-C., la civilisation minoenne de Crète exista du 3e millénaire à 1100 av. J.-C., la première Grande Muraille de Chine fut bâtie vers 1000 av. J.-C., les pyramides aztèques ou mayas au Mexique furent construites entre 500 et 1000 apr. J.-C., et les statues de l'île de Pâques, en 400-1200 apr. J.-C.

AUTRES CURIOSITÉS

★★ Wilton House D2

À Wilton, 6,5 km/4 miles à l'ouest par la A 30 - ✆ (01722) 746 700 - www.wiltonhouse.com - ♿ - visite guidée (40mn), dép. ttes les 30mn (sf vac. scol. et w.-ends fériés : visite libre) mai-août. : dim.-jeu. et sam. fériés 11h30-16h30 (dernière entrée 45mn av. fermeture) - 12 £ (jardins seuls 5 £) - cafétéria.

Le premier comte de Pembroke, William Herbert, devenu propriétaire en 1544 du monastère bénédictin de Wilton, supprimé par Henri VIII, se fit construire une résidence sur le site. Les générations suivantes devaient y laisser leur empreinte. En 1630, le 4e comte commanda à **Inigo Jones** la conception d'une nouvelle demeure, à laquelle il fit ajouter une grande salle pour y exposer sa collection de portraits de **Van Dyck**. C'est le neveu de Jones, **John Webb**, qui acheva les travaux après un incendie survenu en 1647. Le 8e comte, fondateur de la **manufacture de tapis** (Royal Wilton Carpet Factory - *dans King Street*) et collectionneur, fit acquérir de nouveaux tableaux et de nouveaux marbres. Quant au 9e comte, il fut à l'origine de la construction en 1737 du **pont palladien**, de même qu'il fit redessiner le **jardin**. En 1801, le 11e comte fit appel à **James Wyatt** qui entreprit de considérables transformations. Les façades ouest et nord furent reconstruites et un cloître néogothique à deux étages fut bâti dans la cour intérieure d'origine.

Les visiteurs pénètrent par les cuisines et la blanchisserie victoriennes. Avant d'atteindre le vestibule et le cloître, remodelé autour de la cour intérieure d'origine, on descend au rez-de-chaussée, dans la **salle gothique**, qui recèle des bustes de Sidney Herbert et Florence Nightingale. Dans les deux **fumoirs**, outre les détails moulés des corniches, les portes et les cheminées typiques du style d'Inigo Jones, remarquez les portraits équestres, ainsi que les 55 gouaches de l'école espagnole d'équitation commandées par le 10e comte. Notez également le splendide mobilier. La suite des **appartements d'apparat**, conçue par Inigo Jones, se caractérise par sa décoration classique rehaussée à la feuille d'or. Le mobilier comprend des pièces signées William Kent et Chippendale fils, et des objets français. De nombreux paysages français et hollandais décorent la **petite antichambre**. Dans la **chambre d'angle**, qui regarde à l'est les cèdres du Liban du parc et au sud le pont palladien, figurent des toiles d'Andrea del Sarto, du Parmesan, de Rubens et de Frans Hals. Le plafond de la **salle de la colonnade**, qui devait être la chambre d'apparat, est orné d'une fantastique *singerie* (dessin représentant des singes) du 17e s. La **grande antichambre** abrite des portraits par Rembrandt, Van Dyck et François Clouet. Éclatante de blanc et d'or, la **salle du Double Cube** (18 x 9 x 9 m), achevée par Webb, est la pièce spécialement conçue par Jones pour la collection du 4e comte. La **salle du Cube** (9 x 9 x 9 m) présente également un décor blanc et or.

La résidence s'élève dans un écrin de verdure : les pelouses qui descendent jusqu'à la rivière, repérable par le pont palladien et quelques arbres, se transforment en prés au-delà.

Shaftesbury D2

À 35 km/22 miles à l'ouest par la A 30.

8 Bell Street - ✆ (01747) 853 514 - www.shaftesburydorset.com

La ville s'élève en haut d'un éperon de 213 m, constituant un excellent **poste d'observation★** choisi par le roi Alfred dans sa lutte contre les Danois. On accède à l'**abbaye** depuis High Street par une promenade dominant la plaine. Fondée en 888 par Alfred pour sa fille, elle devint l'abbaye la plus riche d'Angleterre. Elle fut abandonnée à la Dissolution et il n'en reste que les fondations. *✆ (01747) 852 910 - www.shaftesburyabbey.co.uk - avr.-oct. : 10h-17h - audioguide 2,50 £.*

Proche de la mairie, **Gold Hill★** est une rue en forte pente bordée d'un côté de petites maisons des 16e, 17e et 18e s., de l'autre d'un mur trapu (13e s.) à contreforts, de couleur ocre.

NOS ADRESSES À SALISBURY

HÉBERGEMENT

BUDGET MOYEN

Premier Travel Inn – *Pearce Way, sur la A 338 à 4 km/2,5 miles au NE du centre - ✆ 0871 527 8956 - 63 ch. : 66/87 £.* Pas beaucoup de charme sans doute, mais comme toujours bien commode.

Cricket Field House – *Wilton Road (A 36 dir. Warminster, à la sortie de la ville) - ✆ (01722) 322 595 - 14 ch. : 65/95 £ ☕.* Chambres confortables, décorées sobrement mais avec goût et réparties sur deux niveaux autour d'un jardinet ouvert sur le terrain de cricket. Petit-déjeuner servi dans une agréable véranda.

POUR SE FAIRE PLAISIR

Milford Hall – *106 Castle Street - ✆ (01722) 417 411 - www.milfordhallhotel.com - 35 ch. : 102/111 £ - ☕ 9,50 £.* Dans une maison georgienne sur la rue conduisant au vieux château d'Old Sarum. Chambres confortables. Brasserie. Tarifs intéressants sur Internet.

RESTAURATION

PREMIER PRIX

Prezzo - *52-54 High Street - ✆ (01722) 341 333 -*

www.prezzorestaurants.co.uk - 20 £. Spécialités italiennes sortant des sempiternelles pizzas dans une maison à pans de bois.

BUDGET MOYEN

À Salisbury

The Lemon Tree – *92 Crane Street - ✆ (01722) 333 471 www.thelemontree.co.uk - fermé dim.* Décor moderne, très axé sur la nature, pour ce restaurant doté d'un jardin. Cuisine pratiquant volontiers le sucré-salé. Soirées jazz.

The Victoria & Albert Inn – *Netherhampton - tourner au feu sur la A 36 (direction Warminster), puis 2 fois à gauche - ✆ (01722) 743 174.* Un pub de village : ambiance chaleureuse, feu de bois et large variété de plats typiques accompagnés de bière ou de vin. Réservation recommandée.

The Gastrobistro at the Pheasant Inn – *19 Salt Lane - ✆ (01722) 414 926 - www.gastrobistro.co.uk - fermé dim. soir et lun. - 20/35 £ (menu 14 £).* Un pub de brique rouge, avec terrasse et jardin, des classiques pleins de goût et de bons desserts maison.

À Shaftesbury

The Mitre Inn - *22 High Street - ✆ (01747) 853 002.* Restaurant de cuisine locale doté d'une grande salle et d'une terrasse surplombant la vallée.

La Fleur de Lys – *Bleke Street - ✆ (01747) 852 821 - www.lafleurdelys.co.uk - fermé lun.-mar. midi et dim. soir - menu 30 £.* Proche du centre, un restaurant élégant installé dans une maison de 1870, servant une cuisine pleine de saveurs. Service attentif.

PETITE PAUSE

The Refectory – *Cathédrale, accès par le cloître.* Une structure de verre permet d'admirer le cloître et l'extérieur de la nef. Restauration légère et pâtisseries.

ACHATS

Bon à savoir – Tous commerces dans le centre médiéval piéton et en particulier sur High Street, où le **Old George Mall** concentre quelques enseignes de mode connues.

Artisanat

Ancien moulin à céréales, **Fisherton Mill** *(108 Fisherton Street ; à l'ouest du centre-ville - ✆ (01722) 415 121 - www.fishertonmill.co.uk)* propose un large éventail d'art contemporain, d'artisanat et d'objets design.

Boutique du National Trust – *6 High Street, en arrivant à l'enclos.* Souvenirs et gourmandises locales.

AGENDA

Festival artistique international de Salisbury – *✆ (01722) 332 977 - www.salisburyfestival.co.uk.* Durant 15 jours fin mai-début juin. Musique et théâtre de rue en divers points de la ville et à Stonehenge.

Bournemouth

158 955 habitants

NOS ADRESSES PAGE 336

S'INFORMER

Office de tourisme – *Westover Road - ✆ 0845 051 1700 - www.bournemouth.co.uk - de mi-juin à mi-sept. : 9h30-18h, dim. 10h30-17h ; reste de l'année : tlj sf dim. 9h30-17h30.*

SE REPÉRER

Carte de région D2 (p. 267) – *carte Michelin 503 O31 - Dorset.* Deux falaises encadrent le centre névralgique de Bournemouth, constitué par sa jetée *(pier)*, et un agréable jardin botanique permet de gagner la ville proprement dite. Mais pour les visiteurs, l'intérêt se concentre sur le front de mer, où se succèdent les hôtels, de plus en plus huppés à mesure que l'on approche du centre, de part et d'autre de West Cliff Road et East Overcliff Road… Un parking Pay-and-Display se trouve sur la gauche de la route, à proximité du jardin

À NE PAS MANQUER

Le Russell-Cotes Museum et le village de Corfe Castle.

ORGANISER SON TEMPS

Passez une soirée à Bournemouth avant d'explorer Purbeck.

AVEC LES ENFANTS

L'Oceanarium et les plages ; Swanage Railway.

Depuis le 19e s., Bournemouth est un lieu de séjour estival et hivernal renommé. La ville et son bord de mer sont agrémentés de deux jetées, du pavillon, ainsi que de jardins publics toujours fleuris. Ville estudiantine animée, Bournemouth, qui ne fait désormais qu'une seule agglomération avec les stations voisines de Poole et de Christchurch, séduit à la fois par son atmosphère et le cadre spectaculaire de ses hautes falaises.

Se promener

Très animé aux beaux jours, le centre de la ville basse se situe à l'aplomb du **Bournemouth Pier**, l'une des deux jetées de la ville (la seconde, plus à l'est, se nomme Boscombe Pier). C'est ici que se dressent le Waterfront Complex, bâtiment voué aux loisirs de toutes sortes (et à la restauration rapide) et, un peu plus loin, le Bournemouth International Center. Longeant la plage, **Undercliff Drive** est une longue promenade piétonne tracée au pied des falaises.

★★ Russell-Cotes Art Gallery and Museum

✆ (01202) 451 800 - www.russell-cotes.bournemouth.gov.uk - ♿ - mar.-dim. et lun. fériés 10h-17h - fermé Vend. saint et 25 déc. - restaurant.

Le décor de ce bâtiment est caractéristique du style victorien à son apogée (prolifération d'ornements, audace des motifs, polychromie…) : mobilier incrusté de marqueterie, plafonds peints, fenêtres décoratives et papier peint. Il abrite une belle collection de peintures (William Frith, Edwin Landseer, Frederic Leighton, Birket-Foster, D. G. Rossetti, etc.) et de porcelaine.

Oceanarium
Pier Approach - ✆ (01202) 311 993 - www.oceanarium.co.uk - tlj sf 25 déc. 10h-18h (dernière entrée 1h av. fermeture) - 8,95 £ (enf. 6,40 £).
Tunnel à requins, bassin à tortues, écrans tactiles interactifs : de quoi ravir les enfants. À l'entrée, demandez les horaires des « repas » des pensionnaires.

À proximité Carte de région

★ Christchurch D2
Cette bourgade n'est maintenant séparée de Bournemouth que par des centres de loisirs et des galeries marchandes. Un **prieuré★** et un château, tous deux d'époque romane, se dressent au centre de la prospère petite ville côtière, rassemblée autour d'un port voué à la pêche et au tourisme.

★★ Compton Acres D2
À 3 km/2 miles en direction de Poole - ✆ (01202) 700 778 - www.comptonacres.co.uk - ♿ - avr.-oct. : 9h-18h ; reste de l'année : 10h-16h (dernière entrée 1h av. fermeture) - 6,95 £ - café.
Cet ensemble de neuf jardins (rocaille, jardins italien, japonais, aquatique…) s'étend sur plus de 6 ha, à l'abri d'une combe creusée dans les falaises de grès. Le **jardin à l'anglaise** permet de jouir du spectacle des couchers de soleil, ainsi que de la **vue★★★** sur le port de Poole, l'île de Brownsea et les collines de Purbeck.

★ Poole D2
À 6 km/3,7 miles à l'ouest par le front de mer.
Enefco House - Poole Quay - ✆ (01202) 253 253 - www.pooletourism.com
Cette cité aux belles plages de sable est à la fois un port de plaisance très fréquenté et un port de ferries de première importance. Près du port, la vieille ville avec ses maisons de pêcheurs peut être parcourue selon un itinéraire jalonné de plaques explicatives posées au sol. **Scaplen's Court** est un bâtiment domestique datant de la fin du Moyen Âge. Le **Guildhall** (Maison des corporations), bel édifice du 18e s., est situé non loin de St James' Church.
The Quay concentre l'animation estivale de la cité.
Poole Museum – *✆ (01202) 262 600 - www.pooleview.co.uk/waterfront.htm - ♿ - avr.-oct. : lun.-sam. 10h-17h, dim. 12h-17h ; nov.-mars : mar.-sam. 10h-16h, dim. 12h-16h.* Dans un ancien bâtiment des quais remodelé par l'architecte Harden Cherry Lee, ce musée relate l'histoire de la ville et son activité maritime. L'exposition interactive inclut des embarcations, des vestiges d'épaves et des reconstitutions historiques.

★ Brownsea Island D2
Accès en bateau de Poole Quay et Sandbanks - NT - ✆ (01202) 707 744 - www.nationaltrust.org.uk - ♿ - de mi-mars à oct. : 10h-17h (de mi-mars à fin mars : accès depuis Sandbanks uniquement) - tarif non communiqué - possibilité de visite guidée de la réserve naturelle en juil.-août - cafétéria.
Les bruyères et les forêts couvrent cette île de 200 ha posée dans la baie de Poole. Bordée par d'agréables plages (littoral sud), elle renferme deux réserves naturelles de part et d'autre de **Middle Street**, qui divise l'île en deux parties : côté nord, il s'agit d'un sanctuaire destiné au gibier d'eau et divers autres oiseaux. La réserve du sud, où les visiteurs peuvent se promener librement, accueille elle aussi de nombreux oiseaux, dont des paons.

De **Baden Powell Stone**, qui célèbre la première expérience de camp scout en 1907, s'ouvre une très belle **vue★★** sur la baie de Poole jusqu'aux collines de Purbeck.

Circuit conseillé Carte de région

ISLE OF PURBECK D2-3

Purbeck est une péninsule fermant la baie de Poole. Ici commence la **côte Jurassique** *(voir p. 340)*, inscrite au patrimoine de l'humanité par l'Unesco.
South St - Wareham - ✆ (01929) 552 740 - www.visitswanageandpurbeck.co.uk
Circuit de 77 km/48 miles tracé en vert sur la carte p. 267 - Compter une demi-journée. Quitter Bournemouth par la A 35 vers Dorchester, puis la A 351 vers Wareham, où l'on prend à droite la A 352. À Wool, emprunter la B 3071 vers West Lulworth.

★ Lulworth Cove D3

Depuis cette crique circulaire, enchâssée dans les falaises du Downland, un sentier côtier conduit à **Durdle Door** à l'ouest, une belle arche naturelle calcaire érodée par les flots, spectacle extraordinaire couronnant la visite de cette magnifique zone de promontoires et de baies, qui semble avoir été conçue par un professeur de géologie.
De West Lulworth, prendre la B 3070 vers Corfe Castle.
En longeant le **Blue Pool★**, un très beau lac bleu-vert (1,5 ha) bordé de bouleaux argentés, de pins, d'ajoncs et de bruyères, on peut admirer les collines de Purbeck.
★ **Corfe Castle** – *NT - ✆ (01929) 481 294 - www.nationaltrust.org.uk - ♿ - avr.-sept. : 10h-18h ; mars et oct. : 10h-17h ; nov.-fév. : 10h-16h - fermé 25-26 déc. - 6,20 £ - cafétéria.* L'ancienne forteresse, qui domine le paysage depuis le 11e s, a donné son nom à ce village aux demeures harmonieuses coiffées de toits en pierre de Purbeck, et qui s'enorgueillit de posséder la plus petite mairie d'Angleterre. Le château, d'où l'on accède du village ou d'un centre d'accueil situé sur la route de Wareham, est quant à lui ruiné.
Par la A 351, gagner Swanage à l'est.

★ Swanage D3

Une belle route conduit à cette ville dont les carrières de pierre (improprement appelée « marbre de Purbeck » pour son aspect poli) ont servi à construire l'abbaye de Westminster et les cathédrales d'Exeter, de Lincoln et de Salisbury. Mais Swanage est surtout aujourd'hui une agréable station balnéaire, grâce à une longue plage de sable, et une **jetée** *(pier)* qui présente la particularité d'être en bois.
Swanage Railway – *✆ (01929) 425 800 - 9 £ (enf. 7 £).* Utilisant une voie désaffectée, un train à vapeur mis en service au début du 21e s. relie la station à Wareham via Corfe Castel.
Prendre vers le nord la route secondaire signalisée Bournemouth par ferry.
De **Studland**, on peut emprunter à l'est le **Dorset Coast Path** (Sentier côtier du Dorset) afin de découvrir **Old Harry Rocks★★**. Ce couple de monticules calcaires scintillants faisait autrefois partie d'une ligne côtière ininterrompue qui joignait The Needles *(voir p. 240)*.
Poursuivre vers le nord et regagner Bournemouth en prenant le ferry à Sandbanks.

2

NOS ADRESSES À BOURNEMOUTH

TRANSPORTS

Bon à savoir – Le port de **Poole** est relié à **Cherbourg** par Brittany Ferries *(voir p. 8)*.

Transports locaux

Le forfait **Buzzcard**, valable pour un ou plusieurs jours, s'achète auprès des chauffeurs d'autobus.
Yellow Bus - *(01202) 557 272.*

VISITES

Balades en bateau

Plusieurs compagnies assurent transport et excursions au départ de Bournemouth, de Poole ou de Swanage. Parmi celles-ci :
The Dorset Belles – *Bournemouth Pier - 0845 468 4640 - www.dorsetcruises.co.uk*
Blue Line Cruises – *(01202) 467 882 - www.bluelinecruises.co. uk*
Brownsea Island Ferries – *(01929) 462 383 - www.brownseaislandferries.com*

HÉBERGEMENT

Bon à savoir – Sur la péninsule de Purbeck, vous trouverez quelques *guesthouses* et B & B à **Swanage**, mais plutôt à l'intérieur du village.

BUDGET MOYEN

À Bournemouth

Bon à savoir – Il est possible de trouver des hôtels (relativement) bon marché à Bournemouth, à condition de s'éloigner de la rue principale qui suit le bord de mer. Bref, si vous renoncez à la vue sur la mer, vous trouverez hôtels et pensions dans les voies adjacentes, comme sur la petite Tregonwell Road (falaises ouest juste avant la descente vers le centre).

Mount Stuart – *31 Tregonwell Road - (08450) 554 639 - www.mountstuarthotel.co.uk - 18 ch. : 74 £* . Une grosse villa dans un quartier tranquille. Chambres un peu exiguës mais de bon confort… et l'animation du centre n'est qu'à deux pas.

À Poole

Premier Travel Inn – *Holes Bay Road - 0871 527 8892 - www.premierinn.com - 40 ch. : 80 £.* Un peu excentré sans doute mais tout de même le long de la mer, et doté d'un bon rapport qualité/prix.

POUR SE FAIRE PLAISIR

De Vere Royal Bath – *Bath Road - (01202) 555 555 - www.devere.co.uk - 133 ch. : 89/139 £* . Cet immense hôtel néoclassique construit en 1838 se situe sur la falaise orientale ; possibilité de vue sur mer et terrasse. Prestations modernes.

UNE FOLIE

À Poole

Hotel du Vin – *7-11 Thames Street (partant de The Quay) - (01202) 785 570 - www.hotelduvin.com - 32 ch. : 190/220 £* . Maison de ville du 18e s. avec mobilier ancien ; chambres bien aménagées et attention portée aux détails. Son **Bistro** propose une cuisine classique et une excellente carte des vins *(30 £)*.

À Bournemouth

Highcliff Marriott – *Street Michael's Road - West Cliff - (01202) 557 702 - www.bournemouthhighcliffmarriott.co.uk - 157 ch. : 155/170 £* . Littéralement accroché au bord de la falaise, cet hôtel au design contemporain jouit de vues magnifiques.

Sur la péninsule de Purbeck

Mortons House – *Corfe Castle, ✆ (01929) 480 988 - mortonshouse.co.uk - 17 ch. : 140/225 £ ☕.* Un superbe manoir édifié en 1590 accueille cet hôtel au décor raffiné. S'habiller pour le dîner.

RESTAURATION

BUDGET MOYEN

À Bournemouth

Beau Monde – *Exeter Road ou Lower Central Gardens (accès par des marches) - ✆ (01202) 311 181 - www.beaumondebistro.co.uk - 25/30 £.* Un café-restaurant dont la terrasse domine le parc. Cadre enchanteur, spécialités de poissons et service impeccable.

À Christchurch

Splinters – *12 Church Street - ✆ (01202) 483 454 - www.splinters.uk.com - fermé dim., lun. et 1er-10 janv. - 30 £ (menu : déj. 15 £, dîner mar.-jeu. 26 £).* Un restaurant simple, style brasserie, aux salles confortables.

Fishworks – *10 Church Street - ✆ (01202) 487 000 - www.fishworks.co.uk.* Moderne, sans prétention ; menu sur tableau noir, pêche du jour au comptoir, fruits de mer de première qualité. Réserver impérativement.

À Swanage

Cauldron Bistro – *High Street - ✆ (01929) 422 671 - fermé lun.* Un petit restaurant où l'on vous proposera la pêche du jour dans un cadre intime.

À Poole

Isabel's – *32 Station Road, Lower Parkstone - ✆ (01202) 747 885 - www.isabelsrestaurant.co.uk - fermé midi, dim.-lun., 1er janv. et 25-28 déc. - menu 22/30 £.* Ancienne pharmacie victorienne reconvertie, avec des alcôves de bois. Cuisine d'inspiration française. Réservez.

ACHATS

Wimborne Market *(vend.-dim.)* comprend environ 400 boutiques.

Boutique du **National Trust** sur la place de **Corfe Castle.**

EN SOIRÉE

Bon à savoir – Ville universitaire, **Bournemouth** connaît une vie nocturne intense : théâtres, casinos et clubs (les Winter Gardens, le théâtre Pavilion, le théâtre Pier, le Regent Centre, le Bournemouth International Centre).

Des **feux d'artifice** sont tirés chaque vendredi d'été.

ACTIVITÉS

Baignades – Belles plages de sable à Bournemouth, Swanage et Studland.

Location de vélos – À Swanage (Bike About - *High Street - ✆ (01929) 425 050)* et Corfe Castle (The Cycle Station Bike Hire - *au parking Park-and-Ride - ✆ (07971) 929 598).*

2

Dorchester

★

17 861 habitants

NOS ADRESSES PAGE 342

S'INFORMER

Office de tourisme – *11 Antelope Walk, au coin de Trinity Street - ✆ (01305) 267 992 - www.westdorset.com - lun.-sam. 9h-17h (nov.-mars 16h).*

SE REPÉRER

Carte de région D2 (p. 267) – *carte Michelin 503 M31 - Dorset.* Dorchester est située un peu en retrait d'une côte magnifique à 34 km/21 miles à l'ouest de Bournemourth par la A 35 et à 41 km/25,5 miles au sud-ouest de Salisbury (A 534). En suivant la direction du centre par High Street, vous arriverez au parking Pay-and-Display du centre commercial Tudor Arcades. Après avoir traversé celui-ci, vous déboucherez sur South Street.

À NE PAS MANQUER

La Jurassic Coast.

ORGANISER SON TEMPS

Consacrez une demi-journée à la ville, avant de partir sur la côte.

AVEC LES ENFANTS

Children's Farm à Abbotsbury ; Bicton Park Botanical Garden.

Petite ville commerçante aussi agréable qu'animée, la cité de Thomas Hardy offre au visiteur de passage les aimables façades des demeures bordant South Street et High Street, ses deux rues principales. Mais c'est surtout le proche littoral qui saura vous séduire, avec les superbes falaises de la fabuleuse Jurassic Coast.

Se promener

South Street, la rue la plus commerçante de la ville, est bordée d'un impressionnant alignement de façades de brique rouge du 18e s. Le n° 10, où résidait le maire de Casterbridge dans le roman du même nom, aujourd'hui une banque, abrite une remarquable maison à trois étages de la fin du 18e s.

La rue aboutit à **High Street**. Sur votre gauche, dans High West Street, se dresse l'église **St-Peter**, largement restaurée. Au n° 7, la seule maison à colombage de la ville (devenue une pizzeria !) rappelle le séjour du tristement célèbre juge **Jeffreys** – en 1685, il jugea plus de 500 des partisans de Monmouth, qui furent pendus, écartelés ou envoyés comme esclaves en Jamaïque. En haut de la rue, le monument commémoratif de **Thomas Hardy**, datant de 1931, dû à Eric Kennington, représente l'écrivain âgé, le chapeau sur les genoux, assis sur une souche d'arbre fleurie.

★ **Dorset County Museum** – *High West Street - ✆ (01305) 262 735 - www.dorsetcountymuseum.org - ♿ - avr.-oct. : lun.-sam. 10h-17h ; nov.-mars : mar.-sam. 10h-16h - fermé Vend. saint et 24-25 déc. - 6,50 £.* Une splendide **galerie**

CASTERBRIDGE, LA VILLE DE THOMAS HARDY
Fondée par les Romains sous le nom de Durnovaria, Dorchester doit son renom à **Thomas Hardy** (1840-1928). Né à Higher Bockhampton, près de Dorchester, fils d'un tailleur de pierre, il reçut une formation d'architecte, profession qu'il abandonna pour se consacrer à l'écriture. Ses romans, dont les histoires s'imbriquent souvent les unes dans les autres, se déroulent souvent dans le Wessex (*Contes du Wessex*, 1888 ; *Tess d'Uberville*, 1891 ; *Jude l'Obscur*, 1895), ancien royaume saxon de Grande-Bretagne, qui englobait le Dorset, le Wiltshire, le Hampshire, certaines parties du Somerset, l'Oxfordshire et le Berkshire : en bref, la région des plateaux calcaires ayant pour centre Dorchester, devenue Casterbridge dans son œuvre.

victorienne *(Victorian Hall)*, ornée de colonnes de fonte peintes et d'arcs supportant une verrière, abrite des souvenirs de **Thomas Hardy** : meubles, tableaux et documents, ainsi que la reconstitution du bureau de l'écrivain, provenant de Max Gate, maison qu'il avait fait construire en 1885. Le musée abrite en outre une collection de fossiles trouvés dans la région.

À proximité Carte de région

★ Cerne Abbas D2

À 13 km/8 miles au nord de Dorchester sur la A 352.

La silhouette d'un géant nu, longue de 55 m et tracée à la craie dans l'herbe, a été associée à des rituels locaux célébrant la fertilité. Avec son gourdin, elle rappelle les représentations romaines d'Hercule et pourrait donc dater de l'occupation romaine. Le **village★** se caractérise par la rangée de belles maisons du 16e s., aux façades de bois, ainsi que par l'église **St Mary**, mêlant les styles Early English et Perpendicular, et coiffée d'une tour spectaculaire.

Milton Abbas D2

À 19 km/11,5 miles au nord-est par les A 35 et A 354 à Tolpuddle puis une route secondaire.

En 1309, après un incendie, **Milton Abbey** fut reconstruite dans les styles Early English et Decorated, mais les travaux furent interrompus par la peste noire de 1348. Bien que longue de 41 m, l'église n'est composée que d'un chœur, d'un transept et de la croisée. *(01258) 880 215 - 10h30-17h - offrande.*

La **résidence**, aux impressionnantes salles de réception, fut construite au 18e s. par **William Chambers** pour lord Milton au milieu d'un parc dessiné par « **Capability** » **Brown**. Ce dernier fit reconstruire le village de façon qu'il fût invisible de l'abbaye.

★★ Maiden Castle D2

À 3 km/2 miles au sud-ouest par la A 354 vers Weymouth - EH - www.english-heritage.org.uk - visite du lever au coucher du soleil.

La construction des plus beaux **remparts en terre** de Grande-Bretagne fut amorcée vers 350 av. J.-C. sur le site d'un village néolithique vieux de 3 000 ans. Quatre phases furent nécessaires avant que cet énorme complexe de 19 ha fût équipé d'un système de défense complet (60 av. J.-C.). Cependant, la forteresse fut prise par le futur empereur **Vespasien** en 43 apr. J.-C., lorsque son infanterie la franchit rempart après rempart, avant de semer la désolation dans la cour intérieure.

LAWRENCE D'ARABIE

Après avoir reçu le titre de **Lawrence d'Arabie** pour son action au Moyen-Orient lors de la Première Guerre mondiale, T. E. Lawrence (1888-1935) devint simple soldat du Royal Tank Corps de Bovington (1923-1925) puis servit dans la RAF jusqu'à un accident de moto fatal en mai 1935. Pendant cette période, il vécut à **Clouds Hill** *(15 km/9 miles à l'est de Dorchester par la A 35 puis par des routes secondaires)*, un cottage demeuré tel qu'il l'a laissé, sommairement meublé, sa chambre isolée par de l'étain. Il repose sous le cèdre du cimetière de **Moreton** *(2 km/1,2 mile au sud de Clouds Hill)*; les fenêtres de l'église St-Nicholas ont été gravées par Lawrence Whistler en hommage à son saint patron.

Bere Regis D2

À 18 km/11 miles à l'est par la A 35.

La belle église **St John the Baptist★**, bâtie en style Perpendicular, est l'unique édifice qui survécut à une série d'incendies intervenus en 1788. Le **plafond★★** sculpté et peint datant du 16ᵉ s. est une pure merveille. Remarquez les chapiteaux de l'arcade de la fin du 12ᵉ s. ornés de personnages sculptés souffrant de rage de dents.

Circuit conseillé Carte de région

★★ JURASSIC COAST DC2-3

Classée par l'Unesco sur la liste du patrimoine de l'humanité pour son intérêt géologique (les spécialistes y observent d'est en ouest trois âges : le triasique, le jurassique et le crétacé), riche en fossiles ainsi qu'en empreintes de dinosaures, la « **côte Jurassique** » qui s'étend de Poole à Exmouth réserve au visiteur d'inoubliables paysages marins.

Circuit de Weymouth à Exmouth tracé en vert sur la carte p. 267. De Dorchester rejoindre Weymouth par la A 354 (16 km/10 miles), puis suivre la B 3157 qui longe la côte.

★★ Abbotsbury C3

Ce village est situé à l'extrémité du lagon formé par la **plage de Chesil★★**, remarquable banc de galets long de 13 km. Il doit son nom à l'abbaye bénédictine du 11ᵉ s. dont il ne reste que des ruines.

★ **Swannery** – *(01305) 871 858 - www.abbotsbury-tourism.co.uk - ♿ - de fin mars à fin oct. : 10h-17h (été 18h), dernière entrée 1h av. fermeture - 9,50 £ (enf. 6,50 £), billet combiné Subtropical Gardens et Children's Farm 15 £ (enf. 10 £) - restaurant.* L'exceptionnelle colonie de cygnes, fondée par des moines vers 1390, est aujourd'hui composée de plus de 400 oiseaux.

Children's Farm – *(01305) 871 817 - même horaires que Swannery - 8 £ (enf. 6,50 £), billet combiné Subtropical Gardens et Children's Farm 15 £ (enf. 10 £) - cafétéria.* Des animations tout au long de la journée dans cette petite ferme créée pour les petits.

★ **Subtropical Gardens** – *(01305) 871 387 - www.abbotsbury-tourism.co.uk - ♿ - 10h-18h (dernière entrée 1h av. fermeture) ; nov.-fév. : de 10h jusqu'au coucher du soleil - fermé 2ᵉ quinz. de déc. - 9,50 £ (enf. 6,50 £), billet combiné Subtropical Gardens et Children's Farm 15 £ (enf. 10 £).* Ces jardins luxuriants contrastent

avec la rudesse de la chapelle de **Ste-Catherine★**, datant du 14e s., fouettée par les vents sur une colline dénudée de 76 m de haut.
Suivre le littoral par la B 3157 jusqu'aux abords de Bridport, puis la A 35 en direction d'Exeter. Après avoir passé Charmouth (18 km/11 miles), prendre à gauche vers Lyme Regis.

★ Lyme Regis C2

Guildhall Cottage - Church Street - ☎ (01297) 442 138 - www.lymeregistourism.co.uk - avr.-oct. : 10h-17h (dim. 16h) ; nov.-mars : lun.-sam. 10h-15h - fermé 1er janv. et 25-26 déc.

Accrochée sur les pentes de la falaise, cette petite cité balnéaire au front de mer fortifié présente des maisons agréablement revêtues de blanc et de bleu. Elle possède une plage de sable et une autre de galets, un petit port de plaisance, quelques cafés-restaurants, et un **musée** évoquant six siècles d'histoire maritime, l'essor de la station aux époques Regency et victorienne, et ses visiteurs les plus célèbres (l'écrivain Jane Austen, les peintres Turner et Whistler, Beatrix Potter, qui s'inspira du village pour illustrer certains de ses contes). *☎ (01297) 443 370 - www.lymeregismuseum.co.uk - Pâques-oct. : 10h-17h, dim. 11h-17h ; reste de l'année : merc.-dim. 11h-16h - fermé 25 déc. - 3,50 £.*

LECTURE

Si le sujet vous intéresse, plongez dans *Prodigieuses Créatures* de Tracy Chevalier (La Table Ronde, 2010). La romancière, d'après une histoire réelle, narre le parcours de la première femme chasseuse de fossiles à Lyme Regis au 19e s.

Quitter Lyme Regis par la route A 3052 (Exmouth) qui grimpe sur la falaise puis, après Colyford, prendre à gauche sur Branscombe.

★ Branscombe C2-3

C'est une route sinueuse et extrêmement étroite qui descend sur ce minuscule village aux demeures de pierre, posé au creux d'une vallée riante. Elle descend ensuite de façon passablement vertigineuse sur une plage du bout du monde nichée dans l'échancrure des falaises. Une pelouse, un petit restaurant et une grève de galets y attirent baigneurs et plaisanciers *(parking payant)*.
Revenant au village, vous prendrez sur la gauche une petite route en direction de Sidmouth (croisements difficiles) qui court, parallèle à la mer, dans une vallée parsemée de demeures de pierre.

Sidmouth C3

Cette station victorienne occupe une baie entre les **falaises★★**, toujours superbes et ici d'un rouge qui, au soleil couchant, vire à l'ocre. Surplombant la plage de galets, le front de mer, **The Esplanade**, est bordé d'hôtels aux balcons de bois qui donnent beaucoup de charme à la promenade. Un vaste terrain de cricket achève de donner au lieu une inimitable touche « vieille Angleterre ».
Prendre la direction d'Exeter, puis tourner à gauche sur la B 3178 vers Budleigh Salterton.

★ Bicton Park Botanical Gardens C3

Par une route secondaire, à gauche, avant East Budleigh - ☎ (01395) 568 465 - www.bictongardens.co.uk - ♿ - 10h-18h (hiver 17h) - 5,95 £, Woodland Railway 1,30 £ - restaurant.

Le jardin de Bicton House (aujourd'hui collège agricole) a été conçu et aménagé au cours des deux derniers siècles. Le **jardin américain** (planté à partir de 1830) est remarquable, ainsi que le **jardin d'ermite**. Remarquez aussi la collection d'outils et d'instruments utilisés dans la région depuis des siècles. Un petit train sillonne le parc et circule à proximité du lac.
À Budleigh Slaterton, poursuivre sur Exmouth.

Exmouth C3

Grosse station posée à l'embouchure de l'Exe et dotée d'un agréable front de mer, Exmouth est située dans une zone géologique triasique, jadis (il y a tout de même 250 millions d'années!) un désert de sable parsemé de lacs salés.

NOS ADRESSES À DORCHESTER

VISITES

Balades en mer

Stuart Line – *(01395) 222 144 (hiver (01395) 279 693) - www.stuartlinecruises.co.uk - billetterie sur le front de mer.* Cette compagnie propose des excursions en bateau au départ d'Exmouth et de Sidmouth. La plus intéressante permet de longer les falaises de la **Jurassic Coast** *(2-3h, 8 £, enf. 6 £).* Également des AR Exmouth-Sidmouth.

HÉBERGEMENT

POUR SE FAIRE PLAISIR

À Dorchester

Bestwestern The King's Arms Hotel – *30 High East Street - (01305) 263 353 - www.kingsarmsdorchester.com - 37 ch. : 120/150 £* . Ambiance on ne peut plus victorienne dans cet hôtel (rien ne manque, pas même les râteliers pour les maillets de croquet!) à deux pas du centre.

À Branscombe

Masons Arms – *(01297) 680 300 - www.masonsarms.co.uk - 21 ch. : 119/170 £* . Le charme d'une auberge du 14e s. dans un hameau hors du temps…

Sidmouth

Royal York & Faulkner Hotel – *The Esplanade - (01395) 513 043 - www.royalyorkhotel.co.uk - ch. : 120 £* . Une bonne adresse que ce bâtiment édifié en 1810, auquel ses balcons de bois confèrent une allure coloniale. Excellent restaurant.

The Bedford Hotel – *The Esplanade - (01395) 513 047 - www.bedfordhotelsidmouth.co.uk - 40 ch. : 148/164 £* . Cette demeure Regency qui accueillait jadis la bibliothèque de la cité a été reconvertie en hôtel au confort remarquable.

RESTAURATION

Bon à savoir –La spécialité de la côte, c'est le crabe!

BUDGET MOYEN

À Dorchester

Sienna – *36 Hight West Street - (01305) 250 022 - www.siennarestaurant.co.uk - fermé dim.-lun., 2 sem. au printemps et 2 sem. à l'automne - menu 25/39 £.* Un restaurant intime et charmant. La cuisine, aux influences italiennes, fait bon usage des produits locaux. Réservez.

PETITE PAUSE

Sur la côte

The Colonial Tea House – *Subtropical Gardens à Abbotsbury (voir p. 340)*. Pour un déjeuner léger ou une tasse de thé parmi les palmiers et les bananiers.

The Terrace shop & café – *À Lyme Regis - ✆ (01297) 444 110*. Magasin de souvenirs doté d'une terrasse surplombant le petit front de mer : on y sert thé, café, glaces et restauration légère.

The Sea Shanty – *Plage de Branscombe - ✆ (01297) 680 577 - www.theseashanty.co.uk*. À la fois magasin, café et restaurant proposant notamment le traditionnel *Sunday carvery*.

The Celtic Kitchen – *Antelope Walk à Dorchester - ✆ (01305) 269 377*. Il propose, à emporter, douze variétés de *cornish pastries*, y compris une interprétation végétarienne de ces chaussons traditionnels.

ACHATS

Bon à savoir – Vous trouverez tout dans le centre commercial **Tudor Arcade** ainsi que dans South Street (Boots, Marks & Spencer, etc.) sur laquelle il débouche. Le passage **Antelope Walk** entre South Street et Trinity Street recèle quelques sympathiques boutiques.

ACTIVITÉS

Côté mer

Baignade – Si vous êtes accompagnés d'enfants, soyez vigilant car la baignade peut être **dangereuse**, en raison de la pente très raide du fond et de lames inattendues pouvant happer les personnes se trouvant sur le rivage, sans oublier l'**absence de secouristes** ni les éboulements de falaises.
Cela dit, vous pouvez piquer une tête à Abbotsbury, à Lyme Regis, Branscombe ou Sidmouth…

Pêche en mer – Parties de pêche au maquereau à partir de Lyme Regis : plusieurs possibilités dont le **BlueTurtle** *(www.blueturtle.uk.com - ✆ (07970) 856 822)* prêt à larguer les amarres toute l'année, lorsque le temps le permet.

Côté terre

Randonnée – **South Devon Coast Path** est un chemin de douaniers parcourant toute la côte. Promenades guidées géologiques au pied des falaises à partir de Sidmouth en été.

Fossiles – La grande attraction de la côte Jurassique. Des « chasses aux fossiles » sont organisées en hiver à partir de Lyme Regis *(s'adresser au musée)* et de **Charmouth** *(Charmouth Heritage Coast Centre - ✆ (01297) 560 772 - www.charmouth.org/chcc)*. Formation préalable pour apprendre à prélever les fossiles sans nuire à un environnement fragile.

Sherborne

★

9 835 habitants

NOS ADRESSES PAGE 347

S'INFORMER

Office de tourisme – *3 Tilton Court - Digby Road - ✆ (01935) 815 341 - www.westdorset-dc.gov.uk - lun.-sam. 9h-17h (nov.-mars : 10h-15h).*

SE REPÉRER

Carte de région D2 (p. 267) – *carte Michelin 503 M31 - Dorset.* Sherborne est située à 30,5 km/19 miles au nord de Dorchester, à laquelle la relie la route A 352 (via Cerrne Abbas) et à 70 km/43 miles à l'ouest de Salisbury, via Shaftesbury. À l'arrivée, la direction Castles/Abbey puis Town Center conduit sur New Road, puis à gauche, après le passage à niveau, à un parking.

À NE PAS MANQUER

L'abbaye, le château et, aux alentours, Montacute House.

ORGANISER SON TEMPS

Sherborne mérite bien une journée.

Au cœur d'une région d'industrie laitière, le village de Sherborne est un concentré d'Angleterre avec ses belles demeures aux tons chauds construites en pierre de Ham, ses collèges, son château entouré d'un parc, et son green sur lequel les amateurs s'adonnent aux joies du bowling ou du croquet. Mais c'est bien sûr sa superbe abbaye qui attire ici les visiteurs en nombre.

Se promener

Au bas de Cheap Street, sur une petite place que borde une belle maison à colombage, **The Conduit** est un vestige du cloître de l'abbaye.
Prendre la petite Church Lane.

Sherborne Museum

✆ (01935) 812 252 - www.sherbornemuseum.co.uk - avr.-oct. : mar.-sam. : 10h30-16h30 ; reste de l'année : mar. et jeu. 10h30-12h30 - 1 £.
Ce petit musée retrace l'histoire de la ville (maquette du vieux château), et comprend une section d'ethnographie locale (outils, vêtements).

★★ Sherborne Abbey

✆ (01935) 812 452 - www.sherborneabbey.com - ♿ - 8h30-18h (hiver 16h).
Reconstruite au 15e s., cette abbaye dont l'origine remonte à l'époque saxonne (705) se dresse au centre d'un enclos bordé de demeures anciennes. La tour de la croisée (15e s.), bâtie sur d'imposants murs et piliers saxons-normands, est dotée de deux ouvertures et de douze pinacles. Les deux rangées de fenêtres, de style Perpendicular, qui courent sur la façade sud sont coupées à mi-chemin par les huit ouvertures du transept.

À l'intérieur, les piliers du chœur supportent la plus ancienne **voûte en éventail** du pays. L'effet est d'autant plus saisissant qu'un miroir grossissant permet de la détailler à loisir. En dépit des arcs-boutants, la voûte presque plate s'est affaissée de 17,5 cm en quatre cents ans (l'ensemble a dû être reconstruit en 1856). La **voûte de la nef** de la fin du 15e s., légèrement arquée, à la différence de la voûte du chœur, est encore plus impressionnante. Les murs des bas-côtés de style roman, le mur ouest d'origine saxonne et les piliers d'arcade de la nef ont été conservés. Néanmoins, comme la rangée nord de colonnes était inclinée de 35 cm vers l'ouest, des bagues rehaussées de culots figurant des anges furent insérées ainsi qu'une belle claire-voie les surmontant. Les fûts s'élancent vers une voûte formée d'un réseau de nervures (tiercerons et liernes). Un bel arc sépare la nef du chœur. Un des **porches saxons** de l'église originelle peut être admiré à l'extrémité du bas-côté nord.

Sur l'enclos, on aperçoit **Almshouse**, un hospice fondé en 1437. *✆ (01935) 813 245 - mai-sept. : lun.-mar., jeu.-sam. 14h-16h - 1 £.*

★ Castles

Sherborne Castle – *✆ (01935) 813 182 - www.sherbornecastle.com - avr.-oct. : mar.-jeu., w.-end et lun. fériés 11h-16h30 (dernière entrée), château : sam. 14h30-16h30 - 9,50 £ (jardins seuls 5 £) - salon de thé.* Propriétaire du vieux château, **Walter Raleigh** fit édifier en 1594 sur la rive de la rivière Yeo une nouvelle résidence, Sherborne Lodge, noyau de l'édifice actuel. Il créa une maison de quatre étages surmontée d'un pignon à frontons et d'une balustrade, construite en pierre de Ham. **Sir John Digby**, à qui la propriété fut vendue après la disgrâce de Raleigh (1617), fit agrandir le château, tout en demeurant fidèle au style d'origine. Le parc a été dessiné par **« Capability » Brown** en 1776-1779, quelques années avant une nouvelle extension. La demeure, qui appartient toujours aux Digby, renferme de belles collections de tableaux, meubles et porcelaines. Remarquez surtout le célèbre tableau (1600) représentant la reine Élisabeth Ire, le plafond de plâtre (début 17e s.) du salon rouge, ainsi que la tablette de cheminée héraldique dans le solarium. La salle de chêne est ornée de boiseries (1620) et de deux magnifiques **porches** de style Jacques Ier.

Old Castle – *Prendre Long Street, puis Castleton Road à droite - EH -www.english-heritage.org.uk - juil.-août : 10h-18h ; avr.-juin et sept. : 10h-17h ; oct.10-16h - 3,20 £.* Séparées du précédent par le lac, subsistent les ruines du château médiéval du 12e s, devenu propriété de Walter Raleigh en 1592, puis détruit lors de la Guerre civile.

AVIS AUX AMATEURS
Le **vin blanc** du château de Sherborne est vendu à la boutique du château : une rare occasion de goûter du vin anglais.

À proximité Carte de région

Yeovil C2

À 8 km/5 miles à l'ouest de Sherborne par la A 30.

Hendford - ✆ (01935) 845 946 - www.southsomerset.gov.uk.

Les découvertes archéologiques donnent à penser que le site était habité dès l'âge du bronze. Yeovil, centre du gant et du cuir depuis le 14e s., puis connu pour le travail du lin, présente aujourd'hui l'aspect d'une petite ville industrielle, qui a cependant conservé quelques maisons georgiennes et de vieilles auberges, dans Princess Street, Silver Street et High Street.

2

★ **St John the Baptist** – *✆ (01935) 427 745 - 10h-15h, w.-end 10h-13h.* Cette église Perpendicular hérissée de pinacles fut construite (1380-1400) avec la pierre ocre fauve et gris-brun extraite de la colline de Ham. De solides contreforts soutiennent le clocher de 27 m. L'église est remarquable pour ses fenêtres, ses clés de voûte sculptées de visages et de masques, sa crypte soutenue par un pilier central octogonal, son lutrin du 15e s. et ses fonts baptismaux.
Museum of South Somerset – *✆ (01935) 424 774 - www.southsomersetmuseums.org.uk - mar.-vend. 10h-16h.* Installé dans un relais de poste du 18e s., il évoque les industries locales et présente des découvertes archéologiques effectuées dans les environs.

Montacute C2

À 8 km/5 miles à l'ouest de Yeovil par la A 303, puis à droite la A 3088.
La pierre de la colline de Ham, là encore, servit à la construction du manoir, du village et de l'église paroissiale de style Perpendicular.
★★ **Montacute House** – *NT - ✆ (01935) 823 289 - www.nationaltrust.org.uk - ♿ - de mi-mars à fin oct. : tlj sf mar. 11h-17h (jardins 17h30 et reste de l'année : merc.-dim. 11h-16h) - 10 £ ; jardin seul 6 £ (hiver 2 £) - restaurant.* Cette élégante demeure élisabéthaine fut probablement construite entre 1597 et 1601 par le maître maçon **William Arnold** pour sir Edward Phelips, homme de loi qui fut président de la Chambre des communes en 1604. En 1786, un de ses descendants bouleversa la configuration de la maison et fit de l'entrée principale la façade ouest en y incorporant le porche et les colonnes qui ornaient Clifton House avant sa démolition. La façade est, donnant sur une terrasse et sur le jardin, est flanquée de deux pavillons identiques. Les fluctuations de la fortune familiale obligèrent les Phelips à louer en 1911 : **lord Curzon** y vécut de 1915 à 1925 et confia la décoration à la romancière **Elinor Glyn** *(voir l'encadré ci-dessous).* En 1931, la maison fut achetée par le National Trust.
Le corridor est décoré de manteaux de cheminée en pierre, de moulures, de boiseries, de tapisseries, de quelques beaux meubles et portraits. La salle à manger fut aménagée par lord Curzon dans l'ancien office. La grande salle a conservé ses lambris du 16e s., sa clôture de pierre sculptée faite d'arches et de colonnes, et son vitrail héraldique. Vous verrez dans le petit salon de très beaux meubles du 18e s., tout comme dans le salon de réception. L'escalier est constitué de marches dont chacune est faite d'un seul bloc de pierre. Au **premier étage**, la chambre de lord Curzon possède un dessus de cheminée du 17e s. mettant en scène le roi David en prière. La chambre pourpre, ainsi nommée après avoir été revêtue au 19e s. d'un papier rouge, est meublée d'un somptueux lit à baldaquin en chêne aux armes de Jacques Ier. La bibliothèque, ancienne salle à manger, est ornée d'un remarquable vitrail héraldique groupant 42 écus. Tout le **second étage** est occupé par la **grande galerie** (52 m), éclairée par des oriels à chaque extrémité. Elle constitue le cadre idéal pour

LE VICE-ROI ET LA VAMP

Oubliée aujourd'hui, **Elinor Glyn** (1864-1945) publia quelques best-sellers « érotiques » avant de devenir scénariste et réalisatrice à Hollywood, où elle inventa le concept de la vamp. Elle eut une longue liaison avec **George Nataniel Curzon** (1859-1925), vice-roi des Indes (1899-1915) puis secrétaire du Foreign Office (1919-1924) qui, à ce titre, négocia l'indépendance de l'Égypte, envoya en mission **Lawrence d'Arabie** en Irak et divisa le protectorat britannique de Palestine en créant le royaume de Jordanie.

présenter 90 portraits (prêtés par la National Portrait Gallery), expression de l'Angleterre des Tudor et du début du règne de Jacques Ier.
Par leur dessin rigoureux, les **jardins** à la française mettent en valeur l'architecture du manoir.

★★ Fleet Air Arm Museum C2

À Yeovilton, 10 km/6,5 miles au nord de Yeovil; signalé à partir de la B 3151 - ✆ (01935) 840 565 - www.fleetairarm.com - avr.-oct. : 10h-17h30; nov.-mars : merc.-dim. 10h-16h30 (dernière entrée 1h30 av. fermeture) - 12 £.

Situé à proximité de la Royal Naval Air Station, où les Sea Harriers et les Sea Kings sont quotidiennement mis à l'épreuve, ce musée est consacré à l'histoire des forces aéronavales anglaises. Plus de quarante avions y sont présentés, ainsi que des armes, des tableaux, des photographies, des uniformes, des maquettes, et des souvenirs.
Chacun des quatre hangars couvre une des périodes de l'histoire des forces aéronavales anglaises : la Première Guerre mondiale, la campagne aéronavale de la Seconde Guerre mondiale, la guerre du Pacifique, l'histoire du porte-avions et les contributions locales à la technologie aéronautique *(Concorde, Harrier jump-jet)*. Des présentations annexes illustrent le rôle permanent de la section d'aéroportage de la Royal Navy.

Cadbury Castle CD2

À 11 km/7 miles au nord de Sherborne par la B 3148, puis une route secondaire sur la droite.

Les fouilles ont prouvé que le lieu fut occupé à l'époque préhistorique et qu'un fort fut construit à l'âge du fer, vers 600 av. J.-C. Certains éléments semblent indiquer que les Romains résidèrent dans le château après leur invasion et que les Saxons le refortifièrent à la fin du 5e s. Le site, d'où la **vue★★** est magnifique, aurait été, selon la légende, Camelot, le château du **roi Arthur**.

2

NOS ADRESSES À SHERBORNE

HÉBERGEMENT

BUDGET MOYEN

Half Moon Inn – *Half Moon Street - ✆ (01935) 812 017 - www.marstonsinns.co.uk - 13 ch. : 83,95 £* ☕. Auberge traditionnelle installée dans une vieille demeure de brique à pans de bois proche de l'abbaye.

RESTAURATION

Bon à savoir –Au château de Sherborne, **Lakeside Tea Room** propose *afternoon tea* et restauration légère.

BUDGET MOYEN

The 3 Wishes – *Cheap Street - ✆ (01935) 817 777 - www.thethreewishes.co.uk - 25 £.* Restaurant, salon de thé et pâtisserie dotés d'un agréable jardin à l'arrière.

The Green – *3 The Green - ✆ (01935) 813 821 - www.thegreensherborne.co.uk - fermé dim. et lun - menu 20/33 £.* Formule bistro dans une salle que prolonge un jardin fleuri.

Arkles – *Digby Road face à l'office de tourisme - ✆ (01935) 389 666 - arkles.co.uk - 30 £.* Élégant bar à vins et restaurant avec salle à l'étage.

ACHATS

Marchés – Jeudi et samedi toute la journée, le long de Cheap Street.

Exeter

★★

109 247 habitants

NOS ADRESSES PAGE 352

S'INFORMER

Office de tourisme – *Civic Centre - Dix's Field - ☏ (01392) 665 700 - www.exeter.gov.uk - lun.-sam. 9h-17h (et juil.-août : dim. 10h-16h).* Visites pédestres guidées par les *Red Coat Guides* de la ville.

SE REPÉRER

Carte de région C2 (p. 267) – *carte Michelin 503 J31 - Devon.* Située à la pointe de l'estuaire de l'Exe, Exeter est reliée à Bristol par l'autoroute M 5. Les sorties 29 et 30 donnent accès à la ville ; garez-vous au parking Pay-and-Display de Mary Arches Street.

À NE PAS MANQUER

La cathédrale et Quayside.

ORGANISER SON TEMPS

Consacrez une journée à Exeter.

Cité médiévale ayant conservé quelques fragments de ses remparts, Exeter possède une des plus belles cathédrales d'Angleterre. Si la cité médiévale a hélas beaucoup souffert des bombardements incessants de 1942, la ville, moderne et animée, a su conserver une partie de son charme, notamment en aménageant les docks de son ancien quartier maritime, Quayside.

Se promener

DANS LE CENTRE-VILLE Plan de ville

Circuit tracé en vert sur le plan p. 350. En sortant du parking, gagner North Street (centre commercial Guildhall), puis High Street sur la gauche. Emprunter à droite une ruelle, Broadgate.

Cathedral Close B2

En forme de diamant, l'enclos est délimité par les remparts, **St Martin's Church**, **Mol's Coffee House** (maison à colombage datant de 1596), la manécanterie, et une rangée courbe de maisons des 17e, 18e et 19e s. aboutissant à une maison georgienne blanche, à trois étages, transformée en hôtel. Au centre, la cathédrale est presque contiguë au palais épiscopal de grès rouge, reconnaissable à ses nombreux pignons.

★★ Cathedral B2

☏ (01392) 255 573 - www.exeter-cathedral.org.uk - ♿ - 9h-16h45 - possibilité de visite guidée : lun.-sam. 11h, 12h30, 14h30 (sf sam.) - été : possibilité de visite guidée des toits (horaires : se renseigner - interdit aux -11 ans - 10 £) - 3 £.

L'enclos de la cathédrale.
AGE/Photononstop

Les **tours romanes du transept** constituent la partie la plus ancienne de la cathédrale, puisque la majeure partie de l'édifice fut remaniée au 13e s. et achevée au 14e s.

La façade présente plusieurs niveaux : aux anges, évêques et monarques succède jusqu'aux parapets crénelés un décor flamboyant. Les tours, jumelles mais non identiques (la tour nord est plus ancienne), se dressent, imposantes, ornées d'arcades et d'arcs croisés jusqu'aux tourelles d'angle, coiffées de poivrières. À l'extrémité ouest, la fenêtre supérieure sur pignon est à moitié cachée par la fenêtre principale, elle aussi masquée à sa base par le parapet bordant le splendide jubé (fin 14e-début 15e s.).

Intérieur – Le trait le plus frappant est la **voûte à tiercerons** de la nef qui, d'ouest en est, s'étend sur 91 m en une suite ininterrompue de nervures entrecroisées, marquées aux intersections par des médaillons dorés et colorés. Vous serez également impressionné par les **culs-de-lampe** du 14e s., situés entre les arcs brisés de l'arcade, que soutiennent seize colonnes engagées. Remarquez la **tribune des musiciens** du 14e s. (côté nord), composée de quatorze anges jouant chacun d'un instrument, et la rosace à nervures réticulées (vitrail du 20e s.). Derrière le maître-autel se dresse la **colonne d'Exeter**, prototype de toutes les colonnes de la cathédrale. Au travers des deux arcs brisés, situés derrière le maître-autel, vous apercevrez les colonnes du déambulatoire et, au-delà, la chapelle de la Vierge avec ses multiples médaillons sculptés à la voûte et ses culs-de-lampe. Dans le chœur, les stalles (1870-1877) de **George Gilbert Scott** comprennent l'ensemble le plus ancien et le plus complet de miséricordes existant en Angleterre, puisque les sculptures datent de 1260-1280. Le magnifique trône épiscopal fut sculpté dans le chêne en 1312. Dominant le maître-autel, les vitraux de la fenêtre orientale de la fin du 14e s. sont en grande partie d'origine. Dans le bras gauche du transept, une horloge du 15e s. évoque les révolutions du Soleil et de la Lune autour de la Terre.

Quitter l'enclos par St Martin's Lane, vestige des ruelles médiévales d'autrefois, et traverser High Street.

★ Royal Albert Memorial Museum A1

✆ (01392) 665 858 - www.rammuseum.org.uk - fermé pour travaux, réouverture prévue en 2011.

Construit en l'honneur du **prince Albert** (1869), ce musée possède de belles collections réparties en quatre sections. La Devon Gallery présente la **géologie** et l'**écologie** de la région. La collection d'histoire naturelle (animaux, végétaux et minéraux des cinq continents) est la plus importante de Grande-Bretagne après Londres. La section d'**archéologie** expose des objets préhistoriques exhumés dans le Devon, ainsi que des objets datant de l'occupation romaine et de l'époque médiévale. Les collections d'**ethnographie** témoignent de l'intérêt des voyageurs originaires du Devon que leurs explorations conduisirent jusqu'en Afrique de l'Ouest et dans le Pacifique.

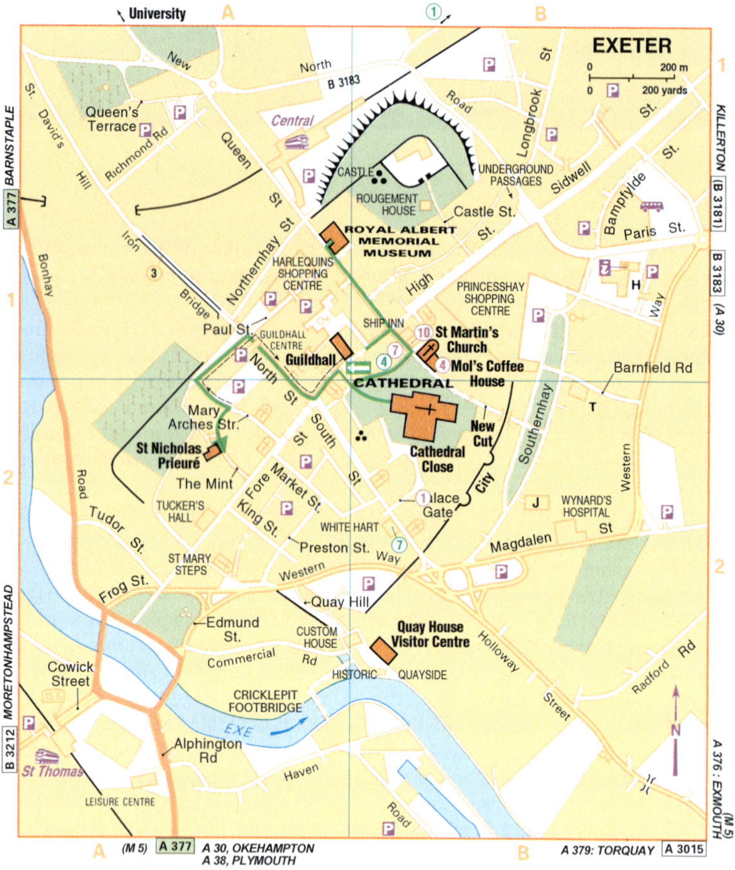

SE LOGER	
Abode Royal Clarence	4
Raffles	1
The White Hart	7

SE RESTAURER	
Brazz	1
Hansons	4
Michael Caines	7
The Ship Inn	10

UN PEU D'HISTOIRE

Au 1er s. apr. J.-C., les Romains établirent leur forteresse la plus occidentale sur la rive occidentale de l'Exe. La ville saxonne construite par la suite fut à maintes reprises détruite par les Vikings entre 876 et 1003, mais n'en poursuivit pas moins son développement au point de devenir siège épiscopal en 1050. Au Moyen Âge, sa situation sur l'estuaire de l'Exe lui permit de devenir un centre important de commerce de la laine. La prospérité du port d'Exeter s'acheva brutalement au 13e s., quand la comtesse Isabelle du Devon construisit un barrage sur la rivière et détourna avec succès tout le commerce d'Exeter sur Topsham.

L'art tribal est notamment représenté par les souvenirs des premiers voyages du **capitaine Cook**. Les **arts décoratifs** locaux sont représentés par des montres et des horloges des 18e et 19e s., de l'argenterie du 16e au 19e s. (objets culturels, pots à café, à tabac et à chocolat) dont un legs de 60 cuillères du sud-ouest de l'Angleterre (16e-17e s.), de la céramique du Devon et des objets en verre. La galerie des **Beaux-Arts** se concentre surtout sur les artistes associés au Devon.
Prendre High Street sur la droite.

Guildhall A1

✆ (01392) 665 500 - www.exeter.gov.uk - lun.-sam.10h-16h (selon obligations civiles : se renseigner) - visite guidée sur demande préalable - fermé j. fériés.
Précédé d'un portique Tudor magnifiquement orné (1593), l'ancien hôtel de ville renferme une salle à charpente de bois (vers 1470) ainsi que les boiseries élisabéthaines en chêne très décorées.
Revenir au parking et prendre, en face de celui-ci, The Mint.

St Nicholas Priory/21 The Mint A2

✆ (01392) 665 858 (Royal Albert Memorial Museum) - www.rammuseum.org.uk - vac. scol. : lun.-sam. 10h-17h - fermé j. fériés - 2,50 £.
Ce bâtiment en grès était le réfectoire d'un prieuré bénédictin fondé en 1087, avant de devenir la résidence d'un marchand élisabéthain. Dans la crypte romane, des colonnes rondes et massives soutiennent une voûte d'ogives assez basse. La salle d'hôte et la salle du prieur sont dotées de splendides charpentes de bois et renferment un mobilier datant des 16e et 17e s. L'intérieur a été reconstitué dans l'esprit d'une maison élisabéthaine.

À L'ÉCART DU CENTRE

Quayside AB2

Accès à pied depuis le centre par South Street, puis à droite avant le White Hart par une ruelle qui permet de franchir le boulevard périphérique (passage souterrain).
Réhabilités, les entrepôts de l'ancien port d'Exeter, situés au confluent de l'Exe et du plus ancien canal d'Angleterre (creusé en 1563-1566), accueillent désormais boutiques, antiquaires, cafés et restaurants, faisant des berges un agréable lieu de promenade et de loisirs pour les autochtones.
Quay House Visitor Centre – *✆ (01392) 271 611 - www.exeter.gov.uk - avr.-oct. : 10h-17h ; nov.-mars : w.-end 11h-16h.* Il présente des maquettes, des peintures et des objets, ainsi qu'une présentation audiovisuelle de l'histoire d'Exeter.

À proximité Carte de région

★ Ottery St Mary C2

À 19 km/12 miles à l'est par les B 3183, A 30 et B 3174.

Plaisamment située sur l'Otter et entourée de vertes collines, la ville est constituée d'un réseau de rues sinueuses et de petites places bordées de maisons du 17e s. et d'époque georgienne. En haut de la colline se tient l'église **St Mary★**, flanquée de tours jumelles, et consacrée en 1260 sur un fief qui appartint à la cathédrale de Rouen de 1061 à 1336. À cette date, l'évêque Grandisson d'Exeter transforma l'église en collégiale et fit modifier le chœur, la nef, l'allée centrale et la chapelle de la Vierge dans le style gothique Decorated. Une grande partie du mobilier liturgique date de cette époque (1280-1377), notamment l'horloge de Grandisson, située dans le bras droit du transept, et l'aigle en bois doré, un des plus anciens et des plus beaux lutrins de cette forme de toute l'Angleterre. Remarquez également les voûtes, les superbes médaillons colorés et les culs-de-lampe.

NOS ADRESSES À EXETER

TRANSPORTS

Aéroport international d'Exeter – *(01392) 367 433 - www.exeter-airport.co.uk*. Situé le long de la A 30 (direction Honiton), il est desservi par la compagnie Flybe *(voir p. 9)*.

Butts Ferry – Le bac, manœuvré à la main, permet de traverser l'Exe, plutôt que d'emprunter la passerelle de Quayside.

VISITES

Balades en bateau

Exeter Cruises – *Historic Quayside - (01392) 368 442 - www.exetercruises.com - juil.-août : tlj ; avr.-mai et sept : w.-end - dép. ttes les h de 11h30 à 15h30 (16h30 les w.-end, j. fériés et en août) - 5 £/AR*. Croisières de 45 mn sur l'estuaire.

HÉBERGEMENT

BUDGET MOYEN

The White Hart – B2 - *66 South Street - (01392) 279 897 - www.whitehartpubexeter.co.uk - ch. : 70/100 £* . Sur le chemin conduisant à Quayside, ce pub traditionnel propose également des chambres.

Raffles – B1 - *11 Blackall Road - (01392) 270 200 - www.raffles-exeter.co.uk - 7 ch. : 72 £* . Maison d'hôte édouardienne accueillante et confortable au mobilier ancien.

UNE FOLIE

Abode Royal Clarence Hotel – B1 - *Cathedral Yard - (01392) 319 955 - www.abodehotels.co.uk - 52 ch. : 125/165 £* . Derrière une façade georgienne face à la cathédrale, se cache un hôtel moderne et raffiné.

RESTAURATION

Bon à savoir – Sur **Quayside**, établissements de restauration légère et cafés tels The Riverside Café *((01392) 214 180)* et The Prospect Inn *((01392) 273 152)*.

BUDGET MOYEN

Brazz – B2 - *10-12 Palace Gate - (01392) 252 525*. Brasserie moderne et animée, carte variée et internationale.

The Shipp Inn – B1 - *16 Martin's Lane - ✆ (01392) 272 040*. Pub historique avec brasserie à l'étage.

Hansons – B1 - *Cathedral Yard - ✆ (01392) 276 913*. Installé dans l'historique Moll's Coffee House, un restaurant proposant des plats végétariens.

UNE FOLIE

Michael Caines – B1 - *Cathedral Yard, accès par St Martin's Lane - ✆ (01392) 319 955 - www.michaelcaines.com - fermé dim. - 50 £ (menu déj. 19 £, menu découverte 65 £)*. Le restaurant de l'hôtel Clarence propose la gastronomie moderne d'un chef réputé, originaire de la ville, dans un cadre contemporain.

ACHATS

Bon à savoir – Tous commerces sur **High Street** (Boots, Marks & Spencer, Laura Ashley…) et dans l'immense centre commercial **Guildhall Centre**, qui occupe tout un pâté de maisons entre North Street, High Street et Queen Street.

Albert's Gift Shop – *Au Royal Albert Memorial Museum - voir p. 350*. Pour rapporter des objets exotiques…

Exeter Crafts Guild – *Quay Side - ✆ (01392) 214 332*. Artisanat régional : vannerie, bois, gravures, produits de bouche (moutarde, cidre, biscuits).

Dartmouth

★★

6 008 habitants

NOS ADRESSES PAGE 358

S'INFORMER

Office de tourisme – *The Engine House - Mayor's Avenue - ☏ (01803) 834 224 - www.discoverdartmouth.com - 9h30-17h (hiver 16h), dim. 10h-14h - fermé 1er janv. et 25-26 déc.*

SE REPÉRER

Carte de région C3 (p. 267) – *carte Michelin 503 J32 - Devon.* Lorsque l'on vient de Torquay, par la A 379 ou la B 3205, il faut traverser l'estuaire par un bac. Au point d'arrivée, une longue avenue longeant la rivière propose quelques places, gratuites en soirée. Vous disposez également d'un parking Pay-and-Display contre le jardin public.

À NE PAS MANQUER

La ville, une balade à Totnes et une exploration de la « Riviera anglaise » jusqu'à Torquay.

ORGANISER SON TEMPS

Prenez votre temps et consacrez 2 jours à cette région.

AVEC LES ENFANTS

Le zoo de Paignton ; Dartmouth Steam Railway and River Boat Company *(voir Nos adresses).*

Il faudrait être bien difficile pour ne pas tomber sous le charme de cette petite ville construite sur les bords du superbe estuaire de la Dart. Un port lilliputien entouré de nobles demeures, des ruelles pavées aux maisons blanches et fleuries, un sentier côtier, une végétation presque exubérante, une grande marina contribuent à la séduction des lieux jadis protégés des incursions maritimes par une fière forteresse juchée sur un éperon dominant la mer.

Se promener

★ LA VIEILLE VILLE

Le **petit port**, aménagé en retrait de l'estuaire est bordé d'un quai (The Quay), aménagé en 1548 et où se concentrait jadis l'activité commerciale de la ville. Des maisons de marchands s'y dressaient, parmi lesquelles celles qui, réunies, abritent aujourd'hui **The Castle Hotel**.

Au bout, sur Duke Street, le **Butterwalk★** est une rangée de quatre anciennes boutiques à pans de bois dotées d'étages en encorbellement supportés par onze piliers de granit.

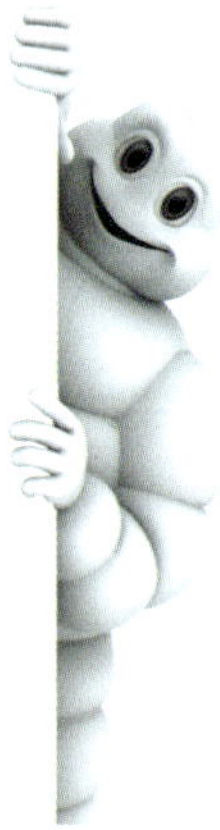

UN PORT MILITAIRE
Port d'eau profonde superbement situé dans une crique sensible aux marées, presque insoupçonnable de la mer et entourée de collines verdoyantes, la ville est devenue prospère grâce au commerce. Au 17e s. cependant, lorsque Bristol et Londres s'assurent le monopole des échanges, Dartmouth devient un simple port militaire que domine le grand bâtiment de l'**École navale**, construit au début du 20e s. par sir Aston Webb et qui compta parmi ses élèves nombre de membres de la famille royale.
Britannia Royal Naval College – *✆ (01803) 834 224 (office de tourisme) - www.royalnavy.mod.uk - visite guidée (2h) de Pâques à fin oct. : merc. et w.-end - rens. et réserv. à l'office de tourisme.*

Construites en 1635-1640, endommagées par un bombardement en 1942, elles abritent aujourd'hui le **Darmouth Museum**, musée d'histoire et d'ethnographie locale. *✆ (01803) 832 923 - www.devonmuseums.net/dartmouth - lun.-sam. 10h-16h (nov.-mars 12h-15h) - fermé 1er janv., 25-26 déc. - tarif non communiqué.*
Dans le prolongement, Duke Street devient Victoria Road : sur la droite, le **Old Market**, tout blanc, a été bâti en 1828.
Sur la gauche, Anzac Street conduit à l'église **St Saviour**, dont la haute tour carrée à pinacles est, depuis sa construction (1372), un point de repère pour tous ceux qui naviguent vers l'amont. Remarquez la porte sud, agrémentée de deux lions en ferronnerie et d'un arbre de vie, ainsi que l'autel médiéval, dont les pieds sculptés représentent des figures de proue de navire.
Poursuivre vers le centre-ville.
La ville médiévale, très compacte, possède encore quelques maisons anciennes le long de **Higher Street** : notez notamment la **maison Tudor**, à quatre étages, du début du 17e s., ainsi que **The Carved Angel**, maison à colombage construite à la fin du 14e s., qui fut longtemps une auberge.
Vous retrouvez l'estuaire de la rivière et sa sympathique **Station Pier**, pavillon de métal et de verre élevé en 1864 dans l'attente d'un hypothétique chemin de fer… qui ne franchit jamais l'estuaire : faute de mieux, on y attend aujourd'hui le bac, qui permet de gagner la rive gauche de la rivière.

À voir aussi

Dartmouth Castle

À 1,5 km/0,9 mile par Newcomen Road, South Town et Castle Road (attention : croisements aléatoires hors espaces aménagés) - EH - ✆ (01803) 833 588 - www.english-heritage.org.uk - juil.-août : 10h-18h ; avr.-juin et sept. : 10h-17h ; oct. : 10h-16h ; nov.-mars : w.-end 10h-16h - fermé 1er janv. et 24-26 déc. - 4,50 £ - aire de pique-nique.
La construction du fort fut engagée en 1481 par les marchands de Dartmouth, désireux de protéger leurs habitations et le mouillage en eaux profondes. Modifié et agrandi aux 16e et 18e s., il offre une **vue★★★** superbe sur la mer et l'estuaire. C'est le premier château anglais dont le système défensif donnait la priorité à l'utilisation de l'artillerie. Les canonnières sont ébrasées à l'intérieur pour obtenir le meilleur axe de vision, sans que l'ouverture soit trop large.
Depuis le château le sentier côtier, **South Devon Coast Path**, permet de belles promenades le long de la falaise.

2

À proximité Carte de région

★ Totnes B3

À 16 km/10 miles par la A 3122 et une petite route signalisée à droite. Parking payant près de Market Place, d'où un passage donne accès à High Street.
The Town Mill - Coronation Road - ✆ (01803) 863 168.
Cette petite ville est située à l'extrémité de la partie navigable de la rivière Dart. L'étroite rue principale (Fore Street, puis High Street à partir d'East Gate) sinue entre des maisons de brique, d'ardoise et de pierre, aux couleurs passées, édifiées par de riches marchands à la grande période de prospérité de la cité (1550-1650) lorsque Totnes contrôlait le commerce par mer de vêtements et d'étain vers l'Espagne et la France. Fore Street monte jusqu'à East Gate, une porte fortifiée, vestige des remparts médiévaux.
Fore Street – Au n° 70 se trouve le **Elizabethan Museum★** *(✆ (01803) 863 821 - www.devonmuseums.net/totnes - de mi-mars à fin oct. et 2 sem. en déc. : lun.-vend. 10h30-17h - 2 £ ; 2,5 £ billet combiné avec le Guildhall)* qui occupe une maison à colombage où est exposée la machine analytique, ancêtre de l'ordinateur conçu par **Charles Babbage** (1792-1871).
Le **manoir** en brique rouge sombre, une maison néogothique de la fin du 18e s. *(dans Bank Lane)* et d'autres très belles demeures *(nos 48 et 52)* témoignent de l'ancienne prospérité de Totnes.
High Street – Le **Guildhall** datant de 1553 *(✆ (01803) 862 147 - lun.-vend. 10h30-16h30 - 1,25 £ ; 2,5 £ billet combiné avec Elizabethan Museum)* a remplacé un prieuré bénédictin. La banque située au n° 16 fut construite en 1585 par un marchand de sardines de la ville dont les initiales figurent sur la façade. Les galeries à piliers de granit de **Butterwalk★** (lieu où l'on vendait le beurre) protègent les acheteurs de la pluie depuis le 17e s. Au n° 43, Bogan House, une ancienne maison de marchand d'époque Tudor, mais marquée par des influences allant de l'époque élisabéthaine à l'ère georgienne, abrite le **Devonshire Collection of Period Costume** *(✆ (01803) 862 857 - de fin mai à fin sept. : mar.-vend. 11h-17h ; mai et oct. : sur demande - tarif non communiqué)*, qui retrace l'évolution du costume de 1740 à 1970.
Rempart Walk – *Au bout de High Street, monter sur la droite une série d'escaliers.* Le chemin pavé des vieux remparts longe des cottages aux façades pimpantes.
★ **St Mary's** – La tour en grès rouge de cette église abbatiale puis paroissiale est décorée de macabres gargouilles. Elle renferme un très beau jubé (1459).
Totnes Castle – *EH - ✆ (01803) 868 686 - www.english-heritage.org.uk - juil.-août : 10h-18h ; avr.-juin, sept. : 10h-17h ; oct. 10h-16h - 3,20 £.* Perché sur un tertre, le château fort (14e s.) fut construit pour renforcer la motte féodale du 11e s. et les ouvrages en terre des cours. Les remparts commandent une très belle **vue★★★** sur toute la vallée de la Dart.

Dartington B3

À 3 km/2 miles au nord-ouest de Totnes par la A 385 et la A 384.
Dartington Hall – *✆ (01803) 847 000 (Dartington Trust) - www.dartington.org - ♿ - jardins : de l'aube au coucher du soleil - donation 2 £.* Dartington fut fondée en 1925 par les pédagogues **Leonard** (1893-1974) et **Dorothy Elmhirst** (1887-1968), qui prônaient l'encouragement du talent et de la responsabilité individuelle à travers une éducation progressive et une revalorisation de l'économie rurale. Quelques années après l'acquisition de la

propriété, alors abandonnée, et de ses terrains (335 ha), Dartington devint synonyme d'éducation « avancée » mixte, d'universités d'été, de cours sur l'art, d'expositions et de concerts. Malgré la fermeture de l'école (1987), le **Dartington Hall Trust** continue à produire un programme culturel varié. Le manoir *(ne se visite pas)*, construit vers 1340, est implanté dans de beaux jardins.

★ **High Cross House** – *(01803) 864 114 - www.dartington.org - - mai -oct. : mar.-vend. 14h-16h30 (et août : 10h30-12h) - 5 £.* Peinte en bleu et blanc, cette maison, conçue en 1931-1932 par **William Lescaze** (1896-1934), frappe par son architecture moderniste. C'était la résidence du directeur de Dartington avant que l'école ferme. Elle abrite maintenant les archives du Trust, un centre d'études et des expositions temporaires.

Greenway C3

Accès par bateau, par train et ferry ou par voiture et ferry (réserv. du parking impérative) ; prendre la A 379 et la A 3022 de Kingswear à Galmpton, près de Churston Ferrers.

Le corsaire **Humphrey Gilbert** (1539-1583), qui s'empara de nombre de galions espagnols et fonda Terre-Neuve, est né à Greenway .

C'est également ici qu' **Agatha Christie** acquit une résidence secondaire. Le parc, qui respire la beauté et la tranquillité, est sillonné de sentiers qui descendent vers les berges de la Dart. *NT - (01803) 842 382 - www.nationaltrust.org.uk - de mi-juil. à fin août : mar.-dim. 10h-17h ; de déb. mars à mi-juil. et sept.-oct. : merc.-dim. 10h-17h - 7,40 £ (9 £ si vous venez en voiture).*

★ Torbay C3

De Dartmouth, traverser l'estuaire par le ferry, puis prendre la A 379 et la A 3022 (16 km jusqu'au centre de Torquay).

À Torquay – *5 Vaughan Parade - 0844 474 2233 - www.englishriviera.co.uk (en français).* Il existe une antenne à Paignton *(Apollo Cinema, The Esplanade Road)* et à Brixhaw *(Old Market House, The Quay).*

Cette agglomération, que ses habitants appellent fièrement « la Riviera anglaise », est constituée de **Torquay**, **Paignton** et **Brixham**, d'anciens villages de pêcheurs qui ont tiré parti de leur climat doux, de leur végétation exotique (palmiers), des vues sur la mer et de belles plages de sable pour devenir des stations touristiques. Hôtels, promenades, jetées, pavillons, jardins publics et ports de plaisance, tout y est pensé pour favoriser le tourisme, principale source de revenu de la population locale.

UNE GRANDE DAME

Agatha Miller est née et a grandi à **Torquay**. Au début de la Première Guerre mondiale, enrôlée dans un détachement de secours volontaire, elle travailla à la mairie, transformée en hôpital de la Croix-Rouge. Les nombreux réfugiés belges qui affluaient à Torquay inspirèrent, à celle qui allait devenir **Agatha Christie** (1890-1976), le personnage d'Hercule Poirot. Forte de son expérience d'infirmière, Agatha devint pharmacienne, ce qui lui permit de s'initier aux mystères de la pharmacologie et de puiser quelques recettes bien utiles pour ses criminels. Agatha Christie, qui publia également des romans sous le nom de Mary Westmacott, épousa en secondes noces un archéologue, Max Mallowan, avec lequel elle voyagea beaucoup au Moyen-Orient.

Torquay – Dans cette station estivale très animée, les maisons sont accrochées au flanc de la colline qui surplombe la mer. Les villas ainsi que les grands hôtels édouardiens et victoriens aux façades claires s'élevant dans des jardins luxuriants ont en partie cédé la place à des immeubles modernes et des grands hôtels. Visitant Torquay, Dickens la décrivit comme un « composé de Hastings et Tunbridge Wells, mâtiné de montagnes à l'image de celles qui entourent Naples ».

★ **Kents Cavern** – *℘ (01803) 215 136 - www.kents-cavern.co.uk - ♿ - visite guidée juil.-août : 9h-16h30 (dernière visite) ; avr.-juin et sept.-oct. : 9h-16h ; nov.-mars : 9h-15h30 - fermé 25-26 déc. - 8,50 £ - cafétéria.* Des fouilles entreprises dans un ensemble de grottes ont montré qu'elles avaient abrité des animaux, puis des hommes pendant de longues périodes, de l'ère paléolithique jusqu'à l'époque romaine. La visite *(800 m)* conduit à des salles très diverses renfermant des « cascades » pétrifiées, des cristaux rouges, bruns ou verts et de multiples stalactites et stalagmites.

Entourée de magnifiques jardins, **Torre Abbey**, sur Torbay Road, comprend une maison du 18e s., un bâtiment dit « la grange espagnole » et les ruines de l'abbaye médiévale. La maison, transformée en musée, abrite une collection d'**étains anglais**, de la verrerie des 18e et 19e s., ainsi qu'un ensemble unique d'illustrations originales du *Livre de Job* par **William Blake**. *℘ (01803) 293 593 - www.torre-abbey.org.uk - mars-oct. : 10h-18h ; fév. et nov.-déc. : mar.-dim. 10h-17h (dernière entrée 1h av. fermeture) - 5,75 £.*

★★ **Zoo de Paignton** – *En périphérie ouest de Paignton, le long de la A 385 (Totnes Road) – ℘ (01803) 697 500 - www.paigntonzoo.org.uk - ♿ - 10h-18h (variable) - fermé 25 déc. - tarif non communiqué - restaurant.* C'est l'un des plus grands zoos de Grande-Bretagne (30 ha) et nombre de ses pensionnaires font partie d'un programme de préservation des espèces menacées. Il renferme aussi un luxuriant jardin botanique.

NOS ADRESSES À DARTMOUTH

TRANSPORTS

Liaisons par ferry

Trois bateaux font la navette **Dartmouth-Kingswear**, dont deux transportant les véhicules.

Western Lady Ferry – *℘ (01803) 852 041 (New Pier, Brixham) ou (01803) 293 797 (Princess Pier, Torquay) - www.westernladyferry.com - avr.-oct. : dép. ttes les 45mn de 10h à 17h (dernier dép. de Brixham et de Torquay) - 3,50 £, 7 £/AR (enf. 2 £, 4 £/AR).* Liaison **Brixham-Torquay** (25mn), le moyen le plus rapide pour traverser Torbay. Également des excursions sur la Dart jusqu'à Dartmouth et Dittisham, et des promenades vespérales pour admirer les lumières de Torbay.

HÉBERGEMENT

Bon à savoir – Nombre d'hôtels dans les trois stations de la Riviera anglaise. À **Torquay**, la plupart des maisons de King's Drive, descendant sur le front de mer, abritent B & B, hôtels ou *guesthouses*. Réservations à l'office de tourisme.

POUR SE FAIRE PLAISIR

Brown's – *Victoria Road - ℘ (01803) 832 572 - www.brownshoteldartmouth.co.uk - 10 ch. : 90/160 £* ☕. Au-delà du Vieux Marché, un hôtel sympathique doté d'un bar à tapas *(mar.-sam. soir)* et d'un restaurant.

UNE FOLIE

The Royal Castle – *The Quay - ✆ (01803) 833 033 - www.royalcastle.co.uk - 25 ch. : 185/199 £* ☕. Deux belles maisons d'armateurs donnant sur le port. Les chambres sont réparties autour d'une cour intérieure, certaines avec, en outre, vue sur la rivière. Superbe adresse !

RESTAURATION

BUDGET MOYEN

Anzac Street Bistro – *Anzac Street - ✆ (01803) 835 515 - www.anzacstreetbistro.co.uk - 30 £.* Dans une maison georgienne de 1750, un restaurant de poissons et fruits de mer. Cadre moderne, cuisine inventive et accueil chaleureux. Réserver.

POUR SE FAIRE PLAISIR

The New Angel – *2 South Embankment - ✆ (01803) 839 425 - www.thenewangel.co.uk - fermé dim.-lun. et janv. - 36/48 £ (menu 25/30 £).* L'adresse gastronomique de Dartmouth a quitté la vieille Carved Angel Inn pour ce lieu plus moderne. Pour goûter à la cuisine raffinée d'un chef étoilé. Réservation indispensable.

PETITE PAUSE

À Totnes

Anne of Cleves – *56 Fore Street - ✆ (01803) 863 186.* Agréable pâtisserie salon de thé.

ACHATS

Boutique du National Trust à **Dartmouth** sur The Quay.

Totnes possède plusieurs magasins d'antiquités le long de Fore Street ; les produits artisanaux du Dartington Hall Trust sont vendus au **Cider Press Centre** *(✆ (01803) 847 500 - 9h30-17h30, dim. 10h-17h).*

ACTIVITÉS

Baignade

Rendez-vous sur la Riviera : plusieurs plages de sable à Torquay (Maidencombe, Watcombe, Oddcombe ou Babbacombe), Paignton et Brixham.

Autres activités

Dartmouth Steam Railway and River Boat Company – *✆ (01803) 555 872 - www.dartmouthrailriver.co.uk.* Cette compagnie propose plusieurs types d'excursions.

Train à vapeur – *Mai-sept. : 4 à 9 dép./j ; avr. et oct. : se renseigner - 12 £ (enf. 8,50 £).* Des locomotives à vapeur assurent la liaison entre Paignton et Darthmouth. La promenade dans les wagons victoriens aux sièges en fer forgé est à la fois pratique et nostalgique (les employés sont costumés). Le **Round Robin Trip** combine train, bateau jusqu'à Totnes et entre Totnes et Paignton *(19,50 £, enf. 2,50 £).*

Excursion sur le fleuve – La promenade (19,3 km) remonte la Dart, surnommée « le Rhin anglais » au 19e s., permettant de contempler en toute quiétude sa vallée et le nombre exceptionnel d'oiseaux qui peuplent ses berges.

Excursion sur le littoral – L'itinéraire descend l'estuaire de la Dart, puis longe la côte vers l'ouest au large de Compass Point, Blackpool Sands et Slapton Sands en laissant apercevoir Torcross et Start Point.

Wildlife Cruises permet de voir phoques, requins pèlerins, tortues luths, grands dauphins et oiseaux de mer.

2

Plymouth

★

253 188 habitants (Plymouth)

NOS ADRESSES PAGE 372

S'INFORMER

Office de tourisme – *Plymouth Mayflower - 3/5 The Barbican - ✆ (01752) 306 330 - www.visitplymouth.co.uk - avr.-oct. : 9h-17h, dim. 10h-16h ; nov.-mars : lun.-vend. 9h-17h, sam. 10h-16h.*

SE REPÉRER

Carte de région B3 (p. 266) – *carte Michelin 503 H32 - Devon.* Plymouth est située sur la côte sud-ouest de l'Angleterre à l'embouchure de la Tamar, qui marque la « frontière » avec la Cornouailles. Depuis la A 38, prendre à l'échangeur, côté Exeter, la direction « Parking Barbican » : une longue voie conduit à un parking *multistorey*, à proximité immédiate de l'Aquarium national. Il suffit ensuite de franchir le pont-levis fermant le port de Sutton pour accéder au centre-ville.

À NE PAS MANQUER

Les ruelles de Barbican ; une excursion dans le Dartmoor National Park.

ORGANISER SON TEMPS

Une demi-journée à Plymouth ; 2 jours pour le parc.

AVEC LES ENFANTS

L'Aquarium national ; South Devon Railway à Buckfastleigh.

Ayant joué un rôle dans la fondation de ce qui allait devenir les États-Unis d'Amérique, Plymouth n'en finit pas de revivre les grandes heures de son passé maritime : celui-ci est illustré par des marins comme Francis Drake, vainqueur de l'Invincible Armada de Philippe II d'Espagne, ou par le capitaine Cook, qui explora la Nouvelle-Zélande et l'Antarctique, mais aussi par la célèbre Cunard Line et ses fiers transatlantiques. Quelque chose de cette grande époque revit dans le quartier de Barbican, dernier vestige du vieux Plymouth. Tout autre est le massif du Dartmoor, où landes, marais et fondrières aiment se dissimuler sous un épais brouillard. Inquiétant ? Sans doute, si l'on songe que c'est ici que Conan Doyle situa son fameux « Chien des Baskerville »… Mais cet écosystème fragile, protégé par les autorités du Parc national, sait aussi se montrer riant aux beaux jours et révéler au marcheur des paysages étonnants.

Se promener Plan de ville

Circuit tracé en vert sur le plan ci-contre. Quitter le parking et contourner le bâtiment de verre abritant l'Aquarium.

★ National Marine Aquarium

✆ 0844 893 7938 - www.national-aquarium.co.uk - ♿ - avr.-oct. : 10h-18h ; nov.-mars : 10h-17h (dernière entrée 1h av. fermeture) - fermé 25 déc. - 11 £ (enf. 6,50 £).

Le hall d'accueil du plus grand aquarium britannique offre une belle **vue** de la marina située à l'entrée de Sutton Harbour et de la citadelle. Les bassins représentent différents environnements : un courant froid, un estuaire, la mer peu profonde, la haute mer, un récif de corail et la faune qui le peuple, allant des délicats et gracieux hippocampes aux redoutables requins. Le tunnel aménagé dans le bassin de la Méditerranée permet d'observer la faune marine, des murènes des profondeurs aux poissons multicolores des eaux peu profondes. Bref, ce sont en tout plus de 3 000 habitants des mers représentant 200 espèces qui évoluent devant vos yeux, tandis qu'ateliers, attractions interactives et spectacles multimédias passionnent les enfants.
Franchir le pont-levis piéton (fermé de 21h30 à 4h du matin) à l'extrémité de Sutton Harbour.

SE LOGER

- Ashgrove House ①
- Holiday Inn Plymouth ④
- Premier Travel Inn ⑦

SE RESTAURER

- Barbican Kitchen ①
- Tanners ④

TROIS VILLES, UN PORT

Plymouth s'est développée à partir de la réunion de trois villes, **Sutton**, **Devonport** et **Stonehouse**. À l'embouchure de la Plym, Sutton, à l'origine un petit port de pêche, se met à commercer avec la France sous les Plantagenêt, avant d'échanger avec l'ensemble du monde sous le règne d'Élisabeth Ire, à tel point que, pendant un certain temps, Plymouth est la quatrième ville d'Angleterre après Londres, Bristol et York. Port de commerce, la cité joue également un rôle fondamental en tant que port militaire : c'est ici qu'embarquent soldats et explorateurs comme **Francis Drake**, **Walter Raleigh**, **John Hawkins** (1532-1595), pionnier anglais de la traite des Noirs (tous originaires du Devon), **James Cook**, et aussi les « Pères pèlerins » à bord du **« Mayflower »**. Le Chantier naval royal (2 ha à l'origine) fut fondé par Guillaume III en 1691 sur Bunkers Hill à Devonport et s'étendit vers le nord. Première escale sur les légendaires lignes transatlantiques de la Cunard et de la White Star, la ville fut très endommagée lors des bombardements de la Seconde Guerre mondiale ; elle a été reconstruite en privilégiant les vastes espaces. De nos jours, Plymouth se divise en trois quartiers : Barbican, le plus ancien, borde le port avec son vieux marché à poissons et ses ruelles aux vieilles demeures. Hoe, face à la mer, au-delà du château, conserve de beaux bâtiments victoriens et édouardiens. Enfin, le dernier quartier est le centre commerçant, reconstruit après la Seconde Guerre mondiale.

En face de vous, la citadelle royale surplombe le vieux quartier de Barbican, tandis que sur votre droite, les quais du port bruissent d'activité. Le pont est relié au quai par une jetée sur laquelle la **Mayflower Stone** commémore le départ des « Pères pèlerins ».

Plymouth Mayfloywer

3-5 The Barbican (office de tourisme) - ✆ (01752) 306 331 - avr.-oct. : 9h-17h, dim. 10h-16h ; nov.-mars : lun.-vend. 9h-17h, sam. 10h-16h - 5 £.

C'est le 6 septembre 1620 que le *Mayflower* largua les amarres du port de Plymouth, avec à son bord une centaine de « Pères pèlerins ». Ces **puritains**, opposés à l'Église anglicane, allaient rédiger pendant leur traversée le *Covenant*, première constitution américaine, et fondèrent à leur arrivée le 21 décembre New Plymouth, première ville de Nouvelle-Angleterre. Ce voyage est ici raconté, ainsi que d'autres événements de cette époque, au moyen d'expositions interactives et de divers objets.
Prendre la quai sur la droite.

Barbican Glasswork

✆ (01752) 224 777 - 9h-18h, dim. 11h-17h - fermé Pâques et 25 déc.

L'ancienne halle aux poissons a été transformée en salle d'exposition et atelier pour les souffleurs de verre que l'on voit à l'œuvre, trempant leurs cannes dans le verre liquide incandescent.

Quartier de Barbican

Le vieux Plymouth survit dans ce quartier sillonné par des ruelles pavées que bordent des maisons médiévales et des porches de l'époque de Jacques II. Sur New Street au n° 32, l'**Elizabethan House** *(✆ (01752) 304 774 - mai-sept. : mar.-sam. et lun. fériés 10h-17h (dernière entrée 30mn av. fermeture) - fermé Vend. saint et 24-26 déc. - 2 £)* et sa voisine (fin du 16e s.) témoignent d'une

époque prospère pour les marchands et les capitaines, enrichis par le commerce et les butins. Ces maisons à colombage et pierre calcaire se caractérisent par leurs fenêtres s'étendant sur toute la largeur du rez-de-chaussée et du premier étage, leurs poutres apparentes, les grandes cheminées et le mobilier en chêne sculpté (16e-17e s.).
Dans Southside Street, un ancien monastère dominicain fondé en 1425 abrite la **Plymouth Gin Blackfriars Distillery**, que surmonte une haute cheminée. Une visite guidée permet d'assister à l'élaboration de cette boisson constituant la base des cocktails que vous pourrez déguster dans The Refectory, un bar aménagé sur les lieux où les pèlerins du *Mayflower* passèrent, dit-on, leur dernière nuit à terre, nantis de boissons que l'on imagine volontiers moins alcoolisées. *Southside Street - ✆ (01752) 665 292 - www.plymouthgin.com - ♿ - visite guidée (40mn) : 10h30-16h30, dim. 11h30-15h30 - 6 £.*
On débouche alors sur Notte Street, que borde, à droite, le centre-ville. Emprunter St Andrew's Street.

Merchant's House Museum

Au n° 33 - ✆ (01752) 304 774 - mai-sept. : mar.-sam. et lun. fériés 10h-17h (dernière entrée 30mn av. fermeture) - fermé Vend. saint, 25-26 déc. - 2 £.
Cette maison en bois, du milieu du 16e s., dont les fenêtres recouvrent toute la hauteur et la largeur de la façade, doit son style particulier à William Parker, maire de Plymouth de 1601 à 1602, mais aussi marchand et capitaine prospère. Elle abrite le musée du Vieux Plymouth, où vous verrez notamment la reconstitution d'une des vieilles pharmacies de la ville.

2

Prysten House

Fanewell Street - ✆ (01752) 661 414 - avr.-oct. : lun.-vend. 10h-15h30 - tarif non communiqué.
La **maison du Prieur** est la plus ancienne maison de Plymouth (1490). Des moines venant d'un prieuré situé à proximité pour participer aux services de St-Andrew y auraient habité au début du 16e s. Cette demeure haute de trois étages comporte une cour intérieure à galeries ouvertes en bois. La salle présente un joli plafond en bois ; des poutres encore noircies par la fumée rappellent la période de la Dissolution, lorsque la maison fut utilisée pour la fumaison du bacon. On peut aussi y admirer de jolies fenêtres à meneaux et des cheminées en granit.

St Andrew's Church

✆ (01752) 661 414 - www.standrewschurch.org.uk - 9h-16h.
Fondée en 1050 et reconstruite au 15e s., l'église fut bombardée en 1941. Seuls restèrent en place les murs, des colonnes cannelées en granit, les arches du chœur et la tour haute de 41 m. L'église a été reconstruite et de nouveau consacrée en 1957. Elle comprend six **vitraux**, conçus par **John Piper** (1904-1992), dont les couleurs éclatantes contrastent avec la patine du sol en ardoise de Delabole (Cornouailles). Sur un rebord de fenêtre *(première fenêtre ouest, sud de la porte)* figurent des graffiti montrant le *Golden Hinde* (le célèbre navire de Francis Drake) avec une corde partant de son étrave pour encercler une partie du globe terrestre. Ils seraient dus à un maçon travaillant dans l'église au moment où Drake rentra de son tour du monde (3 novembre 1580). Parmi les **monuments commémoratifs**, on peut admirer une effigie en « marbre » de Purbeck du 12e ou 13e s., des plaques commémoratives dédiées à Martin Frobisher et à Francis Drake, ainsi que les armes royales de Charles Ier, Georges III et Georges IV.
Revenir sur Notte Street et la suivre jusqu'à Armada Way sur la gauche.

Armada Way est une avenue ombragée d'une largeur démesurée. Elle conduit, après avoir croisé Citadel Road, à un vaste espace planté de gazon qui aboutit à **The Promenade**, allée piétonne, dominant la rade.

The Hoe

C'est de ce lieu que **Francis Drake** (1540-1596) aurait vu, un jour de 1588, arriver l'Invincible Armada espagnole et décidé de continuer imperturbablement la partie de boules qu'il était en train de jouer avant de partir au combat. La légende est peut-être apocryphe, et le navigateur se contentait sans doute d'attendre le changement de marée pour intervenir. Toujours est-il que cet emplacement offre une vue idéale du trafic maritime du **Sound**, port naturel situé à l'embouchure de la Tamar et de la Plym, et que délimite une digue longue de 1,5 km, construite par **John Rennie** entre 1812 et 1841, destinée à contenir la houle de grosse mer provenant du sud-ouest.

Smeaton's Tower – *✆ (01752) 304 774 - se renseigner pour les horaires - 2 £.* Ce phare peint en rouge et blanc, fut érigée sur le Promontoire en 1884, après avoir été pendant cent vingt-trois ans à la merci des tempêtes sur Eddystone Rocks, à environ 23 km au sud-ouest de Plymouth. Le phare d'Eddystone actuel, construit entre 1878 et 1882, est visible du Promontoire, et encore mieux du sommet de la tour de Smeaton, d'où l'on bénéficie d'une **vue★★** magnifique.

Plusieurs monuments témoignent du rôle historique de Plymouth : la **Drake Statue** sculptée par Boehm, l'**Armada Memorial** et le **Naval War Memorial**, monument aux morts où sont inscrits 22 443 noms.

Royal Citadel

EH - ✆ (01752) 255 629 - www.english-heritage.org.uk - visite guidée (1h30) mai-sept. : mar. et jeu. 14h30 (inclut la visite de la chapelle St Katherine) - 5 £.

À partir du 15e s., le terrain à l'est du Promontoire fut occupé par une forteresse. Vers 1590, Drake entreprit la construction d'un fort pour protéger le Sound des maraudeurs espagnols, et ce fut sur cet emplacement que Charles II fit construire de 1666 à 1671 la citadelle royale. Les remparts, longs de 1 km, offrent une belle **vue★★** sur le Sound, Barbican et l'embouchure de la Tamar. À l'origine, à l'entrée principale, **Main Gate**, en pierre de Portland et datant de 1670, se trouvaient un buste de Charles II ainsi que les armes et la devise royales. Ceux-ci furent diplomatiquement remplacés par quatre boulets de canon lorsque la citadelle fut livrée à Guillaume d'Orange en 1688 ! La maison de la garde, celle du gouverneur et l'entrepôt, datant du 17e s., ont tous été reconstruits, et la petite chapelle **St Katherine**, bâtie en 1688, fut agrandie au 19e s. Les fresques sur le mur est furent peintes par un sous-officier du Génie royal, tué au combat lors de la Première Guerre mondiale.

À voir aussi Plan de ville

★ City Museum and Art Gallery

Excentré, ce musée est situé sur Drake Circus, sur la droite de la A 38 - ✆ (01752) 304 774 - www.plymouthmuseum.gov.uk - ♿ - mar.-vend. : 10h-17h30, sam. et j. fériés 10h-17h - fermé Vend. saint, 25-26 déc.

Ce grand bâtiment de style victorien n'expose qu'une partie de ses splendides collections consacrées à l'**histoire maritime** de Plymouth (commerce maritime, chantier de construction navale, industries de la ville, histoire de la région et art contemporain). Les collections permanentes se trouvent à l'étage, dont une partie de la **Cottonian Collection**, composée de peintures,

JOSHUA REYNOLDS (1723-1792)
Reynolds, fils d'un pasteur du Devon, fut sans conteste le peintre britannique le plus important du 18e s. Après une formation auprès de **Thomas Hudson** et un séjour en Italie, il devint un brillant peintre mondain, surtout connu pour ses portraits où il représentait ses commanditaires dans des poses inspirées de la sculpture classique. Président fondateur de la **Royal Academy**, il fut aussi un théoricien de l'art (*Quinze discours sur l'art*, 1769-1790) et concilia les idéaux philosophiques du Siècle des lumières avec l'esthétique et la sensibilité du mouvement romantique naissant, pour créer une école de peinture véritablement anglaise.

de dessins de maîtres européens, d'estampes et de gravures, de livres et de manuscrits, ainsi que de mobilier et de nombreux objets, le tout amassé par plusieurs générations de collectionneurs. Vous y verrez notamment un grand nombre d'œuvres du peintre local **Joshua Reynolds**, né à Plympton St Maurice *(voir l'encadré ci-dessus)*. **William Cookworthy**, qui découvrit le kaolin de Cornouailles et put fabriquer de la porcelaine à pâte dure dans cette région à partir de 1768, habita aussi Plymouth. Une très belle exposition relate le développement de ce nouveau matériau.

À proximité Carte de région

★★ Saltram House B3

À 5,5 km/3,5 miles à l'est par la A 38 (juste avant Plympton) - NT - ✆ (01752) 333 503 - www.nationaltrust.org.uk - ♿ - manoir : de mi-mars à fin oct. : sam.-jeu. et Vend. saint 12h-16h30 - jardin et galerie d'art de la chapelle : de mi-mars à fin oct. : sam.-jeu. 11h-17h ; reste de l'année : sam.-jeu. 11h-16h - 9,60 £ (jardin seul 5 £) - restaurant.

En 1712, la famille Parker, de Boringdom, acquit ce manoir Tudor que la femme de John Parker entreprit d'embellir en 1750. À sa mort en 1758, son fils, John Parker II, membre du Parlement, en hérita. Par l'intermédiaire de son ami de toujours, Joshua Reynolds, il fit la connaissance de l'architecte **Robert Adam**, qui travaillait alors en collaboration avec **Thomas Chippendale**. À la suite d'un incendie, Adam, Chippendale, Reynolds et **Angelica Kauffmann** participèrent à la restauration de Saltram, qui possède ainsi le privilège de présenter quelques-unes des plus belles salles du 18e s. du pays. Malgré les modifications apportées en 1818, qui vit l'architecte local, John Foulson, ajouter à la bibliothèque un salon de musique, enrichir la façade d'un porche à colonnes doriques et balustrades, et agrandir les fenêtres situées au-dessus de ce porche, la maison demeure dans l'ensemble ce qu'elle fut au 18e s.

★★ Buckland Abbey B3

À 15 km/9,5 miles au nord par la A 386, puis par des routes secondaires à Yelverton - NT - ✆ (01822) 853 607 - www.nationaltrust.org.uk - ♿ - de mi-mars à fin oct. : 10h30-17h30 ; de mi-fév. à mi-mars et de nov. à mi-déc. : vend.-dim. 11h-16h30 (dernière entrée 45mn av. fermeture) - 8,60 £ - aire de pique-nique, salon de thé, restaurant.

Fondée en 1278, Buckland fut la dernière abbaye cistercienne construite en Angleterre et au pays de Galles. À la Dissolution, elle fut vendue à **sir Richard Grenville** (1541-1591), qui en fit une belle demeure élisabéthaine. Son célèbre et riche cousin **Francis Drake** la lui racheta en 1581. La propriété fut ensuite

transformée en une maison familiale georgienne puis, après un incendie survenu en 1938, restaurée avant de devenir la propriété du National Trust (1946). Le jardin date surtout du 20e s., et le jardin d'herbes aromatiques fut planté, dit-on, après une visite de Vita Sackville-West *(voir p. 212)*.
La taille de la **grange dîmière** (14e s.), à contreforts et pignons, témoigne de la prospérité de la communauté avant la Dissolution. La demeure a fort astucieusement exploité les éléments architecturaux de l'abbatiale. L'aile où Grenville avait établi ses cuisines a été aménagée à partir des chapelles du transept. La **galerie dite des Quatre Vies**, réalisée sur toute la longueur de la nef d'origine, révèle l'évolution de l'abbaye de 1278 à 1988. Les armoiries de Drake figurent sur une tablette de cheminée, dans la croisée nord. L'aile sud fut ajoutée vers 1790. Dans l'escalier, les panneaux vitrés de la fenêtre furent gravés par Simon Whistler pour commémorer la victoire de Francis Drake sur l'Invincible Armada (1588) lors du 400e anniversaire. La **galerie Drake**, ajoutée en 1570, commande le premier étage. Une exposition consacrée à Drake y est maintenant présentée. Une série de portraits orne les murs de la **chambre Drake**, pièce lambrissée décorée de meubles anglais et de style continental. Au bout de la galerie, la **pièce georgienne** reflète un goût complètement différent (portraits et paysages marins, mobilier des 18e et 19e s.). La **galerie Pym** renferme quatre peintures murales commandées par lord et lady Astor, illustrant les légendes associées à Francis Drake. La **grande salle**, sous la tour de l'abbaye, est pavée de carreaux rose et blanc (probablement d'origine hollandaise) et lambrissée de chêne. Les décorations en stuc, pour la plupart d'époque, sont impressionnantes. Le mobilier date surtout des 16e et 17e s. La **chapelle**, qui avait d'abord été reconstruite en 1917 à l'emplacement qu'occupait le maître-autel, abrite plusieurs tombes vides. La cuisine avec ses fours à charbon en brique, typiquement française, fut ajoutée au 17e s.

Circuit conseillé Carte de région

** DARTMOOR NATIONAL PARK B2-3

Encadré à l'ouest par la route A 386 montant de Plymouth, au nord par la A 38 entre Okehampton et Exeter, et au sud-est par la voie rapide A 38 reliant Exeter à Plymouth, Dartmoor est, avec ses 945 km², le plus grand des cinq massifs granitiques qui forment le noyau du sud-ouest de l'Angleterre. Au centre se trouve la lande, à 300 m d'altitude, alors que les *tors* (buttes rocheuses), situés essentiellement au nord et à l'ouest, s'élèvent jusqu'à 600 m. Les deux points les plus élevés, le **High Willhays** (621 m) et le **Yes Tor** (619 m), sont des zones d'entraînement militaire, et donc souvent inaccessibles. À l'est et au sud-est, on découvre des vallées boisées, des ruisseaux s'écoulant en cascade et de petits villages. Poneys, moutons et bovins paissent en toute liberté dans la lande. Buses, faucons crécerelles et corbeaux peuvent être aperçus.

Dartmoor National Park Authority – *High Moorland Visitor Centre - Tavistock Road- Princetown - Yelverton - ✆ (01822) 890 414 - www.dartmoor-npa.gov.uk - Pâques-sept. 10h-17h ; oct. et mars 10h-16h ; nov.-fév. 10h30-15h30.*

Centres d'accueil – Les principaux sont situés à **Postbridge** *(✆ (01822) 880 272 - Pâques-sept. 10h-17h ; oct. 10h-16h)* et **Haytoret** *(✆ (01364) 661 520 - Pâques-sept. 10h-17h ; oct. et mars 10h-16h ; nov.-fév. 10h30-15h30)*. Vous y trouverez une abondante documentation sur les activités possibles et sur l'environnement, des cartes de randonnée et, parfois, des expositions.

Combestone Tor dans le massif du Dartmoor.
T. Glyn / Loop Images/Photononstop

Circuit tracé en vert sur la carte p. 368. Quitter Plymouth par la A 38 en direction d'Exeter.

2

Buckfastleigh

Sur la gauche de la route.
Cette ville marchande située à la limite sud-est de la lande qui inspira à Arthur Conan Doyle une des plus célèbres aventures de Sherlock Holmes, *Le Chien des Baskerville*, est le célèbre terminus de la voie ferrée du Devon Sud.
South Devon Railway – *0845 345 1466 - www.southdevonrailway.org - - de fin mars à fin oct. : 4 à 9 dép./j - 10 £ - cafétéria.* Cette ligne de chemin fer (11 km) particulièrement pittoresque descend la vallée de la Dart, de Buckfastleigh à Totnes *(gare Riverside Station)*.

Buckfast Abbey

(01364) 645 500 - www.buckfast.org.uk - - 9h-18h (vend. 10h-18h), dim. 12h-18h - cafétéria.
Rénovée par des moines français, l'abbaye fut consacrée en 1932, environ 900 ans après sa fondation, sous le règne de Canut le Grand (1016-1035). L'église, de style néoroman, reprend le plan du bâtiment cistercien démoli à la Dissolution. Elle est construite en calcaire gris, rehaussé par la pierre jaune de Ham Hill. L'intérieur est en pierre blanche de Bath, surmonté de voûtes s'élevant à 15 m au-dessus de la nef. Le maître-autel est décoré (or, émaux et bijoux) et la chapelle du St-Sacrement (1966) est garnie de vitraux. Dans la crypte, une exposition retrace l'histoire de l'abbaye.
Revenir sur la A 38.

Ashburton

Ancien centre d'extraction d'étain et d'ardoise, cette ville est le point de départ de la vieille route (B 3357) qui traverse la lande, en direction de Tavistock. L'**église**, dotée d'une haute tour de granit de style Perpendicular, fut construite au 15e s. alors que la ville était un centre lainier. À l'ouest de la ville *(fléchage)*, le **River Dart Country Park** propose toutes sortes d'aménagements, pour pique-niquer ou observer les oiseaux.

Prendre la route de Buckland.

Buckland in the Moor

Des maisons de pierre à toit de chaume dans un vallon boisé, à côté d'une église datant de la fin du Moyen Âge, composent ce village caractéristique du Devon.

Revenir à la B 3357 et la prendre à droite.

On atteint le **Dartmeet**, le confluent des deux Dart, qui convergent dans une vallée étroite, pour s'écouler entre des coteaux boisés, riches en oiseaux et animaux sauvages.

Au confluent, prendre à droite la B 3387.

Widecombe in the Moor

Dans la « large combe » cernée d'arêtes de granit s'élevant à 460 m, les chaumières aux murs blancs sont rassemblées autour de la vaste **église St-Pancras**, de style Perpendicular, flanquée d'une haute (40 m) et imposante tour de granit rouge. La voûte en berceau est ornée de beaux motifs sculptés. La **maison paroissiale** à deux étages est dotée d'une loggia à sept colonnes octogonales. C'était en 1537 l'hospice du village.

La route passe au pied du chaos rocheux de **Haytor Rocks** (alt. 454 m), d'où l'on jouit d'une **vue★** étendue sur la côte de Widecombe.

Bovey Tracey

La plupart des maisons de cette petite ville sont construites en granit et arborent le toit de chaume caractéristique du Devon. Selon la tradition, l'**église St Peter, St Paul and St Thomas of Canterbury★** (1170) fut fondée par William de Tracey en expiation de sa complicité dans le meurtre de saint Thomas Becket. L'église date surtout du 15e s. et renferme une chaire joliment sculptée et un jubé.

Repartir en arrière, puis prendre à droite vers Manaton.

On arrive aux **Becky Falls** (chutes du Becka) qui se jettent d'une hauteur de 20 m. Croisement de nombreux sentiers de randonnée, c'est un excellent point de départ pour des promenades sur la lande.

Par Manaton puis N. Bovey, gagner Moretonhampstead.

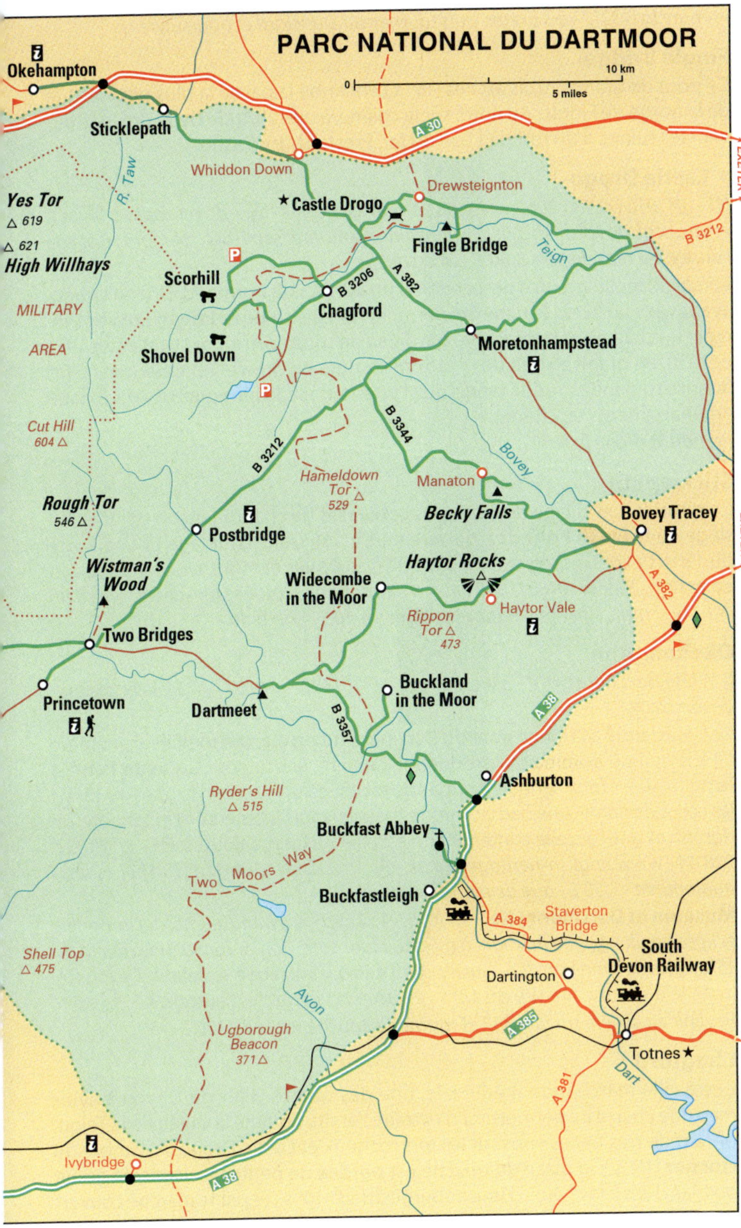

Moretonhampstead

Connue localement sous le nom de Moreton, cette vieille ville marchande fut une étape pour les diligences reliant Exeter à Bodmin. L'église de granit des 14e et 15e s. est dotée d'une tour ouest imposante. Remarquez également les hospices en granit, à toit de chaume et à colonnade, datant de 1637.

Prendre la B 3212 vers Exeter, puis tourner sur Dunsford et poursuivre.

Fingle Bridge

Ce pont de granit à trois arches (16e s.) enjambe la partie la plus pittoresque de la gorge de Fingle. Au nord, sur la colline, à une altitude de 213 m, se trouvent les ruines d'un fort de l'âge du fer, Prestonbury Castle.

★ Castle Drogo

NT - ✆ (01647) 433 306 - www.nationaltrust.org.uk - ♿ - de mi-mars à fin oct. et vac. scol. de fév. : 11h-17h (2e quinzaine de mars et sept.-oct. : sf mar.) ; reste de l'année : se renseigner - 8,60 £ - salon de thé.

Lorsqu'il découvrit qu'il descendait d'un aristocrate normand, Dru ou Drogo, ayant vécu au 12e s., le riche épicier Julius Drewe chargea **Edwin Lutyens** de créer un château extraordinaire à la gloire de son ancêtre. Construit entre 1911 et 1930, en granit extrait de la propre carrière de Drewe, l'extérieur est d'influence romane et Tudor, tandis que l'intérieur est du plus pur Lutyens (beaux aménagements en chêne).

Prendre à droite la A 382.

Sticklepath

Ce pittoresque village aux maisons couvertes de chaume ou de tuiles est le siège de la **Finch Foundry**, qui a restauré une usine d'affilage et une forge du 19e s. L'exposition présente des outils agricoles et montre des roues à eau en action. *NT - ✆ (01837) 840 046 - www.nationaltrust.org.uk - de fin mars à fin oct. : tlj sf mar. 11h-17h - démonstrations - 4,40 £ - cafétéria.*

Okehampton

ℹ White Hart Courtyard - 3 West Street - ✆ (01837) 53 020 - www.okehampton-devon.co.uk.

Ce bourg situé à la limite nord du Dartmoor fut un marché médiéval prospère à l'époque où dominait la production lainière. Les ruines du **Castle Lane**, à l'origine une motte féodale normande fortifiée, furent reconstruites au 13e s. : les corps de garde, une barbacane, des basses-cours intérieure et extérieure, un donjon et une tourelle contenant un escalier lui furent ajoutés. *EH - ✆ (01837) 528 44 - www.english-heritage.org.uk - ♿ - avr.-sept. : 10h-17h (18h juil.-août) - audioguide - 3,50 £ - aire de pique-nique.*

Museum of Dartmoor Life – *✆ (01837) 522 95 - www.museumofdartmoorlife.eclipse.co.uk - ♿ - de fin mars à mi-déc. : lun.-sam. 10h15-16h30 (nov.-déc. 11h-15h) ; reste de l'année et dim. : sur RV - tarif non communiqué - cafétéria.* Ce musée, installé dans une filature du 18e s., évoque la vie rurale d'autrefois.

Revenir en arrière sur la A 382 et tourner à gauche sur la B 3206.

Chagford

Cette ville marchande médiévale, une des quatre villes du Devon à avoir reçu une charte lui permettant d'extraire l'étain, domine la vallée de la Teign, offrant de très belles vues sur les *tors* rocheux et Castle Drogo. À l'ombre du **clocher** (15e s.), la place du marché est bordée de petites maisons de granit ou blanchies à la chaux, d'une auberge du 13e-16e s., et par le marché couvert au charme vieillot, le Pepperpot.

Scorhill Circle – *6 km/3,5 miles à l'ouest de Chagford, puis 2 km/1,2 mile au-delà de la passerelle de Teign.* Cercle de pierres datant de l'âge du bronze, situé sur la lande.

Shovel Down – *2 km/1,2 mile à pied, au sud de Batworthy.* Ensemble intéressant datant de l'âge du bronze, composé d'un monolithe et d'alignements de cinq pierres.

Revenir à Moretonhampstead et prendre à gauche la B 3212 vers le sud-ouest.

Postbridge

Dans ce village se trouve un célèbre **pont** rustique (Clapper bridge) fait de grosses dalles de granit pesant 8 t et mesurant 5 m, qui daterait du 13e s.

Two Bridges

Au carrefour des deux anciennes pistes traversant la lande (aujourd'hui les B 3357 et B 3212), le village doit son nom à ses deux ponts enjambant la Dart Occidentale, et dont l'un est médiéval.

Wistman's Wood – *5 km à pied AR, au nord depuis Two Bridges.* Sur les rives rocheuses et abruptes de la Dart poussent des chênes chétifs et moussus, descendants du bois originel qui jadis recouvrait ces hauteurs. À proximité se trouvent d'importants vestiges de l'âge du bronze. On aperçoit au loin la **Rough Tor** (546 m), qui se dresse au centre de la lande, au nord.

Princetown

Ville la plus haut perchée d'Angleterre (425 m), elle est dominée par l'une des prisons les plus célèbres du pays, la **prison de Dartmoor**, assurément l'endroit le moins accueillant du Devon ! Édifiée à l'origine en 1806-1808 pour recevoir les prisonniers des guerres napoléoniennes, elle vit ses occupants passer de 5 000 en 1809 à 9 000 en 1813. Transformée un temps en usine, elle redevint une prison pour forçats lorsque la déportation fut abolie dans les années 1840.

Revenir à Two Bridges et prendre la route de Tavistock (B 3357). Dans la ville, prendre sur la droite la petite route de Lydford après avoir laissé de côté la A 386.

Brent Tor

Cette colline haute de 344 m, en pierre volcanique, est couronnée par St Michael, petite église du 13e s., dont la tour, basse et trapue, laisse découvrir une **vue★★** magnifique.

Lydford Gorge

2h de promenade par les deux sentiers signalisés, inférieur et supérieur - NT - (01822) 820 320 - www.nationaltrust.org.uk - - de mi-mars à oct. : 10h-17h (oct. 16h) ; vac. scol. de fév. : 11h15h30 ; de nov. à mi-déc. (ouverture partielle du site) : w.-end 11h-15h30 - 6,10 £ - promenade difficile (2h) déconseillée aux enfants et aux personnes âgées ; prévoir de bonnes chaussures ; accès facile via Old Great Western Railway Track.

Cette gorge boisée, longue d'environ 2 km, comporte, en certains endroits, des abrupts rocheux d'environ 18 m. Le **sentier supérieur** suit le cours nord-est/sud-ouest de la gorge, offrant de superbes vues sur la rivière en contrebas et laissant apercevoir le Dartmoor. Le **sentier inférieur** contourne, au bord de l'eau, la rive nord-ouest de la rivière. Le **troisième sentier** va de Pixie Glen à Bell Cavern en passant par le tourbillon tonitruant appelé le **chaudron du Diable** *(Devil's Cauldron)*. À l'extrémité sud se trouve une cascade de 30 m, **White Lady Waterfall**.

★★ Lydford

Ce village s'étire depuis la route principale jusqu'à la Lyd et la gorge. Le château témoigne de l'importance militaire de Lydford qui, du 7e au 13e s., fut un avant-poste saxon ; le donjon, aujourd'hui en ruine, fut construit en 1195 pour détenir des prisonniers. À côté, **Castle Inn** occupe l'ancienne maison du pasteur (16e s.), de style Tudor, en bois de chêne. L'église **St-Petroc**, fondée au 6e s., fut reconstruite et agrandie dans le style normand au 13e s. ; le bas-côté sud et la tour le furent au 15e s. D'autres modifications eurent lieu au 19e s.

De Lydford, possibilité de regagner Plymouth directement par la A 386 ou bien de rallier Exeter en empruntant au nord la A 30.

NOS ADRESSES À PLYMOUTH

HÉBERGEMENT

Bon à savoir – À **Plymouth**, vous trouverez en retrait du Hoe, sur Citadel Road, toute une série d'hôtels et de B & B installés dans de petites maisons du 19e s. La région du Parc national du **massif du Dartmoor** est très bien pourvue en hôtels et terrains de camping (Widecombe in the Moor, Chagford, Moretonhampstead, Ashburton, Buckfastleigh, Lydford) ; la brochure *Dartmoor Visitor*, publiée par le bureau du Parc *(National Park Authority)* en donne la liste complète… et vous informe de vos droits et devoirs (notamment pour le camping sauvage).

À Plymouth

PREMIER PRIX

Ashgrove House – 2 - *218 Citadel Road - ✆ (01752) 664 046 - www.ashgrovehotel-plymouth.co.uk - 9 ch. : 55 £* ☕. Dans une maison victorienne, un hôtel pimpant et impeccablement tenu. Accueil chaleureux : une bonne adresse centrale à prix doux.

BUDGET MOYEN

À Plymouth

Premier Travel Inn – 2 - *1 Lockyers Quay - ✆ 0871 527 8880 - www.premierinn.com - 107 ch. - 73/92 £*. La succursale locale de cette chaîne hôtelière est idéalement située à deux pas du port de Sutton et de l'Aquarium national.

Holiday Inn Plymouth – 2 - *Armada Way - ✆ (1752) 639 900 - www.holidayinn.com - 211 ch. : 69/89 £* ☕. Si le gigantisme ne vous effraie pas, vous pourrez bénéficier dans cet hôtel, moderne et confortable bien qu'un peu anonyme, de magnifiques vues sur le Sound. Restaurant panoramique au sommet de l'édifice *(25/30 £)*.

À Okehampton

The White Hart Hotel – *Fore Street - ✆ (01837) 52730 - www.thewhitehart-hotel.com - 80 £*. Cet ancien relais de poste, qui a investi un pâté de maisons (d'où la présence d'escaliers inattendus dans les couloirs), s'enorgueillit d'avoir eu comme client le négus Haïlé Sélassié lors de son exil en Angleterre. Confortable. Le pub se double d'une pizzeria *(mer.-sam.)*.

UNE FOLIE

À Twobridge

Prince Hall – *À 1 mile du village sur la route de Dartmeet - ✆ (01822) 890 403 - www.princehall.co.uk - 9 ch. : 140/170 £*. Une demeure de caractère en pleine campagne, au cœur du massif du Dartmoor. Grand confort et excellent restaurant *(menu 37 £)*.

RESTAURATION

À Plymouth

BUDGET MOYEN

Barbican Kitchen – 2 - *60 Southside Street (dans la distillerie de gin) - ✆ (01752) 604 448 - www.barbicankitchen.com - 18/31 £*. Une brasserie à la mode, annexe de l'établissement des frères Tanners de Prysten House *(voir ci-après)*.

POUR SE FAIRE PLAISIR

Tanners – 2 -*The Prysten House, Finewell Street* - ✆ *(01752) 252 001 - www.tannersrestaurant.com - mar.-sam - menu 23/39 £.* La plus vieille maison de la ville abrite ce restaurant à la cuisine inventive et contemporaine, concoctée par un chef rendu célèbre en Grande-Bretagne par ses apparitions à la télévision. Réservez.

PETITE PAUSE

À Plymouth

The Tudor Rose – 26 *New Street* - ✆ *(01752) 255 502 - www.tudorrosetearoom.co.uk*. Doté d'un petit jardin fleuri, ce lieu accueillant sert des repas légers à midi… mais c'est surtout un salon de thé réputé pour ses chutneys et marmelades faits maison.

Dans le parc de Dartmoor

Quelques pubs, parfois en pleine campagne, permettent de se rafraîchir ou de prendre une collation après une promenade dans le massif de Dartmoor. Parmi ceux-ci :

The Old Thatch Inn à **Cheriton Bishop** – *Non loin de Drewsteignton* - ✆ *(01647) 24 204 - www.theoldthatchinn.com.*

The Sandy Park Inn – *À Chagford* - ✆ *(01647) 433 267 - www.sandyparkinn.co.uk*. Il est installé dans une maison du 17e s.

Warren House Inn – *À Postbridge* - ✆ *(01822) 880 208 - warrenhouseinn.co.uk*. Il s'enorgueillit de n'avoir pas éteint sa cheminée depuis 1845 !

The Whitchurch Inn – *Près de Tavistock* - ✆ *(01822) 612 181 - www.whitchurchinn.co.uk*. Dans un presbytère du 13e s. peint en rose.

The Castle Inn – *À Lydford* - ✆ *(01822) 820241*. Sur la route des gorges.

Brimpts Farm – *À Dartmeet* - ✆ *(01364) 631 450 - www.brimptsfarm.co.uk*. Outre un centre d'information et un élevage de poneys, il propose en saison son salon de thé à la ferme où vous goûterez de la *cloated cream* avec des scones maison.

Vous pourrez également satisfaire une petite faim au restaurant de l'**abbaye de Buckfast**.

ACHATS

Artisanat

Association des artisans du Devon (Devon Guild of Craftsmen) – *Riverside Mill, à Bovey Tracey (dans un moulin au bord de la rivière)* - ✆ *(01626) 832 223 - www.crafts.org.uk* - ♿ - *10h-17h30 - fermé j. fériés en hiver.*

Powdermills Pottery – *Sur la B 3212 entre Twobridges et Postbridge* - ✆ *(01822) 820 263 - www.powdermillspottery.com - 10h-17h (oct.-Pâques : w.-end)*. De la poterie, mais aussi des articles en laine et en bois.

ACTIVITÉS

Balades en bateau

Chantiers navals et bateaux de guerre *(1 h)* – Depuis Phoenix Wharf en passant par les Mayflower Steps, puis en contournant Hoe jusqu'aux docks de Devonport sur la Tamar.

Yealm *(2h)* – Depuis Phoenix Wharf en passant par Breakwater jusqu'au détroit, et vers l'est le long du littoral jusqu'à Newton Ferrers à l'embouchure de la Yealm.

Calstock *(4 h à 5 h - possibilité de retour en train au départ de Calstock)*. Depuis Phoenix Wharf en contournant le quartier de Hoe, puis en remontant la Tamar jusqu'à Calstock, Morwellham et Weir Head (Gunnislake).

Pour ces différentes excursions, adressez-vous aux compagnies suivantes :

Sound Cruising – *✆ (01752) 408 590 - www.soundcruising.com.*

Tamar Cruising – *✆ (01752) 822 105 - www.tamarcruising.com.*

Dans le parc du Dartmoor

Le public n'est pas autorisé à se promener partout à sa guise.

Certaines zones clôturées sont accessibles par des sentiers et des pistes cavalières ; renseignez-vous auprès des responsables du Parc, mais sachez que les sentiers autorisés sont ordinairement balisés en jaune. Il est interdit de rouler ou de se garer à plus de 14 m d'une chaussée.

Précautions – Vous ne devez sous aucun prétexte nourrir les poneys : cela les inciterait à s'approcher des véhicules et des routes, où ils pourraient être blessés. N'approchez pas la faune de la lande, qu'il faut considérer comme sauvage. Les chiens doivent en permanence être tenus en laisse courte.

Lors des exercices, les **champs de tir militaires** situés sur la lande nord sont signalés par des drapeaux rouges en journée et des lanternes rouges la nuit ; néanmoins, aucune séance de tir n'a lieu pendant la haute saison touristique.

Des **promenades pédestres guidées**, des conférences et des manifestations sont organisées par la National Park Authority *(voir p. 366)*.

La Cornouailles

Cornwall

★★★

NOS ADRESSES PAGE 390

S'INFORMER

Cornwall Tourist Board – *Pydar Street - Truro - ✆ (01872) 322 900 - www.visitcornwall.co.uk*

Offices de tourisme – *Voir les indiqués sous les principales villes.*

SE REPÉRER

Carte de région AB2-3 (p. 266) – *carte Michelin 503 D-H/32-33 - Cornwall.* La Cornouailles occupe une péninsule à l'extrême sud-ouest de l'Angleterre, baignée par la Manche et l'Atlantique, et séparée « du reste du monde » (le Devon) par un fleuve, le Tamar, qui prend sa source au nord de Bude et se jette dans la mer à proximité immédiate de Plymouth.

À NE PAS MANQUER

Nos coups de cœur ? Polperro, Land's End et St Ives.

ORGANISER SON TEMPS

Consacrez 4 jours à la Cornouailles.

AVEC LES ENFANTS

Les attractions de Land's End.

2

La péninsule de Cornouailles, au long littoral accidenté, charme à la fois par son isolement et son aspect sauvage. Vous serez séduit par les villages de pêcheurs, anciens repaires de contrebandiers, les jardins luxuriants contrastant avec les landes désolées battues par les vents, les plages de sable nichées au fond des criques et les spectaculaires pointes rocheuses de cette terre imprégnée des légendes du roi Arthur et de ses compagnons, les chevaliers de la Table ronde.

Circuit conseillé Carte de région

LE LONG DE LA CÔTE AB2-3

Circuit de Plymouth à Morwenstow tracé en vert sur la carte p. 378. Quitter Plymouth par la A 38 et, après Landrake, prendre sur la gauche une petite route signalisée pour St Germans.

St Germans

Au centre de ce vieux village se trouve un superbe hospice construit en 1583. L'**église**★ *(sur la gauche en contrebas de la route)* constitue l'un des plus beaux exemples d'architecture romane de Cornouailles. Des tours asymétriques encadrent la majestueuse façade. Remarquez le splendide portail ouest richement sculpté dans la pierre locale gris-bleu. La fenêtre, conçue par **Burne-Jones**, s'orne d'un vitrail de **William Morris**.

Quitter St Germans en direction de Looe, où l'on prend, à droite, la A 387.

★ Polperro

Grand parking à l'entrée. Carrioles attelées (« horsebus ») et « tram » pour le centre.

Blotti au fond d'une crique, ce village de pêcheurs, aux cottages serrés les uns contre les autres et aux ruelles sinueuses, est devenu un des hauts lieux touristiques de la région. Restaurants et boutiques d'artisanat bordent les rues descendant vers le minuscule port. Une ancienne sardinerie sur le front de mer accueille le **Polpero Heritage Museum**, petit musée consacré à la fois aux photographies de **Lewis Harding** (1806-1893) et à l'histoire de la région, longtemps tributaire de la pêche et de la contrebande. *✆ (01503) 273 005 - www.polperro.org - mars-oct. : 10h30-17h30 - 1,75 £.*

Poursuivre sur la côte jusqu'à Polruan, où un bac traverse l'estuaire de la Fowey pour rallier la ville du même nom.

★★ Fowey

Daphné du Maurier Litterary Centre - 5 South Street - ✆ (01726) 833 616 - www.fowey.co.uk - lun.-sam. 9h30-17h, dim. 10h-16h - fermé 25-26 déc.

Cette petite ville à flanc de coteau surplombant un admirable havre naturel fut autrefois l'un des ports les plus dynamiques d'Angleterre. La rue principale, **Fore Street**, bordée de pittoresques maisons de pêcheurs, conduit à l'église **St Fimbarrus** (érigée sur le site d'une église normande), dont on admirera la tour richement ornée, le porche à deux niveaux, la superbe voûte en berceau et les fonts baptismaux romans. Profitez de votre séjour pour faire une balade en bateau le long du littoral aux falaises sombres et abruptes, ou bien sur la rivière parmi les coteaux boisés. Surplombant la ville, **Gribbin Head** offre une **vue★★** splendide sur plusieurs kilomètres.

Quitter Fowey par la route de St Austell. À l'entrée de cette ville, prendre sur la droite (rond-point) la A 391 et suivre le fléchage jusqu'à Eden Project (à 8 km du carrefour).

★★ Eden Project

✆ (01726) 811 911 - www.edenproject.com - avr.-oct. : 9h30-18h (été : mar.-jeu. 20h) ; nov.-fév. : lun.-jeu. 9h30-15h, vend.-sam. 9h30-21h, dim. 9h30-18h (dernière entrée 1h30 av. fermeture) - fermé 24-25 déc. - 17,50 £.

Cette carrière de kaolin désaffectée (15 ha sur 60 m de profondeur) est devenue un gigantesque complexe botanique voué à l'étude, dans le contexte de la biodiversité de la planète, de la flore, de la protection des habitats et des espèces indigènes, ainsi que de la dépendance humaine envers la flore sur les plans alimentaire et médical (présentation au centre d'accueil). Les plantes du parc aménagé au fond de la carrière (5 ha) appartiennent à un climat tempéré tel que celui de l'Europe du Nord. Contre la paroi, installées de façon à n'être visibles que de la crête, deux immenses serres, les **biomes**, aménagées par l'architecte Nicholas Grimshaw, abritent des environnements contrôlés. Leur construction a été réalisée avec les matériaux les plus modernes et, dans la mesure du possible, recyclables. Le petit biome (hauteur 30 m, longueur 60 m, superficie 7 000 m^2) est une reconstitution du climat chaud tempéré du bassin méditerranéen, de l'Afrique du Sud et de la partie sud-ouest des États-Unis : on y trouve des oliviers, de la vigne, des orangers et des fleurs aux couleurs chatoyantes. Le plus grand des biomes (hauteur 60 m, longueur 100 m, superficie 15 000 m^2) restitue la forêt humide tropicale : teck, acajou et cacaoyer y prospèrent dans la chaleur moite.

Revenir à St Austell et reprendre la A 390, puis tout de suite à gauche la B 3273.

Une terre de légendes

Entre 470 et le 7e s., les incursions des Angles et des Saxons ont obligé nombre d'habitants de Britannia à se réfugier sur les terres celtes au-delà de la mer, d'où le nom de Bretagne que prit bientôt l'Armorique.

FORTUNE LITTÉRAIRE

C'est **Geoffroi de Monmouth** (v. 1100-1154) qui, dans son *Histoire des rois de Bretagne*, est le véritable créateur du cycle des légendes arthuriennes que ses successeurs vont développer et enrichir ; parmi eux, **Chrétien de Troyes** (v. 1135-v. 1183) et **Gottfried de Strasbourg** *(Tristan et Isolde)*. **Thomas Malory** (1408-1471) ne consacre pas moins de huit romans aux héros arthuriens *(Le Morte d'Artur)*. Plus près de nous, **Alfred Tennnyson** (1809-1892) avec *Le Saint Graal et autres poèmes* et **Terence Hanbury White** (1906-1964, *Le Roi qui fut et sera*, suite de cinq romans) reprennent et enrichissent le mythe, illustré dans le domaine musical par Richard Wagner *(Parsifal, Tristan et Isolde)* et au cinéma par John Boorman *(Excalibur)* ou Éric Rohmer *(Perceval le Gallois)*. Dans un registre humoristique, citons le très anglais *Monthy Python, Sacré Graal* des Monthy Python.

QUE SAIT-ON RÉELLEMENT DU ROI ARTHUR ?

Pas grand-chose, sinon qu'il a peut-être vraiment existé et aurait uni sous sa férule des tribus celtes de Britannia contre des envahisseurs germaniques, Angles et Saxons, autour de 500. Magnifiée par les bardes celtes, enrichie de génération en génération, sa légende allait donner naissance à un cycle épique (et au roman par opposition au poème en prose), celui des **chevaliers de la Table ronde**, dans lequel démêler l'imaginaire de l'improbable semble une gageure. Selon les différentes légendes, Arthur, fils d'Uther Pendragon, naquit ou échoua à Tintagel ; il y possédait un château où il vivait avec la reine **Guenièvre** et les chevaliers de la Table ronde, parmi lesquels Gauvin, Lancelot, Galahad le Preux et Tristan, neveu ou fils du roi Marc, qui demeurait, lui, au château de Dore. Le célèbre magicien **Merlin** vivait tantôt dans une grotte située sous le château, tantôt sur un rocher au large de Mousehole. L'épée magique d'Arthur, **Excalibur**, fut forgée à Avalon, et jetée dans Dozmary Pool (landes de Bodmin). Camelot, la capitale d'Arthur, serait Cadbury Castle dans le Dorset *(voir p. 347)*. La bataille de Mount Badon où, vers 520, Arthur défit les païens saxons, eut probablement lieu à Liddington Castle, près de Swindon dans le Wiltshire, ou à Badbury Rings dans le Dorset. La bataille de Camlan, le dernier combat du roi contre Mordred, son beau-fils ou fils naturel usurpateur, eut lieu sur les rives de la Camel dans la lande de Bodmin. Mortellement blessé, Arthur partit en bateau au coucher du soleil pour les îles de Blest (îles Scilly) ou l'île d'Avalon, qui aurait été située près de Glastonbury, où sa tombe et celle de Guenièvre auraient été « découvertes » au 12e s.

AUTRES HISTOIRES

Les romans d'aventure comme *L'Auberge de la Jamaïque*, ou fantastiques à l'inquiétante atmosphère « gothique » *(Ma Cousine Rachel, Rebecca)*, ont fait la gloire de **Daphné Du Maurier** (1907-1989), établie à Fowey et qui a pris la Cornouailles pour cadre de nombre de ses récits. Son œuvre la plus connue est sans doute la nouvelle *Les Oiseaux*, portée à l'écran (comme plusieurs de ses romans) par le maître du suspense, **Alfred Hitchcock**.

★★ Mevagissey

Ce vieux village de pêcheurs attire par ses anciens hangars à bateaux, son labyrinthe de rues et d'escaliers tortueux, ses filets aux multiples formes, tailles et couleurs. Sa particularité ? Un double port dont la jetée date de 1770.

★ **Heligan Lost Gardens** – *1,5 km/0,9 mile par la route de St Ewe - ✆ (01726) 845 100 - www.heligan.com (en français) - ♿ - 10h-18h (oct.-mars 17h), dernière entrée 1h30 av. fermeture - fermé 24-25 déc. - 10 £ - cafétéria.* Ces « jardins abandonnés » couvrent une superficie de 23 ha ; plantés par Thomas Gray (18e s.), puis laissés à l'abandon, ils font depuis 1991 l'objet d'une restauration. Ils comprennent le jardin dit de Flore (rhododendrons), un potager clos, un verger, la « Jungle » (arbres exotiques plantés au 19e s.) et la Vallée perdue (espèces indigènes et prairie inondable).

Revenir à Mevagissey et continuer vers l'ouest sur une route secondaire.

Roseland Peninsula

Le hameau de **Veryan★** est composé de quatre petites maisons blanches et rondes aux fenêtres gothiques et aux toits de chaume coniques surmontés d'une croix, qui lui confèrent un charme unique.

★★ **St Just-in-Roseland** – Cette église bâtie au 13e s. sur un site celtique du 6e s. et restaurée au 19e s. est flanquée d'un remarquable cimetière en pente. Elle se trouve si près de la crique et du petit port qu'à marée haute, elle se reflète dans l'eau.

★ **St Mawes Castle** – *EH - ✆ (01326) 270 526 - www.english-heritage.org.uk - juil.-août : tlj sf sam. 10h-18h ; avr.-juin et sept. : tlj sf sam. 10h-17h ; oct. 10h-16h ; nov.-mars : vend.-lun. 10h-16h - 4,20 £.* En forme de feuille de trèfle, ce château a été érigé entre 1539 et 1543 par Henri VIII pour faire pendant au château de Pendennis, de l'autre côté de l'estuaire de la Fal (large de 1,6 km et dit ici **Carrick Roads**), afin d'en protéger l'entrée. Construit au milieu d'agréables jardins, il offre sur la droite une belle **vue★** sur Manacle Point à 16 km au sud, sur la péninsule Lizard.

Prendre la B 3289 vers Truro. Traversée en ferry des Carrick Roads.

★★ Trelissick Garden

À Feock - NT - ✆ (01872) 862 090 - www.nationaltrust.org.uk - de mi-fév. à fin oct. : 10h30-17h30 ; reste de l'année : 11h-16h (dernière entrée 30mn av. fermeture) - fermé 1er janv. et 24-26 déc. - 7,40 £.

Au-delà de la résidence, les jardins offrent une belle **perspective**★★ sur le parc, Falmouth et la mer. Sur le terrain descendant vers la rivière croissent les espèces les plus variées d'arbres, d'arbustes, de plantes vivaces et exotiques. En été, les pelouses sont mouchetées d'arbustes en fleurs : hortensias (130 variétés), azalées et rhododendrons.

La pommeraie a été créée pour préserver les variétés traditionnelles de pommes de Cornouailles.
Prendre sur la droite la A 390.

Truro

Municipal buildings - Boscawen Street - ✆ (01872) 274 555 - www.truro.gov.uk - avr.-oct. : tlj sf dim. 9h-17h30 (sam. 16h) ; nov.-mars : lun.-vend. 9h-17h - fermé 22 déc.-3 janv.

Ancien port fluvial et centre minier, la ville était considérée au 18e s. comme la « métropole » du comté, en raison de son théâtre, de ses salles de réception et de sa bibliothèque (1792). C'est la ville georgienne la plus notable de la région : de nobles demeures du 18e s. s'alignent le long de Boscawen et Lemon Streets. Récente (la Cornouailles ne devint un évêché indépendant qu'en 1876), la **cathédrale** (1880-1910), réputée pour ses vitraux victoriens, est une construction néogothique englobant un sanctuaire du 16e s.

★★ **Royal Cornwall Museum** – *River Street - ✆ (01872) 272 205 - www.royalcornwallmuseum.org.uk - lun.-sam. 10h-16h45 - fermé 23 déc.-10 fév. et j. fériés - gratuit sf certaines expositions - café.* Collections de minéralogie, d'archéologie et histoire du duché de Cornouailles des origines à nos jours. Peintures de l'artiste local **John Opie**.

Reprendre la A 390 vers l'est et la suivre sur 10 km/6,2 miles.

★★★ Trewithen

✆ (01726) 883 647 - www.trewithengardens.co.uk - ♿ - jardin : mars.-mai : dim. 10h-16h30 ; juin-sept. : lun.-vend. 10h-16h30 - maison : visite guidée (40mn) avr.-juill. : lun.-mar. 14h-16h - 12 £, jardin seul 7,50 £, maison seule 7,50 £ - cafétéria.

Cette propriété est célèbre pour ses 11 ha de beaux **jardins** à l'anglaise. En saison, on peut y admirer des parterres de rhododendrons, de camélias et de magnolias, dont plusieurs obtenus ici même par hybridation. La ravissante **maison de campagne** d'époque georgienne (1715-1755) renferme des meubles d'époque, des tableaux et des porcelaines.

Prendre sur la gauche la A 39.

★ Falmouth

★ **Pendennis Castle** – *EH - ✆ (01326) 316 594 - www.english-heritage.org.uk - ♿ - juil.-août : 10h-18h (sam. 16h) ; avr.-juin et sept. : 10h-17h (sam. 16h) ; oct.-mars : 10h-16h - fermé 1er janv. et 24-26 déc. - 6 £ - cafétéria.* La plus vaste forteresse de Cornouailles se dresse sur la pointe de la presqu'île, à l'entrée de la baie.

De là, une **route panoramique** *(scenic route)* conduit vers la partie sud de la ville : le quartier résidentiel avec ses hôtels domine la baie de Falmouth, alors que la vieille ville et son front de mer font face, au nord, à l'estuaire du Fal (ou Carrick Roads). Le **front de mer** s'étend sur plus de 1 km, de Greenbank Quay à Prince of Wales Quay. Les maisons du 18e s. et les entrepôts regardent vers la rivière. La **Municipal Art Gallery** expose de belles marines d'époque victorienne. *✆ (01326) 313 863 - www.falmouthartgallery.com - ♿ - tlj sf dim. 10h-17h - fermé 1er janv., 25-26 déc. et j. fériés en hiver.*

National Maritime Museum – *Discover Quay - ✆ (01326) 313 388 - www.nmmc.co.uk - 10h-17h - fermé 25-26 déc. - 9,50 £.* Il relate l'histoire maritime de la région (contrebande, mythes et superstitions, construction navale). La **Tidal Gallery**, submergée par la marée haute, offre une perspective exceptionnelle sur le va-et-vient des eaux du port. Une inestimable collection de petites embarcations est également visible (canoës, yachts, canots à rames, *dinghies*, bateaux à moteur, bateaux de pêche et de plaisance).

★★ Glendurgan Garden

À Mawnan Smith. À 5 km/3 miles au sud de Falmouth par une route secondaire - NT - ☏ (01326) 252 020 - www.nationaltrust.org.uk *- ♿ - de mi-fév. à fin oct. : mar.-sam., lun. fériés et lun. en août : 10h30-17h30 (dernière entrée 1h av. fermeture) - fermé Vend. saint - 6,60 £ - cafétéria.*

Ce beau jardin, planté de nombreux arbres et arbustes subtropicaux, descend vers le hameau de Durgan, sur la rivière Helford. Il présente un intéressant **labyrinthe** de lauriers et un « Pas de Géant » (mât enrubanné).

Poursuivre jusqu'à Gweek (16 km/26 miles) par Constantine.

★ Gweek Seal Sanctuary

☏ 0871 423 2110 - www.sealsanctuary.co.uk - dès 10h (se renseigner pour les horaires de fermeture) - fermé 25 déc. - tarif non communiqué - aire de pique-nique.

Dans cette superbe réserve dominant le fleuve Helford, de jeune **phoques** blessés ou orphelins sont soignés avant d'être rendus à l'océan.

★ Lizard Peninsula

Aucune route côtière ne longe cette péninsule, partie la plus méridionale de l'Angleterre. Vous devrez donc, pour la découvrir, emprunter après Gweek la B 3293, l'une des deux routes faîtières qui traversent le Serpentine Rock et d'où partent d'étroites voies d'accès au littoral, avant de remonter vers Helston par la A 3083. Vous découvrirez successivement la rive sud de l'estuaire de la Helford, le récif sous-marin des **Manacles**, responsable de nombreux naufrages au large de **Manacle Point**, le village de **Coverack★**, connu jadis pour ses pêcheurs-contrebandiers, **Landewednack★**, avec ses toits de chaume et son **église★** en serpentine vert et noir veloutée, le **cap Lizard** et son phare (1751, modifié en 1903), le plus méridional d'Angleterre, ainsi que les magnifiques anses de **Kynance★★** et de **Mullion★★**.

2

Helston

Coinagehall Street, desservie par un réseau de caniveaux anciens connus sous le nom de *kennels*, est jalonnée d'édifices intéressants : l'auberge du 16e s., **Angel Inn**, où officiait le préposé aux impôts indirects, s'enorgueillit d'abriter un sympathique fantôme, Nellie, qui rôde de temps à autre dans les couloirs ; **Blue Anchor Inn**, auberge du 15e s. à colombage et aux fenêtres à guillotine horizontale du 18e s., est l'un des rares pubs anglais brassant encore sa propre bière ; remarquez enfin **Chymder House** (début 19e s.), édifice carré en stuc. Au sommet de la colline, la rue est marquée par un long passage voûté en granit au-delà duquel s'étend la pelouse du terrain de boules municipal.

Prendre la route A 394 vers Penzance.

Marazion

Parking payant après avoir dépassé le centre.

Cette sympathique station dotée de grandes plages de sable s'allonge le long de **Mount's Bay** face au mont Saint-Michel.

★★ St Michael's Mount

☏ (01736) 710 507 - www.stmichaelsmount.co.uk - château : avr.-oct. : tlj sf sam. 10h30-17h (dernière entrée 45mn av. fermeture) ; jardins : mai-juin : lun.-vend. 10h30-17h ; juil.-oct. : jeu.-vend. 10h30-17h - 8,75 £, château seul 7 £ ; jardins seuls 3,50 £ - accès par bateau à marée haute, à pied par marée basse.

Mais non, vous ne rêvez pas ! Ce mont Saint-Michel anglais présente une silhouette ressemblant à s'y méprendre à son homologue français. Une légende

cornouaillaise raconte comment, en 495, des pêcheurs ont vu l'archange Michel chevauchant un rocher de granit sortant de la mer. L'île devint un lieu de pèlerinage et un monastère celtique s'y serait développé à partir du 8e s. Vers 1150, l'abbé Bernard du Mont-St-Michel de Normandie fit construire un monastère bénédictin, qui en tant que propriété étrangère, fut saisi par la Couronne en 1425, puis fermé en 1539. Le **château** fut un point stratégique jusqu'en 1647, date à laquelle son dernier chef de garnison, le colonel John Aubyn, l'acheta pour en faire sa résidence familiale. C'est aujourd'hui un édifice de style composite, avec un porche Tudor portant les armes des St Aubyn, un hall d'entrée du 14e s., une église restaurée du 14e s. avec des fenêtres du 15e s. et un salon « rococo-gothique » du 18e s.

Poursuivre sur la A 394, puis prendre la A 30 à gauche.

★ Penzance

Station Road - ✆ (01736) 362 207 - www.visit-westcornwall.com - lun.-vend. 9h-17h (sam. de Pâques à oct., et dim. en juil.-août : 10h-16h).

La large **Western Promenade**, longue de 800 m, ainsi que le Queen's Hotel, construit en 1861, reflètent l'importance précoce de cette station balnéaire née au milieu du 19e s. avec l'arrivée du chemin de fer. La zone du port, point d'embarquement pour les îles Scilly, offre un merveilleux **panorama★★★** sur la baie et St Michael's Mount.

Le centre-ville, notamment **Market Jew Street** et **Chapel Street★**, présente de remarquables maisons de style georgien et Regency, dont le marché couvert, l'étonnante Egyptian House (1835), Abbey House et Admiral Benbow.

★ **National Lighthouse Centre** – Trinity House - *✆ (01736) 360 077 - de Pâques à fin oct. : tlj sf certains sam. 10h30-16h30.* Vous y découvrirez la fascinante histoire des phares.

Penlee House Gallery and Museum – *✆ (01736) 363 625 - www.penlee-house.org.uk - ♿ - tlj sf dim. 10h-17h (déb. oct.-Pâques : 10h30-16h30) - 3 £ - café.* Collection de peinture par les artistes de l'école de Newlyn.

★★ **Trengwainton Garden** – *3 km/2 miles au nord-ouest - NT - ✆ (01736) 363 148 - www.nationaltrust.org.uk - ♿ - de mi-fév. à fin oct. : dim.-jeu. et Vend. saint 10h30-17h - 6,20 £ - cafétéria.* Le chemin (800 m) menant à la maison est bordé de jardins. Derrière l'édifice, dans un autre jardin d'où l'on découvre une très belle **vue★★** sur la baie, fleurissent azalées et rhododendrons. Sir Edward Bolitho, le propriétaire des lieux, et ses homologues de Trewithen et de Hidcote (Gloucesterhire), avaient financé en 1927-1928 les expéditions botaniques de **Frank Kingdon-Ward** à Bornéo, en Chine et à Assam. Les azalées

Côtes sauvages de la Cornouailles.
SIME / Leimer/Sime/Photononstop

et les rhododendrons rapportées par ce dernier furent replantés et hybridés. Plusieurs jardins clos renferment des magnolias et autres arbres à fleurs.
Quitter Penzance à l'ouest par la route de Land's End (B 3315).

★★ Penwith Peninsula

Cette péninsule, la plus occidentale d'Angleterre, se caractérise par sa beauté austère due au sol granitique, au vent, au bleu de l'océan, à ses minuscules villages de pêcheurs, à ses petites églises de granit ainsi qu'aux croix celtiques érigées au bord des routes.

★ **Newlyn** – La luminosité de l'endroit ainsi que le charme des cottages de pêcheurs, rassemblés autour du port et à flanc de coteau, ont attiré vers 1880 un groupe de peintres qui constitua l'école de Newlyn.

★ **Mousehole** – Très joli village, souvent envahi par les touristes. Le port est protégé par un quai de granit de Lamorna et une digue datant de 1393. Proche des basses maisons de granit des pêcheurs, au bord de l'eau, se trouve Keighwin Arms, la seule maison épargnée par un raid espagnol en 1595. À 1,5 km au sud, **Spaniards'Point** rappelle l'endroit où les pillards débarquèrent. Plus à l'est se trouve l'**anse de Lamorna**.

En parcourant la B 3315, on bénéficie de belles vues sur la crique abritée de **Porthcurno★**, proche du célèbre théâtre en plein air de **Minnack** dominant l'océan.

★★★ **Land's End/Penn-an-Wlas** – Les terres se terminent à cette pointe magique, la plus occidentale d'Angleterre, là où la houle de l'Atlantique ne cesse de battre le littoral, heurtant les falaises sans répit. Pour profiter pleinement de ce qui est peut-être le plus beau **paysage de falaises★★★** du sud-ouest de l'Angleterre, il est préférable de venir tôt le matin et de se promener le long du chemin côtier, ou bien au coucher du soleil pour contempler le spectacle des phares assaillis par des gerbes d'écume.

Le sommet de la falaise est occupé par un **complexe de loisirs**, un peu incongru dans cet environnement ; attractions diverses (sauvetage en mer, ferme d'animaux, labyrinthe…), restaurants et cafétérias, boutiques de souvenirs, de jouets et de friandises.

De Land's End, prendre la A 30 puis la B 3306 vers le nord.

Sennen – Ce petit village possède l'église la plus occidentale d'Angleterre et une auberge de 1670, au nom incontestable, **The First and Last Inn** (premier et dernier). En descendant à pied jusqu'à l'**anse de Sennen★** *(20mn/AR)*, vous découvrirez une belle **vue★** sur Whitesand Bay, les brisants et le **Cape Cornwall★**.

St Just-in-Penwith – Les bâtiments qui bordent la place triangulaire de ce village reflètent la prospérité dont jouissait au 19e s ce centre d'extraction de l'étain. L'**église★** présente une tour à pinacles du 15e s., des murs de granit sculptés, un porche du 16e s. très ouvragé, des peintures murales et un tombeau du 5e s. au fond de la nef latérale.

À environ 1,5 km à l'ouest, du haut du **Cape Cornwall★** (70 m), **vue★★** sur Brisons Rocks, Land's End et le phare de Longships.

★ **Geevor Tin Mine** – *À 4 km/2,5 miles au nord de St Just, près du phare de Pendeen - ✆ (01736) 788 662 - www.geevor.com - ♿ - tlj sf sam. 10h-17h (16h nov.-fév.), dernière entrée 1h av. fermeture - 9,50 £ (musée seul 7 £) - café.* La visite de ce qui fut l'une des dernières mines de Cornouailles et de son **musée** permet de comprendre par quel procédé étain, cuivre, fer et arsenic sont extraits du sous-sol.

★ **Chysauster Ancient Village** – *11 km/6,8 miles par la B 3306 et une route secondaire (à droite après Porthmeor) - EH - ✆ (07831) 757 934 - www.english-heritage.org.uk - juil.-août : 10h-18h ; avr.-juin et sept. : 10h-17h ; oct : 10h-16h - 3,20 £.* Ce village préhistorique est le mieux conservé de Cornouailles. Habité probablement de 100 av. J.-C. à 250 apr. J.-C., il consiste en huit maisons de pierre circulaires disposées sur deux rangs, juste sous la crête de la colline, probablement coiffées jadis d'un toit de tourbe ou de chaume.

Zennor – *4 km/2,5 miles au nord-est de Porthmeor par la B 3306.* L'**église★** de granit du 12e s. fut agrandie au 15e s. À l'intérieur se trouvent une mesure à dîme utilisée comme bénitier, des fonts baptismaux en pierre à chaux de Hayle et, à l'extrémité d'un banc, la sculpture du 16e s. de la jolie **« sirène de Zennor »**. Le **Wayside Folk Museum** est un musée populaire de plein air qui montre comment ont évolué les outils, de la pierre au fer. *✆ (01736) 796 945 - mai-sept. : dim.-vend. et sam. en juil.-août 10h30-17h30 ; avr. et oct. : tlj sf sam. 11h-17h - 3,25 £.*

Poursuivre sur la B 3306 sur 10 km.

★★ St Ives

The Guildhall - Street-an-Pol - ✆ (01736) 796 297 - www.visit-westcornwall.com - juin-sept. : lun.-vend. 9h-17h, sam. 10h-16h, dim. 10h-14h ; oct.-mai : lun.-vend. 9h-17h, sam. 10h-13h - fermé 1er janv. et 25-26 déc.

P *En saison, vous n'aurez d'autre ressource que de laisser la voiture au parking situé en haut du village… ce qui suppose une montée assez sévère pour la récupérer.*

Ce charmant port de pêche, aux ruelles sinueuses et aux rangées de maisons accrochées à flanc de colline, est devenu vers 1880 (et demeure) un endroit très fréquenté par les peintres après que **Whistler** et **Sickert** eurent suivi les traces de **Turner**.

High Street conduit à l'adorable petit port de pêche, aux barques de couleurs dansant sur une eau qui sait parfois être d'un bleu étonnant et dont une petite plage occupe le fond. Le quai *(wharf)* concentre l'animation estivale de la cité avec ses terrasses de cafés et de restaurants, tandis que les enfants s'attroupent autour des glaciers. L'anse est fermée par **Smeaton Pier** et son belvédère octogonal, édifiés entre 1767 et 1770 par John Smeaton, constructeur du troisième phare d'Eddystone et, à l'extrémité, la petite chapelle St Leonard.

Au-delà du port, le quartier dénommé **The Island** occupe un petit promontoire où s'alignent des maisons de pêcheurs aux murs peints, serrées le long de ruelles sinueuses en escaliers. De **St Nicholas**, chapelle classique de pêcheurs en forme de phare, s'ouvrent de larges **vues★★** sur la baie.

★★ **Tate St Ives** – *Sur Porthmeor Beach, la plage du nord - ✆ (01736) 796 226 - www.tate.org.uk/stives - ♿ - mars-oct. : 10h-17h20 ; nov.-fév. : tlj sf lun. 10h-16h20 -*

LES ARTISTES À ST IVES

C'est en 1926-1927 que John Park et Borlase Smart, étudiants de Julius Olsson, fondèrent la **St Ives Society of Artists**. Les années suivantes, le peintre **Ben Nicholson** (1894-1982), les sculpteurs **Barbara Hepworth** (1903-1975) et **Naum Gabo** quittèrent Londres pour s'y installer. C'est à St Ives que Ben Nicholson découvrit **Alfred Wallis** (1855-1942), un peintre-pêcheur local : de ses peintures marines naïves, inspirées par ses souvenirs, se dégagent la même magie que celles du Douanier Rousseau. La mer, le paysage du littoral et les bateaux inspiraient les artistes de St Ives, même si certains se tournèrent ensuite vers l'art abstrait. Depuis, de nouvelles générations de peintres sont venues sur les lieux (Patrick Heron, Terry Frost, Peter Lanyon), tandis que, poursuivant une tradition remontant à l'atelier de poterie de **Bernard Leach** (1887-1979), St Ives accueille une active communauté de potiers.

possibilité de visite guidée 11h30 et 14h30 - fermé 24-26 déc. - 5,75 £ ; Barbara Hepworth Museum 4,75 £ ; billet combiné 8,75 £ - restaurant. Ce magnifique édifice (1993), bénéficiant d'une très belle **vue★★** sur la plage de sable de Porthmeor, a été conçu par Eldred Evans et David Shaley. Le bâtiment de forme asymétrique s'élève en spirales harmonieuses et, dans un espace fonctionnel et clair, présente des expositions temporaires d'œuvres contemporaines issues du fonds de la Tate Modern de Londres *(voir p. 136)*. Ces expositions sont surtout consacrées aux **artistes de St Ives** *(voir l'encadré ci-dessus)*, notamment Patrick Heron (1920), à qui l'on doit la verrière du rez-de-chaussée. Le potier Bernard Leach est aussi présent (céramiques alliant traditions orientales et occidentales).

★★ **Barbara Hepworth Museum** – *Conditions de visite : voir Tate St Ives*. C'est en 1943 que Barbara Hepworth s'installa à St Ives avec son époux, Ben Nicholson : elle y vécut jusqu'à sa mort. Dans sa maison, des **sculptures** abstraites de pierre ainsi que des bois polis et lisses témoignent de toute une vie consacrée à la sculpture. Vous verrez dans les ateliers des blocs de pierre sur lesquels elle avait commencé à travailler, apparent désordre contrastant avec le jardinet ceint d'un muret blanc, endroit paisible où s'élèvent environ vingt compositions de bronze et de pierre.

★ **Parish Church** – Cette église paroissiale du 15e s. – seul le baptistère est récent (1956) – est consacrée aux apôtres pêcheurs saint Pierre et saint André, ainsi qu'à saint Ia, le premier missionnaire venu à St Ives (en traversant la mer sur une feuille, dit la légende), qui donna son nom à la ville. Elle se dresse près du port et se distingue par sa tour et sa flèche en granit de Zennor. Remarquez la voûte en berceau, les extrémités des bancs de bois et les fonts baptismaux en pierre. Dans la chapelle de la Vierge, *Mother and Child* (1953) est une œuvre de Barbara Hepworth empreinte de tendresse ; celle-ci a aussi créé une paire de chandeliers en acier inoxydable appelés *Rose de Noël* (1972).

Quitter St Ives, par la A 3074, puis tourner sur la route côtière B 3301 vers Hayle.

Hayle

Cette ville d'estuaire fut autrefois un important centre de transformation du cuivre, de l'étain et du fer. Elle est aujourd'hui réputée pour ses longues plages de sable.

Plus loin, au promontoire de **Hell's Mouth★**, la mer, d'un sombre bleu-vert, vient se briser sur la falaise (60 m) et l'on ne perçoit que les hurlements des oiseaux marins et le bruit des vagues sur les rochers.

Du haut de ses 191 m, le phare de **St Agnes Beacon★★** offre une **vue panoramique★★** de Trevose Head à St Michael's Mount. Au premier plan s'étend le paysage typique du nord de la Cornouailles, balayé par le vent et ponctué par les cheminées des anciennes exploitations minières.

Continuer par Perranporth et Goonhavern, où l'on prendra à gauche la A 3075; après 8 km/5 miles, tourner à droite.

★ Trerice Manor

Kestle Mill - NT - ☏ (01637) 875 404 - www.nationaltrust.org.uk - ♿ - mars-oct.: tlj sf sam. 11h-17h (dernière entrée 30mn av. fermeture), jardin 10h30-17h - 7,20 £, jardins seuls 2,60 £ - salon de thé.

Ce petit manoir élisabéthain de pierre grise a été construit de 1572 à 1573 selon un plan en forme de E. Richement ornée de pignons à volutes, la façade est possède une admirable fenêtre en verre du 16e s. à meneaux de pierre, donnant sur la grand-salle. L'intérieur se caractérise par la beauté de ses stucs du 16e s. et la qualité de son ameublement.

Newquay

Cette station balnéaire, dont les plages de sable s'étendent au pied de falaises dans une baie abritée faisant face au nord, doit son nom au nouveau quai construit en 1439. Aux 18e et 19e s., le port était spécialisé dans la sardine, qui, une fois salée, était exportée en Italie et en Espagne. C'est de cette période que date la **Huar's House**, sur le promontoire, d'où le crieur alertait les pêcheurs lorsqu'il voyait des bancs de poissons pénétrer dans la baie. Aujourd'hui, Newquay bénéficie d'un regain de popularité grâce aux surfeurs qui profitent des rouleaux déferlant sur Fistral Beach.

Quitter Newquay par la B 3276 qui longe la côte.

★ Bedruthan Steps

À 6,4 km/4 miles au nord - NT - ☏ (01637) 860 563 - www.nationaltrust.org.uk - parking payant - salon de thé.

Le spectaculaire arc de sable de 2,5 km jonché de rochers géants érodés par les vents et les vagues est visible du promontoire. La légende dit que les rochers ont servi de gué au géant Bedruthan.

★ Trevose Head

À 6,4 km/4 miles de Bedruthan Steps par la B 3276 et des chemins de traverse; les 800 derniers mètres du trajet s'effectuent à pied.

Vue spectaculaire sur la baie et les îles rocheuses.

Vous pourrez, à partir de Trevone, gagner Padstow *(à 8 km de là)* en empruntant le **Cornwall Coast Path**. Cette promenade permet de découvrir notamment les arches rocheuses de Porthmissen Bridge.

★ Padstow

Red Brick Building - North Quay - ☏ 01841 533 449 - www.padstowlive.com - été 9h-17h (w.-end 10h-16h); hiver: lun.-vend. 10h30-15h30, sam. 11h-14h.

Au Moyen Âge, Padstow bénéficiait du privilège de droit d'asile, qui permettait aux criminels de s'y réfugier et d'échapper à la prison. Ce privilège fut aboli à la Réforme lorsque la propriété des terres entourant la ville fut accordée à la famille Prideaux (toujours installée à Prideaux Place). Mais Padstow fut surtout un port de première importance, le seul abri sûr de la côte nord de la Cornouailles, malgré les rochers, les vents contraires et les courants de l'estuaire de la Camel. Or, lorsque la taille des bateaux augmenta, il leur fut de plus en plus difficile de franchir la barre de sable connue sous le nom de **Dom Bar**. La légende raconte qu'elle se serait formée suite à la malédiction d'une sirène, abattue par un homme du pays, avait lancée en mourant.

Le **port**, où le niveau de l'eau est contrôlé par une vanne et où se côtoient bateaux de pêche et de plaisance, constitue toujours le cœur de la ville. Les quais sont bordés de maisons anciennes, d'entrepôts, de pubs et de restaurants. Quayside *(en face de la capitainerie)* est bordé de maisons du 16e s. à deux étages, en granit et aux toits d'ardoises, comme l'ancien palais de justice, dont la porte est surmontée d'un auvent en forme de coquillage, **Raleigh Cottage** où **Walter Raleigh** percevait les droits de port en qualité de gouverneur de Cornouailles, et le minuscule **Harbour Cottage**. **Abbey House** *(côté nord)*, un ancien couvent du 15e s. devenu une résidence privée, s'orne d'un larmier sculpté représentant une tête de religieuse. Derrière le quai s'étend un réseau de rues étroites et de passages assombris par de hautes maisons, dont beaucoup se caractérisent par des poutres apparentes et des encorbellements surplombant de petites boutiques.

St Petroc Major – *En haut de la colline.* L'église, dont la tour ouest crénelée fut édifiée entre 1420 et 1450, renferme des fonts baptismaux octogonaux sculptés par le **maître de St Endellion**. Le cimetière abrite une hampe de croix celtique ; les grilles en fer forgé datent du 18e s.

Forth an Syns – Depuis l'église paroissiale, ce chemin remonte Dennis Hill avant de serpenter à travers ce qui a dû être une dangereuse forêt *(carrefour de la A 39 et de la route de Wadebridge)*, puis poursuit sa montée jusqu'aux collines de St Breock (216 m audessus du niveau de la mer), longe le dolmen connu sous le nom de Men Gurta (la pierre de l'attente) et un champ d'éoliennes… Lanivet se trouve à mi-chemin, puis le sentier grimpe à nouveau jusqu'à Helman Tor, un affleurement de granit d'où l'on jouit, par temps clair, d'une large vue.

SAINT PETROC

Il a parfois été comparé à saint François d'Assise car il protégeait les animaux ; il sauva un cerf poursuivi par des chasseurs, retira une écharde de l'œil d'un dragon et libéra un monstre marin prisonnier d'un lac. Fils d'un chef de clan gallois, il établit son premier monastère à Padstow en 520 avant de partir pour Bodmin.

★ **Prideaux Place** – *Hauteurs de la ville - ✆ (01841) 532 411 - www.prideauxplace.co.uk - visite guidée (1h) de Pâques à déb. oct. : dim.-jeu. 13h30-16h ; tarif non communiqué - opéras et expositions.* La demeure de granit construite par Nicholas Prideaux en 1592 est entourée de jardins et d'un parc boisé dessinés au 18e s. qu'ornent un temple classique, un obélisque, une grotte et une charmille de pierre abritant des urnes romaines. Vous verrez dans la demeure des portraits peints par **John Opie** (1761-1807), qui passa son enfance dans la propriété, et quelques pièces rares en porcelaine chinoise de Nankin du 18e s. fabriquées avec du kaolin de Cornouailles, exposées au milieu de porcelaines provenant des manufactures de Wedgwood, Spode et Worcester. Le plafond en plâtre du 16e s. de la grand-salle *(à l'étage)* est d'époque élisabéthaine. La **salle à manger** est couverte de lambris de chêne teint ornés d'une frise marquetée et de motifs géométriques de style Jacques Ier ; le portrait qui se trouve au-dessus de la cheminée représente Nicholas Prideaux. Le salon et la bibliothèque ont été aménagés au 18e s. en style néogothique. C'est de cette même époque que date la **salle Grenville**, construite par le premier comte de Bath, et décorée de somptueuses sculptures dorées par **Grinling Gibbons**.

Tintagel

Au nord de Padstow par la A 389, la A 39 et la B 3314 qui longe la côte.

Tintagel a toujours été associé au **roi Arthur**. Une importante découverte de tessons des 5e et 6e s. provenant de l'est de la Méditerranée suggère qu'il existait à une époque des échanges commerciaux florissants. La petite gentilhommière abritant le **Old Post Office★**, aux murs de près de 1 m d'épaisseur et au toit d'ardoise, renferme un simple mobilier campagnard. Elle date du 14e s. *NT - ✆ (01840) 770 024 - www.nationaltrust.org.uk - juin-sept. : 10h30-17h30 ; avr.-mai 10h30-17h ; vac. scol. de fév., 2e quinz. de mars et oct. : 11h-16h - 3,20 £.*

Tintagel Castle (Château de Tintagel) – *Accès par une route escarpée au départ de la rue principale ; 30mn à pied AR - EH - ✆ (01840) 770 328 - www.english-heritage.org.uk - avr.-sept. : 10h-18h ; oct. : 10h-17h ; nov.-mars : 10h-16h - fermé 1er janv. et 24-26 déc. - 5,20 £.* Le **site★★★**, donnant sur des rochers à pic et dominant la mer, est plus impressionnant que les **ruines** disséminées du château, qui comprennent les vestiges des murs de la chapelle de 1145 et de la grand-salle, construits sur l'emplacement d'un monastère celtique du 6e s., ainsi que d'autres murs datant du 13e s., tout cela postérieur de plusieurs siècles à l'époque d'Arthur…

★ Boscastle

À 5 km/3 miles au nord par la B 3263.

Ce joli village s'étend tout en longueur à flanc de colline, vers un bras de mer entouré de promontoires culminant à 92 mètres. C'est le seul **port naturel** entre Hartland Point et Padstow.

★ Poundstock

À 16 km/10 miles au nord par la B 3263 et la A 39.

Au fond d'un vallon retiré et boisé se nichent une **église★** des 13e et 15e s. à la tour carrée et aux fonts baptismaux du 13e s., ainsi qu'une **Maison des corporations★** du 14e s.

Bude

À 8 km/5 miles au nord.

ℹ The Crescent - ✆ (01288) 354 240 - www.visitbude.info - horaires : se renseigner.

Cette ville portuaire située sur les falaises faisant front à l'Atlantique est un lieu de séjour très fréquenté, aux plages de sable doré et aux brisants appréciés des surfeurs. À marée haute, la **digue★★** qui surplombe le canal de Bude (19e s.) offre une belle vue sur la mer. Le **musée** est consacré à l'histoire de Bude et de Stratton et au canal. *✆ (01288) 353 576 - www.bude-stratton.gov.uk - de Pâques à fin oct. : 12h-17h - 50 c.*

À **Stratton**, village voisin *(à 1,5 km par la A 3072)*, le vitrail est de l'**église★** est l'œuvre de **Burne-Jones**.

Morwenstow

À 13 km/8 miles au nord par une étroite route côtière.

Vous verrez dans ce village une très belle **église★**. Le portail sud roman s'orne d'une moulure à zigzags sur de petites colonnes. À l'intérieur, une des deux arcades repose sur des piliers romans et Early English. Sous la voûte en berceau, les fonts baptismaux saxons sont ornés d'une moulure en torsade (vers 800).

Les **falaises★★** spectaculaires, hautes de 133 m, s'élancent vers les rochers situés au large de la côte.

Au large Carte de région

★ **ÎLES SCILLY** (Îles Sorlingues) A3 en direction

Isles of Scilly Travel Centre – *0845 710 5555 - www.islesofscilly-travel.co.uk. Voir aussi la rubrique « transports » dans Nos adresses.*

Lorsque l'on approche des îles Scilly par la mer ou par hélicoptère, la **vue★★★** sur les îlots (5 habités, 40 qui ne le sont pas) et le chapelet de quelque 150 rochers regroupés dans les eaux bleu-vert clair de l'océan, est absolument superbe. Il va de soi que cet archipel est classé site de beauté naturelle remarquable; ses eaux constituent un parc marin géré par un syndicat environnemental en collaboration avec le duché de Cornouailles.

Cet archipel battu par les vents présente des traces d'une civilisation de l'âge du bronze dans une cinquantaine de **tombes mégalithiques à couloir** (2000-1000 av. J.-C.), proche de la civilisation bretonne de l'ouest de la Cornouailles et du comté de Waterford en Irlande. Peuplé d'ermites et de moines à partir du 5e s., longtemps menacé par les Danois (jusqu'à ce qu'Athelstan les chasse en 930), l'archipel connut une période de prospérité à partir de 1834 lorsque **Augustus Smith** devint « Lord Proprietor ». Des maisons, des églises et des écoles furent bâties et cinq chantiers de construction navale ouvrirent leurs portes à St Mary's, tandis que l'industrie florale commençait à se développer.

2

St Mary's

Hugh Street - (01720) 422 536 - www.simplyscilly.co.uk (en français) - été : lun.-vend. 8h30-18h, sam. 8h30-17h30, dim. 10h-12h; hiver : lun.-vend. 8h30-17h, sam. 10h-13h.

Avec 5 km dans sa plus grande largeur et 15 km de littoral, St Mary's est l'île la plus importante de l'archipel et regroupe la majeure partie des habitants. La ville principale, **Hugh Town**, s'étend sur l'isthme étroit séparant la partie principale de l'île et la colline du Garrison. Une porte du milieu du 18e s., Guard Gate, donne accès au **Star Castle**, construit en 1594 à l'époque de la querelle entre Élisabeth Ire et l'Espagne, devenu aujourd'hui un hôtel.

Un chemin à l'intérieur des remparts, le **Garrison Walk★**, fait le tour du promontoire *(2h)*, offrant ainsi une très belle **vue★★** sur l'ensemble de l'archipel. À 15 minutes de marche de la **tour du télégraphe**, située sur le point le plus élevé de l'île (48 m), **Bants Carn** est une chambre funéraire datant du 3e s. av. J.-C. Dans une grande crique, **Porth Hellick**, on peut voir une tombe à couloir de 4000 ans. Des blocs de granit érodés portant des noms tels que Monk's cowl (capuchon de moine), Kettle (bouilloire) et Pans (casseroles) font de **Peninnis Head** un splendide spectacle.

★ Tresco

À partir de l'endroit où les bateaux accostent, à l'ouest (New Grimsby), le chemin monte en longeant **Cromwell's Castle**, une tour de 80 m édifiée en 1651 pour parer à l'éventualité d'une invasion hollandaise. Le long du chemin, admirez les ruines du château du roi Charles (1550-1554).

En 1834, Augustus Smith fit construire une demeure de style néogothique en utilisant les pierres de l'île et les planches des épaves et y créa le célèbre **Tresco Abbey Garden★★**, à partir de graines et de plantes originaires de la

Méditerranée et des îles Canaries. Ses successeurs étendirent la collection, qui continue de fasciner aussi bien les horticulteurs que les jardiniers amateurs. Depuis les terrasses, la **vue★★** sur les jardins et sur la mer est magnifique. *(01720) 424 108 - www.tresco.co.uk - ♿ - 10h-16h - 8,50 £ - café.*

À proximité, **Valhalla** est une extraordinaire collection de figures de proue et d'ornements sculptés provenant des milliers d'épaves de bateaux échoués au large des îles.

Bon à savoir – D'autres îles peuvent être visitées : **Bryher**, **St Agnes**, **St Martin** et **Samson**, île déserte parsemée de vestiges mégalithiques ainsi que de ruines de cottages du 19e s.

NOS ADRESSES EN CORNOUAILLES

TRANSPORTS

Se rendre en Cornouailles

Penzance est desservie par le **train**, depuis Londres Paddington, via Exeter, Bodmin et Truro. *www.nationalrail.co.uk.*

Vous pouvez aussi prendre l'**avion** depuis Londres : l'aéroport de Newquay est desservi par les compagnies *low cost* Air Southwest depuis Gatwick et Ryanair depuis Stansted.

Se rendre dans les îles Scilly

Bon à savoir – Les voyages à destination de St Mary's et Tresco peuvent être contrariés par les conditions météo. **Les voitures ne sont pas admises sur l'archipel**.

Services – Agences Barclays Bank et Lloyd's Bank (distributeurs) à St Mary's uniquement. Munissez-vous d'argent liquide avant le départ.

Par les airs – Réservation impérative. Réglementation sur le poids autorisé des bagages : munissez-vous du strict minimum.

Skybus – *(01736) 787 017 - www.skybus.co.uk.* Desserte régulière de l'**aéroport de St Mary's** au départ de l'aérodrome de **Land's End** *(tte l'année; trajet 15mn - 86 à 140 £ AR)* ; de **Newquay** *(janv.-déc. : 30mn - 96/165 £ AR)* ; d'**Exeter** *(mars-oct. : 50mn - 230 à 260 £ AR)* ; de **Bristol** *(mars-oct. : 70mn - 275/315 £ AR) ; de Southampton (avr.-oct. : 1h30 - 290/340 £ AR).* Tarifs les plus intéressants : AR dans la journée et vols non flexibles.

Vols en **hélicoptère** à destination de St Mary's et Tresco *(20mn)* au départ de l'héliport de Penzance.

British International – *(01736) 363 871 - www.islesofscillyhelicopter.com - 96 à 175 £ selon la période et le jour (moins cher en semaine).* En cas de brouillard, les passagers sont transférés de l'héliport à l'embarcadère du ferry.

Par mer – Départ de Penzance à destination de St Mary's.

Scillonian III – *(01736) 362 009 - www.islesofscilly-travel.co.uk - mai-sept. : tlj sf dim. 9h15 (sam. : se renseigner) ; avr. et oct. : lun., merc., vend. et sam. 9h15 - trajet 2h45 - 35 à 95 £.* Correspondance vers les îles plus petites par navette.

Sur place

À l'arrivée, navette *(payante)* de l'aéroport de St Mary's jusqu'à la destination sur l'île, ou jusqu'au port pour un départ en bateau vers une autre île.

Excursions vers les autres îles – *Se renseigner au port.* Possibilité d'embarquer depuis St Mary's pour un circuit de 90mn vers Tresco et Bryher, incluant la visite des **Norrard Rocks**.

HÉBERGEMENT

Bon à savoir – Si vous souhaitez vous loger à la **ferme** ou dans des cottages en pleine campagne, en location simple (*self catering*, à la semaine) ou en B & B, vous pouvez réserver sur **www.cornishfarmholidays.co.uk**.
Les **îles Scilly** proposent de nombreuses possibilités d'hébergement dans toutes les catégories de prix en hôtel, B & B, location et même camping. Consultez le site **www.isleofscilly-travel.co.uk**.
Il est utile d'informer vos hôtes de votre moyen de transport et, partant, de votre horaire d'arrivée.

PREMIER PRIX

À Falmouth

Melvill House – *Melvill Road - ✆ (01326) 316 645 - www.melvill-house-falmouth.co.uk - 7 ch. : 56 £* ☕. Établissement simple et accueillant ; petites chambres propres et bien tenues, décorées sur le thème de la mer. Bon rapport qualité/prix.

À Fowey

The Globe Posting House – *19 Fore Street - ✆ (01726) 833 322 - www.globepostinghouse.co.uk - 5 ch. : 50/60 £*. Une petite maison blanche du 18e s. au cœur de la rue principale abrite ce B & B doté d'un restaurant de poissons.

BUDGET MOYEN

À Penzance

Chy-An-Mor – *15 Regent Terrace - ✆ (01736) 363 441 - www.chyanmor.co.uk - fermé déc.-janv. - 10 ch. : 78/90 £* ☕. Demeure raffinée du début de l'ère victorienne aux chambres immaculées.

À Polperro

Claremont – *The Coombes - ✆ (01503) 272 241 - www.theclaremonthotel.co.uk - 12 ch. : 64/86 £* ☕. En bordure de la rue principale descendant vers le port, une sympathique maison de pêcheurs à la terrasse ombragée d'une treille.

St Mary's (îles Scilly)

Evergreen Cottage – *The Parade à Hugh Town - ✆ (01720) 422 711 - www.evergreencottageguesthouse.co.uk - fermé 2 sem. en déc.-janv. 5 ch. : 75/78 £* ☕. Une agréable maison de caractère à deux pas du port.

POUR SE FAIRE PLAISIR

À Falmouth

Greenbank – *Harbourside - ✆ (01326) 312 440 - www.greenbank-hotel.co.uk - 57 ch. : 145/155 £* ☕. Maison ancienne agrandie bénéficiant d'une situation superbe sur le port ; le restaurant moderne donne sur le musée de la Mer.

À Padstow

Treverbyn House – *Station Road - ✆ (01841) 532 855 - www.treverbynhouse.com - fermé déc.-janv. - 5 ch. : 122/136 £* ☕. Vaste demeure victorienne, chambres bien aménagées, vue sur la baie.

Cross House – *Church Street - ✆ 08717 168 148 - www.crosshouse.co.uk - 11 ch. : 100 £* ☕. Hôtel confortable, installé dans un charmant bâtiment georgien.

À Penzance

Beachfield – *The Promenade - ✆ (01736) 362 067 - www.beachfield.co.uk - fermé 24 déc.-2 janv. - 18 ch. : 119/139 £* ☕. Hôtel spacieux et confortable situé sur le front de mer. Restaurant de poissons.

À Truro

Mannings (The Royal Hôtel) – *Lemon Street - ✆ (01872) 270 345 - www.manningshotels.co.uk - fermé 24-26 déc. - 26 ch. : 95 £* ☕.

Cet hôtel installé dans une noble demeure reçut la visite du prince Albert en 1876. Chambres modernes et d'un confort remarquable. Le lieu se révèle fort utile aux beaux jours lorsque la côte est envahie.

UNE FOLIE

À Marazion

Mount Haven – *Turnpike Road - ✆ (01736) 710 249 - www.mounthaven.co.uk - fermé de mi-déc. à mi-fév. - 18 ch. : 170/200 £* ☕. Vue imprenable sur la baie et sur le mont. Pour en profiter au mieux, demandez les chambres dotées de balcons.

À Fowey

Number 17 Esplanade – *17 The Esplanade - www.number17esplanadefowey.co.uk.* Ancien lieu de villégiature des évêques de Truro, datant de 1815 et rénové en 2010. Belles vues sur le port.

Fowey Hall – *Hanson Drive - ✆ (01726) 833 866 - www.foweyhallhotel.co.uk - 23 ch. : 170/280 £* ☕. Imposant manoir campagnard de l'époque victorienne avec vue imprenable sur la baie. Mobilier ancien dans les chambres.

À Padstow

St Petroc's – *4 New Street, ✆ (01841) 532 700 - www.rickstein.com - 10 ch. : 135/270 £* ☕. Dans une demeure toute blanche, des chambres modernes aux couleurs vives. Brasserie *(30 £)*.

À Penzance

The Abbey – *Abbey Street - ✆ (01736) 366 906 - www.theabbeyonline.co.uk - fermé janv. - 6 ch. : 150/210 £* ☕. Hôtel installé dans une maison du 17e s. quelque peu bohème, où les objets anciens foisonnent dans un cadre original. Chambres joliment décorées. Ravissants jardins apaisants.

À St Ives

The Garrack – *Burtwallan Lane, à 5mn de la Tate St Ives - ✆ (01736) 796 199 - www.garrack.com - 18 ch. : 146/202 £* ☕. Hôtel à l'atmosphère campagnarde, doté d'un petit centre de loisirs. Agréable jardin. Le restaurant propose cuisine et vins locaux.

Pedn-Olva – *West Porthminster Beach - ✆ (01736) 796 222 - www.pednolva.co.uk - 31 ch. : 170/240* ☕. Le nom de l'hôtel signifie en gaélique « point de vue sur le promontoire » et, effectivement, l'hôtel bénéficie d'une vue exceptionnelle sur le port et la baie. Décor élégant.

À St Martin's (îles Scilly)

St Martin's-on-the-Isle – *✆ (01720) 422 092 - stmartinshotel.co.uk - de fin mars à sept. - 28 ch. : 250/390 £* ☕. Réputé parmi les meilleurs hôtels du Royaume-Uni, ce superbe établissement est situé dans un environnement idyllique.

RESTAURATION

BUDGET MOYEN

À Padstow

Margot's – *11 Duke Street - ✆ (01841) 533 441 - www.margots.co.uk - fermé janv. et dim.-lun. - 25 £.* Atmosphère détendue et amicale. Carte selon la pêche du jour.

À Polperro

Nelsons – *The Saxon Bridge (dans une ruelle conduisant au port) - ✆ (01503) 272 366 - fermé lun.* Menu table d'hôte avec poissons, fruits de mer, crabe et « assiettes du pêcheur ».

Près de Falmouth

Pandora Inn – *Restronguet Creek à Mylor Bridge, 7 km/*

4,5 miles au nord de Falmouth par la A 39 - ✆ (01326) 372 678 - www.pandorainn.com - 15/32 £. Ravissante auberge du 13e s. située sur un port animé, possédant sa propre jetée. Renommée chez les plaisanciers. Cuisine de pub très copieuse.

À St Ives

Alba – *Old Lifeboat House, The Wharf - ✆ (01736) 797 222 - www.thealbarestaurant.com - 30 £ (menu déj. 16,50 £)*. Sur deux étages, dans un décor alliant élégance et minimalisme, un restaurant de poissons et de fruits de mer réputé.

Blue Fish – *Norway Lane - ✆ (01736) 794 204*. Aménagé dans d'anciens greniers à filets. Restaurant de poissons simple et rustique bénéficiant d'une adorable terrasse ensoleillée et d'une véritable atmosphère méditerranéenne.

POUR SE FAIRE PLAISIR

À Penzance

Harris's – *46 New Street - ✆ (01736) 364 408 - www.harrissrestaurant.co.uk - 35/40 £*. Cet élégant établissement, une institution locale, se dissimule dans le centre-ville. Table traditionnelle à base de cuisine locale où figurent quelques plats de poissons.

À Padstow

The Seafood – *Riverside - ✆ (01841) 532 700 - www.rickstein.com - 40/52 £ - réserv. indispensable*. Spécialités locales de poissons et de fruits de mer attirent la grande foule dans ce restaurant réputé.

À St Martin's (îles Scilly)

Teän – *✆ (01720) 422 092 - stmartinshotel.co.uk - de fin mars à sept. : soir - menu 45 £*. Le restaurant de l'hôtel St Martin's offre une vue fantastique. La cuisine privilégie les produits locaux et de saison, dont certains viennent du jardin de l'établissement. Réservez.

ACHATS

Bon à savoir – Vous trouverez tout ce dont vous pouvez avoir besoin dans les stations balnéaires de quelque importance, et dans les bourgades de l'intérieur, notamment à **Truro** (Marks & Spencer et Debenhams sur Rear Quay).

Art et artisanat

Nombreuses boutiques de souvenirs et d'artisanat à **Polperro**… ainsi (avis aux gourmands !) que de fabuleux étalages de bocaux de bonbons.

Mid-Cornwall Galleries – *À Biscovey, au nord de la A 390 par les carrefours de Par à l'ouest de St Austell - ✆ (01726) 812 131 - www.mid-cornwall-galleries.co.uk*. Poterie, cuivres, textile et tricot, peinture et sculpture.

Dans les îles Scilly, à **St Ives**, les amateurs de poteries se rendront à **St Ives Ceramics** *(1 Fish Street - ✆ (01736) 794 930 - www.st-ives-ceramics.co.uk)*. Pour les autres formes d'art et d'artisanat, voir **Penhaven Galleries** (peinture - *St Peter Street - ✆ (01736) 798147 - www.penhavengallery.co.uk*), **Treylon Gallery** (bijoux en argent - *Fore Street - ✆ (01736) 797 955 - www.trelyongallery.co.uk*), ainsi que **Sloop Craft Market** *(Back Lane - ✆ (01736) 796 051)*.

Boutique du **National Trust** à **Bedruthan Steps** *(✆ (01637) 850 563 - avr.-oct. 11h-17h)*.

ACTIVITÉS

Cornwall Coast Path – Cette portion *(430 km/266,5 miles)* du sentier de grande randonnée

South West Way, qui serpente le long des falaises abruptes et des criques dentelées, constitue le moyen idéal pour découvrir les splendeurs de la péninsule. Parfaitement balisé, le chemin croise de nombreux raccourcis et sentiers de traverse.

AGENDA

Bon à savoir – Cultivant farouchement son particularisme et tentant de préserver sa langue gaélique, la Cornouailles s'attache à maintenir ses traditions, notamment certaines festivités d'origine païenne. Parmi elles, deux sont particulièrement spectaculaires :

Flora Day – *À Helston - le 8 mai (ou le sam. précédent si le 8 est un dim. ou un lun.) - www.helstonfloraday.org.uk.* Helston ferme ses portes à la circulation et accueille la célèbre **Furry Dance★★**, sur un parcours de 6,5 km partant de l'hôtel de ville. Les plus spectaculaires des cinq danses processionnelles sont la procession Hall-an-Tow (8h30), la procession des enfants (10h) et l'Invitation à la danse, exécutée par les couples (12h).

Padstow 'Obby 'Oss – Les célébrations du May Day, dont les origines se perdent dans la nuit des temps, débutent à minuit sur la grand-place de Padstow ou dans Broad Street, au son du Chant du matin : « Unissons-nous, car l'été arrive. » Le matin, un cheval d'enfant ainsi qu'un démon vêtu de bleu, le **blue 'oss**, et le démon originel vêtu de rouge, le **red 'oss**, font leur apparition et caracolent toute la journée au son de l'accordéon et du tambour. À Noël, Padstow résonne de chants de Noël du 18e s., propres à la ville.

Îles Scilly

La course des « gigs » – *À St Mary's - avr.-sept. : merc. et vend. 20h - pour suivre la course par bateau, consulter les horaires et les tarifs affichés sur le quai.* Ces petits canots en orme (0,64 cm d'épaisseur, 8,5 m à 9,15 m de long sur 1,52 m de large, et moins de 60 cm de tirant d'eau), étaient construits pour concurrencer les vedettes pilotes et servaient à la contrebande. Il leur était interdit de comporter plus de six avirons pour les empêcher d'avoir l'avantage sur les cotres des douaniers. La course part de Nut Rock, au large de Samson, et s'achève au quai. Parmi les favoris traditionnels, construits par le chantier de construction navale Peters à St Mawes, figurent *Bonnet* (construit en 1830) et *Golden Eagle* (1870), menés par l'équipe de St Mary, et *Shah* (1873), piloté par les rameurs de St Agnes. *L'Islander* (1989), construit aux îles Scilly avec du bois d'orme en provenance de Cornouailles, est sans doute le plus rapide et le plus beau. Ce sport a bénéficié ces dernières années d'un tel regain d'intérêt qu'il donne lieu à un championnat de monde (!) au mois de mai.

Ilfracombe

10 490 habitants

NOS ADRESSES PAGE 398

S'INFORMER

Office de tourisme – *Landmark Theatre - The Seafront - ✆ (01271) 863 001 - www.visitilfracombe.co.uk - avr.-oct. : 10h-17h ; nov.-mars : tlj sf dim. 10h-17h (sam. 16h).*

SE REPÉRER

Carte de région B2 (p. 266) – *carte Michelin 503 H30 - Devon.* Ilfracombe se trouve sur la côte sud du **Bristol Channel**, ce bras de mer prolongeant l'estuaire de la Severn entre le pays de Galles et l'Angleterre du Sud-Ouest, à 21 km/13 miles de Barnstaple. La station peut être ralliée depuis Bristol par l'autoroute M 5 puis, à la sortie 27, par la route A 361 en suivant la direction de Tiverton et de Barnstaple. Plusieurs parkings sont à votre disposition, du côté de Widersmouth Beach à proximité du théâtre et de l'office de tourisme, ainsi que sur le port au pied de Lantern Hill.

À NE PAS MANQUER

Une excursion dans la baie de Barnstaple ; une escapade à Lundy Island.

ORGANISER SON TEMPS

Passez 2 jours à Ilfracombe.

La station balnéaire la plus renommée de la côte du Devon du Nord propose à ses visiteurs de spectaculaires paysages de falaises, de belles criques et, en toile de fond, de jolies collines boisées. Avec ses maisons de pêcheurs et ses plages, la cité maritime constitue un agréable port d'attache pour qui souhaite alterner baignades et jeux nautiques avec la découverte d'une côte superbe et escarpée qui, de Combe Martin à l'est jusqu'à la « frontière » de la Cornouailles, a reçu le label de « zone naturelle à la beauté exceptionnelle ».

Découvrir

Villas victoriennes témoignant de l'essor touristique de la station au 19e s. et maisons blanches de pêcheurs composent le décor de cette agréable cité fleurie, posée dans un paysage accidenté. Le port se niche au fond d'une étroite baie surveillée par les collines de Lantern Hill et de Hillsborough.

Holy Trinity

D'époque romane, elle fut agrandie au 14e s. Sa **voûte en berceau★★** comporte d'élégants motifs sculptés.

St Nicholas'Chapel

Sur Lantern Hill - Pâques-oct. : 10h-16h (haute-saison 19h ou 21h certains jours).

Au début du 14e s., le phare de Lantern Hill fut remplacé par cette chapelle des marins qui, pourvue d'un fanal, guide toujours les navires. De la plate-forme rocheuse où elle se dresse, belle **vue★** sur le port et la mer.

2

Tunnels Beaches

Accès sur Northfield Road - ♿ - ✆ (01271) 879 123 - www.tunnelsbeaches.co.uk - Pâques-sept. : 10h-18h (vac. scol. d'été 19h) ; oct. : tlj sf lun. et vend. 10h-17h - horaires variables en fonction des marées - 1,95 £ - aire de pique-nique, cafétéria.

Au 19e s., on fora dans la colline séparant la route de la mer des tunnels donnant accès à la crique depuis la route. Une digue édifiée pour empêcher le retrait des eaux à marée basse permet la baignade tout au long de la journée, notamment dans des bassins chauffés.

BELVÉDÈRES

De **Capstone Hill★** (47 m), magnifique **vue★** sur la ville et l'entrée du port, les baies et les plages. Depuis **Hillsborough** (136 m), qui s'élève au centre d'un parc à l'est de la ville, la **vue★★** sur la côte est encore plus impressionnante.

Chambercombe Manor

À 1,5 km/1 mile du port par Hillsborough Road, puis Chambercombe Road - ✆ (01271) 862 624 - www.chambercombemanor.org.uk - visite guidée (45mn) de Pâques à fin oct. : lun.-vend. 10h30-15h30 (dernier départ), dim. 12h-15h30 (juil.-août : w.-end 12h-16h) - tarif non communiqué - cafétéria.

Cette jolie maison blanche au toit d'ardoise (15e-17e s.) s'élève dans un vallon. On peut y admirer des planchers de frêne chaulés vieux de trois siècles, un tronc du 13e s. destiné à recueillir le denier de Saint-Pierre (subvention de un penny versée au pape jusqu'en 1534), une voûte en berceau, un lit à baldaquin d'époque élisabéthaine, un berceau de l'époque de Cromwell, une commode Jacques Ier, une commode à deux corps (fin du 17e s.) et une pièce victorienne.

Circuit conseillé Carte de région

AUTOUR DE BARNSTAPLE BAY (baie de Barnstaple) B2

Circuit tracé en vert sur la carte p. 266. Quitter Ilfracombe par la A 361, puis prendre à gauche la B 3343.

★ Mortehoe

Dans l'église romane **St Mary★** (12e s.), remarquez les fonts baptismaux de style Early English, le travail des boiseries aux extrémités des bancs (16e s.) et la mosaïque d'anges ornant l'arc du chœur. **Morte Point★** marque la pointe ouest de la spectaculaire côte de la région et offre de magnifiques **vues**.

Revenir sur la A 361.

★ Braunton

La partie la plus ancienne du village se trouve autour de l'église **St Brannock★** (13e s.), dont l'imposante tour romane est coiffée d'une flèche couverte de plomb. L'église renferme des sculptures intéressantes : médaillons de la voûte en berceau, fonts baptismaux du 13e s., extrémités des bancs du 16e s.

Au sud-ouest, le **Great Field** est l'un des rares exemples de campagne ouverte du pays. Au-delà du marais, **Braunton Burrows★**, l'un des plus grands ensembles de dunes de Grande-Bretagne (971 ha), est en partie une réserve naturelle nationale *(www.brauntontic.co.uk)*.

Poursuivre au sud sur la A 361.

★ Barnstaple

Centre régional, cette ville reçut une charte royale dès 930. Attenant à Butcher's Row, **Pannier Market** est une halle typique du 19e s. à armature de fonte et

verrière. Le **Long Bridge★** (pont long de 158 m) date de 1273, même si trois de ses seize arches de pierre ont été remplacées en 1539. En aval, **Queen Anne's Walk**, promenade à colonnades construite en 1708, est ornée d'une statue de la reine Anne. L'**église** du 13e s. est célèbre pour ses monuments funéraires et sa flèche élancée recouverte de plomb. *✆ (01271) 375 000 - lun.-vend. 10h-16h.*
Les hospices Horwood et l'école Alice Horwood *(Church Lane)*, du 17e s., sont dotés de jolies fenêtres à meneaux de bois. Dans le **Guildhall** (19e s.), le salon Dodderidge, lambrissé de chêne, présente une collection d'orfèvrerie. *Visite guidée (30mn) été : sam. 10h-14h ou sur demande à Heritage Centre - Queen Anne's Walk - ✆ (01271) 373 003.*
Museum of Barnstaple and North Devon – *The Square - ✆ (01271) 346 747 - www.devonmuseums.net/barnstaple - ♿ - tlj sf dim. 10h-17h.* Il retrace l'histoire de la région.
Continuer vers le sud la A 39.

★★ Clovelly

Visitor Center – *✆ (01237) 431 781 - www.clovelly.co.uk - ♿ - 9h-18h (oct.-juin : 9h30-18h) - Pâques-oct. : possibilité de transport en Land Rover (navette payante) - fermé 25 déc. - 5,95 £ - cafétéria.* En préalable à la visite du village, vous assisterez à une présentation audiovisuelle de l'histoire de cette communauté de pêcheurs.
Avec ses pavés ronds, escarpée et munie d'escaliers, **High Street** est dite **Down-a-long** ou **Up-a-long**, selon la direction que l'on prend. Elle est bordée de maisonnettes blanchies à la chaux et fleuries. Les ânes et les mules restent le meilleur moyen de transport pour la monter et la descendre… En bas, **Quay Pool**, petit port du 14e s., est protégé de la mer par une digue incurvée qui procure une large **vue**, de l'île de Lundy à Baggy Point. Des cottages en pierre, des maisons dotées de balcons, un vieux four à chaux et l'auberge jalonnent la plage de galets. À la lisière du village, la tour carrée de l'**église**, au centre d'un cimetière ombragé, s'élève en trois blocs couronnés de créneaux. L'édifice, de style Perpendicular, renferme entre autres des fonts baptismaux romans et une chaire d'époque Jacques Ier.
Hobby Drive – *Accessible seulement aux piétons - de Pâques à mi-oct. : 10h-18h.* Cette route de 5 km, qui relie à travers bois la A 39 au village, culmine à 152 m, offrant de belles vues de la côte et des falaises.
Revenir à Barnstaple et poursuivre sur la A 39 vers le nord.

★★ Arlington Court

NT - ✆ (01271) 850 296 - www.nationaltrust.org.uk - ♿ - de mi-mars à fin oct. : 11h-17h ; vac. scol. de fév. : 11h-15h (dernière entrée 30mn av. fermeture) - 8,60 £ - cafétéria.
À 13 km/8 miles de Barnstaple, cette demeure de style classique (1820-1823, modifiée en 1865), abrite des collections d'objets d'art réunies par Miss Rosalie Chichester (1865-1949). La pièce maîtresse est sa collection de **maquettes de bateaux**, dont 36 furent réalisées par les prisonniers de l'armée napoléonienne.

Au large Carte de région

★★ Lundy Island B2

✆ (01271) 863 636 - www.lundyisland.co.uk - mars-oct. : mar., jeu., sam. et certains lun. ; dép. de Bideford et/ou Ilfracombe (2h) à bord du MS Oldenburg (267 passagers) - 32,50 £ AR dans la journée - d'autres dép. privés de Clovelly (1h30).

2

La présence de fascinants oiseaux et l'éloignement de la vie moderne font l'attrait de cette île. En dépit de son nom dérivant du vieil islandais *lunde* (macareux), seuls trente couples de macareux y couvent *(mai à juillet)*. Mais on y trouve de petits pingouins, des guillemots, des fulmars, des puffins, des cormorans huppés, des mouettes et des goélands. Depuis 1986, Lundy, dont les eaux abritent des phoques gris, des requins pèlerins et des marsouins, est une **réserve marine** où les conditions de plongée sont excellentes *(présence de nombreuses épaves)*. Longue de 5 km et large de moins de 2, l'île est une masse granitique culminant à 122 m au-dessus du **Bristol Channel**. À l'époque où le port de Bristol commerçait avec le continent, l'Amérique et les Indes orientales, l'île devint un repaire de pirates. De 1863 à 1869, ses carrières furent exploitées, une route fut tracée et une église construite. C'est vers 1930 que l'on y introduisit les poneys de Lundy (issus d'un croisement des races New Forest et Welsh Mountain), le cerf Sika et le mouton Soay.

Tour complet de l'île (18 km) : 4h. De la plage d'accostage, dominée par **Marisco Castle** (12e-13e s.), la piste monte au village en passant par **Millcombe House** (1830), édifice en granit. De là, le chemin se dirige à l'ouest vers le **vieux phare** (1819). Sur la côte ouest, le sentier passe près d'une **batterie** qui servit de station météo et se poursuit par **Jenny's Cove**, point de vue pour l'observation des oiseaux *(bird-watching)*, et **Devil's Slide** *(escalade)*. Du **phare nord** (1896), revenir par le sentier de la côte est *(au-delà des carrières)* ou par la route, qui court sur la crête de l'île.

NOS ADRESSES À ILFRACOMBE

HÉBERGEMENT

Bon à savoir – Comme toute station balnéaire, **Ilfracombe** propose de nombreuses solutions d'hébergement, de l'hôtel au B & B en passant par la *guesthouse*. L'office de tourisme dispose d'un service de réservations.

Pour **Lundy Island**, consultez le Landmark Trust *(✆ (01628) 825 925 - www.landmarktrust.co.uk – en français)*.

ACHATS

Bon à savoir – Produits régionaux au **marché de Barnstaple** *(mar., vend. et sam.)*.

ACTIVITÉS

Baignade – Outre Tunnels Beaches, vous trouverez d'autres plages agréables, à l'est du port, à Rapparee Cove, Hele Bay, ainsi qu'à Barricane ; à l'ouest, vous aurez le choix entre Woolacombe, Croyde et Saunton.

Randonnées – Vers l'est, le sentier côtier *(Coast Path)* surplombe Hillsborough jusqu'à Hele Bay et, vers l'ouest *(Torrs Walk)*, domine les falaises jusqu'à Lee Bay.

Promenades en bateau – Partez sur les traces des phoques à bord de l'*Ilfracombe Princess (✆ (01271) 879 727 - www.ilfracombeprincess.co.uk - 12 £)*. Autres types d'excursions possibles.

Massif d'Exmoor

★★

NOS ADRESSES PAGE 403

S'INFORMER

Exmoor National Park HQ – *À Dulverton - Fore Street - ✆ (01398) 323 665 - www.exmoor-nationalpark.gov.uk.* Le Parc national est doté de cinq centres d'accueil : à Combe Martin, County Gate (à la frontière du Somerset et du Devon), Dunster, Dulverton et Lynton, ainsi qu'un bureau à **Porlock**, où vous trouverez des cartes et brochures sur les visites guidées, les sentiers, les pistes cyclables et cavalières.

SE REPÉRER

Carte de région BC2 (p. 266-267) – *carte Michelin 503 I-J30 - Somerset and Devon*. Plongeant abruptement dans le Bristol Channel, le Parc occupe une superficie de 692 km² au nord du Devon et du Somerset. Pour vous y rendre depuis Bristol, prenez l'autoroute M 5 puis, à la sortie 27, la route A 361 en direction de Barnstaple. C'est à Tilverton que vous trouverez la route A 396 (signalisée Minehead), qui traverse le parc vers le nord, jusqu'à la côte. À Exebridge, une autre route, la B 3223 transversale, permet de gagner directement les deux villages jumeaux de Lynton et Lynmouth.

À NE PAS MANQUER

Dunster et la côte entre Porlock et Lynmouth.

ORGANISER SON TEMPS

Consacrez 2 jours à la découverte du Parc.

AVEC LES ENFANTS

West Somerset Railway à Minehead.

Des forêts giboyeuses, superbes en toute saison, mais plus encore au printemps lorsque les massifs de rhododendrons sauvages viennent les illuminer de mauve ; des landes désolées sur les pentes des Brendon Hills et des pâtures d'un vert tendre que peuplent bœufs et moutons, mais aussi poneys en liberté ; et enfin la mer, venant interrompre de façon aussi soudaine qu'abrupte ce paysage enchanteur... Ainsi se présente le Parc national d'Exmoor, que ponctuent de paisibles villages et que sillonnent des cours d'eau traversés par des ponceaux en pierres plates.

Circuit conseillé Carte de région

AU CŒUR DE L'EXMOOR BC2

Circuit au départ de Tiverton tracé en vert sur la carte p. 266 – Compter deux jours. Quitter Tiverton par la route de Minehead (A 396).

Suivant la vallée de l'Exe jusqu'à **Exton**, la route s'élève dans un superbe paysage forestier où le gibier n'est pas rare, à commencer par les faisans, qui ont une fâcheuse tendance à baguenauder sur le bitume.

À la sortie d'Exton, prendre la route à gauche qui suit la vallée de l'Exe.

2

LANDES, FORÊT ET FALAISES

Les terres les plus élevées d'Exmoor sont constituées par la chaîne des **Brendon Hills**, dont l'ondulation s'étend à perte de vue et que recouvrent fougères bleues et bruyères. Plus au nord, la **forêt d'Exmoor** est un vestige de l'immense forêt médiévale où l'on élevait du gibier en vue des chasses de la Cour. Cerfs, poneys sauvages d'Exmoor (une espèce protégée descendant directement de chevaux préhistoriques), moutons et paisibles troupeaux parcourent la lande. Quant à la côte accidentée qui surplombe le **Bristol Channel**, elle offre, par ses multiples anfractuosités, un site accueillant pour toutes sortes de variétés d'oiseaux marins.

★ Winsford C2

De nombreux ruisseaux irriguent le village, qui possède ainsi sept ponts distants de quelques mètres à peine les uns des autres. Le plus ancien, **Packhorse Bridge**, permet de franchir l'Exe.

Reprendre la A 396 jusqu'à Wheddon Cross où la B 3224, à gauche, conduit au pied du Dunkeary Beacon.

★★★ Panorama du Dunkery Beacon C2

5 km/3 miles AR environ jusqu'au sommet. Avec ses 519 m, le point culminant d'Exmoor offre une **vue★★★** superbe sur l'ensemble de la lande et, dit-on, sur 16 comtés.

Revenir sur la route de Minehead.

★★ Dunster C2

Parking sur la droite vers le pont.

Posée dans un paysage riant, cette petite cité d'une grande beauté, située au nord-est de l'Exmoor, profita d'un commerce prospère avec Bordeaux, l'Espagne, l'Italie et le pays de Galles, jusqu'à ce que la mer se retirât aux 15e et 16e s. Par la suite, Dunster se tourna vers le commerce de la laine et le tissage… avant de trouver une nouvelle voie avec le tourisme. Vous ne vous lasserez pas de parcourir les ruelles que bordent des maisons colorées au toit de chaume. **High Street**, la rue principale, entourée de demeures des 17e et 18e s. converties en auberges ou en restaurants, s'évase autour d'un curieux marché couvert octogonal, **Yarn Market**. Plusieurs des bâtiments bordant **Church Street** dépendaient du prieuré fondé en 1090 et dissous en 1539; le couvent et le presbytère datent tous deux du 14e s. Derrière le jardin du prieuré se dresse un **colombier★** haut de 6 m (début du Moyen Âge). L'église **St George★** fut construite par les moines au 14e s. La tour, haute de 34 m, datant de 1443, renferme un carillon. À l'intérieur, on peut voir des voûtes en berceau, une splendide clôture sculptée séparant la nef du chœur, des fonts baptismaux du 16e s., ainsi que les tombeaux des châtelains, les Luttrell.

★★ **Dunster Castle** – *NT - ✆ (01643) 821 314 - www.nationaltrust.org.uk - ♿ - de mi-mars à fin oct. : tlj sf jeu. 11h-17h - 9 £.* Le château en grès domine la ville depuis la butte sur laquelle se dressait une fortification dès l'époque saxonne. Sa construction fut entreprise par le baron normand Guillaume de Mohun. En 1374, lors de l'extinction de la lignée, le château fut vendu à lady Elizabeth Luttrell. Lorsque George Fownes Luttrell hérita de la propriété en 1867, il chargea l'architecte Anthony Salvin de transformer le château en un manoir fortifié dans le style Jacques Ier.

★ **Water Mill** – *NT - ✆ (01643) 821 759 - www.nationaltrust.org.uk - ♿ - avr.-oct. : 11h-16h30 - 3,25 £ - salon de thé.* Attesté depuis l'époque de Guillaume le Conquérant et plusieurs fois reconstruit, ce moulin sur l'Avill tourna jusqu'à la fin du 19e s., reprit de l'usage durant la Seconde Guerre mondiale, puis fut reconstruit pour être remis en service vers 1980.
Après Dunster, prendre à gauche la route A 39.

Minehead C2

Warren Road (Seafront) - ✆ (01643) 702 624 - www.visit-exmoor.info, www.stayinminehead.co.uk - mars-oct. : lun.-sam. 10h-17h (juil.-août : vend.-sam. 17h30, et de mi-mai à mi-sept. : dim. 11h-16h) ; nov.-fév. : lun.-sam. 10h-16h.
Cette sympathique station balnéaire est dotée d'une promenade en front de mer, The Esplanade, d'où, par temps dégagé, on aperçoit la côte sud du pays de Galles.
West Somerset Railway – *✆ (01643) 704 996 - www.west-somerset-railway.co.uk - avr.-sept. : tlj ; reste de l'année : se renseigner - 4,40 £ à 17,80 £ AR selon trajet ; forfait illimité Day Rover : 14,80 £).* Ce train à vapeur dessert, depuis la gare de Minehead *(carrefour The Esplanade et The Avenue)*, Dunster *(gare à 15mn à pied du village)*, Blue Anchor, Washford, Watchet, Crowcombe et Bishops Lydeard. Trajets aller-retour à thème : « Murder mystery specials » pour les amateurs de polars, coucher de soleil pour les esthètes.
Poursuivre sur la A 39.

★ Porlock C2

Ce tout petit village reste plein de charme malgré les foules qu'il attire. L'**église St Dubricius**★ (13e s.) fut dédiée à un saint légendaire, qui aurait vécu cent vingt ans et aurait été l'ami du non moins légendaire roi Arthur. À l'intérieur, remarquable tombeau surmonté d'un baldaquin et orné d'effigies d'albâtre.
À la sortie de Porlock, la route, aux virages en épingle à cheveux, atteint le sommet de la falaise : une fois là-haut, les vues sur Porlock et la mer dans laquelle les falaises plongent abruptement, comme sur la campagne où errent quelques poneys, sont admirables.
Abandonner un instant la A 39 pour prendre la petite route d'Oare à gauche.

DES ÉCRIVAINS À EXMOOR

En 1797, **William Wordsworth** et **Samuel Coleridge**, les deux fondateurs du romantisme, parcoururent à pied les 50 km qui les séparaient de Nether Stoway (dans les Quantocks Hills) et séjournèrent non loin de Culborn (aujourd'hui Ash Farm). Quelques années plus tard, en 1812, **Shelley**, alors jeune poète maudit, vint à Lynmouth avec Harriet Westbrook, sa « fiancée » de 16 ans, et la sœur de celle-ci, Eliza. Durant son séjour, il distribua son pamphlet révolutionnaire *The Declaration of Rights (La Déclaration des droits)*, qu'il avait fait imprimer en Irlande. Il en scella quelques-uns dans des bouteilles emballées dans du tissu huilé, puis empaquetées dans des caisses fermées d'un sceau, qu'il lança à la mer. Il dispersa les autres dans de petites montgolfières qu'il lança du sommet de Countisbury Hill. Enfin, c'est au **Rising Sun Inn**, pub au toit de chaume (14e s.) situé sur Mars Hill, que **R. D. Blackmore** (1825-1900) aurait écrit son roman *Lorna Doone* (1869). Assez peu connu en France, cet écrivain est pourtant considéré comme le chef de file de l'école néoromantique au même titre que Robert Louis Stevenson.

Oare B2

Ce charmant village niché au creux d'une vallée verdoyante doit sa notoriété à *Lorna Doone*. La famille Doone est censée y avoir vécu, et c'est dans l'église restaurée aux 14e et 15e s. que Lorna épousa John Ridd.

Un sentier *(9 km/AR)* conduit à **Doone Valley★**, célèbre depuis la publication du roman de Blackmore.

Revenir sur la A 39.

Le paysage de la **route panoramique★★★** est superbe : la campagne quadrillée de haies d'un côté, la mer et les falaises ocre de l'autre, battues par les impressionnants rouleaux. Indifférents à cette beauté, des moutons paissent sur les pentes vertigineuses dans un équilibre précaire. Puis soudain, la route plonge littéralement dans l'échancrure de la côte où se dissimule Lynmouth.

★ Lynmouth et Lynton B2

Lynmouth - Town Hall - Lee Road - ☏ (01598) 752 225 - www.lyntourism.co.uk - de mi-mars à fin oct. : 9h30-17h, dim. 10h-16h ; reste de l'année : 10h-16h (dim. 14h) - fermé 25 déc.

Ces cités complémentaires, situées l'une au pied et l'autre au sommet des falaises, peuvent se prévaloir d'une magnifique **vue★** sur le Bristol Channel jusqu'à la côte galloise. **Lynmouth** est resté un village traditionnel avec un minuscule port de pêche à l'embouchure de la rivière et un front de mer d'où s'élancent les surfeurs. De là, un funiculaire permet de gagner **Lynton**, où règnent les styles victorien et édouardien.

2 km/1,5 mile à l'ouest, **Valley of the Rocks★** s'élance de la vallée jusqu'à la crête dénudée des falaises de grès et de schiste, spectaculairement découpée par le vent.

Prendre depuis Lynmouth la route B 3223, qui ramène à Dulverton.

À 2 km/1,5 mile, **Watersmeet★** est un bel endroit au confluent de la Lyn et du Hoaroak, dans une vallée boisée.

On traverse ensuite les réserves de chasse (autour de Simonsbath et d'Exford). Deux miles après la dérivation de Winsford, une route à gauche conduit à **Tarr Steps★★**, le plus joli pont à dalles de pierre de la région, peut-être antérieur au Moyen Âge, qui franchit la rivière Barle.

★ Dulverton C2

Environné de paysages grandioses, le principal village de la région est situé à 137 m d'altitude. Son église imposante (reconstruite au 19e s.) comprend une tour ouest du 13e s. De beaux cottages bordent la route principale et la place du marché.

Rejoindre la A 396.

NOS ADRESSES DANS LE MASSIF D'EXMOOR

HÉBERGEMENT

BUDGET MOYEN

À Dunster

Exmoor House – *12 West Street - ✆ (01643) 821 268 - www. exmoorhousedunster.co.uk - 6 ch. : 65 £* ☕. Pour ajouter au charme du village, celui de cette petite maison rose, confortable et décorée avec soin.

À Minehead

Gascony Hotel – *The Avenue (à 300 m du front de mer) - ✆ (01643) 705 939 - www.gasconyhotel. co.uk - 20 ch. : 70 £* ☕. Ce manoir victorien précédé d'un minuscule jardin propose des chambres très confortables, réparties sur trois niveaux. Excellent petit-déjeuner.

POUR SE FAIRE PLAISIR

À Lynmouth

Rising Sun – *Harbourside - ✆ (01598) 753 223 - www. risingsunlynmouth.co.uk - 15 ch. : 120/160 £* ☕. Le charme intemporel d'une vieille auberge à pans de bois à proximité immédiate du port et de la route montant à Lynton.

Tors – *Sur la gauche de la A 39 en venant de Minehead - ✆ (01598) 753 236 - www.torshotellynmouth. co.uk -131 ch. : 80/152 £ ☕ (suite 264 £ ☕) - fermé janv.-mars.* Perché dans la verdure au-dessus du port de Lynmouth, un hôtel classique dont le principal attrait réside dans la vue plongeante qu'il offre à ses hôtes. Piscine chauffée pour ceux qui ne se risqueraient pas à s'aventurer dans une mer volontiers houleuse à cet endroit.

RESTAURATION

POUR SE FAIRE PLAISIR

À Dunster

Hathaway's – *West Street - ✆ (01643) 821 725 - www. hathawaysofdunster.com.* Restaurant depuis le 16e s., le lieu est spécialisé dans le poisson et propose même une bouillabaisse plutôt inattendue sous ces latitudes !

ACHATS

La conserverie **Exe Valley Fishery** *(près d'Exebridge - ✆ (01398) 323 008 - www.exevalleyfishery. co.uk)*, construite près d'un ancien moulin à eau, possède son propre élevage de truites ; on y trouve du poisson frais, fumé et en pâté. Vannerie et souvenirs divers à **Chapel House** *(✆ (01643) 821 364)* située face à l'accès au château de Dunster.

ACTIVITÉS

Randonnée – Nombre de parcelles privées demeurent interdites au public ; d'autres zones sont ouvertes à la promenade mais, pour des raisons de protection du site, les visiteurs ne doivent pas s'écarter des sentiers. Ceux qui sont accessibles sont indiqués sur les cartes au 1/25 000 de l'Ordnance Survey.

L'East Anglia 3

Carte Michelin National 713 KM14-15

Réserve naturelle d'Holkham.

S. Kisic / Sime/Photononstop

L'EAST ANGLIA

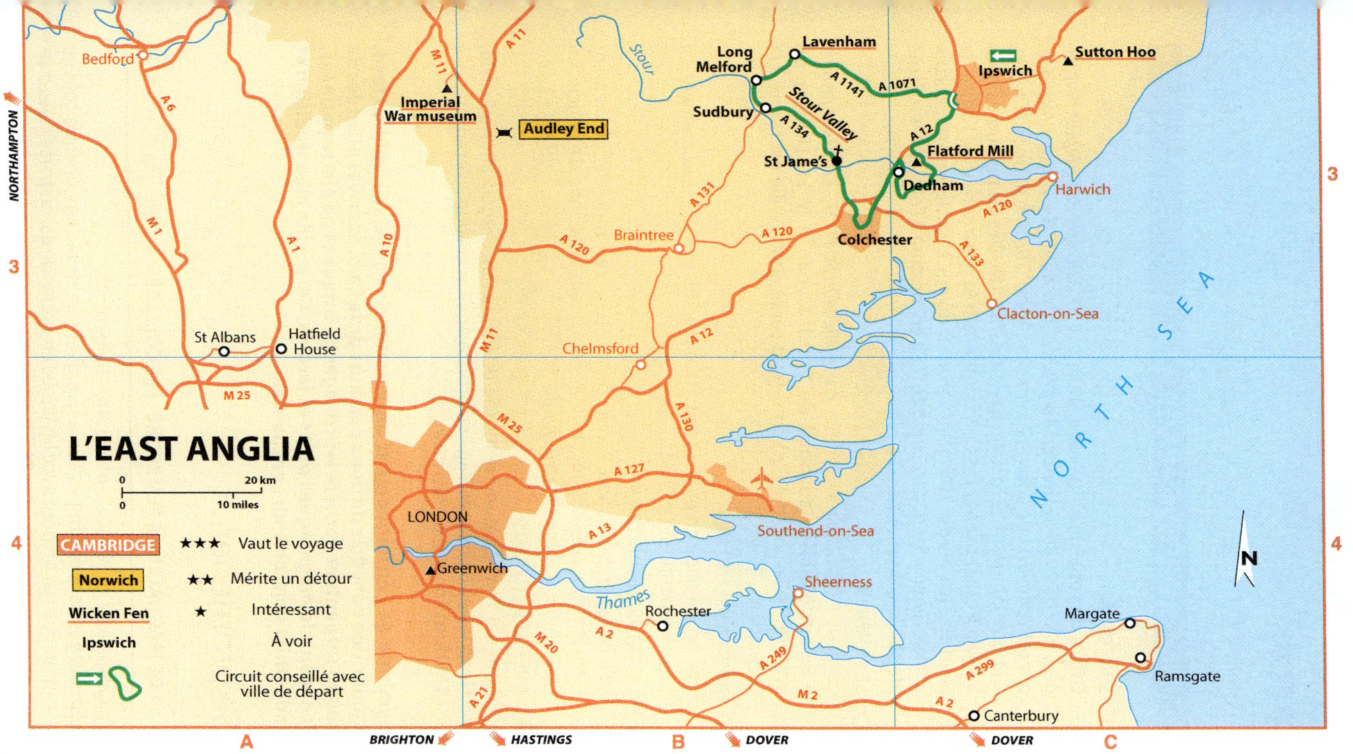
L'EAST ANGLIA
0 20 km
0 10 miles
CAMBRIDGE ★★★ Vaut le voyage
Norwich ★★ Mérite un détour
Wicken Fen ★ Intéressant
Ipswich À voir
Circuit conseillé avec ville de départ
Bedford
St Albans
Hatfield House
Imperial War museum
Audley End
Long Melford
Lavenham
Sudbury
Stour Valley
St James's
Flatford Mill
Dedham
Colchester
Ipswich
Sutton Hoo
Harwich
Clacton-on-Sea
Braintree
Chelmsford
Southend-on-Sea
LONDON
Greenwich
Thames
Rochester
Sheerness
Margate
Ramsgate
Canterbury
NORTH SEA
Stour
N
A 6
M 1
A 1
A 10
M 11
A 11
M 25
A 120
A 131
A 134
A 1141
A 1071
A 12
A 133
A 130
A 127
A 13
A 2
M 20
A 21
A 249
M 2
A 299
NORTHAMPTON
BRIGHTON
HASTINGS
DOVER
DOVER
A
B
C
3
4

Cambridge

★★★

117 010 habitants

NOS ADRESSES PAGE 422

S'INFORMER

Office de tourisme – *Wheeler Street - ✆ (01223) 464 732 (depuis l'étranger), (0871) 226 8006 (depuis l'Angleterre, 10 p./mn) - www.visitcambridge.org (en français) - de Pâques à sept : lun.-vend. 10h-17h30, sam. 10h-17h, dim. 11h-15h ; reste de l'année : lun.-sam. 10h-17h.* Des visites audios pour MP3 et iPod peuvent être téléchargées sur le site internet de l'office de tourisme *(visites de l'Université, gratuit)* ou sur *www.tourist-tracks.com (Classic Cambridge ou City Life, 3 £).* MP3 en location à l'office de tourisme (dépôt de garantie).

SE REPÉRER

Carte de région AB2-3 (p. 406) – *carte Michelin 504 U27 - Cambridgeshire.* À 97 km/60 miles au nord de Londres par la M 11. Utiliser de préférence le système Park-and-Ride car le centre-ville est fermé à la circulation.

À NE PAS MANQUER

Une promenade en *punt*, et King's College Chapel, particulièrement s'il y a des répétitions de chant.

ORGANISER SON TEMPS

La ville est un petit bijou, 2 jours permettent d'en apprécier pleinement l'atmosphère. Les collèges sont fermés durant la période d'examens en fin d'année scolaire *(fin avril-juin).*

AVEC LES ENFANTS

Imperial War Museum ; le musée du Vitrail (Ely Cathedral) ; Railworld, Nene Valley Railway et Flag Fen Bronze Age Excavation à Peterborough ; Thetford Forest *(voir Nos adresses).*

Symbole de l'enseignement universitaire comme sa rivale Oxford, Cambridge bénéficie du doux parcours de la Cam. Ses rives plantées de saules serpentent derrière les collèges de brique et de pierre patinées, longeant de magnifiques parcs et jardins. Cette ville allie tradition et modernité dans un cadre enchanteur.

Se promener

★★★ DE MAGDALENE À PEMBROKE : LES COLLÈGES Plan de ville

Circuit tracé en vert sur le plan p. 410 - Compter 2h.

Les collèges sont regroupés sur la rive orientale de la Cam. Chaque collège communique par un pont avec les larges étendues de gazon parsemées d'arbres de la rive opposée, dite **The Backs★★**.

Partir de Magdalene Street.

Magdalene College A1

(01223) 332 100 - www.magd.cam.ac.uk - collège et chapelle : 9h-18h30 - hall : 9h30-12h30 - Fellows Garden : 13h-18h30 - fermé pdt les examens.

Cet édifice fut fondé en 1542 par lord Audley, de Audley End *(voir p. 416)*, sur le site d'un ancien collège bénédictin. La première cour fut en grande partie construite au 15e s., à l'exception de la loge et du hall, datant du 16e s. Derrière la seconde cour (fin 16e s.-déb. 17e s.) se dresse **Pepys Building**, qui abrite la bibliothèque personnelle de Samuel Pepys, léguée au collège en 1703. Elle comprend le manuscrit de son *Journal*, rédigé dans un langage codé.

Poursuivre sur Bridge Street.

The Church of the Holy Sepulchre/Round Church A1

(01223) 311 602 - www.christianheritage.org.uk - mar.-sam. 10h-17h, dim 13h-17h - projection vidéo en continu (23mn) dans Round Church - 2 £.

Cette église est l'une des cinq églises romanes circulaires du pays.

Prendre St John Street en face de Holy Sepulchre.

★★★ St John's College A1

Cambridge Street - (01223) 338 600 - www.joh.cam.ac.uk - ♿ - 9h30-17h - tarif non communiqué.

Une promenade dans le collège St John (fondé en 1511) est un voyage dans le monde de l'architecture. C'est le deuxième collège de Cambridge par ses dimensions ; son portail, flanqué de tourelles et décoré d'armoiries, est l'un des plus beaux de la ville. Les première, deuxième et troisième cours sont essentiellement de style Tudor. À l'arrière de la troisième cour, **Kitchen Bridge** permet d'accéder à une cour néogothique, New Court.

Du pont (18e s.), on a une jolie vue sur le délicieux et le romantique **Bridge of Sighs** (pont des Soupirs), œuvre de Hutchinson.

En direction du collège Magdelene, on découvre un bâtiment moderne, l'édifice **Cripps**, de Powell et Moya, ainsi que **School of Pythagoras** (école de Pythagore, 13e s.), la plus ancienne maison de pierre de Cambridge.

Continuer sur Trinity Street.

3

★★ Trinity College A1

(01223) 338 400 - www.trin.cam.ac.uk - 9h-16h - bibliothèque pdt périodes scol. : lun.-vend. 12h-14h, sam. 10h30-12h30 - fermé 1 sem. en juin, et plusieurs j. entre fin juin et déb. oct. - 1 £.

Fondé en 1546 par Henri VIII, Trinity est le collège le plus vaste de Cambridge. Par la porte principale (achevée en 1535) surmontée d'une statue du roi, on pénètre dans la grande cour avec en son centre une fontaine Renaissance due à Thomas Nevile, architecte également responsable de la disposition des bâtiments. La tour du roi Édouard (1432) et son horloge complètent cet ensemble. La **chapelle** de style Perpendicular, construite à l'initiative de la reine Marie, renferme dans le narthex des statues des grands anciens du collège : Newton, Macaulay, Bacon, etc. Dans la cour Neville (1612), bordée de galeries, se trouve la **bibliothèque Wren**, achevée en 1695 par **Christopher Wren** (auteur aussi de la tribune ornée de niches et de colonnes, à l'opposé de la cour). Les étagères sont décorées de sculptures sur bois de **Grinling Gibbons** et surmontées de bustes des grands noms de la littérature. Elles recèlent de précieux manuscrits tels que les épîtres de saint Paul aux Corinthiens du 8e s., les premiers folios de Shakespeare et des livres d'heures enluminés du 15e s. À l'extérieur, le toit porte quatre statues incarnant la Divinité, la Loi, la Médecine et les Mathématiques, œuvres de Gabriel Cibber.

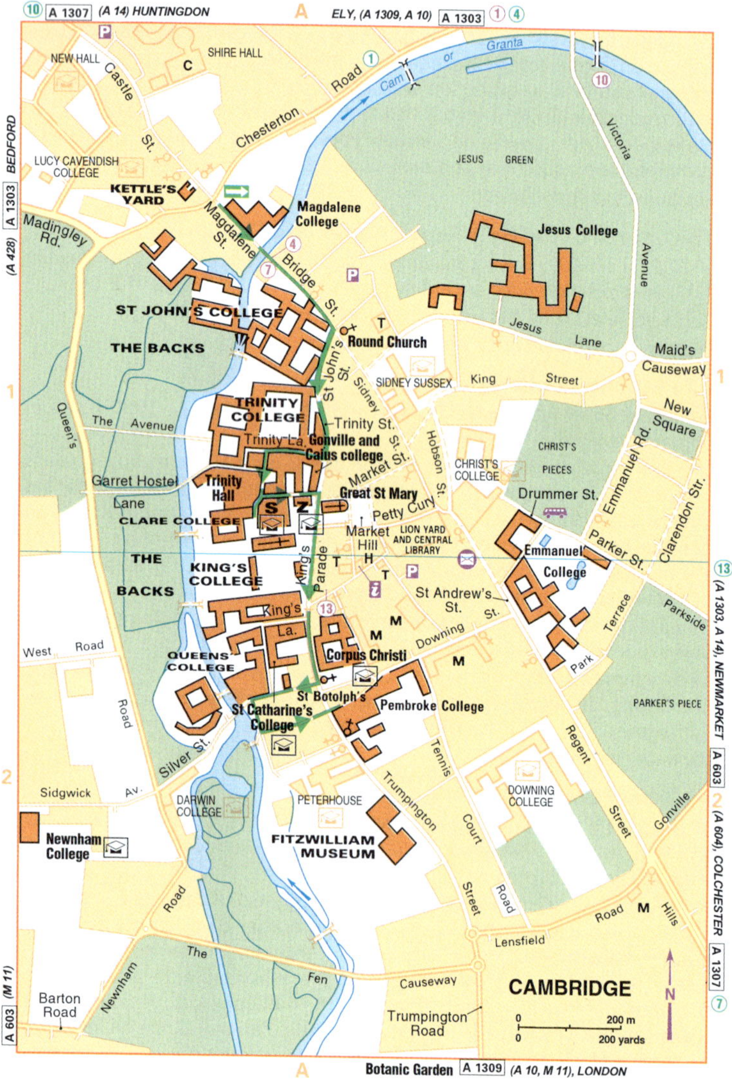

SE LOGER

- Arundel House Hotel.............. 1
- Avalon B&B.............................. 4
- Brooklands............................ 7
- Cambridge Lodge.................. 10
- Warkworth House.................. 13

SE RESTAURER

- 22 Chesterton Road............... 1
- Chez Gérard........................... 4
- Galleria.................................. 7
- Midsummer House................. 10
- The Eagle.............................. 13

Old School.......................... **S**

Senate House...................... **Z**

Gonville and Caius College A1

Trinity Street - ✆ (01223) 332 400 - www.cai.cam.ac.uk - de fin mars à déb. mai, de mi-juin à fin sept., oct.-mars. : tlj sf w.-end et j. fériés 9h-14h - max. 6 pers.

Ce collège fut fondé en 1348 par Edmund Gonville et à nouveau en 1557 par **John Caius** (prononcer « Kiz »), érudit et médecin de la Renaissance sous le règne d'Édouard VI et de la reine Marie. Pour symboliser les progrès de l'étudiant, Caius jalonna le collège de portes aux noms évocateurs : on entre par la porte de l'Humilité (aujourd'hui déplacée dans le jardin) pour pénétrer dans la cour de l'Arbre ; puis on s'engage dans la cour de Caius par la porte de la Vertu, avant de franchir la porte d'Honneur et de recevoir son diplôme dans ce qui est aujourd'hui Senate House. Le **bâtiment Cockerell** fut élevé au 19e s. dans le style néoclassique.

En sortant, prendre à gauche sur Trinity Street, puis la première à gauche, Trinity Lane.

Trinity Hall A1

✆ (01223) 332 500 - www.trinhall.cam.ac.uk - du lever au coucher du soleil - fermé de mi-avr. à fin juin et 24 déc.-2 janv.

Il fut fondé en 1350. Derrière la pierre de taille du 18e s. de la cour principale, on distingue trois rangées de bâtiments de 1350 (la vue est meilleure de North Court), et plus loin, la ravissante **bibliothèque** élisabéthaine que Henry James nommait « l'endroit le plus joli du monde ».

★ Clare College A1

Trinity Lane - ✆ (01223) 333 200 - www.clare.cam.ac.uk - Old Court, hall et chapelle, de Pâques à sept. : 10h30-16h30 - 2 £.

Fondé en 1326, ce collège fut d'abord baptisé University Hall, puis Clare Hall en 1338. Les rangées de bâtiments du 17e s. sont l'œuvre de **Robert Grumbold** et de son père Thomas. Ce sont les plus harmonieux de Cambridge. Le pont, **Clare Bridge**, fut construit par **Thomas Grumbold**, avant les bâtiments du 17e s. Il manque un morceau d'une des boules de pierre posées sur le parapet du pont car Grumbold avait fait le serment de ne pas achever la construction de l'ouvrage avant d'être payé. Il ne le fut jamais.

Emprunter Senate House Passage.

Old School and Senate House A1

Ce sont les bâtiments centraux les plus anciens de l'université. **Old School**, école de droit et de théologie, fut dotée d'une façade palladienne. **Senate House** est un mélange de romanité à la Wren et du nouveau palladianisme de James Gibbs.

Prendre à droite King's Parade.

Great St Mary's A1

✆ (01223) 741 716 - www.gsm.cam.ac.uk - 8h-18h - possibilité de visite guidée : sam. 11h55, 13h25, 14h55 ou sur RV (10 £) - tour : 10h-16h30 (hiver 16h), dim. 12h30-16h (3 £).

La reconstruction de l'**église de l'université** commença en 1478 dans le style gothique Perpendicular tardif et ne fut achevée qu'en 1608, quand le grand-père de **Robert Grumbold**, prénommé également Robert, construisit la tour au sommet de laquelle s'offre une belle **vue**.

★★ King's College A2

King's Parade - ✆ (01223) 331 212 - www.kings.cam.ac.uk - période scol. : lun.-sam. 9h30-15h30 (sam. 15h15), dim. 13h15-14h15 ; reste de l'année : lun.-vend.

9h30-16h30, dim. 10h-17h - parc fermé pendant les examens, chapelle fermée occasionnellement - 5 £.

Fondé en 1441 par le roi Henri VI, le collège s'ordonne autour de **Front Court**. Il est séparé de King's Parade par une **clôture** et une **porte d'entrée monumentale** néogothiques de William Wilkins (1778-1839), et dominé par le bâtiment classique conçu par Gibbs. À gauche s'étend un bâtiment également élevé par Wilkins et les contreforts élancés de style gothique Perpendicular de la chapelle.

★★★ **Chapelle** – *Entrée par Senate House Passage.* Construite entre 1446 et 1515 en grande partie à l'initiative des rois Henri VI, Henri VII et Henri VIII, elle est l'aboutissement et la consécration du style gothique Perpendicular. Turner l'a peinte, Wordsworth lui a dédié trois sonnets, et Wren, qui s'émerveillait de la voûte en éventail la plus vaste qui eût jamais existé, offrit d'en faire une lui-même à condition qu'on lui indiquât où poser la première pierre.

Extérieur – Ses dimensions (longueur : 88 m ; hauteur : 29 m ; largeur : 12 m) rappellent davantage celles du chœur d'une cathédrale que celles de la chapelle d'un collège. Les chapelles et portes latérales renforcent la puissance des 22 contreforts qui soutiennent le poids de la couverture.

Intérieur – La nef à 12 travées, œuvre de John Wastell, s'élève verticalement, soutenue par des contreforts si minces qu'ils semblent venir encadrer les

À L'ORIGINE

En 1209, les étudiants fuient les émeutes d'**Oxford** *(voir ce nom)* et se réfugient dans la petite bourgade de Cambridge. C'est ainsi que la communauté universitaire de la ville fut fondée. Le plus ancien collège de Cambridge, Peterhouse, est ouvert en 1284. À partir de 1318, les érudits obtiennent du pape le droit de délivrer des diplômes. Dès 1352, sept autres collèges arborant la caractéristique cour intérieure sont construits. En 1845, le train dessert Cambridge, emmenant indifféremment dans ses wagons étudiants et citoyens. La population est alors multipliée par quatre. Les nouveaux collèges édifiés, notamment dans l'ouest de la ville, suivent les évolutions de l'architecture contemporaine. Le plus récent, Robinson, date de 1970. Les premiers collèges accueillant des jeunes filles n'apparaissent qu'à partir de la fin du 19e s. Il s'agit de **Girton** (1869), **Newnham** (1871) et **New Hall** (1954) ; Newnham reçoit sa charte collégiale en 1917 et les femmes ont enfin accès aux diplômes universitaires en 1948.

Cambridge est le creuset du génie scientifique. Elle a formé plus de prix Nobel que n'importe quelle autre ville dans le monde : 80 prix Nobel dont 70 à des anciens élèves. Parmi les plus célèbres, **Isaac Newton** fut élève à Trinity College en 1661. Il y énonça ses lois qui devaient transformer notre perception de l'Univers et y enseigna les mathématiques pendant trente-trois ans. Quant à **Charles Darwin**, son goût de l'histoire naturelle fut encouragé à Christ's College, où il entra en 1928.

Le **Boat Race**, célèbre course d'aviron, oppose tous les ans au printemps les universités de Cambridge et d'Oxford sur la Tamise. Le nombre de spectateurs sur les berges dépasse les 200 000, et avoisine les 500 millions de téléspectateurs. La première course remonte à 1829 et se court tous les ans depuis 1856. Les membres des deux équipes sont traditionnellement surnommés les « bleus » et chacun des bateaux, les « blue boats ».

25 vitraux du 16e s. illustrant des épisodes de l'Ancien Testament (au-dessus) et du Nouveau Testament (en bas). La voûte de 2 000 t semble planer dans l'espace. Il faut remarquer la splendeur du jubé et des stalles, du début de la Renaissance, conçus par des artisans étrangers, ainsi que *L'Adoration des mages* de **Rubens**. Derrière le jubé se trouve l'orgue enfermé dans son buffet (17e s.). Il est utilisé lors des services religieux comme le Festival of Nine Lessons et la traditionnelle retransmission télévisée du concert de Noël, célèbre dans le monde entier. Le chœur de la chapelle a une réputation internationale : les jeunes choristes qui en font partie sont formés dans un chœur spécial affilié au Collège.
Retourner sur King's Parade, traverser la rue que vous descendrez à droite jusqu'à Benet Street. À droite de l'église, un passage mène au collège.

Corpus Christi College A2

(01223) 338 000 - www.corpus.cam.ac.uk - de mi-juin à fin avr. : 14h-16h.
Fondé en 1352, Corpus Christi est le second plus petit collège de Cambridge, mais c'est toutefois celui dont l'histoire est la plus intéressante. **Old Court** conserve encore ses corps de logis de style monastique en pierres irrégulières aux parements de calcaire tendre (1352-1377). L'église saxonne **St Bene't**, contiguë à Old Court, est la plus ancienne de Cambridge. **New Court** fut conçue par William Wilkins, maintenant enterré dans la chapelle.
Retourner à nouveau sur King's Parade, puis suivre sur Trumpington Street.

St Catharine's College A2

(01223) 338 300 - www.caths.cam.ac.uk - 11h-17h - fermé mai-juin et 25 déc.
Fondé en 1473, il comprend trois rangs de bâtiments construits par Robert Grumbold à la Restauration. La **chapelle** est marquée par l'influence de Wren, auprès de qui Grumbold fit son apprentissage.
Prendre à droite sur King's Parade, poursuivre jusqu'à Silver Street.

★ Queens' College A2

(01223) 335 551 - www.queens.cam.ac.uk - de mi-mars à déb. oct. : 10h-16h30 ; oct. : lun.-vend. 14h-16h, w.-end. 10h-16h30 ; de nov. à mi-mars : 14h-16h - fermé pendant les examens - 2,50 £ - gratuit de nov. à mi-mars, et lun.-vend. en oct.
Ce collège reçut sa première charte en 1446 et fut patronné par deux reines, Marguerite d'Anjou, femme d'Henri VI, et Élisabeth Woodville, épouse d'Édouard IV, ce qui lui valut son nom de « collège des Reines ». **Old Court**, achevé en 1449, est un exemple parfait de l'architecture en brique rouge de la fin du Moyen Âge. Le côté nord de **Cloister Court** est occupé par President's Lodge, un édifice à colombage élevé au-dessus d'une galerie. Le philosophe hollandais Érasme y enseigna le grec, mais il n'a pas été possible de déterminer où se trouvaient ses appartements. C'est en son honneur que fut élevé le **bâtiment Érasme**, un édifice en brique conçu par Basil Spence (1960). Une autre extension récente, Cripp's Court, associe verre et béton (Powell, Moya and Partners, 1981). Le pont de bois qui enjambe la rivière, **Mathematical Bridge**, est une copie (1904) de celui conçu par James Essex (1749).
Retourner sur King's Parade, tourner à droite et poursuivre sur Trumpington Street.

St Botolph's Church A2

(01223) 363 529 - www.stbotolphs.net.
Le style gothique Perpendicular de l'église **St Botolph** est un enchantement. La nef fut construite entre 1300 et 1350 et la tour, ajoutée vers 1400.
Continuer de descendre Trumpington Street.

Pembroke College A2

℘ (01223) 338 100 - 14h-17h - www.pem.cam.ac.uk - fermé mai-juin et 25 déc.
Première construction achevée de Wren et premier bâtiment classique de Cambridge (1663-1666), la chapelle de Pembroke College fut commandée par Matthew Wren, évêque d'Ely, qui souhaitait en faire cadeau à son neveu. Le plafond est l'œuvre de Henry Doogood, qui travailla sur les plafonds de 30 églises bâties par Wren.
Possibilité de continuer sur Trumpington Street pour rejoindre le Fitzwilliam Museum. Sinon, se rendre à Mill Lane en face de Pembroke Street, monter sur un punt *pour découvrir les collèges du côté des Backs.*

AUTRES COLLÈGES Plan de ville

Jesus College A1

Jesus Lane - ℘ (01223) 339 339 - www.jesus.cam.ac.uk - 8h30-17h30 - fermé 1er janv., avr.-juin et 24-26 déc.
Fondé en 1496, ce collège était autrefois un couvent bénédictin, édifié autour de la **cour du cloître** et de la chapelle du prieuré du 12e s. La première cour, dont la massive entrée date du début de l'époque Tudor, fut ajoutée au 16e s., la deuxième cour et la cour de la chapelle au 19e s., et la cour nord au 20e s.

Emmanuel College A1-2

St Andrew's Street - ℘ (01223) 334 200 - www.emma.cam.ac.uk - ♿ - 9h-18h - fermé 1er janv., 25-26 déc. et les jours d'examen.
Il fut fondé en 1584 par sir Walter Mildmay. « J'ai planté un gland qui, lorsqu'il deviendra chêne, Dieu seul sait ce qu'en sera le fruit », dit-il à la reine Élisabeth. Les seuls bâtiments restant du prieuré dominicain sont le **hall** et l'**ancienne bibliothèque**, dotés de façades de l'époque Tudor qui forment les côtés sud et est de New Court. La **chapelle** fut construite sous la direction de Wren (1668-1674) dans un style classique proche du baroque. Dans cette chapelle se trouve un monument à la mémoire de John Harvard, fondateur de Harvard College (États-Unis) au 17e s.

Newnham College A2

Grange Road (sud-ouest du centre-ville) - ℘ (01223) 335 700 - www.newn.cam.ac.uk.
Par tradition, Newnham a toujours participé aux mouvements féministes tout en jouissant d'une réputation d'excellence. Il fut fondé en 1871 par le moraliste et professeur à Cambridge, Henry Sidgwick, qui croyait au droit d'instruction de la femme. Ce bel édifice de style Queen Ann fut conçu par Basil Champneys (1875) : ses pignons hollandais en brique rouge et ses huisseries de couleur blanche se dressent parmi les jardins.

À voir aussi

★★ Fitzwilliam Museum A2

Trumpington Street - ℘ (01223) 332 900 - www.fitzmuseum.cam.ac.uk - mar.-sam. 10h-17h, dim. et lun. fériés 12h-17h - possibilité de visite guidée (1h) : sam. 14h30 (4 £) - fermé 1er janv., Vend. saint, 24-26 et 31 déc. - cafétéria.
Conçu par Georges Basevi dans un style monumental néoclassique assez proche du baroque victorien, le célèbre musée de l'université a ouvert ses portes au public en 1843. Parmi ses trésors, on compte 25 aquarelles de **Turner** (don

St John's College.
Eurasia Press/Photononstop

de John Ruskin en 1861), certaines des meilleures œuvres de **William Blake** et une très belle collection de gravures de **Rembrandt**.

Galeries inférieures – Parmi les multiples collections d'antiquités orientales, du Proche-Orient et classiques, on peut admirer : des bas-reliefs assyriens ; des momies et sarcophages magnifiquement colorés, notamment le lourd couvercle en granit du tombeau de Ramsès III ; des vases ioniens aux figures noir et rouge et de petites figurines en terre cuite ; l'inestimable **sarcophage de Pashley** en marbre (130-150) représentant Dionysos rentrant des Indes ; des céramiques et bronzes chinois, un trépied en bronze niellé du début de la dynastie Shang (1523-1028 av. J.-C.) et un **buffle chinois** en jade (dynastie Ming 1368-1644). Dans les galeries Marley se trouvent des porcelaines anglaises, européennes et extrême-orientales, et dans les Galleries Glaisher, une incomparable collection de poteries anglaises et européennes. Des salles sont entièrement consacrées aux textiles, armures et verreries (petite galerie Henderson). La galerie Rothschild renferme des trésors d'émaux, de joyaux et des miniatures anglaises, ainsi que des manuscrits enluminés.

Galeries supérieures – Les salles consacrées à la peinture contiennent également de beaux meubles français et anglais, des majoliques italiennes, ainsi que des bronzes, tapis, céramiques et pièces d'argenterie, leur conférant un caractère très majestueux. Les tableaux regroupent un grand nombre de toiles de **grands maîtres**. La salle Marlay expose des œuvres italiennes, en particulier de superbes retables de Simone Martini (14e s.) et Domenico Veneziano (Vénitien du 15e s.), et des esquisses de Léonard de Vinci. La galerie Courtauld renferme des Titien, Véronèse, Canaletto et Palma Vecchio. La salle flamande et espagnole présente des paysages et portraits signés Bruegel le Jeune et Rubens. La salle hollandaise contient des toiles de Cuyp, Hals, Ruisdael, Hobbema et Rembrandt. La galerie V est consacrée aux impressionnistes français avec des paysages de Monet, Seurat et Cézanne, des études de Renoir et Degas, tandis que la galerie IV s'intéresse à la France avec des toiles de Poussin, Vouet et Delacroix. La galerie III nous ramène à l'école anglaise :

belle collection d'œuvres du 18e s. signées Gainsborough, Reynolds, Stubbs et Hogarth, ainsi qu'une *Vierge à l'Enfant* de Van Dyck acquise en 1976. Dans la galerie II sont exposés des toiles de Constable *(Hampstead Heath)* et plusieurs tableaux préraphaélites. La salle du 20e s. présente des Picasso, Nicholson et Sutherland. La galerie Broughton est consacrée à des peintures de fleurs par des artistes du 17e au 19e s. léguées par lord Fairhaven, et la galerie Shiba à des estampes et dessins japonais.

★ Kettle's Yard A1

Castle Street - ✆ (01223) 748 100 - www.kettlesyard.co.uk - ♿ - maison : mar.-dim. et lun. fériés 14h-16h (déb. avr.-fin oct. : 13h30-16h30), galerie : mar.-dim. et lun. fériés 11h30-17h - fermé 1er janv., Vend. saint, 24-28 déc.

Kettle's Yard est, selon son créateur Jim Ede, « un endroit vivant où les œuvres d'art peuvent être contemplées dans l'ambiance d'un lieu familial… ». Cette admirable collection d'art du 20e s., disséminée dans une maison peuplée de livres que l'on peut consulter et de sièges sur lesquels on peut s'asseoir, rassemble les travaux de Ben Nicholson, Henry Moore, Barbara Hepworth, Eric Gill, Henri Gaudier-Brzeska et Joan Miró, des amis d'Ede pour la plupart.

Botanic garden A2 en direction

Entrée par Bateman Street - ✆ (01223) 336 265 - www.botanic.cam.ac.uk - ♿ - avr.-sept. : 10h-18h ; fév.-mars et oct. : 10h-17h ; nov.-janv. : 10h-16h (dernière admission à la verrière 30mn av. fermeture) - fermé 24 déc.-1er janv. - 4 £.

Fondé en 1760, ce splendide jardin s'étend sur 20 ha. Plusieurs serres renferment des collections de plantes venant de tous horizons.

À proximité Carte de région

★ Imperial War museum A3

À Duxford, 14 km/8,5 miles au sud par la M 11, près de la sortie 10. ✆ (01223) 835 000 - www.iwm.org.uk - ♿ - 10h-18h (de fin oct. à mi-mars 16h), dernière entrée 1h av. fermeture - fermé 24-26 déc. - 16,50 £ (-15 ans gratuit)- restaurant.

Une collection d'avions de chasse et d'avions civils – dont un Concorde –, à bord desquels on peut monter, est abritée dans de vastes hangars qui servirent de base aérienne aux Anglais durant la bataille d'Angleterre, puis à l'US Air Force. Un bombardier B-52 dont les ailes ont une envergure de 56 m est la pièce maîtresse de la collection. Après avoir été restauré à Duxford, il fut transféré dans un bâtiment en béton et en verre conçu par Norman Foster. En été, des spectacles reconstituent des combats aériens.

★★ Audley End B3

À 21 km/13 miles au sud et 1,5 km/1 mile à l'ouest de Saffron Walden. Prendre Trumpington Road. À Trumpington prendre la A 1301, poursuivre à partir de Great Chesterford sur la B 1383 - EH - ✆ (01799) 522 399 - www.english-heritage.org.uk - ♿ - château : août : merc.-dim. 12h-17h ; sept. : visite guidée merc.-dim. 11h-17h ; oct. : visite guidée merc.-dim. 11h-16h (fin oct. : visite libre 12h-16h) ; jardins : avr.-sept. : merc.-dim. 10h-18h ; mars et oct. : merc.-dim. 10h-17h ; nov.-fév. : w.-end 10h-16h (vac. scol. de fév. : tlj) - 11,90 £ - restaurant.

Lors de la Dissolution des monastères (1536), **sir Thomas Audley** construisit ici une demeure, sur le site d'un monastère bénédictin. Lorsque le domaine devint la propriété du Grand Trésorier **Thomas Howard**, comte de Suffolk, la maison fut remplacée par une autre (1605-1614), l'une des plus grandes résidences de style Jacques Ier en Angleterre. L'édifice fut partiellement démoli en 1721 ; **Robert Adam** en redessina l'intérieur et les parcs furent aménagés par **« Capability » Brown**. Au cœur de la maison, on peut voir la grande salle et, se faisant face, ses deux clôtures : celle en chêne, superbe, de style Jacques Ier et celle en pierre de Vanbrugh réalisée vers 1721. Le grand salon fut aménagé avec de petits meubles par Adam, afin de donner une impression de « grandeur » à cette pièce. De style classique, le petit salon comporte un plafond d'une architecture très travaillée, des lambris de Biagio Rebecca et de charmants chérubins peints par Cipriani sur les boiseries des portes. À l'étage, les plafonds des grandes salles de réception sont remarquables. Dans la chambre d'apparat, le lit à baldaquin, aux rideaux brodés vieux de 200 ans, fut créé dans l'attente d'une visite de George III qui n'eut jamais lieu.

Ely B2

25 km/15,6 miles au nord par Milton Road (A 10/A 1309).

29 St Mary's Street - (01353) 662 062 - www.eastcambs.gov.uk - avr.-oct. : 10h-17h ; nov.-mars : 11h-16h (sam. 10h-17h) - fermé 1er janv. et 25-26 déc. Visites guidées audio en téléchargement sur le site Internet au format MP3 (5 £).

Ely est célèbre pour sa somptueuse cathédrale. Édifiée sur une butte, elle se distingue à plusieurs kilomètres à la ronde au-dessus des terres plates du Fenland. La ville, qui s'étend au bord de l'Ouse, était autrefois appelé Elig ou Eel Island en raison de l'abondance des anguilles *(eels)* dans la région. Lieu de culte depuis sainte Etheldreda, reine saxonne qui y fonda une communauté religieuse et bâtit une abbaye au 7e s., la petite ville possède quelques maisons médiévales. C'est sur ces lieux que Hereward the Wake affronta une dernière fois les Normands en 1066. Au 17e s., Ely comptait un citoyen célèbre, **Oliver Cromwell** *(voir l'encadré p. 418).*

★★ **Ely Cathedral** – *(01353) 667 735 - www.cathedral.ely.anglican.org - ♿ - avr.-oct. : 7h-19h ; reste de l'année : 7h30-18h (dim. 17h) - musée du Vitrail : de Pâques à oct. : lun.-vend. 10h30-17h, sam. 10h30-17h30, dim. 12h-18h ; reste de l'année : 10h30-17h, dim. 12h-16h30 - possibilité de visite guidée de la cathédrale (dép. régulier) et/ou des tours (tour ouest ou octogone : avr.-oct. : lun.-sam. 10h45 (sam. uniquement), 13h, 14h15 et 15h30, dim. 12h30 et 13h30) - 6 £ avec visite guidée de la cathédrale ; visite guidée d'une des tours 4 £ (dim. 6 £) ou 10 £ avec visite de la cathédrale ; musée 3,50 £, billet combiné cathédrale et musée 8,70 £, avec la visite d'une des tours 12,70 £ - salon de thé, restaurant.* Un siècle après le sac de l'abbaye par les Danois en 870, des bénédictins fondèrent une nouvelle communauté. La cathédrale fut commencée en 1083 ; en 1250, l'abside romane d'origine fut rebâtie en marbre de Purbeck. En 1321, Alan de Walsingham, supérieur du monastère, dirigea l'édification de la chapelle de la Vierge. L'année suivante, la grande tour romane de la croisée s'effondra. Alan de Walsingham, aidé du maître charpentier W. Hurley, conçut alors le célèbre **octogone**, triomphe de l'ingéniosité médiévale. Il coupa les quatre angles de la croisée romane et construisit un ensemble octogonal, trois fois plus grand (52 m) que la tour précédente, créant un magnifique exemple de gothique Decorated.

Il est préférable d'admirer la cathédrale du nord-ouest si l'on veut apprécier sa longueur (164 m), sa **tour ouest** crénelée (66 m), le porche dit de Galilée (de style Early English), l'octogone et la lanterne en bois qui le couronne.

En entrant, le visiteur est immédiatement subjugué par la richesse des couleurs des plafonds, des vitraux et des piliers. Le **bras droit du transept** est un merveilleux exemple d'architecture romane du début du 13e s. Seule l'ornementation romane de la porte du Prieur vient perturber l'alignement ininterrompu de la longue nef élancée, aux arcades, au triforium et aux fenêtres

OLIVIER CROMWELL

« Je suis né simple gentilhomme, ne vivant ni dans les hautes sphères de la société, ni dans l'obscurité. » Pourtant, en 1640, Cromwell entre en politique en devenant député de la ville de Cambridge. Quand la guerre civile éclate, il fait de la ville le quartier général des comtés de l'Est afin d'y recruter des troupes pour la cause parlementaire. Le 17 mai 1649, Cromwell proclame la république et se déclare Lord Protector de la république *(the Commonwealth)*. Il régnera en souverain absolu jusqu'à sa mort, le 3 septembre 1658, victime de la malaria ou d'un empoisonnement.

de hauteur quasiment égale. Les voûtes en bois qui la coiffent ont été peintes par des artistes locaux à l'époque victorienne (1858-1861). L'œil est attiré par l'octogone qui repose sur huit piliers portant 200 t de verre, de plomb et de bois de charpente. Le bas de cette lanterne est couvert d'anges. Un **jubé** dessiné au 19e s. par George Gilbert Scott sépare l'octogone du chœur (voûte splendide) ; de magnifiques **stalles** du 14e s., réalisées pour les trois premières dans le même style gothique Decorated que l'octogone, pour les autres en style gothique Early English, ornent le chœur. Devant le maître-autel se dresse la châsse de sainte Etheldrède. Les plafonds des croisillons furent peints et décorés au 15e s. d'anges sculptés. La vaste et lumineuse **chapelle de la Vierge** présentait en son temps (milieu du 14e s.) la plus large voûte. Les chapelles de style Perpendicular de l'évêque Alcock et de l'évêque West servaient à l'origine d'oratoires.

Un escalier en colimaçon donne accès au triforium qui abrite un **musée du Vitrail** (Stain Glass Museum) illustrant par des dioramas la fabrication des vitraux et la coupe du plomb. Vue de près, la richesse des couleurs est encore plus magnifique. Les vitraux les plus anciens remontent au 13e s., mais la plupart des spécimens présentés furent fabriqués en Angleterre et dans d'autres pays européens aux 19e et 20e s.

Les bâtiments monastiques et les ruines des cloîtres forment l'ensemble architectural médiéval le plus vaste de toute l'Angleterre. Certains des bâtiments font partie de King's School ou appartiennent à des particuliers. La chapelle du prieur Crauden avec ses fresques du 14e s. est ouverte à la visite *(s'adresser à la porte sud)*. La **porte d'Ely** (1396) constituait l'entrée de l'abbaye.

★ **Oliver Cromwell's House** – *Conditions de visite : voir* *d'Ely (p. 417)* *- 4,50 £.*
L'histoire de cette ancienne demeure (13e s.) et de son plus illustre locataire est retracée à travers des commentaires, des films et des tableaux. Seuls la cuisine, la chambre à coucher et le bureau sont encore meublés. La maison accueille des collections de chapeaux anciens, d'armures et d'armes. Un film sur les plaines marécageuses *(fens)* est présenté.

★ Wicken Fen B2

15 km/9 miles au sud d'Ely par la A 142 et la A 1123 vers l'ouest ou à 26 km/16 miles au nord-est de Cambridge. Prendre Milton Road, récupérer la A 10, puis la A 1123 vers l'est. En fin de parcours, suivre pour chacun des trajets le symbole touristique. Lode Lane - (01353) 720 274 - www.wicken.org.uk - réserve et Visitor Center : 10h-17h (réserve : coucher du soleil en hiver) - fermé 25 déc. - Fen Cottage : avr.-oct. : w.-end et lun. fériés 14h-17h - café.

Cette région sauvage où les broussailles le disputent aux marais, réserve naturelle la plus ancienne de Grande-Bretagne, abrite des espèces végétales et animales caractéristiques des plaines marécageuses des premiers âges. Les

Fens, ensemble de marais et marécages essentiellement situés en dessous du niveau de la mer de Cambridge à Boston, furent drainés par l'ingénieur hollandais Cornelius Vermuyden au 17e s.

★ Bury St Edmunds B2

À 25 km/15,5 miles de Newmarket par la A 14 ou à 44 km/27,5 miles à l'est de Cambridge. Sortir de la ville en empruntant Newmarket Road (A 1303/A 14) et poursuivre sur la A 14.

6 Angel Hill - (01284) 764 667/757 083 - www.stedmundsbury.gov.uk.

Bury St Edmunds s'enorgueillit des ruines d'une des plus riches abbatiales de la chrétienté, d'une cathédrale bâtie par John Wastell (l'architecte de la chapelle du King's College de Cambridge), et d'un centre-ville en damier, modèle d'urbanisme le plus ancien depuis l'époque romaine.

Les styles architecturaux anglais s'y mêlent agréablement, depuis le 13e s. avec l'entrée de l'hôtel de ville en passant par les façades des 17e et 18e s., jusqu'au victorien avec la Bourse aux grains. La ville possède également deux bâtiments georgiens merveilleusement préservés : l'Athenaeum *(Angel Hill)*, où Charles Dickens donna lecture de quelques extraits de son roman *Les Aventures de M. Pickwick* ; le style Regency est représenté par l'élégant **Théâtre royal** (1810) dessiné par William Wilkins, architecte de la National Gallery de Londres.

★ **Bury St Edmunds Abbey** – *Angel Hill - EH - (01284) 764 667 - www.english-heritage.org.uk.* Fondée en 633, l'abbaye fut rebaptisée en l'honneur du roi et martyr saxon Edmond (décédé en 870), puis reconstruite par les moines bénédictins au 11e s. Deux de ses monumentales tours de la croisée ont subsisté, l'une porte une plaque à la mémoire de l'archevêque Langton et des 20 barons qui imposèrent au roi Jean sans Terre, en 1215, la **Grande Charte**. Les vestiges de la nef, du chœur et du transept, tout comme le grand portail, donnent une idée de son immensité (154 m de long, avec 12 travées). Une maquette de l'abbaye près de la tour romane reconstitue entièrement sa conception.

★ **St Edmundsbury Cathedral** – *(01284) 748 721 - www.stedscathedral.co.uk - ♿ - 8h30-18h - possibilité de visite guidée sur demande - offrande suggérée 3 £.* Église paroissiale de Bury depuis 1530, elle était dédiée à saint Jacques jusqu'à son élévation au rang de cathédrale et sa dédicace à saint Edmond en 1914. Une parfaite composition de style Perpendicular tardif à neuf travées conduit le regard vers le chœur et le transept réalisés par Stephen Dykes Bower en 1960. Remarquez les vitraux flamands relatant l'histoire de sainte Suzanne (vers 1480) et les sculptures des anges sur la voûte en bois (19e s.). La tour (46 m) a été achevée en 2001.

St Mary's Church – *À l'intersection de Crown Street et Honey Hill - (01284) 754 680 - www.stmarystpeter.net - de Pâques à oct. : 10h-16h, dim. 14h-16h ; de nov. à Pâques : 11h-15h.* Cette église de 1430 est célèbre pour la spectaculaire voûte de sa nef, dont les entretoises et les arcs diaphragmes sont supportés par des anges, tandis que des sculptures de dragons, licornes, poissons et oiseaux apparaissent sur les tympans. Observez aussi la voûte du chœur avec ses nombreuses clés de voûte sculptées, et le tombeau de Marie Tudor (1496-1533), sœur d'Henri VIII.

★ Ickworth House B2

À Horringer. Depuis Bury St Edmunds, emprunter la A 143 en direction du sud-ouest sur 5 km/3 miles - NT - (01284) 735 270 - www.nationaltrust.org.uk - ♿ - manoir : mars-oct. : vend.-mar. 11h-17h - jardin : 10h-17h (nov.-fév. 16h) - possibilité de visite guidée - fermé 24-26 déc. - 9,15 £ ; jardin 4,65 £ - restaurant.

Au cœur de l'un des premiers jardins à l'italienne créé en Angleterre, Ickworth House est composée d'une rotonde couronnée par un ruban de frises inspirées des illustrations d'Homère par Flaxman et de deux ailes s'incurvant vers l'intérieur. La résidence fut construite entre 1795 et 1829 par le richissime évêque de Derry, Frederick Hervey, 4e comte de Bristol, nationaliste irlandais et voyageur excentrique à qui tous les hôtels Bristol d'Europe doivent leur nom.

Intérieur – Les quatre colonnes en faux marbre de l'entrée du hall encadrent la *Colère d'Athamas* de Flaxman. Dans la **bibliothèque**, admirez le *Groupe de maisons en Hollande* de Hogarth. Dans la **salle à manger** sont accrochées des toiles de Lawrence, Reynolds et Gainsborough, et, dans le **fumoir**, le *Portrait d'un homme* de Titien et l'*Infant Balthazar Carlos*, une étude de Vélasquez. Dans la galerie ouest, on peut voir une riche collection d'argenterie georgienne. Les superbes murs peints dans le style néoclassique de la pièce pompéienne, les peintures de la bibliothèque de Longleat et celle l'escalier de la National Gallery sont l'œuvre de J. D. Crace.

Peterborough A2

À 35 km/22 miles au nord-ouest de Cambridge par la A 14, puis la A 1.

3-5 Minster Precincts - (01733) 452 336 - www.visitpeterborough.com.

Peterborough fut d'abord un simple village, centré autour d'un monastère. Puis il se transforma en ville encerclant une cathédrale, avant de devenir une « cité » aux immeubles de brique. Désormais ville de haute technologie axée sur la finance, l'ingénierie et la briqueterie, Peterborough a vu le nombre de ses habitants doubler en vingt ans. Une zone piétonne a remplacé le vieux centre-ville, mais la vague de rénovation immobilière a épargné la cathédrale, le bel hôtel de ville du 17e s., l'église St John the Baptist, de style gothique Perpendicular, dans Cowgate et quelques demeures georgiennes à Priestgate. À la sortie ouest de la ville *(6 km/3,7 miles)* a été aménagé l'espace boisé de Nene Park, proposant parcours de golf, lacs et aires de loisirs.

★★ **Peterborough Cathedral** – *(01733) 355 300 - www.peterborough-cathedral.org.uk - ♿ - lun.-vend. 9h-17h15, sam. 9h-15h, dim. 12h-15h15 - possibilité visite guidée (1h) avr.-sept. : lun.-sam. 14h (merc. 11h30), 4 £.*

Peterborough et Ely *(voir p. 417)* furent les deux grands monastères des plaines marécageuses. Le monastère saxon bâti avant la conquête normande, vers 655, fut mis à sac par les Danois en 870. Une seconde église saxonne, érigée au 10e s. comme abbatiale bénédictine, fut détruite par le feu en 1116. L'actuelle cathédrale fut reconstruite entre 1118 et 1238. Les vitraux, le maître-autel, les cloîtres et les statues furent détruits par les troupes de Cromwell en 1643.

La **façade principale** de style gothique Early English est très particulière. Ses trois arcs géants et son porche assez incongru, richement décoré, bâti au début du style Perpendicular (14e s.), sont étonnants. L'intérieur est un superbe exemple d'architecture romane. La nef, le transept et le chœur aux élévations romanes sont l'expression même de la subtile alliance de l'architecture et de la foi. Le **plafond de la nef**, du 13e s., superbement peint, fournit un exemple étonnant de l'art médiéval. Dans les losanges, on discerne les silhouettes d'évêques, de saints et d'animaux fantastiques. Un impressionnant crucifix moderne, ajouté en 1975, suspendu par des fils métalliques, semble flotter dans les airs. Orné de clés de voûte, le plafond de bois du chœur date du 15e s. La superbe voûte en éventail de l'arrière-chœur illustre le style Perpendicular de la fin du 15e s. Derrière se dresse une sculpture saxonne du 8e s. (la pierre du Moine ou d'Hedda). Des tapisseries flamandes du 17e s. sont accrochées dans l'abside, dont le plafond fut peint par George Gilbert Scott au 19e s. Dans le bas-côté nord du chœur est enterrée Catherine d'Aragon et dans le bas-côté droit fut provisoirement inhumée de 1587 à 1612 la reine d'Écosse, Marie Stuart. Plusieurs belles effigies bénédictines reposent dans des enfeus.

L'aumônerie du 14e s. *(au sud de la cathédrale)* abrite le **Visitor Centre**, où une exposition décrit l'histoire de la cathédrale et la vie des moines à travers des maquettes et des panneaux explicatifs.

Railworld – *Au sud de Peterborough, première à gauche sur Oundle Road (A 605) ou 20mn à pied de la cathédrale, suivre les panneaux - ✆ (01733) 344 240 - www.railworld.net - ♿ - mars-oct. : mar.-jeu., w.-end, lun. fériés, lun. et vend. pdt les vac. scol. : 11h-16h - 3 £ (enf. gratuit).* Cette exposition sur les chemins de fer, dédiée aux trains modernes et du futur, forme un saisissant contraste avec le terminus adjacent de la Nene Valley Railway.

★ **Nene Valley Railway** – *✆ (01780) 784 404 - www.nvr.org.uk - ♿ - été : 3 à 7 dép./j. (sf certains lun.) ; reste de l'année : se renseigner - ticket valable 1 j. : 12 £ (hiver 10 £), enf. 6 £ (hiver 5 £) - café.* Le petit train à vapeur de la vallée de la Nene traverse Nene Park en empruntant un tunnel et l'embranchement de Yarwell entre Wansford et Peterborough *(24 km/15 miles – 90mn/AR)*. Les wagons sont équipés de petits tableaux de bord en bois et la fumée s'élevant au-dessus de la plaine éveillera la nostalgie des plus âgés et l'étonnement des plus jeunes. Le train s'arrête à Peterborough pour permettre à la locomotive de changer de sens. Le **musée** de Wansford présente un wagon rempli d'anciens objets ferroviaires et les enfants peuvent se rendre dans la cabine de l'aiguilleur.

★★ **Flag Fen Bronze Age Excavation** – *À 4,8 km/3 miles à l'est de Peterborough par les A 47 et A 1130, suivre les panneaux - ✆ (01733) 313 414 - www.flagfen.com - ♿ - été : w.-end et j. fériés 10h-17h (dernière entrée 16h) - 5,50 £ (enf. 4,25 £) - cafétéria - aire de pique-nique.* Des vestiges vieux de plus de 3 000 ans ont été découverts sur un site de fouilles établi dans ces terres marécageuses. Le centre d'accueil, un bâtiment rond au toit de cuivre (21e s.), présente une excellente exposition de fers de lance en bronze, de pièces de harnachement, de bracelets et de marmites. Neuf grands panneaux explicatifs retracent la vie à l'âge du bronze. Le sentier extérieur conduit à la reconstitution d'une hutte circulaire au toit de tourbe, telle qu'on les rencontrait à l'âge du bronze, 1500 ans av. J.-C. Il passe devant une coupe transversale d'une ancienne voie romaine et aboutit à un hangar où planches et joints sont conservés dans des réservoirs. Dans la salle d'exposition, de grandes piles de bois datant de 1350 av. J.-C. sont immergées dans de la tourbe pour qu'elles restent humides. Dehors, on aperçoit d'anciennes races de moutons et de cochons.

NOS ADRESSES À CAMBRIDGE

TRANSPORTS

Park-and-Ride – Le centre-ville est fermé à la circulation en semaine. Le programme Park-and-Ride permet de se déplacer en autobus *(bus 77 de Madingley Road à Newmarket Road ; bus 99 de Cowley Road à Babraham Road)* reliant le centre-ville à cinq parkings situés à la périphérie : Babraham Road *(par la A 1307)*, Madingley Road *(M 11, sortie 13)*, Cowley Road *(croisement de la A 14 et de la A 10)*, Newmarket Road *(par la A 14 et la A 1303)* et Trumpington *(par la M 11)*.
Parking gratuit. Ticket forfaitaire pour une journée de trajets illimités en bus : 3,40 £ (3-16 ans gratuit).
Transports publics – City Shuttle - *lun.-sam. 9h-17h - gratuit - départ ttes les 15mn, dessert les stations Fair Street, Jesus Lane, Trinity Street, Market Square et Corpus Christi College. Terminus Emmanuel Street*
Location de vélos – Cambridge Station Cycles - *À l'extérieur de la gare - ✆ (01223) 307 125 - www.stationcycles.co.uk - lun.-vend. 8h-18h (merc. 19h), sam. 9h-17h, dim. et j. fériés 10h-16h - 10 £ la journée (dépôt de garantie).*

VISITES

Sur terre

Visites guidées à pied – Des visites historiques de la ville sont organisées par les guides habillés en bleu *(achat des billets à l'office de tourisme)*. Incluant King's College et Queen's College *(2h) : 11h (sf dim. et j. fériés) et 13h (12,50 £)* ; King's College seul *(1h30) : lun.-vend. 12h (et 14h sam. et tlj en juil.-août - 11 £).*
Friday Night Ghost Tour – *Réserv. à l'office de tourisme - dép. du Guildhall vend. 18h - 6 £.* Il vous emmène dans des lieux « hantés ». D'autres visites thématiques sont proposées par l'office de tourisme.
En autobus – City Sightseeing - *✆ (01223) 423 578 - www.city-sightseeing.com - dép. de Silver Street ttes les 20mn (été) à 40mn (hiver) sf 1er janv. et 25-26 déc. - durée 1h20 - 13 £ (enf. 7 £), valable 24h.* Possibilité de visite combinée bus à impériale et *punt* (barque).

Sur l'eau

Promenades en punt – Le *punt* (barque à fond plat) constitue la meilleure manière de voir les *Backs* (arrière des collèges sur l'autre rive de la Cam) de la rivière.
Cambridge Chauffeur Punt – *Silver Street Bridge - ✆ (01223) 354 164 - www.punting-in-cambridge.co.uk.* Excursion avec pilote de 45mn *(10 £)* ou 2h30 *(27 £)* ; combinaison visite historique à pied et en *punt* : 2h *(14 £)*. Location d'un *punt* sans pilote *(16 £/h)*.
Scudamores Punting Company – *Mill Lane - ✆ (01223) 359 750 - www.scudamores.com.* Excursion avec pilote. Balades thématiques, au champagne, par exemple, ou simple location.

HÉBERGEMENT

BUDGET MOYEN

À Cambridge

Brooklands – A2 - *95 Cherry Hinton Road - ✆ (01223) 242 035 - www.brooklandsguesthouse.co.uk - P - 7 ch. : 68/75 £ ☕.* À 5mn à pied de la gare, les chambres de cette maison ont chacune leur propre style. L'une d'entre elles possède même un hammam.
Avalon B & B – A1 - *62 Gilbert Road - ✆ (01223) 353 071 -*

www.avaloncambridge.co.uk - - P - 2 ch. : 70 £ . Blotti au cœur des quartiers résidentiels de Cambridge, ce B & B vous réserve un accueil chaleureux et des prestations d'une grande qualité.

Warkworth House – A2 - *Warckworth Terrace - (01223) 363 682 - www.warkworthhouse.co.uk - - P - ch. : 85/95 £* . Située au centre de Cambridge non loin d'Emmanuel College, cette demeure victorienne dispose de chambres simples et agréables.

Aux alentours de Cambridge

Wallis Farmhouse – *À Hardwick (par la A 428 à l'ouest) - 98 Main Street - (01954) 210 347 - www.wallisfarmhouse.co.uk - P - 4 ch. : 72/80 £* . Cette ferme georgienne est située dans un village à 8 km/5 miles de Cambridge. Les chambres sont spacieuses.

À Ely

Cathedral House – *17 Mary's Street - (01353) 662 124 - www.cathedralhouse.co.uk - - P - 3 ch. : 75/95 £ - réserver à l'avance.* Cette demeure georgienne serait construite sur une ancienne place de marché saxon. La maison est confortable et l'hospitalité parfaite. Minimum de 2 nuits le week-end.

POUR SE FAIRE PLAISIR

À Cambridge

Cambridge Lodge – A1 - *139 Huntington Road - (01223) 352 833 - P - 15 ch. : 85/105 £* . Cette maison pseudo-tudor est dotée d'un jardin calme et d'un patio. Restaurant proposant une cuisine britannique *(30 £)*.

Arundel House Hotel – A1 - *53 Chesterton Road- (01223) 367 701 - www.arundelhousehotels.co.uk - P - 103 ch. : 95/150 £* . Idéalement situé près de la rivière Cam et du parc Jesus Green. Les chambres « seventies » donnent sur les espaces verts de la ville.

À Bury St Edmunds

The Angel Hotel – *3 Angel Hill - (01284) 714 000 - www.theangel.co.uk - P - ch. : 100/160 £* . En face des jardins de l'abbaye, cet hôtel possède une décoration sophistiquée et colorée. Les chambres sont luxueuses. Le restaurant, installé sous de belles voûtes, sert des plats traditionnels *(menu du midi 16 £)*.

RESTAURATION

Bon à savoir – À Cambridge, les restaurants se trouvent sur Regent Street, Bridge Street et le long de Quayside. Et plus d'une centaine de pubs sont répartis dans toute la ville.

PREMIER PRIX

À Cambridge

The Eagle – A2 - *Benet Street - (01223) 505 020 - 10 £.* Il se dégage une ambiance chaleureuse de ce vieux pub, situé au cœur des collèges. On y sert les incontournables snacks, *fish & chips*, etc.

BUDGET MOYEN

À Cambridge

Chez Gérard – A1 - *27-28 Bridge Street - (01223) 448 620 - www.brasseriegerard.co.uk - 25 £ (menu 12,95/13,50 £).* Décor contemporain avec terrasse à l'arrière du restaurant. Cuisine et vins français, grillades, mais aussi restauration légère.

Galleria – A1 - *33 Bridge Street - (01223) 362 054 - www.galleriacambridge.co.uk - menu 22,95 £.* Jolie terrasse où vous

3

dégusterez des plats juste au-dessus de la Cam.

22 Chesterton Road – A1 - *22 Chesterton Road - ✆ (01223) 351 880 - www.restaurant22co.uk - fermé dim.-lun. - 35 £ (menu 28 £).* Ici, pas d'enseigne pour entrer, sonner à la porte. Chaque plat, traité à l'anglaise, est une agréable surprise. Réservez.

POUR SE FAIRE PLAISIR

Aux alentours de Cambridge

Three Horseshoes – *À Madingley (8 km/5 miles à l'ouest par la A 1303) - High Street - ✆ (01954) 210 221 - www.threehorseshoesmadingley.co.uk - 20/40 £.* Ce restaurant, doté d'un beau toit de chaume et d'un jardin d'hiver, comble tous les appétits avec ses grillades et ses plats italianisés. Réservation conseillée.

UNE FOLIE

À Cambridge

Midsummer House – A1 - *Midsummer Common - ✆ (01223) 369 299 - www.midsummerhouse.co.uk - fermé mar. midi, dim.- lun., 1 sem. à Pâques, 2 sem. en août, 2 sem. en déc - 65/85 £ (menu 30/65 £).* Ravissant établissement au bord de la rivière, qui sert des plats divins. Cuisine design et raffinée.

ACHATS

À Cambridge

Shopping – Les boutiques les plus prestigieuses se trouvent sur Petty Cury, Market Square, Lion Yard, St Andrew Street et dans le Grafton Centre.

Marché – Un grand marché a lieu sur **Market Hill** *(tlj sf dim.).*

À Ely

Antiquités, brocante – Les boutiques de Lynn Road, et du Waterside Antiques Center *(The Wharf - ✆ (01353) 667 066).*

EN SOIRÉE

Cambridge Modern Jazz Club – *✆ (01223) 511 511 et ✆ (01223) 578 000 - www.cambridgejazz.org et www.junction.co.uk.* Deux adresses : **Hidden Room** dans le centre-ville *(Jesus Lane)*, club de jazz à l'atmosphère intimiste, et **The Jonction** à Cambridge Leisure Park *(Clifton Way)*, une grande salle moderne.

À Peterborough

Key Theatre – *Embankment Road - ✆ (01733) 747 474 - www.peterborough.gov.uk.* Théâtre, comédies musicales, concerts…

Greyhound Stadium – *First Drove, Fengate (1,6 km/1 mile au sud-est du centre-ville par la A 1139) - ✆ (01733) 296 939 - www.peterboroughgreyhounds.com - mar.-merc., vend.-sam. à partir de 19h30.* Passionnés de courses hippiques, voilà l'occasion d'assouvir votre passion. Restaurant.

ACTIVITÉS

Thetford forest – *Au nord-est par les A 1303, A 11, A 1065 et B 1107 - ✆ (01842) 816 010 - www.forestry.gov.uk.* Multitude d'activités au cœur de la région des Brecks : parc d'aventure, randonnée à pied, à vélo *(location : High Lodge Forest Center - Brandon, Suffolk, ✆ (01842) 810 090).*

AGENDA

Cambridge Folk Festival – *www.cambridgefolkfestival.co.uk.* Une série de festivités a lieu en juin et juillet : courses de bateaux, fêtes médiévales, fêtes musicales, etc.

King's Lynn

43 119 habitants

NOS ADRESSES PAGE 430

S'INFORMER

Office de tourisme – *The Custom House - Purfleet Quay - (01553) 763 044 - www.west-norfolk.gov.uk - avr.-sept. : 10h-17h, dim. 12h-17h ; oct.-mars : 10h30-16h, dim. 12h-16h.*

SE REPÉRER

Carte de région B1 (p. 406) – *carte Michelin 504 V25 - Norfolk*. La ville est située dans le golfe du Wash et arrosée par l'Ouse ; 73 km/45 miles à l'est de Norwich, par les A 11 et A 47.

À NE PAS MANQUER

Oxburgh Hall, Houghton Hall et Holkham Hall aux alentours.

ORGANISER SON TEMPS

Une demi-journée suffit pour la découverte de la ville. Comptez 1 ou 2 jours supplémentaires pour les alentours.

AVEC LES ENFANTS

Wells-Walsingham Light Railway *(voir Nos adresses)*.

Ville portuaire, King's Lynn a su conserver un paysage urbain riche de maisons marchandes et d'entrepôts du Moyen Âge se reflétant dans l'onde de l'Ouse. En contrepoint à ces symboles commerciaux, la ferveur et le recueillement religieux semblent marquer chaque parcelle de la région alentour de Fens.

3

Découvrir

St Margaret's Church

(01553) 772 858 - www.stmargaretskingslynn.org.uk - - de 8h au coucher du soleil.

Cette église à tours jumelles, érigée à l'origine au 13e s. sur des fondations peu solides, arbore aujourd'hui les traces de styles architecturaux successifs : des grilles de chœur du 14e s., une chaire georgienne et une horloge lunaire du 17e s. De grandes dalles funéraires (l'une d'elles représente un grand festin donné en l'honneur d'Édouard III) commémorent deux des maires de Lynn au 14e s., ainsi que leurs trois épouses.

Tales of the Old Gaolhouse

(01553) 774 297 - Pâques-oct. : mar.-sam. 10h-17h (dernière entrée 1h av. fermeture) ; reste de l'année : se renseigner - 3 £.

Ce musée se trouve dans le **Trinity Guildhall** (ancien hôtel de ville) à appareil en damier noir et blanc (1421). Une visite guidée conduit à travers l'ancien poste de police (minuscules cellules et terrifiants instruments de torture), puis se poursuit dans la salle des insignes, où sont conservés les chartes de la ville, les robes des magistrats municipaux, des ustensiles en argent et la coupe du roi Jean (1340). On peut également consulter les registres municipaux où

BISHOP'S LYNN

King's Lynn fut fondée pendant la conquête normande (1066). De cette époque date l'aménagement des deux places principales, transformées depuis en parking : Saturday Market et Tuesday Market. Connue au Moyen Âge sous le nom de Bishop's Lynn, la ville était alors un port très actif, membre de la ligue hanséatique, qui exportait textiles et laines. Au 13e s., elle était protégée par des **remparts**, dont les vestiges sont encore visibles dans Wyatt Street. En retrait de Littleport Street, la **porte sud** est la seule porte d'entrée encore intacte. L'intérêt du paysage urbain tient surtout aux maisons marchandes du Moyen Âge qui bordent l'Ouse avec leurs solides entrepôts ainsi qu'aux nombreux bâtiments Tudor ou georgiens qui ont subsisté.

sont consignées les transactions commerciales entre Lynn et d'autres villes hanséatiques, la première inscription remontant à 1307.

Dans le même bâtiment, **Town House Museum of Lynn Life** présente une belle collection de meubles d'époque. *✆ (01553) 773 450 - www.museums.norfolk.gov.uk - mai-oct. : lun.-sam. 10h-17h ; fin fév.-avril : lun.-sam. 10h-16h - 3,30 £.*

Queen Street et King Street

Dans Queen Street, au caractère principalement georgien, se dresse **Thorseby College**, une institution fondée en 1502 pour former les jeunes prêtres, et convertie au 17e s. en maison de marchand. Le majestueux bâtiment des douanes, édifié au 17e s. dans le goût hollandais, abrite l'office de tourisme local.

De King's Staithe Lane jusqu'aux quais de la rivière, on observera des entrepôts des 16e et 17e s., tandis que sur King's Staithe Square se dresse un immense bâtiment dont la double façade de brique rouge est couronnée par une statue de Charles Ier et porte une plaque commémorative dédiée à l'explorateur Samuel Cresswell. Le bureau de douane *(Queen Street)* du 17e s., d'inspiration hollandaise, accueille l'office de tourisme *(TIC)* ainsi qu'une petite exposition consacrée à l'histoire de la ville et à la vie de George Vancouver, né à King's Lynn en 1757, et connu pour le tour du monde qu'il fit avec le capitaine Cook.

Plus au nord, King Street offre une ravissante succession de maisons d'époque faites de matériaux variés, dont **St George's Guildhall**, le plus grand hôtel de ville médiéval aujourd'hui visible en Angleterre, réputé pour avoir accueilli Shakespeare en ses murs. C'est ici que se déroule tous les ans le Festival des arts.

En haut de King Street, on débouche sur **Tuesday Market**, vaste espace entouré de belles demeures georgiennes et victoriennes.

True's Yard

✆ (01553) 770 479 - truesyard.co.uk - mar.-sam. 10h-16h - 3 £ - salon de thé.

Deux cottages forment un petit musée illustrant le labeur quotidien des pêcheurs d'antan.

À proximité Carte de région

Castle Rising B1

▶ À 6 km/3,5 miles au nord-est par la A 149 - ✆ (01553) 631 330 - www.castlerising.com - ♿ - avr.-oct. : 10h-18h ; nov.-mars : merc.-dim. 10h-16h - fermé 1er janv. et 24-26 déc. - 4 £ audioguide inclus - aire de pique-nique.

Entouré par 5 ha d'ouvrages défensifs en terre, comportant notamment des murs de 2 m d'épaisseur, ce château fut construit en 1138 par William d'Albini, comte du Sussex, pour sa femme, Ida de Louvain, veuve d'Henri Ier. En 1331, la forteresse devint la dernière demeure d'une reine tombée en disgrâce, **Isabelle de France** (1292-1358), qui fut complice de l'assassinat de son mari Édouard II.
Mis à part les corbeaux ouvragés de la charpente du hall, seules la galerie et une chapelle subsistent.

★ Sandringham House B1

À 13 km/8 miles au nord-est par la A 1076, puis la A 149 - ✆ (01553) 612 908 - www.sandringhamestate.co.uk - ♿ - avr.-oct. : 11h-16h30h (dernière entrée), jardins 10h30-17h - fermé 1 sem. fin juil. - 10 £ - restaurant, salon de thé.

« Cher vieux Sandringham, le lieu que j'aime le plus au monde », écrivait Georges V à propos de cette maison de campagne victorienne, appartenant à la famille royale depuis 1862. Les portraits de famille par Von Angeli et Winterhalter, ainsi que des tapisseries du 17e s. de Brier de Bruxelles représentant l'empereur Constantin, sont exposés dans la plus grande pièce de la maison, le **salon**. Le corridor abrite une collection d'armes et d'armures orientales. La reine Victoria disait du salon de réception qu'il était « très long et très beau, avec ses deux cheminées, ses plafonds et ses caissons peints ». De l'argenterie russe et des jades chinois y sont toujours conservés. La salle de bal est ornée de photos des membres de la famille royale.

★★ Houghton Hall B1

À 21 km/13 miles à l'est par la A 148, puis une route secondaire sur la gauche - ✆ (01485) 528 569 - www.houghtonhall.com - ♿ - Pâques-sept. : merc., jeu., dim. et lun. fériés 11h30-17h30 - demeure : 13h30-17h (dernière entrée 16h30) - 8,80 £ ; parc seul : 6 £.

Faisant la transition entre le baroque et le style palladien, inspiré par Colen Campbell, Houghton Hall fut construit (1722-1735) sur la demande de Robert Walpole, le premier Premier ministre anglais. La décoration intérieure des pièces principales due à **William Kent** permet d'admirer de magnifiques plafonds, du mobilier du Kent, des porcelaines de Sèvres dans le salon de marbre, des trônes de Pugin et des tapisseries de Mortlake venant de la branche royale des Stuarts dans le salon des tapisseries, et le *Canard blanc* d'Oudry dans le salon blanc.

★★ Holkham Hall B1

À Holkham, 50 km/31 miles à l'est par la A 148, puis au nord par la A 149 - ✆ (01328) 710 227 - www.holkham.co.uk - ♿ - avr.-oct. : dim., lun. et jeu. 12h-16h - 9 £ - cafétéria - parking payant.

Résidence des comtes de Leicester et de Coke de Norfolk (1754-1842), l'inventeur de l'agriculture moderne, Holkham Hall est un palais conçu par **William Kent** dans le style palladien. La pièce la plus imposante est le vestibule de marbre, fait d'albâtre rose poli ; une galerie de colonnes ioniques roses met en valeur d'une façon spectaculaire des sculptures néoclassiques. La salle de réception (avec des œuvres de Poussin) et le salon (œuvres de Rubens et de Van Dyck) sont presque aussi majestueux. Dans le salon sud sont accrochées les toiles *La Femme inconnue* de Titien, *Joseph faisant ses adieux à la femme de Putiphar* de Guido Reni, un Gainsborough et *Coke of Norfolk* de Battoni. En revanche, la salle des paysages est exclusivement consacrée à Poussin et Le Lorrain.

NOS ADRESSES À KING'S LYNN

TRANSPORTS

Ferry – *(07974) 260 639 - tlj sf dim. 7h-18h (dép. ttes les 20mn env.).* Un bac permet de traverser l'Ouse jusqu'à West Lynn .

VISITES

Visites guidées – *(01553) 774 297 - dép. de Old Gaol House, mai-oct. : mar. (sf mai), vend. et sam. 14h - durée 1h30 - 4 £ - billets à l'office de tourisme ou à Old Gaol House.*

Wells-Walsingham Light Railway – *Egmere Road (B 1388) - (01328) 711 630 - www.wellswalsinghamrailway.co.uk - avr.-oct.* Ce train à vapeur vous emmène en promenade au cœur de la campagne du Norfolk.

HÉBERGEMENT

UNE FOLIE

The Victoria – *Holkham - (01328) 711 008 - www.holkham.co.uk/victoria - P - 10 ch. : 125/220 £.* En entrant au Victoria, vous serez enveloppé par une douce ambiance coloniale. Les chambres ont chacune leur caractère… et le choix peut s'avérer difficile. Deux nuits minimum le week-end. Le restaurant est idéal pour se régaler de crabe, de moules ou de viande *(30 £).*

RESTAURATION

BUDGET MOYEN

Bankhouse – *King's Staithe Square - (01553) 660 492 - www.thebankhouse.co.uk - 20/35 £.* Installée dans un édifice géorgien près de la rivière Ouse, une brasserie contemporaine qui sert des classiques et des plats aux influences plus exotiques.

ACHATS

Bon à savoir – Les objets en verre soufflé de **Caithness Crystal** *(Paxman Road, sur Hans Road - (01553) 765 111- www.caithness-crystal.co.uk)*, et les produits à base de lavande de **Norfolk Lavender** *(21 km/13 miles au nord à Heacham ; prendre la A 149 - (01485) 570384 - www.norfolk-lavender.co.uk)* sont une bonne idée de cadeau.

AGENDA

King's Lynn Festival – *(01553) 764 864 - www.kingslynnfestival.org.uk.* En juillet : musique classique, chorale et divers événements.

Circuit conseillé Carte de région

★ LES ÉGLISES DE FENS B1

La région des Fens est connue pour ses églises et ses beaux couchers de soleil qui viennent rompre la monotonie de ses vastes étendues de plat pays.

Circuit tracé en vert sur la carte p. 406. Quitter King's Lynn et se diriger vers l'ouest par la A 17. À 8 km/5 miles, tourner à droite.

Terrington St Clement

(01553) 828 430 - visite sur demande des clés (voir l'affichage sur la porte).
De cette grande **église St-Clément**, de style Perpendicular, on admirera la tour nord-ouest et la très belle baie placée à l'ouest. L'intérieur abrite une boiserie georgienne raffinée et des **fonts baptismaux** du 17e s., ornés de peintures illustrant des scènes du Nouveau Testament.
Poursuivre sur 3 km/2 miles au sud-ouest au-delà de la A 17, en passant par Walpole St Andrew.

Walpole St Peter

L'église St-Pierre, construite au 14e s. au cours de la période de transition entre le gothique Decorated (fenêtre ouest et tour) et le style Perpendicular (fenêtres de la nef et stalles du chœur), est souvent appelée la « cathédrale des Fens ». Son charme provient de l'autel surélevé, des boiseries et des sculptures du porche sud (17e s.). D'immenses verrières illuminent ce magnifique intérieur.
Continuer sur 6 km/3,75 miles. Prendre à droite Walnut Road, puis West Drove encore à droite, s'engager à gauche dans Folgate Lane, à droite dans Pigeon Street, puis à gauche dans Wisbech. Poursuivre sur Walpole Bank. Prendre Mill Road.

West Walton

L'église Ste-Marie, construite au milieu du 13e s., est d'un style gothique Early English assez extravagant, visible dans la décoration des arcatures et des portes, ainsi que dans les peintures murales situées au niveau des fenêtres hautes. Le clocher isolé (vers 1240), aux ornementations similaires à celles des fonts baptismaux du 13e s. de la cathédrale de Lincoln, est un bel exemple d'architecture gothique Early English - *www.ely.anglican.org/parishes/westwalton - clé disponible selon l'affichage sur la porte de l'église.*
Continuer en direction du sud ; à l'entrée de Wisbech, tourner à gauche sur la B 198 (Lynn Road), puis prendre à droite sur Walsoken Road.

Walsoken

L'église de Tous-les-Saints, « la plus grande église paroissiale romane du Norfolk » (Pevsner), a été élevée en 1146. Remarquez notamment les moulures en zigzag sur les arches des arcades et du chœur, la charpente courbe et à diaphragmes, les contreforts octogonaux des **fonts baptismaux** ornés des sept sacrements et d'une Crucifixion, ainsi qu'une peinture murale du 16e s. représentant le jugement de Salomon *(au-dessus de la voûte du clocher). (01945) 583 740 - www.allsaintswalsoken.co.uk - demander la clé au presbytère, Church Road, ou au White Lodge, Grimmers Road (demander le révérend).*
Pour revenir sur King's Lynn, retourner sur Wisbech et prendre la A 47.

NOS ADRESSES À KING'S LYNN

TRANSPORTS

Ferry – *(07974) 260 639 - tlj sf dim. 7h-18h (dép. ttes les 20mn env.).* Un bac permet de traverser l'Ouse jusqu'à West Lynn .

VISITES

Visites guidées – *(01553) 774 297 - dép. de Old Gaol House, mai-oct. : mar. (sf mai), vend. et sam. 14h - durée 1h30 - 4 £ - billets à l'office de tourisme ou à Old Gaol House.*

Wells-Walsingham Light Railway – *Egmere Road (B 1388) - (01328) 711 630 - www.wellswalsinghamrailway.co.uk - avr.-oct.* Ce train à vapeur vous emmène en promenade au cœur de la campagne du Norfolk.

HÉBERGEMENT

UNE FOLIE

The Victoria – *Holkham - (01328) 711 008 - www.holkham.co.uk/victoria - P - 10 ch. : 125/220 £.* En entrant au Victoria, vous serez enveloppé par une douce ambiance coloniale. Les chambres ont chacune leur caractère… et le choix peut s'avérer difficile. Deux nuits minimum le week-end. Le restaurant est idéal pour se régaler de crabe, de moules ou de viande *(30 £).*

RESTAURATION

BUDGET MOYEN

Bankhouse – *King's Staithe Square - (01553) 660 492 - www.thebankhouse.co.uk - 20/35 £.* Installée dans un édifice géorgien près de la rivière Ouse, une brasserie contemporaine qui sert des classiques et des plats aux influences plus exotiques.

ACHATS

Bon à savoir – Les objets en verre soufflé de **Caithness Crystal** *(Paxman Road, sur Hans Road - (01553) 765 111- www.caithness-crystal.co.uk)*, et les produits à base de lavande de **Norfolk Lavender** *(21 km/13 miles au nord à Heacham ; prendre la A 149 - (01485) 570384 - www.norfolk-lavender.co.uk)* sont une bonne idée de cadeau.

AGENDA

King's Lynn Festival – *(01553) 764 864 - www.kingslynnfestival.org.uk.* En juillet : musique classique, chorale et divers événements.

Norwich

★★

171 243 habitants

NOS ADRESSES PAGE 437

S'INFORMER

Office de tourisme – *The Forum - Millennium Plain - ✆ (01603) 213 999 - www.visitnorwich.co.uk (en français) - avr.-oct. : 9h30-18h, dim. 10h30-16h30 ; nov.-mars : tlj sf dim. 9h30-17h30.*

SE REPÉRER

Carte de région C1 (p. 406) – *carte Michelin 504 Y26 - Norfolk.* Norwich est située sur la A 47 entre King's Lynn et Great Yarmouth. Elle se trouve au nord-est de la côte de l'East Anglia, à 33 km/20 miles à l'intérieur des terres.

À NE PAS MANQUER

Une promenade en bateau sur le fleuve Bure.

ORGANISER SON TEMPS

La plupart des musées et des restaurants sont fermés le dimanche. Comptez une journée pour profiter de l'atmosphère de la ville et une journée pour découvrir la région de Norfolk Broads.

AVEC LES ENFANTS

Norwich Castle Museum ; Sainsbury Centre for Visual Arts ; Bure Valley Railway à Wroxham.

3

Arrosée par la rivière Wensum, Norwich, considérée comme la capitale de l'East Anglia, est l'une des cités médiévales anglaises les mieux préservées. Le donjon du château domine d'une colline le centre de la vieille ville. Ici, on déambule paisiblement le pied battant le pavé, les yeux attirés par les maisons à colombage.

Découvrir

★★ Norwich Cathedral

✆ (01603) 218 300 - www.cathedral.org.uk - ♿ - 7h30-18h (août 19h) - possibilité de visite guidée (45mn) lun.-sam. 11h-15h (dép. ttes les h) - audioguide - restaurant - offrande.

La cathédrale romane fut commencée en 1096 et consacrée en 1278. La claire-voie du chœur fut reconstruite dans le style gothique Early English au 14e s. et les voûtes de style Perpendicular furent ajoutées entre le 15e s. et le début du 16e s. Bâties en pierre de Caen spécialement acheminée par un canal creusé depuis Pull's Ferry, la puissante **tour** romane et la **flèche** du 15e s. mettent parfaitement en valeur la nef longue et basse ainsi que les arcs-boutants délicats du chevet. L'édifice dut essuyer nombre d'incendies, émeutes et mises à sac. La flèche fut même emportée par une tempête en 1362. Avec ses 96 m, elle est la plus haute d'Angleterre, après celle de Salisbury.

Intérieur – Au-dessus de la robuste nef romane et des bras du transept, 400 clés de voûte peintes et sculptées font « une bande dessinée de toute l'histoire du rôle de Dieu dans la vie de l'homme, depuis la Création jusqu'au Jugement dernier » (doyen Alan Webster). Deux des piliers torsadés marquent la fin du premier chantier, achevé en 1119. Derrière l'autel sont conservés deux fragments de pierre sculptée, supposés appartenir au trône épiscopal saxon. Notez les miséricordes des stalles du chœur, le déambulatoire, le trésor (patènes, calices, burettes et plats à aumônes en argent), la fresque de la chapelle de Jésus et la chapelle St-Luc avec le célèbre retable Despenser du 14e s., ainsi que l'*Adoration des Mages* de Martin Schwarz (vers 1480). Un cédérom consultable dans le bas-côté sud permet de visualiser des détails de la cathédrale.

Cloister – La **porte du Prieur** reliant la nef au cloître, avec ses représentations sculptées du Christ accompagné de deux anges, deux évêques et deux moines, est l'une des plus belles portes des débuts du style Decorated. Le cloître, dont l'élévation à deux niveaux est la plus vaste en Angleterre, fut reconstruit entre 1297 et 1430 ; sur les murs figurent des armoiries. Le cloître est orné de superbes voûtes avec 400 clés de voûte illustrant l'Apocalypse.

Close – L'enclos est essentiellement georgien. On y entre par Erpingham Gate (1420) ou St Ethelbert's Gate (vers 1300) pour atteindre **Pull's Ferry,** l'ancienne vanne d'écluse.

Se promener Plan de ville

DANS LE CENTRE-VILLE

Circuit tracé en vert sur le plan ci-contre - Compter environ 2h. Départ de la place du Marché.

★ Market Place

Vieille de 900 ans, cette place est le site du plus grand marché de l'East Anglia. Six jours sur sept, des producteurs locaux y installent leurs étals pour vendre leurs produits. La place du Marché est bordée au nord par la façade en damier du **Guildhall**, dont l'édification fut commencée en 1407.

À l'ouest se dresse un peu plus haut la silhouette moderne du **City Hall**, considéré comme le plus éminent bâtiment public anglais de l'entre-deux-guerres. À côté se trouve **The Forum** (2002), immeuble parallélépipédique de verre qui abrite l'office de tourisme.

UNE VILLE PROSPÈRE

À l'époque de la conquête normande en 1066, la ville est l'une des plus importantes du royaume. Elle frappe même sa propre monnaie. Au Moyen Âge, Norwich devient l'une des cités les plus prospères d'Angleterre grâce au commerce de la laine. Avec ses 56 églises, la ville possède le plus grand nombre d'églises au mètre carré de toutes les villes européennes. On disait alors qu'il y avait une église pour chaque semaine et un pub pour chaque jour (la production de bière fut très importante pendant deux siècles). De nos jours, une trentaine de tours et de flèches ponctuent l'horizon, laissant à Norwich sa première place sur le podium. En 1700, elle obtient le statut de deuxième ville la plus riche du royaume après Londres. Sa fortune : le textile développé par les huguenots et les Flamands, venus s'exiler sur les terres du Norfolk avec leur savoir-faire.

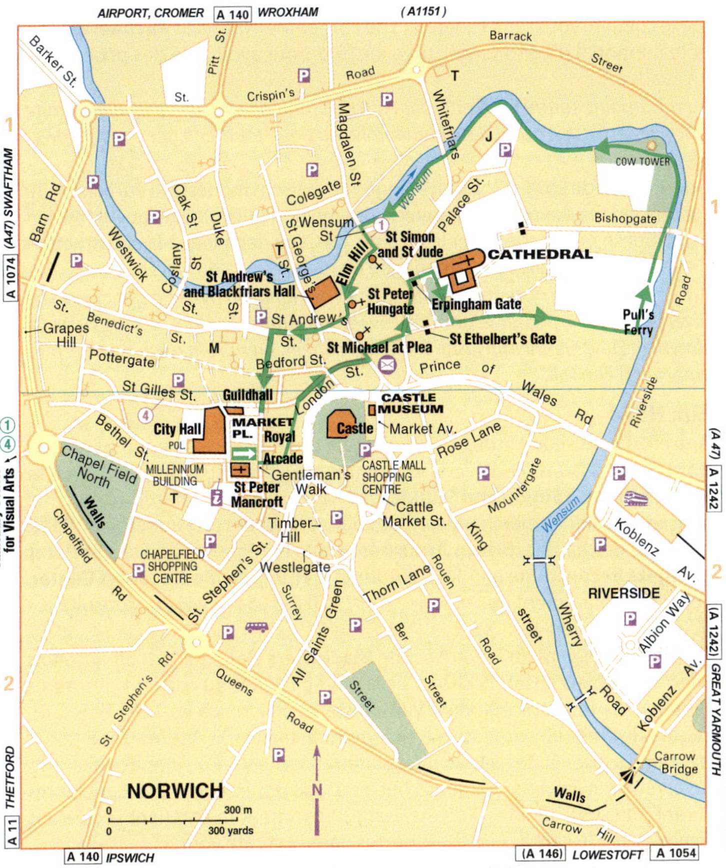

SE LOGER		SE RESTAURER	
Arbor Linde Lodge	①	The Britons Arms	①
Edmar Lodge	④	The Waffle house	④

Au sud, la place est limitée par la plus grande église paroissiale de la ville, **St Peter Mancroft**. De style gothique Perpendicular, elle possède un beau plafond en forme de carène renversée, un magnifique vitrail médiéval et des fonts baptismaux du 15e s. pourvus d'un dais en bois à l'ornementation complexe. À l'est de Market Place, la **Royal Arcade**, de style Art nouveau, conduit au **Castle**. Le château, construit en 1160 en haut d'une colline stratégiquement dominante, fut également utilisé comme prison. Les arcatures aveugles extérieures, imitées de Castle Rising *(voir King's Lynn)*, furent fidèlement reproduites dans la pierre de Bath lorsque Salvin remodela le bâtiment (1833-1839).

Emprunter la Royal Arcade puis Castle Street sur votre gauche, et remonter London Street.

Cette rue est la seule qui relie la cathédrale au marché. Élégante, elle est bordée par une multitude de magasins.

Continuer sur Queen Street. Tourner à gauche sur Tombland.

Sur le chemin, vous remarquerez « The Forget-Me-Not » à **St Michael at Plea** et le mémorial d'Edith Cavell, tuée en 1915 pour avoir aidé des prisonniers à s'évader.

Au rond-point, tourner à droite, passer sous Erphingham Gate, prendre à droite et longer la façade ouest de la cathédrale. Au bout, tourner à gauche sur Lower Close.

Du côté nord de Lower Close, une rangée de maisons modestes a été construite sur l'ancien site des écuries et greniers des moines. Une route recouvrit l'ancien canal utilisé pour acheminer les pierres de Caen destinées à la construction de la cathédrale ; elle fut réaménagée en rue au cours du 18e s.

Arrivé au Pull's Ferry, emprunter le chemin qui longe la rivière à gauche, « The Riverside Walk », passer le pont de l'Évêque (Bishop's Bridge), le plus vieux de Norwich. Suivre le chemin jusqu'à Wensum Street, prendre la rue à gauche, puis emprunter Elm Hill.

Elm Hill

Autrefois centre de l'industrie du tissage, cette pittoresque rue pavée est bordée de maisons médiévales en briques et en bois. Au nord *(Tombland)* se dresse l'église **St Simon and St Jude**, de style Perpendicular tardif aujourd'hui divisée en galeries marchandes. Plus haut se trouvent une auberge du 15e s. couverte de chaume, **Briton Arms** *(côté droit)*, et l'église médiévale **St Peter Hungate** (reconstruite en 1460), qui abrite le **Hungate Medieval Art Center**, consacré notamment aux vitraux. *℘ (01603) 623 254- www.hungate.org.uk - ♿ - jeu.-sam. : 10h-16h - 3 £.*

En face, on aperçoit la fenêtre est de **Blackfriars Hall**, qui formait autrefois avec **St Andrew's Hall** le chœur et la nef de l'église du couvent des frères prêcheurs. Cette congrégation vint s'installer à Norwich en 1226. Plus tard, l'église devint le lieu de culte des tisserands flamands. St Andrew's Hall servit de cour d'assises et de halle au blé. Les deux bâtiments aux superbes plafonds en carène renversée ont aujourd'hui un usage public et civique. Les cloîtres furent eux aussi affectés à divers usages et abritent maintenant l'école des Beaux-Arts. Un café a ouvert ses portes dans la crypte voûtée.

Prendre à droite sur Princess Street, continuer sur St Andrews Street, tourner à gauche sur Exchange Street.

Walls

Les murs de pierre (1294-1320) entourant le centre-ville mesurent un peu moins de 4 km de long, comme ceux de la City à Londres. Si vous désirez les observer, direction Carrow Bridge et Carrow Hill *(au sud-est du centre-ville)*.

À voir aussi

★ Norwich Castle Museum

℘ (01603) 493 625 - www.museums.norfolk.gov.uk - juil.-sept. : 10h-17h, dim. 13h-17h ; oct.-juin : 10h-16h30, dim. 13h-16h30 - fermé 24-28 déc. - 6,20 £ (enf. 4,40 £) ; exposition seule 3,30 £.

Le haut **donjon** de pierre a conservé en grande partie son apparence romane : voûtes, fenêtres, oratoire et puits de 34 m de profondeur. Une visite guidée vous menant des créneaux aux oubliettes retrace l'histoire de Norwich, quatrième ville anglaise en 1066.

La galerie d'art *(rez-de-chaussée)* présente une riche collection d'œuvres de l'**école de Norwich**, créée au début du 19e s. par le peintre local et autodidacte

Blickling Hall.
VIEW Pictures/View/Photononstop

John Crome (1768-1821). Sont également présentées des toiles d'artistes contemporains originaires de l'**East Anglia**, et des œuvres victoriennes et hollandaises. La collection de porcelaines renferme une superbe série de théières anglaises de 1720 et de belles pièces de Lowestoft. La galerie consacrée à l'écologie montre des dioramas de la côte du Norfolk et les restes de l'éléphant de West Runton, vieux de 600 000 ans.

3

★ Sainsbury Centre for Visual Arts

Université d'East Anglia, 5 km/3 miles à l'ouest du centre-ville par Earlham Road - ☏ (01603) 593 199 - www.scva.ac.uk - ♿ - mar.-dim. 10h-17h - possibilité de visite guidée (1h) sur demande - fermé 24 déc.-2 janv.

Cette construction, l'une des plus impressionnantes des années 1970, fut conçue par **Norman Foster**. Trente-sept armatures d'acier en forme de prisme composent un volume de 122 m sur 31 m, où l'aménagement intérieur concourt à créer un environnement de « non-musée » de façon à avoir sur les œuvres d'art « un regard sensuel et pas uniquement intellectuel ». Ici, les œuvres des peintres européens des 19e et 20e s., Degas, Seurat, Picasso, Epstein, Bacon, Modigliani, Moore et Giacometti, côtoient admirablement les arts africain, amérindien, oriental et indien, dans un souci délibéré de mélange des genres.

À proximité Carte de région

★★ Blickling Hall C1

À Blickling, 24 km/15 miles au nord, par la A 140, puis la B 1354 - NT - ☏ (01263) 728 030 - www.nationaltrust.org.uk - ♿ - de fin fév. à fin oct. : merc.-dim., et lun. pendant les vac. scol. 11h-17h - jardins : de fin fév. à fin oct. : 10h15-17h15 ; reste de l'année : jeu.-dim. 11h-16h - 10,25 £ ; jardin seul 7 £ - restaurant.

Ce splendide château de brique, à tourelles et pignons, fut construit entre 1619 et 1625 par **Robert Lyminge**, l'architecte de Hatfield House *(voir p. 184)*. Parmi les grandes maisons de style Jacques Ier, c'est l'une des mieux conservées. Les modifications considérables apportées à la fin du 18e s. par Thomas Ivory de Norwich respectent habilement l'harmonie de l'ensemble. Le bâtiment renferme un escalier très chargé, un plafond de 37 m dépeignant les cinq sens, et l'apprentissage dans la grande galerie ; et une splendide tapisserie dans la salle Pierre-le-Grand, don de la Grande Catherine au comte de Buckingham, représentant la défaite des Suédois à Poltava devant Pierre le Grand. N'oublions pas enfin les peintures de Reynolds, Gainsborough et Canaletto exposées dans cette demeure. Le parterre et les jardins actuels datent de la fin du 19e s., le dessin original des terrains ayant été probablement tracé par Humphry Repton à la fin du 18e s. Au fond du parc se trouve un extraordinaire mausolée pyramidal de 12 m de haut.

Knapton C1

À 29 km/18 miles vers le nord par la B 1150 jusqu'à North Walsham, puis la B 1145.

Les joyaux de l'église **St Peter and St Paul** sont le double plafond en carène renversée de 1504, portant 138 anges sculptés, et le couvercle des fonts baptismaux.

Circuit conseillé Carte de région

★ NORFOLK BROADS C1

Circuit de 74 km/46 miles tracé en vert sur la carte p. 406.

La région de lacs et de marécages du Norfolk constitue l'un des principaux habitats d'animaux sauvages. On peut y admirer des cerfs hydropotes appelés aussi cerfs d'eau chinois, des martins-pêcheurs, des butors, des hérons, des grèbes huppés et divers insectes (machaons et æschnes isocèles, grandes libellules que l'on ne trouve nulle part ailleurs en Grande-Bretagne). De paisibles voies navigables serpentent dans les marais embrumés, à travers les bois épais. Les villages sont réputés pour leurs églises, parfois dotées de toits de chaume et de plafonds en carène renversée.

L'environnement naturel est très fragile. L'équilibre de l'écosystème aquatique est facilement perturbé, par les eaux usées et les engrais chimiques par exemple, qui favorisent la prolifération de certaines algues microscopiques. Les berges peuvent se dégrader lorsque les roselières ne sont plus là pour les protéger des remous provoqués par les bateaux à moteur. La disparition de certaines activités, telle la coupe de la laîche, roseau dont on fait les toitures de chaume (qui se raréfient), concourt au développement de la forêt au détriment de la faune aquatique. Le **Broads Authority** fut créé en 1978 et, sous son égide, de gros efforts ont été faits pour préserver l'écosystème.

Bon à savoir – C'est en bateau que l'on peut le mieux explorer les 300 km de voies navigables et les 14 lacs (provenant du drainage des marais médiévaux) qui composent les Broads.

Quitter Norwich, à 12 km/7,5 miles vers le nord par la A 1151.

Wroxham

Départ idéal pour une promenade le long du fleuve Bure.

Bure Valley Railway – *✆ (01263) 733 858 - www.bvrw.co.uk - avr.-oct. : tlj ; reste de l'année : se renseigner - de 5 à 11,50 £ AR (enf. de 5 à 3 £).* Un train sillonne la campagne entre Aylsham et Wroxham.

À 12 km/7,5 miles à l'est. Faire attention au chemin, parfois difficile à trouver. Partir en direction du sud par une route locale, tourner à gauche à Salhouse avant de se diriger vers Ranworth en traversant Woodbastwick.

★ St Helen's Church

À Ranworth - ♿ - 9h-18h (hiver 16h).

La tour de style Perpendicular et le porche sud de style Decorated de cette église ne laissent nullement paraître la splendeur de l'intérieur : le plus beau jubé de l'East Anglia (15e s.), une profusion de saints, d'apôtres et de martyrs peints de couleurs vives.

À 19 km/11,5 miles au nord-est. Continuer par South Walsham vers Acle, puis se diriger vers le nord (A 1064) pour traverser la Bure. Tourner à gauche, prendre la B 1152, puis la A 149.

Potter Heigham

Sur le fleuve Thurne, Potter Heigham, avec ses vestiges (tour romane, voûte en bois et toit de chaume) de l'église **St Nicholas** *(à l'est de la rue principale)*, est la capitale des lacs du Nord. Le pont *(à l'ouest de la rue principale)*, très bas, est célèbre parmi les navigateurs, qui s'en méfient.

Retour vers Wroxham (31 km/19 miles) via Ludharn et Horning par la A 1062. De Wroxham, revenir à Norwich par la A 1151.

NOS ADRESSES À NORWICH

VISITES

À pied – ✆ *(01603) 213 993 - www.visitnorwich.co.uk - de Pâques à oct. : jeu.-sam. 11h30 et 14h - dép. devant l'office de tourisme - durée 90mn - 4 £.* Visites guidées assurées par les guides Blue Badge.

En autobus – Citysightseeing - ✆ *(01263) 587 005 - www.city-sightseeing.com - avr.-sept 10h-16h ; oct. : mar.-sam. 10h-16h - 8 £.* Départ chaque heure du Théâtre royal *(Theatre Street)*.

HÉBERGEMENT

PREMIER PRIX

Arbor Linde Lodge – 2 - *557 Earlham Road -* ✆ *(01603) 462 308 - www.guesthousenorwich.com - 6 ch. : 58 £.* Près de l'université, cette *guesthouse* familiale offre des chambres propres et confortables.

Edmar Lodge – 2 - *64 Earlham Road - ✆ (01603) 615 599 - www.edmarlodge.co.uk - 🅿 - 5 ch. : 45/50 £.* On est aux petits soins pour vous, dans ce B & B à l'allure modeste mais très agréable. Chambres équipées d'un lecteur DVD, films à votre disposition.

RESTAURATION

Bon à savoir – Si vous cherchez un restaurant, dirigez-vous vers St Giles Street, Upper St Giles Street, Elm Hill et St George Street.

PREMIER PRIX

The Britons Arms – 1 - *Elm Hill - ✆ (01603) 623 367 - tlj sf dim. 9h30-17h - - 15 £.* Ce restaurant chaleureux sert de copieuses quiches, galettes et gâteaux. Un vrai régal.

The Waffle House – 2 - *39 St Giles Street - ✆ (01603) 612 790 - www.wafflehouse.co.uk - 15/20 £.* Des gaufres bien sûr, mais aussi des plats belges et végétariens préparés avec des produits frais.

ACHATS

Si vous recherchez des produits locaux, rendez-vous au **Mustard Shop** *(15 Royal Arcade - ✆ (01603) 627 889 - www.colmansmustardshop.com).* Quant à **Wroxham Barns** *(prendre la A 1151 jusqu'à Hoveton - ✆ (01603) 783 762 - www.wroxham-barns.co.uk)* et **Alby Crafts** *(24 km/15 miles au nord par la A 140 - ✆ (01263) 761 590 - www.albycrafts.co.uk),* ce sont des boutiques d'artisanat rural proposant une grande variété de produits.

ACTIVITÉS

Excursions en bateau – Broads Boatrains - *✆ (01603) 701 701 - www.cityboats.co.uk - de Pâques à fin sept. (juin : vend.-lun. seulement) : 10h-16h (dép. fréquent) - 8 à 12 £/AR.* Promenades *(20mn à 3h45)* sur la Wensum au départ d'Elm Hill Quay, de Station Quay et de Carrow Bridge Quay.

Ipswich

145 708 habitants

NOS ADRESSES PAGE 442

S'INFORMER

Office de tourisme – *St Stephens Church - St Stephens Lane - ☏ (01473) 258 070 - www.visit-ipswich.com - tlj sf dim. 9h-17h.*

SE REPÉRER

Carte de région C3 (p. 407) – *carte Michelin 504 X27 - Suffolk.* Au sud-est de la région du Suffolk, à 69 km/43 miles au sud de Norwich par les A 114 et A 14.

À NE PAS MANQUER

Christchurch Mansion et Castle Colchester.

ORGANISER SON TEMPS

Une demi-journée suffit pour faire une agréable promenade.

AVEC LES ENFANTS

Castle Colchester.

Située à la pointe de l'estuaire de l'Orwell, Ipswich fut un port et un centre commercial important au Moyen Âge. Cette ville animée affiche un caractère essentiellement victorien et moderne avec ses rues anciennes au tracé anglo-saxon ponctuées d'une douzaine d'églises médiévales. Les docks vous mèneront paisiblement vers la Stour et sa vallée. Ici, chaque paysage est un rappel du génie pictural de Constable et Gainsborough, ou, peut-être, est-ce l'inverse ?

Découvrir

Des anciens remparts ne subsistent plus aujourd'hui qu'un nom et une vaste zone piétonnière englobant le quartier commercial de **Buttermarket**. Le bâtiment de verre Willis Corroon fut construit en 1975 par l'architecte **Norman Foster** comme l'un des temples de l'assurance, activité majeure d'Ipswich. L'ancien bureau de douane (Old Custom House, 1844) donne sur le front de mer. Les **docks** (Victorian Wet Dock) avec leurs entrepôts, magasins et malteries étaient autrefois les plus grands du monde. Aujourd'hui, ils constituent surtout une promenade agréable.

★ Christchurch Mansion

Christchurch Park, accès piéton par Saone Street, accès voiture par Bolton Lane - ☏ (01473) 433 554 - www.ipswich.gov.uk - 10h-17h - fermé 1er janv., 24-26 et 31 déc. - salon de thé.

Situé dans un parc agréable, cet édifice de style Tudor présente les trésors de la ville d'Ipswich et de ses environs dans un cadre d'époque. Il possède une belle collection de peintures d'artistes du 17e s. originaires du Suffolk, notamment plusieurs **Constable** (*Le Ruisseau du moulin, La Maison de Willy Lott* et deux tableaux sur la vallée de la Stour représentant la cuisine de son père et un jardin fleuri) et **Gainsborough** (*Portrait de William Wollaston, Le Passage du gué, La Porte du cottage* et une *Vue près de la mer*). On notera également le

Cabinet peint★ *(Painted Closet)* par lady Drury (début 17e s.), ainsi que la porcelaine de Lowestoft et les cuisines d'époque. La pièce nommée The Green Room permet de s'immerger dans l'ambiance d'une pièce de réception du 17e s. grâce aux mannequins vêtus de somptueux costumes d'époque. Dans le hall Tudor (ajouté en 1924) est exposée une superbe tapisserie française du roi Arthur (16e s.).

St Margaret's Church

Bolton Lane, près de l'entrée de Christchurch Park.

Cette église paroissiale du 14e s., aux murs décorés de silex, abrite une remarquable charpente à diaphragmes et une stèle du 13e s.

Ancient House

The Buttermarket - tlj sf dim. 9h-17h30.

Véritable pièce montée, cette maison réaménagée en boutique regorge d'éléments décoratifs datant de la Restauration. L'extérieur de l'édifice est orné de reliefs en stuc figurant les continents alors connus : l'Asie (un dôme oriental), l'Amérique (une pipe à tabac), l'Afrique (un Africain, tenant une ombrelle, à califourchon sur un crocodile) et l'Europe (une cathédrale gothique). Les armoiries sont celles de Charles II, qui visita la maison en 1668. À l'intérieur, les lambris en chêne ont été réalisés vers 1603, les plafonds ouvragés et les carreaux en céramique datent du 18e s. Au premier étage, le musée contient des peintures murales d'inspiration rococo et des antiquités liées à l'histoire de la maison. La charpente à diaphragmes du 15e s. est visible depuis la chapelle.

À proximité Carte de région

★ Sutton Hoo C3

À 19 km/12 miles au nord-est d'Ipswich, prendre la A 12, puis la B 1083 à Woodbridge - NT - ✆ (01394) 389 700 - www.nationaltrust.org.uk - ♿ - avr.-oct. 10h30-17h ; reste de l'année : w.-end 11h-16h - 6,85 £ - restaurant.

La découverte exceptionnelle, en 1939, d'un bateau anglo-saxon intact enfoui au milieu d'un groupe de tumulus funéraires près de la Deben a permis d'établir que le corps inhumé était probablement celui de Raedwald, roi païen mort en 625. Une reconstitution grandeur nature de la chambre funéraire présente les objets retrouvés sur le site. La salle du trésor renferme une sélection de trouvailles effectuées pendant les fouilles. Ces objets prêtés par le British Museum changent chaque année.

Circuit conseillé

★ **STOUR VALLEY** (vallée de la Stour) BC3

Circuit de 75 km/46,5 miles tracé en vert sur la carte p. 407.

« J'associe ma jeunesse insouciante à tout ce qui repose sur les rivages de la Stour », écrivit **John Constable** (1776-1837). Si la petite Stour est le pays de Constable, la grande Stour est celui de **Gainsborough**. Entre les deux se situe **Sudbury**, où naquit Gainsborough et où Constable fut écolier.

Se rendre à East Bergholt par la A 12 au sud sur 13 km/8 miles, tourner à gauche pour emprunter la B 1070 et suivre les indications.

★ Flatford Mill C3

Ne se visite pas.
Ce moulin de 1773, demeure de **Constable** (son père était meunier), le cottage de Willy Lott et la vallée de la rivière sont les sujets de ses paysages les plus appréciés, dont *La Charrette de foin, Construction de bateau* et *Le Moulin de Flatford*.
À 5 km/3 miles à l'ouest de Flatford, prendre la B 1070, la A 12 direction Colchester, puis emprunter à droite la B 1029.

Dedham C3

Ce village typiquement anglais a inspiré de nombreux paysages à Constable : « À Dedham rien ne choque le regard » (Pevsner).
Prendre la A 12 vers le sud.

Colchester B3

1st Queen Street - (01206) 282 920 - www.visitcolchester.com (en français).
À l'origine appelée Camulodunum, ancienne capitale britannique du roi Cunobelin (le Cymbeline de Shakespeare), Colchester devint une colonie romaine sous le règne de l'empereur Claude, en 50 de notre ère. Ses **huîtres** devinrent rapidement célèbres, et le sont toujours de nos jours. Après la conquête, la ville fut le site du plus grand donjon normand et de l'un des prieurés les plus riches d'Europe. L'huître demeura la principale source de richesse jusqu'au Moyen Âge, lorsque la **laine** prit le relais.
★ **Colchester Castle** – *(01206) 282 939 - www.colchestermuseums.org.uk - - 10h-17h, dim. 11h-17h (dernière entrée 30mn av. fermeture) - possibilité de visite guidée (45mn) 12h, 13h, 14h (et mars-oct. 15h) - 5,70 £ (enf. 3,60 £).* Les dimensions de cette forteresse imposante (46 m sur 34), bâtie avec des murs de 4 m d'épaisseur sur les voûtes du temple romain de Claude, sont une fois et demie supérieures à celles de la Tour blanche à la Tour de Londres *(voir p. 134)*. Le château accueille un **musée** interactif et ludique, qui présente l'une des plus importantes collections d'antiquités romaines découvertes sur un même site en Grande-Bretagne.
St Botolph's Priory – *Priory Street, au sud du château.* Les restes de ce prieuré du 12e s. donnent un aperçu de sa taille du temps de sa splendeur. Comme le château, il fut construit en brique romaine ; seuls les piédroits des portails, le fronton ouest (orné des fenêtres circulaires les plus anciennes de Grande-Bretagne) et la nef de 37 m ont survécu.
Roman Walls – *Balkerne Hill, Roman Road, Priory Street et Eld Lane.* Les remparts romains (3 m d'épaisseur) entourant le centre-ville sont construits en pierres cimentées entre des assises de brique.
Sortir au nord par la A 134 vers Nayland.

St James' Church B3

À Nayland - 9h-17h.
Dans cette église édifiée au 15e s., on peut admirer *Le Dernier Souper* de **Constable**.
Continuer sur la A 134.

Sudbury B3

Centre de tissage de la soie et ville commerçante, la ville natale du peintre **Gainsborough** peut s'enorgueillir de ses trois monumentales églises de style gothique Perpendicular : St Gregory, St Peter et All Saints, entourées de demeures georgiennes et de maisons à colombage plus anciennes.

★ **Gainsborough's House** – *✆ (01787) 372 958 - www.gainsborough.org - ♿ - tlj sf dim. 10h-17h - présentation sur demande - fermé Vend. saint et 23 déc.-2 janv. - 4,50 £.* C'est dans une demeure de style médiéval tardif, dotée d'une élégante façade du 18e s., que **Thomas Gainsborough** (1727-1788) vit le jour. Ici sont présentés les souvenirs de l'artiste, dont les travaux qu'il réalisa vers 1740 et 1750 *(au rez-de-chaussée dans le petit salon)*, comme son premier portrait célèbre, coupé en deux, celui d'un garçon inconnu et d'une fille, ou le *Portrait d'Abel Moysey (dans la salle Aubrey Herbert)*, l'un des plus beaux qu'il réalisa (fin des années 1760).

Poursuivre sur 5 km/3 miles au nord sur la A 134.

Long Melford B3

Longue est bien l'adjectif qui convient à cette ville dont la rue principale, de 3 km, est bordée de maisons à colombage des 16e, 17e et 18e s. Celle-ci s'achève sur un vaste triangle de verdure où s'élèvent l'hôpital de la Trinité (1573) et l'ancienne **église de la Ste-Trinité** (fin du 15e s.), l'une des plus belles « églises de la laine » de l'East Anglia. Remarquez le bas-relief en albâtre de l'adoration des Mages (14e s.) et les vitraux du 15e s.

★ **Melford Hall** – *NT - ✆ (01787) 379 228/376 395 (info) - ♿ - mai-sept. : merc.-dim. et lun. fériés 13h30-17h ; avr. et oct. : w.-end et lun. fériés 13h30-17h (dernière entrée 30mn av. fermeture) - 6,30 £.* Le château fut construit, au début de la période élisabéthaine, sur trois côtés d'une cour. Seule la **salle principale** a conservé les caractéristiques du style élisabéthain. Le salon est d'un rococo superbe et l'escalier néogrec (1813) a été réalisé par Thomas Hopper. Dans la chambre ouest, qu'occupait **Beatrix Potter** lors de ses visites, on peut admirer les aquarelles de la mère de Peter Rabbit.

Continuer sur 7 km/4,3 miles. Prendre Bull Lane, traverser la A 134 jusqu'à Lavenham.

★ Lavenham B3

Cette ville lainière du Moyen Âge compte de très nombreuses maisons à colombage. Les bâtiments les plus remarquables sont l'**église St-Pierre-et-St-Paul★** (fin du 15e s.), une des grandes églises « de la laine », et l'hôtel de ville, construit vers 1520, qui s'ouvre sur la place du marché. Il abrite un **musée** consacré au commerce de la laine dans l'East Anglia. *NT - ✆ (01787) 247 646 - www.nationaltrust.org.uk - avr.-oct. : 11h-17h ; mars : merc.-dim. 11h-16h ; nov. : w.-end 11h-16h - fermé Vend. saint - 4,30 £ - salon de thé.*

NOS ADRESSES À IPSWICH

TRANSPORTS

Parking – La formule **Park-and-Ride Scheme** permet de rallier le centre-ville en bus *(tlj sf. dim. 7h-19h)* depuis des parkings situés à l'embranchement de la A 12/A 14 (ouest) et de la A 14, devenue Bury Road (nord et ouest), au sud-est sur la A 12/ A 1214.

VISITES

À pied – *Mai-sept. - 3 £ - rens. et réserv. à l'office de tourisme.* La visite guidée de la ville avec les guides Blue Badge part de l'office de tourisme.

En autobus – Citysightseeing - *✆ (01473) 232 600 - www.city-sightseeing.com - dép. des remparts - de fin juil. à fin août : jeu.*

et vend. - 5 £. Visite de la ville en autobus à plate-forme.
En bateau – *(01473) 836 680 - www.orwellrivercruises.com - avr.-sept. : se renseigner pour les horaires - dép. Orwell Quay (Ipswich Wet Docks) - Pin Mill 9,50 £ ; Harwich Harbour 12,50 £.* Circuits à la découverte de l'estuaire de l'Orwell.

HÉBERGEMENT

BUDGET MOYEN

À Ipswich

Sidegate Guest House – *121 Sidegate Lane - (01473) 728 714 - www.sidegateguesthouse.co.uk - 6 ch : 70 £.* Dans un quartier résidentiel, une petite *guesthouse* sympathique, avec un confortable salon donnant sur le jardin. Chambres claires.

À Colchester

The Red Lion – *High Street - 0800 435 165 - www.brook-hotels.co.uk - P - 24 ch. : 85 £.* The Red Lion, une des plus vieilles auberges du comté, arbore une architecture Tudor. À l'intérieur, sous les poutres de bois massif, vous attendent des chambres avec lits à baldaquin.

À East Bergholt

The Granary Flatford – *Flatford Mill - (01206) 298 111 - www.granaryflatford.co.uk - P - 2 ch. : 60 £.* Cette chaumière, au pied de la rivière Stour, donne sur une campagne qui a inspiré Constable.

POUR SE FAIRE PLAISIR

À Ipswich

Salthouse Harbour Hotel – *1st Neptune Quay - (01473) 226 789 - www.salthouseharbour.co.uk - P - 30 ch. : 110/160 £.* Sur la marina, cet hôtel à l'allure d'entrepôt en brique allie design contemporain, élégance et grand luxe.

RESTAURATION

BUDGET MOYEN

À Ipswich

Mariners – *Neptune Quay - (01473) 289 748 - www.marinersipswich.co.uk - menu 25/29 £.* Cuisine française de qualité dans ce bateau où bois et motif Burburry se mélangent.

À Colchester

The Lemon Tree – *48 St Johns Street - (01206) 767 337 - www.the-lemon-tree.com - 20 £.* Ce lieu mélange ambiance historique et champêtre. Ici, c'est l'occasion de déguster un poisson sur une charmante terrasse ensoleillée.
Les Clowns – *61a High Street - (01206) 578 631 - 25 £.* Au menu de ce restaurant-Barnum, les burgers, pâtes et salades font leur numéro.

AGENDA

Festival d'Aldeburgh – *À Snape (32 km/20 miles au nord-est par la A 12, puis sur la droite la A 1094) - (01728) 687 100 - www.aldeburgh.co.uk.* En juin, ce festival de musique, créé à l'initiative de Benjamin Britten, se déroule dans les anciennes malteries de Snapes Maltings.

SHAKESPEARE
BOOKSHOP
CATAL
the seuerall Comedies, Hif
gedies contained in this Volume.
COMEDIES.
The First part of King
Wiues of Windsor.
Measure.
of Errours.
about Nothi
of the Shrew.
that Ends well.
KESPEARE
LEAR
William
SHAKESPEARE
Macbeth

Les Midlands 4

Carte Michelin National 713 IK13-15

Stratford-Upon-Avon, ville natale de Shakespeare.

C. Dutton / Sime/Photononstop

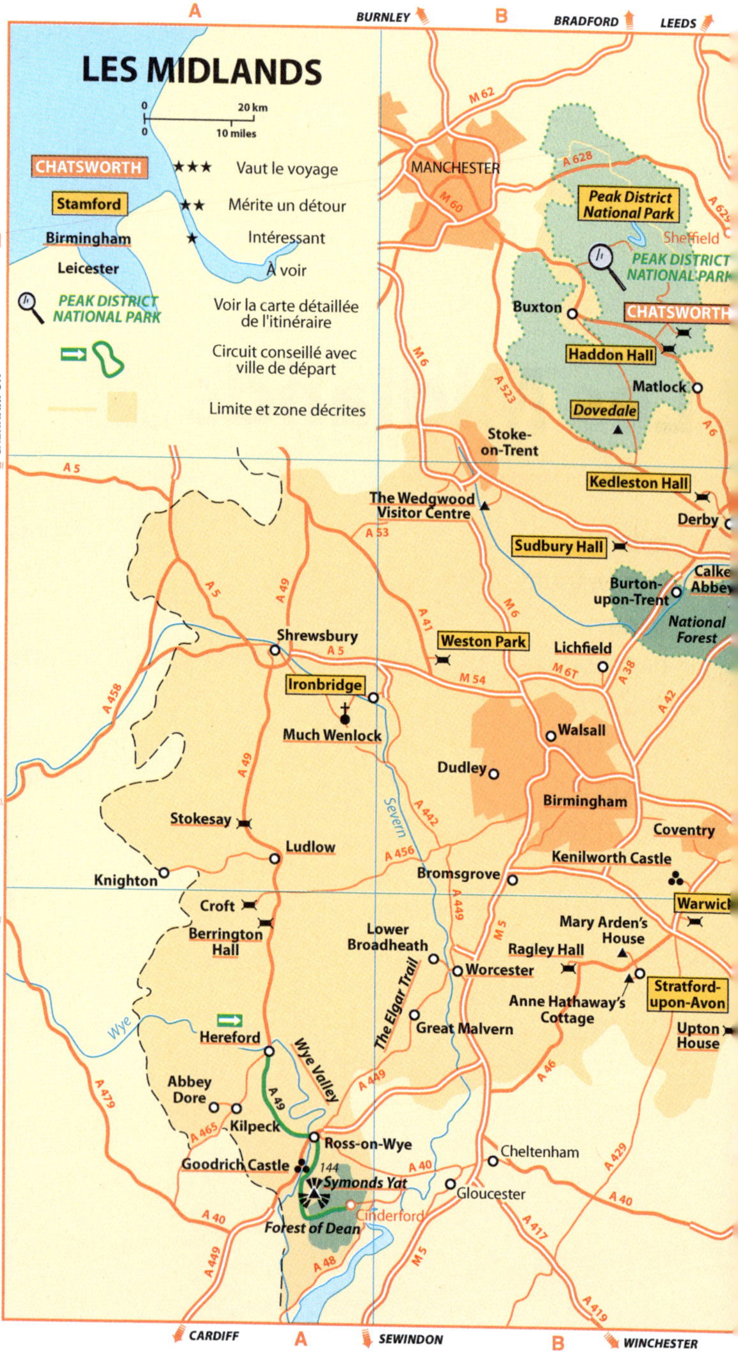
LES MIDLANDS
0 20 km
0 10 miles
CHATSWORTH ★★★ Vaut le voyage
Stamford ★★ Mérite un détour
Birmingham ★ Intéressant
Leicester À voir
PEAK DISTRICT NATIONAL PARK Voir la carte détaillée de l'itinéraire
Circuit conseillé avec ville de départ
Limite et zone décrites
A
B
1
2
3
BURNLEY
BRADFORD
LEEDS
CAERNARFON
ABERYSTWYTH
CARDIFF
SEWINDON
WINCHESTER
MANCHESTER
Peak District National Park
Sheffield
PEAK DISTRICT NATIONAL PARK
Buxton
CHATSWORTH
Haddon Hall
Matlock
Dovedale
Stoke-on-Trent
Kedleston Hall
The Wedgwood Visitor Centre
Derby
Sudbury Hall
Burton-upon-Trent
Calke Abbey
National Forest
Shrewsbury
Weston Park
Lichfield
Ironbridge
Much Wenlock
Walsall
Dudley
Birmingham
Coventry
Stokesay
Ludlow
Kenilworth Castle
Knighton
Bromsgrove
Croft
Warwick
Berrington Hall
Lower Broadheath
Mary Arden's House
Ragley Hall
Worcester
Stratford-upon-Avon
Anne Hathaway's Cottage
The Elgar Trail
Great Malvern
Upton House
Hereford
Wye Valley
Wye
Severn
Abbey Dore
Kilpeck
Ross-on-Wye
Goodrich Castle
Cheltenham
144
Symonds Yat
Gloucester
Cinderford
Forest of Dean
M 62
A 628
M 60
A 625
M 6
A 523
A 6
A 5
A 53
A 49
A 41
A 38
M 6T
M 54
A 458
A 42
A 442
A 456
A 449
M 5
A 46
A 479
A 465
A 40
A 429
A 417
A 419
A 48

C
KINGSTON-UPON-HULL
D
N
A 638
M 18
A 15
M 180
Doncaster
A 46
Trent
Gainsborough Old Hall
A 16
A 631
A 156
1
Worksop
Mr Straw's House
Sherwood Forest
A 57
A 158
Doddington Hall
Lincoln
M 1
A 60
A 614
Newstead Abbey
A 16
Southwell Minster
M 1
Denby Pottery
A 15
D.H. Lawrence Birthplace
A 17
Boston
Nottingham
A 46
A 1
A 1121
A 52
Belton House
Wollaton Hall
Belvoir
A 46
A 6
A 607
A 17
King's Lynn
Snibstonn Discovery Park
A 606
A 1
A 16
Stamford
NORWICH
Leicester
Oakham
Burghley House
Rutland Water
A 47
Great Ouse
Bosworth Battlefield
A 47
Peterborough
Kirby Hall
A 6
Deene Park
A 10
A 69
A 1
A 43
2
M 6
A 14
A 14
All Saints
A 14
Althorp
All Saints
A 14
IPSWICH
A 428
Newmarket
Northampton
Cambridge
A 428
Sulgrave Manor
Canal Museum
M 40
M 1
3
A 43
M 11
A 1
A 10
COLCHESTER
A 120
A 41
Chelmsford
Oxford
A 25
M 40
A 34
A 25
A 12
LONDON
WINCHESTER
LONDRES
C
SOUTHAMPTON
D
HASTINGS

Birmingham

★

942 766 habitants

NOS ADRESSES PAGE 461

S'INFORMER

Office de tourisme – *The Rotunda - 150 New Street - ✆ 0844 888 3883 - www.visitbirmingham.com - 9h30-17h30, dim. 10h30-16h30.* Il se dissimule au pied de la Rotunda, dans un passage piéton en pente très discret qui débouche devant la gare de New Street.

SE REPÉRER

Carte de région B2 (p. 446) – *carte Michelin 503 ou 504 O26 - West Midlands.* Depuis le Ring Road (boulevard circulaire, A 4540), le carrefour **Five Ways** (vous le repérerez grâce au centre commercial du même nom et à l'hôtel Marriott) permet de se diriger vers le centre-ville par Broad Street. Immédiatement sur la gauche, suivre avant le Novotel les indications pour gagner par Seepcote Street les grands parkings du National Indoor Arena, point de départ de la promenade.

À NE PAS MANQUER

Birmingham Museum and Art Gallery, pour sa collection de préraphaélites, Aston Hall ; la cathédrale de Lichfield.

ORGANISER SON TEMPS

Pour une visite approfondie de la ville et de sa périphérie, comptez 48h sur place. Sinon, une journée entière.

AVEC LES ENFANTS

National Sea Life Center ; Birmingham Museum and Art Galery ; Thinktank, ainsi que Cadbury World à Bournville, et Avoncroft Museum of Historic Building à Bromsgrove.

Pour beaucoup, et à juste titre, le nom de Birmingham est lié à la révolution industrielle du 19e s. dont la cité fut l'un des centres les plus actifs. Si les mutations technologiques du dernier quart du 20e s. ont entraîné leur lot de drames sociaux, la cité a su faire un atout de ce passé en grande partie révolu en réhabilitant canaux et fabriques et est devenue aujourd'hui à la fois un haut lieu du tourisme industriel, mais aussi une véritable capitale culturelle.

Se promener

LE CENTRE-VILLE Plans de ville

Circuit tracé en vert sur le plan p. 450 – Compter une demi-journée.

★ The Water Edge plan II B4

En sortant du parking, vous vous trouvez au confluent du canal de Birmingham et du Grand Union Canal.

Canal dans le centre de Birmingham.
J. Lorieau / Loop Images/Photononstop

D'étroites péniches, peintes de couleurs vives, et parfois aménagées pour la promenade, rappellent celles qui jadis encombraient les canaux des Midlands : le trafic était estimé à plus de 100 péniches par jour au début du 19e s. Aujourd'hui, pubs, restaurants (souvent des chaînes) et boutiques ont investi les entrepôts et les usines de jadis.

Traverser le pont.

National Sea life Center – *Au coin de Brindley Place. ✆ 0871 423 2110 - www.sealifeeurope.com - ♿ - 10h-17h (w.-end 18h), dernière entrée 1h av. fermeture - fermé 25 déc. - 14,50 £ (enf 11 £) - cafétéria.* Un parcours ascendant en zigzag permet de découvrir poissons de mer et d'eau douce, exotiques ou non, otaries et tortues de mer, tandis que l'on change de paysage en passant de l'océan à l'estuaire et de la rivière à sa source. Une fois en haut, où s'offre une vue sur les canaux, un ascenseur conduit au « fond de la mer », où il et possible de se promener sous les raies et les requins grâce à un impressionnant tunnel transparent.

Brindleyplace Square – Récemment dessinée, bordée de hauts immeubles dont certains abritent des restaurants, dominée par un édifice d'allure néo-mauresque bâti en 1998, cette place fait la fierté des édiles de Birmingham. Au coin, sur Oozells Street, **Ikon Gallery** *(expositions temporaires d'art contemporain - ✆ (0121) 248 0708 - www.ikon-gallery.co.uk - mar.-dim. et lun. feriés 11h-18h)* occupe un bâtiment de brique surmonté d'une tour qui fut jadis un établissement scolaire. Un peu plus loin, au carrefour de cette rue avec Broad Street, l'ancienne usine de Matthew Boulton, **The Brasshouse**, est devenue un pub et un restaurant *(voir Nos adresses)*.

Revenir en bordure du canal et longer la rive.

★ **Gas Street Basin** – Après être passé sous Broad Street *(attention, le sol peut être glissant… et la voûte du tunnel pas toujours régulière !)*, vous débouchez sur ce bassin que bordent des maisons restaurées des 18e et 19e s. Cygnes et canards glissent sur les eaux vertes de ce paysage autrefois industriel que sa reconversion en lieu de promenade a rendu nettement plus aimable.

BIRMINGHAM plan II

SE LOGER

Novotel Birmingham Center.... 1
Premier Travel Inn Brindley Place.... 4
Premier Travel Inn Canal Side.... 7
The Burlington.... 10
The Copthorne Hotel.... 13

SE RESTAURER

Bank.... 1
Bennets.... 4
Canalside Café.... 10
Le Petit Blanc.... 16
Purnell's.... 17
Wine REPublic.... 19
The Brasshouse on Broad Street.... 25

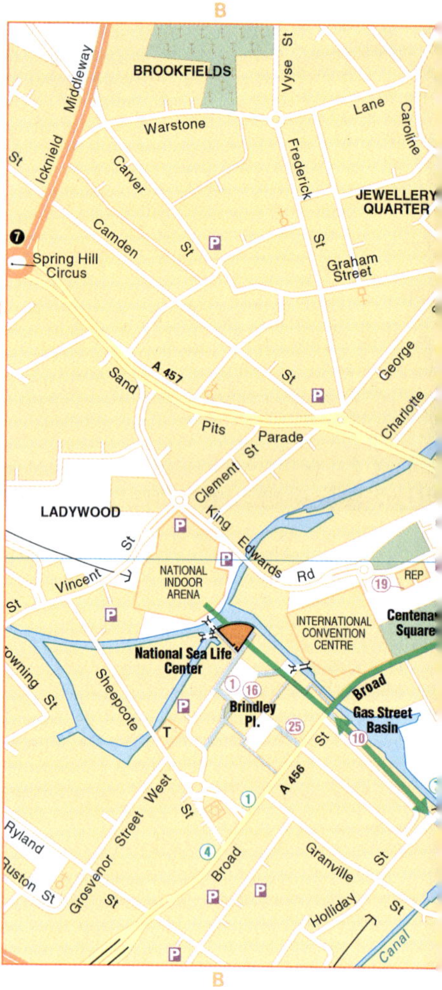

Estaminets et restaurants voisinent, notamment sur les trois étages de terrasses en façade de l'immeuble du **Mailbox**, qui a succédé au centre de tri local et se voue aujourd'hui au commerce de luxe.

Revenir sur vos pas, gagner Gas Street par un petit escalier latéral et rejoindre Broad Street, que l'on prend sur la droite.

Broad Street – Bordée de hauts immeubles abritant pour certains des salles de cinéma multiplex, pour d'autres des hôtels, c'est la rue animée des soirées de Birmingham : pubs et cafés s'y succèdent, certains donnant sur le canal… invisible de la rue.

Centenary Square plan II B4

Sur cette vaste place rectangulaire se dressent quelques immeubles caractéristiques du virage culturel désormais pris par la ville.

International Convention Centre/ICC (Centre international de congrès) – Ce grand immeuble de verre et de béton inauguré en 1991 abrite,

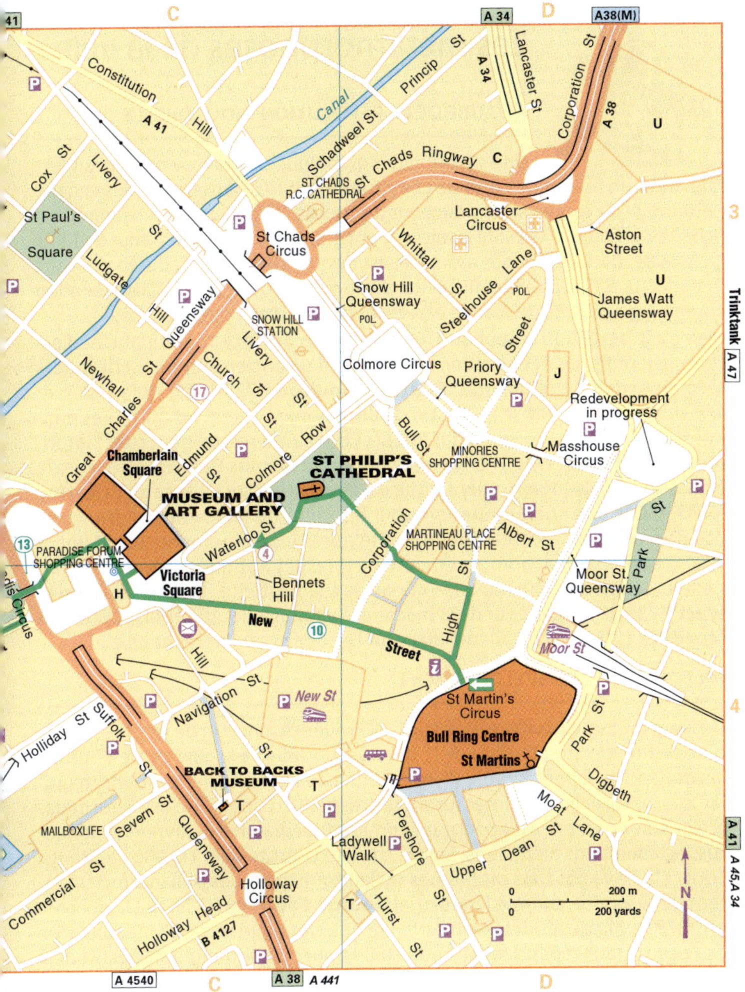

outre des boutiques et des restaurants, une superbe salle de concert, **Symphony Hall**, foyer de l'Orchestre symphonique de Birmingham *(voir Nos adresses)*.

REP (Reperory Theater) – *Sur la gauche de la place*. Doté d'un restaurant animé, ce théâtre à la façade de verre tout en courbes a été dessiné en 1971 par l'architecte Graham Winteringham.

Baskerville House – *Sur la gauche, après le REP*. Ce bâtiment de 1939 à l'allure néoclassique, naguère centre administratif, abrite désormais une galerie commerciale de prestige.

Hall of Memory – *Devant Baskerville House - ✆ (0121) 303 2822 - www.hallofmemory.co.uk - lun.-sam. 10h-16h*. Ce monument octogonal aux victimes de la guerre, bâti en 1924, est orné de sculptures exécutées par Albert Toft.

Traverser Paradise Forum, qui ferme la perspective de la place face à l'ICC (International Convention Centre).

Les métamorphoses de la ville

À L'AUBE DE LA RÉVOLUTION INDUSTRIELLE

Une situation géographique centrale au cœur des West Midlands, un réseau de voies de communication très dense (avec des canaux permettant d'exporter ses productions dans toute l'Angleterre), la proximité d'un riche bassin houiller : tels sont les atouts dont dispose Birmingham autour de 1800. La localité, de taille encore modeste, est depuis longtemps réputée pour ses manufactures puisqu'elle était décrite dès le milieu du 16e s. par William Camden comme « grouillante de monde et retentissante du bruit des enclumes ».

Mais c'est la création autour de 1765 de la **Lunar Society**, regroupant intellectuels, scientifiques et entrepreneurs autour d'un ancien fabriquant de jouets reconverti dans la métallurgie, **Matthew Boulton** (1728-1869), qui va donner une impulsion définitive au destin de Birmingham. Parmi les membres éminents de ce club regroupant des adeptes des Lumières, on peut citer l'imprimeur **John Baskerville**, l'écrivain et botaniste **Erasmus Darwin**, ou encore le philosophe, théologien, scientifique et réformateur social **Joseph Priestley** (1733-1804), que son admiration pour les idées de la Révolution française oblige à quitter précipitamment la cité après les événements du 14 juillet 1791 (connus sous le nom d'« émeute de Priestley »). Boulton s'entoure d'ingénieurs dont deux au moins sont passés à la postérité : les Écossais **James Watt** (1736-1819), créateur de la machine à vapeur à double effet, et **William Murdock** (1754-1839), qui met au point l'éclairage au gaz de houille.

UN FORMIDABLE DÉVELOPPEMENT

Dès lors tout va très vite, surtout après l'arrivée du chemin de fer en 1839 à la gare de Curzon Street, suivie de l'ouverture en 1854 de la gare de New Street : les transports, la métallurgie (l'armement en particulier), les produits manufacturés, l'agroalimentaire assurent la prospérité d'une ville dont le formidable développement est accru par l'immigration massive d'ouvriers polonais, russes, allemands ou italiens. En 1831, la cité compte déjà 112 000 habitants. Tout cela ne va pas sans problèmes sociaux que quelques philanthropes tentent de résoudre, comme l'industriel **George Cadbury** (1839-1922), qui crée en 1878 le village modèle de Bournville pour les ouvriers de sa manufacture de cacao. Il faut cependant attendre 1889 pour que Birmingham, qui est déjà la deuxième ville d'Angleterre, se voit décerner le titre de « city ».

La Première Guerre mondiale ne freine pas cet élan puisque les armureries de la ville produisent jusqu'à 10 000 fusils par semaine. La Seconde, en revanche, a des conséquences dramatiques pour une cité abondamment bombardée par la Luftwaffe : 6 000 bâtiments sont détruits.

RECONSTRUCTION ET RENAISSANCE

La configuration actuelle de la ville doit beaucoup à l'ambitieux projet de développement élaboré au lendemain de la guerre. Le réseau autoroutier voit se croiser au cœur de l'agglomération les autoroutes M5 (venant de Bristol) et M6 (Londres-Manchester), et se dote d'un monstrueux échangeur surnommé **Spaghetti Junction** ! Birmingham est en passe d'acquérir une nouvelle image et de devenir un centre d'affaires et de culture à l'échelle européenne. Les erreurs du passé sont corrigées (ou abattues), de nouveaux immeubles s'élèvent, de vastes zones de loisirs sont créées, et des bâtiments industriels réhabilités. Mais c'est surtout la zone de Gas Street Basin qui est devenue un centre d'activités très actif, en remettant au centre de la cité les canaux.

Chamberlain Square plan II C3
Outre les statues de James Watt et de Joseph Priestley, cette place est ornée d'un monument élevé à la mémoire de Joseph Chamberlain. Sur la droite, le **Town Hall** (hôtel de ville) a été réalisé en 1832 sur le modèle du temple de Castor et Pollux du forum romain.

UN MAIRE EMBLÉMATIQUE
Plusieurs fois élu à la tête de la municipalité, **Joseph Chamberlain** (1869-1940, père de **Neville Chamberlain**, lui-même maire et Premier ministre), demeure dans les mémoires comme un grand réformateur. Birmingham lui doit notamment son remarquable musée, ainsi que son université.

★★ **Birmingham Museum and Art Gallery** plan II C3
(0121) 303 2834 - www.bmag.org.uk - ♿ - 10h-17h, vend. 10h30-17h, dim. 12h30-17h - fermé 1er janv. et 25-28 déc. - gratuit sf certaines expositions - salon de thé.
Surmonté par un beffroi d'angle surnommé « Big Brum », il a été élevé en style néoclassique en 1889.
Fierté de la ville, la galerie de Birmingham est réputée pour sa remarquable collection de **tableaux préraphaélites**. Il faut s'attarder dans la **salle circulaire** *(en haut des escaliers, juste après le vestiaire)*, qui présente une réjouissante collection de peintures victoriennes classées par thèmes (paysages, portraits, en imaginant le passé, etc.) et dont on retiendra *Le Train de Brighton* de Charles Rossiter (1827-1897).
Sur la droite, la **galerie industrielle** présente des collections d'arts appliqués (vitraux, céramique…). Mais c'est la salle elle-même qui mérite le détour avec les ferronneries de ses mezzanines, chef-d'œuvre de la fin de l'époque victorienne. Elle conduit à la galerie du Bouddha, présentant une statue de cuivre du Bouddha de Sultanganj (entre 320 et 650). Au-delà, le **salon de thé edwardien** mérite également un coup d'œil.
Une partie de la galerie est consacrée à une très honnête collection de peinture européenne. Au fil des salles, vous croiserez Lucas Cranach, Simone Martini *(Saint Jean l'Évangéliste)*, Peter Lely *(Portrait de Cromwell)*, Murillo, le Guerchin, Canaletto *(Le Château de Warwick)*, un étonnant portrait de groupe de Joshua Reynolds et, plus près de nous, Courbet, Diaz de la Peña et Daubigny représentants de l'école de Barbizon, Rouault, Modigliani et Vlaminck, Germaine Richier, Braque et Giorgio Morandi.
Mais c'est la collection de **préraphaélites** qui intéresse au premier chef. En 1848, ces artistes entreprirent de régénérer la peinture par un retour à l'esthétique toscane des 14e et 15e s., d'où le nom de leur mouvement. Tous les maîtres de la confrérie sont représentés, principalement par des œuvres clés telles que *Le Dernier Regard sur l'Angleterre* de **Ford Madox Brown** (1821-1893), *Beata Beatrix* de **Dante Gabriel Rossetti** (1828-1882), *Les Deux Gentilshommes de Vérone* de **William Holman Hunt** (1827-1911), et *La Jeune Fille aveugle* de **John Everett Millais** (1829-1890). La série de panneaux évoquant Cupidon et Psyché d'**Edward Burne-Jones** est présentée dans une salle à part.
Une salle est consacrée à l'école d'art de Birmingham, représentée en particulier par **Joseph Southall** (1861-1944), auteur de remarquables portraits mais aussi de toiles inspirées de contes et légendes et de paysages *(Le Pont Valentré)*. Notez également **Kate-Elizabeth Bunce** (1858-1927), très inspirée par le symbolisme et le bouleversant *Boer War* de **John B. L. Shaw** (1872-1919).
Enfin, les enfants ne manqueront pas la section inaugurée en mai 2006 et intitulée « **Comment l'art se fait** » *(How art is made)*, qui expose, de façon aussi

didactique que ludique, exemples et démonstrations à l'appui, les différentes techniques utilisées par les artistes, qu'il s'agisse de peintres, de potiers ou de maîtres verriers.

Victoria Square plan II C3-4

Sur la gauche de la façade du musée, la reine Victoria contemple avec sérénité les sculptures contemporaines (et en particulier la fontaine représentant une jeune femme nue) qui ont été disposées au-dessus des marches donnant accès à New Street. Au coin de celle-ci, la **poste** est un pastiche néo-Renaissance d'époque victorienne.

New Street plan II CD4

En parcourant cette rue piétonne animée, vous entrez dans le royaume du shopping. Magasins et centres commerciaux se succèdent. Quelques immeubles sont à noter comme celui qui, au fond d'un passage, abrite le **Burlington Hotel**, construit en même temps que la première gare de New Street.

The Bull Ring plan II D4

Au croisement de New Street et de High Street, cet immense complexe commercial est surmonté par la tour de la **Rotunda**, emblématique de l'architecture des années 1960. Avec ses galeries commerciales et ses grands magasins, **The Bull Ring**, à l'architecture parfois audacieuse, attire durant la journée une foule considérable. Une ouverture entre les deux bâtiments laisse pointer la flèche de l'église **St Martin in the Bull Ring**, en contrebas, datant du 18e s. mais largement remodelée par la suite. Au-delà de l'église, les marchés couverts précèdent le quartier chinois, dont les bâtiments de brique s'ornent de toitures retroussées en tuiles vernissées vertes, inattendues dans ces parages. En contemplant ce paysage, on a peine à imaginer que le Bull Ring et Edgbaston Street constituaient le cœur du bourg médiéval !

Tout aussi commerçantes, **High Street**, puis Union Street, que poursuit Cherry Street, comme **Corporation Street**, perpendiculaire, conservent quelques majestueux immeubles victoriens.

Poursuivre Cherry Street jusqu'à St Philip's Churchyard.

CORRIDA À L'ANGLAISE

Pourquoi ce nom de Bull Ring, assez répandu au centre de certaines localités anglaises ? Tout simplement parce qu'au Moyen Âge, un jeu fort populaire en terres britanniques consistait à battre à mort des taureaux dans des espaces clos réservés à cet effet…

St Philip's Cathedral plan II C3

✆ (0121) 262 1840 - www.birminghamcathedral.com - lun.-vend. 7h30-18h30 (17h de fin juil. à déb. sept.), w.-end 8h30-17h.

Première grande commande faite à **Thomas Archer**, la cathédrale fut bâtie en 1715, dans un style baroque classique très anglais. L'extérieur échappe à une trop grande austérité grâce à l'exubérance de la tour ouest (concave, elle est couronnée d'un dôme et d'une lanterne) et de la porte ouest (plaisanterie baroque composée d'une multitude de styles). À l'intérieur, la nef, les arcades et les galeries latérales dotées de tribunes contrastent avec les **vitraux★** d'un maître préraphaélite, **Edward Burne-Jones** (1833-1898), natif de Birmingham, représentant la Nativité, la Crucifixion, l'Ascension et le Jugement dernier.

Par Waterloo Street, regagner Victoria Square.

Vous passerez devant l'immeuble **Bennetts** *(au coin de la rue du même nom)*, fantaisie inspirée de l'antique qui, après avoir abrité les locaux d'une banque, s'est reconvertie dans la restauration *(voir Nos adresses)*.

À voir aussi

★★ Back to Backs Museum plan II C4

55-63 Hurst Street et 50-54 Inge Street, à côté du théâtre Hippodrome - NT - ✆ (0121) 666 7671 - www.nationaltrust.org.uk - visite guidée mar.-dim. (et lun. feriés : dans ce cas fermé mar.) 10h-17h - réserv. conseillée - fermé 24 déc.-1er fév. - 6 £.

Cet ensemble de quatre maisons restaurées réparties autour d'une cour permet un extraordinaire voyage dans le temps, autour de la vie quotidienne de quatre familles à quatre époques différentes : 1840, 1870, 1930 et 1970. Mobilier, objets, pièces d'argenterie, vêtements, témoignages font revivre de façon émouvante ces époques et par là même la vie urbaine de Birmingham et d'une façon plus large de l'Angleterre. Des documents interactifs permettent d'approfondir cette découverte d'un autrefois parfois pas si lointain. Indispensable !

★ Thinktank plan I A1

Millennium Point, Curzon Street (à deux pas du Bull Ring par Moor Street puis Albert Street à droite). ✆ (0121) 202 2222 - www.thinktank.ac - 10h-17h (dernière entrée 1h av. fermeture) - fermé 24-26 déc. - 11,75 £ (avec IMAX 18,85 £), enf. 7,95 £ (avec IMAX 13,60 £) - salon de thé.

Dix sections thématiques passent en revue les dernières découvertes scientifiques et technologiques. La mise en perspective historique est réalisée à travers des témoignages de personnes ayant pris part au progrès industriel de Birmingham. Les visiteurs explorent, créent et expérimentent grâce à des expositions interactives. On pourra ainsi pénétrer dans la chaudière d'un moteur à vapeur, admirer la Railton Mobil avec laquelle John Cobb a battu le record de vitesse (1947) ou voir de près des avions de chasse de la Seconde Guerre mondiale, parmi lesquels figure le Spitfire MK IX G-LFIX conçu par R. J. Mitchell. On prendra part à un voyage-surprise médical, on étudiera les capacités d'adaptation de la faune et on s'émerveillera des avancées majeures qui vont probablement modifier notre mode de vie : robots, détecteurs, matériaux nouveaux, miniaturisation… Pour clôturer la visite, on assistera à une projection dans la salle IMAX.

AU-DELÀ DU RING ROAD

Jewellery Quarter plan I A1

Au nord-est du centre de Birmingham s'étend ce quartier des Bijoutiers *(desservi par la ligne du métro)* qui dégage encore l'atmosphère du début de l'ère industrielle à travers ses innombrables ateliers et échoppes d'artisans.

Museum of the Jewellery Quarter – *75-79 Vyse Street - ✆ (0121) 554 3598 - www.bmag.org.uk - ♿ - mar.-sam. et lun. fériés 10h30-16h - salon de thé.* Aménagé dans les anciens locaux d'une joaillerie, retrace l'histoire du quartier, et présente les techniques et les métiers traditionnels.

Edgbaston plan I A2

C'est dans ce quartier résidentiel, qui s'étend au-delà du Ring Road entre Hagley Road (A 456) et Bristol Road (A 38), que se situe l'université de Birmingham.

★★ **Barber Institute of Fine Arts** – *Université de Birmingham. À 4 km/2,5 miles au sud du centre-ville. De Bristol Road (A 38), prendre à droite Edgbaston Park Road vers le parking sud de l'université. En train régional, descendre à la gare University (ligne rouge). ✆ (0121) 414 7333 - www.barber.org.uk - ♿ - 10h-17h (dim. 12h-17h) - fermé 1er janv., Vend. saint et 24-26 déc.* L'institut fait partie de l'immense campus, archétype de l'université anglaise « en brique rouge », utilisée notamment pour l'édification de l'étonnant campanile siennois haut de 100 m, dit **tour Chamberlain**. La galerie est installée dans un bâtiment sévère de pierre et de brique, dont la construction débuta en 1935. À l'intérieur se trouve une petite collection de peintures sélectionnées avec soin, mise sur pied grâce au legs de la veuve du collectionneur sir Henry Barber.

Sir Henry, qui n'appréciait nullement l'art moderne, stipula que toutes les œuvres devaient être antérieures à 1900 ; aujourd'hui, bien que la politique ait changé, les anciens maîtres continuent de prévaloir. Parmi les Italiens, on trouve plusieurs Vénitiens : **Bellini**, *Portrait d'un jeune garçon*, **Cima**, *Crucifixion* et **Guardi**, *Régate*. Les peintures flamandes comprennent *Deux Paysans liant des fagots* de **Bruegel le Jeune** et *Paysage près de Malines* de **Rubens**. L'école française est bien représentée avec des toiles de Poussin, Watteau, Delacroix, Ingres, Corot et Courbet ainsi que par des œuvres impressionnistes et postimpressionnistes de Bonnard, Degas, Gauguin, Manet, Monet, Renoir, Vuillard et Van Gogh. La peinture anglaise est représentée par *La Charrette de foin* de **Gainsborough**, *Rayon de soleil filtrant à travers la vapeur* de **Turner**, et une délicate étude de deux jeunes filles, *Symphonie en blanc* de **Whistler**.

Birmingham Botanical Gardens and Glasshouses – *☏ (0121) 454 1860 - www.birminghambotanicalgardens.org.uk - avr.-sept. : 9h-19h, dim. 10h-19h ; oct.-mars : 9h-17h, dim. 10h-17h - 7,50 £ - salon de thé.* Ouverts pour la première fois en 1832, ces 6 ha de jardins d'agrément demeurent en grande partie fidèles au dessin original de J.-C. Loudon. On peut y admirer des oiseaux exotiques dans des volières et d'élégantes **serres** du 19e s. qui comprennent une serre tropicale *(Tropical House)* où l'ananas, la banane, la canne à sucre, et, bien entendu, du fait de la proximité de Bournville, les cacaoyers poussent dans un climat tropical reconstitué. La **Collection nationale de bonsaïs** est disposée derrière des grilles de l'autre côté du jardin japonais.

★★ Aston Hall plan I A1

Trinity Road à Aston. Accès depuis Lancaster Circus par la A 34 (Nex Town Row), puis sur la droite (échangeur) la B 4140 (Witton Road) et enfin à droite Trinity Road. En train régional, descendre à la gare de Witton (ligne bleue), puis longer le stade d'Aston Villa par Witton Lane jusqu'à Trinity Road. ☏ (0121) 675 4722 - www.bmag.org.uk - avr.-oct. : mar.-dim. et lun. fériés 12h-16h.

Construite en 1618-1635 sous la direction de John Thorpe pour sir Thomas Holte, cette demeure, assiégée par les parlementaires en 1643 (des traces de balles sont visibles sur la balustrade de l'escalier où sont représentés des monstres marins), servit de cadre au roman de Washington Irving, *Bracebridge Hall* (1822). Aston Hall demeure plus que jamais « une noble structure qui par sa beauté et sa situation surpasse tout ce qui existe en ces lieux ». Typique de l'époque de Jacques Ier (« uniforme à l'extérieur et pourtant strictement morcelé à l'intérieur », selon Francis Bacon), l'intérieur est remarquable par ses plafonds et cheminées splendides, surchargés de façon presque incongrue. Parmi les plus belles salles, remarquez la **grande galerie** avec ses lambris cintrés en chêne et ses tapisseries, évoquant *Les Actes des apôtres*, exécutées par La Planche. La grande salle à manger est ornée d'une frise représentant les neuf preux (Alexandre, Hector, César, Josué, David, Judas Maccabée, Arthur, Charlemagne et Godefroi de Bouillon). Les peintures sont de Romney et Gainsborough. Le lieu a rouvert en 2009 après d'importants travaux.

NOËL D'ÉPOQUE

Début décembre, pendant une semaine, **Aston Hall by Candlelight** recrée l'atmosphère d'un Noël à l'époque de Jacques Ier, avec des visites nocturnes de la maison éclairée seulement par des bougies. Des musiciens en costumes d'époque jouent de la musique du 17e s. dans la grande salle où couve un feu de cheminée *(réserv. indispensable)*.

Soho House

Soho Avenue, à 3 km/2 miles au nord-ouest du centre-ville par le Ring Road puis, à Key Hill Circus, Heaton Street, que prolonge Soho Hill (A 41), puis à gauche. En métro : Benson Hill puis suivre le fléchage. ☎ (0121) 554 9122 - www.bmag.org.uk - ♿ - avr.-oct. : mar.-dim. et lun. fériés 12h-16h - salon de thé.

En 1761, **Matthew Boulton** acheta cette demeure georgienne qui dominait sa manufacture. Il engagea les architectes James et Samuel Wyatt pour la transformer en une merveille technologique pour l'époque : chauffage central, fenêtres en métal, toilettes avec chasse d'eau et eau courante chaude et froide. Un cadre tout idéal pour accueillir les réunions de la Lunar Society, le club des intellectuels de la ville. La maison a été entièrement rénovée pour devenir un musée consacré à Matthew Boulton et à ses amis amoureux du progrès, parmi lesquels **Joseph Priestley** et **Erasmus Darwin**.

★ Bournville

À 6 km/3,7 miles au sud-ouest par la A 38 (Bristol Road), puis à gauche Bournville Lane. En train régional, descendre à la gare de Bournville (ligne rouge).

En 1879, leur usine de cacao de Birmingham devenant trop petite, les frères **Cadbury**, des quakers, durent la déplacer en banlieue, sur le domaine de Bournbrook. Diverses installations, puis des maisons avec jardinet destinées aux ouvriers, furent construites autour du **Village Green** (pré communal). En 1914, les ouvriers de Cadbury du monde entier offrirent la maison de Repos, bel exemple de style Arts and Crafts, à M. et Mme Cadbury à l'occasion de leurs noces d'argent. C'est maintenant un centre d'information touristique.

D'un côté, la tour de l'école abrite le **carillon** *(visites occasionnelles et démonstrations)* installé par George Cadbury en souvenir du vieux carillon de Bruges. Au nord-est du *green* se dressent **Selly Manor** (14e s.) et Minworth Greaves (13e-14e s.), des maisons à colombage restaurées que les Cadbury achetèrent et firent transporter ici. Elles abritent une très belle collection de mobilier populaire allant du 13e s. jusqu'à 1750. *☎ (0121) 472 0199 - www.bvt.org.uk/sellymanor - ♿ - mar.-vend. 10h-17h (et Pâques-sept. : w.-end et lun. fériés 14h-17h) - 3,50 £.*

Cadbury World – *☎ (0844) 880 7667 - www.cadburyworld.co.uk - ♿ - horaires : se renseigner - 13,90 £ (enf. 10,10 £) - restaurant, aire de pique-nique.* C'est au sud du *green* que se trouve la célèbre usine de chocolat. Le lieu est particulièrement apprécié des enfants, d'autant qu'ils peuvent y déguster les productions de la manufacture !

À proximité Carte de région

Walsall B2

À 16 km/10 miles au nord par la M 6 ou la A 34. En train régional : ligne bleue (directions Stafford ou Wellington, gare de Walsall).

New Art Gallery – *☎ (01922) 654 400 - www.artatwalsall.org.uk - ♿ - 10h-17h, dim. 11h-16h - café.* À l'extrémité du canal, en face de l'église St Matthew et près de l'hôtel de ville, la fine silhouette de cinq étages de ce nouveau point de repère du « Pays noir » symbolise le renouveau urbain local. Aux tons rougeoyants de la façade de brique s'oppose l'intérieur, aux murs lambrissés, qui offre des espaces propices à la méditation. Une place de choix est réservée à l'éclectique collection **Garman-Ryan★**, qui rassemble aussi bien des chefs-d'œuvre de Dürer, Degas, Van Gogh, Matisse ou Picasso que des

NOS ADRESSES À BIRMINGHAM

TRANSPORTS

S'y rendre

Aéroport international de Birmingham – À 10 km/6,5 miles au sud. Navette ferroviaire pour la gare de Birmingham New Street et London Euston ou bus 900 pour le centre-ville.

Liaisons aériennes p. 9.

New Street Station – Trains pour Londres via l'aéroport international, ainsi que pour la plupart des villes britanniques (Plymouth, Glasgow, York Bournemouth via Oxford et Southampton…).

Sur place

L'agglomération de Birmingham est sillonnée par un dense réseau de **bus**. Billets auprès du conducteur.

Les cinq lignes du **train régional** (West Midlands Rail Network), reconnaissables à leur code couleur, convergent à la gare de New Street et desservent l'essentiel de l'agglomération.

La ligne unique du **Midland Metro** relie Snow Hill au centre à Wolverhampton au nord-ouest en desservant notamment la place St-Paul et le quartier des Bijoutiers.

VISITES

Sur terre

À pied – Birmingham Tour - *(01213) 032 323 - www.birmingham-tours.co.uk - dép. Council House - rens. et réserv. à l'office de tourisme.* Visites historiques ou thématiques de la ville.

En autobus – Birmingham Tour *(voir ci-dessus) - dép. Church Street : 10h30, 12h, 13h30, 15h - billet valable une journée - 10 £.* Achat du billet à bord ou à l'office de tourisme. Également des promenades thématiques.

Sur l'eau

En péniche – Embarcadère à côté du National Sea Life Centre.

HÉBERGEMENT

Bon à savoir – Au-delà du carrefour Five Ways, dans le prolongement de Broad Street, la longue Hagley Road (A 456) qui rejoint l'autoroute M 5 est bordée de nombreux hôtels de toutes catégories dotés de parkings. Des autobus (en particulier le 9 circulant en soirée) vous conduisent à Centenary Square… à moins que vous préfériez marcher : depuis Five Ways, comptez 15 à 25mn.

BUDGET MOYEN

Premier Travel Inn – Plan II B4 - Deux adresses en centre-ville : **Brindley Place** *(80 Broad Street - accès en voiture sur la gauche après le restaurant Old Orleans, puis encore à gauche - 0871 527 8076)* et **Canal Side** *(20 Bridge Street - juste de l'autre côté de Broad Street - 0871 527 8078) - www.premiertravelinn.com - ch. : 64 £ (vend.-sam.)/33 £ (sem.).* Une chaîne bien commode, d'autant que les prix sont un peu plus doux qu'ailleurs. Les deux hôtels sont centraux ; le second, donnant sur Gas Street Basin, bénéfice d'un environnement plus agréable.

POUR SE FAIRE PLAISIR

Novotel Birmingham Center – Plan II B4 - *70 Broad Street - (0121) 643 2000 - www.novotel.com - P - 148 ch. : 107/161 £.* Sans surprise, mais d'excellent confort et au cœur de l'animation nocturne de la ville.

4

The Copthorne Hotel – Plan II C4 - *Paradise Circus (Centenary Square) - ✆ (0121) 200 2727 - www.millenniumhotels.co.uk - 209 ch. : 130/158 £* ☕. Un immeuble de verre à la silhouette noir et rouge abrite cet hôtel élégant, on ne peut plus central, doté d'un restaurant à l'atmosphère un peu compassée (Goldsmith), ainsi que d'une brasserie (Goldies).

UNE FOLIE

The Burlington – Plan II C4 - *Burlington Arcade, passage couvert ouvrant sur New Street (au n° 126), à peu près en face de Cannon Street - ✆ (0121) 633 1716 - www.macdonaldhotels.co.uk/burlington - 110 ch. : 136/206 £* ☕. Marbres polychromes, tapis moelleux et décor raffiné confèrent une inimitable atmosphère victorienne à cet hôtel historique qui joue la carte du design et de l'art moderne dans ses chambres très confortables. Le restaurant, honorant la mémoire de Berlioz, est un des plus réputés de la ville.

RESTAURATION

Bon à savoir – Bars à vin à l'atmosphère animée (en particulier le samedi soir), pubs traditionnels et restaurants aux multiples spécialités ont envahi Broad Street ainsi que les rives des canaux, notamment sur Gas Street Basin (immeuble Mailbox) et dans la zone de Brindley Place, mais aussi dans le quartier commercial du Bull Ring. Si vous préférez manger chinois, fréquentez le Chinese Quarter, au-delà des marchés couverts, en contrebas du Bull Ring.

PREMIER PRIX

Canalside Café – Plan II B4 - 35 Worcester Bar *(sur le quai de Gas Street Basin) - ✆ (01212) 487 979.* Une maison de marinier construite en 1770 accueille en bordure du canal ce café sans prétention où vous pourrez déguster un repas végétarien ou la soupe du jour.

BUDGET MOYEN

Wine REPublic – Plan II B4 - *Centenary Square - ✆ (01216) 446 464 - www.winerepublic.co.uk - fermé dim - menu 19,50 £.* Restaurant et bar à vins du REP (Repertory Theater), à l'atmosphère d'autant plus animée qu'il est le cadre de concerts le samedi soir.

The Brasshouse on Broad Street (Celebrities Restaurant) – Plan II B4 - *44 Broad Street (au coin du canal - ✆ (01216) 333 383.* Installé depuis 1988 dans les locaux de la plus ancienne fonderie de Birmingham, un restaurant sans prétention mais très couru. Spécialités de poissons.

Bank – Plan II B4 - *4 Brindley Place - ✆ (0121) 633 4466 - www.bankrestaurants.com - 30 £.* Une chaîne anglaise de qualité. Menus avant théâtre à 19h et après théâtre à partir de 22h.

Le Petit Blanc – Plan II B4 - *9 Brindley Place, au coin d'Oozel Square - ✆ (0121) 633 7333.* Décor minimaliste dans ce restaurant à la mode qui joue, comme son nom l'indique, la carte française (notamment pour les vins).

Purnell's – Plan II C3 - *55 Cornwall Street - ✆ (0121) 212 9799 - www.purnellsrestaurant.com - fermé sam. midi, dim.-lun., 2 sem. en juil.-août, 1 sem. à Noël, 1 sem. à Pâques - menu 25/40 £.* Dans un édifice de brique rouge, un établissement plein de style servant une cuisine moderne, raffinée et originale.

POUR SE FAIRE PLAISIR

Bennetts – Plan II C3 - *Waterloo Street, au coin de Bennetts Hill - ✆ (0121) 643 9293 - fermé dim.*

Ancien siège d'une banque établie dans un noble palais néoclassique (remarquez la frise au-dessus de l'entrée). Les salles majestueuses accueillent ce restaurant dont le cadre victorien ne manque pas d'allure.

PETITE PAUSE

Edwardian Tea Room – *Birmingham Museum, au-delà de la galerie industrielle - ✆ (0121) 303 2569.* Par son cadre raffiné, ce self-service justifierait à lui seul une incursion dans le musée !

Lichfield Cathedral Coffee Shop - *19 The Close.* Dans la sérénité de l'Enclos de la cathédrale, ce café installé dans une maison du 18e s. propose aussi une restauration légère.

ACHATS

Bon à savoir – Tracée entre Victoria Square et le Bull Ring, New Street est une rue piétonne au cœur d'un quartier (High Street, Union Street, Corporation Street…) dont les commerces concentrent l'animation diurne de la cité, y compris le dimanche. Outre les enseignes habituelles, vous trouverez nombre de centres commerciaux comme **The Pallasades** (établi au dessus de la gare) ainsi que les grands magasins **Debenhams** et **Selfridges** (Bull Ring) ou **Marks & Spencer** (High Street). Pour un shopping plus raffiné, rendez-vous à **Baskerville House** sur Centenary Square (à côté du REP, face au War Memorial ou à l'immeuble du Mailbox qui concentre les créateurs de mode).

Borders – *The Bull Ring, face à St Martin - ✆ (0121) 643 1531 - www.borders.com.* Une grande librairie sur deux niveaux. Des livres bien sûr, mais aussi des disques, des DVD, des cartes, etc.

Par ailleurs, le **quartier des Bijoutiers** *(Jewellery Quarter)* mérite une visite pour ses bijoux artisanaux.

EN SOIRÉE

Bon à savoir – La vie nocturne a pour cadres principaux Broad Street et Water's Edge. Forte présence policière les soirs de week-end et de matchs de football.

Symphony Hall de l'ICC – *✆ (0121) 780 3333 - www.thsh.co.uk.* Il accueille principalement des concerts de musique classique.

NIA (National Indoor Arena - *✆ (0121) 780 4141 www.thenia.co.uk*). Les concerts pop et rock ainsi que les événements sportifs les plus importants ont lieu ici.

Shrewsbury

65 326 habitants

NOS ADRESSES PAGE 469

S'INFORMER

Office de tourisme – *Rowley's House - Barker Street (temporairement) - (01743) 281 200 - www.visitshrewsbury.com - 10h-17h, j. fériés 10h-16h (et mai-sept. : dim. 10h-16h).*

SE REPÉRER

Carte de région A2 (p. 446) – *carte Michelin 503 L25 - Shropshire.* Shrewsbury est bâtie sur une colline enserrée dans un méandre de la Severn : la direction du centre-ville vous conduit au parking Pay-and-Display de Barker Street, devant Rowley's House.

À NE PAS MANQUER

Une balade dans le centre ancien, la découverte du site industriel d'Ironbridge et l'adorable village de Much Wenlock.

ORGANISER SON TEMPS

Consacrez une journée à Shrewsbury, une autre à Ironbridge.

AVEC LES ENFANTS

Shrewsbury Museum and Art Gallery; la « ville victorienne » d'Ironbridge.

Il faut prendre le temps d'explorer les « shuts » de cette cité médiévale, célèbre pour son château comme pour son abbaye : les superbes maisons à colombage qui ont traversé les siècle confèrent à la ville un charme intemporel propice à une longue flânerie... préalable à une plongée dans l'« enfer » de la révolution industrielle, qui naquit sur les rives de la Severn, à quelques miles de là.

Se promener

AU CŒUR DE LA VILLE

De sa splendeur d'antan, Shrewsbury a conservé nombre d'élégants bâtiments georgiens et de l'époque de la reine Anne, des maisons « en noir et blanc » et d'attrayantes impasses et ruelles médiévales appelées ici *shuts*.

★ Shrewsbury Museum and Art Gallery

(01743) 281 205 - www.shrewsburymuseums.com - 10h-17h, j. fériés 10h-16h (et mai-sept. : dim. 10h-16h).

Installé dans Rowley's House, une belle maison de drapier (fin du 16e s.) haute de trois étages et à colombage, ce remarquable musée d'histoire locale présente notamment des objets provenant des fouilles de la cité romaine de **Viroconium** *(Wroxeter, à côté d'Atcham, 5 km/3 miles au sud-est)*, une évocation très vivante de la vie médiévale avec en particulier une reconstitution de la chambre du drapier Rowley, ainsi qu'une section consacrée à **Charles Darwin** et à sa famille.

Prendre Shoplatch, puis à droite Princess Street.

Vous gagnez **The Square**, place qu'occupe un marché couvert de 1596 et sur laquelle se dresse la statue d'un illustre enfant du pays, **Robert Clive**, dit « Clive of India » (1725-1774), grâce à qui l'Angleterre put s'implanter durablement en Inde. Au fond, sur High Street, belles maisons à colombage, notamment celle du n° 25 (1592).

Prendre High Street à droite, puis la petite Fish Street.

Vous arrivez dans un espace de verdure plein de sérénité où se dresse la cathédrale **St Alkmund**. Là encore, belles maisons du 15e s., comme celle abritant le B & B The Tudor House (1460) ou plus loin Abbots House (vers 1450).

Contourner St Alkmund Place en empruntant un passage au nom évocateur, les Marches de l'Ours (Bear's Steps), pour accéder à l'église Notre-Dame.

★ Church of St Mary The Virgin

✆ (01743) 357 006 - lun.-vend. 10h-17h, sam. 10h-16h, dim. : se renseigner.

Cette église médiévale de grès rose conserve un très beau plafond de bois sculpté (15e s.), ainsi que de superbes vitraux dont le monumental *Arbre de Jessé*, dont la majeure partie date du 14e s.

Par St Mary's Street puis Castle Street, très animée, gagnez le château.

Shrewsbury Castle

✆ (01743) 358 516 - www.shrewsburymuseums.com/castle - ♿ - de fin mai à mi-sept. : tlj sf jeu. 10h30-17h ; de mi-fév. à fin mai et de mi-sept. à mi-déc. : tlj sf jeu. 10h30-16h - 2,50 £.

Ce fier château fort fut aménagé en résidence en 1787, avant de devenir en 1926 le siège du conseil municipal. Il abrite aujourd'hui le **Shropshire Regimental Museum.**

À L'ÉCART DU CENTRE

★ Shrewsbury Abbey

Sur la gauche d'Abbey Foregate au-delà d'English Bridge. À pied par High Street, puis son prolongement Wyle Cop, avant de traverser la Severn sur English Bridge : compter un quart d'heure (souvent en descente). En voiture, nombreux sens interdits : le plus simple est de sortir de la cité, traverser la Severn et contourner la ville par la A 5 jusqu'au rond-point du crématorium. De là, suivre le fléchage - ✆ (01743) 232 723 - www.shrewsburyabbey.com - ♿ - 10h30-15h, dim. 11h30-14h30 - visite guidée sur demande - fermé 25-26 déc. - parking payant.

Fondée en 1083, l'abbaye des bénédictins ne conserve que quelques colonnes romanes de cette époque, le sanctuaire, voué à sainte Winifred, ayant été en partie détruit à la Dissolution, puis reconstruit en 1888. Parmi les

TENSIONS FRONTALIÈRES

Autrefois capitale des territoires gallois de Powis, Shrewsbury se développa au Moyen Âge autour du château normand construit en 1083 par un compagnon de Guillaume le Conquérant, **Roger de Montgomery**, pour défendre la boucle de la Severn. Comte de Shrewsbury, Roger était alors l'homme le plus puissant d'Angleterre après le roi. Les deux principaux ponts sur la Severn sont toujours, après des siècles de tension frontalière, connus sous les noms d'English Bridge et de Welsh Bridge (Pont anglais et Pont gallois).

monuments funéraires, remarquez ceux de Roger de Montgomery et celui, polychrome, de Richard Oslow, *speaker* à la Chambre des communes sous le règne de la reine Anne.

À proximité Carte de région

★ Much Wenlock A2

À 19 km/12 miles au sud-est de Shrewsbury par la A 458 en suivant la direction de Bridgnorth.

The Museum - High Street - (01952) 727 679 - www.muchwenlockguide.info.

Ce bourg harmonieux, agréablement fleuri et doté de nombreuses maisons à colombage, est une des destinations de week-end préférées des Anglais.

Traverser le village et se garer sur le parking (payant) du prieuré.

★ **Wenlock Priory** – *EH - (01952) 727 466 - www.english-heritage.org.uk - - mai-août : 10h-17h ; mars-avr. et sept.-oct. : merc.-dim. 10h-17h ; nov.-fév. : jeu.-dim. 10h-16h - fermé 1er janv. et 24-26 déc. - audioguide - 3,80 £.* Fondé vers 690 par les Clunisiens, saccagé par les Danois, puis reconstruit, sa nef (1220) de 106 m de long en faisait une des abbatiales les plus grandes d'Angleterre. Le chapitre, avec ses arcades entrecroisées, est de style roman, tout comme le magnifique **lavabo** (vers 1180) : sur la vasque subsistent deux plaques de « marbre de Wenlock » gravées qui représentent le Christ avec saint Pierre et deux apôtres. Tout cela est en ruine aujourd'hui. Le cloître, avec ses buis taillés en forme d'animaux, illustre l'art topiaire des jardiniers anglais. À côté, la superbe maison du prieur (12e s.) est devenue une résidence privée.

★ **Le village** – En gagnant le centre de la bourgade, jetez un coup d'œil dans l'église paroissiale. Vous longerez ensuite Wilmore Street, où se trouve le Guidhall (ancien hôtel de ville) du 16e s., avant d'atteindre The Square, où l'office de tourisme abrite un petit musée consacré aux gloires locales, parmi lesquelles la romancière **Mary Webb** (1881-1927), auteur de *Sarn* et de *Gone to Earth (La Renarde)*, qui passa une partie de son enfance dans le village. Bordée de belles maisons à pans de bois, High Street sera le cadre d'une agréable promenade agrémentée de shopping.

Mary Webb Trails – Plusieurs sentiers tracés aux alentours de Much Wenlock et de Shrewsbury permettent de parcourir les paysages des romans de l'écrivain *(brochure à l'office de tourisme).*

LES OLYMPIADES DE MUCH WENLOCK

Quoi qu'il en coûte à notre orgueil national, le baron **Pierre de Coubertin**, en inventant les Jeux olympiques, n'a fait qu'œuvre de disciple de **William Penny Brooker** (1809-1895), promoteur de l'éducation physique dans les collèges anglais, qui créa en 1861 les premiers Jeux olympiques du Shropshire. Certes, les épreuves d'alors en étonneraient plus d'un, mais l'idée était née et Coubertin assista aux jeux de Wenlock de 1889, au cours desquels Brooker lui parla de son intention d'organiser à Athènes des Jeux internationaux. Son grand âge interdit à l'éducateur britannique d'assister au congrès olympique de la Sorbonne qui vit la naissance officielle des Jeux modernes…, dont la première édition eut lieu un an après sa mort.

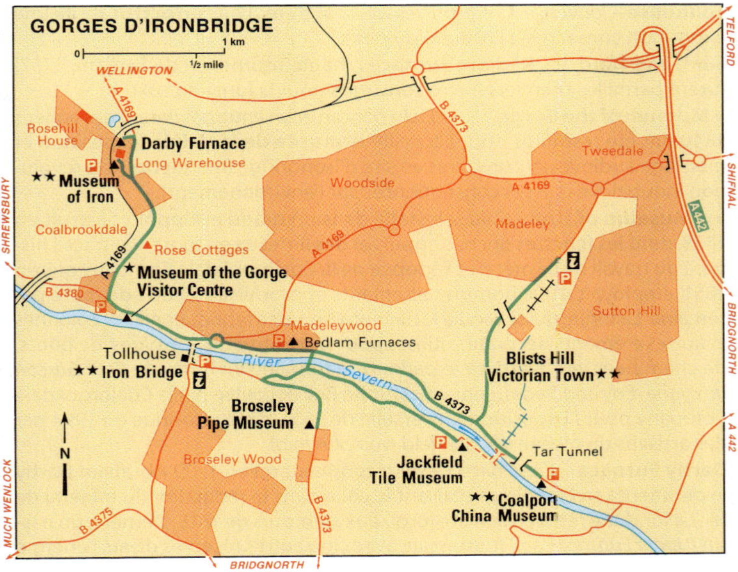

★ Ironbridge et les gorges de la Severn AB2

Prendre la B 4378 vers Ironbridge. Dépasser la localité et prendre à droite vers Broseley, puis immédiatement à droite vers le parking situé au débouché du célèbre pont de fer. ✆ (01952) 884 391 - www.ironbridge.org.uk - ♿ - fin mars-déb. nov. : 10h-17h ; reste de l'année : mêmes horaires (Blists Hill Victorian Town : 10h-16h) mais quelques sites fermés - 21,95 £ le billet valable pour tous les sites - fermé 1er janv. et 24-25 déc. - cafétéria. La vallée comporte 10 musées répartis sur 4 miles. La carte ci-dessus indique l'emplacement des curiosités et des principaux parkings.

Les gorges très boisées et riches en minerai de la Severn sont le « lieu de naissance de la révolution industrielle ». C'est à l'automne 1708 qu'**Abraham Darby** (1677-1717), maître de forges à Bristol, s'installa à Coalbrookdale ; en 1709, il fut le premier à utiliser du coke comme combustible pour sa fonderie à la place du charbon de bois traditionnel. Ses expériences révolutionnèrent l'industrie : elles rendaient possible l'usage du fer dans les domaines du transport (roues, rails), de la construction mécanique (machines à vapeur, locomotives, bateaux) et des travaux publics (immeubles et ponts). De nos jours, les gorges de la Severn, classées au patrimoine mondial par l'Unesco, abritent un musée industriel réparti sur trois sites principaux : Ironbridge, Coalbrookdale et Blists Hill.

★★ **Iron Bridge** (Le pont de fer) – *accès libre*. Pour traverser la Severn à Coalbrookdale, il fallait remplacer le bac par un pont. Le projet retenu fut celui d'un architecte de Shrewsbury, **Thomas Pritchard**, et le permis de construire fut obtenu en février 1776. Commencé en novembre 1777, le pont, le premier au monde construit en fonte, fut inauguré le 1er janvier 1781. La grande légèreté de ses cinq arches en plein cintre en fait un ouvrage très élégant. D'une portée de 30,60 m, il pèse 384 t. Pour le construire, on fit appel aux techniques utilisées pour les charpentes en bois.

Tollhouse – *(ouvert le w.-end pdt les vac. scol. d'été).* L'ancien **octroi** abrite une exposition consacrée à l'histoire du pont.

Sur la rive nord, les **Bedlam Furnaces** (hauts-fourneaux de Bedlam, 1757) furent parmi les premiers à être construits pour la fonte au coke.

★ **Museum of the Gorge** – *3,60 £.* Un ponton et un entrepôt datant des années 1840 ont été restaurés pour accueillir le **musée de la Vallée** (exposition et montage audiovisuel consacrés au site d'Ironbridge (maquette), à la révolution industrielle et à ses conséquences sur l'environnement).

★★ **Museum of Iron** – *7,40 £.* Installé dans un grand entrepôt construit en 1838, dont les fenêtres ont des appuis et des linteaux en fonte, il retrace l'histoire du travail de ce métal et l'épopée de la Coalbrookdale Company qui, en 1851, employait 4 000 hommes et enfants et produisait 2 000 t de fonte par semaine. La fonte, qui se moule facilement, servait à fabriquer piliers, colonnes et autres éléments décoratifs utilisés pour la construction de gares, de ponts, de cheminées, etc. Derrière le parking, la fontaine en fonte du *Petit Garçon au cygne (Boy and Swan)*, conçue par John Bell et coulée par la Coalbrookdale Company pour l'Exposition universelle de 1851, a été refondue en 1994 par des artisans du musée de Jackfield *(voir plus loin).*

Darby Furnace – C'est dans ce haut-fourneau qu'en 1709 Abraham Darby expérimenta sa technique utilisant le coke dans la réduction du minerai de fer. La fonderie resta en activité jusqu'aux alentours de 1818. Derrière, un bassin *(Upper Furnace Pool)* fournissait, avec cinq autres réserves d'eau, l'énergie nécessaire à cinq fonderies.

Plus au nord, les belles maisons des maîtres de forge jouxtent les cottages de leurs ouvriers, **Carpenters'Row**. De l'autre côté, on peut voir deux des maisons de la famille Darby, les **Darby Houses** *(fermé en hiver - 4,60 £)* : Rosehill House, construite en 1734, et Dale House, meublée comme elle aurait pu l'être à l'époque victorienne. Une exposition est consacrée à la famille Darby.

Jackfield Tile Museum – *Sur la rive sud, au-delà de Jackfield Bridge, puis à gauche - 7,40 £.* L'ancienne tuilerie possède un petit musée sur les carreaux de céramique (décor mural et carrelage) qui étaient produits ici en énorme quantité au 19e s. Le visiteur peut voir les bureaux réaménagés comme aux plus beaux jours de la révolution industrielle et assister à la fabrication et à la décoration des carreaux.

Retourner sur la rive nord et prendre à droite la B 4373.

★★ **Coalport China Museum** – *7,40 £.* On fabriqua de la porcelaine à Coalport de 1799 jusqu'au transfert de la manufacture à Stoke-on-Trent en 1926. Les anciens ateliers ont été restaurés et transformés en un musée qui montre les techniques de fabrication, ainsi que les produits réalisés à Coalport. La porcelaine de Coalport se reconnaît à sa finesse et à sa riche décoration de fleurs. Le **Tar Tunnel** *(fermé en hiver - 2,50 £)*, juste à côté, fut creusé en 1786 pour contribuer au drainage de la mine de Blists Hill.

★★ **Blists Hill Victorian Town** – *14,60 £.* Les 20 ha de ce musée de plein air transportent le visiteur dans une communauté ouvrière des années 1890, avec sa banque, son pub, sa boucherie, sa mine et sa fabrique de bougies. On peut voir le **plan incliné** par lequel les bateaux étaient acheminés jusqu'à la Severn et Coalport. De nombreux bâtiments, provenant d'autres sites, ont été remontés ici.

★★ Weston Park B2

À Weston-under-Lizard, 25 km/15,5 miles à l'est par la A 5 (sortie 3), puis A 41 vers le nord - (01952) 852 100 - www.weston-park.com - - tlj sf sam. 13h-17h (dernière entrée 30mn av. fermeture) - tarif non communiqué - aire de pique-nique, restaurant.

Cette maison de brique rouge de 1671 a été construite par lady Elisabeth Wilbraham, dont la passion pour l'architecture apparaît clairement dans les annotations qu'elle fit du *Premier Livre d'architecture* de Palladio, que l'on peut voir à la bibliothèque. Outre un mobilier splendide, l'intérieur est remarquable pour la qualité des portraits qu'il contient, la plupart des maîtres de la peinture étant représentés depuis Holbein ; remarquez le portrait de lady Wilbraham par **Peter Lely** (au salon), ainsi que celui du révérend George Bridgeman de **John Constable**. Des cerfs et des races de moutons peu courantes paissent dans le parc dessiné par **« Capability » Brown** *(voir p. 521)*, où l'on trouvera aussi différentes attractions…

NOS ADRESSES À SHREWSBURY

HÉBERGEMENT

À Ironbridge

Bon à savoir – Le long de la Severn, on ne compte plus les bâtiments industriels reconvertis en B & B. Privilégiez ceux qui sont les plus proches du bourg.

PREMIER PRIX

À Shrewsbury

Bellstone – *Shoplatch (face à la maison Rowley, réception au bar) - (01743) 242 100 - www.bellstone-hotel.co.uk - ch. : 55 £ - en suppl.* Modeste et basique mais central et doté du confort souhaitable. Brasserie courue et bar fréquenté par l'intelligentsia locale, on ne peut plus animé le week-end.

The Old Post Office – *1 Milk Street (au coin de High Street) - (01743) 236 019 - www.oldpostofficepub.co.uk - ch. : 50/60 £* . Un ancien relais de poste, à deux pas du centre de la ville médiévale.

BUDGET MOYEN

À Much Wenlock

The Talbot Inn – *High Street - (01952) 727 077 - www.thetalbotinnwenlock.co.uk - 6 ch. : 80 £.* Une hostellerie traditionnelle installée depuis 1361 et dont la table est réputée. Dans la cour ont été tournées en 1949 plusieurs séquences de *Gone to Earth* d'après Mary Webb avec Jennifer Jones.

POUR SE FAIRE PLAISIR

À Shrewsbury

The Tudor House – *Fish Street - (01743) 351 735 - www.tudorhouseshrewsbury.co.uk - 4 ch. : 89/120 £.* Dans une rue médiévale, une belle demeure face à la cathédrale.

Prince Rupert – *Butcher Row - (01743) 499 955 - www.prince-rupert-hotel.co.uk - 70 ch. : 99 £ - 12,50 £.* Superbe hôtel ayant investi le domicile du fameux prince Rupert à côté de la cathédrale.

RESTAURATION

BUDGET MOYEN

Three Fishes – *Fish Street - (01254) 826 888 - www.thethreefishes.com - ferme à 21h en sem. et 20h30 le dim. - 25 £.* Cuisine traditionnelle anglaise dans une maison à pans de bois face à la cathédrale.

ACHATS

Bon à savoir – Artisanat de toute sorte dans les boutiques d'Ironbridge, comme **Maws Craft Workshops** (*(01952) 883 030 - www.mawscraftcentre.co.uk)* près du musée de Jackfield.

Derby

★

247 530 habitants

NOS ADRESSES PAGE 477

S'INFORMER
Office de tourisme – *Assembly Rooms - Market Place - ✆ (01332) 255 802 - www.visitderby.co.uk - 9h30-17h30, dim et j. fériés 10h30-14h30.*

SE REPÉRER
Carte de région B2 (p. 446) – *carte Michelin 502 p25 - Derbyshire.* Derby se trouve à 68 km/42 miles au sud-est de Lincoln, au sud-ouest de Manchester.

À NE PAS MANQUER
Derby Museum and Art Gallery, Crown Derby Museum ; Kedleston Hall, Sudbury Hall ou Southwell Minster à proximité.

ORGANISER SON TEMPS
Une journée.

AVEC LES ENFANTS
Conkers Discovery (National Forest).

Qu'il fait bon déambuler dans les ruelles du vieux Derby ! De Sandler Gate à Victoria Street, en passant par Iron Gate et St Peter's Street, façades à colombage, maisons georgiennes et victoriennes alternent très naturellement avec les vitrines contemporaines des boutiques à la mode. Repère immuable, la tour de la cathédrale pointe inlassablement vers le ciel. Promenade incontournable, l'Arboretum fut le premier parc public d'Angleterre. Derby, berceau de la célèbre porcelaine éponyme, excelle encore aujourd'hui dans les arts de la table. Porte sud de la région des Peak, elle s'ouvre immédiatement sur les paysages bucoliques du grand Parc national et ses sublimes châteaux.

Découvrir

Derby Cathedral

✆ (01332) 341 201 - www.derbycathedral.org - ♿ - 8h30-18h - possibilité de visite guidée sur demande préalable - offrande.
La cathédrale est le résultat de la fusion de trois époques majeures de construction : la tour du début du 16e s., la nef du début du 18e s. (architecte James Gibbs) et l'arrière du chœur, de la fin du 20e s. La tour dissimule le plus vieux carillon à 10 cloches du monde. La cloche ténor (15e s.), la plus lourde, est plus ancienne que la tour elle-même. Le classicisme intérieur général contraste avec la **grille du jubé**, très beau travail de ferronnerie de Robert Bakewell – qui réalisa également le jubé du Radcliffe Camera d'Oxford – et le **baldaquin**, utilisé comme caisse de résonance, qui coiffe le grand autel. Au sud du chœur repose Bess de Hardwick *(voir p. 484)*, éclipsant ses voisins dans la mort, comme de son vivant !

UN PEU D'HISTOIRE

Les Romains furent les premiers à investir le site en construisant un fort, « Derventio », au bord de la Derwent, sur la rive opposée de l'actuelle Derby. Située sur un axe de circulation stratégique desservant le nord de l'Angleterre, la cité vit croître rapidement le nombre de ses habitants. Au 6e s., les Saxons s'emparèrent de la ville et la rebaptisèrent « Little Chester ». Aujourd'hui encore, de nombreuses communes du Derbyshire portent des noms d'origine saxonne. Au 9e s., les Vikings prirent Derby, qui compta alors au rang des « cinq provinces danoises » avec Nottingham, Lincoln, Leicester et Stamford. Au 10e s., les Normands firent de la ville une place commerçante dynamique, réputée pour son commerce de la laine. Plus tard, la fabrication du savon et la création de la brasserie Real Ale diversifièrent ses activités. C'est en 1746 que l'armée du prince **Charles Édouard Stuart**, surnommé « Bonnie Prince Charlie », dont la statue équestre se tient à l'extrémité est de la cathédrale, parvint à Derby avant de battre en retraite à Culloden. En 1750, **William Duesbury** fonda la première industrie de **porcelaine**. Parallèlement se développèrent l'industrie de la soie et, au 19e s., le chemin de fer, incarné par la Midland Railway.

Derby, qui dépendait autrefois du Derbyshire, est, depuis 1997, une entité administrative distincte. Elle héberge aujourd'hui le site le plus important de la firme Rolls-Royce, qui produit des moteurs d'avion (turboréacteurs) et des systèmes à propulsion pour les navires, et une importante usine de la compagnie Bombardier, qui fabrique du matériel ferroviaire.

★ Derby Museum and Art Gallery

The Strand - ✆ (01332) 641 901 - www.derby.gov.uk/museums - ♿ - mar.-sam. 10h-17h, lun. 11h-17h, dim. et j. fériés 11h-16h - fermé 1er janv. et 25 déc.

Au rez-de-chaussée, le musée de la Porcelaine expose la plus importante **collection de porcelaines de Derby★**, riche de 3 000 pièces et retraçant les différents styles de la manufacture à travers les siècles. On peut observer les œuvres d'André Planché de la première période ; les figurines et groupes, en biscuit non émaillé, de Pierre Stephan de la période Chelsea (1770-1784) ; la production de la période Crown Derby (1784-1811), illustrée par les scènes naturalistes du peintre John Brewer, les marines de George Robertso et les paysages du comté de Derby de Zachariah Boreman ; et enfin, les pièces les plus élaborées de la période Robert Bloor (1811-1848). L'histoire de la Crown Derby Company, de sa fondation (1876) à nos jours, est évoquée à travers une sélection de ses plus belles réalisations.

Au 1er étage, la **Wright Gallery** montre certains des dessins et tableaux de **Joseph Wright of Derby** (1734-1797) : de ses premières études *(Blacksmith's Shop, A Philosopher lecturing on the Orrery)*, en passant par ses portraits *(The Rev d'Ewes Coke Group)*, jusqu'aux chefs-d'œuvre romantiques peints en extérieur *(Landscape with Rainbow, Indian Widow)* réalisés à la fin de sa vie.

★ Crown Derby Museum

194 Osmaston Road - ✆ (01332) 712 800 - www.royal-crown-derby.co.uk - ♿ - lun.-sam. 10h-17h (dernière entrée 1h av. fermeture) - visite guidée sur RV : mar.-vend. 11h et 13h30 - tarif non communiqué - restaurant.

Les nouvelles usines, fondées en 1847, possèdent une collection de porcelaines de Derby, de 1756 à nos jours. **Georges III** offrit sa protection en 1773 et le titre de Royal Crown Derby fut accordé par la reine Victoria en 1890. Dans

4

la **Raven Room** se trouve une collection inestimable, exposée à la manière d'un intérieur d'une maison victorienne.

The Silk Mill Derby's Museum of Industry and History

(01332) 255 308 - www.derby.gov.uk/museums - ♿ - mar.-sam. 10h-17h, lun. 11h-17h, dim. et j. fériés 13h-16h - fermé 1er janv. et 25 déc.

Ce musée est aménagé dans une filature de soie, dont la cloche et la grange sont les seuls vestiges du bâtiment d'origine. Datant de 1718, celui-ci est considéré comme la première usine érigée en Angleterre. La locomotive à vapeur située à l'entrée est le symbole de l'une des industries traditionnelles locales, évoquées par un tour d'horizon de machines à balancier, de moteurs aéronautiques Rolls-Royce et de pièces d'acier diverses et variées.

Pickford's House Museum

(01332) 255 363 - www.derby.gov.uk/museums - ♿ - mar.-sam. 10h-17h, lun. 11h-17h, dim. 13h-16h.

Si vous souhaitez connaître le rôle joué par **Joseph Pickford** dans les Midlands ou vous initier aux activités domestiques du 18e s., ne manquez pas de visiter l'élégant hôtel particulier que cet architecte se fit construire en 1770. La demeure a été remise en son état d'origine et dispose en outre d'un charmant jardin georgien.

À proximité Carte de région

★★ Kedleston Hall B2

À 6 km/3,5 miles au nord-ouest de Derby par Kedleston Road - NT - (01332) 842 191 - www.nationaltrust.org.uk - ♿ - hall : mars-oct. : sam.-merc. 12h-17h (jardin tlj 10h-18h) ; parc : 10h-18h (nov.-fév. 16h) - 9,45 £ - restaurant.

En 1758, sir Nathaniel Curzon commença à démanteler sa demeure de style Restauration et chargea Matthew Brettingham de la remplacer par une résidence de style palladien, reliée par des arcades à quatre ailes distinctes. James Paine bâtit la façade nord. En 1760, **Robert Adam**, de retour de son voyage en Italie, fut appelé pour la conception de la façade sud et la décoration intérieure (un de ses premiers chefs-d'œuvre). L'intervention successive de trois architectes différents aurait pu conduire à un effet général dissonant, mais l'unité néoclassique résultante en fait l'un des fleurons de l'architecture anglaise du 18e s. Les salons sont axés autour de l'**entrée en marbre** et bénéficient d'un éclairage zénithal de façon à exalter la splendeur des dieux et déesses gréco-romains situés dans les niches. Le plafond décoré d'arabesques en stuc est une réalisation de Joseph Rose, travaillant pour le compte d'Adam. Le **salon de réception** est coloré, comme souvent, dans le style d'Adam. Vous y remarquerez aussi un *Paysage* de Cuyp et l'*Achille* de Véronèse. La **rotonde** est surmontée d'une majestueuse coupole de 19 m de hauteur, aussi surprenante que les bas-reliefs peints par Biagio Rebecca, *Scènes de l'histoire britannique*. Aux murs de l'antichambre et du cabinet de toilette sont accrochées des œuvres de maîtres des 17e et 18e s., tels que Van Dyck, Lely, Kneller et Jansen.

Denby Pottery C1

À 13 km/8 miles au nord de Derby par la A 38 et la B 6179 - (01773) 740 799 - www.denbyvisitorcentre.co.uk - 9h30-17h, dim. 10h-17h - possibilité de visite guidée fév.-oct. : Craftroom Tour (60mn) 11h, 12h, 14h et 15h (4,95 £) ; Factory Tour (90mn) lun.-jeu. 10h30 et 13h (5,95 £) - fermé 25-26 déc. - restaurant.

Les différentes phases d'élaboration des fameuses poteries de Denby, dont certaines sont tournées à la main, sont présentées au cours de la visite de l'usine. Le visiteur peut aussi réaliser son propre moulage et décorer une assiette. Les poteries de Denby sont en vente dans la boutique attenante.

★★ Sudbury Hall B2

À Sudbury, 24 km/15 miles à l'ouest par la A 516 et la A 50 - NT - ✆ (01283) 585 305 - www.nationaltrust.org.uk - ♿ - hall : mi-fév. à fin oct. : merc.-dim. 13h-17h - 7,45 £ - musée : avr.-oct. : 11h-17h ; mi-fév. à fin mars : merc.-dim. 11h-17h ; de nov. à mi-déc. : w.-end 11h-17h - 8 £ - billet combiné hall et musée 13,45 £.

Sudbury Hall fut construit entre 1660 et 1702. L'extérieur affiche un style jacobin conservateur, alors que l'intérieur adopte un style de transition entre Renaissance classique et baroque naissant. Les anciens jardins à la française furent remplacés par un parc paysager naturaliste au 18e s.

Le manoir expose de nombreuses peintures du 18e s., mises en valeur par les travaux de **Grinling Gibbons**, d'**Edward Pierce** et de James Pettifer, anciens collaborateurs du célèbre architecte sir Christopher Wren, qui participèrent à l'élaboration d'églises londoniennes. Les plafonds ont été peints par l'artiste français Louis Laguerre. Dans l'entrée et la **grande entrée**, on peut admirer une vue panoramique de Sudbury exécutée par Griffier, ainsi que de très beaux portraits de Reynolds et Lawrence. L'**escalier** est l'œuvre de Pierce et les stucs, au-dessus, de Pettifer. Dans le **salon**, deux toiles de Griffier et une de Hoppner sont dominées par un plafond orné de chérubins ailés. Mais le plafond le plus beau est sans conteste celui de la **grande galerie**.

Stoke-on-Trent B1-2

À 30 km/19 miles à l'est par la A 516, puis A 50.

Les cinq villes (qui sont en réalité six : Stoke, Tunstall, Burslem, Hanley, Fenton et Longton) réunies il y a 50 ans pour former les *Potteries* constituent en fait des entités différentes, chacune ayant conservé sa propre identité. Les poteries ont existé à Stoke bien avant l'époque du potier le plus honoré d'Angleterre, Josiah Wedgwood (1730-1795). Des fours datant des environs de 1300 ont été retrouvés à Sneyd Green. Cependant, l'ouverture par Josiah Wedgwood de la manufacture Etruria en 1769, l'exploitation du bassin houiller du Staffordshire et le creusement du canal de la Trent à la Mersey transformèrent une industrie locale en industrie nationale et firent d'une industrie un art.

La plupart des grands fours de brique (en forme de bouteille ou coniques, tassés, renflés ou élancés) ont maintenant disparu. Il en reste quelques-uns qui dressent à l'horizon leurs silhouettes facilement reconnaissables, en particulier à Longton, où le **Gladstone Pottery Museum** est la seule manufacture qui ait survécu, conservant ses ateliers d'origine, sa cour pavée et ses fours caractéristiques en forme de bouteille. Ouverte en 1850, la fabrique de Gladstone employait, à ses débuts, 41 adultes et 25 enfants. Elle produisit de la *bone china* (porcelaine à base de poudre d'os) jusque vers 1960, époque à laquelle elle fut convertie en musée de la poterie britannique. *Uttoxeter Road - ✆ (01782) 237 777 - ♿ - 10h-17h (dernière entrée 1h av. fermeture) - vidéo (en français) - fermé 24 déc.-2 janv. - 5,95 £ –*

★ The Wedgwood Visitor Centre B2

À Barlaston, 46 km/28,5 miles à l'ouest par la A 516, la A 50 et la A 520, puis suivre la direction de Barlaston - ✆ (0870) 606 1759 - www.thewedgwoodvisitorcentre.com - ♿ - 9h-17h, w.-end 10h-17h - fermé 24 déc.-2 janv. - audioguide en français - 6,25 £ ; billet combiné musée 9,50 £.

L'usine de Wedgwood, datant de 1938, occupe un site gigantesque. Elle constituait un véritable modèle pour l'époque. Si la majorité des visiteurs se rendent directement à la boutique, la visite des lieux est vivement recommandée pour connaître les procédés de fabrication et surtout admirer la galerie des porcelaines, de styles néoclassique (style qui a fait sa renommée : figures blanches à l'antique sur fond bleu), victorien, Art nouveau, Art déco et moderne. Des portraits de Josiah Wedgwood réalisés par les peintres Stubbs, Reynolds et Lawrence sont également exposés.
À côté, le **Wedgwood Museum** est consacré à l'histoire du site et à son fondateur, Josiah Wedgwood. L'exposition inclut des peintures, des documents et des porcelaines.

★ Calke Abbey B2

À Melbourne, 16 km/10 miles au sud de Derby par la A 514, puis la B 587 à gauche via Melbourne. Après la localité, prendre à droite une route secondaire en direction du Staunton Harold Reservoir - NT - (01332) 863 822 - www.nationaltrust.org.uk - - mars-oct. : sam.-merc. 12h30-17h ; jardin : juil.-août 11h-17h ; mars-juin et sept.-oct. : sam.-merc. 11h-17h - 8,40 £ ; jardin seul 4,60 £ - restaurant.

Une longue allée traverse un vaste parc ondoyant pour conduire à une demeure du 18e s., blottie au creux de la vallée. Le domaine ayant appartenu à une même famille de 1622 à 1985, la maison n'a subi que très peu de changements, en particulier depuis 1886. Afin de préserver le caractère unique de Calke, seules deux pièces ont été redécorées : la **salle des caricatures**, dont les papiers peints humoristiques ont été imaginés par de grands artistes anglais comme Rowlandson, Gillray et Cruikshank, et la s**alle à manger**, conçue par William Wilkins l'Ancien, en 1793. L'un des trésors de Calke, le lit d'apparat, est une création baroque, probablement réalisée pour Georges Ier vers 1715, mais retrouvée inutilisée dans son emballage d'origine. Les dais de soie de Chine ont par conséquent conservé leurs couleurs vives et la subtilité de leurs détails. Les cuisines datant de 1794 n'ont pas changé d'aspect depuis les années 1920.
Les écuries renferment de vieux attelages, ainsi qu'une sellerie. Le grand **parc clos** (2,83 ha) rassemble un jardin fleuri planté au 19e s. dans le style « mélangé », un jardin de plantes médicinales appelé « Aurcula Theatre » et une serre du 18e s. Le parc a été conçu vers 1705 par London et Wise, jardiniers du roi. Huit étangs, disposés en chapelet, divisent la propriété en deux parties, au nord de la maison.

National Forest BC2

À Moira, 20 km/12,5 miles au sud de Derby par la A 514, puis la B 586 via Swadlincote.

Des milliers d'arbres, feuillus et conifères, ont été plantés au cœur de l'Angleterre, couvrant de larges bandes du Leicestershire, du Derbyshire et du Staffordshire. Ils formeront, avec les anciennes forêts de Needwood et Charnwood, la forêt nationale, soit 518 km² ponctués de lacs, de marécages et de fermes.
Conkers Discovery – *(01283) 216 633 - www.visitconkers.com - - avr.-sept. : 10h-18h ; de mi-fév. à mars et oct.-déc. : 10h-17h ; de janv. à mi-fév. : 10h-16h30 - 7,95 £ (enf. 5,95 £) - restaurant, aire de pique-nique.* Ce centre d'accueil propose une approche pédagogique et ludique de la forêt, en organisant des ateliers interactifs. Pour participer aux activités de plein air (promenades en compagnie des gardes forestiers, parcours sportif, etc.), rendez-vous de Conkers Discovery à **Conkers Waterside**, en empruntant le petit train.

Nottingham C2

À 15 km/9,3 miles à l'est par la A 52.
1/4 Smith Row - (08444) 775 678 - www.visitnotts.com.
Célèbre pour sa dentelle, D. H. Lawrence et son shérif du Moyen Âge, Nottingham était, à l'origine, une colonie danoise dénommée Snotingeham. Centre de la région de l'East Midlands, Nottingham est aujourd'hui le siège de firmes mondialement connues, telles que les laboratoires pharmaceutiques Boots, les cycles Raleigh et les cigarettes John Player.

★ **Nottingham Castle** – *(0115) 915 3700 - www.nottinghamcity.gov.uk - ♿ - mars-sept. : 10h-17h ; oct.-fév. : 10h-16h - fermé 1er janv. et 25-26 déc. - 5 £ - café.* Rien ne subsiste du fort normand de 1068, hormis le passage souterrain, Mortimer's Hole, qui conduit à Brewhouse Yard et, un peu plus bas, à **Ye Olde Trip to Jerusalem**, auberge présumée la plus ancienne d'Angleterre. Devenu château, il fut le théâtre de nombreux événements. C'est ici que les partisans du prince Jean se rendirent à **Richard Cœur de Lion** en 1194, que Mortimer et la reine Isabelle (assassins d'Édouard II) furent faits prisonniers par **Édouard III**, que Richard III en sortit à la tête de ses troupes, pour trouver la défaite et la mort à Bosworth Field en 1485, et enfin que **Charles Ier** déploya ses bannières au début de la guerre civile en 1642. Au début du 19e s., Nottingham fut secouée par des révoltes ouvrières contre la mécanisation des industries. En 1831, le château, propriété du duc de Newcastle, opposé à la réforme « Bill » en faveur des contestataires, fut partiellement incendié.

Les parties ayant échappé à la destruction ont été aménagées en musée et galerie d'art. Ils abritent des objets de l'âge du bronze, des antiquités grecques et romaines, des peintures italiennes du 16e s., flamandes et françaises du 17e s., anglaises du 18e au 20e s. À l'étage inférieur, une exposition met en exergue de remarquables **albâtres★** du Moyen Âge. En effet, Nottingham fut, entre 1350 et 1530, le centre d'une école de sculpteurs travaillant cette pierre tendre et translucide, spécialisés dans l'illustration des scènes de l'Ancien et du Nouveau Testament. Des panneaux, réalisés indépendamment les uns des autres, étaient ensuite réunis dans un cadre de bois pour former d'importants ensembles iconographiques appelés « prédelles ».

Galleries of Justice Museum – *High Pavement - (0115) 952 0555 - www.galleriesofjustice.org.uk - 10h30-16h, w.-end 11h-17h (dernière entrée 1h av. fermeture) - fermé 24-26 déc. et 1er-2 janv. - visite audioguidée lun.-mar. sf vac. scol. 5,95 £ ; visite guidée merc.-jeu. et tlj pdt les vac. scol. 8,95 £.* Derrière une élégante façade (18e s.) se cache un lieu peu engageant… au cours de la visite, le gardien plonge le visiteur dans les sinistres conditions pénitentiaires du Moyen Âge et fournit de multiples renseignements sur le système pénal et légal anglais.

★ Wollaton Hall C2

À 4 km/2,5 miles à l'ouest du centre-ville de Nottingham par Ilkeston Road (A 609) - (0115) 915 3900 - www.nottinghamcity.gov.uk - ♿ - 11h-17h (16h nov.-mars) - fermé 1er janv. et 25 déc. - parking payant - cafétéria.
Exubérante manifestation de la pompe élisabéthaine, cette demeure fut construite par **Robert Smythson**, commande et réalisation la plus importante après Longleat *(voir p. 295)*. Comme cette dernière, elle s'ouvre sur l'extérieur, mais l'architecte a remplacé ici la cour intérieure par un hall central éclairé par une claire-voie, assez élevée pour dépasser le faîte du toit. **Wollaton House** abrite un musée d'Histoire naturelle.

4

D. H. Lawrence Birthplace Museum C1

À Eastwood, 16 km/10 miles au nord-ouest de Nottingham par la A 610 - (01773) 717 353 - www.broxtowe.gov.uk - avr.-oct. : 10h-17h ; nov.-mars : 10h-16h - fermé 1 sem. fin déc. - 2 £.

Ce tout petit *terraced cottage* (petites maisons de campagne attenantes les unes aux autres), qui a été restauré, fut la première des quatre résidences de la famille Lawrence à Eastwood. Des objets personnels et une présentation audiovisuelle évoquent l'enfance de l'écrivain et l'influence de son œuvre dans cette petite ville minière.

★ Newstead Abbey C1

À 18 km/11 miles au nord de Nottingham en sortant par la A 60 - (01623) 455 900 - www.newsteadabbey.org.uk - ♿ - avr.-sept. : vend.-lun. 10h-17h (dernière entrée 1h av. fermeture) - 8 £ - cafétéria - parking payant.

Au 16e s., ce prieuré fut transformé en résidence privée. Il est surtout célèbre pour avoir été le berceau de la famille de **lord Byron** (1788-1824). Les salles du 19e s. comprennent les appartements de Byron et une sélection de ses manuscrits, de souvenirs et de portraits. La façade en ruine de l'église, contiguë à l'aile principale, est surmontée d'une niche à pignons, ornée d'une statue de Vierge assise. Lacs, jardins et parc rendent l'endroit très plaisant.

Sherwood Forest C1

Le centre d'accueil est à 30 km/18,5 miles au nord de Nottingham en sortant par la A 614, tout près de la A 6075 - (01623) 823 202 - www.nottinghamshire.gov.uk - ♿ - parc rural : du lever au coucher du soleil - centre d'accueil : avr.-oct. : 10h-17h ; nov.-mars : 10h-16h (w.-end 17h) - fermé 25 déc. - aire de pique-nique, restaurant - parking payant w.-end, j. fériés et vac. scol.

Jadis l'une des **65 forêts royales** qui couvraient la majeure partie de l'Angleterre, la forêt de Sherwood était riche en chênes, bouleaux et fougères. Elle échappa à l'exploitation forestière grâce aux lois régissant les chasses royales. Ce cadre propice au braconnage vit prospérer les bandes de hors-la-loi mentionnées par les chroniqueurs, comme celles de Godber, Coterel, Folville et **Robin Hood** (Robin des Bois). Dès le 15e s., la tradition populaire attribua la totalité des exploits de ces bandits au seul Robin. Par la suite, la forêt fut défrichée pour laisser la place à une vaste étendue de bruyère, entrecoupée de conifères.

Sherwood Forest Visitor Centre and Country Park – Le **Centre d'accueil** *(voir ci-dessus)* se trouve à 1,5 km au nord d'**Edwinstowe**. On prétend qu'eut lieu ici le mariage de Robin des Bois et de Marianne, tout près du célèbre **Major Oak**, chêne vieux de 500 ans et mesurant 10 m de diamètre.

★ Mr Straw's House C1

À 45 km/28 miles au nord de Nottingham par la A 60. Signalé depuis la B 6045 après Bassetlaw Hospital - 7 Blyth Grove, Worksop - NT - (01909) 482 380 - www.nationaltrust.org.uk - de mi-mars à fin oct. : mar.-sam. 11h-17h sur réserv. uniquement - fermé Vend. saint - 6,30 £.

Les frères William et Walter Straw vécurent toute leur vie dans cette maison édouardienne mitoyenne, en la conservant dans l'état où elle se trouvait à la mort de leurs parents, dans les années 1930. Lorsque William mourut en 1990, à l'âge de 92 ans, il légua la maison au National Trust. Les manteaux des deux frères sont toujours suspendus dans l'entrée. Des pots de confiture maison et des conserves de légumes sont empilés dans les placards. C'est une visite à la fois fascinante, émouvante et légèrement déconcertante, comme si tout y avait été figé pour l'éternité.

★★ Southwell Minster C1

À 22 km/13,5 miles au nord-est de Nottingham par la A 612 - ✆ (01636) 812 649 - www.southwellminster.org.uk - ♿ - 8h-17h (ou coucher du soleil) - visite guidée sur RV - audioguide - offrande - cafétéria.

La fierté de la cathédrale romane de Southwell est une superbe baie sculptée de la fin du 13e s., œuvre d'un maître maçon. Bâtie vers 1108 à l'intérieur d'une enceinte, elle est la seule cathédrale d'Angleterre à posséder un ensemble complet de trois tours romanes. Admirablement située, elle offre une belle **façade principale** flanquée de deux tours et d'une verrière de style Perpendicular au-dessus du portail. L'exceptionnel porche nord est également de style roman. Le site fut occupé d'abord par une villa romaine, dont on peut voir les fragments d'une mosaïque, exposée dans le bras droit du transept. À l'**intérieur**, la sévérité de l'architecture romane contraste avec l'exubérance du jubé du milieu du 14e s., où figurent 286 représentations d'hommes, de dieux et de démons. Plus splendides encore sont le chœur et le **chapitre★★**, de style gothique Early English, datant de 1288. Cette salle capitulaire est la première de la chrétienté à avoir reçu une voûte de pierre ne retombant pas sur des piliers centraux. La statuaire qui la décore révèle une imagerie étrange, typiquement médiévale, dont les « hommes verts » ainsi que des têtes d'animaux sur des feuilles végétales.

NOS ADRESSES À DERBY

VISITES

Derby – Derby Ghost Walks - *✆ 08000 277 928 - www.derbyghostwalks.com - dép. Shakespeare Inn - 21 £.* Promenade de 2h sur le thème des fantômes, qui se termine par un dîner. Sur réservation.

Nottingham – *Rens. à l'office de tourisme.* Visites de la ville assurées par les guides Blue Badge.

HÉBERGEMENT

PREMIER PRIX

À Derby

Green Gables – *19 Highfield Lane -Chaddesden - ✆ (01332) 672 298 - www.greengablesuk.co.uk - P - 5 ch. : 52 £ ☕.* Dans ce B & B situé à 1,5 km au nord-est de Derby, aux abords d'une rue commerçante, on vous accueille avec quelques mots de français et un savoureux petit-déjeuner !

Chuckles Guest House – *48 Crompton Street - ✆ (01332) 367 193 - www.chucklesguesthouse.co.uk - 4 ch. : 50 £ ☕.* B & B coloré en plein cœur de Derby. Confort simple, mais accueil très chaleureux.

European Inn – *Midland Road - ✆ (01332) 292 000 - www.euro-derby.co.uk - P - 88 ch. : 60 £ ☕.* Hôtel moderne sans prétention mais confortable, situé à 5mn à pied du centre-ville.

À Nottingham

Best Western Westminster Hotel – *312 Mansfield Road - ✆ (0115) 955 5000 - www.bw-westminsterhotelnottingham.co.uk - P - 75 ch. : 50 £ ☕.* Réunion de maisons victoriennes converties en hôtel, le Westminster est une adresse familiale, à 1,5 km du centre-ville.

BUDGET MOYEN

À Derby

Thornhill Lodge – *Thornhill Road - ✆ (01332) 345 318 -*

www.thornhill-lodge.com - P - *9 ch. : 78 £* ☕. Dans un quartier résidentiel à 1,5 km à l'est de Derby, cette élégante *guesthouse* du 19e s. se révèle charmante.

À Nottingham

Park Hotel - *5-7 Waverley Street - ✆ (0115) 978 6299 - www.parkhotelnottingham.co.uk* - P - *27 ch. : 50/85 £ - ☕ 7,5 £.* Avec une jolie vue sur l'arboretum, le Park Hotel conjugue les avantages d'une position centrale et d'un environnement calme.

POUR SE FAIRE PLAISIR

À Nottingham

Nottingham Belfry Hotel - *Mellers Way - Off Woodhouse Way - ✆ (0115) 973 9393 - www.qhotels.co.uk* - P - *120 ch. : 85/135 £* ☕. À 5 km de la ville, cet hôtel au design contemporain optimise les prestations d'un 3-étoiles classique. Piscine couverte et salle de fitness.

UNE FOLIE

À Derby

Marriott Breadsall Priory Hotel – *Moor Road - Morley - ✆ (01332) 832 235 - www.marriott.co.uk/emags* - P - *112 ch. : 142/202 £* ☕. Située dans un parc de 162 ha, cette magnifique demeure est l'occasion d'un séjour inoubliable.

RESTAURATION

Bon à savoir – À Derby, les pubs **Brunswick** *(1 Railway Terrace - ✆ (01332) 290 677)* et **Ye Olde Dolphin** *(5a Queen Street - ✆ (01332) 267 711)* sont de véritables institutions. À Nottingham, **The Salutation Inn** *(73-75 Maid Marian Way - ✆ (0115) 988 1948)*, **The Bell Inn** *(18 Angel Row - ✆ (0115) 947 5241)* et **Ye Olde Trip to Jerusalem** *(Brewhouse Yard - ✆ (0115) 947 3171)* sont des pubs traditionnels. **Harry Ramsden's** *(Riverside Retail Park, Queens Drive, près de Clifton Bridge - ✆ (01159) 861304 - www.harryramsdens.co.uk)* est réputé pour ses *fish and chips*.

BUDGET MOYEN

À Derby

Café B – *The Strand Arcade - Sadler Gate - ✆ (01332) 368 822 - www.cafeb.co.uk*. Ambiance décontractée.

Tonic – *6 Chapel Quarter - ✆ (0115) 941 4770 - www.tonic-online.co.uk - 30 £.* Ce restaurant sophistiqué compte parmi les meilleures adresses de Derby.

ACHATS

Bon à savoir – À Derby, Shopping au **Bennets Department Store**.

Le **Farmer's Market** (marché fermier) a lieu le 3e jeudi du mois.

Dentelle de Nottingham

Lace Centre – *Angle de Castle Road et Castle Gate - ✆ (0115) 941 3539 - avr.-oct. : 10h-17h, dim. 11h-16h ; nov.-mars : tlj sf dim. 10h-16h - démonstration avr.-oct. : jeu. 14h-16h.*

AGENDA

À Nottingham

Goose Fair – *www.nottinghamgoosefair.co.uk*. En octobre, la plus grande fête foraine en Europe.

Robin Hood Festival – *www.nottinghamshire.gov.uk/robinhoodfestival* - Fin octobre : chants, danses et joutes.

Parc national de la région des Peak

Peak District National Park

★★

NOS ADRESSES PAGE 487

S'INFORMER

Internet – *www.visitpeakdistrict.com (en français).*

À Castleton – *Buxton Rd - ✆ (01629) 816 558 - avr.-oct. : 9h30-17h30 ; reste de l'année 10h-17h.*

À Bakewell – *Old Market Hall - Bridge Street - ✆ (01629) 813 227 - avr.-oct. : 9h30-17h30.*

SE REPÉRER

Carte de région B1 (p. 446) – *carte Michelin 502 O-P/23-24 - S. Yorkshire, Derbyshire, Staffordshire.* L'axe nord-sud, constitué par les villes de Glossop-Buxton-Matlock, est idéal pour découvrir le Parc national de la région des Peak.

À NE PAS MANQUER

Chatsworth, Hardwick Hall, Haddon Hall et Dovedale.

ORGANISER SON TEMPS

Prévoyez 3 jours.

AVEC LES ENFANTS

The Heights of Abraham ; Peak Rail.

Les régions industrielles densément peuplées de Sheffield, Manchester et du West Yorkshire bénéficient d'un environnement encore sauvage et préservé, le Parc national de la région des Peak. Situé dans la partie méridionale de la chaîne de montagnes des Pennines, il couvre 1 438 km². Il s'étend du nord au sud, de Holmfirth à Ashbourne, et d'est en ouest, de Sheffield à Macclesfield. Au nord, une épaisse couche de grès s'élève jusqu'à la lande et aux escarpements du Dark Peak, dont le point culminant est le Kinder Scout (636 m). Au sud, le calcaire constitue le socle du White Peak, plateau bucolique découpé par des murets de pierre sèche et interrompu par des vallons encaissés.

Découvrir carte de région

DU NORD AU SUD B1

Voir la carte p. 482.

Derwent Reservoirs

Créées pour l'approvisionnement en eau des villes proches, les **retenues** de **Derwent**, **Howden** et **Ladybower** forment aujourd'hui un ensemble de lacs qui font la joie des plaisanciers, des randonneurs et des cyclistes.

Edale

Edale est le point de départ du Pennine Way, premier sentier de randonnée de Grande-Bretagne, ouvert le 24 avril 1965 à l'occasion de l'anniversaire de la marche de Kinder Scout. Le **Pennine Way** court sur 402 km, le long de la chaîne montagneuse des Pennines, véritable épine dorsale du nord de l'Angleterre, depuis Edale jusqu'à Kirk Yetholm, en traversant le Mur d'Hadrien. Le sentier suit en général un parcours accidenté, parfois difficile pour les novices.

Prendre vers l'est jusqu'au Packhorse Bridge, l'un des plus beaux ponts de Peak District.

Castleton Caves

William Peveril édifia ici un château de pierre juste après la conquête normande. Aujourd'hui en ruine, le donjon érigé au 12e s. domine encore le village. Castleton est réputé pour ses **grottes**. Ce sont soit des cavités naturelles, soit des galeries de mines de plomb, ou alors une combinaison des deux.

Peak Cavern – *✆ (01433) 620 285 - www.devilsarse.com - visite guidée (1h) avr.-oct. : 10h-16h (ttes les h) ; nov.-mars : w.-end et vac. scol. 10h-16h (ttes les h), lun.-vend. hors vac. scol. : se renseigner - fermé 25 déc. - 7,75 £ ; 13 £ le billet combiné avec Speedwell Cavern - cafétéria.* La grotte de Peak Cavern est située au pied de la colline sur laquelle se trouve le château. Pendant trois siècles et cela jusqu'en 1974, des cordiers y étaient installés et leurs maisons construites devant l'entrée de la grotte. On aperçoit d'ailleurs encore les traces de suie provenant des cheminées.

Treak Cliff Cavern – *✆ (01433) 620 571 - www.bluejohnstone.com - visite guidée (40mn) été : 10h-16h20 ; hiver : 10h-15h20 - fermé 24-26 déc. - 7,95 £.* Plus à l'est, dans cette grotte furent découverts, en 1926, des squelettes de l'âge du bronze et des outils en silex.

Speedwell Cavern – *À l'ouest du village, par la B 6061 - ✆ (01433) 620 512 - www.speedwellcavern.co.uk - visite guidée (45mn) juil.-août : 10h-16h30 ; reste de l'année : 10h-16h - 8,25 £ ; 13 £ le billet combiné avec Peak Cavern - cafétéria.* Le gouffre est accessible par bateau via un canal souterrain.

★ Blue John Cavern

✆ (01433) 620 638 - www.bluejohn-cavern.co.uk - visite guidée (1h) en anglais 9h30-17h30 (hiver : coucher du soleil) - fermé 1er janv. et 25 déc. - tarif non communiqué.

À proximité de la A 625, cette grotte recèle une forme violacée de fluorite appelée le *blue john*. Il en existe plusieurs variantes, chacune ayant sa propre teinte et ses propres motifs, les couleurs dominantes étant le chamois, le pourpre et le noir. Cette pierre semi-précieuse connue depuis l'Antiquité – des vases en fluorite ont été découverts dans les ruines de Pompéi – est surtout travaillée en joaillerie. Au cours de la visite, une succession de grottes révèle

DÉCORATION DES PUITS

La décoration des puits est une tradition dans la région des Peak. Dans une vingtaine de villages, ces fêtes religieuses perpétuent, aujourd'hui encore, d'anciennes traditions païennes de dévotion aux divinités de l'eau héritées de l'occupation celtique et saxonne des 5e et 6e s. Ainsi, chaque année, entre le début du mois de mai et le mois d'août, des cérémonies se déroulent à **Eyam**, Youlgreave, Wirksworth et Monyash.

Au cœur du Parc national de la région des Peak.
P. Harris / John Warburton-Lee/Photononstop

des salles très hautes, de beaux stalactites et stalagmites. Le guide relate enfin les terribles conditions de travail des premiers mineurs, attestées par des installations spartiates, conservées en l'état.

Eyam

Ce village, frappé par la peste à l'automne 1665, décida de se couper du reste du monde en s'imposant volontairement une quarantaine. Un quart seulement des habitants survécut à l'épidémie. Son histoire est relatée au **Eyam Museum**, où est également exposée une maquette de la mine de plomb locale. *✆ (01433) 631 371 - www.eyam.org.uk - de fin mars à déb. nov. : mar.-dim. et j. fériés : 10h-16h30 - 2 £.*

Le village est le siège d'un ravissant manoir, **Eyam Hall**, encore habité aujourd'hui par la famille Wright, qui le fit construire en 1671. La très belle salle des tapisseries des 15e et 16e s., la bibliothèque, typique de celle d'un gentilhomme vivant à la campagne ; les portraits, costumes d'époque, porcelaine et argenterie participent au plaisir de la découverte. Les jardins font l'objet d'une visite à part entière en compagnie du jardinier. *✆ (01433) 631 976 - www.eyamhall.com - ♿ - horaires : se renseigner - 6,25 £.*

4

Buxton

ℹ The Crescent - ✆ (01298) 25 106 - 9h-17h - fermé 25 déc.

Les Romains y découvrirent des sources d'eau chaude (27,5° C) et bâtirent des thermes aux environs de l'an 79 de notre ère. C'est à **Old Hall**, lors de sa longue captivité au manoir de Sheffield, que Marie Stuart, reine d'Écosse, fut autorisée à venir « prendre les eaux ». La ville prit véritablement l'aspect d'une station thermale, à l'image de Bath et Cheltenham, après la construction en 1780 du **« Crescent »**. Les travaux de l'édifice, d'architecture georgienne, furent commandés à John Carr, de York, par le duc du Devonshire. Le Crescent demeure, avec l'**Opera House** (1903, par Frank Matcham), le centre de cette petite ville. Les installations thermales ont été améliorées avec la création des Natural Baths (1851), qui abritent dorénavant l'office de tourisme, ainsi que l'édification du **Pavilion** et l'aménagement des jardins ornementaux de

Pavilion Gardens (1871) dessinés par Edward Milner sur les berges de la Wye. **Pump Room** (piscine thermale, 1894) accueillent une exposition sur l'histoire de la station. L'installation du chemin de fer dans les années 1860 permit à Buxton de prendre son essor en développant cette manne touristique.

Magpie Mine

À Ashford, côté sud de la A 6.

Le plomb fut exploité sur le plateau dès l'époque romaine. En effet, les vallons profonds et encaissés permettaient un accès facile aux veines de métal et les rivières proches fournissaient une énergie abondante. À partir de 1740,

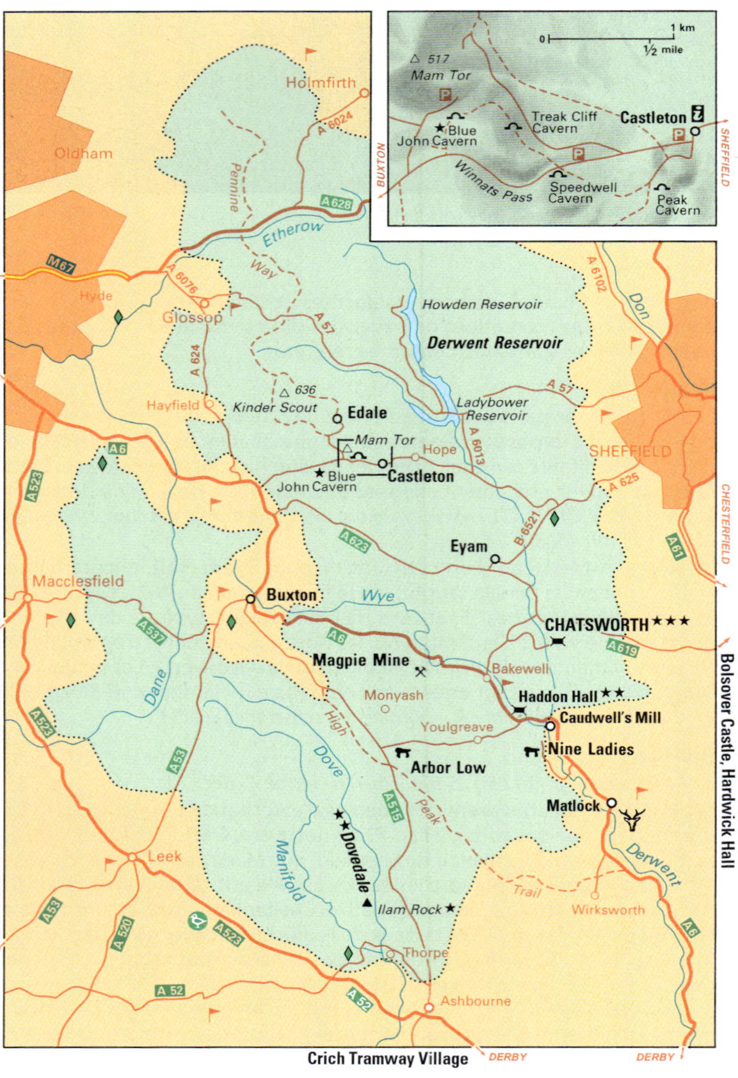

Magpie Mine fonctionna sans interruption pendant deux siècles. Aujourd'hui, le hangar et les monticules de déblais ne sont plus que les fantômes d'une activité révolue. Attention : les anciens chantiers d'exploitation et les puits peuvent constituer un danger réel pour les personnes non averties.

★★★ Chatsworth

✆ (01246) 565 300 - www.chatsworth.org - ♿ (jardin seul) - de mi-mars au 23 déc. : château : 11h-17h30 ; jardin : 11h-18h (dernière entrée 1h av. fermeture) - 15,50 £ - parc seul : 11,50 £ - restaurant - parking payant.

Le premier château de Chatsworth fut élevé en 1551 pour le compte de **sir William Cavendish** et **Bess de Hardwick**, grande dame et personnalité de l'époque élisabéthaine, qui survécut à ses quatre époux, plus riche à chaque mariage ! C'est à Chatsworth qu'elle donna pour la première fois libre cours à sa passion pour l'architecture, en y faisant construire un château Renaissance. Plus tard, elle retourna vivre à Hardwick Hall *(voir p. 484)*. Transformé en palais baroque entre 1686 et 1707 par le 1er duc de Devonshire, Chatsworth fut considérablement agrandi entre 1820 et 1827. En 1854, Charles de Saint-Amand le qualifiait à juste titre de « second Versailles ».

Intérieur – La salle peinte par Louis Laguerre est d'un baroque débridé. Les murs et plafonds illustrent les victoires de César dans une profusion de couleurs. Le grand escalier date de 1912. Sous l'escalier (et le soutenant) se trouve la grotte, qui contient de superbes sculptures de Samuel Watson. Les appartements de Marie Stuart ont été réaménagés et retapissés en chinoiserie Régence par Jeffrey Wyatville, depuis le séjour involontaire de la reine d'Écosse. Les deux trônes du vestibule ont servi à Guillaume IV et à la reine Adélaïde en 1830. Les grands appartements et leurs luxueux salons se distinguent par leurs plafonds foisonnants, dus à Laguerre et Verrio, et par leur mobilier Louis XIV. Les dessertes dorées de la salle à manger viennent du Kent ; les tapisseries du salon de réception, réalisées d'après Raphaël (vers 1635), proviennent des ateliers de Mortlake. Le violon sur la porte intérieure du salon de musique est un trompe-l'œil de Jan Van der Vaart (v. 1633-1727). La balustrade en fer forgé de l'escalier ouest est le travail du huguenot Jean Tijou, artiste qui a réalisé les portes du palais d'Hampton Court, les grilles et le jubé de la cathédrale St-Paul à Londres. Le plafond qui représente *La Chute de Phaéton* est une des premières œuvres de James Thornhill (1675-1734) et le *Samson et Dalila* porte l'éminente signature du Tintoret (1518-1594). Trois autres tableaux, dont l'un était déjà en place du temps de Bess de Hardwick, montrent l'évolution de Chatsworth jusqu'au milieu du 18e s. Dans le vestibule sont exposées deux tablettes funéraires égyptiennes vieilles de 3 800 ans. La **chapelle** est restée inchangée depuis 1694 avec au plafond une *Ascension* de Laguerre et un *Thomas* de Verrio (attribution incertaine), surmontant l'autel. Les sculptures sur bois de citronnier et les panneaux de cèdre sont de Samuel Watson, et le majestueux autel baroque, de Cibber. Longue de 28 m, la **bibliothèque** contient 17 000 livres. Au plafond, les stucs dorés d'Edward Goudge (l'élève le plus doué de Wren) encadrent des peintures de Verrio. La **galerie des sculptures** fut construite sur l'ordre du 6e duc de Devonshire pour abriter une collection de sculptures inestimable, parmi lesquelles on citera l'*Hébé*, l'*Endymion* et la *Mère de Napoléon* par l'artiste néoclassique Antonio Canova, ainsi que les bas-reliefs *Jour et Nuit* de Bertel Thorvaldsen. Un magnifique tableau de Rembrandt, le *Roi Ozias*, contemple cette impressionnante collection, digne d'un musée national.

★★★ **Parc et jardins** – Le génie du paysagiste **Lancelot « Capability » Brown** fit de Chatsworth un des parcs les plus somptueux du 18e s. Le plus étonnant est sans doute la **cascade**, conçue en 1696 par Grillet, un élève de Le Nôtre.

La différence de hauteur des marches fait varier les sons de l'eau qui tombe. L'eau disparaît dans les canalisations pour alimenter la **fontaine de l'Hippocampe** du parterre sud. Les allées menant à la fontaine livrent de belles perspectives sur la façade sud du château, dessinée par W. Talman. Le jardin dans son aspect actuel demeure en grande partie celui qu'avait dessiné **Joseph Paxton** (1803-1865) pour le 6e duc de Devonshire. Au nord de la fontaine se trouvent la serre et la roseraie datant de 1698. Au sud, les jardins de rocaille, de 1842, invitent à la promenade. On peut y voir la « **fontaine du Saule** » de 1692, qui intrigua tant Celia Fiennes, célèbre écrivain voyageur. À son sujet, elle écrivit en 1696 : « Grâce à une vanne, l'eau s'écoule de chaque branche et de chaque feuille comme s'il pleuvait ; bien [la fontaine] qu'étant faite de cuivre et de tuyaux, elle a tout à fait l'apparence d'un vrai saule. » Un labyrinthe couvre aujourd'hui l'emplacement de la **grande serre**, démolie en 1920. Son architecte, Joseph Paxton, n'était autre que le concepteur du Crystal Palace, qui fit sensation lors de la grande Exposition universelle de 1851.

★ Bolsover Castle

À 26 km/16 miles à l'est de Chatsworth par la A 619 jusqu'à Chesterfield, puis la A 632 - EH - ✆ (01246) 822 844 - www.english-heritage.org.uk - ♿ - avr.-oct. : 10h-18h (vend.-sam. 16h) ; nov.-mars : jeu.-lun. 10h-16h - fermé 1er janv. et 24-26 déc. - 7,40 £ - café.

Perché sur une colline, Bolsover est un véritable château de contes de fées. Il fut construit pour le comte de Shrewsbury par **Robert Smythson**, relayé par par John Smythson (le fils) et Huntingdon (le petit-fils). Ces derniers ajoutèrent l'aile dite Terrace Range et le manège (Riding School). Il fut achevé en 1633 et on y donna, pour l'inauguration, une pièce allégorique écrite par Ben Jonson, *Love's Welcome to Bolsover (L'Amour est le bienvenu à Bolsover)*, à laquelle fut conviée toute la Cour. À l'intérieur, panneaux sculptés et plafonds peints encadrent des cheminées de style Jacques Ier. Le salon des Champs-Élysées et le salon du Paradis préfigurent le baroque.

★★ Hardwick Hall

À 8 km/5 miles au sud de Bolsover par une route secondaire traversant Palterton et Glapwell - NT - ✆ (01246) 850 430 - www.nationaltrust.org.uk - de mi-fév à

NAISSANCE DES PARCS NATIONAUX

Les parcs nationaux tirent leur origine du mouvement artistique romantique du 19e s., où Byron, Coleridge et Wordsworth chantent les louanges de la nature et des campagnes, jusqu'alors considérées comme non civilisées, voire dangereuses. Le 20e s. vante les mérites du grand air et de l'exercice pour la santé. Les villes s'agrandissent et le besoin de s'évader prend tout son sens. Mais les terres sont la propriété d'agriculteurs farouchement opposés aux va-et-vient des promeneurs et de sérieux conflits éclatent. En 1930, plusieurs associations s'unissent pour solliciter des mesures de la part du gouvernement. Un an plus tard, lord Addison recommande la création d'une institution compétente. Le 24 avril 1932, un groupe de soutien en faveur de la libre circulation des promeneurs organise la « **marche du défi** » jusqu'au Kinder Scout. Cinq personnes sont arrêtées. En 1935, un comité se charge de rédiger des pamphlets et de mener des débats publics. Il faut attendre 1949 pour la signature de l'acte de fondation des parcs nationaux par le Parlement. C'est ainsi que Peak District et Lake District *(voir p. 574)* voient le jour en 1951.

fin oct. : merc.-dim et j. fériés 11h-16h30 (dernière entrée 30mn av. fermeture) ; 1re quinz. de déc. : w.-end 11h-15h - vieux manoir : avr.-oct. : merc.-dim. 10h-17h - visite guidée en français - 10,50 £ (12,80 £ avec le vieux manoir) ; jardins seuls 5,30 £ - restaurant.

Bien peu de choses ont subsisté du modeste manoir où **Bess de Hardwick** vit le jour. Bess le fit reconstruire immédiatement après avoir quitté son troisième mari, le comte de Shrewsbury. Peu satisfaite du résultat, elle décida, à 70 ans, de faire édifier un autre Hardwick Hall à environ 100 m du premier. « Hardwick Hall, plus de verre que de pierre » *(« Hardwick Hall, more glass than wall »)*, demanda-t-elle. L'architecte **Robert Smythson** s'exécuta. Les descendants de Bess préférèrent Chatsworth aux deux châteaux de Hardwick. Le vieux manoir « Old Hardwick » tomba en ruine. Quant au nouveau, il demeura inhabité, figé dans le temps. Il est considéré aujourd'hui comme un des exemples les plus purs de l'architecture du 16e s. en Angleterre.

Les six tours qui encadrent l'édifice sont surmontées des initiales E. S. (Elizabeth Shrewsbury). L'**intérieur** renferme de superbes tapisseries et broderies murales : l'une d'elles a d'ailleurs été réalisée par Marie Stuart, reine d'Écosse, en personne. Les trois broderies du salon : *Diane et Actéon*, *La Chute de Phaéton* et *Europe et le taureau* sont l'œuvre de Bess. Vous remarquerez sans peine l'extravagance des cheminées d'époque élisabéthaine.

★★ Haddon Hall

À Rowsley, sur la A 6, à 3 km/2 miles au sud de Bakewell ou à 12 km/7,5 miles au nord de Matlock - ✆ (01629) 812 855 - www.haddonhall.co.uk - mai-sept. 12h-17h (avr. et oct. : sam.-lun.) ; 1re quinz. de déc. : 10h30-16h - fermé 1er w.-end de juil. - possibilité de visite guidée en anglais sur demande - 8,95 £ - café.

Dans un site de toute beauté, ce manoir typiquement anglais inspire un fort sentiment poétique. Surplombant la rivière Wye depuis le 12e s., Haddon Hall fut agrandi à plusieurs reprises jusqu'au 17e s. et fut restauré par le 9e duc de Rutland au début du 20e s. On y accède par une côte naturelle, découvrant ainsi au dernier moment l'architecture gracieuse de la cour intérieure. Comme à l'extérieur, de nombreux styles ont été associés dans les différentes pièces du manoir. L'entrée (1370) est médiévale, la salle à manger et la grande chambre sont de style Tudor, et la grande galerie (notez le tableau de Rex Whistler montrant Haddon) est élisabéthaine. Les tapisseries de Mortlake ont pour thème les fables d'Ésope *(Toucher, Entendre, Voir, Goûter* et *Sentir)*. Les **peintures murales★★** de la petite chapelle représentent, de manière naïve mais soignée, saint Nicolas calmant la mer (mur nord), saint Christophe portant Jésus (mur sud) et la Sainte Famille (dans le chœur).

Le **jardin clos★★** et les **jardins en terrasses★★**, sans doute antérieurs au 17e s., sont plantés de fleurs de rocaille et d'une multitude de roses. Somptueux, ils dévalent joliment vers la rivière et son vénérable pont.

Arbor Low

Situé près du High Peak Trail, une des anciennes voies ferrées désaffectées, Arbor Low est le site préhistorique le plus important de la région des Peak. Il est constitué d'un cercle de pierres « en forme d'horloge », entouré d'un fossé.

Nine Ladies – *10 km/6,5 miles au nord de Matlock par la A 6, puis une petite route à gauche.* Ce cercle de pierres entouré de nombreux tumulus témoigne de l'importance de la région pour l'homme du néolithique.

Caudwell's Mill

À Rowsley, 10 km/6,5 miles au nord de Matlock par la A 6 - ✆ (01629) 734 374 - 10h-18h (16h30 nov.-mars) - fermé 24-26 déc. - 3,50 £ - cafétéria.

4

Ce moulin à farine d'époque victorienne est toujours en activité. Il se dresse sur les bords de la rivière Wye et constitue la seule minoterie actionnée par une roue hydraulique horizontale.

Matlock

Crown Square - (01629) 583 388 - 10h30-17h (16h nov.-fév.).

Les sols calcaires au sud-est de Peak District, creusés par la rivière Derwent, ont formé une vallée profonde aux versants boisés. Dès la fin du 18e s., de modestes installations thermales furent aménagées.

L'ancien bâtiment de **Matlock Bath**, bel édifice victorien avec bassin thermal, abrite aujourd'hui un **aquarium d'eau douce**, un puits « pétrifiant » où les objets arrosés d'eau thermale semblent se changer en pierre, une collection de pierres précieuses et de fossiles, ainsi qu'une galerie d'hologrammes. *(01629) 583 624 - www.matlockbathaquarium.co.uk - de Pâques à fin oct. : 10h-17h30 (plus tard en été) ; de déb. nov. à Pâques : w.-end et vac. de Noël 10h-17h - tarif non communiqué.*

The Heights of Abraham – *(01629) 582 365 - www.heightsofabraham.com - - de fin mars à sept. : 10h-17h (plus tard en été) ; oct. et vac. scol. de fév. 10h-16h30 ; de fin fév. à mi-mars : w.-end 10h-16h30 - 11,50 £ (enf. 6,50 £) - aire de jeux - restaurant, café.* Un **téléphérique** franchit les gorges de la Derwent, reliant Matlock au sommet de la colline. La visite souterraine de la grotte Masson permet de comprendre la façon dont les volcans, les océans et les glaciers creusèrent les grottes. Dans la grotte Rutland, un spectacle de son et lumière retrace l'histoire d'une famille de mineurs du 17e s.

Peak Rail – *(01629) 580 381 - www.peakrail.co.uk - horaires : se renseigner - 6,50 £.* La ligne Matlock-Rowsley est assurée par des trains avec locomotive à vapeur ou diesel.

Red House Stables

À 4 km/2,5 miles au nord de Matlock par la A 6 (panneaux) - (01629) 733 583 - www.workingcarriages.com - - été : 10h-17h (dim. 16h) ; hiver : 10h-15h (w.-end 14h), dernière entrée 1h av. fermeture - 2,75 £.

Ces écuries familiales rassemblent une intéressante collection de voitures de maître toujours utilisées et ayant maintes fois tenu la vedette dans des séries télévisées et au cinéma *(Orgueil et Préjugés, Jane Eyre)*. On peut se promener en attelage à quatre chevaux à travers la jolie campagne du Derbyshire. Des excursions sont aussi proposées au départ de Red House Stables pour aller visiter les châteaux de Haddon Hall et Chatsworth.

Cromford Wharf

Au sud de Matlock par la A 6 ; tourner à gauche vers Cromford Station et Lea.

Alors que Matlock devenait une station thermale, des barrages étaient construits sur la Derwent afin de fournir l'énergie nécessaire aux nombreuses filatures de coton. La plus ancienne et la plus réputée, **Cromford Mill**, fut fondée en 1771 par Richard Arkwright. Elle fit l'objet d'une étude romantique du peintre Joseph Wright de Derby. *(01629) 824 297 - www.arkwrightsociety.org.uk - - 9h -17h - fermé 25 déc. - possibilité de visite guidée en français sur RV 2,50 £ - parking payant.*

Plus loin, sur la route de Lea, à l'endroit où le canal de Cromford et l'ancienne voie ferrée de High Peak se rejoignent, se trouvent les ateliers de forge de **High Peak Junction Workshops**, parmi les plus anciens encore en fonctionnement. *(01629) 822 831 - avr.-oct. : 10h30-17h30 ; nov.-mars : w.-end, vac. scol. : 10h30-16h - audioguide 1,50 £ - aire de pique-nique, cafétéria.*

★ Crich Tramway Village

À Crich, 24 km/15 miles au sud de Matlock par les A 6 et B 5036 jusqu'à Crich - ✆ (01773) 854 321 - www.tramway.co.uk - ♿ - avr.-oct. : 10h-17h30 ; fin fév. à fin mars : w.-end (tlj pdt les vac. scol. de fév.) 10h30-16h - 10,50 £ - cafétéria.

À leur apogée dans les années 1920, les tramways britanniques transportaient jusqu'à 4,8 milliards d'usagers par an. Mais, après la Seconde Guerre mondiale, la majeure partie des 4000 km de voies fut démolie. La Tramway Museum Society assure la conservation des voitures depuis 1955 et s'enorgueillit aujourd'hui de pouvoir présenter à Crich des spécimens amoureusement restaurés. La visite nous ramène à l'« âge du tramway » en empruntant une rue reconstituée. L'exposition inclut une *elektricka* venue de Prague, un autorail de conception américaine qui circulait à La Haye et un trolley tiré par des chevaux comme on en trouvait au Portugal. Mais la plupart des tramways proviennent de Grande-Bretagne.

★★ Dovedale

Au nord-est d'Ashbourne - parking payant.

Le site offre des gorges spectaculaires de plus de 3 km à travers les collines du Derbyshire, où la rivière Dove, en érodant le calcaire, a dessiné des falaises, des rochers escarpés et des cavités. Après l'entrée des gorges, entre Thorpe Cloud (287 m) et Bunster Hill (305 m), la rivière serpente au pied de petits sommets rocheux nommés Lovers'Leap, The Twelve Apostles et **Ilam Rock★**.

NOS ADRESSES AU PARC DES PEAK

HÉBERGEMENT

PREMIER PRIX

À Ashbourne

The Lilacs – *Mayfield Road - ✆ (01335) 343 749 -* P *- 2 ch. : 55 £* ☕. Une maison blanche ouverte sur la campagne.

À Glossop

Avondale – *28 Woodhead Road - ✆ (01457) 853 132 - www.avondale-guesthouse.co.uk -* P *- 5 ch. : 60 £* ☕. Maison spacieuse et lumineuse nichée dans un superbe jardin.

BUDGET MOYEN

À Buxton

Buxton'Victorian House – *3A Broad Walk - ✆ (01298) 78 759 - www.buxtonvictorian.co.uk -* P *- 8 ch. : 84/88 £* ☕. Donnant sur les célèbres jardins du pavillon, une *guesthouse* accueillante et confortable.

À Castleton

Dunscar Farm – *✆ (01433) 620 483 - www.dunscarfarm.co.uk -* P *- 10 ch. : 60/80 £* ☕. Charmant B & B situé au pied du Mam Tor, avec accès direct aux sentiers pédestres.

À Matlock Bath

Fountain Villa – *86 North Parade - ✆ (01629) 56 195 - www.fountainvilla.co.uk -* P *- 4 ch. : 55/70 £* ☕. Jolie maison georgienne ayant reçu le surnom de « grotte d'Aladin ». Coquet.

À Rowsley

East Lodge Country House Hotel – *✆ (01629) 734 474 - www.eastlodge.com -* P *- 14 ch. : 80/160 £* ☕. Ravissant manoir au cœur d'un parc de 4 ha. Service remarquable.

RESTAURATION

Bon à savoir – Pubs et restaurants jalonnent routes et

sites de Peak District. Chaque attraction, culturelle, artisanale ou de loisirs, dispose d'un *coffee shop* ou d'un *tearoom*.

Parmi les pubs traditionnels :

The Horns Inn – *15 Victoria Square - Ashbourne - ✆ (01335) 300 737.*

Kings Arms – *Market Place - Chapel-en-le-Frith - ✆ (01298) 812 105 - kingsarmschapel.com.*

PREMIER PRIX

À Bakewell

The Prospect – *Darren Williams - ✆ (01629) 810 077.* Intérieur contemporain et cuisine anglaise revisitée : un restaurant créatif.

BUDGET MOYEN

À Hassop

Eyre Arms – *Près de Bakewell - ✆ (01629) 640 390 - www.eyrearms.com - 25 £.* Située dans un cadre rêvé, une maison historique du 17e s. où vous trouverez, à côté des plats traditionnels, une carte inventive.

ACHATS

Produits du terroir – Le véritable *Bakewell pudding (chez Bloomers à Bakewell - 7 Buxton Road - ✆ (01629) 812044)* ; le biscuit à la farine d'avoine *Derbyshire oatcake.*

Shopping – Galerie marchande Masson Mills *(Matlock)* aménagée dans les moulins du 18e s. situés sur les berges de la Derwent.

ACTIVITÉS

Randonnée

Le sentier de halage du **Canal Cromford** (8 km) va de Cromford à Ambergate.

Le sentier **High Peak Trail** (27 km), ancienne voie ferrée, part de High Peak Junction *(près de Cromford)* et se dirige vers le nord à l'assaut des collines pour arriver peu avant Buxton. À Parsely Hay, il rejoint le sentier de **Tissington Trail** (27 km), ancienne voie ferrée menant à Ashbourne *(au sud).*

Le sentier **Monsal Trail**, ancienne voie ferrée, emprunte le viaduc Monsal Dale.

Le sentier **Manifold Track** part de Waterhouses, traverse la vallée de la Manifold et s'arrête à Hulme End *(près de Warslow).*

Le sentier **Pennine Way** débute près d'Edale et passe par Kinder Scout, Bleaklow et Crowden.

À **Hayfield** *(à l'ouest d'Edale)*, bifurquer sur le sentier de grande randonnée **Goyt Way**, qui relie la vallée de Goyt et le Parc national de la région des Peak à Manchester, ou emprunter le sentier **Sett Valley Trail** (5 km) qui suit vers l'ouest une ancienne voie ferrée jusqu'à la gorge de Tor *(près de New Mills).* On peut aussi suivre le sentier **Torrs Millennium Walkway** qui longe la paroi de la gorge de Tor Gorge.

Autres sports

Nautisme – Planche à voile, canoë et dériveur sur les trois réservoirs nord et à Carsington Water *(sud de Matlock).*

Cyclisme – Vélos et VTT à l'entrée des sites. Points de location principaux : Ashbourne *(Peak District Cycle Hire - Mapleton Lane - ✆ (01335) 343 156)*, Buxton *(Parsley Hay - ✆ (01298) 84 493)*, Derwent *(Fairholmes Car Park - ✆ (01433) 651 261)*, Middleton Top *(Visitor Centre - ✆ (01629) 823 204).*

Lincoln

★★

86 958 habitants

NOS ADRESSES PAGE 497

S'INFORMER

Office de tourisme – *9 Castle Hill - ✆ (01522) 545 458 - www.visitlincolnshire.com - 9h30-17h30 (vend. 17h), w.-end 10h-17h.*

SE REPÉRER

Carte de région C1 (p. 447) – *carte Michelin 502 S24 - Lincolnshire.* Lincoln se trouve à 90 km/66 miles à l'est de Sheffield et à 77 km/48 miles au sud de Kingston-upon-Hull.

À NE PAS MANQUER

La cathédrale et le château.

ORGANISER SON TEMPS

2 jours avec les alentours.

Dressées sur les hauteurs d'un plateau calcaire dominant la rivière Witham, les trois tours de la cathédrale sont visibles à plus de 40 km à la ronde. D'abord baptisée Lindon, la ville devint Lindum pendant la période romaine, puis Lincoln après la conquête saxonne. Elle se présente sous deux visages distincts, la partie basse, commerçante, et la partie haute, historique. High Street les relie l'une à l'autre, non sans mal, puisqu'en raison du relief, la ville haute se mérite !

Se promener

DU NORD AU SUD Plan de ville

Circuit tracé en vert sur le plan p. 490.

Newport Arch est l'une des six portes romaines qui ponctuaient l'enceinte de Lindum au 3e s. La cathédrale et le château se font face, de chaque côté de la rue.

★★★ Lincoln Cathedral and Close A1

✆ (01522) 561 600 - www.lincolncathedral.com - juil.-août : 7h15-20h (w.-end. 18h) ; reste de l'année : 7h15-18h (dim. 17h) - possibilité de visite guidée : lun.-sam. 11h (horaires supplémentaires en été) ; visite des toits (interdit -14 ans) : mars.-oct. : lun.-sam. 14h (et mar., jeu., sam. 11h) ; janv.-fév. : lun.-vend. 13h30, sam. 11h et 14h ; visite des tours (interdit -14 ans) : avr.-oct. : sam. et lun. fériés 13h30-15h (et mai-sept. : 12h15) - 6 £.

La première cathédrale, bâtie entre 1072 et 1092, sous la direction de Remigius, fut le résultat d'une courte campagne de construction, expliquant l'homogénéité de l'édifice roman. En 1141, le toit de la cathédrale endommagé par un incendie fut reconstruit à l'initiative d'Alexandre, troisième évêque de Lincoln et bâtisseur du château de Newark-on-Trent. En 1185, Hugues d'Avallon, moine français, dirigea l'édification de la cathédrale actuelle, dans le style gothique Early English, après qu'un tremblement de terre eut pratiquement détruit l'ensemble du monument d'origine.

Extérieur – La cathédrale est caractérisée par des dimensions inhabituelles. Le chœur est aussi long que la nef, les tours ouest sont aussi hautes que celle de

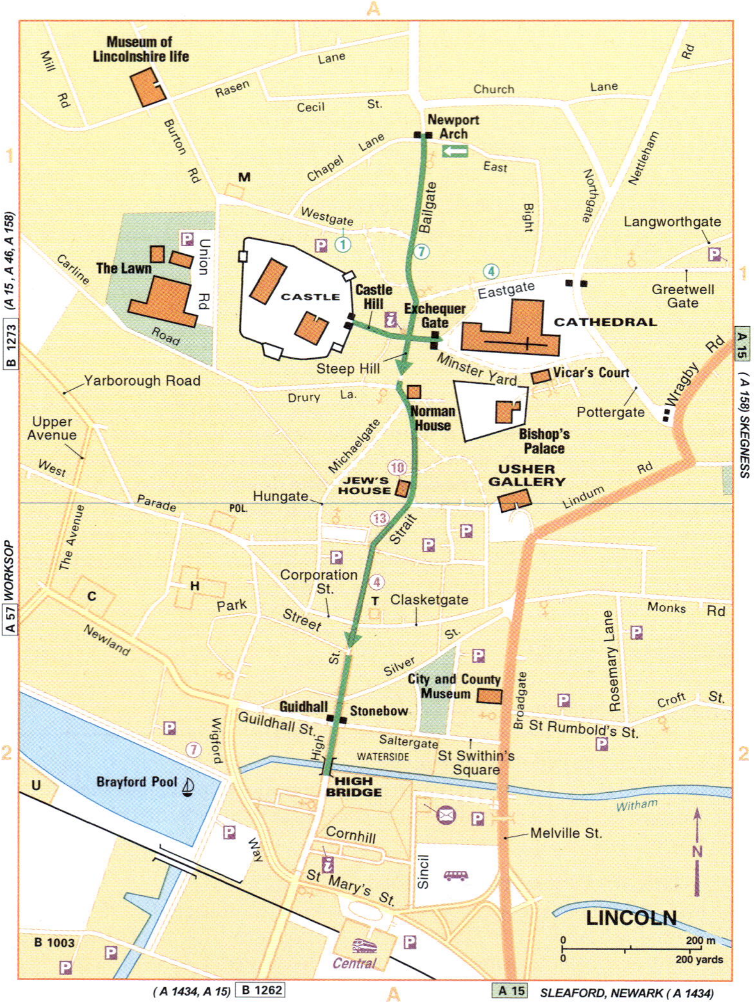

SE LOGER

- The Castle Hotel & Knights 1
- The Lincoln Hotel 4
- White Hart Hotel 7

SE RESTAURER

- Pizza Express 4
- So Luxe 7
- The Jews House Restaurant 10
- Viela 13

la croisée du transept. La **façade principale**, appelée en architecture « façade écran », du fait de sa largeur, est composée d'une partie centrale de style roman, sertie dans une muraille de plusieurs registres d'arcatures aveugles de style gothique Early English. Le portail central ne s'ouvre qu'à l'occasion des visites officielles du souverain ou de son représentant, ainsi que pour l'évêque. Au sud, les porche de Galilée et porche du Jugement arborent des sculptures d'une grande finesse. Le chevet (1256-1280) s'appuie sur de superbes contreforts de style gothique Decorated.

MOTEUR !

Après avoir obtenu l'autorisation de l'évêque, l'équipe du film *Da Vinci Code* vint tourner dans la cathédrale en août 2005.

Intérieur – L'intérieur associe le grès de Lincoln et le marbre de Purbeck. Les colonnes supportent deux niveaux d'élévation, le triforium et les fenêtres hautes. Les voûtes témoignent de l'apogée du gothique Early English. Longue de sept travées, la **nef** possède de splendides vitraux victoriens. La croisée du transept est éclairée par la lumière venant des baies dites de **Dean's Eye** (Œil du doyen, vitrail du 13e s.) dans le bras gauche du transept et de **Bishop's Eye** (Œil de l'évêque, remplage du 14e s. encastrant des fragments de vitraux du Moyen Âge) dans le bras droit. Derrière le jubé du 14e s., le **chœur St-Hugues** se distingue par les miséricordes des stalles en chêne (14e s.) et surtout par la splendeur de la voûte, célèbre « voûte folle de Lincoln », la première voûte d'ogives purement décorative d'Europe, curieusement asymétrique mais, selon Pevsner, « plus facile à décrier qu'à perfectionner ». Avec son riche décor géométrique de style gothique Early English tardif, le **chœur des Anges** doit son nom aux 28 anges de pierre sculptés sous les fenêtres supérieures. En haut du pilier nord-est, le **Diablotin de Lincoln**, se cachant et fixant du regard la châsse de saint Hugues, est devenu l'emblème de la ville.

Cloître et salle capitulaire – Au nord du chœur Saint-Hugues, le cloître du 13e s. possède une voûte en bois, dont les clés de voûte sont ornées de scènes figuratives. Le bâtiment situé au nord renferme la **bibliothèque** de Christopher Wren (5 000 livres et 100 manuscrits médiévaux), construite audessus d'une galerie de style classique. La salle capitulaire, à l'est du cloître et datant du début du 13e s., est dotée d'une belle voûte s'élançant d'un pilier central. C'est ici qu'Édouard Ier et Édouard II réunirent certains des premiers parlements anglais.

4

Dans l'enceinte

Bishop's Palace – *EH - ✆ (01522) 527 468 - www.english-heritage.org.uk - avr.-oct. : 10h-17h ; nov.-mars : jeu.-lun. 10h-16h - fermé 1er janv., 24-26 et 31 déc. - 4,20 £ - café.* Bâti sur les pentes du plateau, le palais épiscopal, bien que lacunaire, témoigne encore de la richesse des prélats de Lincoln au Moyen Âge. La salle ouest fut construite par saint Hugues dans un style gothique Early English, et la salle est, en style roman.

Vicar's Court – La cour du Pasteur date de 1300 à 1400. Ses quatre bâtiments et sa grange du milieu du 15e s., située à l'arrière, constituent une rare illustration de l'architecture domestique et un des plus jolis exemples du genre en Angleterre.

Castle Hill A1

La rue, bordée de maisons des 16e au 19e s., relie **Exchequer Gate** (14e s.) à la poterne est du château.

LINCOLN ET L'INDUSTRIE LOURDE

Si Lincoln fut une ville florissante au Moyen Âge grâce à son commerce de la laine avec les Flandres, elle s'enrichit davantage pendant la Révolution industrielle et plus encore à partir de la Première Guerre mondiale. En effet, à la fin du 19e s. et grâce au développement du chemin de fer, les compagnies montantes sont Ruston, Smith-Clayton, Proctor et **William Foster**. Lincoln se spécialise alors dans l'ingénierie lourde, avec la construction de moteurs et de machines en tout genre. En 1914, Lincoln se concentre uniquement sur l'armement. Le premier tank fut inventé et construit par William Foster & Co. Il fut testé sur un terrain occupé aujourd'hui par Tritton Road. De nombreux ouvriers vinrent grossir la population pour aider à la fabrication de ce nouveau matériel de guerre. Durant la Seconde Guerre mondiale, Lincoln fournit la nation en avions, véhicules militaires et munitions. Dans les années 1950, les constructeurs de moteurs de train et bateau Ruston et Hornsby s'associèrent avec Franck Whittle et Powers Jets Ltd, pour former une nouvelle entité, la RGT. Ils fabriquèrent des turbines à gaz pour la production d'énergie. Premier employeur de la ville avec 5 000 travailleurs, la société, enregistrant d'énormes profits, commença à intéresser des conglomérats industriels. Rachetée par la GEC à la fin des années 1960, cette dernière fusionne 20 ans plus tard avec **Alstom France**, qui elle-même a fait l'objet d'une acquisition par **Siemens AG**. Le tout se nomme aujourd'hui « Siemens Industrial Turbomachinery ». Quant à Lincoln, en dépit d'un déclin économique commun aux autres villes d'Angleterre dans le domaine de l'industrie, elle demeure un pôle actif et réputé en matière de construction de turbines.

★ Lincoln Castle A1

(01522) 511 068 - mai-août : 10h-18h ; avr. et sept. : 10h-17h ; oct.-mars : 10h-16h - possibilité de visite guidée avr.-sept. : 11h, 14h ; oct.-mars : w.-end 11h, 14h - 5 £ - salon de thé.

Il ne subsiste rien du donjon roman ni de la palissade en bois de Guillaume le Conquérant, autrefois construits sur un terrain de 5 ha, où la destruction de 166 maisons fut nécessaire. Sur le tertre du donjon s'élève la **Lucy Tower** (fin du 12e s.), jadis défendue par des douves et un pont-levis. Autour se trouve un cimetière d'époque victorienne où étaient enterrés les prisonniers, dont les tombes sont aisément reconnaissables à leur petite taille. **East Gate** fut ajoutée au 12e s., **Cobb Hall** au 13e. Cet ouvrage défensif servit de lieu pour les pendaisons publiques au 19e s. Une des tours romanes fut agrandie au 14e s. et surélevée au 19e s. Elle reçut en conséquence le nom de tour de l'Observatoire. Elle offre une **vue** splendide sur la cathédrale et la campagne environnante. Les murs d'enceinte est, nord et ouest sont ouverts à la promenade *(déconseillée aux personnes ayant le vertige)*. Bien qu'assiégé lors des guerres de 1135-1154 et 1216-1217, le château perdit peu à peu son intérêt militaire et devint le centre judiciaire qu'il demeure aujourd'hui. Le tribunal pénal régional *(Crown Court)*, érigé entre 1822 et 1826, est situé à l'ouest de ce complexe.

La **prison georgienne**, construite entre 1787 et 1791, est aujourd'hui le lieu d'exposition de l'une des quatre copies encore existantes de la **Magna Carta** (Grande Charte) de 1215. Dans une salle obscure, une voix récite le texte historique en latin. Le document est précédé d'une petite exposition mettant en lumière sa valeur démocratique. La **prison victorienne** (1845-1846) enfermait les détenus dans des cellules individuelles. Un tableau y représente la fabrication de l'étoupe et la **chapelle de la prison**, où le prêtre s'adressait aux prisonniers, isolés dans des stalles distinctes.

Norman House (« Aaron the Jew's House ») A1

Cette maison (1170-1180) possède une belle fenêtre romane. Bien que celui-ci n'y ait jamais vécu, elle porte le nom du banquier juif Aaron, l'un des plus riches financiers d'Angleterre.

★ Jew's House A1

Construite vers 1170, la maison juive est dotée d'une porte et de fenêtres romanes, ainsi qu'une cheminée en encorbellement. **Jew's Court**, qui lui est contiguë, fut jadis utilisée comme synagogue.

Stonebow and Guildhall A2

✆ (01522) 541 727 - visite guidée : vend.-sam. 10h30 et 13h30.

Stonebow a remplacé une porte du 14e s., elle-même érigée à l'emplacement de l'ancienne porte sud romaine. Le côté est de l'arche date de la fin du 14e s., le côté ouest du début du 16e s. La porte et la **Guildhall** (Maison des corporations), situées dans la partie supérieure, furent bâties au 15e s. Les niches des deux tours, de part et d'autre de l'arche, abritent des statues de la Vierge et de l'archange Gabriel.

★★ High Bridge A2

La Witham coule paisiblement sous les arches romans (the Glory Hole) de ce pont médiéval.

En amont se trouve **Brayford Pool**, le port médiéval de la ville. Deux auberges historiques apparaissent en aval, le Green Dragon du 14e s. et le Witch and Wardrobe du 15e s.

À voir aussi

Museum of Lincolnshire Life A1

✆ (01522) 528 448 - www.lincolnshire.gov.uk - avr.-sept. : 10h-16h ; oct.-mars : tlj sf dim. 10h-16h - tarif non communiqué.

Ce musée occupe les anciennes casernes de la milice royale du Lincoln Nord. Il renferme une intéressante exposition sur la vie quotidienne des deux derniers siècles avec une reconstitution à l'identique de maisons, de boutiques d'artisans et de magasins. D'anciens véhicules agricoles sont exposés.

The Lawn A1

Les terrains et bâtiments de l'ancien asile de Lincoln (1820), qui devint plus tard le Lawn Hospital, accueillent aujourd'hui une exposition sur les fonctions hospitalières, sur l'histoire des **escadrons 50 et 61** et le **Sir Joseph Banks Conservatory**, une petite serre dédiée au botaniste du Lincolnshire qui accompagna le capitaine Cook dans son expédition en Australie.

★ Usher Gallery A1-2

Danes Terrace - ✆ (01522) 550 990 - www.thecollection.lincoln.museum - ♿ - 10h-16h - fermé 1er janv., 24-26 et 31 déc.

Cette galerie fut financée grâce au legs de James Ward Usher (que la vente des répliques du Diablotin de Lincoln enrichit au début du siècle) pour y exposer sa collection de miniatures des 16e et 19e s., ses horloges françaises et anglaises des 17e et 18e s., sa porcelaine anglaise et chinoise, de Sèvres et de Meissen.

La galerie possède également une remarquable collection de monnaies. Une salle est consacrée aux aquarelles de **Peter de Wint** (1784-1849), qui s'attacha aux paysages du Lincolnshire et à la cathédrale de Lincoln. Des toiles d'artistes locaux comme William Logsdail figurent également ici. La salle Tennyson renferme de nombreux objets personnels du poète, tels des chapeaux, des stylos, des prix lui ayant été décernés et des photographies.

À proximité Carte de région

★ Doddington Hall C1

À Doddington, 8 km/5 miles au sud-ouest par les A 1434 et B 1190 - ✆ (01522) 694 308 - www.doddingtonhall.com - maison : Pâques-sept. : merc., dim. et lun. fériés 13h-17h - jardins : Pâques-sept. : merc., dim. et lun. fériés 11h-17h ; de mi-fév. à mars et oct. : dim. 11h-16h - 8,50 £ (jardins 5 £) - cafétéria.

Construit à la fin de l'époque élisabéthaine sous la direction de Robert Smythson, architecte de Longleat, Hardwick Hall et Wollabon Hall, cet édifice suit un plan en forme de E. De manière très exceptionnelle pour l'époque, il ne possède pas de cour intérieure. À l'exception du petit salon, l'ensemble fut rénové en 1764 par un entrepreneur local, Thomas Lumby. Le **petit salon** est de style reine Anne. Aux murs sont exposés des toiles de Thomas Lawrence, *Sarah Gunman* par Peter Lely, *Cymon et Iphigénie* et le portrait de *Meg of Meldon* par Ghaerardt. L'escalier est le chef-d'œuvre de Lumby. Autres peintures et porcelaines ornent la **grande galerie**.

★ Belton House C2

À Belton, 42 km/26 miles au sud par la A 607, en direction de Grantham - NT - ✆ (01476) 566 116 - www.nationaltrust.org.uk - de mi-mars à fin oct. : merc.-dim. et lun. fériés 11h-17h - 10,50 £ - restaurant.

Manoir de la fin du 17e s., couronné d'un dôme orné d'une balustrade et modifié à la fin du 18e s. selon les canons néoclassiques par James Wyatt, Belton House illustre l'âge d'or de l'architecture domestique, de Wren à Adam. Le premier bâtiment appartint à l'abbaye de St Mary de York, mais revint à la couronne après la Dissolution des monastères.

La simplicité classique de la **salle de marbre** sert de décor aux tableaux de Reynolds, Hoppner et Romney. Le **salon rouge** est honoré d'une précieuse **Madone à l'Enfant★** de Fra Bartolomeo. La **salle Tyrconnel★** est parée d'un sol peint de style néogrec. Les deux tapisseries « orientales » de 1681, inspirées de miniatures mongoles et situées dans l'antichambre de la chapelle, sont l'œuvre de John Vanderbanc. Le jardin baroque d'origine a laissé la place à un très beau jardin italien, animé de fontaines et agrémenté d'une orangerie.

★★ Belvoir Castle C2

À 56 km/35 miles au sud-ouest par la A 607 via Grantham, puis à droite à Denton. Suivre la signalisation - ✆ (01476) 871 002 - www.belvoircastle.com - août : dim.-jeu. (visite guidée : lun.-jeu. 12h30 et 14h30) et certains w.-ends en mars, avr., mai, nov. et déc. 11h-17h - 10 £ - cafétéria.

Construit par **John Webb** (élève d'Inigo Jones) en 1654-1668, Belvoir (prononcer « Biveur ») fut métamorphosé en un romantique « château sur la colline » au début du 19e s. par James Wyatt. Mi-fantaisie gothique, mi-fantaisie baroque, la salle de bal renferme le bréviaire enluminé de Thomas Becket, tandis que le **salon d'Élisabeth★★**, de style rococo, s'est doté d'un plafond olympien, où sont représentés Jupiter, Junon, Mercure et Vénus. Dans la galerie de peinture sont accrochés des miniatures et de très beaux tableaux, dont, pour les plus intéressants, *Les Sept Sacrements* de **Poussin**, *Le Retour du bûcheron* de **Gainsborough** et le portrait en pied de *Henry VIII* de **Holbein★★**. Dans la galerie du Régent, longue de 40 m et ornée d'immenses **tapisseries des Gobelins★★** narrant *Les Aventures de Don Quichotte*, se trouve la sculpture de Canova *Les Trois Grâces*. Enfin, une superbe bibliothèque s'habille de fenêtres gothiques.

★ Gainsborough Old Hall C1

À Gainsborough, 29 km/10,5 miles au nord-ouest par les A 57 et A 156 - (01522) 782 040 - www.gainsborougholdhall.co.uk - ♿ - 10h-16h, sam. (et dim. de mars à oct.) 11h-17h (dernière entrée 30mn av. fermeture) - fermé du 20 déc. au 4 janv. - 5 £ audioguide inclus - salon de thé.

Ce surprenant manoir à colombage, flanqué de deux rangs de bâtiments, fut construit entre 1460 et 1480 sous la direction de sir Thomas Burgh. Il reste l'un des manoirs médiévaux les mieux conservés d'Angleterre. À l'origine, tout était en bois, à l'exception de la cuisine, de la tour en brique et de la fenêtre de pierre en encorbellement. Des éléments élisabéthains furent ajoutés aux bâtiments. La cuisine est l'exact reflet de ce qu'était la vie d'un office à cette époque. Dans l'aile est, les pièces sont spacieuses, tandis que l'aile ouest révèle des chambres intimistes, caractéristiques du 15e s. La tour est meublée comme l'était une chambre à coucher à la fin du 15e s. Une exposition permanente concernant le vieux manoir et les colons du *Mayflower* y est présentée.

Boston D2

À 60 km/37 miles au sud-est de Lincoln, par les A 15, A 17 et A 1121.

Market Place - (01205) 356 656 - tlj sf dim. 9h-17h.

Au 13e s., Boston était le deuxième port d'Angleterre. Au 17e s., la ville fut le fief des « **Pères pèlerins** » *(Pilgrim Fathers)*. Ces calvinistes anglais et puritains, séparés de l'Église anglicane, furent persécutés en tant qu'hérétiques, pour avoir observé le sabbat. Ils s'enfuirent en Hollande, où il restèrent douze ans. Craignant l'Inquisition, ils partirent de nouveau, mais cette fois, à bord du *Mayflower*, pour former une colonie en Amérique et fonder la ville à laquelle ils donnèrent leur nom. Boston est pourvue d'élégants édifices – **Exchanges Buildings** (*Market Place*, de Thomas Lumby) et **Fydell House** *(South Street)* – ainsi que d'entrepôts georgiens bordant les rives de la Witham et qui dominent l'actuelle marina.

★ **St Botolph's Church** – *Market Place - (01205) 362 864 - www.parish-of-boston.org.uk - ♿ - 8h30-16h - tour : 10h-15h30 - visite guidée (30mn) sur demande préalable - offrande.* Lors de sa construction au 14e s., cette église était la plus vaste d'Angleterre. **Boston Stump**, sa tour d'inspiration flamande haute de 83 m (209 marches jusqu'à la galerie, 365 marches jusqu'au sommet) permet par beau temps d'apercevoir Hunstanton (64 km/40 miles à l'est) et Lincoln (50 km/31 miles au nord-ouest). La nef est de style Decorated, la tour et le lanternon octogonal de style Perpendicular. À l'intérieur, les miséricordes du 14e s. décrivent des scènes cocasses… La chapelle sud-ouest est dédiée à John Cotton (1584-1652), pasteur de St Botolph avant son départ pour Boston, dans le Massachusetts.

Guildhall Museum – *South Street, au sud de Market Place - (01205) 365 954 - www.bostonguildhall.co.uk - merc.-sam. 10h30-15h30 - 3,10 £.* Ce bâtiment de brique datant de 1450 est orné d'une superbe fenêtre à cinq baies du 16e s., située au-dessus de l'entrée. Jadis palais de la corporation de St Mary, puis hôtel de ville, c'est aujourd'hui un musée régional.

★ **Tattershall Castle** – *24 km/15 miles au nord-ouest de Boston par les A 1121, B 1192 et A 153 (suivre les panneaux) - NT - ✆ (01526) 342 543 - www.nationaltrust.org.uk - ♿ - de mi-mars à fin oct. : sam.-merc. 11h-17h (mars et oct. : 16h) ; de mi-fév. à mi-mars et de nov. à mi-déc. : w.-end 11h-16h - 5,30 £ - cafétéria.* Édifié par lord Ralph Cromwell, lord Trésorier et vétéran d'Azincourt, Tattershall Castle ressemble plus à un château français qu'à un château anglais du 15e s., préfigurant ainsi les châteaux de la Renaissance. Toutefois, il possède bien les caractéristiques d'un château du Moyen Âge, avec ses doubles douves et ses murs défensifs de plus de 5 m d'épaisseur. Son impressionnant **donjon** est un chef-d'œuvre de l'architecture de brique de l'Angleterre médiévale. Ses briques rouges, appareillées à l'anglaise, sont mariées à des briques bleuâtres produisant d'heureux effets de lumière. Les encadrements des fenêtres, en pierre blanche, renforcent aussi l'impression de polychromie. Le château s'élève à 33,5 m au-dessus des plaines du Lincolnshire. Des remparts, on jouit d'une superbe vue panoramique. Les quatre étages de l'édifice renferment des cheminées dont les **magnifiques manteaux** (du milieu du 15e s.) sont ornés des armoiries sculptées des familles liées avec celle des Cromwell et des symboles de sa charge. Oxburgh Hall est d'une richesse ostentatoire. Au début du 20e s., le château, en très mauvais état, était sur le point d'être vendu à des spéculateurs. Mais il fut sauvé par lord Curzon, vice-roi des Indes, qui le fit classer monument historique. À sa mort (1925), la propriété fut léguée au National Trust.

Du parking à l'entrée du château, le visiteur longe la **collégiale de la Ste-Trinité**, érigée après sa mort à la demande de Cromwell. Cet édifice de style Perpendicular est l'une des plus grandes églises paroissiales de la région. Dans le bras gauche du transept se trouvent d'intéressants ex-voto en laiton.

★ **Battle of Britain Memorial Flight** – *Sur l'aérodrome de Coningsby, 22,5 km/14 miles au nord-ouest de Boston par les A 1121, B 1192 et A 153 - ✆ (01526) 344 041 - www.raf.mod.uk/bbmf - visite guidée (1h) lun.-vend. 10h30-15h30 (15h en nov.-fév.) - fermé j. fériés et 2 sem. à Noël - tarif non communiqué.* Ce mémorial fut d'abord appelé Historic Aircraft Flight et fondé en 1957 à Biggin Hill (Kent) pour abriter et conserver les plus célèbres avions de la Seconde Guerre mondiale. Il rassemble cinq Spitfire, deux Hawker Hurricane, un Lancaster, un Douglas Dakota DC-3, deux Chipmunk (utilisés pour l'entraînement) et un Devon (conservé sur le site de Coningsby, toujours en état de marche). La plupart de ces avions ont tenu la vedette au cinéma. Dans *Battle of Britain* (1968), le MK II Spitfire P7350 faisait partie du casting. Notez qu'il est le plus vieil avion de sa catégorie au monde encore en mesure de voler.

NOS ADRESSES À LINCOLN

VISITES

À Lincoln

En bateau – Sur la Witham au départ de Brayford Pool :

Cathedral City Cruises – *(01522) 546 853 ou (07850) 000 703 - été : 11h-16h.*

Lincoln Boat Trips – *(01522) 881 200 - www.lincolnboattrips.com - Pâques-sept. (et w.-ends en oct.) : 11h-15h45 - 6 £).*

À pied – *(01522) 874 056 - www.lincolnhistorywalks.co.uk - merc.-sam. 19h - dép. de l'office de tourisme - 4 £.* Visite guidée à la recherche des fantômes de Lincoln. Également des visites médiévales.

À Boston

En bateau – Pour remonter la Witham en amont de St Botolph's Church, adressez-vous à la Marina (*(01205) 364 420*) ou à Maritime Leisure Cruises (*07776 251 878 - www.maritimecruises.co.uk - été*).

HÉBERGEMENT

POUR SE FAIRE PLAISIR

À Lincoln

The Castel Hotel & Knights – A1 - *Westgate - (01522) 538 801 - www.castlehotel.net - P - 20 ch. : 99/115 £.* Cet hôtel est logé dans un édifice classé, avec vue sur le château et la cathédrale. Les chambres, magnifiques, sont décorées dans le style médiéval.

The Lincoln Hotel – A1 - *Eastgate - (01522) 520 348 - www.thelincolnhotel.com - P - 72 ch. : 105/120 £.* Hôtel moderne et lumineux, près de la cathédrale. Vue panoramique depuis le restaurant, le lounge et le bar.

White Hart Hotel – A1 - *Bailgate - (01522) 526 222 - www.whitehart-lincoln.co.uk - 59 ch. : 99/150 £.* Décor *british* et raffiné pour cet hôtel situé à deux pas de la cathédrale, à l'emplacement d'une ancienne « hostellerie » qui aurait accueilli le roi Richard II en 1372. Bon restaurant.

À Boston

New England – *49 Wilde Bargate - (01205) 365 255 - www.newenglandhotelboston.co.uk - P - 28 ch. : 80/120 £.* Tout près de Boltoph's Church, hôtel élégant et très cosy.

RESTAURATION

PREMIER PIRX

À Lincoln

Pizza Express – A2 - *269 High Street - (01522) 544 701 - www.pizzaexpress.com.* L'Italie où on ne l'attend pas, délicieuses pizzas et pâtes dans un cadre plaisant.

The Jews House Restaurant – A1 - *15 The Strait - (01522) 524 851 - www.jewshouserestaurant.co.uk - menu 17,95 £.* Cuisine gourmet créative. Cadre classique.

BUDGET MOYEN

À Lincoln

So Luxe – A2 - *3 Brayford Wharf - (01522) 568 764.* Lieu design et smart pour dîner en terrasse au bord de l'eau ou en salle.

Viela – A2 - *8/9 The Strait - (01522) 576 765 - www.viela.co.uk - fermé dim.-lun.* Touche exotique avec ce restaurant brésilien coloré. Savoureux et très agréable.

Stamford

★★

22 009 habitants

NOS ADRESSES PAGE 501

S'INFORMER

Office de tourisme – *Stamford Arts Centre - 27 St Marys Street - ✆ (01780) 755 611 - de Pâques à fin oct. : 9h30-17h, dim. 10h30-15h30 ; reste de l'année : tlj sf dim. 9h30-17h.*

SE REPÉRER

Carte de région C2 (p. 447) – *carte Michelin 504 S26 - Lincolnshire.* Stamford repose au sud du Lincolnshire, au bord de la rivière Welland, à 45 km/28 miles de la côte. Cambridge se trouve à 73 km/45 miles au sud-ouest par les A 1 et M 1.

À NE PAS MANQUER

St Martin's Church, Burghley House et Rutland Water.

ORGANISER SON TEMPS

Lieu idéal pour la détente et la flânerie. Comptez 2 jours pour les curiosités des environs.

AVEC LES ENFANTS

Le centre d'observation ornithologique d'Anglia au lac Rutland.

Cette « belle ville construite entièrement de pierre comme il en fut jamais », selon Celia Fiennes, voyageur et écrivain de la fin du 17e s., est célèbre pour son harmonieuse et remarquable architecture. Elle est si pittoresque qu'elle fut la première ville anglaise à être instituée zone protégée en 1967.

Se promener

★ St Martin's Church

High Street St Martin's - 10h-16h.

Reconstruite vers 1480, St-Martin est entièrement de style Perpendicular. La chapelle nord est dominée par un imposant monument en albâtre dédié à **William Cecil, lord Burghley** (1520-1598).

★ Lord Burghley's Hospital

À l'angle de Station Road et de High Street St Martin's.

Ces charmants hospices furent bâtis sur le site de l'hôpital médiéval St John the Baptist et St Thomas the Martyr en 1597.

Traverser le pont, continuer sur St Mary's Hill. Tourner à droite sur St Mary's Street, puis à droite sur St John's Street. Tout droit, puis à droite sur Red Lion Street.

★ Browne's Hospital

Broad Street - ✆ (01780) 763 153/756 - mai-sept. : sam. et j. fériés 11h-16h, dim. 12h-16h30 - 2,50 £.

Il compte parmi les hôpitaux médiévaux les mieux conservés d'Angleterre. Construit vers 1475, il mettait à disposition des box pour « 10 pauvres » dans ce qui est aujourd'hui la salle du conseil. La chapelle et la salle d'audience sont toutes deux illuminées par d'inoubliables vitraux de 1480 environ.

Stamford Museum

Broad Street - ✆ (01780) 766 317 - www.lincolnshire.gov.uk/stamfordmuseum - lun.-sam. 10h-16h - fermé 1er janv., 24-26, 31 déc.

Ce musée relate l'histoire de Stamford, de ses origines saxonnes jusqu'à son rôle-vedette dans une série télévisée de la BBC, *Middlemarch*, une adaptation du roman éponyme de **George Eliot**. Dans un registre plus macabre, on peut y voir un personnage de cire grandeur nature représentant Daniel Lambert, l'homme le plus gros d'Angleterre à cette époque (330 kg). Il mourut lors d'une visite à Stamford en 1809, ses vêtements y sont toujours exposés. À côté se trouve la figure de cire du nain Charles Stratton, surnommé « Général Tom Pouce ». Après avoir vu les vêtements de Daniel Lambert en 1846, Tom Pouce fit don du costume qui habille le mannequin le représentant.

Brasenose Gate

St Paul's Street.

Reconstruite ici vers 1688, cette porte du 14e s. provient de Brasenose College, fondé en 1333 par des étudiants sécessionnistes de Brasenose College à Oxford, et aujourd'hui disparu.

À proximité Carte de région

★★ Burghley House C2

▶ Juste au sud-est de Stamford, près de la B 1081 - ✆ (01780) 752 451 - www.burghley.co.uk - ♿ - de fin mars à fin oct. : tlj sf vend. 11h-17h (dernière entrée 30mn av. fermeture) - possibilité de visite guidée (1h) 15h30 - fermé quelques jours fin août ou déb. sept. - 11,80 £ - restaurant.

Lieu de tournage du célèbre film *Orgueil et Préjugés*, adapté du roman de Jane Austen, ce bâtiment est l'un des plus beaux manoirs élisabéthains. Il fut construit sur l'initiative de William Cecil, **lord Burghley**, « le plus grand, le plus sérieux, le plus estimé des conseillers que Votre Majesté ait jamais eus », confiait Essex à la reine Élisabeth Ire. Largement redécoré à la fin du 17e s., l'édifice se distingue par ses plafonds peints par Laguerre et Verrio, d'un baroque particulièrement exubérant dans la **salle du Paradis** et la **salle de l'Enfer**.

La visite du château est également intéressante pour sa collection de tableaux, qui comprend des œuvres de Véronèse, Jean Tassel et Francesco Bassano, dans la chapelle ; de Gainsborough, Kneller et Lawrence, dans la salle de billard ; de Bruegel le Jeune, dans la salle en marqueterie. La salle la plus fascinante est celle de la **pagode**. On y admire Henri VIII (par Van Cleve), William Cecil (Gheeraerts l'Ancien), Élisabeth Ire (Gheeraerts le Jeune), Oliver Cromwell (Robert Walker) et « Capability » Brown (par Nathaniel Dance).

Oakham C2

▶ À 19 km/11 miles à l'ouest de Stamford par la A 606.

Cette élégante bourgade est à nouveau le centre administratif du plus petit comté anglais, Rutland, qui disparut officiellement lors du redécoupage de 1974, mais fut rétabli en 1997. La place du marché, la croix Butter datant du

Moyen Âge et ses bras percés de cinq trous, le lycée Tudor et l'église restaurée du 13e s. qui porte l'une des plus vieilles girouettes anglaises, forment une demi-lune autour du château.

Rutland County Museum – *Catmose Street - ✆ (01572) 758 440 - www.rutland.gov.uk/museum - ♿ - mar.-vend. 10h-17h, sam. 10h-16h - fermé 1er-3 janv., Vend. saint, 24-28 et 31 déc.* Le musée retrace l'histoire de ce comté peu ordinaire.

★ **Oakham Castle** – *✆ (01572) 758 440 - www.rutland.gov.uk/castle - ♿ - mar.-vend. 10h-17h, sam. 10h-16h - fermé 1er-3 janv. , Vend. saint, 24-28 et 31 déc.* On pénètre dans cette demeure par des grilles en fer forgé du 19e s., encadrées par une porte du 17e s. Le château ne comporte plus aujourd'hui qu'une grande salle qui faisait autrefois partie d'un manoir fortifié, construit au 12e s. pour Walkelin de Ferrers. Plus de 200 fers à cheval de toutes tailles recouvrent les murs de cette salle, l'un des plus beaux exemples d'architecture domestique normande. Le fer à cheval figure dans les armoiries des Ferrers et le châtelain en demandait toujours un en dédommagement à chaque pair du royaume ou membre de la noblesse qui traversait ses terres.

★★ Rutland Water C2

À 4 km/2,5 miles à l'ouest à partir de Stamford. Prendre au sud par la A 606, puis s'engager sur une route secondaire longeant la rive sud, ou au sud-est d'Oakham, accès par la A 6003.

C'est l'un des plus grands lacs artificiels de Grande-Bretagne (1 254 ha). Il fut créé en 1970 pour alimenter les villes de Peterborough, Corby et Northampton. Des sentiers et des pistes cyclables ont été aménagés sur ses berges.

Anglian Water Birdwatching Centre – *✆ (01572) 770 651 - www.rutlandwater.org.uk - ♿ - 9h-17h (nov.-fév. 16h) - fermé 25-26 déc. - 5 £.* Ce centre indique les meilleurs endroits pour observer la faune à couvert et diffuse des vidéos. Des excursions sont organisées sur le réservoir, et on peut y pêcher ou pratiquer des sports nautiques (voile, canoë, planche à voile).

★ **Normanton Church** – *✆ (01572) 653 026 - mars-oct. : 10h-16h (w.-end, j. fériés et tlj en juin-août 17h) ; de nov. à mi-déc. : jeu.-lun. 10h-15h - tarif non communiqué.* À demi submergée près de la rive sud du lac, accessible par une digue, l'église est convertie en musée d'Histoire locale. Bien que Normanton ait été abandonnée au 18e s., l'église en ruine fut reconstruite par le propriétaire des terres en 1764, puis une seconde fois en 1826. C'est de cette époque que date la tour néoclassique, copiée sur celle de St-John de Smith Square à Londres. Lorsque la vallée fut inondée, une campagne fut lancée, qui rapporta 30 000 £ consacrées à la protection de l'église. Seuls les vitraux supérieurs sont encore visibles au-dessus du niveau des eaux.

Deene Park C2

À Deene, 18 km/11 miles au sud-ouest de Stamford par la A 43, puis suivre le symbole - ✆ (01780) 450 278 - www.deenepark.com - ♿ - mai- août : w.-end de Pâques, dim. et lun. fériés, merc. en mai-juin et dates ponctuelles en sept. 14h-17h - 8 £ - salon de thé.

Cette demeure ancestrale appartenait à la famille Brudenell, dont le très célèbre fils fut à la tête de la charge de la brigade légère en 1854. La maison date des 16e et 17e s. Située autour d'une cour centrale, elle fut agrandie aux 18e et 19e s.

Intérieur – La partie la plus intéressante est la grande salle de 1571, dont la splendide décoration Renaissance et le plafond ont été miraculeusement bien conservés. Le minuscule **salon de chêne** est plus intime avec ses boiseries de 1630, et le portrait de l'une des favorites de Charles II, Louise de Keroualle. Le salon abrite douze charmants portraits de femmes et d'enfants datant du règne de Jacques Ier.

Kirby Hall C2

Même itinéraire que Deene Park. À l'ouest de Deene, poursuivre à gauche sur 3 km/2 miles, puis suivre le symbole - EH - ✆ (01536) 203 230 - www.english-heritage.org.uk - ♿ - juil.-août : 10h-17h ; avr.-juin et sept.-oct. : jeu.-lun. 10h-17h ; nov.-mars : jeu.-lun. 12h-16h - audioguide - fermé 1er janv., 24-26 déc. - 5,30 £.

Kirby Hall est un bel exemple d'édifice élisabéthain, en pierre, dont la construction commença en 1570, et qui fut remanié au 17e s. Acheté et achevé en 1575 par sir Christopher Hatton, favori d'Élisabeth Ire, ce vaste manoir fut par la suite agrandi et devint l'un des plus somptueux dans son genre. La plus grande partie du bâtiment est aujourd'hui en ruine. Quelques pièces ont cependant échappé au délabrement, notamment la grande salle, dont le plafond est incliné. Le grand jardin a été conçu à la fin du 17e s. Des travaux lui ont permis de restituer sa majesté d'antan.

NOS ADRESSES À STAMFORD

HÉBERGEMENT

POUR SE FAIRE PLAISIR

Garden House – *42 High Street St Martin's - ✆ (01780) 763 359 - www.gardenhousehotel.com - P - 20 ch. : 95/100 £ ☕.* Près de Burghley Park, cet hôtel offre des chambres de toutes les tailles. Service et confort de standing. Le restaurant permet de découvrir des spécialités anglaises.

UNE FOLIE

George – *71 High Street St Martin's - ✆ (01780) 750 750 - www.georgehotelofstamford.com - P - 46 ch. : 133/191 £ ☕.* Ce relais, vieux de 900 ans, vous accueille dans le charme et le luxe. Superbement meublé, il ressemble à un vrai petit musée. **The York Bar** propose des snacks et des en-cas.

RESTAURATION

BUDGET MOYEN

The Oak House – *11 All Saints - ✆ (01780) 756 565.* Des plats gastronomiques vous seront servis dans un intérieur de style contemporain ou en terrasse quand le soleil brille.

Leicester

296 594 habitants

NOS ADRESSES PAGE 507

S'INFORMER

Office de tourisme – *7-9 Every Street - Town Hall Square - 0844 888 5181 - www.goleicestershire.com - tlj sf dim. et j. fériés 10h-17h30 (sam. 17h).*

SE REPÉRER

Carte de région C2 (p. 447) – *carte Michelin 504 Q26 - Leicestershire.* À 48 km/30 miles au nord de Coventry par la A 46 et 72 km/45 miles à l'est de Birmingham par la M 69 et M 6.

À NE PAS MANQUER

Jain Centre.

ORGANISER SON TEMPS

Une journée.

AVEC LES ENFANTS

National Space Centre.

Capitale du légendaire roi Lear, Leicester fut également le berceau de la bonneterie jusqu'au 20e s. Depuis, elle est devenue une ville avec une importante communauté indienne et asiatique. Les fortes traditions culturelles de ces peuples se retrouvent tant dans les architectures que dans la gastronomie et l'ambiance des fêtes locales, teintant cette cité shakespearienne d'une touche exotique.

Se promener

LE CENTRE-VILLE Plan de ville II

Circuit tracé en vert sur le plan ci-contre. Prendre Every Street, et à droite Horsefair Street, avant de suivre à gauche Gallowtree Gate jusqu'à la Clock Tower. Tourner à gauche sur Silver Street, puis emprunter Guildhall Lane.

★ St Martin's Cathedral B1

(0116) 248 7400 - www.cathedral.leicester.anglican.org - ♿ - 8h-18h, dim. 7h-17h - possibilité de visite guidée sur demande préalable.

La première église St-Martin était romane. La cathédrale qui l'a remplacée est de style gothique Early English, avec des fenêtres hautes de style Perpendicular. Notez le mémorial (1589) de la famille Robert Herrick dans l'aile nord du chœur, le monument funéraire en pierre de Richard III dans le chœur et, dans le porche nord, la voûte en chêne datant du 15e s.

Guildhall B1

The Guildhall Lane - (0116) 253 2569 - www.leicester.gov.uk - ♿ - fév.-nov. : sam.-merc. 11h-16h30 (dim. 13h-16h30).

La plus ancienne partie de l'hôtel de ville fut construite au 14e s., la plus récente au 16e s. C'est là que se tint la dernière assemblée des parlementaires de Leicester pendant la guerre civile. Remarquez l'impressionnante robustesse des poutres verticales et de la charpente dans le grand hall. Le bureau du maire est particulièrement resplendissant avec ses verrières (vers 1500) dépeignant les quatre saisons.

Au bout de Guildhall Lane, tourner à droite sur Careys Close, puis prendre à gauche sur St Nicholas Street.

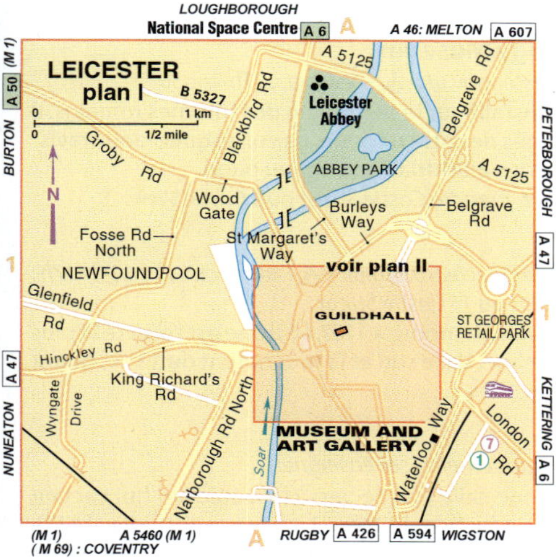

SE LOGER

- Belmont House Hotel......... 1
- Holiday Inn......................... 4

SE RESTAURER

- The Case............................ 1
- The Opera House.............. 4
- The Tiffin........................... 7
- Watsons.............................. 10

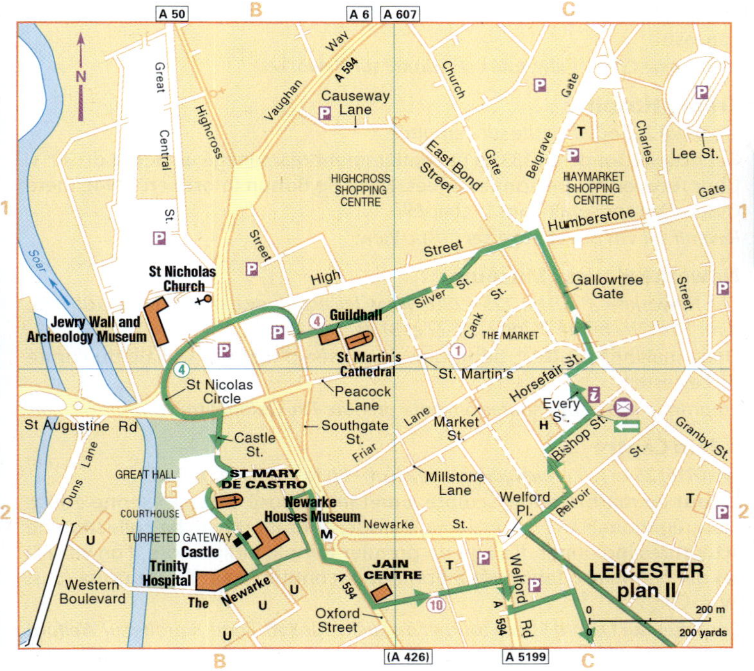

St Nicholas Church B1

La plus vieille église de Leicester fut construite à la fin de l'époque saxonne avec des briques récupérées sur les ruines romaines. La longueur actuelle de l'église date de cette époque (remarquez les petites ouvertures de la nef et le mur du sanctuaire). La tour des 11e et 12e s. fut restaurée en 1905 ; quant à l'attrayante chapelle au sud du chœur, elle fut bâtie aux environs de 1220.

Jewry Wall and Archeology Museum B1

☏ (0116) 225 4971 - www.leicester.gov.uk - ♿ - fév.-oct. : 11h-16h30.

Le musée d'Archéologie est installé sur le site même des thermes romains. Il renferme de très beaux vestiges de cette période, parmi lesquels deux ravissantes mosaïques : celle dite des Blackfriars et celle au paon.

Continuer sur St Nicholas Street, prendre Castle Street puis Castle View.

★ St Mary de Castro B2

☏ (0116) 262 8727 - www.stmarydecastro.org.uk - ♿ - avr.-oct. : sam. 14h-17h ; reste de l'année : clés disponibles au 15 Castle Street.

L'intérieur, sombre mais attrayant, remonte à 1107. Le trône est l'œuvre la plus remarquable de l'époque romane. L'aile sud et la tour datent du 13e s. ; quant au plafond du chœur, il est du 14e s.

Leicester Castle B2

☏ (0116) 253 2569 - ouverture ponctuelle : se renseigner.

On peut toujours voir la grande salle élevée vers 1150, aujourd'hui cachée derrière la façade du palais de justice de 1695. La porte à tourelle (1423), dévastée durant des émeutes en 1832, conduit au Newarke *(voir ci-dessous)*, une extension des fortifications ajoutée au château par Henri, comte de Lancastre.

Au bout de Castle View, tourner à droite sur Newarke.

Trinity Hospital B2

☏ (0116) 250 6090 - visite sur demande.

Cet hospice fondé en 1331 a été entièrement réaménagé au début du 20e s. pour recevoir les personnes âgées. Mary de Bohun (morte en 1394), mère d'Henri V, reposerait dans la chapelle.

Revenir sur vos pas et traverser Castle View.

Newarke Houses Museum B2

The Newarke - ☏ (0116) 225 4980 - www.leicester.gov.uk/museums - 10h-17h, dim. 11h-17h - fermé 1er janv., 24-27 et 31 déc.

Deux maisons du 16e s. hébergent le musée d'Histoire sociale du comté de Leicester.

Emprunter le passage souterrain pour prendre The Oxford Street.

★ Jain Centre B2

☏ (0116) 254 1150 - www.jaincentre.co.uk - 8h30-20h30 (dim. 18h30).

L'ajout de marbre blanc sculpté a métamorphosé cette ancienne église congrégationaliste en Jain Samaj Europe, abritant une riche collection de sculptures indiennes. Il s'agit du premier temple indien doté d'un vitrail : les dix panneaux, fabriqués à Bombay, racontent la vie de Mahavira (6e s. av. J.-C.).

Continuer sur Oxford Street, tourner à gauche sur York Road, à droite sur Welford Road, puis à gauche sur Marlborough, et à droite sur King Street, pour enfin prendre à gauche Princess Road West.

L'abbaye de Leicester.
S. Tesson / MICHELIN

★ **Museum and Art Galery** C2/Plan I

53 New Walk - ✆ (0116) 225 4900 - www.leicester.gov.uk/museums - ♿ - 10h-17h, dim. 11h-17h - fermé 1er janv., 24-28 et 31 déc.

Ce musée possède une riche collection de toiles de peintres anglais, parmi lesquels Gainsborough, Wright of Derby, Lawrence, Stanley Spencer, Laura Knight et L. S. Lowry. On y trouve aussi la plus importante collection d'œuvres d'expressionnistes allemands d'Angleterre.

Finir la promenade en empruntant la « New Walk » jusqu'à King Street. Remonter King Street, puis prendre à droite Belvoir Street, pour arriver au centre-ville.

À voir aussi

4

Leicester Abbey plan I

Abbey Park, St Margaret's Way au nord de la ville. Du lever au coucher du soleil - cafétéria.

C'est dans cette abbaye, fondée en 1132 et devenue entre-temps l'une des plus riches d'Angleterre, que le cardinal Wolsey, « vieil homme usé par les turbulences de l'État », vint vivre ses derniers instants en 1530. Elle fut démolie à la Réforme et ses pierres servirent à la construction de Cavendish House. Maintenant en ruine, elle a autrefois servi de quartier général à Charles Ier, avant la bataille de Naseby (1645).

★ **National Space Centre** Plan I en direction

À 3,2 km/2 miles au nord du centre-ville ; de la A 6, prendre Corporation Road vers l'est, puis tourner à droite dans Exploration Drive. Parking 2 £. Autres options : autobus n° 54 entre la gare (Railway Station) et Abbey Lane : dép. ttes les 10mn. lun.-sam., 20mn le dim.

✆ (0116) 261 0261 - www.spacecentre.co.uk - ♿ - 10h-17h ; hors saison : mar.-vend. 10h-16h, w.-end 10h-17h (dernière entrée 1h30 av. fermeture) - 13 £ (enf. 11 £) incluant un spectacle.

Dès l'entrée, la fusée *Blue Streak* et le missile intermédiaire *Thor Able* suspendus dans leur vitrine aiguisent la curiosité. Sons et flashs de lumière évoquant un monde extraterrestre contrastent avec les explications claires relatives à l'exploration spatiale. Ici, on s'informe sur la nature de l'univers, les planètes, les trous noirs et les satellites, sur l'établissement des prévisions météorologiques et la mise en orbite autour de la terre. **Space Now Gallery** permet d'observer des scientifiques au travail. Pour glaner des informations sur les tout derniers développements de la recherche spatiale, rendez-vous au **Newsdesk.**

Le **spectacle** *(30mn)*, une immersion totale dans le monde virtuel utilisant la plus récente technologie, embarque le visiteur dans un périple à travers l'univers sous un dôme de 180°.

À proximité Carte de région

★ Snibston Discovery Park C2

À Coalville, 26 km/16 miles au nord-ouest par la A 50 - (01530) 278 444 - www.snibston.com - ♿ - avr.-oct. : 10h-17h ; nov.-mars 10h-15h (w.-end 17h) - possibilité de visite guidée des bâtiments de la mine - 6,75 £ - cafétéria.

Coalville fut une cité minière de 1832 jusqu'à la fermeture de la houillère en 1986. Le carreau désaffecté a été transformé en parc paysager avec un grand hall d'exposition où sont présentés des sujets scientifiques interactifs, des machines à vapeur et une collection de véhicules anciens, un corbillard du 19e s. avec voiture de deuil et cercueil sur le même châssis.

Bosworth Battlefield C2

Entre Sutton Cheney et Market Bosworth, près de la A 447 - 22 km/13 miles à l'ouest par la A 47, puis la B 582 à droite - (01455) 290 429 - www.bosworthbattlefield.com - ♿ - 10h-17h (nov.-mars 16h), dernière entrée 1h av. fermeture - fermé en janv. - possibilité de visite guidée (1h30) - 6 £ - parking payant.

En 1485, la bataille de Bosworth vit la mort de Richard III et l'avènement sur le trône du premier roi de la dynastie Tudor, Henri VII, qui mit fin à la guerre des Deux-Roses. Au bord du champ de bataille a été aménagé un pavillon évoquant les épisodes de l'histoire médiévale et la route prise par les troupes de Richard dans leur retraite. Non loin de là se dresse l'**église St James**, où Richard III entendit sa dernière messe.

NOS ADRESSES À LEICESTER

HÉBERGEMENT

Bon à savoir – La plupart des B & B se situent hors du centre-ville, dédié aux hôtels.

POUR SE FAIRE PLAISIR

Belmont House Hotel – Plan I - *De Montfort Street - (0116) 254 4773 - www.belmonthotel.co.uk - P - 77 ch. : 80/135 £ - 12,95 £.* Idéalement situé près de New Walk, cette demeure victorienne de 1860 vous accueille dans un cadre élégant et calme.

UNE FOLIE

Holiday Inn – Plan II B1-2 - *129 St Nicholas Circle - 0871 942 9048 - www.holidayinn.com - P - 188 ch. : 139/224 £.* Cet hôtel, respectant les standards de la chaîne, propose une multitude de services et une gamme de chambres variées. Très belle piscine, et appareils de fitness.

RESTAURATION

PREMIER PRIX

The Tiffin – Plan I - *1st De Montfort Street - (0116) 247 0420 - www.the-tiffin.co.uk - 20 £.* Cet établissement, très prisé, sert des spécialités culinaires de l'Inde du Nord.

BUDGET MOYEN

The Opera House – Plan II B1 - *10 Guildhall Lane - (0116) 223 6666 - fermé 24 déc.-4 janv., dim. et j. fériés - 30 £.* Ce bâtiment du 17e s. doit son nom à la proximité de l'opéra. Les plats sont mis en scène dans la pure tradition anglaise.

The Case – Plan II C1 - *4-6 Hotel Street - (0116) 251 7675 - www.thecase.co.uk - fermé dim., j. fériés et 24 déc.-3 janv. - 20/40 £ (menu déj. 13 £).* Cuisine robuste et atmosphère conviviale dans cette ancienne boutique victorienne, dont les larges fenêtres s'ouvrent sur le centre-ville.

Watsons – Plan II C2 - *5/9 Upper Brown Street - (0116) 255 1928 - www.watsons-restaurant.com - fermé dim.-lun. et 1re sem. d'août - 35 £ (menu 17 £).* Cet ancien moulin à la décoration contemporaine, alliant chrome et verre, propose une cuisine moderne : sauces onctueuses, légumes mijotés, viandes rôties, etc.

PETITE PAUSE

Bon à savoir – Pour les pauses gourmandes, rendez-vous sur Belgrave Road, Granby Street, Belvoir Street ou Montford Street.

Ye Olde Pork Pie Shoppe & Sausage shop – *Nottingham Street - Melton Mowbray (prendre la A 607) - (0116) 456 2341 - www.porkpie.co.uk.* Cette boulangerie façonne dans la plus pure tradition l'incontournable *Melton Mowbray Pork Pie*, célèbre spécialité locale.

ACHATS

Bon à savoir – Rendez-vous à **Belgrave Road** pour dénicher de magnifiques saris et toutes sortes d'accessoires indiens.

AGENDA

Leicester Carribean Carnaval – *www.leicestercarnival.com - (0116) 273 6649.* En août, le temps d'un week-end, la communauté afro-caraïbe célèbre sa culture dans un flot de couleur et de musique : c'est le deuxième plus grand carnaval d'Angleterre.

Festivals indiens Navaratri et Diwali – En octobre et/ou novembre, fête de la lumière.

Northampton

185 255 habitants

NOS ADRESSES PAGE 510

S'INFORMER

Office de tourisme – *Royal and Derngate Theatres - Guildhall Road - ✆ (01604) 838 800 - www.visitnorthamptonshire.co.uk - lun.-vend. 9h-17h.*

SE REPÉRER

Carte de région C3 (p. 447) – *carte Michelin 504 R27 - Northamptonshire.*
La ville se trouve le long de la rivière Nene, au sud de la région de l'East Midlands. Elle se situe à 77 km/48 miles au nord-est d'Oxford par les M 40 et A 430.

À NE PAS MANQUER

La galerie des chaussures au Museum and Art Gallery.

ORGANISER SON TEMPS

Une demi-journée suffit pour visiter la ville.

AVEC LES ENFANTS

Canal Museum ; Museum and Art Gallery.

Joyau du Moyen Âge détruit par un incendie en 1675, Northampton est devenue la ville « la plus réussie et la plus belle de cette partie de l'Angleterre », selon les mots de Defoe. La découverte de cette cité et de ses environs vous invite à un voyage à travers le temps, de la simplicité saxonne à l'effervescence médiatique autour du souvenir de Diana Spencer.

Découvrir

Church of the Holy Sepulchre

Sheep Street - ✆ (01604) 627 988 - www.stseps.org - ♿ - mai-sept. : merc. 12h-16h, vend. (1 sur 2) 14h-16h, sam. 10h-14h.

C'est l'une des quatre églises romanes de plan circulaire d'Angleterre. Elle fut fondée par Simon de Senlis, un vétéran de la première croisade : la nef et son déambulatoire sont circulaires.

All Saints Church

The Drapery - ✆ (01604) 632 194 - www.allsaintsnorthampton.co.uk - tlj sf dim. 9h-13h (sam. 12h) - café.

Rebâtie après l'incendie de 1675 (le portique est de 1701), cette église, surmontée de son dôme, possède un superbe plafond de plâtre.

Guildhall

St Giles Square - ✆ (01604) 838 400 - www.northampton.gov.uk - ♿ - lun.-vend. 9h-17h.

L'hôtel de ville fut réalisé dans le style gothique victorien le plus affirmé par Edward Godwin (alors âgé de 28 ans), vers 1860. L'extérieur est ennobli par des sculptures de rois et reines. Le grand hall est décoré avec d'impressionnantes peintures de Colin Hill représentant portraits et scènes historiques.

LA CHAUSSURE RÉVOLUTIONNAIRE

Impossible de marcher pieds nus à Northampton, capitale de la chaussure anglaise pendant plus de cinq cents ans. La première paire recensée date de 1213. Le nombre de cordonniers était suffisant en 1401 pour créer la première corporation. Puis vint la première grande commande de bottes, ordonnée en 1642 pendant la guerre civile : 4 000 chaussures et 600 paires de bottes pour l'armée parlementaire. En 1831, un tiers des hommes travaillent à coudre minutieusement les morceaux de cuir. À partir de 1857, les machines commencent à remplacer les hommes. Au début du 20e s., près de 40 % de la population est employée par les manufactures.

★ Museum and Art Gallery

Guildhall Road - ✆ (01604) 838 111 - www.northampton.gov.uk/museums - ♿ - mar.-sam. 10h-17h, dim. 14h-17h - fermé 1er janv. et 25-26 déc.

Le musée abrite une collection intéressante de chaussures, depuis les sandales héritées des Britanno-Romains jusqu'aux modèles les plus excentriques du 20e s., en passant par les pantoufles de satin du 16e s. ou les souliers de la reine Victoria.

À proximité Carte de région

All Saints C3

À Earls Barton, 13 km/8 miles à l'est par la A 45 - ✆ (01604) 810 447 - www.allsaintsearlsbarton.org.uk - ♿ - de Pâques à fin oct. : tlj sf dim. 10h30-12h30, 14h-16h ; reste de l'année : sur RV - visite guidée en français sur demande préalable.

La **tour fortifiée** *(voir « ABC d'architecture » p. 81)* saxonne fut construite sous le règne d'Edgar le Pacifique (959-975), période prospère pour son architecture. Les motifs décoratifs sont nettement inspirés des vieilles maisons à colombage. L'accès occidental et la porte de la tour sont romans.

4

All Saints C2

À Brixworth, 13 km/8 miles au nord par la A 508 - ✆ (01604) 880 604 - 11h-18h.

C'est la plus grande des églises saxonnes à avoir été conservée dans son intégralité. Fondée par des moines venus de Lindisfarne au 7e s., elle fut reconstruite après avoir été saccagée par les Danois au 9e s. Pour prévenir d'autres pillages, une tour de défense fut érigée. À l'intérieur, remarquez la présence de tuiles romaines dans les arches saxonnes de la nef et du chœur.

Althorp C3

À Great Brington, 11 km/7 miles au nord-ouest sur la A 428, puis suivre les indications - ✆ (01604) 770 107 - www.althorp.com - juil.-août : 11h-17h (dernière entrée 1h av. fermeture) - 12,50 £ - café, aire de pique-nique.

Cette demeure du 16e s., modifiée au 18e s., a déjà attiré nombre de curieux, désireux d'admirer la demeure familiale de **Diana**, princesse de Galles. Depuis sa mort accidentelle à Paris en août 1997, le flot des visiteurs n'a cessé de croître. Le comte Spencer a ouvert un **musée** consacré à la mémoire de sa sœur, dans les anciens communs de style palladien (vers 1740) réaménagés par l'architecte Russhied Ali Din. L'exposition s'articule autour de sept thèmes : Diana

femme indépendante, son œuvre publique, son impact dans le monde, ses funérailles, Diana épouse et mère, sa place au sein de la monarchie et parmi les femmes de la famille Spencer. Elle comprend des objets lui ayant appartenu, dont sa fabuleuse robe de mariage, des photographies d'enfance, albums de famille et séquences de films inédites.
L'église de **Great Brington** *(nombre limité de places de parking)* à l'ouest d'Althorp renferme les tombes de la famille Spencer, à l'exception de celle de la princesse, qui repose sur une petite île au milieu d'un lac de la propriété *(accès non autorisé).*

Canal Museum C3

À Stoke Bruerne, 9 km/5,5 miles au sud par la A 508 direction Milton Keynes, puis prendre une route secondaire - (01604) 862 229 - www.nwm.org.uk/stokeg - été : 10h-17h ; hiver : 11h-15h, w.-end 11h-16h (dernière entrée 45mn av. fermeture) - fermé 25-26 déc. - 4,75 £ (enf. 3,10 £) - café.
Le vieux moulin, réaménagé en musée, retrace l'histoire des voies de transport en eau douce. Dessins, photographies, maquettes, anciens signaux et équipements illustrent la construction des canaux, le fonctionnement des écluses, les plans inclinés et les différents types de péniches pour le transport des biens et des passagers. On peut observer le passage des bateaux à l'une des sept écluses ou se promener le long du chemin de halage qui conduit au sud du tunnel de Blisworth (2 820 m), le plus long tunnel navigable de Grande-Bretagne, ouvert en 1805.

Sulgrave Manor C3

À Sulgrave, 29 km/18 miles au sud-ouest par la A 43, la B 4525 à droite, puis prendre une route secondaire - (01295) 760 205 - www.sulgravemanor.org.uk - - visite guidée (1h) mai-oct. : mar.-jeu. 14h-16h, w.-end (et mar.-jeu. en août) 12h-16h ; avr. : w.-end 12h-16h - 7,25 £ - cafétéria.
Demeure de la famille de George Washington de 1539 à 1656, date de son départ pour la Virginie, cette résidence est maintenant la propriété commune des peuples américain et britannique. On peut voir dans la grande salle les armoiries de Washington (notez la ressemblance avec la bannière étoilée), et, dans la salle des Actes et le hall d'entrée, la sacoche de cavalier, l'habit de velours, des médailles et plusieurs lettres de George Washington. Le manoir est un parfait exemple de maison Tudor du temps de Shakespeare.

NOS ADRESSES À NORTHAMPTON

VISITES

Visite guidée à pied – *(01604) 830 114 - rens. à l'office de tourisme.*
Les guides Blue Badge vous emmènent pour une ballade historique dans la ville durant 1h30 à 2h.

AGENDA

Le festival Balloon – *www.thenorthamptonballoonfestival.co.uk.*
Vers la mi-août, un ballet de montgolfières de toutes les formes et de toutes les couleurs se déploie dans le ciel de Northampton.

Coventry

★

267 755 habitants

NOS ADRESSES PAGE 514

S'INFORMER

Office de tourisme – *Coventry Cathedral - 1 Hill Top - ✆ (024) 7622 5616 - www.visitcoventry.co.uk (en français) - lun.-vend. 10h-17h (hiver 9h30-16h30), sam. 10h-16h30, dim. 10h-12h30.*

SE REPÉRER

Carte de région B2 (p. 446) – *carte Michelin 504 P26 - West Midlands.* Coventry est à 36 km/22,5 miles à l'est de Birmingham et à 16 km/10 miles au nord de Warwick.

À NE PAS MANQUER

Les deux cathédrales.

ORGANISER SON TEMPS

Une demi-journée suffit pour visiter la ville.

AVEC LES ENFANTS

Coventry Transport Museum.

Reconstruite en partie après un bombardement en 1940, Coventry mêle aujourd'hui maisons à colombage et monuments futuristes. Cette association confère à la ville un charme étonnant.

Découvrir

LES DEUX CATHÉDRALES Plan de ville

★★★ Cathedral

✆ (024) 7652 1200 - www.coventrycathedral.org.uk - 9h-17h, dim. 12h-15h45 - 4,50 £ - tour 2,50 £.

Jugée trop moderne par les conservateurs et trop traditionnelle par les modernistes, la cathédrale de Coventry fait partie des rares constructions de l'après-guerre à rencontrer pourtant la faveur des visiteurs. Son attrait réside sans doute autant dans ses dimensions traditionnelles que dans sa faculté à utiliser au mieux la lumière.

Extérieur – La nouvelle cathédrale est bâtie face au nord comme faisant partie de l'ancienne cathédrale. La sobriété des murs de la nef met en valeur une sculpture de **Jacob Epstein**, *Saint Michel triomphant du démon* (près des escaliers d'entrée). Le porche majestueux fut conçu pour relier la nouvelle cathédrale aux ruines de l'ancienne et exprime de façon spectaculaire le sens de la mort et de la résurrection. L'autel de la Réconciliation, sauvé du sinistre, est le centre de la célébration liturgique du vendredi. La tour et sa flèche, haute de 90 m, dotées de cloches nouvellement restaurées, dominent la ville, réputée pour ses trois flèches.

Intérieur – L'effet dominant est une impression de hauteur, de lumière et de couleur. Hauteur, car les piliers de la nef, dus à **Spence**, élevés et élancés, supportent une voûte aérienne ; lumière, car la grande clôture ouest est un mur de verre gravé représentant patriarches, prophètes, saints et anges, de John Hutton ; couleur, puisque c'est une véritable symphonie colorée que nous offre la fenêtre du Baptême, de John Piper, qui symboliquement évoque la lumière de la Vérité perçant à travers les conflits et les désordres du monde. Les fonts baptismaux, grosse pierre brute provenant des collines de Bethléem, constituent la pièce la plus ancienne. Les 10 grandes fenêtres sont placées dans des recoins orientés vers le sud afin de permettre au soleil de pénétrer par les vitraux colorés et d'inonder la nef de lumière.

Une immense tapisserie, *Le Christ en gloire*, par **Graham Sutherland** (la galerie d'art Herbert, située à proximité, expose les études de Sutherland pour cette œuvre), domine l'ensemble.

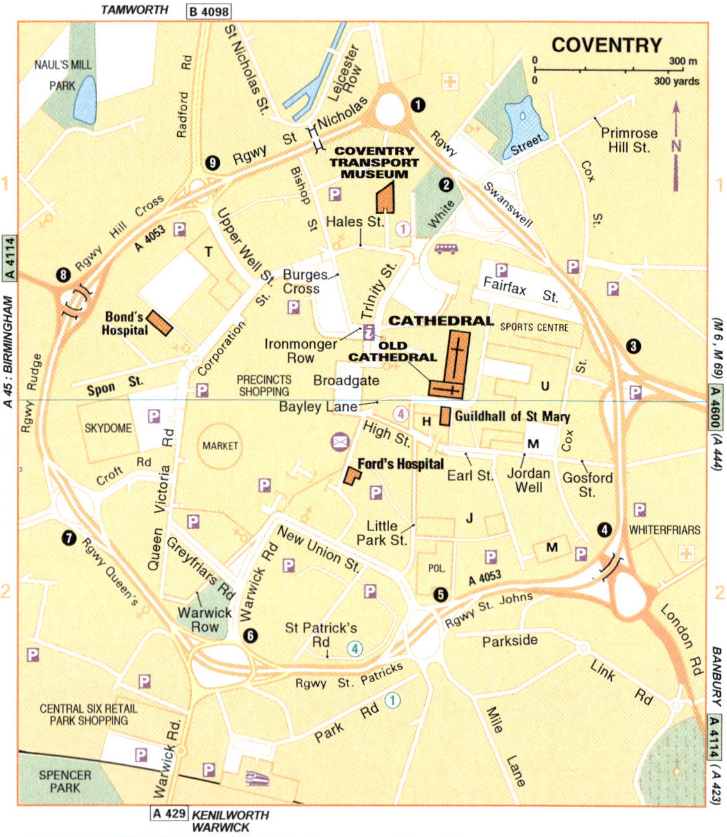

SE LOGER

Abbrymar .... ①

Spire View .... ④

SE RESTAURER

Nando's .... ①

Pizza Express .... ④

GODIVA

La légende de Godiva est l'une des histoires favorites des Anglais. Elle raconte comment lady Godiva, femme de lord Leofric, sensibilisée par la misère, pria son mari de supprimer les nombreuses taxes réclamées à la population. Entendant cette requête, Leofric lui promit de lever ces impôts à une condition : que la dame traverse la ville entièrement dénudée sur un cheval. Contre toute attente, la lady accepta et ordonna à la population de ne pas sortir en ville le jour de son passage. Seul « Peeping Tom » désobéit à l'ordre de la comtesse mais il devint aveugle avant le passage de la dame. Couverte seulement de ses longs cheveux, lady Godiva traversa la ville. Sa mission accomplie, elle retourna auprès de son mari, qui tint promesse en supprimant les taxes.

Lady Chapel renferme une délicieuse statue de la Sainte Vierge. Contiguë, la chapelle du Christ-à-Gethsémani évoque l'*Ange au calice étincelant*. Plus loin, la chapelle du Christ-Serviteur ne comporte qu'une croix et une couronne d'épines.

Chapel of Unity présente plusieurs éléments remarquables : le parquet est l'œuvre de l'artiste suédois Einer Forseth ; au centre, une colombe sur un lit de flammes, symbole du Saint-Esprit, est entourée de représentations des cinq continents ainsi que de symboles chrétiens traditionnels ; les hautes fenêtres, splendide assortiment de couleurs conçu par Margaret Traherne, projettent sur le sol de merveilleux motifs irisés lorsque brille le soleil.

★ Old Cathedral

De la fin du 13e s., enrichie de nombreux éléments de style gothique Decorated et Perpendicular, la vieille cathédrale fut détruite en 1940, à l'exception des murs, de la crypte, de la tour et de la **flèche** haute de 90 m (l'une des merveilles architecturales d'Angleterre, surpassée en hauteur seulement par Norwich et Salisbury). À l'extrémité est, la présence de l'autel est signalée par une simple croix de bois carbonisé, réplique de celle érigée par un pompier anonyme, qui utilisa deux poutres du toit lorsque cessa le sinistre.

À voir aussi

Guildhall of St Mary

☏ (02476) 833 325 - ♿ - de mi-mars à déb.-oct. : dim.-jeu. 10h-16h ; reste de l'année : sur RV.

Fondé en 1342, il servit de prison à Marie Stuart en 1569. Ses trésors sont deux tapisseries (l'une, flamande, date de 1500 environ), représentant d'une part Henri VII à genoux et d'autre part la reine Élisabeth Ire et ses courtisans. La salle possède un beau plafond en bois et des vitraux évoquant les rois et reines d'Angleterre.

Ford's Hospital

☏ (024) 7622 3838 - 10h-17h (coucher du soleil en hiver).

Largement restauré après les dégâts causés par la Seconde Guerre mondiale, ce bâtiment à colombage construit en 1509 abrite une cour tranquille, enchantement de fleurs et de plantes grimpantes au cœur de la ville moderne.

4

Bond's Hospital

Extérieur uniquement.

Cet autre ravissant bâtiment à colombage forme une cour avec Bablake Old School, face à l'**église St John** (14e s). La partie la plus ancienne, le bâtiment est (vers 1500), est l'œuvre de Thomas Bond.

★ Coventry Transport Museum

(0247) 623 4270 - www.transport-museum.com - ♿ - 10h-17h (dernière entrée 30mn av. fermeture) - possibilité de visite guidée (1h) sur RV (2 £) - fermé 24-26 déc. - café.

Avec la création de Daimler en 1896, Coventry est le berceau de l'industrie automobile britannique. Plus de 100 fabricants de véhicules à moteur (Standard, Rover, Riley, Humber, Lea & Francis, Singer, Hillman, Triumph, etc.) et de cycles à moteur (Swift, Rudge, Whitworth, Raleigh, Norton, etc.) s'installèrent par la suite. Le musée évoque l'industrie automobile, de son développement à son déclin. Les modèles les plus anciens sont magnifiquement présentés dans un décor de rue de la fin du 19e s. On peut admirer la Riley 1908 offrant comme option un système d'éclairage au carbure, la Morris (1922) tant aimée avec son « nez de taureau », la voiture officielle n° 1, une Daimler 1947, et la dernière Jaguar XJ8, expression du confort et de l'élégance.

À proximité Carte de région

★ Kenilworth Castle B2

À 8 km/5 miles au sud par la A 429 - EH - (01926) 852 078 - www.english-heritage.org.uk - ♿ - 10h-18h (nov.-fév. 16h) - fermé 1er janv. et 24-26 déc. - audioguide - 7,60 £ - cafétéria, aire de pique-nique.

Énormes et inspirant la terreur, ces ruines furent au 13e s. la demeure de Simon de Montfort. Le roi Édouard II, tout de noir vêtu, y fut gardé prisonnier dans la grande salle avant d'être conduit au château de Berkeley pour son exécution en 1327. Fortifié par Jean de Gand au 14e s., puis résidence des comtes de Leicester à la fin du 16e s., il fut détruit après la guerre civile. Ses ruines couvertes de lierre inspirèrent à **Walter Scott** son roman *Kenilworth* (1862).

NOS ADRESSES À COVENTRY

HÉBERGEMENT

PREMIER PRIX

Abbrymar – 2 *-39a St Patricks Road - (02476) 225 969 - www.abbrymar.co.uk - P - 5 ch. : 50 £.* Chambres confortables et petit-déjeuner copieux à 10mn à pied du centre-ville.

Spire View – 2 *-36 Park Road - (02476) 251 602 - www.spireviewguesthouse.co.uk - P - 6 ch. : 51 £.* Cet accueillant B & B est situé à quelques minutes du centre et de la gare.

RESTAURATION

PREMIER PRIX

Pizza Express – 2 *-10a Hay Lane - (02476) 633 156 - www.pizzaexpress.com - 20 £.* Ce restaurant italien vous laisse composer votre pizza.

Nando's – 1 *-Ribbon Factory, Trinity Street - (02476) 634 992 - www.nandos.co.uk - 15 £.* Ici, c'est le royaume du poulet, préparé de toutes les manières possibles.

Stratford-Upon-Avon

★★

23 085 habitants

NOS ADRESSES PAGE 522

S'INFORMER

Office de tourisme – *Bridgefoot (au-delà du pont sur le canal) - ☏ (0870) 160 7930 - www.shakespeare-country.co.uk - avr.-oct. : 9h-17h30, dim. 10h-16h ; nov.-mars : 9h-17h, dim. 10h-15h.*

SE REPÉRER

Carte de région B3 (p. 446) – *carte Michelin 503 P27 - Warwickshire.* Stratford est à 51 km/32 miles au sud de Birmingham par la A 3400. Le parking le plus commode est celui de **Bridgefoot** sur Bridgeway, à proximité immédiate de l'office de tourisme. En arrivant de Birmingham, poursuivre dans Guild Street, puis prendre à gauche Warwick Road (A 439) et à droite Bridgeway. Si vous arrivez d'Alcester par la A 422, traversez la ville tout droit jusqu'au bout de Bridge Street, puis prenez à gauche vers Warwick Road.

À NE PAS MANQUER

Les cinq demeures shakespeariennes.

ORGANISER SON TEMPS

Stratford mérite bien une pause de 2 jours.

AVEC LES ENFANTS

La maison de Mary Arden à Wilmcote ; Warwick Castle.

Cette petite ville charme par ses ensembles de maisons à pans de bois, datant pour la plupart du 16e s., ainsi que par les rives ombragées de l'Avon. Mais cela ne serait qu'une belle cité parmi tant d'autres si elle n'avait donné naissance à un génie universel, le plus grand auteur dramatique anglais, William Shakespeare. Elle lui doit d'être aujourd'hui une des destinations touristiques les plus en vogue du pays avec environ 3,8 millions de visiteurs chaque année.

Se promener Plan de ville

Tout à Stratford est voué à la mémoire du grand homme. L'itinéraire proposé permet de suivre sa trajectoire, depuis sa maison natale jusqu'à l'église où il fut baptisé et où il repose, sans oublier sa vie posthume, incarnée par la Royal Shakespeare Company.

Circuit tracé en vert sur le plan p. 517. Partant de l'office de tourisme, traverser le canal et suivre la commerçante Bridge Street jusqu'à son intersection avec Henley Street, piétonne. C'est là, sur la droite, que se trouve la « maison natale » du dramaturge.

★ Shakespeare's Birthplace

☏ (01789) 204 016 - www.shakespeare.org.uk - ♿ - 9h-17h (juil.-août 18h) - fermé 23-26 déc. - 12,50 £ billet combiné avec Hall's Croft ; 19 £ billet combiné 5 sites shakespeariens.

William Shakespeare (1564-1616)

DANS LES GRANDES LIGNES

Originaire d'une famille de fermiers, **John Shakespeare** s'établit comme maître gantier dans la riche cité de Stratford-upon-Avon avec son épouse, **Mary Arden**, née à Wilmcote. Les affaires de John prospèrent et il n'hésite pas à cumuler avec sa profession celle de négociant en laine et en maïs, voire de prêteur sur gages. Notable, il est membre du conseil municipal et devient bailli en 1568. Deux ans auparavant, il avait acheté la « maison (dite) natale » de William, né en 1564, troisième des huit enfants du couple.

Après avoir reçu une solide éducation, William épouse en 1582 **Anne Hathaway**. Il a 18 ans, elle, âgée de 26 ans, est enceinte de leur fille Susanna. Le couple aura deux ans plus tard des jumeaux. Mais, à une date inconnue, William quitte à la fois sa ville natale et sa femme pour gagner Londres. Quand s'est-il tourné vers le théâtre ? Nul ne le sait… Mais il est déjà reconnu comme acteur et dramaturge en 1592, et admiré par son rival et néanmoins ami, **Ben Jonson**. À partir de 1594, il est le principal dramaturge de la compagnie des Comédiens de lord Chamberlain, qui se produit dès 1599 au Globe Theatre. Les chefs-d'œuvre se succèdent : *Roméo et Juliette* et *Songe d'une nuit d'été, Les Joyeuses Commères de Windsor, Hamlet, Othello, Le Roi Lear…* soit au total trente-six pièces. Grâce à leur succès, il s'enrichit et investit dans l'immobilier à Stratford, achetant en 1597 la demeure de New Place, où il passe les dernières années de sa vie. C'est une fortune considérable qu'il lègue à ses héritiers lorsqu'il s'éteint dans sa ville natale le 23 avril 1616.

GLOIRE POSTHUME

Célébré et adulé de son vivant, Shakespeare n'est jamais tombé dans l'oubli. Mais c'est l'organisation à Stratford en 1769, par l'acteur **David Garrick**, du premier festival à lui être consacré qui va déclencher une véritable « shakespearomania » : au début du 19e s., une brave dame résidant dans la « maison natale » produit à la chaîne des objets censés avoir appartenu au grand homme… Sur le continent, les pièces de Shakespeare s'accordant mal avec la tradition française classique, la reconnaissance doit attendre la vague romantique avec les adaptations de **Vigny** *(Le Marchand de Venise, Roméo et Juliette)*. La musique, avec **Berlioz** (*La Tempête, Le Roi Lear, Roméo et Juliette*, morceaux inspirés par *Hamlet*, et l'opéra *Béatrice et Bénédicte*, tiré de *Beaucoup de bruit pour rien*), et la peinture avec **Delacroix** (*Lady Macbeth* en 1825 et 1849, toiles inspirées par *Hamlet*) ne sont pas en reste. Ailleurs en Europe, les opéras de **Rossini** *(Elisabetta, regina d'Inghilterra, Otello)* et de **Verdi** *(Macbeth, Otello, Falstaff)* contribuent à la gloire de Shakespeare, tandis que **Mendelssohn** compose l'ouverture du *Songe d'une nuit d'été*, et **Tchaïkovski** un poème symphonique sur *Roméo et Juliette* ainsi qu'une ouverture de *Hamlet*.

DANS LA MUSIQUE ANGLAISE

Au 20e s., l'œuvre de Shakespeare inspire toujours les compositeurs anglais : **Edward Elgar** *(Falstaff)*, **Ralph Vaughan Williams** *(Serenade to Music*, inspiré par *Le Marchand de Venise)*, **Gustav Holst** *(At the Boar's Head)* et **Benjamin Britten** *(Songe d'une nuit d'été)*.

Une présentation de la vie et de l'œuvre de Shakespeare ainsi que du contexte de l'époque précède la visite de la maison à colombage où le dramaturge vécut à partir de l'âge de 2 ans. Remeublée comme elle devait l'être à l'époque, la demeure comporte de beaux murs peints et permet de découvrir la boutique-atelier de John Shakespeare. Remarquez dans la « chambre natale », à l'étage supérieur, les graffitis témoignant du passage de nombre de célébrités, parmi lesquelles Walter Scott, Thomas Carlyle ou Henry Irving. Un beau jardin complète l'ensemble.

Reprendre Henley Street en sens inverse ; au carrefour, prendre High Street.

High Street

Cette rue jadis habitée par les notables de la ville a conservé, malgré les incendies, de superbes maisons blanc et noir. C'est le cas de celle abritant le restaurant **Marlowe** ou encore de **The Garrick** *(voir Nos adresses)* qui, datant de 1595, affirme être le plus vieux pub de la ville et porte le nom de l'acteur qui organisa le « jubilé » de 1769.

Harvard House

Sur la gauche de la rue - ✆ (01789) 204 507 - ♿ - mar.-sam. 10h-16h, dim. 10h30-16h30 - 2,75 £.

Cette maison à colombage richement sculptée, datant de 1596, appartenait à la mère de **John Harvard** qui, après avoir émigré en Amérique, fonda la célèbre université qui porte son nom. Elle abrite une collection d'étains britanniques.

Nash's House and New Place

✆ (01789) 292 325 - www.shakespeare.org.uk - ♿ - 10h-17h (juil-août 18h) - 12,50 £, 19 £ billet combiné 5 sites shakespeariens.

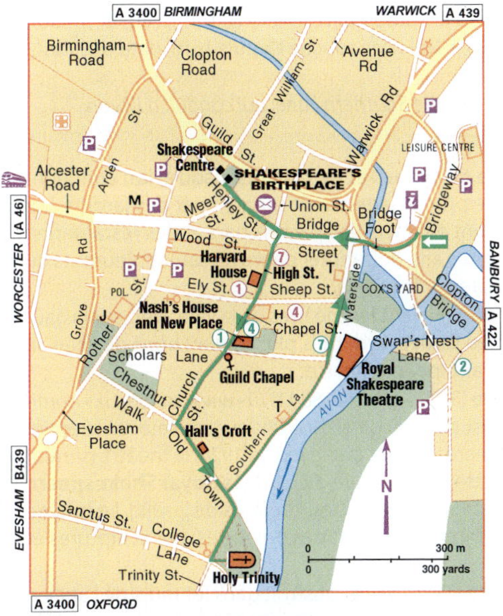

STRATFORD-UPON-AVON

SE LOGER

- Cherry Trees ..... ②
- Mercure Shakespeare Hotel ..... ④
- The Arden Hotel ..... ⑦
- The Legacy Falcon Hotel ..... ①

SE RESTAURER

- Garrick Inn ..... ①
- Lambs ..... ④
- The Marlowe's Restaurant ..... ⑦

De la demeure, bâtie en 1483, où Shakespeare se retira, il ne subsiste que les fondations ; la maison de Thomas Nash, mari de la petite-fille de Shakespeare, abrite une exposition sur les éditions des œuvres de ce dernier, des objets évoquant la vie locale sous les Tudors, ainsi que le jubilé organisé par **David Garrick**.

Guild Chapel

✆ (01789) 207 111 - 10h-16h30.

La chapelle de la Guilde de la Ste-Croix (fondée en 1269), la confrérie la plus importante de Stratford avant la Réforme, est essentiellement de style Perpendicular. Le chœur est orné de peintures murales représentant le Christ, Marie, saint Jean, saint Pierre et le Jugement dernier.

Au bout de Church Street, prendre à gauche Old Town.

★ Hall's Croft

✆ (01789) 292 107 - www.shakespeare.org.uk - ♿ - avr.-oct. : 10h-17h ; reste de l'année : se renseigner - 12,50 £ billet combiné avec Shakespeare's Birthplace ; 19 £ billet combiné 5 sites shakespeariens.

C'est dans cette demeure que vécut le docteur John Hall, époux de la fille aînée de Shakespeare, Susanna. La maison (16e s.-17e s.) renferme du mobilier et des tableaux d'époque, des notes prises par le médecin sur ses patients et une petite mais terrifiante exposition sur la médecine de cette époque.

Holy Trinity Church

✆ (01789) 266 316 - www.stratford-upon-avon.org - ♿ - avr.-sept. : 8h30-18h, dim. 12h30-17h ; mars et oct. 9h-17h, dim. 12h30-17h ; nov.-fév. : 9h-16h, dim. 12h30-17h (dernière entrée 20mn av. fermeture) - 1,50 £.

Avec sa tour et son transept de style gothique Early English, sa nef de style Perpendicular (1480), l'église de la Ste-Trinité, posée en bordure de l'Avon, n'aurait nul besoin du **tombeau de Shakespeare** *(côté gauche du chœur)* pour être remarquable. « Béni soit l'homme qui respecte ce tombeau, et maudit soit celui qui bougera mes os. » Nul n'y a touché depuis 1616, date de l'inhumation du dramaturge.

Revenir en arrière et prendre à droite Southern Lane, qui conduit à l'Avon.

Riverside

Longeant la rivière peuplée de cygnes et de canards jusqu'à son confluent avec le canal, cette agréable promenade en est séparée par des jardins. Sur l'eau, nombre de péniches ont été investies par des bars et des restaurants ; vous pourrez louer des barques afin de canoter parmi les saules pleureurs ou embarquer pour une croisière sur la rivière.

C'est également ici que se concentrent les théâtres de la ville avec, sur la gauche, **The Other Place** et **The Courtyard**, puis plus loin au bord de l'eau, le Swan Theatre et le Royal Shakespeare Theatre.

Royal Shakespeare Theatre (RST) – *✆ 0844 800 1110 - www.rsc.org.uk - horaires et tarifs : se renseigner.* C'est en 1879 que l'on édifia sur ces lieux un premier théâtre consacré à Shakespeare. Détruit par le feu en 1926, le théâtre primitif fut remplacé en 1932 par cette grande salle, siège de la **Royal Shakespeare Company**, troupe qui se produit dans les trois théâtres de la ville. Le **musée** de la Royal Shakespeare Company contient des peintures, des sculptures et des accessoires.

À côté, le petit **Swan Theatre** (1986) a été construit dans les murs de l'ancien théâtre : l'avant-scène et les balcons reconstituent les salles de spectacle d'époque Tudor.

Cottage d'Anne Hathaway.
Jon Arnold / Hemis.fr

À proximité Carte de région

DEMEURES SHAKESPEARIENNES EN PÉRIPHÉRIE

Bon à savoir – Les deux sites sont desservis par le **Sight Seeing Bus** *(voir Nos adresses).*

Vous pouvez également choisir de vous y rendre à pied par des sentiers *(footpath)* balisés : pour le cottage d'Anne Hathaway, le sentier part sur la gauche d'Alcester Road, juste après Albany Road *(1 mile)* ; pour la maison de Mary Arden, suivre le canal de Stratford *(3,5 miles).*

4

Anne Hathaway's Cottage B3

À Shottery, 2 km/1,2 miles à l'ouest par Alcester Road, puis à gauche Shottery Road (signalisation) - (01789) 292 100 - www.shakespeare.org.uk - ♿ - avr.-oct. : 9h-17h ; reste de l'année : se renseigner - 7,50 £ ; 19 £ billet combiné 5 sites shakespeariens.

Habitée par la famille Hathaway jusqu'en 1899, cette chaumière a été aménagée avec du mobilier d'époque comme le « lit d'Anne Hathaway ». L'extérieur est charmant avec son jardin de plantes aromatiques et son verger planté d'arbres cités dans les œuvres de Shakespeare.

★ Mary Arden's House and The Shakespeare Countryside Museum B3

À Wilmcote, 6 km/3,5 miles au nord par la A 3400 en direction d'Alcester, puis une petite route à droite - (01789) 293 455 - www.shakespeare.org.uk - ♿ - mars-oct. 10h-17h - 9,50 £ ; 19 £ billet combiné 5 sites shakespeariens.

On a longtemps pensé que Palmer's House (16e s.), qui possède des boiseries quasi intactes, était la demeure de la mère de Shakespeare. Sa voisine, **Glebe Farm**, a été depuis identifiée comme la véritable maison de Mary Arden *(attention au passage des portes !)*. Entre la maison et la ferme se dressent pigeonniers, étables, écuries et communs, que peuplent des animaux. Démonstrations de fauconnerie.

AUTRES SITES

Alcester B3

À 16 km/10 miles à l'ouest de Stratford-Upon-Avon ; près de la A 46.
Cette agréable bourgade conserve de belles maisons à colombage.

★ **Ragley Hall** – *À 3 km/2 miles à l'ouest d'Alcester (signalisation sur la A 453 en direction de Birmingham) - (01789) 762 090 - www.ragleyhall.com - ♿ - août : maison : tlj sf sam. 12h-16h (jardins tlj 10h-18h) ; reste de l'année : se renseigner - 8,50 £.* Plus noble qu'imposant, Ragley fut conçu et construit dans le style palladien par Robert Hooke. **James Gibbs** y ajouta vers 1750 les plus beaux plafonds de plâtre qu'il ait jamais réalisés, et, trente ans plus tard, Wyatt édifia le portique colossal. Peintures de Wootton, Van Loo, Reynolds, Hoppner, Lely et Cornelius Schut. La surprise vient de l'escalier sud, décoré par **Graham Rust** (1969-1983) : au plafond la *Tentation*, et sur les murs, des divinités classiques, des singes, et des oiseaux cohabitent avec les membres de la famille Seymour, le tout dans un style baroque postréaliste.

★ Upton House B3

À 22 km/13,5 miles au sud-est par la A 422 vers Banbury - NT - (01295) 670 266 - www.nationaltrust.org.uk - ♿ - de mi-mars à fin oct. : vend.-merc. et j. fériés 13h-17h ; de déb. nov à mi-déc. : w.-end 12h-16h ; de mi-fév. à mi-mars : visite guidée sam.-merc. 12h-16h - possibilité de visite guidée 11h-13h (sf nov.-déc.) - 9 £ (jardins seuls 5,50 £), tarifs réduits en hiver.
Cette maison de la fin du 17e s. abrite la célèbre collection de porcelaines et de peintures du vicomte Bearsted, fils du fondateur de la Shell. Dans le hall, vous admirerez une vue de Venise par Canaletto et un paysage de Wootton, et dans la **Grande Galerie**, des peintures hollandaises, dont les *Cinq Sens* de Jan Steen, ainsi que des porcelaines de Chelsea et de Bow. Le **boudoir** est exclusivement consacré aux œuvres françaises des 18e et 19e s., dont un *Vénus et Vulcain* de Boucher, tandis que la **salle des Porcelaines** abonde en pièces de Sèvres, de Chine, de Chelsea et de Derby. Dans la salle de jeux, vous verrez *Le Matin* et *La Nuit* de Hogarth, mais les chefs-d'œuvre de la collection sont réunis dans la **galerie des Peintures** où, parmi des œuvres de Holbein, Hogarth, Guardi, Tintoret, Bruegel l'Ancien et Bosch, figure le *Christ détenu en captivité* du Greco, modèle supposé du retable de la cathédrale de Tolède.

★ Warwick B3

À 14 km/8,5 miles au nord-est de Stratford-Upon-Avon, par la A 429.
Court House - Jury Street - (01926) 492 212 - www.warwick-uk.co.uk
Fondée au bord de la rivère Avon en 914 apr. J.-C. par Ethelfleda, sœur d'Edward the Elder, Warwick est un lieu de villégiature très prisé par les Anglais mais aussi par les réalisateurs de films.

★★ **Warwick Castle** – *0871 265 2000 - www.warwick-castle.com - ♿ - 10h-18h (oct.-mars 17h) - fermé 25 déc. - 25,45 £ (19,95 £ sans le donjon), tarifs réduits en réservant sur Internet - restaurants.* Cette forteresse domine la rivière Avon sur le site d'une motte normande et d'une cour intérieure, qui, à l'origine, étaient probablement une fortification saxonne. De beaux jardins dessinés par « **Capability** » **Brown** *(voir l'encadré ci-contre)* vers 1750 ont été plantés sur le tertre. Robert Marnock, jardinier victorien, ajouta ensuite le jardin des Paons et une roseraie à la française.

LANCELOT « CAPABILITY » BROWN

Né en 1715 à Northumberland, il suit les cours de l'école Cambo avant de devenir jardinier au service de sir William Loraine. Son parcours professionnel prend un tournant décisif quand il rejoint à Stowe l'équipe de jardiniers dirigée par William Kent, un des fondateurs du nouveau style de jardin anglais. Lancelot Brown obtient alors des responsabilités et lord Cobham, propriétaire des lieux, le recommande à ses amis aristocrates. La carrière de Brown est lancée. On le surnomme « Capability », car il n'a de cesse de répéter à ses clients que leurs jardins ont de « grandes capacités », ce qui se révèle toujours vrai avec son talent. Il meurt à Londres en 1783, en ayant réalisé pas moins de 170 jardins dont ceux des plus grandes demeures d'Angleterre, comme Burghley House, Blenheim Palace ou le château de Warwick.

Les courtines et le corps de garde datent du 14e s., la tour de l'Ours et la tour Clarence du 15e s. La construction du château fut entreprise par Thomas Beauchamp, 11e comte de Warwick (1329-1369). Son petit-fils Richard (1382-1439), 13e comte de Warwick, qui dirigea le procès de Jeanne d'Arc, y habita, puis Richard Neville, 16e comte de Warwick (1428-1471), le plus célèbre de ceux qui portèrent le titre et qui gagna le surnom de « Faiseur de rois » en assurant le succès de la maison d'York sur les Lancastre.

Faisant désormais partie du groupe Tussaud, le château « revit » grâce à des figures de cire recréant les personnages et les événements de son histoire sous forme de tableaux, en commençant par les préparatifs de l'ultime bataille en 1471 de Richard Neville. L'époque Jacques Ier est évoquée avec la tour du Fantôme, et la période victorienne par un tableau représentant une partie de jardin organisée en 1898 par la comtesse de Warwick, avec des invités tels le prince de Galles et le jeune Winston Churchill.

La splendide grande salle remonte au 14e s. Peintures et mobilier de maître sont exposés dans les **salles d'apparat** des 17e et 18e s. : le salon rouge, le salon vert et le salon dit de cèdre renferment des œuvres de Lely, Van Dyck, du mobilier de Boulle. Un portrait d'Henri VIII d'après Holbein orne le boudoir bleu. La visite de l'arsenal, des cachots et des salles de torture ne manque pas d'intérêt. La **salle des machines**, restaurée, raconte dans quelles circonstances l'électricité fut amenée au château en 1900.

Les amateurs de **panoramas** feront l'ascension des tours et parcourront les créneaux.

★ **Lord Leycester Hospital** – *High Street - ✆ (01926) 491 422 - www.lordleycester.com - mar.-dim. et lun. fériés 10h-17h (oct.-mars 16h30) - fermé Vend. saint et 25 déc. - 4,90 £.* Fondé en 1571 par Robert Dudley, favori de la reine Élisabeth Ire, il se compose d'une demeure à colombage entourant une charmante cour. Les parties les plus anciennes sont la chapelle, datant de 1383, et l'hôtel de ville, construit en 1450 par Warwick, le « Faiseur de rois ».

★ **Collegiate Church of St Mary** – *Church Street - ✆ (01926) 403 940 - www.saintmaryschurch.co.uk - 10h-18h (nov.-mars 16h30) - donation 2 £.* Édifiée en 1123, la collégiale fut reconstruite après un incendie en 1694. Elle doit sa renommée à la chapelle Beauchamp (15e s.), qui contient le **tombeau★**, orné d'un superbe gisant en bronze doré, de Richard Beauchamp, comte de Warwick, ainsi que celui de Robert Dudley, comte de Leicester.

4

NOS ADRESSES À STRATFORD-UPON-AVON

TRANSPORTS

Park-and-Ride – Parking sur la A 46, rte d'Alcester/Warwick. Navette pour Wood Street ou Bridge Street *(7h-19h - 1,50 £).*

VISITES

Sur terre

À pied – Stratford Town Walks - *✆ (0789) 292 478 ou (0785) 760 377 - www.stratfordtownwalk.co.uk - lun.-merc. 11h, jeu.-dim. 14h - dép. de la Swan Fountain près du Royal Shakespeare Theatre - 5 £.* Ces promenades de 2h permettent de découvrir l'essentiel de la ville.

Les amateurs de sensations fortes iront à la chasse aux fantômes avec **Stratford Town Ghost Walk** *(lun., jeu.-sam. 19h30 - dép. du même endroit - durée 1h30 - 6 £).*

En bus à impériale – City Sightseeing - *✆ (01789) 412 680 - www.city-sightseeing.com - fermé 1er janv. et 25-26 déc. - tour (1h) ttes les 20mn (été) à 60mn (hiver) - dép. de Bridgefoot - 11,50 £.*

Sur l'eau

Avon Boating – *Swan's Nest Lane - ✆ (01789) 267 073 - www.avon-boating.co.uk - avr.-oct. : ttes les 20mn env. - dép. de Bancroft Gardens, Waterside, côté du Royal Shakespeare Theatre - 4,50 £.* Balades en bateau (30mn) sur l'Avon. Également des locations de bateaux à rames ou électriques *(avr.-oct. : de 9h au coucher du soleil).*

HÉBERGEMENT

BUDGET MOYEN

À Wilmcote

The Mary Arden – *✆ (01789) 267 030 - www.mary-arden.co.uk - ch : 70 £* ☕. « Ici, il n'y pas d'étrangers, seulement des amis que vous n'aviez jamais rencontrés jusqu'à présent. » Telle est la devise de cette charmante auberge de campagne, à deux pas de la maison de Mary Arden, où vous pourrez goûter une *Shakespeare's Suet Sensation* (steak et bière brune dans un *suet pudding*).

À Warwick

The Aylesford Hotel – *1st High Street - ✆ (01926) 492 799 - www.aylesfordhotel.co.uk - 30 ch. : 70 £* ☕. Cette adresse cumule les avantages : restaurant servant des spécialités françaises, concert de jazz, agréables chambres avec des lits à baldaquin, le tout situé à 5mn à pied du château.

POUR SE FAIRE PLAISIR

À Stratford-upon-Avon

The Arden Hotel – *44 Waterside, face au Royal Shakespeare Theatre - ✆ 01789 298 682 - www.theardenhotelstratford.com - 63 ch. : 90/159 £* ☕. Sur les rives de l'Avon, un hôtel confortable dans une demeure aux allures campagnardes. Terrasse dominant la rivière où les repas sont servis aux beaux jours.

The Legacy Falcon Hotel – *Chapel Street - ✆ 0844 411 9005 - www.legacy-hotels.co.uk - 84 ch. : 80/145 £* ☕. Cet hôtel moderne, aux bâtiments entourant un vaste jardin fleuri, se dissimule derrière une façade à pans de bois face à la Guild Chapel.

Cherry Trees – *Swan's Nest Lane - ✆ (01789) 292 989 - www.cherrytrees-stratford.co.uk - 3 ch. : 115 £* ☕. Située dans un quartier calme, cette élégante *guesthouse* offre des chambres spacieuses et bien aménagées.

UNE FOLIE

À Stratford-upon-Avon

Mercure Shakespeare Hotel – *Chapel Street - ✆ 01789 294 997 - www.mercure.com - 73 ch. : 144/180 £* ☕. Charmant édifice du 17e s. aux chambres agréables ; situation centrale.

RESTAURATION

Bon à savoir – À Stratford-upon-Avon, vous trouverez de nombreux restaurants sur **Sheep Street** *(partant de Waterside à hauteur de The Swan Fountain).*

BUDGET MOYEN

À Stratford-upon-Avon

Lambs – *12 Sheep Street - ✆ (01789) 292 554 - www.lambsrestaurant.co.uk - fermé dim. soir et lun. midi - 22/34 £ (menu 15/20 £).* Charmante maison du 16e s. Cuisine de brasserie, plats variés et prix raisonnables.

Garrick Inn – *High St - ✆ (01789) 292186 - www.garrick-inn-stratford-upon-avon.co.uk - 20/25 £.* Le grand William a peut-être descendu quelques pintes de bière dans ce pub-restaurant ouvert en 1595.

À Shottery

The Cottage – *✆ (01789) 293 122 - www.cottageteagarden.com.* Restaurant-salon de thé dans une pergola posée sous les saules pleureurs d'un jardin romantique, face au cottage d'Anne Hathaway.

POUR SE FAIRE PLAISIR

À Stratford-upon-Avon

The Marlowe's Restaurant – *18 High Street - ✆ (01789) 204 999 - www.marlowes.biz.* Dans la ville natale de Shakespeare, prendre le nom de son illustre prédécesseur Christopher Marlowe s'apparente à de la provocation ! C'est pourtant le choix qu'a fait ce restaurant, à l'étage d'une belle demeure à colombage.

PETITE PAUSE

Drucker's – *43 Henley Street (Old Town) - ✆ (01789) 297 848.* Café-pâtisserie installé dans le jardin de Hall's Croft.

Costa Coffee – *21 Bridge Street - ✆ (01789) 262 160.* Pour les nostalgiques de l'expresso ou du capuccino…

The Black Swan – *Waterside - ✆ (01789) 297 312.* Une belle terrasse dominant l'Avon à deux pas du Royal Shakespeare Theatre.

ACHATS

Bon à savoir – Tous commerces sur **Bridge Street** (dont Boots, Marks & Spencer, Woolworth's) et **High Street** (Body Shop, WH Smith, Burton…).

Curtis Brae off Stratford – *Sheep Street - ✆ (01789) 267 277 - www.curtisbrae.co.uk.* Pour les amateurs de *teddy-bears* (ours en peluche).

Crabtree & Evelyn – *1 High Street au coin de Bridge Street - ✆ (01789) 297 584.* Avis aux gourmands : ils trouveront ici thés, confitures, biscuits au gingembre… plus des produits pour le corps. Salon de thé et *coffee shop* à l'étage.

Souvenirs – La boutique du **National Trust** se trouve sur Wood Street (dans le prolongement de Bridge Street). Vous trouverez également des « **gifts shops** » dans les maisons shakespeariennes.

AGENDA

Shakespeare Birthday Celebrations – Le week-end le plus proche du 23 avril : théâtre de rue, spectacles pour enfants…

Worcester

★

96 613 habitants

NOS ADRESSES PAGE 527

S'INFORMER

Office de tourisme – *The Guildhall - High Street - ✆ (01905) 726 311 - www.visitworcester.com (en français) - tlj sf dim. 9h30-17h, j. fériés 10h-16h.*

SE REPÉRER

Carte de région B3 (p. 446) – *carte Michelin 504 N27 - Hereford and Worcester.* En suivant la direction du centre-ville, vous arrivez au carrefour de Broad Street. Suivre la direction Malvern et, immédiatement avant le pont sur la Severn, prendre à droite sur le quai. Vous trouverez sur votre droite un parking Pay-and-Display. Surprenant : vous devrez saisir les chiffres du numéro d'immatriculation de votre voiture avant d'insérer les pièces dans la machine. Vous vous trouvez au pied du centre commercial de Crowngate et gagnerez High Street par Broad Street.

À NE PAS MANQUER

La cathédrale, une des plus belles d'Angleterre.

ORGANISER SON TEMPS

Consacrez 3 heures à la ville et finissez la journée par une balade du côté du Malvern.

Une grande cathédrale de grès rouge dominant la boucle de la Severn, des maisons à colombage et des demeures georgiennes, une porcelaine fameuse en Angleterre et la sauce qui porte son nom font de Worcester une des plus anglaises des villes anglaises.

Se promener

Par la petite Angel Place, où se tient le marché, accéder à la rue principale, High Street, piétonne et commerçante.

Guildhall

High Street - ✆ (01905) 722 033 - tlj sf dim. 9h-16h30 (selon disponibilité) - fermé 25 déc.

LA DÉFAITE DE CHARLES

Durant la guerre civile, Worcester passa sans relâche en 1642-1643 des mains des royalistes à celles des parlementaires, partisans d'**Oliver Cromwell** : ces derniers transformèrent même les stalles de la cathédrale en écuries… Après avoir fait exécuter le roi **Charles Ier** (1649) et instauré sa dictature en prenant le titre de lord Protecteur (1653), Cromwell dut faire face à la réaction du fils du roi décapité : c'est sous les murs de Worcester qu'il écrasa les troupes de l'héritier du trône, victoire qui lui permit de gouverner l'Angleterre d'une main de fer jusqu'à sa mort en 1658.

LE ROI JEAN

Quatrième fils de Henri II, **Jean** (1167-1216) se montre dès son plus jeune âge un véritable trublion, se révoltant contre son père avec l'aide intéressée de Philippe Auguste. Plus tard, il profite de l'absence de son frère Richard, occupé aux croisades, pour tenter de s'emparer du trône. Il finit par y parvenir en 1199, date de la mort de Cœur de Lion, mais, s'il est reconnu par les Normands, ce n'est pas le cas des Bretons, qui soutiennent son neveu **Arthur de Bretagne** : fidèle à sa manière expéditive, Jean fait enlever et assassiner Arthur… mais il est déchu de ses possessions françaises et ses partisans battus à Bouvines (1214). Excommunié, volontiers tyrannique, il doit faire face à la révolte de ses barons et des bourgeois, auxquels il est contraint d'accorder la **Magna Carta** garantissant les libertés individuelles.

L'hôtel de ville ouvre sur la rue par de belles grilles ouvragées. Ce bâtiment de brique rouge et de pierre de taille fut achevé en 1724 par la mise en place, dans des niches, des statues de Charles Ier, de Charles II et de la reine Anne, et sur le parapet d'allégories du Travail, de la Paix, de la Justice, de l'Abondance et du Châtiment. À l'étage, le plafond à l'italienne de la belle Assembly Room contraste avec le classicisme dépouillé de la pièce.
Prendre à gauche Pump Street, puis à droite Friar Street.

Friar Street

Rue bordée de maisons à colombage, dont la plus impressionnante, **Greyfriars** (au n° 2, vers 1480) possède un ravissant jardin et un intérieur tendu de tapisseries et de broderies. *NT - ✆ (01905) 23571 - www.nationaltrust.org.uk - de mars à mi-déc. : merc.-dim. 13h-17h - 4,60 £ - parking à Friar Street.*
Prendre à droite College Street et entrer dans la cathédrale par le porche nord.

★★ Worcester Cathedral

✆ (01905) 732 900 - www.worcestercathedral.co.uk - ♿ - 7h30-18h - tour : avr.-oct. : sam. (et tlj sf dim. en été) 11h-17h - possibilité de visite guidée (1h) de mai à oct. : lun.-sam. 11h et 14h ; nov.-avr. : sam. 11h et 14h30 (3 £) - salon de thé.
Une ancienne église fut reconstruite à la fin du 11e s. par Wulstan (évêque saxon de Worcester qui dut sa fortune aux Normands et fut par la suite canonisé). Sa superbe **crypte** a survécu, bien que la plus grande partie de la cathédrale, et notamment la tour, ait été reconstruite au 14e s. Le **chœur** est un exemple remarquable du style Early English. On y trouve de nombreux monuments funéraires : notez dans le chœur le tombeau du roi **Jean sans Terre**, célèbre pour ses démêlés avec son frère **Richard Cœur de Lion,** inhumé ici en 1216 ; dans la nef, remarquez le très beau tombeau de **sir John Beauchamp of Holt**, chevalier au destin vertigineux puisqu'il fut fait baron en 1387 et… exécuté en 1388 pour haute trahison. La **chapelle funéraire** du malheureux prince **Arthur** *(voir p. 534)*, aux réseaux délicats, est une œuvre de style gothique Perpendicular tardif. Remarquez aussi le mémorial au compositeur **Edward Elgar**, agrémenté d'un vitrail illustrant *Le Rêve de Gerontius*, dont le compositeur a tiré un célèbre oratorio.
Le **cloître**, reconstruit en 1374, possède de merveilleuses clés de voûte. Le passage situé à l'est mène à la **salle capitulaire** (environ 1150), superbe exemple de voûte à colonne centrale. Au-delà du cloître, l'enclos paisible s'ouvre sur Severn Street par l'ancienne porte fortifiée du monastère, la **tour d'Edgar**.
Prendre immédiatement à droite Severn Street.

DEUX SPÉCIALITÉS

De la laine à la porcelaine – Fondée par les Romains, puis siège d'une bourgade saxonne, Worcester commence à se développer lorsqu'elle est érigée en évêché en 680. Au 13e s., la cité tire sa prospérité de deux principales activités, la laine et le cuir. Mais au 18e s., le commerce de la laine périclite. C'est alors que le docteur **John Wall** a l'idée de créer en 1751 une manufacture de porcelaine, dont le succès est tel qu'elle devient royale en 1775 et contribue depuis au renom de la ville… tout comme une célèbre sauce…

La sauce Worcester – Selon la tradition, un certain Marcus Sandys, originaire du Worcestershire, aurait tant apprécié une sauce épicée qu'il avait dégustée aux Antilles que, de retour au pays, il aurait ordonné à deux épiciers locaux, John Lea et William Perrins, de lui fabriquer la même. Le résultat de leurs recherches est la célèbre sauce Worcester qui, commercialisée en 1837, est toujours vendue aujourd'hui sous la marque Lea & Perrins, et reste l'une des principales industries de la ville. Bien que sa recette soit jalousement tenue secrète, on sait que la sauce est concoctée à partir d'oignons, d'ail et d'échalotes marinés dans du vinaigre de malt, puis mélangés à des anchois salés, des tamarins noirs, des piments, des clous de girofle et de la mélasse noire, avant d'être mise à vieillir pendant deux ans. Elle est utilisée pour relever le jus de tomate ou certains cocktails, et pour ajouter une note piquante aux farces, soupes et ragoûts.

★ Royal Worcester Porcelain Works

Fondée en 1751, la manufacture royale doit son succès à l'utilisation de stéatite de Cornouailles pour imiter la porcelaine chinoise, ainsi qu'à sa faculté d'adaptation aux changements de mode (chinoiserie, classicisme, romantisme).

★ **Musée** – *✆ (01905) 21247 - www.worcesterporcelainmuseum.org - ♿ -Pâques-oct. : lun.-sam. 10h-17h ; reste de l'année : mar.-sam. 10h30-16h - fermé 25-26 déc. - 6 £ (audioguide inclus) - cafétéria.* Il présente quelques-unes des plus belles productions de la manufacture : le vase représentant Wellington et Blucher, de Humphrey Chamberlain ; la femme voilée et le vase de l'exposition de Chicago, de James Hadley ; les chefs-d'œuvre en nid-d'abeilles de George Owen, et les séries d'oiseaux de Dorothy Doughtey.

Revenir en arrière, prendre à droite King Street puis Sidbury et traverser le canal.

The Commandery

✆ (01905) 361 821 - www.worcestercitymuseums.org.uk - ♿ - 10h-17h, dim. 13h30-17h - 5,40 £ - cafétéria.

L'ancien hôpital St-Wulstan, datant pour l'essentiel du début du 16e s., servit de quartier général à **Charles II** lors de la bataille de Worcester (1651). Il abrite un musée consacré à cette dernière.

Vous pourrez rejoindre le parking en reprenant Severn Street, jadis habitée par les pêcheurs de saumon, jusqu'à la **Severn**, où une promenade ombragée, Kleve Walk, longe le fleuve, sur lequel glisse une multitude de cygnes.

À proximité Carte de région

Great Malvern B3

À 13 km/8 miles au sud par la A 449.

21 Church Street, au coin de Worcester Road - ✆ (01684) 892 289 - www.malvernhills.gov.uk - 10h-17h (de nov. à Pâques : dim. 16h).
Station à la mode dès la fin du 18e s. en raison des vertus thérapeutiques de ses eaux, la bourgade très fleurie et étagée sur les pentes du massif du Malvern est aujourd'hui un agréable lieu de séjour. Elle s'articule autour de Church Street, qui dévale la pente, et longe le prieuré, concentrant la plupart des commerces. Le **pavillon de la Source** et l'établissement de bains furent élevés de 1819 à 1823 dans le style néogrec.
Priory Church – *✆ (01684) 561 020 - www.greatmalvernpriory.org.uk - ♿ - lun.-dim. 9h-17h - offrande bienvenue - cafétéria.* Posée dans la verdure, elle possède de beaux vitraux du 15e s. et le chœur est décoré de 1 200 panneaux de céramiques murales illustrés de 90 motifs différents (vers 1456), ensemble unique dans le pays. Tout proche, un petit **musée d'histoire locale** *(tlj sf merc.)*, dans Priory Gatehouse, évoque la géologie, les grandes heures de la station à l'époque victorienne, la vie et l'œuvre du compositeur Edward Elgar, ainsi que la saga des voitures Morgan.
Depuis le **Worcestershire Beacon** (426 m), point culminant des **Malvern Hills** qui surplombe la ville, la **vue** s'étend sur quinze comtés et trois cathédrales (Worcester, Gloucester et Hereford).

★ The Elgar Trail B3

Itinéraire balisé par des violons.
Une grande partie de l'œuvre d'**Edward Elgar** (1857-1934), le plus « anglais » des compositeurs, évoque ce paysage de vallées tranquilles et de douces collines. Le circuit pédestre qui lui est dédié, long d'environ 65 km, mène de sa **maison natale** (Elgar Birthplace Museum) à **Lower Broadheath** *(Crown East Lane, à l'ouest de Worcester par la B 4204 - ✆ (01905) 333 224 - www.elgarmuseum.org - ♿ - 11h-17h (dernière entrée 45mn av. fermeture) - fermé 24 déc.-31 janv. - 7 £)* à sa tombe, dans le cimetière catholique de **Little Malvern**, au pied des collines qui l'ont tant inspiré.

NOS ADRESSES À WORCESTER

TRANSPORTS

Parking – Possibilité de laisser la voiture à Droitwich Road *(A 38, au nord de la ville)*, puis d'emprunter la navette gratuite pour le centre.

VISITES

Visites guidées – *Avr.-sept. : lun.–vend. 11h, merc. 11h, 14h30 - durée 1h30 - réserv. à l'office de tourisme ou au ✆ (07890) 222 117.* Au départ de l'office de tourisme.
Balades sur la Severn – *Dép. de South Quay - ✆ (01905) 611 060 - www.worcesterrivercruises.co.uk - Pâques-oct : 11h-17h (dép. ttes les h) - durée 45mn - 5 £.*

HÉBERGEMENT

PREMIER PRIX

À Worcester
Travel Lodge – *College Street (entrée par le centre commercial Cathedral Piazza face à la cathédrale) - ✆ (08701) 911 777 - www.travelododge.co.uk - ch. : 55 £ - ☕ 6,50 £.* Impersonnel sans doute, mais commode, bon marché, confortable et remarquablement bien situé.

BUDGET MOYEN

À Great Malvern
The Great Malvern – *Graham Road, au coin de Church Street -*

☏ *(01684) 563 411 - www.great-malvern-hotel.co.uk - 15 ch. : 88 £* ☕. Accueil chaleureux dans ce vieil hôtel. Les chambres, confortables, sont immenses. Excellent restaurant et pub.

À Worcester

Ye Olde Talbot – *Friars Street - ☏ (01905) 235 730 - www.yeoldetalbot-worcester.co.uk - 29 ch. : 75/95 £* ☕. Un ancien relais de poste face à la cathédrale sur laquelle donne le pub éponyme.

POUR SE FAIRE PLAISIR

À Worcester

Diglis House – *Severn Street, au-delà de Royal Worcester - ☏ (01905) 353 518 - www.diglishousehotel.co.uk - fermé 25 déc.-1er janv. - 25 ch. : 90/120 £* ☕. Sur les rives de la Severn, une belle demeure ancienne (à laquelle s'ajoute une annexe moderne) reconvertie en un hôtel d'allure campagnarde, bien qu'à deux pas du centre. Restaurant dominant la Severn.

RESTAURATION

BUDGET MOYEN

À Worcester

Bon à savoir : Vous trouverez plusieurs petits restaurants « exotiques » (italiens, indiens…) dans Friars Street.

The Quay – *Quay Street - ☏ (01905) 745 792 - www.thequayworcester.co.uk - fermé dim. soir et lun.* Un restaurant sans prétention, mais agréablement situé et abordable.

À Great Malvern

The Prior's Croft – *Grange Road - ☏ (01684) 891 369 - www.priorscroft.com - 22 £.* Restaurant et salon de thé installés dans une demeure néogothique près du prieuré. Restauration légère à midi.

POUR SE FAIRE PLAISIR

À Worcester

Brown's – *24 Quay Street - ☏ (01905) 26 263 - brownsrestaurant.co.uk - fermé dim. soir - menu du soir 36/49 £, menu déj. 15 £.* Un ancien moulin près de la rivière abrite ce restaurant réputé. Cuisine britannique moderne.

PETITE PAUSE

Cathedral Coffee Shop – Dans une des galeries du cloître de la cathédrale de Worcester.

ACHATS

Bon à savoir – Grand choix de boutiques et de magasins sur High Street, ainsi que dans les centres commerciaux de Worcester, **Crowngate** ou **Cathedral Piazza**, au coin de High Street.

Royal Worcester – *Severn Street* Les amateurs de porcelaine (mais aussi de souvenirs en tout genre) trouveront une grande boutique dans l'enceinte de la manufacture royale *(voir p. 526)*.

AGENDA

Elgar Festival – *www.elgar-festival.com.* Fin mai-début juin, à Great Malvern, dans les différents théâtres de la ville.

Hereford

★

55 213 habitants

NOS ADRESSES PAGE 532

S'INFORMER

Office de tourisme – *1 King Street - (01432) 268 430 - www.visitherefordshire.co.uk - avr.-sept. : 9h30-16h30 ; reste de l'année : tlj sf dim. 10h-16h30, lun. fériés 10h-16h - fermé 1er janv. et 25 déc.*

SE REPÉRER

Carte de région A3 (p. 446) – *carte Michelin 503 L27 - Hereford and Worcester.* Commandant la vallée de la Wye, Hereford est située à quelques encablures de la frontière galloise. Après avoir franchi la rivière, en tournant immédiatement à gauche, vous trouverez un parking d'où un passage souterrain permet de gagner King Street, voie conduisant à la cathédrale.

À NE PAS MANQUER

La cathédrale de Hereford et l'église de Kilpeck.

ORGANISER SON TEMPS

Consacrez une demi-journée à la ville.

Cité universitaire animée et ville de marché à forte vocation commerciale, Hereford, jadis célèbre pour son cidre, a conservé d'un passé glorieux quelques belles maisons à colombage et, surtout, une immense cathédrale de grès rose, commencée à l'époque romane, un des joyaux de l'architecture religieuse dans les îles Britanniques.

Découvrir

Surmontée d'une imposante tour (ajout du 14e s.), la cathédrale dresse sa façade de grès rose au fond d'un vaste *green*, vestige de son enclos d'autrefois.

★★ Cathedral

Accès par le cloître à droite de la façade - (01432) 374 200 - www.herefordcathedral.org - ♿ - 9h15-17h30 (dim. 15h30)- Mappa Mundi Exhibition et Chained Library : avr.-oct. : lun.-sam. 10h-17h, certains dim. 12h-16h ; nov.-mars. : tlj sf dim. 12h-16h (4,50 £) - donation 5 £ - cafétéria.

Élevé entre le 12e et le 14e s., ce bel édifice de transition roman gothique fut en grande partie financé par les offrandes des pèlerins se rendant sur le tombeau de saint **Thomas Cantilupe** (canonisé en 1320), qui se trouve dans le bras gauche du transept. Ne manquez pas la chapelle Notre-Dame *(The Lady Chapel)*, bel exemple de style Early English (1220) ni, dans le bras gauche du transept, la chapelle Stanbury, représentative du style Perpendicular.

La **bibliothèque enchaînée★** contient 1 400 livres et plus de 200 manuscrits produits entre le 8e s. et le 15e s. Sa caractéristique ? Les ouvrages, présentés tranche en avant, sont attachés à leur rayonnage par une chaîne de métal, ce qui oblige à les consulter sur une tablette installée sous celui-ci.

Quant à la **Mappa mundi**, c'est une carte du monde connu, ayant Jérusalem pour centre, tout aussi mystique que géographique, dressée au 13e s. par un moine local. Sur l'agrandissement présenté, avant que vous accédiez à l'original, vous remarquerez une France curieusement couchée au-dessus de l'Espagne…

Derrière la cathédrale, dans la verdure, un cycliste semble écouter la musique céleste : c'est le musicien **Edward Elgar** *(voir p. 100)* qui résida à Hereford de 1904 à 1911.

La noble Broad Street conduit à la très commerçante High Street qui, à gauche, débouche sur la vaste place centrale dénommée **High Town**.

UNE VILLE ÉPISCOPALE

C'est en 676 que Hereford fut érigé en évêché. La cité, qui allait devenir la capitale de la **Mercie**, se développa autour d'une première cathédrale saxonne détruite lors des guerres frontalières avec les Gallois, et d'un château dont il ne subsiste rien aujourd'hui…

★ Old House

High Town, entre St Peter Street et Commercial Street.

Cette exceptionnelle maison à colombage de 1621 est un bel exemple d'architecture privée de style Jacques Ier. Elle abrite un **musée d'Histoire locale**.

✆ (01432) 260 694 - mar.-sam. 10h-17h (et avr.-sept. : dim. et lun. fériés 10h-16h) - fermé 1er janv., Vend. saint, 24-26 déc.

Tout en vous livrant au shopping dans les rues proches, vous pourrez voir d'autres demeures à pans de bois aux abords de la place, notamment dans **Widemarsh Street**.

À voir aussi

Hereford Cider Museum

Pomona Place par King Street, puis au-delà de la route (passage souterrain), Barton Road et à droite Bartonyard - ✆ (01432) 354 207 - www.cidermuseum.co.uk - ♿ - avr.-oct. : mar.-sam. 10h-17h ; nov.-mars : 11h-15h - 4 £.

Installé dans une ancienne cidrerie, il retrace l'histoire de la fabrication du cidre à Hereford, activité qui connut son apogée au 17e s. Les phases d'élaboration y sont expliquées et le visiteur apprend les différences subtiles entre un *Upright French* et un *Black Huffcape*. Vous verrez également une collection de bouteilles de cidre provenant du monde entier. La distillerie du roi Offa produit de l'eau-de-vie de cidre, en vente à la boutique.

À proximité Carte de région

Kilpeck A3

▶ Prendre la A 465 en direction d'Abregavenny sur 13 km/8 miles, puis à gauche une route signalisée.

L'église **St Mary and St David★★** fut édifiée vers 1134. Nulle part ailleurs en Grande-Bretagne n'ont été conservées d'aussi riches sculptures de style roman. Le portail sud, avec ses voussures et ses colonnes, est particulièrement beau. Des 70 modillons sculptés de la corniche, deux seulement ont un rapport plus ou moins étroit avec la religion. Quant à ceux du mur ouest, de pure inspiration viking, ils semblent provenir de proues de drakkars.

Abbey Dore A3

Revenir sur la A 465, puis prendre à droite à Pontrilas. Dissimulée par une haie, l'église se trouve sur la droite de la route à l'entrée du village. Laisser la voiture au parking de l'auberge et continuer à pied jusqu'au portail donnant accès au cimetière.
Cette église (1180) faisait partie d'une abbaye cistercienne fondée en 1147. John Abel, l'architecte à qui fut confiée en 1632 la restauration du sanctuaire, utilisa 204 tonnes de bois d'œuvre pour refaire la charpente de la nef et du sanctuaire. C'est à lui que l'on doit le magnifique jubé sculpté dans du chêne de Hereford.

Circuit conseillé Carte de région

★ **WYE VALLEY** (vallée de la Wye) A3

Avant de se jeter dans l'estuaire de la Severn, la Wye sinue dans un paysage vallonné, presque montagnard, et sert de frontière entre l'Angleterre et le pays de Galles entre Monmouth et Chepstow. C'est la rive anglaise de la rivière qui est ici explorée.
Quitter Hereford vers le sud et prendre sur la gauche, avant de sortir de l'agglomération, la A 49 en direction de Ross-on-Wye.

Ross-on-Wye

Le **marché couvert★**, construit en grès vers 1620, porte un médaillon représentant Charles II. Il fut offert par John Kyrle, le « grand homme » de Ross, qui dota la ville de nombreux édifices et finança la reconstruction, en 1721, du sommet de la flèche de l'**église St Mary** (pour l'essentiel du 13e s.). Dans le cimetière, une croix commémore les 315 victimes de la peste de 1637, qui furent « inhumées côte à côte, nuitamment et sans cercueil ». Vous pourrez voir également des hospices *(Alms Houses)* de style Tudor aménagés en 1575 dans Church Street.
Prendre la B 4228 vers le sud sur 5 km/3 miles, tourner à droite au pont de la Wye et suivre les indications pour atteindre Goodrich Castle.

★ Goodrich Castle

EH - ✆ (01600) 890 538 - www.english-heritage.org.uk - avr.-oct. 10h-17h (juil.-août 18h) ; nov.-mars : merc.-dim. 10h-16h (mars 17h) - audioguide - fermé 1er janv. et 24-26 déc. - 5,50 £.
Cette ruine romantique domine, depuis son éperon rocheux, un ancien passage sur la Wye. Le donjon, dont l'entrée d'origine est devenue une fenêtre au premier étage, est roman ; la plus grande partie du château date des environs de 1300.
À partir de Goodrich, suivre la direction Symonds Yat, puis Yat Rock. La route devient étroite et raide. Stationnement sur le parking du Service des forêts.

★ Symonds Yat

Du haut des 144 m du Yat Rock, une célèbre et vertigineuse **vue★** embrasse la superbe boucle de la Wye, et, vers le nord, les riches terres du Herefordshire.
Poursuivre vers le sud par les B 4432 et B 4228 ; au carrefour avec la A 4136, tourner à droite vers la forêt de Dean.

Forest of Dean

À l'est de la Wye, ces collines boisées forment ce que Drayton a appelé la « reine de toutes les forêts ». Réserve de chasse royale depuis l'époque du roi

Canut, cette forêt a fourni le bois nécessaire à la marine et fut exploitée pour le charbon et le fer. Premier parc forestier de Grande-Bretagne (1938), la forêt de chênes millénaires offre aux promeneurs aires de pique-nique, terrains de camping et sentiers balisés.

À **Soudley**, entre Blakeney et Cinderford sur la B 4227, le **Forest of Dean Heritage Centre** expose, entre autres, la reconstitution d'une mine de charbon telle que l'exploitent encore les « mineurs libres » de la forêt. *(01594) 822 170 - www.deanheritagemuseum.com - ♿ - 10h-17h (nov.-fév. 16h) - fermé 24-26 déc. - 5,40 £.*

Pour la partie galloise de la vallée de la Wye, voir Cardiff (p. 686).

NOS ADRESSES À HEREFORD

HÉBERGEMENT

BUDGET MOYEN

The Green Dragon – *Broad Street - (01432) 272 506 - www.greendragon-hereford.co.uk - 82 ch. : 75 £* ☕. Un dragon vert domine la façade de ce grand établissement, ancien relais de poste du 16e s. au charme vieillot et suranné, dont l'atmosphère feutrée n'a pas dû beaucoup changer depuis le temps de la reine Victoria.

RESTAURATION

PREMIER PRIX

The Booth Hall – *Eccas Close, derrière la cathédrale - (01432) 344 487.* Restauration légère dans un ancien entrepôt du 14e s.

BUDGET MOYEN

The Stewing Pot – *17 Church Street - (01432) 265 233 - www.stewingpot.co.uk - fermé dim. et lun. soir - 30 £.* Petit restaurant de nouvelle cuisine anglaise au décor minimaliste.

AGENDA

Three Choirs Festival – *0845 652 1823 - www.3choirs.org.* Tous les trois ans (prochaine édition en 2012) depuis le 18e s., début août, la ville accueille en alternance le **Festival des trois chœurs**, qui regroupe les chœurs des cathédrales de Hereford, Worcester et Gloucester, ainsi que des formations de musique classique et de jazz. De nombreuses manifestations parallèles accompagnent le festival proprement dit (représentations théâtrales, concerts rock, courses de chevaux, matchs de cricket, etc.).

Ludlow

★

9 870 habitants

NOS ADRESSES PAGE 536

S'INFORMER

Office de tourisme – *Castle Street - ✆ (01584) 875 053 - www.ludlow.org.uk - avr.-oct. : 10h-17h, dim. 10h30-17h ; nov.-mars : tlj sf dim. 10h-17h.*

SE REPÉRER

Carte de région A2 (p. 446) – *carte Michelin 503 L26 - Shropshire.* Ludlow est située sur la A 49, entre Hereford et Shrewsbury. Suivre la direction du centre jusqu'à la place du château *(Castle Street)* : contourner le terre-plein central à droite devant le château pour atteindre le parking.

À NE PAS MANQUER

Le château et les maisons à pans de bois du Bull Ring.

ORGANISER SON TEMPS

Une demi-journée suffit pour explorer la ville.

Ludlow est une ville ravissante qui sommeille paisiblement à l'ombre de son château. La ville prospéra aux 16e et 17e s., époque où le Conseil pour le pays de Galles et les Marches y siégeait, et a conservé de ce temps-là de superbes ensembles de maisons à pans de bois.

Se promener

En sortant du parking, prendre sur la droite vers l'entrée du château.

★ Ludlow Castle

✆ (01584) 873 355 - www.ludlowcastle.com - ♿ - août : 10h-19h ; avr.-juil. et sept. : 10h-17h ; fév.-mars et oct.-nov. : 10h-16h ; déc.-janv. : w.-end 10h-16h - fermé 25 déc. et dates ponctuelles - 4,50 £ audioguide inclus.

Commencé par **Roger de Lacy** à la fin du 11e s., le château fut construit dans le calcaire local sur un site bien défendu par la rivière Teme et de petites falaises calcaires. **Roger Mortimer** poursuivit la construction avec la **grande salle** et une vaste pièce appelée *solar*, et en fit un des palais les plus admirés de l'époque. Enfin, c'est ici que fut fondé en 1689 le fameux régiment des **Royal Welsh Fusiliers**, peu avant que le lieu soit abandonné. Cette longue histoire explique la variété des styles architecturaux, allant de l'époque normande au style Tudor. La chapelle, dont le portail ouest est richement décoré, est l'une des cinq chapelles britanniques à présenter un plan circulaire. C'est dans la grande salle qu'eut lieu, en 1634, la première représentation de la pantomime de **John Milton**, *Comus*…, inaugurant ainsi une tradition qui se poursuit de nos jours avec le festival *(Voir Nos adresses)*.

Ludlow Museum

Dans les locaux de l'office de tourisme - ✆ (01584) 813 665 - avr.-oct. : lun.-sam. (et dim. en juin-août) 10h-17h.

UNE « VILLE NOUVELLE »

Cette ville de marché, l'une des 170 villes nouvelles fondées après la conquête normande, s'enrichit rapidement par le commerce de la laine, à l'ombre de son château normand. Celui-ci appartient en 1326 à **Roger Mortimer**, devenu l'homme le plus puissant du royaume après avoir détrôné **Édouard II**. Il passe dans le domaine royal en 1461 lorsque **Édouard IV Plantagenêt** s'empare du trône, après la bataille de Mortimer Cross qui voit les troupes des York battre à plate couture l'armée des Lancastre. Le nouveau roi fait élever ses deux fils à Ludlow par leur oncle Richard de Gloucester, mais à la mort d'Édouard en 1483, l'oncle indigne fait interner les deux garçons à la Tour de Londres… où ils sont bientôt assassinés, ce qui lui permet de s'emparer à son tour du trône (et à Shakespeare d'évoquer l'affaire dans un drame). Siège jusqu'en 1689 du gouvernement des Marches et du pays de Galles, Ludlow est aussi le cadre de la lune de miel d'un autre prince de Galles, **Arthur**, avec **Catherine d'Aragon** en 1501. Mais le prince s'éteint en 1502 et son jeune frère, le futur **Henri VIII**, console la veuve éplorée… Devenu lieu de villégiature au 18e s., Ludlow assure sa prospérité avec ses ganteries. De nos jours, cette cité privilégie un certain art de vivre, comme l'atteste son adhésion au réseau des « Cittaslow », ces villes où l'on s'accorde le temps de vivre…

Intéressant musée retraçant l'histoire de la cité, son développement économique et son rôle dans la guerre des Deux-Roses opposant les York aux Lancastre. La vie quotidienne de l'époque victorienne y est également évoquée plaisamment, à l'aide d'objets et de documents dans une section ethnologique.

Prendre Church Street, la plus à gauche des trois ruelles parallèles ouvrant sur la place du Château et occupant l'ancienne place du Marché. Au bout de la rue, un passage à gauche conduit à l'église.

★ St Laurence's Church

2 College Street - ✆ (01584) 872 073 - www.stlaurences.org.uk - ♿ - avr.-déc. : 10h-17h30 ; janv.-mars : 11h-15h - visite guidée sur RV.

Dominée par un clocher visible de très loin, l'église construite en 1199 fut agrandie au 15e s. et plusieurs de ses éléments sont de style de transition roman gothique. Le bras gauche du transept présente les caractéristiques du gothique Decorated. Remarquez les 28 **miséricordes★** dans les stalles du chœur (1447) décorées de thèmes propres tant aux York qu'aux Lancastre. Dans le transept, le gisant de dame Marie Eure, reposant sur le côté, négligemment appuyée sur le coude et tenant un livre à la main, ne manque pas d'un charme désinvolte.

Revenir vers Church Street, puis poursuivre par King Street jusqu'au Bull Ring, point de rencontre de Cove Street et d'Old Street.

Vous découvrirez au passage de superbes **maisons à colombage** comme la maison de drapier, située au coin de Broad Street, puis Ye Olde Bull Ring Tavern, qui s'enorgueillit d'occuper les lieux depuis 1395.

Prendre à gauche vers Corve Street.

★ Feathers Hotel

Visite guidée (30mn) sur demande (voir Nos adresses).

Dans son ouvrage *Bâtiments d'Angleterre*, **Nikolaus Pevsner** décrit cette demeure, propriété d'un homme de loi avant de devenir une auberge en 1670, comme « la merveille des maisons à colombage où chaque motif décoratif disponible est utilisé ». Si le bâtiment a été considérablement modifié depuis sa fondation, vous prendrez plaisir à détailler la façade, et notamment les sculptures sur bois dont elle est décorée.

À proximité Carte de région

★ Stokesay Castle A2

À Craven Arms, 10 km/6 miles au nord par la A 49 en direction de Shrewsbury - EH - (01588) 672 544 - www.english-heritage.org.uk - ♿ - avr.-sept. : 10h-17h ; mars et oct. : merc.-dim. 10h-17h ; nov.-fév. : jeu.-dim. 10h-16h - fermé 1er janv. et 24-26 déc. - audioguide - 5,50 £ - cafétéria (avr.-sept.).

Stokesay est l'exemple le mieux préservé de manoir fortifié du 13e s. La charpente du hall, aux poutres incurvées savamment imbriquées, a été construite par un marchand de laine de Ludlow, Lawrence, qui l'acquit vers 1281. L'étage supérieur contient une remarquable cheminée de pierre et des judas permettant d'épier ce qui se passait dans le hall. Les garnitures, y compris l'étagère de cheminée flamande, datent du 17e s.

Croft Castle A3

À 10 km/6 miles au sud-ouest. Quitter Ludlow par la B 4361 vers Leominster, puis prendre la B 4362 à droite - NT - (01568) 780 246 - www.nationaltrust.org.uk - ♿ - de déb. mars à déb. nov. : merc.-dim. (et lun.-mar. en juil.-août et pdt les vac. scol.) 11h-17h - 7,50 £ ; 4,20 £ jardin seul - salon de thé.

Demeure de la famille Croft (hors une interruption de soixante-dix ans) depuis Guillaume le Conquérant, ce château placé dans un parc aux arbres majestueux a le charme de ces demeures anglaises toujours habitées. Si les murailles datent principalement des 14e et 15e s., l'aménagement de l'intérieur, joliment décoré dans un style gothique georgien, date du 18e s. Portraits de famille (dont celui du 2e lord par Oskar Kokoschka), objets, mobilier, collections personnelles peuplent cette demeure aux superbes plafonds de stuc.

★ Berrington Hall A3

À 11 km/ 6,8 miles au sud par la A 49, puis prendre vers Luston - NT - (01568) 615 721 - www.nationaltrust.org.uk - ♿ - mars-oct. : sam.-merc. (et jeu.-vend. en juil.-août et pdt les vac. scol.) 11h-17h - 7,50 £ ; 6 £ jardin seul - cafétéria.

Commencé en 1778 par Thomas Harley, intendant qui acheminait argent et vêtements en Amérique pour l'armée britannique, ce manoir fut conçu par l'architecte **Henry Holland**. L'intérieur abrite une remarquable collection de mobilier, peintures et objets d'art.

Knighton/Trefyclawdd A2

27 km/17 miles à l'ouest par les A 49 et 4113.

Sur la frontière anglo-galloise, cette bourgade, dont le nom gallois signifie « la cité du mur », est située au milieu du **Mur d'Offa**, levée de terre dressée sur 177 miles par le roi de Mercie afin de protéger son territoire des incursions galloises.

Offa's Dyke Visitor Centre – *Traverser tout le village jusqu'à l'office de tourisme, qui abrite le*

LE PREMIER ROI DES ANGLAIS

On sait peu de chose de cet **Offa**, sauf qu'il fut roi de **Mercie**, territoire couvrant les Midlands et le sud de l'Angleterre, entre 757 et 796. Son palais était situé à Tamworth (à proximité de Birmingham) et Offa, créateur du *penny*, était assez puissant pour traiter d'égal à égal avec Charlemagne.

Centre d'information – ✆ (01547) 528 753 - www.offasdyke.demon.co.uk - ♿ - 9h-17h30 (hiver 17h). Le centre présente le contexte historique dans lequel ce « mur » fut élevé à la fin du 7e s. et donne aux randonneurs de précieuses informations sur le parcours du sentier *(national trail)* qui suit le tracé de la frontière galloise.

Offa's Dyke Path – Entre Prestatyn au nord et l'estuaire de la Severn, près de Chepstow, au sud, ce sentier de grande randonnée de 293 km/182 miles offre au marcheur la possibilité de découvrir un paysage pastoral, des landes et des vallées boisées ; certains points accessibles en voiture permettent de se dégourdir les jambes sur quelques kilomètres : c'est le cas à Knighton, où vous pourrez le rejoindre depuis le centre d'information. Le mur, dont le tracé s'éloigne parfois de celui du sentier, est à peine visible à certains endroits, tandis qu'ailleurs il s'élève jusqu'à 4 m, avec un fossé tout aussi profond.

NOS ADRESSES À LUDLOW

VISITES

Sur terre

Visite guidée – *✆ (01584) 874 205 - visite guidée (1h30) de Pâques à fin oct. : w.-end et j. fériés (et tlj pdt le festival de Ludlow) à 14h30 - dép. à l'entrée du château - 2,50 £.*

Sur l'eau

Sur la rivière – Le **parc Linney**, doté d'aires de pique-nique, offre de belles vues sur le château. Location de barques *(de Pâques à fin sept.)*.

HÉBERGEMENT

BUDGET MOYEN

The Bull Hotel – *14 Bull Ring (réception au bar dans la cour) - ✆ (01584) 877227 - www.thebullhotelludlow.com - ch. : 55/65 £* ☕. Presque en face du Feathers Hotel, un ancien relais de poste constitué d'un pub et d'un petit hôtel, confortable et simple.

POUR SE FAIRE PLAISIR

Feathers Hotel – *Bull Ring - ✆ (01584) 875 261 - www.feathersatludlow.co.uk - 40 ch. : 95/195 £* ☕. La plus belle maison à colombage de Ludlow entretient depuis des lustres sa vocation hôtelière. Chambres superbement meublées, certaines dotées de ces lits à baldaquin dont les Anglais sont si friands.

UNE FOLIE

Mr Underhills – *Dinham Bridge - ✆ (01584) 874 431 - www.mr-underhills.co.uk - 7 ch. : 130/170 £* ☕. Jolie maison ancienne dominant la rivière ; chambres élégantes et modernes.

Dinham Hall – *Dinham Street, sur la gauche du château - ✆ (01584) 876 464 - 12 ch. : 140/240 £* ☕. On ne sait ce qui est le plus charmant, de la noble demeure de 1792 ou du jardin enserré derrière de hauts murs. Les chambres aux meubles anciens sont on ne peut plus confortables !

RESTAURATION

BUDGET MOYEN

The Courtyard – *Quality Square, sur la gauche de Church Street - ✆ (01584) 878 080 - thecourtyard.uk.com - 30 £.* Un café au cœur de la cité. Cuisine italianisante.

POUR SE FAIRE PLAISIR

The Feathers – *Voir Hébergement - menu 39,50 £.* Poutres apparentes, grande cheminée, murs de pierre :

un cadre superbe pour une cuisine faisant la part belle aux produits locaux.

UNE FOLIE

Les fins gourmets de Ludlow bénéficient d'un restaurant étoilé au *Guide Michelin* : **Mr Underhill's** *(voir Hébergement - fermé le midi et lun.-mar. - menu 50/58 £).* Réservez !

ACHATS

Marché – *Sur Castle Street* : lundi, mercredi, vendredi et samedi.
Clearview Stoves – *Dinham House, Dinham Street - ✆ (01584) 878 100 - www.clearviewstoves.com - lun. et merc.-vend. 9h30-17h30, sam. 10h-17h30.* Cette maison, où Lucien Bonaparte fut retenu prisonnier en 1811, abrite un show-room où vous découvrirez la quintessence de l'English Country Style.

AGENDA

Bon à savoir – Tout au long de l'année, Ludlow est animée par des manifestations, comme les marchés d'artisanat, qui se tiennent tous les mois sur la place du Château.
Festival de Ludlow – *✆ (01584) 872 150 - www.ludlowfestival.co.uk - billetterie devant le château - dernière semaine de juin et 1re semaine de juillet.* Depuis près de 5 cinquante ans : théâtre, concerts, conférences… Il culmine avec une journée Shakespeare s'achevant par un drame donné dans la cour du château. Expositions d'art *(Quality Square)* et concerts de jazz *(dans la cour du Bull Hotel).*
Food & Drink Festival – *✆ (01584) 873 957 - www.foodfestival.co.uk* - Le 2e week-end de septembre, les producteurs locaux se rassemblent au château *(accès 7 £).*

N°1 mondial des pneumatiques avec 16,3 % du marché

Une présence commerciale dans plus de 170 pays

Une implantation industrielle au cœur des marchés

72 sites industriels dans **19** pays ont produit en 2009 :

- **150** millions de pneus
- **10** millions de cartes et guides

Des équipes très internationales

Plus de **109 200** employés* de toutes cultures sur tous les continents dont **6 000** personnes employées dans les centres de R&D en Europe, aux États-Unis, en Asie.

*102 692 en équivalents temps plein

Le groupe Michelin en un coup d'œil

Michelin présent en compétition

À fin 2009

- **24h du Mans**
  12 années de victoires consécutives
- **Endurance 2009**
  - 6 victoires sur 6 épreuves en Le Mans Series
  - 12 victoires sur 12 épreuves en American Le Mans Series
- **Paris-Dakar**
  Depuis le début de l'épreuve, le groupe Michelin remporte toutes les catégories (auto, moto, camion)
- **Endurance moto**
  Champion du monde 2009
- **Trial**
  Tous les titres de champion du monde depuis 1981 (sauf 1992)

Michelin, implanté près de ses clients

72 sites de production dans 19 pays

- Algérie
- Allemagne
- Brésil
- Canada
- Chine
- Colombie
- Espagne
- Etats-Unis
- France
- Hongrie
- Italie
- Japon
- Mexique
- Pologne
- Roumanie
- Royaume-Uni
- Russie
- Serbie
- Thaïlande

Un centre de technologies réparti sur 3 continents

- Amérique du Nord
- Asie
- Europe

Production de caoutchouc naturel

- Brésil

Notre mission

Contribuer, de manière durable, au progrès de la mobilité des personnes et des biens en facilitant la liberté, la sécurité, l'efficacité et aussi le plaisir de se déplacer.

Michelin s'engage pour l'environnement

Michelin, 1er producteur mondial de pneus à basse résistance au roulement, contribue à la diminution de la consommation de carburant et des émissions de gaz par les véhicules.

Michelin développe, pour ses produits, les technologies les plus avancées afin de :

- diminuer la consommation de carburant, tout en améliorant les autres performances du pneumatique ;
- allonger la durée de vie pour réduire le nombre de pneus à traiter en fin de vie ;
- privilégier les matières premières à faible impact sur l'environnement.

Par ailleurs, à fin 2008, 99,5 % de la production de pneumatiques en tonnage est réalisé dans des usines certifiées ISO 14001*.
Michelin est engagé dans la mise en œuvre de filières de valorisation des pneus en fin de vie.

*certification environnementale

Deux roues

Distribution

Partenaire des constructeurs, à l'écoute des utilisateurs, présent en compétition et dans tous les circuits de distribution, Michelin ne cesse d'innover pour servir la mobilité d'aujourd'hui et inventer celle de demain.

Cartes et Guides

ViaMichelin
des services d'aide au voyage

Michelin Lifestyle
des accessoires pour vos déplacements

MICHELIN
joue l'équilibre des performances

- **Longévité des pneumatiques**
- **Économies de carburant**
- **Sécurité sur la route**

... les pneus MICHELIN vous offrent les meilleures performances, sans en sacrifier aucune.

Le pneu MICHELIN
un concentré de technologie

1 Bande de roulement
Une épaisse couche de gomme assure le contact avec le sol. Elle doit évacuer l'eau et durer très longtemps.

2 Armature de sommet
Cette double ou triple ceinture armée est à la fois souple verticalement et très rigide transversalement. Elle procure la puissance de guidage.

3 Flancs
Ils recouvrent et protègent la carcasse textile dont le rôle est de relier la bande de roulement du pneu à la jante.

4 Talons d'accrochage à la jante
Grâce aux tringles internes, ils serrent solidement le pneu à la jante pour les rendre solidaires.

5 Gomme intérieure d'étanchéité
Elle procure au pneu l'étanchéité qui maintient le gonflage à la bonne pression.

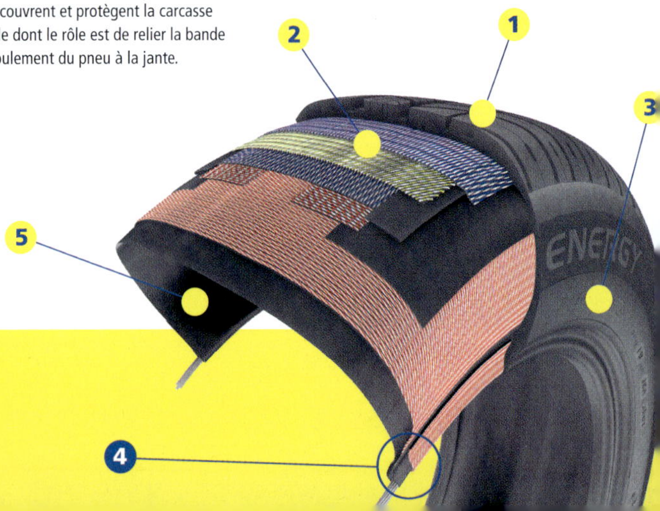

VR
18
97
THIS CLOCK WAS PRESENTED
TO THE CITY BY
EDWARD EVANS-LLOYD
CITIZEN & FREEMAN 1897

Le Nord 5

Carte Michelin National 713 HJ9-13

La tour de l'Horloge à Chester.

R. Shakespeare / Loop Images/Photononstop

LE NORD
0 20 km
0 10 miles
DURHAM ★★★ Vaut le voyage
Chester ★★ Mérite un détour
Manchester ★ Intéressant
Sheffield À voir
Circuit conseillé avec ville de départ
Limite et zone décrites
A
B
C
1
2
EDINBURG
STRANRAER
NORTH SEA
SCOTLAND
Berwick-upon-Tweed
Holy Island
Farne Island
Bamburgh Castle
Dunstanburgh Castle
Alnwick
Warkworth Castle
Northumberland National Park
The Border Forest Park
Wallington House
Belsay Hall
Seaton Delaval Hall
Newcastle Upon Tyne
Bede's World
Sunderland
Washington Old Hall
Beamish
DURHAM
Hartlepool
North York Moors National Park
Whistby
Chesters
Corbridge Roman Site
Hexham
Roman Army Museum
Vindolanda
Hadrian's wall
The North of England Lead Mining Museum
Carlisle
Raby
The Bowes Museum
Barnad Castle
Keswick
Castlerigg
Cockermouth
Derwentwater
Buttermere
LAKE DISTRICT NATIONAL
A 1
A 697
A 68
A 7
A 74
A 75
A 76
A 701
A 596
A 66
M 6
A 689
A 1068
B 1339
B 6342
B 6318
A 19
A 167
A 174
B 6274
A 519
B 5289

ENGLAND
WALES
IRISH SEA
Yorkshire Dales
Yorkshire Moors
Peak District National Park
PARK
Ravenglass
Snaeffell Mountain Railway
Laxey Wheel
Peel
Isle of Man
Port Erin
Douglas
Casteltown
Spanish Head
Port St Mary
Brockhole
Windermere
Kendal
Lake Windermere
Levens Hall
Cartmel
Furness Abbey
Morecambe
Lancaster Castle
Heysham
Blackpool
Lytham St-Anne's
Southport
Formby
Liverpool
Birkenhead
Port Sunlight
Llandudno
Ness Botanic Garden
Blue Planet Aquarium
Zoo
Chester
Betws-y-Coed
Wrexham
Norton Priory Museum & Walled garden
Ingleton
Malham
Bolton
Richmond
Black Sheep Brewery
Lightwater Valley
FOUNTAINS ABBEY
Bolton Priory
Skipton
Haworth
Keighley and Worth Valley Railway
Saltaire
Kirkstall Abbey
Leeds
Bradford
Hebden Bridge
Halifax
Temple Newsam
Rufford Old Hall
Knowsley Safari Park
World of Glass
Speke Hall
Manchester
Bramall Hall
Tatton Park
Quarry Bank Mill
Jodrell Bank Visitor's Centre
Lyme Park
Adlongton Hall
Macclesfield
Gawsworth Hall
Little Moreton Hall
Stoke-on-Trent
Yorkshire Sculpture Park
Sheffield
Abbeydale
Magna
Brodsworth Hall and Gardens
Nostell Priory
Selby Abbey
Humber Bridge
Kingston-upon-Hull
Beverley
Burton Constable Hall
Burton Agnes Hall
YORK
Castle Howard
Sutton Park
Helmsley
Rievaulx Terrace
Rievaulx Abbey
The World of James Herriot
Ripon
Newby Hall
Harrogate
Hutton-le-Hole
Pickering
The Captain Cook Birthplace Museum
Sledmere House
Goathland
Scarborough
Filey Bay
Flamborough Head
Gainsborough
Lincoln
Newark-on-Trent
Nottingham
Boston
A 593
A 519
A 5092
A 590
A 6108
A 19
A 169
A 171
A 165
A 65
A 59
A 64
A 166
A 164
A 63
A 15
M 62
M 180
A 638
M 1
M 18
A 1
A 614
A 57
A 158
A 46
A 17
A 16
A 159
A 6
A 586
M 55
M 583
A 584
A 565
M 6
A 677
M 65
M 61
M 57
A 628
A 55
A 494
A 5
A 483
A 41
M 56
A 49
A 500
A 34
A 523
A 50
A 38
A 52
3
4
A
B
C
HOLYHEAD
SHREWSBURY
WOLVERHAMPTON
LEICESTER
DERBY
PETERBOROUGH
NORWICH
SKEGNESS

Manchester

★

396 322 habitants

NOS ADRESSES PAGE 551

S'INFORMER

Offices de tourisme – *Piccadilly Plaza - Portland Street - ✆ (0871) 222 8223 (depuis l'Angleterre 10 p/mn) - www.visitmanchester.com - 9h30-17h30, dim. 10h30-16h30 - fermé 25-26 déc.*

Great Manchester – *The Lowry - Pier 8 - Quays - Salford - ✆ (0161) 848 8601 - www.visitsalford.com - lun.-vend. 9h-16h.*

SE REPÉRER

Carte de région B4 (p. 541) – *carte Michelin 502 N23 - Greater Manchester.* Manchester se trouve à 55 km/34 miles à l'est de Liverpool et à 336 km/208 miles au nord de Londres. Pour aborder le nord de la ville, les parkings d'Urbis et de Bridgewater Place faciliteront vos déplacements. Pour la partie sud, préférez le parking d'Oxford Street.

À NE PAS MANQUER

Imperial War Museum et The Lowry ; Lyme Park à proximité.

ORGANISER SON TEMPS

Comptez 2 jours.

AVEC LES ENFANTS

MOSI, The Lowry et le stade de Manchester United.

Sévèrement bombardée pendant la Seconde Guerre mondiale, cette ville se construit un avenir à défaut de pouvoir exalter son passé. À l'image du quartier de la Défense à Paris, le « Great Manchester », incarné par Trafford et Salford, accueille une architecture contemporaine et audacieuse. Le Lowry Bridge est le symbole d'un dynamisme prometteur pour une ville en quête d'une nouvelle identité.

Découvrir

LA MANCHESTER ROMAINE Plan de ville

★ Castlefield Heritage Park A2

À l'extrémité sud de Deansgate.

Ancienne colonie romaine, Manchester a mis au jour les vestiges de son **fort romain** (porte nord et mur d'enceinte). Au 18e s., Castlefield se trouvait au centre d'un réseau de canaux dont la construction avait débuté dès 1761 avec le canal du duc de Bridgewater. En effet, c'est par voie navigable qu'autrefois l'on transportait les marchandises à travers la chaîne des Pennines. Aujourd'hui, le chemin de halage, ouvert aux piétons, offre une promenade de 1,5 km le long de l'Irwell entre Casterfield, Ship Canal et Salford Quays.

Musée des Sciences et de l'Industrie (MOSI).
M. Carassale / Sime/Photononstop

Liverpool Road Station, la plus ancienne gare de passagers du monde, ouverte en 1830 par la Société de chemin de fer de Liverpool et de Manchester, a été transformée en musée des Sciences et de l'Industrie.

★ MOSI : Museum of Science and Industry A2

Liverpool Road – ✆ (0131) 832 2244 - www.mosi.org.uk - 10h-17h - fermé 1er janv. et 24-26 déc. - café - parking payant.

Le musée des Sciences et de l'Industrie célèbre le patrimoine industriel de Manchester, ainsi que les inventions et progrès technologiques en général. Regroupant cinq bâtiments, il propose des expositions thématiques et didactiques. Commencez par l'entrepôt n° 1 consacré au **textile**. Matières, vêtements, machines-outils et photos d'une époque révolue animent cette galerie interactive. Au deuxième étage de l'entrepôt n° 2 sont évoquées les trois révolutions majeures du 20e s. : le train, le téléphone et l'ordinateur. La **galerie nationale de l'Électricité** décrit les bouleversements engendrés aussi bien dans la vie domestique que dans le domaine industriel. Le hall n° 3 n'est autre que le bâtiment original de la gare, la « Liverpool Station Road ». Il intègre également la **galerie nationale du Gaz**, faisant état de ses diverses utilisations. L'entrepôt n° 4 est dédié aux énergies, montrant différents types de moteurs en fonctionnement. Plusieurs locomotives à vapeur sont présentées, dont la Beyer Garatt de 1930. La dernière section est la **galerie de l'Air et de l'Espace**, abritée par une belle structure de fer et de verre. Elle illustre l'histoire de l'aviation depuis les premières machines volantes jusqu'à l'aventure spatiale. Le quadrimoteur et avion de reconnaissance Avro Shackleton est un des engins produits par la firme aéronautique de Manchester, Avro.

AUTOUR DE LA CATHÉDRALE Plan de ville

Chetham's Hospital and Library A1

Long Millgate – ✆ (0161) 834 7961 - www.chethams.org.uk - bibliothèque : 9h-12h30, 13h30-16h30 - fermé j. fériés et 25 déc-1er janv.

L'hospice fut fondé en 1653 selon les vœux d'un marchand nommé Humphrey Chetham, pour servir d'école à 40 enfants pauvres. La bibliothèque est l'une des plus anciennes de Grande-Bretagne. L'édifice, installé dans les communs de l'ancienne chantrerie, abrite désormais une école de musique.

Jewish Museum B1 en direction

190 Cheetham Hill Road - ✆ (0161) 834 9879 - www.manchesterjewishmuseum.com - ♿ - lun.-jeu. 10h30-16h, dim. 13h-17h - fermé j. fériés juifs - 3,95 £.

Dans l'ancienne synagogue des Espagnols et Portugais de la ville – bâtiment victorien de style mauresque bâti en 1874 –, le musée retrace

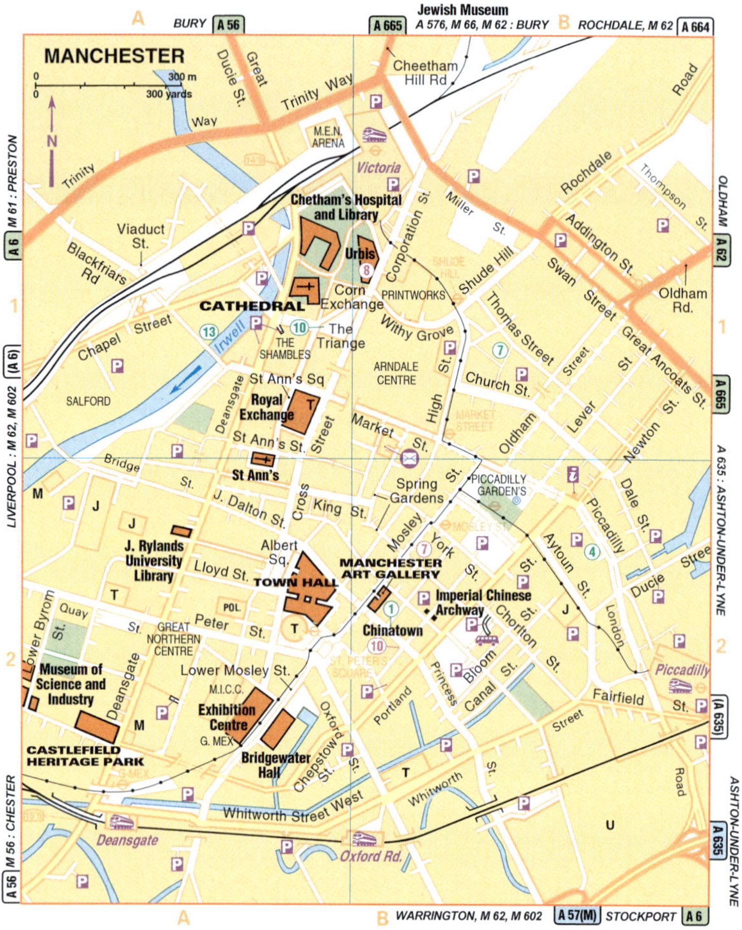

SE LOGER

- Arora International Hotel .... (1)
- Malmaison .... (4)
- Millstone Inn Hotel .... (7)
- Mitre Hotel .... (10)
- The Lowry Hotel .... (13)

SE RESTAURER

- The Bank .... (7)
- The Modern .... (8)
- The Yang Sing .... (10)

l'histoire des Juifs de Manchester, une communauté forte de 40 000 membre depuis le 18e s.

Urbis B1

www.nationalfootballmuseum.com

Cette construction ultramoderne, qui abritait le complexe Urbis, doit accueillir à partir de 2011 le **National Football Museum**.

★ Manchester Cathedral A1

(0161) 833 2220 - www.manchestercathedral.org - ♿ - 8h30-19h (sam. 17h, dim. 19h30 - possibilité de visite guidée.

Cette église qui devint collégiale en 1421 fut promue cathédrale du nouveau diocèse en 1847. Six travées forment la nef – la plus large de toutes les églises d'Angleterre – tandis que le chœur n'en comporte que six. Le jubé est une remarquable pièce de bois sculpté médiéval. Dans le chœur, les stalles et leurs **dais★** sont remarquablement gravés. Les **miséricordes**, qui datent d'environ 1500, affichent une ressemblance frappante, dans leur style et leur description pleine d'humour de la vie médiévale, avec celles de Beverley et Ripon, qui sont leurs contemporaines.

AU CŒUR DE MANCHESTER Plan de ville

Royal Exchange A1

Manchester doit sa prospérité au « roi Coton » qui transitait par le port de Liverpool. L'eau pure des Pennines ainsi qu'une importante main-d'œuvre potentielle contribuèrent à la prospérité des industries cotonnières. Les cotonnades anglaises furent vendues dans le monde entier. La Bourse du coton de Manchester régnait sur le commerce de la fibre. Le cours du coton au dernier jour de fonctionnement de la Bourse est encore affiché sur le tableau surélevé. Aujourd'hui, cette immense salle est partiellement occupée par les 700 fauteuils du Royal Exchange Theatre.

St Ann's Church A1-2

(0161) 834 0239 - www.stannsmanchester.com - 9h45-16h45.

Fondée en 1709 et consacrée en 1712, St Ann's Church est un bel exemple d'église de style Renaissance, en dépit d'une sobriété et d'une austérité certaines. De belles moulures de style georgien soulignent le plafond en stuc. Dans la chapelle de la Vierge se trouve une table d'autel de style Queen Anne, don de sa fondatrice, lady Ann Bland.

5

John Rylands University Library A2

150 Deangate - (0161) 275 3764 - www.library.manchester.ac.uk - lun.-sam. 10h-17h (jeu. 19h).

Ce splendide bâtiment néogothique de 1900, construit par l'architecte Basil Champneys, héberge une bibliothèque dédiée à la mémoire d'un grand industriel du textile. Elle possède de nombreux ouvrages datant des débuts de l'imprimerie – 3 000 sont antérieurs à 1501 – et des manuscrits provenant des collections des comtes Spencer et Crawford.

★ Town Hall A2

De style gothique Revival, l'hôtel de ville construit par **Alfred Waterhouse** entre 1868 et 1877 est l'un des plus grands bâtiments publics de l'ère victorienne. Sa tour, achevée par un étage octogonal, s'élève à 87 m au-dessus de la zone piétonne d'Albert Square. Deux escaliers conduisent de l'entrée basse et voûtée à la **grande salle**, dotée d'un plafond en forme de coque de navire renversée et décoré de douze fresques préraphaélites retraçant l'histoire de Manchester, réalisées de 1876 à 1878 par le peintre Ford Madox Brown.

★ Manchester Art Gallery B2

Mosley Street - ✆ (0161) 235 8888 - www.manchestergalleries.org - ♿ - mar.-dim. et lun. fériés 10h-17h - fermé 1er janv., Vend. saint, 24-26 et 31 déc. - café, restaurant - parking à proximité.

Un atrium relie l'édifice historique construit au 19e s. par Charles Barry à la partie plus récente, conçue par Michael Hopkins pour les besoins de la réorganisation des collections. Le musée expose des tableaux de l'**école préraphaélite**, dont l'emblématique *Astarte Syriaca* de Rossetti. Les œuvres de Millais, Hunt et Ford Madox Brown côtoient de remarquables pièces d'orfèvrerie, d'ébénisterie et de céramique inspirées entre autres de l'art antique. Le 18e s. est bien représenté avec les portraits de Gainsborough et Reynolds, les sujets animaliers de Stubbs et les paysages de Constable, sans oublier le *Rochester Castle* de Turner. Parmi les artistes britanniques des 20e et 21e s. figurent Moore et sa statuette *Mother and Child* de style amérindien, Ben Nicholson et son *Chat botté* dadaïste, Bacon et le nu expressionniste d'Henrietta Moraes, et enfin Hockney, artiste pop art, et le portrait de *Peter C*.

Chinatown B2

La communauté chinoise de Manchester est, après celles de Londres et de Liverpool, la plus importante d'Angleterre. Elle s'est appropriée le quartier allant de Faulkner Street à York Street, marqué par l'**Imperial Chinese Archway**, qui enjambe Charlotte Street.

GREAT MANCHESTER

Manchester United Museum and Stadium Tour

À Old Trafford, Matt Busby Way. North Warwick Road. Au sud-est de Manchester par la A 50 - ✆ (0161) 868 8000 - www.manutd.com - 9h30-17h (fin juil.-fin août : lun.-vend. 9h-18h30, w.-end 9h30-17h) - visite guidée : dép. régulier ; pas de visite les j. de match - musée fermé les w.-ends de match et horaires restreints les j. de match en semaine - 13 £ (enf. 9,50 £) ; musée seul 10 £ (enf. 8 £) - café.

Sous la tribune est du stade d'Old Trafford, un café et une salle d'exposition saluent les exploits passés et présents de l'équipe de football. Un hommage est rendu aux victimes de la catastrophe aérienne de Munich. Des visites du stade sont proposées en dehors des matchs.

★ The Lowry

Pier 8, Salford Quays, 3 km/2 miles à l'ouest par la A 56 - suivre la signalisation depuis Trafford Road - accès par le tramway Metrolink : arrêt Salford Quays - ✆ 0843 208 6000 - www.thelowry.com - ♿ - 10h-20h (w.-end 18h) en dehors des représentations ; galerie : 11h-17h (sam. 10h-17h) - gratuit, tarifs variables pour les spectacles - restaurant, bars - parking payant.

Ce centre de loisirs participe à la mise en valeur de la rénovation des quais Salford et du canal de Manchester. Érigé devant une vaste esplanade, il propose diverses installations culturelles : deux théâtres, un café-concert, une salle interactive « Artworks » et une galerie d'art. Une exposition permanente des **œuvres★** de **L. S. Lowry** (1887-1976) y occupe à juste titre une place d'honneur. Ses tableaux peignent le quotidien du nord de l'Angleterre de 1920 à 1960 ; ses œuvres complètent les récits de Dickens sur la vie dans ces régions.

Emprunter le Lowry Brige pour rejoindre la berge de Trafford,.

★ Imperial War Museum North

Trafford Park, The Quays, Trafford Wharf Road, à 2 km/1,2 mile de Manchester par la A 56, accès par Metrolink : arrêt Harbour City - ✆ (0161) 836 4000 - www.iwm.org.uk - ♿ - 10h-18h (nov.-fév. 17h) - fermé 24-26 déc. - café.

L'architecte Daniel Libeskind a souhaité symboliser par ce magistral globe brisé les destructions engendrées par les guerres du 20e s. Divers thèmes sont abordés à travers des expositions et des films en trois dimensions : la naissance d'un contexte de guerre, le rôle de la propagande, le quotidien bouleversé, les conséquences d'une guerre et le temps de la reconstruction. Une section met en lumière la contribution de l'Empire britannique à l'effort de guerre ayant abouti à la prise d'indépendance des pays d'Afrique et d'Asie ainsi qu'à la formation du Commonwealth. Un autre espace est consacré aux progrès scientifiques et technologiques qui ont contribué à la victoire. La guerre du Vietnam et la guerre des Malouines ne sont pas oubliées.

★ Whitworth Art Gallery

Whitworth Park (2,5 km/1,5 mile au sud du centre-ville) - Denmark Road - ✆ (0161) 275 7450 - www.whitworth.manchester.ac.uk - ♿ - 10h-17h, dim. 12h-16h - fermé 1er janv., Vend. saint et 25 déc.

Des collections de vêtements tricotés et des papiers peints anciens et contemporains cohabitent avec des œuvres d'art, notamment des tableaux de Rossetti, Ford Madox Brown, Millais ainsi que des caricatures de Gillray et Cruikshank.

UN PEU D'HISTOIRE

Ancienne place forte à l'époque romaine, Manchester joua surtout un rôle important durant la guerre civile et lors des révoltes jacobites. En 1745, les marchands de Manchester découvrirent que les discordes politiques entravaient la bonne marche du commerce. Ils prétendirent alors prendre le parti des Stuarts tout en profitant de la prospérité apportée par les lois hanovriennes. En commerçant avec les colonies des Amériques, Manchester devint le centre d'une industrie cotonnière en plein essor. Partisans du libre-échange, les hommes d'affaires et citoyens de Manchester firent élever dans le centre-ville le Free Trade Hall, sur le site du **massacre de Peterloo**... Le 16 août 1819, la foule s'était rassemblée sur St Peter's Field pour réclamer l'abrogation des *Corn Laws*. Onze personnes furent tuées et de nombreuses autres blessées par la cavalerie, envoyée pour disperser les manifestants. Ce jour entra dans l'histoire sous le nom de massacre de Peterloo, en référence à Waterloo.

La ville, devenue un important centre financier, se dota de beaux bâtiments, érigés par les marchands victoriens. À la suite des dégâts causés par une bombe de l'IRA en 1996, un vaste programme de reconstruction a été entrepris. Le secteur compris entre St Ann's Street et Victoria Station d'une part, et entre Market Street, High Street, Hanover Street et l'Irwell d'autre part, a fait peau neuve grâce à l'adjonction de places, de zones piétonnières, de nouveaux immeubles et de centres commerciaux. Les jardins de Piccadilly ont été redessinés et aménagés de fontaines et de sculptures. Salford Park et Trafford Park ont fait l'objet de programmes de rénovation auxquels de célèbres architectes ont pris part. Toutes ces réalisations permettent aujourd'hui à Manchester d'affirmer ses ambitions.

Des sculptures de Hepworth et de Moore figurent parmi les œuvres présentées dans la Mezzanine Court (1995), dont la façade en brique rouge d'un bâtiment de l'époque du roi Édouard VII constitue l'un des murs.

À proximité Carte de région

★ Tatton Park B4

À Knutsford, 16 km/10 miles au sud-ouest de Manchester, le long de la A 556, sortir à l'échangeur 8 de la M 56 - ✆ (01625) 374 400 - www.tattonpark.org.uk - jardins : avr.-sept. : mar.-dim. 10h-18h (et lun. en août 10h-17h) ; oct.-mars : 11h-16h - visites guidées du jardin japonais merc. et sam. à 13h20 et 14h20 - ferme et manoir : se renseigner - jardins 4,50 £ (billet groupé 7 £) - parking 5 £.

Cette halte s'impose pour tous les passionnés de jardins. Véritable poumon à la lisière de Manchester, il comprend plus de 20 ha d'espaces verts. L'entrée se fait modestement par l'espace de culture des fleurs et par le potager du domaine. L'allée sur la gauche permet de rejoindre les terrasses – entourées d'un joli parc – aménagées devant la façade de la demeure néoclassique du 19e s. En empruntant l'allée centrale, avec en perspective un monument circulaire à colonnades, vous gagnerez le cœur de Tatton Park. La promenade est ponctuée de jardins à thème, dont l'intimiste jardin à l'italienne et le poétique jardin japonais. Ne manquez pas l'incroyable roseraie.

Jodrell Bank Visitor's Centre B4

Bomish Lane, Macclesfield, Cheshire - à 32 km/20 miles au sud de Manchester par les A 34 et A 535 direction Holmes Chapel, ou par les M 6 (embranchement 18), A 54 vers l'est et A 353 - ✆ (01477) 571 339 - www.manchester.ac.uk/jodrellbank/viscen - ♿ - de mi-mars à fin oct. : 10h30-17h ; reste de l'année : mar.-vend. 10h30-15h, w.-end 11h-16h (dernière entrée 1h av. fermeture) - fermé 1er janv. et sem. de Noël. - 2 £ - café, aire de pique-nique.

Au **planétarium**, vous observerez la lune, les étoiles, les planètes et les galaxies. Huit **galeries interactives** consacrées à la science de la Terre et de l'espace familiarisent le visiteur avec les énergies, l'écologie et l'astronomie. Vous saurez tout sur les quasars et les pulsars, sur les ondes radio captées par le télescope Lovell. L'**arboretum**, qui s'étend sur 14 ha, fait le bonheur des promeneurs et des familles.

★★ Lyme Park B4

À 15 km/9,5 miles au sud-est de Manchester. Prendre la A 6 en direction de Buxton. Peu après Disley, sur votre droite, un portail monumental marque l'entrée de Lyme Park - NT - ✆ (01663) 762 023 - www.nationaltrust.org.uk - parc : 8h-18h - château : mars.-oct. : vend.-mar. 11h-17h (5,95 £) - jardins : mars-oct. 11h-17h (5,60 £) - château et jardins 9 £ - parking 5 £ - restaurant.

Il vous faudra rouler encore sur 1,5 km avant d'atteindre le **château**. Sur le chemin, vous apercevrez à gauche, sur les hauteurs, un hameau de chasse du 18e s. baptisé **The Cage**, aussi élevé qu'une tour de guet. Si Lyme Park est célèbre pour avoir matérialisé Pemberley dans la récente adaptation cinématographique de *Pride & Prejudice*, il est surtout connu pour être le lieu de prédilection des citadins

ORGUEIL & PRÉJUGÉS

Pride & Prejudice est le nom d'un roman à succès de Jane Austen, publié en 1813, traitant de la naissance du sentiment amoureux et du mariage face à la contrainte des usages imposés par les classes sociales.

de Manchester le week-end. On vous remettra une carte pour apprécier l'ampleur du **parc**, soit 566 ha de champs, forêts et étangs avec trois orientations principales : The Lantern, le Paddock Cottage et The Cage. Les multiples randonnées suggérées par les agents du National Trust *(petit bureau en contrebas du parking)* ne présentent pas de difficulté particulière. Des paysages splendides vous attendent au détour d'un vallon ou d'un sentier. Le château était à l'origine un manoir Tudor, l'**architecte vénitien** Leoni l'a transformé en un véritable palais. Ce dernier a conservé toutefois de beaux et riches intérieurs élisabéthains, avec une avalanche de boiseries sculptées autour d'un mobilier de grande valeur. Les jardins représentent 7 ha supplémentaires comprenant une roseraie, un jardin clos, un **étang arboré★**, un jardin ombragé ainsi qu'une très belle orangerie.

★ Quarry Bank Mill B4

À Wilmslow, 16 km/10 miles au sud de Manchester le long de la B 5166 ; sortir à l'échangeur 5 de la M 56 - Quarry Bank Road - (01625) 527 468 - www.quarrybankmill.org.uk - - mars-oct. : 11h-17h ; janv.-fév. et de nov. à mi-déc. : merc.-dim. 11h-16h (dernière entrée 1h av. fermeture) - 14,20 £ maison des apprentis, moulin et jardins (7,35 £ moulin seul).

Dans un parc boisé de 11 ha traversé par la rivière Bollin se dresse une haute filature de coton construite en 1784. Tout d'abord alimentée par un moulin dont l'énorme roue pesait 50 t, elle fut ensuite équipée d'un moteur à vapeur en 1840. Une exposition retrace la production de textile, depuis les plantations jusqu'aux calicots, d'ailleurs vendus dans la boutique attenante. Vous assisterez à des **démonstrations** : filage à la main, filage sur le *spinning jenny*, tissage à bras, travail d'un métier à tisser mécanique. Dans la maison des apprentis sont illustrées les difficiles conditions dans lesquelles vivaient les enfants pendant leur formation aux **métiers de la filature**.

Poursuivre sur la A 34, puis prendre la direction de Macclesfield sur votre gauche par la A 537.

Circuit conseillé Carte de région

LA TOURNÉE DES GRANDS HALLS B4

Circuit tracé en vert sur la carte p. 541. Prendre la A 6 en direction de Buxton, puis suivre à hauteur de Hazel Grove la A 523 Bramall.

★ Bramall Hall

À 21 km/13 miles au sud-est de Manchester - (0161) 485 3708 - www.bramallhall.org.uk - avr.-oct. : 13h-17h (vend.-sam. 16h), j. fériés 11h-17h ; nov.-mars : w.-end 13h-16h, j. fériés 11h-16h (dernière entrée 1h av. fermeture) - possibilité de visite guidée (1h) à 13h15 et 14h15 - fermé 25-26 déc. - 4,05 £ - salon de thé - parking payant.

Bramall Hall est un superbe **manoir à colombage** du 16e s. Lambris raffinés, stucs aux plafonds, mobilier et peintures rehaussent les salles Tudor. La chapelle offre une jolie fresque ancienne. La cuisine victorienne et les logements des domestiques donnent un aperçu du train de vie d'une demeure bourgeoise à la campagne.

Poursuivre sur la A 523, à mi-chemin de Macclesfield.

★ Adlington Hall

(01625) 827 595 - www.adlingtonhall.com - juil.-août : mar.-merc. et dim. 14h-17h - 8 £ (jardins seuls 5 £).

Située au cœur de la forêt de Macclesfield, cette très belle demeure fut d'abord un modeste **pavillon de chasse**. La bâtisse originale (1040), de style normand, s'est agrandie au fil des siècles. Le **Great Hall** date en effet de 1480. Le **manoir Tudor** à colombage noir et blanc date lui de 1581. Quant à la façade sud et à l'aile ouest, elles ont été édifiées au 18e s. En cela, Adlingtin Hall est un saisissant livre à ciel ouvert de l'histoire de l'architecture anglaise. Cette maison de famille est entourée d'un parc magnifique dont vous pourrez admirez, tout particulièrement, la superbe allée de tilleuls plantée au 17e s., le petit temple à colonnades de Diane, la roseraie et, enfin, le **labyrinthe★**.

Macclesfield

Pendant plus de deux siècles, le nom de Macclesfield fut étroitement lié à la production de la soie réalisée dans la centaine de filatures locales. Deux musées relatent l'histoire de la soie de façon ludique et intelligente.

Silk Museum – *Park Lane - ✆ (01625) 612 045 - www.macclesfield.silk.museum lun.-sam. 11h-17h, lun. fériés 12h-16h - fermé Vend. saint - 4,25 £ (9 £ avec Paradise Mill) - restaurant, cafétéria.* Ce musée de la Soie est aménagé dans l'école georgienne de la ville.

Paradise Mill – ♿ - *visite guidée : tlj sf dim. 12h15, 13h30, 14h45 - fermé Vend. saint - 5,20 £.* Ici, des guides montrent l'utilisation d'un métier Jacquard à cartes perforées du début du 19e s., ancêtre des automates actuels. Au début de la révolution industrielle, la soie fut le premier textile dont la production sortit du cadre familial. Toutefois, l'essor de la branche apparut précaire… après le boom dû au blocus contre les soies françaises pendant les guerres napoléoniennes, les filatures de soie connurent une forte récession. Près de 15 000 ouvriers de Macclesfield durent s'expatrier pour la terre promise, créant la ville de Paterson dans l'État du New Jersey aux États-Unis.

À Macclesfield, prendre la A 536 jusqu'au village de Gawsworth.

★ Gawsworth Hall

Church Lane - ✆ (01260) 223 456 - www.gawsworthhall.com - fin juin-fin août : 14h-17h ; de mai à fin juin, et 2 premières sem. de sept. : dim.-merc. 14h-17h - 6 £.

Il existe un dicton : « *To see Cheshire, you must see Gawsworth Hall* » (Qui prétend connaître le Cheshire, doit voir Gawsworth Hall). Autour de cet ancien **manoir Tudor** du 15e s., à colombage noir et blanc, flotte une atmosphère romantique à souhait. La beauté du **jardin élisabéthain**, la lumière du bord de l'eau et la haute tour de l'église St-Jacques vieille de 500 ans créent un tableau d'une infinie poésie. Mary Fitton, qui vécut en ce lieu à la fin du 15e s., est probablement la « dark lady » à laquelle Shakespeare, amoureux, s'adressait, dans 26 de ses sonnets.

Poursuivre au sud et prendre la A 34 à partir de Congleton.

★★ Little Moreton Hall

NT - ✆ (01260) 272 018 - www.nationaltrust.org.uk - ♿ - de mi-mars à fin oct. : merc.-dim. 11h-17h ; de fin fév. à mi-mars, et de mi-nov. à fin déc. : w.-end 11h-16h (dernière entrée 30mn av. fermeture) - 7 £ - aire de pique-nique, restaurant.

Ce manoir à colombage tout à fait exceptionnel est entouré de douves peu profondes. Les sols ondulent, les fenêtres à entrelacs ont conservé leurs vitres originales du 16e s. et de **précieuses boiseries** ornent l'intérieur. Construit vers 1440, il fut achevé cent-quarante ans plus tard avec la grande galerie de John Moreton. La grande salle en est le chef-d'œuvre. Sous l'étonnante charpente, les peintures murales représentent la Destinée et la Fortune. Notez la frise peinte du parloir, évoquant l'histoire de Suzanne et les vieillards.

NOS ADRESSES À MANCHESTER

TRANSPORTS

Aéroport – *www.manchesterairport.co.uk*. Situé au sud du centre-ville, il est desservi par le tramway **Metrolink**.
Liaisons aériennes p. 9.
Traveline – *(0871) 200 2233 - www.traveline-northwest.co.uk*. Renseignements et forfaits : tram, train et bus.

VISITES

Bon à savoir – Visites à pied ou en bus en compagnie des guides Blue Badge. Liste à l'office de tourisme.
Manchester Ship Canal Cruises – *(0161) 330 1444 - www.merseyferries.co.uk - - avr.-sept. : w.-end et dates ponctuelles - dép. 10h ou 11h - 36 £*. Excursions sur le canal inauguré par la reine Victoria en 1894 (58 km).

HÉBERGEMENT

Bon à savoir – L'office de tourisme propose un service de réservation.

PREMIER PRIX

Millstone Hotel – B1 - *67 Thomas Street - (0161) 839 0213 - P - 15 ch. : 40 £* . Charmant B & B, abrité dans un édifice 1700 et situé dans un quartier nord de la ville. Un bon rapport qualité/prix aux portes d'Arena.

BUDGET MOYEN

Mitre Hotel – A1 *-1-3 Cathedral Gates - (0161) 832 2400 - 30 ch. : 65/115 £* . À deux pas de la cathédrale, le Mitre Hotel propose des chambres simples mais propres. Accueil charmant.

UNE FOLIE

Malmaison – B2 *-Picadilly - (0161) 278 1000 - www.malmaison.com - 167 ch. : 170 £ - 13,95 £*. Élu Hot New Hotel 2006 par le magazine *Conde Nast Traveller*, la Malmaison est un concept d'hôtel-brasserie-bar stylé et branché. Coup de foudre pour cette adresse glamour, au cœur de la ville.
Arora International Hotel – B2 - *18-24 Princess Street - (0161) 236 8999 - www.arorainternational.com - 141 ch. : 92/257 £* . Ce boutique-hotel établi au sud de la ville jouxte le quartier chinois. Sa décoration contemporaine et son service haut de gamme attirent des hôtes de marque.
The Lowry Hotel – A1 - *50 Dearmans Place - Chapel Warf - Salford - (0161) 827 4000 - www.thelowryhotel.com - P - 165 ch. : 350 £ - 18,50 £*. Cet hôtel de luxe donnant sur la rivière Irwell se trouve dans le Great Manchester. Vous y reconnaîtrez la signature et l'excellence des Rocco Forte Hotels. Piscine intérieure, spa et salle de fitness pour se détendre.

RESTAURATION

Bon à savoir – Munissez-vous du *Manchester Food and Drink and Club Guide*, remis gratuitement à l'office de tourisme.
De nombreux pubs et bars sont concentrés sur **Deansgate Locks**. Plus excentré, **Rusholme** est le quartier des restaurants indiens.

PREMIER PRIX

The Bank – B2 *-57 Mosley Street - (0161) 228 7560*. Ce pub spacieux a investi les lieux d'une ancienne banque datant de 1806. Le *sausage & mash* et le *salmon supreme* sont un régal !

BUDGET MOYEN

The Yang Sing – B2 - *34 Princess Street - (0161) 236 2200 - www.yang-sing.com/*

5

restaurant. Ouvert depuis 1977, le Yang Sing est l'un des meilleurs restaurants de cuisine cantonaise de Grande-Bretagne. Le chef Harry Yeung voyage souvent en Asie pour réaliser des mets toujours plus créatifs. Excellent.

The Modern – B1 -*URBIS, 6th Floor, Cathedral Gardens - ✆ (0161) 605 8282 - www.themodernmcr.co.uk - fermé dim. soir, 1er janv. et 25-26 déc. - 23/40 £ (menu déj. 15 £)*. Au 5e étage d'un édifice de verre, ce restaurant, qui offre de très belles vues, propose une cuisine anglaise moderne utilisant les produits régionaux et de saison.

PETITE PAUSE

Hard Rock Cafe – *The Printworks - Corporation Street - ✆ (0161) 831 6700 - www.hardrock.com*. Idéalement, situé, ce bel espace panoramique tout en transparence accueille sur plusieurs niveaux une scène pour les concerts et une boutique qui sert snacks et boissons.

ACHATS

La plupart des grands magasins se trouvent dans **Market Street** et **Arndale Centre**. Pour les boutiques de luxe et de créateurs, voir **The Triangle** (dans les anciennes halles au grain Corn Exchange), **King Street** et **St Ann's Square**. Les amateurs de bonnes affaires s'aventureront à **Northern Quarter**, **Afflecks Palace** ou au **Coliseum Centre**. À la périphérie, le **Trafford Centre** *(sortie 9 ou 10 de la M 60)* rassemble 230 magasins.

EN SOIRÉE

Bon à savoir – Pour obtenir des informations sur Manchester *by night*, le *City Life*, qui paraît en soirée, est en vente chez les marchands de journaux.

Musique – Les grands événements musicaux ont lieu à : The Palace, The Royal Exchange, the Opera House, Bridgewater Hall, Free Trade Hall (Hallé Orchestra) et MEN Arena.

AGENDA

Manchester Jazz Festival – *✆ (0161) 228 0662 - www.manchesterjazz.com*. Fin juillet.

Sports – Les événements sportifs les plus importants se déroulent dans les stades des deux clubs de **football**, Manchester United et Manchester City, au Velodrome et au MEN Arena.

Les **courses hippiques** se disputent à Haydock.

Les amateurs de **cricket** se rendront au Lancashire County Cricket Club.

Chester

★★

80 624 habitants

NOS ADRESSES PAGE 557

S'INFORMER

Office de tourisme –*Town Hall, Northgate Street - 0845 647 7868 - www.visitchester.com - 9h-17h30, dim. et j. fériés 10h-17h - fermé 1er janv., 25-26 déc.*

SE REPÉRER

Carte de région A4 (p. 541) – *carte Michelin 503 L24 - Cheshire*. Chester est à 43 km/26,5 miles au sud de Liverpool, à l'embouchure de la rivière Dee.

À NE PAS MANQUER

Les remparts, les Rows et la cathédrale et les Groves.

ORGANISER SON TEMPS

Réservez la journée complète pour découvrir la ville et une demi-journée supplémentaire pour une croisière sur la Dee ou la visite du zoo.

AVEC LES ENFANTS

Dewa Roman Experience et le zoo de Chester.

Située à la frontière du pays de Galles, grand port commercial jusqu'au 16e s., Chester fit longtemps l'objet de convoitise. Le présent ne déroge pas à la règle : les touristes n'ont d'yeux que pour elle. Petit bijou d'architecture complice de toutes les époques, elle jaillit au cœur d'une nature enchanteresse. La rivière Dee y coule des jours paisibles et ses rives invitent volontiers à la détente et à la contemplation. L'extrême gentillesse de ses habitants donne en outre une couleur affective à cette halte inoubliable. Chester est une ville à vivre, un pur ravissement.

Se promener

LE CENTRE-VILLE Plan de ville

Circuit tracé en vert sur le plan p. 554. Au départ de Northgate.

★ The Walls

Dans un état de conservation exceptionnel, les remparts constituent la meilleure façon d'appréhender et d'apprécier la ville. **Northgate** domine Northgate Street, l'une des artères principales de Chester intra-muros, animée par de jolies façades médiévales.

Emprunter le tronçon du mur est.

La balade rejoint **King Charles' Tower**, ainsi nommée car le roi Charles aurait assisté depuis cette tour à la défaite de ses troupes en septembre 1645. En poursuivant sur le chemin de ronde, la cathédrale laisse deviner sa façade orientale à travers de grands arbres, à l'image d'un tableau de Constable. Tout proche, un passage baptisé **Kaleyards' Gate** permettait aux moines

5

du Moyen Âge d'accéder à leur potager. Grâce à une pétition adressée au roi Édouard Ier, ils furent autorisés à ouvrir une brèche dans les fortifications, tout en y installant une porte suffisamment basse pour empêcher l'intrusion de cavaliers. Huit siècles après, les autorités ecclésiastiques ferment encore cette porte chaque soir à 21h.

Chester Cathedral, voir p. 556.

Eastgate fait face à la rue commerçante de Eastgate Street, dominée par la très jolie **Eastgate Clock★** (tour de l'Horloge).

Newgate, plus imposante, est l'unique porte de la ville arborant des armoiries. Elle offre une vue panoramique sur le petit **jardin romain★**, les vestiges de l'amphithéâtre et **Grosvenor Park★**.

Longer Park Street.

Les fortifications plongent sur le délicieux spectacle de la Dee. L'élégant pont suspendu relie les deux rives, dans une sylphide blancheur.

Passer Round Tower.

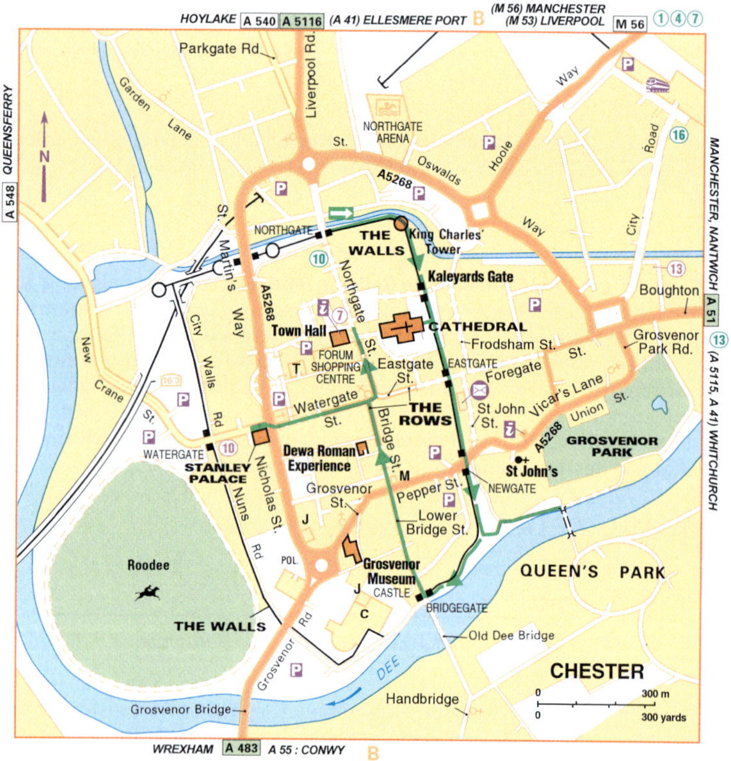

SE LOGER

- Chester Court Hotel 1
- Chester House Bed & Breakfast 4
- Comfort Inn 7
- Pied Bull 10
- Ramada Chester 13
- The Queen Hotel 16

SE RESTAURER

- The Coach and Horses 7
- The Fat Cat 10
- The Old Harkers Arms 13

UN PEU D'HISTOIRE

Bâtie sur une crête de grès, l'antique *Deva* romaine du 1er s. apr. J.-C. était l'une des plus grandes villes de garnison d'Angleterre. Elle abrita pendant deux cents ans la **20e légion Valeria Victrix**. Les rues de Watergate et Eastgate épousent le tracé de la Via Principalis, ex-Decumanus. Bridge Street, quant à elle, suit la Via Praetoria, ex-Cardo. L'église St Peter (à la jonction de Watergate et de Northgate Streets) occupe l'emplacement de l'ancien quartier général des légionnaires. Les fortifications de Chester furent reconstruites au début du 10e s. Aethelflaeda, fille d'Alfred le Grand, fit prolonger les remparts jusqu'à la mer. **Hugues le Loup**, neveu présumé de Guillaume le Conquérant, devint le comte de Chester en 1070. Le comté revint à la Couronne en 1237, après qu'Henri III l'eut attribué à son fils, le futur Édouard Ier. Ce titre et la charge qu'il engendre demeurent aujourd'hui encore l'apanage du fils aîné des monarques.

Base navale fréquentée dès l'Empire romain par des vaisseaux de haute mer, Chester connut son apogée du 12e au 14e s. Mais l'ensablement progressif de l'estuaire de la Dee contraignit les navires à mouiller à une vingtaine de kilomètres en aval et contribua au développement et à la suprématie de Liverpool, port voisin. Là où les galères romaines accostaient jadis se trouve aujourd'hui le célèbre hippodrome **The Roodee**. La course la plus attendue se déroule chaque année durant trois jours, pendant la deuxième semaine de mai.

Bridgegate permet d'admirer, sur Lower Bridge Street, la plus belle **maison à colombage★★** de Chester, datant de 1664.

Rejoindre Bridge Street.

★★ The Rows

Les Rows sont des **galeries commerçantes** édifiées sur deux étages. Uniques en Grande-Bretagne, elles sont citées pour la première fois dans les archives de Chester en 1331. À l'origine, le rez-de-chaussée était réservé aux échoppes et la partie supérieure, aux quartiers d'habitation. Marquées par une architecture à colombage noir et blanc, elles préservent l'esthétique médiévale et l'unité de Chester. Portez tout particulièrement votre attention sur le Mall Grosvenor Shopping Center, le Rows le plus important.

En tournant à gauche sur Watergate Street, traverser Nicholas Street.

★ Stanley Palace

Datant de 1591, cette magnifique demeure élisabéthaine fut construite par le vice-chancelier du Cheshire, sur les fondations d'un ancien monastère dominicain. Elle devint ensuite la propriété d'une famille très influente, les Stanley, apparentés au riche comte de Derby. Ils avaient la charge officielle de défendre la ville contre l'ennemi, en protégeant Watergate, à quelques dizaines de mètres de là. Au 19e s., la bâtisse fut menacée de démolition, faute d'entretien. Grâce à la volonté d'un mécène, elle fut démontée, envoyée aux États-Unis pour restauration, puis rendue aux héritiers. Elle appartient dorénavant au Chester City Council et est gérée par l'association des amis du Stanley Palace. L'aile en retrait est d'époque Tudor alors que l'aile donnant sur Watergate Street est postérieure. Toutefois, les pignons, la structure à colombage et la beauté ornementale confèrent une unité et une harmonie flagrantes aux deux façades.

Revenir sur vos pas, tourner à gauche et remonter Northgate Street.

Town Hall

Ce bel édifice néogothique bâti en grès rouge et gris, et flanqué d'une tour haute de 49 m, a remplacé l'ancien hôtel de ville et la bourse, détruits par un incendie en 1862.

À voir aussi

★ Chester Cathedral

✆ (01244) 324 756 - www.chestercathedral.com - ♿ - 9h-17h, dim. 13h-16h - 5 £ audioguide inclus - cafétéria (voir Nos adresses).

Située à l'emplacement d'une église saxonne du 10e s., transformée elle-même en abbaye bénédictine, l'actuelle cathédrale fut construite entre 1250 et 1500. D'apparence massive, elle distingue en réalité, d'un côté le **cloître** du 12e s. (restauré au 16e s.) et ses dépendances, de l'autre la cathédrale. L'entrée principale en chicane conduit au cloître. Deux salles adjacentes retiennent l'attention : le vestibule (à fenêtres gothiques polylobées) précédant la salle capitulaire où est enterré le fondateur Hugh Lupus et à l'opposé l'ancien réfectoire des moines, à l'impressionnant plafond en forme de carène renversée.
La cathédrale affiche une élévation à deux niveaux, respectivement, les arcades et l'étage des fenêtres hautes. Si la nef date du 14e s., les panneaux latéraux de mosaïques ainsi que la majorité des vitraux ont été réalisés au 20e s. La visite est remarquable en trois lieux : les fonts baptismaux, l'arc roman en plein cintre situé dans le bras gauche du transept jouxtant le superbe plafond du 16e s. aux armoiries des Tudor, et enfin le chœur : 48 stalles et miséricordes, sculptées en haut relief vers 1390 et coiffées de dais tous différents.

Dewa Roman Experience

Pierpoint Lane - ✆ (01244) 343 407 - www.dewaromanexperience.co.uk - fév.-nov. : lun.-sam. 9h-17h, dim. 10h-17h ; déc.-janv. : 10h-16h - fermé 1er janv. et 25-26 déc. - 4,95 £ (enf 3,25 £).

Le Dewa Roman Experience propose un voyage dans le temps. S'habiller en soldat romain, monter dans une galère ou arpenter les rues comme il y a 2 000 ans permet de comprendre et ressentir la Chester antique. Un site de fouilles archéologiques ainsi qu'un musée témoignent non seulement de l'histoire romaine, mais aussi du passé saxon et médiéval de la ville.

Grosvenor Museum

✆ (01244) 402 033 - www.grosvenormuseum.co.uk - 10h30-17h, dim. 13h-16h - fermé 1er janv., Vend. saint et 24-26 déc. - tarif non communiqué.

Ce musée consacré à l'histoire de la ville met plus particulièrement l'accent sur la période romaine. Il expose aussi une intéressante collection de pièces de monnaie frappées à Chester, à l'époque des Saxons, des Normands et de la guerre civile. Enfin, des scènes de la vie quotidienne sont évoquées à travers la reconstitution d'une maison georgienne sur plusieurs étages.

À proximité Carte de région

★ Zoo A4

À 5 km/3 miles au nord, par la A 5116 - ✆ (01244) 380 280 - www.chesterzoo.org - ♿ - à partir de 10h, fermeture selon saison (dernière entrée 1h av. fermeture) - fermé 25-26 déc. - 15,95 £ (enf. 10,95 £) - restaurant, café.

Le zoo de Chester est parmi les plus grands et les plus beaux de Grande-Bretagne : 7 000 animaux sauvages (500 espèces) se partagent 50 ha de jardins aménagés. Ils y vivent en liberté, isolés du public par des douves et des enclos naturels. Ne manquez pas les varans de Komodo et les félins de l'attraction « Spirit of the Jaguar ». Un petit train aérien permet une visite ludique du parc.

NOS ADRESSES À CHESTER

TRANSPORTS

Bus – La compagnie **First** *(www.firstgroup.com)* propose un forfait à 4,10 £/j. Il existe des Travel Cards hebdomadaires. Se renseigner auprès du County Council *(✆ (01244) 603 353)*.

VISITES

Sur terre

Visites guidées à pied – *Rens. à l'office de tourisme.* Elles sont assurées les guides Blue Badge.

Ghosthunter Trail - *✆ 0845 647 7868 - www.ghostcity.co.uk - sam. (et jeu.-vend. de juin à oct.) à 19h30 - dép. de Town Hall.* Découverte thématique « À la recherche des fantômes ».

City sightseeing Chester – *✆ (01244) 381 461 - www.city-sightseeing.com- mai-oct. : tlj - dép. Chester Railway Station - 8 £.* Tour d'une heure en autobus à impériale.

Sur l'eau

Promenades (30mn) et excursions (2h) en bateau sur la Dee. Départ de l'embarcadère *(Boating Station)* sur Souters Lane. Bithells Boats – *✆ (01244) 325 394 - www.chesterboat.co.uk.*

HÉBERGEMENT

PREMIER PRIX

Chester House Bed & Breakfast – *44 Hoole Road - ✆ (01244) 348 410 - www.chesterhouseguesthouse.co.uk - P - 8 ch. : 50 £ ☕.* À 15mn à pied du centre-ville, un bon rapport qualité/prix pour cette adresse simple mais bien tenue.

Pied Bull – *57 Northgate Street - ✆ (01244) 325 829 - www.piedbull.co.uk - 12 ch. : 60 £ ☕.* Dans la ville intra-muros, une des plus anciennes auberges de Chester, datant du 16e s. Chambres rustiques et propres, pour un séjour au pied des remparts.

Comfort Inn - *74 Hoole Road - ✆ (01244) 327 542 - www.comfortinn.com - P - ♿ - 31 ch : 45/60 £.* Ce standard de la chaîne occupe un bâtiment traditionnel, à 1,5 km des remparts de Chester. Toutes les chambres, *en-suite*, sont spacieuses. Modems, Wi-Fi, etc.

BUDGET MOYEN

Chester Court Hotel – *48 Hoole Road - ✆ (01244) 320 779 - www.chestercourthotel.com - P - 20 ch. : 79/90 £ ☕.* Le *lounge* typiquement british annonce la couleur. Les chambres sont dotées de lits à baldaquin. Face à l'église, un cadre romantique à 5mn en voiture (ou bus direct n° 53) du centre-ville.

UNE FOLIE

Ramada Chester – *Whitchurch Road - Christleton - ✆ 0844 815 9001 - www.ramadachester.co.uk - P - 126 ch. : 85/200 £ ☕.* Situé à l'est de Chester, le Ramada propose, dans un décor contemporain, piscine, spa et *fitness center* flambant neufs. Navette payante pour le centre-ville.

5

The Queen Hotel – *City Road - ✆ (01244) 305 000 - www.bw-queenhotel.co.uk* - P - *129 ch. : 80/235 £* ☕. Appartenant à la chaîne Best Western, The Queen Hotel est une adresse prestigieuse. Établissement de caractère, il dispose d'une jolie terrasse bordée de jardins à l'italienne. Face à la gare Victoria, il jouit d'une situation centrale.

RESTAURATION

PREMIER PRIX

The Coach and Horses – *39 Northgate Street - ✆ (01244) 325 533*. Pub traditionnel situé au cœur névralgique de la vieille ville, il sert, entre autres, un excellent *ploughmans* (plat généralement froid à base de fromage, de pain et de beurre, accompagné d'une salade, de poivrons et d'oignons).

BUDGET MOYEN

The Fat Cat – *85 Watergate Street - ✆ (01244) 316 100 - www.fatcatcafebars.co.uk*. Ce pub stylé dégage une atmosphère très chic. La cuisine, d'inspiration anglo-américaine, témoigne d'une volonté créative.

The Old Harkers Arms – *1 Russell Street - ✆ (01244) 344 525 - www.bandp.co.uk/harkers - 20/29 £*. Un pub plein de caractère, installé dans un ancien entrepôt victorien au bord du canal. Cuisine classique et généreuse. Et plus de 100 différents whiskies à la carte !

PETITE PAUSE

The Refectory Restaurant – *Cathédrale de Chester*. Une cafétéria a été installée dans l'ancien réfectoire des moines du 13e s. Pour déjeuner ou prendre le thé dans un cadre hors du commun.

Boulevard Cafe – *39 Bridge Street (à l'entrée du Mall Grosvenor Row) - ✆ (01244) 348 708*. Pour petit-déjeuner, déjeuner (snacks) ou prendre un verre. Choisissez la terrasse ou la salle, de style années 1930, et craquez pour les pâtisseries, absolument savoureuses.

ACHATS

Bon à savoir – Le Mall Grosvenor Shopping Centre possède de belles boutiques. L'artisanat local s'achète au Chester Visitor and Craft Centre.

Marchés – Princess Street : *tlj sf dim. 8h-17h30*. Town Hall Square : *dim. 9h30-16h30*.

ACTIVITÉS

Courses hippiques – Sur l'hippodrome Chester Racecourse (The Roodee), les courses se disputent dans le sens contraire des aiguilles d'une montre.

Liverpool

★

452 773 habitants

NOS ADRESSES PAGE 571

S'INFORMER

Tourism information Centre – *36/38 Whitechapel - ✆ (0151) 233 2008 - fr.visitliverpool.com (en français) - avr.-sept. : lun.-sam. 9 h-20h ; oct.-mars : lun.-sam. 9h-18h - dim. 11h-16h.*

SE REPÉRER

Carte de région A4 (p. 541) – *carte Michelin 502 L23 - Merseyside.* Située sur la côte ouest de l'Angleterre, Liverpool s'étend le long de la rive septentrionale de la Mersey. Manchester est à 55 km/34 miles à l'est.

À NE PAS MANQUER

Albert Dock, The Pier, les deux cathédrales et Walker Art Gallery.

ORGANISER SON TEMPS

Comptez 2 à 3 jours.

AVEC LES ENFANTS

Knowsley Safari Park ; Aquarium Blue Planet ; Norton Priory Museum & Walled Gardens.

Difficile de songer à Liverpool sans penser immédiatement aux Beatles. Si l'association est toujours aussi heureuse, Liverpool a bien d'autres atouts pour séduire ses visiteurs. Grâce à une politique de développement touristique dynamique, à un patrimoine éclectique et à la complicité d'une population enthousiaste, Liverpool est une ville fort agréable et particulièrement attachante. Dans le cadre d'un week-end ou comme point de départ à la découverte du pays de Galles, des Yorkshire Dales ou encore de Lake District, « L'pool » est assurément une destination de choix.

Se promener Plan de ville

LE LONG DE LA MERSEY A1

Circuit de Pier Head à Albert Dock tracé en vert sur le plan p. 560.

Pier Head

Trois superbes édifices appelés plus communément « les trois Grâces » illuminent la croisette *made in* Liverpool : le **Port of Liverpool Building** (1907) au dôme vert-de-gris, le **Cunard Building** (1913) et le **Royal Liver Building** (1908), dont les « Liver Birds », symboles de la ville, surmontent le toit. Ce dernier évoque l'architecture des gratte-ciel new-yorkais du début du 20e s.

LIVERPOOL

0 — 300 m
0 — 300 yards

SE LOGER

Britannia Adelphi Hotel ... 1
Holme Leigh Guest House ... 4
Hope Street Hotel ... 7
Premier Travel Inn ... 10
Radisson SAS ... 13
Thistle Hotel ... 16

SE RESTAURER

Café Rouge ... 1
Gusto ... 4
Hope Street Restaurant ... 7
Mei Mei ... 10
Philharmonic Dinning Room ... 13
Pump House ... 16
Quynny's Cuisine ... 19
The Beehive ... 22
Tokyou ... 28

LIVERPOOL

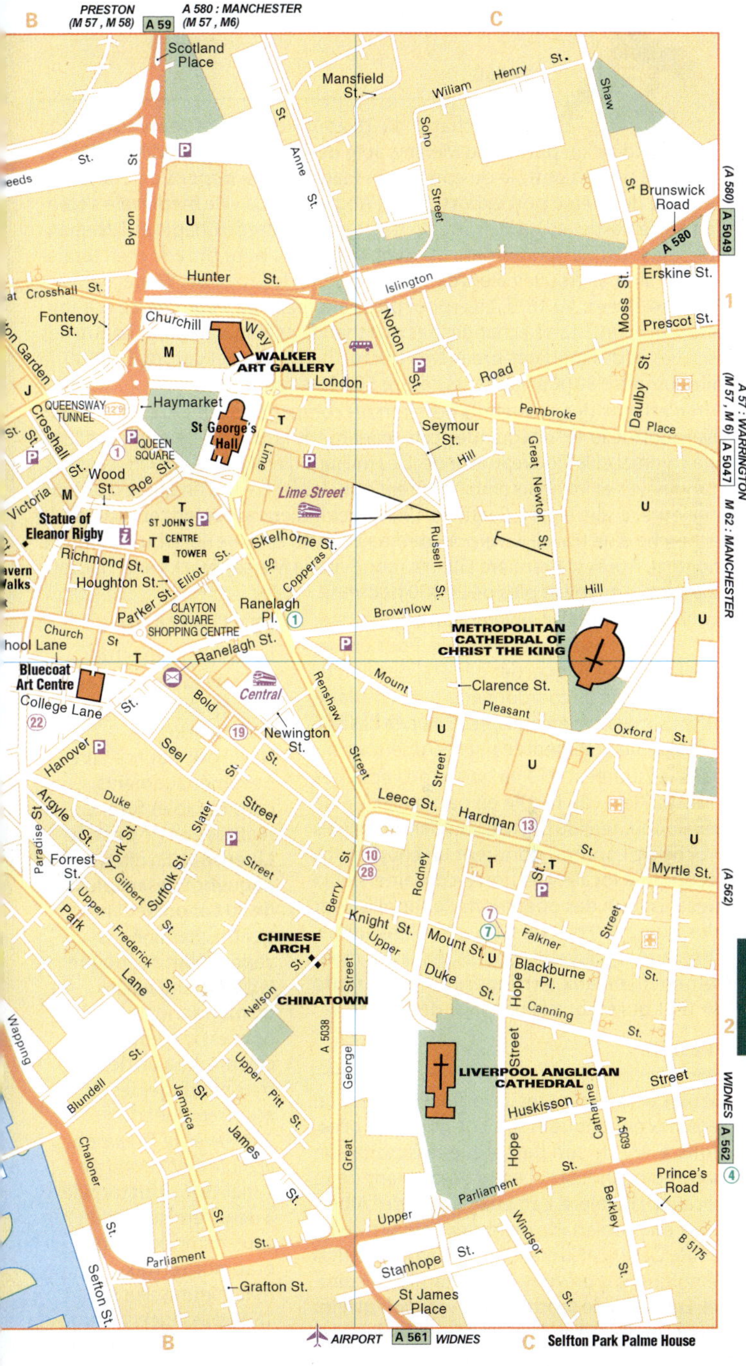

PRESTON (M 57 , M 58)
A 59
A 580 : MANCHESTER (M 57 , M6)
B
C
Scotland Place
Mansfield St.
Wiliam Henry St.
Shaw
Soho Street
Anne St.
St
Byron St
Leeds St.
U
Hunter St.
Brunswick Road
A 580
Erskine St.
Islington
Norton St.
Moss St.
Prescot St.
Crosshall St.
Fontenoy St.
Churchill Way
WALKER ART GALLERY
M
London Road
Dalby St.
Pembroke Place
Haymarket
QUEENSWAY TUNNEL
St George's Hall
QUEEN SQUARE
Seymour St.
Hill
Great Newton St.
Lime
Lime Street
Wood St.
Roe St.
Victoria
Statue of Eleanor Rigby
ST JOHN'S CENTRE
TOWER
Skelhorne St.
Russell St.
Richmond St.
Houghton St.
Elliot St.
Copperas St.
Parker St.
CLAYTON SQUARE SHOPPING CENTRE
Ranelagh Pl.
Brownlow Hill
METROPOLITAN CATHEDRAL OF CHRIST THE KING
Church St
School Lane
Ranelagh St.
Bluecoat Art Centre
College Lane
Bold St.
Central
Renshaw Street
Mount Pleasant
Clarence St.
Oxford St.
Newington St.
Hanover St.
Seel Street
Duke St.
Slater St.
Leece St.
Hardman St.
Myrtle St.
Argyle St.
Paradise St
York St.
Forrest St.
Gilbert St.
Suffolk St.
Upper Frederick St.
Park Lane
Berry St
Rodney Street
Knight St.
Upper Duke St.
Mount St.
Falkner St.
Blackburne Pl.
Hope Street
Canning St.
CHINESE ARCH
CHINATOWN
Nelson St.
A 5038
Great George Street
LIVERPOOL ANGLICAN CATHEDRAL
Huskisson Street
Catharine St.
A 5039
Wapping
Blundell St.
Jamaica St
Upper Pitt St.
James St.
Chaloner St.
Parliament St.
Upper Parliament St.
Windsor St.
Berkley St.
Prince's Road
B 5175
Stanhope St.
St James Place
Grafton St.
Sefton St.
(A 580) A 5049
A 57 : WARRINGTON (M 57 , M 6) A 5047 M 62 : MANCHESTER
(A 562)
WIDNES A 562
1
2
AIRPORT A 561 WIDNES
Selfton Park Palme House

Un peu d'histoire

PASSÉ

Par la charte du 28 août 1207, le **roi Jean** autorisa la construction d'un port sur la Mersey, acte de fondation de la ville. Au 16e s., Liverpool prit le contrôle du commerce maritime aux dépens de Chester et devint le deuxième port exportateur d'Angleterre. La ville médiévale s'étendait entre Castle et Old Hall Street, Water et Dale Street, Chapel et Tithebarn Street jusqu'à Hatton Garden. L'ancien « Pool » ou petit bras de mer, totalement draîné, se trouvait alors dans le périmètre de Crosshall, Whitechapel et Paradise Street. Au 18e s, Liverpool prospéra grâce au « commerce triangulaire », qui consistait à échanger des marchandises manufacturées contre des esclaves et des matières premières (sucre, rhum, tabac et coton). En 1800, la ville comptait 80 000 habitants contre 500 âmes au 16e s.

Port d'attache des paquebots des grandes compagnies Cunard et White Star, Liverpool fut au 19e s. la grande porte maritime de la Grande-Bretagne sur l'Empire colonial et le Nouveau Monde. Des millions d'émigrants anglais, écossais, scandinaves et irlandais embarquèrent pour les États-Unis en quête d'une vie meilleure. D'autre part, Caraïbes, Chinois et Indiens arrivèrent en masse à la recherche d'un travail. Liverpool détenait à cette époque 40 % du commerce mondial. Après la Première Guerre mondiale, la Mersey Docks and Harbour Company employait plus de 20 000 hommes.

En 1941, Liverpool fut violemment bombardée ; 11 000 maisons furent détruites. Pour cause, la ville abritait le quartier général des Forces alliées, chargé de coordonner la bataille contre les sous-marins allemands, et servait de base de ravitaillement alimentée par les Américains.

Dans les années 1970, la baisse des activités industrielles – du textile en particulier – et le développement du port de Southampton, plus proche de Londres, portèrent un coup fatal à l'économie locale. Les porte-containers et la mécanisation des opérations ne mobilisaient plus que 2 500 dockers. La crise s'envenima. Chômage et pauvreté conduisirent à des mouvements sociaux extrêmes, dont l'émeute de 1981 qui secoua la banlieue de Toxleth.

PRÉSENT

Depuis trois décennies, Liverpool profite d'un regain économique et saisit de nouvelles occasions. Fière de son passé, elle ressuscite son patrimoine industriel en le détournant de sa vocation première. L'aménagement de l'Albert Dock en promenade de loisirs, l'ouverture de la Tate Gallery et la création du Garden Festival témoignent d'un véritable dynamisme culturel. Les clubs de football de Liverpool (maillot rouge) et d'Everton (maillot bleu) sont les bannières d'un succès en marche.

LE « LUSITANIA »

Le *Lusitania* effectua son voyage inaugural le 7 septembre 1909, à destination de New York. Pour ce faire, des aménagements considérables furent réalisés dans le **port de Liverpool**. En effet, ce paquebot pesant plus de 30 t et possédant quatre cheminées à vapeur était à l'époque le plus grand navire du monde. Mais son nom est tristement célèbre, lié à un des trois naufrages les plus tragiques du 20e s. avec le *Titanic* et l'*Empress of Ireland*. Le 7 mai 1915, il fut torpillé à deux reprises par un sous-marin allemand et sombra en dix-huit minutes. Sur les 1 959 passagers à bord, seuls 761 furent sauvés.

★ ALBERT DOCK A2

Albert Dock est un groupe d'entrepôts en brique rouge rassemblés autour d'un impressionnant bassin de 3 ha, servant de marina aux plaisanciers locaux et de point d'ancrage aux navires historiques du musée de la Marine. Achevés en 1846, année où fut instauré le libre échange, fermés définitivement en 1972, ces bâtiments ont bénéficié d'une deuxième vie grâce à la volonté de création d'un espace culturel et commercial. Le musée de la Marine, l'annexe de la Tate Gallery de Londres et Beatles Story alternent avec restaurants design, cafés branchés et boutiques de souvenirs, dans un cadre original et coloré.

★ Merseyside Maritime Museum

☎ (0151) 478 4499 - www.merseysidemaritimemuseum.org.uk - 10h-17h - fermé 1er janv. et 25-27 déc. - restaurant.

Les multiples aspects de Liverpool liés au contexte maritime sont traités sur plusieurs niveaux, en l'occurrence l'histoire de la construction navale et de la navigation, le développement du port, la vie en mer et la bataille de l'Atlantique. Des maquettes et des tableaux ou « marines » occupent la section artistique. La partie la plus émouvante est sans doute celle consacrée aux 9 millions d'émigrants partis depuis Liverpool vers le Nouveau Monde entre 1830 et 1930, sans oublier la salle commémorant les naufrages du *Titanic* et du *Lusitania*.

International Slavery Museum – Tout un symbole quand on sait qu'à deux pas accostaient les navires qui transportaient les esclaves aux 18e s. Ce musée didactique s'attache à présenter les faits historiques et les conséquences de l'esclavagisme.

HM Customs and Excise National Museum – Ce musée des Douanes, situé au rez-de-chaussée du musée de la Marine, fait état des diverses méthodes employées pour lutter contre la contrebande. En plus de l'aspect historique et technique abordé, l'humour est au rendez-vous grâce à de nombreuses anecdotes.

★ Tate Liverpool

☎ (0151) 702 7400 - ♿ - www.tate.org.uk/liverpool - juin-août : 10h-18h (août : jeu.-sam. 21h) ; sept.-mai : mar.-dim. et lun. fériés 10h-18h - possibilité de visite guidée (30mn) 12h30 - fermé Vend. saint et 24-26 déc. - gratuit sf grandes expositions - café - parking à King's Dock.

La Tate Liverpool présente une partie de la collection nationale d'art du 20e s. ayant appartenu à la famille éponyme, originaire de Liverpool. L'architecte **James Stirling**, qui conçut la Clore Gallery à la Tate Britain de Londres, a créé un espace d'exposition ouvert, en ne conservant que les murs extérieurs et l'armature en fonte. L'entrepôt ainsi rénové offre un espace digne de la galerie mère. Expositions temporaires.

Beatles Story

Britannia Pavilion - Albert Dock - ☎ (0151) 709 1963 - www.beatlesstory.com - ♿ - 9h-19h (dernière entrée 17h) - 12,95 £.

Un parcours vivant et exhaustif retrace l'histoire du groupe le plus célèbre de la planète. Les « Fab Four » alias John Lennon, Paul McCartney, George Harrison et Ringo Starr, leur manager Brian Epstein, leur producteur George Martin, leur séjour à Hambourg, leur premier voyage aux États-Unis et les lieux mythiques – le Cavern Club, le studio d'enregistrement d'Abbey Road, *Penny Lane, Strawberry Fields*, la tombe d'Eleonor Rigby…, se succèdent au son des succès des Beatles. La section dédiée aux albums *Sergeant Pepper's Lonely Hearts Club Band* et *The Yellow Submarine* est particulièrement divertissante.

Sont également passées en revue les carrières solo exemplaires de Lennon et McCartney. Les lunettes de John, exposées au centre d'une salle exclusive, évoquent le regard pacifique de l'artiste défunt sur le monde. Enfin, le piano à queue blanc sur lequel Lennon a composé *Imagine* clôt l'exposition.

Les irréductibles pourront prolonger l'expérience par le *Beatles Magical Mystery Tour*, qui les emmènera visiter le **Cavern Club** *(au coin de Mathew Street, désigné par l'enseigne « Cavern Walks »)* où le groupe a fait ses débuts, et les maisons d'enfance de Paul *(Forthlin Road)* et John *(Mendips, sur Menlove Avenue)*, gérées par le National Trust et le Casbah Coffee Club.

La **statue d'Eleonor Rigby** *(sur Stanley Street)* a été réalisée par l'artiste Tommy Steele, contemporain des Beatles. Sculptée comme dans la chanson, assise sur un banc, elle partage quelques miettes de pain avec les moineaux. On peut lire une inscription au dos de la statue : *« To all the lonely people. »*

À voir aussi Plan de ville

★★ Liverpool Anglican Cathedral C2

(0151) 709 6271 - www.liverpoolcathedral.org.uk - 8h-18h - offrande bienvenue audioguide et accès à la tour 5 £.

Bâti sur un promontoire dominant la Mersey, cet édifice de grès rouge est la plus vaste église anglicane au monde. L'architecte sir **Giles Gilbert Scott** (1880-1960) commença les travaux en 1904. Près d'un siècle fut nécessaire pour achever cette triomphante interprétation de l'architecture gothique. En pénétrant dans la nef, le poète John Betjeman fit part d'un sentiment « d'immensité, de solidité et de hauteur qu'aucun mot ne peut rendre ». À hauteur de l'arche qui sépare la nef nord du transept ouest, retournez-vous pour admirer le vitrail de **Carl Edwards**. Des scènes de l'Ancien Testament répondent à celles du vitrail oriental extraites du Nouveau Testament. L'originalité du projet de Scott tient au double transept est-ouest, ainsi qu'à l'espace central de 1 400 m², offrant une vue dégagée sur l'autel. La tour, haute de 100 m, abrite un carillon de 31 t. Au sol gît le monument commémoratif consacré à Scott, avec cette inscription : « Ne regardez pas mes voûtes, mais les espaces que j'ai créés. » De confession catholique, ce dernier est enterré à l'extérieur de l'entrée occidentale. À l'ouest des deux ailes sud des transepts se trouve la **chapelle des fonts baptismaux** (en marbre), dont le baldaquin et le dais forment un très bel ensemble de bois sculpté. En arrivant devant le chœur, observez les « Liver Birds » sur les marches conduisant aux stalles. À droite se trouve la **Lady Chapel★** (chapelle de la Vierge), qui servit de cathédrale entre 1910 et 1924, en attendant la consécration de l'édifice principal. Elle contient un remarquable retable et une madone du 15e s. de **Giovanni della Robbia.**

La première pierre fut posée par le roi Édouard VII en 1904 ; en 1978, c'est son arrière-petite-fille, la reine Élisabeth, qui dévoila la plaque commémorative lors de l'office de la consécration, comblant les espoirs que trois générations avaient placés dans l'achèvement de la cathédrale.

★★ Metropolitan Cathedral of Christ the King C1-2

(0151) 709 9222 - www.liverpoolmetrocathedral.org.uk - ♿ - 8h-18h (hiver 17h) - offrande.

La silhouette gracieuse et élancée de la **cathédrale du Christ-Roi** s'élève à Brownlow Hill. Le jeune architecte **Edwin Lutyens** fut désigné pour conduire le chantier en 1930, et la première pierre fut posée le lundi de Pentecôte 1933.

Albert Dock et le Royal Liver Building.
N. Isakova / Loop Images/Photononstop

Les travaux furent interrompus en 1941 ; la crypte fut achevée après la guerre, mais, en raison de l'inflation, le devis initial de la cathédrale était largement dépassé. On invita alors des architectes à soumettre de nouveaux projets utilisant la crypte existante et engageant moins de frais, exécutables en cinq ans. Le programme de **Frederick Gibberd** fut retenu ; les travaux reprirent en octobre 1962 et la cathédrale, terminée, fut enfin consacrée le 14 mai 1967, à l'occasion de la fête de Pentecôte. La Metropolitan Cathedral of Christ the King est incontestablement la digne héritière de l'architecture religieuse moderne, initiée en 1955 par Le Corbusier à la chapelle de Ronchamp (Haute-Saône, France).

L'**extérieur** est unique : des contreforts soutiennent une extraordinaire structure circulaire en béton ; la lanterne, surmontée de pinacles, s'élève à 88 m. L'entrée principale se trouve à la base d'un clocher stylisé. Les portes en bronze et fibres de verre sont ornées des quatre symboles des évangélistes. L'autel trône au centre d'une nef circulaire de 60 m de diamètre. La tour, avec ses verres utilisant toute l'étendue du spectre des couleurs, et trois jaillissements de lumière blanche qui représentent la Trinité, s'élève au-dessus du **maître-autel**, point central, tant architectural que liturgique. Le crucifix est expressément discret afin d'assurer une vue dégagée permettant à chacun de distinguer facilement le célébrant.

Quatorze chapelles, toutes différentes, rayonnent autour de la nef, ponctuées par le chemin de croix expressionniste en bronze du sculpteur Sean Rice. Le baptistère affiche une esthétique moderne et épurée. Les sculptures de l'ange et du prophète par Ernest Blendorf ne sont pas sans rappeler le poli et la sensualité des œuvres de Moore.

Dans la crypte, les vastes voûtes de brique de Lutyens divisent l'espace. S'y trouvent le hall paroissial destiné aux concerts religieux et servant de petit musée qui raconte l'histoire de la construction de la cathédrale et de la **chapelle des Reliques**, monument funéraire des archevêques. Un disque de marbre de 6 t scelle le tombeau, en référence à celui du Christ.

★★ Walker Art Gallery B1

William Brown Street - ✆ (0151) 478 4199 - www.thewalker.org.uk - 10h-17h - fermé 1er janv. et 25-26 déc.

La Walker Art Gallery possède une riche collection d'œuvres d'art britannique et européen. Parmi les primitifs italiens, vous pourrez admirez la *Visite au temple* de Simone Martini. La salle consacrée à l'École du Nord renferme de purs chefs-d'œuvre : l'*Autoportrait* de **Rembrandt**, *Marie-Madeleine* de Paulus Bor, une subtile marine du paysagiste Ruysdael et la *Vierge à l'Enfant entourée de sainte Élisabeth et saint Jean Baptiste* de **Rubens**. Au centre, un petit cabinet d'ambre et d'ivoire datant de 1700 et provenant de Pologne est l'objet le plus précieux du musée. Le 18e s. expose de nombreux portraits, dont *Fleetwood Hesketh* par Wright of Derby. Sa pose nonchalante contraste avec les portraits d'apparat traditionnels. Le 19e s. célèbre les préraphaélites avec, entre autres, le remarquable *Autoportrait* de **Millais**, le vaporeux *Blessed Damozel* de **Rossetti** et l'étonnant paysage de Williamson *Coniston Old Man*, qui préfigure l'éclat des couleurs des artistes fauves français. Pour le 20e s., on retiendra en particulier l'*Écho et Narcisse* de Waterhouse à sensibilité symboliste, le *Fever Van* de Lowry et le portrait de *Mrs Mouter* de **Gilman** (école de Camden Town), dans la même verve qu'un Vuillard ou Bonnard. Certains impressionnistes français sont accrochés à côté de leurs contemporains britanniques dont Sickert et ses *Baigneurs à Dieppe*.

St George's Hall B1

L'édifice émerge d'un ensemble néoclassique formé par la Walker Gallery, la bibliothèque et le musée d'Histoire naturelle, qui constitue le point central de la ville. Sa galerie à cariatides et son vestibule voûté sont dignes de l'opulence romaine. Achevé en 1854, Il abrite désormais une salle de concert prestigieuse.

★ Chinatown B2

Chinese Arch★★ marque l'entrée du quartier chinois de Liverpool. Haute de 15 m, surmontée par cinq niveaux de toitures multicolores et décorée de 200 dragons, cette superbe porte monumentale a été réalisée par des artisans de Shanghai, ville jumelée à Liverpool. Importée pièce par pièce en 2000, elle enjambe Nelson Street dans le plus strict respect des règles du feng shui. Deux lions en bronze la protègent. À l'occasion du Nouvel An chinois, l'arche (la plus grande située hors d'Asie) s'embrase sous les feux d'artifice et accueille de somptueux défilés.

Bon à savoir – L'immigration chinoise a commencé en 1886 et la communauté constitue aujourd'hui 4 % de la population de la ville.

Sefton Park Palm House C2 en direction

Sefton Park - South Liverpool - ✆ (0151) 726 9304 - www.palmhouse.org.uk - 10h30-16h (mai-août 18h30).

Sous un dôme de verre octogonal de style victorien, la Liverpool Botanical Collection offre un spectacle végétal de toute beauté.

À proximité Carte de région

★ Rufford Old Hall A4

À Rufford, 32 km/20 miles au nord de Liverpool par la A 59 - NT - ✆ (01704) 821 254 - www.nationaltrust.org.uk - ♿ - de mi-mars à fin oct. : sam. 13h-17h, dim.-merc. 11h-17h - 6,20 £ (jardin 4,30 £) - restaurant.

Construit par sir Thomas Hesketh, qui l'habita de 1416 à 1458, ce manoir est l'une des plus belles demeures du Lancashire du 15e s. La **grande salle** présente un splendide plafond en carène renversée. L'aile Charles Ier en brique, reconstruite en 1662, respecte l'harmonie générale. On peut y voir du mobilier, des armures et des armes ainsi qu'un petit musée folklorique. Le jardin, dominé par de généreux rhododendrons, contribue au charme du lieu.

Knowsley Safari Park A4

À Prescot - 13 km/8 miles à l'est de Liverpool par la A 5047, puis la A 58. L'unique entrée se situe à l'extrémité est de la déviation de Prescot - (0151) 430 9009 - www.knowsley.com - ♿ - mars-oct. : 10h-16h (dernière entrée) ; nov.-fév. : 10h30-15h (dernière entrée) - fermé 25 déc. - 14 £ (enf. 10 £) - cafétéria.

Au 19e s., le comte de Derby décide de créer une ménagerie. Son contemporain, le poète et illustrateur **Edward Lear**, vient y réaliser ses célèbres portraits animaliers. Trente espèces de toutes les régions du globe sont progressivement rassemblées et évoluent aujourd'hui dans un parc aménagé de 200 ha. Plus besoin de vous rendre en Afrique pour faire l'expérience d'un safari : les « *big five* » (lions, guépards, éléphants, buffles et rhinocéros) sont au rendez-vous !

World of Glass A4

À St Helens (Chalon Way East, Merseyside), 18 km/11 miles à l'est de Liverpool par la A 5047, puis la A 57 en direction de St Helens - (0174) 422 766 - www.worldofglass.com - ♿ - mar.-dim. 10h-17h (nov.-fév. 16h), dernière entrée 2h av. fermeture - fermé 1er janv. et 25-26 déc. - 6 £ - café.

Ce musée, installé dans une ancienne usine, retrace l'histoire du verre (fabrication et applications) depuis l'Égypte ancienne, en passant par les créations des artisans vénitiens de Murano, jusqu'aux démonstrations d'artistes verriers contemporains.

★ Speke Hall A4

À Speke, près de l'aéroport, à 13 km/8 miles au sud-est par la A 561 - NT - (0151) 427 7231 - www.nationaltrust.org.uk - ♿ - manoir : de mi-mars à fin oct. : merc.-dim. et j. fériés 13h-17h ; de fin fév. à mi-mars et de nov. à mi-déc. : w.-end 11h-16h30 - jardins et parc : mar.-dim. 11h-16h30 - fermé 1er janv., 24-26 et 31 déc. - 8,40 £ ; parc 5 £ - restaurant - aire de pique-nique.

Ce manoir Tudor à colombage noir et blanc a été construit entre 1490 et 1612 par les générations successives de la famille Norris. La multiplication des pièces de petite dimension est caractéristique de l'époque victorienne, qui privilégiait l'intimité et le confort. Sa partie la plus ancienne est la grande salle dont les lambris, certains datant de 1564, sont particulièrement beaux. Avec son parc et ses merveilleux jardins, Speke Hall reste la promenade favorite des habitants de Liverpool le week-end.

Norton Priory Museum & Walled Garden A4

À 20 km/12,5 miles au sud-est de Liverpool par la A 562 en direction de Runcorn - Tudor Road - Runcorn - (01928) 569 895 - www.nortonpriory.org - musée 12h-17h (nov.-mars 16h), jardins 12h-16h (fermé nov.-mars) - 6,25 £.

Cet ensemble du 13e s. a été bâti par les moines de l'ordre de saint Augustin. Il comprend une église, de beaux bâtiments en pierre (une belle cave voûtée), un jardin clos, une roseraie et un musée. Une bien jolie promenade agrémentée d'un parcours éducatif pour les enfants.

Circuits conseillés Carte de région

WIRRAL PENINSULA A4

La péninsule du Wirral est une langue de terre qui s'étire entre la Mersey et la Dee. Pendre le Queensway Tunnel, puis la A 41 vers le sud.

Birkenhead

Birkenhead s'est développé au 19e s. grâce à la mise en route d'un service régulier de ferry en 1820 et à l'ouverture des docks en 1847. Situé sur la rive orientale de la Mersey, ses maisons de pierre imposantes et ses terrasses victoriennes marquent le paysage.

Port Sunlight

6 km/4 miles au sud de Birkenhead par la A 41.

À l'instar des cités idéales de Ledoux et de Le Corbusier en France, ce village ouvrier voit le jour à la fin du 19e s. à l'initiative de William Hesketh Lever. Souhaitant offrir aux employés de sa savonnerie – future Unilever – un meilleur cadre de vie, il fait appel à l'architecte William Owen pour la réalisation de son projet.

Lady Lever Art Gallery – *(0151) 478 4136 - www.ladyleverartgallery.org.uk - ♿ - 10h-17h - fermé 1er janv. et 25-26 déc. - restaurant.* À la mémoire de sa mère, l'entrepreneur, plus connu sous le nom de lord Leverhulme, fonde en 1922 cette galerie d'art. La peinture anglaise y est célébrée, dont une intéressante collection de toiles préraphaélites. Mobilier d'époque, tapisseries des Gobelins, porcelaine de Wedgwood et de Chine sont aussi à l'honneur.

De Port Sunlight, se diriger vers l'échangeur 4 de l'autoroute M 53 et de là rejoindre Neston par la B 5136.

Ness Botanic Gardens

À Neston - (0151) 353 0123 - www.nessgardens.org.uk - ♿ - 10-17h (nov.-janv. 16h30) - fermé 25 déc. - 6,50 £ - cafétéria.

Fondé en 1898 par Arthur Kilpin Bulley, ce jardin botanique est offert en 1948 à l'université de Liverpool par la fille de ce dernier, Lois Bulley. Il possède un vaste échantillon de plantes et de fleurs appartenant à des familles traditionnelles liées à différents environnements : forestier, champêtre et minéral. La promenade parmi les rhododendrons, les bruyères et les plantes alpines est des plus agréables.

Par une route secondaire passant à Willaston, gagner la M 53 (échangeur 5) à l'est, prendre l'autoroute vers le sud et sortir à l'échangeur 9.

Ellesmere Port

National Waterways Museum – *South Pier Road - (0151) 355 5017 - www.nwm.org.uk/ellesmere - ♿ - 10h-17h - fermé 24-26 déc. - 6 £ - cafétéria.* Le musée est situé à la jonction des deux canaux, le Shropshire Union Canal et le Manchester Ship Canal. Il possède plus de 50 péniches anciennes. Les visiteurs peuvent faire une promenade sur le canal et observer dans les ateliers des travaux de restauration en cours.

Blue Planet Aquarium

À 8 km/5 miles au nord par la M 53 (sortie 10) - Longlooms Road - Cheshire Oaks - (0151) 357 8800 - www.blueplanetaquarium.com - ♿ - 10h-17h (18h w.-end et vac. scol.) - fermé 25 déc. - 14,25 £ (enf. 10,75 £) - restaurant.

Parcours pédagogique et amusant allant des poissons d'eau douce aux grands prédateurs, d'après des zones géographiques choisies (faune locale, du fleuve Amazone, du lac Malawi, de la mangrove caraïbe et de l'océan Indien). Spectacles subaquatiques. Osez le tunnel panoramique de 70 m de long, où nagent poissons tropicaux, raies et… requins!

SUR LA ROUTE DES PLAGES A3-4

À 16 km/10 miles au nord par la A 565.

Formby A4

La conservation du littoral allant de Crosby à Southport est à la charge du National Trust, d'English Nature et de réserves privées locales. Côte sauvage par excellence s'étendant le long de dunes hérissées de graminées, elle est bordée d'une superbe pinède, célèbre pour abriter une espèce animale rare, l'écureuil rouge. Une promenade de 20 km, appelée **Sefton Coast Footpath**, vient d'être aménagée après avoir relié différents sentiers pédestres existants, pour permettre aux amoureux de la nature de profiter d'un patrimoine naturel encore préservé. Promenades circulaires, itinéraires (desservis par un service régulier de bus et de trains), activités sportives (quad, voile) et nature *(bird-watching)* sont proposés. Les golfeurs ne sont pas en reste : le Formby Golf Club accueille ses visiteurs sur un très beau 18 trous dessiné par Willie Park, frôlant la mer d'Irlande à l'ombre des grands pins.

Suivre la A 565.

Southport A4

Station pleine de charme avec ses rues ombragées, ses jolis parterres de fleurs et ses fameux jardins, Southport offre un saisissant contraste avec l'extravagante Blackpool. Élégante et spacieuse, **Lord Street**, avec ses marquises en fer forgé et ses arcades à verrières, est un parfait exemple de promenade couverte de style victorien.

Sa plage de sable, longue de 9 m, et ses aires de jeux font la joie des enfants. De nombreux parcours de golf dont le **Royal Birkdale** (au sud) rassemblent amateurs et professionnels.

Prendre la A 59 en direction de Preston, puis suivre la A 5085 vers Blackpool et s'engager sur la A 584 pour rejoindre Lytham.

Lytham St Anne's A3

Lytham St Anne's est une charmante station balnéaire qui revendique un cadre plus traditionnel et plus tranquille que sa voisine Blackpool. L'élégance est également un maître mot, incarnée par sa jetée d'époque victorienne, Wood Street et ses cafés et restaurants à la mode, Lytham Hall – demeure georgienne parmi les plus raffinées d'Angleterre –, ainsi que ses quatre golfs de championnat, dont le prestigieux Royal Lytham & St Anne's.

The White Windmill – *✆ (01253) 794 879 - de fin mai à déb. sept. : merc.-dim. 10h30-13h, 14h-16h30.* Le moulin à vent blanc est l'un de ceux qui, autrefois, peuplaient la côte.

Suivre la route côtière A 584.

Blackpool A3

Des plages de sable fin à l'infini, profilées par trois jetées, un gigantesque parc d'attractions, un zoo et un aquarium, et enfin Stanley Park forment un pôle de loisirs très prisé. La **Blackpool Tower★**, haute de 158 m, dont le sommet offre un splendide panorama, fut bâtie sur le modèle de la tour Eiffel. Dotée d'une salle de bal et d'un cirque, elle est devenue l'emblème de la station depuis son ouverture en 1894. Une ligne de tramway, unique aujourd'hui en Grande-Bretagne, parcourt les 11 km de promenade longeant la côte et continue vers le nord en direction du port de Fleetwood. Des milliers de vacanciers viennent ici chaque année depuis 1846, date à laquelle le chemin de fer rendit possible, pour la première fois, les vacances au bord de la mer. En été, Blackpool est la station balnéaire du nord de l'Angleterre la plus fréquentée par les touristes anglais.

En septembre et octobre, le succès des **illuminations** attire encore une population importante. *✆ (01253) 478 222 - www.visitblackpool.com - ♿ - de déb. sept. à déb. nov.*

La A 587 prolonge la A 584 jusqu'au port de Fleetwood. Prendre la A 585 puis la A 586, enfin la A 6 en direction de Lancaster. Revenir vers la côte par la A 589.

Heysham et Morecambe A3

Ces deux petites stations balnéaires qui animent la baie de Morecambe donnent sur la péninsule de Furness et précèdent les montagnes de la région des Lacs *(voir p. 574)*. Au sud, l'estuaire sert d'étape ou de lieu d'hibernage aux oiseaux migrateurs.

Heysham, aujourd'hui port d'embarquement pour l'Irlande et l'île de Man, est le site d'une **centrale nucléaire** utilisant deux réacteurs à refroidissement liquide. Sur le promontoire qui regarde le port, six tombes ont été creusées à même la roche, probablement par des moines irlandais du 8e s. À proximité se trouvent les ruines de la **chapelle St Patrick**, d'origine saxonne. En contrebas, l'**église St Peter**, de la même époque mais fortement remaniée, renferme une pierre tombale anglo-normande en dos d'âne (voir l'aile sud) associant symboles chrétiens et mythologie nordique.

Morecambe est dotée d'une promenade de 8 km, d'un parc de loisirs sur le thème de l'Ouest sauvage et d'un village miniature pour les enfants. Depuis la promenade Arena, face au jardin d'hiver, les couchers de soleil sont magnifiques.

★ Lancaster Castle A3

Si vous manquez d'inspiration pour réaliser de beaux châteaux de sable, faites une brève incursion dans les terres par la A 6, à Lancaster - ✆ (01524) 64998 - www.lancastercastle.com - visite guidée (1h) : 10h30-16h - fermé 1er janv. et 25 déc. - 5 £.

L'imposant corps de garde qui domine l'entrée au sommet de la colline fut bâti vers 1407-1413, à l'initiative d'Henri IV, fils de Jean de Gand, duc de Lancaster. Une grande partie de ce qui restait du château médiéval, notamment le grand donjon et la tour d'Hadrien, fut incorporée à l'ensemble des nombreux ajouts effectués à la fin du 18e s. Les murs furent reconstruits à cette époque, tout en conservant le tracé d'origine datant du 14e s. La salle du comté, gothique, possède un remarquable plafond de pierre sculptée et abrite une collection de blasons de monarques. À proximité, dans la grande salle, siège des assises depuis 1176, se trouvent le tribunal pénal *(Crown Court)* et une pièce *(Drop Room)* d'où les prisonniers étaient conduits au supplice. Il s'agit de trois superbes exemples du style architectural de 1796-1798.

NOS ADRESSES À LIVERPOOL

TRANSPORTS

Aéroport – *www.liverpooljohnlennonairport.com.* Situé au sud-est de la ville il est desservi par une navette (bus 500).
Liaisons aériennes p. 9.
Merseytravel – *24 Hatton Garden - ✆ (0151) 236 7676 - www.merseytravel.gov.uk - lun.-vend. 8h-20h.* Pour toutes les informations sur les bus, trains et ferries. Travel Centres situés à Queen Square Centre, Paradise Street Bus Station, The Ferries Centre et Pier Head.
Forfait Saveaway valable une journée *(3,30 à 4,50 £ selon les zones)* dans les autobus, trains et ferrys. À utiliser pendant les heures creuses en semaine mais sans restriction les week-ends et jours fériés.

VISITES

Sur terre

À pied – *Rens. à l'office de tourisme.* Promenades en compagnie d'un guide Blue Badge.
Liverpool City of Culture & Pub Tour – *✆ 07968 528 505 - www.1stcompany.com.* Propose une visite de 2h sur le thème des pubs, en minibus.
En autobus à impériale – Maghull Coaches - *1 Canal Street - ✆ (0151) 933 2324 - www.maghullcoaches.co.uk - durée 1h.*

Sur l'eau

En minibus amphibie – The Yellow Duckmarine - *Albert Docks - ✆ (0151) 708 7799 - www.theyellowduckmarine.co.uk - durée 1h.*
En bateau – Mersey Ferries - *✆ (0151) 330 1444 - www.merseyferries.co.uk - 6,50 £.* Croisières *(50mn) :* départ toutes les heures *(lun.-vend. 10h-15h, w.-end 10h-18h)* de Pier Head, arrêts à Seacombe et Woodside.

HÉBERGEMENT

BUDGET MOYEN

Holme Leigh Guest House – C2 - *93 Woodcroft Road - Wavertree - ✆ (0151) 734 2216 - www.holmeleigh.com - ch. : 59/75 £ ☕.* Coquet Bed & Breakfast à 10mn en bus du centre-ville (bus n° 86), où l'accueil est excellent ; on vous prodiguera de précieux conseils pour profiter de votre séjour.
Premier Travel Inn – A2 -*Albert Dock - ✆ 0871 527 8622 - www.premiertravelinn.com - P - ch. : 94 £ - ☕ en suppl.* Ce standard de la chaîne a le grand avantage d'être situé ur les docks, point de départ de nombreuses visites guidées. Idéal pour flâner au bord de la Mersey, de jour comme de nuit sous les illuminations.
Thistle Hotel – A1 - *Chapel Street - ✆ 0871 376 9025/ 0044 845 305 8325 (depuis l'étranger) - www.thistle.com - 226 ch. : 72/80 £ ☕.* Le Thistle Hotel arbore une architecture originale en forme de navire. Dans les étages supérieurs, les chambres ont une vue imprenable sur la Mersey.

POUR SE FAIRE PLAISIR

Britannia Adelphi Hotel – B1 - *Ranelagh Place - ✆ 0871 222 0029 - www.adelphi-hotel.co.uk - 402 ch. : 105 £ ☕.* Hôtel mythique de Liverpool où ont séjourné Roy Rogers et Clark Gable, le Britannia Adelphi propose des chambres spacieuses dans la plus pure tradition du classicisme anglais. Vous apprécierez particulièrement la piscine et son environnement.

Radisson SAS – A1 - *107 Old Street* - ✆ *(0151) 966 1500* - *www.liverpool.radissonsas.com* - P - *194 ch. : 135/155 £* ☕. Tel un atrium privilégiant la transparence et la fluidité des volumes, ses 9 étages embrasent une vue panoramique sur la Mersey. La décoration contemporaine, axée sur l'utilisation de couleurs primaires, est magnifiée par le bois et le cuir. Préférez les chambres « Ocean style » pour une ambiance de vacances.

UNE FOLIE

Hope Street Hotel – C2 - *40 Hope Street* - ✆ *(0151) 709 3000* - *www.hopestreethotel.co.uk* - *48 ch. : 150 £* - ☕ *15,50 £*. Boutique-hôtel design et chaleureux dans un superbe bâtiment 1830 de style vénitien, dans un quartier chic de la ville.

RESTAURATION

Bon à savoir : tous les goûts et toutes les gastronomies sont réunis autour d'Albert Dock, Hope Street, Exchange Street. Le quartier chinois de Liverpool *(Nelson Street)* est réputé pour la qualité de ses restaurants. **Sefton Park** *(M° St Michael)* vous fournira quant à lui le cadre idéal pour un pique-nique estival.

PREMIER PRIX

The Beehive – B2 - *7 Paradise Street* - ✆ *(0151) 709 5875*. Le cadre *so british* et cosy de ce pub comprend une jolie bibliothèque et de confortables fauteuils club en cuir. Un lieu très convivial à deux pas de la plus grande artère commerciale, Church Street.

Pump House – A2 - *The Colonnades - Albert Dock* - ✆ *(0151) 709 2367*. Avec sa grande cheminée de brique s'élevant tel un phare, ce pub bénéficie d'une terrasse au bord de l'eau, embrassant la promenade de Pier Head à Albert Dock.

Quynny's Cuisine – B2 - *45 A Bold Street* - ✆ *(0151) 708 7757*. Ce restaurant caraïbe se cache discrètement derrière une petite porte jaune et quelques marches. Saveurs aigres-douces, sucré-salé et concert d'épices.

Mei Mei – C2 - *9 Berry Street* - ✆ *(0151) 707 2888*. Ce restaurant chinois est assurément le meilleur et le plus populaire de la ville.

Tokyou – C2 - *7 Berry Street* - ✆ *(0151) 445 1023*. Cuisine cantonaise, thaïe et japonaise pour ce *Noodle Bar* branché en plein cœur de Chinatown.

BUDGET MOYEN

Gusto – A2 - *Edward Pavillion - Albert Dock* - ✆ *(0151) 708 6969* - *www.gustorestaurants.uk.com*. Situé sur Albert Dock, face à la Tate Liverpool, ce restaurant au décor design propose une savoureuse cuisine italienne dans une ambiance très animée.

Café Rouge – B1 - *Victoria Street - MQ Quarter - Unit 37 - Upper Floor level* - ✆ *(0152) 581 879* - *www.caferouge.co.uk*. Pour les nostalgiques de la cuisine française, cette brasserie mitonne un authentique bœuf bourguignon et réussit parfaitement la tarte tatin.

Philharmonic Dinning Room – C2 - *36 Hope Street* - ✆ *(0151) 707 2837*. Cet établissement chic est le plus grand pub d'Angleterre. Différents salons évoluent dans un cadre précieux et cosy agrémenté de mosaïques et de vitraux. Les toilettes hommes sont d'un luxe inouï !

POUR SE FAIRE PLAISIR

Hope Street Restaurant – C2 - *60 Hope Street* - ✆ *(0151) 707 6060* - *www.60hopestreet.com* - *fermé sam. midi, dim. et j. fériés* -

33/50 £ (menu midi 20 £). D'un côté le restaurant gourmet, sous la direction du grand chef Paul Askew, de l'autre une brasserie plus décontractée. Prenez-y ne serait-ce qu'un petit-déjeuner, de surcroît excellent, lové dans un confortable canapé en cuir.

PETITE PAUSE

The Quarter – *7 Falkner Street - ✆ (0151) 707 1965 - www.thequarteruk.com.* Ravissant salon de thé dans lequel on sert également de délicieux petits-déjeuners. Terrasse très sympathique.

ACHATS

Achats courants

Les **boutiques** se trouvent dans le quartier piétonnier, entre Lord Street, Church Street et Williamson Square. Les galeries commerciales de Clayton Square et St John's Market s'étendent sur plusieurs niveaux.

Vêtements

Pour trouver les adresses des stylistes, rendez-vous au Cavern Walks Shopping Centre ou au grand magasin Wade Smith voisin.

Souvenirs

Faites un tour sur Albert Dock, qui propose des boutiques de cadeaux et souvenirs.

Brocante

La brocante d'Heritage Market (Stanley Dock) a lieu le dimanche et celle de Paddy's Market (Great Homer Street) le samedi.

EN SOIRÉE

Les amateurs de pianos-bars et clubs musicaux trouveront leur bonheur à **Cavern Quarter** (Mathew Street, Concert Square) et à **Hamilton Quarter** (Birkenhead).

ACTIVITÉS

Bon à savoir – Pièces théâtrales, comédies musicales, concerts et spectacles de danse se jouent au Royal Court Theatre, au Theatre Royal, au Playhouse, à l'Empire Theatre et au Neptune Theatre. Pour tout savoir sur l'actualité culturelle de la ville : **www.artinliverpool.com**.

Hippodrome d'Aintree – *✆ (0151) 523 2600 - www.aintree.co.uk.* C'est là que se court le redoutable steeple-chase Grand National, tous les premiers dimanches d'avril depuis 1839.

Anfield Stadium – Pour les visites, s'adresser au Liverpool Football Club Museum and Tour Centre - *Anfield Road - ✆ (0151) 260 6677 - www.liverpoolfc.tv.*

AGENDA

Mathew Street Music Festival – *Fin août - ✆ (0151) 233 2008 - www.mathewstreetfestival.org.* Festival de rue. Musique pop et rock.

Parc national de la région des Lacs

Lake District National Park

★★★

NOS ADRESSES PAGE 583

S'INFORMER

Internet – *www.lake-district.gov.uk ; www.keswick.org (en français).*

SE REPÉRER

Carte de région A2-3 (p. 540) – *carte Michelin 502 K-L20 - Cumbria.* Le lac Windermere, portail sud de la région des Lacs, est à 100 km/62 miles au nord de Blackpool, 138 km/85,5 miles au nord de Liverpool, 160 km/99 miles à l'ouest de Newcastle et 72 km/45 miles au sud de Carlisle.

À NE PAS MANQUER

Les routes A 583 de Broughton-in-Furness à Coniston et B 5289 de Keswick à Cockermouth, ainsi qu'une croisière sur le lac Windermere.

ORGANISER SON TEMPS

Comptez 3 jours minimum.

AVEC LES ENFANTS

Lakes Aquarium ; Hill Top (musée Beatrix-Potter) ; Ravenglass and Eskdale Railway ; zoo et parc d'attractions *(voir Nos adresses).*

Avec ses 2 280 km² de lacs et de montagnes, Lake District est le plus grand et le plus visité des parcs nationaux d'Angleterre. « Aucune autre région du pays, que je sache, n'embrasse dans un espace si restreint une si grande variété de jeux d'ombre et de lumière avec le beau et le sublime. » (Wordsworth). La citation du célèbre poète romantique du 19e s. dépeint ici parfaitement la féerie des paysages révélée par la lumière, dorée au sud et argentée au nord.

Circuits conseillés Carte de région

CIRCUIT DES POÈTES A3

Circuit 1 tracé en vert sur la carte p. 576 - 48 km/30 miles.

Cet itinéraire concerne la partie centrale de Lake District. Les poètes **Wordsworth**, **Coleridge** et **Southey** y vécurent et s'en inspirèrent. Windermere et Ambleside sont des points de départ idéaux pour découvrir la région.

De Windermere, prendre la A 592 qui longe le lac. Au sud de Bowness, deux possibilités : prendre la route qui contourne la pointe sud du lac via Newby Bridge, ou bien prendre le ferry et traverser le lac jusqu'à Sawrey.

★★ Lake Windermere

Le plus long lac d'Angleterre (16 km) est bordé de vallons généreux et boisés. Le lac de Windermere est le plus animé des lacs du District, apprécié autant

NATURE ET PAYSAGE

Les montagnes se dressent depuis les vallées glaciaires, occupées pour la plupart par ces belles étendues d'eau à qui la région doit son nom et qui rayonnent autour d'un cœur constitué de roches volcaniques. Il y a là des falaises, des escarpements, des précipices et de nombreux sommets, dont le désert rocailleux du **Scafell Pike** (977 m), point culminant de l'Angleterre. Ailleurs, l'ardoise a sculpté la majeure partie du paysage : au nord, les hauteurs arrondies, néanmoins majestueuses de la chaîne du Skiddaw; au sud, la région plus accidentée, dont le point le plus élevé, **The Old Man of Coniston** (801 m), domine le lac Coniston. Le spectacle des montagnes est magnifié par des villages pittoresques et de jolies scènes pastorales. Les vallées reculées de l'ouest sont particulièrement luxuriantes. Au pied du Wasdale s'étend le plus profond et le plus austère des lacs, le Wastwater, avec ses impressionnants éboulis.

La végétation est variée… herbes sauvages, bruyère et ajoncs sur les flancs des montagnes, sorbiers rougeoyant et bouleaux à écorce blanche, pins noirs au bord des lacs et pâturages d'un vert intense ponctués de chênes et de sycomores. La pierre, basaltique ou calcaire, est le principal matériau de construction. Cottages et fermes blanchies à la chaux sont recouverts de toits en ardoise.

Encore récemment, on extrayait pour les besoins de l'industrie la houille, le fer, le plomb, le cuivre et le graphite. Mais l'économie de la région des Lacs repose essentiellement aujourd'hui sur le tourisme. Dès les premiers rayons de soleil du printemps, les Anglais viennent y passer leurs week-ends (d'où la nécessité absolue de réserver vos hébergements à l'avance pour profiter de votre séjour en toute quiétude).

pour la voile et le ski nautique que pour les **croisières en bateau**, qui permettent d'admirer les rives sous un angle différent et d'approcher les îlots, comme celui de Belle-Isle.

Windermere

Victoria Street - (01539) 446 499 - se renseigner pour les horaires.

Sur la rive orientale s'élève la ville de fondée au 19e s. parallèlement à l'essor du tourisme, rendu possible grâce à l'installation d'une ligne de chemin de fer.

Windermere Steamboat Museum – *Rive sud par la A 592 - (01539) 445 565 - www.steamboat.co.uk - - fermé pour travaux.* Ce musée expose une intéressante collection de bateaux à vapeur et à moteur et de voiliers.

Bowness-on-Windermere

Glebe Road - (01539) 442 895 - avr.-oct. : 9h30-17h30; nov.-mars : 10h-16h - fermé 1er janv. et 25-26 déc.

Le village possède une agréable promenade qui longe la marina et la baie. Un **bac** (voitures et piétons) traverse le lac pour atteindre Sawrey. *(01228) 607 744 - dép. ttes les 20 à 30mn, 5mn de traversée - avr.-oct. : 6h50 (dim. 8h50)-21h50; nov.-mars : 6h50 (dim. 9h50)-20h50.*

Lakes Aquarium – *Pointe sud du lac - suivre la signalisation Lakeside Steamers - (01539) 530 153 - www.aquariumofthelakes.co.uk - 9h-18h (hiver 17h), dernière entrée 1h av. fermeture - fermé 25 déc. - 8,95 £ (enf 5,95 £) - café.* Une trentaine d'aquariums reconstituent l'habitat des poissons des rivières, des lacs et de la baie de Morecambe. Truites, perches, brochets, anguilles, crabes géants et raies peuplent, entre autres, Lake District.

À Newby Bridge, tourner à droite et continuer jusqu'à Sawrey.

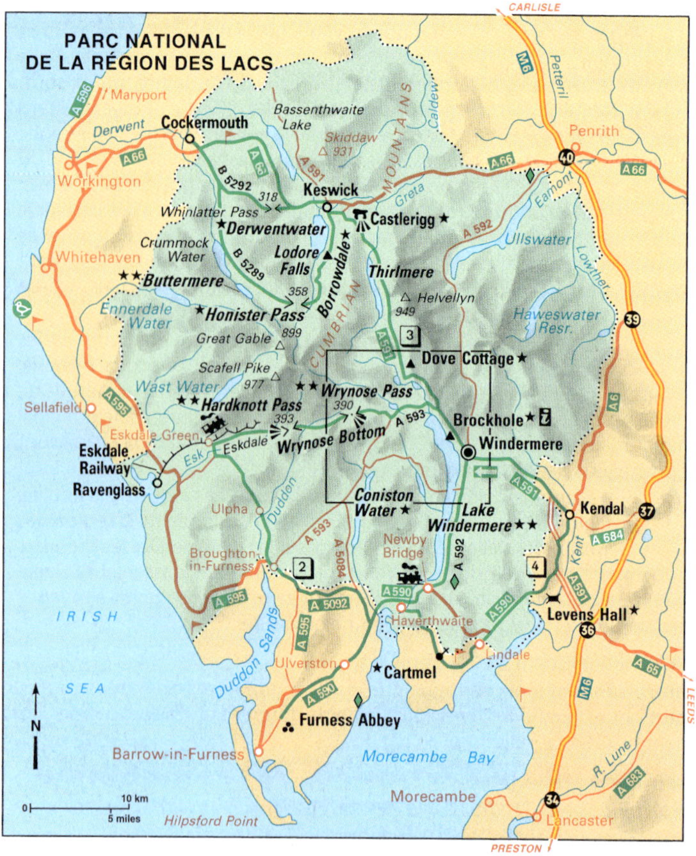
PARC NATIONAL
DE LA RÉGION DES LACS
CARLISLE
M6
Petteril
Maryport
A 596
Derwent
Cockermouth
Bassenthwaite
Lake
Skiddaw
931
MOUNTAINS
Caldew
Penrith
40
A 66
Workington
B 5292
A 66
A 591
Keswick
318
Whinlatter Pass
Greta
Eamont
Derwentwater
Castlerigg
A 592
Ullswater
Crummock
Water
Whitehaven
Lodore
Falls
Borrowdale
B 5289
Lowther
Buttermere
Thirlmere
358
Helvellyn
949
CUMBRIAN
Ennerdale
Water
Honister Pass
Haweswater
Resr.
39
Great Gable
899
3
A 591
Dove Cottage
Scafell Pike
977
Wast Water
Wrynose Pass
Sellafield
A 595
Hardknott Pass
390
393
A 593
Brockhole
A 6
Eskdale Green
Eskdale
Wrynose Bottom
Windermere
Eskdale
Railway
Esk
Ravenglass
A 591
Coniston
Water
Lake
Windermere
Kendal
37
Ulpha
Duddon
A 593
A 684
Newby
Bridge
Kent
Broughton-
in-Furness
A 5084
A 592
2
4
A 590
A 591
A 5092
A 595
A 590
IRISH
Levens Hall
A 595
Haverthwaite
36
Duddon Sands
Lindale
Ulverston
Cartmel
A 65
SEA
A 590
M6
LEEDS
N
Furness Abbey
Barrow-in-Furness
Morecambe Bay
R. Lune
A 683
Morecambe
0
10 km
5 miles
Hilpsford Point
34
Lancaster
PRESTON

1
0
2 km
1 mile
Grasmere
Dove Cottage
Rydal Mount
A 592
Great Langdale Beck
Ambleside
A 591
A 593
390
Wrynose
Pass
Little
Langdale
Skelwith
Bridge
Lake District
Visitor Centre
Brockhole
A 593
LAKE
WINDERMERE
Hawkshead
WINDERMERE
Coniston
801
The Old Man
B 5285
Esthwaite
Water
Belle Isle
Bowness-
on-W.
A 593
Grizedale
Brantwood
Coniston Water
Forest
Hill Top
A 592

Hill Top

À Near Sawrey, sur la rive occidentale du lac Windermere - NT - ✆ (01539) 436 269 - nationaltrust.org.uk - fin mai-déb. sept : sam.-jeu. 10h-16h30 ; fin mars-fin mai et sept.-oct. : sam.-jeu. 10h30-16h30 ; mi-fév. à fin mars : sam.-jeu. 11h-15h30 - dernière entrée 30mn av. fermeture - 6,50 £. Le cottage est si petit qu'il est souvent nécessaire de limiter le nombre de visiteurs.

Hill Top est le royaume de Peter Rabbit, Benjamin Bunny et Jemima Puddle-Duck ainsi que la retraite de **Beatrix Potter**, qui se considérait avant tout comme une simple éleveuse de moutons et fut embarrassée du succès que lui valurent ses livres pour enfants. Restée inchangée depuis la mort de l'écrivain en 1943, la propriété attire chaque année des milliers de curieux et de nostalgiques de la petite enfance. À l'intérieur de cette maison du 17e s., aquarelles, souvenirs et maisons de poupée.

★ Hawkshead

Les étroites venelles de ce village traditionnel sont bordées de murets d'ardoise et longent des cottages fleuris. Wordsworth y fréquenta l'école secondaire locale de 1779 à 1787.

Beatrix Potter Gallery – *NT - ✆ (01539) 436 355 - www.nationaltrust.org.uk - ♿ - fin mai-déb. sept : sam.-jeu. 10h30-17h ; fin mars-fin mai et sept.-oct. : sam.-jeu. 11h-17h ; mi-fév. à fin mars : sam.-jeu. 11h-15h30 - 4,40 £.* Une exposition consacrée à **Beatrix Potter** est présentée dans les bureaux qu'occupait son époux, William Heelis, avoué.

Prendre une route secondaire vers le sud jusqu'à Grizedale Forest.

Grizedale Forest – *Grizesale Forest Park Visitor Centre - ✆ (01229) 860 010.*
À proximité immédiate de Hawkshead, empruntez le sentier de Silurian Way *(balisé par des poteaux coiffés de vert)* pour une randonnée de 15 km *(5h de marche)* allant d'un versant à l'autre de la vallée de Grizedale. La promenade est rythmée par 80 sculptures sur le thème de la forêt.

À Hawkshead, prendre la B 5285 à l'ouest jusqu'à Coniston.

★ Coniston Water

En venant de Hawkshead, une vue splendide plonge de la route sur le lac, dominé par **The Old Man of Coniston** (801 m). C'est sur ce lac que **Donald Campbell** trouva la mort en 1967 en tentant de battre le record du monde de vitesse sur l'eau.

★ **Brantwood** – *✆ (01539) 441 396 - www.brantwood.org.uk - ♿ - de mi-mars à mi-nov. : 11h-17h30 ; reste de l'année : merc.-dim. 11h-16h30 - fermé 25-26 déc. - 6,30 £ (parc seul 4,50 £) - restaurant.* Située sur la rive est du lac Coniston, cette belle propriété fut à partir de 1872 la demeure de l'écrivain **John Ruskin** (1819-1900). Artiste et réformateur social, il fut l'une des figures les plus marquantes de l'ère victorienne. Aux murs sont accrochées les aquarelles qu'il réalisa ou que lui offrirent les peintres préraphaélites qu'il soutint. Son bureau, aménagé dans une petite tour, offre une **vue**★★ magnifique sur le village et le lac de Coniston, où se reflète la silhouette du « Vieil Homme » *(The Old Man).*

La tombe de **Ruskin** se trouve au cimetière de Coniston.

Revenir sur ses pas et tourner à gauche sur Coniston.

Ruskin Museum – *✆ (01539) 441 164 - www.ruskinmuseum.com - de mi-mars à mi-nov. : 10h-17h30 ; reste de l'année : merc.-dim. 10h30-15h30 - fermé 1er janv. et 24-26 déc. - audioguide en français - 5,25 £.* Dessins, manuscrits et souvenirs illustrent le talent et la polyvalence de l'artiste.

Quitter Coniston par la A 593 au nord jusqu'à Skelwith Bridge, puis tourner à gauche en direction de Grasmere.

Grasmere

Redbank Road - (01539) 435 245 - se renseigner pour les horaires.
Le village fut le fief de la famille **Wordsworth** entre 1799 et 1850. Celle-ci vécut à Dove Cottage et Rydal Mount. Wordsworth ainsi que le fils de Coleridge, David Hartley, sont enterrés au cimetière de l'église St-Oswald, du 13e s.

★ Dove Cottage

À la sortie sud de la ville, juste au bord de la A 591 - (01539) 435 544 - www.wordsworth.org.uk - visite guidée 9h30-17h30 (hiver 16h30), dernière entrée 30mn av. fermeture - fermé en janv. et 24-26 déc. - 7,50 £.
Ce ravissant cottage du début du 17e s. fut la demeure de **William Wordsworth** et de sa sœur Dorothy, de 1799 à 1808. Comme le fut Barbizon pour les paysagistes français, Dove Cottage fut le lieu de prédilection des écrivains romantiques du début du 19e s. : **Samuel Coleridge** (1772-1834), **Robert Southey** (1774-1843) et **Thomas De Quincey** (1785-1859). Dans la cuisine où Dorothy préparait les repas aux pensionnaires (du porridge), les trois fauteuils furent tapissés par les sœurs des poètes, Dora Wordsworth, Sara Coleridge et Edith Southey. À l'étage supérieur se trouvent un salon donnant sur le lac de Grasmere, la chambre à coucher principale (occupée d'abord par William, puis par Dorothy), la « pièce aux journaux », dont les murs sont recouverts de papier journal pour isoler du froid, et la réserve, qui servait aussi de chambre d'amis. Derrière la maison, un **musée** (Wordsworth Museum) expose des manuscrits et des tableaux représentant la région des Lacs.

Rydal Mount and Gardens

Au sud par la A 591 - (01539) 433 002 - www.rydalmount.co.uk - mars-oct. : 9h30-17h, nov.- fév. : merc.-dim. 11h-16h - 6 £.
Dans le hameau de Rydal, qui domine le lac du même nom, se trouve Rydal Mount, cottage datant d'environ 1574, agrandi et transformé en maison de ferme au 18e s. William Wordsworth (1770-1850) y vécut de 1813 à sa mort, période qui le vit passer de la poésie révolutionnaire au statut réactionnaire de « poète lauréat ». C'est ici qu'il écrivit le livre qui fut son plus grand succès financier, *Le Guide des lacs*. Sa bibliothèque fait maintenant partie du cabinet de travail. Le plafond du bureau est resté tel quel, peint d'après les motifs Renaissance qu'il avait copiés lors d'un voyage en Italie.

Ambleside

Central Buildings - Market Cross - (15394) 32 582 - 9h-17h - fermé 1er janv. et 25-26 déc.
Situé au nord du lac Windermere, Ambleside est un village ravissant.

ESKDALE PAR LE COL DE WRYNOSE A3

Circuit 2 tracé en vert sur la carte p. 576 - 80 km/50 miles.
Partant de Windermere, cet itinéraire explore une région moins fréquentée, plus sauvage et parfois désolée comme les environs d'Ulpha Fell et de Furness Fell. La route franchit deux cols difficiles et emprunte des routes étroites aux pentes raides. Soyez prudents.
Quitter Windermere en direction du nord par la A 591.

Lake District Visitor Center

Brockhole National Park, peu après Windermere - (01539) 446 601 - www.lake-district.gov.uk - 10h-17h - parking payant - café.

Buttermere, un des lacs du Parc national.
O. Fantuz / Sime/Photononstop

Informations et expositions sur l'histoire et l'écologie de la région des Lacs.
Au sud d'Ambleside, tourner à gauche pour prendre la A 593 ; après Skelwith Bridge, tourner à droite.
La route gravit les flancs dénudés de la vallée, royaume du mouton de montagne. Après avoir franchi le **col de Wrynose★★** (390 m), admirez l'incroyable panorama sur Little Langdale. La route longe ensuite la rivière Duddon, d'un bout à l'autre du **Wrynose Bottom**, entre les deux cols. Faites une halte pour jouir de la splendeur sauvage du paysage, rythmé par des sommets ne dépassant pas 1 000 m d'altitude.
Continuer vers l'ouest ; la route grimpe fortement pour franchir le second col.

★★ Hardknott Pass

Les vestiges de **Hardknott Fort**, magnifique exemple de fort romain auxiliaire en pierre (2e s. apr. J.-C.), se dressent à l'extrémité sud du col (393 m) qui donne sur la vallée pastorale d'**Eksdale** à l'ouest.
Ravenglass and Eskdale Railway – *Ravenglass - ✆ (01229) 717 171 - www.ravenglass-railway.co.uk - ♿ - de fin mars à fin oct. : tlj ; reste de l'année : se renseigner - aller simple (40mn) Ravenglass-Eskdale (Dalegarth) 6,60 £ (billet illimité valable 1 j : 11,20 £).* Posée en 1875, cette ligne de chemin de fer à voie étroite (11,3 km) était destinée à l'acheminement du granit et du minerai de fer. La ligne frôle de hautes chutes et des cascades et descend la vallée de l'Esk, cheminant à travers des pentes couvertes d'arbres, de bruyères et de fougères, pour arriver à **Ravenglass**, où l'on aperçoit des mouettes gracieusement rassemblées sur l'estuaire. Le petit musée de la gare de Ravenglass est consacré à l'histoire du rail et aux mines de la région.
Muncaster Castle – *✆ (01229) 717 614 - www.muncaster.co.uk - fin mars-fin oct. : tlj sf sam. 12h-16h30 (jardins : 10h30-18h) - 11 £ (jardins seuls 8,50 £).* Pour ceux qui préfèrent les châteaux hantés aux musées, ne manquez sous aucun prétexte cette visite. En outre, les jardins y sont magnifiques.
Au choix : revenir par le même chemin ou prendre une route plus longue vers le sud par Ulpha, Broughton-in-Furness et Newby Bridge, à l'extrémité sud du lac Windermere.

KESWICK ET LES LACS DU NORD A2

Circuit 3 tracé en vert sur la carte p. 576 - 47 km - En venant de Windermere, dépasser le Brockhole National Park Centre, Ambleside, Rydal Mount et Dove Cottage, décrits précédemment.

La route suit alors la montée du Rothay jusqu'à Dunmail Raise, puis redescend sur Thirlmere, que couvre de son ombre « le noir sommet de puissance », le **Helvellyn** (949 m), situé à l'est. Wordsworth empruntait ce chemin pour rendre visite à Coleridge et Southey, installés à Keswick.

Thirlmere

Le lac de Thirlmere est en réalité un réservoir, surélevé de 15 m par un barrage. Si la forêt environnante a été plantée de manière artificielle, le paysage n'en est pas moins somptueux et la promenade délicieuse.

La route franchit encore deux cols avant de descendre sur Keswick.

★ Castlerigg Stone Circle

Peu avant Keswick, un panneau indique sur la droite le cercle de pierres de Castlerigg.

Situés sur un affleurement, les 38 mégalithes de Castlerigg sont plus anciens (5 000 ans) que ceux du mythique Stonehenge. Tout comme lui, ils gardent précieusement le secret de leurs fonctions. Le site offre une **vue** très étendue en direction du Thirlmere et du Helvellyn au sud et, vers l'ouest, sur le Derwentwater et Keswick.

Keswick

Moot Hall - Market Square - ✆ (01768) 772 645 - 9h30-17h30 (nov.-mars 16h30).

Ce village d'origine médiévale, typique de la région des Lacs, fut le lieu de résidence de Coleridge et de Southey – qui y mourut –, dont les familles partageaient Greta Hall *(privé)*. Grâce à la mine de graphite exploitée dès le milieu du 16e s. à Borrowdale, Keswick peut s'enorgueillir d'avoir vu naître la première usine de crayons au monde (1832). Aujourd'hui, le **Cumberland Pencil Museum** relate les procédés de fabrication de crayons haut de gamme. *✆ (01768) 773 626 - www.pencilmuseum.co.uk - ♿ - 9h30-17h (dernière entrée 16h) ; ouv. prolongée en été - fermé 1er janv. et 25-26 déc. - 3,50 £ - café.*

Keswick Museum and Art Gallery – *✆ (01768) 773 263 - www.allerdale.gov.uk/keswick-museum - ♿ - mar.-sam. 10h-16h.* Il possède des manuscrits de

HIRONDELLES ET AMAZONES

Arthur Ransome (1884-1967) travailla dans l'édition et devint correspondant de guerre pendant la révolution russe. Il continua à exercer la profession de journaliste politique indépendant pour *The Manchester Guardian* tout en rédigeant des ouvrages de critique et des récits de voyages. Puis il connut la popularité comme auteur de livres pour enfants avec, entre autres, *Hirondelles et Amazones* (1931). Les aventures estivales des jeunes Walker, qui font de la voile, du camping et vont à la chasse au trésor, ont pour toile de fond les lacs Coniston et Windermere confondus. Il est d'ailleurs aisé de reconnaître les lieux de ces récits (Peel Island sur le lac Coniston et Blake Holme sur celui de Windermere sont devenus Wild Cat Island ; the Old Man of Coniston est en réalité Kanchenjunga).

Wordsworth et de Southey, mais surtout un étrange instrument de musique inventé et construit (de 1830 à 1843) par Joseph Richardson, appelé *musical stones*, autrement dit, « xylophone minéral » ou encore « piano géologique ». Avec sa famille de musiciens, le concepteur partit donner des représentations qui furent couronnées de succès, en Angleterre comme sur le continent. La famille de Richardson fut ainsi considérée comme le premier « groupe de rock » de l'histoire! La reine Victoria elle-même fit organiser trois concerts au palais de Buckingham.
De Keswick, prendre la B 5289 en direction du sud.

★ Derwentwater

Ce lac (5 km de long sur 1,5 km de large) est bordé de rochers très découpés. Southey le tenait pour le plus beau des lacs d'Angleterre.

Lodore Falls

Lodore Falls est la cascade la plus littéraire de la région des Lacs. Selon Southey, « elle tonne et se débat, se fracasse, fait plouf! explose, siffle et chuinte, elle saute, grogne et gronde, elle tombe et retombe, puis murmure et s'étale ».
Plus loin, la charmante vallée de **Borrowdale★** conduit au petit hameau de Rosthwaite situé dans une clairière entourée de montagnes. Du **Honister Pass★** (358 m), la vue embrasse deux des sommets qui dominent la région, le **Great Gable** (899 m) et le **Scafell Pike** (977 m). Une fois le col franchi, la route descend vers **Buttermere★★**, qu'un delta glaciaire sépare de **Crummock Water**, et continue vers **Cockermouth**.

Wordsworth House

Main Street - Cockermouth - NT - ✆ (01900) 824 805 - www.wordsworthhouse.org.uk - mi-mars à fin oct. : sam.-merc. 11h-17h (dernière entrée 16h) - 6,20 £.
C'est dans cette élégante demeure de style georgien néoclassique (1745) que naquit en 1770 le poète **Willliam Wordsworth**. Gérée par le National Trust, cette maison a retrouvé l'âme, la fonctionnalité et l'animation du 18e s. Il est ainsi facile d'imaginer la vie quotidienne de la famille Wordsworth et de ses domestiques, dans leur cadre original. Le mobilier a été reproduit en l'état jusqu'à la plus petite fourchette. Un joli jardin descend vers la rivière Derwent.
De Cockermouth, retourner sur Keswick par la A 66 ou la B 5292 (plus escarpée).
La route A 66, plus rapide, longe la berge occidentale du lac de **Bassenthwaite**, tandis que la route **B 5292★** gravit le col de **Whinlatter** (318 m), dévoilant un superbe panorama sur le lac.

KENDAL ET FURNESS A3

5

Circuit 4 tracé en vert sur la carte p. 576 - 64 km/40 miles. Quitter Windermere par la A 591.

Kendal

Town Hall - Highgate - ✆ (01539) 797 516 - tlj sf dim. 9h-17h.
Ce vieux village, bâti dans la pierre locale, connut la prospérité grâce au négoce de la laine. C'est ici que naquit la sixième femme d'Henri VIII, **Catherine Parr**. Aujourd'hui, Kendal est surtout réputé pour son « **mint cake** », une délicate friandise enrobée de chocolat.
Abbot Hall Art Gallery and Museum of Lakeland Life (galerie d'art d'Abbot Hall et musée de la région des Lacs) – *✆ (01539) 722 464 - www.abbothall.org.uk - www.lakelandmuseum.org.uk - tlj sf dim. 10h30-17h (nov.-mars 16h) - Abbot Hall 5,75 £; Museum of Lakeland Life 4,75 £.* Abbot Hall, maison de campagne

du 18e s., a été aménagée en galerie d'art. Autour de l'exposition permanente des tableaux du portraitiste George Romney (1734-1802) sont organisées des expositions temporaires. Une autre section est consacrée à l'écrivain **Arthur Ransome** *(voir l'encadré p. 581)*.
Continuer en direction du sud par la A 591, puis la A 590.

★ Levens Hall and Gardens

✆ (01539) 560 321 - www.levenshall.co.uk - ♿ - de mi-avr. à mi-oct. : dim.-jeu. 10h-17h (manoir 12h-16h30) - 11 £ (jardins seuls 8 £) - cafétéria.
Levens Hall est un gracieux manoir élisabéthain, accolé à une tour du 13e s. La **grande salle**, avec ses lambris en chêne et son plafond décoré, introduit le travail des boiseries et des **stucs** des autres pièces. La salle à manger, tendue de cuirs de Cordoue en 1692, possède de magnifiques sièges en noyer d'époque Charles II. Les **jardins★★** dessinés en 1694 par Guillaume Beaumont, jardinier du roi Jacques II, exaltent l'**art topiaire**. La taille décorative et figurative de buis et d'ifs monumentaux est tout à fait exceptionnelle.
Prendre la A 590 vers l'ouest, puis après Lindale suivre les indications pour atteindre Cartmel par des routes secondaires.

★ Cartmel Priory

Cartmel - ✆ (015395) 36261 - www.cartmelpriory.org.uk - ♿ - 9h-17h30 (hiver 15h30).
Le **prieuré** de Cartmel est l'édifice médiéval (12e s.) le plus important de la région des Lacs. Il échappa aux destructions engendrées par la Dissolution des institutions monastiques en devenant église paroissiale. Sa curieuse tour est en fait constituée de deux tours, l'une étant disposée en diagonale par rapport à l'autre. À l'intérieur se trouvent un beau vitrail de style Perpendicular et, au-dessus des miséricordes du chœur, des boiseries remarquablement sculptées de 1620.
Avec ses maisons des 17e et 18e s. et le **Gatehouse** (corps de garde du prieuré), la place du village est charmante. La campagne environnante, avec ses cottages fleuris et blanchis à la chaux, a des accents du pays de Galles.
Prendre la petite route jusqu'à Haverthwaite, puis tourner à gauche sur la A 590.

Furness Abbey

Au nord-ouest de Barrow-in-Furness - EH - ✆ (01229) 823 420 - www.english-heritage.org.uk - ♿ - avr.-sept. : jeu.-lun. (et tlj en juil.-août.) 10h-17h ; oct.-mars : w.-end 10h-16h - audioguide - fermé 1er janv. et 24-26 déc. - 3,70 £.
Étienne, comte de Boulogne et plus tard roi d'Angleterre, accorda en 1123 à l'ordre de Savigny un terrain près de Preston pour y bâtir un monastère. En 1127, la communauté partit s'installer à Furness et fut rattachée à l'ordre de Cîteaux. Les ruines de l'abbaye en grès rouge se dressent au fond d'un vallon. Les murs du transept, du chœur et la tour ouest ont pratiquement conservé leur hauteur d'origine. Dans le mur sud du sanctuaire ont été conservés quatre bancs *(sedilia)* ainsi qu'une vasque *(piscina)* servant au baptême. Le vestibule et la salle capitulaire, datant du milieu du 13e s., attestent l'élégante simplicité caractéristique des bâtiments cisterciens de cette époque.

NOS ADRESSES DANS LA RÉGION DES LACS

TRANSPORTS

Bus et trains – Pour tout renseignement, s'adresser à **Traveline** - *0871 200 2233 - www.traveline.org.uk*.
Conduite automobile – Les routes de montagne sont étroites, avec des lacets et des pentes raides pouvant atteindre 30 %.
Location de vélos à la gare de Windermere - **Country Lanes Cycle Centre** – *The Railway Station - (01539) 444 544 - www.countrylaneslakedistrict.co.uk*.

VISITES

En **autocar** ou minibus, avec guide *(journée ou demi-journée)* :
Lakes Supertours – *1 High Street - Windermere - (01539) 442 751 ou 488 133 - www.lakes-supertours.co.uk*.
Mountain Goat Mini Coach Tours – *Victoria Street - Windermere - (01539) 445 161 - www.mountain-goat.com*.
Excursions en train – Le **train à vapeur** circule entre Haverthwaite et Lakeside *(sur la A 590 à l'est de Newby Bridge)*, où la correspondance est assurée avec la compagnie Windermere Lake Cruises *(voir plus bas)*.

CROISIÈRES SUR LES LACS

Au lac Windermere

Windermere Lake Cruises – *Lakeside - Newby Bridge - Ullverston - (01539) 443 360 - www.windermere-lakecruises.co.uk*. Départs d'Ambleside, de Bowness, Brockhole, Haverthwaite et Lakeside.

Au lac Coniston

Yacht à vapeur **Gondola** – *(01539) 441 288 - www.nationaltrust.org.uk/gondola - 45mn - 8,50 £)*. Dép. de Coniston Pier, Monk Coniston ou Brantwood Pier : *avr.-oct. (horaires variables en fonction de la période et de la météo)*.

Au lac Ullswater

Bateaux à vapeur de la Cie **Ullswater Steamers** – *(01768) 482 229 - www.ullswater-steamers.co.uk*. Au départ de Glenridding *(pointe sud)* et de Pooley Bridge *(pointe nord)*.

Au lac Derwentwater

La compagnie **Keswick Launch** *(Lakeshore - Keswick-on-Derwenwater - (01768) 772 263 - www.keswick-launch.co.uk)* dessert 7 escales sur les rives du lac.

HÉBERGEMENT

PREMIER PRIX

À Bowness-on-Windermere

Laurel Cottage – *St Martins Square - Kendal Road - (01539) 445 594 - www.laurelcottage-bnb.co.uk - P - 4 ch. : 32/50 £*. Ravissant petit cottage au cœur de Bowness, à seulement 2mn à pied du lac. Minimum de 3 nuits pendant les week-ends fériés.

BUDGET MOYEN

À Coniston

Wheelgate Country Guest House – *Little Arrow - (01539) 441 418 - www.wheelgate.co.uk - P - 5 ch. : 80 £*. Ravissante maison du 17e s. entourée de somptueux jardins. Poutres en chêne, couleurs tendres : on s'y sent divinement bien (séjour minimum de 2 nuits, 3 en août).

À Penrith

Hornby Hall Country Hall – *Brougham - (01768) 891 114 - www.hornbyhall.co.uk - P - 7 ch. :*

5

80/100 £ ☕. Beau manoir Tudor en grès rouge du 16e s., situé près de la rivière Eamont, élue meilleur site d'Angleterre pour la pêche à la truite.

À Windermere

The Ravensworth – *Ambleside Road* - ✆ *(01539) 443 747 - www.theravensworth.com* - P - *14 ch. : 70/80 £* ☕. Préférez les chambres côté jardin… un havre de tranquillité. Cette maison cossue du 19e s. possède une belle véranda où prendre son petit-déjeuner.

The Coach House – *Lake Road* - ✆ *(01539) 444 494 - www.lakedistrictbandb.com/coach-house.htm* - P - *2 ch. : 64/80 £* ☕. Cet authentique cottage de la région des Lacs joue la carte d'un décor contemporain et de couleurs anisées. Joli patio donnant sur les bois.

POUR SE FAIRE PLAISIR

À Ambleside

The Old Vicarage – *Vicarage Road* - ✆ *(01539) 433 364 - www.oldvicarageambleside.co.uk* - P - *10 ch. : 100/139 £* ☕. Belle maison victorienne donnant sur Rothay Park. Piscine intérieure pour se détendre après la marche ou toit-terrasse pour se délasser au soleil.

À Buttermere

Wood House – ✆ *(01768) 770 208 - www.wdhse.com* - P - *ch. : 100 £* ☕. En plus d'une vue magnifique sur le lac, Wood House a été meublée et décorée avec un goût artistique sûr. Style, confort et sérénité.

À Grasmere

Lake View Country House – *Lakeview Drive* - ✆ *(01539) 435 384 - www.lakeview-grasmere.com* - P - *4 ch. : 94/114 £* ☕. Au milieu des azalées et des rhododendrons, cette charmante maison possède un accès privé au lac ainsi qu'un permis de pêche. Avis aux amateurs !

À Cartmel

Aynsome Manor Hotel – ✆ *(01539) 536 653 - www.aynsomemanorhotel.co.uk* - P - *12 ch. : 100/160 £* ☕. Ancienne résidence du comte de Pembroke, fondateur du prieuré, ce manoir est une halte historique ! Cosy et fleuri. Minimum de 3 nuits pendant les week-ends fériés.

À Wasdale Head

Wasdale Head Inn – *Près de Gosfort* - ✆ *(01946) 726 229 - www.wasdale.com* - P - *12 ch. : 120 £* ☕. Auberge et pub situés au pied du mont Scafell. Cette adresse est surtout connue des randonneurs. Également des appartements.

UNE FOLIE

À Ambleside

Drunken Duck Inn – *Barngates* - ✆ *(01539) 436 347 - www.drunkenduckinn.co.uk* - P - *16 ch. : 210/275 £* ☕. Auberge coquette proposant des chambres élégantes et confortables. Superbes vues. Au rez-de-chaussée, cadre plaisant pour déguster une cuisine savoureuse et originale.

Linthwaite House – *Crook Road* - ✆ *(01539) 488 600 - www.linthwaite.com* - P - *27 ch. : 137/236 £* ☕. Sélectionnée par le magazine *Condé Nast Traveller* dans sa « Gold List », cette propriété de caractère se niche au cœur de 6 ha de jardins. Depuis la terrasse en ardoise, vue panoramique sur le lac.

À Keswick

Highfield Hotel – *The Heads* - ✆ *(01768) 772 508 - www.highfieldkeswick.co.uk* - P - *18 ch. : 150/180 £ - demi-pension.* Jolie demeure déb. 18e s. avec ses tourelles, ses balcons et sa véranda. Vue à 360° de Keswick à la vallée des Newlands. Excellent restaurant.

À Grange-over-Sands

Netherwood & Spa – *Lindale Road - ✆ (01539) 532 552 - www.netherwood-hotel.co.uk* - P - *36 ch. : 120/200 £* ☕. Situé dans une adorable station balnéaire, l'hôtel Netherwood est une sublime demeure face à la baie de Morecambe. Notre coup de foudre de la région des Lacs.

À Grasmere

Swan – *Keswick Road - ✆ 0844 879 9120 - www.macdonaldhotels.co.uk* - P - *38 ch. : 150/200 £* ☕. Cet hôtel propose diverses activités. Choisissez les chambres côté jardin, jouissant d'une vue splendide vers Helm et Dunmail Rase.

À Ullswater

Leeming House – *Watermillock - ✆ 0844 879 9142 - www.macdonaldhotels.co.uk* - P - *41 ch. : 240/290 £* ☕. Coup de cœur pour l'architecture 1800 de cette maison dynastique, sertie dans 10 ha de jardins.

RESTAURATION

PREMIER PRIX

À Bowness-on-Windermere

Bodega Bar & Tapas – *Ash Street - ✆ (01539) 446 825*. Beaux planchers, fauteuils en cuir, bar stylé, la Bodega est un lieu cosy. Service de tapas espagnoles jusqu'à 22h, puis ambiance musicale pour faire la fête !

À Keswick

Lakeland Spice – *81 Main Street - ✆ (01768) 780 005*. Couleurs vives pour épicer le cadre de ce restaurant indien, réputé pour ses currys.

Au lac Ullswater

The Pooley Bridge – *Pooley Brigde - ✆ (01768) 486 215 - www.pooleybridgeinn.co.uk*. Pub rustique et cuisine familiale.

À Windermere

The Lighthouse – *Main Road - ✆ (01539) 488 260*. Cadre sympathique pour ce café-restaurant branché doté d'une terrasse.

BUDGET MOYEN

À Hawkshead

Queen's Head Hotel – *Main Street - ✆ (01539) 436 271 - www.queensheadhotel.co.uk*. Pub traditionnel logé dans un manoir à colombage élisabéthain.

À Ambleside

Glass House – *Rydal Road - ✆ (01539) 432 137 - www.theglasshouserestaurant.co.uk*. Restaurant situé dans un moulin à aubes du 15e s. Cuisine créative. Mélange de tradition anglaise et de saveurs méditerranéennes.

À Bowness-on-Windermere

China Boat Restaurant – *Church Street - ✆ (01539) 446 326*. Premier restaurant cantonais ouvert dans la région des Lacs et assurément un des meilleurs.

The Postilion Restaurant – *Ash Street - ✆ (01539) 445 852 - www.postilionrestaurant.co.uk*. Environnement plaisant débordant sur une petite place. En salle ou en terrasse, le steak au beurre de basilic et la crêpe « postilion » au sirop d'érable, glace vanille et chocolat chaud, se mangent sans faim !

À Grasmere

The Traveller's Rest Inn – *Keswick Road - ✆ (01539) 435 604*. Plats copieux et goûteux dans un cadre spacieux.

À Windermere

Jericho's – *Birch Street - ✆ (01539) 442 522 - www.jerichos.co.uk.* Restaurant d'esprit contemporain privilégiant les produits régionaux.

POUR SE FAIRE PLAISIR

À Windermere

Miller Howe – *Rayrigg Road - ✆ (01539) 442536 - www.millerhowe.com.* Cuisine gourmet servie dans un superbe cadre avec vue sur le lac et les montagnes. Relaxant.

UNE FOLIE

À Cartmel

L'Enclume – *Cavendish Street - ✆ (01539) 536 362 - www.lenclume.co.uk - fermé lun.-merc. midi - carte 55/95 £.* Nouvelle cuisine sous la direction du chef Simon Rogan. Réservez.

ACHATS

Bon à savoir – Lake District est une région où l'artisanat est florissant ; on y trouve poteries, céramiques, textiles, ferronnerie et produits du terroir. Pour connaître la liste des artisans : *www.madeincumbria.co.uk.*

Poteries et céramiques – Greystoke Gill Pottery - *Greystoke - ✆ (01768) 4 83 123 - www.greystokegillpottery.co.uk* ; Wetheriggs Pottery - *Clifton Dykes - Penrith - ✆ (01768) 342 873 - www.interludeceramics.com.*

Bijoux – Dancing Peacock - *35 King Street - Penrith - ✆ (01228) 514 877 - www.dancingpeacock.co.uk* ; Sue Kane Designs - *31 King Street - Penrith - ✆ (01768) 899 989 - www.suekanedesigns.co.uk* (utilisation de pierres gemmes).

Textiles – Magasins d'usine **K Village Factory Shopping** à Kendal, et **Kangol Factory Store** à Kangol *(entre Cockermouth et Egremon)* ; **Old Blacksmith's Shop Centre** à Dumfries & Galloway (pulls, tartans mais également bijoux et cristallerie) ; The Wool Clip - *Priest's Mill - Caldbeck - ✆ (01697) 478 707 - www.woolclip.com* (pulls de laine de mouton locale, belle qualité).

Produits du terroir – Kennedy's Chocolates - *The Old School - Orton - Penrith - ✆ (01539) 624 781 - www.kennedyschocolates.co.uk* (pour goûter le *mint cake*) ; Relish Company - *2 The Square - Hawkshead - www.hawksheadrelish.com* (où acheter chutneys, marmelades, condiments, etc.).

ACTIVITÉS

Randonnées – Renseignements auprès d'un office de tourisme ou du **Lake District National Park Authority** - *Murley Moss - Oxenholme Road - Kendal - ✆ (01539) 724 555 - www.lake-district.gov.uk.*

Randonnées en baie de Morecambe – La traversée du chenal de la Kent entre Arnside et Kents Bank et des vastes étendues sablonneuses de la baie, exposées à marée basse, constitue une expérience inoubliable. Ce trajet était un passage obligé pour les diligences et les piétons lorsque le chemin de fer n'existait pas.

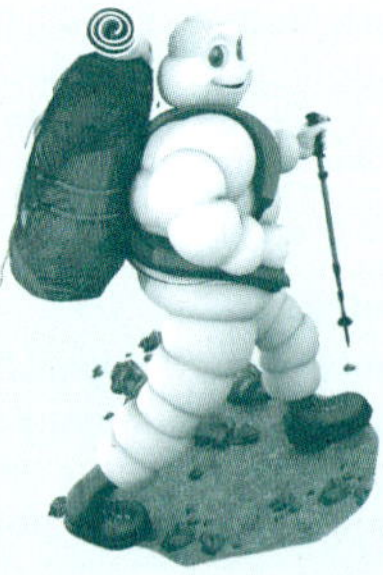

En raison de la présence de sables mouvants et de la marée, il est essentiel de se faire accompagner par un guide.

Escalade – Lakeland Climbing Centre - *Lake District Business Park - Mint Bridge Road - Kendal - ☏ (01539) 721 766 - www.kendalwall.co.uk*. Exercez-vous sur le plus grand mur intérieur d'escalade, le Kendal Wall.

Canoping – Go Ape - *Grizedale Forest Visitor Centre - Hawkshead - ☏ 0845 643 9215 - www.goape.co.uk*. Attraction familiale sportive. Parcours évoluant à hauteur d'arbres. Âge minimum 10 ans.

Sports aquatiques – Low Wood Watersports Centre - *Low Wood - Windermere - ☏ (01539) 439 441 - www.elh.co.uk/watersports*. Ski nautique, voile, kayak. Parking et vestiaires à disposition.

Loisirs

Zoo – South Lakes Wild Animals Park - *Dalton-in-Furness – ☏ (01229) 466 086 - www.wildanimalpark.co.uk - 10h-17h (nov.-mars 16h30) - 11,50 £ (enf. 8 £)*. Tigres de Sumatra, kangourous, pingouins et lémuriens, promenade en petit train, tout pour divertir les enfants.

Jardins – Holker Hall & Gardens – *Cark-in-Cartmel - ☏ (01539) 558 328 - www.holker-hall.co.uk - de mi-mars à oct. : dim.-lun 10h30-17h30 - 6,50 £*. Labyrinthe, cascades, arbres plantés au 18e s., plantes rares et exotiques, de quoi passer un bel après-midi. **Parc d'attractions** – Rheged, the Upland Kingdom Discovery Centre – *Redhills (sur la A 66, à proximité de Penrith) - ☏ (01768) 868 000 - www.rheged.com - 10h-17h30 - film : 6,50 £ (enf. 5 £)*. Sur écran géant, l'héritage féerique de la région, qui mêle légende, épopée et spectacle. Autres attractions : Rainforest Adventure, Grand Canyon, Shakelton's Antartic Adventure, etc.

5

Île de Man

Isle of Man

★

82 777 habitants

NOS ADRESSES PAGE 590

S'INFORMER
Manx National Heritage – *(01624) 648 000 - www.gov.im/mnh.* Cet organisme préserve et promeut l'île de Man (8 sites principaux et 1 620 ha).
Office de tourisme – *Sea Terminal, Douglas - (01624) 686 801 - www.visitisleofman.com.*

SE REPÉRER
Carte de région A3 (p. 541) – *carte Michelin 502 F-G 21.* L'île de Man se trouve à 132 km/82 miles au nord-ouest des côtes de Liverpool. Elle s'étend sur 50 km/31 miles du nord au sud et sur 20 km/12,5 miles d'est en ouest.

À NE PAS MANQUER
Laxey Wheel et Snaefell Mountain Railway.

ORGANISER SON TEMPS
Prévoyez 2 jours.

AVEC LES ENFANTS
Snaefell Mountain Railway.

« De quelque façon que l'on me jette, je tiens debout », proclame la devise de cette île montagneuse de la mer d'Irlande. L'identité mannoise est complexe : d'abord colonisée par les Celtes et les Scandinaves, l'île a connu successivement la domination écossaise et anglaise. Sa langue, le mannois, apparentée au gaélique, a aujourd'hui disparu. L'île ne fait pas partie du Royaume-Uni. C'est une dépendance britannique régie par ses propres lois. Celles-ci sont présentées chaque année à une assemblée du peuple réunie en plein air, vieille de 1 000 ans et dérivant du Thingvollr scandinave (« assemblée aux champs »). Elle se tient au centre de l'île, à Tynwald Green, un site chargé de souvenirs préhistoriques.

Découvrir Carte de région

Douglas

La capitale de l'île tient son indiscutable originalité de la longue suite d'hôtels de style victorien et édouardien qui épousent la courbe de son bord de mer, et du sable fin de sa baie.

Manx Museum – *(01624) 648 000 - www.storyofmann.com - ♿ - lun.-sam. 10h-17h - fermé 1er janv. et 25-26 déc. - restaurant.* Derrière le front de mer, sur les hauteurs, se trouve le Musée mannois, qui possède de belles sculptures chrétiennes primitives, dont une rare **Crucifixion** du 9e s. provenant de l'île de Calf of Man. Les galeries consacrées aux arts et traditions populaires présentent la reconstitution d'une ferme mannoise.

PETIT APERÇU

Les fermes, entourées de champs délimités par des murets de pierre sèche ou de hauts talus, composent le paysage typique des basses terres. En altitude, elles font place à la lande sauvage, aux bruyères et aux ajoncs. Depuis le point culminant de l'île, le Snaefell (621 m), la vue donne, dit-on, sur six anciens royaumes : l'Angleterre, l'Écosse, l'Irlande, le pays de Galles, Man elle-même et le royaume des cieux. La côte, qui s'étire sur 160 km, est merveilleusement préservée. Elle offre ainsi à la fois la possibilité de belles randonnées sur les crêtes ventées des falaises et des plages très agréables, où la baignade est facilitée par le passage du Gulf Stream.

Le tourisme de masse y connut son heure de gloire à la fin du 19e s. et au début du 20e s. C'est de cette époque que date un vaste réseau de transports originaux, dont les **toastracks**, trams tirés par des chevaux, qui font paisiblement la navette le long du bord de mer à Douglas.

★★ Great Laxey Wheel

À 13 km/8 miles au nord de Douglas par la A 2 (route côtière) ou par le chemin de fer électrique et 1 km de marche environ – ✆ (01324) 648 000 - www.storyofmann.com - de Pâques à fin oct. : 10h-17h - 4 £.

Ce splendide ouvrage de l'ère industrielle, appelé « Lady Isabella » en honneur de l'épouse du gouverneur de l'époque, fut construit en 1854. Devenu l'un des emblèmes de l'île, il domine la vallée de Laxey, qui connaissait alors une exploitation intense des mines de plomb et d'argent.

La quantité d'eau nécessaire pour faire tourner cette roue géante de 22 m de diamètre est fournie par un important réseau de canaux. Un vertigineux escalier en spirale de 95 marches permet d'atteindre la partie supérieure de la tour qui alimente la roue en eau.

★ Snaefell Mountain Railway

À 13 km/8 miles au nord de Douglas par la A 18 ou par le chemin de fer électrique via Laxey (côte est) – ✆ (01624) 662 525 - fin avr.- déb. oct. : 10h15-15h45 - de Laxey au sommet 1h30/AR - 9,20 £ - cafétéria au sommet.

Ce tramway ancien gravit avec mérite les flancs de la vallée et conduit au sommet pour s'arrêter devant l'unique café du site. Le Snaefell culmine à 620 m d'altitude. Par temps clair, on jouit d'une **vue★★★** imprenable sur les contrées bordant la mer d'Irlande.

Côte méridionale

À 32 km/20 miles au sud-ouest de Douglas par la A 5 ou la A 25 (route côtière), ou par le train.

Castletown – Cette petite ville portuaire, capitale de l'île jusqu'en 1869, s'étend autour de **Castle Rushen**, château médiéval imposant et parfaitement conservé. *✆ (01624) 648 000 - www.storyofmann.com - de Pâques à fin oct. : 10h-17h - 5,50 £.*

Nautical Museum – *✆ (01624) 648 000 - www.storyofmann.com - ♿ - de Pâques à fin oct. : 10h-17h - 4 £.* Le musée conserve dans un hangar le schooner *Peggy*, construit en 1791. Son étrange cabine est une imitation des cabines arrière des grands voiliers du temps de Nelson.

Port St Mary – Ce port de pêche jouit d'une plage de sable orientée au sud et dispose de nombreuses facilités pour les plaisanciers.

★ **Port Erin** – Terminus du réseau ferré, Port Erin possède un petit musée du chemin de fer et un aquarium appartenant à la station biologique marine. Le site est superbe : une plage de sable au creux d'une baie profonde abritée de part et d'autre par de hautes falaises, l'ensemble formant l'un des plus ravissants paysages côtiers de l'île.

★ **Cregneash Folk Museum** – *✆ (01624) 648 000 - www.storyofmann.com - de Pâques à fin oct. : 10h-17h - 4 £.* Ce musée évoque les traditions de ce pays de fermage, qui se sont perpétuées plus durablement dans les zones reculées du sud-ouest de l'île. La plupart des bâtiments de ce petit village ont été restaurés avec soin. Programme quotidien de manifestations (conférences, démonstrations de techniques artisanales, etc.)

Spanish Head, à l'extrême pointe méridionale de l'île, dévoile les eaux tumultueuses du goulet du Calf et le **Calf of Man**, îlot habité par les seuls gardiens du phare et occupé par une réserve ornithologique.

Peel

À 11 km/7 miles à l'ouest de Douglas par la A 1.

Dans la **maison de Manannan**, le rôle majeur de la mer joué dans l'histoire de l'île est évoqué à travers la voix du dieu de la Mer, Manannan. On y voit la reconstitution d'une maison celtique circulaire et d'une maison viking rectangulaire, ainsi que la réplique d'un grand vaisseau viking qui a navigué de la Norvège à l'île de Man, afin de célébrer le millième anniversaire de Tynwald.

NOS ADRESSES DANS L'ÎLE DE MAN

TRANSPORTS

Arriver à l'île de Man

Par bateau de Heysham (1 ou 2/j - traversée 3h30), Liverpool (2/j - traversée 2h30), Belfast (4/sem. - traversée 3h) et Dublin (2/sem. - traversée 3h).

Steam Packet Company – *✆ (0870) 552 3523.* Propose des forfaits bateau + hôtel.

Par avion à **Ronaldsway Airport**, près de Castletown *(✆ (01624) 686 600 - www.iom-airport.com).* Plusieurs compagnies desservent l'île, dont **Easyjet** *(www.easyjet.com - depuis Liverpool),* **Flybe** *(www.flybe.com - depuis Birmingham, Londres Gatwick et Luton, Manchester, Liverpool, Bristol, Édimbourg, Glasgow)* et **Manx 2** *(www.manx2.com - depuis Belfast, Blackpool, Leeds, Bradford, Gloucester, Nottingham, Newcastle et Jersey).* Renseignements auprès de l'agence Manxflights *(✆ (0871) 855 4274 - www.manxflights.com).*

Sur l'île

Le **train à vapeur** dessert Douglas et Port Erin via Castletown au sud. Des **tramways électriques** vont de Douglas jusqu'au nord.

HÉBERGEMENT

BUDGET MOYEN

À Douglas

All Seasons – *11 Clifton Terrasse - Broadway - ✆ (01624) 676 323 - P - 6 ch. : 80 £* ☕. Situé sur la route principale, à la sortie de la promenade centrale, All Seasons est une pension de style victorien, rénovée en 1990.

Rutland Hotel – *19/23 Palace Terrace - Queens promenade - ✆ (01624) 695 240 - 67 ch. : 60/95 £* ☕. Cet hôtel redécoré en 2004 vaut surtout pour sa situation face à la baie de Douglas.

À Ramsey

The River House – *De Ramsey, tourner à gauche juste après le pont - ✆ (01624) 834 238 - 3 ch. : 85/95 £.* Cette maison de campagne disposant d'un agréable jardin est décorée avec goût de meubles anciens et d'objets d'art.

À St Johns

Glen Helen Inn – *Glen Helen - ✆ (01624) 801 294 - www.glenheleninn.com - 14 ch. : 80/100 £* ☕. Au cœur de la campagne mannoise, près des cascades de Rhenass, cet hôtel accueille amoureux de la nature et jeunes mariés en lune de miel.

RESTAURATION

PREMIER PRIX

À Douglas

Chinatown restaurant – *7/8 Strathallan Crescent - ✆ (01624) 673 367.* Le restaurant chinois le plus populaire de l'île.

BUDGET MOYEN

À Douglas

Tanrogan Bistro – *Ridgeway Street - ✆ (0762) 247 2411.* Que diriez-vous de goûter aux spécialités locales ? Hareng, homard, crabe et fruits de mer vous attendent dans une assiette joliment présentée.

ACTIVITÉS

TT Race – *fin mai-déb. juin - www.iomtt.com.* Depuis 1907, en juin : trophée du tourisme, une course de moto périlleuse de 60 km allant de Douglas à Ballacraine et de Ramsey à Douglas.

Pêche en eau douce – achat de la licence dans les bureaux de poste ou les offices de tourisme.

Randonnée – **Millenium Way** (45 km de Ramsey à Castletown) et **Coastal Raad Ny Foilan et du Herring Road** (152 km de côtes, de Castletown à Peel).

Mur d'Hadrien

Hadrian's Wall

★★

NOS ADRESSES PAGE 598

S'INFORMER

Northumberland National Park Centre – *National Park Visitor Centre - Once Brewed - ✆ (01434) 344 396 - www.northumberlandnationalpark.org.uk - avr.-oct. : 9h30-17h ; nov.-mars : w.-end 10h-15h.*

SE REPÉRER

Carte de région AB2 (p. 540) – *carte Michelin 502 L19 et M-N-O18*. Les vestiges du Mur d'Hadrien s'étendent de Wallsend à Carlisle.

À NE PAS MANQUER

Lanercost Priory.

ORGANISER SON TEMPS

Une journée.

AVEC LES ENFANTS

Roman Army Museum à Carvoran et Housesteads, près de Henshaw.

En l'an 122 de notre ère, à l'occasion d'une tournée dans les provinces occidentales de son empire, l'empereur Hadrien visita la Grande-Bretagne. Il ordonna d'édifier un mur défensif, sur les 117 km qui partent de Wallsend, à l'est, pour rejoindre Bowness-on-Solway, sur la côte ouest. Des parties de ce mur sont encore visibles aujourd'hui. Musées, sites archéologiques et reconstitutions témoignent de la vie militaire et civile des légionnaires romains chargés de garder la frontière. L'environnement champêtre du Mur, agrémenté de splendides panoramas, a séduit de nombreux cinéastes. Films historiques et d'aventures ont trouvé leur terrain d'élection… Kevin Costner, prince des voleurs, et Harry Potter sont passés par là !

Découvrir Carte de région

LES SITES LE LONG DU MUR AB2

Les sites sont présentés d'est en ouest (voir la carte p. 594-595). Emprunter la B 6318. Pour vous aider à profiter au mieux de vos visites, il est important de préciser que la plupart des sites restent fragmentaires. Ainsi, les promeneurs se contenteront des sites majeurs (Roman Army Museum, Housesteads, Vindolanda).

Bon à savoir – Les principaux sites sont signalés par des panneaux de couleur marron clair ; tous possèdent des parkings. Ne laissez aucun objet de valeur dans les véhicules.

Segedunum Roman Fort, Baths and Museum

À Wallsend - ✆ (0191) 236 9347 - www.twmuseums.org.uk - ♿ - 10h-17h (nov.-mars 15h) - 4,35 £.

Surplombant la rive nord de la Tyne, les ruines du fort parlent d'elles-mêmes. Segedunum était le dernier poste de garde oriental, protégé par un mur de défense et des fossés. Des thermes ont été reconstitués. Le musée expose des pièces archéologiques issues des chantiers de fouilles.

★ Corbridge Roman Site and Museum

À Corbridge - Hill Street - (01434) 632 815 - avr.-oct. : 10h-13h, 14h-18h, dim. 13h-17h.

À l'ouest de Corbridge - EH - (01434) 632 349 - avr.-sept. : 10h-17h30 (dernière entrée 30mn av. fermeture) ; oct. : 10h-16h ; nov.-mars : w.-end 10h-16h - fermé 1er janv. et 24-26 déc. - 4,80 £.

« **Corstopitum** » fut le site du Mur le plus longtemps occupé. Le **musée** montre le plan du site, en identifiant les greniers, la fontaine, le bâtiment du quartier général et les temples. Dans les vitrines se trouvent des terres cuites (de la vaisselle en particulier) et des bijoux, dont un très bel anneau d'or. Des autels, des inscriptions dédicatoires et des statues sont apposés contre les murs. À l'extérieur, les fondations et la fonction des divers bâtiments exhumés le long de la voie principale témoignent de l'organisation rigoureuse du camp militaire, à l'image d'une ville romaine traditionnelle.

★ Hexham Abbey

(01434) 602 031 - www.hexhamabbey.org.uk - ♿ - 9h30-17h - ouverture de la crypte à 11h et 15h30 - fermé Vend. saint.

Wentworth Car Park - (01434) 652 220 - de Pâques à fin oct. : 9h-18h (de Pâques à mi-mai et oct. 17h), dim. 10h-17h ; reste de l'année : tlj sf dim. 9h-17h - fermé 1er janv. et 25-26 déc.

L'abbaye (674) consacrée à saint André fut construite avec les pierres de l'ancien fort romain de Corbridge. Son fondateur, Wilfrid, est le saint auquel les Anglais doivent l'adoption du rite romain au synode de Whitby (664). La terre lui avait été offerte par Etheldreda de Northumbrie.

Il ne reste aujourd'hui de l'abbaye de Wilfrid que la **crypte saxonne★★**. Le beau chœur de style gothique Early English et l'imposant transept appartiennent à l'église plus tardive (1180-1250). Dans le bras droit du transept, l'escalier de nuit, en pierre (12e s.), montait au dortoir des chanoines. La **chantrerie**

L'EMPIRE ROMAIN

Le Mur d'Hadrien fut bâti par des légionnaires, citoyens romains. La garnison ne comptait pas moins de 24 000 auxiliaires provenant des territoires conquis. Un fossé au nord (10 m de large et 3 m de profondeur), une route militaire et un *vallum* au sud, délimitaient la zone défensive. Haut de 7 m et large de 3 m, le mur était entrecoupé de tours de guet, de 80 postes fortifiés appelés *milecastles* (en rapport avec l'unité de mesure : 1 mile romain = 1 472,5 m) et de fortins, placés à intervalles réguliers. Dans un objectif stratégique, son tracé tira au maximum avantage de la topographie. Le relief, impressionnant par endroits, livre de superbes **points de vue★★**, comme à **Cawfields**, **Walltown Crags** et **Housesteads**.

Le **fort d'Arbeia** *(au sud de Shields)* gardait l'entrée de l'estuaire de la Tyne – la porte ouest reconstruite, les vestiges dégagés ainsi qu'un musée sont évocateurs de ce que pouvait être la vie quotidienne d'une garnison au 2e s. apr. J.-C.

Le **musée des Antiquités★** à l'université de Newcastle-upon-Tyne *(voir ce nom)* est une bonne introduction à la visite du Mur.

5

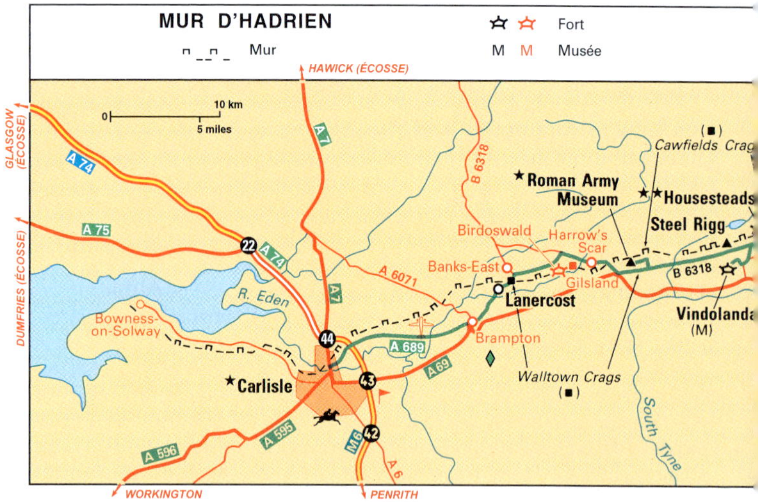

Leschman★ (1491) est ornée de curieuses sculptures et de boiseries délicatement travaillées.

★ Chesters Roman Fort

À proximité de Chollerford - EH - ✆ (01434) 681 379 - 10h-18h (oct.-mars 16h) - fermé 1er janv. et 24-26 déc. - 4,80 £ - cafétéria (en été).

Le fort se trouve juste à l'ouest du lieu où le Mur franchit la Tyne. On aperçoit les vestiges du pont sur la rive opposée. Le tracé des fondations fait apparaître l'emplacement des quatre portes, du quartier général et des baraquements. Plus bas, près de la rivière, se trouvent les fascinants vestiges de **thermes**★. Le **musée** rassemble une sélection de pierres sculptées, découvertes au 19e s.

Temple of Mithra

À Carrawburgh, à 5mn de marche du parking.

Dans un coin de landes aussi désolé, l'apparition de ce *mithraeum* (temple de Mithra), le seul visible des trois temples découverts à proximité du Mur, est des plus inattendue. Dans un couloir s'élève la statue de la déesse mère. Derrière, des bancs de terre destinés aux fidèles sont accolés aux parois d'une nef étroite, au fond de laquelle se trouvent trois autels. Les originaux sont conservés au musée des Antiquités de Newcastle. Le temple fut détruit au début du 4e s., probablement par des chrétiens qui voyaient dans l'usage du pain et de l'eau du rite mithriaque une caricature de leurs propres symboles.

★★ Housesteads

Près de Henshaw - EH - ✆ (01434) 344 363 - www.english-heritage.org.uk - 10h-18h (oct.-mars 16h) - fermé 1er janv. et 24-26 déc. - 4,80 £ (enf. 2,40 £) - cafétéria.

Couvrant 2 ha, le long d'une crête, Housesteads est le fort romain le mieux conservé et le plus complet qui soit parvenu jusqu'à nous. On distingue encore parfaitement les fondations de la villa du commandant, les greniers, les latrines, le bâtiment du quartier général et l'hôpital, encadrés par les quatre portes cardinales. Les habitations des civils sont regroupées autour de la porte sud. Le panorama y est de surcroît magnifique.

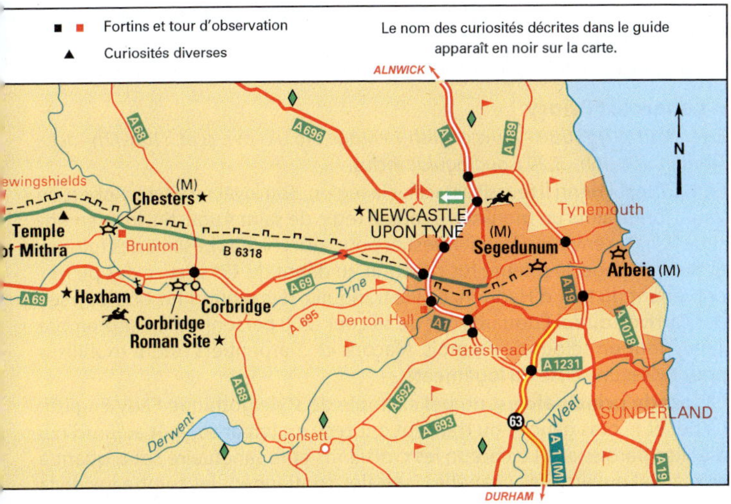

Steel Rigg

Le parking situé en haut à l'entrée du site offre une **jolie vue★** et donne accès aux sections du Mur serpentant à l'est vers Peel Crags et à l'ouest vers Winshields Crags. La section du Mur allant de Steel Rigg à Housesteads est très appréciée des marcheurs.

Vindolanda

À Chesterholm - EH - ✆ (01434) 344 277 - www.vindolanda.com - ♿ - avr.-sept. : 10h-18h ; de mi-fév. à mars et oct.-nov. : 10h-17h ; reste de l'année : se renseigner - 5,90 £ - cafétéria.

Des reconstitutions grandeur nature ont été réalisées sur une portion du Mur : une tour en pierre, un mur de brique (la frontière primitive) et un poste fortifié en bois. Outre les objets de métal, d'os et de pierre, on peut voir au **musée★** une intéressante collection de tablettes d'écriture, d'articles de cuir, de tissus et d'objets en bois. Des registres, des inventaires de marchandises et des lettres donnent des informations supplémentaires et significatives sur le mode de vie à l'époque romaine.

Prendre la route à droite vers Whiteside ; se garer au parking de la carrière.

Un petit sentier permet de monter jusqu'au **Cawfields Milecastle**, poste fortifié n° 42 perché de façon précaire. De tels fortins pouvaient accueillir 8 à 32 soldats.

★ Roman Army Museum

À Carvoran - ✆ (01697) 747 485 - www.vindolanda.com - ♿ - avr.-sept. : 10h-18h ; mars et oct. : 10h-17h ; reste de l'année : se renseigner - 4,50 £.

Le musée de l'Armée romaine est le plus important des musées consacrés à l'histoire du Mur. Afin d'apprécier la visite, assistez d'abord à la projection « **Eagle's Eye** »★★, un film d'animation qui recrée en trois dimensions les constructions du Mur d'Hadrien. La muséographie, parfaitement adaptée aux enfants, expose des vêtements, des objets du quotidien, des monnaies en bronze et en or ainsi qu'une précieuse statue de déesse.

Le fort de Carvoran, voisin du musée, n'a pas encore été fouillé.

Vers l'est, depuis une carrière, se trouve une des plus belles sections du Mur, **Walltown Crags**.
Sortir de la A 69 à Brampton et prendre une route secondaire vers le nord.

★ Lanercost Priory

EH - ✆ (01697) 730 30 - www.english-heritage.org.uk - avr.-sept. : 10h-17h - oct. : jeu.-lun. 10h-16h - 3,20 £ audioguide inclus.
En 1157, le roi Henri II réussit à pacifier la région. Son loyal serviteur, Robert de Vaux, fonda alors un monastère sous la règle de saint Augustin. Idéalement situé dans un environnement forestier pour subvenir aux besoins des toitures et du chauffage, le prieuré fut construit au début du 13e s., avec des pierres provenant du Mur d'Hadrien. La vie tranquille des moines fut bouleversée par l'arrivée du roi Édouard Ier et de sa cour (200 personnes) en septembre 1306, pour un séjour de six mois. Maçons et charpentiers furent mobilisés pour éviter une crise du logement !
La **façade principale** est un bel exemple de style gothique Early English. La nef et le bras gauche du transept ont reçu un toit et servent aujourd'hui d'église paroissiale. Le chœur, les croisillons et le sanctuaire sont, quant à eux, à ciel ouvert. Des chapelles latérales contiennent les tombeaux de la famille Dacre, notamment celui de sir Thomas of Kirkoswald, « gouverneur des Marches ». Dans son ensemble, il émane du site de Lanercost Priory, au-delà d'une grande quiétude, un sentiment d'extrême pureté.
Revenir à Brampton et continuer sur la A 69 jusqu'à Carlisle.

★ Carlisle

Old Town Hall - Green Market - ✆ (01228) 625 600.
Dans le centre-ville, la **croix de marché** s'élève à l'emplacement de l'ancien forum de la cité de Luguvalium. Les quatre siècles de présence romaine furent suivis d'une longue période de déclin, due en particulier aux affrontements entre l'Angleterre et l'Écosse. Cette insécurité permanente n'encouragea évidemment pas les habitants à bâtir pour la postérité ! Deux exceptions : la **Maison des corporations** (à colombage – 1407) et **Tullie House** (1689), qui abrite aujourd'hui le musée municipal.
★ **Carlisle Cathedral** – *✆ (01228) 548 151 - www.carlislecathedral.org.uk - ♿ - 7h45-18h15 (dim. 17h) - possibilité de visite guidée (de 30mn à 1h30) - offrande - restaurant.* L'église du prieuré de Ste-Marie, fondée en 1122 par Henri Ier, devint en 1133 une cathédrale. Tout ce qui reste de l'édifice roman est la nef tronquée et le bras droit du transept. On peut d'ailleurs voir l'impressionnante déformation des arcs en plein cintre, contrariés par la poussée de piliers massifs. Hugues de Beaulieu, nommé évêque en 1219, entreprit de nouveaux travaux d'agrandissement. L'extension dut être faite sur le côté nord, les bâtiments monacaux étant situés dans la partie sud. Les deux plus importantes réalisations de cette période sont la **baie de la façade**, un bel exemple d'entrelacs de style Decorated qui compte encore de nombreux vitraux du 14e s., et le chœur, qui abrite une exceptionnelle série de **chapiteaux sculptés**, dont 12 représentent les activités des mois de l'année. Le regard se porte également sur le **plafond étoilé★** sur fond bleu (1360). Le **triptyque de Brougham**, du 16e s., situé dans le bras gauche du transept, est un chef-d'œuvre de l'école flamande.
Tullie House Museum and Art Gallery – *✆ (01228) 618 718 - www.tulliehouse.co.uk - ♿ - avr.-oct. : 10h-17h, dim. 12h-17h (juil.-août : 11h-17h) ; nov.-mars : 10h-16h, dim. 12h-16h - fermé 1er janv. et 25-26 déc. - restaurant.* Le bâtiment d'origine a conservé son grand escalier en chêne. Le musée présente de façon

Le Mur d'Hadrien.
R. Kord / Photononstop

vivante l'histoire mouvementée de cette ville frontalière, à travers l'occupation romaine, le siège durant la guerre civile et le développement des industries locales. L'attraction appelée « Freshwater Life » plonge le visiteur dans l'univers environnemental des lacs et des rivières de la région de Cumbria.

Carlisle Castle – *EH - ✆ (01228) 591 922 - www.english-heritage.org.uk - ♿ - avr.-sept. : 9h30-17h ; oct.-mars : 10h-16h - possibilité de visite guidée - fermé 1er janv. et 24-26 déc. - 4,80 £.* Le château fut érigé en 1092 par Guillaume II afin de barrer la route aux pillards écossais. Le donjon roman fut modifié à l'époque des Tudors pour substituer des canons aux archers. Du côté opposé à l'entrée du donjon se trouve l'ossature du hall médiéval, qui abrite maintenant le musée du King's Own Royal Border Regiment. De la tour, où fut détenue Marie Stuart, reine d'Écosse, ne subsiste que l'escalier (à l'est du musée). On peut observer dans la cour extérieure une **batterie en demi-lune**, construite vers 1540 pour faciliter le déploiement des canons.

Church of St Cuthbert with St Mary – Cette église du 18e s. possède une chaire bien singulière. Elle fut installée en 1905 pour permettre au prédicateur de s'adresser aux personnes assises dans les galeries. Elle était si massive que les paroissiens ne voyaient plus le chœur, aussi la plaça-t-on sur des rails, pour ne la mettre en position qu'au moment du sermon !

★ **Tithe Barn** – Construite près de la route reliant l'ouest aux riches régions céréalières, cette grange dîmière, datant de 1502, mesure 34 m sur 8 m. Sa structure en grès rouge est consolidée par des poutres en chêne massif. Restaurée entre 1968 et 1971, elle sert dorénavant de salle paroissiale.

NOS ADRESSES AU MUR D'HADRIEN

TRANSPORTS

National Rail – *(08457) 484 950 - www.nationalrail.co.uk.* Le parcours ferroviaire longe la totalité du Mur d'Hadrien *(130 km)* entre Wallsend *(à l'est)* et Bowness-on-Solway *(à l'ouest).*

VISITES

Hexham – L'association des guides de la ville vous attend devant l'entrée de la boutique de l'abbaye – *Lun., jeu. et dim. 14h - (01434) 652 220.*

HÉBERGEMENT

PREMIER PRIX

À Warwick Bridge

Troutbeck Cottage – *(01228) 561 859 - www.troutbeckcottage.com - P - 3ch. : 55 £.* Chambres impeccables et coquettes, à la sortie de Carlisle. Jolie véranda où prendre le petit-déjeuner. Toilettes communes.

BUDGET MOYEN

À Haltwistle

Ashcroft – *Lanty's Lonnen - (01434) 320 213 - www.ashcroftguesthouse.co.uk - P - ch. : 78/88 £.* La famille James cultive non seulement l'accueil réservé aux visiteurs, mais aussi un magnifique jardin de jacinthes, de tulipes et de lupins.

À Housesteads

Beggar Bog Farm – *(01434) 344 652 - www.bandb-on-hadrianswall.co.uk - P - 3 ch. : 70 £.* Maison de caractère, au pied des sentiers pédestres du Mur d'Hadrien. Charpentes et vieilles pierres feront le bonheur des amateurs de haltes authentiques.

À Hexham

Hallbank – *(01434) 606 656 - www.hallbankguesthouse.com - 8 ch. : 80/90 £.* Cette maison géorgienne de brique rouge, près de la place du marché, propose des chambres chaleureuses, de style classique.

À Gilsland

Bush Nook – *Upper Denton - (016977) 47194 - www.bushnook.co.uk - P - 8 ch. : 75/80 £.* Dominant le fort romain de Birdoswald et la campagne verdoyante des Pennines du Nord, cette ravissante *guesthouse* remporte tous les suffrages.

POUR SE FAIRE PLAISIR

À Carlisle

Crown & Mitre Hotel – *English Street - (01228) 525 491 - www.crownandmitre-hotel-carlisle.com - P - 95 ch. : 98/112 £.* Idéalement situé entre la cathédrale et l'hôtel de ville, cet élégant hôtel édouardien propose de bonnes prestations. Belle piscine intérieure.

RESTAURATION

Bon à savoir : les sites les plus importants du Mur d'Hadrien possèdent pour la plupart un *coffee shop* ou proposent plus simplement des sandwichs, des glaces et des boissons.

PREMIER PRIX

À Carlisle

The Fryery – *29 Scotch Street - 01228 591 919.* Le meilleur *fish and chips* de la ville !

BUDGET MOYEN

À Carlisle

Ristorante Adriano – *1 Rickergate - (01228) 599 007 - www.adrianoristorante.co.uk.*

Faites une infidélité à la cuisine anglaise ! Les saveurs d'Italie sont ici tout simplement irrésistibles.

À Corbridge

Queens Head Inn – *(01434) 672 267 - www.the-queens-head-inn.co.uk - fermé dim. soir - 17/28 £.* Le menu est des plus varié dans cet établissement datant de 1615. La viande de bœuf et d'agneau provient de la ferme voisine.

PETITE PAUSE

À Carlisle

John Watt & Son's Victorian Coffe Shop – *11 Bank Street - ✆ (01228) 521 545 - www.victoriancoffeeshop.co.uk.* Ce salon de thé, installé depuis 1865, est un lieu fort plaisant pour déguster un scone autour d'un bon café.

ACTIVITÉS

À Hexham

Hexham Golf Club – *Spital Park - West Road - ✆ (01434) 603 072 - www.hexhamgolf.co.uk.* Un 18 trous par 70 avec vue imprenable sur la vallée de la Tyne.

Hexham Racecourse – *Hexham Steeple Chase - ✆ (01434) 606 881 - www.hexham-racecourse.co.uk.* Quatorze grandes courses y ont lieu chaque année.

Dans le Parc national de Northumberland

Kielder Water and Forest Park – *✆ (01434) 220 616 - www.kielder.org.* Au nord du Mur d'Hadrien, dans le magnifique **Parc national de Northumberland**, sports et activités de plein air sont organisés autour du lac : randonnées, croisières, vélo, pêche, minigolf.

Newcastle-Upon-Tyne

★

168 075 habitants

NOS ADRESSES PAGE 607

S'INFORMER
Office de tourisme – *8/9 Central Arcade - ℘ (0191) 277 8000 - www.newcastlegateshead.com - lun.-vend. 9h30-17h30, sam. 9h-17h30.*

SE REPÉRER
Carte de région B2 (p. 540) – *carte Michelin 502 o-p/18-19 - Tyne and Wear.* Newcastle upon Tyne est située à 92 km/57 miles à l'est de Carlisle, à 95 km/59 miles au sud de Berwick-upon-Tweed et à 29 km/18 miles au nord de Durham.

À NE PAS MANQUER
Quayside, BALTIC et Laing Art Gallery and Museum.

ORGANISER SON TEMPS
Comptez 2 jours.

AVEC LES ENFANTS
Centre for Life et The North of England Open-Air Museum.

La capitale du nord-est de l'Angleterre est un important carrefour routier, implanté sur l'axe côtier menant à la frontière écossaise. Ville organisée sur un plan compact, ses artères principales convergent immanquablement au bord de la Tyne… Quayside est en effet la promenade mythique et artistique de Newcastle. Six ponts aussi différents qu'exceptionnels la relient à la rive gauche, au bourg de Gateshead. C'est de ce côté qu'elle affiche, pour l'avenir, ses ambitions économiques et culturelles. Ses habitants, les « Geordies », sont réputés pour leur bonne humeur et leur sens de l'humour.

Se promener

DE LA RIVIÈRE TYNE AU CENTRE-VILLE Plan de ville

Circuit tracé en vert sur le plan p. 602.

★ Quayside A2

L'arrivée par le sud révèle un **panorama urbain** surprenant, magnifié par les volées de ponts qui traversent la Tyne. Le plus ancien d'entre eux est **High Level Bridge** (1848) de **Robert Stephenson**, qui accueille la circulation des voitures au niveau inférieur et le passage des trains au niveau supérieur. **Swing Bridge** (1876), semblable à un navire, est l'œuvre de lord Armstrong. **Tyne Bridge** (1928), grâce à ses piliers monumentaux, s'élève au-dessus des édifices d'époque victorienne. Merveille de technologie et d'esthétisme, **Millenium Bridge** (2001) salue la réhabilitation des quais de Gateshead, où un ancien moulin connaît une reconversion peu banale, puisqu'il abrite aujourd'hui

BALTIC The Centre for Contemporary Art – *✆ (0191) 478 1810 - www.balticmill.com - ♿ - 10h-18h (merc. 10h30-18h) - possibilité de visite guidée de l'exposition à 11h30, 13h30, 15h30; Quayside Spotlight Tour : mar. et jeu. 16h - café, restaurant.* Expositions temporaires de peinture et sculpture, salle de spectacles, galerie numérique, BALTIC met également à la disposition des artistes des ateliers d'expression. À côté, un nouveau bâtiment spectaculaire, conçu par le célèbre architecte Norman Foster, héberge « **The Sage** », temple futuriste voué à la musique et jouissant d'installations ultramodernes.
Au milieu de ce paysage éclectique fascinant ont subsisté le **Guildhall** (hôtel de ville, 17e s.), **Bessie Surtees'House**, une superbe maison à colombage, ainsi qu'**All Saints Church★**, église du 18e s. possédant un intérieur inhabituel de forme elliptique. La promenade le long de la Tyne, agrémentée d'hôtels, de pubs et de bancs, est très fréquentée.
Prendre St Nicholas Street.

★ Castle Keep A2

Castle Garth - ✆ (0191) 232 7938 - www.castlekeep-newcastle.org.uk - 10h-17h (dim. 12h-17h) - fermé 1er janv., Vend. saint et 25-26 déc. - 4 £.
La ville tient son nom du « nouveau château » que fit bâtir le fils de Guillaume le Conquérant, Robert Courteheuse, à la fin du 11e s. Le **donjon** est tout ce qui reste du château qui lui succéda au 12e s. En 1848, on fit traverser l'enceinte du château par un réseau de voies ferrées pour faciliter la desserte de la gare centrale. Le donjon est ainsi coupé de la pittoresque **Black Gate**, qui se trouve au nord.
Du sommet de cette énorme bâtisse de pierre, on jouit d'un panorama qui embrasse toute la ville, la rivière et la campagne au loin. À moins de 2 km à l'est apparaît l'étrange silhouette du **Byker Wall**, ensemble d'immeubles particulièrement colorés, fruit d'une collaboration heureuse entre architectes et habitants de l'ancien quartier ouvrier de Byker.
Tourner à droite après la cathédrale sur Mosley Street, la première rue d'Angleterre à avoir été éclairée à l'électricité en 1891.

★ Grey Street A2

Au 19e s., un projet avisé donna à Newcastle un nouveau centre-ville comprenant de beaux bâtiments publics, de grands marchés couverts, des arcades

RECONVERSION

À l'époque de la construction du Mur d'Hadrien, les Romains établirent un fort défensif, « Pons Aelius », à l'entrée des gorges de la Tyne. En 1080, les Normands y élevèrent le « nouveau château ». La cité médiévale tira sa richesse du commerce du textile, des peaux et de la pêche. Le 19e s. profita de l'abondance des ressources minières – le charbon en particulier –, pour multiplier le nombre des manufactures et vit l'émergence d'une industrie mécanique, incarnée par William Armstrong, devenu lord Arsmstrong. La production de ses usines, situées à Elswick, équipèrent les marines du monde entier. En dépit de l'effondrement des industries traditionnelles de la région, Newcastle a trouvé un nouvel essor grâce au commerce. D'importants investissements réalisés dans les domaines de l'aménagement du territoire, de la culture et de l'éducation se succèdent. Les centres commerciaux d'Eldon Square et du Metro Centre, ainsi que les musées de la ville, sont les fleurons d'une politique de développement intensif.

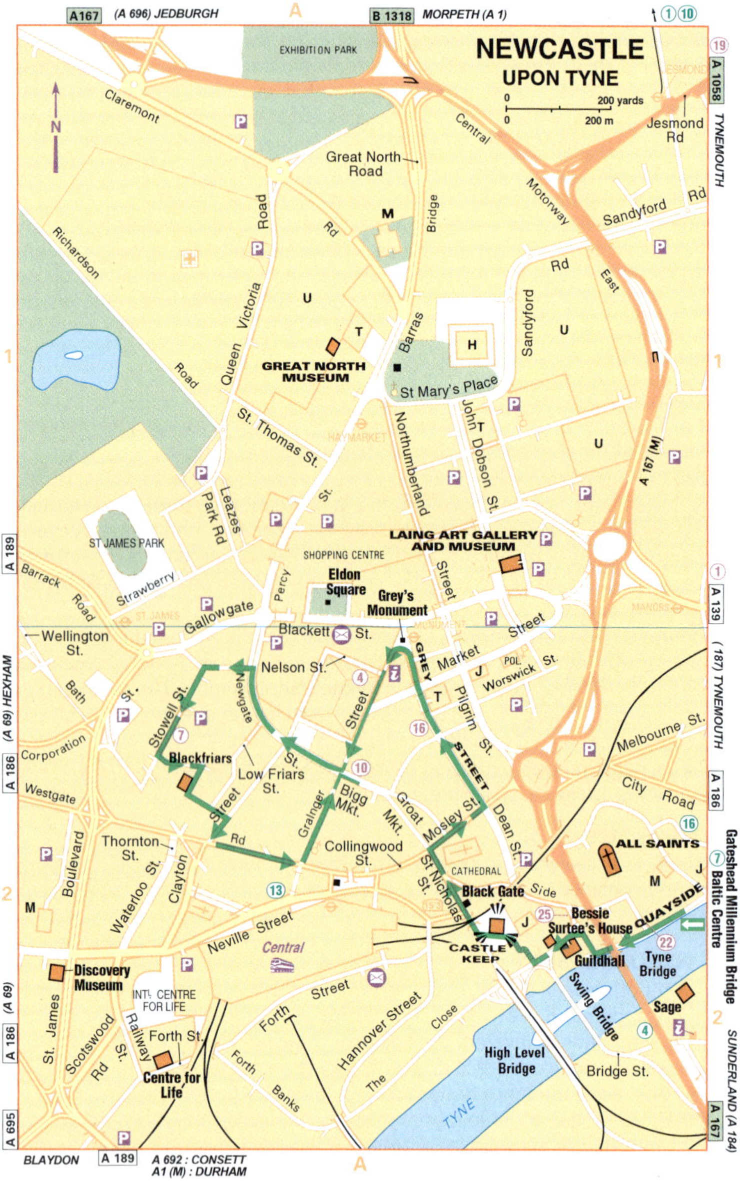

SE LOGER

- Cairn Hotel 1
- Hilton Newcastle 4
- Malmaison 7
- The New Northumbria Hotel 10
- Thistle County Hotel 13
- Travelodge 16

SE RESTAURER

- Brasserie Black door 1
- Café Royal 4
- Mango's Chinese Restaurant 7
- Neon 10
- Tandoori Nights 16
- The Fisherman's Lodge 19
- The Slug and Lettuce 22
- Treacle Moon 25

commerçantes et de larges rues dont la plus majestueuse est certainement **Grey Street★**. Parallèle à la commerçante **Grainger Street**, elle descend depuis le **monument Grey** jusqu'au-delà du portique du Théâtre royal. L'architecture, à la fois imposante et élégante, est caractéristique de la tradition « Tyneside Classical ».

Au milieu de Grainger Street, prenez à droite sur Newgate Street et passez devant **The Gate**, haut lieu du divertissement de Newcastle où, derrière l'immense architecture de verre, se cachent cinéma, bars et restaurants. Poursuivez jusqu'à Chinatown, signalé par la grande porte (Chinese Arch) et tournez à gauche sur Stowell Street.

Blackfriars A2 – *Monk Street - ✆ (0191) 232 9279.* Les bâtiments restaurés de ce monastère dominicain fondé au 13e s. abritent dorénavant un centre d'artisanat.

Rejoindre Westgate Road au sud, prendre à gauche pour retrouver Grainger Street. Tourner ensuite à droite sur Bigg Market, l'une des rues les plus animées du centre-ville, de jour comme de nuit.

À voir aussi Plan de ville

★ Laing Art Gallery and Museum A1

New Bridge Street - ✆ (0191) 232 7734 - www.twmuseums.org.uk/laing - 10h-17h, dim. 14h-17h - fermé 1er janv., Vend. saint et 25-26 déc. - café.

Ce musée des Beaux-Arts possède un fonds d'œuvres d'art du 18e au 20e s. tout à fait impressionnant. Parmi les chefs-d'œuvre des collections permanentes, on peut admirer *Laus Veneris* (1873) du préraphaélite E. Burne-Jones, hymne à la mythologie féminine ; dans le même courant artistique, *Isabel and the Pot of Basil* de W. Holman Hunt est une superbe peinture allégorique illustrant un poème de J. Keates. Vous apprécierez également *The Village Tailor* (1851) de H. H. Emmerson, inspiré des intérieurs flamands du 17e s. où intimisme et science du détail font merveille, *The Destruction of Sodom and Gomorrah* (1852), du peintre apocalyptique J. Martin, vision à la fois romantique et théâtrale de l'épisode biblique, ou encore *Portrait of Mrs Elizabeth Riddell* (1763), de J. Reynolds et *Dunstanburgh Castle* (1797), de J. M. W. Turner, qui comptent parmi les pièces maîtresses de la galerie. Plus proches de nous, vous pourrez contempler *The Lovers* (1934) de S. Spencer, réinterprétant la scène de la Résurrection dans le contexte du village de son enfance, ainsi que *Sunset the Bay North Devon* (1946) de D. Bomberg, paysage à la fois structuré et subtil superposant de superbes empâtements. N'oublions pas la sculpture avec en particulier *Seated Woman* (bronze de 1961) de H. Moore.

The Laing Art Gallery possède également une très belle collection d'aquarelles exposées dans des salles dédiées, réalisées entre autres par de grands noms des 18e et 19e s. tels que J. R. Cozens, T. Girtin, J. M. W. Turner, E. Lear et J. F. Lewis. Les arts décoratifs ne sont pas en reste avec une splendide collection de verrerie, de céramiques et d'argenterie. Enfin, le musée organise de nombreuses expositions temporaires, invitant des pièces majeures de grands musées nationaux et de collections privées pour faire découvrir et animer ses collections à l'occasion de parcours thématiques. L'espace de la galerie étant d'ailleurs restreint par rapport à l'importance du fond d'œuvres, ces dernières font l'objet d'un accrochage en alternance.

Un espace public a été aménagé devant le musée : **Blue Carpet Square** (qui, avec son sol carrelé de bleu, porte bien son nom). Son spectaculaire escalier est parfois le cadre de représentations théâtrales et de spectacles.

Discovery Museum A2

Blandford Square - ✆ (0191) 232 6789 - www.twmuseums.org.uk - ♿ - 10h-17h, dim. 14h-17h - fermé 1er janv. et 25 déc. Dans le **musée de la Science, de la Technologie et de l'Histoire locale** de Newcastle, la place d'honneur revient à *Turbinia*. Construit à Tyneside en 1894 et pourvu d'une turbine à vapeur d'avant-garde qui lui permettait d'avancer à la vitesse maximale de 32,75 nœuds, ce fut en son temps le vaisseau le plus rapide et la vedette de la revue navale de Spithead de 1897. Des expositions donnent un aperçu des aspirations de la ville au cours des décennies précédentes et souligne son rôle de centre de construction navale de premier plan. Les grandes inventions des pionniers et une section consacrée à la technologie de l'information les complètent.

Centre for Life A2

Times Square - ✆ (0191) 243 8223 - www.life.org.uk - ♿ -10h-18h, dim. 11h-18h (dernière entrée 16h) - 9,95 £ (enf. 6,95 £) - café - parking payant.

Ce centre de loisirs fait partie de l'International Centre for Life, conçu par T. Farrell, spécialisé dans la recherche scientifique, l'enseignement et la déontologie dans le domaine de la génétique humaine et des biosciences. On y analyse l'impact d'une météorite, on y étudie les codes de l'ADN, les fonctions du cerveau, l'évolution du genre humain et de son environnement en général. Des expositions thématiques, des projections didactiques et des expériences interactives captiveront l'intérêt des plus petits comme des plus grands.

★ **Great North Museum** A1

Barras Bridge - ✆ (0191) 222 6765 - www.twmuseums.org.uk - ♿ - 10h-17h, dim. 14h-17h - fermé 1er janv., Vend. saint et 25-26 déc. - café.

Ce nouveau musée, qui porte un regard global sur l'histoire, regroupe les collections des anciens Hancock Museum (histoire naturelle), Museum of Antiquities, Shefton Museum (archéologie grecque) et Hatton Gallery (art moderne et contemporain). Il comprend notamment une section d'histoire locale, avec une vaste maquette interactive du Mur d'Hadrien *(voir p. 592)* et de nombreux objets trouvés *in situ*, une exposition sur l'Égypte (momies) et sur la Grèce antiques, ainsi qu'une galerie d'histoire naturelle : squelette de dinosaure, aquarium et vivarium (reptiles), etc. L'édifice abrite un planétarium.

À proximité Carte de région

★★ **Beamish** B2

À 16 km/10 miles au sud. Quitter Newcastle par l'un des ponts et suivre les indications pour Consett par la A 692. À Sunniside, prendre à gauche la A 6076 puis, 3 km/2 miles plus loin, tourner à droite, où se trouve l'aire de pique-nique. Un sentier conduit par une vieille voie de roulage jusqu'à Causey Arch, 550 m plus loin.

Causey Arch – *Tanfield Railway - ✆ 0845 463 4938 - www.tanfield-railway.co.uk - ♿ - se renseigner pour les jours et heures de circulation des trains - 8 £ AR.* Ce pont fut construit en 1726, au-dessus d'une des « dunes » boisées qui caractérisent la région. Son arche de pierre était pour l'époque une révolution. Au début du 18e s., près d'un millier de wagonnets le traversaient chaque jour. Le 19e s. fit place aux machines à vapeur, dont on peut voir un spécimen, remis en service non loin de là, le **Tanfield Railway**.

SUPPORTERS
Tyneside évoque pour tous les fans de football le club anglais de première division de Newcastle United. Ses dévoués supporters, connus sous le nom de « Toon Army », se rendent en cortège à St James Park, l'un des plus grands stades de Grande-Bretagne, récemment modernisé. Les grands espaces verts du centre de Newcastle (Leazes Park et Jesmond Dene), les parcs environnants de Gibside, Derwent Walk Country Park, Derwenthaugh et Watergate Forest Park, ainsi que les sites du littoral où abondent centres de loisirs et plages dorées sont une excellente alternative à l'agitation urbaine.

Reprendre la A 6076 en direction du sud-ouest, tourner à gauche en entrant dans Stanley, puis encore à gauche, prendre la A 693 vers Chester-le-Street. Après 1 km, tourner à gauche et suivre les indications Beamish Museum.

★★ **The North of England Open-Air Museum** – *(0191) 370 4000 - www.beamish.org.uk - avr.-oct. : 10h-17h (dernière entrée 2h av. fermeture) ; nov.-mars : mar.-jeu. et w.-end 10h-16h (dernière entrée 1h av. fermeture) - 16 £ (hiver 7,50 £) ; enf. 10 £ (hiver 6 £) - salon de thé, aire de pique-nique.* Ce musée de traditions populaires recrée de façon saisissante le contexte et les conditions de vie du nord de l'Angleterre, du début du 19e s. au tournant du 20e s., au moment de la révolution industrielle. Des tramways d'époque conduisent les visiteurs à travers le site jusqu'à la ville, où quartiers d'habitations et lieux de travail ont été reconstitués grandeur nature. La **gare**, avec son dépôt de marchandises et son poste d'aiguillage, évoque l'ambiance bon enfant des gares de campagne. Une intéressante collection de véhicules anciens est en partie présentée dans un garage du début du 20e s. À proximité de la **mine**, des maisons des mineurs avec leurs jardinets entourent un coron. Les plus curieux sont d'ailleurs invités à pénétrer sous terre dans les anciennes galeries d'une mine autrefois exploitée. Les bâtiments de **Pockerley Manor** dévoilent le mode de vie d'un fermier en 1820. Enfin, une exposition ferroviaire met en valeur une réplique grandeur nature de la *Locomotion* de Stephenson (1825).

Washington Old Hall B2

Dans la nouvelle ville de Washington (District 4) à 11 km/7 miles au sud de Newcastle - NT - (0191) 416 6879 - ♿ - de mi-mars à fin oct. : dim.-merc. 11h-17h - 5,10 £ - parking limité.

Le manoir était le berceau de la famille de **George Washington** (1732-1799), premier président des États-Unis. À l'emplacement des anciens bâtiments se tient un petit manoir de style anglais dont le rez-de-chaussée contient un mobilier typique des 17e et 18e s.

Belsay Hall B2

À Belsay dans le Northumberland, 23 km/14 miles au nord-ouest de Newcastle par la A 696 - EH - (01661) 881 636 - www.english-heritage.org.uk - ♿ - avr.-sept. : 10h-18h ; oct. : 10h-16h ; nov.-mars : jeu-lun. 10h-16h - fermé fin avr., fin sept., 1er janv. et 24-26 déc. - château et jardins : 8 £ - salon de thé.

Cette demeure appartenant à une célèbre famille de la région a conservé de nombreux témoignages des périodes historiques qu'elle a traversées.

Le donjon fut érigé en 1460 à la frontière entre l'Angleterre et l'Écosse, et la demeure attenante bâtie au début du 17e s. Les deux constructions furent abandonnées au profit d'un château néoclassique achevé en 1817. Le domaine possède un parc et de beaux **jardins**★, aménagés dans les carrières de grès autrefois exploitées pour construire le château. Les palmiers et les plantes exotiques font davantage penser à un jardin de la Riviera française. Une magnifique allée de cytises crée, sous le soleil de midi, un luxueux havre de fraîcheur.

★ Wallington House B2

À Cambo, 32 km/20 miles au nord-ouest de Newcastle - emprunter la A 696 sur 29 km/18 miles, puis prendre à droite la B 6342 et suivre les indications - NT - (01670) 773 600/967 - www.nationaltrust.org.uk - ♿ - manoir : mars-oct. : tlj sf mar. 13h-17h (w.-end 11h-17h) ; jardin clos : tte l'année 10h-17h - 10,20 £, jardins seuls 7,10 £ - restaurant.

La propriété d'origine fut achetée en 1688 par sir William Blackett au failli sir John Fenwick pour la somme de 2 000 £, dont la partie la plus importante devait être versée à sir John sous forme d'annuités, tant qu'il vivrait. Aussi, lorsque ce dernier fut impliqué dans une tentative d'assassinat contre Guillaume III, sir William vota le décret de confiscation des biens et de mort civile qui conduisit finalement sir John à l'échafaud et interrompit le versement des annuités ! Mais sir John eut sa revanche à titre posthume… Parmi les biens confisqués par Guillaume III figurait son cheval White Sorrel qui, trébuchant sur une taupinière, fit plus tard chuter le roi et causa sa mort.

Reconstruite par sir William et rénovée par son héritier sir Walter, la maison est célèbre pour ses stucs du 18e s., œuvre de l'Italien Francini. La cour d'origine, transformée en hall, est décorée d'une série de peintures réalisées par William Bell Scott, représentant des scènes de l'histoire de Northumbrie. L'importante collection de porcelaines comprend des pièces chinoises et japonaises du 18e s., et anglaises provenant de Bow et Chelsea. Une autre curiosité insolite de Wallington est son importante collection de maisons de poupées.

Le **jardin chinois à l'étang★★**, le **jardin clos★★** et la promenade de long de la **rivière Wansbeck★★**, traversée par le pont James Paine, témoignent de l'imagination ambitieuse et créative de sir Walter.

★ Seaton Delaval Hall B2

À l'est de Seaton Delaval, 18 km/11 miles au nord-est par la A 189, puis la A 190 - NT - (0191) 237 9100 - www.nationaltrust.org.uk - mai-oct. : vend.-lun. 11h-17h ; nov.-déc. : vend.-lun. 11h-15h - 4,40 £ - salon de thé.

Construite pour l'amiral George Delaval entre 1718 et 1729, cette imposante version nordique de la villa palladienne est le chef-d'œuvre de **John Vanbrugh**, l'architecte de Blenheim Palace et de Castle Howard. Malheureusement, l'amiral mourut avant d'investir les lieux et la propriété revint à son neveu, l'extravagant Francis Blake Delaval. La demeure est flanquée de deux ailes symétriques, la plus à l'est abritant de somptueuses **écuries**. L'intérieur de la partie centrale, dévasté en 1822 par un incendie, a été restauré. Un joli portique orne la façade sud.

Les origines de la famille Delaval remontent à la conquête normande. Très influente, elle resta proche du pouvoir royal pendant des siècles. Son premier acte politique fut de persuader le roi Jean de signer la Magna Carta. Au milieu du 18e s., les Delaval contribuèrent financièrement à la construction d'une installation portuaire dans les environs de **Seaton Sluice**. Au 19e s., ils firent fortune grâce à l'exploitation des mines de charbon. Le nom de Francis Blake Delaval était connu jusque dans la haute société londonienne. Il donnait en effet des fêtes extraordinaires, dignes des fastes de la cour de Louis XIV !

Bede's World B2

À Jarrow, 11 km/7 miles à l'est de Newcastle par les A 184, A 194 et A 108 - (0191) 489 2106 - www.bedesworld.co.uk - ♿ - 10h-17h, dim. 12h-17h (dernière entrée 16h) - fermé 21 déc.-1er janv. et Vend saint - 5,50 £ - restaurant.
Considéré comme le premier historien britannique, **Bède le Vénérable** (673-735) n'était encore qu'un enfant lorsqu'il entra au monastère St Peter de Wearmouth, fondé par Benedict Biscop en 674. Encore novice, Bède quitta St Peter pour le monastère voisin de Jarrow, où il écrivit plus tard sa célèbre *Histoire ecclésiastique du peuple anglais*. La localité lui rend hommage à travers un projet ambitieux, intégrant non seulement l'**église St Paul** avec sa tour et son chœur saxons (les seuls vestiges du monastère), mais également un musée relatant les grands événements de la Northumbrie, de Bede à Jarrow Hall (fin du 18e s.), où sont évoquées les origines méditerranéennes du christianisme. À des fins historiques, des constructions en bois de type saxon ont été reconstituées ainsi qu'une ferme, où sont élevées des espèces rares d'animaux.

Sunderland B2

À 20 km/12,5 miles au sud-est par la A 184.
St Andrew's Church – *(0191) 516 0135 - tlj sf w.-end 9h-13h - possibilité de visite guidée sur RV - offrande.* La foi chrétienne ravivée par Benedict et ses successeurs inspira la construction de l'**église St Andrew** dans la banlieue de Roker, l'une des plus extraordinaires réalisations de l'architecture religieuse moderne. L'intérieur est une interprétation expressionniste de l'esprit gothique, rehaussée par de superbes décors et mobiliers signés par tous les grands noms du mouvement artistique du 19e s. Arts and Crafts.
National Glass Center – *Liberty Way - Liberty wall, Sunderland - (0191) 515 5555 - www.nationalglasscentre.com - ♿ - 10h-17h - fermé 1er janv. et 25 déc. - restaurant.* Le musée surplombe la Wear (toit-terrasse panoramique), autrefois base de construction navale, à une époque où Sunderland rivalisait avec Tyneside. Observez les étapes de la fabrication du verre et découvrez les nombreuses applications de ce matériau au monde moderne, notamment dans les domaines scientifiques et technologique.

NOS ADRESSES À NEWCASTLE-UPON-TYNE

TRANSPORTS

Aéroport – *www.newcastleairport.com.* À l'est du centre-ville, il est desservi par le métro.
Liaisons aériennes p. 9.
Métro – Il fonctionne de 5h30 à minuit. Rames pour la **côte** (30mn de trajet).
Tickets à la journée : Metro DaySaver *(3,90 £ après 9h en sem.)*, valable aussi dans les ferries et certains trains, et DayRover *(à partir de 3,50 £, tarifs variables selon les zones)*, valable en outre dans les bus.
Nexus Travel – *www.nexus.org.uk.*

VISITES

Sur terre
À pied – Outre les visites guidées thématiques dans la ville organisées par l'office de tourisme, deux guides Blue Badge proposent des **visites de la région** : Jan Williams *((0191) 383 0988)* et Tom Keating *((0191) 488 5115/(07947) 327 374 - www.tomkeating.net).*

En autobus à impériale – ✆ *(0191) 228 8900 - www.city-sightseeing.com - dép. de la gare ttes les 30 à 60mn - durée 1h - 8 £.*

Sur l'eau

Le dimanche après-midi, promenade en bateau (3h) en compagnie d'un historien, organisée par Nexus *(✆ (0191) 202 0525 - www.nexus.org.uk/ferry - dép. de South Shields : 13h - 11 £ - réserv. indispensable).*

River Escapes – ✆ *(01670) 785 666 - www.riverescapes.co.uk.* Propose des croisières : de 1h *(juin-sept. : sam. 12h, 13h30, 15h)*, 2h *(de Quayside à Ryton Willows - se renseigner pour les horaires - 10 £)* ou 3h *(sur la rivière Mouth - se renseigner pour les horaires - 12 £).*

HÉBERGEMENT

PREMIER PRIX

Travelodge – A2 *-Forster Street - Quayside - ✆ 0871 984 6164 - www.travelodge.co.uk -* P *- 201 ch. : 47/60 £.* Difficile de trouver un meilleur prix au centre de Newcastle. Comme dans tous les hôtels de la chaîne, les chambres sont fonctionnelles.

BUDGET MOYEN

Cairn Hotel – A1 *-97/103 Osborne Road - ✆ (0191) 281 1358 - www.cairnnewcastle.com -* P *- 50 ch. : 55/95 £* ☕. Situé dans le quartier nord de Jesmond, le Cairn Hotel a des parfums de Provence… tons ocre, rideaux fleuris et terrasse ensoleillée pour prendre un verre !

The New Northumbria Hotel – A1 *-61/73 Osborne Road - ✆ (0191) 281 4961 -* P *- 57 ch. - 75/115 £* ☕. Un bon rapport qualité-prix pour une belle adresse. Ambiance et design au Bar Polo ainsi qu'au Louis Restaurant.

POUR SE FAIRE PLAISIR

Thistle County Hotel – A2 *- Neville Street - ✆ (0191) 333 9142 - www.thistlehotels.com -* P *- 115 ch. : 90/180 £* ☕. Situation idéale entre Quayside et les rues commerçantes. La chaîne Thistle propose ici des chambres tout confort dans un bâtiment du 19e s.

UNE FOLIE

Malmaison – A2 *-Quayside - ✆ (0191) 245 5000 - www.malmaison-newcastle.com -* P *- 120 ch. : 170 £ -* ☕ *13,50 £.* Cet hôtel chic et tendance se trouve à côté du Millenium Bridge. Superbe bar.

Hilton Newcastle – A2 *-Bottle Bank - ✆ (0191) 490 9700 - www.hilton.co.uk/newcastlegateshead -* P *- 254 ch. : 119/194 £* ☕. Avec une vue imprenable sur la rivière Tyne, l'hôtel Hilton a l'exclusivité ! Restaurant panoramique où savourer une cuisine raffinée tout en admirant les illuminations nocturnes de Quayside.

RESTAURATION

PREMIER PRIX

Neon – A2 *-8 Bigg Market - ✆ (0191) 260 2577 - www.neoncafe.co.uk.* En salle ou en terrasse, ce petit café-bar-restaurant est la coqueluche de Newcastle. Snacks, cuisine internationale servis avec un grand sourire !

Tandoori Nights – A2 *- 17 Grey Street - ✆ (0191) 221 0312.* Face au Théâtre royal, cet élégant restaurant de cuisine indienne propose d'excellents plats *balti*, *thali* et végétariens. Service soigné.

The Slug and Lettuce – A2 *- Exchange Buildings - Quayside - ✆ (0191) 261 7196 - www.slugandlettuce.co.uk.* Pub des temps modernes avec une touche de déco *seventies*. Produits de qualité et plats de saison composent une carte variée. Accueil charmant.

Mango's Chinese Restaurant – A2 *-43 Stowell Street - ✆ (0191) 232 6522 - www.mangos-uk.com.* En plein cœur du quartier chinois, le Mango's prépare des plats traditionnels cantonais. Sans prétention mais bon.

BUDGET MOYEN

Brasserie Black Door – A1 - *The Biscuit Factory - 16 Stoddart Street - ✆ (0191) 260 5411 - www.brasserieblackdoor.co.uk - fermé dim. soir - 22/28 £.* Installé dans une ancienne usine de biscuits des années 1930, ce restaurant et galerie d'art sert des plats de brasserie.

POUR SE FAIRE PLAISIR

Café Royal – A2 *- 8 Nelson Street - ✆ (0191) 231 3000.* À l'étage se trouve un restaurant, servant une délicieuse cuisine aux accents méditerranéens et asiatiques.

The Fisherman's Lodge – A1 - *Deep Dene House - Jesmond Dene - ✆ (0191) 281 3281 - www.fishermanslodge.co.uk - 31/43 £.* Pourquoi ne pas vous laisser tenter par le meilleur restaurant de poisson et fruits de mer de Newcastle ?

UNE FOLIE

Treacle Moon – A2 *-5/7 The Side - Quayside - ✆ (0191) 232 5537.* Une adresse exceptionnelle, où cuisine *fusion* rime avec gastronomie.

ACHATS

Shopping – Le **Metrocentre** à Gateshead (300 boutiques), Eldon Square, Eldon Garden, Northumberland Street, Market Street, Grey Street et Dean Street, Monument Mail et **Central Arcade** (d'époque édouardienne).

Art et artisanat – **Newcastle Antique Centre** *(Northumberland Street)* ravira les amateurs d'antiquités. **The Biscuit Factory** *(Stoddart Street)* est un grand complexe commercial artistique. Chaque dimanche, à Quayside, marché artisanal d'**Armstrong Bridge Arts**.

Marché – **Bigg Market** *(Bigg Market Street - mar., jeu. et sam.)* est le plus vieux marché de la ville.

EN SOIRÉE

Bon à savoir – Vous trouverez les lieux de sortie et les programmes de spectacles dans l'*Evening Chronicle*, *The Crack* et *The North Guide*.

Représentations théâtrales, concerts, opéras et spectacles de danse au **Theatre royal**, à **Newcastle Playhouse**, au **Tyne Theatre** et à l'**Opera House**.

Concerts pop-rock au **Newcastle Telewest Arena** *(www.metroradioarena.co.uk)*.

Pour écouter du jazz, **Jazz Café** *(Pink Lane - ✆ (0191) 232 6505)*.

Pour danser, night-club **Baja Beach Club** *(Pipewell Gate)*.

AGENDA

Festival de la Tyne – *En juil.* Spectacles le long de la rivière.

Gateshead Summer Flower Show – *Fin juil. - Gateshead.* Chaque année, on peut admirer 10 ha d'exposition florale.

Sports – Le football est présent avec le **Newcastle United**, et le rugby n'est pas en reste avec les **Newcastle Falcons**.

Berwick-Upon-Tweed

★★

13 031 habitants

NOS ADRESSES PAGE 613

S'INFORMER

Office de tourisme – *106 Marygate - ✆ (01289) 330 733 - www.berwick-upon-tweed.gov.uk - Pâques -oct. : lun.-sam. 10h-17h, dim. 11h-15h ; nov.-Pâques : lun.-sam. 10h-12h, 13h-16h.*

SE REPÉRER

Carte de région B1 (p. 540) – *carte Michelin 502 O16 - Northumberland.* Berwick-Upon-Tweed se trouve à 4 km/2,5 miles au sud de la frontière écossaise.

À NE PAS MANQUER

Holy Island ; Bamburgh Castle ; Alnwick Castle.

ORGANISER SON TEMPS

Comptez 2 jours avec les alentours.

AVEC LES ENFANTS

Alnwick Castle.

Berwick-Upon-Tweed est la ville la plus septentrionale d'Angleterre. Elle appartient au Northumberland, région la plus sauvage et la mieux préservée du pays, où se trouvent probablement plus de châteaux et de champs de bataille que partout ailleurs, en raison des constants affrontements entre Anglais et Écossais. D'ailleurs, entre 1147 et 1482, Berwick passa alternativement entre les mains des uns et des autres, pas moins de treize fois ! Située à l'embouchure de la Tweed, fleuve réputé pour la pêche au saumon, la ville fut dès le 13e s. un port commercial prospère. Symbole de cette histoire bilatérale : Old Bridge. Les quinze arches de ce pont édifié en 1611 hésitent peut-être encore entre les deux rives…

Découvrir

Berwick Museum & Art Gallery

Berwick Barracks - ✆ (01289) 301 869 - avr.-sept. : merc.-dim. 10h-17h - 3,50 £.

Ce musée, qui retrace l'histoire de la ville, permet également d'admirer les objets de la collection du milliardaire **William Burrell** (porcelaine d'Imari, cuivres, art religieux médiéval, bronzes chinois et verrerie).

Kings Own Scottish Borderers Museum

Berwick Barracks - ✆ (01289) 307 426 - www.kosb.co.uk - avr.-sept. : merc.-dim. 10h-17h - 3,70 £.

Le musée retrace l'histoire de ce régiment, l'un des cinq qui n'ait jamais été réuni à aucun autre, depuis sa création en 1689.

UNE VILLE FORTIFIÉE

Au 16e s., la reine Élisabeth Ire décida la construction d'une enceinte efficace pour protéger définitivement la ville des assaillants. Ce fut le projet le plus coûteux de son règne, soit 128 000 £ ! Les remparts, érigés par un architecte italien, créèrent une défense compacte, grâce à l'association de pierres et d'importants remblais de terre, pour résister aux coups de canon. Des bastions se succédaient à distance régulière pour sécuriser tous les angles d'attaque et permettre de faire feu aux premiers signes d'agression. Alors que Berwick disposait désormais de fortifications révolutionnaires, ces dernières n'ont jamais servi ! Ce qui explique leur parfait état de conservation, pour la plus grande satisfaction des historiens et le plaisir des touristes.

Circuit conseillé Carte de région

LE LONG DE LA CÔTE B1

Circuit tracé en vert sur la carte p. 540. À 21 km/23 miles au sud par la A 1, puis à gauche une route secondaire, en partie submersible, jusqu'à Holy Island.

★ Holy Island

Accessible à marée basse, horaires aux entrées du chemin et sur le site Internet holy-island.info.

Saint Cuthbert (vers 635-687), moine ermite de Holy Island, devint évêque de Lindisfarne en l'an 685. Des incursions vikings forcèrent la communauté religieuse à s'enfuir, avec les reliques du saint homme, finalement enterrées dans la cathédrale de Durham *(voir p. 615)*. C'est dans ce lieu que furent écrits et enluminés dans la tradition celtique les *Évangiles de Lindisfarne*, exposés au British Museum de Londres.

★ **Lindisfarne Priory** – *EH - ✆ (01289) 389 200 - www.english-heritage.org.uk - avr.-oct. : 9h30-17h (oct. : 16h) ; nov.-janv. : sam.-lun. 10h-14h ; fév.-mars : 10h-16h - fermé 1er janv. et 24-26 déc. - 4,50 £.* Seuls des vestiges demeurent de ce prieuré bénédictin fondé en 1093. Une petite exposition, accompagnée d'objets découverts sur le site, retrace l'histoire du premier centre chrétien.

★ **Lindisfarne Castle** – *NT - ✆ (01289) 389 244 - www.nationaltrust.org.uk - de mi-mars à fin oct. : mar.-dim. et lun. fériés (horaires variables selon les marées) - 6,60 £.* Ce château Tudor du 16e s., restauré en 1902 par **Edwin Lutyens**, fut aménagé en maison d'agrément de style édouardien pour le fondateur du magazine *Country Life*, Edward Hudson. Perché sur un roc, son chemin d'accès n'est praticable qu'à marée basse. Les pièces intimistes donnent sur un beau jardin clos, datant de 1911.

Reprendre la A 1, continuer sur 19 km/12 miles vers le sud, puis prendre à gauche la B 1342, direction Bamburgh.

★ Bamburgh Castle

✆ (01668) 214 515 - www.bamburghcastle.com - mars-oct. : 10h-17h ; nov.-fév. : w.-end 11h-16h30 (dernière entrée 1h av. fermeture) - 8 £ - salon de thé - parking payant.

Situé sur un promontoire basaltique, Bamburgh Castle, à l'image d'une forteresse, protégeait la côte des envahisseurs venant de la mer du Nord. Le **donjon** roman domine le château, restauré à l'époque victorienne. Racheté

5

en 1894 par lord Armstrong, il abrite une intéressante collection d'armes et d'armures provenant de la Tour de Londres, des pièces de porcelaine de Sèvres, de Derby, de Worcester et de Chelsea ainsi que des tapisseries des Flandres. Dans la pièce qui autrefois constituait probablement la salle de garde, on peut apprécier l'impressionnant plafond de style gothique et des portraits de famille, notamment lady Armstrong par Annigoni.

★ Farne Islands

Accès par bateau à partir de Seahouses Harbour - Billy Shiel - ✆ (01665) 720 308 - www.farne-islands.com. - mai-juil. - excursions de 1h30 à 1 j. - 11 à 28 £.
NT - ✆ (01665) 720 651 (gardien)/721 099 (Seahouses shop) - www.nationaltrust.org.uk - ♿ - mai-juil. : 10h30-13h30 (Staple Island), 13h30-17h (Inner Farne).
Sur ces 28 îles, 15 n'émergent qu'à marée basse. Elles offrent des sites de nidification pour 18 espèces d'oiseaux marins et accueillent la plus importante colonie anglaise de phoques gris. Sur l'île d'**Inner Farne**, les escales sont possibles en fonction des périodes de couvaison. On peut y voir une petite chapelle dédiée à saint Cuthbert. C'est là que résidait Grace Darling qui, le 7 septembre 1838, suite au naufrage du *Forfarshire*, partit à la rame avec son père, gardien de phare, secourir 9 personnes réfugiées sur **Harcar's Rock**.
Poursuivre vers le sud sur la route côtière.

★ Dunstanburgh Castle

20mn de marche depuis le parking - NT - ✆ (01665) 576 231 - www.nationaltrust.org.uk - avr.-sept. : 10h-17h ; oct. : 10h-16h ; nov.-mars : jeu.-lun. 10h-16h (dernière entrée 30mn av. fermeture) - fermé 1er janv. et 24-26 déc. - 3,60 £.
Dressé majestueusement sur un roc volcanique escarpé, le château de Dunstanburgh séduit davantage par son site que par ses vestiges, très fragmentaires. Construit au 14e s., il était protégé par deux remparts naturels, une falaise abrupte et la mer. L'entrée, flanquée de deux imposantes tours en forme de D, laisse imaginer l'importance que pouvait avoir le château dans son intégralité.
Continuer vers le sud (B 1339, puis B 1340) en vous dirigeant vers la A 1, pour la traverser et rejoindre Alnwick.

★ Alnwick

2 The Shambles - ✆ (01665) 511 333.
Cette charmante ville de pierre grise s'est constituée autour du grand château féodal dont les murs austères semblent, aujourd'hui encore, barrer la route de l'Écosse. Relais important, elle possédait plusieurs auberges, dont certaines sont toujours debout. Bien que le plan de la ville remonte au Moyen Âge, son aspect sobre et harmonieux date du 18e s. Vous y verrez de nombreux témoignages de la domination de la famille Percy : son emblème, un lion, domine le pont qui franchit l'Aln au nord ainsi que la **colonne Tenantry** au sud, et l'unique vestige des remparts, la **porte Hotspur** (15e s.).
★★ **Alnwick Castle** – *✆ (01665) 510 777 - www.alnwickcastle.com - avr.-oct. : 10h-18h (dernière entrée 2h30 av. fermeture) - 12,50 £ (enf. 5,50 £) - restaurant.* Des nombreuses fortifications qui jalonnent cette région frontière, le château d'Alnwick est assurément le plus grandiose. Construit en 1096 par Yves de Vescy, baron d'Alnwick, pour défendre la frontière normande, il fut une première fois restauré par le premier lord Percy, vers 1300. Celui-ci engendra une longue lignée de comtes et ducs de Northumberland, encore propriétaires aujourd'hui. Deux ailes de murs fortifiés, ponctués

de tours à intervalles réguliers, forment une première cour à l'intérieur de laquelle une seconde cour donne accès aux pièces d'habitation. Les **State Rooms★★** furent rénovées par Robert Adam au 18e s. dans le style gothique « Strawberry Hill », puis décorées une dernière fois dans un style italianisant. Accessibles par un grand escalier, elles servent de cadre d'exposition à une **collection★★★** familiale exceptionnelle de tableaux (Titien, Van Dyck, Canaletto, Gainsborough entre autres), de mobilier (bureaux estampillés et horloges françaises) et d'objets d'art (Renaissance italienne, époque de Louis XIV). La **chapelle gothique**, avec ses tapisseries d'Aubusson, et la splendide **bibliothèque★★★**, aménagée sur deux étages et possédant des livres rares dont 62 manuscrits dits « hermétiques », traitant d'alchimie et de franc-maçonnerie, sont les joyaux du château. Dans les tours extérieures se trouvent des expositions thématiques sur l'archéologie du site, la chevalerie, le régiment royal d'artillerie et... Harry Potter, le château ayant servit de cadre aux films.

La terrasse septentrionale offre de jolies vues sur les **jardins d'Alnwick**, conçus au 18e s. par Lancelot « Capability » Brown. Ils sont agrémentés de folies, comme le château en trompe l'œil de **Ratheugh Crags**, à 4 km/2,5 miles au nord-est. La grande cascade, le jardin clos et la roseraie constituent une halte agréable après la visite du château.

À 12 km/7,5 miles au sud-est d'Alnwick, par la A 1068.

★ Warkworth Castle

EH - ✆ (01665) 711 423 - www.english-heritage.org.uk - avr.-sept. : 10h-17h ; oct. : 10h-16h ; nov.-mars : sam.-lun. 10h-16h - fermé 1er janv. et 24-26 déc. - 4,50 £.

Perché sur une colline dominant la rivière Coquet, le château de Warkworth (12e s.) subjugue par son caractère massif. Construit sur un plan compact en forme de croix grecque, il protège un donjon tout aussi imposant, de surcroît en bon état de conservation. Datant du 15e s., le donjon possède trois pièces clés : la grande salle ou Great Hall destinée aux banquets (directement reliée à la cave par un escalier), la chapelle avec ses baies géminées trilobées et la chambre principale ou Main Chamber dotée d'une grande cheminée. Le lion, blason des Percy, propriétaires depuis 1332, est omniprésent. Le château connut son apogée à l'époque du Ier duc de Northumberland et de son fils, Harry Hotspur. Un tour le long de la muraille extérieure permet d'en apprécier le parfait appareillage. On peut poursuivre par une promenade le long de la rivière en empruntant le sentier latéral.

NOS ADRESSES À BERWICK-UPON-TWEED

TRANSPORTS

Train – La région est desservie par la compagnie East Coast *(www.eastcoast.co.uk - ✆ 08457 48 49 50).*

Parking – Des cartes de parking hebdomadaires permettent de se garer dans toutes les villes du Northumberland. S'adresser aux offices de tourisme d'Alnwick et de Berwick.

HÉBERGEMENT

BUDGET MOYEN

À Alnwick

Aln House – *South Road - ✆ (01665) 602 265 - www.alnhouse.co.uk - P - 7 ch. : 75/90 £ ☕.* Coup de cœur pour cette ravissante maison édouardienne aménagée avec beaucoup de soin.

POUR SE FAIRE PLAISIR

À Berwick-upon-Tweed

Sallyport – *Off Bridge - ✆ (01289) 308 827 - www.sallyport.co.uk - P - 5 ch. : 110/150 £* ☕. Ambiance stylée avec des touches de décoration design et superbes salles de bains. Un B & B primé dans la région.

West Coates– *30 Castle Terrace - ✆ (01289) 309 666 - www.westcoates.co.uk - fermé 15 déc.-8 janv. - 3 ch. 100/120 £* ☕. Cette vaste maison victorienne avec jardin, située dans un quartier résidentiel, propose des chambres spacieuses et confortables.

À Alnwick

Greycroft – *Croft Street (via Prudhoe Street) - ✆ (01665) 602 127 - www.greycroft.co.uk - 6 ch. : 100/120 £* ☕. Chambres décorées avec goût dans cette maison du 19e s., à 5mn du château. Les hôtes ont le sens de l'hospitalité.

À Seahouses

Beach House Hotel – *Seafront - ✆ (01665) 720 337 - www.beachhouse-hotel.co.uk - P - 14 ch. : 98/130 £* ☕. Situation idéale à 50 m du bord de mer. Excellent accueil.

RESTAURATION

PREMIER PRIX

À Berwick-upon-Tweed

Robert Smith Quality Take Aways – *190 Main Street - ✆ (01289) 304 150 - www.rstakeaways.co.uk*. Assurément le meilleur *fish & chips* de la ville.

BUDGET MOYEN

À Berwick-upon-Tweed

Sinners Café Bar – *1 Sidey Court - ✆ (01289) 302 621*. Dans un cadre coloré, ce restaurant propose une cuisine continentale. Cour intérieure pour dîner « *al fresco* ».

Amaryllis – *5/7 West Street - ✆ (01289) 331 711*. Décor contemporain minimaliste pour ce restaurant gourmet qui propose une carte originale, sur la base de produits locaux.

Foxtons – *26 Hide Hill - ✆ (01289) 303 939*. Ce restaurant, également bar à vins, sert une généreuse cuisine méditerranéenne.

POUR SE FAIRE PLAISIR

À Tweedmouth

Rob Roy – *Dock Road - ✆ (01289) 306 428*. Parmi les meilleurs pubs de poissons et fruits de mer du Northumberland : les homards, langoustes et saumons sont cuisinés à toutes les sauces !

ACHATS

Shopping – À Berwick, Les grands magasins se trouvent sur High Street, les boutiques spécialisées sur Bridge Street et Church Street.

Produits du terroir - À Holy Island, l'hydromel fabriqué dans les caves de St Aidan ; à Berwick, le miel de Chain Bridge Honey Farm (*Horncliffe - ✆ (01289) 386362 - www.chainbridgehoney.co.uk*), qui produit aussi bougies et cosmétiques.

ACTIVITÉS

Vélo – Piste cyclable de la côte, piste cyclable des châteaux.

Randonnée – St Cuthbert's Way de Melrose à Holy Island ; Glendale autour de Wooler ; Parc national du Northumberland, Cheviot Hills et région frontalière.

Durham

★★★

42 100 habitants

NOS ADRESSES PAGE 619

S'INFORMER

Office de tourisme – *2 Millenium Place - ✆ (0191) 384 3720 - 9h30-17h30, dim. 11h-16h - fermé 24 déc.-2 janv.*

SE REPÉRER

Carte de région B2 (p. 540) – *carte Michelin 501 P19 - County Durham.* Durham se trouve à 29 km/18 miles au sud de Newcastle-upon-Tyne. C'est la capitale du comté du même nom, divisé en sept districts. Elle est limitée à l'ouest par la chaîne Pennine, au sud par la rivière Tees, à l'est par la côte et au nord par la rivière Derwent.

À NE PAS MANQUER

La cathédrale, le château et les rives de la Wear.

ORGANISER SON TEMPS

Une demi-journée à une journée.

On trouve toujours à Durham mille occasions de se distraire... les fêtes estudiantines, la place du marché en constante effervescence, les concerts en plein air et la célèbre régate d'aviron. Universitaires et touristes se partagent les charmes et les trésors de la petite cité médiévale. La promenade panoramique au bord de la Wear est le temps fort de cette halte d'exception

Découvrir

★★★ DURHAM CATHEDRAL

✆ (0191) 386 4266 - www.durhamcathedral.co.uk - ♿ - 9h30-18h (mi-juil. à fin août 20h), dim. 12h30-17h30 - visite guidée (1h) avr.-oct. 11h, 14h (et 10h30 de fin juil. à fin oct.) - trésor de saint Cuthbert : 10h-16h30, dim. 14h-16h30 - exposition : mi-juil. à fin août : tlj sf dim. 10h-16h - dortoir des moines : de mi-avr. à fin sept. : 10h-16h, dim. 12h30-16h - tour : tlj sf dim. 10h-15h (déb. avr. à fin sept. 16h) - film : mars-oct. tlj sf dim. 10h-15h ; nov. : mar.-jeu. 10h-13h ; janv.-fév. : lun.-jeu. 10h-15h, sam. 11h-15h - fermé pdt les récitals et les concerts - offrande ; 5 £ le billet combiné trésor, exposition, dortoir et film ; tour 5 £ ; visite guidée 4 £ - restaurant.

La beauté de la cathédrale *(voir « ABC d'architecture » p. 82)* réside principalement dans son unité architecturale. L'essentiel de sa construction, fait rare, se déroula en effet sur une courte période, entre 1095 et 1133. Les adjonctions postérieures et différentes restaurations n'en ont pas altéré l'harmonie.

Extérieur – La cathédrale domine la **place du Palais**, les bâtiments universitaires qui l'encadrent et le château. La majesté solennelle de la nef est rehaussée par les deux tours ouest du 13e s. richement décorées, par la tour centrale du

UN PEU D'HISTOIRE

Christianisé très tôt, le royaume saxon de Northumbrie, situé le long de la mer du Nord, fut souvent la cible d'agresseurs venus de l'est. En 875, les moines de l'île de **Lindisfarne** *(voir p. 611)*, fuyant l'invasion viking, partirent vers le sud en emportant avec eux la précieuse dépouille de **saint Cuthbert**, mort en 687. Il fallut plus de cent ans pour que ces reliques miraculeuses trouvent un ultime lieu de repos sur les hauteurs d'un promontoire naturel, dominant les méandres de la Wear. Durham signifie d'ailleurs, en anglais ancien, « colline sur une île ». En 1070, les Normands occupèrent le site et construisirent un château. En 1093, l'évêque William de Calais fit poser la première pierre de la cathédrale. Cas unique en Angleterre, l'évêque n'était pas seulement un chef spirituel, mais aussi un seigneur laïc, voire un soldat, lorsque l'ennemi écossais menaçait aux portes de la ville. Enfin, investi d'un pouvoir royal depuis 1091, il porte le titre officiel de Prince-Bishop et ce jusqu'en 1836.

Au 14e s., Thomas Hatfield, évêque de la ville, fut à l'origine de la fondation du Trinity College à Oxford. Cet événement préfigura le dynamisme intellectuel qui fit la réputation de Durham jusqu'à aujourd'hui. Sa propre université, la troisième d'Angleterre, fut créée en 1832. Pour l'anecdote, la gent féminine y fut acceptée seulement soixante ans plus tard.

Durham connut une activité industrielle intense autour de l'extraction du charbon, des manufactures lainières et des tanneries. Par bonheur, les constructions liées à ces différentes exploitations n'ont pas altéré le paysage. La ville est devenue un important centre administratif et commercial.

15e s., haute de 66 m, et à l'est, par les arcs-boutants servant de contreforts à la chapelle des Neuf-Autels, de style Early English. L'entrée principale se fait par le portail au nord, doté d'un heurtoir à tête de lion, le **Sanctuary Knocker★**, chef-d'œuvre de stylisation du 12e s.

Intérieur – La **nef★★★** dégage à la fois une impression de puissance et de sobriété. Des colonnes massives, ornées de motifs géométriques, alternent avec des piliers à colonnes engagées, reliés entre eux par des arcs en plein cintre, qui soutiennent les deux étages de tribune et des fenêtres hautes. La voûte à nervures annonce la technique de la croisée d'ogives gothique.

Dans le bras du **transept nord** se trouve la chapelle Grégoire, où figure un bas-relief en terre cuite du 19e s. sur le thème de l'Annonciation, réalisé à la manière de l'école florentine des célèbres céramistes Della Robbia du 15e s. Le **tombeau de saint Cuthbert** fait encore aujourd'hui l'objet de pèlerinages. On attribue au saint le plus vénéré du nord de l'Angleterre de nombreuses guérisons inexpliquées, en particulier à l'époque médiévale.

Dans la **chapelle des Neuf-Autels★★★**, le plancher a été surbaissé pour gagner de la hauteur. Ajoutée plus tard à la cathédrale dans le style Early English pour remplacer l'abside romane originale, la chapelle ne peut être comparée à nul autre édifice, hormis Fountains Abbey *(voir p. 635)*. Cet édifice, doté de gracieuses **fenêtres à lancettes** d'une stupéfiante hauteur, révèle une préoccupation nouvelle pour la légèreté et la verticalité. Les sculptures des clés de voûte et des chapiteaux sont d'une exceptionnelle richesse. À droite de la chapelle est présentée une œuvre sculpturale remarquable de Fenwick Lawson Arca (20e s.). Une pietà monumentale en bois, dont les craquelures accentuent le pathos, regarde le Christ étendu à

Le château et la cathédrale.
D. Tomlinson / Photononstop

terre. Visages et mains surdimensionnés expriment la force de l'amour dans la souffrance.

Le **chœur** réunit de très belles stalles sculptées du 17e s., le trône épiscopal (prétendu le plus haut de la chrétienté) et le tombeau de l'évêque Hatfield. Le jubé du 14e s. fut offert par l'illustre et riche famille Neville, premiers laïcs à avoir eu l'autorisation et le privilège de se faire enterrer dans la cathédrale.

Dans le bras du **transept sud** est exposée une extraordinaire horloge astronomique polychrome du 16e s., la **Prior Castell's Clock**. Du haut de la plus haute **tour** de la cathédrale *(soit 325 marches à gravir)*, une vue magnifique à 360° confirme le caractère spectaculaire du site de Durham.

À l'extrémité ouest du bâtiment, au bord du ravin, se tient la **chapelle Galilée** du 12e s. Douze colonnes élancées, aux arcs décorés de chevrons gravés, en divisent l'intérieur. Jusqu'en 1540, date de la Réforme, elle servit de lieu de prière pour les femmes. Derrière l'autel subsistent des **fresques** contemporaines de l'édification de la chapelle, dont une frise végétale, ainsi que les portraits en pied de saint Cuthbert et de saint Oswald (souverain du royaume de Northumbrie et martyr du 7e s.). Un **triptyque** à la manière des primitifs italiens traite l'arrestation, la Crucifixion et la descente de Croix. La chapelle abrite également le tombeau de **Bède le Vénérable** (mort en 735), le premier historien d'Angleterre.

Bâtiments monastiques – Autour du cloître *(accès par la porte du moine du 12e s.)*, reconstruit à de multiples reprises, sont regroupés les bâtiments qui constituaient autrefois l'abbaye. On peut y voir le dortoir des moines (aujourd'hui transformé en bibliothèque) et le **trésor de la cathédrale**★, avec sa collection de broderies anglo-saxonnes, et surtout le cercueil, la croix et les manuscrits de saint Cuthbert.

Au sud s'ouvre l'ancienne cour extérieur du monastère, « The College » *(accès par la crypte normande)*, entourée de la résidence du doyen, des maisons des chanoines et de l'école de la chorale, édifiés au 18e s. sur le grenier, l'infirmerie et la chancellerie du Moyen Âge.

★ DURHAM CASTLE

℘ (0191) 334 3800 - visite guidée (45mn) vacances universitaires 10h-12h, 14h-17h (ttes les h) ; reste de l'année : lun.-sam. 14h, 15h, 16h - fermé 24 déc.-3 janv. - 5 £.
L'architecture romane du château d'origine a été progressivement modifiée par les princes-évêques qui l'ont successivement habité. Aujourd'hui, le château appartient à l'université de Durham. Son donjon est une résidence étudiante, aménagée à cet effet depuis 1840.
Depuis la cour intérieure que domine le **donjon**, édifié sur un tertre comme le veut la tradition normande, le visiteur traverse la **cuisine** du 15e s., puis pénètre dans la **grande salle**, nommée ainsi à cause de ses dimensions, soit 30 m de longueur pour 14 m de hauteur sous plafond. On accède aux étages supérieurs par les grandes marches de l'**escalier noir** datant de 1662, unique en Angleterre. La chapelle du 16e s. renferme des miséricordes aux scènes cocasses (un cochon jouant de la cornemuse, une mégère dans une brouette).
La **chapelle romane**★ fut construite peu de temps après le château. Ses colonnes rapprochées possèdent des chapiteaux en grès, grossièrement ornés d'étranges silhouettes et de visages grimaçants.

Se promener

La cité médiévale et ses rives

Avec leurs jolies maisons du 18e s., **North Bailey** et **South Bailey** suivent le tracé des murs de la ville. Près de l'église St Mary le Bow, qui abrite aujourd'hui le Centre municipal du patrimoine, une allée descend vers la passerelle de Kingsgate, construite en 1963 pour relier la vieille ville au bâtiment du syndicat des étudiants. South Bailey s'achève à Watergate, d'où un sentier conduit au **Prebend's Bridge**. De là, comme depuis la promenade située de l'autre côté de la rivière ou de la berge, on peut profiter des mêmes **vues**★★★ qui, depuis longtemps, fascinent peintres et écrivains.
Le centre de la ville est presque entièrement piétonnier. De **Market Place**, les rues descendent en pente raide vers le **Elvet Bridge** à l'est et le **Framwellgate Bridge** à l'ouest. De là, on bénéficie d'une superbe **vue**★★ sur la cathédrale avec, au premier plan, les murailles du château.

À voir aussi

★★ Oriental Museum

Quitter la ville par la A 1050, puis prendre la A 167 au sud en direction de Darlington. ℘ (0191) 334 5694 - www.durham.ac.uk/oriental.museum - ♿ - 10h-17h (w.-end et j. fériés 12h-17h) - fermé 25 déc.-1er janv. - 1,50 £ - cafétéria.
Dans un environnement boisé, parmi les autres bâtiments de l'université dont il fait partie, ce musée inattendu renferme des trésors d'archéologie et d'art oriental, allant de l'Égypte à la Chine. Expositions temporaires.

À proximité Carte de région

Hartlepool B2

▷ À 23 km/14 miles au sud-est de Durham.

★ **Hartlepool's Maritime Experience** – *Jackson Dock, Maritime Avenue - ✆ (01429) 860 077 - www.hartlepoolsmaritimeexperience.com - 10h-17h (nov.-fév. 10h30-16h) - fermé 1er janv. et 25-26 déc. - 7,95 £.* À Jackson Dock, les mâts imposants de la frégate *Trincomalee* (1817) se dressent au-dessus du quai restauré, à proximité de la route conduisant aux docks modernes de Hartlepool. Parmi les bâtiments du 19e s., reconstruits, se trouvent un établissement carcéral pour les prisonniers français des guerres napoléoniennes, une imprimerie et un commerce d'approvisionnement pour les navires. Des galeries organisent des expositions thématiques, comme la vie en mer lors de la conquête des colonies. Sur le même site, un **musée** présente les vestiges d'un monastère saxon et d'un port médiéval.

The North of England Lead Mining Museum B2

Au nord-ouest de Cowshill, 45 km/28 miles à l'ouest par la A 690 puis la A 689 - ✆ (01388) 537 505 - www.killhope.org.uk - avr.-oct. : 10h30-17h - 5 £ (site) ; 7 £ (mine incluse).

En allant sur Killhope, petite ville située dans une vallée entourée de bergeries, apparaissent les splendides paysages des Pennines du Nord. La pierre des bâtiments, les tramways, les énormes roues à aubes illustrent le quotidien des ouvriers de cette ancienne région de mines de plomb au 19e s. Dans un souci d'authenticité, le musée a choisi comme fil conducteur la vie de deux de ses habitants, William et Phoebe Millaun.

NOS ADRESSES À DURHAM

TRANSPORTS

Parking – Il est difficile de se garer près de la cathédrale et du château. Il est conseillé de laisser sa voiture dans un des parkings **Park-and-Ride** *(gratuits)* de la périphérie : Sniperley, Belmont et Howlands. Le centre-ville est desservi toutes les 10mn par des navettes *(ticket à la journée)*.

VISITES

Promenade en bateau – Prince Bishop River Cruises - *✆ (0191) 386 9525 - www.princebishoprc.co.uk. - croisières commentées (1h) - dép. au pied d'Elvet Bridge.* Possibilité de louer des barques.

HÉBERGEMENT

BUDGET MOYEN

Victoria Inn – *86 Hallgarth Street - ✆ (0191) 386 5269 - www.victoriainn-durhamcity.co.uk - P - 6 ch. : 62/70 £ ☕.* Chaleureuse auberge de style victorien, à 5mn à pied de la cathédrale.

Three Tuns Hotel – *New Elvet - ✆ (0191) 386 4326 - www.swallowhotels.com - P - 50 ch. : 65/80 £ ☕.* Situé aux portes de la vieille ville, à côté d'Elvet Bridge, ce petit hôtel aux chambres cossues dégage un charme désuet. Ambiance familiale.

Farnley Tower – *The Avenue - ✆ (0191) 375 0011 - www.farnley-tower.co.uk - P - 13 ch. : 85/95 £ ☕.* Farnley Tower est une bien jolie *guesthouse* de 1870, lovée dans un jardin paisible, à 10mn de marche seulement de la cité médiévale. Préférez les chambres supérieures, avec vue imprenable sur la cathédrale et le château.

Cathedral View Town House – *212 Lower Gilesgate - ✆ (0191) 386 9566 - www.cathedralview.com - 6 ch. : 80/100 £ ☕.* Cette petite maison georgienne se trouve à 10mn à pied de Market Place. Bénéficiant à la fois d'un panorama sur la ville et sur la campagne environnante, le petit-déjeuner en terrasse est un moment privilégié.

UNE FOLIE

Durham Marriott Hotel Royal County – *Old Elvet - ✆ (0191) 386 6821 - wwww.marriotthotels.co.uk - P - 150 ch. : 150/200 £ ☕.* La plus belle adresse de Durham, à deux pas du centre-ville. Si le style des chambres reste classique, les parties communes sont très réussies. Se détendre dans la piscine après une journée de visite est un luxe appréciable !

RESTAURATION

PREMIER PRIX

Market Tavern – *Market Place - ✆ (0191) 386 2069.* Avec sa grande fenêtre renflée à l'accent médiéval, donnant sur la place du marché, ce pub promet un cadre rustique. L'espace repas, surélevé, est agréablement isolé de l'animation du bar.

The Coach & Eight – *Bridge House - Framwellgate Bridge - North Road - ✆ (01913) 863 284.* Ce pub spacieux a le grand avantage de posséder une terrasse panoramique face à la colline du château.

Duke of Wellington – *Darlington Road - ✆ (0191) 375 7651.* Situé au sud de Durham, non loin de St Mary's College, ce pub traditionnel est une véritable institution. En salle ou en terrasse, la cuisine est savoureuse et le service souriant.

BUDGET MOYEN

Hollathan's – *16-17 Elvet Bridge - ✆ (0191) 386 4618 - www.hollathans.com.* Coup de foudre pour ce bar-grill design, où le jazz accompagne une excellente cuisine internationale. Concerts deux fois par semaine.

PETITE PAUSE

9 Altars – *Rear 19a Silver Street - ✆ (0191) 374 1120.* Ce petit café situé sur la rive droite de la Wear propose une grande variété de sandwichs et de snacks maison. Miniterrasse.

ACHATS

Achats courants – Sur Prince Bishop Shopping Center, High Street, Saddler Street et North Bailey.

EN SOIRÉE

Gala Theatre – *Millennium Place - ✆ (0191) 332 4041 - www.galadurham.co.uk* – Complexe de loisirs comprenant un théâtre, un cinéma et un café-restaurant panoramique.

AGENDA

Régate de Durham en juin *(www.durham-regatta.org.uk)* et gala des mineurs *(Miners'Gala)*, 2e samedi de juillet.

Landes du Yorkshire

Yorkshire Moors

★

NOS ADRESSES PAGE 626

S'INFORMER

Internet – *www.northyorkmoors.org.uk; www.yorkshiremoorsandcoast.com.*

SE REPÉRER

Carte de région BC2-3 (p. 540-541) – *carte Michelin 502 Q/R/S-20/21*. La région des landes du Yorkshire se trouve au nord-ouest de l'Angleterre, au bord de la mer du Nord. Le parc s'étend de Pickering et Rievaulx au sud jusqu'aux abords de l'agglomération industrielle de Middlesbrough au nord, y compris le littoral. Il forme un territoire de 1 432 m^2.

À NE PAS MANQUER

Rievaulx Abbey et Whitby.

ORGANISER SON TEMPS

Programmez 3 ou 4 jours.

AVEC LES ENFANTS

Captain Cook Memorial Museum ; Sea Life Center (Scarborough) ; North Yorkshire Moors Railway ; Esk Valley Railway et Kinderland *(voir Nos adresses)*.

Le Yorkshire du Nord est le plus vaste comté d'Angleterre. Presque entièrement recouvert de landes, le Parc national des North York Moors livre de superbes paysages. Parmi ses sites remarquables, l'ensemble de Rievaulx Abbey, lové dans son écrin de nature, transcende le paysage.

Découvrir Carte de région

DANS LES TERRES C3

Helmsley

Helmsley Castle - Castlegate - ✆ (01439) 770 173.

Cette charmante bourgade, organisée autour d'une vaste place, est la porte sud des landes du Yorkshire Nord.

Helmsley Castle – *EH - ✆ (01439) 770 442 - www.english-heritage.org.uk - avr.-oct. : 10h-18h (oct. 17h) ; nov.-mars : jeu.-lun. 10h-16h - fermé 1er janv. et 24-26 déc. - 4,70 £.* Il est protégé par une double enceinte bordée de fossés. Le donjon d'origine, en forme de D, fut saccagé après la guerre civile. L'aile ouest et la tour, bâties sur des fondations du 12e s., sont devenues depuis le 16e s. des appartements privés.

Walled Garden – *✆ (01439) 771 427 - www.helmsleywalledgarden.org.uk - ♿ - avr.-oct. : 10h30-17h - 4 £ - café*. Situé sous les murs sud du château *(entrée par le village)*, il a été restauré et a aujourd'hui retrouvé son aspect original. Arbres fruitiers et plantes herbacées côtoient un jardin ornemental près des serres. Au centre se trouve une fontaine et à quelques pas de l'étang, un potager.

Duncombe Park – *Au sud de Helmsley - ✆ (01439) 770 213 - www.duncombe-park.com - jardin : avr.-sept. : dim.-jeu. 11h-17h30 (dernière entrée 1h av. fermeture) - maison : visite guidée avr.-sept. : dim.-jeu. 12h30-15h30 (ttes les h) - 8,25 £ ; jardin 5 £ - restaurant.* La demeure de style baroque, rehaussée d'éléments palladiens, fut conçue par William Wakefield, qui s'assura probablement la collaboration de l'architecte de Castle Howard, John Vanbrugh. Les ailes furent ajoutées en 1843 par Charles Barry. Les pièces principales, décorées avec tout le faste édouardien, sont ornées de portraits de famille et de meubles anglais et français. Au sous-sol, les quartiers des domestiques abritent les archives retraçant l'histoire de la propriété. Le parc est essentiellement vert, les seules touches de couleur émergeant des parterres au sud et au nord de la maison. Une belle **terrasse** recouverte de gazon s'ouvre à l'est, au-dessus des méandres de la Rye. Chaque extrémité est marquée par une rotonde grecque, ionique au nord, dorique au sud. La terrasse sud, paradis des fleurs sauvages, jouxte une clairière abritant une serre. Les amateurs d'orchidées seront comblés.

★★ Rievaulx Abbey

À 5 km/3 miles au nord-ouest de Helmsley par la B 1257 - EH - ✆ (01439) 798 228 - www.english-heritage.org.uk - ♿ - avr.-oct. : 10h-18h (oct. 17h) ; reste de l'année : jeu.-lun. 10h-16h - fermé 1er janv. et 24-26 déc. - audioguide en français - 5,30 £.

Premier monastère important construit par les cisterciens, Rievaulx fut fondé vers 1132. Les bâtiments monastiques furent probablement achevés au début du 12e s. La nef, austère, date de 1135-1140 environ. Les murs du sanctuaire, de style Early English du 13e s., s'élèvent encore majestueusement sur trois niveaux. Le tombeau du premier abbé, William, se trouve dans le mur ouest de la salle capitulaire. Le plan du site et les vestiges des bâtiments donnent une idée des activités de la communauté.

Rievaulx Terrace

À 4 km/2,5 miles au nord-ouest de Helmsley par la B 1257 - NT - ✆ (01439) 798 340/748 283 - www.nationaltrust.org.uk - ♿ - mars-oct. : 10h-17h (dernière entrée 16h30) - 5,25 £.

L'escarpement naturel fut aménagé dans le style paysager en vogue au 18e s. pour devenir une longue terrasse panoramique, offrant des vues sur les vestiges du monastère de Rievaulx et sur une partie de la Rye. Au sud se dresse un temple circulaire de style toscan et au nord un temple ionique, utilisé autrefois pour prendre des rafraîchissements.

Pickering

The Ropery - ✆ (01751) 473 791 - mars-oct. : 9h30-17h ; nov.-fév. : tlj sf dim. 9h30-16h.

Plaisante bourgade établie sur une falaise calcaire à la limite sud du parc, Pickering est connu pour son château. Mais faites aussi un tour à l'**église St Peter and St Paul**, construite en majeure partie dans le style roman. Sur les murs nord et sud, des fresques découvertes en 1851 (restaurées) évoquent la vie et les actes des deux saints.

Pickering Castle – *EH - ✆ (01751) 474 989 - www.english-heritage.org.uk - ♿ - juil.-août : 10h-17h - avr.-juin et sept. : 10h-17h - 3,70 £.* Défendant un croisement de chemins qui donnait à ce site toute son importance, l'édifice est fait de la roche sur laquelle il repose. Un tertre haut et pentu supporte un donjon du 13e s. qui a probablement succédé à une construction plus ancienne.

North Yorkshire Moors Railway – *(01751) 472 508 - www.nymr.co.uk - - fév.-oct. : se renseigner pour les horaires - ligne Pickering-Grosmont 16 £/AR - cafétéria.* Depuis la gare de Pickering, des locomotives à vapeur tractent encore des trains jusqu'à Grosmont *(29 km/18 miles)*. Ce parcours est une section subsistante de la ligne Pickering-Whitby, ouverte en 1836 par Stephenson.

★ The Captain Cook Birthplace Museum

À Marton, à 8 km/5 miles au sud de Pickering par la A 169 - (01642) 311 211 - www.captcook-ne.co.uk - - été : mar.-dim. et lun. fériés) 10h-17h30; hiver : tlj sf lun. 9h-16h (dernière entrée 45mn av. fermeture) - fermé 1er janv. et 25-26 déc. - café.

Ce musée bien agencé a été rénové pour recevoir des installations interactives. Situé à proximité du lieu où se tenait le cottage natal du capitaine Cook, il retrace sa jeunesse, sa carrière navale, ses voyages d'études au Canada et en Australie, ainsi que ses trois voyages d'exploration dans le Pacifique, effectués entre 1768 et 1789.

Hutton-le-Hole

À 13 km/8 miles à l'ouest de Pickering par la A 170, puis par une route secondaire vers le nord.

Ryedale Folk Museum – *(01751) 417 367 - www.ryedalefolkmuseum.co.uk - - de mi-mars à fin oct. : 10h-17h30 (dernière entrée 30mn av. fermeture) ; de mi-oct. à déb. déc. et de mi-janv. à mi-mars : de 10h au coucher du soleil - 5,50 £.*

Dans le village, il présente une vaste collection d'objets liés à la vie rurale de la région aux 18e et 19e s.

On accède aux vestiges de l'**abbaye de Rosedale** du 12e s. *(à 6 km/3,7 miles au nord de Hutton-le-Hole en suivant la même route secondaire)* par une pente de 30 %, qui livre une **vue★** dégagée sur les landes.

Goathland

À 24 km/14,8 miles au nord de Pickering par la A 169 nord, puis une route secondaire à gauche (signalée).

La route traverse des paysages spectaculaires des landes du Yorkshire avant d'arriver au village.

LE LONG DE LA CÔTE C2-3

Bon à savoir – La promenade peut s'effectuer – en partie – à pied en prenant le sentier de randonnée « Cleveland Way » reliant Helmsley à Filey par Saltburn.

La côte est bordée de falaises calcaires, notamment près de **Bempton**, où elles atteignent 130 m de haut. **Robin Hood's Bay★** *(à 26 km/16 miles au nord de Scarborough par la A 171, puis une route secondaire)*, charmant village niché au fond d'une baie, était jadis le royaume des contrebandiers. En poursuivant vers le nord, on arrive à Whitby.

★ Whitby C2

Langborne Road - (01723) 383 636.

Voici une escale authentique et colorée. Se promener sur la jetée ouest *(West Pier)* jusqu'au phare, flâner dans le quartier de Church Street avec ses maisons du 17e s. et contempler la mer

PETITE HISTOIRE

C'est à Whitby que Bram Stoker, l'auteur de *Dracula*, puisa l'inspiration de son célèbre roman. Les curieux iront visiter le cimetière, où le **comte de Dracula** vampirise Lucy.

5

SYNODE DE WHITBY

Le calcul de la date de Pâques créa une vive polémique au sein de l'Église, du fait des traditions différant selon les communautés romaines, byzantines, juives et alexandrines. Des complications survinrent dans les îles Britanniques avec l'arrivée des missionnaires romains. Ils constatèrent que les églises celtes avaient leur propre système de calcul, d'après celui de saint Jean. Cette nouvelle difficulté menaçait de diviser l'Église d'Angleterre, avec d'un côté, les chrétiens de Northumbrie sous la tutelle du **roi Oswy**, les évêques saint Colman et saint Chad, suivant le système celte, et de l'autre, les chrétiens du Sud sous l'intendance de saint Wilfrid, suivant le système romain. Les débats prirent fin en 664, lors du synode de Whitby, lorsque le roi Oswy abdiqua, convaincu par les arguments de saint Wilfrid, selon lesquels le système romain était fondé sur l'autorité même de saint Pierre.

depuis le belvédère de l'abbaye sont autant de moments délicieux. Autrefois centre de construction navale et port baleinier, Whitby est aujourd'hui un port de pêche et une station balnéaire sur l'estuaire de la rivière Esk. À l'est, la vieille ville est dominée par les vestiges de l'abbaye. Ses plages, appréciées pour la baignade et la planche à voile, s'étendent de **Robin Hood's Bay** à **Staithes** et **Saltburn** *(au nord)*.

★ **Whitby Abbey** – *EH - ✆ (01947) 603 568 - www.english-heritage.org.uk - avr.-sept. : 10h-18h ; oct.-mars : jeu.-lun. 10h-16h (dernière entrée 30mn av. fermeture) - fermé 1er janv. et 24-26 déc. - 5,80 £.* Fondé en 657 par sainte Hilda, abbesse de Hartlepool, ce monastère, mixte n'est pas coutume, aurait été construit sur un terrain concédé par Oswy, roi de Northumbrie. Les actes de la vie de Hilda nous sont connus grâce aux écrits de **Bède le Vénérable**. Cette femme pieuse, d'origine noble, après avoir œuvré pour la conversion des Saxons au christianisme, établit sa communauté sous la règle de saint Benoît. Sous sa direction, l'abbaye devint un centre d'érudition. Parmi les tout premiers évêques, plusieurs furent instruits à Whitby. C'est là également que le poète **Caedmon**, qui travaillait sur les terres de l'abbaye, « chanta la création du monde ». D'après Bède, il fut le premier poète à chanter en langue vernaculaire. En 867, l'abbaye fut mise à sac par les Danois et les activités monastiques cessèrent durant deux siècles. En 1078, l'un des preux chevaliers de Guillaume le Conquérant, Reinfrid, entra en religion et s'employa à refonder l'abbaye. Les vestiges visibles aujourd'hui datent de la reconstruction du 13e s. (entre 1220 et 1320). Le style Early English, que l'on retrouve à Rievaulx *(voir p. 622)*, contemporaine de Whitby, est remarquable. L'abbaye fut finalement dissoute par Henri VIII en 1539.

Admirez le chevet avec ses fenêtres à lancettes de style gothique primitif, le chœur et ses bas-côtés de style Early English, le croisillon gauche et le mur gauche de la nef, comportant une porte et des fenêtres de style Decorated du 14e s. ainsi que la façade principale, jadis ornée d'une vaste baie de style Perpendicular. Le plan des bâtiments monastiques est encore lisible grâce au tracé des murs de fondations. Malheureusement, les pierres furent réutilisées pour la construction de la grande maison abbatiale du 17e s.

St Mary's Church – *✆ (01947) 603 421 - ♿ - été : 10h-16h ; hiver : 10h-15h - offrande.* Un escalier de 199 marches conduit du centre-ville à cette église principalement romane, qui partage le sommet de la falaise avec l'abbaye. Les remaniements dont elle fut l'objet sous les Stuarts et à l'époque

georgienne expliquent ce mélange de galeries, de stalles et de colonnes peintes, aussi colorées que des bâtons de sucre d'orge. Mais le plus surprenant reste la chaire à trois arcs.
★ **Captain Cook Memorial Museum** – *Grape Lane - ✆ (01947) 601 900 - www.cookmuseumwhitby.co.uk - avr.-oct. : 9h45-17h (dernière entrée 30mn av. fermeture) ; mars : 11h-15h ; 2e quinzaine de fév. : w.-end 11h-15h - 4,50 £ (enf. 3 £).* Cette maison de la fin du 17e s., où James Cook travailla comme apprenti pour l'armateur John Walker, est désormais un musée qui lui est consacré. Les pièces meublées dans le style du 18e s. représentent la vie de l'époque. Tableaux, maquettes, lettres, cartes et objets divers témoignent de la vie du grand navigateur et de ses expéditions. Une exposition temporaire thématique est organisée chaque année.

Scarborough C3

Brunswick Shopping Centre - Unit 15a - ✆ (01723) 383 636.
L'essor de la station balnéaire de Scarborough remonte à la découverte, en 1626, de sources aux vertus curatives. Elle fut très à la mode au 19e s. et au début du 20e s. Elle demeure aujourd'hui une des destinations préférées des Anglais, pour l'atmosphère victorienne de son bord de mer. Les deux plages de la ville, qui décrivent une courbe majestueuse, sont séparées par un promontoire où fut édifié au 12e s. un château, à l'emplacement d'un poste de guet romain. La partie sud comprend la ville médiévale, l'ancien port de pêche et des plages. Le nord est constitué d'étendues rocheuses et sablonneuses, adossées à des jardins. En flânant le long du **front de mer**, on aperçoit des trains escaladant les falaises, des ponts enjambant de profonds estuaires, de jolis pavillons, et surtout l'ancien et imposant bâtiment thermal.
L'élégant **Crescent** en demi-lune, aménagé à partir de 1833, est bordé de belles villas dont l'une appartenait à la célèbre famille d'écrivains et d'artistes Sitwell. Elle abrite désormais une collection hétéroclite composée d'objets rassemblés au fil du temps. La demeure voisine est aussi reconvertie en musée : l'**Art Gallery** comprend des tableaux, du peintre victorien John Atkinson Grimshaw (1836-1893) notamment, et propose des expositions temporaires. Un peu plus loin, la **Rotonde** (1828) est un bel exemple muséographique georgien, présentant le panorama circulaire original de la géologie des côtes du Yorkshire. *✆ (01723) 374753 - www.scarboroughmuseumstrust.co.uk - tlj sf lun. 10h-17h - collections : 3 £, Art Gallery 2 £, Rotonde 4,50 £, pass 3 musées 9 £.*
À voir aussi, **St Mary's Church**, fondée par des moines cisterciens en 1180, est l'ancienne église paroissiale de Scarborough. **Anne Brontë**, décédée en 1849, est inhumée dans le cimetière. L'**église de St Martin-on-the-Hill** est quant à elle l'un des plus beaux édifices religieux conçus par l'architecte George Frederick Bodley (1827-1907), possédant une remarquable collection d'art religieux préraphaélite.
Sea Life Centre – *Scalby Mills - ✆ 0871 423 2110 - www.sealifeeurope.com - ♿ - 10h-18h (dernière entrée 17h) - fermé 25 déc. - 14,50 £ (10,75 £) - café - parking payant.* Parc de loisirs thématique, pour observer la faune marine.

Filey Bay C3

À 34 km/21 miles au sud par la A 165, puis une route secondaire à gauche.
Filey – Cette station est protégée de la mer du Nord par un cap, **Filey Brigg**. Une plage de sable s'étend au sud et descend vers Flamborough Head. Le **musée** est installé dans deux cottages de Queen Street datant de 1696. *✆ (01723) 515 013 - www.fileymuseum.co.uk - ♿ - de Pâques à fin oct. : 11h-17h (sam. 14h-17h) - 2,50 £.*

Reprendre la A 165 vers le sud (sur 22 km/13,5 miles) en direction de Bridlington, puis emprunter à gauche la B 1229 jusqu'à Flamborough ; poursuivre par la B 1259.

★ **Flamborough Head** – Sur ce promontoire de 66 m de haut s'élève un phare qui offre une vue spectaculaire sur la mer et le littoral. La région est une réserve naturelle.

★ Sledmere House C3

À Sledmere, 34 km/21 miles au sud de Scarborough par les A 64 et B 1249, puis sur la droite la B 1253 - ✆ (01377) 236 637 - www.sledmerehouse.com - ♿ - avr.-sept. : mar.-dim. et lun. fériés : 11h-16h (dim. et j. fériés 16h30), jardins 10h-17h - 7 £ ; jardin seuls 5 £.

La construction de Sledmere commença en 1751, mais l'extérieur tel qu'il apparaît de nos jours est l'œuvre de son second propriétaire, **Christopher Sykes**, qui fit ajouter deux ailes. Le parc fut dessiné par « **Capability** » **Brown**, mais réalisé par Sykes lui-même. En effet, il partageait avec sa femme un goût certain pour les grands espaces et les jardins paysagers. Il acheta d'ailleurs un terrain adjacent pour agrandir le domaine, sur lequel il fit planter 10 km^2 d'arbres et aménagea une zone cultivable. La promenade extérieure passe par le jardin clos, la roseraie et le *knot garden*. Ce dernier, créé à l'époque élisabéthaine, rappelle par ses parterres dessinés et structurés et ses massifs géométriques, le jardin persan ou encore le jardin à la française.

Joseph Rose exécuta l'ornementation en stuc des plafonds de la salle des dessins et du salon de musique. En 1911, un incendie détruisit la décoration intérieure de style Adam qui datait de 1790. En revanche et grâce à l'aide des villageois, la majorité des tableaux, du mobilier (Chippendale et Sheraton), des statues et des porcelaines furent sauvés. Le salon à l'escalier et le grand escalier conduisent à la remarquable bibliothèque. Le salon turc est une copie des appartements du sultan de la mosquée Yeni à Istanbul.

NOS ADRESSES AUX LANDES DU YORKSHIRE

TRANSPORTS

Scarbourough – Informations bus et trains : **Traveline** (*✆ 0871 200 22 33 - www.traveline.org.uk*).

Whitby – Préférez les **parkings** Long Stay, situés juste à côté de l'office de tourisme.

VISITES

À Whitby

À pied – Whitby Walks - *✆ (01947) 821 734 - www.whitbywalks.com.* Diverses promenades de découverte ou sur le thème de Dracula.

En autobus à impériale – Whitby Town Open Top Bus Tour - *Railway Station (gare) - ✆ (01947) 602 922 - www.coastalandcountry.co.uk.*

En bateau – Embarquez avec **The Yellow Boats** - *✆ (07941) 450 381 - www.whitbycoastalcruises.co.uk - dép. tlj de Brewery Steps sur Pier Road - à partir de 10h15.* Excursions de 25mn dans la baie, ou de 1h jusqu'au village de pêcheurs de Staithes.

HÉBERGEMENT

BUDGET MOYEN

À Whitby

Heathfield– *22 Prospect Hill - ✆ (01947) 605 407 - www.bedandbreakfast-whitby.co.uk - P - 3 ch. : 70/80 £* ☕. À 10mn à pied du centre-ville, ce B & B a tout pour séduire : chambres confortables, salles de bains contemporaines et bonne humeur des hôtes.

Grantley House – *26 Hudson Street - ✆ (01947) 600 895 - www.grantleyhouse.com - 7 ch. : 60 £* ☕. Au cœur de Whitby, non loin des quais, Grantley est une charmante *guesthouse* d'époque victorienne.

POUR SE FAIRE PLAISIR

À Hemsley

N° 54 – *54 Bondate - ✆ (01439) 771 533 - www.no54.co.uk - 4 ch. : 96/110 £.* Dans ce cottage victorien accueillant, les chambres, disposées autour d'une cour, sont claires et très bien équipées.

À Scarborough

Royal Hotel - *St Nicholas Street - ✆ (01723) 364 333 - www.englishrosehotels.co.uk - 118 ch. : 120/200 £* ☕. Bel hôtel de style Regency avec vue sur South Bay. Chambres contemporaines. Le Café Bliss est agréable pour dîner en terrasse.

RESTAURATION

PREMIER PRIX

À Whitby

The Pier Inn – *4/6 Pier Road - ✆ (01947) 605 284.* Donnant directement sur les quais, ce pub traditionnel possède aussi des chambres confortables à l'étage.

BUDGET MOYEN

À Scarborough

Marmalade's – *1/3 The Crescent - ✆ (01723) 365 766 - www.beiderbeckes.com.* Un des restaurants les plus réputés de la ville, nouvelle cuisine.

À Whitby

Les deux meilleurs restaurants de poissons et fruits de mer (pêche du jour) de Whitby sont :

Trenchers – *New Quay Road - ✆ (01947) 603 212 - www.trenchersrestaurant.co.uk.*

Magpie Café – *14 Pier Road - ✆ (01947) 602 058 - www.magpiecafe.co.uk.*

ACTIVITÉS

Esk Valley Railway – *North Yorkshire Moors Railway - ✆ (01751) 472 508 - www.nymr.co.uk - fév.-oct.* Visitez les Yorkshire Moors à bord d'un train à vapeur de Middlesbrough à Whitby, 15 arrêts. S'adresser aux offices de tourisme.

Hemsley – Promenades équestres organisées par le **Bilsdale Riding Centre** *(Shaken Bridge Farm - Hawnby - ✆ (01439) 798 225 - www.horseholiday.co.uk).*

À Scarbourough

Kinderland – *Burniston Road - ✆ (01723) 354 555 - www.kinderland.co.uk.* Parc d'attractions pour enfants.

5

Vallons du Yorkshire

Yorkshire Dales

★

NOS ADRESSES PAGE 632

SE REPÉRER
Carte de région B2-3 (p. 540-541) – *carte Michelin 502 N22*. Les Yorkshire Dales sont situées entre trois autres Parcs nationaux, le North York Moors à l'est, Peak District au sud et Lake District à l'ouest.

À NE PAS MANQUER
Skipton et Bolton Priory.

ORGANISER SON TEMPS
Comptez 3 à 4 jours.

Au nord-ouest de la cité manufacturière de Leeds s'étend une région de paysages calcaires, caractérisée par une succession d'éperons rocheux et de grottes, traversés par des rivières souterraines. Au creux des vallons de l'Airedale, de Wensleydale et de Wharfedale, bourgades et villages pittoresques viennent bousculer le silence d'une nature souveraine. Vous êtes dans le Parc national des Yorshire Dales, couvrant une superficie de 1 760 m^2, bordé à l'est par Richmond et Ripon, au sud par Harrogate et Skipton. Le sentier des Pennines (Pennine Way), bien connu des randonneurs, traverse le parc, via Malham, Pen-y-Ghent, Hawes et Hardrow.

Découvrir Carte de région

Skipton B3

35 Coach Street - ✆ (01756) 792 809.
Le charme opère…. Sans doute est-ce la pierre de construction qui lui confère cette harmonie d'ensemble, la poésie du canal Leeds-Liverpool, où des cygnes majestueux accompagnent le glissement des péniches sur l'eau, ou encore

Le vallon de Swaledale.
O. Fantuz / Sime/Photononstop

High Street, grouillant d'animation avec ses marchés traditionnels, sans oublier le château *so british* dans son écrin de verdure, qui rutile sous le soleil.

★ **Skipton Castle** – *✆ (01756) 792 442 - www.skiptoncastle.co.uk - mars-sept. : 10h-18h (dim. 12h-18h) ; reste de l'année : 10h-16h - fermé 25 déc. - 6,20 £ - parking à proximité.* À la fin du 11e s., Robert de Romille, baron normand, fit construire un fort entouré de remparts pour se protéger de l'ennemi écossais. En 1310, le roi Édouard II accorda le château à Robert Clifford, à l'occasion de sa nomination en qualité de lord de Skipton et administrateur des terres situées au nord et à l'ouest de la ville. L'heureux propriétaire entreprit des travaux de fortifications. Mais il mourut prématurément, en 1314, tué à la bataille de Bannockburn. Durant la guerre civile, le château connut trois années de siège et se rendit en 1645. L'actuel château doit beaucoup aux restaurations engagées par lady Anne Clifford (1589-1676). Elle fit également ajouter, au-dessus du porche principal, la devise des Clifford, « Désormais ». La bannière familiale flotte toujours aujourd'hui dans le ciel de Skipton. La jolie cour intérieure, appelée cour du passage secret *(Conduit Court)* et construite par le 10e comte, est plantée d'un if plusieurs fois centenaire. C'est du chemin de halage le long du canal que l'on apprécie le mieux le site défensif.

Holy Trinity Church – *À côté du château - ✆ (01756) 793622 - www.holytrinityskipton.org.uk - 10h-16h30 - cafétéria.* L'église fut agrandie au 15e s. La toiture date de 1488 et le jubé de 1533. Après la Dissolution des monastères, les membres de la famille Clifford furent inhumés dans cette église paroissiale, au lieu du prieuré de Bolton, où ils étaient traditionnellement enterrés. Trois de leurs tombes sont placées à proximité de la barrière de communion du chœur.

LES VALLONS B3

★ Bolton Priory

À Bolton Abbey, 8 km/5 miles à l'est de Skipton par la A 59 - ✆ (01756) 710 238 - www.boltonabbey.com - ♿ - lun.-sam. 8h30-17h (hiver 16h) - possibilité visite guidée (30mn) sur demande.

Le prieuré de Bolton fut fondé par des moines augustins en 1154, au cœur d'un site magnifique, au bord de la Wharfe. À la Dissolution des monastères, le plomb des toits fut arraché, à l'exception de ceux de la nef de l'église et du corps de garde. La façade principale de l'église est d'un style Early English exceptionnel.

Des sentiers de promenade conduisent au **Strid**, là où la rivière franchit une passe très étroite. Des panneaux mettent en garde ceux qui tenteraient de la franchir d'un bond. En effet, certains en sont morts, parmi lesquels, dit-on, le propre fils d'Alicia de Rumilly, qui fit don d'une partie de ses terres pour permettre la construction du prieuré. Les sentiers continuent jusqu'au Barden Bridge.

Malham

À 16 km/10 miles au nord-est de Skipton par la A 65, puis une route secondaire vers le nord.

National Park Centre - ✆ (01969) 652 380 - avr.-oct. : 10h-17h ; nov.-mars : w.-end 10h-16h.

Au nord s'étend **Malham Cove**, un cirque naturel grandiose. Autour des eaux calcaires du **Malham Tarn,** la faune et la flore sont exceptionnelles.

Ingleton

À 39 km/24 miles. Quitter Skipton au nord-ouest par la A 65 - au sud-est d'Austwick.

Yorkshire Dales Falconry and Conservation Centre – *✆ (01729) 822 832 - www.hawkexperience.com - ♿ - 10h-17h - démonstration de vols 12h, 13h30 (et 15h d'avr. à oct.) - 6,50 £ - salon de thé.* Ce centre consacré à la conservation des oiseaux de proie est installé dans des bâtiments agricoles dominant de beaux paysages.

Prendre la B 6255 jusqu'aux grottes de White Scar.

White Scar Caves – *✆ (01524) 241 244 - www.whitescarcave.co.uk - visite guidée (1h20) fév.-oct. : 10h-16h (dernier dép.) ; nov.-janv. : w.-end 10h-16h - 7,95 £ - café, aire de pique-nique.* Ces grottes immenses, formées il y a des centaines de milliers d'années et découvertes en 1923, renferment entre autres une caverne de l'ère glaciaire, des cours d'eau souterrains, des cascades ainsi que d'innombrables stalactites. Elles se trouvent sous les **trois sommets** les plus importants de la région : l'**Ingleborough** (723 m), le **Whernside** (736 m) et le **Pen-y-Ghent** (694 m), très appréciés des marcheurs.

★ Richmond

Friary Gardens - Victoria Road - ✆ (01748) 850 252 - de Pâques à fin oct. : 9h30-17h30 ; de déb. nov. à Pâques : tlj sf dim. 9h30-16h30.

Située dans la partie inférieure de la vallée de Swaledale, à la lisière du Parc national des vallons du Yorkshire, Richmond est une ville commerçante très agréable.

★ **Richmond Castle** – *EH - ✆ (01748) 822 493 - www.english-heritage.org.uk - ♿ - avr.-sept. : 10h-18h ; oct.-mars : jeu.-lun. 10h-16h - fermé 1er janv. et 24-26 déc. - 4,50 £.* En 1071, Alain le Rouge fit ériger le château de Richmond. L'enceinte date probablement de cette période. Solidement établi au bord d'une falaise surplombant la rivière, le château n'a pourtant joué qu'un rôle défensif mineur dans l'histoire de l'Angleterre. Par chance, il fut aussi bien épargné par la guerre des Deux-Roses que par la guerre civile. L'accès se fait par le donjon, ouvrage de maçonnerie roman haut de 30 m, assez imposant pour soutenir la comparaison avec le donjon de Rochester ou la Tour blanche de Londres. Notez le très bel arc du 11e s. À l'exception du donjon de Chepstow, c'est le plus vieux bâtiment de ce type en Angleterre. Au sommet du donjon, une vue panoramique s'étend de la place du marché aux landes.

★ **Georgian Theatre Royal and Museum** – *En empruntant Friar's Wynd à partir de Market Place - ✆ (01748) 823 710 - www.georgiantheatreroyal.co.uk - visite guidée : lun.-sam. : 10h-16h (dép. ttes les h.) - tarif non communiqué.* Inauguré

le 2 septembre 1787, le théâtre fut utilisé à partir de 1840 comme salle des ventes. Restauré en 1963, c'est l'unique théâtre georgien du pays ayant conservé ses caractéristiques d'origine.
Green Howards Regimental Museum – *Trinity Church Square - ✆ (01748) 826 561 - www.greenhowards.org.uk - fév.-nov. : lun-sam. 10h-16h30 - audioguide, vidéo interactive - 3,50 £.* Installé dans l'église de la Ste-Trinité, le musée fut inauguré en 1973 par le colonel en chef du régiment, le roi de Norvège Olaf V. Y sont exposés des uniformes, des médailles, des souvenirs de campagnes, des armes, des insignes et des tableaux de 1688 à nos jours.

Circuit conseillé Carte de région

LA VIE DE CHÂTEAU B2-3

Circuit tracé en vert sur la carte p. 540. De Richmond, prendre la B 6274 jusqu'à Staindrop.

★ Raby Castle B2

À 23 km/14,3 miles au nord de Richmond - ✆ (01833) 660 202 - www.rabycastle.com - château : juil.-août : tlj sf sam. 13h-17h ; mai-juin et sept. : dim.-merc. 13h-17h - 9,50 £ (jardins seuls : 5 £) - cafétéria.

Construit au 14e s. par la famille Nevill, le château de Raby fut confisqué par la Couronne après le « soulèvement du Nord » contre la reine Élisabeth Ire en 1569. En 1626, il fut vendu à sir Henry Vane, trésorier de Charles Ier. Ses descendants, les lords Barnard, l'habitent encore. Malgré son aspect de château du 14e s. ceint de douves, l'intérieur date principalement des 18e et 19e s. La demeure contient une belle collection de peintures, de mobilier et de porcelaine de Meissen. La statue d'un esclave grec aux mains liées, œuvre du sculpteur américain Hiram Powers, fit scandale lors de sa présentation à l'Exposition universelle de 1851. Dans le beau jardin clos, on peut admirer de vieux ifs et un figuier de plus de 200 ans.

Prendre la A 688 jusqu'à Barnard Castle

★ Bowes Museum B2

Situé à Barnard Castle même, et non à Bowes ; suivre la signalisation - ✆ (01833) 690 606 - www.thebowesmuseum.org.uk - ♿ - 10h-17h - possibilité de visite guidée - fermé 1er janv. et 25-26 déc. - 8 £ - café.

Le musée Bowes est un château à la française, entouré de 9 ha de jardins. Sa construction fut décidée en 1869 pour abriter la riche collection d'œuvres d'art (tableaux, tapisseries, mobilier, céramiques, costumes, livres) constituée par John Bowes et son épouse, Joséphine. Parmi les plus belles pièces, figurent *Les Larmes de saint Pierre* du **Greco**, deux tableaux de Goya ainsi que des œuvres de la Renaissance française au 19e s. du Primatice, de Boucher, de Boudin et de Courbet. Une galerie est consacrée aux peintures réalisées par l'ancienne maîtresse des lieux.

Barnard Castle B2

EH - ✆ (01833) 638 212 - ♿ - avr.-sept. : 10h-18h ; oct-mars : w.-end 10h-16h - audioguide - fermé 1er janv. et 24-26 déc. - 4,20 £ - aire de pique-nique.

Les ruines du château dominent la rive abrupte de la Tees et la ville en contrebas. Il fut construit au début du 11e s. sur une terre offerte par Guillaume II aux Baliol, fondateurs du Baliol College à Oxford en 1263 et de l'abbaye Sweetheart

en Écosse. Le château s'organisait autour de quatre cours. Aujourd'hui, la **tour Baliol** (1250) est le vestige le mieux préservé de cet ensemble imposant.
Emprunter la route secondaire qui coupe la A 66, en direction de Redmire, via Langthwaite et Reeth.

★ Bolton Castle B3

℘ (01969) 623 981 - www.boltoncastle.co.uk - ♿ - avr.-oct. : mar.-dim. et lun. fériés 10h-17h ; nov.-mars : se renseigner - fermé 24-25 déc. - 6,50 £ - salon de thé.
Richard Scrope fit construire son château en 1379. C'était une résidence confortable pour l'époque, organisée autour d'une cour intérieure. Le château disposait d'une architecture défensive, avec de solides tours d'angle, de petites tours et des herses. Toute la partie comprise à l'angle sud-est pouvait être fermée pour constituer un donjon indépendant. Marie Stuart y fut retenue prisonnière de 1568 à 1569. Le château est encore parfaitement conservé, malgré les dommages de la guerre civile. De beaux jardins médiévaux bordent la façade principale. La route montant jusqu'au site offre de superbes perspectives sur l'imposant château.
Des sentiers pédestres partent du parking du château, en particulier l'**Aysgarth Path**, qui mène aux chutes de Aysgarth.
Retour à Richmond par la A 6108 via Leyburn.

NOS ADRESSES VALLONS DU YORKSHIRE

HÉBERGEMENT

PREMIER PRIX

À Hawes

Pry House Farm – *℘ (01969) 667 241 - www.pryhousefarm.co.uk -* P *- 3 ch. : 60 £* ☕. Étape de charme perchée en haut d'une colline, à la sortie du village. Chambres spacieuses dont une seule *en-suite*.

À Ingleton

Thorngarth Country Guest House – *New Road - ℘ (01524) 241 295 - www.thorngarth.co.uk -* P *- 5 ch. : 50/60 £* ☕. Belle maison victorienne située au pied du mont Ingleborough. Avis aux marcheurs.

BUDGET MOYEN

À Aysgarth

Stow House Hotel – *Leyburn - ℘ (01969) 663 635 - www.stowhouse.co.uk -* P *- 9 ch. : 80/100 £* ☕. Demeure de cachet donnant sur la très belle vallée de Wensleydale. Chambres avec vue. Proche des sentiers pédestres et partenaire d'un club de tirs (grouse, perdrix et faisans).

À Malham

Beck Hall – *℘ (01729) 830 332 - www.beckhallmalham.com -* P *- 11 ch. : 50/82 £* ☕. Halte rustique mais confortable dans une bâtisse de 1710 au bord d'une rivière à proximité du Pennine Way et de Malham Cove.

À Whashton

Mount Pleasant Farm – *℘ (01746) 822 784 - www.mountpleasantfarmhouse.co.uk -* P *- 5 ch. : 64/80 £* ☕. À 5 km de Richmond, en pleine nature, savourez le calme et le charme de ce nid douillet.

À Pickering

Cawthorne House – *42 Eastgate - ℘ (01751) 477 364 - www.cawthornehouse.co.uk -* P *- 5 ch. : 75 £* ☕. Résidence victorienne coquette sur l'A 170 en direction de Scarborough. Préférez la chambre n° 2, la « Super King ».

POUR SE FAIRE PLAISIR

À Skipton

Herriots Hotel – *À Broughton Road* - ✆ *(01756) 792 781* - *www.herriotsforleisure.com* - P - *ch. : 90/125 £* ☕. Logé à l'entrée de la ville, l'hôtel longe le canal. Il conjugue charme, authenticité et confort. Agréable cour intérieure. Salon confortable.

UNE FOLIE

À Bolton Abbey

The Devonshire Arms Country House Hotel & Spa – ✆ *(0176) 710 441* - *www.devonshirehotels.co.uk*- P - *40 ch. : 230/410 £* ☕. Coup de foudre pour ce luxueux hôtel des Small Luxury Hotels of The World, niché dans un cadre fantastique, à 2mn du célèbre prieuré. Le Burlington, restaurant gastronomique, donne sur un jardin à l'italienne.

RESTAURATION

PREMIER PRIX

À Richmond

Cross View Tea Rooms & Restaurant – *38/39 Market Place* - ✆ *(01748) 825 897.* Décor un tantinet démodé, mais cuisine goûteuse.

À Skipton

The Narrow Boat – *38 Victoria St* - ✆ *(01756) 797 922.* Façade originale pour ce pub traditionnel et populaire. Jolie balustrade.

The Waterside Café – *5 Coach Street* - ✆ *(01756) 797 797.* On apprécie sa terrasse, avec une vue latérale sur le canal. Cuisine thaïe le soir.

Café Jaca – *8 High Street* - ✆ *(01756) 790 949* - Adresse intimiste et design, en contrebas du château. Snacks.

BUDGET MOYEN

À Hetton

Angel Inn – *Près de Rylstone* - ✆ *(01756) 730 263* - *www.angelhetton.co.uk* - *lun.-sam. soir et dim. midi* - *25/35 £.* Cuisine raffinée à déguster dans un cadre médiéval. Réservez.

ACHATS

À Ingleton

Country Harvest – *Sur la A 65* - ✆ *(01524) 242 223* - *www.country-harvest.co.uk.* Produits du terroir, artisanat et vêtements de fabrication locale.

À Skipton

Craven Court – *High Street* Un étroit couloir protégé par une jolie verrière conduit à une superbe cour intérieure où les boutiques occupent le rez-de-chaussée et l'étage.

ACTIVITÉS

À Skipton

Pennine Boat Trips – *Wharf Office - Waterside Court - Coach Street* - ✆ *(01756) 790 829* - *www.canaltrips.co.uk.* Promenade d'1h en **péniche** sur le canal Leeds-Liverpool.

À Ingleton

Randonnée – Découvrez le **Waterfalls Trail**, à Ingleton, signalé sur la route A 65. Informations au Waterfalls Trail Entrance Pay Kiosk (✆ *(01524) 241 930* - *www.ingletonwaterfallstrail.co.uk).*

Ripon

★

17 557 habitants

NOS ADRESSES PAGE 639

S'INFORMER

Office de tourisme – *Minster Road - ☎ (08453) 890 178 - www.harrogate.gov.uk - avr.-oct. 10h-17h, dim. 10h-13h.* Vous y trouverez la carte *Discover Ripon on foot*, qui propose cinq itinéraires thématiques (de 1h à 1h30).

SE REPÉRER

Carte de région B3 (p. 541) – *carte Michelin 502 P21 - North Yorkshire.* Ripon se trouve à 25 km/15,5 miles au nord de Harrogate et à 55 km/34 miles au nord-ouest de York.

À NE PAS MANQUER

La cathédrale et Fountains Abbey.

ORGANISER SON TEMPS

Prévoyez 1 ou 2 jours avec les alentours.

AVEC LES ENFANTS

Lightwater Valley à North Stainley ; Newby Hall.

Avis à la population ! Chaque soir à 21h s'élève de Market Square le son du cor « pour le réglage des montres ». Cette coutume héritée du Moyen Âge commémore la responsabilité qui incombait au veilleur de nuit de protéger les citoyens jusqu'à l'aube. Une taxe de deux pence par porte de maison lui était annuellement versée et, sur la base de cette « prime d'assurance », il remboursait tout dommage subi pendant la nuit.

Découvrir

★ Rippon cathedral

☎ (01765) 602 072 - www.riponcathedral.org.uk - ♿ - 7h30-18h15, dim. 8h30-18h15 - visite guidée (1h) sur demande préalable - offrande.

Élevée sur l'ancienne crypte de l'église St-Wilfrid (672), la cathédrale, commencée en 1154, offre le spectacle d'une imposante façade principale, de style gothique Early English, « la plus belle d'Angleterre » (Pevsner).

Immédiatement à droite après le portail ouest se trouvent les fonts baptismaux. Au-dessus, dans l'ouverture la plus occidentale du bas-côté sud, de petits vitraux circulaires du 14e s. sont les seuls vestiges de la verrière orientale, mise à mal en 1643 par les troupes parlementaires qui détruisirent également les « représentations idolâtres » du **jubé**. Celles-ci furent remises en place par un sculpteur au cours de la Seconde Guerre mondiale.

À droite de l'autel, des marches descendent vers la **crypte saxonne** (3,50 m sur 2,50 m et moins de 3 m de hauteur) construite par saint Wilfrid à son retour de Rome. Une partie de la tour centrale s'écroula en 1450 lors d'une tempête.

William Bromflete et quelques artisans de l'école dite de Ripon (fin du 15e s.) mirent cinq années à sculpter les miséricordes des stalles du chœur. L'une représente un éléphant et un château *(« Elephant and Castle »)*, à propos desquels on a souvent affirmé qu'il s'agissait de l'interprétation erronée du titre d'infante de Castille *(« Infanta of Castile »)* que portait Éléonore, la femme d'Édouard Ier. Pour l'anecdote, de nombreux pubs ont adopté ce nom! L'impressionnante grille en fer forgé de la chapelle du St-Esprit illustre les « langues de feu » de la Pentecôte. Le **trésor** renferme une collection d'argenterie ainsi que le « joyau de Ripon », une broche saxonne ornée d'ambre et de grenats, trouvée à proximité en 1976.

Se promener

Market Square

Market Square est l'une des places les plus vastes du nord du pays. L'**obélisque**, aux quatre coins duquel on sonne le cor, date de 1781. Il fut érigé pour célébrer les 60 ans de mandat parlementaire de William Aislabie, qui demeurait à Studley Royal. L'**hôtel de ville**, construit par Wyatt en 1801, est orné d'un portique ionien sur la frise duquel est gravée la sentence : « Si Dieu ne veille pas sur la cité, le veilleur veille en vain. » Les quatre cors de la ville sont exposés dans le salon du maire, notamment le cor de la charte, vieux de plusieurs siècles et symbole de l'octroi de la première charte à Ripon en 886.

Tout près se tient la **Wakeman's House** (maison du Veilleur – 14e s.), maison à colombage à deux étages. Hugh Ripley, dernier résident et détenteur de la fonction, devint en 1604 le premier maire de Ripon.

Ripon Workhouse Museum of Yorkshire Poor Law

Allhallowgate - ✆ (01765) 690 799 - www.riponmuseums.co.uk - avr.-oct. : 13h-16h ; vac. scol. : 11h-16h - 3,50 £.

Le musée de la Maison de correction de Ripon, bâtiment datant de 1854, montre les sordides conditions de vie des exclus de la société victorienne, autrement dit, les mendiants, les orphelins, les vieillards et les fous (exposition de photographies du 19e s.), seule alternative à la rue. Les vagabonds étaient épouillés dans des baignoires semblables à des cercueils, puis enfermés dans de minuscules cellules pour la nuit. Ils payaient leur gîte en cassant des pierres ou en sciant du bois.

Prison and Police Museum

St Marygate - ✆ (01765) 690 799 - www.riponmuseums.co.uk - avr.-oct. : 13h-16h ; vac. scol. : 11h-16h - 3,50 £.

Dans cette ancienne prison, deux siècles de maintien de l'ordre sont relatés, illustrés par divers documents, estampes et objets tels qu'un pilori et un poteau où étaient attachées les personnes qui recevaient des coups de fouet.

À proximité Carte de région

★★★ Fountains Abbey B3

À 5 km/3 miles à l'ouest de Ripon par la B 6265 - NT - ✆ (01765) 608 888 - www.nationaltrust.org.uk - ♿ - avr.-sept. : 10h-17h ; fév.-mars et oct. 10h-16h ; nov.-janv. : tlj sf vend. 10h-16h (dernière entrée 1h av. fermeture) - possibilité de visite guidée en anglais - fermé 24-25 déc. - 8,50 £ - restaurant.

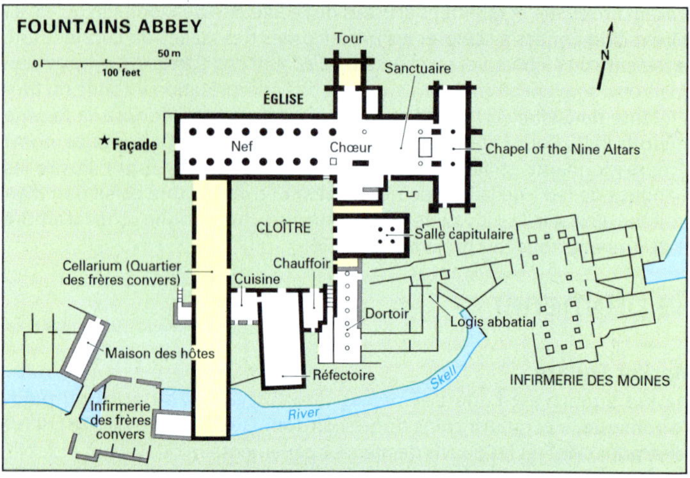

Situé dans une vallée boisée, traversée par la rivière Skell, cet ensemble de vestiges cisterciens, le plus complet parvenu jusqu'à nous, est un témoignage admirable de la vie monastique au Moyen Âge.

C'est en 1132 qu'un petit groupe de moines bénédictins, révoltés par le relâchement de la discipline dans leur abbaye de York, se vit attribuer une terre dans ce « lieu totalement retiré du monde ». Aussitôt accueillis dans l'ordre de Saint Benoît, ces moines entreprirent de travailler dur pour transformer leur environnement et le rendre productif. En moins d'un siècle, Fountains Abbey devint le centre d'une énorme affaire qui gérait des forêts, des terres agricoles, des fermes piscicoles et des serrureries, investissant ses profits dans un programme de construction ambitieux.

Ce grand complexe tomba en ruine à la suite de la dissolution des monastères, mais il fut racheté en 1768 par la famille Aislabie, qui souhaitait depuis longtemps intégrer le site au domaine voisin de **Studley Royal**.

Visitor Centre (Centre d'accueil) – L'histoire de l'abbaye, la règle cistercienne ainsi que la création des jardins de Studley Royal y sont présentées.

Du centre d'accueil, des sentiers mènent à l'abbaye, l'un escarpé et direct (5mn), l'autre plus long et moins pentu (10mn). Au portail, tourner à droite vers Fountains Hall, ou à gauche jusqu'aux ruines de l'abbaye et aux jardins. Mêmes conditions de visite pour les trois sites.

Fountains Hall – Splendide maison à 5 étages construite entre 1598 et 1611 avec des matériaux provenant de l'abbaye, cette demeure offre une **façade**★ principale impressionnante. Sur la rive droite de la Stour, le musée expose une reproduction à grande échelle de l'abbaye.

Fountains Abbey – Les terres verdoyantes du fond de la vallée conduisent jusqu'à la façade principale de l'abbatiale, dépourvue de couverture. Une très longue rangée de bâtiments monastiques, comprenant le dortoir des frères lais au-dessus du *cellarium*, s'étend sur la droite. La haute tour de l'église fut érigée vers 1500 sur la nef romane

COUP DE PROJECTEUR

Fountains Abbey s'illumine le samedi *(de mi-sept. à mi-oct)*, du crépuscule jusqu'à 22h, et résonne de chants grégoriens.

préexistante, tandis qu'à l'est, la magnifique **chapelle des Neuf-Autels** du 13e s. affiche des caractéristiques que l'on retrouve plus tard dans la cathédrale de Durham, notamment dans ses arcs élancés et dans l'immense verrière de style Perpendicular.

Au sud et bordant la rivière, les **quartiers des moines** se déploient sur des dizaines de mètres. À l'est, les fondations et les murs de soutènement de l'infirmerie et de la résidence du père supérieur sont impressionnants. Les vestiges les plus beaux et les plus éloquents sont ceux des bâtiments groupés autour du cloître, selon le schéma cistercien classique : à l'est, la **salle capitulaire**, à laquelle on accède par trois arcs romans ; au sud, le **grand réfectoire**, dont la porte arbore de riches voussures ; et à l'ouest, le **cellarium,** révélant un superbe intérieur voûté, long de 90 m.

À l'extérieur de l'enceinte se trouvent la **maison des hôtes** et l'**infirmerie des frères convers**.

Studley Royal – *Les jardins ont été conçus pour être visités à partir de Canal Gate : promenade courte (45mn), parcours moyen (1h45), tour complet (2h en excluant le Seven Bridges Walk).* Ancien chancelier de l'Échiquier tombé en disgrâce, John Aislabie jouissait d'une grande fortune personnelle qui lui permit de consacrer ses années de retraite (1720-1742) à transformer la vallée sinueuse de la Skell en un paysage spectaculaire, où les constructions furent agencées de manière à célébrer Dame Nature, et évoquer un passé romanesque.

Des centaines d'ouvriers remodelèrent le cours de la vallée pour créer une série de plans d'eau réguliers. L'**étang de la Lune** est dominé par un **temple** classique **de la piété**, tandis que la rivière canalisée émerge d'une grotte sombre pour aboutir à une retenue et finalement se déverser dans le lac en une **grande cascade**, flanquée de pavillons symétriques.

On aborde la promenade tracée sur les hauteurs par un passage couvert tortueux. Le sentier conduit, au-delà d'une **tour gothique** et d'un élégant **temple de la Renommée**, au « banc d'Anne Boleyn », d'où la **vue** sur les jardins de l'abbaye est splendide.

Empruntez le **Seven Bridges Walk**, très agréable promenade qui zigzague d'une rive à l'autre de la Skell.

En haut de la réserve de cerfs *(The Deer Park)* s'élève derrière un jardin l'église **St Mary**, chef-d'œuvre gothique de la grande époque victorienne dû à William Burges. De ce lieu part vers l'est une longue allée, dessinée dans l'alignement des tours jumelles de la cathédrale de Ripon.

Lightwater Valley B3

À North Stainley - 5 km/3 miles au nord par la A 6108 - (0871) 720 0011 - www.lightwatervalley.co.uk - - juin-août : 10h-16h30 (ouverture des attractions 10h30) ; reste de l'année : se renseigner - 19,45 £ (enf. 16,95 £).

Une énorme « planète » orange survole ce parc thématique de 71 ha situé en pleine campagne. La « Planet Lightwater » propose de nombreuses attractions pour tous les âges, allant de Ladybird, petit train à vapeur pour les petits, à Ultimate Beast, les plus grandes montagnes russes du monde.

Black Sheep Brewery B3

Masham - 13 km/8 miles au nord par la A 6108 - ✆ (01765) 689 227 - www.blacksheepbrewery.com - 10h30-16h30 (jeu.-sam. 23h) - fermé 1er janv. et 25-26 déc. - visite guidée 5,95 £.

La famille Theakston s'occupe, depuis plusieurs générations, de la brasserie traditionnelle de Masham. Lorsqu'il reprit l'entreprise en 1989, Paul Theakston aménagea la brasserie à l'intérieur d'un ancien *kiln* (sorte de four en forme de tour, servant à la fabrication des whiskys maltés).

The World of James Herriot B3

À Thirsk, 20 km/12,5 miles au nord-est par la A 61 - ✆ (01845) 524 234 - www.worldofjamesherriot.org - de Pâques à fin oct. : 10h-17h ; reste de l'année : 11h-16h (dernière entrée 1h av. fermeture) - fermé 1er janv. et 24-26 déc. - 6 £.

Les expériences vécues, souvent drôles et mouvementées, du vétérinaire devenu auteur lui gagnèrent le cœur de millions de lecteurs à travers le monde et donnèrent lieu à une série télévisée populaire, tournée dans le Yorkshire. Visitez la demeure de James Herriot ainsi qu'une exposition consacrée à la série télévisée et à ses interprètes.

★ Newby Hall B3

À 6 km/4 miles au sud-est, par la B 6265, puis une route secondaire - ✆ (01423) 322 583 - www.newbyhall.com - ♿ - avr.-sept. : visite guidée mar.-dim., lun. fériés et lun. en juil.-août dép. ttes les h. 12h-16h - jardin : 11h-17h ; avr.-juin et sept. : fermé lun. - 12 £ (jardin 8,50 £ ; enf. 7 £) - restaurant.

La maison en brique du 17e s. fut transformée et agrandie au 18e s. par John Carr et Robert Adam. La **salle des Tapisseries** des Gobelins, dont la tenture des *Amours des dieux*★ est tissée sur une trame inhabituelle, et **la galerie des Sculptures**, conçue pour accueillir l'exceptionnelle collection de statues classiques que William Wedell rapporta d'Italie en 1765, sont les deux pièces les plus précieuses du château. Citons également un beau mobilier Chippendale et une collection originale de pots de chambre du 16e au 19e s.

Au sud de la maison, de superbes **jardins** descendent jusqu'à l'Ure. L'axe principal est constitué d'une large allée de gazon flanquée de bordures herbacées. De part et d'autre s'étendent des jardins compartimentés, plantés pour fleurir à différentes saisons. Plantes rares, arbres et arbustes côtoient la collection nationale de cornacées. Un petit train embarque les visiteurs, longeant la rivière depuis Lime Avenue, jusqu'aux jardins de l'Aventure, réservés aux enfants. Un sentier forestier permet d'explorer le parc. Près du portail se dresse l'église du Christ-Consolateur, dédiée à Frederick Vyner, tué par des brigands lors d'un voyage en Grèce en 1870. Sa mère commanda à William Burges la construction de cet ex-voto monumental, de style gothique Early English.

NOS ADRESSES À RIPON

HÉBERGEMENT

BUDGET MOYEN

Ravencroft Bed & Breakfast – *Moorside Avenue - ✆ (01765) 602 543 - www.ravencroftbandb.com - P - 2 ch. : 64/74 £ ☕.* À 1,5 km du centre-ville, cette maison de campagne propose un hébergement luxueux avec de grandes chambres, des lits *king size*, et des salles de bains en pin.

Crescent Lodge – *42 North Street - ✆ (01765) 609 589 - www.crescent-lodge.com - 5 ch. : 65 £ ☕.* Jolie maison georgienne située à deux pas de Market Place. Chambres spacieuses et confortables. Accueil chaleureux.

POUR SE FAIRE PLAISIR

Best Western Ripon Spa Hotel – *Park Street - ✆ (01765) 602 172 - www.bw-riponspahotel.co.uk - P - 40 ch. : 110/125 £ ☕.* À 5mn à pied de la cathédrale, belle propriété avec terrasses donnant sur un grand jardin. L'hôtel possède un terrain de croquet de championnat *(accès gratuit pour les clients).*

RESTAURATION

PREMIER PRIX

Golden Lion – *69 Allhallowgate - ✆ (01765) 602 598 - www.thegoldenlionripon.co.uk.* Pub traditionnel servant des plats copieux et savoureux. Accueil fort sympathique.

BUDGET MOYEN

Lockwoods – *83 North Street - ✆ (01765) 607 555 - www.lockwoodsrestaurant.co.uk.* Ce café-restaurant évolue dans un décor contemporain. Il propose une cuisine fraîcheur associant plats traditionnels et saveurs méditerranéennes.

ACHATS

Bon à savoir – pour le shopping rendez-vous sur Wesgate. Galeries d'art, librairies (livres anciens) et souvenirs sur Kirkgate.

March Hare Gallery – *Duck Hill - ✆ (01765) 608 833 - www.marchharegallery.com.* Objets d'art et artisanat, céramiques, et bijoux.

Marché – Chaque jeudi sur Market Square.

ACTIVITÉS

Randonnée – Adressez-vous à l'office de tourisme pour obtenir le fascicule indiquant le tracé des 4 circuits du **Sanctuary Way Walk** (itinéraires de 2 à 4h réalisés par les deux Rotary Clubs de Ripon).

Vélo – Des itinéraires de 2h partent de Market Place jusqu'à Bishop Monkton, Burton Leonard, Fountains Abbey, Newby Hall ou Norton Conyers. S'adresser à l'office de tourisme pour connaître le détail des routes cyclables.

York

★★★

136 806 habitants

NOS ADRESSES PAGE 649

S'INFORMER

Office de tourisme – De Grey Rooms - *Exhibition Square - ✆ (01904) 550 099 - www.visityork.org - 9h-17h (été 18h), dim. 10h-16h (été 17h).*

SE REPÉRER

Carte de région C3 (p. 541) – *carte Michelin 502 Q22 - North Yorkshire.* York se trouve à 42 km/24 miles au nord-est de Leeds et à 121 km/75 miles de Durham.

À NE PAS MANQUER

York Minster, le National Railway Museum, le quartier des Shambles et Howard Castle.

ORGANISER SON TEMPS

Comptez 3 jours avec les alentours.

AVEC LES ENFANTS

National Railway Museum et Jorvik Viking Centre.

La fière cité médiévale de York est toujours aussi bien gardée… ses fortifications, quasi intactes, la couronnent jalousement jusqu'aux rivières Ouse et Foss. Les « bars », ou portes d'entrée fortifiées de la ville, situées aux quatre points cardinaux, impressionnent encore. « Monk Bar » au nord, surnommée « le sauvage » (« the wild man ») était plus couramment utilisée pour verser de l'huile bouillante sur les assaillants écossais que pour faciliter le passage de pieux visiteurs ! Aujourd'hui, les touristes se promènent librement sur le chemin de ronde, d'où se multiplient de sublimes perspectives sur la cathédrale. Si York Minster est le symbole d'une gloire passée, elle reste la grande dame de ces lieux. À la lumière du soleil couchant, sa façade altière s'enflamme comme une torche.

Découvrir Plan de ville

★★★ YORK MINSTER B1

Deangate - ✆ (01904) 557 216 - www.yorkminster.org - ♿ - 9h-17h30 (nov.-mars 9h30-17h30), dim. 12h-15h45 - possibilité de visite guidée (1h) incluse dans l'entrée - 8 £ - tour 5 £ (interdit -8 ans).

La consécration de la cathédrale à saint Pierre accentua l'étroitesse des liens noués avec Rome après l'union des rites celte et romain en 664, au synode de Whitby. Cette cathédrale est l'édifice gothique le plus grand situé au nord des Alpes. Elle mesure 160 m de long et 76 m de large à la croisée du transept. La voûte s'élève à 27 m et la tour à 60 m de hauteur. La façade principale, achevée entre 1430 et 1470 par l'adjonction des tours, adopte une esthétique caractéristique des cathédrales françaises du 13e s. Pourtant, à cette époque, l'Angleterre connaissait déjà la gloire des façades-écrans propres à son architecture religieuse, comme à Lincoln et à Wells.

Intérieur

La nef, construite entre 1291 et 1350, est de style gothique Decorated. Le transept date du milieu du 13e s. La **salle capitulaire★★** (vers 1300), de forme octogonale, possède un magnifique plafond voûté en bois. Le **jubé★★** fut réalisé à la fin du 15e s. par William Hindeley. Il est orné, de part et d'autre du passage central, de statues des rois d'Angleterre depuis Guillaume le Conquérant. Le plus beau monument funéraire de la cathédrale est le **tombeau** (1) de celui auquel on doit l'édifice actuel, **Walter de Gray**, archevêque de 1215 jusqu'à sa mort en 1255. Sa crosse, sa patène, son calice et son anneau sont exposés dans le trésor de la cathédrale.

★★★ Vitraux

La cathédrale renferme la plus grande concentration de vitraux médiévaux d'Angleterre. La **verrière ouest** (2), en forme de cœur, fut réalisée en 1339 par maître Robert pour l'archevêque William de Melton. La **verrière est** (3) fut exécutée par John Thornton dans la chapelle de la Vierge, entre 1405 et 1408. Elle constituait la plus vaste surface de vitrail médiéval du pays. L'école des verriers d'York, dont la réputation était déjà solidement établie, fut dès lors encensée. Le **vitrail des Cinq Sœurs** (4), lancettes en grisaille datant d'environ 1250, est le plus ancien. Il est toujours à son emplacement d'origine. Le **vitrail du Pèlerinage** (5), de 1312, représente des grotesques, les funérailles d'un singe et des scènes de chasse qui rappellent les thèmes des miséricordes sculptées à cette époque. À côté, le **vitrail des Fondeurs de cloches** (6) fut offert par Richard Tunnoc, enterré dans la cathédrale en 1330. Il y est peint présentant son

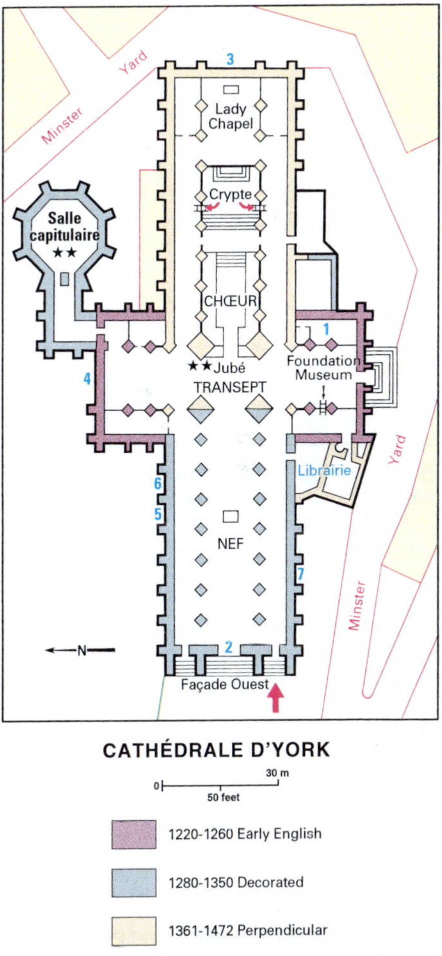

CATHÉDRALE D'YORK

œuvre à l'archevêque, parmi des fondeurs et des sonneurs de cloches. Le **vitrail de Jessé** (7), représentant l'arbre généalogique du Christ, date de 1310.

Foundation Museum – On s'aperçut en 1966-1967 que les fondations du mur élevé à l'est et celles des tours ouest, ainsi que les 16 000 t de la tour centrale, étaient en train de s'affaisser. Un programme de consolidation fut entrepris pour cinq ans. Des milliers de tonnes de terre et de roche furent remuées, découvrant aussi bien les murs du quartier général romain que ceux de la première cathédrale romane du 11e s., dont les fondations étaient renforcées de manière ingénieuse par des rondins de chêne. Les anciennes fondations furent fixées par des barres d'acier, puis on coula du béton. Le visiteur peut aujourd'hui distinguer les niveaux des constructions romaines et romanes.

Le **trésor** *(accès par le musée des Fondations)* expose une collection d'argenterie en usage à York entre 1485 et 1858 et de la vaisselle religieuse en or.

Près du portail sud de la cathédrale, une statue en bronze de **Constantin** a été érigée en 1998 par Philip Jackson, à l'emplacement présumé où l'armée romaine l'aurait proclamé empereur en 306.

Treasurer's House B1

Minster Yard - NT - ✆ (01904) 624 247 - www.nationaltrust.org.uk - ♿ - avr.-nov. : tlj sf vend. 11h-16h30 (nov. 15h) - 6 £ - salon de thé.

Reconstruite aux 17e et 18e s., la maison des trésoriers de la cathédrale possède de magnifiques salons en enfilade, avec mobilier et tableaux sur quatre cents ans. Dans la grande salle, on notera un escalier insolite de 1700 environ. Le plafond de la salle à manger (début 18e s.) est scandé de poutres et de panneaux décoratifs. Une fascinante collection de verres (torsadés, cannelés, gravés, à facettes) atteste l'habileté des artisans verriers.

Se promener Plan de ville

★★ THE WALLS B1-C2

Le tour complet représente fait 5 km, aussi nous vous proposons de parcourir ce chemin de ronde seulement de Bootham Bar (accès par des escaliers à droite de la porte) à Monk Bar, la plus belle fraction du mur qui contourne la cathédrale.

La **Multangular Tower**, extrémité ouest du fort romain, se dresse encore dans le parc du musée du Yorkshire, à proximité des ruines de l'abbaye St Mary. La muraille du 13e s. suit le tracé de l'ancienne fortification romaine au nord de la cathédrale et s'appuie sur le remblai de terre défensif érigé par les Vikings. Les Normands percèrent cette butte de *bars*, ou portes fortifiées, où aboutissent aujourd'hui encore certaines routes menant au centre-ville. De **Bootham Bar★**, le mur contourne le jardin du doyen pour atteindre **Monk Bar★** et Aldgate. Là, la rivière Foss entourée de marécages, constituait un rempart naturel. Un mur en brique datant de 1490 part de **Red Tower**, passe par **Walmgate** et longe le château par le sud pour atteindre **Fishergate Postern**, édifiée en 1505 sur ce qui était à l'époque la berge de la rivière. Là, c'est le château qui constitue la défense ; le mur ne reprend qu'après Skeldergate Bridge et **Baile Hill** pour continuer jusqu'à **Micklegate Bar★**, porte par laquelle la tradition voulait que le roi entrât dans York. C'est à cet endroit qu'étaient exposées, après leur exécution, les têtes des traîtres. Le mur s'oriente ensuite vers le nord-est et conduit à **North Street Postern**, où un bac traversait l'Ouse avant la construction du pont Lendal.

Les remparts et la cathédrale.
C. Warren / Sime/Photononstop

DANS LE CENTRE B1-2

Circuit tracé en vert sur le plan p. 645. De Bootham Bar, s'engager sur High Petergate.

Une jolie maison à colombage pourvue de chiens assis accapare une longue façade. Notez au n° 15, sur l'enseigne « The Three Lagged Mare », une scène de pendaison. Ce châtiment était le loisir préféré des habitants d'York jusqu'au 19e s. !

Emprunter Minster Yard.

Au-dessus, à l'angle de High Petergate, vous pouvez voir la statuette de **Minerve casquée** (1801). Assise sur un socle orné, la déesse de la Sagesse, vêtue d'un beau drapé à l'antique, prend naturellement appui sur des livres.

Poursuivre sur Stonegate.

Face à l'élégante boutique de 1929 du Bettys Café (n° 46), avec sa vitrine renflée, remarquez la belle façade d'une maison de 1682, dont la décoration (grisaille d'angelots, visages entourés de guirlande de lauriers, fleurs de lys et masques dorés) mélange motifs antiques et baroques. À côté se trouve une intéressante maison à colombage de 1434, « **Mulberry Hall** ». La frise d'entrelacs végétaux soufflée par une tête d'animal aux deux extrémités, qui sépare les deux étages, est une réminiscence du répertoire celtique.

Tourner à gauche sur Little Stonegate et Swingate.

★ Shambles B1

Avec ses maisons médiévales à colombage, toutes plus saillantes et biscornues les unes que les autres, Shambles est la rue la plus étroite et la plus pittoresque d'York. À proximité, **Pavement Street** se nomme ainsi car elle fut la première rue pavée au Moyen Âge.

★ Merchant Adventurer's Hall B2

Picadilly Street - ☏ (01904) 654 818 - www.theyorkcompany.co.uk - ♿ - avr.-sept. : lun.-jeu. 9h-17h, vend.-sam. 9h-15h30, dim. 12h-16h ; oct.-mars : tlj sf dim. 9h-15h30 - fermé 1er janv. et 25 déc. - 5 £ audioguide du Hall inclus.

5

SE LOGER

- Alexander House 1
- Bay Tree Guest House 7
- Bronte 8
- Coach House Hotel 10
- Middlethorpe Hall 13
- Monkbar Hotel 16
- The Grange Hotel 19

SE RESTAURER

- Blue Bicycle 1
- Café Concerto 4
- Café n°8 bistro 7
- Four High Petergate 10
- Harkers 13
- Kennedy's 16
- Melton's 19
- Melton's Too 22
- Rish 25
- The Olive Three restaurant 28

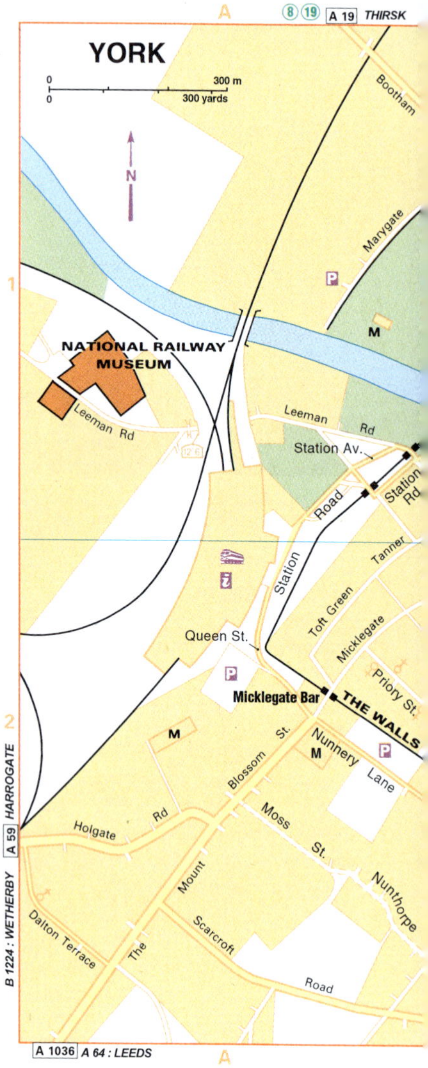

Cette superbe maison située en contrebas de Fossgate et Picadilly Street, au niveau des habitations du Moyen Âge, appartenait à la guilde des marchands de la Ste-Trinité. Cette corporation était la plus riche et la plus puissante d'York. Cela explique la présence exceptionnelle d'une chapelle privative, qui fut consacrée en 1411. La pièce la plus spectaculaire est le grand Hall de 1357. Constitué d'une double nef, long de 30 m et haut de 15 m, il révèle une étonnante charpente. Si les artisans se fournissaient en bois de chêne dans les forêts des environs, ils importaient en revanche la brique des Flandres.

Prendre Coppergate Street et Coppergate Walk.

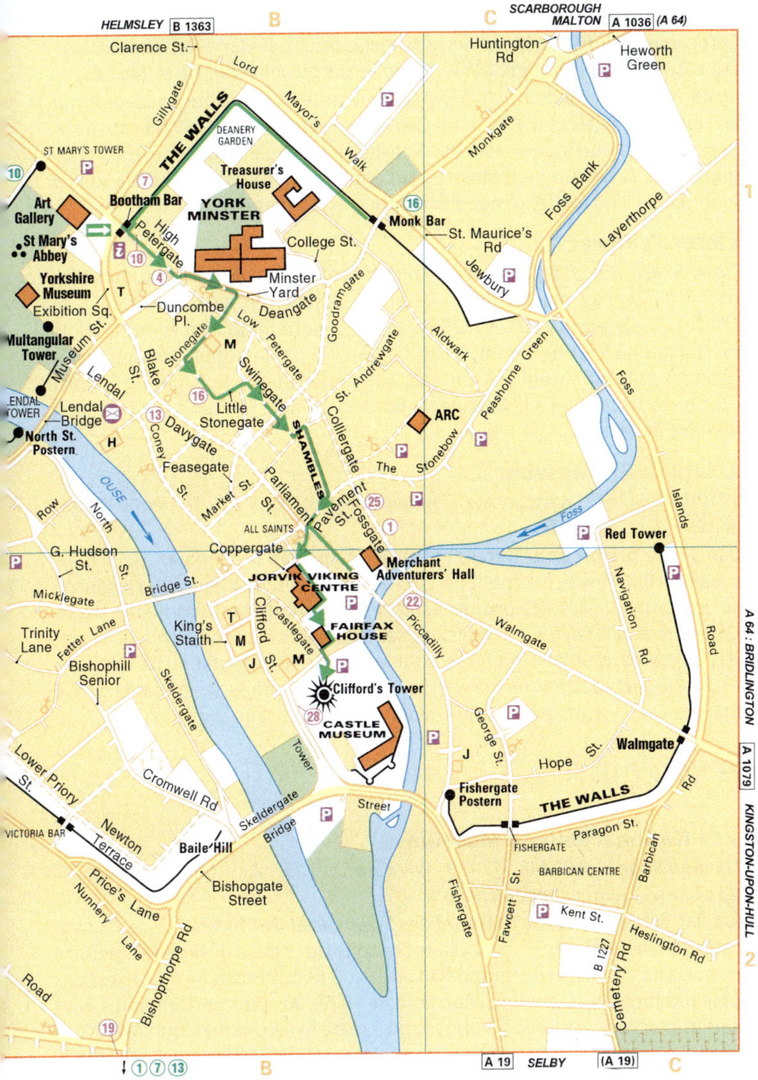

★ **Jorvik Viking Centre** B2

Coppergate - ✆ (01904) 615 505 - www.vikingjorvik.com - avr.-oct. : 10h-17h (dernière entrée) ; nov.-mars : 10h-16h - audioguide en français - fermé 25 déc. - 8,95 £ (enf. 6 £).

Lors de travaux effectués entre 1976 et 1981, des archéologues découvrirent quatre rangées de maisons de l'ancien bourg viking, abritant des objets remarquablement conservés (fibules, bottes). Les technologies les plus avancées ont été utilisées pour recréer la cité danoise, avec de surcroît les sons et les odeurs du 10e s. Chaque année, en février, la Société archéologique d'York organise le **Festival viking de Jorvik** *(voir Nos adresses)*.

★ Fairfax House B2

Castlegate - ✆ (01904) 655 543 - www.fairfaxhouse.co.uk - de mi-fév. à fin déc : lun.-jeu. et sam. 11h-16h30, dim. 13h30-16h30 - visite guidée vend. 11h et 14h - 6 £.
Sa construction fut commandée par le vicomte Fairfax pour sa sœur Anne au célèbre architecte d'York John Carr. Cette demeure de 1755 fut sauvée *in extremis* de la destruction en 1983. Son intérieur révèle un décor rococo typique du 18e s., notamment illustré par l'opulent plafond de stuc de la salle à manger ainsi qu'un beau mobilier d'époque georgienne.

Clifford's Tower B2

Tower Street - EH - ✆ 646 940 - www.english-heritage.org.uk - avr.-sept. : 10h-18h ; oct. : 10h-17h ; nov.-mars : 10h 16h - fermé 24 -26 déc. et 1er janv. - 3,50 £.
Elle fut élevée entre 1250 et 1275 par Henri III pour remplacer le fort en bois de Guillaume le Conquérant, incendié en 1190 par la population qui assiégeait les Juifs qui s'y étaient réfugiés. Elle porte le nom de Roger de Clifford qui, après sa capture à la bataille de Boroughbridge, fut pendu et enchaîné en haut de cette tour, le 16 mars 1322.

★ York Castle Museum B2

✆ (01904) 687 687 - www.yorkcastlemuseum.org.uk - ♿ - 9h30-17h - fermé 1er janv. et 25-26 déc. - 8 £ - café.
L'ancienne **prison pour dettes** et l'ancienne **prison de femmes**, deux bâtiments datant respectivement de 1705 et 1777, abritent aujourd'hui le Musée sociologique de la ville. *Kirkgate* est la reproduction exacte d'une rue victorienne, avec ses fiacres, ses maisons, ses boutiques et même son commissariat de police. *Half Moon Court* évoque quant à elle le quotidien des artisans et des paysans à l'époque édouardienne. Dans sa cellule, le voleur de grand chemin Dick Turpin revit la nuit d'avant son exécution…

À voir aussi Plan de ville

★★★ National Railway Museum A1

Leeman Road - ✆ 08448 153 139 - www.nrm.org.uk - ♿ - 10h-18h - fermé 24-25 déc. - restaurant - parking payant.
Rattachée au **musée national des Sciences et de l'Industrie**, cette institution présente de façon exemplaire l'histoire du chemin de fer en Angleterre depuis son invention. Le grand hall abrite de nombreuses locomotives, des plus rudimentaires (comme l'*Agenoria* de 1829), aux plus performantes (diesels et électriques), ainsi qu'une maquette de la locomotive qui traverse le tunnel sous la Manche. À côté trônent des modèles légendaires, tels que la *Stirling 4-2-2* de 1870 avec son grand volant, l'élégante *Lode Star* de 1907 ou la superbe *Mallard*, qui atteignit, en 1938, 203 m/h, record de vitesse mondial pour une locomotive à vapeur. La silhouette Art déco de la *Mallard* contraste avec le fonctionnalisme de l'*Evening Star*, construite en 1960 pour les British Railways et abandonnée seulement huit ans plus tard, lorsque la vapeur céda définitivement la place à la motorisation.
En parallèle, le musée aborde les questions d'histoire et de technologie liées au train. La collection comprend également des éléments de décor, des affiches et des ouvrages originaux. Enfin, le hall sud restitue l'atmosphère d'une grande gare des années 1950… quais, locomotives, wagons de première et de deuxième classe, wagons-restaurants et wagons-lits, wagonnets et autre matériel roulant : tout y est !

UNE VILLE VIKING

En 71 de notre ère, la 9e légion romaine édifia la forteresse d'Eboracum, qui allait devenir la capitale de la province du Nord. C'est ici que Constantin le Grand fut proclamé empereur en 306. Après le départ des romains, les Anglo-Saxons firent d'Eoforwic la capitale de leur royaume de Northumbrie. En 627, le roi Edwin y fut baptisé par Paulin. Les Vikings s'emparèrent en 866 de la ville qui devint, sous le nom de Jorvik, un des principaux centres d'échanges commerciaux en Europe du Nord. La domination viking s'exerça jusqu'en 954, mais l'influence et les coutumes scandinaves se perpétuèrent bien au-delà de la conquête normande. Au Moyen Âge, York, dont la prospérité reposait sur la laine, comptait 10 000 habitants et 40 églises : la ville du pays la plus riche après Londres. Le ralentissement du commerce lainier, qui suivit la guerre des Deux-Roses (1453-1487), et la Dissolution des monastères entraînèrent le déclin économique de la cité. Les nombreuses et élégantes constructions georgiennes d'York traduisent davantage le désir des gens aisés du Nord de posséder une maison dans cette ville devenue un centre important de vie sociale et culturelle, qu'elles ne reflètent un retour de la ville à sa situation de jadis.

Yorkshire Museum B1

✆ (01904) 687 687 - www.yorkshiremuseum.org.uk - ♿ - 10h-17h - fermé 1er janv. et 25-26 déc. - 7 £.

Le musée retrace l'histoire d'York et de ses environs, de l'occupation romaine, en passant par la domination viking, au Moyen Âge. Le joyau et la bague Middleton sont les pièces maîtresses de la période médiévale. Une section est consacrée à l'**abbaye St Mary**, maison bénédictine fondée en 1088 par Guillaume II le Roux. Tous les quatre ans, en juin et juillet, les vestiges de l'abbaye servent de décor aux « mystères d'York », représentations théâtrales relatant la vie du Christ et dont la tradition remonte à 1340 *(www.yorkmysteryplays.co.uk - prochaine édition : 2014).*

York City Art Gallery B1

Exhibition Square - ✆ (01904) 687 687 - www.yorkmuseumstrust.org.uk - ♿ - 10h-17h (dernière entrée 30mn av. fermeture) - fermé 1er janv. et 25-26 déc.

Vaste collection de peintures de 1350 à nos jours avec, en particulier, de nombreux portraits et études de nus de **William Etty** (1787-1849), peintre originaire de York. Par le traitement de la couleur, des corps longilignes et sensuels, de la gestuelle et de la mise en scène, ses nus sont proches de ceux du peintre français Théodore Chassériau.

À proximité Carte de région

Sutton Park C3

▶ À Sutton-on-the-Forest, 13 km/8 miles de York au nord par la B 1363 - ✆ (01347) 810 249/239 - www.statelyhome.co.uk - ♿ - maison : avr.-sept. : merc., dim. et lun. fériés 13h30-17h - jardins : avr.-sept. : 11h-17h - 6,50 £ (jardins seuls 3,50 £).

Édifiée par Thomas Atkinson vers 1750, l'élégante bâtisse brille surtout par ses **jardins★** plantés de cyprès, bordés de delphiniums, animés de bassins et de gloriettes. L'intérieur a conservé des plafonds au décor en stuc, un beau mobilier du 18e s., ainsi qu'une superbe collection de porcelaines de Meissen et d'Imari.

★★ Castle Howard C3

À 24 km/15 miles au nord-est par la A 64, puis une route secondaire au nord - ✆ (01653) 648 640 - www.castlehoward.co.uk - ♿ - château : de mi-mars à fin oct. : 11h-16h (dernière entrée) ; parc : tte l'année 10h-18h30 (ou coucher du soleil) - 12,50 £ (enf. 8,50 £) - cafétéria.

Chef-d'œuvre de **John Vanbrugh**, ce fut aussi son premier essai d'architecte. Soldat devenu dramaturge à son retour en Angleterre en 1692, Vanbrugh attira l'attention de la noblesse libérale de l'époque. Il fit la connaissance de Charles Howard, 3e comte de Carlisle, par le biais du cercle mondain du Kit Cat Club. Vanbrugh fut assisté pour la réalisation de son projet par un architecte déjà confirmé, **Nicholas Hawksmoor**.

Le château est surmonté d'un dôme de 24 m de hauteur. Les statues, notamment celles de la grande entrée, proviennent des cargaisons d'objets rapportés d'Italie par le 4e comte de Carlisle. Parmi ces trésors figure l'autel du temple de Delphes. En haut de la rampe d'escalier, au milieu de bustes sculptés, se trouve une splendide vitrine de porcelaines de Sèvres, Meissen, Crown Derby et Chelsea. Notez le vase à tulipes néerlandais de 1704. Au cœur du château, la grande salle s'élève jusqu'à la coupole, réalisée par un réfugié huguenot, Nadauld. Un dénommé Samuel Carpenter, maçon du Yorkshire, a sculpté les colonnes et les chapiteaux. La guirlande en bois de pin qui orne le salon de musique et la salle des tapisseries est leur œuvre commune. Dans la grande galerie sont accrochés des tableaux de Lely, Kneller, Van Dyck et **Holbein** : le portrait d'Henri VIII, en monarque éprouvé, peint en 1542 juste après l'exécution de Catherine Howard, et le portrait (1538) de Thomas Howard, 3e duc de Norfolk et oncle de Catherine. Bassano, Canaletto, Gainsborough et Rubens font aussi partie des peintres répertoriés dans le château.

La **chapelle★★★** possède de magnifiques vitraux, dessinés au 19e s. par Edward Burne-Jones et réalisés par William Morris en 1872. Les sujets s'écartent des thèmes de prédilection des **préraphaélites**, en respect du lieu : de gauche à droite, *L'Annonciation*, *La Nativité*, *L'Adoration des Mages* et *La Fuite en Égypte*. En revanche, le visage féminin, emblématique du mouvement, et les couleurs chatoyantes trahissent la provenance artistique.

Le **parc★★★** représente l'un des projets les plus grandioses de l'âge d'or des paysagistes. Un ensemble de compositions très différentes met en valeur perspectives et folies architecturales : l'entrée du domaine, où l'allée se profile le long d'un extraordinaire jardin clos ; au sud, la **fontaine d'Atlas★★** exaltant la façade sud du château ; le lac entouré de massifs de rhododendrons multicolores, ajoutant la touche romanesque au lieu ; l'allée de copies de sculptures grecques antiques introduisant majestueusement le temple des Quatre Vents ; enfin, au-delà de la cascade et du joli pont en pierre, le mausolée à colonnes dû à Hawksmoor, fermant doucement l'horizon.

★ Selby Abbey C3

À 22 km/13,5 miles au sud de York par la A 19 - ✆ (01757) 703 123 - www.selbyabbey.org.uk - ♿ - 9h-16h - visite guidée (45mn) sur demande préalable - offrande.

Park Street - 52 Micklegate - ✆ (01757) 212 181 - lun. 9h30-19h30, mar.-jeu. 9h30-17h30, vend. 10h-19h30, sam. 9h30-16h30, dim. 11h-16h - fermé j. fériés.

Probablement fondée par les bénédictins en 1069 (donc antérieure aux abbayes de Fountains et de St Mary d'York). Vers 1100, l'abbé Hugh de Lacey entreprit la construction de l'église actuelle. La **façade principale** est une synthèse des trois principes ayant guidé la conception de l'édifice : simplicité, austérité et élévation. Le magnifique portail roman date de 1170. La partie supérieure, en gothique Early English, présente une fenêtre de style Perpendicular, flanquée de baies à lancettes de style Early English. La nef, romane, aligne des piliers massifs et circulaires rappelant ceux de la cathédrale de Durham. Les arcs de l'extrémité orientale ont été faussés de manière spectaculaire, à cause de la présence d'une nappe phréatique toute proche. À l'est, le **vitrail de Jessé**, bien que restauré, témoigne de la virtuosité des artisans verriers vers 1330. Dans le chœur, un **vitrail du 14e s.** porte les armoiries de la famille Washington… étoiles et bandes horizontales identifient le drapeau américain. Les **fonts baptismaux romans**, à l'extrémité ouest du bas-côté nord, ont reçu un très beau couvercle en bois du 15e s., une des rares pièces à avoir échappé à l'incendie dévastateur de 1906.

NOS ADRESSES À YORK

VISITES

Sur terre

À pied – *Rens. à l'office de tourisme - dép. Exhibition Road à 10h15 (et en été à 14h15 et 19h).* Visites organisées par une association de volontaires.

En autobus à impériale – *☎ (01904) 655 585 - www.city-sightseeing.com - dép. Exhibition Square ttes les 12 à 30mn - 10 £.*

Sur l'eau

En bateau – Yorkboat - *☎ (01904) 628 324 - www.yorkboat.co.uk.* Excursion au départ de Lendal Bridge et de King's Staith.

HÉBERGEMENT

BUDGET MOYEN

Bronte – A1 - *22 Gosvernor Terrace - ☎ (01904) 621 066 - www.bronte-guesthouse.com - fermé 20-27 déc. - 6 ch : 60/80 £ ☕.* Cette charmante petite maison victorienne possède des chambres confortables. Salle de petit-déjeuner décorée de meubles anciens.

Bay Tree Guest House – B2 - *92 Bishopthorpe Road - ☎ (01904) 659 462 - www.baytree-york.co.uk - P - 5 ch. : 65/75 £ ☕.* Confort simple mais soigné, à 5mn à pied du centre-ville. Accueil chaleureux.

Alexander House – B2 - *94 Bishopthorpe Road - ☎ (01904) 625 016 - www.alexanderhouseyork.co.uk - P - ch. : 75/85 £ ☕.* Une maison victorienne chic et confortable.

POUR SE FAIRE PLAISIR

Coach House Hotel – B1 - *20-22 Marygate - Bootham - ☎ (01904) 652 780 - www.coachhousehotel-york.com - P - 11 ch : 85/100 £ ☕.* Maison de 1700, belles pierres et intérieur en chêne. Calme.

Monkbar Hotel – B1 - *Monk Bar - ☎ (01904) 638 086 - www.monkbarhotel.co.uk - P - 99 ch. : 110/160 £ ☕.* Excellente situation pour cet hôtel Best Western proposant des chambres spacieuses, toutes de style différent.

UNE FOLIE

Middlethorpe Hall – B2 - *Bishopthorpe Road - ☎ (01904) 641 241 - www.middlethorpe.com - P - 30 ch. : 190/260 £ - ☕ 6,95 £.* Élégante maison de style « William and Mary » et prestations haut de gamme. Superbe parc de 4 ha.

The Grange Hotel – A1 - *1 Clifton - ☎ (01904) 644 744 - www.grangehotel.co.uk - P - 26 ch. : 230 £ ☕.* Maison de ville de style Regency avec entrée à portique. Excellente cuisine.

5

RESTAURATION

Bon à savoir – York possède 365 pubs… 1 pour chaque jour de l'année ! Le **Micklegate Bar**, le **Stonegate Walk** et le **Swinegate** sont des pubs historiques.

PREMIER PRIX

Café Concerto – B1 - *21 High Petergate - ✆ (01904) 610 478 - www.cafeconcerto.biz*. Décoré sur le thème de la musique, ce snack-restaurant sert une délicieuse cuisine maison.

Café N° 8 Bistro – B1 - *8 Gillygate - ✆ (01904) 653 074 - www.no8-bistro.com*. Bonnes idées culinaires mélangeant saveurs locales, d'Italie et du Liban.

Harkers – B1 - *1 St Helen's Square - ✆ (01904) 672 795*. Dans un ancien bâtiment de 1824 ayant appartenu à une compagnie d'assurances, un pub spacieux, tendance brasserie.

BUDGET MOYEN

Melton's Too – B2 - *25 Walmgate - ✆ (01904) 629 222 - www.meltonstoo.co.uk - 20/25 £*. Bistrot simple modern style, un bon rapport qualité/prix.

Kennedy's – B1 - *1 Little Stonegate - ✆ (01904) 620 222 - www.kennedyscafebar.co.uk*. Design suave qui sied parfaitement à la carte fusion (mélange de cuisines occidentale et asiatique).

Four High Petergate – B1 - *4 High Petergate - ✆ (01904) 658 516*. Restaurant-bar à vins gourmet. Lumières tamisées.

The Olive Three Restaurant – B2 - *19 Tower Street - ✆ (01904) 624 433*. Cuisine fraîcheur méditerranéenne.

Melton's – B2 - *7 Scarcroft Road - ✆ (01904) 634 341 - www.meltonrestaurant.co.uk - fermé dim.-lun. et 2 sem. à Noël - 26/34 £*. Version sophistiquée du Merlton's Too. Spécialités locales et produits de grande qualité. Réservez.

Blue Bicycle – B1 - *34 Fossgate - ✆ (01904) 673 990 - www.thebluebicycle.com - 22/47 £*. Restaurant réputé pour ses poissons et ses desserts. Belle carte des vins.

POUR SE FAIRE PLAISIR

Rish – *7 Fossgate - ✆ (01904) 622 688 - www.rish-york.co.uk* - Extérieur Art déco et intérieur contemporain. Excellente cuisine fusion.

ACHATS

Bon à savoir – Stonegate et **Swinegate** concentrent d'élégantes boutiques de style édouardien ainsi que quelques boutiques de souvenirs. Grands magasins sur Coney Street, Piccadilly, Coppergate et Parliament Street.

ACTIVITÉS

Grand Opéra House – *Clifford Street/Cumberland Street - ✆ (01904) 678 700 - www.grandoperahouseyork.org.uk*.

AGENDA

Viking Festival – *www.vikingjorvik.com*. En février, banquets et courses de drakkars.

Festival of Food and Drink – *www.yorkfoodfestival.com*. Fin septembre.

Leeds

★

440 954 habitants

NOS ADRESSES PAGE 661

S'INFORMER

Office de tourisme – *Gateway Yorkshire - The Arcade - City Station - ✆ (0113) 242 5242 - www.leeds.gov.uk - 9h-17h30, dim. 10h-16h.*

SE REPÉRER

Carte de région B3 (p. 541) – *carte Michelin 502 P22.* Leeds se trouve à 71 km/44 miles au nord-est de Manchester et à 130 km/80 miles au sud de Durham.

À NE PAS MANQUER

Royal Armouries Museum, Briggate ; Harrogate à proximité.

ORGANISER SON TEMPS

Programmez 2 à 3 jours avec les alentours.

AVEC LES ENFANTS

Royal Armouries Museum ; la ferme de Temple Newsam ; Eureka à Halifax ; Keighley and Worth Valley Railway.

D'origine médiévale, Leeds est avant tout une grande ville victorienne, dont la population a décuplé entre 1800 et 1900. Son centre-ville suit un plan régulier, dont les artères principales, Headrow, Park Row, Boar Lane et Vicar Lane, se coupent à angle droit. Au cœur se trouvent les célèbres « arcades » ou galeries marchandes, donnant pour la plupart sur la promenade commerçante, Briggate. County Arcade avec son architecture et son décor 1900, Cross Arcade avec ses vitraux de couleurs vives et ses fontaines, sont des must d'élégance. Les rives de l'Aire, autrefois industrialisées, offrent aujourd'hui des attractions culturelles vivantes, au premier rang desquelles figure le très beau musée royal des Armes et Armures.

Découvrir Plan de ville

★★★ Royal Armouries Museum G2

Armouries Drive, sur la rive sud de l'Aire - ✆ (0113) 220 1999 - www.royalarmouries.org - 10h-17h - fermé 24-25 déc.

Installé au bord du fleuve, il domine le barrage, l'écluse et le dock Clarence. Il fut inauguré en 1996 pour accueillir une partie de la collection nationale, partiellement exposée à la Tour de Londres. La muséographie fait appel à des bornes interactives et des écrans vidéo pour replacer les objets dans leur contexte. Les six étages du bâtiment s'ouvrent sur The Street, espace central coiffé d'un dôme en verre. L'ensemble est dominé par le **Hall of Steel**, un donjon vitré haut de 30 m, dont l'intérieur expose les armes les plus diverses, présentées dans des décors originaux. Les galeries sont consacrées aux thèmes de la guerre, de la chasse, des tournois, de la défense, ainsi qu'aux armes venant d'Asie. Citons quelques pièces insolites : un masque grimaçant –

emblème du musée – offert à l'empereur Maximilien, une armure japonaise offerte en 1614 au roi Jacques Ier et une impressionnante armure pour éléphant presque complète. Entre autres curiosités, on peut voir un revolver miniature pour cycliste, destiné à dissuader les chiens, et un énorme fusil à plombs, utilisé par les braconniers pour abattre d'un seul coup des douzaines de canards. Joutes, combats palpitants et démonstrations de fauconnerie ont lieu dans le **Tiltyard.**

Se promener

LE CENTRE VILLE Plan de ville

Circuit tracé en vert sur le plan ci-contre.

Town Hall and Victoria Square F1

L'hôtel de ville, fierté de Leeds, avec sa tour baroque haute de 69 m, ses colonnes corinthiennes et la splendeur de son décor intérieur, fut inauguré par la reine Victoria en 1858. Devant le parvis, se trouve un « échiquier géant » directement peint sur le sol de la place Victoria. Dans le prolongement de Civic Hall, Millennium Square est le nouveau cœur événementiel de la ville. Concerts, représentations théâtrales et salons s'y déroulent. Un grand écran retransmet les rencontres sportives importantes.

★ City Art Gallery G1

The Headrow - ✆ (0113) 247 8256 - www.leeds.gov.uk/artgallery - ♿ - lun.-sam. 10h-17h (merc. 12h-17h), dim. 13h-17h.

Le musée possède une collection d'**art britannique des 19e et 20e s** avec, pour commencer, un nombre important d'œuvres romantiques du peintre régional **A. Grimshaw**. *The Lady in Black* (1886) de sir **H. Von Herkomer** est un écho aux portraits flamands du 17e s. *General Gordon's Last Stand* (1893) de **G. W. Joy** adopte la verve d'un tableau orientaliste d'un Delacroix. *Cordélia consolant son père, le roi Lear, en prison* (1886), du même artiste, aborde un thème préraphaélite. Dans l'escalier se trouve un splendide tableau hollandais, *Lady in an Interior* (1825) de **D. de Noter** et **P. Knarren**. Des natures mortes subtiles, étagées sur une simple perspective en damier, accrochent la lumière, tout comme la robe soyeuse de la mystérieuse lady. À l'étage, *Praxitella* de Wyndham Lewis est un bouleversant portrait vorticiste. Le mouvement **vorticiste** – par extension à la théorie du « vortex des émotions » prôné par l'italien Boccioni – fut fondé en 1912, pour se démarquer du cubisme et du futurisme de l'époque. *Ruhala* (1917) de **J. Kramer** est un éloge à la géométrie et au pouvoir structurant de la couleur. *The Model* de **C. Murray** est un nu expressionniste. *Eve* (1954) de **J. Souverbie** n'est pas sans rappeler *Les Demoiselles d'Avignon* de Picasso.

Henry Moore Institute G1

✆ (0113) 246 7467 - www.henry-moore.org - 10h-17h30 (merc. 21h) - possibilité de visite guidée - fermé 1er janv., 25 déc. et j. fériés.

Afin d'éviter toute méprise, signalons que l'institut Henry Moore *(voir l'encadré p. 654)* n'est pas un musée consacré à l'œuvre du grand sculpteur, mais une entité travaillant à promouvoir les artistes contemporains. Toutefois, le *Portrait couché* du sculpteur (1929) trône devant l'entrée du bâtiment. Enfin, une petite salle traitant du rapport de la forme aux émotions expose quelques-unes de ses très belles sculptures, en marbre, en albâtre, en bronze et en bois.

Suivre Merrion Street jusqu'à Briggate et tourner à droite.

LEEDS

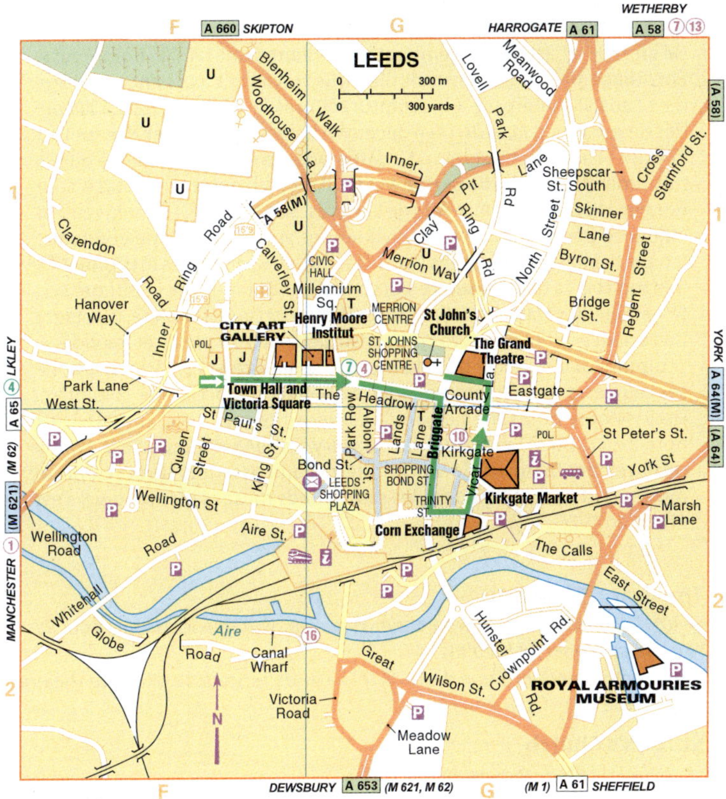

SE LOGER

Holyday Inn Express City Centre.......... 4

Radisson Blu.. 7

SE RESTAURER

Ancestor Pub.. 1

Browns.. 4

Erawan Restaurant.................................. 7

Harvey Nichols.. 10

Rico's of Oakwood................................... 13

Simply Heathcotes................................... 16

Briggate G1-2

Depuis sa création vers 1200, Briggate est l'artère commerçante par excellence. À chaque coin de rue s'ouvrent des arcades, dont la plus luxueuse est **County Arcade** *(à côté de Victoria Quarter)*, rehaussée d'une coupole de verre et de vitrines d'acajou, décorée de faïences et de mosaïques provenant d'ateliers artisanaux. Au sud et à l'est, deux vastes marchés couverts possèdent une belle architecture : **Kirkgate** et surtout **Corn Exchange**, manifeste du raffinement victorien, construit en 1862 par l'architecte Cuthbert Broderick. Il abrite désormais des boutiques de luxe, appartenant à des designers de réputation internationale, des joailliers et des grandes marques de vêtements.

Au sud de Briggate, prendre à droite sur Duncan Street, puis à gauche sur Vicar Lane, jusqu'à l'intersection de Harrison Street.

HENRY MOORE

Né en 1896 à Castleford, Henry est le 7e enfant d'une famille nombreuse. Encouragé par un père instruit bien que travaillant à la mine, dès l'âge de 12 ans, il s'intéresse à la sculpture. Après la guerre, Il part à l'école des Beaux-Arts de Leeds, où il découvre les essais de **Roger Fry** sur l'art nègre et l'art précolombien. Sa camarade de classe n'est autre que la très prometteuse **Barbara Hepworth**. Il reçoit bientôt une bourse pour étudier à l'école de Beaux-Arts de Londres. Son travail est définitivement influencé par les modèles des civilisations archaïques : le paléolithique (en particulier les vénus), les Cyclades, l'art étrusque et les arts primitifs. Son registre va de la statuette à la statuaire monumentale et intègre systématiquement la notion d'espace et du rapport avec la nature. Il instaure une science subtile de la forme, constituée par les « pleins et les vides ». Sculptant aussi bien le bois, le bronze, le marbre et l'albâtre, il gratifie ses œuvres d'un poli remarquable, essentiel pour accrocher la lumière. Henry Moore poursuit une grande carrière internationale. En 1941, il est nommé à la présidence de la Tate Gallery. En 1948, il remporte le 1er prix de la célèbre Biennale de Venise. Éternel ambassadeur de la sculpture moderne, il est présent dans les plus grands musées du monde. Il s'est éteint en 1986.

The Grand Theatre G1

✆ (0113) 222 6222 - www.leedsgrandtheatre.com - visite guidée (1h30) en anglais - se renseigner pour les horaires - 4 £.

Construction néogothique de 1878, inspirée de la Scala de Milan, ce théâtre est le siège de l'« Opéra du Nord ».

St John's Church G1

✆ (0113) 244 1689 - mar.-sam. 10h-16h.

C'est la plus vieille église du centre-ville. Une restauration intelligente menée en 1868 a laissé l'intérieur pratiquement inchangé depuis sa construction en 1632-1634. Somptueux jubé et chaire.

À proximité Carte de région

National Coal Mining Museum for England B3

À Middlestown, au sud de Leeds et à 10 km/6,2 miles à l'ouest de Wakefield sur la A 642 - ✆ (01924) 848 806 - www.ncm.org.uk - 10h-17h (dernière entrée 1h45 av. fermeture) - possibilité de visite guidée (1h45) en anglais - restaurant.

Jusqu'à sa fermeture dans les années 1980, la mine de houille de Caphouse était un maillon important de l'empire industriel britannique. Plusieurs machines et expositions évoquant l'extraction du charbon et les conditions de vie des mineurs sont disséminées autour des bâtiments. Le grand moment de la visite est la descente par 140 m de fond dans les anciennes galeries.

★ Kirkstall Abbey B3

À 3 km/2 miles du centre-ville par la A 65 - ✆ (0113) 230 5492 - avr.-sept. : mar.-vend. 10h-17h, w.-end 10h-18h, j. fériés 10h-16h ; oct.-mars : mar.-jeu. et w.-end 10h-16h.

Les vestiges de l'abbaye cistercienne sont dominés par la tour de la croisée du transept, achevée entre 1509 et 1528. La construction fut entreprise en 1152 par les moines de Fountains Abbey. L'ensemble, en bon état de conservation, permet de visualiser la fonction des différents lieux. L'**Abbey House Museum** fait revivre la Leeds de l'époque victorienne.

★ Temple Newsam B3

Près de Whitkirk - 8 km/5 miles à l'est par les A 64 et A 63 - ☏ (0113) 264 5535 - mar.-dim. et j. fériés 10h30-17h (hiver 16h), dernière entrée 45mn av. fermeture - possibilité de visite guidée en anglais - fermé 1er janv. et 25-26 déc. - 3,50 £ (enf. 2,50 £) - café.

Maison natale de lord Darnley, deuxième époux de la reine Marie d'Écosse, Temple Newsam est une demeure de style Tudor et jacobin organisée autour d'une cour centrale. Elle est surnommée « la Hampton Court du Nord ». Bâtie à la fin du 15e s. sur un site ayant appartenu à des chevaliers templiers, elle a subi des modifications importantes au début du 17e s. Une inscription de cette époque, à la gloire de Dieu, en l'honneur du roi et pour la prospérité de ses habitants, s'étend tout autour de la balustrade. À l'intérieur se trouve une magnifique collection d'**objets d'arts décoratifs★** européens et orientaux, aux côtés de toiles de maîtres.

Le parc de 600 ha, aménagé au 18e s. par l'illustre **« Capability » Brown**, est aujourd'hui réputé pour ses rhododendrons, ses delphiniums, ses phlox et ses asters. Les enfants, seront ravis de passer du temps à la ferme, où vivent encore 400 animaux.

★ Nostell Priory B4

29 km au sud-est par la A 61, puis la A 638 - Doncaster Road - NT - ☏ (01924) 863 892 - www.nationaltrust.org.uk - ♿ - fin fév.-déb. nov. et déb. déc.-mi-déc : merc.-dim. 13h-17h - 8,80 £ (jardins seuls 5,30 £).

Ce manoir palladien, situé près du site d'un prieuré du 12e s. dédié à saint Oswald, fut construit en 1733 par un jeune architecte de 19 ans, James Paine. Les pièces principales sont disposées à l'étage noble, desservi par un escalier extérieur. Les salons d'honneur, achevés par Robert Adam, comptent parmi ses plus belles réalisations. **Thomas Chippendale**, alors en apprentissage,

LE CRICKET

Situé à la sortie de Leeds, **Headingley** est le berceau du cricket du Yorkshire. Le stade, d'une capacité de 17 000 personnes, accueille les « Tests Cricket », ou rencontres internationales, depuis 1899. Lors d'un match, 2 équipes de 11 joueurs s'affrontent. Il y a des batteurs, des lanceurs et un gardien, que l'on repère facilement, vêtu d'un équipement de protection spécial. Au centre du terrain se trouve une surface rectangulaire *(pitch)* aux extrémités de laquelle est planté un groupe de 3 piquets *(stumps)* suffisamment rapprochés pour empêcher le passage de la balle, eux-mêmes coiffés de témoins *(bails)*. L'ensemble forme le « guichet » *(wicket)*. Le match se joue en plusieurs manches *(innings)* et les équipes servent chacune à leur tour, le but étant de marquer le plus grand nombre de points *(runs)*. Chaque manche est divisée en séries *(overs)*, limitées (généralement de 4 à 8 balles par pays) ou illimitées selon le type de rencontre (régionale ou nationale). Trois arbitres surveillent le jeu. Les règles du cricket, publiées pour la première fois en 1775, ont été modifiées depuis. Les Anglais parlent davantage d'un code d'honneur que d'un règlement. Certaines expressions du langage courant en témoignent : *« It's no cricket »* (Ce n'est pas du jeu) et *« To play a straight bat »* (Jouer franc jeu).

dessina le mobilier, dont la table de la bibliothèque et le mobilier chinois de la chambre d'apparat. La **maison de poupée**, plus vraie que nature, est aussi probablement de sa main. Pas moins de 12 hommes et 21 femmes de service s'affairaient dans l'office et les communs (Servants'Hall et Great Kitchens).

★ Brodsworth Hall and Gardens B4

À Brodsworth, 40 km/25 miles au sud-est de Leeds par la M 1 jusqu'à l'échangeur 40, puis la A 638, une route secondaire (sur la droite) à Upton, et la B 6422 - EH - ✆ (01302) 724 969 - www.english-heritage.org.uk - ♿ - jardins : avr.-oct. : tlj sf lun. 10h-17h30 ; nov.-mars. : w.-end 10h-16h ; maison : avr.-sept.: tlj sf lun. 13h-17h ; oct. : w.-end 12h-16h (dernière entrée 30mn av. fermeture) - 8,70 £ (jardins seuls 5,30 £).

Conçue en 1860 par l'architecte italien Casentini et construite par Philip Wilkinson, Brodsworth Hall est une demeure néoclassique d'une opulence toute victorienne. Son commanditaire, Charles Thelluson, fut une grande figure de son époque. Passionné de bateaux et surtout de chevaux, il remporta en 1835 la « Goodwood Cup », célèbre course de l'hippodrome de Goodwood (Sussex). Après la Première Guerre mondiale, les besoins de la famille diminuant et les domestiques étant moins nombreux, une partie de la maison fut fermée. Des pièces visitées (la salle de billard, la cuisine avec ses fourneaux en fonte, les salles de bains partiellement modernisées) et des jouets d'autrefois (cheval à bascule, patins à roulettes), émane une atmosphère particulière. Depuis le pavillon d'été, la vue embrasse le jardin de rocaille, les parterres fleuris et le parc.

★ Yorkshire Sculpture Park B4

À West Bretton, Waterfield, à 32 km/20 miles au sud de Leeds par la M 1 ; par la A 637, à 1,5 km/3 miles au nord de l'échangeur 38 - ✆ (01924) 832 631 - www.ysp.co.uk - 10h-18h (hiver 17h) - fermé 23-25 déc. - parking payant.

Bretton Hall abrite une partie de l'université de Leeds, tandis que les douces collines de son parc offrent un cadre de choix pour la mise en valeur de sculptures signées Henry Moore et Barbara Hepworth, natifs de la région. Un centre d'accueil intégré au paysage donne sur un jardin à la française. Le domaine organise également des expositions temporaires et des visites le long de l'Access Sculpture Trail.

Halifax B3

À 13 km/8 miles à l'ouest de Bradford par la A 6036.

Bien que fondée au Moyen Âge, cette ville industrielle présente aujourd'hui un visage essentiellement victorien avec ses rues bordées de majestueuses demeures en pierre de la région. L'**hôtel de ville** (1862) est certainement le plus beau de ces grands édifices du 19e s. Mais le plus extravagant reste sans nul doute **Piece Hall★** (1779). Ancien comptoir de vente des « fripiers », cette demeure georgienne cache derrière sa façade blanche de véritables splendeurs architecturales.

Eureka – *✆ (01422) 330 069 - www.eureka.org.uk - ♿ - mar.-vend. 10h-16h, w.-end et vac. scol. 10h-17h - audioguide - fermé 24-26 déc. - 8,95 £ - café - parking payant.* Eureka est un centre de loisirs éducatifs pour les enfants de moins de 12 ans. Il comprend quatre sections : « *Me and my Body* » pour comprendre le fonctionnement du corps humain (bouche géante, piste de vélo sur le tracé d'un squelette pour déclencher les différents muscles) ; « *Living & walking together* » (reconstitution d'une ville miniature avec une banque, un magasin, une station-service et une maison, pour « jouer aux grands ») ; « *Global Garden* » (sept jardins racontent leur histoire, pour connaître les climats et les

Yorkshire Sculpture Park
(sculpture : William Turnbull. architecte : Feilden Clegg Bradley Architects).
G. Dennis / View/Photononstop / © Adagp, Paris 2011

écosystèmes, et sensibiliser à la protection de l'environnement) ; « *Soundspace* » (galerie interactive pour approcher la science et l'informatique par l'intermédiaire de la musique et de sons).

★ Bradford B3

À 18 km/11 miles au sud ouest de Leeds, par la A 647.
City Hall - Centenary Square - (01274) 433 678 - www.visitbradford.com.
Bradford prospéra grâce au commerce de la laine. Le canal de Bradford ouvrit en 1774, ce qui facilita la circulation des marchandises. En 1850, Bradford possédait déjà 120 usines et était devenue la capitale mondiale de la laine peignée. Ville victorienne, la cité compte parmi ses enfants célèbres le dramaturge essayiste **J.-B. Priestley** (1894-1984), le compositeur **Frederick Delius** (1862-1934) et le peintre contemporain **David Hockney** (né en 1937).
★ **National Museum of Photography, Film and Television** – *Prince's View - 0844 856 3797 - www.nmpft.org.uk - mar.-dim., lun. fériés et lun. pdt les vac. scol. : 10h-18h - cinéma : 10h-soirée.* Rattaché au musée des Sciences, ce musée dispose du plus grand projecteur cinématographique de Grande-Bretagne, ainsi que d'un écran convexe, haut de 16 m et large de 20 m, conçu pour les projections de type IMAX.
La **Kodak Gallery** retrace l'histoire de la photographie à travers une présentation d'appareils anciens et contemporains. Des salles sont consacrées à la publicité, à l'animation et aux images de synthèse.
Wool Exchange – *Market Street - aux heures habituelles d'ouverture et de fermeture des magasins.* Construite en 1867 dans le style italianisant, la **Bourse de la laine** fut le centre mondial de ce commerce. Des courtiers s'y réunissent toujours, une fois par semaine. Les statues situées à l'entrée représentent saint Blaise, saint patron des peigneurs, et Édouard III, qui encouragea le développement de l'industrie lainière. Wool Exchange est aujourd'hui une librairie.

Bradford Cathedral – *Church Bank - ✆ (01274) 777 720 - www.bradfordcathedral.co.uk - ♿ - 8h30-16h30.* Certaines parties de la cathédrale, comme la tour ouest à créneaux et pinacles, datent du 15e s. L'église, dédiée à saint Pierre, reçut le statut de cathédrale en 1919. Le chœur est orné de beaux vitraux, réalisés vers 1862 par William Morris, Rossetti et Burne-Jones.

Little Germany – *À côté de la cathédrale.* Ce quartier commerçant reçut le nom de **Petite Allemagne** au milieu du 19e s. alors que le commerce avec ce pays était particulièrement florissant. Il fut assaini, puis restauré afin de mettre en valeur l'architecture victorienne. La plupart des édifices sont l'œuvre d'Eli Mines (1830-1899).

Saltaire B3

À 5 km/3 miles au nord de Bradford par la A 650.

Ce village « modèle » fut construit par **sir Titus Salt** (1803-1876), un industriel de Bradford qui s'était enrichi dans le tissage de l'alpaga et autres fibres rares. Sur une zone de 20 ha, il offrait à son personnel travail, logement, éducation et loisirs. La taille des maisons était proportionnelle au rang occupé par l'employé dans l'usine. Au nord de la bourgade, il fit construire une nouvelle filature (1851) sur un site desservi par la rivière Aire, par le canal reliant Leeds à Liverpool (1774) et par la ligne de chemin de fer Leeds-Bradford (1846). Il dota également le village d'un lycée, d'un hôpital, d'une église réformée de style néoroman, d'un institut, d'un parc et d'une péniche sur la rivière. Seule ommision, et non des moindres : le pub.

1853 Gallery – *✆ (01274) 531 163 - www.saltsmill.org.uk - ♿ - 10h-17h30 (w.-end 18h) - fermé 1er janv. et 25-26 déc. - restaurant.* Cette galerie expose les œuvres de **David Hockney**, dans un ancien atelier de tissage. Figure du pop

LES SŒURS BRONTË

Le père, irlandais, veuf en 1821, d'un tempérament tyrannique, éleva ses six enfants selon les stricts principes victoriens. L'évasion et la liberté, les enfants les trouvèrent dans ce pays de landes et de bruyères où ils pouvaient se promener. Après le décès de leurs deux sœurs Mary et Elizabeth, les trois filles quittèrent l'institution de Cowan Bridge et vécurent un peu livrées à elles-mêmes, à Haworth. Leur vive sensibilité leur permit d'écrire en collaboration des histoires fantastiques. Pour gagner leur vie et leur indépendance, après des essais pédagogiques infructueux, elles publièrent la même année (1847), avec succès, leurs chefs-d'œuvre : *Les Hauts de Hurlevent* (Emily), *Agnes Grey* (Anne) et *Jane Eyre* (Charlotte). Restée seule après la disparition de ses sœurs, puis de son père (1853), Charlotte se maria avec le révérend Nichols, suppléant de son père. Les femmes écrivains étaient rares au 19e s. et les livres des sœurs Brontë, pleins de rêve et de romantisme, apportèrent une nouvelle couleur à la littérature.

Les sœurs Brontë s'inspirèrent de leur région pour situer l'action de leurs romans. On peut ainsi visiter, près de **Batley**, deux maisons décrites sous un autre nom dans le roman historique de Charlotte *Shirley* :

Briarmains – *Oxford Road, à Gomersal - ✆ (01274) 335100 - 11h-17h (w.-end 12h-17h)* - qui héberge aujourd'hui le **Red House Museum**.

Oakwell Hall – *Nutter Lane, à Birstall, sur la A 638 - ✆ (01924) 326 240 - ♿ - 11h-17h (w.-end 12h-17h) - tarif non communiqué - salon de thé* – Ce manoir élisabéthain, sans doute ceint jadis de douves, est entouré d'un jardin et d'un labyrinthe de saules.

art anglais dans les années 1960, il rencontra à New York le chef de file du mouvement, **Andy Warhol**, et s'installa en Californie. Il varia techniques (lithographie, encre, peinture à l'huile, sérigraphie, photocollage) et inspirations (tentation expressionniste à ses débuts, Picasso et le cubisme, réalisme). En regardant l'ensemble de son travail de 1954 à nos jours apparaît une caractéristique récurrente : la force du dessin, qui structure, appuie la profondeur de champ et la perspective et densifie le sujet. Ce dessin peut aussi prendre un caractère ornemental, comme dans *The Princess* de 1969. S'il est vrai que dans des œuvres plus récentes, la couleur est elle-même architecte du tableau, la conscience du dessin et le désir de composition sont toujours sous-jacents. Hockney excelle également dans les portraits (autoportraits, portraits de famille et portraits de Celia Birtwell, styliste et décoratrice d'intérieur, muse de l'artiste).

Haworth B3

À 45 km/28 miles à l'ouest de Leeds par les A 647 et A 650, puis à gauche, en passant par Keighley et Oakwood.

Main Street - (01535) 642 329.

Perché sur une colline du Yorkshire que tapisse la lande des Pennines, Haworth, le village de la **famille Brontë**, ne saurait surprendre un lecteur passionné par *Les Hauts de Hurlevent* ou *Jane Eyre*, tant ses cottages aux murs de grès et la lande constituent bien le cadre que l'on imagine à la lecture des romans.

★ **Brontë Parsonage Museum** – *(01535) 642 323 - www.bronte.info - - avr.-sept. : 10h-17h30 ; reste de l'année : 11h-17h (dernière visite 30mn av. fermeture) - fermé en janv. - 6,50 £.* Le presbytère où vécurent le pasteur Patrick Brontë, sa femme et ses enfants garde les souvenirs d'une famille d'artistes exceptionnels. Meubles, livres, peintures et dessins rappellent qu'ici ont vécu Charlotte (1818-1855), Emily (1818-1848) et Anne (1820-1849), toutes les trois romancières à succès. Leur frère Branwell réalisa d'elles un portrait, aujourd'hui à la National Portrait Gallery de Londres.

Brontë Weaving Shed : Townend Mill – *(01535) 646 217 - 10h-17h30, dim. 11h-17h - fermé à Pâques et 25 déc.* Haworth était à l'origine un village de tisserands. À son apogée, en 1840, 1 200 métiers à tisser manuels fonctionnaient. Les métiers à tisser victoriens, que les visiteurs peuvent actionner, produisirent le « Brontë Tweed ». Une exposition est consacrée à Timmy Feather, le dernier utilisateur de ce métier à tisser du Yorkshire.

Keighley and Worth Valley Railway B3

À Oxenhope, 3 km/2 miles au sud d'Haworth par la A 6033 (entre Keighley et Oxenhope) - (01535) 647 777 - www.kwvr.co.uk - - fin juin-fin sept. : tlj - de déb. oct. à fin juin : w.-end et j. fériés - 9,40 £ AR ; 14 £ billet illimité valable 1 j - cafétéria à Oxenhope et Keighley, voiture-bar dans certains trains en été.

Une gare d'époque édouardienne a été reconstituée. Les trains à vapeur sillonnent les paysages pittoresques de la lande, sur un réseau reliant Oxenhope (sur Penistone Hill) à Haworth, Oakworth, Damems, **Ingrow**, où se trouve un musée ferroviaire, le **Museum of Rail Travel** *((01535) 680 425 - www.vintagecarriagestrust.org - 11h-16h30 - fermé 25 déc. - 2 £),* et Keighley.

Hebden Bridge B3

11 km/7 miles au sud par la A 6033.

Le pont de pierre (1510) enjambant Hebden Water fut remplacé par le pont de bois qui a donné son nom au village. Aujourd'hui, les moulins et le canal de Rochdale ont été restaurés.

De Hebden Bridge *(2,5 km/1,5 mile au nord-ouest en quittant la A 6033 au bout de Midgehole Road)*, une route étroite à flanc de coteau serpente jusqu'à **Hardcastle Crags** *(parking payant)*, parcourant les deux vallées escarpées de Hebden Dale et de Crimsworth Dean. Des sentiers pénètrent les forêts aménagées au 19e s. aux abords de la propriété de chasse de lord Savile. Une filature de 1801 fait partie du patrimoine industriel de la vallée.

★ Harrogate B3

À 38 km/23,5 miles au nord de Leeds par la A 61.

The Royal Baths - Crescent Road - 0845 389 3223 - www.harrogate.gov.uk.

Harrogate est une ville touristique, située à proximité des vallons et des landes du Yorkshire. Au fil du temps, la bourgade à peine signalée sur une carte de 1821 a transmis un héritage d'élégants édifices à la ville thermale actuelle. Le pavillon de la Source (Royal Pump Room, 1842) et la salle des fêtes de l'établissement thermal (Royal Baths Assembly Room, 1897) formaient autrefois le cœur de la station thermale. À la fin du 19e s., 60 000 curistes y venaient chaque année prendre les eaux. On dénombre 36 sources sur un domaine d'environ un demi-hectare. La plupart d'entre elles donnent une eau sulfureuse.

Royal Pump Room Museum – *Crown Place - (01423) 556 188 - www.harrogate.gov.uk/museums - ♿ - avr.-oct. : 10h-17h, dim. 14h-17h (août 12h-17h) ; nov.-mars : 10h-16h, dim. 14h-16h - fermé 1er janv. et 24-26 déc. - 3,30 £.* Vous pourrez goûter ici les eaux sulfureuses les plus fortes d'Europe, vous étonner des cures telles qu'elles étaient pratiquées autrefois et découvrir la manière dont Harrogate s'est métamorphosée en ville thermale.

RHS Garden Harlow Carr – *À 3 km/2 miles à l'ouest par la B 6162 - (01423) 565 418 - www.rhs.org.uk/harlowcarr - ♿ - 9h30-18h (nov.-fév. 16h), dernière entrée 1h av. fermeture - fermé 25 déc. - 7 £ - restaurant.* Les jardins botaniques, terre d'expérimentation de la Société d'horticulture du Nord, couvrent 28 ha, exposés au nord... véritable défi pour les jardiniers ! La promenade longe le jardin des plantes à bulbes *(avr. et déb. mai)*, la roseraie *(de mai à sept.)*, le massif de plantes vivaces *(fin de l'été)*, les parterres de bruyère (en fleurs toute l'année), le jardin d'hiver et surtout de magnifiques bordures luxuriantes et colorées. Un petit musée expose d'anciens outils de jardinage.

Knaresborough – *À 3 km/2 miles à l'est d'Harrogate par la A 59.* Cette petite ville commerçante sur la Nidd est dominée par les ruines du **donjon du château** – *(01423) 556 188 - www.harrogate.gov.uk/museums - ♿ - de Pâques à déb. oct. : 10h30-17h - possibilité de visite guidée (dép. réguliers) - 2,90 £ - parking payant.* C'est ici que le connétable Hugh de Morville et ses trois compagnons se réfugièrent, après avoir assassiné **Thomas Becket** dans la cathédrale de Canterbury en décembre 1170. De là, ils partirent en pèlerinage à Jérusalem pour gagner leur pardon : trois y trouvèrent la mort et le quatrième succomba sur le chemin du retour.

Au bord de la rivière se trouvent la **Mother Shipton's Cave** (grotte de la Mère Shipton) et la **Dropping Well** (source jaillissante). L'histoire raconte que la Mère Shipton, née vers 1488, a vécu et rendu ses prophéties dans cet antre. La source jaillissante, unique en Grande-Bretagne, est une cascade qui se déverse dans un étang.

★★ **Harewood House** – *À Harewood, 13 km/8 miles au sud de Harrogate par la A 61 - (0113) 218 1010 - www.harewood.org - ♿ - maison : mars-oct. : 12h-16h (dernière entrée) - parc : mars-oct. : 10h-18h (dernière entrée 1h30 av. fermeture) - possibilité de visite guidée des jardins : jeu. 11h, 13h, 14h, du jardin des oiseaux : dim. 15h, ou sur RV - maison, jardin des oiseaux, parc 13 £ ; jardin des oiseaux, parc 9 £ - cafétéria.* **Edwin Lascelles** fit construire

Harewood House en 1759. Le bâtiment, d'architecture palladienne, est dû à John Carr d'York. L'intérieur, essentiellement néoclassique, est une des réalisations les plus accomplies de **Robert Adam**, qui revenait tout juste d'Italie. Lascelles choisit **Thomas Chippendale** (1718-1779), originaire des environs, pour la confection du mobilier et **« Capability » Brown** pour l'aménagement du parc.

Le hall d'entrée, conçu par John Carr, est la seule pièce à avoir conservé sa configuration d'origine. Les stucs du plafond, comme tous les autres plafonds de la maison, sont l'œuvre d'un artisan d'York, Joseph Rose. Partout sont accrochées des toiles de maîtres, en particulier des tableaux de la Renaissance, achetés en 1916 par le vicomte de Lascelles. Dans la salle de réception verte se trouve un superbe Greco (1541-1614), *Un homme, une femme et un singe*. On peut également y admirer une très belle collection de porcelaines de Chine et de Sèvres, rassemblées au début du 19e s. par le vicomte Édouard Lascelles, célèbre dandy de la Régence, qui fut aussi le mécène des peintres Turner et Girtin. La **galerie★** est la plus belle pièce de Harewood réalisée par Adam. Dans le **salon de musique**, Adam dessina également le tapis d'Axminster pour donner à la pièce un semblant d'« arrondi ». La maison fut agrandie dans les années 1840 par sir Charles Barry pour accueillir les 13 enfants du 3e comte de Lascelles. En plus d'un nouvel aménagement, Harewood reçut une nouvelle terrasse au sud pour recevoir et prendre le thé. Au 20e s, Harewood devint maison royale lorsque la princesse Marie, fille de Georges V, épousa le 6e vicomte et s'y installa. En 1994, Harewood fut le premier manoir anglais à acquérir le statut de musée.

En contrebas de la terrasse s'étendent de beaux jardins à la française ponctués de fontaines. Ceux-ci donnent sur le parc, traversé par une rivière. Une serre tropicale cultive des plantes et des fleurs de la forêt vierge. Le jardin des Oiseaux héberge des espèces en voie de disparition. Enfin, le jardin himalayen exhibe un stûpa du Bhoutan.

NOS ADRESSES À LEEDS

TRANSPORTS

Aéroport – *www.leedsbradfordairport.co.uk*. Le bus 757 assure la navette avec le centre-ville toutes les 30mn.

Cars et trains régionaux – *(0113) 245 7676 - www.wymetro.com.*

VISITES

Bon à savoir – Rendez-vous à l'office de tourisme pour connaître le programme des visites guidées thématiques proposées l'été dans la ville. Il vous renseignera également concernant les excursions en bateau sur le canal de Leeds pour découvrir les environs.

HÉBERGEMENT

BUDGET MOYEN

À Leeds

Holyday Inn Express City Centre – F1 - *Cavendish Street/ Kirkstall Road - (0113) 242 6200 - www.hiexpress.com - P - 112 ch. : 50/80 £*. Hôtel récent et moderne, d'un excellent rapport qualité/prix.

À Bradford

Holiday Inn Express City Centre – *Leisure Exchange - Vicar Lane - (0870) 787 2064 - www.hiexpress.com - P - 120 ch. : 50/80 £*. Ce standard de la chaîne jouit d'une situation idéale près du musée de la Photographie et de la cathédrale. Simple et fonctionnel.

POUR SE FAIRE PLAISIR

À Knaresborough

Gallon House – *47 Kirkgate - ✆ (01423) 862 102 - P - 3 ch. : 100 £* ☕. Élue meilleure *guesthouse* de la région, avec mention spéciale pour la vue exceptionnelle sur les gorges du Nidd. Votre hôte est en plus un fin cordon-bleu !

À Leeds

Radisson Blu – G1 - *N° 1 The Light - The Headrow - ✆ (0113) 236 6000 - www.radissonblu.co.uk - P - 147 ch. : 91/175 £* ☕. Partie intégrante du complexe commercial nouvelle génération The Light, un hôtel chic et design aux chambres contemporaines et minimalistes.

À Harrogate

Cedar Court Hotel – *Queen Building - Park Parade - à la sortie de Knaresborough Road - ✆ (01423) 858 585 - www.cedarcourthotels.co.uk - P - 100 ch. : 105/165 £* ☕. Face au célèbre parc The Stray, cet hôtel historique de 1671 est un édifice classé. Bon restaurant (The Brasserie).

The Bijou – *17 Ripon Road - (01423) 567 974 - www.thebijou.co.uk - 10 ch : 90 £.* Comme son nom l'indique… En centre-ville, près du Convention Centre, des chambres immaculées et une élégante salle de petit-déjeuner.

UNE FOLIE

À Haworth

Ashmount Guest House – *Mytholmes Lane - ✆ (01535) 645 726 - www.ashmounthaworth.co.uk - P - 8 ch. : 175 £* ☕. Villa victorienne donnant sur les Moors. À 3mn à pied du village, immersion dans l'époque des sœurs Brontë. Vos hôtes adorent chiner !

RESTAURATION

Bon à savoir – Restaurants, pubs et boutiques se trouvent sur Leeds Waterfront. Demandez à l'office du tourisme la brochure *Leeds On*, ainsi que la brochure *Where to Eat in Bradford City Centre*. Bradford est réputée pour ses restaurants indiens.

PREMIER PRIX

À Leeds

Ancestor Pub – F2 - *Armley Ridge Road - ✆ (0113) 275 1669.* Pub traditionnel sur Tetley's Brewery Wharf (le quai où se trouvent les brasseries). Animation musicale le jeudi soir.

Harvey Nichols – G2 - *Cross Arcade - ✆ (0113) 204 8000 - www.harveynichols.com.* Cadre splendide pour déjeuner sur le pouce. Snacks et pâtisseries.

Rico's of Oakwood – G1 - *450 Roundhay Road - ✆ (0113) 295 9697 - www.ricos-restaurant.com.* Un peu excentré il est vrai, mais vous goûterez la meilleure cuisine italo-sicilienne de la ville. Fameux !

À Harrogate

Café Thal – *35 Kirkgate - ✆ (0800) 032 3440.* Cuisine thaïe authentique servie dans un cadre à la fois moderne et décontracté. La ronde des épices !

BUDGET MOYEN

À Leeds

Erawan Restaurant – G1 - *629 Roundhay Road - ✆ (0113) 240 1010 - www.thai-erawan.co.uk.* Nappes brillantes, serveuses asiatiques, parfums d'Orient, on se croirait… en Thaïlande !

Browns – G1 - *The Light - The Headrow - ✆ (0113) 243 9353 -*

www.browns-restaurants.co.uk. En plein centre-ville, brasserie chic et branchée.

À Bradford

Anams Restaurant – *211 Great Horton Road - ✆ (01274) 522 626 - www.anamsrestaurants.com.* Spacieux et design, un brin kitsch, le restaurant indien Anams est une expérience bollywoodienne à part entière ! À l'étage, les comédies musicales sont diffusées en boucle.

POUR SE FAIRE PLAISIR

À Leeds

Simply Heathcotes – FG2 - *Canal Wharf - Water Lane - ✆ (0113) 244 6611 - www.heathcotes.co.uk.* Adresse montante de la nouvelle cuisine à Leeds. Mélange de saveurs locale et française. Menu saisonnier. Superbes cadre et vue.

ACHATS

À Leeds

Briggate et l'élégant **Victoria Quarter** concentrent les boutiques les plus prestigieuses, dont le premier magasin Harvey Nichols établi hors de Londres. Pour l'artisanat, **Granary Wharf** est l'endroit idéal.

Le **Sunday Festival Market** ou **Kirkgate Market** comptent parmi les plus grands marchés couverts de Grande-Bretagne. En 1884, c'est là que Michael Mark ouvrit Penny Bazaar, à l'origine de la création de Marks & Spencer en 1890.

À Harrogate

Darley Mill Centre – *10 km à l'ouest par A 59 - 9h30-17h30, dim. 11h-17h - ✆ (01423) 780 857 - www.darleymill.com.* Aménagé dans un moulin joliment restauré de la vallée de la Nidd, le centre possède une boutique artisanale.

EN SOIRÉE

À Leeds

Vous trouverez beaucoup de night-clubs. Pour les salles de spectacles : le Varieties Music Hall, le West Yorkshire Playhouse, le Grand Theatre et l'Opera House. Concerts en plein air (opéra, ballet, pop, jazz et musique classique) en été.

À Bradford

La brochure *Make the Most of your Night out* est distribuée par l'office de tourisme. Théâtre, danse et musique à l'Alhambra Theatre et à St George's Hall. Le festival de Bradford a lieu en été.

ACTIVITÉS

À Leeds

Vélo – *Rens. à l'office de tourisme.* The Aire Valley Towpath Route : départ de Granary Wharf (centre-ville) jusqu'à Riddlesden : 33 km de pistes cyclables, en passant par Kirkstall Abbey, Bramley Falls et Saltaire. Possibilité de retour par le train.

À Haworth

Randonnée – Des sentiers quittent le village en direction de Top Withens ou Hebden Bridge. L'un d'entre eux mène à Brontë Falls, Brontë Bridge et Brontë Stone Chair ; il fait partie de l'itinéraire **Brontë Way** *(64 m)*, d'Oakwell Hall *(à Kirklees, près de Birstall)* à Gawthorpe Hall *(à Padiham, près de Burnley)*. Le sentier de grande randonnée peut être effectué en quatre sections, desservies par les transports en commun.

Kingston-Upon-Hull

265 615 habitants

NOS ADRESSES PAGE 668

S'INFORMER

Office de tourisme – *1 Paragon Street - (01482) 223 559 - 10h-17h, dim. 11h-15h - fermé 1er janv. et 25-26 déc.*

SE REPÉRER

Carte de région C3 (p. 541) – *carte Michelin 502 S22 - East Yorkshire.* Kingston-upon-Hull se trouve à 70 km/43,5 miles au sud-est de York et à 55 km au sud de Scarborough.

À NE PAS MANQUER

Humber Bridge, Beverley et Minster.

ORGANISER SON TEMPS

Prévoyez une journée.

AVEC LES ENFANTS

The Deep (aquarium).

Kingston-Upon-Hull, plus communément connu sous le nom de Hull, est un important port de pêche autrefois spécialisé dans la pêche à la baleine. La vieille ville, comprise entre la rivière Humber et la rivière Hull, possédait au Moyen Âge une enceinte cernée de fossés. Elle conserve de cette époque et du 17e s. des ruelles pavées étroites et quelques auberges. La plupart des docks furent construits à l'époque georgienne le long du mur est. Le premier d'entre eux, Queen's Dock (1778), est devenu le Queen's Gardens, autrement dit les jardins de la Reine. À proximité se dresse la statue du citoyen le plus célèbre de Hull, William Wilberforce, qui contribua à l'abrogation de la traite des Noirs grâce à une loi votée en 1807.

Découvrir

The Hull Maritime Museum

Queen Victoria Square - (01482) 300 300 - www.hullcc.gov.uk/museums - 10h-17h, dim. 13h30-16h30 - fermé 1er janv., Vend. saint et 25-26 déc.

Aménagé dans les anciens bureaux portuaires de 1871, ce musée retrace sept siècles d'histoire maritime de Hull à travers des maquettes, des objets divers et de nombreuses peintures.

Ferens Art Gallery

Queen Victoria Square - (01482) 300 300 - www.hullcc.gov.uk/museums - ♿ - 10h-17h, dim. 13h30-16h30 - fermé 1er janv., Vend. saint et 24-28 déc.

Les collections de la ville vont des œuvres des vieux maîtres européens (Frans Hals, Canaletto) à celles d'artistes contemporains (David Hockney et Henry Moore). On y trouve également un choix d'œuvres illustrant l'histoire maritime de Hull.

Wilberforce House Museum

High Street - ✆ (01482) 300 300 - www.hullcc.gov.uk/museums - ♿ - 10h-17h, dim. 13h30-16h30 - fermé 1er janv., Vend. saint et 25-26 déc.

La maison natale de **William Wilberforce** (1758-1833) abrite aujourd'hui un musée de l'esclavage. Y sont évoqués le commerce triangulaire et les plantations, ainsi que la vie et le travail de l'homme qui fut à l'origine de son abolition. On trouvera également du mobilier et des costumes d'époque, des horloges et des pièces d'argenterie de Hull.

Streetlife – Transport Museum

High Street - ✆ (01482) 300 300 - www.hullcc.gov.uk/museums - ♿ - 10h-17h, dim. 13h30-16h30 - fermé 1er janv., Vend. saint et 24-28 déc.

Dans ce musée sont exposés une diligence dont on peut deviner l'inconfort, une curieuse bicyclette à bascule sans pédales, de vieux modèles de motocyclettes, des tramways et des automobiles anciennes, ainsi qu'un sémaphore ferroviaire.

Hull and East Riding Museum

High Street - ✆ (01482) 300 300 - www.hullcc.gov.uk/museums - ♿ - 10h-17h, dim. 13h30-16h30 - fermé 1er janv., Vend. saint et 25-26 déc.

Muséographie attrayante sur la géologie, l'archéologie et l'histoire naturelle de la région.

Holy Trinity Church

✆ 01482) 324 835 - www.holy-trinity.org.uk - mar. 11h-15h, merc.-vend. 12h-15h, sam. 9h30-12h - ouverture limitée à Noël et en janv.

Holy Trinity Church est la plus grande église paroissiale de Grande-Bretagne, mesurant 87 m de long. La tour atteint 46 m de hauteur. Les bras du transept ainsi que le niveau inférieur de la tour ont la particularité d'avoir été construits en brique (vers 1330). Hull disposait en effet d'une briqueterie depuis 1303.

Hands on History

South Church Side - ✆ (01482) 300 300 - www.hullcc.gov.uk/museums - ♿ - 10h-17h, dim. 13h30-16h30 - fermé 1er janv., Vend. saint et 25-26 déc.

Ce vieux lycée *(grammar school)* en brique rouge est le plus ancien bâtiment civil de la ville (1583-1585). Il accueille une exposition interactive sur la Grande-Bretagne à l'époque victorienne. Au 1er étage, on peut voir une petite exposition consacrée à Toutankhamon ainsi qu'une présentation de l'histoire de Hull et de ses habitants.

★★ The Deep

Sammy's Point - ✆ (01482) 381 000 - www.thedeep.co.uk - ♿ - 10h-18h (dernière entrée 1h av. fermeture) - fermé 24-25 déc. - 9,50 £ (enf. 7,50 £).

Cette attraction possède le plus profond tunnel panoramique sous-marin du monde et permet d'observer la vie sous-marine de Deep Blue One, la station sous-marine futuriste posée au fond de l'océan et reliée par satellite aux

ALLÔ !

Si les cabines téléphoniques de Hull ressemblent aux traditionnelles cabines britanniques, vous noterez toutefois une différence : elles sont blanches ! En effet, Hull est la seule ville de Grande-Bretagne à posséder sa propre compagnie de téléphone depuis 1904. Après l'émission d'actions de la compagnie en 1999, la ville détient encore 49 % des parts.

autres stations de la planète. On y apprend des choses intéressantes sur les créatures qui peuplaient les profondeurs après le big bang.

À proximité Carte de région

Humber Bridge C3

À l'ouest de l'agglomération - ✆ (01482) 641 161 - www.humberbridge.co.uk - péage 2,70 £ (voiture).

Humber Bridge fut construit à partir de 1972 et inauguré par la reine Élisabeth II le 17 juillet 1981. Jusqu'à l'achèvement du pont d'Akashi Kaikyo au Japon en 1988, il détenait le record mondial du plus long pont suspendu à portée unique. Long de 1 410 m, Humber Bridge dépasse de 103 m le pont Verrazzano à New York.

★ Beverley C3

À 9 km/5,5 miles au nord par la A 1174.

Derrière les façades georgiennes de Berveley se cachent d'anciennes constructions. En 1377, la ville comptait 5 000 habitants, soit deux fois moins qu'York et deux fois plus que Hull. Dissimulée par une façade datant de 1832, la **Guildhall** (Maison des corporations – 1762), est pourvue d'une très belle salle de tribunal dont le majestueux plafond en stuc est l'œuvre de Cortese.

★★ **Minster** – *✆ (01482) 868 540 - www.beverleyminster.org.uk - mai-août : 9h-17h30, dim. 12h-16h30 ; mars-avr. et sept.-oct. : 9h-17h, dim. 12h-16h30 ; nov.-fév. : 9h-16h, dim. 12h-16h - possibilité de visite guidée sur demande - offrande.* John of Beverley, évêque de Hexham et de York, choisit de se retirer dans cet endroit isolé et y mourut en 721. Il fut enterré dans l'église qu'il avait fondée trente ans auparavant. L'édification de l'**église abbatiale**, telle qu'elle se présente aujourd'hui, fut entreprise vers 1220, l'édifice précédent ayant été complètement détruit par un incendie le 20 septembre 1188. Les dimensions du bâtiment, long de 101 m, sont similaires à celles d'une cathédrale.

La construction débuta par le chevet. Le style gothique Early English et ses longues fenêtres lancéolées se retrouve dans les croisillons. La nef, de style Decorated, date du début du 14e s. Les fenêtres hautes reflètent la transition au gothique Perpendicular. La **façade principale**, de style gothique Perpendicular, fut achevée en 1420. Les neuf ouvertures de la grande fenêtre orientale ont conservé les vitraux originaux du Moyen Âge.

Le double escalier orné du mur nord du chœur menait autrefois à la salle capitulaire, disparue aujourd'hui. L'**orgue Snetzler** (1769, restauré en 1995) possède 4 000 tuyaux, 70 jeux et 4 claviers. Le jubé de George Gilbert Scott date de 1880. Le **tombeau des Percy** (1340-1349), paré d'un baldaquin sur lequel ont été sculptés des anges et des animaux symboliques, est le plus beau des monuments funéraires du style Decorated. Les 68 miséricordes des stalles du chœur, du début du 16e s. et dues à l'école des sculpteurs sur bois de Ripon, comptent parmi les plus belles de Grande-Bretagne.

★ **St Mary's Church** – *✆ (01482) 881 437 - www.stmarysbeverley.org.uk - avr.-sept. : 9h30-16h30 ; oct.-mars : lun.-vend. 9h30-16h.* Fondée vers 1120, l'église fut bientôt adoptée par les corporations, qui firent ajouter à l'édifice un transept et des bas-côtés. La petite chapelle St-Michael, dont l'escalier en colimaçon est d'une grande ingéniosité, est contemporaine du tombeau des Percy situé dans l'église abbatiale. La façade principale, de style Perpendicular, ornée de fûts élancés et de fines moulures, ressemble à celle de la chapelle de King's

College à Cambridge. En 1524, l'adjonction de la **tour** vint parfaire l'esthétique globale.
L'église abbatiale et St Mary se partagent un ensemble de 140 sculptures d'instruments de musique médiévaux. Dans la nef, le **pilier des Ménestrels** (Minstrels'Pillar), aux couleurs vives, est un don de la corporation des musiciens en 1524. L'extraordinaire **plafond du chœur**, peint en 1445, recense les rois d'Angleterre. Vingt-trois miséricordes, à figures humaines et animales, ornent les stalles du chœur.

★ Burton Constable Hall C3

16 km/10 miles à l'est par la A 165 via Kingston-upon-Hull, puis la B 1238 à droite en direction de Sproatley - ✆ (01964) 562 400 - www.burtonconstable.com - ♿ - parc : 12h30-17h - château : de Pâques à oct. : sam.-jeu. 13h-17h - 6 £ - cafétéria.
Sir Henry Constable construisit le château vers 1600. La façade est, en brique, est flanquée de deux ailes en saillie et dotée de fenêtres à meneaux. Le vestibule et la grande salle sont l'œuvre de Thomas Lightoller (1760), tout comme le porche à colonnes toscanes. La grande galerie, conçue par **William Constable** au milieu du 18e s., accroche un grand nombre de portraits de famille. La cheminée de marbre, œuvre d'un maître maçon de Beverley, est incrustée de fleurs et d'oiseaux dus à Domenico Bartoli. Dans la chapelle, la salle de bal et les salles à manger, les stucs ont été réalisés par Giuseppe Cortese. Dans ces pièces comme dans la salon chinois sont exposés de très beaux meubles Chippendale.

★ Burton Agnes Hall C3

À Burton Agnes, 45 km/28 miles au nord par la A 165 jusqu'à Bridlington, puis A 614 - ✆ (01262) 490 324 - www.burton-agnes.co.uk - avr.-oct. et vac. scol. : 11h-17h - possibilité de visite guidée (1h15) - 7 £ - cafétéria.
Remarquable exemple de l'architecture de la fin de l'époque élisabéthaine, cette élégante demeure fut construite en 1598 et achevée en 1610. L'intérieur est caractérisé pour les plus belles pièces – que sont la salle d'entrée, le hall et la chambre de la reine – par un décor foisonnant de **stucs** et de **boiseries**, arborant des thèmes bibliques, mythologiques et allégoriques. Le futur roi Jacques Ier dormit dans la chambre du roi. En effet, parti d'Édimbourg pour être couronné à l'abbaye de Westminster, il s'arrêta en chemin à Burton Agnes Hall. À noter le salon chinois du 18e s. et surtout un superbe **escalier à vis** que l'on trouvait plus fréquemment installé dans des tours. Le jardin clos et son potager, le labyrinthe, le verger, la roseraie ainsi que le jardin de campanules sont autant de jolis points du vue sur la maison.

NOS ADRESSES À KINGSTON-UPON-HULL

HÉBERGEMENT

PREMIER PRIX

Corner Brook House – *1 Desmond Av. - Beverley Road - ✆ (01482) 474 272 - www.cornerbrook.co.uk - P - 5 ch. : 50/60 £* ☕. Jolie maison d'architecture édouardienne, située à 3 km du centre de Hull. Chambres très agréables.

BUDGET MOYEN

Ibis Hotel – *Ferensway - ✆ (01482) 387 500 - www.ibishotel.com - P - 106 ch. : 60/80 £* ☕. Ouvert en 2002, ce standard de la chaîne hôtelière française est en plein centre-ville.

POUR SE FAIRE PLAISIR

Rudstone Walk County – *South Cave - proche Beverley - ✆ (01430) 422 230 - www.rudstone-walk.co.uk - P - 14 ch. : 75/130 £* ☕. Superbe ferme située dans un cadre champêtre, à l'image d'un chalet de montagne. Intérieur spacieux.

Willerby Manor Hotel – *Well Lane - Willerby - ✆ (01482) 652 616 - www.willerbymanor.co.uk - P - 51 ch. 90/130 £* ☕. Entre Beverley et York, ce Best Western profite de 2 ha de parc et d'une belle piscine intérieure. Très bon restaurant.

PETITE PAUSE

Bon à savoir – Bars, cafés, pubs et restaurants se trouvent principalement à Trinity Square.

ACHATS

Mode – Vêtements tendance dans les boutiques victoriennes de Hepworth's Arcade. Marques internationales dans les magasins de Princes Quay.

Sheffield

415 175 habitants

NOS ADRESSES PAGE 672

NOS ADRESSES PAGE 672

S'INFORMER

Office de tourisme –*14 Norfolk Row - ✆ (0114) 221 1900 - www.sheffield.gov.uk - lun.-vend. 10h-17h, sam. 10h-16h.*

SE REPÉRER

Carte de région B4 (p. 541) – *carte Michelin 502 P23 - South Yorkshire.* Sheffield est située entre la rivière Don et la limite nord-est du Parc national de la région des Peak, à 63 km/39 miles à l'est de Manchester et à 61 km/38 miles au sud de Leeds.

À NE PAS MANQUER

Millennium Galleries et Magna.

ORGANISER SON TEMPS

Comptez 1 à 2 jours avec les alentours

AVEC LES ENFANTS

Magna.

Sheffield, troisième ville d'Angleterre par sa population, tient son nom de la rivière Sheaf, qui la traverse. En dépit de la concurrence étrangère, Sheffield demeure le premier centre mondial de production d'acier. Elle peut d'ailleurs se vanter d'avoir été novatrice dans ce domaine, avec l'invention de l'acier inoxydable et de l'acier moulé. Soucieuse de diversifier ses activités, elle a créé récemment de nouveaux parcs technologiques pour accueillir des compagnies de télécoms et des sociétés informatiques. Fière de ses industries, Sheffield n'en néglige pas moins la qualité de son environnement : elle compte plus d'arbres par habitant que toute autre ville d'Europe.

Découvrir

★ Cutlers'Hall

Church Street - ne se visite pas.

Construit en 1832, cet imposant édifice de style antique hellénisant est le troisième hôtel des Couteliers situé à cet emplacement.

Cathedral of St Peter and St Paul

Church Street - ✆ (0114) 275 3434 - www.sheffield-cathedral.co.uk - ♿ - lun. 8h-16h30, mar.-vend. 8h-18h30, sam. 9h45-4h30, dim. 7h45-18h30 - visite guidée (1h) en français sur demande - offrande.

Consacré cathédrale en 1914, l'édifice cruciforme original date probablement du 12e s. La plus grande partie est de style Perpendicular. Très altéré par la restauration de 1880, il fut agrandi dans les années 1930 et 1960. La **chapelle de Shrewsbury** forme aujourd'hui le sanctuaire de la chapelle de la Vierge, à l'angle sud-est de la cathédrale. Cette chapelle fut ajoutée par le 4e comte de Shrewsbury (mort en 1538). Son **tombeau★** le

HISTOIRE DE LA COUTELLERIE

À Sheffield, le travail du fer est avéré depuis l'époque romaine. Au 14e s., la ville devient le premier producteur anglais de coutellerie. Au Moyen Âge, les couverts étaient réduits au simple couteau, outil rudimentaire que le convive emmenait partout avec lui et qu'il avait coutume d'aiguiser sur une pierre posée à cet effet, avant d'entrer dans une salle de banquet. Si la fourchette existait déjà, elle servait exclusivement à piquer les viandes durant la cuisson. La cuillère quant à elle, n'était utilisée que pour les rares potages. Toutefois, la majeure partie de la population en Angleterre mangea avec ses doigts jusqu'au début du 18e s. En 1742, Thomas Bolsover, natif de Sheffield, inventa un nouveau matériau grâce à l'électrolyse : l'argent plaqué. Remplaçant l'argent massif, ce procédé permit une production massive de couverts, devenus ainsi plus abordables.

représente en armure et portant la robe de l'ordre de la Jarretière. La **chapelle St George**, aujourd'hui chapelle du régiment d'York et de Lancaster, comporte un jubé insolite, constitué d'épées et de baïonnettes de Sheffield. Les épées pointées vers le ciel signifient qu'elles peuvent être encore utilisées pour une guerre éventuelle à l'inverse des baïonnettes qui sont dirigées vers le bas.

Millennium Galleries

Arundel Gate - ✆ (0114) 278 2600 - www.sheffieldgalleries.org.uk - 10h-17h, dim. 11h-17h - parking à Arundel Gate NCP.

Expositions temporaires à la **Craft & Design Gallery** et à la **Special Exhibition Gallery**, et permanentes à la **Metalwork Gallery** et à la **Ruskin Gallery**, organisées par ces quatre galeries indépendantes, mais néanmoins regroupées dans le même bâtiment. Conçu sur deux niveaux, ce dernier jouit d'une architecture contemporaine originale et lumineuse. Il est traversé par l'« avenue » centrale, qui part de l'entrée principale sur Arundel Gate et rejoint le jardin d'hiver *(Winter Garden)* à l'autre extrémité.

La **Metalwork Gallery** rend un hommage historique et artistique à la coutellerie de Sheffield *(voir l'encadré)*.

La **Ruskin Gallery** expose la collection permanente de l'association St George, fondée par le critique d'art, essayiste et poète **John Ruskin** (1819-1900) afin d'être pour lui une source d'inspiration visuelle. Le visiteur est invité à étudier « le beau, comme l'efflorescence d'une âme divine habitant la nature, et l'héroïsme de la vie humaine », à observer les modèles créés par la nature et notre façon de regarder, ainsi qu'à admirer le talent d'une équipe de « copistes de la couleur » qui, avant l'époque de la télévision, firent connaître aux masses populaires les œuvres d'art et monuments célèbres.

Graves Art Gallery

Dernier étage de la bibliothèque, Surrey Street - ✆ (0114) 278 2600 - www.sheffieldgalleries.org.uk - ♿ - tlj sf dim. 10h-17h.

À travers des tableaux des 19e et 20e s., la Graves Art Gallery raconte la naissance et le développement de l'art moderne et contemporain en Europe. Les principaux mouvements artistiques sont représentés et illustrés par des artistes phare, tels que Picasso pour le cubisme, Bonnard pour les nabis, sir Stanley Spencer pour l'art moderne anglais et Helen Chadwick pour l'avant-garde britannique.

Weston Park Museum

Weston Park - ✆ (0114) 278 2600 - www.sheffieldgalleries.org.uk - ♿ - 10h-17h, dim. 11h-17h - fermé 1er janv. et 24-26 déc. - café.

La galerie présente une collection de peintures anglaises d'époque victorienne, des 18e et 19e s. et notamment des œuvres de Constable et Turner. Le musée abrite la plus grande collection d'orfèvrerie (y compris de coutellerie) au monde, avec des pièces venant d'Europe et d'Asie et datant de l'âge du bronze à nos jours. La galerie archéologique expose des objets issus des fouilles de la région de Peak District *(voir p. 479)* et en particulier un heaume exceptionnel, découvert en 1848 dans un tumulus anglo-saxon, à Benty Grange Farm (Derbyshire).

Bishop's House

Meersbrook Park - ✆ (0114) 278 2600 - www.sheffieldgalleries.org.uk - ♿ - sam. 10h-16h30, dim. 11h-16h30 - fermé 1er janv., 24-26 et 31 déc.

Cette maison à colombage, datant de 1500 environ, n'a pratiquement pas changé depuis les dernières transformations opérées en 1753. On y trouve un petit musée illustrant la vie à Sheffield aux époques Tudor et Stuart.

Kelham Island Museum

Alma Street - ✆ (0114) 272 2106 - www.simt.co.uk - sam. 10h-16h30, dim. 11h-16h30 - café.

Le musée célèbre l'héritage industriel de Sheffield. Il traite ainsi de l'évolution des méthodes artisanales jusqu'à la mécanisation et la production de masse. Reconstitution de sites, démonstrations en ateliers, exposition de machines et d'objets divers forment un ensemble muséographique didactique et vivant.

★ Sheffield Botanical Gardens

Clarkehouse Road - ✆ (0114) 268 6001 - www.sbg.org.uk - ♿ - été : 8h -19h45 (w.-end 10h-19h45), hiver 8h-16h (w.-end 10h-16h) ; Glass Pavilion : 11h -17h (15h30 en hiver).

Dessiné par Robert Marnock, le jardin botanique ouvre ses portes en 1836. Il expose sur 8 ha plus de 5 000 espèces et veille aux deux collections nationales de Weigela et Dievilla. Le « Pavillon de verre » est un bijou architectural.

UN STADE TRISTEMENT CÉLÈBRE

15 avril 1989, stade de Hillsborough, 15h, coup d'envoi de la demi-finale de la FA Cup entre Liverpool FC et Nottingham Forest. À l'époque où les bandes de hooligans sévissaient dans les rencontres sportives, les stades avaient été équipés de grillages de protection pour contenir les débordements. Ce jour-là, ces installations préventives furent à l'origine d'un drame. Dès 14h, les supporters de Liverpool s'agglutinent devant la tribune ouest. Devant l'affluence, les services de sécurité décident d'ouvrir un autre accès, dépourvu de tourniquets, pour canaliser la foule. Les supporters s'y engouffrent d'une traite alors que les deux zones centrales de cette tribune sont déjà pleines. L'effet de poussée est tel que les spectateurs arrivés les premiers sont comprimés sur les grillages puis étouffés. Certains réussissent à ouvrir une brèche et investissent le terrain. D'autres se hissent jusqu'à la tribune supérieure. L'arbitre interrompt le match à 15h06, mais il est trop tard. Le bilan est lourd : 96 morts et 766 blessés.

À proximité Carte de région

★ Magna B4

À 5 km/3 miles au nord-est par la A 6178 et Bessemer Way (signalisation) - (01709) 720 002 - www.visitmagna.co.uk - 10h-17h - fermé 24-25 déc. - 9,95 £ (enf. 7,95 £) - cafétéria.

L'exposition s'articule autour des quatre éléments (eau, air, terre et feu), tous entrant dans le procédé de fabrication de l'acier. Quatre pavillons (un par élément) sont reliés par des passerelles suspendues à l'intérieur des vastes bâtiments de la fonderie Templeborough, qui contient 14 hauts-fourneaux. Dans la section *Air*, familiarisez-vous avec les tornades et les cyclones, les principes de vol et les ondes sonores. Dans la section *Eau*, étudiez les geysers et l'énergie des marées. Dans la section *Feu*, affrontez la chaleur dégagée par les étincelles du métal en fusion.

Hameau industriel d'Abbeydale B4

À 6 km/3,5 miles au sud-ouest par la A 621 - Abbeydale Road South - (0114) 236 7731 - www.simt.co.uk - ♿ - avr.-oct. : lun.-jeu. 10h-16h, dim. 11h-16h45 (dernière entrée 1h av. fermeture).

Les usines d'Abbeydale cessèrent leur production en 1933 et furent converties en musée en 1970. La maison du directeur et les cottages des ouvriers sont ouverts aux visiteurs, de même que la forge, le moulin, les roues hydrauliques et l'échoppe de rivetage.

NOS ADRESSES À SHEFFIELD

TRANSPORTS

Bon à savoir – Le **tramway** est le moyen de transport le plus pratique pour visiter la ville.

South Yorkshire Passenger Transport (SYPTE) – *01709 515 151 - www.yorkshiretravel.net.* Informations bus et trams.

HÉBERGEMENT

PREMIER PRIX

Ivory House Hotel – *34 Wostenholm Road - (0114) 225 1853 - www.ivoryhousehotel.com - P - 8 ch. : 54 £.* B & B familial, bien desservi par le tram pour rejoindre le centre-ville, la Don Valley ou encore Meadowhall.

BUDGET MOYEN

Quarry House – *Rivelin Valley Road - Rivelin Glen Quarry - (0114) 234 0382 - www.quarryhouse.org.uk - P - 3 ch. : 90 £.* Située à 10mn du centre de Sheffield, cette maison de maître a un charme fou ! Indubitablement, la meilleure *guesthouse* des environs.

POUR SE FAIRE PLAISIR

Mercure Sheffield St Paul's – *119 Norfolk Street - (0114) 278 2000 - www.mercure.com - P - 160 ch. : 130/160 £.* Ce bel hôtel de la chaîne Mercure à l'architecture futuriste dispose d'un spa, d'une piscine intérieure, et d'une salle de fitness. Deux restaurants, l'un servant de la cuisine italienne et l'autre du poisson.

UNE FOLIE

Holiday Inn Royal Victoria – *Victoria Station Road - (0114) 276 8822 - www.holidayinnsheffield.co.uk - P - 100 ch. : 140/180 £.* Prestations luxueuses pour cet Holiday Inn logé dans un beau bâtiment du 19e s. La salle de bal

a reçu autrefois la reine Victoria.
Hilton – *Victoria Quays - Furnival Road - ✆ (0114) 252 5500 - www.hilton.com/sheffield - 🅿 - 128 ch. : 129/190 £* ☕. Belle situation sur les quais de la Sheaf. Restaurant de cuisine méditerranéenne et caraïbe.

RESTAURATION

Bon à savoir – Beaucoup de restaurants se trouvent sur **Ecclesall Road**, **Abbeydale Road**, dans le centre-ville et à **Broomhill**. Il y a également de bonnes tables et un grand choix de pubs sur **Division Street**, **West Street** et **Devonshire Street**.

BUDGET MOYEN

Rafters – *220 Oakbrook Road - ✆ (0114) 230 4819 - www.raftersrestaurant.co.uk - soir uniquement - fermé dim. et mar., 1 sem. en janv. et 1 sem. en août - menu 36 £.* Cuisine gastronomique sous la direction du chef Marcus Lane (hôtel Savoy Londres). Exceptionnel. Réservation conseillée.

ACHATS

Shopping – Le **Moor** est une zone commerçante piétonnière où l'on trouve de grands magasins ainsi qu'un marché *(tlj sf dim.)*.
Boutiques de mode sur **Fargate** (fermé à la circulation), **Pinstone Street** et **Barkers Pool**. Dans le bohème **Devonshire Quarter** se trouve le **Forum** (une vingtaine de boutiques branchées).
Victoria Quays, **Abbeydale Road** (antiquités) et **Ecclesall Road** (vêtements, antiquités et souvenirs) méritent un détour.
Marché – Il se tient dans **Castlegate Quarter** *(tlj sf jeu. et dim.)*.

EN SOIRÉE

Bon à savoir – Pour le programme des divertissements, consulter le *Dirty Stopout's Guide* vendu à l'office de tourisme. Informations culturelles disponibles aussi dans l'hebdomadaire *Sheffield Telegraph*.
Night clubbing – Sheffield bat le record anglais du nombre de night-clubs (treize dans le centre-ville), le plus connu étant le **Gatecrasher One** *(Eyre Street - www.gatecrasher.com)*.

ACTIVITÉS

Bon à savoir – Le ski (Sheffield Ski Village) et le patinage sur glace (Sheffield Ice Sports Centre avec sa patinoire) en hiver, le golf, ainsi que les courses de lévriers et de stock-cars figurent parmi les activités proposées par la ville.

Le pays de Galles 6

Wales - Carte Michelin National 713 FI12-16

Llanthony Priory, dans le Parc national de Brecon Beacons.
Sime/Photononstop

LE PAYS DE GALLES
CARDIFF
Aberystwyth
Swansea
Carmarthen
0 20 km
0 10 miles
★★★ Vaut le voyage
★★ Mérite un détour
★ Intéressant
À voir
Circuit conseillé avec ville de départ
MANCHESTER
STOKE-ON-TRENT
WOLVERHAMPTON
PRESTON
SOUTHPORT
LIVERPOOL
Chester
Wrexham
Erddig
Pontcysyllte
Shrewsbury
ENGLAND
Montgomery
Powis
Chirck
Llangollen
Valle Crucis Abbey
Denbigh
St-Asaph
Rhuddlan
Bodelwyddan
Llandudno
Conwy
Bodnant Garden
Betws-y-Coed
Blaenau Ffestiniog
Dolgellau
Cadair Idris
Machynlleth
Aberdovey
Llwyngwril
Barmouth
Harlech
PORTMEIRION
Criccieth
Llanystumdwy
Pwllheli
Lleyn Peninsula
Mynnyd Mawr
160
Beddgelert
SNOWDONIA
1085
Llanberis
Caernarfon
Plas Newydd
Penrhyn
Beaumaris
Llanfair
Llangefni
Isle of Anglesey
Amlwch
Holyhead
Dee
Severn
CHANNEL
M 6
M 62
M 58
M 57
M 56
M 54
A 49
A 54
A 51
A 41
A 561
A 550
A 55
A 483
A 539
A 5
A 525
A 470
A 4086
A 494
A 458
A 488
A 4385
A 487
A 493
A 496
A 4085
A 499
A 497
B 4417
A 5025
N
A
B
C
1
2

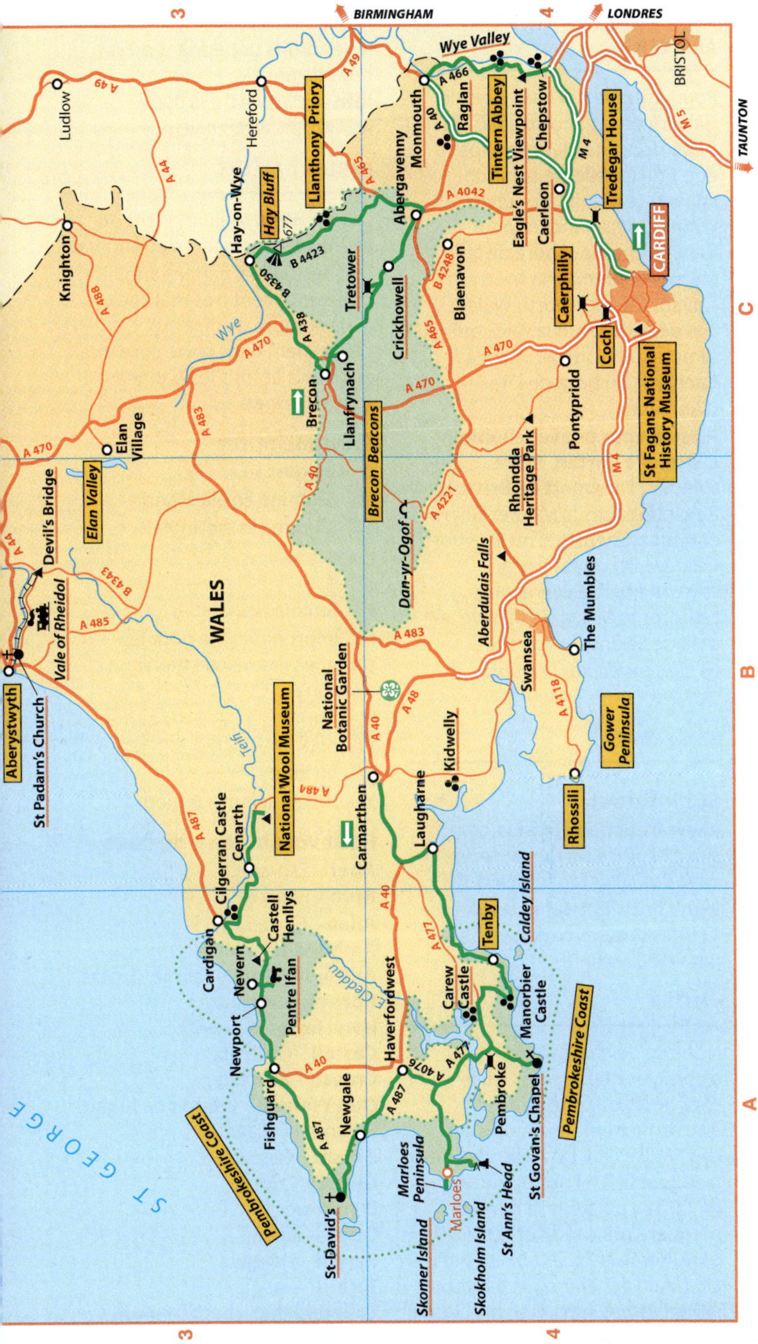
BIRMINGHAM
LONDRES
TAUNTON
BRISTOL
WALES
ST GEORGE
Aberystwyth
St Padarn's Church
Vale of Rheidol
Devil's Bridge
Elan Valley
Elan Village
Knighton
Ludlow
Hereford
Hay-on-Wye
Hay Bluff
Llanthony Priory
Wye Valley
Monmouth
Raglan
Tintern Abbey
Eagle's Nest Viewpoint
Chepstow
Tredegar House
Caerleon
CARDIFF
Abergavenny
Tretower
Crickhowell
Blaenavon
Caerphilly
Coch
St Fagans National History Museum
Pontypridd
Rhondda Heritage Park
Brecon
Llanfrynach
Brecon Beacons
Dan-yr-Ogof
Aberdulais Falls
Swansea
The Mumbles
Gower Peninsula
Rhossili
National Botanic Garden
Kidwelly
Carmarthen
Laugharne
National Wool Museum
Cenarth
Cilgerran Castle
Cardigan
Castell Henllys
Nevern
Pentre Ifan
Newport
Fishguard
Newgale
St-David's
Pembrokeshire Coast
Haverfordwest
Carew Castle
Tenby
Caldey Island
Manorbier Castle
Pembroke
St Govan's Chapel
Marloes Peninsula
Marloes
St Ann's Head
Skokholm Island
Skomer Island
Wye
Teifi
E. Cleddau
A 40
A 44
A 49
A 465
A 466
A 470
A 483
A 485
A 487
A 488
A 4042
A 4248
A 4221
A 438
A 48
A 484
A 477
A 4076
A 4118
B 4350
B 4423
B 4343
B 4248
M 4
M 5
677
A
B
C
3
4

INFORMATIONS PRATIQUES

ARRIVER

Pour visiter le **nord** du pays de Galles (côte et Snowdonia), atterrir à l'aéroport de **Liverpool** peut être une excellente solution.
En voiture, il suffit de suivre Widnes, puis Runcorn pour franchir l'embouchure de la Mersey et prendre la M 56 en suivant Chester/North Wales : elle débouche sur la A 55, qui se poursuit jusqu'à Holyhead/Caergybi, au bout de l'île d'Anglesey.
Au **sud**, vous pouvez choisir d'atterrir à **Cardiff.** Autre solution, l'aéroport de **Bristol**. Rejoindre alors la M 49 et suivre la direction Chepstow ou Newport/Casnewydd pour franchir l'estuaire de la Severn, puis l'autoroute M 4, qui s'achève au-delà de Swansea/Abertawe.
Liaisons depuis la France, voir p. 9.

S'INFORMER

Sur Internet

www.french.visitwales.com : site de l'office du tourisme du pays de Galles (en français).
www.museumwales.ac.uk : site des musées nationaux du pays de Galles.

VISITER

Nombre de châteaux et d'abbayes du pays de Galles sont gérés par une agence gouvernementale galloise, le **CADW**. Il existe un **pass** valable trois jours (11 £) ou sept jours (17,50 £) à partir de la date de première utilisation et donnant gratuitement accès aux 31 sites. On peut l'acheter dans n'importe lequel de ces sites. Une brochure l'accompagne, qui recense tous les endroits dépendant de cet organisme
Info – *(01443) 336 000 - www.cadw.wales.gov.uk.*

PARLER GALLOIS

Le mot *Welsh* (Gallois) vient de **wealhas**, qui signifie « étranger ». Tous les Gallois parlent anglais (avec un accent très marqué), mais nombre d'entre eux s'expriment dans la vie courante en gallois et tous les panneaux sont bilingues.

Prononciation

C - Toujours *k*.
Ch – Comme en allemand.
Dd - Comme le *the* anglais.
F – *v*.
FF – *f*.
G – Toujours *gu-*.
LL - Imprononçable pour le profane : essayez de mêler un *ch* avec un *l*…
U - *i*.
W – *ou*.
Ŵ – *ou* long.
Y – *i*, ou *eu* selon la région.

Petit vocabulaire de base

Aber – Estuaire.
Afon – Rivière.
Allan – Sortie.
Amgueddfa – Musée.
Ar Gau/Ar Agor – Fermé/Ouvert.
Bore da – Bonjour.
Hwyl fawr – Au revoir.
Castell – Château.
Croeso – Bienvenue.
Dim Ysmygu – Interdit de fumer.
Eglwys – Église.
Gorsaf – Gare.
Gwesty – Hôtel.
Llyn – Lac.
Oriel – Galerie.
Perygl – Danger.
Tafarn – Pub.
Toiledau (Merched/Dynion) – Toilettes (Dames/Messieurs).

Cardiff

Caerdydd

★★★

316 793 habitants

NOS ADRESSES PAGE 688

S'INFORMER
Office de tourisme – *The Old Library - The Hayes - ✆ (029) 2087 3573 - www.visitcardiff.com (en français) - 9h30-17h30h, dim. 10h-16h.*

SE REPÉRER
Carte de région C4 (p. 677) – *carte Michelin 503 K29 - South Glamorgan.* Cardiff, sur la rive nord du Bristol Channel, est desservie par l'autoroute M 4, qui la relie à Londres via Bristol. Le petit centre-ville est en partie ceint d'une voie qui passe devant le château. Vous trouverez des parkings « Multistorey » à proximité immédiate des centres commerciaux, notamment Oxford Park, ou des emplacements en plein air près du musée, sur North Road. Si vous préférez ne pas payer et ne craignez pas de marcher, sachez que l'on trouve toujours des places le long de Cathedral Road.

À NE PAS MANQUER
Le National Museum of Wales et Cardiff Bay.

ORGANISER SON TEMPS
Consacrez une journée à la ville, visites comprises.

AVEC LES ENFANTS
Les galeries d'histoire naturelle et d'archéologie du National Museum of Wales ; le National History Museum de St-Fagans ; Techniquest et le Pierhead à Cardiff Bay.

La découverte de la plus jeune capitale d'Europe vous surprendra : aux abords d'un petit centre urbain, certes sans grande patine, se dresse un imposant château à l'orée d'un immense parc, et se déploient des rues bordées de belles demeures georgiennes. Quant au grand port charbonnier, devenu le quartier de Cardiff Bay, son audacieuse rénovation marque les retrouvailles de la capitale galloise avec la mer. Il est réellement agréable d'arpenter cette cité animée et multiculturelle, fière de son emblématique stade du Millenium, avant de partir explorer la nature toute proche.

Découvrir

DANS LE CENTRE-VILLE Plan de ville

Délimitée à l'ouest par Bute Park et au sud par le boulevard de Nantes, la vaste esplanade de **Cathays Park** est dominée par trois nobles édifices élevés au début du 20e s., à l'époque où Cardiff prenait de l'importance : **National Museum of Wales, City Hall** (hôtel de ville), **Law Courts** (palais de justice).

★★★ National Museum of Wales/ Amgueddfa Genedlaethol Cymru B1

(029) 2039 7951 - www.museumwales.ac.uk - ♿ - mar.-dim. et lun. fériés 10h-17h - cafétéria.

Les remarquables collections de ce musée se répartissent en trois sections principales : archéologie, histoire naturelle et environnement, arts plastiques. L'édifice a fait peau neuve en 2010, avec une extension de l'espace consacré à l'art moderne et contemporain, et l'ouverture du **Clore Discovery Center**, une salle d'expérimentation dédiée aux scientifiques en herbe.

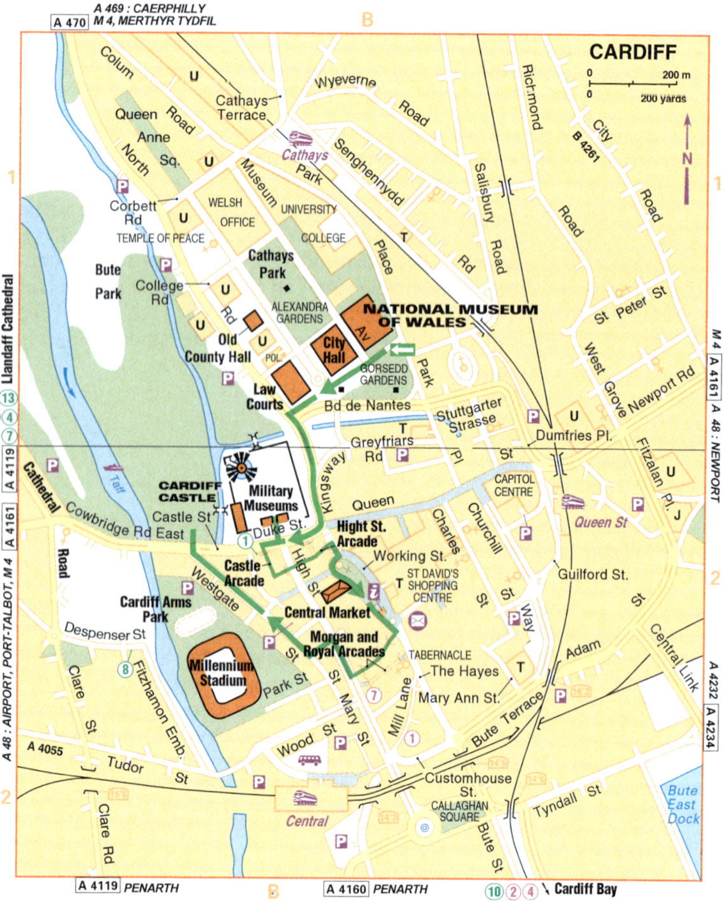

SE LOGER

- Annedd Lon 4
- Barceló Angel Hotel 1
- Lincoln House 7
- NosDa 8
- The Avenue Guest House 9
- The St David's 10
- The Town House 13

SE RESTAURER

- Carluccio's 1
- Mimosa 2
- The New Conway 3
- Woods Brasserie 4
- Yard 7

Histoire naturelle – Dioramas, écrans tactiles, cartes et vitrines présentent de façon complète et ludique le cadre naturel du pays de Galles et ses différents écosystèmes, qu'ils soient terrestres ou maritimes, leur flore et leur faune, mammifère, aquatique ou ailée.
Archéologie – De la préhistoire, avec ses civilisations mégalithiques, au Moyen Âge et à l'époque normande, en passant par l'occupation romaine et l'apparition du christianisme avec les croix celtiques, reconstitutions, objets, et documents écrits retracent avec pédagogie les différents éléments de la vie quotidienne : industrie, commerce, art des fortifications, guerre...
Peinture – Une partie de la collection est consacrée à la peinture galloise avec des œuvres du paysagiste **Richard Wilson** (1713-1782) et de son élève **Thomas Jones** (1742-1803), mais aussi du **Group 56**, cofondé par David Tinker, Eric Malthouse et Michael Edmonds avec pour ambition d'inscrire l'art gallois dans les grands courants européens.
Cette section compte également une collection d'impressionnistes français réunie par les petites-filles d'un magnat des mines, David Davies (1818-1890). Après avoir acheté plusieurs Millet et Corot, les sœurs portèrent leur dévolu sur de merveilleuses toiles de **Monet** *(Charing Cross, La Cathédrale de Rouen, Nymphéas de Giverny)*, **Manet** *(Bateliers à Argenteuil)*, **Pissarro**, **Sisley**, **Degas**, **Renoir** *(La Parisienne)*, **Berthe Morisot** *(Bagatelle)* et **Cézanne**, faisant de Cardiff un lieu de pèlerinage incontournable pour les amoureux de l'impressionnisme et du postimpressionnisme.
Pour le reste, vous découvrirez des œuvres de Bourdelle, Derain *(Église à Vers)*, Vlaminck, Gontcharova, Lipchitz, Ernst, Magritte et Kokoschka.
Emprunter le passage souterrain devant Law Courts pour accéder au château.

★ Cardiff Castle/Castell Caerdydd B2

(029) 2087 8100 - www.cardiffcastle.com (en français) - 9h-18h (nov.-fév. 17h), dernière entrée 1h av. fermeture - possibilité de visite guidée (45mn + 3 £) - fermé 1er janv. et 25-26 déc. - 10,50 £ avec audioguide - café.

Après Hastings, **Guillaume le Conquérant** laissa le champ libre à Robert Fitz-Hamon dans les Marches du Sud. Celui-ci édifia à l'intérieur des ruines du fort romain un château avec une cour et des remparts en bois. Le donjon de pierre, de forme dodécagonale, date du 12e s et le château prit son apparence actuelle lorsque ses défenses furent renforcées par Gilbert de Clare un siècle plus tard. La famille Bute en devint propriétaire au 18e s. et fit aménager le parc qui porte aujourd'hui son nom. Mais c'est à partir de 1868 qu'elle laissa son empreinte lorsque le 3e **marquis de Bute** (1847-1900), à l'époque l'homme le plus riche de Grande-Bretagne, passa commande à l'architecte **William Burgess** (1827-1881) d'une extraordinaire série d'**intérieurs exotiques★** (arabe, gothique et grec), pour créer l'exceptionnel témoignage du goût victorien que l'on peut voir aujourd'hui. L'enceinte abrite deux musées militaires consacrés au Welsh Regiment et aux Dragons de la Garde *(Queen's Dragoon Guards Museum)*.
Face au château, sur votre droite en sortant, pénétrez dans **Castle Arcade** (1887), puis bifurquez à gauche dans **Hight Street Arcade** (1885), deux élégantes galeries victoriennes.

CARDIFF À VÉLO

La capitale galloise est une ville plate qui s'explore volontiers à bicyclette : cela tombe bien, elle possède un système de vélos en libre-service !
Vous pouvez aussi en louer un au camping situé dans **Bute Park** *(Pedal Power – (029) 2039 0713 - 9h-18h).*

Contournez par la droite **St John's Church** (12e-15e s.), au clocher de style Perpendicular. *(029) 2039 5231 - 10h-14h30 (dim. 18h).*

Central Market B2

(029) 2087 1214 - www.cardiff-market.co.uk - lun.-sam. 8h-17h30.
Ce marché victorien (1891) dessiné par l'ingénieur William Harpur accueille au rez-de-chaussée maraîchers et produits de bouche. Vous trouverez ici de quoi faire une pause reconstituante. Au balcon s'alignent de vieilles échoppes patinées (bouquinistes, barbier...).
Poursuivez jusqu'à The Hayes, l'une des principales rues piétonnes, puis entrez à droite dans **Morgan Arcade** (1896), qui a conservé ses fenêtres vénitiennes et ses devantures en bois.
Remontez St Mary Street et prenez la première à gauche : les amateurs de rugby découvriront deux temples du sport national, le mythique **Cardiff Arms Park** ainsi que le **Millenium Stadium**, construit à ses côtés et qui lui a succédé en 1999 *(0870 013 8600 - www.millenniumstadium.com - visite 10h-17h (dim. 16h) - 6,50 £).*

Bute Park B1

Ouvert au public en 1947, cet immense parc, le plus grand parc urbain de Grande-Bretagne après ceux de Londres, a été aménagé à l'époque victorienne par le paysagiste **Andrew Pettigrew**.

AU SUD DU CENTRE B2 en direction

★ Cardiff Bay

Par la longue Bute Street : parking sur Stuart Street devant le Techniquest ; par navette fluviale vers Penarth et Mermaid Quay : Aquabus au dép. de Bute Park - (029) 2034 5163 - cardiffaquabus.com - ttes les h. de 11h à 17h (10h30-16h30 en sens inverse) - 5 £ AR ; par bus : Baycar - arrêts notamment sur Hight Street et St Mary Street - ttes les 10 à 15mn, jusqu'à 23h47 - 2 £ AR.
Cardiff Bay Visitor Centre – *Britannia Quay - (029) 2087 7927 - www.cardiffbay.co.uk - avr.-oct. : 9h30-18h (dim. 10h30-18h) ; reste de l'année : 9h30-17h (dim. 10h30-17h) - fermé 1er janv. et 25-26 déc.* Exposition sur l'aménagement du quartier (film, maquette géante...).
Le déclin du vaste quartier portuaire de Cardiff, autrefois plaque tournante de l'embarquement du charbon en provenance des mines du sud du pays de Galles, a été enrayé par un ambitieux programme de réhabilitation. Le projet reposait sur la construction d'un barrage de 1 100 m à travers l'estuaire de la Taff, qui a permis la création d'un plan d'eau douce de 200 ha. **Cardiff Bay Barrage** *(www.cardiffharbour.com)* relie le port à **Penarth**, de l'autre côté de la baie : en partie aménagé en promenade paysagère *(aires de jeux)*, il offre de belles perspectives sur la baie et sur le Bristol Channel.
Butetown, baptisé en l'honneur du 2e marquis de Bute, qui fit construire les docks, est le cœur du quartier du port. Parmi les bâtiments progressivement sauvés du délabrement, notez l'immense **Bourse du charbon** d'inspiration néo-Renaissance, achevée en 1866.
Pierhead Building – *0845 010 5500 - www.pierhead.org - lun.-sam. 10h30-16h30.* Cet imposant édifice de brique rouge (1896), symbole de l'activité et de la prospérité passées des lieux, fut d'abord le siège de la Cardiff Railway Company, puis de l'administration des docks. Il accueille aujourd'hui une exposition interactive sur l'histoire des docks et la vie à Cardiff Bay.

Cardiff Bay.
Eurasia Press/Photononstop

À côté du Visitor Centre, une ancienne **église norvégienne** de marins (*✆ (029) 2087 7959 - www.norwegianchurchcardiff.com - 10h-17h*), transformée en café et centre d'art, a été sauvée de la destruction et remontée ici à l'initiative de descendants d'immigrants scandinaves, parmi lesquels l'écrivain **Roald Dahl**. C'est d'ailleurs l'auteur de *Charlie et la chocolaterie* qui a donné son nom à la place centrale, sur laquelle se dresse l'audacieux **Wales Millennium Centre**, accueillant le Welsh National Opera *(voir Nos adresses)*.

Longeant la baie, **Mermaid Quay** est bordé de restaurants et de boutiques.

★ **Techniquest** – *Stuart Street - ✆ (029) 2047 5475 - www.techniquest.org - ♿ - vac. scolaires et j. fériés : 10h-17h ; reste de l'année : w.-end. 9h30-16h30 - 7 £, enf. 5 £ - café.* Face aux anciens bassins de radoub, ce bâtiment ultramoderne abrite une remarquable exposition interactive destinée à illustrer les principes scientifiques par des expériences ludiques. Planétarium *(+1,30 £)*.

À L'OUEST DU CENTRE B1 en direction

★ Llandaff Cathedral

À 11 km/7 miles par la A 4119 (Cathedral Road) - ✆ (029) 2056 4554 - www.llandaffcathedral.org.uk - 9h-18h.

La légende veut que saint Teilo ait fondé en ces lieux une communauté vers l'an 560, donnant à son église *(Llan)* le nom de la rivière Taff toute proche. La cathédrale fut construite entre 1120 et 1280, mais tomba en ruine après la Réforme. La tour du 13e s. et le toit s'écroulèrent lors d'une tempête en 1723, et ce n'est qu'au 18e s. que John Wood fut chargé de restaurer l'édifice. Son ouvrage fut presque entièrement détruit par une mine dont l'explosion toucha la partie sud de la cathédrale le 2 janvier 1941. Le chœur est maintenant séparé de la nef par une arche en béton agrémentée de quelques-unes des figures des stalles du chœur, datant du 19e s., et d'un imposant *Christ en majesté* en aluminium d'Epstein. Remarquez dans la chapelle, dédiée au régiment gallois, le triptyque de Rossetti, *La Descendance de David*.

À proximité Carte de région

★★ St Fagans National History Museum C4

À 8 km/5 miles à l'ouest par la A 4161 (signalisation) ou l'autoroute M 4 vers Swansea (sortie 33, puis voie rapide) – ✆ (029) 2057 3500 - www.museumwales.ac.uk - 10h-17h - fermé j. fériés sf lun.- parking payant - cafétéria.

Voici un endroit qu'il ne faut manquer sous aucun prétexte ! Musée ethnographique gallois couplé à un château, il passionnera petits et grands. L'imposant bâtiment d'accueil abrite deux galeries, l'une consacrée à l'évolution de la vie agricole, l'autre aux costumes traditionnels jusqu'à l'époque victorienne (crinolines) et au-delà puisque Mary Quant y est honorée. Dans le parc, les **bâtiments reconstitués** sont représentatifs de tout le pays de Galles : cottages, chapelle, moulin, tannerie etc., ainsi que des édifices peu ordinaires comme un octroi et une arène de combat de coqs. Une exceptionnelle collection de *coracles* (bateaux de pêche du pays de Galles), une ferme en activité et un coron contribuent à la diversité de l'exposition. Des artisans démontrent, en saison, leur savoir-faire dans leurs ateliers. Vous accéderez ensuite aux somptueux **jardins** du château, aménagés dans l'esprit des villas florentines, avec jets d'eaux et statues. Le château de St-Fagans, construit vers 1580, a été restauré et « rajeuni » au 19e s. dans un esprit néogothique, et possède de superbes boiseries.

★★ Castell Coch C4

À Tongwynlais, 8 km/5 miles au nord par la A 470 - CADW - ✆ (029) 2081 0101 - www.cadw.wales.gov.uk - mars-oct. : 9h30-17h (juil.-août 18h) ; nov.-fév. : 10h-16h (dim. 11h-16h) - fermé 1er janv. et 24-26 déc. - 3,60 £.

Cette forteresse pseudo-médiévale est due, comme le château de Cardiff, conjointement à la fortune du marquis de Bute et à l'imagination de **William Burgess**. L'édification de ce château fantastique, rappelant le style du 13e s., commença en 1875 par des tourelles inspirées de Chillon et de Carcassonne, que complétèrent par la suite pont-levis, herse et meurtrières. La décoration intérieure combine les influences françaises, gothiques et mauresques.

★★ Caerphilly Castle/Castell Caerffili C4

À 11 km/6,8 miles au nord par la A 470, puis la A 469 - CADW - ✆ (0144) 333 600 - www.cadw.wales.gov.uk - mars-oct. : 9h30-17h (juil.-août 18h) ; nov.-fév. : 10h-16h (dim. 11h-16h) - fermé 1er janv. et 24-26 déc. - 3,60 £.

Cette forteresse massive se dresse derrière de larges étendues d'eau à vocation défensive. Commencé en 1268 par l'influent baron **Gilbert de Clare**, ce château fut le premier de Grande-Bretagne à être bâti selon un plan parfaitement concentrique ; la conception de ses murs, de ses tours et de ses corps de garde comporte certaines caractéristiques novatrices. Il servit de modèle aux châteaux qu'Édouard Ier devait construire peu après dans le nord du pays de Galles. Le délabrement ultérieur du château fut accéléré par les destructions délibérées de la guerre civile : la « tour penchée », à moitié en ruine, à l'angle sud-est de la cour principale, en constitue un témoignage cuisant. Cet impressionnant ensemble doit en grande partie son état actuel à la restauration entreprise aux 19e et 20e s. par les 3e et 4e marquis de Bute.

On pénètre dans le château par le grand corps de garde, situé dans la très longue **barbacane est**, ouvrage fortifié séparant les douves intérieures et extérieures des pièces d'eau défensives qui se trouvent au nord et au sud. Derrière ces protections, le cœur du château est composé d'une cour extérieure munie de bastions semi-circulaires et d'une cour intérieure qui abrite des tours circulaires, d'énormes corps de garde et la **grande salle**, rebâtie par Despenser vers 1317. Pour protéger le corps de garde ouest, qui était l'entrée d'origine, on a construit un ouvrage extérieur considérable et, un peu plus loin, une redoute du 17e s., érigée à l'emplacement d'un fort romain.

★ Caerleon C4

À 24 km/14,8 miles par la M 4 vers l'est jusqu'à l'échangeur 25, puis suivre les indications.

Isca pour les Romains, Caerleon ou la « cité des légions » en gallois a abrité la 2e légion impériale, forte de 5 000 à 6 000 hommes, entre 75 et 300 apr. J.-C. Les Romains édifièrent les immenses **bains de la forteresse★**, parfaitement conservés. Le **Roman Legionary Museum** expose de manière exemplaire d'autres découvertes faites sur ce site important. L'**amphithéâtre★** situé à l'extérieur de la forteresse fut bâti vers l'an 90. Les **cantonnements**, groupés par paires et pourvus de portiques le long d'une rue centrale, abritaient huit hommes par pièce, le centurion étant logé à l'extrémité de chaque bloc ; ce sont les seuls cantonnements de légionnaires romains subsistant en Europe. *(01633) 423 134 - www.nmgw.ac.uk - ♿ - 10h-17h (dim. 14h-17h) - fermé 1er janv., 24-26 et 31 déc.*

South Wales Valleys C4

Au nord de Cardiff s'étend un des plus vastes bassins houillers de Grande-Bretagne, **The Valleys**. Dominées par les corons et leurs chapelles, les usines métallurgiques subsistantes, les carreaux de mine et les wagonnets qui les desservaient occupent le fond de profondes vallées, séparées les unes des autres par de hautes collines verdoyantes. C'est d'ici qu'est originaire **Aneurin Bevan**, fondateur du National Health Service (la Sécurité sociale anglaise). Une statue, tournée vers le bassin houiller, a été dressée en son honneur à Cardiff. Un autre monument lui est dédié sur les hauteurs ventées qui surplombent Ebbw Vale, dont il fut député de 1929 jusqu'à sa mort en 1960.

La région entière est riche en vestiges de l'ère industrielle, mais sa quintessence semble concentrée dans les vallées de Rhondda Fawr et Rhondda Fach.

À **Pontypridd** *(20 km/12,5 miles au nord-ouest de Cardiff par la A 470)*, où la Rhondda débouche dans la vallée de la Taff, une superbe chapelle abrite l'**Historical Centre**. *(01443) 490 748 - www.pontypriddtown.co.uk - ♿ - lun.-sam. 10h-17h.* Un peu plus loin, le **Rhondda Heritage Park★**, aménagé autour de la mine désaffectée de Lewis Merthyr, conte l'histoire à la fois fascinante et poignante de l'exploitation minière dans ces vallées, et propose une descente impressionnante en train dans les galeries. Les visites guidées sont commentées par d'anciens mineurs. *(01443) 682 036 - www.rhonddaheritagepark.com - ♿ - 9h-16h30 (sf lun. d'oct. à Pâques) - visites guidées (1h30 env.) 10h, 12h, 14h (interdit aux enf. de -1 m, déconseillé aux femmes enceintes, aux personnes souffrant de problèmes cardiaques) - 5,60 £ - prévoir un vêtement chaud et des chaussures adaptées.*

À **Blaenavon** *(45 km/28 miles au nord-est par la A 470 vers Merthyr Tydfil, puis la route d'Abergaveny à droite et enfin la B 4248)*. Dans cette localité, la mine de **Big Pit**, fermée en 1980, abrite aujourd'hui le **National Coal Museum★**. Les installations de son ancien carreau sont ouvertes aux visiteurs qui peuvent descendre dans les galeries et découvrir la vie quotidienne des mineurs. *(01495) 790 311 - www.museumwales.ac.uk - ♿ - 9h30-17h (dernière entrée 16h) - visite guidée des mines (1h) entre 10h-15h30 (interdit aux enf. de -1 m) - cafétéria, aire de pique-nique.*

★★ Tredegar House C4

À Newport, à 16 km/10 miles. Prendre la M 4 vers l'est et sortir à l'échangeur 28, puis suivre la signalisation - ☏ (01633) 815 880 - ♿ - visite guidée (1h15) de Vend. saint à fin sept. : mer.-dim. 11h-16h (dép. ttes les h.) - 6,25 £ - restaurant, aire de pique-nique - parking payant.

C'est l'une des plus belles demeures construites en Angleterre et au pays de Galles dans les années qui suivirent la guerre civile. Érigé entre 1664 et 1672, ce grand manoir était la résidence des richissimes Morgan, une famille de propriétaires terriens, d'entrepreneurs et de promoteurs, à l'origine de la création du port de **Newport/Casnewydd** au 19e s. La maison et les jardins sont méticuleusement restaurés pour restituer l'atmosphère qui régnait à l'époque où les Morgan n'avaient pas encore dilapidé leur fortune. L'intérieur est en grande partie redécoré avec des meubles d'origine. Parmi les plus belles pièces, notez le salon brun, aux exubérantes sculptures, le salon doré et le cabinet de cèdre, aux lambris odoriférants. Le **parc★** a conservé quelques-uns de ses éléments originaux, comme un superbe portail en fer forgé et des parterres géométriques dont les contours ont été dessinés grâce aux matériaux de la région : poussière de charbon, coquillages et terres colorées.

Circuit conseillé Carte de région

★ WYE VALLEY C4

La dernière partie de la **vallée de la Wye** *(voir p. 531)*, particulièrement encaissée entre Monmouth et le Bristol Channel dans laquelle cette rivière se jette à Chepstow, fait office de frontière entre le pays de Galles et l'Angleterre. Des rochers émergent çà et là des flancs de coteaux couverts d'essences magnifiques : chênes, hêtres, ifs et tilleuls. Recherché au 18e s. et au début du 19e s. par les adeptes de paysages romantiques, l'endroit est resté populaire.

Circuit au départ de Cardiff tracé en vert sur la carte p. 677. Quitter la M 4 à hauteur de Newport par la sortie 24 et suivre la direction de Monmouth par la A 449.

★ Raglan Castle/Castell Rhaglan

Au croisement avec la A 40, sur la gauche - CADW - ☏ (01291) 690 228 - www.cadw.wales.gov.uk - mars-oct. : 9h30-17h (juil.-août 18h) ; nov.-fév. : 10h-16h (dim. 11h-16h) - fermé 1er janv. et 24-26 déc. - 3,60 £.

La grande tour de ce château à la silhouette impressionnante, appelée la « tour jaune du Gwent », édifiée en 1435, est une forteresse dans la forteresse. Elle témoigne de l'insécurité d'une époque où un seigneur devait pouvoir se protéger de ceux-là mêmes qui portaient ses couleurs, pour le cas où ils auraient subitement décidé de changer de camp…

Gagner Monmouth par la A 40.

★ Monmouth/Trefynwy

Market Hall - Priory Street - ☏ (01600) 713 899 - www.visitwyevalley.com - avr.-oct. : 10h-17h ; nov.-mars : tlj sf dim. 10h-13h, 14h-16h.

On pénètre dans la ville par le **pont fortifié** du 13e s. La cité a conservé intact le tracé médiéval de ses rues, mais il reste peu de vestiges du château où naquit Henri V (1387-1422). Sa statue trône dans une niche de la belle **maison du comté** (Shire Hall), de style georgien, qui remplaça en 1724 une halle de style élisabéthain. En dessous se tient une autre figure locale, l'honorable **C. S. Rolls**, cofondateur de Rolls-Royce et pionnier de l'aviation.

Non loin de là, un **musée** conserve le souvenir des visites du célèbre **amiral Nelson**. *Priory Street - ✆ (01600) 710 630 - mars-oct. : 11h-13h, 14h-17h (dim. 14h-17h) ; reste de l'année : 11h-13h, 14h-17h (dim. 14h-17h).* Quant à **Great Castle House**, le quartier général du régiment royal du génie du Monmouthshire, c'est un splendide bâtiment de pierre datant de 1673.

Quitter Monmouth par la A 466 vers le sud.

La route serpente en suivant les méandres de la vallée encaissée de la Wye, qu'elle traverse parfois pour se retrouver sur la rive anglaise.

★★ Tintern Abbey/Abaty Tyndyrn

CADW - ✆ (01291) 689 251 - www.cadw.wales.gov.uk - ♿ - mars-oct. : 9h30-17h (juil.-août 18h) ; nov.-fév. : 10h-16h (dim. 11h-16h) - fermé 1er janv. et 24-26 déc. - 3,60 £.

En contrebas du village, en bordure de la rivière, dans un cadre de pentes raides boisées, c'est en ces lieux que Walter de Clare, seigneur anglo-normand de Chepstow, fonda une abbaye cistercienne en 1131. Contrairement aux bénédictins, les cisterciens vivaient dans le dépouillement. La modeste église d'origine fut remplacée à la fin du 13e s., sous le patronage de Roger Bigod, par un bâtiment bien plus somptueux. Lors de la Dissolution, le supérieur Richard Wyche livra l'abbaye aux délégués du roi en 1536.

La majeure partie de l'abbaye du 13e s. est conservée. La nef, à l'origine destinée aux frères lais, était séparée du chœur, du sanctuaire et de l'ancien autel par un jubé de pierre dont on fit disparaître les vestiges au 19e s., ouvrant une perspective sur la totalité des 72 m de l'église. Plus loin, sur la pelouse, on voit des fondations : salle capitulaire, infirmerie, cloître, cuisines, réfectoire, résidence de l'abbé et maison des hôtes.

Dans la dernière partie du 18e s., l'abbaye devint une des excursions favorites des poètes romantiques comme **William Wordsworth**.

Poursuivre sur la A 466. Après 4 km/2,5 miles, tourner en direction de l'aire de pique-nique et du point de vue fléchés.

Wyndcliff

Un escalier, raide, de 365 marches, gravit la falaise de calcaire qui surplombe la rivière de 240 m (on peut atteindre également le point de vue par un sentier pédestre plus aisé à partir du parking signalé 750 m plus loin sur la A 466).

Depuis l'**Eagle's Nest Viewpoint★** (point de vue du Nid de l'Aigle), le regard porte sur le cours ultime de la Wye, jusqu'à l'arche puissante du pont suspendu de la Severn, dont la construction fut achevée en 1966.

★ Chepstow/Cas Gwent

Sur le parking du château - ✆ (01291) 623 772 - www.visitwyevalley.com - de Pâques à fin oct. : 10h-17h30 ; reste de l'année : 10h-15h30.

La ville, qui est toujours en partie entourée de murailles, descend en pente raide de la grande porte jusqu'à l'ancien passage sur la Wye, où **John Rennie** construisit un pont en fer d'une ligne élégante en 1816. C'est le meilleur endroit pour admirer le château.

★★ Chepstow Castle – *CADW - ✆ (01291) 624 065 - www.cadw.wales.gov.uk - mars-oct. : 9h30-17h (juil.-août 18h) ; nov.-fév. : 10h-16h (dim. 11h-16h) - fermé 1er janv. et 24-26 déc. - 3,60 £.* Cette magnifique forteresse fut bâtie en 1067 par **William FitzOsbern**, l'un des lieutenants de Guillaume le Conquérant, qui le chargea de défendre les frontières occidentales de son territoire. Il choisit un site avec d'excellentes défenses naturelles : un éperon rocheux étroit et allongé présentant au nord une paroi à pic sur la rivière, et au sud un vallon encaissé. Les différentes parties du château sont espacées le long de la crête : à l'est se trouve le premier mur d'enceinte, défendu par un corps de garde extérieur et la tour de Marten ; derrière le second mur s'élève le cœur du château d'origine, la grande tour de FitzOsbern – un donjon d'habitation qui est sans doute le plus ancien édifice non religieux en pierre de Grande-Bretagne ; le mur supérieur mène à l'extrémité ouest et à son point culminant, occupé par un ouvrage de défense avancé, la barbacane.

Face au château, le **musée (Amgueddfa)** évoque de façon émouvante la rivière, l'histoire, l'économie et les institutions locales. *✆ (01291) 625 981 - lun.-sam. 11h-13h, 14h-17h (juil.-sept. 10h30-17h), dim. 14h-17h.*

Au-delà de Chepstow, vous pourrez gagner Bristol par le pont suspendu supportant la A 48. Sur votre droite, en aval se trouve le **Second Severn Crossing** *(péage, uniquement en direction de l'ouest - www.severnbridge.co.uk - 5,50 £ par voiture)*, pont à haubans (450 m) de 5 km de long, que franchit l'autoroute M 4. On y accède par des viaducs à portées variables. L'ouvrage fut inauguré en 1996 pour faire face à l'augmentation du trafic entre le pays de Galles et l'Angleterre.

NOS ADRESSES À CARDIFF

VISITES

City Sightseeing Tours – *✆ (029) 2047 3432 - www.city-sightseeing.com (en français) - fév.-oct. : tlj ; reste de l'année (sf de fin déc. à déb. janv.) : w.-end - tour (50mn) ttes les 30mn à 1h, dép. de Cardiff Castle - billet réutilisable 24h, arrêts illimités - 9 £.* Les bus à plate-forme font le tour du centre-ville avec une halte au National Museum, à Queen Street Station et Pierhead, Stuart Street (Techniquest), Mill Lane, et à la gare routière centrale.

HÉBERGEMENT

Bon à savoir – Sur la longue **Cathedral Road** bordée d'élégants alignements de demeures, les hôtels et *guesthouses* se suivent. Les hôtels de chaînes se trouvent sur **Bute Terrace** et **Churchill Way**.

PREMIER PRIX

À Cardiff

Annedd Lon – B1 - *157 Cathedral Road - ✆ (029) 2022 3349 - www.anneddlon.co.uk - 6 ch. : 60 £ ☕.* B & B accueillant. Une superbe chambre à l'étage avec ses bow-windows donnant sur la rue. Deux « suites » familiales.

NosDa – B2 - *53-59 Despenser Street - (029) 2037 8866 - www.nosda.co.uk - 55 £ ☕.* Au bord de la Taff, face au Millenium Stadium, un établissement fonctionnel et sympathique. Chambres et studios *(2-4 pers.)*, simples et refaits à neuf. Également quelques dortoirs. Sachez que les lieux s'animent lors des match.

BUDGET MOYEN

À Cardiff

The Avenue Guest House – B1 - *163 Cathedral Road - ✆ (029) 2023 2855 - www.theavenueguesthouse.com - 7 ch. : 50/70 £ ☕.* Chambres confortables dans une vaste maison victorienne, petits-déjeuners dans la grande cuisine familiale et hôtes aux petits soins.

The Town House – B1 - *70 Cathedral Road - ✆ (029) 2023 9399 - www.thetownhousecardiff.co.uk - 8 ch. : 73/83 £ ☕.* Demeure « gothique » magnifiquement restaurée. Chambres très confortables et accueil agréable.

Dans la vallée de la Wye
À Tintern
Parva Farmhouse – *Dans le village, côté rivière, sur une petite place - ✆ (01291) 689 411 - www.parvafarmhouse.co.uk - 9 ch. : 74/84 £* ☕. Chambres confortables dans une belle demeure ancienne qui abrite un restaurant *(soir seult.)*.
The Abbey Hotel – *Côté montagne - ✆ (01291) 680 020 - www.tinternabbeyhotel.co.uk - 23 ch. : 75 £* ☕. Cet établissement est plus proche de l'abbaye.
À Chepstow
Castle View – *Castle Place - ✆ (01291) 620 349 - www.hotelchepstow.co.uk - 14 ch. : 77/90 £* ☕. Agréable petit hôtel biscornu, installé dans l'ancienne école de la ville, et dont certaines chambres sont situées au bout du ravissant jardin fleuri.

POUR SE FAIRE PLAISIR

À Cardiff
Lincoln House – B1 - *118 Cathedral Road - ✆ (029) 2039 5558 - www.lincolnhotel.co.uk - 23 ch. : 120/150 £* ☕. Deux demeures victoriennes rénovées avec goût, proches de Bute Park. **Barceló Angel Hotel** – B2 - *Castle Street - ✆ (02920) 649 200 - www.barcelo-hotels.co.uk - 102 ch. : 83/150 £* ☕. Bonne situation centrale. Certaines des chambres bien aménagées donnent sur le château. Restaurant contemporain à la salle élégante.

UNE FOLIE

À Cardiff Bay
The St David's – B2 - *Havannah Street par Stuart Street, au-delà du Techniquest - ✆ (02920) 454 045 - www.principal-hayley.com/thestdavids - 120 ch. : 320 £ - ☕ 18,50 £*. Luxe, calme et volupté face à la baie. Un superbe bâtiment tout en vitres et en lumières posé sur le port.

RESTAURATION

PREMIER PRIX

À Cardiff
Yard – B2 - *42 St Mary Street - ✆ (029) 2022 7577 - www.yardbarkitchen.co.uk - 17 £*. Dans le cadre d'une ancienne brasserie au *relooking* contemporain, ce vaste mais chaleureux pub sert des spécialités galloises ou une restauration légère, à accompagner d'une bière !

Dans la vallée de la Wye
À Tintern
The Anchor Inn – *✆ (01291) 689 582 - www.theanchortintern.com - café : 9h30-16h, restaurant : 12h-23h -15/20 £*. À proximité de l'abbaye, ce pub offre un cadre agréable pour une pause café, avec pâtisseries maison pour les gourmands, ou un repas. Cuisine simple à base de produits locaux.

BUDGET MOYEN

À Cardiff
Carluccio's – B2 - *16 Mill Lane - ✆ (029) 2023 2630 - 20/25 £*. Dans le bâtiment tout de verre de la nouvelle bibliothèque, un restaurant, café et épicerie italiens très fréquentés à l'heure du déjeuner. Service diligent.
The New Conway – B1 - *53 Conway Road - ✆ (029) 2022 4373 - www.theconway.co.uk - 15/30 £*. À l'ouest de Bute Park *(20mn à pied du château)*, un « gastro pub » de quartier qui fait l'unanimité. Produits locaux et de saison.

À Cardiff Bay
Woods Brasserie – B2 - *The Pilotage Building - Stuart Road - ✆ (029) 2049 2400 - www.woods-brasserie.com - fermé*

dim. soir nov.-mars - 17/38 £. Établissement moderne et animé ; excellente qualité à prix modérés. Spécialités de poissons.

Mimosa – B2 - *Mermaid Quay - ✆ (029) 2049 1900 - www. mimosakitchen.co.uk - 25 £.* Un cadre épuré, une cuisine galloise ou internationale qui privilégie les produits locaux et de saison, et un bon choix de vins du monde.

ACHATS

À Cardiff

Bon à savoir – Dans le centre, d'élégantes galeries marchandes édouardiennes ou georgiennes accueillent des boutiques : Castle Arcade, Hight Street Arcade, Duke Arcade, Royal Arcade, Morgan Arcade, Whindhan Arcade, etc.

Riverside Market - *Au bord de la Taff, face au stade du Millenium - www. riversidemarket. org.uk - dim. 10h-14h.* Aux côtés des producteurs locaux et bio, quelques stands d'artisanat.

À Cardiff Bay

Craft in the Bay – *Bute Street - ✆ (029) 2048 4611 - www. makersguildinwales.org.uk.* Cette boutique regroupe les productions des artisans membres de la Makers Guild of Wales.

EN SOIRÉE

À Cardiff

Les **pubs** sont nombreux dans le centre, notamment sur **St Mary Street**, **Greyfriars Road** et **Mill Lane**.

The Old Library - *18-19 Trinity Street - ✆ (029) 2066 6566 - www. tolcardiff.com - lun.-jeu. 12h-2h30, vend., sam. 12h-4h, dim. 12h-18h.* Installé dans l'ancienne bibliothèque, ce bar propose, entre autres, des concerts le jeudi soir et des sessions Dj le week-end.

New Theatre – *Park Place - ✆ (029) 2087 8889 - www. newtheatrecardiff.co.uk.* La plus ancienne salle de la ville (1906) propose pièces, one-man shows, spectacles pour enfants, etc.

À Cardiff Bay

Vous trouverez plusieurs **cafés** sur Mermaid Quay.

Wales Millennium Centre – *Waterfront - ✆ (029) 2063 6464 - www.wmc.org.uk - visite guidée (1h - 5,5 £).* Ce centre culturel, qui accueille le **Welsh National Opera**, offre une scène aux comédies musicales de Londres en tournée et possède une salle de cinéma grand écran.

ACTIVITÉS

À Cardiff Bay

Activités nautiques – *Cardiff International White Water - Watkiss Way (face à la marina de Penarth) - ✆ (029) 2082 9970 - www.ciww. com.* Sorties en surf, canoë-kayak, rafting, etc.

Dans la vallée de la Wye

Randonnée – L'**Offa's Dyke Path** longe la rive orientale sur les hauteurs entre Monmouth et Chepstow, laissant apercevoir le fleuve en contrebas. Plus facile, le sentier **Wye Valley Walk** suit la berge entre Hereford et Chepstow.

AGENDA

Cardiff Festival – *www.cardiff-festival.com.* En juillet-août : nombreuses manifestations, pour la plupart gratuites (théâtre de plein air, spectacles de rue, animations pour enfants, concerts, dont les **Welsh Proms**), côtoient la fête foraine.

Massif des Brecon Beacons

Bannau Brycheiniog

★★

NOS ADRESSES PAGE 694

NOS ADRESSES PAGE 694

S'INFORMER

National Park Visitors Centre – *À 8 km/5 miles au sud-ouest de Brecon par la A 470 puis une rte secondaire - ✆ (01874) 623 366 - www.breconbeacons.org - ♿ - 9h30-17h (juil.-août 17h30 ; nov.-fév. 16h30) - fermé 25 déc. - cafétéria/salon de thé.* Dans ce centre magnifiquement situé à la lisière de la lande, vous trouverez de nombreuses informations.

SE REPÉRER

Carte de région BC3-4 (p. 677) – *carte Michelin 503 I-J-K28 - Carmarthenshire, Merthyr Tydfil, Monmouthshire, Powys, Rhondda Cynon Taff.* Au sud-est du pays de Galles, le massif des Brecon Beacons s'étage au-dessus des vallées descendant vers Cardiff. Il est bordé au sud par la route A 465 d'Abergavenny à Swansea par Merthyr Tydfil, à l'ouest et à l'est par deux massifs portant tous deux le nom de Black Mountains. Au centre se trouve la petite ville de Brecon/Aberhonddu.

À NE PAS MANQUER

Une balade en péniche sur le canal de Brecon ; Llanthony Priory.

ORGANISER SON TEMPS

Pour une simple découverte, consacrez une journée à la région. Plus, bien entendu, si vous pratiquez la randonnée.

AVEC LES ENFANTS

National Showcaves Center for Whales.

Les Brecon Beacons culminent en un escarpement spectaculaire dominant, face au nord, les plateaux du centre du pays de Galles. Au sud de cette imposante barrière s'étendent de hautes landes ondulées entrecoupées de luxuriantes vallées, dont la plus large est formée par l'Usk. En aval de Brecon, au centre du Parc national des Brecon Beacons (institué en 1957), la rivière s'écoule parallèlement à une superbe voie navigable, le Monmouthshire and Brecon Canal, long de 52 km. Ne manquez pas de parcourir le massif aux beaux jours, lorsque la nature prend tout son éclat et que le soleil vient jouer sur les façades des vieilles demeures qui parsèment les bourgades.

6

Découvrir Carte de région

Brecon/Aberhonddu C3

Laissez la voiture au parking central près du supermarché.

Cattle Market Car Park - ✆ (01874) 622 485 - www.exploremidwales.com - 9h30-16h45 (dim. 10h-16h).

Les Normands bâtirent en ces lieux un château, dont les ruines surplombent le confluent de deux rivières, la Honddu et l'Usk, ainsi qu'un prieuré, dont

l'église médiévale est aujourd'hui la **cathédrale** du diocèse de Swansea et a conservé un chœur caractéristique du style Early English. Brecon, l'ancien chef-lieu du comté, est aujourd'hui une petite ville animée qui a conservé quelques ruelles médiévales bordées de dignes maisons du 18e s.
Brecknock Museum – *(01874) 624 121 - www.powys.gov.uk - ♿ - lun.-vend. 10h-17h, sam. 10h-13h, 14h-17h - fermé 1er lun. du mois, 1er janv., Vend. saint et 25-26 déc. - 1 £.* Installé dans l'ancien hôtel du Comté *(Old Shire Hall)*, il évoque la vie traditionnelle et le cadre naturel de la région, constituant en cela une excellente introduction à la découverte du parc.

★ National Showcaves Center for Whales B4

À 30 km/18,5 miles au sud-ouest de Brecon par la A 40 jusqu'à Sennybridge et la A 4067 en direction de Swansea - (01639) 730 284 - www.showcaves.co.uk - avr.-oct. : 10h-15h (dernière entrée) - 13,50 £, enf. 7 £ - café, aire de pique-nique.
Ce complexe souterrain comprend la plus vaste et la plus longue grotte ouverte aux visiteurs en Grande-Bretagne, **Dan-yr-Ogof Cave**. Les grottes se sont formées dans les couches de calcaire perméable qui constituent le sous-sol du sud des Beacons. L'action de l'eau sur la roche friable a donné naissance à de nombreux phénomènes géologiques calcaires : dolines et rivières souterraines, dont on trouve plusieurs exemples aux alentours du village d'**Ystradfellte★**, dans une région appelée le « pays des Cascades » *(Waterfall Country)*.
Le site abrite également la reconstitution d'un village de l'âge du fer, un « parc de dinosaures », un petit musée et une ferme.

Circuit conseillé Carte de région

Circuit au départ de Brecon tracé en vert sur la carte p. 677. Quitter Brecon au sud-est par la A 40 (direction Abergavenny/Y Fenni).

Llanfrynach C3

Une route étroite et très discrètement signalisée conduit au paisible **Monmouthshire and Brecon Canal** ; près du pont, plusieurs possibilités de locations de péniches.

★ Tretower Court and Castle/Tre-Tŵir C4

Sur la gauche de la route - CADW - 01874 730 279 - www.cadw.wales.gov.uk - mars-oct. : 9h30-17h (juill.-août 18h) ; nov.-fév. : 10h-16h (dim. 11h-16h) - fermé 1er janv. et 24-26 déc. - 3,60 £.
À l'entrée du village, **Tretower Court** est un agréable palais du 15e s., longtemps abandonné avant d'être reconverti en ferme et rénové en 2010. Une cour à galerie précède le corps d'habitation, où des animations permettent de faire revivre la vie quotidienne à la fin du Moyen Âge. Derrière s'élèvent les ruines du premier château, **Tretower Castle**, dont subsistent de belles tours circulaires.

★ Crickhowell/Crughywel C4

Beaufort Street - (01873) 811 970 - www.crickhowellinfo.org.uk - 10h-17h.
Difficile de ne pas tomber sous le charme de ce village tant il semble être resté à l'écart du temps. Vous prendrez plaisir à flâner dans la rue principale, High Street, bordée de vénérables demeures : elle conduit au château (ruines du donjon et d'une tour) et au vieux pont de pierre (1706) qui franchit l'Usk en neuf arches.

Il faut traverser **Abergavenny/Y-Fenni**, où l'**église St Mary** est un véritable conservatoire de monuments funéraires, pour accéder à la route A 465 en direction de Hereford.
Avant la « frontière », prendre sur la gauche une route signalisée, sinueuse et étroite.

★★ Llanthony Priory C3

CADW - ✆ (01443) 336 000 - www.cadw.wales.gov.uk - horaires : se renseigner.
Dans le Vale of Ewyas, offrant un paysage à la fois sévère et serein encadré par les Black Mountains, non loin de la rivière Honddu, se dressent les ruines d'un **prieuré augustin** de la fin du 12e s. Huit arches splendides surmontées par un triforium délabré subsistent à côté des ruines de la tour de la croisée et de l'extrémité est de l'église. À la Dissolution (1536), le nombre des chanoines augustins tomba à quatre. Néanmoins, la communauté des Augustins eut une durée de vie plus longue que celles qui s'y installèrent ensuite, attirées par la réclusion et la tranquillité. Le poète **Walter Savage Landor** (1775-1864) acheta le prieuré en 1807 et tenta en vain de le restaurer, puis **frère Ignatius**, prêcheur charismatique, et ses disciples, s'y installèrent à la fin du 19e s., suivis par le graveur **Eric Gill** (1882-1940), qui tenta d'implanter une communauté artistique dans les années 1920.
Poursuivre sur cette petite route, en prenant bien garde aux croisements éventuels (et aux moutons qui ne dédaignent pas d'occuper la chaussée).
Traversant toujours de verdoyants paysages, la route franchit un col (534 m d'altitude) à proximité de **Hay Bluff★★**, escarpement des Black Mountains *(accessible par un sentier)*, depuis lequel s'offre une **vue** spectaculaire sur la vallée de la Wye et loin jusqu'au cœur du pays de Galles.

Hay-on-Wye/Y-Gelli C3

i The Craft Centre - Oxford Road - ✆ (01497) 820 144 - www.hay-on-wye.co.uk - 10h-13h, 14h-17h.
Cette calme ville marchande, située à l'extrémité nord des Black Mountains, est devenue célèbre il y a une quarantaine d'années grâce à ses nombreuses boutiques de livres d'occasion et à son **festival littéraire** *(voir « Agenda » dans Nos adresses)* qui a lieu chaque année. Un lacis de ruelles paisibles aux demeures de pierre grise entourent le château féodal, qui a succédé vers 1200 à une forteresse normande. Mais les turbulences de cette région frontalière ont valu à ce dernier d'être pris et pillé tour à tour par les Anglais et les Gallois, un incendie étant venu parachever le tout. Le château dresse aujourd'hui de hautes murailles percées de fenêtres ouvrant sur le ciel. Comme nombre d'autres bâtiments du village, il est bien entendu devenu aujourd'hui une **librairie**, en partie installée en plein air…

NOS ADRESSES AUX BRECON BEACONS

HÉBERGEMENT

BUDGET MOYEN

À Brecon

The George – *George Street - ✆ (01874) 623 421 - www.george-hotel.com - 16 ch. : 75 £* ☕. Un bâtiment ancien, proche du parking municipal, aménagé et meublé dans le goût d'autrefois, ce qui n'exclut pas la modernité. Chambres immenses et grand confort.

À Crickhowell

The Dragon Hotel – *High Street - ✆ (01873) 810 362 - www.dragoncrickhowell.co.uk - 15 ch. : 65/78 £* ☕. Une charmante maison du 17e s., dotée d'un jardin fleuri, abrite cet hôtel à l'ambiance familiale.

POUR SE FAIRE PLAISIR

À Hay-on-Wye

Kilverts – *The Bullring - ✆ (01497) 821 042 - www.kilverts.co.uk - 80/135 £* ☕. Hôtel sympathique, à deux pas du château et de la halle centrale, accueillant avec une chaleur particulière les randonneurs et les cyclotouristes. **The Swan at Hay** – *Church Street - ✆ (01497) 821 188 - www.swanathay.co.uk - ch. : 99/125 £* ☕. Cet ancien relais de poste bâti en 1821 abrite un hôtel confortable et raffiné dont les propriétaires ont longtemps exercé sur la Côte d'Azur. Pub-bar à vins et excellent restaurant.

UNE FOLIE

À Crickhowell

The Bear – *High Street - ✆ (01873) 810 408 - www.bearhotel.co.uk - fermé 25 déc. - 33 ch. : 153 £* ☕. Relais de coche installé dans une demeure à colombage datant en partie du 15e s. Accueil chaleureux et cadre raffiné.

RESTAURATION

PREMIER PRIX

À Brecon

The Wellington Hotel – *The Bullwalk - ✆ (01874) 625 225 - www.wellingtonbrecon.com - 15 £.* Derrière une façade georgienne un peu pompeuse, un restaurant sans façon.

POUR SE FAIRE PLAISIR

À Brecon

Mr Dickens – *Dans la cour du George Hotel (voir « Hébergement »)- ✆ (01874) 623 421 - www.george-hotel.com - mar.-sam. 12h-2h.* Huîtres et moules, homard et saumon, à l'image du lieu raffiné.

ACHATS

Artisanat

À Brecon

Beacons Crafts - *Bethel Square - ✆ (01874) 625 706 - www.beaconscrafts.co.uk - lun.-sam. 10h-17h.* 50 artisans locaux ont créé cette boutique en coopérative.

À Erwood

L'ancienne gare d'**Erwood** *(entre Builth Wells et Brecon sur la A 470 - ✆ (01982) 560 674 - www.erwood-station.co.uk - 10h-17h30)* accueille un centre d'artisanat et l'atelier d'un tourneur sur bois.

ACTIVITÉS

Randonnées

Bon à savoir – La marche est le principal loisir dans le secteur ; il faut néanmoins être conscient que les sommets sont élevés et que toutes les précautions

élémentaires en montagne doivent être prises avant le départ (consulter la météo, aviser de sa course, correctement s'équiper…). Quel que soit votre niveau, vous pourrez suivre les sentiers forestiers *(sentiers aménagés pour les handicapés)*.
Les contreforts des **Black Mountains** (au sud de Hay-on-Wye) offrent d'excellents itinéraires de promenade, de même que la piste **Taff Trail** (entre Brecon et Merthyr Tydfil) et **Usk Valley Walk** qui longe le chemin de halage du Monmouthshire et du canal de Brecon.
L'ascension du **Pen-y-Fan** *(dép. près du Storey Arms sur la route principale A 470)* est facile (500 m environ de dénivelé).
Le **Craig-y-Nos Country Park** *(sur la A 4067)* offre aux promeneurs cours d'eau, forêts et prairies.
Il est possible de parcourir de plus longues distances en fournissant moins d'efforts grâce à la **randonnée à poney** ; de nombreux centres équestres en organisent à la journée ou la demi-journée *(www.horseridingbreconbeacons.com)*.

Vélo

Pour les plus courageux, il est possible d'atteindre le parc des Brecon Beacons depuis Cardiff à vélo, grâce à une piste cyclable qui couvre la plus grande partie du trajet.
Dans le parc les pistes cyclables sont balisées. Carte en vente au National Park Visitors Centre *(www.breconbeacons.org)*.

Autres loisirs

Bon à savoir – Location de **péniches** sur le **Monmouthshire and Brecon Canal** (53 km/ 33 miles) : à Brecon, au pont Storehouse Bridge entre Llanfrynach et Pencelli, à Talybont, Llangynidr et Gilwern.
Brecon Mountain Railway – *(01685) 722 988 - www.breconmountainrailway.co.uk - ♿ - horaires : se renseigner - 10 £ (enf. 5 £)*. Un train à vapeur parcourt les superbes rives du lac Pontsticill (où vous pourrez pique-niquer) à partir de Pant ou Merthyr Tydfil.

AGENDA

Brecon Jazz Festival– *www.hayfestival.com*. 2e w.-end d'août.
The Guardian Hay Festival – *www.hayfestival.com*. Dix jours en mai-juin. Depuis vingt ans, le grand événement de la région anime chaque année la ville du livre. Colloques littéraires avec la présence d'auteurs prestigieux, concerts classiques et rock, pièces de théâtre, récitals de poésie, ateliers d'écriture, films en exclusivité, débats politiques et philosophiques se succèdent.

Swansea

Abertawe

★

173 868 habitants

NOS ADRESSES PAGE 698

S'INFORMER

Office de tourisme – *Plymouth Street - ✆ (01792) 468 321 - www.visitswanseabay.com - lun.-sam. 9h30-17h30 (mi-juil.-mi-sept. : dim. 10h-16h).*

SE REPÉRER

Carte de région B4 (p. 677) – *carte Michelin 503 I29 - Swansea*. Portant plusieurs noms (Oystermouth Road, Victoria Road, Quay Parade), la large rue principale longe le Quartier maritime, puis remonte vers le pont lancé sur la Tawe pour se poursuivre en direction de Cardiff. Pour se garer, deux options : le Multistorey-Car-Park du centre-ville sur votre gauche, et, plus loin, le parking en plein air des magasins Sainsbury's, sur votre droite.

À NE PAS MANQUER

Le Quartier maritime avec l'extraordinaire musée national du Front de mer.

ORGANISER SON TEMPS

Une demi-journée.

AVEC LES ENFANTS

National Waterfront Museum dans le Quartier maritime ; National Botanic Garden à proximité.

Swansea est la deuxième ville galloise après Cardiff. Port de commerce et de plaisance, elle assure la liaison maritime avec Cork. Trois siècles d'intense activité industrielle dans la basse vallée de Swansea en avaient fait le paysage dévasté le plus spectaculaire de Grande-Bretagne. Mais Swansea se transforme, et le Quartier maritime est en train de devenir le nouveau centre de la cité.

Se promener

★ MARITIME QUARTER (Quartier maritime)

Le quartier des docks, datant de la seconde moitié du 19e s., a été transformé en marina, laquelle constitue le pôle d'une nouvelle « ville dans la ville », avec des appartements pimpants, des jardins publics et des promenades le long des quais, ponctuées de cafés et de restaurants. Sur l'une d'elles se dresse la statue du poète **Dylan Thomas** (1914-1953) exécutée par John Doubleday.

★ National Waterfront Museum

✆ (01792) 638 950 - www.museumwales.ac.uk - 10h-17h - fermé 25-26 déc.

Un audacieux bâtiment de verre et d'acier englobant un ancien entrepôt accueille le musée national du Front de mer consacré aux techniques, mais aussi et surtout à l'histoire, industrielle et sociale, du pays de Galles. Nul doute que les enfants trouveront leur bonheur dans ces vitrines interactives (qu'ils sont souvent les seuls à savoir faire fonctionner). Ludique, créatif, parfois émouvant, ce grand musée dispose à l'étage d'un balcon ménageant une belle **vue**★ sur la marina.

Swansea Museum

℘ (01792) 653 763 - www.swansea.gov.uk - mar.-dim. et lun feriés 10h-17h.
En revenant vers Victoria Road, ne manquez pas ce musée logé dans un édifice à colonnades. Outre l'archéologie locale (excepté une momie égyptienne exposée dans une chambre funéraire reconstituée), il présente un amusant cabinet de curiosités, joyeux bric-à-brac où de vénérables grille-pain côtoient des animaux naturalisés, et les formes à chapeau, une harpe et une maquette de l'abbaye de Singleton.
Enfin, toujours sans traverser, prenez à droite devant l'hôtel Morgans : l'ancien Guidhall abrite aujourd'hui le **Centre Dylan Thomas**, centre culturel et bibliothèque où vous verrez une exposition retraçant la vie agitée et l'œuvre du poète national gallois, de sa naissance à Swansea dans la famille d'un professeur à sa mort précoce et jamais véritablement élucidée qui a contribué à alimenter le mythe de l'écrivain.

CENTRE-VILLE

Actuellement en chantier *(jusqu'en 2015)*, le centre-ville paraît bien ingrat à côté du Quartier maritime et la vision des ruines du château écrasées par une immense façade de verre semble augurer de l'évolution urbaine à venir.
★ **Glynn Vivian Art Gallery** – *Sur Alexandra Road (par Orchard Street) - ℘ (01792) 516 900 - www.swansea.gov.uk - ♿ - mar.-dim. et lun feriés 10h-17h.*
Née du legs d'un magnat local du cuivre, cette galerie présente des poteries régionales, des peintures (Augustus John, Evan Walkers) et des sculptures.

À proximité Carte de région

★★ **Gower Peninsula** (Péninsule de Gower) B4
Superbes plages et magnifiques falaises se succèdent tout au long des 22 km de la côte sud de la presqu'île, qui fut le premier site britannique à recevoir l'appellation de « site naturel d'une beauté exceptionnelle ».
The Mumbles – *À 7 km à l'ouest par la A 4067.* Station balnéaire de Swansea, dominée par le château d'Oystermouth, c'était le terminus d'une fameuse ligne de transports, qui fut en 1804 la première au monde à offrir un service régulier pour passagers.
Prendre la B 4593 et poursuivre par la A 4118 jusqu'à la route de Reynoldston.
Par temps clair, les landes de **Cefn Bryn** offrent un **panorama** qui s'étend, au-delà du Bristol Channel, jusqu'à la pointe de Hartland sur la côte du Devon (69 km), au nord jusqu'au massif des Brecon Beacons (59 km) et vers l'ouest jusqu'aux Presely Hills (58 km).
Revenir sur la A 4118 et après 3 km/2 miles à l'ouest, prendre à droite la B 4247.
★★ **Rhossili** – L'arrivée dans ce tout petit village, à la pointe sud-ouest de la presqu'île, ne laisse pas présager l'extraordinaire **vue** qui s'offre depuis les cottages de gardes-côtes qui abritent le bureau d'accueil du National Trust. Les falaises tombent abruptement sur la **baie de Rhossili**, où les rouleaux se brisent sur les 5 km de plage de sable. Tout en haut se trouve Rhossili Down

(193 m), tandis qu'au sud, la barre rocheuse de 2 km de long, **Worms Head**, n'est accessible qu'à marée basse.

★ Aberdulais Falls B4

À 17 km au nord-est par les A 483, A 48 et A 465 - NT - ✆ (01639) 636 674 - www.nationaltrust.org.uk - ♿ - de mi-mars à fin oct. : 10h-17h ; reste de l'année : se renseigner - possibilité de visite guidée sur demande - 4,40 £.

Dans une belle gorge boisée, la rivière Dulais se précipite à travers d'énormes rochers, puis passe devant les vestiges des bâtiments de l'Aberdulais Tinplate Co. datant de 1830. L'histoire industrielle de ce site remonte à 1584, quand on commença à fondre le cuivre. À la fin du 18e s. et au début du 19e s., l'endroit fut fréquenté par des artistes, parmi lesquels Turner.

★ Kidwelly/Cydweli B4

À 34 km au nord-ouest par les A 483, A 4070 et A 484.

Castle – *CADW - ✆ (01554) 890 104 - ♿ - www.cadw.wales.gov.uk - mars-oct. : 9h30-17h (juil.-août 18h) ; nov.-fév. : 10h-16h (dim. 11h-16h) - fermé 1er janv. et 24-26 déc. - 3,42 £.* Le château actuel date des années 1280. La muraille entourait une bastide comme, au nord, Conwy et Caernarfon.

L'**église St Mary**, construite vers 1320 dans le style gothique Decorated, faisait partie d'un monastère bénédictin.

★ National Botanic Garden B4

À 32 km au nord par la M 4 (échangeur 47), puis par la A 48 - ✆ (01558) 668 768 - www.gardenofwales.org.uk - ♿ - avr.-oct. : 10h-18h ; nov.-mars : 10h-16h30 - 8 £ (enf. 4 £) - restaurant.

The **Great Glasshouse**, la plus grande serre à travée unique du monde, reconstitue un paysage méditerranéen en miniature où s'épanouissent 10 000 plantes de 1 000 espèces différentes. Le parc, dessiné sous la Régence, doté de cinq lacs et d'un double jardin clos dans le style gothique Decorated, faisait partie d'un monastère bénédictin.

NOS ADRESSES À SWANSEA

HÉBERGEMENT

PREMIER PRIX

À Swansea

Premier Travel Inn Swansea City Centre – *Salubrious Place, au coin de Wind Street et de Quay Parade - ✆ 0871 527 9060 - www.premierinn.com/en - 45/62 £ ☕.* Idéalement situé au cœur de la ville, à deux pas du Quartier maritime comme des rues commerçantes du centre.

BUDGET MOYEN

À Jersey Marina

Towers – *Sur la A 483, à 8 km/5 miles vers Port Talbot - ✆ (01792) 814 155 - www.thetowersswanseabay.com - 72 ch. : 70/90 £ ☕.* Cet hôtel fonctionnel affiche des chambres vastes et confortables, certaines dotées de balcons. Le lieu est éloigné du centre mais offre une bonne option en cas de week-end prolongé, lorsque la côte et la ville sont envahies.

POUR SE FAIRE PLAISIR

À The Mumbles

Norton House – *17 Norton Road - ✆ (01792) 404 891 - www.nortonhousehotel.co.uk - 15 ch. : 110 £ ☕.* En retrait du front de mer, l'ancienne demeure georgienne d'un armateur abrite cet hôtel au restaurant réputé.

UNE FOLIE

À Swansea

Morgans – *Somerset Place (en retrait de Quay Parade) - ✆ (01792) 484 848 - www.morganshotel.co.uk - 40 ch. : 125/250 £* ☕. Tout proche des docks, cet hôtel à l'atmosphère sophistiquée a investi l'ancienne capitainerie du port. La coupole éclairée par des vitraux mérite le coup d'œil. Chambres personnalisées et confortables.

RESTAURATION

À Swansea

Bon à savoir – Vous trouverez pubs, cafés et restaurants de tout genre sur les quais de la marina.

PREMIER PRIX

The Pumphouse – *Pumphouse Quay, à l'entrée du bassin Victoria - ✆ 01792 651080 - pumphouseswansea.com - 15/20 £.* Bar et restaurant très bien situé. Selon le temps, vous pourrez déjeuner dehors ou dedans.

BUDGET MOYEN

The Restaurant@Pilot House Wharf – *Swansea Marina - ✆ (01792) 466 200 - fermé dim. et lun. midi - 25 £.* Là où la marina débouche sur la Tawe, un restaurant de poissons très couru.

Morgans – *Voir « Hébergement » - 25 £ (menu déj. 16,50£).* L'excellent restaurant de l'hôtel du même nom propose plusieurs formules alléchantes.

ACHATS

Bon à savoir – Vous trouverez commerces et grands magasins sur **Orchard Street** et **The Kingsway**, deux larges artères piétonnes rayonnant à partir de la place du château. Pour les souvenirs, pensez aussi aux boutiques du **National Waterfront Museum** et du **Centre Dylan Thomas**.

Artisanat

Lovespoon Gallery – *492 Mumbles Road - ✆ (01792) 360 132 - www.lovespoons.co.uk.* Cette boutique propose toute la gamme des célèbres « cuillères d'amour » galloises.

EN SOIRÉE

Bon à savoir – Le Quartier maritime concentre night-clubs, bars et restaurants.

Les **concerts** donnés par des orchestres internationaux et des solistes se tiennent au Brangwyn Hall, les opéras et les ballets, au Grand Theatre.

ACTIVITÉS

Bon à savoir – Vous pourrez pratiquer le canoë, la voile, le surf *(Bay Caswell et Langland Bay ou Llangennith)*, la planche à voile *(Oxwitch, Port Eynon)*, le ski nautique *(Swansea Bay, Oxwitch Bay)*, le deltaplane et le parachute ascensionnel.

AGENDA

Swansea Bay Festival - *www.swanseabayfestival.com.* En mai-août : concerts en plein air, théâtre, animations pour les enfants, tout au long de la saison.

Swansea Festival of Music and Arts - *www.swanseafestival.org.* En octobre, musique classique, ballets, expositions.

Côte du Pembrokeshire

Pembrokeshire Coast

★★

NOS ADRESSES PAGE 707

S'INFORMER
Internet – *www.visitpembrokeshire.com ; www.pcnpa.org.uk.*

SE REPÉRER
Carte de région AB3-4 (p. 677) – *carte Michelin 503 E-F/27-28-29 - Pembrokeshire*. Le Pembrokeshire est un comté situé à la pointe sud-ouest du pays de Galles, baigné par le Bristol Channel et la mer d'Irlande. Le circuit de découverte que nous vous proposons, au départ de **Carmarthen/Caerfyrddin**, suit le littoral jusqu'à Cardigan avant de s'enfoncer dans les terres le long de la vallée de la Teiffi.

À NE PAS MANQUER
Tenby et St David's ainsi que le musée de l'Industrie lainière galloise à Dre-fach Felindre (dans l'arrière-pays de Cardigan).

ORGANISER SON TEMPS
Consacrez au moins deux journées complètes à l'exploration de la côte.

AVEC LES ENFANTS
Le château de Henllys.

Une série de baies et un large estuaire donnent sa personnalité à la côte du Pembrokeshire, cette péninsule galloise qui semble partir à la rencontre de l'Irlande. Dans cette région, que les plus courageux pourront parcourir sur un sentier côtier, vous rencontrerez des paysages maritimes superbes et tourmentés, des vestiges préhistoriques et médiévaux, ainsi que des petites villes chargées d'histoire comme Tenby, enserrée dans ses remparts dominant la mer, Pembroke ou encore St David's, qui possède une des plus belles cathédrales du Royaume-Uni.

Circuit conseillé Carte de région

Circuit au départ de Carmarthen/Caerfyrddin tracé en vert sur la carte p. 677. Prendre au sud de la voie rapide A 49 jusqu'à St Clears/Sanclêr où une petite route à gauche conduit sur la côte.

Laugharne/Talacharn B4

Boathouse – *(01994) 427 420 - www.dylanthomasboathouse.com - mai-oct. et w.-end de Pâques. : 10h-17h30 ; reste de l'année : 10h30-15h30 - vidéo 25mn - 3,75 £ - salon de thé.* Le poète **Dylan Thomas** (1914-1953) habita quelque temps cette ville de l'estuaire de la Taf. Il vécut, à partir de 1949, dans ce hangar à bateaux qui abrite aujourd'hui un musée consacré à sa vie et à son œuvre. Il est enterré au cimetière St-Martin.

Suivant la route A 4066, vous arrivez à **Pendine Sands**, plage de sable de plus de 11 km, constituant un lieu parfait pour la baignade. Plus loin, **Amroth**, ancien village minier, est le point de départ du sentier côtier du

Pembrokeshire. **Saunderstoot**, station balnéaire, est aussi dotée d'une grande plage.

★★ Tenby/Dinbych-y-Pysgod A4

Upper Park Road - ☏ (01834) 842 402 - www.visitpembrokeshire.com - avr.-oct. : 9h30-17h - nov.-mars : 10h-16h.

Difficile de ne pas tomber sous le charme de cette cité médiévale juchée sur un promontoire rocheux dominant la mer ! À l'origine, « le petit fort des poissons » était une minuscule forteresse galloise perchée sur Castle Hill. Puis elle devint un satellite de la place forte normande de Pembroke, fut mise à sac par les Gallois, et, lors de sa reconstruction, entourée de remparts massifs. Plus tard, elle fut lancée en tant que station lorsque le blocus napoléonien empêcha les Britanniques de se rendre sur le continent.

★★ **Le port et le front de mer** – La jetée, les murs de protection massifs, la chapelle des Pêcheurs, les entrepôts avec, à l'arrière-plan, une harmonieuse suite de maisons georgiennes et Regency remontant jusqu'au sommet de la petite falaise constituent un tableau parfait. Sur Castle Hill, **Tenby Museum and Art Gallery** présente des tableaux d'artistes de Tenby, comme Augustus et Gwen John. *☏ (01834) 842 809 - www.tenbymuseum.org.uk - 10h-16h30 - 4 £.*

L'île Ste-Catherine, avec son fort de 1869, est séparée du continent à marée haute.

Ville close – Landward, qui suit le tracé des murs, enserre un lacis de ruelles médiévales. La rue s'élargit à hauteur de St Mary, l'une des plus importantes églises galloises, dotée d'une flèche de 46 m de haut.

Tudor Merchant's House – *NT - ☏ (01834) 842 279 - www.nationaltrust.org.uk - avr.-oct. : tlj sf sam. 11h-17h - 3,37 £.* Cette maison de marchand de style Tudor (fin du 15e s.), restée quasiment intacte, renferme des cheminées, du mobilier d'époque et des traces de fresques.

★ Caldey Island A4

Accès depuis Tenby. S'adresser au Harbour Kiosk sur Castle Square - ☏ (01834) 844 453 - www.caldey-island.co.uk - ♿ - de Pâques à fin oct. : tlj sf dim. à partir de 10h30 (de mi-mai à mi-sept. 10h), dép. ttes les 15 à 30mn (traversée 20mn) - fermé certains sam. en avr. et oct. - 11 £ (enf. 6 £).

En 1136, Caldey fut offerte à l'ordre des Bénédictins : on y établit un monastère qui remplaça les anciennes installations du 6e s. Aujourd'hui, une communauté cistercienne gère une crèmerie et une parfumerie sur l'île.

Quitter Tenby par la roue côtière vers Penally.

Manorbier Castle A4

☏ (01834) 871 394 - www.manorbiercastle.co.uk - de Pâques à fin sept. : 10h-18h - 3,50 £.

« Le plus délicieux des sites gallois », selon Gerald de Barri, dit **Giraldus Cambrensis** ou Gérard de Galles, voyageur et historien qui y naquit vers 1146. Vues de la baie, les murailles massives de ce château rappellent les grandes forteresses du Levant.

Par St Florence au nord, revenir sur la A 477 en direction de Pembroke. Prendre à droite la A 4075.

★ Carew Castle and Mill A4

☏ (01646) 651 782 - www.carewcastle.com - ♿ - avr.-oct. : 10h-17h ; reste de l'année : 11h-15h (château uniquement) - possibilité de visite guidée (1h) : 14h30 (été uniquement) - château et moulin 4,50 £.

Une bonne partie du château que l'on voit aujourd'hui date du tournant du 13e s. au 14e s. Cependant, la partie la plus frappante est la superbe aile nord, commencée vers 1558 par sir John Perrot, fils putatif de Henri VIII et de Mary Berkeley, avec ses hautes fenêtres à meneaux qui se reflètent dans l'étang du moulin. Le **moulin marémoteur** *(tidal mill)* est le seul de ce type que l'on puisse voir au pays de Galles. Il fut restauré à la fin du 18e s. Une présentation audiovisuelle explique son fonctionnement. La **croix celtique**, proche de l'entrée du château et généreusement ornée de motifs celtiques et scandinaves, fut érigée en hommage à Maredudd ap Edwin, cogouverneur de Deheubarth, qui mourut sur le champ de bataille en 1035.

Revenir à la A 477 pour reprendre la A 4075 vers la côte.

Au sud de Bosherston, **St Govan's Chapel★**, fondée par saint Govan, semble faire partie de la falaise.

La côte déchiquetée jusqu'à **Linney Head** présente de spectaculaires reliefs de calcaire : hautes falaises, arches, piliers, grottes sous-marines, tunnels. On y voit deux piliers massifs : les **Stacks Rocks★** (Elegug Stacks) et, un peu plus loin, une arche naturelle baptisée le **Green Bridge of Wales**. *Attention : cette zone du sentier côtier appartient au champ de tir de Castlemartin. Avant de visiter les deux dernières curiosités, assurez-vous sur place qu'elles sont accessibles.*

Revenir Bosherston pour rejoindre Pembroke par la B 4319.

Pembroke/Penfro A4

Commons Road - (01437) 776 499 - été : lun.-vend. 10h-16h, sam. 10h-13h ; hiver : mar.-sam. 10h-13h.

La ville occupe un site stratégique sur un promontoire long et étroit, dominant le large estuaire (Milford Haven) constitué par deux rivières, la Western Greddau et l'Estern Greddau.

★★ **Castle** – *(01646) 684 585 - www.pembrokecastle.co.uk - ♿ - avr.-sept. : lun.-sam. 9h30-18h ; mars et oct. : 10h-17h ; nov.-fév. : 10h-16h (dernière entrée 45mn av. fermeture) - possibilité de visite guidée (1h - 4,5 £) - fermé 1er janv. et 24-26 déc. - 5 £ - cafétéria.* Ce château impressionnant veille sur la ville comme sur le port. Il s'agissait à l'origine d'un enclos ceint de palissades, à l'extrémité de la crête : cette partie constitue aujourd'hui la cour intérieure. Le château, avec son grand **donjon** (21 m de haut) et ses murailles massives (6 m d'épaisseur à la base), fut achevé en 1093. On accède à la cour extérieure par le grand corps de garde ; en tournant à gauche, on arrive immédiatement à la tour Henri-VII, une des cinq tours rondes qui surplombent l'ensemble et protègent le mur d'enceinte. **Wogan Cavern**, au-dessous de la grande salle, est une caverne naturelle, de 18 m sur 24, qui servait probablement de réserve et de hangar à bateaux.

LE BERCEAU DES TUDORS

La dynastie des **Tudors**, qui régna sur le Royaume-Uni de 1485 à 1603, descend d'un certain Tewdwr, propriétaire terrien dans le nord du pays de Galles qui, après avoir été un fidèle soutien de Llywellyn, se rallia au roi Édouard Ier. Quelques siècles plus tard, **Jasper Tewdwr**, fils d'Owain et de Catherine de Valois, était comte de Pembroke et joua un grand rôle dans la guerre des Deux-Roses, tout comme son jeune frère, Edmund. La jeune veuve de ce dernier, **Margaret Beaufort,** âgée de 19 ans, se réfugia au château de Pembroke, et c'est probablement dans la tour Henri-VII qu'elle accoucha en 1457 de **Harri Tewdwr**, qui accéda au trône vingt-huit ans plus tard.

Le port de Tenby.
J. Foulkes / Sime/Photononstop

Prendre la A 4139 vers le nord pour rejoindre la A 477.

Du pont à péage, on jouit d'une belle **vue** sur la superbe rade de **Milford Haven**, près de laquelle périt en 1998 le navigateur **Éric Tabarly**, et qui, si l'on en croit l'amiral Nelson, est l'une des plus belles du monde. Sir William Hamilton entreprit de construire une ville, un chantier de construction navale et une école de navigation en 1790, ambitieux projet encouragé par Nelson. En 1814, l'Amirauté avait fondé son propre chantier à Pembroke Dock. Cependant, malgré la création d'un terminal pétrolier, l'activité commerciale est en train de dépérir et le port a dû céder la suprématie à Sullom Voe, dans les îles Shetland, du fait de l'essor de l'exploitation pétrolière en mer du Nord. La rade, avec les estuaires de Daugleddau, est devenue un centre de voile, de planche à voile et de ski nautique.

Continuer vers Johnston, puis tourner à gauche et prendre les routes secondaires vers Marloes et la péninsule de Dale. Juste avant Marloes, prendre la B 4327 à gauche.

Le phare et la station de garde-côte situés sur les falaises de grès rouge de **St Ann's Head** dominent l'entrée de l'estuaire. À l'ouest, la côte déchiquetée, où les rouleaux de l'Atlantique s'écrasent sur le sable, contraste avec les baies abritées et les rades de la côte est. C'est dans la petite anse de Mill Bay que **Henri Tudor** (Harri Tewdwr) débarqua le 7 août 1485 avant de remporter la victoire de Bosworth et ainsi gagner la couronne d'Angleterre.

Se diriger vers le village de Marloes, puis vers l'ouest jusqu'au parc de stationnement de Marloes Mere.

La grande étendue de sable connue sous le nom de **Marloes Sands** sépare les péninsules de Dale et de Marloes. Sur la plage, remarquez les **Trois Cheminées**, des roches redressées par de puissants glissements de terrain.

Une excursion vers les îles de **Grassholm**, **Skokholm** et **Skomer★**, aux noms vikings, permettra aux amateurs d'observer sternes, guillemots, fous de Bassan et autres oiseaux marins, notamment l'amusant macareux qui sert d'emblème au Parc national. *Pembrokeshire Islands Boat Trips – Dale Sailing Co - ☎ (01646) 603 110/107 - www.pembrokeshire-islands.co.uk.*

Revenir à Johnston et suivre au nord la A 4076.

Haverfordwest/Hwlffordd A4

19 Old Bridge - ✆ (01437) 763 110.

L'ancienne capitale du comté, perchée sur sa colline, est aujourd'hui le centre urbain d'une région étendue.

Prendre la A 487 vers la côte.

Newgale A3

Cette station balnéaire, appréciée des familles, est dotée d'une grande plage de sable (3,2 km), bordée à l'arrière par une rangée de galets, effet des tempêtes.

Poursuivre sur la A 487.

Le charmant port de **Lower Solva** fut construit de telle sorte qu'il était hors de vue des pirates. Port de plaisance, mais aussi de pêche.

★ St David's/Tyddewi A3

Bien que située à sa périphérie, la cathédrale constitue le cœur de cette ville minuscule qui vit depuis quatorze siècles au rythme du sanctuaire. Depuis le décret du pape Callixte II au 12e s., deux pèlerinages à St David's valent un pèlerinage à Rome, privilège partagé seulement par St-Jacques-de-Compostelle. Aujourd'hui, la ville s'est orientée vers le tourisme, car elle est située au point le plus occidental du sentier côtier du Pembrokeshire.

★★ **Cathedral** – *✆ (01437) 720 202 - www.stdavidscathedral.org.uk - ♿ - 9h-18h, dim. 12h45-18h - possibilité de visite guidée (1h30) en août : lun. 11h30 et vend. 14h30 - offrande 4 £.* La plus grande église du pays de Galles, construite dans un creux isolé, apparaît soudain de façon spectaculaire au promeneur qui passe le portail pour accéder à l'enceinte.

Succédant à une église construite par **saint David** (v. 462-520) sur les bords de l'Alun, brûlée une première fois en 645, puis à nouveau par les Danois en 1078, le sanctuaire actuel fut commencé en 1180 par le moine florentin Pietro de Leia, troisième évêque normand. On lui doit la partie de la cathédrale qui s'étend jusqu'au mur derrière le maître-autel. La tour s'écroula en 1220, abîmant dans sa chute le chœur et le transept. Un tremblement de terre en 1248 décala les piliers les plus occidentaux de la nef.

L'ANCIEN ROYAUME DE DYFED

Le Pembrokeshire faisait autrefois partie du royaume de **Dyfed**, « terre de magie et d'enchantement ». Il regorge de mégalithes préhistoriques, mais aussi de ces splendides **croix celtiques** témoignant d'une foi chrétienne qui a suscité la construction de la superbe cathédrale de St David's. À la fin du 11e s., les Gallois furent chassés du Sud par les Anglo-Normands et de nos jours, la frontière linguistique, ou **Landsker**, suit toujours l'ancienne frontière militaire qui séparait le Nord, à fort caractère celtique (Welshry), du Sud anglicisé (Englishry). L'architecture elle-même témoigne de cette partition avec les églises anglaises aux tours fortifiées et les sanctuaires gallois, nettement moins imposants.

En 1952, la partie côtière fut classée parc national sous le nom de **Pembrokeshire Coast National Park**. L'admirable variété de ses paysages, avec ses plages s'appuyant sur une ligne de falaises, révèle une géologie complexe, parfois spectaculaire, et abrite une vie ornithologique particulièrement riche.

L'ensemble du bâtiment se situe sur un plan incliné de 3,5 m et donne une impression saisissante au visiteur. Le plafond de la nef (fin du 15e s.) est superbement travaillé dans du chêne irlandais ; on peut y reconnaître le dragon gallois sur les pendentifs. Dans le bas-côté droit du chœur se trouve la tombe de l'historien **Giraldus Cambrensis** (1146-1223), et, devant le grand autel, la pierre tombale d'**Edmund Tewdwr (Tudor)**, le grand-père d'Henri VIII, qui la fit transférer ici du monastère de Carmarthen lors de la Dissolution.

Sur le côté gauche du chœur, on peut voir les restes de la châsse de saint David, réalisée en 1275. En 1866, on découvrit au fond de la chapelle de la Ste-Trinité, dans un reliquaire de chêne et de fer, des ossements que le doyen déclara être ceux du saint et de son confesseur, Justinien ; mais le carbone 14 ayant démontré qu'elles dataient du 11e ou 12e s., il s'agit plus probablement de celles de saint Caradog, qui vivait de poissons sur la plage de Newgale.

★ **Bishop's Palace** (Palais épiscopal) – *CADW - ✆ (01437) 720 517 - www.cadw.wales.gov.uk - mars-oct. : 9h30-17h (juil.-août 18h) ; nov.-fév. : 10h-16h (dim. 11h-16h) - 3 £.* L'enceinte qui cerne la cathédrale et le palais date probablement de 1300. Le palais tel que nous le voyons aujourd'hui fut construit par l'évêque Gower (1328-1347), qui ajouta également le porche sud et les vitraux de la cathédrale. Il se compose d'une cour bordée sur trois côtés de longs bâtiments, et sur le quatrième d'un mur percé d'une porte à arcs-boutants. Le bâtiment comprenant la **salle de l'évêque**, la cuisine, la chapelle et la pièce des femmes était probablement la résidence principale. La grande salle qui se trouve au sud, avec un porche très ouvragé et un escalier venant directement de la cour intérieure, servait sans doute à accueillir les hôtes importants.

St Non's Chapel – Au sud de la ville, on aperçoit les falaises et les petites baies de la côte de Pembroke, où l'on rencontre de nombreux sites associés à saint David : la chapelle en ruine dédiée à sa mère, sainte Non, où, dit-on, il naquit, la source Ste-Non, et à l'ouest, la minuscule crique du port de **Porth-Clais** où la légende veut qu'il ait été baptisé.

Quitter St David's par la A 487.

Fishguard/Abergwaun A3

Au 19e s., **Isambard Kingdom Brunel** voulut faire de Fishguard un port transatlantique digne de rivaliser avec Liverpool. Pendant une courte période, quelques grands paquebots s'y ancrèrent, mais aujourd'hui, on n'y trouve plus que les ferries pour Rosslare, amarrés au port de Goodwick, au pied de la falaise. De nos jours, la ville basse se limite pour l'essentiel à un port de plaisance.

S'élevant sur la falaise au-dessus du port, une route permet d'approcher **Strumble Head★** et son phare, le point le plus proche de l'Irlande.

Reprendre la A 487 qui, après la baie de Fishguard, longe celle de Newport.

Newport/Trefdraeth A3

La « ville des sables » (telle est la signification de son nom gallois) est une petite station posée à l'embouchure de la Nevern et disposant de belles plages. À l'est de Newport, les paysages côtiers sont plus sauvages et les falaises plus abruptes.

Suivre la A 487 et, au carrefour indiquant Nevern, prendre à droite. De petites routes signalisées (croisements difficiles) conduisent à Pentre Ifan (petit parking).

★ Pentre Ifan A3

De ce cromlech, qui domine la baie de Newport, subsistent quatre grandes pierres dressées, dont trois supportent une énorme dalle faîtière. Il s'élève sur les pentes couvertes de bruyère des Presely Hills, d'où furent extraites

les pierres bleues de **Stonehenge** *(voir p. 328)*, transportées ensuite par voie d'eau à partir de Newport Bay.
Revenir au carrefour et prendre en face.

Nevern/Nanhyfer A3

Au-delà de l'auberge et de la rivière que franchit un petit pont de pierre, parmi les jardins, une splendide **croix celtique** du 11e s. (4 m de haut), au riche décor d'entrelacs sculptés, se dresse parmi des ifs majestueux dans le cimetière de l'église **St-Brynach**.
Revenir sur la A 487 et suivre la direction de Cardigan.

Castell Henllys A3

Sur la gauche de la route au fond d'une allée (où les troupeaux ont la priorité !) - ✆ (01239) 891 319 - www.castellhenllys.com - ♿ - avr.-oct. : 10h-17h ; reste de l'année : 11h-15h - possibilité de visite guidée (1h) : 11h30 et 14h30 - fermé fin déc.-déb. janv. - 4,50 £, enf. 3 £ - cafétéria.
Ce fort de l'âge du fer juché au sommet d'une colline, et en partie mis au jour, est le cadre d'une exposition visant à recréer l'environnement de l'époque : puits de stockage, zones cultivées et ensemble de trois huttes coniques recouvertes de chaume, à l'intérieur noirci par la fumée. Démonstrations (vannerie, tournage du bois…) et ateliers pour les enfants.

Cardigan/Aberteifi A3

Theatr Mwldan - ✆ (01239) 613 230 - www.tourism.ceredigion.gov.uk.
Parking en bordure de l'estuaire. Les ruines du château gardent encore l'accès sud à Cardigan, mais aujourd'hui la ville, centre commercial de la région, offre un aspect victorien. Le **pont** à six arches (1640) a remplacé, après la guerre civile, un ouvrage antérieur.
Quitter Cardigan par le sud, par la A 478, puis tourner à gauche direction Cilgerran et suivre le fléchage « Welsh Wildlife Centre ».

Teifi Valley AB3

La Teifi, qui parcourt des gorges ombragées, bénéficie d'une réputation flatteuse parmi les amateurs de pêche au saumon.
Cilgerran Castle – *✆ (01239) 621 339 - CADW - ✆ (01239) 621 339 - www.cadw.wales.gov.uk - 10h-17h - 3 £ (gratuit nov.-mars).* Représentées par Turner à plusieurs reprises, les ruines romantiques du château aux tours circulaires, hautes de quatre étages, sont perchées sur un promontoire qui domine les gorges boisées de la Teifi. Le château actuel a succédé au 13e s. à celui où vivait en 1109 la princesse Nest, qui abandonna son mari, Gerald de Windsor, pour se jeter dans les bras de son cousin Owain, prince de Powys.
Welsh Wildlife Centre – *✆ (01239) 621 600 - www.welshwildlife.org - ♿ - avr.-oct. : 10h30-17h - restaurant - parking 3 £.* Près de la rivière, une structure de verre abrite le centre gallois de la Vie sauvage. Des sentiers de découverte permettant d'observer la faune.
Poursuivre la route après Cilgerran.
Cenarth – Dans le village, les berges aménagées permettent une agréable promenade.
En aval des chutes spectaculaires (Cernarth Falls) se tient chaque année une course de canots, les **coracles** (petits bateaux faits de branches de frêne entrelacées recouvertes de toile goudronnée). Ceux-ci sont normalement utilisés pour la pêche au saumon et à la truite, sur la Teiffi et sur la Twyi.
Poursuivre sur la A 484 vers l'est, puis tourner à droite sur une route secondaire 4,8 km/3 miles après Newcastle Emlyn.

★★ **National Wool Museum** – *À Dre-fach Felindre - ✆ (01559) 370 929 - www.museumwales.ac.uk/en/wool - ♿ - 10h-17h (oct.-mars : fermé dim.-lun.) - fermé 1er janv. et 25 déc. - cafétéria, aire de pique-nique.* Installé dans un village qui fut naguère un des centres de l'**industrie lainière**, apport économique essentiel dans les régions rurales, ce musée national retrace l'histoire d'une activité qui fut d'abord familiale, avant d'adopter les méthodes industrielles. Outre une exposition illustrant l'histoire et l'évolution de l'industrie de la laine, vous y verrez une impressionnante collection de tissages gallois et pourrez suivre la fabrication de tissus à motifs traditionnels.

NOS ADRESSES CÔTE DU PEMBROKESHIRE

TRANSPORTS

Bus – *✆ (01437) 776 313 (Pembrokeshire Greenways) - www.pembrokeshiregreenways.co.uk* .La région a mis en place un service de bus estival le long de la côte. Le « **Puffin Walkers Bus** » dessert les 299 km du sentier littoral du Parc national. Les véhicules sont équipés pour recevoir les handicapés, mais aussi les cyclistes et leur monture.

Quant au « **Day tripper attraction Bus** » *(valable 24h, 6 £ pour une famille de 4 pers.)*, il permet de rejoindre 11 points d'attraction régionaux à partir de Tenby, et de bénéficier de prix d'entrée réduits.

HÉBERGEMENT

PREMIER PRIX

À Tenby

Bon à savoir – Les hôtels de toutes catégories se suivent sur **The Esplanade**, la promenade du front de mer. Les prix des chambres dépendent de la saison, de la vue et de la présence ou non d'un lit à baldaquin.

Myrtle House – *St Mary's Street - ✆ (01834) 842 508 - 8 ch. : 32 £* ☕. Maison d'hôte accueillante dans une ruelle de la ville close. Le lieu est un peu exigu, mais il ne manque pas de confort et l'accueil est chaleureux. Garage privatif dans la ville moderne, ce qui est précieux aux beaux jours.

Broadmead – *Heywood Lane - ✆ (01834) 842 641 - www.broadmeadhoteltenby.com - 20 ch. : 40/47 £* ☕. Chambres bien aménagées, cadre original ; jardin d'hiver et jardin. Repas uniquement le soir.

BUDGET MOYEN

À Tenby

The Esplanade – *1 Esplanade - ✆ (01834) 842 760 - www.esplanadetenby.co.uk - ch. : 80/90 £* ☕. Voir la mer tout en voguant à bord d'un baldaquin : ce caprice peut justifier que l'on y mette le prix ! En dehors de cette fantaisie, c'est un hôtel classique de bord de mer, bien situé.

À Fishgard

Manor Town House – *11 Main Street - ✆ (01348) 873 260 - www.manortownhouse.com - 6 ch. : 70/95 £* ☕. Hôtel à taille humaine au centre de la ville. Décor et mobilier de style victorien.

À Nevern

The Trewern Arms – *Sur la gauche de la rte av. la rivière - ✆ (01239) 820 395 - www.trewernarms.com - 75 £* ☕. Dans un cadre bucolique et fleuri, une ancienne auberge du 16e s. aux murs de pierre, dotée d'un pub **(The Brew house)** et d'un restaurant réputé *(le soir du jeu. au sam.)* où vous pourrez déguster saumon ou gibier.

POUR SE FAIRE PLAISIR

À St David's

Old Cross – *Cross Square - ✆ (01437) 720 387 - www.oldcrosshotel.co.uk - 17 ch. : 110 £* ☕. Cet agréable hôtel situé au cœur de la petite ville est installé dans une noble demeure de pierre à la façade couverte de lierre. Cheminée, décor simple et restaurant traditionnel.

RESTAURATION

BUDGET MOYEN

À Tenby

The Bay Tree – *High Street/ Tudor Square - ✆ (01834) 843516 - www.baytreetenby.co.uk - 30 £.* Restaurant traditionnel où vous pourrez goûter un pie au stilton et à la poire, ou un filet de porc du Pembrokeshire, le tout servi avec trois légumes comme il se doit. Restauration légère le midi. Concerts le samedi soir.

Mews Bistro – *Au fond d'une impasse donnant sur Upper Frog Street dans la ville close - ✆ (01834) 844 068 - www.mewsbistrotenby.co.uk - 25 £.* Ambiance sympathique et salle en « L » enserrant la cour où l'on peut dîner en été. Menu et poissons du jour, pain maison et une curiosité : les moules préparées selon six recettes : marinière, créole, thaïe, romaine, Montmartre et « *hot jalfrezi* ».

Carringtons – *The Esplanade, au sous-sol de l'hôtel Atlantic - ✆ (01834) 844 005 - www.atlantic-hotel.uk.com - menu table d'hôte 18,50 £.* Belle salle aux tables dressées, menu de poissons (truite du Pembrokeshire, haddock, saumon) et viandes (agneau gallois, suprême de canard aux cerises). Le week-end, il est prudent de réserver.

PETITE PAUSE

À St David's

The Refectory – *Dans l'ancien réfectoire du monastère - ✆ (01437) 721 760 - 10h-19h.* Cette structure moderne de bois clair, enchâssée dans un cadre médiéval, ne manque pas d'allure : un lieu propre à satisfaire une petite faim (plats chauds et tartes), sans perdre trop de temps. Expositions.

ACHATS

Artisanat

Pour les lainages, **The Woollen Mill** à **Solva** – *Middle Mill - ✆ (01437) 721 112 - www.solvawoollenmill.co.uk - lun.-vend. 9h30-17h30.*

Boutique du **National Trust** à **St David's** – *The Captain's House - High Street - ✆ (01437) 720 385 - www.nationaltrust.org.uk - 10h-17h30 (dim. 16h).*

ACTIVITÉS

Plages

Sable ou galets, baies et criques. Certaines ne sont accessibles qu'après une marche plus ou moins longue, d'autres sont dotées de parkings.

Les plages les mieux équipées (location de matériel) sont celles de Tenby, Dale (près de St Ann's Head) et Broad Haven, dans la baie de St Bride.

Bon à savoir – Les baignades sont surveillées sur les espaces situés entre les drapeaux rouges et jaunes. Les espaces marqués d'un drapeau à carreaux noir et blanc sont réservés aux surfers, véliplanchistes et usagers de bateaux à moteur.

Promenades en bateau

Bon à savoir – Quel que soit votre point de chute, les occasions d'embarquer ne manquent pas, qu'il s'agisse d'une simple balade, d'une excursion vers une île, d'une partie de pêche ou d'une découverte de l'avifaune.

Pour observer les oiseaux de **Ramsey**, départs de St David's à bord d'un bateau traditionnel *(Ramsey Island Cruises – Lower Moor - ✆ (07811) 811 218 ou (01437) 721 423- www.ramseyislandcruises.net)* ou à bord d'un canot pneumatique écologique, l'*Aquaphobia (face au Tourist Information Center de St David's - ✆ (01437) 720 471 - www.aquaphobia-ramseyisland.co.uk)*.

Canoë

Possibilité de pagayer sur la **Teifi**, à partir de Cilgerran. Adressez-vous à Cold at Night *(Forest Farm - Cilgerran - ✆ (01239) 623 633 - www.coldatnight.co.uk)*.

Randonnée pédestre

De **Amroth**, près de Tenby, au sud, jusqu'à **Poppit Sands**, près de Cardigan, au nord, les merveilles de la côte sont reliées par une voie de 290 km de long, le **Pembrokeshire Coast Path** (sentier côtier du Pembrokeshire), auquel se rattachent une bonne centaine de circuits plus modestes. Pour plus d'informations, consultez le site du parc : *www.pcnpa.org.uk*.

Randonnée équestre

Possibilités de faire du cheval ou du poney, en manège ou sur de plus longs trajets. Citons, à Nolton, **East Nolton Riding Stables** *(entre Haverfodwest et St David's, à l'écart de la A 487 - ✆ (01437) 710 360 - www.noltonstables.com)* et, près de Tenby, le **Heatherton Riding Centre** *(✆ (01646) 652 000)*.

Pêche en rivière

Bon à savoir – Avant tout, il faut s'être procuré un **permis de pêche** *(rod licence)* en vente dans la plupart des bureaux de poste *(prix en fonction du type de poisson pêché)*.

Vous pouvez pêcher la truite et le saumon dans la **Western Cleddau** occidentale, gérée par l'Association des pêcheurs du Pembrokeshire. Ticket à la journée ou hebdomadaire à se procurer à County Sport *(Old Bridge - Haverfordwest - ✆ (01437) 763 740)*.

Aberystwyth

★★

21 877 habitants

NOS ADRESSES PAGE 712

S'INFORMER
Office de tourisme (Canolfan Croeso) – *Lisburne House - Terrace Road - ✆ (01970) 612 125 - www.tourism.ceredigion.gov.uk - de mi-juin à fin août : 10h-18h ; reste de l'année : tlj sf dim. 10h-17h.*

SE REPÉRER
Carte de région B3 (p. 677) – *carte Michelin 503 H26 - Ceredigion.* Aberystwyth se trouve au cœur de la baie de Cardigan, le long de la route A 487, qui relie Dollgellau à Fishgard/Abergwaun. En suivant la direction du centre, vous atteindrez North Parade, d'où Pier Street, à droite, conduit au front de mer, où vous pouvez vous garer.

À NE PAS MANQUER
Une balade à Devil's Bridge par le chemin de fer de la vallée du Rheidol.

ORGANISER SON TEMPS
Une soirée dans la ville précédant une matinée de découverte des alentours selon vos centres d'intérêt.

AVEC LES ENFANTS
Une promenade avec le Vale of Rheidol Light Railway.

Station balnéaire à l'allure un peu vieillotte, Aberystwyth est pourtant une cité animée et jeune, ce qu'elle doit à la présence de l'University College of Wales fondé en 1872... dans un hôtel du front de mer. La ville commande un arrière-pays aux paysages parfois spectaculaires, pour lequel elle constitue une base de départ au cours d'un séjour combinant mer et montagne.

Découvrir

★ Front de mer

Rien ou presque ne vient troubler l'harmonie architecturale victorienne de **Marine Terrace**, où petits hôtels et modestes *guesthouses* se succèdent entre Terrace Road et Constitution Hill *(côté nord)*. Les pentes de cette colline sont escaladées depuis 1896 par le train à vapeur du Cliff Railway. Au-delà s'étend la marina occupant l'embouchure du Rheidol. De l'autre côté, sur un promontoire, se dressent les vestiges du château, construit en 1277 par **Édouard Ier**. Il fut pris en 1414 par le prince gallois **Owain Glyn Dŵr**, qui y énonça la création de l'Église indépendante galloise et la fondation de deux universités.

Centre-ville

La ville s'articule selon un quadrillage régulier autour d'un axe piétonnier, **Terrace Road**, qui mène à la gare. Dans cette rue, face à l'office de tourisme, l'ancien théâtre abrite le **Ceredigion Museum**, petit musée qui présente des objets collectés dans la région. *✆ (01970) 633 088 - www.ceredigion.gov.uk - lun.-sam. 10h-17h (oct.-mars 12h-16h30) - fermé Vend. saint et une semaine à Noël.*

National Library of Wales

Sur la droite de Penglais Road (route de Machynlleth, A 487) - ✆ (01970) 632 800 - www.llgc.org.uk - ♿ - tlj sf dim. 9h30-18h (sam. 17h) - expositions : 10h-17h - cafétéria - parking 1 £.

Outre une partie des archives nationales, la bibliothèque nationale du pays de Galles abrite une inestimable collection de manuscrits et de trésors engendrés par la littérature galloise et celtique. Une sélection de ce patrimoine est présentée dans la collection permanente, formant une excellente introduction à l'histoire du pays de Galles.

À proximité Carte de région

★ Vale of Rheidol Light Railway B3

✆ (01970) 625 819 - www.rheidolrailway.co.uk - fin juil.-fin août : dép. d'Aberystwyth à 10h30, 12h15, 14h, 15h45, vend. et w.-end à 10h30, 14h ; avr.-juin et sept.-oct. : dép. à 10h30, 14h - durée 1h, 3h/AR (1h arrêt à Devil's Bridge) - 14 £ AR - café à Devil's Bridge.

Le train emmène les visiteurs d'Aberystwyth jusqu'aux chutes de la Mynach *(voir ci-dessous)*, situées à 19 km de là, à travers la merveilleuse vallée verdoyante du Rheidol. Le train grimpe très lentement jusqu'au terminus (195 m d'altitude). La ligne fut construite en 1902 pour desservir les mines de plomb de la vallée et les machines sont d'origine autant que les wagons.

★ St Padarn's Church B3

À Llanbadarn Fawr, sur la gauche de la route de Ponterwyd (A 44) - ✆ (01970) 623 713 - www.stpadarns-llanbadarn.org.uk - été : 8h-18h30, sam. 10h-18h30 ; hiver : 8h-17h, sam. 10h-17h.

Cette église du 13e s. fut construite sur le site d'un monastère fondé par saint Padarn au 6e s. Le bras droit du transept témoigne de l'importance de cette paroisse, où deux croix celtiques, datant probablement du 9e ou du 10e s., sont conservées dans un cadre moderne.

★ Devil's Bridge/Pontarfynach B3

À 19 km/11,7 miles par la A 4120 - ✆ (01970) 890 233 - www.devilsbridgefalls.co.uk - horaires variables - 3 £ - sentier parfois glissant.

La localité est établie au confluent de la Rheidol et de la Mynach, qui s'y jette après une spectaculaire chute de 90 m, les **Mynach Falls**. Trois ponts superposés enjambent la rivière : le premier fut sans doute lancé par les moines de Strata Florida au 11e s., et la légende prétend que le diable le construisit pour permettre à une femme de faire traverser son troupeau. Le deuxième date de 1708, et le pont de fer qui le surmonte, de 1901.

★★ Elan Valley C3

Après Devil's Bridge, suivre la B 4574.

C'est à partir de 1892 que furent aménagés ces lacs artificiels dans la vallée de l'Elan afin d'assurer l'approvisionnement en eau de Birmingham, éloigné de 116 km. Le plus récent d'entre eux, le **barrage de Claerwen**, fut inauguré par la reine Élisabeth en 1952.

Elan Valley Visitor Centre (Centre d'accueil de la vallée de l'Elan) – *℘ (01597) 810 880 - www.elanvalley.org.uk - ♿ - de mi-mars à fin oct. : 10h-17h30 - café - parking payant.* Ce centre, installé au pied du barrage de Caban Coch, propose des expositions sur la construction et le fonctionnement de ce grand ouvrage. Les visiteurs sont familiarisés avec l'écologie des forêts et hauts marais environnants, et avec l'habitat d'un animal rare, le milan royal.

La conception des barrages n'a nullement gâché le paysage de cette vaste région (180 km^2) qui, les années aidant, peut pleinement justifier de son appellation de « région des lacs gallois ». Près du confluent des vallées de l'Elan et de Claerwen, un viaduc routier au-dessus du barrage Garreg-ddu enjambe le lac Caban Coch ; c'est là que l'on puise l'eau destinée aux Midlands. Les quatre barrages sont particulièrement spectaculaires en période de crue, quand le trop-plein retombe en de gigantesques cascades.

NOS ADRESSES À ABERYSTWYTH

HÉBERGEMENT

BUDGET MOYEN

À Aberystwyth

Four Seasons – *50-54 Portland Street - ℘ (01970) 612 120 - www.fourseasonshotel.biz - 16 ch. : 75/95 £.* Petit hôtel sympathique doté d'un jardin intérieur dans une rue parallèle au front de mer.

À Devil's Bridge

Hafod Arms Hotel – *A 4720, juste av. le pont - ℘ (01970) 890 232 - www.thehafodhotel.co.uk - fermé janv. - 15 ch. : 80 £ ☕.* À deux pas des chutes, un hôtel idéal pour qui souhaite passer une nuit en pleine nature (ou ne reprendre le train à vapeur que le lendemain).

RESTAURATION

POUR SE FAIRE PLAISIR

À Aberystwyth

Le Vignoble – *31 Eastgate Street - ℘ (01970) 630 800.* Viande ou poisson, tout ici est préparé avec de subtiles alliances sucré-salé et servi dans une salle claire et confortable décorée de photos de vignobles. Belle carte de vins français à des prix raisonnables. Il est prudent de réserver.

ACTIVITÉS

Plages

Au nord d'Aberystwyth, à Clarach Bay et Borth, ou au sud à Llanrhystud.

Randonnée pédestre ou cycliste

Nombreux sentiers autour de Devil's Bridge et des chutes de la Mynach. Brochures et cartes à l'office de tourisme.

Pêche en rivière et en mer

Une brochure annuelle répertoriant les lieux de pêche, les taxes et réglementations dans le Ceredigion est disponible à l'office de tourisme.

Caernarfon

★★

10 066 habitants

NOS ADRESSES PAGE 717

S'INFORMER

Office de tourisme – *Oriel Pendeitsh - Castle Street - ✆ (01286) 672 232 - caernarfon.tic@gwynedd.gov.uk - de Pâques à fin oct. : 9h30-17h ; reste de l'année : tlj sf dim. 10h-16h30.* Il propose la location un audioguide, **Caernarfon Audio Trail**, commentant les curiosités de la ville.

SE REPÉRER

Carte de région B1 (p. 676) – *carte Michelin 503 H24.* Caernarfon est située en bordure du **détroit de Menai** séparant le continent de l'île d'Anglesey, à 13 km/8 miles de la voie rapide A 55 (Chester/Holyhead) par la sortie 9. En arrivant, vous trouverez un parking sur votre droite au premier rond-point. Il suffit ensuite de suivre Bangor Street pour arriver à Castle Square. Le château se dresse sur la droite, surplombant le détroit et l'estuaire de la Seiont.

À NE PAS MANQUER

Caernarfon Castle, Beaumaris et la côte nord d'Anglesey.

ORGANISER SON TEMPS

Trois heures pour la ville, 2 jours pour l'île.

C'est un magnifique système de fortifications, point extrême de l'avancée anglaise en terres galloises au 13e s. Classé par l'Unesco sur la liste du patrimoine de l'Humanité, ce site stratégique où les Romains avaient déjà établi un fort à l'embouchure de la Seiont, sur le détroit de Menai, a été choisi en 1283 par le roi Édouard Ier pour abriter le siège du gouvernement anglais de la principauté. Assiégé par Owain Glyn Dŵr en 1403-1404, Caernarfon est toujours le cadre de l'investiture solennelle du prince de Galles, titre revenant traditionnellement au fils aîné du souverain : le 1er juillet 1969, le prince Charles fut le héros de la cérémonie dans la cour du château. Au-delà, l'île d'Anglesey aux paysages vallonnés, pointe du pays de Galles au nord-ouest, saura vous séduire.

Découvrir

★★★ Caernarfon Castle

CADW - ✆ (01286) 677 617 - www.caernarfon-castle.co.uk - avr.-oct. 9h-17h ; nov.-mars : 9h30-16h, dim. 11h-16h - fermé 1er janv. et 24-26 déc. - 4,95 £.

Outre le château, construit par le maître maçon du roi **James of Saint-Georges** (v. 1235-1308), une bastide cernée de remparts inspirés de ceux de Constantinople fut fondée afin d'abriter les représentants de la couronne anglaise. L'aspect actuel du château *(voir « ABC d'architecture » p. 86)*, aux murailles ornées de bandes de pierre colorée et de tours polygonales

LE DÉPUTÉ DE CAERNARFON
Sur Castle Square (Y Maes), une statue rappelle que **David Lloyd George** (1863-1945) fut député de Caernarfon pendant cinquante-cinq ans. Né à Manchester dans une famille galloise, avocat à Criccieth, Lloyd George fut élu pour la première fois aux Communes en 1890 avant d'entamer une carrière ministérielle et de devenir le dernier Premier ministre libéral du Royaume-Uni (1916-1922) ; à ce titre, il participa aux négociations du traité de Versailles (1919) et accorda l'indépendance à l'Irlande (1922).

d'inspiration byzantine, doit beaucoup à son gouverneur **sir Llewelyn Turner** (1823-1903), qui restaura ce qui était devenu une ruine malgré une farouche opposition locale, de telle sorte que le lieu put être le cadre en 1911 de l'investiture du prince de Galles, le futur **Édouard VIII**.
Les solides murailles encadrent une double cour gazonnée à laquelle on accède par King's Gate, grand corps de garde aux tours jumelées. La **tour de l'Aigle**, couronnée de trois tourelles, chacune surmontée d'un aigle comme à Constantinople, abrite une exposition sur l'histoire de la cité et sur le roi Édouard Ier. La **tour de la Reine** abrite le musée des **Fusiliers royaux gallois** *(Royal Welsh Fusiliers)*, corps d'élite présent sur tous les fronts depuis la guerre de la Succession d'Espagne. Sur la gauche, enfin, exposition sur les princes de Galles.

★ Town Walls and Bastide Town
Tracée sur un plan régulier, la ville est blottie dans son enceinte, posée en bordure du détroit que la **Promenade** longe jusqu'au port de plaisance. Les remparts (734 m de long), les huit tours et les deux portes qui encerclent la ville furent construits en même temps que le château. Il reste peu de maisons anciennes, si ce n'est dans Northgate Street la Black Boy Inn (1522) et dans l'agréable ruelle **The Hole in the Wall Street**, où se concentrent les restaurants.

Segontium
À la périphérie, par la A 4085 - ✆ (01286) 675 625 - www.segontium.org.uk - ♿ - mar.-dim. et lun. fériés : 12h30-16h30 - fermé 1er janv. et 24-26 déc.
Le fort romain de **Segontium** est l'un des plus célèbres d'Angleterre. À côté des ruines des bâtiments romains, le musée raconte l'histoire de la conquête et de l'occupation du pays de Galles par l'armée romaine, décrit l'organisation militaire de l'époque, les garnisons de Segontium et l'histoire du fort telle que la racontent ses ruines.

À proximité Carte de région

★★ Penrhyn Castle B1
▷ À 15 km/9 miles au nord-est par A 48 - NT - ✆ (01248) 353 084 - www.nationaltrust.org.uk - ♿ - juil.-août : tlj sf mar.11h-17h ; mars-juin et sept.-nov. : tlj sf mar. 12h-17h - 10 £ (audioguide en extra) - salon de thé, aire de pique-nique.
Ce château aux allures médiévales fut construit entre 1820 et 1830 par l'architecte **Thomas Hopper** pour George Dawkins Pennant, enrichi par l'exploitation de l'ardoise galloise et du sucre jamaïcain. Son donjon de 38 m lui confère l'apparence d'une forteresse normande, mais cache une

somptueuse maison de campagne où l'aristocratie aimait à faire halte sur sa route vers le port de Holyhead. Dessiné par l'architecte, le mobilier est d'un luxe rarement égalé. La salle à manger est ornée de **tableaux de grands maîtres** (Rembrandt, Canaletto, Jan Steen, Van der Velde…). Le vaste parc de la propriété comprend un jardin clos où poussent de nombreuses plantes rares. Quant aux écuries, elles abritent deux **musées**, l'un consacré au chemin de fer, l'autre aux poupées.

Au large Carte de région

★★ ISLE OF ANGLESEY/YNIS MÔN B1

Appelée aussi Môn ou Mam Cymru *(la Mère du pays de Galles)*, l'île aux paysages vallonnés est séparée du continent par l'agréable détroit de Menai.

Menai Strait

Menai Bridge franchit le détroit. Ce pont suspendu fut lancé en 1826 par **Thomas Telford** (1757-1834), qui dut se plier aux exigences de l'amirauté (30 m au-dessus de l'eau). Sa portée de 176 m entre les piliers en faisait alors le plus long pont métallique du monde.

Conçu par **Robert Stephenson** et achevé en 1850, le **pont tubulaire Britannia** permettait au train de traverser le détroit. La voie pénétrait dans deux tubes indépendants, gravement endommagés par le feu en 1970. Aujourd'hui, deux tabliers séparés, posés entre les deux piliers d'origine, portent à la fois la route et la voie ferrée.

Llanfair-Pwllgwyngyll

Accès par la A 55, à gauche juste après le pont.

Station Site - (01248) 713 177.

C'est ce nom interminable (qui signifie « L'église Ste-Marie dans un creux de coudriers blancs près d'un rapide tourbillon d'eau non loin de la grotte rouge proche de l'église St-Tysilio », abrégé en Llanfairpwll), qui attire ici les touristes sur la place de la gare où un grand bazar leur permet d'immortaliser leur passage. Sur une colline dominant le village, une statue rend hommage à **William Henry Paget**, 1er marquis d'Anglesey (1768-1854), l'un des lieutenants de Wellington.

★★ **Plas Newydd** – *À 3 km/2 miles par la A 4080 le long du détroit - NT - (01248) 715 272/714 795 - www.nationaltrust.org.uk - ♿ - de fin mars à déb. nov. : sam.-merc. 12h-17h (jardins : 11h-17h30) - 8,60 £ (jardins seul 6 £) - salon de thé, aire de pique-nique.* Demeure des marquis d'Anglesey, ce manoir de la fin du 18e s. est implanté sur un site magnifique, dans un parc de 68 ha et un jardin donnant sur le détroit. En 1936, **Rex Whistler** (1905-1944) décora la salle à manger d'un remarquable trompe-l'œil, paysage fantaisiste peuplé de membres de la famille Paget, dont les faits et gestes, parfois excentriques, sont illustrés dans la demeure.

Llangefni

Accès par la A 55 sortie 6 et la A 5114.

À la sortie de la capitale administrative, **Oriel Ynys Môn★** (Galerie d'Anglesey – *(01248) 724 444 - ♿ - 10h30-17h - café*) réussit admirablement à expliquer l'identité de l'île. Outre les évocations très vivantes du passé, le musée aborde les problèmes actuels. Il présente une reconstitution de l'atelier de **Charles Tunnicliffe** (1901-1979), un grand peintre naturaliste britannique.

Holyhead/Caergybi

Accès par la A 55.

Terminal 1 - Stena Line Port - ✆ (01407) 762 622.

Posé sur une île (Holy) reliée à Anglesey par une route construite par Thomas Telford, ce port fut longtemps le principal point d'embarquement du pays de Galles vers Dublin. Les spectaculaires falaises *(cliffs)* de **South Stack★** constituent un sanctuaire pour les oiseaux : un centre ornithologique perché sur la falaise propose une vision par circuit fermé de télévision ; un autre centre installé dans l'ancien logement du gardien du phare est consacré aux oiseaux de mer ; au bord de la falaise, **Ellin's Tower** permet une observation rapprochée. *✆ (01407) 764 973 - www.rspb.org.uk - de Pâques à mi-sept. : 10h-17h - cafétéria à South Stack Kitchen*

Perchée au-dessus du port, la ville a pour principal intérêt son **église St Cybi**, posée sur les soubassements d'un fort romain.

La côte Nord

Depuis Holyhead, suivre la A 5025.

Vous découvrirez d'agréables stations balnéaires comme **Cemaes** avec son minuscule port, **Amlwch** *(prononcez am-look)*, une ancienne ville minière, ou **Benllech**, qui possède une grande plage de sable.

★★ **Beaumaris** – *Accès par la A 55 ; après le pont, prendre à droite la A 545.* Ville fortifiée fondée par **Édouard Ier** à la fin du 13e s., Beaumaris est aujourd'hui un paisible village largement ouvert sur l'estuaire du détroit de Menai.

Le **château★** fut la dernière et la plus vaste place forte construite par Édouard Ier au pays de Galles. Jamais achevé, il demeure néanmoins le plus bel exemple de château de forme concentrique en Grande-Bretagne. Entouré de douves, il comporte un bassin fortifié capable d'accueillir des bateaux atteignant jusqu'à 40 t. La grande salle, déjà très impressionnante en l'état, aurait dû être deux fois plus haute et dominer la cour intérieure. *CADW - ✆ (01248) 810 361 - www.cadw.wales.gov.uk - ♿ - mars.-oct. : 9h30-17h (juil.-août : 18h) ; nov.-fév. 10h-16h (dim. 11h-16) - fermé 24-26 déc. et 1er janv. - 3,60 £.*

Sous le porche de l'église St Nicholas (14e s.) se trouve le tombeau de la princesse Joan, fille de Jean sans Terre et épouse du prince gallois **Llywelyn le Grand**.

Le curieux bâtiment du **palais de justice** (Court House – *CADW - ✆ (01248) 811 691 - de Pâques à fin sept. : 10h30-17h ; reste de l'année : sur demande - possibilité de visite guidée sur demande - 3 £)* datant de 1614 est nettement plus engageant que la **prison** (Gaol – *CADW - ✆ (01248) 810 921 - de Pâques à fin sept. : 10h30-17h ; reste de l'année : sur demande- possibilité de visite guidée sur demande - 3,50 £)*, utilisée entre 1829 et 1875, qui témoigne de façon sinistre du système pénitentiaire victorien.

NOS ADRESSES À CAERNARFON

HÉBERGEMENT

BUDGET MOYEN

Sur Anglesey

Boathouse – *Port y Felin - Holyhead - près de la marina - ✆ (01407) 762 094 - 15 ch. : 80 £* ☕. Un établissement sympathique, face à la mer, au bout de la longue promenade. Bistro (plats du jour).

Woburn Hill – *High Street - Cemaes - ✆ (01407) 711 388 - www.woburnhillhotel.com - 7 ch. : 65 £* ☕. Une grande villa au cœur du village et à 5mn à pied du port. Pas de réservation pour une seule nuit en haute saison.

Bishopsgate House – *Castle Street - Beaumaris - ✆ (01248) 810 302 - 9 ch. : 90 £* ☕. Noble demeure georgienne ouvrant d'un côté sur la mer. Mobilier d'époque. Très confortable.

POUR SE FAIRE PLAISIR

Sur Anglese

Ye Olde Bull's Head Inn – *Castle Street, au coin de Rating Row - Beaumaris - ✆ (01248) 810 329 - www.bullsheadinn.co.uk - 13 ch. : 110/160 £* ☕. Pub historique (17e s.) réaménagé dans un style contemporain. Chambres sous les combles, « loft restaurant » *(le soir)* au décor plus minimaliste que les prix, et brasserie plus abordable.

À Caernarfon

Celtic Royal – *Bangor Street - ✆ (01286) 674 447 - 110 ch. : 125 £* ☕. Le grand hôtel de la ville, installé dans un noble manoir rénové et décoré en style victorien. Adresse confortable.

RESTAURATION

POUR SE FAIRE PLAISIR

À Caernarfon

Molly's – 23-25 *The Hole in the Wall Street - ✆* (01286) 673 238. Un excellent petit restaurant installé dans une minuscule maison verte.

Stones – *The Hole in the Wall Street - ✆ (01286) 671 152 - mar.-sam. : soir seult. ; dim. 12h-15h.* Comme son voisin, le lieu est très couru. Spécialité d'agneau (gallois) avec sauces (à la menthe, à la tomate et à l'ail, aux herbes).

ACHATS

Oriel Pendeitsh - *Castle Ditch, face au château de Caernarfon - ✆ (01286) 679 564 - 10h-16h.* Plaids, artisanat, spécialités gourmandes…

James Pringle Weavers – *Llanfairpwll, place de la Gare - ✆ (01248) 717 171.* Dans ce supermarché du souvenir, les amateurs trouveront les fameux trains électriques Hornby.

Pensez aussi à la boutique du **National Trust** à **Plas Newydd** *(voir p. 715)*.

ACTIVITÉS

Plages – Autour de Caernarfon, plages à Port Donorwic *(à l'est)* et Dinas Dinlle *(au sud-ouest)*. La côte orientale d'**Anglesey** est dotée de belles plages : Beaumaris, Llanddona, Benllech et St David's.

Randonnée – Le sentier côtier d'Anglesey a pour point de départ officiel l'église St Cybi de Holyhead. Dépliants à l'office de tourisme, où vous trouverez aussi les cartes de circuits cyclistes.

Excursions en bateau à Caernarfon – Pleasure Boat Cruises - *Quayside - Slate Quay - ✆ (01286) 672 772.* Promenades *(40mn)* dans le détroit de Menai.

Snowdonia

Yr Wyddfa

★★★

NOS ADRESSES PAGE 724

S'INFORMER

Internet – *www.eryri-npa.co.uk*

SE REPÉRER

Carte de région B1 (p. 676) – *carte Michelin 503 I24-25 - Gwynedd*. Ce vaste massif est situé au nord-ouest du pays de Galles en retrait de la côte ; sa partie nord, à proximité de Caernarfon, est centrée autour du **mont Snowdon** (1 085 m d'altitude), qui en est le point culminant. Tout autour, d'agréables villages constituent de sympathiques points de chute. Le sud du parc est dominé par le **Cadair Idris** (893 m), au sud de Dolgellau.

À NE PAS MANQUER

L'ascension du Snowdon, Llanberis et Blaenau Ffestiniog pour les amateurs de tourisme industriel, le somptueux pastiche architectural de Portmeirion, et le château de Harlech.

ORGANISER SON TEMPS

Pour une simple découverte, comptez 3 jours… mais si vous aimez marcher dans la nature, vous pouvez consacrer une semaine à la région.

AVEC LES ENFANTS

Le Snowdon Mountain Railway ou le Ffestiniog & Welsh Highlands Railways.

Ce sont de somptueux paysages qui vous attendent ici : parfois désolés, âpres et sauvages lorsque la lande couverte de genêts et la rocaille encadrent des lacs d'altitude ; parfois riants, dans les vallées boisées. Snowdonia, avec ses beaux villages de pierre, est un véritable paradis pour les amateurs de tourisme vert, de randonnée et de pêche. Mais le passé de la région affleure sans cesse, qu'il s'agisse de l'industrie de l'ardoise qui a laissé son empreinte dans le paysage, ou de l'histoire, avec la révolte conduite par Owain Glyn Dŵr au début du 15e s., qui aurait pu changer le destin du pays de Galles.

Circuits conseillés Carte région

Bon à savoir – Le Parc national, créé en 1951, occupe 2 180 km² dans les spectaculaires montagnes de **Gwynedd** ; c'est le deuxième, par la taille, des parcs nationaux d'Angleterre et du pays de Galles. Le parc comporte 96 sommets de plus de 600 m d'altitude.

AUTOUR DU MONT SNOWDON AB1-2

Circuit de Caernarfon à la péninsule de Lleyn, tracé en vert sur la carte p. 676. Quitter Caernarfon vers le sud-est par la route A 4085.

LA TOMBE DU LÉVRIER

Llywelyn le Grand avait laissé son lévrier, Gelert, auprès de son fils, alors bébé ; à son retour, l'enfant avait disparu, et le chien était là, couvert de sang. Persuadé que Gelert avait tué son fils, le prince abattit le lévrier avant de se rendre compte que celui-ci avait en réalité sauvé l'enfant d'un loup. Inconsolable, le prince enterra le chien héroïque… et donna par là-même au village son nom, qui signifie la « **tombe de Gelert** ».

★ Beddgelert B1

Canolfan Hebog - ✆ (01766) 890 615.

Ce village, orienté vers la passe d'Aberglaslyn, est le point de rencontre de trois vallées. Avec ses maisons de pierre, ses rues fleuries, son torrent et les superbes paysages qui l'entourent, le village séduit nombre de visiteurs qu'il retient volontiers dans ses auberges (il servit de cadre en 1960 au tournage de scènes du film *L'Auberge du sixième bonheur* avec Ingrid Bergman et Cürd Jurgens, inspiré de la destinée d'une habitante du village, **Gladys Aylward**, qui s'était donné la mission de soulager la détresse du peuple chinois).

Quitter Beddgelert par la A 498. Continuer sur la route, qui gravit un col (croisements parfois difficiles) et prendre à gauche la A 4088 vers Llanberis.

★ Llanberis B1

Parking sur la droite de la route. Une route superbe à travers les paysages rocailleux et grandioses du Llanberis Pass conduit à cette bourgade, nichée au pied du mont Snowdon et dominée par ses carrières d'ardoise. Celle-ci constitue le point de départ de l'ascension, pédestre ou en train, vers le sommet du mont Snowdon.

★★ **National Slate Museum** (Musée national de l'Ardoise) – *Accès en voiture ou à pied en suivant Paddarn Country Park, ou bien par la Lake Railway, qui contourne le lac Paddarn - ✆ (01286) 870 630 - www.museumwales.ac.uk - ♿ - de Pâques à fin oct. : 10h-17h ; nov.-mars : tlj sf sam. 10h-16h - séance audiovisuelle en français - cafétéria, aire de pique-nique.* Visite passionnante de cette ancienne usine élevée en 1870 au moment du « boom » de l'ardoise, où vous découvrirez les différents ateliers (taille, usinage, forge), mais aussi le réfectoire des ouvriers et une présentation interactive des procédés d'extraction de l'ardoise *(démonstrations à certaines heures).*

Sur la route, juchée sur une colline, la tour de **Dolbadarn Castle**, érigée au début du 13e s., appartient à une forteresse purement galloise, fait rare dans le nord du pays.

★★★ Snowdon/Yr Wydda Fawre B1

★★ **Snowdon Mountain Railway** – *✆ 0844 493 8120 - www.snowdonrailway.co.uk - ♿ - de fin mars à fin oct. (en fonction des conditions météorologiques) : 9h-17h (dép. ttes les 30mn), 2h30/AR, arrêt de 30mn au sommet - 25 £ (enf. 18 £) ; de fin mars à mi-mai, si le sommet est inaccessible, le train s'arrête à Clogwyn, tarif réduit (18 £) - bar, cafétéria - parking - en saison, il peut être utile de réserver.* C'est en empruntant ce train à Llanberis que la plupart des visiteurs gravissent le plus haut sommet du pays de Galles. Construite en 1896, cette voie à crémaillère est la seule de ce type en Grande-Bretagne.

Par beau temps, le **panorama**★★★ du haut du Snowdon (dont le nom gallois signifie le « Grand Tumulus ») embrasse toute l'île d'Anglesey, l'île de Man et les monts Wicklow en Irlande.

6

Revenir en arrière et prendre à gauche la A4098, puis à droite la A 5 vers Ffestiniog.

★ Betws-y-Coed B1

Royal Oak Stables - ✆ (01690) 710 42 - 9h30-17h30 (nov.-mars 16h30).

Dans un beau cadre de collines boisées, au confluent des rivières Conwy et Llugwy, « la Chapelle dans les Bois » est un village aux maisons de pierre, souvent converties en hôtels ou en B & B. « Capitale » du parc national, le lieu attire les visiteurs depuis que la grande route Londres-Holyhead, construite par **Thomas Telford** au début du 19e s., traverse le nord du pays de Galles.

Le **centre d'accueil du Parc national** a été aménagé dans les anciennes écuries de l'hôtel Royal Oak, au bout d'une allée ombragée *(voir ci-dessus)*. Tout à côté, la gare abrite un attendrissant **musée des chemins de fer**.

Un gracieux pont de pierre, Pont-y-Pair, enjambe la Llugwy qui, tout près, retombe en cascade dans un ravin boisé : ce sont les **chutes Swallow**.

Quitter Betws-y-Coed en suivant la direction de Llangolen, puis tourner tout de suite à droite vers Ffestiiniog.

★ Blaenau Ffestiniog/Ceudyllaw Llechwedd B1

Unit 3 High Street - ✆ (01766) 830 360.

★ **Carrières d'ardoise de Llechwedd** – *✆ (01766) 830 306 - www.llechwedd-slate-caverns.co.uk - ♿ - 10h-17h15 (oct.-fév. 16h15) ; village victorien : avr.-sept. - fermé 1er janv. et 25-26 déc. - accès au site avec descente au fond de la mine ou tour en petit train : 9,50 £ (avec les deux : 13,50 £) - restaurant, café.* Un film raconte l'histoire de l'ardoise du pays de Galles. Visite à pied et/ou en petit train des carrières, où sont évoquées les dures conditions de travail des ouvriers.

★★ **Ffestiniog & Welsh Highland Railways** – *✆ (01766) 516 000 - www.festrail.co.uk - ♿ - Porthmadog-Blaenau (21 km/13 miles), Ffestiniog-Porthmadog (3h) - avr.-oct : de 2 à 6 dép. quotidiens (1er dép. 10h15) ; reste de l'année : se renseigner - 18,50 £ - cafétéria.* Construit en 1836 pour transporter l'ardoise de la carrière au port de Porthmadog, cette voie de chemin de fer sert aujourd'hui à promener les touristes, qui peuvent admirer les superbes paysages boisés du **Vale of Ffestiniog**, ponctués de lacs et de cascades.

Après Ffestiniog, prendre sur la gauche la route de Porthmadog. Juste après Penrhyndeudraeth, prendre à gauche la route signalisée Portmeirion et suivre les panneaux.

★★★ Portmeirion B2

✆ (01766) 770 000 - www.portmeirion-village.com - ♿ - 9h30-19h30 (nov.-fév. 17h30) - fermé 25 déc. - présentation audiovisuelle - 8 £, moitié-prix après 15h30 - gratuit nov.-fév. - cafétéria, restaurant.

Voici un lieu aussi extraordinaire qu'inattendu sous ces latitudes ! Construit sur une péninsule boisée ouvrant des vues magnifiques sur les eaux étincelantes et les bancs de sable de Traeth Bach, ce village-pastiche, adossé aux montagnes de Snowdonia, fut créé de toutes pièces par un architecte, sir **Clough Williams-Ellis** (1893-1978). Ce lieu factice a souvent servi de décor pour des films, dont *Le Prisonnier* (1966-1967), la célèbre série télévisée interprétée par Patrick McGoohan.

Fantaisie, mises en scène et effets spéciaux se mêlent à Portmeirion, dont le créateur affirmait qu'il n'aspirait « à rien d'autre qu'à la beauté et la joie ». Des portes conduisent à **Battery Square**, bordée de quelques-uns des bâtiments les plus anciens. Le quartier de la Citadelle est dominé par le **campanile** de 24 m. Dans la vallée qui descend vers le rivage s'étend la **Piazza** : cet écrin de verdure ouvre de belles vues sur le Panthéon et la colonnade de Bristol,

Llyn Gwynant, au nord de Beddgelert.
Sime/Photononstop

l'un des nombreux ensembles sauvés de la démolition et reconstruits ici. On y trouve un pavillon gothique, un arc de triomphe, une gloriette, un temple hindou avec sa divinité dorée, d'innombrables détails décoratifs et d'aménagements paysagers. Sur le quai est amarré le **bateau de pierre** ; un arboretum, un jardin botanique, des cottages de vacances aux accents baroques, rococo ou italianisants, et même un cimetière pour chiens complètent l'ensemble.
Revenir sur la route et prendre à gauche vers Porthmadog puis, dans la ville, prendre sur la gauche en direction de Criccieth.

★★ Lleyn Peninsula/LLŷn Peninsula AB2

Prolongement géologique du Snowdon, cette péninsule retirée aux paysages sauvages et à la côte pittoresque est l'un des fiefs de l'identité galloise.
Sur sa côte sud s'étend la charmante station balnéaire victorienne de **Criccieth/Cricieth**, dont le **Castell** est perché sur un promontoire rocheux dominant la baie de Tremadog. Cette forteresse galloise du 13e s., probablement bâtie par Llywelin le Grand, fut remodelée par les Anglais à partir de 1283. *✆ (01766) 522 227 - avr.-oct. 10h-17h ; nov.-mars : vend., sam. 9h30-16h, dim. 11h-16h - 3 £ - fermé 1er janv. et 24-26 déc.*
Plus à l'ouest *(3 km/2 miles)*, à l'écart de la route, le village de **Llanystumdwy** abrite le **Lloyd George Museum** dans la maison où le célèbre homme d'État **David Lloyd George** *(voir Caernarfon)* passa son enfance. *Sur la gauche de la rue principale - ✆ (01766) 522 071 - www.gwynedd.gov.uk/museums - ♿ - Pâques et juil.-sept. : 10h30-17h ; mai : lun.-vend. 10h30-17h ; juin : lun.-sam. 10h30-17h ; oct. : lun.-vend. 11h-16h - 4 £ - aire de pique-nique.*
Un peu plus loin, **Pwllheli** est un village de vacances populaire.
Près de l'extrémité de la péninsule, abrités des vents au milieu des arbres, s'étendent les merveilleux jardins de **Plas-yn-Rhiw★**, petit cottage attachant, mi-Tudor, mi-georgien. *NT - ✆ (01758) 780 219 - www.nationaltrust.org.uk - mai-août : tlj sf mar. 12h-17h ; sept. : jeu.-lun. 12h-17h ; oct. : jeu.-dim. 12h-16h ; avr. : jeu.-dim. 12h-17h ; - 5 £ - aire de pique-nique.*

Les paysages naturels de la presqu'île ne manquent pas d'intérêt, qu'il s'agisse des trois étranges collines de Tre'r Ceiri, des merveilleuses plages de sable et, à la pointe sud-ouest, des hauteurs accidentées de **Mynnyd Mawr★**, dominant l'île de pèlerinage de Bardsey.

AU SUD DU MASSIF B2

Circuit au départ de Portmeirion tracé en vert sur la carte p. 676. Remonter vers Ffestiniog, puis prendre l'A 496.
La route traverse l'estuaire sur un pont de bois à péage puis, assez étroite, court à flanc de montagne, parallèle à la mer.

Harlech

Llys y Graig, Hight Street - ✆ (01766) 780 658 - été uniquement.
Superbement juché sur un éperon dominant la plaine côtière, le village de Harlech séduit avec ses vieilles demeures fleuries, nombre d'entre elles étant occupées par des boutiques d'antiquaires.
★★ **Castle/Castell** – *CADW - ✆ (01766) 780 552 - www.cadw.wales.gov.uk - avr.-oct. : 9h30-17h (juil.-août. : 18h) ; nov.-mars : 9h30-16h (dim. 11h-16h) - fermé 1er janv. et 24-26 déc. - 3,60 £.* Commencé lors de la deuxième campagne d'Édouard Ier au pays de Galles, le château de Harlech fut construit entre 1283 et 1289. Du haut de son rocher à 60 m d'altitude, son impressionnante silhouette offre de belles perspectives sur les sommets de la région du Snowdon, sur la péninsule de Lleyn au-delà de la baie de Tremadog, et, au sud-ouest, sur la mer d'Irlande.
Sa position protégée, ses murs et « plates-formes d'artillerie » assuraient sa défense. **James of Saint-George**, maître maçon de la plupart des châteaux d'Édouard Ier au pays de Galles, fut récompensé de son labeur par sa nomination au poste de gouverneur de Harlech en 1290. La chanson *Men of Harlech* commémore la défense du château par les Lancastre, pendant huit ans, durant la guerre des Deux-Roses. À l'époque, le château servit de refuge à l'épouse d'Henri VI, Marguerite d'Anjou. La garnison put sortir en triomphe en 1468, sans être massacrée comme le voulait la coutume de l'époque.
Prenez le temps d'admirer la massive façade est, son **corps de garde** et ses formidables tours rondes. L'escalier de bois donnant accès au château remplace un ancien pont-levis qui s'abaissait sur des tours, dont ne subsistent que les fondations. De l'intérieur, on apprécie mieux la force et l'importance du corps de garde. Des fenêtres à remplage donnant sur la cour intérieure laissent pénétrer la lumière dans les appartements, leurs cheminées et la chapelle. Voici un bel exemple de l'architecture « domestique fortifiée », qui contraste avec le caractère purement militaire des tours et de la muraille.

HARLECH, ÉPHÉMÈRE CAPITALE GALLOISE

Lors de sa révolte de 1404, **Owain Glyn Dŵr** se rend rapidement maître du château de Harlech, dont il fait son quartier général dans une entreprise au cours de laquelle il parvient à s'emparer d'une grande partie du pays de Galles. Mais le roi de France **Charles VI**, qui avait promis de l'aider, se montre soudain distant. Avec ses maigres forces, Owain ne peut résister longtemps aux Anglais : en 1409, après cinq sièges, Harlech tombe. C'en est fini des espoirs d'indépendance des Gallois, qui retiennent de l'épisode que pour la première et unique fois de son histoire, leur nation avait été unie derrière un seul chef.

Descendant vers la mer, vous emprunterez la A 496 et suivrez la côte vers le sud sur cette route tracée en corniche : une végétation presque exubérante compose une sorte de Riviera galloise.

Après la station de **Barmouth/Abermaw**, un nouveau pont de bois à péage permet de franchir l'estuaire.

Poursuivre sur la A 493 jusqu'à Arthog, puis prendre la direction de Dolgellau.

Cadair Idris

La grande « chaise du géant Idris » (893 m) est l'une des montagnes les plus imposantes de Grande-Bretagne. Elle émerge au-dessus de la belle vallée du Mawddach et de la petite localité de **Dolgellau★**, dont la place du Marché est bordée de bâtiments aux sombres façades. L'ascension la plus facile s'effectue par le Minford Path sur le flanc sud. **Precipice Walk★**, l'un des sentiers balisés aménagés autour de Dolgellau à la fin du 19e s., offre également de belles vues sur le mont plein de majesté.

Revenir à Arthog et poursuivre sur la A 493.

La route traverse d'agréables villages fleuris comme **Llwyngwril**, avant d'arriver à la sympathique station d'**Aberdovey/Aberdyfi**, posée à l'embouchure de la Dovey.

Machynlleth

Cette petite ville aux confins sud du Parc national doit sa célébrité à un fait historique : **Owain Glyn Dŵr** y fut couronné prince de Galles en 1404.

★★ **Centre for Alternative Technology** – *À 5 km/3 miles au nord par la A 487, puis au hameau de Pantherthog, un chemin à droite à travers bois - ✆ (01654) 705 950 - www.cat.org.uk - ♿ - avr.-oct. : 10h-17h30 (mi-juil. à fin août : 18h) ; reste de l'année : de 10h à la tombée de la nuit - 8,50 £.* Aménagé dans une ancienne carrière d'ardoise, ce centre de technologie alternative est un établissement pionnier qui invente, teste et diffuse les idées « vertes » depuis sa création en 1973. Un funiculaire conduit aux installations, démontrant les vertus des énergies éolienne, solaire et hydraulique de manière convaincante et divertissante. Le parc, où l'on pratique la culture biologique, exalte la beauté d'une esthétique écologique.

NOS ADRESSES À SNOWDONIA

TRANSPORTS

Ligne entre Snowdonia et la côte – *www.conwyvalleyrailway.co.uk - fin mai-déb. sept. : 6 dép./j. (3 le dim.) ; reste de l'année : se renseigner.* Blaenau Ffestiniog est reliée par le **train** à Llandudno et Llandudno Junction *via* Betws-y-Coed.

Snowdon Sherpa Bus Network – *☎ (01286) 672 255 (Gwynedd Council) - horaires sur www.gwynedd.gov.uk - nov. à mai : service limité - Day ticket (24h) : 4 £.* Emprunter l'autocar du parc permet d'éviter les embouteillages.

HÉBERGEMENT

Bon à savoir – Tout au long de la **route A 5**, les B & B et les *guesthouses* se suivent, que ce soit dans les villages ou en dehors.

À **Criccieth,** plusieurs hôtels et *guesthouses* se trouvent sur le petit front de mer victorien, au-delà du château.

BUDGET MOYEN

À Betws-y-Coed

The Stable Lodge – *☎ (01690) 710 219 - www.stableslodge.net - 18 ch. : 65/70 £ - ☕ 6/8,95 £.* L'annexe du Royal Oak, si elle n'a pas le charme désuet de la maison mère *(voir ci-contre)*, propose des chambres tout à fait convenables.

À Llanberis

Legacy Royal Victoria Hotel – *Sur la gauche av. la gare du train de Snowdonia - ☎ 0844 411 9003 - www.legacy-hotels.co.uk - 106 ch. : 50/70 £.* Situé à l'entrée du village, l'ancien Royal Victoria est un établissement un peu vieillot, mais d'un charme certain.

POUR SE FAIRE PLAISIR

À Beddgelert

The Royal Goat – *☎ (01766) 890 224 - www.royalgoathotel.co.uk - ch. : 96/130 £ ☕.* Une villa cossue au décor un peu chargé, mais tellement britannique, abrite cet hôtel confortable.

Tanronnen Inn – *À l'entrée du village, à gauche apr. le pont - ☎ (01766) 890 347 - 7 ch. : 100 £ ☕.* Une auberge de campagne pleine de charme.

À Betws-y-Coed

Royal Oak Hotel – *☎ (01690) 710 219 - hotel-snowdonia.co.uk - 27 ch. : 110/140 £ ☕.* Le grand hôtel du village témoigne de son essor touristique à l'époque victorienne. Belle façade de pierre couverte de lierre et chambres confortables. Restaurant **(Llugwy)** privilégiant les produits locaux.

UNE FOLIE

À Portmeirion

Portmeirion – *☎ (01766) 770 000 - www.portmeirion-village.com - 35 ch. : 215/310 £.* Situé dans le village, cet hôtel permet d'en prolonger l'étrange magie, le temps d'une soirée. Il est installé dans une maison victorienne remodelée par Clough Williams-Ellis.

RESTAURATION

BUDGET MOYEN

À Llanberis

Y Bistro – *45 High Street - fermé dim., lun. (hiver) - réserv. indispensable : ☎ (01286) 871 278.* Café de village aux plats typiquement gallois.

À Portmeirion

Castle Deudraeth Gastropub – *☎ 01766 772400 -*

www.portmeirion-village.com - 30/40 £. Dans cette étrange forteresse normande à l'entrée du village, remodelée par Clough Williams-Ellis qui l'acheta en 1931, vous pourrez, à défaut d'y séjourner (prix exorbitant), déjeuner en admirant la vue sur la baie.

À Harlech

Castle Cottage – *Pen Llech (à côté du château) - ✆ (01766) 780 479 - www.castlecottageharlech.co.uk - fermé 3 sem. en nov. - menu 36 £.* Dans une salle à manger très cosy, la roborative cuisine galloise est ici mâtinée d'influences continentales. Vous pourrez y déguster la croustade au fromage de chèvre et aux poires ou les brochettes de lotte.

PETITE PAUSE

À Betws-y-Coed

Buffet Coach – *Dans la gare - ✆ (07530) 747 037.* Un vieux wagon aménagé en café : *breakfast (jusqu'à 11h30)* et restauration légère (*jacket potatoes*, snacks et plat du jour).

ACHATS

Artisanat

À Betws-y-Coed

Martin O'Neil - *Royal Oak Stables (centre d'accueil du Parc national) - ✆ (01690) 710 42 - 9h30-17h30 (nov.-mars 16h30).* Ce potier qui a installé son atelier dans les anciennes écuries du Royal Oak s'inspire des méthodes traditionnelles. Vous pourrez y admirer le travail d'autres artisans.

Anna Davies – *À côté du Royal Oak - ✆ (01690) 710 292 - www.annadavies.co.uk - lun.-vend. 9h-17h30 (mars-oct. : 18h), sam. 9h-18h, dim. 10h-18h.* Laines galloises.

ACTIVITÉS

Bon à savoir –Snowdonia est un parc réputé pour les nombreuses activités que l'on peut y pratiquer (marche, escalade, bicyclette et sports nautiques). Consultez **www.snowdonia-active.com**. La majorité des terres constituant le Parc étant privée, les visiteurs doivent consulter les cartes de l'Ordnance Survey pour savoir où ils peuvent se rendre. Sites ouverts au public : **Llyn Tegid** (**Bala Lake**) pour les sports nautiques, **Coed-y-Brenin Forest Park** et **Gwydir Forest Park** pour la marche et le VTT.

Plages

À Harlech, Llandanwg et Dyffryn Ardudwy, sans oublier Criccieth sur la péninsule de Lleyn.

Llandudno

★

15 250 habitants

NOS ADRESSES PAGE 731

S'INFORMER

Office de tourisme – *Library Building - Mostyn Street - ✆ (01492) 577 577 - www.visitllandudno.org.uk - été : 9h30-17h30 ; hiver : lun.-sam. 9h-17h.*

SE REPÉRER

Carte de région B1 (p. 676) – *carte Michelin 503 I24 - Gwynedd*. Sur la côte nord du pays de Galles, Llandudno occupe une péninsule protégée des assauts de la mer par le rocher du Great Orme qui culmine à 207 m. La sortie 20 de l'autoroute A 55 (Chester-Holyhead) à Llandudno Junction permet de gagner le centre de la cité balnéaire et le front de mer baptisé tout simplement The Promenade, au bord duquel il est possible de se garer (horodateurs). Vous disposez également d'un parking Pay-and-Display sur Gloddaeth Avenue qui conduit de la rive est à la rive ouest donnant sur l'embouchure de la Conwy.

À NE PAS MANQUER

La ville de Conwy et son château.

ORGANISER SON TEMPS

Comptez 2 jours, dont une journée de flânerie à Conwy.

AVEC LES ENFANTS

Une visite à « Alice au pays des merveilles » et une promenade à bord du Great Orme Tramway précéderont une escapade sur le *pier.*

Un charme délicieusement suranné émane de cette station victorienne occupant une longue anse bordée par un front de mer sur lequel donnent des demeures pleines de fantaisie. La beauté du site, fermé par le rocher du Great Orme, les grandes plages de sable, la jetée avec ses multiples attractions font de Llandudno un lieu idéal pour des vacances en famille.

Se promener

La station

★ **The Promenade** – Longeant la belle plage qui révèle son sable à marée basse, la large promenade piétonne permet de découvrir les extravagances architecturales des bâtiments du front de mer. La chaussée prend le nom de South puis North Parade lorsque l'on arrive au centre-ville. Tout au bout, la longue **jetée**★ *(pier)*, construite en 1875 et parfaitement entretenue, offre aux petits et grands de multiples attractions dans une architecture métallique qui n'est pas sans évoquer la splendeur des palais indiens.

Par Prince Edward Square (qui s'ouvre entre les deux Parade), gagner Mostyn Street.

Mostyn Street – Portant le nom des promoteurs de la station, cette rue commerçante est bordée d'arcades en ferronnerie ouvragée.

Alice in Wonderland Center (Centre « Alice au pays des merveilles ») – *Près de Holy Trinity Church – ✆ (01492) 860 082 - ♿ - de Pâques à fin oct. : 10h-17h (dim. 16h) ; reste de l'année : lun.-sam. 10h-17h - audioguide en français - fermé 1er janv. et 25 déc. - 2,95 £ (enf. 2,50 £).* Des tableaux animés mettent en scène les personnages de l'œuvre de Lewis Carroll.

Revenir par le même chemin et prendre à gauche Gloddaeth Street.

Llandudno Museum – *7-19 Gloddaeth Street - ✆ (01492) 876 517 - Pâques-oct. : 10h30-13h, 14h-17h (dim. 14h15-17h) ; reste de l'année : mar.-sam. 13h30-16h30.* Intéressant musée local consacré aux activités traditionnelles (pêche, mines) et au développement de la station.

Revenir au carrefour de Mostyn Street et prendre à gauche Upper Mostyn Street.

Vous arrivez alors dans un quartier bâti sur les pentes du promontoire ; Abbey Road et Church Walks sont bordées de villas pleines de fantaisie, souvent converties en B & B. C'est ici que se trouve la gare du tramway conduisant au sommet du Great Orme.

ALICE À LLANDUDNO

La famille d'Alice Liddell, qui inspira à **Lewis Carroll** *Alice au pays des merveilles*, avait coutume de passer ses vacances à Llandudno dans la demeure aujourd'hui occupée par l'hôtel St-Tudno, avant de s'installer sur le rivage ouest… où une statue du Lapin Blanc commémore la contribution de la cité à la littérature.

Great Orme (Le Grand-Orme)

Accès possible à pied ; en funiculaire (cable-car) depuis le début du pier - ✆ (01492) 877 205 - fin mars-fin oct. : 10h-17h00 - 6,50 £/AR.

Datant de 1902, un **tramway★** conduit au sommet en 20mn, avec changement à une station intermédiaire, à travers une rue fleurie puis des paysages de lande désolée où errent quelques moutons. *Victoria Station (Church Walks) - ✆ (01492) 879 306 - www.greatormetramway.co.uk - avr.-sept. : 10h-18h ; deuxième quinz. de mars et oct. : 10h-17h (dép. ttes les 20mn) - 5,60 £ AR (enf. 3,80 £).*

Bronze Age Copper Mines (Mines de cuivre de l'âge du bronze) – *Arrêt intermédiaire du tramway - ✆ (01492) 870 447 - www.greatormemines.info - ♿ - fin mars-fin oct. : 10h-17h (dernière entrée 16h30) - audioguide (1h) - 6 £.* Démonstrations et présentation vidéo précèdent la découverte des galeries et du chantier de fouilles archéologiques.

UNE VILLE NOUVELLE

C'est autour de 1850 que la famille Mostyn, propriétaire des terrains, chargea un architecte de Liverpool, **Owen Williams**, de commencer une étude permettant de faire de cet étroit cordon littoral, peuplé de mineurs et de quelques pêcheurs, une station à la mode. Williams dessina le front de mer bordé d'hôtels aux décors de stuc érigés dans un style que l'on a qualifié de « Pimlico palladien ». À l'arrière, la ville fut construite selon un plan géométrique et dotée de normes architecturales draconiennes allant jusqu'à réglementer la dimension des fenêtres. Tout cela assura à la cité un développement homogène, diverses attractions, comme la jetée, contribuant au succès de la station.

Great Orme Visitor's Centre – *Au sommet - ✆ (01492) 870 447 - www.greatormemines.info - ♿ - de mi-mars à fin oct. : 10h-17h - cafétéria.* Le centre d'information du Grand-Orme présente l'espace naturel : activités traditionnelles, géologie, flore, faune (dont les chèvres du Cachemire introduites en 1844 et vivant depuis lors à l'état sauvage, à l'exception de l'une d'entre elles, mascotte du régiment royal des fusiliers gallois).

Du sommet, superbes **vues** sur la côte, Conwy et le massif du Snowdonia. Vous pouvez également faire le tour de la pointe par la route panoramique **Marine Drive** *(7 km/4,5 miles - sens unique)* percée dans les falaises en 1878. *2,50 £ par voiture. Dép. de tour (1h) en autocar « vintage » au dép. de North Parade à hauteur du* pier *- de mars à déc. : 11h, 13h, 15h - 5 £.*

À proximité Carte de région

★★ Conwy B1

À 6,5 km/4 miles par West Parade et la route A 470 longeant la baie.

Castle Buildings - ✆ (01492) 592 248.

Vus de la rive opposée, le château de Conwy, hérissé de tours, la ville abritée derrière ses remparts, la rivière et ses ponts constituent un spectacle enchanteur, sur fond de montagnes. **Llywelyn le Grand** avait déjà choisi ce site naturel à l'embouchure de la Conwy pour y être enterré et, à cette fin, y avait fait construire une abbaye cistercienne. Lorsque Édouard Ier fit bâtir sa forteresse et la ville de garnison, une bastide au plan géométrique cernée de murailles, les moines furent chassés jusqu'à Maenan.

Sitôt les ponts franchis, tourner à gauche immédiatement après le château et gagner le parking Morfa Bach Pay-and-Display. Accès direct à la ville par un passage sous la voie ferrée. Prendre tout de suite à droite Rosehill Street.

★★ **Castle** – *Accès par l'office de tourisme - CADW - ✆ (01492) 592 358 - www.cadw.wales.gov.uk - mars-oct. : 9h30-17h (juil.-août 18h) ; nov.-fév. : 10h-16h (dim. 11h-16h) - fermé 1er janv. et 24-26 déc. - 4,60 £ - billet combiné Plas Mawr 6, 85 £.* Ce chef-d'œuvre d'architecture médiévale était ravitaillé par mer, comme les autres châteaux d'Édouard Ier au pays de Galles. La construction (1283-1289) fut dirigée par le maître maçon du roi, **James of Saint-George**. Huit tours circulaires massives protègent les deux cours du château, accroché à une arête rocheuse. On accédait à la cour intérieure, et donc aux appartements royaux, par voie d'eau, et à la cour extérieure par la ville. La cour est bordée sur le côté droit par la grande salle. Au-delà du puits, une porte permet d'accéder à la cour intérieure, au cœur du château, où l'on peut voir, sur la droite, l'entrée et la tour du Roi. La porte d'eau, aujourd'hui disparue, était située à l'est de la tour de la chapelle.

Conwy Crossing – Trois ponts enjambent l'estuaire de la rivière. Le premier, un élégant ouvrage suspendu, construit par **Thomas Telford** en 1826, est aujourd'hui réservé aux piétons. Le deuxième fut ajouté par **Robert Stephenson** en 1848 pour le passage de la voie de chemin de fer. Son style néomédiéval s'harmonise bien avec le château voisin. Moins heureux, le troisième fut, dans les années 1950, le résultat d'une vaine tentative de désengorgement de la ville. Il a été depuis remplacé par un tunnel autoroutier.

Remparts – Construits en même temps que le château, ils mesurent 11 m de haut sur 2 m d'épaisseur et ferment la ville sur trois côtés. L'ensemble, défendu par 22 tours et 3 portes, constitue une agréable promenade entre Upper Church Gate et Berry Street.

LES CAMPAGNES GALLOISES D'ÉDOUARD

C'est en 1194 que **Llywelyn le Grand** avait unifié sous sa coupe les royaumes gallois. Son petit-fils **Llywelyn ap Gruffydd** (« le Dernier »), reconnu comme prince de Galles par le roi, doit payer tribut et rendre hommage au souverain anglais. Or, profitant des démêlés d'**Édouard Ier** en France, Llywelyn affirme son indépendance. C'est le prétexte d'une campagne commencée en 1277 qui voit les Anglais établir des bastides protégées par des forteresses, à mesure de leur avancée, comme à Denbigh, Rhuddlan, Conwy, Beaumaris, Caernarfon et Harlech. Au terme de la campagne, Llywelyn est tué et Édouard Ier édicte en 1284 le « Statut du pays de Galles » qui scelle le rattachement des Gallois à la Couronne. La même année, il inaugure une tradition toujours en vigueur de nos jours, en faisant prince de Galles l'héritier du trône, le futur **Édouard II**.

★ **La ville** – Deux rues perpendiculaires, Castle Street, parallèle au port et prolongée par Berry Street, et High Street, constituent les axes de la cité. Dans la première, au coin de High Street, **Aberconwy House** est une maison médiévale datant du 14e s. *NT - ✆ (01492) 592 246 - www.nationaltrust.org.uk - de mi-mars à fin oct. : tlj sf mar. 11h-17h (dernière entrée 16h30) - 3 £.*
Sur la droite, High Street conduit au port par Lower Gate : vous y verrez, toute rouge, une masure de pêcheur considérée comme la plus petite maison de Grande-Bretagne. En revenant par High Street, vous découvrirez sur votre droite **Plas Mawr★★**, manoir construit en 1577, qui séduit par la richesse de sa décoration d'époque élisabéthaine. *CADW - ✆ (01492) 580 167 - www.cadw.wales.gov.uk - ♿ - de fin mars à déb. sept. : mar.-dim. et lun. feriés 9h-17h ; oct. : mar.-dim. et lun. feriés 9h30-16h30 - 4,95 £ - billet combiné Conwy Castle 6,85 £.*
Au bout de la rue, sur Lancaster Square, se dresse la statue polychrome de **Llywelyn le Grand**.

★★ Bodnant Garden B1

▶ À 13 km/8 miles au sud par la A 470 - ✆ (01492) 650 460 - www.bodnantgarden.co.uk - ♿ - fin fév.-fin oct. : 10h-17h ; trois premières semaines de nov. : 10h-16h (dernière entrée 30mn av. fermeture) - 7,18 £ - cafétéria.
Plantés principalement à la fin du 19e s. et au début du 20e s., les 40 ha de ce jardin occupent des terrasses autour de la maison, et « le vallon », lieu de promenade boisé. Célèbre pour ses rhododendrons, ses camélias et ses magnolias, il l'est aussi pour son Arche de Cytises *(laburnum)*, tunnel en courbe parsemé de racèmes jaune d'or que l'on apprécie particulièrement fin mai ou début juin quand le temps est ensoleillé.

★★ Bodelwyddan C1

▶ À 18 km/11 miles à l'est par la A 55 (sortie 25).
Castle – *✆ (01745) 584 060 - www.bodelwyddan-castle.co.uk - ♿ - horaires : se renseigner - 6 £ avec audioguide en français - restaurant.* Transformé en 1830 en forteresse médiévale, le château est aujourd'hui l'écrin d'une belle collection de portraits victoriens de la **National Portrait Gallery**. Les tableaux sont accrochés dans des pièces meublées avec l'aide du Victoria & Albert Museum. La salle de billard évoque la vie de la gent masculine, partagée entre le sport, l'hippodrome et le ring de boxe ; les intellectuels et les savants sont regroupés quant à eux dans la bibliothèque, tandis que le salon est le domaine des femmes. Les jardins restaurés ont retrouvé leur aspect édouardien.

St Margaret – *De l'autre côté de la A 55 - ☏ (01745) 583 034 - ♿ - 9h-17h.* L'« église de marbre » a été construite en 1860. Sa splendeur victorienne n'a rien à envier à celle du château et son intérieur somptueux intègre treize variétés de marbre.

★★ Rhuddlan C1

À 26 km/16 miles à l'est par la A 55 (sortie 27 puis A 525).

Le village, alors au bord de la mer, fut en 1282 la base principale des opérations contre les Gallois. En 1284, **Édouard Ier** y proclama le « Statut du pays de Galles » *(plaque dans High Street sur le « bâtiment du Parlement »)*, « assurant à la principauté de Galles ses droits juridiques et son indépendance ».

Castle – *CADW - ☏ (01745) 590 777 - www.cadw.wales.gov.uk - avr.-oct. : 10h -17h - 3 £.* Il est possible que ce soit ici qu'Édouard ait présenté son fils né au pays de Galles, le futur Édouard II, à l'Assemblée des princes gallois, et non pas à Caernarfon, comme le veut la tradition. Aujourd'hui, de la splendeur des bâtiments à colombage situés autour de la cour de ce château partiellement détruit lors de la guerre civile, il ne reste plus que quelques trous laissés par les poutres et les fondations. On entre par la porte ouest. Le rez-de-chaussée et le premier étage abritaient de confortables appartements équipés de cheminées. Vous remarquerez le plan concentrique du château, entouré de douves asséchées, les murs bas de l'enceinte extérieure, ainsi que l'accès donnant sur la rivière Clwyd et le petit port.

St Asaph/Llanelwy C1

Sortie 27 de la A 55.

Cette ville est la plus petite (après St David's) à posséder une cathédrale, héritière d'un monastère fondé en 560 par saint Kentigern, appelé également saint Mungo.

★ **Cathedral** – *☏ (01745) 582 245 - www.stasaphcathedral.org.uk - ♿ - 9h-18h30 (dim. 7h30-16h).* La cathédrale actuelle, en grande partie du 13e s., mais restaurée au 19e s. par sir **Gilbert Scott**, abrite la bible utilisée lors de l'investiture du prince de Galles en 1969, et le monument élevé en l'honneur de l'évêque **William Morgan**, dont la traduction de la Bible en gallois en 1588 (« La religion, si elle n'est pas enseignée dans la langue maternelle, demeurera cachée et inconnue ») assura la survie de la langue.

★ Denbigh/Dinbych C1

À 8 km/5 miles au sud par la A 525.

Cette ville commerçante est blottie sur le flanc d'une colline dominant la vallée de la Clwyd.

★ **Castle** – *CADW - www.cadw.wales.gov.uk - 9h-17h (nov.-mars 16h) - 3 £ (nov.-mars gratuit).* De jolies petites rues conduisent aux ruines du château édifié en 1282 par **Henry de Lacy**, un des généraux d'Édouard Ier. Les trois tours communicantes (14e s.) du corps de garde, semblables à celles du château de Caernarfon, dénotent probablement l'influence du maître maçon du roi, **James of Saint-Georges**.

Les remparts de la ville, presque intacts, datent de la même époque.

NOS ADRESSES À LLANDUDNO

TRANSPORTS

Une **ligne ferroviaire** parallèle à la côte dessert Llandudno Junction et Conwy depuis Londres Euston (via Birmingham et Chester) et Manchester, et trouve son terminus à Holyhead (Anglesey).
www.nationalrail.co.uk
Vers le sud, Llandudno et Conwy sont reliés à travers les vallées du Snowdonia à Blaenau Ffestiniog *(voir p. 720)*.

HÉBERGEMENT

Bon à savoir – Les hôtels, B & B et *guesthouses* pour tous les budgets sont nombreux à Llandudno.

BUDGET MOYEN

À Llandudno

Bryn Rosa – *16 Abbey Road - (01492) 878 215 - www.brynrosa.co.uk - ch. : 64 £*. Modeste *guesthouse* occupant une demeure victorienne.

Clovelly Hotel – *13 South Parade (le long de Prince Edward Square) - (01492) 879 502 - www.clovellyhotel.net - ch : 68,5/75 £*. Un des nombreux petits hôtels au charme d'autrefois, avec moquette et bibelots. Accueil très agréable.

Epperstone – *15 Abbey Road, au coin de York Road - (01492) 878 746 - www.epperstonehotel.co.uk - 8 ch. : 76/86 £*. Une belle maison à pans de bois dotée de vérandas ouvertes sur le jardin.

Abbey Lodge – *14 Abbey Road - (01492) 878 042 - www.abbeylodgeuk.com - 4 ch. : 70/75 £*. Un petit jardin précède cette demeure aux chambres confortables, jumelle du Bryn Rosa *(voir ci-dessus)*.

POUR SE FAIRE PLAISIR

À Llandudno

Dunoon Hotel – *Gloddaeth Av. - (01492) 860 787 - www.dunoonhotel.co.uk - 40 ch. : 90/120 £*. Décor aimablement vieillot et confort impeccable.

UNE FOLIE

À Conwy

The Castle Hotel – *High Street - (01492) 582 800 - www.castlewales.co.uk - 29 ch. : 130/260 £*. Une demeure de brique néomédiévale abrite cet hôtel raffiné au restaurant **Shakespeare** réputé.

RESTAURATION

PREMIER PRIX

À Llandudno

The Palladium – *Gloddaeth Street - (01492) 863 920*. Pour goûter aux charmes d'un authentique *fish & chips*, spécialisé en outre dans la bière et le cidre. Ambiance très animée les soirs de week-end.

Bengali Dynasty – *South Parade - (01492) 875 928 - www.thebengaldynasty.com - 18 £*. Ce restaurant s'enorgueillit d'avoir été inauguré le jour de l'indépendance du Bengladesh et d'avoir accueilli nombre de personnalités.

BUDGET MOYEN

À Llandudno

Number 1's Bistro – *1 Old Road - (01492) 875 424*. Sympathique établissement fréquenté par la jeunesse locale. Ambiance bistrot, décor de céramique et cuisine parfois exotique.

Osborne'S Café Grill – *17 North Parade - (01492) 860 330 - www.osbournehouse.co.uk - fermé*

19-30 déc - 18/31 £. Dans une demeure abritant un des hôtels les plus luxueux de la station, superbe salle à manger néoclassique avec lumière zénithale. Cuisine subtile, belle carte des vins et service soigné.

À Conwy

George & Dragon – *Castle Street - ✆ (01492) 592 305 - www.georgeanddragonconwy.co.uk.* Pub traditionnel avec plats du jour servis en été dans une cour bordée par le rempart.

Dawsons Bar Cuisine – *High Street ✆ (0149) 582 800 - www.castlewales.co.uk - 25 £.* Brasserie du Castle Hotel. Un cadre contemporain et une jolie carte.

The Groes Inn – *À 3 miles sur la B 5106 en dir. du sud - ✆ (01492) 650 545 - www.groesinn.com - 25/35 £.* Au pied du Snowdonia, avec une belle vue sur l'estuaire, un pub servant une bonne cuisine locale, dans des portions généreuses.

ACHATS

À Llandudno

Bon à savoir – Sous les arcades de Mostyn Street, parallèle à la promenade, se logent la plupart des commerces, dont l'inévitable Marks & Spencer, ainsi que le centre commercial Victoria Center.

Oriel Mostyn Art Gallery – *12 Vaughan Street- ✆ (1492) 879 201 - www.mostyn.org - lun.-sam. 10h-17h.* La boutique propose des bijoux, de la céramique, de la verrerie et des tissages faits main.

À Conwy

Boutique du National Trust – *Aberconwy House (voir p. 729).*

The Potters Gallery (Oriel y Crochenwyr) – *1 High Street - ✆ (01492) 593 590 - www.thepottersgallery.co.uk - 10h-17h (oct.-mars : fermé merc.).* Œuvres des membres de la coopérative des potiers du nord du Pays de Galles.

ACTIVITÉS

Côté mer

Plages – Littoral nord de Llandudno, à la marina de Conwy et à Penmaenmawr, à l'ouest, sortie 16 de la A 55.

Sports nautiques – Marinas à Deganwy, entre Llandudno et Conwy, le long de la A 456, et à Conwy, à droite de la A 55, sortie 17.

Pêche en mer – Depuis la jetée de Llandudno *(billet à se procurer sur place).*

Excursions en bateau – *✆ (01492) 592 170 ou (0)7917 343 059 - www.conwyattractions.co.uk - mars-oct. - 5 £.* La promenade à bord du *Queen Victoria* (30mn) depuis le port de Conwy, en direction du nord-est ou du sud-ouest, est une agréable façon d'admirer **Menai Strait** *(voir p. 715).*

Depuis Llandudno, promenade autour du **Great Orme**, départ de la jetée à côté de la jetée *(billets au kiosque).*

Côté terre

City Sightseeing – *✆ (01492) 879 133 - www.city-sightseeing.com - mars-oct. : ttes les 30mn à partir de 10h15 - billet valable 24h - 7,5 £.* Le bus à impériale pour Conwy et Llandudno part de North Parade *(près de la jetée de Llandudno).*

Llangollen

★

3 093 habitants

NOS ADRESSES PAGE 737

S'INFORMER

Office de tourisme – *Y Chapel - Castle Street - ✆ (01978) 860 828 - www.llangollen.org - 9h30-17h30 (nov.-mars 17h).*

SE REPÉRER

Carte de région C2 (p. 676) – *carte Michelin 503 K25 - Denbighshire*. Au sud-ouest de Chester, Llangollen, reliée à la voie rapide A 55 (Chester-Holyhead via Llandudno) par la route A 525, est à proximité de la frontière anglaise. En arrivant au village, après avoir traversé le pont sur la gauche, gagner par Castle Street le parking du centre-ville situé sur Market Street.

À NE PAS MANQUER

À Llangollen, Plas Newydd ; aux alentours, les domaines de Chirk et d'Erddig.

ORGANISER SON TEMPS

Consacrez une journée à Llangollen et sa région.

AVEC LES ENFANTS

Promenade avec le Llangollen Railway… ou à bord d'une péniche à partir de Llangollen Wharf.

Au cœur d'une région verdoyante, baignée par une rivière – la Dee, qu'animent quelques rapides – et par un canal remarquablement étroit, Llangollen est une petite cité très appréciée des amateurs de tourisme vert. De beaux paysages, des demeures dotées de superbes jardins font de ce coin du pays de Galles un agréable lieu de séjour.

Découvrir

Vous prendrez plaisir à déambuler dans cette bourgade commerçante dominée par les ruines de la forteresse galloise de Dinas Brân du 12e s. **Castle Street**, dans l'axe du pont, regroupe nombre de magasins d'artisanat. Juste après le pont, sur la droite, **Dee Lane** est une promenade piétonne fleurie, bordée de villas victoriennes et aménagée le long de la rivière Dee, animée de quelques rapides qui font la joie des amateurs de kayak.

Amgueddfa Llangollen – *Parade Street, en retrait de Dee Lane - ✆ (01978) 862 862 - www.llangollenmuseum.org.uk - 10h-17h (hiver 16h).* Intéressant petit musée retraçant l'histoire locale.

Bon à savoir – Llangollen est aujourd'hui appréciée pour les manifestations culturelles qu'accueille le **Royal International Pavilion**, bâti en 1992 *(www.llangollenpavilion.co.uk)* et doit également sa renommée à la présence en ses murs du **Centre européen des cultures traditionnelles et régionales** *(www.ectarc.com)*.

6

St Collen Church

Church Street, dans le prolongement de Bridge Street.

Cette église aurait été fondée par saint Collen, un ermite qui a donné son nom à la ville et se serait retiré à Glastonbury après avoir occis un ogre qui dévorait tous ceux qui tentaient de franchir Horseshoe's Pass. Bâtie au 13e s., elle a été largement remodelée en 1864. C'est dans le petit cimetière que reposent les fameuses « dames de Llangollen » dont l'« amitié romantique » défraya la chronique locale à la fin du 18e s.

★ Plas Newydd

À 10mn de marche du centre-ville par Buttler Hill - ✆ 861 314 ou 708 250 (hors saison) - de Pâques à fin oct. : 10h-17h - 5,50 £.

Les « dames de Llangollen » entreprirent, à partir de 1780, de transformer l'humble cottage où elles s'étaient réfugiées en cet édifice excentrique noir et blanc que vous découvrez aujourd'hui, tout imprégné du goût néogothique de l'époque. Les boiseries de chêne sculpté sont assez extraordinaires. Vous découvrirez également la bibliothèque où elles rédigèrent pendant un séjour de près de cinquante ans une abondante correspondance, ainsi que le jardin qu'elles aménagèrent avec passion.

Canal de Llangollen

Sur la rive nord, par une rue partant de la A 452 (Abbey Road).

Aménagé en agréable promenade, le quai du canal *(Llangollen Wharf)* est le point de départ de croisières, notamment à bord de chalands tirés par des chevaux. *✆ (01978) 860 702 - www.horsedrawnboats.co.uk - de fin mars à fin oct. : se renseigner pour les horaires - fermé jeu.-vend. en oct. sf vac. scol. - 9 £.*

Cette étroite voie navigable fut creusée par Thomas Telford afin de drainer l'eau de la Dee. Celle-ci servit également de voie de transport au début de l'âge industriel, jusqu'à ce que l'essor du chemin de fer entraîne sa désaffection.

Llangollen Railway

✆ (01978) 860 979/951 (horaires) - www.llangollen-railway.co.uk - ♿ - horaires : se renseigner - 9 £ AR (enf. 4,50 £) - cafétéria.

Difficile de rater la gare de Llangollen, posée en surplomb de la Dee ! C'est là que vous emprunterez ce chemin de fer à vapeur, qui constitue probablement le meilleur moyen de découvrir le **Vale of Llangollen**, que l'on peut ainsi remonter jusqu'à Glyndyfrdwy.

À proximité Carte de région

Valle Crucis Abbey/Abaty Glyni Groes C1-2

À 3 km/2 miles au nord par la A 542 - CADW - ✆ (01978) 860 326 - www.cadw.wales.gov.uk - 10h-17h - fermé 1er janv. et 24-26 déc. - 2,60 £ (nov.-mars : gratuit).

Les ruines de cette importante abbaye cistercienne fondée en 1201, merveilleusement située, doivent leur nom à **Eliseg's Pillar**, une croix du 9e s. rendant hommage aux anciens rois de Powys. L'abbaye fut célèbre pour avoir patronné les bardes, parmi lesquels **Iolo Goch**, poète du 14e s. de Dyffryn, qui est inhumé en ces lieux. La façade principale de style gothique Early English et la salle capitulaire dotée de voûtes d'ogives du 14e s. sont demeurées intactes.

★★ Chirk Castle/Castell Y Waun C2

À 11 km/6,8 miles à l'est par la A 5 - NT - ✆ (01691) 777 701 - www.nationaltrust.org.uk - ♿ - juil.-août : tlj sf lun. 10h-17h ; mars-juin et sept.-oct. : merc.-dim. 10h-17h ; nov.-mi-déc. et fév. : w.-ends 10h-16h (dernière entrée 1h av. fermeture) - 9,60 £ ; 6,80 £ jardins et tour seulement - salon de thé.

Ce château fut bâti sur le même modèle que Beaumaris *(voir p. 716)*, et commencé la même année (1295). Depuis lors, il n'a cessé d'être habité, ce qui permet d'apprécier les adaptations successives de cette imposante forteresse aux goûts et aux normes de confort des différentes époques. Les **salles d'apparat** de l'aile nord font aujourd'hui la gloire de Chirk. Le château est niché dans un vaste parc paysager d'une grande beauté dont certaines parties ont été conçues à la fin du 18e s. par **William Emes**, un disciple de « Capability » Brown. Traversé par le **Offa's Dyke Path** (sentier du mur d'Offa), le parc étonne par ses buis « sculptés », chefs-d'œuvre de l'art topiaire. Mais le joyau de la propriété est sans conteste le **portail en fer forgé★** baroque sorti des forges voisines de Bersham (1721).

★★ Pontcysyllte C2

À 7 km/4,3 miles à l'est par la A 539.

Grand monument de l'ère industrielle, ce magnifique **aqueduc** fut construit entre 1795 et 1805 par l'ingénieur **Thomas Telford** pour que le canal de l'Ellesmere (ou canal de Llangollen) franchisse la Dee. Ses 307 m sont longés par un chemin de halage, protégé du vide de 23 m par des garde-fous en acier. L'ouvrage a été classé au patrimoine mondial en 2009.

Wrexham/Wrecsam C1

À 21 km/13 miles au nord-est par la A 539, puis la A 483.

C'est la plus grande ville du nord du pays de Galles. Elle doit sa prospérité de longue date à sa situation entre des gisements de charbon rentables et de riches terres agricoles. **Elihu Yale** *(voir l'encadré)* est enterré dans le cimetière de la belle **église St Giles★** de style gothique Perpendicular, qui abrite le mémorial du régiment **Royal Welsh Fusiliers** *(voir p. 714)*. *✆ (01978) 355 808 - ♿ - 9h-16h - montée de la tour (150 marches) sur demande*

★★ Erddig C1

À 3 km/2 miles au sud de Wrexham, en quittant la A 525 - NT - ✆ (01978) 355 314 - www.nationaltrust.org.uk - juil.-août : tlj sf vend. 12h-17h ; de mi-mars

ELIHU DE WREXHAM

Né à Boston (Massachusetts) dans une famille originaire du village de Llanarmon-in-Iâl, près de Wrexham, **Elihu Yale** (1649-1721) gagne la Grande-Bretagne alors qu'il est encore enfant. Employé de la Compagnie des Indes, il vit de 1671 à 1699 dans ce pays, où il amasse une fortune rondelette, avant de se retirer à Wrexham. C'est à cette époque qu'il est sollicité par le collège de New Haven (Connecticut) : ses donations sont assez généreuses pour que l'université adopte le nom d'Yale et fasse bâtir dans ses murs une copie du clocher de l'église St Giles, appelée tour Wrexham.

à fin juin et sept.-oct. : sam.-merc. 12h-17h (mars, oct. 16h) ; de nov. à mi-déc. : w.-end 12h-16h - 10,3 £ ; 6,72 £ jardin seulement.

La demeure de la fin du 17e s. a été restaurée en 1973 après des affaissements dus aux galeries de mines environnantes. Son mobilier, de grande qualité, a été fabriqué vers 1720, et c'est de cette même époque que datent les magnifiques porcelaines, tapisseries et peintures. Une collection exceptionnelle de portraits et de photographies y est également exposée. L'atelier du menuisier, la blanchisserie, le fournil, la cuisine et les communs, qui ont été réhabilités, donnent tous un aperçu de la vie quotidienne dans un domaine rural. La **chambre d'apparat**, décorée avec un papier peint chinois du 18e s., abrite un lit de 1720 superbement restauré. Le jardin traditionnel du début du 18e s., qui avait été préservé, du moins dans son tracé, a aussi fait l'objet d'une rénovation.

★★ Powis Castle C2

À Welshpool/Y Trallwng, à 30 km/18,5 miles au sud par les A 5 puis A 483 - NT - (01938) 551 929/944 - www.nationaltrust.org.uk - château et musée : jeu.-lun. 13h-17h (mars 16h) ; fermé nov.-fév. - 11,50 £ ; jardin 8,50 £ - restaurant.

Welshpool se trouve à l'extrémité nord de la crête sur laquelle est bâti le château de Powys. Les grosses tours jumelées du portail principal du château sont antérieures à 1300. En 1587, celui-ci devint la propriété de sir Edward Herbert, qui l'adapta aussitôt aux normes de confort de l'époque ; c'est alors que fut aménagée la grande galerie qui contient un panneau en trompe l'œil. Le château abrite les collections de **Robert Clive** (1725-1774), fondateur des Indes britanniques, et nombre de belles toiles.

Dessinés à la fin du 17e s., les **jardins**, dont les terrasses à l'italienne embellissent le site escarpé du château, ont échappé aux attentions rénovatrices de « Capability » Brown et sont un des rares chefs-d'œuvre subsistant de l'époque. Ils donnent à Powis davantage une apparence de villa des environs de Rome que celle d'un château médiéval gardant les Marches.

Montgomery/Trefaldwyn C2

À 40 km/25 miles au sud par la A 5, puis A 483 et B 4385.

Bénéficiant d'une charte octroyée par Henri III en 1227, la « ville nouvelle » médiévale de Montgomery se développa en contrebas du **château★**. Elle s'est peu étendue et a conservé son plan rectangulaire d'origine, même si elle possède aujourd'hui les caractéristiques d'une ville d'époque georgienne. Dans l'**église St Nicholas**, on peut voir le tombeau recouvert d'un dais de Richard Herbert, de sa femme, Magdalen, et de leurs huit enfants, dont le poète **George Herbert** (1593-1633).

NOS ADRESSES À LLANGOLLEN

HÉBERGEMENT

BUDGET MOYEN

Hotel Bridge End (Robinson) – *Mill Street - ☏ (01978) 860 634 - www.bridgeendhotel.com - 9 ch. : 60 £ ☕.* Face à la rivière et au pont, une sympathique auberge de campagne à colombage, dotée d'un pub.

The Royal Hotel – *Bridge Street - ☏ (01978) 860 202 - 33 ch. : à partir de 70 £ ☕.* Tourelles et clochetons face à la rivière. Le King's Head est devenu « Royal » depuis la visite de la reine Victoria à Llangollen en 1832. Les chambres les plus agréables donnent sur la Dee.

Gales of Llangollen – *18 Bridge Street - ☏ (01978) 860 089 - www.galesofllangollen.co.uk - 15 ch. : 70 £ ☕.* Deux anciennes demeures accueillent cet hôtel confortable doté d'un bar à vins *(lun.-sam. 12h-14h, 18h-21h30)* et d'une boutique d'objets aussi originaux que design.

ACHATS

Artisanat

Bon à savoir – Vous trouverez nombre de magasins d'artisanat et de souvenirs le long de **Castle Street**.

The Welsh Lovespoon Centre – *Market Street* Depuis le 17e s., il est de tradition au pays de Galles d'offrir lors des grandes occasions (baptêmes, fiançailles ou mariage) une de ces cuillers de bois sculpté.

AGENDA

Festival (Eisteddfod) – *Royal International Pavilion - ☏ (01978) 862 001 - www.international-eisteddfod.co.uk.* Début juillet, festival international annuel de musique, de chant et de danse.

6

Notes

Notes

INDEX GÉNÉRAL

Londres : villes, curiosités et régions touristiques.
Woolf, Virginia : noms historiques ou termes faisant l'objet d'une explication.
Les sites isolés (châteaux, abbayes, grottes...) sont répertoriés à leur propre nom.

A

B

C

D

E

I

J

K

N

O

T

U

V

W

Y

Z

CARTES ET PLANS

CARTE GÉNÉRALE

CARTES DES RÉGIONS

PLANS DE VILLE

PLANS DE MONUMENTS

CARTES DES CIRCUITS

LÉGENDE DES CARTES ET PLANS

Curiosités et repères

- Itinéraire décrit, départ de la visite
- Église
- Mosquée
- Synagogue
- Monastère - Phare
- Fontaine
- Point de vue
- Château - Ruine ou site archéologique
- Barrage - Grotte
- Monument mégalithique
- Tour génoise - Moulin
- Temple - Vestiges gréco - romains
- Temple : bouddhique - hindou
- Autre lieu d'intérêt, sommet
- Distillerie
- Palais, villa, habitation
- Cimetière : chrétien - musulman - israélite
- Oliveraie - Orangeraie
- Mangrove
- Auberge de jeunesse
- Gravure rupestre
- Pierre runique
- Église en bois
- Église en bois debout
- Parc ou réserve national
- Bastide

Sports et loisirs

- Piscine : de plein air - couverte
- Plage - Stade
- Port de plaisance - Voile
- Plongée - Surf
- Refuge - Promenade à pied
- Randonnée équestre
- Golf - Base de loisirs
- Parc d'attractions
- Parc animalier, zoo
- Parc floral, arboretum
- Parc ornithologique, réserve d'oiseaux
- Planche à voile, kitesurf
- Pêche en mer ou sportive
- Canyoning, rafting
- Aire de camping - Auberge
- Arènes
- Base de loisirs, base nautique ou canoë-kayak
- Canoë-kayak
- Promenade en bateau

Informations pratiques

- Information touristique
- Parking - Parking - relais
- Gare : ferroviaire - routière
- Voie ferrée
- Ligne de tramway
- Départ de fiacre
- Métro - RER
- Station de métro (Calgary, ...) (Montréal)
- Téléphérique, télécabine
- Funiculaire, voie à crémaillère
- Chemin de fer touristique
- Transport de voitures et passagers
- Transport de passagers
- File d'attente
- Observatoire
- Station service - Magasin
- Poste - Téléphone
- Internet
- H H B — Hôtel de ville - Banque, bureau de change
- J J ⊗ × POL — Palais de justice - Police
- GNR — Gendarmerie
- T T U U M — Théâtre - Université - Musée
- Musée de plein air
- Hôpital
- Marché couvert
- Aéroport
- Parador, Pousada (Établissement hôtelier géré par l'État)
- A — Chambre d'agriculture
- D — Conseil provincial
- G — Gouvernement du district, Délégation du Gouvernement Police cantonale
- L — Gouvernement provincial (Landhaus)
- P — Chef lieu de province
- Station thermale
- Source thermale

Axes routiers, voirie

- Autoroute ou assimilée
- Échangeur : complet - partiel
- Route
- Rue piétonne
- Escalier - Sentier, piste

Topographie, limites

- Volcan actif - Récif corallien
- Marais - Désert
- Frontière - Parc naturel

Comprendre les symboles utilisés dans le guide

LES ÉTOILES

★★★ **Vaut le voyage** ★★ **Mérite un détour** ★ **Intéressant**

HÔTELS ET RESTAURANTS

9 ch.	Nombre de chambres
7,5 €	Prix du petit-déjeuner en sus
50 €	Prix de la chambre double, petit-déjeuner compris
bc	Menu boisson comprise
	Air conditionné dans les chambres
	Restaurant dans l'hôtel
	Établissement servant de l'alcool (à l'étranger)
	Piscine
CC	Paiement par cartes de crédit
	Carte de crédit non acceptée
P	Parking réservé à la clientèle
Tram	Station de tramway la plus proche
M	Station de métro la plus proche

SYMBOLES DANS LE TEXTE

	À faire en famille
	Pour aller au-delà
	Promenade à pied
	Randonnée à vélo
	Facilité d'accès pour les handicapés
A2 B	Repère sur le plan

Manufacture française des pneumatiques Michelin
Société en commandite par actions au capital de 304 000 000 EUR
Place des Carmes-Déchaux - 63000 Clermont-Ferrand (France)
R.C.S. Clermont-Fd B 855 200 507

Dépôt légal : 01 2011 – ISSN 0293-9436
Imprimeur : Himmer AG, Augsbourg (Allemagne)
Imprimé en Allemagne : 01 2011
Sur du papier issu de forêts gérées durablement